山东统计年鉴

SHANDONG STATISTICAL YEARBOOK

2012

(总第24期No. 24)

山东省统计局
国家统计局山东调查总队 编

Compiled by

Shandong Provincial Bureau of Statistics

Survey Office of the National Bureau of Statistics in Shandong

（京）新登字 041 号

图书在版编目（CIP）数据

山东统计年鉴. 2012 : 汉英对照 / 山东省统计局，国家统计局山东调查总队编.
-- 北京 : 中国统计出版社, 2012.8
ISBN 978-7-5037-6584-1

Ⅰ. ①山… Ⅱ. ①山… ②国… Ⅲ. ①统计资料－山东省－2012－年鉴－汉、英
Ⅳ. ①C832.52-54

中国版本图书馆 CIP 数据核字(2012)第 155473 号

山东统计年鉴—2012

作　　者 / 山东省统计局　国家统计局山东调查总队　编
责任编辑 / 佘竞雄　王立群　曹　亮
责任校对 / 赵　岩　侯长蓬　曹　亮　赵善胜
封面设计 / 丁　娟　孙嘉怡
出版发行 / 中国统计出版社
通信地址 / 北京市西城区月坛南街 57 号　邮编 100826
办公地址 / 北京市丰台区西三环南路甲 6 号
电　　话 / (010)63376907
网　　址 / http://csp.stats.gov.cn
印　　刷 / 山东省统计局印务中心　山东新华印刷厂
经　　销 / 新华书店
开　　本 / 890×1240 毫米　1/16
字　　数 / 1900 千字
印　　张 / 52
印　　数 / 1- 3000 册
版　　别 / 2012 年 7 月第 1 版
版　　次 / 2012 年 7 月第 1 次印刷
书　　号 / ISBN 978-7-5037-6584-1/C·2666
定　　价 / 390.00 元

《山东统计年鉴－2012》编辑委员会

Shandong Statistical Yearbook – 2012

EDITORIAL BOARD AND STAFF

编 辑 说 明

一、《山东统计年鉴》是一部全面反映山东省国民经济和社会发展情况的资料性年刊，是认识和研究山东省情、制定政策、指导国民经济发展的重要资料和历史性工具书。

二、《山东统计年鉴—2012》共包括特载、统计表和附录三大部分。特载部分包括政府工作报告、统计公报和统计工作综述，综合反映全省经济社会发展概况和山东省统计工作情况。

统计表部分收录了 2011 年度山东省国民经济和社会发展方面的统计数据，共有二十篇：第一篇，综合；第二篇，国民经济核算；第三篇，人口；第四篇，就业人员、劳动报酬和社会保障；第五篇，固定资产投资；第六篇，对外经济、旅游和开发区；第七篇，能源；第八篇，财政和金融；第九篇，价格指数；第十篇，居民生活；第十一篇，城市建设；第十二篇，资源和环境；第十三篇，农业；第十四篇，工业；第十五篇，建筑业；第十六篇，运输和邮电；第十七篇，批发和零售、住宿和餐饮业；第十八篇，教育、科技和文化；第十九篇，卫生、体育、民政、司法、测绘和标准计量；第二十篇，各县（市、区）主要经济指标。

各篇章插页后附有简要说明，概括介绍各篇主要内容和资料来源；各篇章最后附有主要统计指标解释，简要介绍指标的概念、统计方法、统计口径和统计范围。

附录部分包括各省（市、自治区）主要经济指标、部分国际统计资料和山东省统计局工作大事记等。

三、本《年鉴》所列各项指标，《政府工作报告》和《统计公报》使用的数字为快报数或初步统计数；其他各部分为正式年报数据。凡与本《年鉴》数字不符的一律以本《年鉴》为准。

四、本《年鉴》的编辑，已根据现行国家统计制度，对统计指标概念、口径、范围、计算方法、计算价格等，作了统一调整，并分别在各部分的主要指标解释或表末加以注释；各表中价值量指标，凡未加说明的，均按当年价格计算。部分数据合计数或相对数由于单位取舍不同而产生的计算误差均未作机械调整。

五、《山东统计年鉴》公开出版以来，受到了广大读者的关心与支持，对此深表谢意。本《年鉴》编辑中难免存在不足之处，恳请广大读者提出宝贵意见，以便改进、提高。

PREFACE

I. *Shandong Statistical Yearbook* is an annual publication, which covers very comprehensive data and reflects various aspects of Shandong's social and economic development. It can also work as an important and historical reference book which will play a great role in comprehending and studying the basic conditions of Shandong, making policies, and guiding the development of society and economy.

II. The yearbook contains the following three parts: part one feature, part two statistics and part three appendixes. Feature mainly includes Government Work Report, Shandong Statistics Communiqué and Summary of Shandong Statistical Undertaking, comprehensively reflecting the development of society and economy and showing the achievements in statistics of Shandong Province.

Part 2 contains the following twenty chapters, 1. General Survey; 2. National Accounts; 3. Population; 4. Employment, Wages and Social Securities ; 5. Investment in Fixed Assets; 6. Foreign Trade, Tourism and Development Zone; 7. Energy; 8. Government Finance and Banking; 9. Price Indices; 10. People's Livelihood; 11. City Construction; 12. Natural Resources and Environment; 13. Agriculture; 14. Industry; 15. Construction; 16. Transport, Postal and Telecommunication Services; 17. Wholesale, Retail, Hotels and Catering Services; 18. Education, Science and Technology, Culture; 19. Health, Sports, Legal and Judicial Affairs, Surveying and Mapping, Standard Measuring and Civil Affairs； 20. Main Indicators of Counties (Cities and Districts at County Level).

In brief introduction at the beginning of each chapter, main coverage of this chapter, data sources and statistical coverage are concerned. In addition, explanatory notes on main statistical indicators are provided at the end of each chapter, giving a brief explanation of statistical indicators, such as definition, statistical methods, statistical coverage and statistical scope.

Appendix contains the main economic indicators of some other provinces (municipality), international statistics and Events of Shandong Provincial Bureau of Statistics.

III. Data used in Government Work Report and Shandong Statistics Communiqué are preliminary statistics. data in other chapters is official annual data. Data in Shandong Statistical Yearbook are all verified and should be based on this standard.

IV. In *Shandong Statistical Yearbook*, statistical definitions, statistical coverage, statistical methods and prices are adjusted according to the current state statistical standards, and all changes have been noted at the end of the table or in the explanatory notes. Data in value terms are calculated at current prices if there are no notes. Statistical discrepancies on totals and relative figures due to rounding are not adjusted.

V. After this yearbook was published, it has received lots of concerns and support from readers whom we should thank. Because of our ability, it is inevitable that there are shortcomings in this book, so we welcome all candid comments and criticism from our readers to perfect this book and to offer readers better service.

目 录

特 载
ESPECIALLY PRINTED HERE ARE

统 计 表
STATISTICAL TABLE

第一篇 综 合
CHAPTER 1 General Survey

第四篇 就业人员、劳动报酬和社会保障

CHAPTER 4 Employment , Wages and Social Securities

第六篇 对外经济、旅游和开发区

CHAPTER 6 Foreign Trade, Tourism and Development Zone

第七篇 能 源

CHAPTER 7 Energy

第九篇 价格指数

CHAPTER 9 Price Indices

第十篇 居民生活

CHAPTER 10 People's Livelihood

第十一篇 城市建设

CHAPTER 11 City Construction

第十二篇 资源和环境

CHARPTER 12 Natural Resources and Environment

第十三篇 农 业
CHAPTER 13 Agriculture

第十四篇 工 业
CHAPTER 14 Industry

第十五篇 建筑业
CHAPTER 15 Construction

第十六篇 运输和邮电
CHAPTER 16 Transport, Post and Telecommunication Services

第十八篇 教育、科技和文化

CHAPTER 18 Education, Science and Technology, Culture

第二十篇 各县（市、区）主要经济指标

CHAPTER 20 Main Indicators of Counties (Cities and Districts at County Level)

附 录

APPENDICES

APPENDICES

政府工作报告

——2012年2月19日在山东省第十一届人民代表大会第五次会议上

山东省省长　姜大明

各位代表：

现在，我代表省人民政府向大会报告政府工作，请予审议，并请省政协委员提出意见。

一、2011年工作回顾

过去的一年，面对复杂多变的国际经济形势和繁重艰巨的改革发展任务，全省人民在中共山东省委的正确领导下，紧紧围绕科学发展主题，牢牢把握加快转变经济发展方式主线，坚定不移地以富民强省为目标，积极作为、科学务实，团结一心、扎实工作，全省改革开放和现代化建设取得了新的重大成就，经济总量、地方财政收入、进出口总额分别迈上四万亿元、三千亿元、两千亿美元新台阶，城乡居民收入增幅高于GDP增速，各项社会事业全面进步。我们巩固和扩大应对国际金融危机冲击成果，实现了“十二五”良好开局。

一年来，主要做了以下工作。

（一）贯彻中央宏观调控政策，努力保持经济平稳较快发展。认真落实积极的财政政策和稳健的货币政策，正确处理保持经济平稳较快发展、调整经济结构和管理通胀预期三者关系，促进经济增长由政策刺激向自主增长有序转变。全年实现生产总值45429.2亿元，增长10.9%；地方财政收入3455.7亿元，增长25.7%。一是多措并举稳定物价。把稳定物价总水平作为宏观调控的首要任务，着力发展生产、保障供给、搞活流通、加强监管，物价涨幅得到有效遏制，全年居民消费价格总水平上涨5%，低于全国平均水平0.4个百分点。不断健全社会救助和保障标准与物价上涨挂钩联动机制，发放临时价格补贴7.2亿元。认真执行国家房地产调控政策，投机、投资性需求得到明显抑制，全省商品房销售价格涨幅出现回落。二是积极主动扩大内需。着力增加城乡居民收入，增强居民消费能力，企业工资指导基准线上调15%，最低工资标准平均上调26%，连续七年上调企业退休人员养老金。继续实施家电、摩托车下乡及家电以旧换新政策，销售家电2212万件、摩托车59万辆。社会消费品零售总额达到16675.9亿元，增长17.3%。优先保证重点在建续建项目资金需求，有序启动“十二五”规划重大项目建设，投资实现稳定增长，结构进一步优化。固定资产投资达到25928.4亿元，增长21.8%，其中技术改造、高新技术产业、服务业投资增长均高于投资平均增速，民间投资比重达到80.4%。落实扶持小型微型企业发展的财税优惠政策，取消了31项行政事业性收费。三是积极防范和化解财政金融风险，全省政府债务水平总体安全可控，金融业整体运行平稳。全省金融机构本外币贷款余额比年初增加5029亿元。

（二）加快转变发展方式，努力调整经济结构。一是巩固和加强农业基础。全省各级财政“三农”支出达到1885.6亿元，增长31.1%。积极应对严重的秋冬春连旱灾情，及时启动抗旱农机具购置补贴政策，提前发放涉农补贴和种粮大户奖励资金，切实加强水源工程建设，新打、修复机井7.7万眼。大灾之年，粮食总产达到885亿斤，实现连续九年增产。在全国率先出台《地方水利建设基金筹集和使用管理办法》，加大中小河流和重要支流的治理力度，建成各类水利工程8.4万处，完成水利建设投资175亿元。二是推动工业调整振兴。深入实施“双轮驱动”战略，一手抓传统产业转型升级，一手抓战略性新兴产业培育发展，工业调整振兴三年规划目标基本完成。全省规模以上工业增加值增长14%；主营业务收入突破10万亿元、利税突破1万亿元。新口径高新技术产业产值占规模以上工业比重达到27.3%，提高1.2个百分点。三是推进服务业跨越发展。重点发展十大领域，突出培植“四大载体”，服务业投资占投资总额50%，历史性超过二产。实现服务业增加值17418亿元，增长11.3%，占生产总值比重提高了 1.7 个百分点。四是大力提高自主创新能力。全社会研发投入占 GDP 的比重达到 1.8%，新增国家级工程技术研究中心、企业技术中心、工程研究中心 20 家，总数位居全国前列。新引进国家“千人计划”专家 32 名、泰山学者海外特聘专家 125 名。国家千万亿次超级计算济南中心启动运营，我国由此成为世界上继美、日之后第三个采用自主中央处理器构建千万亿次计算机的国家。全国首条高端集成电路存储器封装测试生产线在济南建成投产，改变了我国电子信息产品存储器依赖国外的局面。五是毫不放松地抓好节能减排和环境保护。分解落实“十二五”节能减排指标任务，加大淘汰落后产能力度。启动建设“让江河湖泊休养生息的示范省、探索中国环境保护新道路的先行区”，大力推进流域污染防治。我省“十一五”期间节能、减排两项工作均受到国务院通报表扬。去年，单位生产总值能耗、主要污染物排放继续下降。实行最严格的水资源管理制度，大旱之年实现了增产增效不增水，用水总量减少 2 亿立方米，地下水位回升 0.24 米。

（三）实施重点带动战略，努力推动区域协调发展。全面落实“蓝黄”两区发展规划，建立工作统筹推进机制，健全配套政策和规划体系，蓝色经济区产业投资基金设立方案获批，黄河三角洲产业投资基金投入运营。安排 20 亿元专项资金，支持区域内 9 个园区、285 个海洋优势产业和高效生态产业项目。投入 4 亿元专项资金，启动东营、滨州未利用土地的大规模开发。胶东半岛高端产业聚集区、省会城市发展取得新进展。沂蒙革命老区参照执行中部地区有关政策和山东钢铁产业结构调整试点方案获得国家批复，为我省区域发展又增添了两大“助推器”。出台进一步支持菏泽加快科学发展的意见，突破菏泽由对口帮扶促进发展转入政策支持自主发展的新阶段。城乡统筹发展步伐加快，全省城镇化率达到 50.9%。县域经济实力继续增强，地方财政收入过 10 亿元的县（市、区）达到 81 个，其中过 20 亿元的 40 个，过 30 亿元的 21 个，龙口、邹平、寿光、滕州、诸城 5 个县（市）超过 40 亿元。

（四）深化改革扩大开放，努力增强发展活力。深入推进企业改革重组，组建了山东能源集团和泰山财产保险公司，农村商业银行达到 20 家，农村合作银行 16 家，村镇银行 47 家。出版发行、影视制作等文化领域体制改革基本完成，山东出版传媒股份有限公司挂牌成立，有线电视网络实现了全省整合。预算外资金全部纳入预算管理，国有资本经营预算改革深入推进。事业单位改革、综合配套改革试点、省直管县财政体制改革试点进展顺利。基本完成集体林权制度主体改革，启动国有林场改革试点。扎实开展“外贸商品质量提升年”活动，深入推进出口农产品质量安全示范区建设，实现进出口总额 2360 亿美元，增长 24.8%，其中出口、进口分别增长 20.7%和 29.8%。成功举办第三届香港山东周、“孔子故里好客山东台湾行”等重大经贸活动，利用外资水平进一步提高，全省实际到帐外资 111.6 亿美元，增长 21.7%。企业“走出去”步伐加快，境外投资、对外工程营业额分别增长 46.4%、42.7%。

（五）加强各项民生建设，努力提高社会管理水平。年初承诺的 26 件实事全部兑现，新增财力的七成投向民生，全省民生支出占财政支出的比重达到 54.8%，提高了 3.8 个百分点。城镇居民人均可支配收入 22792 元，增长 14.3%；农民人均纯收入 8342 元，增长 19.3%，农民收入增幅连续两年高于城镇居民收入增幅。城乡新增就业连续八年“双过百万”。新农保和城镇居民养老保险制度比国家要求提前一年实现全覆盖。新农合和城镇居民基本医疗保险政府补助标准提高到每人每年 200 元。“老工伤”人员全部纳入工伤保险范围。全省政府办基层医疗卫生机构综合改革全面完成，基本药物制度实现全覆盖，公立医院改革试点扎实推进。大力促进教育公平，城乡义务教育经费保障机制不断完善，农村义务教育债务全部化解，高校债务化解工作稳步推进。开工建设保障房 38.9 万套，超额完成国家下达任务，连同结转项目竣工率达 71.2%。全面完成农村住房建设和危房改造三年任务，320 万户农民住房条件得到明显改善。地质灾害防治、村庄避险搬迁工作进展顺利。超额完成农村饮水安全工程年度建设任务。城市生活垃圾处理实现“一县一场”。加快发展文化事业和文化产业，新口径文化创意产业实现增加值 2300 亿元，增长 16%。大力发展公共体育事业，群众体育与竞技体育协调发展。广泛开展群众性精神文明创建活动，青岛、烟台继续保持“全国文明城市”称号，临沂、淄博进入“全国文明城市”行列。加强和创新社会管理，新一届村委会选举顺利完成。扎实推进平安山东建设和社会治安综合治理，重视抓好安全生产和食品安全，认真做好信访工作，不断完善应急管理体制，严厉打击违法犯罪活动，社会保持和谐稳定。

一年来，我们积极推进依法行政，办理省人大代表建议321件、政协提案551件。提请省人大审议通过地方性法规8件，发布政府规章15件。深入推进政务公开，加强行政监察和行政问责。坚持不懈开展反腐败斗争，坚决纠正损害群众利益的不正之风，严厉查处了一批腐败分子。圆满完成年度征兵任务，国防动员、民兵预备役建设、人民防空和优抚安置工作成效显著，全省17个市全都获得国家级双拥模范城称号，实现了这一工作“八连冠”。人口计生、妇女儿童、慈善、残疾人、老龄事业持续发展，民族、宗教、对台、侨务、档案、史志、气象和防震减灾等工作取得新的成绩。

各位代表，去年全省经济社会发展的成绩来之不易。这是党中央、国务院和中共山东省委正确领导、科学决策的结果，是省人大、省政协和社会各界有效监督、大力支持的结果，是全省上下同心协力、顽强拼搏的结果。在此，我代表省人民政府，向全省各族人民、各民主党派、工商联、各人民团体和各界人士，向驻鲁人民解放军、武警官兵和中央驻鲁单位致以崇高的敬意！向关心支持山东发展的香港特别行政区同胞、澳门特别行政区同胞、台湾同胞、海外侨胞和国际友人表示诚挚的感谢！

二、2012年工作总体要求

今年是实施“十二五”规划承上启下的重要一年。做好今年工作，对于巩固经济社会发展的好形势，为党的十八大和省第十次党代会召开创造良好环境，具有十分重要的意义。

目前，国内外形势依然复杂严峻。国际金融危机还在发展，一些国家主权债务危机短期内难以缓解，发达经济体增长动力不足，新兴经济体面临通货膨胀和经济增速回落双重压力，世界经济复苏进程艰难曲折。我国经济发展中不平衡、不协调、不可持续的问题还很突出，宏观调控面临更多“两难”选择。我省发展也面临许多矛盾和问题。产业结构不够合理，发展方式比较粗放，科技创新能力还不强；投资需求有所放缓，居民消费增长不快，外部需求明显减弱，一些中小企业生产经营困难，经济增长下行风险加大；资源环境约束趋紧，节能减排形势严峻；就业和社会保障压力增大，社会管理、食品药品安全等领域的矛盾增多，一些涉及群众利益的突出问题还未得到有效解决。我们必须增强危机意识和忧患意识，把困难估计得更充分一些，把措施考虑得更周全一些，做好应对更大困难和挑战的准备，牢牢把握工作主动权。

各位代表，形势越是复杂严峻，我们越要把握有利条件，坚定发展信心。纵观国内外环境，我们仍处于重要发展机遇期。国家继续实施积极的财政政策和稳健的货币政策，并根据形势变化适时适度预调微调，为保持经济平稳较快发展提供了有力保证。“蓝黄”两大战略深入实施，国家支持沂蒙革命老区政策和山东钢铁产业结构调整试点方案有效落实，为我省创造了更加广阔的发展空间。一批重大基础设施项目相继开工，消费结构加快升级，我省发展动力依然强劲。实体经济基础较好，现代产业体系加快形成，我省发展支撑条件更加稳固。尤为重要的是，党的十八大和省第十次党代会将要召开，必将有力激发全省人民推进科学发展的热情和创造精神。只要我们坚定不移地贯彻落实中央决策部署，抓住机遇，趋利避害，奋发进取，团结拼搏，就一定能够攻艰克难，破浪前行，不断夺取经济文化强省建设新胜利。

今年政府工作的总体要求是：坚持以邓小平理论和“三个代表”重要思想为指导，深入贯彻落实科学发展观，紧紧围绕“主题主线”和“目标”，全面贯彻“稳中求进”的工作总基调，按照“四个牢牢把握”和“四个着力”的基本要求，积极作为、科学务实，以创新驱动、提质增效、统筹发展为着力点，重点做好稳增长、控物价、调结构、抓改革、促开放、惠民生、保稳定各项工作，努力保持经济平稳较快发展和物价总水平基本稳定，保持社会和谐稳定，以优异成绩迎接党的十八大和省第十次党代会胜利召开。

经济社会发展的主要预期目标是：生产总值增长9.5%，地方财政收入增长14%，固定资产投资增长17%左右，社会消费品零售总额增长15%以上，外贸进出口总额增长10%左右，实际利用外资稳步增加，城镇新增就业100万人，农村劳动力转移就业120万人，城镇登记失业率控制在4%以内，城镇居民人均可支配收入和农民人均纯收入均增长10%，居民消费价格涨幅控制在4%左右，人口自然增长率控制在6‰以内。确定上述目标，既注重了与“十二五”规划目标相衔接，又考虑了增加财政收入、扩大城乡就业、改善社会民生等方面的需要，更有利于引导各方面把主要精力放到加快转变经济发展方式、提高经济发展质量效益上来。

实现今年经济社会发展目标，必须把握好以下工作重点：第一，稳增长重在扩大内需。牢牢把握扩大内需这一战略基点，努力增强消费对经济增长的拉动作用，在优化结构基础上实现投资稳定增长，避免经济增速过快下滑，保持经济平稳较快发展。第二，控物价重在防止反弹。高度重视输入性通胀和企业成本上升等推动物价上涨因素，继续采取综合措施巩固物价调控成果，加强通胀预期管理，保持物价总水平基本稳定。第三，调结构重在提质增效。牢牢把握发展实体经济这一坚实基础，充分发挥金融服务实体经济的积极作用，加快构建现代产业体系，把结构调整的成效体现到发展质量提高和财政增收、民生改善上。第四，抓改革重在激发活力。牢牢把握加快改革创新这一强大动力，努力解决影响经济长期健康发展的体制性、结构性障碍，促进更多要素向自主创新集聚，推动发展向创新驱动转变。第五，促开放重在稳定外需。加快适应外部市场需求变化，实施更加积极主动的开放战略，推动对外贸易转型升级，提高利用外资质量，积极稳妥“走出去”，拓展新的开放领域和发展空间。第六，惠民生重在办好实事。牢牢把握保障和改善民生这一根本目的，切实加大民生投入，健全社会保障体系，集中力量解决紧迫性问题，让人民群众共享改革发展成果。第七，保稳定重在加强和创新社会管理。正确处理改革、发展、稳定关系，积极有效化解各种矛盾和风险隐患，促进社会和谐稳定。

三、2012 年重点工作

做好今年工作，必须立足当前、着眼长远，积极应对面临的困难和挑战，着力解决深层次矛盾和问题，创造山东科学发展新优势。

（一）着力扩大内需、保持经济平稳较快发展。坚持以扩大消费为基础，以稳定投资为关键，不断增强经济发展的内生动力。

扩大消费特别是居民消费需求。一是增强居民消费能力。落实居民收入增长和经济发展同步、劳动报酬增长和劳动生产率提高同步要求，建立健全最低工资标准、企业职工工资、退休人员基本养老金、城乡低保标准的正常增长机制，完善机关事业单位工资制度，提高城乡居民特别是低收入群众收入，扩大中等收入者比重，增强社会保障能力，构建扩大消费的长效机制，使广大群众有钱消费、敢于消费。二是开拓新的消费领域。支持发展社会化养老、家政服务、医疗保健、体育健身、文化娱乐等服务产业，完善鼓励节能环保产品消费政策，搞好建材下乡试点，扩大农村消费规模。促进网络购物发展。继续办好“好客山东贺年会、休闲汇”，落实带薪休假制度，推动旅游业从观光旅行向休闲度假提升转变。三是构建现代商贸流通体系。制定商贸流通设施建设规划，优化商贸流通网络布局，发展新型流通业态。深入实施“万村千乡”市场工程，加快供销社经营服务和组织创新。引导各类投资主体建设和改造农产品批发市场、农贸市场、社区菜市场、生鲜超市，支持建立一体化冷链物流体系，落实鲜活农产品运输“绿色通道”政策，构建高效畅通、安全有序的农产品流通体系。四是改善消费环境。继续开展“满意消费惠万家”活动，建立打击侵犯知识产权和制售假冒伪劣商品、走私贩私工作长效机制，加快重点商品流通追溯体系建设，维护好消费者权益，让群众放心消费、满意消费。

实现投资稳定增长、结构更加优化。在当前情况下，投资仍然是经济增长的重要拉动力。要着力优化投资结构，综合运用核准、环评、要素供应等手段，加大关键领域和薄弱环节投资力度，严格控制“两高”和产能过剩行业投资扩张。全年计划安排全社会固定资产投资 3.1 万亿元左右，其中社会民生、现代服务业、高新技术、技术改造、农林水利、交通、能源、城建与环保等八个重点领域投资 2.66 万亿元，占全部投资的 86%。加快“十二五”规划重大项目建设，继续实施“外电入鲁”战略，积极扩大省外煤炭资源开发规模。实施《山东省高速公路网中长期规划》，争取通车里程突破 5000 公里。加强重大项目监管，提高投资质量效益。落实促进民间投资的一系列政策措施，促进民间投资稳定增长。

保持价格总水平基本稳定。一是保供给。做好主要农产品生产、收储和调运工作，保证主要农产品、基本生活必需品、重要生产资料供应。实施新一轮“菜篮子”工程。搞好农产品供求信息服务。二是抓调控。制定价格调控条例，加强价格监测预警，把握好政府管理价格调整的时机、节奏和力度，落实价格调控联席会议制度、价格通报制度，完善社会救助和保障标准与物价上涨挂钩联动机制。三是强监管。严厉查处价格欺诈、价格垄断、恶意囤积、恶意炒作等违法行为，坚决取消违规收费项目。健全价格舆情监测和信息反馈机制，正确引导社会预期。

强化财政金融支撑保障作用。加强高效财源建设，落实结构性减税政策。财政支出更加注重向民生领域倾斜，更加注重支持重点领域改革，更加注重加强薄弱环节。坚持综合施策、标本兼治，规范地方政府举债融资行为，妥善处理存量债务，将地方政府债务收支分类纳入预算管理，建立地方政府债务规模控制和风险预警机制。优化信贷结构，保持货币信贷总量合理增长。拓宽直接融资渠道，力争新增上市公司30家、融资和再融资500亿元。积极引进总部性金融机构和外资金融机构，加快建设济南区域性金融中心。继续深化农村信用社改革，支持各类金融机构向县域延伸，有序发展村镇银行、农村资金互助社和小额贷款组织，改善农村金融环境。坚持金融服务实体经济的本质要求，有效解决中小企业特别是小微型企业融资难、融资成本高问题。强化金融风险防范和监管，规范民间信贷，依法打击金融诈骗和非法集资等犯罪行为。

（二）促进农业稳定发展、农民持续增收。坚持把“三农”作为各项工作的重中之重，持续加大财政投入，推进农业科技创新，全力夺取农业好收成，促进农民收入较快增长。

增强农产品供给保障能力。立足实现粮食连续十年增产，深入实施千亿斤粮食产能建设规划，稳定面积，主攻单产，力争新增粮食产能10亿斤。落实十大农业产业振兴规划和年度计划，培育一批有市场竞争力和影响力的农产品品牌。农业补贴要增加总量、提高标准、扩大范围、完善机制，新增补贴向种养大户、农民专业合作社倾斜。今年全省小麦直接补贴和综合补贴提高到每亩100元，种植小麦100亩以上的种粮大户每亩再给予10元奖励。

强化农村基础设施建设。完善稳定增长的多元化水利投入机制，加快现代水网规划建设。南水北调东线山东段干线工程年底前基本建成，南水北调续建配套工程、引黄济青改扩建工程和进一步治淮工程年内全面启动，完成规划内154条河流治理任务，开工18座大中型水库除险加固工程。搞好88个高效节水示范县建设，扩大小型农田水利重点县建设规模，建设“旱能浇、涝能排”高标准农田，新增改善灌溉面积800万亩。加强耕地保护和质量管理，继续推进66个土地综合整治项目。深入开展社会主义新农村建设，抓好环境整治、饮水安全、道路建设和新一轮农村电网改造，加快形成覆盖全省的新型农村信息化服务体系，改善农民生产生活条件。

推进农业科技创新。认真落实今年中央1号文件精神，深入开展“农业科技促进年”活动，加快形成现代农业产业技术体系创新团队，加强基层公共服务网络建设，年内全面完成乡镇农技推广、动植物疫病防控、农产品质量安全监管机构改革任务。加大农业重大关键技术攻关力度。深入实施农业良种工程，做强做大种子产业。提升涉农企业自主创新能力，加强农业科技成果推广。抓好19个省级以上现代农业示范区，深入开展高产创建和标准化创建活动。推动农机与农艺结合，加快农业机械化步伐。

多渠道增加农民收入。认真落实强农惠农富农政策，增加农民转移性收入。在充分挖掘农业内部增收潜力的同时，大力发展农村二三产业，加强农民职业技术培训，扩大农民转移就业规模，支持农民自主创业，增加农民工资性收入。完善农村产权制度和征地制度，积极稳妥地促进土地承包经营权流转，增加农民财产性收入。继续抓好农民负担监管，切实防止农民负担反弹。全面落实中央扶贫开发工作会议精神和新10年扶贫开发纲要，扎实做好扶贫开发工作。全省农村人均扶贫标准提高到2500元。

进一步深化农村改革。稳定完善农村土地政策，基本完成覆盖农村集体各类土地的所有权确权登记颁证工作，稳步扩大农村土地承包经营权登记试点，切实保障农民的土地承包经营权、宅基地使用权、集体收益分配权不受侵害。加强农村集体资源、资产、资金管理，探索建立新形势下发展村级公益事业的有效机制。培育一批农民专业合作省级示范社，扶持农业产业化龙头企业发展。扩大政策性农业保险试点范围。抓好枣庄全国农村改革试验区和泰安、临沂国有林场改革试点。

（三）加快产业结构调整、提高发展的质量效益。做强实体经济基础，增强企业自主创新能力，加快产业结构优化升级，把转方式调结构的成效体现到提高发展的质量效益上来。

以“双轮驱动”为抓手推动工业由大变强。一是抓好战略性新兴产业培育发展。围绕新能源、新材料、新医药、新信息和海洋开发等重点领域，加强规划引领，避免重复建设，强化政策支持，突破核心技术，促进战略性新兴产业健康有序发展。充分发挥省级专项资金作用，支持150个重点项目发展，建设第二批高端装备制造业基地和10个战略性新兴产业基地。二是推动传统产业转型升级。抓住技术改造和兼并重组两个重要环节，加快重点传统产业改造升级步伐。持续加大技术改造力度，启动建设新的1000个重点技改项目，打造一批在全国有影响的特色产业链。三是推进信息化和工业化深度融合。大力发展以电子信息制造业、软件服务业、物联网和云计算为重点的信息产业，启动“两化”深度融合示范工程。加快建设智能工业、智能物流、智慧矿山、智能交通、智能电网，逐步形成“智慧山东”基本框架。继续深化“三网融合”试点工作。四是深入开展“品牌建设年”活动。推进企业管理创新，加强质量、标准和品牌建设。实施“差异化战略、渠道战略、品牌战略”三大市场工程，抓好“名家、名企、名品”主题宣传活动，推动重点行业和企业建设营销创新中心，全面提升鲁商、鲁企、鲁货品牌形象。

以跨越发展为目标提高服务业比重和水平。坚持扩大总量与优化结构并举，推动服务业投资较快增长，占比保持在全部投资的50%以上。优先发展生产性服务业，加快发展生活性服务业，努力扩大农村服务业规模，推动服务外包、中介服务、会展等新型产业加快发展。深入推进济南、青岛国家级服务业综合改革试点和11个省级服务业综合改革试点。鼓励引导企业开展非核心业务剥离。落实支持服务业发展的政策措施，扩大省级服务业引导资金规模。力争服务业占生产总值的比重再提高2个百分点左右。

以自主创新为支撑增强核心竞争力。一是加快建立创新体系。深入实施国家技术创新工程，推动济南、青岛、烟台国家级创新型试点城市建设，支持青岛打造“蓝色硅谷”，选择部分市县开展技术创新工程试点。全社会研发投入占生产总值比重提高到1.9%，重点企业科技经费支出占销售收入的比重达到5%以上。二是加快建设创新平台。以重点骨干企业为依托，联合高等院校、科研机构，引导各类创新要素向企业聚集，形成一批高水平技术创新平台。加快建设青岛海洋科学与技术国家实验室二期工程和国家综合性新药研究开发技术大平台，推动山东船舶、钢铁、海洋工程三个研究院建设。高起点建设一批企业技术中心、行业技术中心和工业设计中心。三是加强关键技术研发应用。围绕产业发展重点领域，强化协同创新，优化资源配置，集中力量攻克一批具有自主知识产权的关键技术，实施好一批重大科技专项。加强产学研结合，提高科技成果转化率和产业化水平。四是加快创新型人才队伍建设。深入实施人才强省战略，创新人才工作机制，推进“人才特区”建设，探索人才、平台、项目一体化发展模式。搞好“两院”院士引进和服务工作，实施好“泰山学者”和“创新团队”建设工程，落实海外创新创业人才“万人计划”和外国专家引进计划，加强有突出贡献的中青年专家的培养选拔。抓好企业经营管理人才队伍建设。完善“首席技师”、“乡村之星”选拔管理制度，培养一批产业紧缺的高素质技能人才。

以落实政策为重点促进民营经济健康发展。充分发挥工商联和各类商会作用，全面落实促进非公有制经济发展的两个36条，依法清理、取消各种限制性规定，落实民营经济在投融资、招投标、政府采购等方面的同等待遇，营造民营企业公平参与竞争的市场环境。加强服务体系建设，帮助小微型企业减负增效、稳健经营。实施技术创新、中小企业培育、中小企业成长、特色产业提升四项计划，开展中小企业“一企一技术”活动，发挥民营企业在转方式调结构中的生力军作用。

（四）加大统筹城乡力度、推进区域协调发展。以“蓝黄”两大战略为重要引擎，深入推进重点区域带动战略，加快新型城镇化进程，形成新的经济增长极。

“蓝黄”两区建设要开创新局面。立足实际、突出重点，推进两区融合发展、一体发展。一是抓好一批重大基础设施建设。研究制定两区一体化发展意见，统筹推进港口、铁路、公路、能源、水利、信息等基础设施项目。加快启动青烟威荣城际铁路建设。二是抓好重点产业和重点园区。推进传统临海、涉海产业改造升级，发展海洋能源、海洋生物医药、海洋新材料、海洋精细化工、海洋高端装备制造业、海洋环境保护等新兴产业。制定现代海洋和高效生态示范园区建设标准和管理办法，重点打造青岛西海岸、潍坊滨海、威海南海三个海洋经济新区，加快建设中德生态园、日照国际海洋城、潍坊滨海产业园三个中外合作园区，着力推动海洋产业联动发展示范基地和黄河三角洲国家现代农业科技示范区发展。积极参加以海洋经济为主要内容的韩国丽水世界博览会。三是抓好未利用土地开发和集中集约用海。落实黄河三角洲未利用土地开发总体实施方案，制定滨海区域综合开发总体规划，搞好东营、滨州、潍坊未利用土地开发管理改革试点，搭建省级土地指标交易平台。争取国家尽快批复我省海洋功能区划和5个集中集约用海片区规划。用好两区建设专项资金，运营好黄河三角洲和蓝色经济区产业投资基金。

区域协调发展要取得新成效。发挥青岛龙头作用，提升胶东半岛高端产业聚集区建设水平。加快省会城市群经济圈发展，对区内聊城、德州等市予以重点支持，启动以济南为中心的城际铁路规划建设。推动钢铁企业兼并重组，争取日照钢铁精品基地年内开工。落实国家支持沂蒙革命老区政策，支持菏泽打造鲁苏豫皖交界地区科学发展高地，支持淄博、济宁、枣庄、莱芜等老工业城市和资源型城市加快转型。继续抓好

对口支援新疆、西藏、青海、三峡库区和扶贫协作重庆等工作。

新型城镇化建设要实现新发展。城镇化是扩大内需的最大潜力，必须积极稳妥加以推进。启动新一轮山东省城镇体系规划修编工作，引导各地做大做强中心城市，合理发展中小城市，加快发展中心镇和卫星镇。搞好城镇产业定位，推动产业和城镇融合发展，增强城镇综合实力。完善城市基础设施和服务功能，加强地下空间规划和利用，搞好城市路网、公共交通和公共停车场建设，缓解大中城市交通拥堵问题。实施城市绿荫行动。积极稳妥推进户籍制度改革，实行外来人口居住证制度。力争今年城镇化率提高 1 个百分点以上。

县域经济发展要跨上新台阶。制定新一轮支持政策，推动以市为单位整体提升县域经济水平。各县（市、区）要立足本地实际，突出县域特色，着力抓好大企业带动、产业集群培育、园区建设等重点工作，促进三次产业协调发展，增强综合经济实力和统筹城乡能力。落实扩权强镇各项措施，重点扶持 96 个国家重点镇和 252 个省级中心镇发展。推进城乡一体化建设，完善农村基础设施和公共服务。

（五）切实加强环境保护、全面建设“生态山东”。认真贯彻落实《关于建设生态山东的决定》，以节能减排和环境保护的积极成效，推动科学发展、保障人民健康、提高生态文明水平。

持续推进节能降耗。认真落实国家和省“十二五”节能减排综合性工作方案，完善节能减排标准体系，建立技术支撑体系，推进企业能源管理中心建设，探索建立节能量交易制度。强化节能预警调控，加强工业、建筑、交通、公共机构等领域用能管理。加大差别电价、惩罚性电价实施力度，认真抓好小火电、水泥、钢铁等落后产能淘汰工作，全面完成国家下达的年度任务。

切实加强环境保护。坚持“调结构、控新增、减存量”，扎实推进污染物总量减排。打好南水北调沿线治污攻坚战，确保年底前达到国家规定的水质要求。启动新一轮小清河流域生态环境综合治理，促进流域生态环境质量明显改善。加强大气污染治理和监测预警，将 PM2.5 纳入常规空气质量监测体系，努力增加城市“蓝天白云、繁星闪烁”天数。抓好污水、垃圾处理设施的升级改造和运营管理，城市和县城污水集中处理率达到90%、垃圾无害化处理率达到95%。强化海洋环境保护，处理好突发性海洋灾害事件。认真解决重金属、农业面源污染等损害群众健康的突出环境问题。抓好森林防火和林业病虫害防控，切实保护森林资源。

努力搞好生态修复。严格保护重要区域生态功能，建设一批自然保护区。推进水系生态建设，加大城乡水源地保护力度。搞好荒山、荒沟、荒丘、荒滩综合治理，继续抓好植树造林，加快修复受损生态环境。推进生态文明乡村建设，搞好村容村貌综合整治。

集约节约利用资源。落实最严格的水资源管理制度，发展节水型经济，建设节水型社会。实行最严格的节约用地制度，规范城乡建设用地增减挂钩试点，实行行业用地定额标准和投资强度控制标准，严格执行全省土地利用总体规划，严肃查处土地违法违纪行为。规范矿产勘查开发秩序。加快发展循环经济，推行清洁生产，推广低碳技术，推进再生资源综合利用。

（六）转变外贸发展方式、提升开放型经济水平。全球市场需求低迷可能成为常态，必须立足现实、积极作为，实现对外贸易稳定增长。

加快对外贸易适应性调整和战略性调整。实施市场多元化战略，深入推进“境外百展市场开拓计划”，巩固扩大发达经济体市场份额，深度拓展新兴市场，提高自贸区市场占有率。推进外贸转型升级示范基地和科技兴贸创新基地建设，扩大出口农产品质量安全示范区覆盖范围。推动加工贸易转型升级，加快发展服务贸易。扩大先进技术、设备及关键零部件、国内短缺资源原材料进口。整合口岸监管资源，推动电子口岸建设，打造便捷高效的大通关体系。积极应对国际贸易摩擦。

提高利用外资质量。加强与重点国家和地区、大型跨国公司的战略合作，鼓励外资投向战略性新兴产业、高端制造业、现代服务业、现代农业和传统产业改造，吸引跨国公司地区总部和功能性机构落户我省。创新利用外资方式，推动外商增资扩股、企业境外上市，稳定国外贷款规模。

引导企业积极稳妥“走出去”。有重点、有步骤地推动境外资源开发、优势产能转移、对外工程承包、高端劳务输出，鼓励有条件的企业开展境外并购，打造源自山东的跨国公司。建立和完善境外风险预警防范和突发事件处置机制。

推动园区转型升级。实施外向型园区升级计划，加强园区国际合作，创新园区管理体制。支持保税港区、保税物流中心等海关特殊监管区强化辐射带动功能，推动青岛保税港区向自由贸易港区发展。

（七）加快建设文化强省、推动文化大发展大繁荣。深入贯彻党的十七届六中全会精神，充分发挥我省文化资源富集优势，以高度的文化自觉和文化自信，打造全国重要的区域性文化中心。

扎实推进社会主义核心价值体系建设。大力弘扬齐鲁优秀文化传统，努力培育新时期山东精神。加强社会公德、职业道德、家庭美德和个人品德教育，做好青少年思想道德教育工作。积极推进政务诚信、商务诚信、社会诚信和司法公信，促进“诚信山东”建设。深入开展文明城市、文明行业、文明村镇创建活动，扎实推进“乡村文明行动”。

大力发展公益性文化事业。实施文化惠民工程，完善公共文化服务网络，提高基层文化服务功能。加快建设省会文化艺术中心、省文化艺术之家、省美术馆新馆，积极推进数字图书馆、公共电子阅览室和基层文化设施建设。实施广播电视直播卫星公共服务工程，加快农村广播电视由“村村通”向“户户通”推进，为20万户边远山区群众和沿海、湖区渔民安装直播卫星接收设备。深入实施精品工程，促进文化产品创作生产。加强互联网等新兴媒体建设管理，发展健康向上的网络文化。繁荣发展哲学社会科学，加强齐鲁文化研究，举办第二届尼山论坛。加强文物和历史遗产保护，推进中华文化标志城建设。办好中国第二届非物质文化遗产博览会和第三届亚洲沙滩运动会，做好第十届中国艺术节和青岛世界园艺博览会筹备工作。

促进文化产业跨越发展。积极推动文化产业结构调整和转型升级，推进文化与科技、教育、体育、旅游互动融合，支持文化创意、影视制作、出版发行、旅游演艺、动漫游戏等产业发展。加大对文化产业发展的扶持力度，发挥好文化产业发展专项资金作用。举办第四届山东文化产业博览交易会。

深化文化体制改革。加快推进国有经营性文化单位转企改制，全面完成一般性国有文艺院团、非时政类报刊社、重点新闻网站等转企改制任务。鼓励文化企业兼并重组，培植大型演艺集团、报刊集团、影视集团、广电传媒集团、广电网络集团，提高山东文化软实力。

（八）努力保障和改善民生、加强和创新社会管理。积极而为，量力而行，巩固完善已出台的民生政策，继续兴办一批惠民工程，促进社会公平正义，让人民群众生活得更加舒心、更有尊严。

实施更加积极的就业政策。

（1）创造更多就业岗位。在继续重视传统劳动密集型产业发展的同时，重点扶持就业容量大的现代服务业、创新型科技企业和小微型企业发展。实施创业引领、岗位拓展计划，鼓励以创业带动就业。

（2）促进重点群体就业。把促进高校毕业生就业放在就业工作首位，在继续开展大学生村官、“三支一扶”等工作的同时，实施大学生社区就业计划，高校毕业生总体就业率稳定在80%以上。加大就业援助力度，持续开展“春风行动”，帮助进城务工人员、城镇困难群体和退役人员就业，开发公益性就业岗位 8 万个。

（3）加强职业培训和就业服务体系建设。健全统一规范灵活的人力资源市场，组织实施各类就业培训项目，落实职业培训补贴制度，培训城乡劳动者 110 万人。

（4）深入开展校企合作，新增100个工科专业、1000个实训基地。

（5）继续提高企业最低工资标准，三个档次分别提高到每月1240元、1100元和950元，平均增长15.8%。全省企业工资指导基准线提高15%。推动企业普遍开展职工工资集体协商，加强劳动人事争议调解仲裁和监察执法，规范企业用工行为，完善劳动合同制度，构建和谐劳动关系。

健全社会保障体系。

（1）继续扩大社会保障覆盖面，把“五七工”、“家属工”和未参保集体企业退休人员纳入基本养老保险范围。做好城乡养老保险制度衔接，完善被征地农民社会保障制度。深化事业单位养老保险制度改革。

（2）继续增加企业退休人员基本养老金，平均增长10%以上。

（3）提高工伤人员伤残津贴、护理费和供养亲属抚恤金标准，扩大工伤康复试点范围。

（4）提高社会保险经办管理服务能力，进一步规范企业养老保险省级统筹制度，巩固完善医疗、工伤和生育保险市级统筹。

（5）推进省级就医结算平台建设，逐步实现基本医疗保险全省范围异地就医即时结算。

（6）大幅度提高城乡低保标准，全省东、中、西部地区农村低保标准分别提高到每人每年 2300 元、2000元和1800元，城市低保标准也要相应提高。

（7）落实好城乡退役士兵经济补助、农村退役士兵老年生活补贴、部分优抚对象抚恤和生活补助政策。

（8）对0-6岁残疾儿童实施免费抢救性康复。

支持教育优先发展。全面实施中长期教育改革和发展规划纲要，促进各类教育协调发展。

（1）保障教育支出依法增长，确保全年财政教育支出占财政支出的比重达到20%。

（2）推进学前教育三年行动计划，增加学前教育奖补资金，新建和改扩建一批幼儿园，乡镇中心幼儿园规范率达到60%。

（3）落实学前教育资助制度，对孤儿、家庭困难和残疾儿童入园资助标准确定为每人每年1200元。

（4）加快推进中小学办学条件标准化建设工程、校舍安全工程、农村中小学“211”工程，整体提高普通中小学办学水平。

（5）全面落实“两免一补”政策，将农村初中和小学家庭困难寄宿学生生活费补助标准提高250元，分别达到1250元和1000元，进一步扩大补助范围。

（6）全面提升高等教育质量，建设3至5所高水平大学，支持山东大学建设世界一流大学。省属本科高校生均财政拨款从9500元提高到1.2万元。落实高校债务化解方案，年内完成公办普通高校债务化解120亿元。

（7）建立职业技术学校分类分级制度。鼓励校企合作，建设一批优质特色职业院校。将省属高职、技校生均定额标准提高600元。

（8）以中等职业教育学生为主，建立知识加技能的春季高考制度。

（9）促进民办教育健康发展，办好继续教育和特殊教育。

（10）净化校园及周边治安环境，切实加强校车安全。

加快发展医药卫生事业。

（1）继续抓好潍坊、东营公立医院体制机制改革试点，开展30个县级公立医院综合改革试点工作，完善公立医院管理体制，破除以药补医机制，积极开展便民惠民服务。鼓励和引导社会资本开办医疗机构，形成多元化办医格局。

（2）逐步扩大基本药物制度实施范围，在省统一规划的村卫生室全部实施基本药物制度。巩固基层医疗卫生机构综合改革成果，进一步深化用人制度改革，完善收入分配、绩效管理等制度，健全基层医疗卫生机构运行新机制。

（3）政府对新农合和城镇居民医保的补助标准提高到每人每年240元，积极推动支付方式改革，探索建立重大疾病保障制度。

（4）落实国家基本、重大公共卫生服务项目，努力提高公共卫生服务均等化水平，做好重点传染病防控工作。

（5）大力扶持中医药事业发展，扎实推进“健康山东”行动，降低普通群众就医用药成本。

（6）支持市县级残疾人康复和托养服务设施建设，开工建设省级残疾人康复中心。

全面做好人口和计划生育工作。严格落实人口目标管理责任制，切实稳定低生育水平，提高出生人口质量。落实妇女、儿童发展规划，维护妇女儿童权益。积极发展老龄事业，加快建设社会化养老服务体系，让城乡老年人安度晚年。

抓好房地产市场调控和保障性住房建设。认真执行国家房地产市场调控政策，促进房地产市场平稳健康发展。

（1）保质保量完成保障性住房建设任务。省级安排财政资金8亿元，重点对各级保障性住房建设给予奖补，鼓励符合条件的企业参与保障性安居工程建设。今年开工保障性安居工程30.51万套，各地要确保按时开工，确保工程质量。健全和完善住房保障准入退出机制，严格实行保障房源、分配过程、分配结果三公开，确保分配公平、管理规范、群众满意。

（2）采取有效措施，增加普通商品房供给，满足群众合理的自住性需求。

（3）继续抓好农村危房改造工程，推进农村住房建设进入常态化，力争到“十二五”末，全省近半数农户住进新房。

加强和创新社会管理。抓好社会管理创新综合试点工作，推进城乡社区建设，健全基层社会管理体制机制，促进流动人口有序融入城镇、特殊人群顺利融入社会。完善食品安全责任体系，建立综合协调机制，强化环节监管，开展专项整治，严肃查处食品安全事件。深入开展“安全生产基层基础强化年”活动，落实安全生产责任，提高安全监管水平，遏制重特大事故发生。制定《山东省突发事件应对条例》，抓好风险评估、预测预警、应急处置和平台建设。改进和加强信访工作。加强社会治安综合治理，依法打击各种违法犯罪活动。做好国防动员、民兵预备役建设、征兵、双拥共建、优抚安置和人民防空工作，巩固发展军政军民团结。开展民族团结进步创建活动，依法管理宗教事务，维护民族团结与宗教和谐。弘扬志愿服务精神，发展慈善事业。认真做好外事、侨务、对台、统计、档案、史志和气象、防震减灾等工作。

四、加强政府自身建设

坚持以人为本、执政为民，加快转变政府职能，增强推动科学发展能力，建设人民满意政府。

开展“行政程序年”活动、建设法治政府。以实施《山东省行政程序规定》为契机，全面推进依法行政。健全科学民主决策机制，坚持重大事项集体决策，完善专家咨询论证、合法性审查、风险评估、社会公示与听证等制度，实行对重大决策的跟踪问效。加强规范性文件管理，实行规范性文件统一登记、统一编号、统一公布制度。严格行政执法程序，规范行政执法自由裁量权。贯彻落实《行政强制法》，依法规范实施主体，加强行政强制的程序监督。完善行政复议机制，开展行政复议委员会试点工作。深入推进行政审批制度改革，严格依法设定和实施审批事项，没有法律法规依据，任何行政机关不得设定或变相设定行政审批事项。突出投资、社会事业、非行政许可审批三个重点领域，进一步清理和精简行政审批事项，减少政府对微观经济活动的直接干预。加大政务公开力度，加强电子政务建设，积极推进财政预决算和“三公”经费公开。建立健全监督制约机制，加大审计、监察力度，严格落实行政问责。建设法治政府，各级行政机关必须带头自觉守法，严格依法行政，决不允许任何单位和公职人员把自己凌驾于法律之上。

努力转变作风、建设服务型政府。加强换届后各级政府和领导干部作风建设，引导和督促各级领导干部特别是新任职干部树立正确政绩观，为人民执好政、用好权。加强群众观点和群众路线教育，保持与人民群众的血肉联系。坚持问政于民、问需于民、问计于民，真诚倾听群众呼声，真实反映群众愿望，真情关心群众疾苦。重视网络舆情，了解包括“微博”在内的社情民意。弘扬求真务实作风，深入基层、深入群众，对群众最盼、最急、最忧、最怨的问题，要找出症结、制定措施、迅速解决、一抓到底。认真治理一些单位存在的慵懒散问题，严肃处理行政不作为和乱作为。坚持勤俭办一切事业，严格控制和压缩行政经费，进一步精简会议、文件和政府办展会、论坛，坚决反对形式主义、官僚主义和铺张浪费行为。人民群众是我们的衣食父母，为人民服务是各级政府的根本宗旨。我们对人民群众要常怀敬畏之心，为老百姓办事要常抱歉疚之情，当好忠诚的人民公仆。

认真反腐倡廉、建设廉洁政府。目前，腐败现象在一些领域易发多发，极少数领导干部的腐败行为严重损害了党和政府形象。要充分认识反腐败工作的长期性、艰巨性和复杂性，坚持不懈地开展党风廉政建设和反腐败斗争。加快推进惩治和预防腐败体系建设，统筹推进教育、制度、监督、改革、纠风、惩治工作，着力健全廉政风险防控管理、权力公开透明运行、群众权益保障机制，深入推进科技防腐。严格落实领导干部廉洁自律各项规定，用发生在身边的典型案例教育党员、警示干部。大力推进专项治理，认真解决人民群众反映强烈的突出问题。加大案件查办力度，严肃查处腐败分子，以反腐倡廉的实际成效树立形象、取信于民。

各位代表，改革是经济社会发展的不竭动力。我们要进一步深化国有企业改革，加快国有资本经营预算实施步伐，不断完善国有资产监督管理体制机制。进一步深化财税体制改革，抓好省直管县财政改革试点，健全县级基本财力保障机制，促进各级政府事权与财权相统一。进一步深化价格改革，完善资源性产品价格形成机制，建立污染者付费制度和生态补偿制度。积极稳妥地推进事业单位分类改革，为人民群众提供更好的公共服务和更多的公共产品。我们将以更大的决心和勇气，加快推进重点领域和关键环节改革，激发全社会蓬勃向上的创造活力。

各位代表，今年是本届政府任期的最后一年，我们要一如既往地认真执行省人大及其常委会的决议、决定，更加自觉地接受省人大、省政协和社会各界的监督，毫不懈怠，恪尽职守，努力创造经得起实践、人民和历史检验的新业绩，全面兑现本届政府向全省人民的庄严承诺。让我们紧密团结在以胡锦涛同志为总书记的党中央周围，以邓小平理论和“三个代表”重要思想为指导，深入贯彻落实科学发展观，在中共山东省委的坚强领导下，坚定信心、振奋精神，同心同德、开拓前进，以优异成绩迎接党的十八大和省第十次党代会胜利召开！

2011 年山东省
国民经济和社会发展统计公报

山　东　省　统　计　局
国家统计局山东调查总队
2012 年 2 月 28 日

2011 年是“十二五”开局之年。面对复杂的国内外发展环境，全省人民在省委、省政府的正确领导下，以科学发展为主题，以加快转变经济发展方式为主线，认真贯彻执行中央宏观调控政策，积极作为、科学务实，全省经济保持了平稳健康发展，物价涨幅得到有效调控，转方式调结构积极推进，经济发展效益稳步提高，社会事业和民生保障不断进步，实现了“十二五”时期良好开局。

一、综　合

经济保持平稳较快发展。初步核算，全省实现生产总值（GDP）45429.2 亿元，比上年增长 10.9%。其中，第一产业增加值 3973.8 亿元，增长 4.0%；第二产业增加值 24037.4 亿元，增长 11.7%；第三产业增加值 17418.0 亿元，增长 11.3%。产业结构调整稳步推进，三次产业比例由上年的 9.2:54.2:36.6 调整为 8.8:52.9:38.3。人均生产总值 47260 元，增长 9.9%，按年均汇率折算为 7317 美元。

图 1 2006-2011 年全省生产总值及增长速度

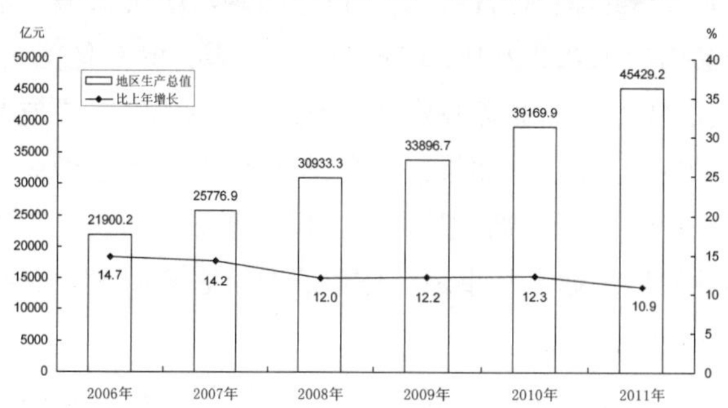

就业形势基本稳定。城镇新增就业 118.7 万人，新增农村劳动力转移就业 135.9 万人，连续 8 年实现城镇新增就业和农村劳动力转移就业双过百万。失业人员再就业 55.0 万人，其中困难群体再就业 11.8 万人，零就业家庭全部实现动态消零。城镇登记失业率为 3.35%，低于 4%的全年控制目标。

物价总水平得到有效调控。居民消费价格月度指数呈现“倒 V 型”走势，全年居民消费价格上涨 5.0%。其中，城市上涨 4.7%，农村上涨 5.9%；服务项目价格上涨 3.5%，消费品价格上涨 5.6%。八大类商品和服务项目价格全面上涨。其中，食品类价格上涨 11.3%，拉动价格总水平上涨 3.2 个百分点，仍是居民消费价格上涨的主要因素；居住类价格上涨 5.8%，拉动价格总水平上涨 1.1 个百分点。农业生产资料价格上涨 11.1%。工业生产者出厂价格上涨 6.0%，工业生产者购进价格上涨 9.2%。

图 2　2011 年各月居民消费价格指数（以上年同期为 100）

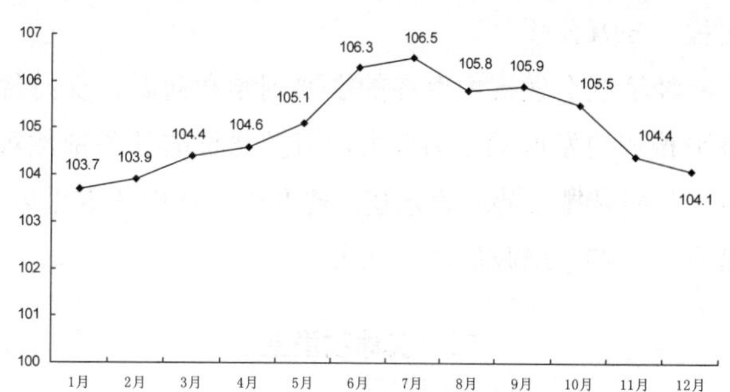

表 1　2011 年居民消费价格指数（以上年为 100）

指　标	全省	城市	农村
居民消费价格指数（CPI）	105.0	104.7	105.9
#食品	111.3	110.5	113.0
#粮食	108.7	108.2	109.9
油脂	113.2	111.7	115.4
肉禽及其制品	122.9	122.4	123.8
蛋	114.7	114.2	115.4
鲜菜	101.2	100.6	102.9
烟酒	103.9	104.7	102.9
衣着	101.5	101.7	100.4
家庭设备用品及维修服务	101.0	101.1	100.6
医疗保健和个人用品	102.5	102.8	101.8
交通和通信	100.6	100.2	101.5
娱乐教育文化用品及服务	100.4	100.4	100.4
居住	105.8	105.1	107.3

重点区域带动战略成效明显。山东半岛蓝色经济区实现生产总值21395.1亿元，比上年增长11.7%。黄河三角洲高效生态经济区实现生产总值6522.7亿元，增长 12.3%。胶东半岛高端产业聚集区实现生产总值17175.2亿元，增长11.5%。省会城市群经济圈实现生产总值16276.2亿元，增长11.5%。鲁南经济带实现生产总值9918.6亿元，增长11.7%。县域经济实力持续壮大。地方财政收入过10亿元的县（市、区）达到81个，比上年增加11个；其中过30亿元的21个，比上年增加10个。

海洋经济健康发展。全省海洋产业总产出7892.9亿元，比上年增长17.2%。海洋渔业产出2388.2亿元，增长16.7%；海洋化工业产出663.3亿元，增长17.4%；海洋工程建筑业产出441.0亿元，增长16.4%。海洋服务业较快增长，滨海旅游业产出 1917.1 亿元，增长19.1%；海洋交通运输业产出655.8亿元，增长11.1%。新兴海洋产业快速发展，海洋生物医药业产出81.1亿元，增长15.9%；海洋电力业产出64.6亿元，增长1.1倍。海洋资源开发利用稳步增加，海洋石油产量297.0万吨，增长4.4%。海洋环保不断拓展，新建国家级海洋类保护区 3 处、海洋公园 1 处，新增海洋类保护区面积1.5万公顷。

经济社会发展中存在的主要困难和问题：保持经济平稳较快发展的压力较大，调控物价的任务依然艰巨，节能减排形势不容乐观，转方式调结构任重道远，城乡居民持续增收的难度加大。

二、农林牧渔业

农林牧渔业平稳发展。农业增加值2255.0亿元，比上年增长3.7%；林业增加值70.1亿元，增长9.9%；牧业增加值891.0亿元，增长2.5%；渔业增加值614.3亿元，增长4.4%；农林牧渔服务业增加值143.4亿元，增长7.0%。

主要农牧产品量增质优。粮食总产量4426.3万吨，比上年增长2.1%，连续9年实现增产。畜牧业生产良好，肉、蛋、奶类产量稳定增长。农产品质量安全水平提升。农产品标准化基地总面积 4310.0 万亩；无公害农产品基地面积 1650.0 万亩，增长6.1%；绿色食品基地面积 867.0 万亩，增长 6.1%；新认证登记“三品一标”（无公害农产品、绿色食品、有机农产品和农产品地理标志）产品 1667 个，总数达到5786个。

图 3 2006-2011 年粮食总产量

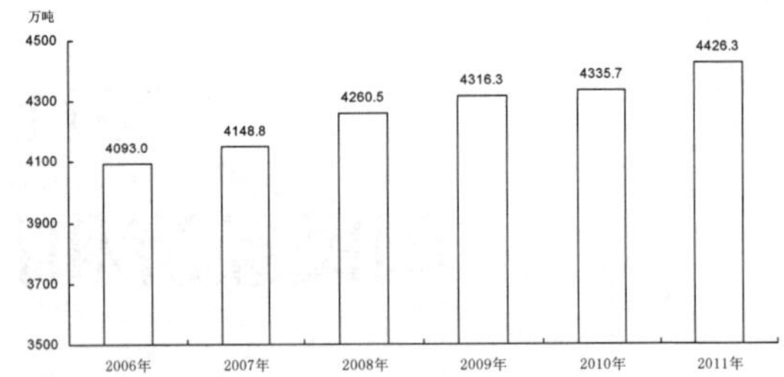

表 2 2011 年主要农牧产品产量及增长速度

产品名称	单 位	产 量	比上年增长(%)
粮食	万吨	4426.3	2.1
#夏粮	万吨	2104.7	2.2
秋粮	万吨	2321.6	2.0
棉花	万吨	78.5	8.4
油料	万吨	341.0	-0.3
蔬菜	万吨	9180.9	1.7
园林水果	万吨	1488.5	3.4
猪牛羊禽肉	万吨	700.2	1.0
禽蛋	万吨	401.6	4.4
奶类	万吨	279.0	2.7

林业发展取得新突破。新增造林面积328.5万亩，比上年增长 9.3%，是 2005 年以来新增造林最多的一年。其中，水系成片造林 252.0 万亩。新增农田林网面积202.9万亩，新育苗34.9万亩。湿地保护管理力度加大，国家级湿地公园达到14处，新建8处；省级湿地公园达到 37 处，新建 13 处。集体林权制度主体改革任务基本完成，全省4858.0万亩集体林地全部明晰产权。

渔业生产稳定发展。水产品总产量 813.5 万吨，比上年增长3.8%。其中，海水产品产量664.4万吨，增长2.8%；淡水产品产量149.1万吨，增长8.4%。水产品出口120.3万吨，增长19.1%；创汇48.9亿美元，增长23.1%。渔业资源修复养护力度继续加大，投放苗种 46.3 亿单位，建设人工鱼礁区 43 处，新建渔业资源保护区 7 处，新改造开发老旧鱼塘 6.5 万亩。远洋渔业发展迅速，从事远洋作业的渔船达 608 艘，总功率23.1万千瓦。

农田水利建设成效明显。大力实施防洪工程建设，整治河道 550.0 公里。农田灌溉能力继续加强，农田有效灌溉面积7448.0万亩，增长1.0%，其中节水灌溉面积3592.3万亩，增长5.7%，新增（恢复）灌溉面积114.9万亩。开工建设平原水库15座，建成7座。综合治理水土流失面积1600.0平方公里，新增国家级和省级水利风景区41处，总数达147处。

农村生产生活条件不断改善。农业机械化水平进一步提高，农机总值702.0亿元，农机总动力1.2亿千瓦，农作物生产机械化水平达到77.0%。生活设施不断改善，自来水受益村达到92.6%，新增沼气用户19.7万户。

三、工业和建筑业

工业生产平稳增长。规模以上工业企业（年主营业务收入2000万元及以上的工业法人企业）35566家，实现增加值比上年增长14.0%。其中，轻工业增长11.9%，重工业增长15.0%；非公有企业增长16.5%，私营企业增长19.2%。

表3 2011年规模以上工业增加值增长速度

	比上年增长(%)
规模以上工业总计	14.0
#轻工业	11.9
重工业	15.0
#国有企业	15.7
集体企业	11.5
股份合作企业	15.0
股份制企业	14.6
外商及港澳台商投资企业	11.1
其他经济类型企业	15.7

工业结构逐步优化。制造业增加值比上年增长14.9%，高于规模以上工业0.9个百分点。装备制造业增加值增长16.2%，高于规模以上工业2.2个百分点。高新技术产业实现产值28125.8亿元，增长27.1%，占规模以上工业总产值的27.3%，比重比上年提高1.2个百分点。

战略性新兴产业加快发展。规模以上电子信息产业实现主营业务收入3690.9亿元，增长19.7%；利润194.9亿元，增长30.9%。规模以上生物技术及制药产业实现主营业务收入1277.8亿元，增长27.5%；利润129.6亿元，增长23.9%。规模以上新材料产业实现主营业务收入8165.4亿元，增长35.7%；实现利润617.6亿元，增长39.4%。

工业企业效益保持较高水平。规模以上工业实现主营业务收入突破10万亿元，达到102470.2亿元，比上年增长26.4%；实现利润6998.3亿元，增长27.2%；实现利税突破万亿元，达到11136.2亿元，增长25.3%。

八成工业产品产量实现增长。在国家重点调度的120种工业产品中，产量增长的有96种，占80.0%。规模以上工业产品销售率98.9%，比上年提高0.3个百分点；实现出口交货值7624.3亿元，增长17.6%。

表4 2011年主要工业产品产量及增长速度

产品名称	单位	产量	比上年增长(%)
原煤	万吨	16113.6	7.6
天然原油	万吨	2781.5	0.2
发电量	亿千瓦时	3162.2	3.0
水泥	万吨	15035.6	8.5
平板玻璃	万重量箱	7754.3	29.5
粗钢	万吨	5655.2	9.7
钢材	万吨	7033.7	12.6
纱	万吨	723.4	6.4
布	亿米	124.5	3.7
机制纸及纸板	万吨	1825.1	11.7
塑料制品	万吨	377.4	16.2
合成氨	万吨	696.1	9.1
啤酒	万千升	647.6	19.4
工业锅炉	蒸发量吨	34541.1	36.7
数控金属切削机床	万台	2.4	26.3
金属成形机床	万吨	2.3	4.6
动车组	万辆	1164.0	22.0
汽车	万辆	122.0	-10.6
摩托车整车	万辆	75.3	-25.5
手机	万台	4351.1	-20.1
彩色电视机	万台	1249.5	9.8
家用电冰箱	万台	718.5	-9.7
家用洗衣机	万台	610.2	4.1
化学药品原药	万吨	89.4	59.6
微型计算机设备	万台	404.5	-43.6
#笔记本计算机	万台	296.7	-51.6
集成电路	亿块	2.0	-4.8
太阳能热水器	万台	326.3	18.6

建筑业发展良好。全省资质三级及以上建筑企业完成建筑业总产值6501.7亿元，比上年增长18.3%；实现利税531.9亿元，增长17.2%。其中，国有及国有控股企业完成建筑业总产值1612.7亿元，增长17.9%，实现利税108.0亿元，增长14.4%；非国有企业完成建筑业总产值4889.0亿元，增长18.4%；实现利税423.9亿元，增长17.9%。

四、固定资产投资

固定资产投资增长较快。全社会固定资产投资26770.7亿元，其中固定资产投资（不含农户）25928.4亿元，均比上年增长21.8%。到位建设资金27799.5亿元，增长18.5%，其中自筹资金增长22.8%，占74.5%。新开工项目27831个，比上年增加1144个。

投资结构调整优化。三次产业投资结构由上年的2.4:48.7:48.9调整为2.1:47.9:50.0。重点领域和薄弱环节投资力度加大。服务业投资12969.7亿元，比上年增长23.8%；高新技术产业投资3450.6亿元，增长31.5%；改建和技术改造投资6417.8亿元，增长27.2%；文化产业投资1434.4亿元，增长22.8%。民间投资力量增强，完成投资20852.2亿元，增长24.3%，占固定资产投资的80.4%。

房地产调控效果显现。房地产开发投资4108.1亿元，比上年增长26.4%，增速比上年回落7.5个百分点。从商品房建设用途看，住宅投资3202.0亿元，增长27.5%，占全部房地产开发投资的77.9%；商业营业用房投资474.6亿元，增长25.3%，占11.6%。房屋施工面积36293.3万平方米，增长29.2%；房屋竣工面积6226.8万平方米，增长22.7%；商品房销售面积9579.6万平方米，增长3.1%。

五、国内贸易

消费品市场运行平稳。社会消费品零售总额16675.9亿元，比上年增长17.3%。市场规模化程度进一步提高，限额以上批发和零售业、住宿和餐饮业企业22326家，比上年增加3149家，增长16.4%；实现零售额8860.9亿元，增长28.7%，占零售总额的53.1%，比重提高6.6个百分点。

城乡市场稳步发展。城镇消费品零售额13175.3亿元，比上年增长17.9%；乡村消费品零售额3500.6亿元，增长15.2%，城乡市场销售增幅差距比上年缩小1.6个百分点。餐饮收入1932.2亿元，增长18.9%；商品零售14743.7亿元，增长17.1%。

热点商品持续旺销。在限额以上批发和零售企业中，金银珠宝类零售额161.3亿元，比上年增长42.0%；家具类零售额303.6亿元，增长37.1%；建筑及装潢材料类零售额223.5亿元，增长33.6%；汽车类零售额1853.8亿元，增长23.4%。家电下乡和以旧换新政策成效显著。销售家电下乡产品1507.1万台，比上年增长97.0%；实现销售额405.1亿元，增长1.3倍。销售家电以旧换新产品704.0万台，增长60.9%；实现销售额266.1亿元，增长61.7%。

六、对外经济

对外贸易保持较快增长。实现进出口总额2359.9亿美元，比上年增长24.8%。其中，出口1257.9亿美元，增长20.7%；进口1102.0亿美元，增长29.8%。贸易伙伴呈现多元化。对欧盟出口份额占17.4%，为我省第一大出口市场；对美国、日本、韩国三大传统市场的出口份额分别占15.8%、13.3%和11.5%；对东盟出口份额占7.8%。来自东盟的进口份额占17.0%，已成为我省第一大进口来源地。

利用外资结构渐趋优化。实际到帐外资111.6亿美元，增长21.7%。其中，服务业实际到帐外资38.3亿美元，增长35.9%，占全省总额的34.3%，比重比上年提高3.6个百分点。新批世界500强企业投资项目72个，增长1.0倍。

对外经济合作进展顺利。境外投资积极推进，协议投资总额29.6亿美元，增长33.7%；其中中方投资27.1亿美元，增长46.4%。新核准设立境外企业（机构）372家，比上年增长3.3%；境外资源开发项目55个，增长27.9%。对外承包工程和劳务合作稳步发展，对外承包劳务工程完成营业额74.7亿美元，增长42.7%；外派各类劳务人员48836人，增长3.3%。

七、交通、邮电和旅游

交通运输业稳定发展。全年铁路、公路、水路共完成旅客运量25.0亿人次，比上年增长0.7%；完成货运量31.5亿吨，增长5.7%。年末高速公路通车里程4350.1公里，新增65.1公里。沿海港口货物吞吐量9.6亿吨，增长11.3%。年末民用汽车拥有量968.6万辆，增长14.9%；其中，私人轿车412.7万辆，增长26.9%，占轿车拥有量的89.3%。

表5 2011年客货运输量及增长速度

	旅客			
	运输量（亿人次）	比上年增长(%)	周转量（亿人公里）	比上年增长(%)
合计	25.0	0.7	1727.5	5.0
公路	24.1	0.6	1256.9	3.7
铁路	0.7	9.0	458.7	8.9
水路	0.2	-8.8	11.9	0.2

续表

	货物			
	运输量（亿吨）	比上年增长(%)	周转量（亿吨公里）	比上年增长(%)
合计	31.5	5.7	12583.6	7.1
公路	27.9	5.7	6624.4	6.6
铁路	2.0	9.2	1526.1	5.4
水路	1.6	1.5	4433.2	8.6

邮电通信业平稳增长。完成邮电业务总量 771.2 亿元。其中，电信业务总量为 723.6 亿元，邮政业务总量 47.6 亿元。光缆线路总长度 51.0 万公里，比上年增长 19.2%；长途自动交换机容量 45.7 万路端，下降 0.4%。年末固定电话用户 1923.5 万户，下降 4.9%；移动电话用户 7118.0 万户，增长 15.0%。电话普及率达到每百人 94.4 部。

旅游经济快速壮大。实现旅游总收入 3736.6 亿元，比上年增长 22.1%。其中，国内旅游收入 3573.7 亿元，增长 22.6%；入境旅游收入 25.5 亿美元，增长 18.3%。接待游客总人数 4.2 亿人次，增长 19.2%。其中，接待入境游客 424.4 万人次，增长 15.7%。A 级旅游景区达 508 家。其中，5A 级景区 6 家；4A 级景区 128 家，新增 19 家。省级旅游度假区 26 家，新增 3 家。

八、财政和金融

财政收支增势较快。地方财政一般预算收入 3455.7 亿元，比上年增长 25.7%。其中，税收收入 2602.4 亿元，增长 21.1%，占地方财政收入的 75.3%。地方财政支出 5001.2 亿元，增长 20.7%。民生领域支出继续加大，达到 2738.9 亿元，增长 29.6%，占全省财政支出的 54.8%，高于上年比重 3.8 个百分点。其中，教育支出增长 35.2%，文化体育与传媒支出增长 24.0%，社会保障和就业支出增长 20.3%，医疗卫生支出增长 43.5%，农林水事务支出增长 21.4%。

图 4 2006-2011 年地方财政一般预算收入及增长速度

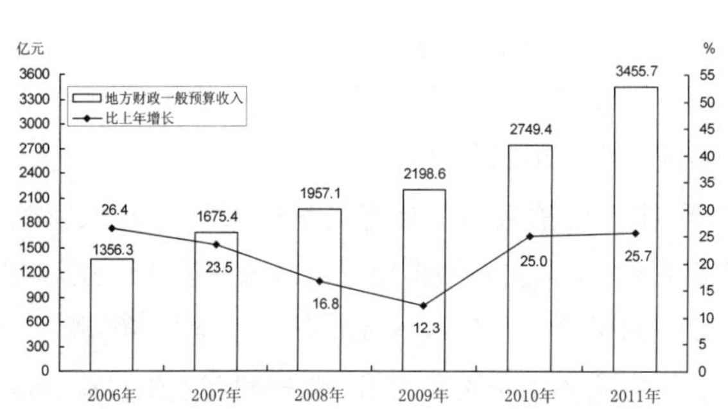

金融信贷向重点领域倾斜。年末本外币各项存款余额 46986.5 亿元，比年初增加 5349.2 亿元。其中，居民储蓄存款余额 22305.7 亿元，新增 2555.7 亿元，占全部新增存款的 47.8%。年末本外币贷款余额 37521.9 亿元，比年初增加 5029.0 亿元。对小企业贷款支持力度加大，小型企业新增贷款 1124.6 亿元，比上年增长 18.7%，增速分别高于大、中型企业 9.3 和 2.7 个百分点。对县域经济信贷投放进一步增加，县域新增贷款 1725.4 亿元，占全省新增贷款的 38.3%，比重提高 1.6 个百分点。

企业上市融资加快推进。全年新增上市公司 26 家，15 家上市公司实现再融资，合计融资额 481.0 亿元。其中，新增境内上市 21 家，首发融资 154.3 亿元；新增境外上市 5 家，融资 58.4 亿元；上市公司再融资 268.3 亿元。证券公司总交易金额 3.0 万亿元，下降 19.0%，其中股票基金交易额 2.6 万亿元。期货公司代理交易量 5077.3 万手，代理交易金额 6.7 万亿元。

保险业发展态势良好。实现保费收入 1036.1 亿元，比上年增长 10.8%。其中，财产险保费收入 332.3 亿元，增长 14.1%；人身险保费收入 703.8 亿元，增长 9.3%。保障能力不断增强，承担各类风险责任 15.7 万亿元，增长 5.9%；支付各项赔款与给付 271.2 亿元，增长 21.5%。农业保险加快发展，承保种植面积 3383.1 万亩，为 687.6 万农户提供了 111.0 亿元的风险保障。养老、健康保险发展迅速，为 1.2 亿人次提供了 2.4 万亿元的商业性养老、健康保障。

九、科学技术

科技事业成果丰硕。获得国家级科技成果奖励 39 项，其中，国家发明奖 6 项，国家科学进步奖 33 项。评选省科学技术奖励 497 项。取得重要科技成果 2379 项，其中，农业领域 305 项，工业领域 723 项，医疗、卫生领域 836 项，其他领域 515 项。专利申请和授权数量保持较快增长。专利申请量 11.0 万件，比上年增长 35.5%，其中发明专利申请量 2.6 万件，增长 48.5%。专利授权量 5.9 万件，增长 14.3%，其中发明专利授权量 5856 件，增长 42.6%。每万人发明专利授权数 0.6 件。

人才队伍建设统筹推进。新当选中国工程院院士 1 人，住鲁两院院士达 37 人，新增享受国务院政府特殊津贴专家 101 人，新增山东省有突出贡献的中青年专家 100 人，入选国家“海外高层次人才引进计划”50

人，入选国家“外专千人计划”22人，入选“香江学者计划”3人，被授予“泰山学者海外特聘专家”183人。招收博士后434人，博士后在站人数1578人。技能人才队伍建设大力推进，建设国家级高技能人才培养示范基地1所，国家级技能大师工作室3所，全年培养高技能人才16.5万人。

软件业发展良好。软件业实现业务收入1329.1亿元，增长45.7%；利润76.1亿元，增长21.4%；利税137.2亿元，增长19.9%。软件业务出口6.1亿美元，增长16.4%。累计认证软件企业1145家，登记软件产品4813个，软件著作权3586个，入围全国重点软件（百强）企业7家，软件产业园13个，服务外包示范基地19个，动漫产业基地3个。

创新平台建设进一步加强。全省国家级工程技术研究中心30家，新增4家；省级工程技术研究中心923家，新增179家。拥有国家重点实验室3个，企业国家重点实验室10个，省部共建国家重点实验室培育基地5个，国家级科技合作基地12个。拥有国家级创新型（试点）企业35家，获认定24家。

质量兴省战略大力推进。拥有国家地理标志保护产品47个，新增5个；山东名牌产品1728个，新增96个；山东服务名牌384个，新增61个。全国驰名商标300个，新增95个。获省长质量奖企业30家，个人13名。创建山东省优质产品生产基地48个，龙头骨干企业92家。拥有国家级质检中心31家，省级质检中心91家。获得质量管理体系认证企业17651家，环境管理体系认证企业4862家。新制定省地方标准239项，其中节能标准18项；新增采用国际标准260项。

气象地震服务能力增强。发布气象灾害预警信号60次，重要天气预报85期。建成东营、蓬莱风廓线雷达，完成石岛、东营港海洋水文气象观测站和沿海8个船舶站及部分海岛站改建任务，新建自动土壤水分观测站44个。地震台网中心不断完善，建成测震台126个，强震台146个。

十、教育、文化、卫生和体育

教育事业稳步发展。义务教育实现较高水平，小学学龄儿童净入学率99.87%，初中三年巩固率98.63%。技工教育加快发展，新增技师学院14所，高级技工学校4所，国家级重点技工学校1所，全省技工学校招生14.8万人，技校毕业生就业率达98.0%。

表6　2011年各类教育基本情况

	学校数	
	数　量（所）	比上年增减（所）
研究生教育	31	持平
普通高等教育	139	6.0
中等职业学校	591	-49.0
普通中学	3569	-76.0
小学	12047	-358.0
特殊教育学校	146	1.0
幼儿园	18455	704.0

续表1

	招生数	
	人　数（万人）	比上年增长（%）
研究生教育	2.4	3.8
普通高等教育	49.7	0.3
中等职业学校	44.5	4.2
普通中学	161.8	-1.4
小学	119.4	7.3
特殊教育学校	0.3	-6.2
幼儿园	115.9	6.8

续表2

	在校学生数	
	人　数（万人）	比上年增长（%）
研究生教育	6.9	6.1
普通高等教育	164.6	0.9
中等职业学校	117.7	4.0
普通中学	501.6	0.1
小学	644.1	2.4
特殊教育学校	2.2	-1.1
幼儿园	242.3	10.4

文化事业与文化产业繁荣发展。全省拥有博物馆114个，公共图书馆150个，群众艺术馆、文化馆158个，文化站1855个，农村文化大院5.3万个。全省公共图书馆、文化馆（站）、美术馆全面免费开放。拥有艺术表演团体116个，艺术表演场馆82个。国家级文化产业示范基地9家，省级文化产业示范基地104家，国家级文化产业示范园区1个，省级文化产业示范园区5个。出版各类图书13218种，报纸87种，杂志261种。广播人口综合覆盖率98.2%，电视人口综合覆盖率97.9%。加入城市电影院线的影院156家，共发行232部影片，票房收入4.1亿元，增长40.5%。

卫生服务水平不断提高。全省拥有卫生机构68310个，其中，医院、卫生院3135个，社区卫生服务中心

（站）2282个，疾病预防控制中心184个，卫生监督机构162个，妇幼保健机构158个，村卫生室51301个。各类卫生机构拥有床位41.6万张，卫生技术人员48.2万人，其中，执业医师及执业助理医师18.6万人，注册护士17.1万人。基层卫生服务体系建设不断加强，政府办乡镇卫生院建设达标率88.8%，社区卫生服务中心建设达标率100%，村卫生室建设达标率83.7%。

体育事业全面进步。新建县、镇（街道）全民健身活动中心、健身工程866个，新建农村健身工程1.7万个，“健身设施村村有”覆盖率达71%，成功举办第一届全民健身运动会。青少年体育工作全面加强，广泛开展“亿万青少年阳光体育运动”，6333名运动员参加了省级体育联赛，2.0万名运动员参加了市级体育联赛。

十一、城乡建设

城镇化进程稳步推进。全省城镇化率达到50.9%，比上年提高1.2个百分点。

保障性安居工程扎实推进。新开工保障性安居工程38.9万套，开工率为116.1%。已竣工保障性安居工程24.3万套，连同结转项目竣工率为71.2%。

农村住房建设成效显著。农村住房建设和危房改造工作开展三年来，累计新建农房320万户，改造危房61万户，建成新型农村社区7900个。村镇建设完成投资1496亿元，比上年增长16.2%。建材下乡试点工作深入开展，安排专项资金1亿元，5万户建房农民得到补助。加强历史文化名镇名村保护，共有全国历史文化名镇1个，名村4个，省级历史文化名镇18个，名村12个。

城市基础服务功能进一步提升。城市基础设施建设完成投资948亿元，与上年持平。青岛海湾大桥、泰安环山路竣工通车，济南西客站场站一体化工程、聊城古城改造与保护工程、枣庄台儿庄古城配套项目等重点城建工程进展良好。城市垃圾处理设施建设取得突破性进展，实现垃圾无害化处理“一县一场”目标，新增生活垃圾无害化处理场33座，新增垃圾日处理能力10690吨。新建污水处理厂19座，新增日污水处理能力48万吨。新增道路面积3000万平方米，新增绿地面积5500公顷。

十二、资源、环境和安全生产

资源勘查取得新进展。省内地质找矿成效明显，新增资源储量金56.8吨，煤矿石1.5亿吨，铁矿石11.4亿吨。省外、境外地质勘查取得积极进展。

节能降耗取得新成效。全省351户企业完成落后产能淘汰，共淘汰炼铁812.6万吨，炼钢80.0万吨，焦炭71.2万吨，铁合金5.1万吨，电石1.2万吨，电解铝5.0万吨，水泥1414.8万吨，平板玻璃50.0万重量箱，造纸61.1万吨，印染49710.0万米。风力发电建设高速增长，风电装机容量累计246.5万千瓦，增长78.6%；风力发电42.3亿千瓦时，增长58.7%。

建设领域节能扎实推进。完成既有居住建筑节能改造1756.5万平方米，公共建筑节能改造151.6万平方米，太阳能光热建筑一体化应用面积2273.4万平方米。新型墙材产量340亿标砖，占墙材总产量的86.8%；县城以上规划区工程应用量240亿标砖，占墙材应用总量的98.0%。县城以上城市规划区节能建筑竣工面积5500万平方米，占新建民用建筑的98%。

环境质量明显改善。省控59条重点污染河流化学需氧量和氨氮年均浓度分别下降11.0%和30.5%。全省二氧化硫和可吸入颗粒物年均浓度分别下降14.0%和11.2%，二氧化氮年均浓度与上年基本持平。新增国家环保模范城市2个。新建国家级生态示范区17个，全国环境优美乡镇36个，省级生态县（市、区）6个，省级生态乡镇124个。

安全生产形势稳定。发生各类生产安全事故17544起，比上年下降9.7%；死亡人数4419人，下降6.0%。亿元GDP生产安全事故死亡0.10人，下降19.0%。

十三、人口、居民生活和社会保障

人口保持低速平稳增长。全省出生人口110.54万人，出生率11.50‰；死亡人口61.52万人，死亡率6.40‰；自然增长率5.10‰。年末常住人口9637.3万人。其中，0-14岁人口占总人口的15.69%，15-64岁人口占74.30%，65岁及以上人口占10.01%。

城镇居民生活继续改善。城镇单位在岗职工年平均工资38114元，比上年增长13.0%。城镇居民人均可支配收入22792元，增长14.3%。城镇居民家庭人均总收入中，人均工资性收入17629元，增长12.1%；人均经营净收入2295元，增长34.7%；人均财产性收入616元，增长25.6%；人均转移性收入4350元，增长14.1%。城镇居民人均消费性支出14561元，增长11.0%。其中，食品支出4828元，增长14.8%，城镇居民恩格尔系数为33.2%。城镇居民人均现住房总建筑面积33.2平方米，增加1.1平方米。

图 5　2006-2011 年城镇居民人均可支配收入及增长速度

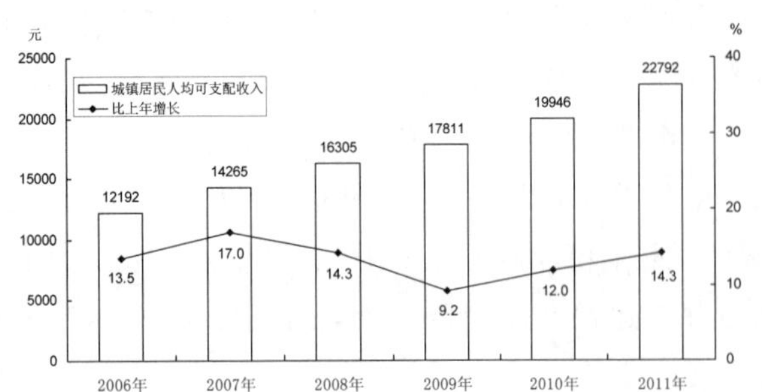

表 7　城镇每百户居民家庭主要耐用消费品拥有量

消费品名称	单位	数量	消费品名称	单位	数量
钢琴	架	4.2	摄像机	架	13.4
微波炉	台	54.6	照相机	架	58.7
电冰箱	台	103.8	空调器	台	108.4
消毒碗柜	台	7.1	固定电话	部	61.7
淋浴热水器	台	91.6	移动电话	部	213.5
洗衣机	台	98.3	健身器材	套	6.9
彩色电视机	台	121.0	助力车	辆	62.5
组合音响	套	21.4	摩托车	辆	27.0
家用计算机	台	85.9	家用汽车	辆	28.0

农村居民生活水平逐步提高。农村居民人均纯收入 8342 元，比上年增长 19.3%。其中，人均工资性收入 3715 元，增长 25.6%；人均家庭经营纯收入 3935 元，增长 13.8%；人均财产性纯收入 247 元，增长 3.4%；人均转移性纯收入 445 元，增长 32.1%。农村居民人均生活消费支出 5901 元，增长 22.7%。其中，食品支出 2107 元，增长 16.8%，农村居民恩格尔系数为 35.7%。农村居民人均居住住房面积 36.3 平方米，增加 1.6 平方米。

图 6　2006-2011 年农村居民人均纯收入及增长速度

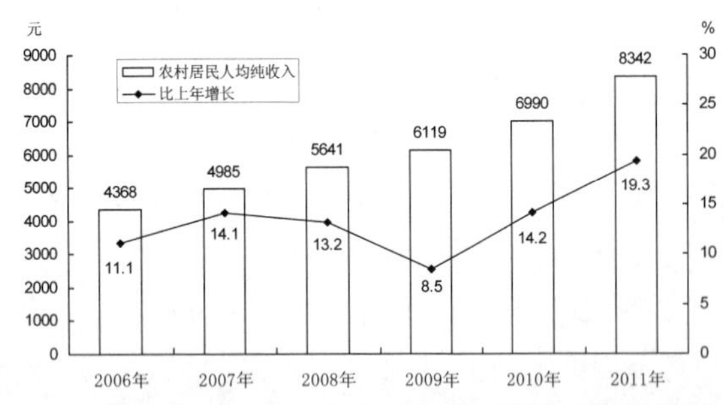

表 8　农村每百户居民家庭主要耐用消费品拥有量

消费品名称	单位	数量	消费品名称	单位	数量
洗衣机	台	81.8	电动自行车	辆	88.7
电冰箱	台	77.8	汽车(生活用)	辆	9.0
空调机	台	22.3	移动电话	部	186.4
抽油烟机	台	17.7	彩色电视机	台	112.0
微波炉	台	10.4	照相机	架	5.0
热水器	台	57.2	家用计算机	台	25.2

社会保障体系日趋完善。社会保险覆盖范围不断扩大，城镇职工基本养老、基本医疗、失业、工伤、生育保险参保人数分别比上年增加 127.7 万、175.4 万、33.6 万、64.9 万和 83.7 万。城镇居民社会养老保险和新型农村社会养老保险制度提前一年实现全覆盖。全省参加城乡居民社会养老保险人数 4093 万人，1197.9 万城乡居民按月领到了养老金。连续 7 年上调企业退休人员基本养老金水平，月人均养老金 1680.0 元，增加 104.7 元。城镇居民基本医疗保险财政补贴标准由年人均 120 元提高到 200 元。建立失业保险金标准与物价上涨挂钩联动机制，调整失业保险金标准为月人均 550 元，增长 23.6%。新型农村合作医疗参合率达 99.9%，人均筹资标准超过 250 元，政策范围内住院报销比例达到 70%以上。

困难群众生活得到明显改善。城镇最低生活保障人数 61.7 万人，月人均保障标准 318 元，比上年提高 28 元。农村最低生活保障人数 240.5 万人，年人均保障标准 1693 元，比上年提高 262 元。

社会救助事业稳步发展。应急救助规模不断扩大，安排城乡医疗救助资金 5.7 亿元，比上年增长 39.0%；救助和资助居民 233 万人次，增长 1.7%。各级慈善总会支出善款 7.0 亿元，继续用于朝阳助学、夕阳扶老、情暖万家、康复助医、爱心助残五大工程。救助体系不断完善，已建救助管理站 36 处，流浪未成年人救助保护中心 23 处。现有收养性社会福利单位 2334 个，床位数 33.0 万张，收养 24.7 万人；其中农村五保供养服务机构 1626 个，床位数 23.8 万张，集中供养率达 75.5%。社会福利企业 1421 个，安置残疾人员 3.9 万人。

注：1. 本公报中数据均为初步统计数。
2. 全省生产总值、各产业增加值绝对数按现价计算，增长速度按不变价格计算。
3. 自 2011 年开始，高新技术产业执行新的统计标准。
4. 全社会固定资产投资包括固定资产投资（不含农户）加农户固定资产投资。其中，固定资产投资（不含农户）包括城镇和非农户计划总投资 500 万元及以上固定资产投资项目的投资、房地产开发项目的投资。
5. 邮电业务总量按 2010 年不变价格计算。

2011年山东统计工作综述

2011年是"十二五"时期开局之年，也是统计改革建设任务极为繁重的一年。全省统计系统在省委、省政府的正确领导下，深入贯彻落实科学发展观，紧紧围绕主题主线，不断强化"五个意识"，牢固树立"四种作风"，开拓创新，锐意进取，各项统计工作取得了新进步，为全省经济社会科学发展提供了优质统计服务。

一、提高思想认识，围绕主题主线服务发展大局的主动性、自觉性进一步增强。一年来，全省统计系统认真学习胡锦涛总书记"七一"讲话和十七届六中全会精神，深入学习贯彻省委九届十三次会议精神，进一步统一思想，提高认识，坚持把思想认识和工作行动统一到中央和省委、省政府的各项工作部署上来，紧紧围绕主题主线，全省统计系统干部职工服从大局、维护大局、服务大局的主动性和自觉性进一步增强，干事创业的热情进一步提高，统计工作环境进一步优化，广大干部职工工作能力进一步提升，工作作风更加深入扎实，开创了全省统计工作的新局面，各项工作都取得了新的成绩。

二、统计四大工程建设取得阶段性重大进展。四大工程建设是统计生产方式的重大改革。全省统计系统把四大工程建设作为统计工作的重中之重，坚持超前谋划，积极作为，四大工程建设进展顺利。一是坚持抓"早"，把握工作主动权。全省各级统计机构及早成立了四大工程建设领导小组，切实加强组织领导，集全系统之力予以推进。在全国率先召开省、市、县三级视频动员会议，进行全面动员部署。软件确定后立即开展大规模培训，确保取得实效。二是坚持抓"实"，奠定坚实基础。省政府下发文件，要求各级高度重视四大工程建设，建立人员、经费保障机制，保证四大工程建设顺利实施。各市政府积极支持四大工程建设，济南、青岛、济宁、日照、临沂等都以市政府名义下发文件部署四大工程建设，形成了政府推动、上下联动的整体合力。扎实做好山东数据处理分节点建设，购置了20台高性能服务器，网络带宽增至400兆，切实提高硬件保障条件。深入开展三上企业名录库与专业字典库的比对衔接及核查工作，淄博、枣庄等市建立了基本单位名录库资料部门交换制度，烟台市制定《基本单位名录库维护更新考核评比办法》，菏泽市实现了统计管理登记进行政审批大厅，省局将东营市"一库在线、三级维护"的管理模式在全省进行推广。三是坚持抓"细"，强化工作落实。细化试点方案，在摸清企业基本情况的基础上，制定了详细的试点方案，明确了职责分工、完成时限等具体要求。在全省60000余家三上企业精心组织一套表试点，加强对试点工作的督导检查，建立通报制度、值班制度和试点问题应急处理机制。四是坚持抓"深"，务求工作实效。全国统一试点后，我省深入开展试点工作回头看，查找问题，分析原因，制定解决办法和应急预案。省局鼓励各市延长一套表试点，开放数据报送平台。由于山东省积极主动，工作扎实，四大工程建设进展顺利，得到国家统计局马建堂局长的充分肯定，他批示："山东省统计局对'四大工程'高度重视，统一部署，充分发动，精心实施，各项准备工作取得了阶段性重大进展，为明年正式实施奠定了坚实基础，向山东统计系统的同志们致以祝贺，表示感谢！离正式实施剩下时间已不多，望再接再厉，精心组织、细致谋划、决战决胜，打好统计生产方式变革这一攻坚战。"马建堂局长的批示既是对山东的肯定和鼓励，也是鞭策和期望，进一步坚定了山东建设四大工程的信心和决心。

三、统计基层基础工作扎实推进。加强统计基层基础工作是推进四大工程建设的内在要求，山东省采取有力措施强力推进。一是省政府召开全省统计基层基础工作现场会，王仁元常务副省长亲自出席会议并讲话，对加强统计基层基础工作提出要求。省政府办公厅下发《关于进一步加强统计基层基础工作的意见》，明确了统计基层基础建设的目标任务，为做好今后一个时期全省统计基层基础工作提供了政策支持。东营、泰安、滨州、聊城、菏泽等市政府相继出台文件，制定了配套措施，全省形成了推进统计基层基础工作的整体合力。二是转变工作思路，推进基层统计

“三个转变”，着力推进基层基础建设重心向加强企业统计转变，基层统计机构工作重心向维护名录库、审核原始数据转变，基层统计工作指导方式向服务企业转变。制定了《企业统计工作规范》及五个专项规范。三是探索建立三上企业星级管理制度，在菏泽全市及其他市的一个县市、区、进行试点，根据企业统计开展情况对企业进行“星级”评定。四是部门统计工作进一步加强。继续开展部门统计规范化单位认定工作，对省工商系统近 30 个县级单位进行验收。推进部门统计规范化建设，省海洋与渔业厅建成全省海洋经济运行监测与评估系统，省人口计生委制定了《人口和计划生育基层统计管理意见》，省林业局下发《关于进一步加强林业产业统计工作的通知》，林业产业统计能力水平进一步提高，青岛海关建立外贸统计数据发布机制，扩大了统计数据的影响力。各部门建立健全统计资料管理制度，实现了统计信息资源共享，政府综合统计与部门统计形成优势互补，为推动部门统计向全行业统计转变奠定了坚实基础。

四、第六次人口普查取得圆满成功。全省各级统计部门把人口普查作为工作的重中之重，摆上重要议事日程，举全局之力、全系统之力，超前谋划，创造性地开展工作。全省 58 万普查员兢兢业业，恪尽职守，高标准高质量地完成了普查任务，涌现出了许多可歌可泣的先进事迹。全省有 222 名普查人员因公受伤，临沂市人普办魏永同志为第六次人口普查献出了年仅 34 岁的生命。正是由于山东人口普查工作起步早、要求严、抓得紧、工作细，全省人口普查工作取得圆满成功，普查数据客观反映了山东人口发展实际。省政府隆重召开人口普查总结表彰大会，姜大明省长亲自出席会议，王仁元常务副省长作重要讲话，对全省统计工作者所表现出的人普精神给予了高度评价。省政府表彰先进集体 60 个，先进个人 60 名记一等功；省人社厅、省统计局表彰先进集体 120 个，先进个人 200 名，其中：80 人记二等功，119 人记三等功，1 人通报表彰；省人普办表彰先进集体 2012 个，先进个人 12118 名。会议规格之高、表彰荣誉之高、表彰规模之大是山东统计工作中前所未有的，充分体现了省委、省政府对全省第六次人口普查工作的充分肯定和对统计工作的高度重视。

五、统计服务水平进一步提高。统计服务是统计工作的永恒主题。全省各级统计机构紧紧围绕转方式调结构的工作大局，积极做到主动服务、超前服务。一是把握经济形势，提高统计分析质量。全面加强月度、季度经济形势的监测分析，突出时效性，提前分析预警，为领导决策及时提供参考依据。去年，省局向省委、省政府报送信息 288 条，采用 169 条次，撰写统计分析报告 130 余篇，被省领导和国家统计局领导批示 50 余篇次。二是深入开展“调查研究年”活动。围绕经济社会发展热点，深入到企业、基层等经济发展一线，采取召开座谈会、个别访谈、问卷调查等形式，深入开展调查研究，掌握了大量真实可靠的第一手资料，摸清经济发展的新情况，全省统计系统共完成 390 余篇调研报告，提出的许多建议进入领导决策。三是为科学发展综合考核提供全方位服务。修改完善科学发展综合考核指标体系，开展群众满意度电话调查，高质量完成 17 市 40 项 82 个定量指标的测算等工作，编写 17 市领导班子科学发展情况实绩分析，得到了省委组织部的充分肯定和社会各界的广泛认可。潍坊、烟台等市开展县域经济及社会事业发展考核工作，发挥了统计的导向作用。威海市推出《科学发展 铸就辉煌》“两会”专刊，受到与会代表的一致好评。四是创新统计服务形式，扩大统计宣传。编印出版《“十一五”山东发展统计报告》等几十种统计资料；全面改版《全国及五省市主要经济指标》季报，采用彩图形式直观形象地展示主要经济指标；编印的统计科普读物《统计术语与热点问题解读》得到了各级领导的普遍欢迎。认真做好第二届“中国统计开放日”宣传活动，省局与淄博市局联合召开了“统计开放日”座谈会，济南、青岛、莱芜等市通过网上访谈、海报展板、户外电视、手机短信等方式宣传统计知识和发展成就，拉近了统计与社会公众的距离。五是为山东人才队伍建设提供统计服务。开展了非公有制人才资料调查，进行了人才贡献率和人力资源贡献率测算。

六、围绕发展重点推进统计改革，各项重点统计调查取得新突破。不断创新服务业统计。修订完善服务业统计报表制度，加强对服务业重点城区、企业、园区等三大载体的统计监测。开展新型服务业态调研工作，对新型服务业态统计进行了有益探索。多次召开由部门、园区、企业参加的服务业统计会议，加大业务培训，推进部门服务业统计。与省服务业办联合开展了 2010 年市县及部门服务业发展绩效考核工作。

各市服务业统计力度不断加大，青岛市将部门服务业统计工作纳入政府目标绩效考核，滨州市开展了服务业重点行业综合考核工作，济宁市建立实施了金融业调查制度，泰安、威海等市统计局与发改委开展联合检查，有力推动了服务业统计工作。切实做好节能降耗统计。省局主动与经信委、节能办、质监、电力等部门协调配合，强化统计监测和数据审核，及时提供节能监测数据和预警建议。青岛、临沂、滨州等市实施重点耗能企业月度统计监测制度，泰安市建立新能源生产利用统计指标体系，全省有14个市统计局被省政府授予节能先进单位。加强重点区域经济统计监测。建立完善山东半岛蓝色经济区和黄河三角洲高效生态经济区月报监测制度，扩展鲁南经济带指标体系，为领导了解重点区域经济发展情况提供了可靠依据。东营市成立了“蓝黄”两区统计中心，统计力量得到加强。探索创新文化产业统计。在全国率先建立文化产业统计季报制度，实现文化服务业基层单位网上直报。健全文化产业基本单位名录库，改进文化产业增加值核算方法，确保文化产业统计数据质量。高度重视保障性安居工程统计。建立部门协作机制，与省发改委等七部门共同审核工程建设统计数据，客观反映了保障性安居工程建设的实际，得到了国家统计局和省领导的认可。

七、统计数据质量进一步优化。始终把依法统计放在重要位置，坚持多措并举，综合治理，努力打造提高数据质量的长效机制。加大统计普法力度。制定实施《山东省统计法制宣传教育第六个五年规划》，将《统计法》纳入全民普法规划和省委党校、省行政学院的培训内容。开展送法进部门、进社区活动，促进全民知法学法，不断提高统计普法效果。认真开展统计执法检查和巡查。2011年，全省共检查单位8577个，立案313件，结案197件，有力地震慑了统计违法者。结合各项重点统计工作，对6个市进行统计巡查，促进了统计工作的科学规范。临沂市出台了《统计行政处罚自由裁量权实施办法》，聊城市实行县级干部包县的执法检查方式，执法效果明显。不断完善数据审核办法。完善《地区季度GDP核算修订方案》，制定《地区GDP数据质量评估方案》，坚持统计数据“下管一级”，定期召开季度GDP、工业、投资、贸易、能源等数据联审会议，提高统计数据的逻辑性、关联性和匹配性。开展工业增加值环比速度计算与测算，认真做好工业、投资、贸易统计标准提高后的数据衔接工作，确保新标准制度的顺利执行。烟台市建立健全数据分级责任制度，日照、莱芜等市建立部门统计数据调度分析联席会议制度，德州市坚持“三级联审”制度，基层统计数据质量进一步提高。

八、机关建设呈现新气象。大力加强党风廉政建设和统计行风建设。将党风廉政建设和行风建设融入到统计业务工作之中，一并部署检查。省局党组与各处室、中心签订了党风廉政建设责任书、与各市统计局签订了行风建设责任书，各市局、各单位认真履行廉政职责，加强廉政教育，强化监督检查，进一步推进了统计系统惩治和预防腐败体系建设。统计干部队伍建设迈出新步伐。制定了《省统计局人才发展规划2011-2020、》、《省统计局“十二五”教育培训工作规划2011-2015、》，通过开展统计业务知识轮讲、新入局人员培训班、四大工程专题培训、宏观经济讲座、县级统计局长培训班等形式，努力提高干部队伍业务素质和能力水平。省局领导班子建设进一步加强，机构编制、参公管理等有了可喜的进展，省社会经济调查中心、省统计普查中心40多名事业编制人员参照公务员管理。通过竞争上岗公开选拔，一批年轻同志走上领导岗位，干部队伍结构进一步优化。推进机关制度建设。省局对40余项管理制度进行修订完善，济南、淄博、潍坊、威海等市也积极加强制度建设，形成了用制度管数、按制度办事、靠制度管人的工作机制，各项机关工作进一步规范。扎实开展创先争优活动。成立创先争优行业指导小组，开展新一轮承诺、践诺活动。成功举办纪念建党90周年统计系统文艺汇演，展现了统计工作者积极向上、奋发有为的精神风貌。精心组织青年统计能力竞赛，营造了浓厚的学习氛围。2011年，省统计局在人口普查、服务业统计、妇女儿童统计、“十一五”主要污染物总量减排统计、能源统计等工作中5次被省委、省政府评为先进集体、突出贡献单位，获特殊贡献奖、记集体一等功；各市局也都取得了很好的成绩，临沂市、济宁市统计局被评为“全国文明单位”，系统文明创建工作又上了一个新台阶。

回顾2011年的工作，各级统计部门付出了大量艰辛劳动，也收获了许多可喜成绩，为加快转变经济发展方式、建设经济文化强省作出了积极贡献。

第
1
篇

综　合

General Survey

简 要 说 明

一、本篇资料的主要内容

本篇资料是对我省乡镇以上行政区划、分行业法人单位数和国民经济、社会发展的综合反映，主要包括行政区划、法人单位数和平均每天社会经济活动、国民经济主要比例关系、国民经济和社会发展主要指标占全国的比重、国民经济和社会发展主要指标及其增长速度等资料。

二、本篇资料的来源

1、“行政区划一览表”主要包括 2011 年底各（地级）市、各县（市、区）和乡镇级的行政区划资料，数据来源于省民政厅。

2、法人单位情况由省统计局普查中心整理提供。

3、国民经济和社会发展综合部分来源于本年鉴各篇章中的资料，由省统计局综合处加工整理。

Brief Introduction

I. Main Content

Data in this chapter cover the main indicators on divisions of administrative areas, corporate units and national economy and social development, including divisions of administrative areas, number of corporate units and average daily social and economic activities, ratio, and percentage of main indicators of Shandong to the whole nation and growth rate.

II. Source of Data

(1) Data on divisions of administrative areas are provided by Shandong Provincial Department of Civil Affairs.

(2) Data on corporate units situation are provided and compiled by the Census Center of Shandong Provincial Bureau of Statistics.

(3) Data on general survey of economy and society are based on those of different chapters and compiled by the Division of Comprehensive Statistics of Shandong Provincial Bureau of Statistics.

1-1 行政区划(2011年底)

Divisions of Administrative Areas (Year-end of 2011)

单位:个 (unit)

地　区	Region	县级单位数 Numbers of Counties	市辖区 Districts under the Jurisdiction of Cities	县级市 Cities at County Level	县 Coumty	乡镇级单位数 Numbers of Towns	街道办事处 Street Communities	乡 Townships	镇 Towns
全　省	**Total**	**140**	**49**	**31**	**60**	**1857**	**611**	**128**	**1118**
济南市	Jinan	10	6	1	3	141	86	4	51
青岛市	Qingdao	12	7	5		178	101		77
淄博市	Zibo	8	5		3	88	29		59
枣庄市	Zaozhuang	6	5	1		64	17	3	44
东营市	Dongying	5	2		3	40	14	3	23
烟台市	Yantai	12	4	7	1	154	67	6	81
潍坊市	Weifang	12	4	6	2	119	57		62
济宁市	Jining	12	2	3	7	156	41	20	95
泰安市	Tai'an	6	2	2	2	87	18	8	61
威海市	Weihai	4	1	3		71	22		49
日照市	Rizhao	4	2		2	54	9	5	40
莱芜市	Laiwu	2	2			20	5		15
临沂市	Linyi	12	3		9	157	28	10	119
德州市	Dezhou	11	1	2	8	134	27	19	88
聊城市	Liaocheng	8	1	1	6	135	32	21	82
滨州市	Binzhou	7	1		6	91	29	6	56
菏泽市	Heze	9	1		8	168	29	23	116

1-2 按行业分法人单位数

Number of Corporate Units by Sector

单位:个 (unit)

行 业	Sector	2007	2008	2009	2010	2011
总 计	**Total**	**492955**	**610064**	**674839**	**773752**	**832443**
农、林、牧、渔业	Agriculture, Forestry, Animal Husbandry and Fishery	5450	6218	9066	16094	21778
采矿业	Mining	5713	4581	4744	5154	5210
制造业	Manufacturing	159068	175986	190099	212145	220011
电力、燃气及水的生产和供应业	Production and Supply of Electricity, Gas and Water	1261	1569	1843	2151	2326
建筑业	Construction	16731	23740	27430	32413	36009
交通运输、仓储和邮政业	Transport, Storage and Post	7782	13025	14792	17195	19284
信息传输、计算机服务和软件业	Information Transmission, Computer Services and Software	6202	11451	12913	15151	16416
批发和零售业	Wholesale and Retail Trades	93379	129114	154533	194558	219043
住宿和餐饮业	Hotels and Catering Services	8466	13190	14028	16773	16409
金融业	Financial Intermediation	1757	1795	2591	3905	4859
房地产业	Real Estate	9670	14013	16265	20215	22795
租赁和商务服务业	Leasing and Business Services	19319	26729	32478	39911	46418
科学研究、技术服务和地质勘查业	Scientific Research, Technical Services and Geologic Prospecting	6572	11477	13026	14498	15967
水利、环境和公共设施管理业	Management of Water Conservancy, Environment and Public Facilities	2374	3169	3442	3690	3876
居民服务和其他服务业	Services to Households and Other Services	7326	9351	11342	13961	15525
教 育	Education	15353	20484	20607	20778	20908
卫生、社会保障和社会福利业	Health, Social Security and Social Welfare	9726	15637	15714	15810	15893
文化、体育和娱乐业	Culture, Sports and Entertainment	3279	4213	4559	4999	5263
公共管理和社会组织	Public Management and Social Organizations	113525	124322	125367	124351	124453
国际组织	International Organization	2				

注：2008、2009年单位数不包含17个铁路运输业单位。2008年数据为全国第二次经济普查数据(下同)。

a)2008-2009 data no include 17 Railway Transport units.2008 data is based on the second national economic census.The same as the tables following.

1-3 按地区分法人单位数

Number of Corporate Units by Region

单位:个 (unit)

地 区	Region	2008	2009	2010	2011
全省总计	**Total**	**610064**	**674839**	**773752**	**832443**
济 南 市	Jinan	73417	78868	85972	90588
青 岛 市	Qingdao	98130	111608	130498	145414
淄 博 市	Zibo	38437	42795	49615	50484
枣 庄 市	Zaozhuang	16848	20307	24618	26763
东 营 市	Dongying	11918	14217	17078	17507
烟 台 市	Yantai	65151	68733	75741	81475
潍 坊 市	Weifang	46693	53576	65071	71739
济 宁 市	Jining	36721	41299	47936	52812
泰 安 市	Tai'an	34299	34599	37759	39267
威 海 市	Weihai	24571	26683	30173	34149
日 照 市	Rizhao	14390	16454	18554	19038
莱 芜 市	Laiwu	7909	10459	13798	15055
临 沂 市	Linyi	36364	41317	48297	50580
德 州 市	Dezhou	35276	37091	39447	40115
聊 城 市	Liaocheng	19852	21417	25359	28617
滨 州 市	Binzhou	19075	20705	23788	26006
菏 泽 市	Heze	31013	34711	40048	42834

1-4 按机构类型分法人单位数

Number of Corporate Units by Status of Organization

单位:个 (unit)

机构类型	Organization Status	2008	2009	2010	2011
合 计	**Total**	**610064**	**674839**	**773752**	**832443**
企 业	Enterprises	435959	496125	592359	649509
事业单位	Institutions	37603	36692	36631	36470
机 关	Agencies & Organizations	12136	12154	12145	12117
社会团体	Social Groups	12359	13392	13531	13739
民办非企业单位	Private Non-enterprise Units	17072	17537	17805	17928
基金会	Foundation	21	23	24	23
居委会	Neighborhood Committee	6126	5958	5950	5941
村委会	Village Committee	80343	80131	79002	78969
其他组织机构	Others	8445	12827	16305	17747

1-5 国民经济主要比例关系

Proportions on National Economic Indicators

单位:% (%)

项　　目	Item	2007	2008	2009	2010	2011
一、地区生产总值比例	**Structure of Gross Domestic Product**					
第一产业	Primary Industry	9.7	9.6	9.5	9.2	8.8
第二产业	Secondary Industry	56.9	57.0	55.8	54.2	52.9
第三产业	Tertiary Industry	33.4	33.4	34.7	36.6	38.3
二、国内支出总额比例	**Structure of Government Consumption**					
最终消费	Final Consumption	43.3	43.4	40.0	39.1	39.9
资本形成	Capital Formation	48.6	48.2	53.4	54.9	55.0
三、人口比例	**Structure of Population**					
按性别分	Sexual Structure					
男	Male	50.7	50.7	50.7	50.7	50.8
女	Female	49.3	49.3	49.3	49.3	49.2
按农业非农业分	Agricultural and Non-agricultural Structure					
农业人口	Agricultural Structure	63.2	62.4	62.5	59.8	58.9
非农业人口	Non-agricultural Structure	36.8	37.6	37.5	40.3	41.1
四、社会就业人员比例	**Structure of Employment**					
第一产业	Primary Industry	37.3	37.4	36.5	35.5	34.1
第二产业	Secondary Industry	32.7	31.6	32.0	32.6	33.7
第三产业	Tertiary Industry	30.0	31.0	31.5	31.9	32.2
五、农林牧渔业总产值比例	**Structure of Gross Output Value of Agriculture**					
农　业	Farming	54.6	51.6	53.7	55.2	51.9
林　业	Forestry	1.7	1.8	1.7	1.3	1.3
牧　业	Animal Husbandry	27.5	30.4	28.0	26.7	29.3
渔　业	Fishery	12.2	12.2	12.5	12.7	13.5
农林牧渔服务业	Services of Farming,Forestry,Animal Husbandry and Fishery	3.9	4.0	4.1	4.1	4.0
六、工业总产值中轻重工业比例	**Structure of Output Value of Light and Heavy Industries**					
轻工业	Light Industry	34.9	33.9	34.0	32.4	31.2
重工业	Heavy Industry	65.1	66.1	66.0	67.6	68.8
七、全社会固定资产投资比例	**Structure of Investment in Fixed Assets**					
国有经济	State-owned Units	14.7	15.8	16.2	15.7	14.1
集体经济	Collective-owned Units	10.1	11.7	12.1	11.3	10.1
个体经济	Self-employed Units	28.4	28.3	27.5	27.9	30.8
八、地方财政收入占地区生产总值的比重	**Proportion of Local Government Revenue to GDP**	**6.5**	**6.3**	**6.5**	**7.0**	**7.6**
九、财政支出比例	**Structure of Local Government Expenses**					
一般公共服务支出	General Public Service	18.6	17.3	15.0	13.1	12.4
科学技术	Science and Technology	2.1	2.1	1.9	2.0	2.2
教　育	Education	20.0	20.4	18.8	18.6	20.9
十、金融机构存款余额比例	**Structure of Deposits in Financial Institutions**					
企业存款	Deposits by Enterprises	26.8	25.4	28.9	28.2	
储蓄存款	Household Savings Deposits	51.8	53.4	49.2	47.8	47.8
财政存款	Financial Deposits	2.2	2.0	2.5	2.5	2.4

1—6　国民经济和社会发展主要指标占全国的比重(2011年)

Proportion of Main Economic and Social Indicators to the Whole Country(2011)

指标名称		Item		山东 Shandong	全国 China	山东占全国比重(%) Proportion of Shandong to China(%)
一、人口与就业		**Population and Employment**				
年末总人口	(万人)	Population at the Year-end	(10 000 persons)	9637	134735	7.2
就业人员	(万人)	Employment	(10 000 persons)	6486	76420	8.5
二、土地面积	**(万平方公里)**	**Area of Land**	**(10 000 sq.km)**	**16**	**960**	**1.6**
三、农林牧渔业总产值	**(亿元)**	**Gross Output Value of Farming, Forestry,AnimalHusbandry and Fishery**	**(100 million yuan)**	**7409.8**	**81303.9**	**9.1**
四、地区生产总值	**(亿元)**	**Gross Domestic Product**	**(100 million yuan)**	45361.9	471563.7	9.6
第一产业	(亿元)	Primary Industry	(100 million yuan)	3973.9	47712.0	8.3
第二产业	(亿元)	Secondary Industry	(100 million yuan)	24017.1	220591.6	10.9
第三产业	(亿元)	Tertiary Industry	(100 million yuan)	17370.9	203260.1	8.5
五、人均地区生产总值	**(元)**	**Per Capita Gross Domestic Product**	**(yuan)**	47335	35083	
六、主要工农业产品产量		**Output of Major Farm and Industrial Products**				
粮　食	(万吨)	Grain	(10 000 tons)	4426.3	57121.0	7.7
棉　花	(万吨)	Cotton	(10 000 tons)	78.5	658.9	11.9
油　料	(万吨)	Oil-bearing Crops	(10 000 tons)	341.0	3306.8	10.3
肉　类	(万吨)	Meat	(10 000 tons)	711.05	7957.8	8.9
水产品	(万吨)	Aquatic products	(10 000 tons)	813.8	5603.2	14.5
原　油	(万吨)	Crude Oil	(10 000 tons)	2781.5	20287.6	13.7
原　煤	(亿吨)	Coal	(10 000 tons)	1.6	35.2	4.6
发电量	(亿千瓦时)	Electricity	(100 million kwh)	3162.2	47000.7	6.7
家用电冰箱	(万台)	Household Refrigerators	(10 000 units)	718.5	8699.2	8.3
彩色电视机	(万台)	Color Television Sets	(10 000 units)	1249.5	12231.4	10.2
原　盐	(万吨)	Salt	(10 000 tons)	1654.1	6429.4	25.7
化　肥	(万吨)	Chemical Fertilizer	(10 000 tons)	639.6	6217.2	10.3
粗　钢	(万吨)	Steel	(10 000 tons)	5655.2	68388.3	8.3
平板玻璃	(万重量箱)	Plate Glass	(10 000 weight cases)	7754.3	73788.7	10.5
七、固定资产投资		**Investment in Fixed Assets**				
全社会固定资产投资额	(亿元)	Total Investment in Fixed Assets	(100 million yuan)	26769.7	311021.9	8.6
八、运输、邮电		**Transport,Post and Telecommunication Services**				
货物周转量	(亿吨公里)	Total Freight Ton-kilometers	(100 million ton-km)	12584	159324	7.9
旅客周转量	(亿人公里)	Total Passenger-kilometers	(100 million person-km)	1728	30984	5.6
沿海主要港口货物吞吐量	(万吨)	Volume of Freight Handled in Major Coastal Ports	(10 000 tons)	96188	616292	15.6
邮电业务总量	(亿元)	Total Volume of Post and Telecommunication Services	(100 million yuan)	771.2	13379.2	5.8
九、财政金融		**Finance and Financial Intermediation**				
地方财政一般预算收入	(亿元)	Local Government Revenue	(100 million yuan)	3455.9	52433.9	6.6
地方财政一般预算支出	(亿元)	Local Government Expenditure	(100 million yuan)	5002.1	92415.5	5.4
城乡居民人民币储蓄存款余额	(亿元)	RMB Savings and Deposit of Urban and Rural Households at the Year-end	(100 million yuan)	22173.3	343635.9	6.5
十、国内贸易		**Domestic Trade**				
社会消费品零售额	(亿元)	Total Retail Sales of Consumer Goods	(100 million yuan)	17155.5	183918.6	9.3
十一、外贸外经旅游		**Foreign Trade and Tourism**				
进出口总额	(亿美元)	Total Value of Imports and Exports	(100 million USD)	2359.9	36420.6	6.5
出口总额	(亿美元)	Exports	(100 million USD)	1257.9	18986.0	6.6
国际旅游外汇收入	(亿美元)	Foreign Exchange Earnings	(100 million USD)	25.5	484.6	5.3
十二、价格指数		**Price Indices**				
商品零售物价指数	(%)	Retail Price Indices	(%)	105.0	104.9	
居民消费价格指数	(%)	Consumer Price Indices	(%)	104.7	105.4	
十三、人民生活		**People's Livelihood**				
城镇单位就业人员工资总额	(亿元)	Total Wages of Employed Persons in Urban Units	(100 million yuan)	3956	59955	6.6
城镇单位就业人员平均工资	(元)	Average Wage of Employed Persons in Urban Units	(yuan)	37618	41799	
城镇居民人均可支配收入	(元)	Per Capita Disposabal Income of Urban Households	(yuan)	22792	21810	
农民人均纯收入	(元)	Per Capita Annual Net Income of Rural Households	(yuan)	8342	6977	
十四、教育、卫生		**Education and Health Care**				
普通高等学校在校生数	(万人)	Total Enrollment of Institutions of Higher Education	(10 000 persons)	162.0	2308.5	7.0
医院床位数	(万张)	Number of Hospital Beds	(10 000 beds)	28.0	370.5	7.6
专业卫生技术人员数	(万人)	Number of Medical Technical Personnel	(10 000 persons)	48.2	620.3	7.8

1－7 国民经济和社会发展主要指标

类　　别		Category		1998	1999
一、人　口		**Population**			
年末总人口	(万人)	Total Population at the Year-end	(10 000 persons)	8838	8883
按性别分		**By Sex**			
男	(万人)	Male	(10 000 persons)	4513	4537
女	(万人)	Female	(10 000 persons)	4359	4385
按农业非农业分		**Agricultural and Non-agricultural Population**			
农业人口	(万人)	Agricultural Population	(10 000 persons)	6575	6600
非农业人口	(万人)	Non-agricultural Population	(10 000 persons)	2296	2322
人口密度	(人/平方公里)	Population Density	(persons/sq.km)	564	567
二、就业人员和劳动工资		**Employment and Wages**			
年末就业人员	(万人)	Year-end Employed Persons	(10 000 persons)	5287.6	5314.7
第一产业	(万人)	Primary Industry	(10 000 persons)	2837.3	2811.7
第二产业	(万人)	Secondary Industry	(10 000 persons)	1245.8	1245.7
第三产业	(万人)	Tertiary Industry	(10 000 persons)	1204.5	1257.3
乡村就业人员	(万人)	Rural Employed Persons	(10 000 persons)	3626.2	3644.5
城镇就业人员	(万人)	Urban Employed Persons	(10 000 persons)	1661.4	1669.7
职工年末人数 (万人)		Number of Staff and Workers at the Year-end	(10 000 persons)	836.8	809.1
#国有单位	(万人)	State-owned Units	(10 000 persons)	595.1	566.7
城镇集体单位	(万人)	Urban Collective-owned Units	(10 000 persons)	132.7	119.1
工资总额	(亿元)	Total Wages Bill	(100 million yuan)	575.4	620.1
#国有单位	(亿元)	State-owned Units	(100 million yuan)	444.4	475.9
城镇集体单位	(亿元)	Urban Collective-owned Units	(100 million yuan)	61.6	60.1
平均工资	(元)	Average Wage	(yuan)	6854	7656
#国有单位	(元)	State-owned Units	(yuan)	7469	8389
城镇集体单位	(元)	Urban Collective-owned Units	(yuan)	4558	4988
三、国民经济核算		**National Accounting**			
地区生产总值	(亿元)	Gross Domestic Product	(100 million yuan)	7021.35	7493.84
第一产业	(亿元)	Primary Industry	(100 million yuan)	1215.81	1221.00
第二产业	(亿元)	Secondary Industry	(100 million yuan)	3408.06	3644.32
工　业	(亿元)	Industry	(100 million yuan)	3008.45	3197.16
建筑业	(亿元)	Construction	(100 million yuan)	399.61	447.16
第三产业	(亿元)	Tertiary Industry	(100 million yuan)	2397.49	2628.52
交通运输仓储邮电通信业	(亿元)	Transportation Post and Telecommunication Services	(100 million yuan)	437.37	484.65
批发零售贸易餐饮业	(亿元)	Wholesale Retail and Catering	(100 million yuan)	735.63	787.90
人均地区生产总值	(元)	Per Capita GDP	(yuan)	7968	8483
支出法计算的国内生产总值		**Gross Domestic Product by Expenditure Approach**			
#最终消费	(亿元)	Government Final Consumption Expenditure	(100 million yuan)	3477.58	3742.49
居民消费	(亿元)	Household Consumption Expenditures	(100 million yuan)	2543.69	2807.76
政府消费	(亿元)	Government Consumption Expenditure	(100 million yuan)	933.89	934.72
资本形成总额	(亿元)	Gross Capital Formation	(100 million yuan)	3409.36	3590.75
#固定资产形成总额	(亿元)	Gross Fixed Capital Formation	(100 million yuan)	2324.03	2632.54
居民消费水平		**Household Consumption Expenditure**			
全省居民	(元)	Average Expenditure of All Residents	(yuan)	2887	3178
农村居民	(元)	Rural Residents	(yuan)	1952	2034
城镇居民	(元)	Urban Residents	(yuan)	4479	5085
四、固定资产投资		**Investment in Fixed Assets**			
全社会固定资产投资额	(亿元)	Total Investment in Fixed Assets	(100 million yuan)	2056.97	2222.17
国有经济	(亿元)	State-Owned Units	(100 million yuan)	938.73	1043.13
集体经济	(亿元)	Collective-Owned Units	(100 million yuan)	610.20	635.55
个体经济	(亿元)	Individuals Economy	(100 million yuan)	274.20	310.64

注：1.2000和2010年年末总人口数据为人口普查时点数据。
　　2.2010年起，工资总额、平均工资数据为城镇单位就业人员口径。

Main Indicators on National Economic and Social Development

2000	2001	2002	2003	2004	2005	2006	2007	2008	2009	2010	2011
8997	9041	9082	9125	9180	9248	9309	9367	9417	9470	9579	9637
4562	4584	4607	4624	4652	4676	4707	4739	4761	4792	4839	4870
4413	4440	4463	4484	4512	4537	4575	4606	4632	4658	4697	4721
6566	6507	6435	6275	6212	6066	6055	5909	5860	5902	5698	5646
2409	2517	2634	2833	2951	3147	3228	3436	3532	3548	3839	3945
574	577	580	582	586	589	592	596	599	603	610	613
5441.8	5475.3	5527.0	5620.6	5728.1	5840.7	5960.0	6081.4	6187.6	6294.2	6401.9	6485.6
2887.7	2863.6	2769.6	2638.3	2542.1	2350.3	2328.0	2265.2	2313.5	2297.4	2273.1	2211.6
1286.0	1308.6	1375.1	1474.3	1581.0	1781.4	1870.3	1989.9	1955.5	2014.1	2086.7	2185.6
1268.1	1303.1	1382.3	1508.0	1605.0	1709.0	1761.7	1826.3	1918.6	1982.7	2042.1	2088.4
3617.1	3589.9	3578.3	3590.8	3587.7	3563.9	3535.0	3519.9	3507.5	3490.8	3474.5	3471.2
1825.2	1885.4	1948.6	2029.7	2140.4	2276.8	2425.0	2561.5	2680.1	2803.4	2927.4	3014.4
790.1	770.5	764.8	762.3	776.1	871.1	874.3	879.7	872.7	889.6	919.9	1006.0
542.1	519.5	493.5	487.5	483.6	415.8	409.3	411.6	413.9	413.3	422.4	424.4
103.9	92.0	82.0	74.1	67.2	63.3	59.6	57.8	54.1	54.4	54.6	58.4
695.1	773.9	868.4	954.8	1107.5	1440.3	1664.5	1992.6	2294.5	2629.3	3166.7	3956.1
524.4	577.7	630.5	679.1	772.6	823.7	929.9	1118.8	1285.8	1432.8	1683.5	1885.8
58.8	58.0	59.5	63.2	67.4	73.2	78.8	90.9	101.6	118.1	147.1	182.1
8772	10007	11374	12567	14332	16614	19228	22844	26404	29688	33321	37618
9655	11067	12777	13975	16030	19823	22804	27290	31169	34794	38490	43469
5585	6234	7129	8442	9864	11474	13132	15636	18656	21496	25626	29683
8337.47	9195.04	10275.50	12078.15	15021.84	18366.87	21900.19	25776.91	30933.28	33896.65	39169.92	45361.85
1268.57	1359.49	1390.00	1480.67	1778.45	1963.51	2138.90	2509.14	3002.65	3226.64	3588.28	3973.85
4164.45	4556.01	5184.98	6485.05	8478.69	10478.62	12574.03	14647.53	17571.98	18901.83	21238.49	24017.11
3665.74	4004.09	4518.87	5706.71	7576.12	9418.58	11378.82	13283.72	15894.95	16896.14	18861.45	21275.89
498.71	551.92	666.11	778.34	902.57	1060.04	1195.21	1363.81	1677.03	2005.69	2377.04	2741.22
2904.45	3279.53	3700.52	4112.43	4764.70	5924.74	7187.26	8620.24	10358.64	11768.18	14343.14	17370.89
545.13	657.57	655.64	710.18	969.13							
856.94	972.33	1142.54	1283.70	1431.58							
9326	10195	11340	13268	16413	19934	23603	27604	32936	35894	41106	47335
4021.46	4479.42	4887.40	5608.60	6568.66	7478.35	8888.17	10352.82	12368.40	13574.79	15331.20	18095.43
3082.06	3360.92	3555.72	3960.91	4506.51	5451.19	6553.88	7603.39	9085.22	9910.18	11058.97	12999.98
939.40	1118.50	1331.68	1647.69	2062.15	2027.16	2334.29	2749.43	3283.18	3664.61	4272.23	5095.45
4122.26	4422.24	4840.39	5668.51	7455.96	9411.18	11177.54	13105.80	15587.57	18109.95	21499.29	24944.34
3159.03	3518.25	4192.58	5180.81	6896.07	8974.77	10829.36	12505.88	15035.08	17734.43	20800.55	24281.22
3447	3726	3924	4351	4924	5916	7064	8142	9673	10494	11611	13565
2118	2260	2366	2467	2662	3109	3608	4251	5081	5395	5733	7063
5603	6020	6232	6974	7965	9453	11193	12633	14815	16027	17726	19984
2542.65	2807.79	3509.29	5328.44	7629.04	10541.87	11136.06	12537.02	15435.93	19030.97	23276.69	26769.73
1153.65	1157.44	1237.16	1615.57	1762.29	1853.29	1855.41	1838.55	2431.54	3086.82	3648.45	3783.31
679.48	688.61	812.65	1177.00	2455.86	1042.41	1063.61	1269.64	1811.23	2308.54	2627.32	2715.00
353.93	384.06	487.31	733.64	772.28	2736.61	3096.56	3566.49	4360.90	5235.29	6505.00	8234.50

a)Total population data of 2000 and 2010 year-end are based on the national population census.
b)Since 2010,data of total wages bill and average wage refer to the range of employed persons in urban.

1-7 续表 1

类　　别		Category		1998	1999
其他经济	(亿元)	Others	(100 million yuan)	233.84	232.85
五、能　源		**Energy**			
能源生产总量	(万吨标煤)	Total Energy Production	(10 000 tons of SCE)	10436.05	10322.39
原　煤	(万吨标煤)	Coal	(10 000 tons of SCE)	6412.17	6425.10
原　油	(万吨标煤)	Crude Oil	(10 000 tons of SCE)	3901.51	3807.55
天燃气	(万吨标煤)	Natural Gas	(10 000 tons of SCE)	122.09	89.01
水　电	(万吨标煤)	Hydro-power	(10 000 tons of SCE)	0.28	0.73
水电和风电	(万吨标煤)	Hydro and Wind Power	(10 000 tons of SCE)		
六、财　政		**Government Finance**			
地方财政一般预算收入	(万元)	Local Government Budgetary Revenue	(10 000 yuan)	3523912	4044829
#增值税	(万元)	Value Added Tax	(10 000 yuan)	701402	782176
营业税	(万元)	Business Tax	(10 000 yuan)	752239	789669
个人所得税	(万元)	Personal Income Tax	(10 000 yuan)	46780	187585
资源税	(万元)	Resource Tax	(10 000 yuan)	166968	59698
城市维护建设税	(万元)	Urban Maintenance and Development Tax	(10 000 yuan)	131149	238123
房产税	(万元)	Tax on Real Estates	(10 000 yuan)	226211	134879
城镇土地使用税	(万元)	Urban Land Using Tax	(10 000 yuan)	47480	71806
土地增值税	(万元)	Land Value-added Tax	(10 000 yuan)	2976	3503
车船税	(万元)	Tax on Vehicle and License	(10 000 yuan)	17501	19400
企业所得税	(万元)	Company Income Tax	(10 000 yuan)	468054	631666
行政性收费收入	(万元)	Incom from Adiministrative Fees	(10 000 yuan)	169040	212480
地方财政支出	(万元)	Local Government Budgetary Expenditure	(10 000 yuan)	4878175	5500034
#基本建设支出	(万元)	Expenditure for Capital Construction	(10 000 yuan)	318452	325120
城市维护费	(万元)	City Maintenance	(10 000 yuan)	367382	351390
支援农业支出	(万元)	Expenditure for Supporting Rural Production	(10 000 yuan)	377198	402651
文教科学卫生事业费	(万元)	Operating Expenses for Culture,Education, Science and Health Care	(10 000 yuan)	1325393	1453237
行政管理费	(万元)	Expenditure for Government Administratio	(10 000 yuan)	501269	544497
#一般公共服务	(万元)	General Public Service	(10 000 yuan)		
教育	(万元)	Education	(10 000 yuan)		
社会保障和就业	(万元)	Social Security and Employment	(10 000 yuan)		
医疗卫生	(万元)	Health	(10 000 yuan)		
农林水事务	(万元)	Farming、Forestry and Irrigation Affairs	(10 000 yuan)		
七、金　融		**Fiancial Intermediation**			
金融机构人民币存款余额	(万元)	RMB Deposits	(10 000 yuan)	57554782	65629934
#企业存款	(万元)	Deposits by Enterprises	(10 000 yuan)	15010890	17250542
财政存款	(万元)	Fiscal Deposits	(10 000 yuan)	441380	584925
农业存款	(万元)	Agricultural Deposits	(10 000 yuan)	883521	1084540
储蓄存款	(万元)	Urban and Rural Household Savings Deposits	(10 000 yuan)	37353766	41098425
金融机构人民币贷款余额	(万元)	RMB Loans	(10 000 yuan)	51067900	56798630
#工业贷款	(万元)	Loans to Industrial Sector	(10 000 yuan)	9795567	10391030
农业贷款	(万元)	Loans to Agricultural Sector	(10 000 yuan)	4189496	4435895
商业贷款	(万元)	Loans to Commercial Sector	(10 000 yuan)	12097868	12657508
基建贷款	(万元)	Loans to Capital Construction	(10 000 yuan)	3879386	5563931
技改贷款	(万元)	Loans to Technical Innovation	(10 000 yuan)	2522862	2522178
八、价格指数		**Price Indices**			
居民消费价格总指数	(上年=100)	Consumer Price Index	(preceding year=100)	99.4	99.3
商品零售物价总指数	(上年=100)	Retail Price Index	(preceding year=100)	97.1	97.1
九、居民生活		**People's Livelihood**			
农民生活		Rural's Livelihood			
人均年末生活用房面积	(平方米)	Per Capita Living Floor Space(the End of Year)	(sq.m)	23.91	25.07

continued

2000	2001	2002	2003	2004	2005	2006	2007	2008	2009	2010	2011
355.59	577.68	972.17	1802.23	2638.61	4909.56	5120.48	5862.34	6832.27	8400.32	10495.92	12036.92
9648.75	11550.26	13241.75	14384.08	14394.61	13995.62	14083.40	14616.67	14615.32	14600.08	16055.71	16351.80
5741.96	7634.32	9333.02	10476.85	10461.78	10021.63	10042.24	10526.28	10500.62	10424.07	11913.14	12255.64
3822.49	3811.52	3816.52	3808.65	3820.50	3849.36	3935.89	3990.22	3998.91	4040.38	3980.08	3973.65
83.54	103.34	91.07	98.36	111.84	123.03	103.46	99.22	113.05	119.97	129.01	69.16
0.76	1.08	1.14	0.22	0.49	1.60	1.82	0.95	2.74			
									15.66	33.48	53.35
4636788	5731793	6102242	7137877	8283306	10731250	13562526	16753980	19570541	21986324	27493842	34559267
896895	1002918	1112319	1260824	1160390	1930040	2428345	2907862	3337763	3244846	3782348	4138174
876638	926921	1176414	1447077	1764502	2177928	2717252	3397121	3960900	4706109	6315107	7657247
247492	369925	310934	260262	319637	388938	458361	568145	611251	646665	810098	965805
62164	64405	97605	104760	135148	182437	261376	289858	288063	328077	332924	383606
276205	290458	307978	444019	549266	659514	784298	924642	1041367	1090776	1307440	1796032
155591	165321	209770	244706	267768	327950	387000	443522	472576	578637	646535	740189
88204	89095	117198	198074	211717	294438	359719	659581	1035689	1208817	1376902	1584572
7423	10656	17264	54899	90831	143916	220164	325263	365577	438406	661943	1056698
31852	36376	43618	48420	49347	56022	64233	75274	126429	176905	232684	297216
818659	1491110	783934	664382	860624	1108282	1482753	1985020	2299728	2203040	2933058	3985551
305651	403697	540173	757389	909921	1080665	1332044	1444439	1631981	1715876	2030192	2788242
6130774	7537781	8606484	10106395	11893716	14662271	18334400	22618495	27046613	32676716	41450320	50020701
295068	409608	440415	636760	600330	704835	821963					
388802	485770	547982	685165	885953	1179667	1470287					
411914	478933	557939	618116	731073	895847	1083756					
1677928	1936046	2290732	2553316	3091148	3751654	4542846					
622058	743144	900217	1123337	1312928	1629489	1929519					
							4218172	4682351	4901437	5443095	6184774
							4533574	5509929	6134864	7704472	10478987
							2517774	2850525	3427930	4167672	5015394
							996496	1404184	1892400	2507742	3603575
							1630130	2353000	3693489	4659775	5640015
74711987	85017294	102477706	124382360	145142781	171035148	196339878	220722430	269301809	346977763	411049645	463454133
20771967	23079030	27371339	33965555	38730410	41238617	47745652	59101969	68289510	100209426	115855356	
764478	1140353	1318673	1486500	2258323	2596570	3431146	4790568	5352549	8683402	10260711	11094869
1351492	1613431	2050450	2438209	2715491	3221967	3954365	4310596	4471688	6605038	2779643	
44667153	50637936	58057165	67683453	77214610	90351351	103580272	114381079	143821895	170827554	196482092	221732725
62090468	70176588	85365991	104671108	117828279	133817463	157096014	175451466	200539104	259613230	307226360	351789985
9938023	11472037	13466479	16329927	19255716	20218176	28372457	33006922	35509421	39415542		
5281785	7071209	9073641	11565081	13401333	15611128	18446480	21559437	24634301	29629694		
11249154	12227300	12561986	12566663	11660566	10867721	9981885	10530468	9439945	11177739		
7315876	8373434	11343636	13992866	16834244	20403236	26278047	30478416	36443285	52526564		
2678175	2854302	1111118	1537491	1946567	2069666	1433182	1405230	1528325	1328334		
100.2	101.8	99.3	101.1	103.6	101.7	101.0	104.4	105.3	100.0	102.9	105.0
98.6	100.0	98.8	100.2	102.8	100.6	100.6	103.6	104.9	99.4	102.7	104.7
23.61	24.60	25.59	26.53	26.92	29.64	30.69	31.69	32.98	34.24	34.71	36.31

1-7 续表 2

类 别		Category		1998	1999
人均总收入	(元)	Annual Per Capita Gross Income of Rural Households	(yuan)	3562	3646
人均纯收入	(元)	Annual Per Capita Disposable Income of Rural Households	(yuan)	2453	2550
人均总支出	(元)	Annual Per Capita Gross Expenditure of Rural Households	(yuan)	2782	2846
#购置生产性固定资产	(元)	Expenditure for Purchasing Productive Fixed Assets	(yuan)	93	97
生活消费支出	(元)	Living Expenditure of Rural Households	(yuan)	1595	1680
城镇居民生活		**Urban's Livelihood**			
人均全年可支配收入	(元)	Annual Per Capita Disposable Income of Urban Households	(yuan)	5380	5809
人均全年消费性支出	(元)	Annual Per Capita Consumption Expenditure of Urban Households	(yuan)	4144	4515
人均全年非消费支出	(元)	Annual Per Capita Non-consumption Expenditure of Urban Households	(yuan)	1079	1082
年末人均建筑面积	(平方米)	Per Captia Construction Area of Buildings	(sq.m)	12.82	13.10
十、农林牧渔业		**Farming,Forestry,Animal Husbandry and Fishery**			
农林牧渔业总产值	(亿元)	Gross Output Value of Farming Forestry, Animal Husbandry and Fishery	(100 million yuan)	2174.54	2202.95
农 业	(亿元)	Farming	(100 million yuan)	1219.85	1254.87
林 业	(亿元)	Forestry	(100 million yuan)	45.91	44.93
牧 业	(亿元)	Animal Husbandry	(100 million yuan)	583.40	572.95
渔 业	(亿元)	Fishery	(100 million yuan)	325.38	330.20
农林牧渔服务业	(亿元)	Services for Agriculture	(100 million yuan)		
农业生产情况		**Farming**			
粮食总产量	(万吨)	Total Output of Grain	(10 000 tons)	4264.8	4269.0
粮食单产	(千克/公顷)	Grain	(kilogram/hectare)	5244	5271
棉花总产量	(万吨)	Total Output of Cotton	(10 000 tons)	41.3	39.2
棉花单产	(千克/公顷)	Cotton	(kilogram/hectare)	996	1072
油料总产量	(万吨)	Total Output of Oil-bearing Crops	(10 000 tons)	335.6	320.5
油料单产	(千克/公顷)	Oil-bearing Crops	(kilogram/hectare)	3908	3614
肉类总产量	(万吨)	Total Output of Grain	(10 000 tons)	497.9	524.5
猪存栏	(万头)	Number of Pigs	(10 000 heads)	2485.9	2560.5
牛存栏	(万头)	Number of Cattles	(10 000 heads)	911.8	977.3
羊存栏	(万只)	Number of Sheep and Goats	(10 000 heads)	2322.0	2536.2
家禽存栏	(万只)	Number of Poultry	(10 000 heads)	48484.0	53332.0
猪出栏	(万头)	Slaughtered Pigs	(10 000 heads)	3123.2	3248.1
牛出栏	(万头)	Slaughtered Cattle	(10 000 heads)	354.9	391.1
羊出栏	(万只)	Slaughtered Sheep	(10 000 heads)	2518.9	2838.8
家禽出栏	(万只)	Slaughtered Poultry	(10 000 heads)	91299.0	100246.0
禽蛋产量	(万吨)	Poultry Eggs	(10 000 tons)	322.0	349.1
奶类产量	(万吨)	Milk	(10 000 tons)	54.0	61.3
水产品总产量	(吨)	Total Aquatic Products	(tons)	5875574	6277843
海水产品	(吨)	Seawater Aquatic Products	(tons)	5116993	5440155
海洋捕捞	(吨)	Catching in Ocean	(tons)	3003764	3003387
海水养殖	(吨)	Seawater Aquiculture	(tons)	2113228	2436767
淡水产品产量	(吨)	Freshwater Aquatic Products	(tons)	758582	837689
捕捞量	(吨)	Catching	(tons)	80336	80002
养殖量	(吨)	Freshwater Aquiculture	(tons)	678246	757687
水产品养殖面积	(万亩)	Aquiculture Area	(10 000 mu)	649.80	722.78
海 水	(万亩)	Seawater Aquiculture Area	(10 000 mu)	283.22	336.14
淡 水	(万亩)	Freshwater Aquiculture Area	(10 000 mu)	366.58	386.65
十一、工 业		**Industry**			
工业总产值	(亿元)	Gross Industrial Output Value	(100 million yuan)	10579.17	11195.46
#国有经济	(亿元)	State-owned Enterprises	(100 million yuan)	2177.73	2058.49
集体经济	(亿元)	Collective-owned Enterprises	(100 million yuan)	2206.64	2218.99

continued

2000	2001	2002	2003	2004	2005	2006	2007	2008	2009	2010	2011
3872	4139	4306	4482	5038	5677	6189	7150	8137	8684	9877	12147
2659	2805	2954	3150	3507	3931	4368	4985	5641	6119	6990	8342
3036	3327	3439	3521	3999	4561	5090	5863	6697	7258	7981	10299
108	102	92	84	108	117	149	111	124	234	192	295
1771	1905	1998	2133	2389	2736	3144	3622	4077	4417	4807	5901
6490	7101	7615	8400	9438	10745	12192	14265	16305	17811	19946	22792
5022	5252	5596	6069	6674	7457	8468	9667	11007	12013	13118	14561
1037	1133	1905	2221	2352	2432	3249	3522	3640	4060	4298	4781
13.75	14.17	24.57	25.67	26.39	28.49	29.29	29.80	31.33	31.80	32.09	33.18
2294.35	2453.96	2526.05	2902.45	3453.91	3741.81	4058.62	4766.23	5612.96	6003.09	6650.94	7409.75
1300.44	1401.34	1420.88	1599.32	1891.73	2033.95	2283.29	2604.07	2895.68	3223.99	3670.07	3843.62
47.62	47.22	48.25	53.70	59.49	57.57	65.48	81.98	102.24	101.27	86.5	99.96
599.17	654.71	698.44	831.34	1022.84	1125.04	1025.37	1313.00	1704.90	1683.83	1774.46	2171.92
347.12	350.69	358.48	370.04	426.09	465.52	522.94	580.35	686.28	747.42	847.37	999.11
			48.05	53.76	59.73	161.54	186.83	223.87	246.58	272.52	295.14
3837.7	3720.6	3292.7	3435.5	3516.7	3917.4	4093.0	4148.8	4260.5	4316.3	4335.7	4426.3
4938	5201	4763	5355	5570	5837	5848	5981	6125	6140	6120	6194
59.0	78.1	72.2	87.7	109.8	84.6	102.3	100.1	104.1	92.1	72.4	78.5
1085	1062	1086	994	1036	1000	1149	1112	1172	1151	945	1043
356.9	377.3	340.4	361.8	369.7	363.9	328.2	328.6	340.6	334.5	342.2	341.0
3730	3743	3458	3572	3913	4044	4136	4097	4192	4247	4193	4227
500.0	531.5	559.7	591.0	621.7	657.8	681.0	618.7	660.31	684.13	704.36	711.05
2401.8	2500.3	2602.8	2686.1	2761.0	2772.0	2508.5	2656.5	2725.8	2753.1	2747.6	2837.1
779.9	778.5	787.9	804.3	771.5	750.4	632.7	570.7	522.5	485.6	483.7	492.9
2260.1	2357.2	2466.8	2543.3	2667.5	2646.0	2368.3	2342.3	2142.9	2096.9	2138.9	2150.9
47789.9	50263.7	53236.2	55031.3	56875.6	54641.3	52100.3	48779.5	53971.8	52028.8	54110.0	58541.2
3213.2	3370.7	3566.2	3765.9	4060.4	4263.5	4389.9	3654.0	3916.7	4155.7	4301.1	4234.2
322.2	359.6	380.1	396.5	413.2	425.7	436.6	449.7	458.2	454.3	449.3	433.4
2375.7	2530.1	2646.5	2731.2	2869.4	3003.0	3026.2	3080.7	3098.8	3057.1	3005.1	2901.2
91195.0	99493.7	105550.4	113458.2	122660.6	145089.4	151090.9	139652.9	152889.1	156864.2	163295.6	173553.9
301.0	311.6	328.3	349.1	355.8	363.2	353.9	359.9	365.6	377.7	384.8	401.6
62.7	80.5	103.9	132.1	167.9	196.7	212.4	242.2	254.9	258.2	271.6	279.0
6306551	6196988	6277536	6378795	6486528	6648983	6837469	7133795	7303048	7535939	7838259	8138280
5375169	5266599	5403654	5456872	5528613	5655207	5783299	5986873	6094766	6263895	6463345	6647212
2780483	2511170	2457272	2421393	2440631	2421396	2359570	2451596	2481256	2449591	2350888	2512437
2594685	2755430	2946382	3035479	3087982	3233811	3423729	3535277	3613510	3814304	3962643	4134775
931382	930389	873882	921923	957915	993776	1054170	1146922	1208282	1272044	1374914	1491068
81214	79991	71142	91019	93484	110887	117390	114368	129643	128342	130896	135378
850168	850397	802740	830904	864431	882889	936780	1032554	1078639	1143702	1244018	1355690
788.35	829.39	802.51	930.91	1014.34	1033.11	840.03	884.99	993.45	1029.30	1136.51	1174.40
420.71	434.99	439.15	537.52	598.02	611.09	564.62	609.26	639.33	662.10	751.42	768.19
367.64	394.40	363.36	393.38	416.32	422.02	275.42	275.73	354.12	367.20	385.09	406.21
12509.53	13277.37	15588.53	19891.54	26295.24	35387.43	43900.21	54428.27	62958.53	71209.42	83851.40	99504.98
2474.49	1223.49	1377.03	1484.04	2087.28	1982.94	2307.84	2988.11	4577.21	4074.70	5486.12	6200.76
2393.99	2078.33	2348.82	2526.39	2819.30	2264.87	2469.67	2922.80	2464.08	2775.66	2632.65	2983.41

1-7 续表 3

类 别		Category		1998	1999
按轻重工业分		**Grouped by Light & Heavy Industries**			
轻工业	(亿元)	Light Industry	(100 million yuan)	5110.02	5373.71
重工业	(亿元)	Heavy Industry	(100 million yuan)	5469.15	5821.75
十二、交通运输邮电		**Transport,Posts and Telecommunications**			
铁路通车里程	(公里)	Length of Railways	(km)	2658	2672
公路通车里程	(公里)	Length of Highways	(km)	64145	67847
#晴雨通车	(公里)	Length of Highways Operating under All Weathers	(km)	63142	67055
内河通航里程	(公里)	Length of Navigable Inland Waterways	(km)	1414	1476
客运量	(万人)	Passenger Traffic	(10 000 persons)	50904	59350
铁 路	(万人)	Railways	(10 000 persons)	3223	3670
公 路	(万人)	Highways	(10 000 persons)	46467	54817
水 路	(万人)	Waterways	(10 000 persons)	868	863
客运周转量	(百万人公里)	Passenger Turnover	(million passenger-km)	45229	51828
铁 路	(百万人公里)	Railways	(million passenger-km)	18327	20568
公 路	(百万人公里)	Highways	(million passenger-km)	24599	28846
水 路	(百万人公里)	Waterways	(million passenger-km)	483	414
货运量	(万吨)	Freight Traffic	(10 000 tons)	76813	80212
铁 路	(万吨)	Railways	(10 000 tons)	10224	10553
公 路	(万吨)	Highways	(10 000 tons)	64716	67696
水 路	(万吨)	Waterways	(10 000 tons)	1867	1956
货运周转量	(百万吨公里)	Freight Turnover	(million ton-km)	118753	127304
铁 路	(百万吨公里)	Railways	(million ton-km)	65877	73588
公 路	(百万吨公里)	Highways	(million ton-km)	34322	35350
水 路	(百万吨公里)	Waterways	(million ton-km)	18513	18330
邮政局总计	(处)	Number of Post & Telecommunications Offices	(unit)	5382	4414
邮路总长度	(万公里)	Length of Postal Routes	(10 000 km)	15.10	18.53
函 件	(万件)	Number of Letters	(10 000 pcs)	33114	35138
电信业务总量	(亿元)	Business Volume of Telecommunication Services	(10 000 yuan)	133.89	141.18
长话电路	(路)	Long-distance Telephone Lines	(line)	98760	163381
长途电话	(万次)	Number of Long Distance Telephone Calls	(10 000 times)	97077	96553
市内电话	(万户)	Number of Urban Telephone Calls	(10 000 subscribers)	346.7	413.8
农村电话	(万户)	Number of Rural Telephone Calls	(10 000 subscribers)	179.6	283.8
十三、国内贸易		**Domestic Trade**			
社会消费品零售总额	(亿元)	Total Retail Sales of Consumer Goods	(100 million yuan)	2564.54	2872.82
市	(亿元)	City	(100 million yuan)	1572.06	1763.91
县	(亿元)	County	(100 million yuan)	246.20	275.79
县以下	(亿元)	Under County Level	(100 million yuan)	746.28	833.12
按行业分		**By Sector**			
批零贸易业	(亿元)	Wholesale and Retail Trades	(100 million yuan)	1600.27	1807.00
住宿和餐饮业	(亿元)	Hotels and Catering Services	(100 million yuan)	238.50	281.54
其他行业	(亿元)	Others	(100 million yuan)	125.67	135.02
十四、对外贸易和旅游		**Foreign Economy and Trade,Tourism**			
对外贸易		Foreign Economy and Trade			
海关进出口总值	(万美元)	Total Value of Imports and Exports	(10 000 USD)	1661740	1827094
海关出口总值	(万美元)	Total Exports	(10 000 USD)	1034705	1157909
#一般贸易	(万美元)	General Trade	(10 000 USD)	458607	541405
来料加工装配贸易	(万美元)	Processing and Assembling with Customer's Materials	(10 000 USD)	172262	218625
进料加工贸易	(万美元)	Processing and Assembling with Import Materials	(10 000 USD)	396013	394880

continued

2000	2001	2002	2003	2004	2005	2006	2007	2008	2009	2010	2011
5964.70	6437.42	7630.45	9049.49	11382.95	13124.13	15638.85	19011.79	21315.28	24195.79	27161.78	31019.15
6544.83	6839.96	7958.08	10842.05	14912.29	22263.30	28261.36	35416.48	41643.25	47013.62	56689.62	68485.83
2672	2709	2709	3236	3348	3402	3405	3379	3329	3620	3833	4177
70686	71128	74029	76266	77768	80132	204911	212236	220687	226693	229858	233189
70038	70701	73665	75948	77483	79854	203363	211279	219525	225235	228906	232264
1476	1476	1476	1012	1012	1012	1012	1012	1012	1012	1150	1150
66128	70497	74626	75492	89388	98485	109472	123963	213387	234234	248720	250469
3840	3723	3566	3324	3857	3952	4757	5127	5470	5806	6041	6609
61466	65787	69948	71053	84290	93178	103298	117309	205917	226134	240044	241457
822	987	1112	1115	1241	1355	1417	1527	2000	2294	2635	2403
54873	59432	64294	61769	74799	82778	93014	106879	141867	158713	164471	172751
22180	23373	24644	22024	26696	28268	32223	34039	36694	37993	42135	45872
32358	35573	39173	39223	47545	53910	60128	72022	104569	119723	121151	125691
335	486	477	522	558	600	663	818	604	997	1185	1188
92483	99464	107454	117712	132036	147999	167511	198507	247489	284463	298055	314962
11253	12426	13624	17167	17862	18338	19126	19923	20872	19596	18056	19711
76778	81574	89714	95900	106887	120455	136750	163959	216604	251587	264366	279380
4452	5464	4116	4645	7287	9206	11635	14625	10013	13280	15633	15871
403315	467545	304075	342906	478309	558286	665521	642854	1010234	1095569	1174705	1258364
79964	84815	92525	107157	111109	121908	151159	131151	134133	134139	144775	152606
40575	41143	46009	50987	59606	71182	84510	106926	511792	604502	621680	662435
282776	341587	165541	184762	307594	365196	429852	404777	364309	356928	408250	443323
3011	3040	3012	3007	3009	3025	3043	3046	2934	2862	2840	2851
16.95	15.93	16.47	15.70	16.20	17.34	16.96	17.38	17.68	18.08	6.80	6.60
32878	31400	51496	58220	50087	24075	44356	47157	46362	52074	53963	46014
186.50	230.02	275.98	332.56	484.63	675.47	928.69	1179.94	1426.20	1586.79	1920.90	723.60
222500	108000	135000	268530	510000	290996	462662	350028	413082			
96010	101682	99470	149245	121275	152883	148631	157152	124858	123510		
547.0	661.0	790.0	1008.0	1314.0	1410.9	1380.5	1377.6	1398.4	1291.3	1193.5	1087.6
559.0	827.0	950.0	1085.0	1198.0	1275.7	1256.7	1211.5	1053.7	965.0	829.6	809.0
3264.05	3634.60	4078.02	4644.86	5290.50	6166.94	7217.13	8607.45	10658.76	12362.97	14620.30	17155.49
2017.18	2253.45	2577.31	2977.36	3320.64	3890.93	4593.55	5488.52	6766.32	8038.46		
313.35	352.56	379.26	469.13	588.76	687.50	804.90	971.12	1240.07	1437.80		
933.52	1028.59	1121.45	1198.37	1381.10	1588.51	1818.68	2147.81	2652.37	2886.71		
2075.94	2340.68	2691.49	3836.66	4444.04	5173.89	6044.60	7205.96	9314.97	10348.40		
339.46	399.81	477.13	585.25	661.06	776.51	925.47	1123.47	1063.78	1673.61		
156.67	174.46	187.59	222.95	185.40	216.54	247.06	278.02	280.00	340.96		
2498998	2896313	3394175	4465752	6078136	7688876	9528817	12261798	15814480	13860378	18895058	23599191
1552905	1812899	2111511	2657285	3587286	4625113	5864717	7524374	9317486	7956530	10424695	12578809
746563	913253	1089063	1400709	1799792	2310122	3013461	3800924	4739880	3637582	4973019	6466907
293008	310013	341530	392861	483369	594991	655916	679014	722044	697915	750340	842878
507050	579125	669958	845249	1252126	1668351	2083042	2863332	3573434	3296132	4230872	4737751

1-7 续表 4

类 别		Category		1998	1999
海关进口总值	(万美元)	Total Imports	(10 000 USD)	627035	669185
利用外资		**Utilization of Foreign Capital**			
合同项目个数	(个)	Number of Contracts	(unit)	1434	1745
#外商直接投资	(个)	Direct Foreign Investments	(unit)	1366	1717
合同外资金额	(万美元)	Total Amount of Contracted Foreign Capital	(10 000 USD)	367072	421333
#外商直接投资	(万美元)	Direct Foreign Investments	(10 000 USD)	221866	311087
实际利用外资金额	(万美元)	Total Amount of Foreign Capital Actually Utilized	(10 000 USD)	361036	374464
#外商直接投资	(万美元)	Direct Foreign Investments	(10 000 USD)	222262	246878
对外承包工程和劳务合作		**Foreign Contracted Projects Labor Cooperation**			
合同个数	(个)	Number of Contracts	(unit)	1296	1116
合同金额	(万美元)	Contracted Value	(10 000 USD)	73703	67729
营业额	(万美元)	Value of Business	(10 000 USD)	46508	63615
年末在外人数	(人)	Population in Foreign Countries and Regions	(person)	29121	30979
旅 游		**Tourism**			
接待海外旅游人数	(人次)	International Tourists	(person-times)	608054	622033
外国人	(人次)	Foreigners	(person-times)	371671	417911
港澳台胞	(人次)	Compatriots from Hong Kong Macao and Taiwan	(person-times)	222547	196880
旅游外汇收入	(万元)	Foreign Exchange Earnings	(10 000 yuan)	181726	219592
旅游外汇收入	(万美元)	Foreign Exchange Earnings	(10 000 USD)	21950	26522
人民币对主要外币年平均汇价(中间价)		**Average Exchange Rate of RMB Yuan Against Main Convertible Currencies (Middle Rate)**			
100美元	(人民币元)	100 US Dollars	(RMB yuan)	827.91	827.96
100日元	(人民币元)	100 Japanese Yen	(RMB yuan)	6.35	8.07
100港元	(人民币元)	100 Hong Kong Dollars	(RMB yuan)	106.88	106.53
十五、教 育		**Education**			
普通高等学校		**Regular Institutions of Higher Education**			
学校数	(所)	Number of Schools	(unit)	49	52
教职工数	(人)	Teachers and Staff	(person)	50261	49624
#专任教师	(人)	Full-time Teachers	(person)	20581	21252
招生数	(人)	New Enrollment	(person)	62994	82410
在校学生数	(人)	Total Enrollment	(person)	187473	213679
毕业生数	(人)	Graduates	(person)	51477	49612
中等专业学校基本情况		**Secondary Professional Schools**			
学校数	(所)	Number of Schools	(unit)	254	251
招生数	(人)	New Enrollment	(person)	114956	122331
毕业生数	(人)	Graduates	(person)	99483	106740
在校学生数	(人)	Total Enrollment	(person)	327031	344062
教职工数	(人)	Teachers and Staff	(person)	39160	39274
#专任教师	(人)	Full-time Teachers	(person)	20949	21311
普通中学基本情况		**Regular Senior Secondary Schools**			
学校数	(所)	Number of Schools	(unit)	4635	4586
招生数	(万人)	New Enrollment	(10 000 persons)	201.28	222.20
毕业生数	(万人)	Graduates	(10 000 persons)	159.91	164.88
在校学生数	(万人)	Total Enrollment	(10 000 persons)	571.54	620.43
教职工数	(人)	Teachers and Staff	(person)	404824	414538
#专任教师	(人)	Full-time Teachers	(person)	322785	333884
技工学校基本情况		**Technical Schools**			
学校数	(所)	Number of Schools	(unit)	305	302
招生数	(人)	New Enrollment	(person)	55668	50896
毕业生数	(人)	Graduates	(person)	59292	71460
在校学生数	(人)	Total Enrollment	(person)	188493	161531

注：2010年起，中等专业学校数据改为中等职业学校口径。

continued

2000	2001	2002	2003	2004	2005	2006	2007	2008	2009	2010	2011
946093	1083414	1282664	1808467	2490850	3063763	3664100	4737424	6496994	5903848	8470390	11020382
2733	3058	4072	5305	5890	6415	4030					
2728	3047	4065	5305	5890	6415	4030	2717	1527	1468	1632	1433
561066	715880	1186072	1989296	2144647	2884398	1645089					
507435	672040	1130680	1341413	2028958	2749510	1624175	1173880	1014959	871045	1363381	1579081
381243	424886	652124	1125985	982105	1101441	1020966					
297119	362093	558603	709371	870064	897072	1000069	1101159	820246	801007	916833	1116022
1250	1580	1380	1322	1879	2171	2513	2642	2880	2397	3075	
61601	104622	134098	124243	146590	164091	392134	540344	754137	932312	1092504	948287
45229	55913	83133	99213	151568	174518	232293	301928	358867	509083	602415	819857
35028	36489	43554	52077	62705	71610	83974	93797	90623	96421	102149	108662
723145	828664	976841	776725	1193101	1551056	1931342	2496437	2537575	3100379	3667909	4242277
480090	592413	741366	615457	961697	1247842	1560436	2020311	2065007	2411857	2778699	3123264
243055	236251	235475	161268	231404	303214	370906	476126	472568	688522	889210	1119013
260839	316518	391076	306360	468922	639142	808382	1027946	966397	1205874	1458866	1647486
31513	38241	47249	37013	56655	78023	101405	135185	139148	176530	215506	255076
827.72	827.70	827.70	827.70	827.68	819.17	797.18	760.40	694.51	683.10	676.95	645.88
7.39	6.81	6.62	7.15	7.66	7.45	6.86	6.46	6.74	7.30	7.73	8.11
106.08	106.08	106.07	106.24	106.23	105.30	102.62	97.46	89.19	88.12	87.13	82.97
58	65	75	85	97	104	109	111	114	128	133	139
54910	64362	72408	84391	93653	109920	121167	128761	134072	136753	139100	142698
24764	30902	37412	45457	53847	64636	74676	81889	87432	89734	91413	94621
124817	183553	218719	273894	327452	400573	445034	453479	514176	501082	495722	497292
303826	449360	583601	761417	946124	1171284	1338122	1440378	1534009	1592974	1631373	1645589
49687	69583	94697	117253	166959	224611	268384	355735	411143	431598	444003	472882
243	200	165	154	145	134	130	135	130	124	640	591
93493	92215	115941	94625	87889	86044	90432	98634	93217	99212	426954	444703
103629	110827	111333	64046	65953	75076	79902	92275	83077	88355	439337	386564
333184	310508	314135	256655	260276	257161	264456	283231	271905	271993	1131621	1177130
37241	28002	27005	23630	21621	20406	20563	20985	20308	19981	78769	74232
20409	15607	15369	13761	12771	12193	12634	13223	13224	13093	55465	53569
4575	4684	4648	4606	4569	4404	4175	4039	3893	3750	3645	3569
234.18	220.94	201.65	192.94	192.32	179.71	164.60	162.49	160.54	160.24	164.12	161.83
167.96	188.59	205.62	222.82	213.80	207.29	196.70	191.02	172.88	158.65	156.89	157.80
678.60	702.18	689.17	654.34	628.34	592.49	554.04	520.31	502.14	499.34	501.07	501.58
430754	451014	461898	468627	473687	470584	462298	454920	445545	442447	438787	462765
350353	359665	369664	374811	379100	377133	372370	370255	367658	372550	372082	376760
279	278	249	244	249	229	197	200	197	196	209	208
48008	53283	83186	105896	121444	138505	148625	159954	161000	147000	136995	149407
66546	55769	49634	46247	58834	78091	98239	110278	121000	140300	133615	123404
137718	132122	165386	212811	274432	325924	357648	385325	415000	396200	397719	381503

a)Data of secondary professional schools refer to the caliber of secondary vocational school since 2010 .

1-7 续表 5

类 别		Category		1998	1999
教职工数	(人)	Teachers and Staff	(person)	33806	28871
#专任教师	(人)	Full-time Teachers	(person)	14035	14531
小学基本情况		**Regular Primary Schools**			
学校数	(所)	Number of Schools	(unit)	34480	29453
招生数	(万人)	New Enrollment	(10 000 persons)	146.34	116.04
毕业生数	(万人)	Graduates	(10 000 persons)	173.92	191.40
在校学生数	(万人)	Total Enrollment	(10 000 persons)	951.34	870.72
教职工数	(人)	Teachers and Staff	(person)	467987	451063
#专任教师	(人)	Full-time Teachers	(person)	435156	418828
成人高等学校基本情况		**Adult Institutions of Higher Education**			
学校数	(所)	Number of Schools	(unit)	46	40
招生数	(人)	New Enrollment	(person)	73618	87117
毕业生数	(人)	Graduates	(person)	61603	61611
在校学生数	(人)	Total Enrollment	(person)	198780	221161
教职工数	(人)	Teachers and Staff	(person)	13023	14335
#专任教师	(人)	Full-time Teachers	(person)	6557	7131
十六、科 技		**Science**			
重要科技成果		**Major Scientific Achievements**			
成果数量	(项)	Number of Achievements	(unit)	3558	3688
农 业	(项)	Agricultural	(unit)	614	557
工 业	(项)	Industry	(unit)	1515	1270
国际领先先进水平	(项)	Internationally Advanced	(unit)	724	744
国内领先先进水平	(项)	Nationally Advanced	(unit)	2516	2737
省内领先先进水平	(项)	Provincial Advanced	(unit)	318	207
专利情况		**Patent Applications**			
申请量	(件)	Number of Patent Applications Examined	(unit)	7597	8589
授权量	(件)	Number of Patent Applications Granted	(unit)	4127	6536
十七、卫生、文化事业基本情况		**Public Health and Culture**			
卫生机构床位数	(万张)	Number of Beds in Health Institutions	(10 000 units)	20.8	21.3
卫生技术人员数	(万人)	Medical Technical Personnel	(10 000 persons)	30.1	30.8
#医生数	(万人)	Doctors	(10 000 persons)	13.3	13.9
文化(艺术)馆		**Cultural(Arts) Centers**			
机构数	(个)	Number of Institutions	(unit)	158	158
人 数	(人)	Number of Employed Persons	(person)	3252	3194
文化站		**Cultural Stations**			
机构数	(个)	Number of Institutions	(unit)	2494	2493
人 数	(人)	Number of Employed Persons	(person)	3339	3293
艺术表演团体		**Arts Performance Troupes**			
机构数	(个)	Number of Institutions	(unit)	118	117
人 数	(人)	Number of Employed Persons	(person)	6170	6077
剧场(院)		**Theaters and Music Halls**			
机构数	(个)	Number of Institutions	(unit)	107	107
人 数	(人)	Number of Employed Persons	(person)	2577	2544
图书馆		**Libraries**			
机构数	(个)	Number of Institutions	(unit)	131	133
人 数	(人)	Number of Employed Persons	(person)	2536	2555
博物馆		**Museums**			
机构数	(个)	Number of Institutions	(unit)	56	57
人 数	(人)	Number of Employed Persons	(person)	1422	1663

continued

2000	2001	2002	2003	2004	2005	2006	2007	2008	2009	2010	2011
24484	23152	22190	20684	21370	22049	22309	26744	24700	24963	18183	24379
14066	16060	13072	13371	14607	15058	16211	23586	18847	19378	14962	21050
26017	21342	19590	18303	16943	15871	14611	14064	13503	12858	12405	12047
104.48	101.36	107.26	107.86	110.17	104.27	107.18	111.46	104.61	101.78	111.30	119.40
195.12	176.17	144.10	128.24	124.69	113.31	101.69	103.87	107.48	109.47	110.26	106.82
774.88	699.19	662.59	642.78	627.80	615.37	623.02	634.01	632.98	626.81	629.25	644.07
440161	422905	414600	410968	410264	410394	415117	420353	420552	421057	417504	393612
408200	390374	383816	380066	378793	377729	381673	386641	387957	389962	387453	386280
40	34	29	27	24	24	24	23	22	21	18	17
82423	103165	111023	128242	132313	108707	95858	106857	152713	136048	133191	147677
70810	57373	69723	79518	107645	118379	34999	97584	93079	105081	110347	144703
219977	255775	316605	373086	268112	258521	295189	297085	355307	377343	388741	386481
14090	13911	11797	9877	11056	11481	12775	12627	7390	6240	4225	3951
7084	6841	6182	5300	6247	6683	7516	7537	4840	4142	2946	2731
3728	3112	3018	2896	3028	2408	2313	2346	2330	2364	2367	2379
575	494	452	433	454	320	338	330	301	306	391	305
1289	1138	1117	1071	1120	539	630	704	677	849	751	723
599	506	486	466	485	534	448	543	592	751	676	647
2861	2439	2371	2276	2392	1741	1742	1662	1618	1412	1316	1296
182	167	161	154	151	133	123					
10019	11168	12855	15794	18388	28835	38284	46849	60247	66857	80856	109599
6962	6724	7293	9067	9733	10743	15937	22821	26688	34513	51490	58843
21.5	21.8	22.1	21.8	23.2	25.1	25.9	28.3	32.0	34.7	38.2	41.6
31.5	31.8	32.2	31.1	32.3	32.5	33.7	34.6	37.6	40.6	44.1	48.2
14.5	14.9	15.4	13.4	13.9	14.1	14.6	15.0	16.0	16.9	17.8	18.6
159	159	156	157	159	158	158	157	156	158	158	160
3055	2975	2935	2968	3136	2982	3058	3012	3025	3115	3055	3086
2422	1912	1866	1792	1783	1768	1857	1826	1826	1867	1855	1828
3304	2943	3019	3022	3190	3166	3330	3715	3754	4593	4543	4643
118	121	121	120	118	117	118	119	119	118	119	116
5943	5990	6030	5988	5995	6066	6250	6163	6254	6279	6268	6163
105	105	104	104	95	94	95	92	90	82	91	93
2473	2444	2434	2353	2088	1881	2098	1937	1827	1640	1904	2134
133	136	140	140	142	145	143	145	147	150	149	150
2506	2503	2559	2573	2633	2690	2624	2640	2606	2669	2680	2697
59	66	70	73	72	75	76	87	96	111	114	120
1633	1611	1566	1634	1684	1723	1770	1915	2064	2307	2456	2787

1-8 国民经济和社会发展主要指标增长速度

单位:%

类 别	Category	1998	1999
一、人 口	**Population**		
年末总人口	Population at the Year-end	0.6	0.5
按性别分	**By Sex**		
男	Male	0.7	0.5
女	Female	0.7	0.6
按农业非农业分	**Agricultural and Non-agricultural Population**		
农业人口	Agricultural Population	1.2	0.4
非农业人口	Non-agricultural Population	-0.6	1.1
人口密度	Population Density	0.5	0.5
二、就业人员和劳动工资	**Employment and Wages**		
年末就业人员	Year-end Employed Persons	0.6	0.5
第一产业	Primary Industry	0.9	-0.9
第二产业	Secondary Industry	-5.0	-0.0
第三产业	Tertiary Industry	6.4	4.4
乡村就业人员	Rural Employed Persons	0.2	0.5
城镇就业人员	Urban Employed Persons	1.6	0.5
职工年末人数	Number of Staff and Workers at the Year-end	-10.8	-3.3
#国有单位	State-owned Units	-10.6	-4.8
城镇集体单位	Urban Collective-owned Units	-30.5	-10.3
工资总额	Total Wages Bill	-0.9	7.8
#国有单位	State-owned Units	-1.2	7.1
城镇集体单位	Urban Collective-owned Units	-22.7	-2.4
平均工资	Average Wage	9.8	11.7
#国有单位	State-owned Units	9.6	12.3
城镇集体单位	Urban Collective-owned Units	8.9	9.4
三、国民经济核算	**National Accounting**		
地区生产总值	Gross Domestic Product	10.8	10.0
第一产业	Primary Industry	5.7	4.7
第二产业	Secondary Industry	12.1	12.1
工 业	Industry	12.1	12.2
建筑业	Construction	11.9	10.5
第三产业	Tertiary Industry	11.2	9.3
交通运输仓储邮电通信业	Transportation Post and Telecommunication Services	8.3	11.2
批发零售贸易餐饮业	Wholesale Retail and Catering	13.2	12.6
人均地区生产总值	Per Capita GDP	10.1	9.7
居民消费水平	**Household Consumption Expenditure**		
全省居民	Average Expenditure of All Residents	8.9	10.1
农村居民	Rural Residents	6.2	6.7
城镇居民	Urban Residents	11.8	13.4
四、固定资产投资	**Investment in Fixed Assets**		
全社会固定资产投资额	Total Investment in Fixed Assets	14.8	8.0
国有经济	State-Owned Units	21.4	11.1
集体经济	Collective-Owned Units	7.1	4.2
个体经济	Individuals Economy	13.4	13.3
其他经济	Others	12.7	-0.4

注：1.2000和2010年年末总人口增速根据人口普查数据计算。
2.2010年起，工资总额、平均工资增长速度为城镇单位就业人员口径。

Growth Rates of Main Indicators on National Economic and Social Development

(%)

2000	2001	2002	2003	2004	2005	2006	2007	2008	2009	2010	2011
1.3	0.5	0.5	0.5	0.6	0.7	0.7	0.6	0.5	0.6	1.2	0.5
0.6	0.5	0.5	0.4	0.6	0.5	0.7	0.7	0.5	0.6	1.0	0.6
0.6	0.6	0.5	0.5	0.6	0.6	0.8	0.7	0.6	0.6	0.9	0.5
-0.5	-0.9	-1.1	-2.5	-1.0	-2.4	-0.2	-2.4	-0.8	0.7	-3.5	-0.9
3.8	4.5	4.7	7.6	4.2	6.6	2.6	6.4	2.8	0.5	8.2	2.8
1.2	0.5	0.5	0.3	0.7	0.5	0.5	0.7	0.5	0.7	1.2	0.5
2.4	0.6	0.9	1.7	1.9	2.0	2.0	2.0	1.7	1.7	1.7	1.3
2.7	-0.8	-3.3	-4.7	-3.6	-7.5	-1.0	-2.7	2.1	-0.7	-1.1	-2.7
3.2	1.8	5.1	7.2	7.2	12.7	5.0	6.4	-1.7	3.0	3.6	4.7
0.9	2.8	6.1	9.1	6.4	6.5	3.1	3.7	5.1	3.3	3.0	2.3
-0.8	-0.8	-0.3	0.4	-0.1	-0.7	-0.8	-0.4	-0.4	-0.5	-0.5	-0.1
9.3	3.3	3.4	4.2	5.5	6.4	6.5	5.6	4.6	4.6	4.4	3.0
-2.4	-2.5	-0.7	-0.3	1.8	12.2	0.4	0.6	-0.8	1.9	3.4	5.4
-4.3	-4.2	-5.0	-1.2	-0.8	-14.0	-1.6	0.6	0.6	-0.1	2.2	-3.0
-12.8	-11.5	-10.9	-9.6	-9.3	-5.8	-5.9	-3.0	-6.4	0.6	0.4	3.5
12.1	11.3	12.2	10.0	16.0	30.1	15.6	19.7	15.2	14.6	17.3	24.9
10.2	10.2	9.1	7.7	13.8	6.6	12.9	20.3	14.9	11.4	15.2	12.0
-2.2	-1.4	2.6	6.2	6.7	8.6	7.7	15.4	11.8	16.2	20.3	23.8
14.6	14.1	13.7	10.5	14.0	15.9	15.7	18.8	15.6	12.4	13.3	12.9
15.1	14.6	15.5	9.4	14.7	23.7	15.0	19.7	14.2	11.6	11.5	12.9
12.0	11.6	14.4	18.4	16.8	16.3	14.5	19.1	19.3	15.2	15.5	15.8
10.3	10.0	11.7	13.4	15.3	15.0	14.7	14.2	12.0	12.2	12.3	10.9
3.8	4.2	2.5	5.6	7.0	4.8	5.2	4.0	5.1	4.2	3.6	4.0
12.0	11.0	15.0	16.8	19.3	17.4	16.6	15.8	12.0	13.9	12.8	11.7
12.2	11.2	14.6	17.5	21.1	18.1	17.2	16.6	12.6	12.8	12.8	12.5
9.7	9.3	18.0	11.6	5.0	12.0	11.1	8.2	6.4	25.4	12.6	5.1
10.4	11.2	10.9	11.4	12.3	14.4	14.5	14.6	13.9	11.2	13.5	11.3
11.3	20.0	0.9	11.6	33.2	14.4						
11.6	13.9	13.6	10.8	7.5	11.6						
9.0	9.1	11.2	12.9	14.7	14.5	13.9	13.5	11.4	11.6	11.3	10.2
8.2	7.6	8.1	7.5	9.9	15.2	15.4	13.6	13.3	10.8	10.4	9.5
5.6	4.9	3.8	3.9	4.0	13.0	14.8	15.2	12.1	11.1	11.6	12.8
9.1	7.8	8.3	6.8	11.1	13.3	13.4	11.5	12.7	9.5	8.4	6.6
14.4	10.4	25.0	51.8	43.2	38.2	19.6	24.2	23.1	23.3	22.3	15.0
10.6	0.3	6.9	30.6	9.1	5.2	2.9	4.4	32.3	26.9	18.2	3.7
6.9	1.3	18.0	44.8	108.7	-57.6	19.3	37.3	42.7	27.5	13.8	3.3
13.9	8.5	26.9	50.6	5.3	254.4	34.8	34.0	22.3	20.1	24.3	26.6
52.7	62.5	68.3	85.4	46.4	86.1	18.8	29.3	16.5	23.0	24.9	14.7

a)Growth rate on Total population of 2000 and 2010 are based on the national population census.
b)Since 2010,data of total wages bill and average wage refer to the range of employed persons in urban.

1-8 续表 1

单位:%

类 别	Category	1998	1999
五、能 源	**Energy**		
能源生产总量	Total Energy Production	-1.7	-1.1
原 煤	Coal	-1.3	0.2
原 油	Crude Oil	-2.5	-2.4
天燃气	Natural Gas	0.4	-27.1
水 电	Hydro-power	-59.4	160.7
水电和风电	Hydro and Wind Power		
六、财 政	**Government Finance**		
地方财政一般预算收入	Local Government Budgetary Revenue	15.8	14.8
#增值税	Value Added Tax	13.5	11.5
营业税	Business Tax	20.9	5.0
个人所得税	Personal Income Tax	-63.1	301.0
资源税	Resource Tax	194.3	-64.3
城市维护建设税	Urban Maintenance and Development Tax	-35.1	81.6
房产税	Tax on Real Estates	179.9	-40.4
城镇土地使用税	Urban Land Using Tax	42.4	51.2
土地增值税	Land Value-added Tax		17.7
车船税	Tax on Vehicle and License	27.7	10.9
企业所得税	Company Income Tax	-3.5	35.0
行政性收费收入	Incom from Adiministrative Fees	33.0	25.7
地方财政支出	Local Government Budgetary Expenditure	15.2	12.8
#基本建设支出	Expenditure for Capital Construction	32.9	2.1
城市维护费	City Maintenance	30.7	-4.4
支援农业支出	Expenditure for Supporting Rural Production	2.6	6.8
文教科学卫生事业费	Operating Expenses for Culture,Education,Science and Health Care	12.1	9.7
行政管理费	Expenditure for Government Administration	9.7	8.6
#一般公共服务	General Public Service		
教育	Education		
社会保障和就业	Social Security and Employment		
医疗卫生	Health		
农林水事务	Farming、Forestry and Irrigation Affairs		
七、金 融	**Fiancial Intermediation**		
金融机构人民币存款余额	RMB Deposits	15.8	14.0
#企业存款	Deposits by Enterprises	7.9	14.9
财政存款	Fiscal Deposits	79.3	32.5
农业存款	Agricultural Deposits	3.7	22.8
储蓄存款	Urban and Rural Household Savings Deposits	14.4	10.0
金融机构人民币贷款余额	RMB Loans	14.6	11.2
#工业贷款	Loans to Industrial Sector	6.2	6.1
农业贷款	Loans to Agricultural Sector	31.9	5.9
商业贷款	Loans to Commercial Sector	2.5	4.6
基建贷款	Loans to Capital Construction	39.5	43.4
技改贷款	Loans to Technical Innovation	-0.5	0.0
八、价格指数	**Price Indices**		
居民消费价格总指数	Consumer Price Index	-0.6	-0.7
商品零售物价总指数	Retail Price Index	-2.9	-2.9
九、居民生活	**People's Livelihood**		
农民生活	Rural's Livelihood		
人均年末生活用房面积	Per Capita Living Floor Space(the End of Year)	3.2	4.9
人均总收入	Annual Per Capita Gross Income of Rural Households	2.7	2.4
人均纯收入	Annual Per Capita Disposable Income of Rural Households	7.0	3.9
人均总支出	Annual Per Capita Gross Expenditure of Rural Households	-2.6	2.3
#购置生产性固定资产	Expenditure for Purchasing Productive Fixed Assets	10.5	4.4
生活消费支出	Living Expenditure of Rural Households	-1.9	5.3

continued

(%)

2000	2001	2002	2003	2004	2005	2006	2007	2008	2009	2010	2011
-6.5	19.7	14.6	8.6	0.1	-2.8	0.6	3.8	0.0	-0.1	10.0	1.8
-10.6	33.0	22.3	12.3	-0.1	-4.2	0.2	4.8	-0.2	-0.7	14.3	2.9
0.4	-0.3	0.1	-0.2	0.3	0.8	2.3	1.4	0.2	1.0	-1.5	-0.2
-6.2	23.7	-11.9	8.0	13.7	10.0	-15.9	-4.1	13.9	6.1	7.5	-46.4
4.1	42.1	5.6	-80.7	122.7	226.5	13.8	-47.8	188.4			
										113.8	59.4
14.6	23.6	25.3	21.3	28.9	29.6	26.4	23.5	16.8	12.3	25.0	25.7
14.7	11.8	10.9	13.4	-8.0	66.3	25.8	19.8	14.8	-2.8	16.6	9.4
11.0	5.7	26.9	23.0	21.9	23.4	24.8	25.0	16.6	18.8	34.2	21.3
31.9	49.5	-16.0	-16.3	22.8	21.7	17.9	24.0	7.6	5.8	25.3	19.2
4.1	3.6	51.6	7.3	29.0	35.0	43.3	10.9	-0.6	13.9	1.5	15.2
16.0	5.2	6.0	44.2	23.7	20.1	18.9	17.9	12.6	4.7	19.9	37.4
15.4	6.3	26.9	16.7	9.4	22.5	18.0	14.6	6.6	22.4	11.7	14.5
22.8	1.0	31.5	69.0	6.9	39.1	22.2	83.4	57.0	16.7	13.9	15.1
111.9	43.6	62.0	218.0	65.5	58.4	53.0	47.7	12.4	19.9	51.0	59.6
64.2	14.2	19.9	11.0	1.9	13.5	14.7	17.2	68.0	39.9	31.5	27.7
29.6	82.1	-47.4	-15.3	29.5	28.8	33.8	33.9	15.9	-4.2	33.1	35.9
43.9	32.1	33.8	40.2	20.1	18.8	23.3	8.4	13.0	5.1	18.3	37.3
11.5	23.0	14.2	17.4	17.7	23.3	25.0	23.4	19.6	20.8	26.8	20.7
-9.2	38.8	7.5	44.6	-5.7	17.4	16.6					
10.7	24.9	12.8	25.0	29.3	33.2	24.6					
2.3	16.3	16.5	10.8	18.3	22.5	21.0					
15.5	15.4	18.3	11.5	21.1	21.4	21.1					
14.2	19.5	21.1	24.8	16.9	24.1	18.4					
							21.6	11.0	4.7	11.1	13.6
							34.3	21.5	11.3	25.6	36.0
							28.4	13.2	20.3	21.6	20.3
							31.4	40.9	34.8	32.5	43.7
							22.7	44.3	57.0	26.2	21.0
13.8	13.8	20.5	21.4	16.7	17.8	14.8	12.4	22.0	28.8	18.5	12.7
20.4	11.1	18.6	24.1	14.0	6.5	15.8	23.8	15.6	46.7	15.6	
30.7	49.2	15.6	12.7	51.9	15.0	32.1	39.6	11.7	62.2	18.2	8.1
24.6	19.4	27.1	18.9	11.4	18.7	22.7	9.0	3.7	47.7	-57.9	
8.7	13.4	14.7	16.6	14.1	17.0	14.6	10.4	25.7	18.8	15.0	12.9
9.3	13.0	21.6	22.6	12.6	13.6	17.4	11.7	14.3	29.5	18.3	14.5
-4.4	15.4	17.4	21.3	17.9	5.0	40.3	16.3	7.6	11.0		
19.1	33.9	28.3	27.5	15.9	16.5	18.2	16.9	14.3	20.3		
-11.1	8.7	2.7	0.0	-7.2	-6.8	-8.2	5.5	-10.4	18.4		
31.5	14.5	35.5	23.4	20.3	21.2	28.8	16.0	19.6	44.1		
6.2	6.6	-61.1	38.4	26.6	6.3	-30.8	-2.0	8.8	-13.1		
0.2	1.8	-0.7	1.1	3.6	1.7	1.0	4.4	5.3	持平	2.9	5.0
-1.4	持平	-1.2	0.2	2.8	0.6	0.6	3.6	4.9	-0.6	3.3	4.7
-5.8	4.2	4.0	3.7	1.5	10.1	3.5	3.3	4.1	3.8	1.4	4.6
6.2	6.9	4.0	4.1	12.4	12.7	9.0	15.5	13.8	6.7	13.7	23.0
4.3	5.5	5.3	6.7	11.3	12.1	11.1	14.1	13.2	8.5	14.2	19.3
6.7	9.6	3.4	2.4	13.6	14.1	11.6	15.2	14.2	8.4	10.0	29.0
10.8	-5.7	-9.1	-9.3	28.6	8.7	27.5	-25.6	11.6	88.7	-17.9	53.4
5.4	7.6	4.9	6.8	12.0	14.5	14.9	15.2	12.6	8.3	8.8	22.7

1-8 续表 2

单位:%

类　别	Category	1998	1999
城镇居民生活	**Urban's Livelihood**		
人均全年可支配收入	Annual Per Capita Disposable Income of Urban Households	3.7	8.0
人均全年消费性支出	Annual Per Capita Consumption Expenditure of Urban Households	2.6	9.0
人均全年非消费支出	Annual Per Capita Non-consumption Expenditure of Urban Households	47.7	0.2
年末人均建筑面积	Per Captia Construction Area of Buildings	0.9	2.2
十、农林牧渔业	**Farming,Forestry,Animal Husbandry and Fishery**		
农林牧渔业总产值	**Gross Output Value of Farming Forestry,Animal Husbandry and Fishery**	**9.9**	**5.5**
农　业	Farming	20.2	4.4
林　业	Forestry	-4.0	0.2
牧　业	Animal Husbandry	11.6	6.8
渔　业	Fishery	4.9	7.2
农林牧渔服务业	Services for Agriculture		
农业生产情况	**Farming**		
粮食总产量	Total Output of Grain	10.7	0.1
粮食单产	Grain	10.0	0.5
棉花总产量	Total Output of Cotton	16.7	-5.1
棉花单产	Cotton	11.4	7.6
油料总产量	Total Output of Oil-bearing Crops	39.3	-4.5
油料单产	Oil-bearing Crops	31.3	-7.5
肉类总产量	Total Output of Grain	8.1	5.3
猪存栏	Number of Pigs	12.5	3.0
牛存栏	Number of Cattles	12.3	7.2
羊存栏	Number of Sheep and Goats	13.9	9.2
家禽存栏	Number of Poultry	15.9	10.0
猪出栏	Slaughtered Pigs	11.5	4.0
牛出栏	Slaughtered Cattle	6.1	10.2
羊出栏	Slaughtered Sheep	11.0	12.7
家禽出栏	Slaughtered Poultry	10.6	9.8
禽蛋产量	Poultry Eggs	9.4	8.4
奶类产量	Milk	17.8	13.5
水产品总产量	Total Aquatic Products	6.6	6.8
海水产品	Seawater Aquatic Products	5.7	6.3
海洋捕捞	Catching in Ocean	11.8	0.0
海水养殖	Seawater Aquiculture	-1.9	15.3
淡水产品产量	Freshwater Aquatic Products	12.9	10.4
捕捞量	Catching	9.7	-0.4
养殖量	Freshwater Aquiculture	13.3	11.7
水产品养殖面积	Aquiculture Area	5.0	11.2
海　水	Seawater Aquiculture Area	3.4	18.7
淡　水	Freshwater Aquiculture Area	6.3	5.5
十一、工　业	**Industry**		
工业总产值	**Gross Industrial Output Value**	**11.5**	**11.9**
#国有经济	State-owned Enterprises	-10.4	-0.3
集体经济	Collective-owned Enterprises	-9.3	-0.1
按轻重工业分	**Grouped by Light & Heavy Industries**		
轻工业	Light Industry	8.7	8.9
重工业	Heavy Industry	14.6	10.8

continued

(%)

2000	2001	2002	2003	2004	2005	2006	2007	2008	2009	2010	2011
11.7	9.4	14.5	10.3	12.4	13.9	13.5	17.0	14.3	9.2	12.0	14.3
11.2	4.6	6.6	8.5	10.0	11.7	13.6	14.1	13.9	9.1	9.2	11.0
-4.2	9.2	68.1	16.6	5.9	3.4	33.6	8.4	3.4	11.5	5.9	11.2
5.0	3.1		4.5	2.8	8.0	2.8	1.7	5.1	1.5	0.9	3.4
3.9	**4.0**	**1.1**	**5.5**	**5.7**	**5.2**	**5.2**	**3.3**	**5.1**	**4.3**	**3.6**	**3.8**
4.0	4.1	-2.5	6.5	5.9	3.9	5.4	3.4	3.6	2.7	2.5	3.9
6.2	-6.2	-4.5	7.6	0.8	-3.7	10.7	7.8	13.9	9.9	9.9	9.3
5.4	7.4	6.8	5.7	6.1	7.3	4.4	0.8	5.9	5.2	3.9	2.5
0.5	-1.4	2.3	1.7	4.4	6.7	3.9	4.7	5.9	6.2	4.9	4.4
			11.5	8.0	9.2	18.8	10.8	13.3	10.1	9.9	7.2
-10.1	-3.1	-11.5	4.3	2.4	11.4	4.5	1.4	2.7	1.3	0.4	2.1
-6.3	5.3	-8.4	12.4	4.0	4.8	0.2	2.3	2.4	0.2	-0.3	1.2
50.5	32.4	-7.6	21.5	25.2	-23.0	20.9	-2.2	4.0	-11.5	-21.4	8.4
1.2	-2.1	2.3	-8.5	4.2	-3.5	14.9	-3.2	5.4	-1.8	-17.9	10.4
11.4	5.7	-9.8	6.3	2.2	-1.6	-9.8	0.1	3.7	-1.8	2.3	-0.4
3.2	0.4	-7.6	3.3	9.6	3.4	2.3	-0.9	2.3	1.3	-1.3	0.8
-4.7	6.3	5.3	5.6	5.2	5.8	3.5	-9.1	6.7	3.6	3.0	1.0
-6.2	4.1	4.1	3.2	2.8	0.4	-9.5	5.9	2.6	1.0	-0.2	3.3
-20.2	-0.2	1.2	2.1	-4.1	-2.7	-15.7	-9.8	-8.4	-7.1	-0.4	1.9
-10.9	4.3	4.6	3.1	4.9	-0.8	-10.5	-1.1	-8.5	-2.1	2.0	0.6
-10.4	5.2	5.9	3.4	3.4	-3.9	-4.7	-6.4	10.6	-3.6	4.0	8.2
-1.1	4.9	5.8	5.6	7.8	5.0	3.0	-16.8	7.2	6.1	3.5	-1.6
-17.6	11.6	5.7	4.3	4.2	3.0	2.6	3.0	1.9	-0.8	-1.1	-3.6
-16.3	6.5	4.6	3.2	5.1	4.7	0.8	1.8	0.6	-1.3	-1.7	-3.5
-9.0	9.1	6.1	7.5	8.1	18.3	4.1	-7.6	9.5	2.6	4.1	6.3
-13.8	3.5	5.4	6.3	1.9	2.1	-2.6	1.7	1.6	3.3	1.9	4.4
2.3	28.3	29.1	27.1	27.2	17.1	8.0	14.0	5.3	1.3	5.2	2.7
0.5	-1.7	1.3	1.6	1.7	2.5	2.8	4.3	2.4	3.2	4.0	3.8
-1.2	-2.0	2.6	1.0	1.3	2.3	2.3	3.5	1.8	2.8	3.2	2.8
-7.4	-9.7	-2.1	-1.5	0.8	-0.8	-2.6	3.9	1.2	-1.3	-4.0	6.9
6.5	6.2	6.9	3.0	1.7	4.7	5.9	3.3	2.2	5.6	3.9	4.3
11.2	-0.1	-6.1	5.5	3.9	3.7	6.1	8.8	5.3	5.3	8.1	8.4
1.5	-1.5	-11.1	27.9	2.7	18.6	5.9	-2.6	13.4	-1.0	2.0	3.4
12.2	0.0	-5.6	3.5	4.0	2.1	6.1	10.2	4.5	6.0	8.8	9.0
9.1	5.2	-3.2	16.0	9.0	1.8	-18.7	5.4	12.3	3.6	10.4	3.3
25.2	3.4	1.0	22.4	11.3	2.2	-7.6	7.9	4.9	3.6	13.5	2.2
-4.9	7.3	-7.9	8.3	5.8	1.4	-34.7	0.1	28.4	3.7	4.9	5.5
17.9	**10.6**	**13.9**	**21.6**	**30.3**	**36.6**	**21.2**	**22.8**	**14.1**	**20.1**	**12.1**	**12.0**
6.2	-45.6	14.4	1.3	14.6	16.6	13.7	28.2	19.2	-5.4	-11.8	6.6
17.7	-14.2	7.2	5.8	19.7	-25.1	6.6	16.5	9.0	19.7	11.7	6.9
20.0	11.9	15.9	14.4	30.3	11.3	17.9	23.9	16.0	20.6	12.5	7.7
15.9	8.9	22.2	29.8	30.2	57.7	22.4	24.1	11.5	19.9	11.9	14.0

1-8 续表 3

单位:%

类 别	Category	1998	1999
十二、交通运输邮电	**Transport,Posts and Telecommunications**		
铁路通车里程	Length of Railways	-2.3	0.5
公路通车里程	Length of Highways	8.2	5.8
#晴雨通车	Length of Highways Operating under All Weathers	8.8	6.2
内河通航里程	Length of Navigable Inland Waterways	持平	4.4
客运量	Passenger Traffic	17.8	16.6
铁 路	Railways	5.0	13.9
公 路	Highways	18.4	18.0
水 路	Waterways	-4.9	-0.6
客运周转量	Passenger Turnover	12.9	14.6
铁 路	Railways	6.1	12.2
公 路	Highways	10.1	17.3
水 路	Waterways	10.8	-14.3
货运量	Freight Traffic	5.5	4.4
铁 路	Railways	-1.4	3.2
公 路	Highways	7.3	4.6
水 路	Waterways	-9.9	4.8
货运周转量	Freight Turnover	-5.8	7.2
铁 路	Railways	-10.2	11.7
公 路	Highways	7.5	3.0
水 路	Waterways	-11.2	-1.0
邮政局总计	Number of Post & Telecommunications Offices	-0.3	-18.0
邮路总长度	Length of Postal Routes	0.3	22.7
函 件	Number of Letters	0.8	6.1
报刊期发数	Issue of Newspapers and Magazines	15.2	36.7
电信业务总量	Business Volume of Telecommunication Services	39.9	5.5
长话电路	Long-distance Telephone Lines	45.6	65.4
长途电话	Number of Long Distance Telephone Calls	21.8	-0.5
市内电话	Number of Urban Telephone Calls	22.3	19.4
农村电话	Number of Rural Telephone Calls	39.7	58.0
十三、国内贸易	**Domestic Trade**		
社会消费品零售总额	**Total Retail Sales of Consumer Goods**	**14.6**	**12.0**
市	City	14.0	12.2
县	County	12.3	12.0
县以下	Under County Level	16.6	11.6
按行业分	**By Sector**		
批零贸易业	Wholesale and Retail Trades	12.3	12.9
餐饮业	Catering Services	22.5	18.1
其他行业	Others	19.5	7.4
十四、对外贸易和旅游	**Foreign Economy and Trade,Tourism**		
对外贸易	Foreign Economy and Trade		
海关进出口总值	Total Value of Imports and Exports	-5.2	10.0
海关出口总值	Total Exports	-4.7	11.9
#一般贸易	General Trade	-5.2	18.1
来料加工装配贸易	Processing and Assembling with Customer's Materials	-7.0	26.9
进料加工贸易	Processing and Assembling with Import Materials	-3.6	-0.3
海关进口总值	Total Imports	-6.1	6.7

continued

(%)

2000	2001	2002	2003	2004	2005	2006	2007	2008	2009	2010	2011
持平	1.4	持平	19.5	3.5	1.6	0.1	-0.8	-1.5	8.7	5.9	9.0
4.2	0.6	4.1	3.0	2.0	3.0	155.7	3.6	4.0	2.7	1.4	1.4
4.5	1.0	4.2	3.1	2.0	3.1	154.7	3.9	3.9	2.6	1.6	1.5
持平	持平	持平	-31.4	持平	持平	持平	持平	持平	持平	13.6	持平
11.4	6.6	5.9	1.2	18.4	10.2	11.2	13.2	72.1	9.8	6.2	0.7
4.6	-3.1	-4.2	-6.8	16.0	2.5	20.4	7.8	6.7	6.1	4.0	9.4
12.1	7.0	6.3	1.6	18.6	10.5	10.9	13.6	75.5	9.8	6.2	0.6
-4.8	20.1	12.7	0.3	11.3	9.2	4.6	7.8	31.0	14.7	14.9	-8.8
5.9	8.3	8.2	-3.9	21.1	10.7	12.4	14.9	32.7	11.9	3.6	5.0
7.8	5.4	5.4	-10.6	21.2	5.9	14.0	5.6	7.8	3.5	10.9	8.9
12.2	9.9	10.1	0.1	21.2	13.4	11.5	19.8	45.2	14.5	1.2	3.7
-19.1	45.1	-1.9	9.4	6.9	7.5	10.5	23.4	-26.1	65.0	18.9	0.3
15.3	7.6	8.0	9.6	12.2	12.1	13.2	18.5	24.7	14.9	4.8	5.7
6.6	10.4	9.6	26.0	4.1	2.7	4.3	4.2	4.8	-6.1	-7.9	9.2
13.4	6.3	10.0	6.9	11.5	12.7	13.5	19.9	32.1	16.2	5.1	5.7
127.6	22.7	-24.7	12.9	56.9	26.3	26.4	25.7	-31.5	32.6	17.7	1.5
216.8	15.9	-35.0	12.8	39.5	16.7	19.2	-3.4	57.1	8.4	7.2	7.1
8.7	6.1	9.1	15.8	3.7	9.7	24.0	-13.2	2.3	0.0	7.9	5.4
14.8	1.4	11.8	10.8	16.9	19.4	18.7	26.5	378.6	18.1	2.8	6.6
1442.7	20.8	-51.5	11.6	66.5	18.7	17.7	-5.8	-10.0	-2.0	14.4	8.6
-31.8	1.0	-0.9	-0.2	0.1	0.5	0.6	0.1	-3.7	-2.5	-0.8	0.4
-8.5	-6.0	3.4	-4.7	3.2	6.8	-2.0	2.5	1.7	2.4	-62.4	-2.9
-6.4	-4.5	64.0	13.1	-14.0	-51.9	84.2	6.3	-1.7	12.3	3.6	-14.7
8.5	-22.2	-26.6	18.5	-37.9	14.9	-14.6	8.5	7.9	5.5	86.4	-50.8
32.1	23.3	20.0	20.5	45.7	39.4	37.5	27.1	20.9	11.3	21.1	14.8
36.2	-51.5	25.0	98.9	89.9	-42.9	59.0	-24.3	18.0			
-0.6	5.9	-2.2	50.0	-18.7	26.1	-2.8	5.7	-20.6	-1.1		
32.2	20.8	19.5	27.6	30.4	7.4	-2.2	-0.2	1.5	-7.7	-7.6	-9.2
97.0	47.9	14.9	14.2	10.4	6.5	-1.5	-3.6	-13.0	-8.4	-14.0	-2.5
13.6	**11.4**	**12.2**	**13.9**	**13.9**	**16.6**	**17.0**	**19.3**	**23.8**	**16.0**	**18.3**	**17.3**
14.4	11.7	14.4	15.5	11.5	17.2	18.1	19.5	23.3	18.8		
13.6	12.5	7.6	23.7	25.5	16.8	17.1	20.7	27.7	15.9		
12.1	10.2	9.0	6.9	15.3	15.0	14.5	18.1	23.5	8.8		
14.9	12.8	15.0	42.6	15.8	16.4	16.8	19.2	29.3	11.1		
20.6	17.8	19.3	22.7	13.0	17.5	19.2	21.4	-5.3	57.3		
16.0	11.4	7.5	18.9	-16.8	16.8	14.1	12.5	0.7	21.8		
36.8	15.9	17.2	31.6	36.1	26.5	23.9	28.7	29.0	-12.4	36.3	24.9
34.1	16.7	16.5	25.9	35.0	28.9	26.8	28.3	23.8	-14.6	31.0	20.7
37.9	22.3	19.3	28.6	28.5	28.4	30.5	26.1	24.7	-23.3	36.7	30.0
34.0	5.8	10.2	15.0	23.0	23.1	10.2	3.5	6.3	-3.3	7.5	12.3
28.4	14.2	15.7	26.2	48.1	33.2	24.9	37.5	24.8	-7.8	28.4	12.0
41.4	14.5	18.4	41.0	37.7	23.0	19.6	29.3	37.1	-9.1	43.5	30.1

1-8 续表 4

单位:%

类别	Category	1998	1999
利用外资	**Utilization of Foreign Capital**		
合同利用外商直接投资	Direct Foreign Investments	-32.4	40.2
实际利用外商直接投资	Direct Foreign Investments	-11.1	11.1
对外承包工程和劳务合作	**Foreign Contracted Projects Labor Cooperation**		
合同个数	Number of Contracts (unit)	34.2	-13.9
合同金额	Contracted Value	27.8	-8.1
营业额	Value of Business	28.1	36.8
年末在外人数	Population in Foreign Countries and Regions	9.4	6.4
旅　游	**Tourism**		
接待海外旅游人数	International Tourists	3.9	2.3
外国人	Foreigners	7.9	12.4
港澳台胞	Compatriots from Hong Kong Macao and Taiwan	-2.3	-11.5
旅游外汇收入(人民币)	Foreign Exchange Earnings(RMB)	7.6	20.8
旅游外汇收入(美元)	Foreign Exchange Earnings(USD)	7.7	20.8
人民币对主要外币年平均汇价（中间价）	**Average Exchange Rate of RMB Yuan Against Main Convertible Currencies (Middle Rate)**		
100美元	100 US Dollars	-0.1	0.0
100日元	100 Japanese Yen	-7.5	27.1
100港元	100 Hong Kong Dollars	-0.2	-0.3
十五、教　育	**Education**		
普通高等学校	**Regular Institutions of Higher Education**		
学校数	Number of Schools	2.1	6.1
招生数	New Enrollment	10.6	30.8
毕业生数	Graduates	2.7	-3.6
在校学生数	Total Enrollment	6.6	14.0
教职工数	Teachers and Staff	-0.2	-1.3
#专任教师	Full-time Teachers	0.8	3.3
中等专业学校	**Secondary Professional Schools**		
学校数	Number of Schools	0.8	-1.2
招生数	New Enrollment	2.3	6.4
毕业生数	Graduates	9.9	7.3
在校学生数	Total Enrollment	5.1	5.2
教职工数	Teachers and Staff	1.8	0.3
#专任教师	Full-time Teachers	3.2	1.7
普通中学	**Regular Senior Secondary Schools**		
学校数	Number of Schools	-1.2	-1.1
招生数	New Enrollment	13.0	10.4
毕业生数	Graduates	12.7	3.1
在校学生数	Total Enrollment	5.6	8.6
教职工数	Teachers and Staff	3.2	2.4
#专任教师	Full-time Teachers	3.8	3.4
技工学校	**Technical Schools**		
学校数	Number of Schools	持平	-1.0
招生数	New Enrollment	-24.8	-8.6
毕业生数	Graduates	-9.2	20.5
在校学生数	Total Enrollment	-2.2	-14.3

continued

(%)

2000	2001	2002	2003	2004	2005	2006	2007	2008	2009	2010	2011
63.1	32.4	68.3	86.7	51.3	35.5	-40.9	7.4	-10.0	-14.2	56.5	15.8
20.4	21.9	54.3	48.9	22.7	3.1	11.5	10.1	10.2	-2.3	14.5	21.7
12.0	26.4	-12.7	-4.2	42.1	15.5	15.8	5.1	9.0	-16.8	28.3	
-9.1	69.8	28.2	-7.4	18.0	11.9	139.0	37.8	39.6	23.6	17.2	-13.2
-28.9	23.6	48.7	19.3	52.8	15.1	33.1	30.0	18.9	41.9	18.3	36.1
13.1	4.2	19.4	19.6	20.4	14.2	17.3	11.7	-3.4	6.4	5.9	6.4
16.3	14.6	17.9	-20.5	53.6	30.0	24.5	29.3	1.7	22.2	18.3	15.7
14.9	23.4	25.1	-17.0	56.3	29.8	25.1	29.5	2.2	16.8	15.2	12.4
23.5	-2.8	-0.3	-31.5	43.5	31.0	22.3	28.4	-0.8	45.7	29.1	25.8
18.8	21.4	23.6	-21.7	53.1	36.3	26.5	27.2	-6.0	24.8	21.0	12.9
18.8	21.4	23.6	-21.7	53.1	37.7	30.0	33.3	2.9	26.9	22.1	18.4
0.0	持平	持平	持平	持平	-1.0	-2.7	-4.6	-8.7	-1.6	-0.9	-4.6
-8.5	-7.9	-2.7	7.9	7.1	-2.7	-7.9	-5.8	4.3	8.3	5.9	4.9
-0.4	持平	0.0	0.2	0.0	-0.9	-2.6	-5.0	-8.5	-1.2	-1.1	-4.8
11.5	12.1	15.4	13.3	14.1	7.2	4.8	1.8	2.7	12.3	3.9	4.5
51.5	47.1	19.2	25.2	19.6	22.3	11.1	1.9	13.4	-2.5	-1.1	2.6
0.2	40.0	36.1	23.8	42.4	34.5	19.5	32.5	15.6	5.0	2.9	3.5
42.2	47.9	29.9	30.5	24.3	23.8	14.2	7.6	6.5	3.8	2.4	0.3
10.7	17.2	12.5	16.6	11.0	17.4	10.2	6.3	4.1	2.0	1.7	0.9
16.5	24.8	21.1	21.5	18.5	20.0	15.5	9.7	6.8	2.6	1.9	6.5
-3.2	-17.7	-17.5	-6.7	-5.8	-7.6	-3.0	3.8	-3.7	-4.6		-7.7
-23.6	-1.4	25.7	-18.4	-7.1	-2.1	5.1	9.1	-5.5	6.4		4.2
-2.9	7.0	0.5	-42.5	3.0	13.8	6.4	15.5	-10.0	6.4		-12.0
-3.2	-6.8	1.2	-18.3	1.4	-1.2	2.8	7.1	-4.0	0.0		4.0
-5.2	-24.8	-3.6	-12.5	-8.5	-5.6	0.8	2.1	-3.2	-1.6		-5.8
-4.2	-23.5	-1.5	-10.5	-7.2	-4.5	3.6	4.7	0.0	-1.0		-3.4
-0.2	2.4	-0.8	-0.9	-0.8	-3.6	-5.2	-3.3	-3.6	-3.7	-2.8	-2.1
5.4	-5.7	-8.7	-4.3	-0.3	-6.6	-8.4	-1.3	-1.2	-0.2	2.4	-1.4
1.9	12.3	9.0	8.4	-4.1	-3.0	-5.1	-2.9	-9.5	-8.2	-1.1	0.6
9.4	3.5	-1.9	-5.1	-4.0	-5.7	-6.5	-6.1	-3.5	-0.6	0.3	0.1
3.9	4.7	2.4	1.5	1.1	-0.7	-1.8	-1.6	-2.1	-0.7	-0.8	5.5
4.9	2.7	2.8	1.4	1.1	-0.5	-1.3	-0.6	-0.7	1.3	-0.1	1.3
-7.6	-0.4	-10.4	-2.0	2.1	-8.0	-14.0	1.5	-1.5	-0.5	6.6	-0.5
-5.7	11.0	56.1	27.3	14.7	14.1	7.3	7.6	0.7	-8.7	-6.8	9.1
-6.9	-16.2	-11.0	-6.8	27.2	32.7	25.8	12.3	9.7	16.0	-4.8	-7.6
-14.7	-4.1	25.2	28.7	29.0	18.8	9.7	7.7	7.7	-4.5	0.4	-4.1

1-8 续表 5

单位:%

类 别	Category	1998	1999
教职工数	Teachers and Staff	-3.9	-14.6
#专任教师	Full-time Teachers	-0.2	3.5
小 学	**Regular Primary Schools**		
学校数	Number of Schools	-7.8	-14.6
招生数	New Enrollment	-20.3	-20.7
毕业生数	Graduates	11.8	10.1
在校学生数	Total Enrollment	-3.9	-8.5
教职工数	Teachers and Staff	-0.1	-3.6
#专任教师	Full-time Teachers	0.1	-3.8
成人高等学校	**Adult Institutions of Higher Education**		
学校数	Number of Schools	-13.2	-13.0
招生数	New Enrollment	11.9	18.3
毕业生数	Graduates	-16.8	0.0
在校学生数	Total Enrollment	7.4	11.3
教职工数	Teachers and Staff	-7.6	10.1
#专任教师	Full-time Teachers	-5.3	8.8
十六、科 技	**Science**		
重要科技成果	**Major Scientific Achievements**		
成果数量	Number of Achievements	1.5	3.7
#农 业	Agricultural	-16.7	-9.3
工 业	Industry	-0.1	-16.2
国际领先先进水平	Internationally Advanced	58.8	2.8
国内领先先进水平	Nationally Advanced	-6.1	8.8
省内领先先进水平	Provincial Advanced	-14.8	-34.9
专利情况	**Patent Applications**		
申请量	Number of Patent Applications Examined	16.5	13.1
授权量	Number of Patent Applications Granted	42.0	58.4
十七、卫生、文化事业	**Public Health and Culture**		
卫生机构床位数	Number of Beds in Health Institutions	0.6	2.7
卫生技术人员数	Medical Technical Personnel	2.3	2.3
#医生数	Doctors	2.1	4.5
文化(艺术)馆	**Cultural (Arts) Centers**		
机构数	Number of Institutions	持平	持平
人 数	Number of Employed Persons	-0.4	-1.8
文化站	**Cultural Stations**		
机构数	Number of Institutions	0.5	-0.0
人 数	Number of Employed Persons	5.1	-1.4
艺术表演团体	**Arts Performance Troupes**		
机构数	Number of Institutions	持平	-0.9
人 数	Number of Employed Persons	0.4	-1.5
剧场(院)	**Theaters and Music Halls**		
机构数	Number of Institutions	持平	持平
人 数	Number of Employed Persons	-2.8	-1.3
图书馆	**Libraries**		
机构数	Number of Institutions	持平	1.5
人 数	Number of Employed Persons	2.6	0.8
博物馆	**Museums**		
机构数	Number of Institutions	3.7	1.8
人 数	Number of Employed Persons	-9.0	17.0

continued

(%)

2000	2001	2002	2003	2004	2005	2006	2007	2008	2009	2010	2011
-15.2	-5.4	-4.2	-6.8	3.3	3.2	1.2	19.9	-7.6	1.1	-27.2	34.1
-3.2	14.2	-18.6	2.3	9.2	3.1	7.7	45.5	-20.1	2.8	-22.8	40.7
-11.7	-18.0	-8.2	-6.6	-7.4	-6.3	-7.9	-3.7	-4.0	-4.8	-3.5	-2.9
-10.0	-3.0	5.8	0.6	2.1	-5.4	2.8	4.0	-6.2	-2.7	9.4	7.3
1.9	-9.7	-18.2	-11.0	-2.8	-9.1	-10.3	2.1	3.5	1.9	0.7	-3.1
-11.0	-9.8	-5.2	-3.0	-2.3	-2.0	1.2	1.8	-0.2	-1.0	0.4	2.4
-2.4	-3.9	-2.0	-0.9	-0.2	0.0	1.2	1.3	0.1	0.1	-0.8	-5.7
-2.5	-4.4	-1.7	-1.0	-0.3	-0.3	1.0	1.3	0.3	0.5	-0.6	-0.3
持平	-15.0	-14.7	-6.9	-11.1	持平	持平	-4.2	-4.4	-4.5	-14.3	-5.6
-5.4	25.2	7.6	15.5	3.2	-17.8	-11.8	11.5	42.9	-10.9	-2.1	10.9
14.9	-19.0	21.5	14.1	35.4	10.0	-70.4	178.8	-4.6	12.9	5.0	31.1
-0.5	16.3	23.8	17.8	-28.1	-3.6	14.2	0.6	19.6	6.2	3.0	-0.6
-1.7	-1.3	-15.2	-16.3	11.9	3.8	11.3	-1.2	-41.5	-15.6	-32.3	-6.5
-0.7	-3.4	-9.6	-14.3	17.9	7.0	12.5	0.3	-35.8	-14.4	-28.9	-7.3
1.1	-16.5	-3.0	-4.0	4.6	-20.5	-4.0	1.4	-0.7	1.5	0.1	0.5
3.2	-14.1	-8.5	-4.2	4.9	-29.5	5.6	-2.4	-8.8	1.7	27.8	-22.0
1.5	-11.7	-1.9	-4.1	4.6	-51.9	16.9	11.7	-3.8	25.4	-11.5	-3.7
-19.5	-15.5	-4.0	-4.1	4.1	10.1	-16.1	21.2	9.0	26.9	-10.0	-4.3
4.5	-14.8	-2.8	-4.0	5.1	-27.2	0.1	-4.6	-2.6	-12.7	-6.8	-1.5
-12.1	-8.2	-3.6	-4.4	-2.0	-11.9	-7.5					
16.7	11.5	15.1	22.9	16.4	56.8	32.8	22.4	28.6	11.0	20.9	35.5
6.5	-3.4	8.5	24.3	7.4	10.4	48.4	43.2	16.9	29.3	49.2	14.3
0.7	1.5	1.3	-1.4	6.2	8.4	3.4	9.1	13.1	8.4	10.1	8.9
2.3	1.1	1.2	-3.4	3.9	0.6	3.6	2.8	8.7	8.0	8.6	9.2
4.3	2.6	3.6	-13.0	3.9	1.5	3.7	2.5	6.7	5.6	5.3	4.5
0.6	持平	-1.9	0.6	1.3	-0.6	持平	-0.6	-0.6	1.3	持平	1.3
-4.4	-2.6	-1.3	1.1	5.7	-4.9	2.6	-1.5	0.4	3.0	-1.9	1.0
-2.9	-21.1	-2.4	-4.0	-0.5	-0.8	5.0	-1.7	持平	2.2	-0.6	-1.5
0.3	-10.9	2.6	0.1	5.6	-0.8	5.2	11.6	1.0	22.3	-1.1	2.2
0.9	2.5	持平	-0.8	-1.7	-0.9	0.9	0.8	持平	-0.8	0.8	-2.5
-2.2	0.8	0.7	-0.7	0.1	1.2	3.0	-1.4	1.5	0.4	-0.2	-1.7
-1.9	持平	-1.0	持平	-8.7	-1.1	1.1	-3.2	-2.2	-8.9	11.0	2.2
-2.8	-1.2	-0.4	-3.3	-11.3	-9.9	11.5	-7.7	-5.7	-10.2	16.1	12.1
持平	2.3	2.9	持平	1.4	2.1	-1.4	1.4	1.4	2.0	-0.7	0.7
-1.9	-0.1	2.2	0.6	2.3	2.2	-2.5	0.6	-1.3	2.4	0.4	0.6
3.5	11.9	6.1	4.3	-1.4	4.2	1.3	14.5	10.3	15.6	2.7	5.3
-1.8	-1.4	-2.8	4.3	3.1	2.3	2.7	8.2	7.8	11.8	6.5	13.5

1–9 平均每天社会经济活动
Selected Indicators on Average Daily Social and Economic Activities

指 标 名 称	Item	2007	2008	2009	2010	2011
一、全省每天创造的财富	**Daily Production**					
地区生产总值 (万元)	Gross Domestic Product (10 000 yuan)	711395	851289	928675	1073148	1242790
工业总产值 (万元)	Gross Output Value of Industry (10 000 yuan)	1491185	1724891	1950943	2297299	2726164
农林牧渔业总产值 (万元)	Gross Output Value of Farming,Forestry, Animal Husbandry and Fishery (10 000 yuan)	130582	153780	164468	182218	203007
地方财政收入 (万元)	Government Revenue (10 000 yuan)	45901	53618	60237	75326	94683
布 (万米)	Cloth (10 000 m)	3235	3610	3541	3810	3411
原 煤 (万吨)	Coal (10 000 tons)	39.8	38.8	39.4	42.9	44.1
发电量 (万千瓦时)	Electricity (10 000 kwh)	73919	75444	78353	83362	86636
原 油 (万吨)	Crude Oil (10 000 tons)	7.4	7.7	7.7	7.6	7.6
粗 钢 (吨)	Steel (ton)	120737	122156	133077	144002	154937
二、全省每天消费量	**Daily Consumption**					
城乡居民消费总量 (万元)	Resident Consumption (10 000 yuan)	206599	246332	271512	302985	356164
社会消费品零售额 (万元)	Total Retail Sails of Consumer Goods (10 000 yuan)	231200	284416	338712	400556	470013
三、其他经济活动	**Other Daily Economic Activities**					
铁路、公路和水路客运人数 (万人)	Passenger Traffic (10 000 persons)	339.6	584.6	641.7	681.4	686.2
住宅竣工面积 (平方米)	Floor Space of Residential Buildings Completed(sp.m)	90882	107079	118617	117008	145528
四、全省人口变动和婚姻	**Daily Population Changes and Marriages**					
出生人口 (人)	Birth (person)	2849	2904	3014	4115	3137
死亡人口 (人)	Death (person)	1562	1589	1562	2232	1852
结婚对数 (对)	Marriages (couples)	2043	2174	2516	2536	2658
离婚对数 (对)	Divorces (couples)	419	381	416	459	498

主要统计指标解释

行政区划 指国家对行政区域的划分。根据宪法规定，我国的行政区域划分如下：(1)全国分为省、自治区、直辖市；(2)省、自治区分为自治州、县、自治县、市；(3)自治州分为县、自治县、市；(4)县、自治县分为乡、民族乡、镇；(5)直辖市和较大的市分为区、县；(6)国家在必要时设立的特别行政区。

国民经济行业分类 自2012年定期报表开始使用新的《国民经济行业分类》(GB/T4754-2011)该分类是由国家统计局组织修订，经国家质量监督检验检疫总局批准，于2011年4月29日发布实施。这次修订是在2002年分类标准的基础上，参照联合国《全部经济活动的国际标准产业分类》(ISIC/Rev.4)进行的。修订后的《国民经济行业分类》(GB/T4754-2011)共有门类20个，大类96个，中类432个，小类1094个。大类增加1个，中类增加36个，小类增加181个。

企业(单位)登记注册类型 是以在工商行政管理机关登记注册的各类企业为划分对象，以工商行政管理部门对企业登记注册的类型为依据，将企业登记注册类型分为内资企业、港澳台商投资企业和外商投资企业三大类。内资企业包括国有企业、集体企业、股份合作企业、联营企业、有限责任公司、股份有限公司、私营公司和其他企业；港澳台商投资企业和外商投资企业分别包括合资经营企业、合作经营企业、独资经营企业和股份有限公司。对不在工商行政管理部门进行登记注册的行政机关、事业单位和社会团体，主要按其经费来源和管理方式进行划分。

国有企业 指企业全部资产归国家所有，并按《中华人民共和国企业法人登记管理条例》规定登记注册的非公司制的经济组织。不包括有限责任公司中的国有独资公司。

集体企业 指企业资产归集体所有，并按《中华人民共和国企业法人登记管理条例》规定登记注册的经济组织。

股份合作企业 指以合作制为基础，由企业职工共同出资入股，吸收一定比例的社会资产投资组建，实行自主经营，自负盈亏，共同劳动，民主管理，按劳分配与按股分红相结合的一种集体经济组织。

联营企业 指两个及两个以上相同或不同所有制性质的企业法人或事业单位法人，按自愿、平等、互利的原则，共同投资组成的经济组织。联营企业包括国有联营企业、集体联营企业、国有与集体联营企业和其他联营企业。

有限责任公司 指根据《中华人民共和国公司登记管理条例》规定登记注册，由两个以上、五十个以下的股东共同出资，每个股东以其所认缴的出资额对公司承担有限责任，公司以其全部资产对其债务承担责任的经济组织。有限责任公司包括国有独资公司以及其他有限责任公司。

股份有限公司 指根据《中华人民共和国公司登记管理条例》规定登记注册，其全部注册资本由等额股份构成并通过发行股票筹集资本，股东以其认购的股份对公司承担有限责任，公司以其全部资产对其债务承担责任的经济组织。

私营企业 指由自然人投资设立或由自然人控股，以雇佣劳动为基础的营利性经济组织。包括按照《公司法》、《合伙企业法》、《私营企业暂行条例》规定登记注册的私营有限责任公司、私营股份有限公司、私营合伙企业和私营独资企业。

其他企业 指上述企业之外的其他内资经济组织。

与港澳台商合资经营企业 指港澳台地区投资者与内地企业依照《中华人民共和国中外合资经营企业法》及有关法律的规定，按合同规定的比例投资设立、分享利润和分担风险的企业。

与港澳台商合作经营企业 指港澳台地区投资者与内地企业依照《中华人民共和国中外合作经营企业法》及有关法律的规定，依照合作合同的约定进行投资或提供条件设立、分配利润和分担风险的企业。

港澳台商独资经营企业 指依照《中华人民共和国外资企业法》及有关法律的规定，在内地由港澳台地区投资者全额投资设立的企业。

港澳台商投资股份有限公司 指根据国家有关规定，经原外经贸部依法批准设立，其中港、澳、台商的股本占公司注册资本的比例达25%以上的股份有限公司。凡其中港、澳、台商的股本占公司注册资本的比例小于25%的，属于内资企业中的股份有限公司。

中外合资经营企业 指外国企业或外国人与中国内地企业依照《中华人民共和国中外合资经营企业法》及有关法律的规定，按合同规定的比例投资设立、分享利润和分担风险的企业。

中外合作经营企业 指外国企业或外国人与中国内地企业依照《中华人民共和国中外合作经营企业法》及有关法律的规定，依照合作合同的约定进行投资或提供条件设立、分配利润和分担风险的企业。

外资企业 指依照《中华人民共和国外资企业法》及有关法律的规定，在中国内地由外国投资者全额投资设立的企业。

外商投资股份有限公司 指根据国家有关规定，经原外经贸部依法批准设立，其中外资的股本占公司注册资本的比例达25%以上的股份有限公司。凡其中外资股本占公司注册资本的比例小于25%的，属于内资企业中的股份有限公司。

行政机关、事业单位和社会团体 参照企业登记注册类型，主要按其经费来源和管理方式划分。具体规定如下：

⑴行政机关：包括国家机关和政党机关，原则上均列为“国有”。但有特殊规定的，如供销社等，则列为“集体”。

⑵事业单位：包括经国家机构编制部门和有关业务主管部门批准成立的各类事业单位，不包括实行企业化管理的事业单位。事业单位的划分办法如下：

①由国家财政预算拨款或列入财政预算外资金管理以及经费主要来源于国有主管部门或国有上级单位的事业单位，列为“国有”。

②经费主要来源于集体单位的事业单位，列为“集体”。

③公民个人(或个人合伙)开办的事业单位，列为“私营”。

④上述以外的其他事业单位，如果其经费来源不明确，按管理方式进行归类。

⑶社会团体：包括经民政部门批准成立以及未纳入社会团体管理条例范围的工会、妇联等各类社会团体。社会团体的划分办法如下：

①未纳入民政部社会团体管理条例范围的工会、妇联、共青团、青联、工商联、科协、侨联等社会团体，国家拨款设立的基金会或基金管理组织以及经费主要来源于国有业务主管部门或国有上级单位的社会团体，列为“国有”。

②经费主要来源于集体单位的社会团体，列为“集体”。

③公民个人(或个人合伙)开办的社会团体，划为“私营”。

④上述以外的其他社会团体，如果其经费来源不明确，改按管理方式进行归类。

Explanatory Notes on Main Statistical Indicators

Divisions of Administrative Areas refers to the division of administrative areas by the state. The Constitution of the People Republic of China stipulates that the administrative areas in China are divided as: 1) The whole country is divided into provinces, autonomous regions and municipalities directly under the central government; 2) Provinces and autonomous regions are divided into autonomous prefectures, counties, autonomous counties and cities; 3) Autonomous prefectures are divided into counties, autonomous counties and cities; 4) Counties and autonomous counties are divided into townships, nationality townships and towns; 5) Municipalities and large cities are divided into districts and counties, 6) The state shall, when necessary, establish special administrative regions.

Industrial Classification of the National Economy The new Industrial Classification of the National Economy (GB/T 4754-2011) is introduced starting from the compilation of 2012 annual statistics. The new revision was based on the 2002 classification and organized by the National Bureau of Statistics taking into consideration of the International Standards of the Industrial Classification of All Economic Activities (ISIC/Rev.4) of the United Nations, and the new Classification was promulgated by the National Administration of Quality Supervision, Inspection and Quarantine on April 29, 2011. The revised version of the Industrial Classification of the National Economy (GB/T 4754-2011) is composed of 20 major divisions, 96 divisions, 432 major groups and 1094 groups, including 1 new divisions, 36 major groups and 181 groups.

Registration Status of Enterprises are classified into 3 categories, namely domestic funded enterprises, enterprises with investment from Hong Kong, Macau and Taiwan, and enterprises with foreign investment, in the light of the registration status of an enterprise in industrial and commercial administration agencies. Domestic-funded enterprises include state-owned enterprises, collective-owned enterprises, cooperative enterprises, joint ownership enterprises, limited liability corporations, share-holding corporations Ltd., private enterprises and other enterprises. Included in the enterprises with investment from Hong Kong, Macau and Taiwan and enterprises with foreign investment are joint-venture enterprises, cooperative enterprises, sole investment enterprises and share holding corporations Ltd. For government agencies, institutions and social organizations which are not requested to be registered in industrial and commercial administration agencies, they are classified mainly by their sources of funds and way of management.

State-owned Enterprises refer to non-corporation economic units where the entire assets are owned by the state and which have registered in accordance with the Regulation of the People' s Republic of China on the Management of Registration of Corporate Enterprises. Excluded from this category are sole state funded corporations in the limited liability corporations.

Collective-owned Enterprises refer to economic units where the assets are owned collectively and which have registered in accordance with the Regulation of the People' s Republic of China on the Management of Registration of Corporate Enterprises.

Cooperative Enterprises refer to a form of collective economic units (enterprises) where capitals come mainly from employees as their shares, with certain proportion of capital from the outside, where production is organized on the basis of independent operation, independent accounting for profits and losses, joint work, democratic management, and a distribution system that integrates remuneration according to work with dividend according to capital share.

Joint Ownership Enterprises refer to economic units established by two or more corporate enterprises or corporate institutions of the same or different ownership, through joint investment on the basis of equality, voluntary participation and mutual benefits. They include state joint ownership enterprises, collective joint ownership enterprises, joint state-collective enterprises, other joint ownership enterprises.

Limited Liability Corporations refer to economic units established with investment from 2-50 investors and registered in accordance with the Regulation of the People' s Republic of China on the Management of Registration of Corporations, each investor bearing limited liability to the corporation depending on its share of investment, and the corporation bearing liability to its debt to the maximum of its total assets. Limited liability corporations include exclusive state funded limited liability corporations and other limited liability corporations.

Share-holding Corporations Ltd. refer to economic units registered in accordance with the Regulation of the People' s Republic of China on the Management of Registration of Corporations, with total registered capitals divided into equal shares and raised through issuing stocks. Each investor bears limited liability to the corporation depending on the holding of shares, and the corporation bears liability to its debt to the maximum of its total assets.

Private Enterprises refer to profit-making economic units invested and established by natural persons, or controlled by natural persons using employed labour. Included in this category are private limited liability corporations, private share-holding corporations Ltd., private partnership enterprises and private-funded enterprises registered in accordance with the Corporation Law, Partnership Enterprises Law and Interim Regulations on Private Enterprises.

Other Domestic-funded Enterprises refer to domestic funded economic units other than those mentioned above.

Cooperative Enterprises with Funds from Hong Kong Macau and Taiwan established by investors from Hong Kong, Macau and Taiwan with enterprises in the mainland of China in accordance with the Law of the People' s Republic of China on Sino-foreign Cooperative Enterprises and other relevant laws, where the investment or provision of facilities, and the share of profits and risks is stipulated in the cooperative contract.

Enterprises with Sole (exclusive) Investment from Hong Kong, Macau and Taiwan refer to enterprises established in the mainland of China with exclusive investment from investors from Hong Kong, Macau and Taiwan in accordance with the Law of the People's Republic of China on Foreign Funded Enterprises and other relevant laws.

Share-holding Corporations Ltd. with Investment from Hong Kong, Macau and Taiwan refer to share holding corporations Ltd. established with the approval from the former Ministry of Foreign Trade and Economic Relations in line with relevant state regulations, where the share of investment from Hong Kong, Macau or Taiwan businessmen exceeds 25% of the total registered capital of the corporation. In case the share of investment from Hong Kong, Macau or Taiwan is less than 25% of the total registered capital, the enterprise is to be classified as domestic-funded share-holding corporation Ltd.

Joint-venture Enterprises with Foreign Investment refer to enterprises jointly established by foreign enterprises or foreigners with enterprises in the mainland of China in accordance with the Law of the People' s Republic of China on Sino-foreign Joint Venture Enterprises and other relevant laws, where the share of investment, profits and risks is stipulated in the contract.

Cooperation Enterprises with Foreign Investment refer to enterprises jointly established by foreign enterprises or foreigners with enterprises in the mainland of China in accordance with the Law of the People' s Republic of China on Sino foreign Cooperative Enterprises and other relevant laws, where the investment or provision of facilities, and the share of profits and risks is stipulated in the cooperative contract.

Enterprises with Sole (exclusive) Foreign Investment refer to enterprises established in the mainland of China with exclusive investment from foreign investors in accordance with the Law of the People' s Republic of China on Foreign Funded Enterprises and other relevant laws.

Share-holding Corporations Ltd. with Foreign Investment refer to share-holding corporations Ltd. established with the approval from the Ministry of Foreign Trade and Economic Relations in line with relevant state regulations, where the share of investment from foreign investors exceeds 25% of the total registered capital of the corporation. In case the share of foreign investment is less than 25% of the total registered capital, the enterprise is to be classified as domestic funded share holding corporation Ltd.

Government Agencies, Institutions and Social Organizations are classified into following categories by source of funds and way of management taking reference of the registration status of enterprises:

(1) Government agencies: include state and party agencies, classified in principle as state owned. There are exceptions, such as supply and marketing cooperatives which are classified as collective-owned.

(2) Institutions: include institutions of various types established with the approval by organization and staffing departments of the government, but exclude institutions where enterprise management system is introduced. Institutions are further classified as follows:

(a) Institutions whose main budget is listed in the government budget appropriations or extra budget funds, or allocated from the budget of their competent government agencies. Such institutions are classified as state owned.

(b) Institutions whose budget mainly comes from collective units. Such institutions are classified as collective owned.

(c) Social organizations established by individual or a group of citizens,which are classified as private.

(d) Institutions other than those mentioned above whose source of budget is not clear. Such institutions are classified by way of management.

(3) Social organizations: include social organizations established with the approval from the Ministry of Civil Affairs, and organizations that are not covered by social organization management regulations such as trade unions, womens federations etc.. Social organizations are further classified as follows:

(a) Social organizations that are not covered by social organization management regulations of the Ministry of Civil Affairs such as trade unions, womens federations, communist youth leagues, youth associations, industrial and commerce associations, scientists associations, overseas Chinese associations, etc., foundations and fund management organizations established with funds from the state, and social organizations whose funds mainly come from the budget of their competent government agencies. Such institutions are classified as state owned.

(b) Social organizations whose budget mainly comes from collective units. Such institutions are classified as collective owned.

(c) Social organizations established by individual or a group of citizens, which are classified as private.

(d) Social organizations other than those mentioned above whose source of budget is not clear. Such organizations are classified by way of management.

第
2
篇

国民经济核算

National Accounts

简 要 说 明

一、本篇资料的主要内容

本篇资料从宏观上反映了经济发展的总体状况和发展水平，主要包括地区生产总值及其增长、结构、三次产业对经济增长的贡献、消费水平等方面的资料。

二、本篇资料的来源

本篇资料来源于国民经济核算统计报表，由省统计局核算处整理提供。

Brief Introduction

I. Main Content

Data in the chapter reflect the overall situation and development of economy on the macro level, including growth rate and components of GDP, share of the three industries to the increase of GDP and household consumption expenditure.

II. Source of Data

Data in this chapter are prepared according to the data of national accounts and compiled by the Division of National Accounts of Shandong Provincial Bureau of Statistics..

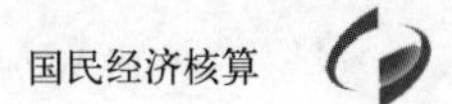

2-1 1952-2011年地区生产总值

Gross Domestic Product from 1952 to 2011

单位:亿元　　　　(100 million yuan)

年 份 Year	地区生产总值 Gross National Product	第一产业 Primary Industry	第二产业 Secondary Industry	工 业 Industry	建筑业 Construction	第三产业 Teritary Industry	#交通运输仓储邮电通信业 Transport,Post and Telecommunication Services	#批发零售贸易餐饮业 Wholesale Retail Trade & Catering Services	人均地区生产总值(元) Per Capita GDP (yuan)
1952	43.81	29.55	7.27	6.82	0.45	6.99	1.01	2.72	91
1953	45.79	28.23	9.30	8.74	0.56	8.26	1.20	3.22	94
1954	52.98	32.48	10.98	10.38	0.60	9.52	1.31	3.92	106
1955	57.78	35.52	11.42	10.81	0.61	10.84	1.40	4.62	113
1956	63.13	35.67	16.34	14.98	1.36	11.12	1.44	4.53	121
1957	61.39	31.95	17.59	16.62	0.97	11.85	1.61	4.38	116
1958	72.97	33.94	23.73	21.29	2.44	15.30	3.28	4.88	135
1959	75.96	28.73	27.86	25.16	2.70	19.37	4.55	5.56	141
1960	71.37	20.61	31.07	28.11	2.96	19.69	5.38	4.68	135
1961	63.40	26.44	20.19	19.04	1.15	16.77	4.02	3.64	121
1962	64.38	30.42	16.91	15.90	1.01	17.05	3.89	3.93	120
1963	67.61	33.47	19.09	17.65	1.44	15.05	2.84	3.16	123
1964	71.66	33.05	23.43	21.74	1.69	15.18	3.25	2.64	128
1965	86.25	42.24	28.96	25.99	2.97	15.05	3.67	2.00	152
1966	97.58	46.99	34.44	31.34	3.10	16.15	3.98	2.67	169
1967	99.44	46.71	35.43	32.78	2.65	17.30	3.92	3.66	168
1968	99.34	44.46	37.43	34.72	2.71	17.45	3.77	3.77	165
1969	108.17	50.16	39.56	36.22	3.34	18.45	3.99	4.15	175
1970	126.31	52.23	53.71	50.16	3.55	20.37	4.84	4.69	199
1971	139.69	56.33	61.50	57.65	3.85	21.86	5.45	4.49	215
1972	146.52	59.11	63.22	58.57	4.65	24.19	6.07	4.51	221
1973	154.33	61.92	65.99	60.67	5.32	26.42	6.15	6.31	229
1974	130.81	59.19	47.44	42.70	4.74	24.18	5.15	4.60	191
1975	166.19	65.54	75.31	69.76	5.55	25.34	5.63	4.77	240
1976	179.58	68.88	84.70	78.23	6.47	26.00	6.27	4.40	242
1977	207.07	79.01	95.34	88.05	7.29	32.72	7.81	3.92	293
1978	225.45	75.06	119.35	108.53	10.82	31.04	8.27	3.29	316
1979	251.60	91.12	127.68	114.67	13.01	32.80	9.50	4.18	350
1980	292.13	106.43	146.11	130.55	15.56	39.59	10.07	6.39	402
1981	346.57	132.21	155.41	138.09	17.32	58.95	13.18	16.56	472
1982	395.38	154.07	166.05	147.10	18.95	75.26	14.10	22.39	531
1983	459.83	185.57	178.75	159.15	19.60	95.51	17.12	32.07	611
1984	581.56	222.13	239.27	214.20	25.07	120.16	22.25	37.97	765
1985	680.46	235.96	293.07	259.42	33.65	151.43	28.22	46.14	887
1986	742.05	252.73	313.21	274.80	38.41	176.11	34.03	49.85	956
1987	892.29	287.31	384.57	341.31	43.26	220.41	47.45	60.58	1131
1988	1117.66	331.94	497.10	435.51	61.59	288.62	55.50	86.71	1395
1989	1293.94	359.14	579.65	513.97	65.68	355.15	66.55	108.51	1595
1990	1511.19	425.29	635.98	568.25	67.73	449.92	81.87	132.83	1815
1991	1810.54	521.85	745.90	663.90	82.00	542.79	98.97	161.00	2122
1992	2196.53	534.62	999.11	889.59	109.52	662.80	120.18	200.93	2556
1993	2770.37	596.63	1355.71	1201.67	154.04	818.03	141.09	239.98	3212
1994	3844.50	775.03	1891.43	1692.10	199.33	1178.04	213.58	346.88	4441
1995	4953.35	1010.13	2355.78	2098.06	257.73	1587.44	296.08	471.95	5701
1996	5883.80	1200.17	2784.09	2475.99	308.10	1899.54	362.05	574.97	6746
1997	6537.07	1195.00	3147.37	2796.02	351.35	2194.70	420.49	664.92	7461
1998	7021.35	1215.81	3408.06	3008.45	399.61	2397.49	437.37	735.63	7968
1999	7493.84	1221.00	3644.32	3197.16	447.16	2628.52	484.65	787.90	8483
2000	8337.47	1268.57	4164.45	3665.74	498.71	2904.45	545.13	856.94	9326
2001	9195.04	1359.49	4556.01	4004.09	551.92	3279.53	657.57	972.33	10195
2002	10275.50	1390.00	5184.98	4518.87	666.11	3700.52	655.64	1142.54	11340
2003	12078.15	1480.67	6485.05	5706.71	778.34	4112.43	710.18	1283.70	13268
2004	15021.84	1778.45	8478.69	7576.12	902.57	4764.70	969.13	1431.58	16413
2005	18366.87	1963.51	10478.62	9418.58	1060.04	5924.74			19934
2006	21900.19	2138.90	12574.03	11378.82	1195.21	7187.26			23603
2007	25776.91	2509.14	14647.53	13283.72	1363.81	8620.24			27604
2008	30933.28	3002.65	17571.98	15894.95	1677.03	10358.64			32936
2009	33896.65	3226.64	18901.83	16896.14	2005.69	11768.18			35894
2010	39169.92	3588.28	21238.49	18861.45	2377.04	14343.14			41106
2011	45361.85	3973.85	24017.11	21275.89	2741.22	17370.89			47335

注:本表按当年价格计算。
a)Data in this table are calculated at current prices.

2-2 1952-2011年地区生产总值指数

Indices of Gross Domestic Product from 1952 to 2011

(以1952年为100) (1952=100)

年份 Year	地区生产总值 Gross National Income	第一产业 Primary Industry	第二产业 Secondary Industry	工业 Industry	建筑业 Construction	第三产业 Teritary Industry	#交通运输仓储邮电通信业 Transport,Post and Telecommunication Services	#批发零售贸易餐饮业 Wholesale Retail Trade & Catering Services
1953	102.1	92.7	127.8	128.5	117.7	113.7	114.2	113.8
1954	116.4	104.7	148.5	150.0	124.3	131.0	120.4	139.5
1955	127.5	115.6	155.3	157.1	126.5	147.0	122.1	162.8
1956	142.5	116.1	236.5	234.4	279.7	151.7	131.7	159.5
1957	137.5	101.6	262.0	264.6	226.6	154.6	147.4	146.4
1958	163.2	107.7	349.5	334.7	572.4	199.4	300.3	162.9
1959	169.6	90.4	410.3	396.3	626.2	249.4	412.6	183.3
1960	149.2	63.6	394.7	375.3	682.6	251.4	483.6	153.1
1961	116.5	65.3	269.2	264.2	325.6	170.4	355.0	79.8
1962	113.5	69.7	214.8	213.2	236.4	184.4	349.0	97.3
1963	126.0	82.0	245.3	240.1	322.9	180.9	264.5	92.5
1964	140.4	84.7	311.5	307.1	379.1	193.0	306.6	83.0
1965	171.3	107.2	405.0	386.0	693.0	197.8	370.1	61.7
1966	199.2	122.4	499.8	485.2	725.6	213.4	403.4	83.8
1967	203.8	121.7	538.8	537.1	587.0	207.9	334.8	112.3
1968	201.8	112.3	565.2	563.4	608.1	209.6	321.7	115.7
1969	217.5	124.9	597.4	588.8	746.1	222.2	341.0	128.0
1970	251.6	129.3	753.3	748.4	833.4	260.9	454.9	150.8
1971	290.8	135.6	1004.9	1014.8	913.4	266.6	514.5	144.6
1972	315.2	139.7	1125.5	1132.5	1106.1	295.9	575.2	145.8
1973	332.5	146.1	1180.6	1180.1	1268.7	323.4	583.8	204.0
1974	280.0	139.8	854.8	840.2	1132.9	296.6	490.4	148.9
1975	361.8	154.6	1366.0	1374.6	1325.5	310.5	535.5	154.4
1976	380.6	162.0	1452.1	1450.2	1544.2	318.3	596.0	142.2
1977	423.6	185.7	1553.7	1544.5	1738.8	376.5	742.6	126.8
1978	466.4	174.6	1948.3	1907.5	2580.4	379.5	784.9	106.3
1979	497.2	188.9	2071.0	2004.8	3060.4	395.1	888.5	133.0
1980	557.9	207.4	2319.5	2233.3	3586.8	469.8	928.5	200.4
1981	590.3	220.9	2393.7	2329.3	3382.4	524.8	910.9	389.2
1982	657.0	244.8	2527.7	2443.4	3774.8	667.5	971.0	524.6
1983	748.3	284.0	2719.8	2648.6	3823.9	825.7	1149.7	732.3
1984	878.5	336.0	3201.2	3090.9	4810.5	952.0	1368.1	794.5
1985	978.6	343.4	3793.4	3619.4	6200.7	1093.8	1582.9	880.3
1986	1040.3	341.3	4199.3	4035.6	6504.5	1189.0	1783.9	889.1
1987	1183.9	366.6	4917.4	4794.3	6764.7	1391.1	2326.2	1010.0
1988	1331.9	365.9	6033.6	5858.6	8537.1	1524.6	2277.3	1210.0
1989	1385.2	363.7	6462.0	6356.6	8101.7	1567.3	2279.6	1264.5
1990	1458.6	383.3	6927.3	6865.1	8028.8	1578.3	2227.2	1230.4
1991	1671.6	437.7	7897.1	7894.9	8478.4	1830.8	2588.0	1434.6
1992	1954.1	438.6	10155.7	10216.0	10225.0	2129.2	2994.3	1705.7
1993	2352.0	465.4	13005.4	13142.9	12506.2	2554.0	3433.9	1944.0
1994	2733.9	499.3	15269.6	15454.7	14448.4	3081.4	4192.1	2266.1
1995	3115.8	544.0	17419.6	17579.7	16984.1	3604.3	4984.8	2667.2
1996	3491.3	579.9	19830.5	19993.4	19521.5	4054.1	5602.4	3042.2
1997	3878.5	582.6	22350.9	22532.6	22032.0	4639.9	6334.1	3508.6
1998	4295.4	615.5	25048.7	25254.5	24658.2	5159.6	6861.1	3972.1
1999	4725.8	644.4	28069.5	28340.7	27237.5	5639.4	7630.9	4470.6
2000	5211.6	668.9	31429.5	31795.4	29884.9	6228.2	8491.6	4989.2
2001	5734.9	697.0	34883.6	35366.0	32649.3	6927.6	10190.8	5683.1
2002	6407.6	714.1	40102.1	40515.3	38519.6	7682.7	10284.6	6454.9
2003	7266.8	753.7	46839.3	47613.6	42987.9	8555.5	11480.7	7149.5
2004	8385.9	806.1	55855.9	57664.8	45154.5	9608.6	15291.1	7687.8
2005	9643.7	845.2	65595.0	68077.3	50554.3	10995.6	17493.0	8579.6
2006	11063.2	888.7	76495.4	79812.9	56166.3	12593.5		
2007	12636.4	924.2	88552.1	93032.1	60798.6	14426.5		
2008	14155.5	970.9	99201.0	104738.8	64685.6	16437.5		
2009	15879.3	1011.2	112952.6	118122.1	81147.8	18279.7		
2010	17832.9	1047.9	127369.5	133220.3	91364.1	20752.6		
2011	19769.1	1089.8	142274.7	149911.5	96062.9	23102.1		

注：本表按可比价格计算。

a) Data in this table are calculated at constant prices.

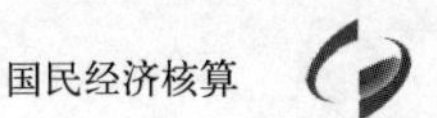

2-2 续表 continued

(以上年为100) (preceding year=100)

年 份 Year	地 区 生产总值 Gross National Income	第一产业 Primary Industry	第二产业 Secondary Industry	工 业 Industry	建筑业 Construction	第三产业 Tetitary Industry	#交通运输仓储邮电通信业 Transport,Post and Telecommunication Services	#批发零售贸易餐饮业 Wholesale Retail Trade & Catering Services
1953	102.1	92.7	127.8	128.5	117.7	113.7	114.2	113.8
1954	114.0	112.9	116.2	116.7	105.6	115.2	105.4	122.6
1955	109.5	110.4	104.6	104.7	101.8	112.2	101.4	116.7
1956	111.8	100.4	152.3	149.2	221.1	103.2	107.9	98.0
1957	96.5	87.5	110.8	112.9	81.0	101.9	111.9	91.8
1958	118.7	106.0	133.4	126.5	252.6	129.0	203.7	111.3
1959	103.9	83.9	117.4	118.4	109.4	125.1	137.4	112.5
1960	88.0	70.4	96.2	94.7	109.0	100.8	117.2	83.5
1961	78.1	102.6	68.2	70.4	47.7	67.8	73.4	52.1
1962	97.4	106.8	79.8	80.7	72.6	108.2	98.3	121.9
1963	111.0	117.6	114.2	112.6	136.6	98.1	75.8	95.1
1964	111.4	103.3	127.0	127.9	117.4	106.7	115.9	89.7
1965	122.0	126.6	130.0	125.7	182.8	102.5	120.7	74.3
1966	116.3	114.2	123.4	125.7	104.7	107.9	109.0	135.8
1967	102.3	99.4	107.8	110.7	80.9	97.4	83.0	134.0
1968	99.0	92.3	104.9	104.9	103.6	100.8	96.1	103.0
1969	107.8	111.2	105.7	104.5	122.7	106.0	106.0	110.6
1970	115.7	103.5	126.1	127.1	111.7	117.4	133.4	117.8
1971	115.6	104.9	133.4	135.6	109.6	102.2	113.1	95.9
1972	108.4	103.0	112.0	111.6	121.1	111.0	111.8	100.8
1973	105.5	104.6	104.9	104.2	114.7	109.3	101.5	139.9
1974	84.2	95.7	72.4	71.2	89.3	91.7	84.0	73.0
1975	129.2	110.6	159.8	163.6	117.0	104.7	109.2	103.7
1976	105.2	104.8	106.3	105.5	116.5	102.5	111.3	92.1
1977	111.3	114.6	107.0	106.5	112.6	118.3	124.6	89.2
1978	110.1	94.0	125.4	123.5	148.4	100.8	105.7	83.8
1979	106.6	108.2	106.3	105.1	118.6	104.1	113.2	125.1
1980	112.2	109.8	112.0	111.4	117.2	118.9	104.5	150.1
1981	105.8	106.5	103.2	104.3	94.3	111.7	98.1	194.2
1982	111.3	110.8	105.6	104.9	111.6	127.2	106.6	134.8
1983	113.9	116.0	107.6	108.4	101.3	123.7	118.4	139.6
1984	117.4	118.3	117.7	116.7	125.8	115.3	119.0	108.5
1985	111.4	102.2	118.5	117.1	128.9	114.9	115.7	110.8
1986	106.3	99.4	110.7	111.5	104.9	108.7	112.1	101.0
1987	113.8	107.4	117.1	118.8	104.0	117.0	130.4	113.6
1988	112.5	99.8	122.7	122.2	126.2	109.6	97.9	119.8
1989	104.0	99.4	107.1	108.5	94.9	102.8	100.1	104.5
1990	105.3	105.4	107.2	108.0	99.1	100.7	97.7	97.3
1991	114.6	114.2	114.0	115.0	105.6	116.0	116.2	116.6
1992	116.9	100.2	128.6	129.4	120.6	116.3	115.7	118.9
1993	120.4	106.1	128.1	128.7	122.3	120.0	114.7	114.0
1994	116.2	107.3	117.4	117.6	115.5	120.7	122.1	116.6
1995	114.0	108.9	114.1	113.8	117.6	117.0	118.9	117.7
1996	112.1	106.6	113.8	113.7	114.9	112.5	112.4	114.1
1997	111.1	100.5	112.7	112.7	112.9	114.5	113.1	115.3
1998	110.8	105.7	112.1	112.1	111.9	111.2	108.3	113.2
1999	110.0	104.7	112.1	112.2	110.5	109.3	111.2	112.6
2000	110.3	103.8	112.0	112.2	109.7	110.4	111.3	111.6
2001	110.0	104.2	111.0	111.2	109.3	111.2	120.0	113.9
2002	111.7	102.5	115.0	114.6	118.0	110.9	100.9	113.6
2003	113.4	105.6	116.8	117.5	111.6	111.4	111.6	110.8
2004	115.3	106.9	119.3	121.1	105.0	112.3	133.2	107.5
2005	115.0	104.8	117.4	118.1	112.0	114.4	114.4	111.6
2006	114.7	105.2	116.6	117.2	111.1	114.5		
2007	114.2	104.0	115.8	116.6	108.2	114.6		
2008	112.0	105.1	112.0	112.6	106.4	113.9		
2009	112.2	104.2	113.9	112.8	125.4	111.2		
2010	112.3	103.6	112.8	112.8	112.6	113.5		
2011	110.9	104.0	111.7	112.5	105.1	111.3		

2-3 1952-2011年地区生产总值构成

Composition of Gross Domestic Product from 1952 to 2011

单位:% (%)

年 份 Year	地 区 生产总值 Gross National Income	第一产业 Primary Industry	第二产业 Secondary Industry	工 业 Industry	建筑业 Construction	第三产业 Teritary Industry	#交通运输仓储 邮电通信业 Transport, Post and Telecomm-unication	#批发零售 贸易餐饮业 Wholesale Retail Trade & Catering Services
1952	100	67.4	16.6	15.6	1.0	16.0	2.3	6.2
1953	100	61.7	20.3	19.1	1.2	18.0	2.6	7.0
1954	100	61.3	20.7	19.6	1.1	18.0	2.5	7.4
1955	100	61.5	19.7	18.7	1.0	18.8	2.4	8.0
1956	100	56.5	25.9	23.7	2.2	17.6	2.3	7.2
1957	100	52.0	28.7	27.1	1.6	19.3	2.6	7.1
1958	100	46.5	32.5	29.2	3.3	21.0	4.5	6.7
1959	100	37.8	36.7	33.1	3.6	25.5	6.0	7.3
1960	100	28.9	43.5	39.4	4.1	27.6	7.5	6.6
1961	100	41.7	31.8	30.0	1.8	26.5	6.3	5.7
1962	100	47.2	26.3	24.7	1.6	26.5	6.0	6.1
1963	100	49.5	28.2	26.1	2.1	22.3	4.2	4.7
1964	100	46.1	32.7	30.3	2.4	21.2	4.5	3.7
1965	100	49.0	33.5	30.1	3.4	17.5	4.3	2.3
1966	100	48.1	35.3	32.1	3.2	16.6	4.1	2.7
1967	100	47.0	35.6	32.9	2.7	17.4	3.9	3.7
1968	100	44.7	37.7	35.0	2.7	17.6	3.8	3.8
1969	100	46.4	36.6	33.5	3.1	17.0	3.7	3.8
1970	100	41.4	42.5	39.7	2.8	16.1	3.8	3.7
1971	100	40.3	44.0	41.3	2.7	15.7	3.9	3.2
1972	100	40.3	43.2	40.0	3.2	16.5	4.1	3.1
1973	100	40.1	42.8	39.3	3.5	17.1	4.0	4.1
1974	100	45.2	36.3	32.7	3.6	18.5	3.9	3.5
1975	100	39.4	45.3	42.0	3.3	15.3	3.4	2.9
1976	100	38.3	47.2	43.6	3.6	14.5	3.5	2.5
1977	100	38.2	46.0	42.5	3.5	15.8	3.8	1.9
1978	100	33.3	52.9	48.1	4.8	13.8	3.7	1.5
1979	100	36.2	50.8	45.6	5.2	13.0	3.8	1.7
1980	100	36.4	50.0	44.7	5.3	13.6	3.5	2.2
1981	100	38.2	44.8	39.8	5.0	17.0	3.8	4.8
1982	100	39.0	42.0	37.2	4.8	19.0	3.6	5.7
1983	100	40.3	38.9	34.6	4.3	20.8	3.7	7.0
1984	100	38.2	41.1	36.8	4.3	20.7	3.8	6.5
1985	100	34.7	43.0	38.1	4.9	22.3	4.2	6.8
1986	100	34.1	42.2	37.0	5.2	23.7	4.6	6.7
1987	100	32.2	43.1	38.3	4.8	24.7	5.3	6.8
1988	100	29.7	44.5	39.0	5.5	25.8	5.0	7.8
1989	100	27.8	44.8	39.7	5.1	27.4	5.1	8.4
1990	100	28.1	42.1	37.6	4.5	29.8	5.4	8.8
1991	100	28.8	41.2	36.7	4.5	30.0	5.5	8.9
1992	100	24.3	45.5	40.5	5.0	30.2	5.5	9.2
1993	100	21.5	49.0	43.4	5.6	29.5	5.1	8.7
1994	100	20.2	49.2	44.0	5.2	30.6	5.6	9.0
1995	100	20.4	47.6	42.4	5.2	32.0	6.0	9.5
1996	100	20.4	47.3	42.1	5.2	32.3	6.2	9.8
1997	100	18.3	48.1	42.7	5.4	33.6	6.4	10.2
1998	100	17.3	48.5	42.8	5.7	34.2	6.2	10.5
1999	100	16.3	48.6	42.6	6.0	35.1	6.5	10.5
2000	100	15.2	50.0	44.0	6.0	34.8	6.5	10.3
2001	100	14.8	49.5	43.5	6.0	35.7	7.2	10.6
2002	100	13.5	50.5	44.0	6.5	36.0	6.4	11.1
2003	100	12.3	53.7	47.3	6.4	34.0	5.9	10.6
2004	100	11.8	56.5	50.5	6.0	31.7	6.5	9.5
2005	100	10.7	57.0	51.3	5.8	32.3	6.5	8.9
2006	100	9.8	57.4	52.0	5.5	32.8		
2007	100	9.7	56.8	51.5	5.3	33.5		
2008	100	9.7	56.8	51.4	5.4	33.5		
2009	100	9.5	55.8	49.8	5.9	34.7		
2010	100	9.2	54.2	48.2	6.1	36.6		
2011	100	8.8	52.9	46.9	6.0	38.3		

注:本表按当年价格计算。

a)Data in this table are calculated at current prices.

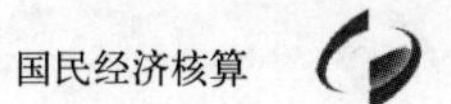

2-4 地区生产总值
Gross Domestic Product

单位:亿元 (100 million yuan)

分　　组	Sector	2009	2010	2011	2009年为2008年 % 2008=100	2010年为2009年 % 2009=100	2011年为2010年 % 2010=100
地区生产总值	**Gross Domestic Product**	**33896.65**	**39169.92**	**45361.85**	**112.2**	**112.3**	**110.9**
第一产业	Primary Industry	3226.64	3588.28	3973.85	104.2	103.6	104.0
第二产业	Secondary Industry	18901.83	21238.49	24017.11	113.9	112.8	111.7
工　业	Industry	16896.14	18861.45	21275.89	112.8	112.8	112.5
建筑业	Construction	2005.69	2377.04	2741.22	125.4	112.6	105.1
第三产业	Tertiary Industry	11768.18	14343.14	17370.89	111.2	113.5	111.3
交通运输、仓储和邮政业	Transport, Storage and Postal Services	1742.33	1971.00	2328.38	107.8	110.2	111.4
信息传输、计算机服务和软件业	Information Transmission, ComputerServices and Software	446.98	474.59	541.79	110.4	106.2	108.3
批发和零售业	Wholesale and Retail Trade	3106.24	4257.40	5400.19	118.7	121.5	113.5
住宿和餐饮业	Accommodations and Catering Services	594.50	670.97	881.58	110.6	110.4	114.4
金融业	Finance	1044.90	1361.45	1640.41	124.4	127.4	113.6
房地产业	Real Estate	1329.59	1622.15	1838.14	109.3	113.1	104.0
租赁和商务服务业	Leasing and Business Services	348.31	443.41	556.01	106.1	115.2	105.0
科学研究、技术服务和地质勘查业	Scientific Research, Technical Servicesand Geological Prospecting	224.06	262.45	317.99	104.1	106.8	109.2
水利、环境和公共设施管理业	Management of Water Conservancy, Environment and Public Facilities	119.15	143.37	163.51	104.7	108.5	101.7
居民服务和其他服务业	Services to Households and Other Services	342.17	392.02	497.61	110.8	113.8	122.6
教　育	Education	705.99	761.20	951.55	104.8	107.5	124.0
卫生、社会保障和社会福利业	Health Care, Social Security and Social Welfare	463.55	587.84	691.22	108.1	108.0	113.9
文化、体育和娱乐业	Culture, Sports and Recreation	108.56	124.34	144.82	116.5	114.1	116.0
公共管理和社会组织	Public Administration and Social Organizations	1191.85	1270.94	1417.69	99.9	97.0	101.4
人均地区生产总值(元)	**Per Capita GDP (yuan)**	**35894**	**41106**	**47335**	**111.6**	**111.3**	**110.2**
支出法计算的地区生产总值中	**Gross Domestic Product by Expenditure Approach**						
一、最终消费支出	Final Consumption Expenditure	13574.79	15331.20	18095.43	112.9	111.9	111.4
居民消费支出	Household Consumption Expenditure	9910.18	11058.97	12999.98	111.4	111.3	110.6
农村居民	Rural Household	2651.52	2784.10	3362.16	110.0	110.3	111.2
城镇居民	Urban Household	7258.66	8274.87	9637.82	111.9	111.7	110.4
二、资本形成总额	Gross Capital Formation	18109.95	21499.29	24944.34	116.0	114.7	112.9
三、货物和服务净流出	Net Exports of Goods and Services	2211.91	2339.43	2322.08	79.2	90.2	88.3

注:1.本表中绝对数按当年价格计算,指数按可比价格计算。
2.本表按照2002年国民经济行业分类,农林牧渔服务业由第三产业调整到第一产业。

a)Data in this table are calculated at current prices.Indices are calculated at constant prices.

b)This table uses the new Industrial Classification of National Economy 2002 and services of farming,forestry,animal husbandry and fishery are included in the primary industry.

2-5 1978-2011年支出法计算的地区生产总值

Gross Domestic Product by Expenditure Approach from 1978 to 2011

单位:亿元 (100 million yuan)

年 份 Year	地区生产总值(支出法) Gross Domestic Product by Expenditure Approach	最终消费 Final Consumption Expenditure	居民消费 Household Consumption	政府消费 Government Consumption	资本形成总额 Gross Capital Formation	固定资本形成总额 Gross Capital Formation	存货增加 Change in Inventories	货物和服务净流出 Net Exports of Goods and Services
1978	225.45	143.67	120.59	23.08	77.08	62.32	14.76	4.70
1979	251.60	155.83	133.42	22.41	81.05	65.45	15.60	14.72
1980	292.13	188.26	161.67	26.59	95.27	71.31	23.96	8.60
1981	346.57	212.91	181.79	31.12	100.41	81.95	18.46	33.25
1982	395.38	257.12	221.77	35.35	126.52	102.30	24.22	11.74
1983	459.83	285.15	242.31	42.84	142.59	121.09	21.50	32.09
1984	581.56	318.40	264.67	53.73	192.49	153.86	38.63	70.67
1985	680.46	365.69	297.92	67.77	253.68	195.39	58.29	61.09
1986	742.05	410.40	330.87	79.53	279.80	230.54	49.26	51.85
1987	892.29	481.01	377.18	103.83	371.44	293.40	78.04	39.84
1988	1117.66	592.91	471.31	121.60	458.97	335.12	123.85	65.78
1989	1293.94	700.93	522.40	178.53	537.52	333.27	204.25	55.49
1990	1511.19	807.32	588.46	218.86	638.78	412.59	226.19	65.09
1991	1810.54	914.36	667.63	246.73	815.00	555.76	259.24	81.18
1992	2196.53	1078.95	780.50	298.45	1045.40	758.28	287.12	72.18
1993	2770.37	1259.92	906.93	352.99	1371.58	1023.16	348.42	138.87
1994	3844.50	1878.65	1319.71	558.94	1775.44	1225.52	549.92	190.41
1995	4953.35	2457.11	1684.63	772.48	2229.66	1473.83	755.83	266.58
1996	5883.80	2961.31	1988.53	972.78	2731.98	1765.43	966.55	190.51
1997	6537.07	3250.52	2375.94	874.58	3158.91	2027.75	1131.16	127.64
1998	7021.35	3477.58	2543.69	933.89	3409.36	2324.02	1085.34	134.41
1999	7493.84	3742.49	2807.77	934.72	3590.75	2632.54	958.21	160.60
2000	8337.47	4021.46	3082.06	939.40	4122.26	3159.03	963.23	193.75
2001	9195.04	4479.42	3360.92	1118.50	4422.24	3518.25	903.99	293.38
2002	10275.50	4887.40	3555.72	1331.68	4840.39	4192.58	647.81	547.71
2003	12078.15	5608.60	3960.91	1647.69	5668.51	5180.82	487.69	801.04
2004	15021.84	6568.66	4506.51	2062.15	7455.96	6896.07	559.89	997.22
2005	18366.87	7478.35	5451.19	2027.16	9411.18	8974.77	436.41	1477.34
2006	21900.19	8888.17	6553.88	2334.29	11177.54	10829.36	348.18	1834.48
2007	25776.91	10352.82	7603.39	2749.43	13105.80	12505.88	599.92	2318.29
2008	30933.28	12368.40	9085.22	3283.18	15587.57	15035.08	552.49	2977.31
2009	33896.65	13574.79	9910.18	3664.61	18109.95	17734.43	375.52	2211.91
2010	39169.92	15331.20	11058.97	4272.23	21499.29	20800.55	698.74	2339.43
2011	45361.85	18095.43	12999.98	5095.45	24944.34	24281.22	663.12	2322.08

注:本表按当年价格计算。

a)Data in this table are calculated at current prices.

2-6 1978-2011年居民消费水平及指数

Household Consumption Expenditure and Indices from 1978 to 2011

年 份 Year	绝对额(元) Value(yuan)			指数(上年=100) Index(Preceding Year=100)			指数(1978年=100) Index(1978=100)		
	全省居民 All Households	农村居民 Rural Household	城镇居民 Urban Household	全省居民 All Households	农村居民 Rural Household	城镇居民 Urban Household	全省居民 All Households	农村居民 Rural Household	城镇居民 Urban Household
1978	169	136	529	110.0	113.9	97.5	100.0	100.0	100.0
1979	185	150	544	106.1	106.7	101.7	106.1	106.7	101.7
1980	223	181	632	107.6	106.3	110.8	114.2	113.4	112.7
1981	247	203	662	109.7	109.7	105.7	125.3	124.4	119.1
1982	298	259	642	111.3	116.2	96.2	139.5	144.6	114.6
1983	322	285	633	108.7	111.8	96.3	151.6	161.7	110.4
1984	348	310	642	106.7	107.2	99.8	161.8	173.3	110.2
1985	388	338	737	104.7	102.8	105.5	169.4	178.2	116.3
1986	426	373	795	106.3	107.2	102.7	180.1	191.0	119.4
1987	478	415	933	102.3	101.3	107.7	184.2	193.5	128.6
1988	588	494	1160	105.0	101.9	105.6	193.4	197.2	135.8
1989	644	514	1277	72.3	92.0	101.9	139.8	181.4	138.4
1990	698	563	1310	137.3	104.0	92.2	191.9	188.7	127.6
1991	780	617	1501	110.5	107.1	112.5	212.0	202.1	143.6
1992	909	667	1893	108.5	102.5	115.3	230.1	207.2	165.5
1993	1051	757	1935	112.0	110.2	107.6	257.7	228.3	178.1
1994	1524	1126	2265	116.3	111.2	119.8	299.7	253.8	213.4
1995	1939	1413	2895	112.5	107.2	114.0	337.1	272.1	243.2
1996	2280	1655	3391	108.5	106.4	106.8	365.8	289.5	259.8
1997	2712	1901	4123	111.4	110.7	111.1	407.5	320.5	288.6
1998	2887	1952	4479	108.9	106.2	111.8	443.8	340.4	322.7
1999	3178	2034	5085	110.1	106.7	113.4	488.6	363.2	365.9
2000	3447	2118	5603	108.2	105.6	109.1	528.7	383.5	399.2
2001	3726	2260	6020	107.6	104.9	107.8	568.8	402.3	430.3
2002	3924	2366	6232	108.1	103.8	108.3	614.9	417.6	466.0
2003	4351	2467	6974	107.5	103.9	106.8	661.0	433.9	497.7
2004	4924	2662	7965	109.9	104.0	111.1	726.5	451.3	553.0
2005	5916	3109	9453	115.2	113.0	113.3	836.8	509.9	626.3
2006	7064	3608	11193	115.4	114.8	113.4	965.7	585.4	710.3
2007	8142	4251	12633	113.6	115.2	111.5	1096.8	674.2	792.2
2008	9673	5081	14815	113.3	112.1	112.7	1243.2	755.6	892.5
2009	10494	5395	16027	110.8	111.1	109.5	1377.4	839.2	977.3
2010	11658	5764	17773	110.4	111.6	108.4	1520.1	936.8	1059.0
2011	13565	7063	19984	109.5	112.8	106.6	1664.5	1057.1	1128.8

注：本表绝对额按当年价格计算，指数按可比价格计算。

a)Data in this table are calculated at current prices.Indices are calculated at constant prices.

2-7 三次产业对经济增长的贡献率及拉动百分点

Share and Contribution of the Three Industries to the Inctrease of GDP

单位:% (%)

年 份 Year	贡 献 率 Share			地 区 生产总值 增 长 率 (%) Increase Rate of Gross Domestic Product	拉动百分点 Contribution		
	第一产业 Primary Industry	第二产业 Secondary Industry	第三产业 Tertiary Industry		第一产业 Primary Industry	第二产业 Secondary Industry	第三产业 Tertiary Industry
1980	25.6	53.4	21.0	12.2	3.1	6.5	2.6
1981	42.0	25.2	32.8	5.8	2.4	1.5	1.9
1982	36.2	22.4	41.4	11.3	4.1	2.5	4.7
1983	43.3	23.3	33.4	13.9	6.0	3.2	4.7
1984	40.3	41.0	18.7	17.4	7.0	7.1	3.3
1985	7.3	65.4	27.3	11.4	0.8	7.5	3.1
1986	-3.7	73.7	30.0	6.3	-0.2	4.6	1.9
1987	17.6	55.3	27.1	13.8	2.4	7.6	3.8
1988	-0.6	83.2	17.4	12.5	-0.1	10.4	2.2
1989	-4.6	89.3	15.3	4.0	-0.2	3.6	0.6
1990	27.0	70.3	2.7	5.3	1.4	3.7	0.2
1991	27.2	40.2	32.6	14.6	4.0	5.9	4.7
1992	0.3	70.7	29.0	16.9		12.0	4.9
1993	7.2	63.4	29.4	20.4	1.5	12.9	6.0
1994	9.5	52.5	38.0	16.2	1.5	8.5	6.2
1995	12.5	49.8	37.7	14.0	1.7	7.0	5.3
1996	10.2	56.8	33.0	12.1	1.2	6.9	4.0
1997	0.8	57.6	41.6	11.1	0.1	6.4	4.6
1998	8.4	57.3	34.3	10.8	0.9	6.2	3.7
1999	7.2	62.1	30.7	10.0	0.7	6.2	3.1
2000	5.4	61.2	33.4	10.3	0.6	6.3	3.4
2001	6.4	54.7	38.9	10.0	0.6	5.5	3.9
2002	3.0	64.3	32.7	11.7	0.4	7.5	3.8
2003	5.5	64.9	29.6	13.4	0.7	8.7	4.0
2004	3.9	66.9	29.2	15.3	0.5	10.3	4.5
2005	3.7	64.2	32.1	15.0	0.6	9.6	4.8
2006	3.7	64.4	31.9	14.7	0.5	9.5	4.7
2007	2.7	64.3	33.0	14.2	0.4	9.1	4.7
2008	3.7	58.8	37.5	12.0	0.4	7.1	4.5
2009	2.9	66.9	30.2	12.2	0.4	8.1	3.7
2010	2.3	61.9	35.8	12.3	0.3	7.6	4.4
2011	3.4	58.4	38.2	10.9	0.4	6.3	4.2

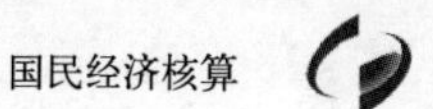

2-8 三大需求对经济增长的贡献率和拉动百分点
Share and Contribution of the Three Components of GDP to the Growth of GDP

单位:% (%)

年 份 Year	贡献率 Share			地区生产总值增长率(%) Increase Rate of Gross Domestic Product	拉动百分点 Contribution		
	最终消费 Final Consumption Expenditure	资本形成总额 Gross Capital Formation	货物和服务净流出 Net Exports of Goods and Services		最终消费 Final Consumption Expenditure	资本形成总额 Gross Capital Formation	货物和服务净流出 Net Exports of Goods and Services
1993	34.3	67.7	-2.0	20.4	7.0	13.8	-0.4
1994	54.4	40.5	5.1	16.2	8.8	6.6	0.8
1995	50.7	45.5	3.8	14.0	7.1	6.4	0.5
1996	46.3	52.5	1.2	12.1	5.6	6.4	0.1
1997	42.1	58.8	-0.9	11.1	4.7	6.5	-0.1
1998	43.8	51.0	5.2	10.8	4.8	5.4	0.6
1999	51.1	39.8	9.1	10.0	5.1	4.0	0.9
2000	45.7	49.7	4.6	10.3	4.7	5.1	0.5
2001	53.8	36.0	10.2	10.0	5.4	3.6	1.0
2002	46.9	40.2	12.9	11.7	5.5	4.7	1.5
2003	41.1	48.0	10.9	13.4	5.4	6.5	1.5
2004	41.1	54.7	4.2	15.3	6.3	8.4	0.6
2005	47.4	49.7	2.9	15.0	7.1	7.5	0.4
2006	46.0	49.1	4.9	14.7	6.8	7.2	0.7
2007	45.2	49.4	5.4	14.2	6.4	7.0	0.8
2008	49.2	48.6	2.2	12.0	5.9	5.8	0.3
2009	45.2	66.5	-11.7	12.2	5.5	8.1	-1.4
2010	41.5	62.3	-3.8	12.3	5.2	7.6	-0.5
2011	41.2	65.2	-6.4	10.9	4.5	7.1	-0.7

2-9 各市生产总值

Gross Domestic Product by Region

单位:亿元 (100 million yuan)

地 区	Region	地区生产总值 Gross Domestic Product			第一产业增加值 Value-added of Primary Industry			第二产业增加值 Value-added of Secondary Industry		
		2010	2011	2011年为2010年% 2010=100	2010	2011	2011年为2010年% 2010=100	2010	2011	2011年为2010年% 2010=100
全省总计	**Total**	**39169.92**	**45361.85**	**110.9**	**3588.28**	**3973.85**	**104.0**	**21238.49**	**24017.11**	**111.7**
济南市	Jinan	3910.53	4406.29	110.6	215.17	237.86	104.4	1637.45	1828.97	111.7
青岛市	Qingdao	5666.19	6615.60	111.7	276.99	306.38	105.0	2758.62	3150.72	111.6
淄博市	Zibo	2866.75	3280.23	112.0	105.30	116.75	104.3	1766.57	1975.38	112.6
枣庄市	Zaozhuang	1362.04	1561.68	110.9	117.56	126.40	102.0	818.37	920.32	112.3
东营市	Dongying	2359.94	2676.35	112.7	87.38	99.18	104.2	1712.20	1914.81	113.2
烟台市	Yantai	4358.46	4906.83	112.1	334.49	361.43	103.0	2566.49	2830.88	112.1
潍坊市	Weifang	3090.92	3541.84	111.0	330.51	359.28	104.2	1720.28	1961.40	112.3
济宁市	Jining	2542.81	2896.69	110.8	320.41	351.14	103.2	1356.47	1535.93	112.9
泰安市	Tai'an	2051.68	2304.31	111.5	195.31	215.00	103.8	1099.45	1202.84	110.8
威海市	Weihai	1944.70	2110.95	110.7	153.94	171.18	101.4	1087.03	1139.36	112.0
日照市	Rizhao	1025.08	1214.07	112.1	100.26	112.08	103.7	561.55	660.66	113.5
莱芜市	Laiwu	546.33	611.88	110.6	38.61	41.18	102.7	330.18	370.40	111.8
临沂市	Linyi	2399.99	2770.45	112.0	264.01	279.01	103.8	1206.29	1382.05	112.1
德州市	Dezhou	1657.82	1950.71	111.7	210.51	229.57	102.4	899.55	1059.80	113.8
聊城市	Liaocheng	1622.38	1919.42	112.3	221.64	243.37	104.3	924.09	1087.48	114.3
滨州市	Binzhou	1551.52	1817.58	112.0	155.48	178.07	104.9	847.31	972.29	113.1
菏泽市	Heze	1227.09	1556.52	114.0	220.18	228.04	103.0	648.54	849.03	117.5

注:本表绝对额按当年价格计算,速度按可比价格计算。
a)Absolute figure in this table are calculated at current prices while growth rate at constant prices.

2-9 续表 continued

单位:亿元 (100 million yuan)

地 区	Region	#工业增加值 Value-added of Industry			第三产业增加值 Value-added of Tertiary Industry			人均地区生产总值(元) Per Capita GDP (yuan)	
		2010	2011	2011年为2010年% 2010=100	2010	2011	2011年为2010年% 2010=100	2010	2011
全省总计	**Total**	**18861.45**	**21275.89**	**112.5**	**14343.14**	**17370.89**	**111.3**	**41106**	**47335**
济南市	Jinan	1352.42	1507.88	112.2	2057.90	2339.46	110.3	57947	64310
青岛市	Qingdao	2454.19	2794.56	111.3	2630.58	3158.50	112.4	65812	75546
淄博市	Zibo	1612.07	1793.43	112.6	994.89	1188.10	111.6	63384	72182
枣庄市	Zaozhuang	749.34	843.44	112.6	426.10	514.96	110.5	36817	41720
东营市	Dongying	1612.02	1801.08	113.8	560.36	662.36	112.6	116404	130811
烟台市	Yantai	2319.02	2543.44	112.8	1457.48	1714.52	114.2	62254	70380
潍坊市	Weifang	1545.55	1760.97	113.4	1040.13	1221.16	111.0	34260	38820
济宁市	Jining	1237.23	1395.57	113.5	865.94	1009.62	110.2	31541	35717
泰安市	Tai'an	950.02	1037.24	112.4	756.92	886.47	114.5	37376	41850
威海市	Weihai	982.13	1022.72	113.1	703.73	800.41	110.8	69187	75316
日照市	Rizhao	494.95	582.54	113.5	363.27	441.33	112.2	36870	43191
莱芜市	Laiwu	302.71	340.12	112.6	177.54	200.30	110.0	42392	46983
临沂市	Linyi	1009.32	1146.08	112.5	929.69	1109.39	114.2	24067	27503
德州市	Dezhou	794.79	924.79	114.5	547.76	661.34	111.7	29858	34905
聊城市	Liaocheng	854.03	999.46	113.9	476.65	588.57	112.2	28444	32968
滨州市	Binzhou	767.26	877.08	113.4	548.73	667.22	112.3	41643	48326
菏泽市	Heze	553.13	739.84	119.2	358.37	479.45	113.9	14829	18730

2-10 各市生产总值构成
Composition of Gross Domestic Product by Region

单位:% (%)

地　区	Region	地区生产总值 Gross Domestic Product		第一产业 Primary Industry		第二产业 Secondary Industry		第三产业 Teritary Industry	
		2010	2011	2010	2011	2010	2011	2010	2011
全　　省	**Total**	**100.0**	**100.0**	**9.2**	**8.8**	**54.2**	**52.9**	**36.6**	**38.3**
济 南 市	Jinan	100.0	100.0	5.5	5.4	41.9	41.5	52.6	53.1
青 岛 市	Qingdao	100.0	100.0	4.9	4.6	48.7	47.6	46.4	47.8
淄 博 市	Zibo	100.0	100.0	3.7	3.6	61.6	60.2	34.7	36.2
枣 庄 市	Zaozhuang	100.0	100.0	8.6	8.1	60.1	58.9	31.3	33.0
东 营 市	Dongying	100.0	100.0	3.7	3.7	72.6	71.6	23.7	24.7
烟 台 市	Yantai	100.0	100.0	7.7	7.4	58.9	57.7	33.4	34.9
潍 坊 市	Weifang	100.0	100.0	10.7	10.1	55.7	55.4	33.6	34.5
济 宁 市	Jining	100.0	100.0	12.6	12.1	53.3	53.0	34.1	34.9
泰 安 市	Tai'an	100.0	100.0	9.5	9.3	53.6	52.2	36.9	38.5
威 海 市	Weihai	100.0	100.0	7.9	8.1	55.9	54.0	36.2	37.9
日 照 市	Rizhao	100.0	100.0	9.8	9.2	54.8	54.4	35.4	36.4
莱 芜 市	Laiwu	100.0	100.0	7.1	6.7	60.4	60.5	32.5	32.8
临 沂 市	Linyi	100.0	100.0	11.0	10.1	50.3	49.9	38.7	40.0
德 州 市	Dezhou	100.0	100.0	12.7	11.8	54.3	54.3	33.0	33.9
聊 城 市	Liaocheng	100.0	100.0	13.7	12.7	56.9	56.6	29.4	30.7
滨 州 市	Binzhou	100.0	100.0	10.0	9.8	54.6	53.5	35.4	36.7
菏 泽 市	Heze	100.0	100.0	17.9	14.7	52.9	54.5	29.2	30.8

注:本表按当年价格计算。
a)Data in this table are calculated at current prices.

2-11 各市居民消费水平及指数
Household Consumption Expenditure and Indices by Region

地　区	Region	绝对额(元) Value(yuan)						2011年为2010年% Preceding Year =100		
		全体居民 All Households		农村居民 Rural Households		城镇居民 Urban Households		全省居民	农村居民	城镇居民
		2010	2011	2010	2011	2010	2011	All Households	Rural Household	Urban Household
全　省	**Total**	**11658**	**13565**	**5764**	**7063**	**17773**	**19984**	**109.5**	**112.8**	**106.6**
济南市	Jinan	17743	20314	6528	7482	24090	27368	110.7	110.0	109.9
青岛市	Qingdao	16600	19154	8062	9224	21147	24231	109.3	107.6	108.7
淄博市	Zibo	13946	16706	7565	9595	17731	20792	115.1	120.3	113.1
枣庄市	Zaozhuang	10285	11442	7194	7576	13683	15721	109.5	103.0	113.5
东营市	Dongying	15739	18463	8014	9364	22430	26216	112.2	111.4	111.9
烟台市	Yantai	13124	15481	5888	6896	18967	22316	116.5	115.6	116.2
潍坊市	Weifang	11466	12647	7118	7740	16119	18098	105.6	104.1	107.4
济宁市	Jining	10135	11906	5797	6643	15897	18603	112.8	110.7	112.1
泰安市	Tai'an	13354	14614	6581	7557	20326	21425	108.2	111.1	105.0
威海市	Weihai	18431	20448	16840	17924	19562	22248	108.3	101.7	112.4
日照市	Rizhao	10279	12077	5280	6351	15899	18309	112.9	115.3	110.7
莱芜市	Laiwu	10968	12315	5564	6442	16138	17728	110.7	113.8	108.4
临沂市	Linyi	7375	8555	4049	4351	11440	13287	110.4	105.7	109.2
德州市	Dezhou	8518	9578	3649	4043	15525	17395	106.3	101.1	107.1
聊城市	Liaocheng	7924	9466	3888	4763	15245	17502	113.7	116.2	109.5
滨州市	Binzhou	10975	14289	6941	9104	16466	20171	125.4	125.9	118.3
菏泽市	Heze	8210	9360	4577	5266	14998	16512	110.3	111.7	106.4

注:本表绝对数按当年价格计算,指数按可比价格计算。
a)Data in this table are calculated at current prices.Indices are calculated at constant prices.

主要统计指标解释

国内生产总值（GDP） 指一个国家（或地区）所有常住单位在一定时期内生产活动的最终成果。

国内生产总值有三种表现形态，即价值形态、收入形态和产品形态。

从价值形态看，它是所有常住单位在一定时期内生产的全部货物和服务价值超过同期中间投入的全部非固定资产货物和服务价值的差额，即所有常住单位的增加值之和；

从收入形态看，它是所有常住单位在一定时期内创造并分配给常住单位和非常住单位的初次收入分配之和；

从产品形态看，它是所有常住单位在一定时期内最终使用的货物和服务价值与货物和服务净出口价值之和。

在实际核算中，国内生产总值有三种计算方法，即生产法、收入法和支出法。三种方法分别从不同的方面反映国内生产总值及其构成。

①生产法 是从生产过程中生产的货物和服务总产品价值入手，剔除生产过程中投入的中间产品的价值，得到增加价值的一种方法，公式为：

增加值＝总产出－中间投入

总产出 是一定时期内一个国家（或地区）常住单位生产的所有货物和服务的价值。既包括新增价值，也包括转移价值。

中间投入 是常住单位在生产或提供货物与服务过程中，消耗和使用的所有非固定资产货物和服务的价值。中间投入也称为中间消耗。

增加值 是指常住单位生产过程创造的新增价值和固定资产的转移价值。按生产法计算它等于总产出减去中间投入。

②收入法 收入法也称分配法，按收入法计算国内生产总值是从生产过程创造收入的角度，对常住单位的生产活动成果进行核算。按照这种计算方法，增加值由劳动者报酬、生产税净额、固定资产折旧和营业盈余四个部分组成。

用公式表示为：

增加值＝劳动者报酬+生产税净额+固定资产折旧+营业盈余

国民经济各部门的增加值之和等于国内生产总值。

劳动者报酬 指劳动者因从事生产活动所获得的全部报酬。它包括劳动者获得的各种形式工资、奖金和津贴，既包括货币形式的，也包括实物形式的，它还包括劳动者所享受的公费医疗和医疗卫生费、上下班交通补贴和单位直接支付的社会保险费等。

生产税净额 生产税减生产补贴后的差额。

生产税指政府对生产单位生产、销售和从事经营活动以及因从事生产活动使用某些生产要素，如固定资产、土地、劳动力所征收的各种税、附加费和规费。具体包括销售税金及附加、增值税、管理费中开支的各种税、应交纳的养路费、排污费和水电费附加、烟酒专卖上缴政府的专项收入等。

生产补贴与生产税相反，是政府对生产单位的单方面收入转移，因此视为负生产税处理，包括政策亏损补贴、粮食系统价格补贴、外贸企业出口退税收入等。

固定资产折旧 指一定时期内为弥补固定资产损耗按照核定的固定资产折旧率提取的固定资产折旧，或按国民经济核算统一规定的折旧率虚拟计算的固定资产折旧。它反映了固定资产在当期生产中的转移价值。各种类型企业和企业化管理的事业单位的固定资产折旧指实际计提并计入成本费用中的折旧费；不计提折旧的单位，如政府机关、非企业化管理的事业单位和居民住房的固定资产折旧则是按照统一规定的折旧率和固定资产原值计算的虚拟折旧。

营业盈余 是指常住单位创造的增加值扣除劳动者报酬、生产税净额和固定资产折旧后的余额。它相当于企业的营业利润加上生产补贴，但要扣除从利润中开支的工资和福利等。

③支出法 支出法是从最终使用角度来反映国内生产总值最终去向的一种方法。最终使用包括货物和服务的最终消费支出、资本形成总额、货物和服务净出口三部分。

最终消费 指常住单位在一定时期内对于货物和服务的全部最终消费支出，也就是常住单位为满足物质、文化和精神生活的需要，从本国经济领土和国外购买的货物和服务的支出；不包括非常住单位在本国经济领土内的消费支出。最终消费分为居民消费和政府消费。

居民消费 指常住住户对货物和服务的全部最终消费支出。居民消费按市场价格计算，即按居民支付的购买者价格计算。购买者价格是购买者取得货物所支付的价值，包括购买者支付的运输和商业费用。

居民消费除了直接以货币形式购买货物和服务的消费之外，还包括以其他方式获得的货物和服务的消费支出，即所谓的虚拟消费支出。居民虚拟消费支出包括以下几种类型：单位以实物报酬及实物转移的形式提供给劳动者的货物和服务；住户生产并由本住户消费的货物和服务，其中的服务仅指住户的自有住房服务；金融机构提供的金融媒介服务；保险公司提供的保险服务。

政府消费 指政府部门为全社会提供公共服务的消费支出和免费或以较低价格向住户提供的货物和服务的净支出。前者等于政府服务的产出价值减去政府单位所获得的经营收入的价值，政府服务的产出价值等于它的经常性业务支出加上固定资产折旧；后者等于政府部门免费或以较低价格向住户提供的货物和服务的市场价值减去向住户收取的价值。

资本形成总额　指常住单位在一定时期内获得减去处置的固定资产和存货的净额，包括固定资本形成总额和存货增加两部分。

固定资本形成总额　指常住单位购置、转入和自产自用的固定资产价值，扣除销售和转出的价值，包括有形固定资产形成总额和无形固定资产形成总额。有形固定资产形成总额包括一定时期内完成的建筑工程、安装工程和设备工器具购置（减处置）价值，商品房销售增值，土地改良形成的固定资产，新增役、种、奶、毛、娱乐用牲畜和新增经济林木价值。无形固定资产形成总额包括矿藏勘探、计算机软件、娱乐和文学艺术品原件等获得减处置的价值。

存货增加　指常住单位存货实物量变动的市场价值，即期末价值减期初价值的差额。存货增加可以是正值，也可以是负值；正值表示存货上升，负值表示存货下降。它包括生产单位购进的原材料、燃料和储备物资等存货，以及生产单位生产的产成品、在制品等存货等。

货物和服务净出口　指货物和服务出口减货物和服务进口的差额。出口包括常住单位向非常住单位出售或无偿转让的各种货物和服务的价值；进口包括常住单位从非常住单位购买或无偿得到的各种货物和服务的价值。由于服务活动的提供与使用同时发生，因此服务的进出口业务并不发生出入境现象，一般把常住单位从国外得到的服务作为进口，非常住单位从本国得到的服务作为出口。货物的出口和进口都按离岸价格计算。

三次产业　是根据社会生产活动历史发展的顺序对产业结构的划分，产品直接取自自然界的部门称为第一产业，对初级产品进行再加工的部门称为第二产业，为生产和消费提供各种服务的部门称为第三产业。它是世界上较为通用的产业结构分类，但各国的划分不尽一致。

按照国民经济行业分类标准（GB/T 4754-2002）和我国的实际情况，我国的三次产业划分是：

第一产业　农林牧渔业（包括农业、林业、畜牧业、渔业、农林牧渔服务业）。

第二产业　工业（包括采矿业，制造业，电力、燃气及水的生产和供应业）和建筑业。

第三产业　除第一、第二产业以外的其他各业。由于第三产业包括的行业多、范围广，根据我国的实际情况，第三产业分为十五个门类。具体为：

交通运输、仓储和邮政业，信息传输、计算机服务和软件业，批发和零售业，住宿和餐饮业，金融业，房地产业，租赁和商务服务业，科学研究、技术服务和地质勘查业，水利、环境和公共设施管理业，居民服务和其他服务业，教育，卫生、社会保障和社会福利业，文化、体育和娱乐业，公共管理和社会组织，国际组织。

当年价格　指报告期的实际价格，如工业品的出厂价格，农产品的收购价格，商业的零售价格等。按当年价格计算，是指一些以货币表现的物量指标，如工农业总产值、国内生产总值等，按照当年的实际价格来计算总量。使用当年价格计算的数字，是为了使国民经济各项指标互相衔接，便于考察当年社会经济效益，便于对生产流通、生产和分配、生产和消费进行经济核算和综合平衡。

按当年价格计算的价值指标，在不同年份之间进行对比时，因为包含有各年间价格变动的因素，不能确切地反映实物量的增减变动。必须消除价格变动因素后，才能真实反映经济发展动态。因此，在计算增长速度时都使用按可比价格计算的数字。

可比价格　指计算各种总量指标所采用的扣除了价格变动因素的价格，可进行不同时期总量指标的对比。按可比价格计算总量指标有两种方法：一种是直接用产品产量乘某一年的不变价格计算；另一种是用价格指数进行换算。

不变价格　指以同类产品某一时期的平均价格作为固定价格，用于计算各时期的产品价值。按不变价格计算的产品价值消除了价格变动因素，不同时期对比可以反映生产的发展速度。新中国成立后，随着工农业产品价格水平的变化，国家统计局先后八次制定了全国统一的工业产品不变价格和农业产品不变价格。从 1949 年到 1957 年使用 1952 年工（农）业产品不变价格，从 1957 年到 1971 年使用 1957 年不变价格，从 1971 年到 1981 年使用 1970 年不变价格，从 1981 年到 1990 年使用 1980 年不变价格，从 1991 年到 2000 年使用 1990 年不变价格，从 2001 年到 2005 年使用 2000 年不变价格，从 2006 年开始使用 2005 年不变价格，从 2011 年开始使用 2010 年不变价格。

Explanatory Notes on Main Statistical Indicators

Gross Domestic Product refers to the final products at market prices produced by all residents in a country (or a region) during a certain period of time.

Gross domestic product is expressed in three different forms, i.e. value, income, and products respectively.

GDP in its value form refers to the total value of all goods and services produced by all resident units during a certain period of time, minus the total value of input of goods of non-fixed assets and services; in other term, it is the sum of the value-added of all resident units.

GDP in the form of income includes the income created by all resident units and distributed to resident and non-resident units.

GDP in the form of products refers to the value of all goods and services for final consumption by all resident units minus the net exports of goods and services during a given period of time.

In the practice of national accounting, gross domestic product is calculated with three approaches, i.e. production approach, income approach and expenditure approach, which reflect gross domestic product and its composition from different aspects.

Production Approach focuses on the total value of goods and services produced in production activities. GDP by Production Approach equals the value of total output minus that of input consumed in production process.

GDP by Production Approach = gross output—intermediate input

Gross Output refers to the total value of goods and service produced by all residents in a given period,including newly-produced goods and service, and intermediate input.

Intermediate Input refers to non-fixed assets and paid service consumed during production process when goods and service are produced. Intermediate input is also called intermediate consumption.

Value-added refers to the value of newly-produced goods and service and that of consumed fixed assets. By production approach, it equals gross output minus intermediate input.

Income Approach (also known as distribution approach): refers to the method measuring the final results of production activities o from the perspective of income made by all residents. GDP of income approach includes laborers' remuneration,net taxed on production, depreciation of fixed assets and operating surplus.

GDP by income approach = laborers' remuneration+ net taxed on production+depreciation of fixed assets+operating surplus.

The sum of value added made by different industries is GDP.

Laborers' Remuneration refers to the whole payment of various forms earned by the laborers' from the productive activities they are engaged in. It includes wages, bonuses and allowances the laborers' earned in monetary form and in kind. It also includes the free medical services provided to the laborers' and the medicine expenses, traffic subsidies and social insurance, housing fund paid by the employers.

Net Taxes on Production refers to the difference of the taxes on production minus the subsidies on production.

Taxes on production refers to the various taxes, extra charges and fees levied on the production units on their production, sale and business activities as well as on the use of some factors of production, such as fixed assets, land and labor force in the production activities they are engaged in.

In contrast to the taxes on production, the subsidies on production refer to the unilateral government transfer to the production units and are therefore regarded as negative taxes on production.They include subsidies on the loss due to implementation of government policies, price subsidies, etc.

Depreciation of Fixed Assets refers to the depreciation of fixed assets of a given period, drawn in accordance with the stipulated depreciation rate for the purpose of compensating the wear loss of the fixed assets or the depreciation of fixed assets calculated in a fictitious way in accordance with the stipulated unified depreciation rate in the national economic accounting system. It reflects the value of transfer of the fixed assets in the production of the current period. The depreciation of fixed assets in various enterprises and institutions managed as enterprises refers to the depreciation expenses actually drawn. In government agencies and institutions not managed as enterprises which do not draw the depreciation expenses, as well as for the houses of residents, the depreciation of fixed assets is the imputed depreciation, which is calculated in accordance with the stipulated unified depreciation rate. In principle, the depreciation of fixed assets should be calculated on the basis of the re-purchased value of the fixed assets.

Operating Surplus refers to the balance of the value added created by the resident units deducting the laborers' remuneration, net taxes on production and the depreciation of fixed assets. It is equivalent to the business profit of the enterprises plus subsidies on production, but the wages and welfare expenses paid from the profits should be deducted.

GDP by Expenditure Approach refers to the method of measuring the final results of production activities of a country (region) during a given period from the perspective of final use. It includes final consumption expenditure, total capital formation and net export of goods and services.

Final Consumption Expenditure refers to the total expenditure on goods and services in a given period, which means the total expenditure of resident units for purchases of goods and services from domestic economic territory and abroad to meet the requirements of material, cultural and spiritual life. It excludes the expenditure of non-resident units on consumption in the economic territory of the country. The final consumption expenditure is broken down into household consumption expenditure and government consumption expenditure.

Household consumption refers to the consumption expenditure made by household on goods and services. It is calculated at market price which is the purchasers'price. Purchasers'price means the money the purchasers paid for goods, including transportation fees and operating fees.

In addition to the consumption of goods and services bought by the households directly with money, the households consumption expenditure also includes expenditure on goods and services obtained by the households in other ways, i.e. the so-called imputed consumption expenditure, which includes the following:

(a) the goods and services provided to the households by the employer in the form of payment in kind and transfer in kind; (b) goods and services produced and consumed by the households themselves, in which the services refer only to the owner-occupied housing and domestic and individual services provided by the paid household workers; (c) financial intermediate services provided by financial institutions; (d) insurance services provided by insurance companies.

Government Consumption Expenditure refers to the expenditure on the consumption of the public services provided by the government to the whole society and the net expenditure on the goods and services provided by the government to the households free of charge or at low prices. The former equals to the output value of the government services minus the value of operating income obtained by the government departments. The latter equals to the market value of the goods and services provided by the government free of charge or at low prices to the households minus the value received by the government from the households.

Total Capital Formation refers to the fixed assets acquired minus those disposed of and the net value of inventory, including the total fixed capital formation and the increase in inventory.

Total Fixed Capital Formation refers to the value of fixed assets acquired minus those disposed of during a given period. Fixed assets are the assets produced through production activities with specified unit value which could be used for over one year, excluding natural assets. Total fixed capital formation can be categorized into total tangible capital formation and total intangible capital formation. The total tangible capital formation include the value of the construction projects, installation projects completed and the equipment,apparatus and instruments purchased as well as the value of land improved, the value of draught animals, breeding stock, animals for milk, wool and for recreational purpose, and the newly increased forest with economic value during a given period. The total intangible capital formation includes the prospecting of minerals, the acquisition of computer software, artisticworks artistic minus the disposal of them.

Increase in Inventory refers to the market value of the change in inventory of resident units during a given period, i.e. the difference of value between the beginning and the end of the period minus the current gains due to the change in prices. The increase in inventory can be positive or negative. A positive value indicates the increase in inventory while a negative value indicates the decrease in stock. The inventory includes the raw materials, fuels and reserve materials purchased by the production units as well as the inventory of finished products, semi-finished products, work-in-progress, etc.

Net Export of Goods and Services refers to the difference of the exports of goods and services minus the imports of goods and services. The imports include the value of various goods and services sold or gratuitously transferred by the resident units to the non-resident units. The imports include the value of various goods and services purchased or gratuitously acquired by the resident units from the non-resident units. Because the provision of services and the use of them happen simultaneously, the acquisition of services by the resident units from abroad is usually treated as import while the acquisition of services by non-resident units in this country is usually treated as export. The export and import of goods are calculated at FOB.

Three Industries: Classification of economic activities into three branches of industries is based on the development of production. Primary industry refers to the production activities that obtain products from nature. Secondary industry refers to the production activities that process primary goods. Tertiary industry refers to the production activities that provide primary and secondary industries with services. Classification of economic activities into three branches of industries is a common practice in the world, although the grouping varies to some extent from country to country. According to the new Industrial Classification of National Economy (GB/T 4754-2002), economic activities are categorized into following industries:

Primary industry refers to agriculture, forestry, animal husbandry and fishery.

Secondary Industry refers to mining and quarrying, manufacturing, production and supply of electricity, water and gas, and construction.

Tertiary industry refers to all other economic activities not included in primary or secondary industry.According to the economic condition in China, tertiary industry includes Transport, Storage and Post, Information Transmission, Computer Services and Software, Wholesale and Retail Trades, Hotels and Catering Services, Financial Intermediation, Real Estate, Leasing and Business Services, Scientific Research, Technical Services and Geologic Prospecting,Management of Water Conservancy, Environment and Public Facilities, Services to Households and Other Services,Education, Health, Social Security and Social Welfare, Culture, Sports and Entertainment, Public Management and Social Organizations, and International Organizations.

Current Price refers to the actual price during the reporting period, such as Ex-factory Price of Industrial Products, purchasing price of agricultural produces and retail price. Some indicators calculatedat current price are volume indicators in the value form, such as total value of output of industrial and agricultural industries and GDP, etc. Data calculated at current price are useful when it comes to evaluating the economic development and analyzing different aspects of economy, such as production, circulation,distribution and consumption.

When the different indicators calculated at current price are compared, it is in evitable that price changes will affect the comparison. Therefore, the change in volume cannot be showed. In order to eliminate the effect of price and reflect economic development, growth rate is calculated at current price.

Constant Price refers to the price without the effect of price change. By using constant price, total amount indices of different periods can be compared. There are two methods in which total amount indices are obtained, one using current price of some year to multiply the physical volume of certain products and the other using price index.

Fixed Price refers to the average price of similar products in a given period, with which the product value of different period can be calculated. The product value calculated at fixed price can show the growth rate of production in different period. Since 1949, NBS has framed the united industrial and agricultural fixed price 8 times, including the fixed price of 1952 used from 1949 to 1957, the fixed price of 1957 used from 1957 to 1971, the fixed price of 1970 used from 1971 to 1981, the fixed price of 1980 used from 1981 to 1990, the fixed price of 1990 used from 1991 to 2000, the fixed price of 2000 used from 2001 to 2005，the fixed price of 2005 used from 2006， and the fixed price of 2010 used from 2011.

第3篇

人　口

Population

简 要 说 明

一、本篇资料的主要内容

本篇资料主要反映了我省人口方面的基本情况，包括全省17个市的主要人口统计数据、历年人口数、农业和非农业人口数、人口出生率、死亡率、自然增长率。另外，还对建国以来开展的6次人口普查主要数据进行了比较。

二、本篇资料的来源

本篇资料分别来源于国家开展的人口普查、人口抽样调查和省公安厅的户籍登记资料，由省统计局人口处整理提供。

Brief Introduction

I. Main Content

Data in this chapter show the basic condition of population, such as the basic condition of 17 cities, population, agricultural and non-agricultural population, birth rate, death rate and natural growth rate. Furthermore, relevant figures obtained from six national population censuses have been compared.

II. Source of Data

Data in this chapter are from national population censuses, national sample survey. Some are derived from household registration provided by Shandong Provincial Department of Public Security. The data above are compiled by the Division of Population and Employment Statistics of Shandong Provincial Bureau of Statistics.

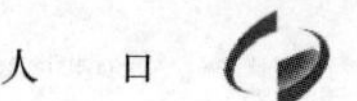

3-1 历年总人口
Population over the Years

单位:万人 (10 000 persons)

年 份 Year	总人口 Total	按性别分 Grouped by Sex 男 Male	女 Female	按农业非农业分 Grouped By Agricultural and Non-agricultural 农业人口 Agricultural	非农业人口 Non-agricultural	人口密度 Density of Population (人/平方公里) (Person/sq.km)
1949	(4549)	(2199)	(2350)	(4289)	(260)	290
1952	(4827)	(2392)	(2435)	(4538)	(289)	308
1953	(4924)	(2450)	(2474)	(4620)	(304)	314
1954	(5052)	(2520)	(2532)	(4732)	(320)	322
1955	(5174)	(2587)	(2587)	(4796)	(378)	330
1956	(5256)	(2627)	(2629)	(4871)	(385)	335
1957	(5373)	(2694)	(2679)	(4936)	(437)	343
1958	(5422)	(2719)	(2703)	(4810)	(612)	346
1959	(5373)	(2713)	(2660)	(4794)	(579)	343
1960	(5188)	(2597)	(2591)	(4642)	(546)	331
1961	(5265)	(2631)	(2634)	(4804)	(461)	336
1962	(5426)	(2718)	(2708)	(5015)	(411)	346
1963	(5585)	(2804)	(2781)	(5151)	(434)	356
1964	(5606)	(2816)	(2790)	(5161)	(445)	358
1965	(5711)	(2866)	(2845)	(5258)	(453)	364
1966	(5851)	(2940)	(2911)	(5398)	(453)	373
1967	(5968)	(2999)	(2969)	(5514)	(454)	381
1968	(6086)	(3060)	(3026)	(5631)	(455)	388
1969	(6265)	(3147)	(3118)	(5808)	(457)	400
1970	(6441)	(3241)	(3200)	(5966)	(475)	411
1971	(6568)	(3311)	(3257)	(6038)	(530)	419
1972	(6683)	(3368)	(3315)	(6157)	(526)	426
1973	(6793)	(3428)	(3365)	(6251)	(542)	434
1974	(6876)	(3471)	(3405)	(6327)	(549)	439
1975	(6971)	(3524)	(3447)	(6408)	(563)	445
1976	(7038)	(3561)	(3477)	(6455)	(583)	449
1977	(7099)	(3592)	(3507)	(6507)	(592)	453
1978	(7160)	(3624)	(3536)	(6533)	(627)	457
1979	(7232)	(3660)	(3572)	(6570)	(661)	462
1980	(7296)	(3694)	(3602)	(6605)	(691)	466
1981	(7395)	(3750)	(3645)	(6659)	(736)	472
1982	(7494)	(3806)	(3688)	(6720)	(774)	478
1983	(7564)	(3847)	(3717)	(6753)	(811)	483
1984	(7637)	(3887)	(3750)	(6701)	(936)	487
1985	7711(7695)	(3922)	(3773)	(6676)	(1017)	492
1986	7818(7776)	(3967)	(3810)	(6797)	(979)	499
1987	7958(7889)	(4029)	(3860)	(6844)	(1045)	508
1988	8061(8009)	(4092)	(3917)	(6702)	(1307)	514
1989	8160(8181)	(4181)	(4000)	(6698)	(1483)	521
1990	8493(8424)	(4299)	(4125)	(6846)	(1578)	542
1991	8570(8534)	(4352)	(4182)	(6884)	(1650)	547
1992	8610(8580)	(4373)	(4207)	(6819)	(1761)	549
1993	8642(8620)	(4392)	(4228)	(6724)	(1896)	551
1994	8671(8653)	(4407)	(4246)	(6574)	(2079)	553
1995	8705(8701)	(4429)	(4272)	(6531)	(2170)	556
1996	8738(8747)	(4452)	(4295)	(6484)	(2263)	558
1997	8785(8810)	(4483)	(4327)	(6500)	(2310)	561
1998	8838(8872)	(4513)	(4359)	(6575)	(2296)	564
1999	8883(8922)	(4537)	(4385)	(6600)	(2322)	567
2000	8997(8975)	(4562)	(4413)	(6566)	(2409)	574
2001	9041(9024)	(4584)	(4440)	(6507)	(2517)	577
2002	9082(9069)	(4607)	(4463)	(6435)	(2634)	580
2003	9125(9108)	(4624)	(4484)	(6275)	(2833)	582
2004	9180(9163)	(4652)	(4512)	(6212)	(2951)	586
2005	9248(9212)	(4676)	(4537)	(6066)	(3147)	589
2006	9309(9282)	(4707)	(4575)	(6055)	(3228)	592
2007	9367(9346)	(4739)	(4606)	(5909)	(3436)	596
2008	9417(9392)	(4761)	(4632)	(5860)	(3532)	599
2009	9470(9449)	(4792)	(4658)	(5902)	(3548)	603
2010	9579(9536)	(4839)	(4697)	(5698)	(3839)	610
2011	9637(9591)	(4870)	(4721)	(5646)	(3945)	613

注:1990、2000和2010年为人口普查数,其余年份均为人口抽样调查数,括号内为公安户籍人口数。2006年之后的农业、非农业人口数据为公安机关统计的农村人口和城镇人口。

a)Data of 1990、2000 and 2010 are based on the national population census,and others are based on the sample surveys.Data in the brackets are taken from the annual reports of the Public Security Departments.Since 2006,the Agriculture, non-agricultural population are changed to the rural population and urban population from the the Public Security Departments.

3-2 历年人口出生率、死亡率、自然增长率

Birth Rate,Death Rate and Natural Growth Rate of Population

年 份 Year	出生率 (‰) Birth Rate (‰)	死亡率 (‰) Death Rate (‰)	自然增长率 (‰) Natural Growth Rate (‰)	出生人口数 (万人) Population of Birth (10 000 persons)	死亡人口数 (万人) Population of Death (10 000 persons)	自然增长人数 (万人) Population of Natural Growth (10 000 persons)
1949	(28.10)	(12.20)	(15.90)			
1952	(31.50)	(12.20)	(19.30)			
1953	(32.60)	(12.10)	(20.50)	(160)	(59)	(101)
1954	(37.70)	(11.70)	(26.00)	(188)	(58)	(130)
1955	(37.30)	(13.70)	(23.60)	(191)	(70)	(121)
1956	(32.70)	(12.10)	(20.60)	(171)	(63)	(108)
1957	(35.80)	(12.10)	(23.70)	(190)	(64)	(126)
1958	(25.00)	(12.80)	(12.20)	(135)	(69)	(66)
1959	(20.90)	(18.20)	(2.70)	(113)	(98)	(15)
1960	(19.50)	(23.60)	(-4.10)	(103)	(125)	(-22)
1961	(21.40)	(18.40)	(3.00)	(113)	(97)	(16)
1962	(38.10)	(12.40)	(25.70)	(204)	(66)	(138)
1963	(44.20)	(11.80)	(32.40)	(244)	(65)	(179)
1964	(36.90)	(12.00)	(34.90)	(206)	(67)	(139)
1965	(35.50)	(10.20)	(25.30)	(201)	(58)	(143)
1966	(34.50)	(9.90)	(24.60)	(200)	(57)	(143)
1967	(30.00)	(9.00)	(21.00)	(177)	(53)	(124)
1968	(38.00)	(8.00)	(30.00)	(229)	(48)	(181)
1969	(30.40)	(6.60)	(23.80)	(191)	(41)	(150)
1970	(33.89)	(7.34)	(26.55)	(215)	(47)	(168)
1971	(29.01)	(7.81)	(21.20)	(189)	(51)	(138)
1972	(27.60)	(7.66)	(19.94)	(183)	(51)	(132)
1973	(23.89)	(6.94)	(16.95)	(161)	(47)	(114)
1974	(20.95)	(7.23)	(13.72)	(143)	(49)	(94)
1975	(21.56)	(7.53)	(14.03)	(149)	(52)	(97)
1976	(18.46)	(7.63)	(10.83)	(129)	(53)	(76)
1977	(16.96)	(7.24)	(9.72)	(120)	(51)	(69)
1978	(16.80)	(6.50)	(10.30)	(119)	(46)	(73)
1979	(16.94)	(6.15)	(10.79)	(122)	(44)	(78)
1980	(13.91)	(6.40)	(7.51)	(101)	(47)	(54)
1981	(16.48)	(6.41)	(10.07)	(121)	(47)	(74)
1982	(17.05)	(6.10)	(10.95)	(127)	(45)	(82)
1983	15.10(12.76)	6.73(5.87)	8.37(6.89)	114(96)	51(44)	63(52)
1984	13.80(12.99)	5.80(6.03)	8.00(6.96)	104(99)	44(46)	60(53)
1985	15.12(11.75)	6.64(5.90)	8.48(5.85)	116(90)	51(45)	65(45)
1986	19.90(14.71)	7.28(5.86)	12.62(8.85)	156(114)	57(46)	99(68)
1987	23.35(17.43)	7.07(5.64)	16.28(11.79)	184(137)	56(44)	128(93)
1988	17.54(17.95)	6.04(5.95)	11.50(12.00)	140(143)	48(47)	92(96)
1989	16.88(18.87)	5.70(5.51)	11.18(13.36)	137(153)	46(45)	91(108)
1990	18.21(26.10)	6.96(6.02)	11.25(20.08)	152(217)	58(50)	94(167)
1991	15.40(16.39)	6.54(5.73)	8.86(10.66)	131(139)	56(49)	75(90)
1992	11.43(10.95)	6.88(6.02)	4.55(4.93)	98(94)	59(52)	39(42)
1993	10.49(9.47)	6.76(5.84)	3.73(3.63)	90(81)	58(50)	32(31)
1994	9.69(9.31)	6.67(5.99)	3.02(3.32)	84(80)	58(52)	26(28)
1995	9.82(9.66)	6.47(5.83)	3.35(3.83)	85(84)	56(51)	29(33)
1996	10.60(10.33)	6.76(6.04)	3.84(4.29)	92(90)	59(53)	33(37)
1997	11.28(10.84)	6.65(5.90)	4.63(4.94)	99(95)	58(52)	41(43)
1998	11.58(11.52)	6.12(5.95)	5.46(5.57)	102(102)	54(53)	48(49)
1999	11.08(10.23)	6.27(5.72)	4.81(4.51)	98(91)	55(51)	43(40)
2000	10.75(11.38)	6.29(6.70)	4.46(4.68)	97(102)	56(60)	40(42)
2001	11.12(9.93)	6.24(5.46)	4.88(4.47)	100(89)	56(49)	44(40)
2002	11.17(10.20)	6.62(5.86)	4.55(4.34)	101(92)	60(53)	41(39)
2003	11.42(9.31)	6.64(6.07)	4.78(3.24)	104(85)	61(55)	43(30)
2004	12.50(10.59)	6.49(5.60)	6.01(4.99)	114(97)	59(51)	55(46)
2005	12.14(10.17)	6.31(5.85)	5.83(4.32)	112(94)	58(54)	54(40)
2006	11.60(9.59)	6.10(5.62)	5.50(3.97)	108(89)	57(52)	51(37)
2007	11.11(10.05)	6.11(6.47)	5.00(3.58)	104(94)	57(60)	47(33)
2008	11.25(10.13)	6.16(6.81)	5.09(3.32)	106((95)	58(64)	48(31)
2009	11.70(10.96)	6.08(6.11)	5.62(4.86)	110(103)	57(58)	53(46)
2010	11.65(15.82)	6.26(8.58)	5.39(7.24)	111(150)	60(81)	51(69)
2011	11.50(11.97)	6.10(7.07)	5.40(4.90)	110(114)	59(68)	51(47)

注:1990、2000年为人口普查数，2010年为人口普查修正数据，其余年份均为人口抽样调查数，括号内为当年前往公安机关申报登记数。

a)Data of 1990 and 2000 are based on the national population census,2010 data are revised according to the national population census,others are based on the sample surveys. Data in the brackets are registration data of the public security department.

3-3 第一、二、三、四、五、六次人口普查主要数据
Major Data of All Previous Provincial Population Census

项 目	Item		第一次人口普查 The First (1953.7.1)	第二次人口普查 The Second (1964.7.1)	第三次人口普查 The Third (1982.7.1)	第四次人口普查 The Fourth (1990.7.1)	第五次人口普查 The Fifth (2000.11.1)	第六次人口普查 The Sixth (2010.11.1)
一、总人口 （人）	**Total**	**(person)**	**48876548**	**55496219**	**74419054**	**84392104**	**89971789**	**95792719**
按性别分	By Sex							
男 （人）	Male	(person)	24311397	27904495	37737424	42913185	45542060	48446944
女 （人）	Female	(person)	24565151	27591724	36681630	41478919	44429729	47345775
二、总户数 （户）	**Total Households**	**(unit)**	**11097668**	**12770814**	**17390448**	**21975648**	**27320402**	**30794664**
家庭户 （户）	Households	(unit)			17335456	21874449	26709328	30105454
平均家庭户规模(人)	Average Household Size	(person)			4.20	3.75	3.22	2.98
三、民 族	**Nationalities**							
民族个数 （个）	The number of Nationalities	(unit)	17	32	39	54	56	56
汉族人口 （人）	Total Population of Han Nationality	(person)	48624003	55200442	74011440	83886204	89339046	95066830
少数民族人口 （人）	Total Population of Minority Nationalities	(person)	252386	295464	407408	505900	632743	725868
四、市镇人口 （人）	**Population of City and Town**	**(person)**	**3579208**	**7175677**	**14190511**	**23076729**	**34325909**	**47620727**
五、平均预期寿命（岁）	**Life Expectancy**	**(year old)**			**69.2**	**70.2**	**73.4**	
六、各种文化程度人口	**Population by Education**							
大 学 （人）	University and Above	(person)			263176	822863	3000752	8328681
高 中 （人）	Senior Middle Schools	(person)			4387201	6033615	9946434	13322584
初 中 （人）	Junior Middle Schools	(person)			13169660	21254691	32973455	38468023
小 学 （人）	Primary Schools	(person)			25108087	30611980	29469710	23912234
文盲半文盲 （人） （15周岁及以上）	Illiterate or Semiliterate Persons (Aged 15 and Over)	(person)			20457244	14256068	7654312	4757257
七、6岁及以上人口平均受教育年限 （年）	**Years of education of Population Aged 6 and Over**	**(year)**			**4.9**	**6.2**	**7.5**	**8.8**
八、在业人口 （人）	**Economically Active Population**	**(person)**			**40097853**	**50772124**	**54774086**	**59023429**

3-4 人口年龄结构、抚养比和性别比

Age Composition and Dependency Ratio of Population

单位：% (%)

年份 Year	总人口性别比 (以女性为100) Sex Ratio of Total Population (female=100)	各年龄段所占比重 The Proportion of Total Population By Age			总抚养比 Gross Dependency Ratio	少儿抚养比 Children Dependency Ratio	老年抚养比 Old Dependency Ratio
		0-14岁 Aged 0-14	15-64岁 Aged 15-64	65岁及以上 Aged 65 and Over			
1982	102.9	31.0	63.4	5.6	57.7	48.9	8.8
1990	103.5	26.6	67.2	6.2	48.8	39.6	9.2
1995	103.7	24.6	68.0	7.4	47.1	36.2	10.9
2000	102.5	20.8	71.1	8.1	40.6	29.3	11.4
2001	102.7	20.4	71.4	8.2	40.1	28.6	11.5
2002	102.4	18.8	72.7	8.5	37.6	25.9	11.7
2003	100.4	18.4	72.6	9.1	37.8	25.3	12.5
2004	100.7	17.1	73.7	9.2	35.8	23.2	12.5
2005	102.0	15.9	74.1	9.9	34.9	21.5	13.4
2006	100.8	15.3	74.7	10.0	33.9	20.5	13.4
2007	101.4	15.0	74.8	10.2	33.7	20.1	13.6
2008	100.2	15.6	74.1	10.3	34.9	21.0	13.8
2009	102.3	15.7	73.9	10.4	35.4	21.2	14.1
2010	102.3	15.7	74.4	9.9	34.4	21.1	13.3
2011	102.0	15.7	74.3	10.0	34.6	21.1	13.5

注:1982、1990、2000和2010年数据为人口普查数据；2001—2004年为抽样调查样本数据；其他年份为抽样调查估算数据。

a)Data of 1982、1990、2000 and 2010 are taken from the national population census.Data of 2001-2004 are taken from Population Sample Survey. Others are estimated on population sample survey.

3-5 各市人口自然变动情况(2011年)

Natural Change of Population by Region (2011)

地 区	Region	出生率 Birth Rate (‰)	死亡率 Death Rate (‰)	自然增长率 Natural Growth Rate (‰)	出生人口数(万人) Population of Birth (10 000 persons)	死亡人口数(万人) Population of Death (10 000 persons)	自然增长人数(万人) Population of Natural Growth (10 000 persons)
全省总计	**Total**	**11.97**	**7.07**	**4.90**	**114.49**	**67.59**	**46.91**
济南市	Jinan	11.00	6.66	4.34	6.66	4.03	2.63
青岛市	Qingdao	8.60	7.26	1.34	6.58	5.55	1.03
淄博市	Zibo	8.21	5.90	2.31	3.47	2.50	0.98
枣庄市	Zaozhuang	18.53	7.54	10.99	7.28	2.96	4.31
东营市	Dongying	8.56	4.48	4.07	1.59	0.83	0.76
烟台市	Yantai	6.82	6.97	-0.15	4.44	4.54	-0.10
潍坊市	Weifang	9.43	6.83	2.60	8.26	5.98	2.28
济宁市	Jining	14.27	7.04	7.23	12.05	5.95	6.11
泰安市	Tai'an	11.24	6.26	4.98	6.27	3.49	2.78
威海市	Weihai	6.18	7.77	-1.59	1.57	1.97	-0.40
日照市	Rizhao	9.49	6.24	3.25	2.74	1.80	0.94
莱芜市	Laiwu	7.73	6.70	1.02	0.98	0.85	0.13
临沂市	Linyi	11.68	4.98	6.71	12.58	5.36	7.22
德州市	Dezhou	13.77	4.90	8.87	7.89	2.81	5.08
聊城市	Liaocheng	14.94	5.81	9.13	8.97	3.49	5.48
滨州市	Binzhou	11.04	5.61	5.42	4.19	2.13	2.06
菏泽市	Heze	19.72	13.86	5.86	18.98	13.34	5.64

注:本表为公安机关当年登记数字。

a) Data in the table are registration data of the public security department.

3-6 各市人口数和总户数(2011年)

Population and Households by Region (2011)

地 区	Region	年末总人口(万人) Total year-end Population (10 000 persons)	按性别分(万人) Grouped by Sex (10 000 persons)		按农村、城镇分(万人) Grouped by Agricultural and Non-agricultural(10 000persons)		年末总户数(万户) Total year-end Households (10 000 households)
			男 Male	女 Femal	农村人口 Agricultural	城镇人口 Non-agricultural	
全省总计	**Total**	**9637.27(9591.00)**	**(4869.59)**	**(4721.41)**	**(5646.11)**	**(3944.89)**	**(3036.65)**
济南市	Jinan	688.51(606.64)	(302.19)	(304.44)	(173.22)	(433.41)	(193.61)
青岛市	Qingdao	879.51(766.36)	(382.69)	(383.67)	(283.68)	(482.68)	(247.94)
淄博市	Zibo	455.63(423.83)	(211.70)	(212.12)	(226.28)	(197.55)	(145.39)
枣庄市	Zaozhuang	375.27(394.18)	(205.72)	(188.46)	(257.31)	(136.87)	(118.97)
东营市	Dongying	205.50(185.96)	(93.51)	(92.45)	(104.92)	(81.04)	(61.69)
烟台市	Yantai	697.57(651.76)	(326.08)	(325.68)	(327.57)	(324.19)	(234.07)
潍坊市	Weifang	915.53(877.61)	(443.33)	(434.28)	(418.26)	(459.35)	(275.50)
济宁市	Jining	812.86(846.98)	(434.91)	(412.07)	(578.69)	(268.29)	(248.54)
泰安市	Tai'an	551.39559.51)	(283.31)	(276.21)	(365.93)	(193.59)	(185.25)
威海市	Weihai	280.10(253.84)	(127.05)	(126.79)	(123.77)	(130.07)	(91.82)
日照市	Rizhao	281.89(289.03)	(146.81)	(142.22)	(185.99)	(103.04)	(100.41)
莱芜市	Laiwu	130.58(126.95)	(64.41)	(62.54)	(68.80)	(58.15)	(47.11)
临沂市	Linyi	1009.06(1080.95)	(556.69)	(524.26)	(716.62)	(364.34)	(331.14)
德州市	Dezhou	560.31(575.98)	(291.54)	(284.45)	(401.30)	(174.68)	(175.97)
聊城市	Liaocheng	584.63(604.22)	(307.15)	(297.07)	(411.93)	(192.29)	(189.76)
滨州市	Binzhou	377.05(380.68)	(192.00)	(188.67)	(240.84)	(139.83)	(119.63)
菏泽市	Heze	831.87(966.51)	(500.50)	(466.01)	(761.00)	(205.51)	(269.85)

注:年末总人口根据人口抽样调查数据推算,括号内为公安户籍统计数字。

a)Data on total year-end population are projected according to the population census data.Data in the brackets are taken from the annual reports of public security departments.

3-7 按年龄和性别分人口数及构成

Population and Its Composition by Age and Sex

年龄组	Age Groups	人口数(人) Population(person)			占总人口数的百分比(%) Percentage to Total Population (%)			性别比 (女=100) Sex Ratio (Female=100)
		合计 Total	男 Male	女 Female	合计 Total	男 Male	女 Female	
总　计	**Total**	**95792719**	**48446944**	**47345775**	**100.00**	**50.57**	**49.43**	**102.33**
0-4岁	0-4	5334737	2937849	2396888	5.57	3.07	2.50	122.57
5-9岁	5-9	4967926	2672557	2295369	5.19	2.79	2.40	116.43
10-14岁	10-14	4771546	2538286	2233260	4.98	2.65	2.33	113.66
15-19岁	15-19	5461457	2854002	2607455	5.70	2.98	2.72	109.46
20-24岁	20-24	9485391	4777476	4707915	9.90	4.99	4.91	101.48
25-29岁	25-29	6937780	3464999	3472781	7.24	3.62	3.63	99.78
30-34岁	30-34	6501667	3276452	3225215	6.79	3.42	3.37	101.59
35-39岁	35-39	7911653	4003096	3908557	8.26	4.18	4.08	102.42
40-44岁	40-44	9326952	4683874	4643078	9.74	4.89	4.85	100.88
45-49岁	45-49	8075051	4008907	4066144	8.43	4.18	4.24	98.59
50-54岁	50-54	6253297	3163552	3089745	6.53	3.30	3.23	102.39
55-59岁	55-59	6634801	3333497	3301304	6.93	3.48	3.45	100.98
60-64岁	60-64	4700775	2344826	2355949	4.91	2.45	2.46	99.53
65-69岁	65-69	3146472	1566196	1580276	3.28	1.63	1.65	99.11
70-74岁	70-74	2496437	1223554	1272883	2.61	1.28	1.33	96.12
75-79岁	75-79	1965207	895661	1069546	2.05	0.93	1.12	83.74
80-84岁	80-84	1158994	476302	682692	1.21	0.50	0.71	69.77
85-89岁	85-89	488365	174092	314273	0.51	0.18	0.33	55.40
90-94岁	90-94	142128	43107	99021	0.15	0.05	0.10	43.53
95-99岁	95-99	29384	8026	21358	0.03	0.01	0.02	37.58
100岁及以上	100 and Over	2699	633	2066				30.64

注：本表是2010年第六次全国人口普查汇总的11月1日零时数。

a)Data in the table are the tabulation data of the 6th national population census,with zero hour of November 1st,2010 as the reference time.

3-8 按民族和性别分人口数

Population by Sex and Nationality

单位：人 (person)

民族	Nationality	合计 Total	男 Male	女 Female
合计	**Total**	**95792719**	**48446944**	**47345775**
汉族	Han	95066830	48090616	46976214
蒙古族	Mongolian	17669	8448	9221
回族	Hui	535679	269871	265808
藏族	Tibetan	2146	875	1271
维吾尔族	Uygur	4635	1551	3084
苗族	Miao	8414	3586	4828
彝族	Yi	8298	3422	4876
壮族	Zhuang	5822	2273	3549
布依族	Bouyei	1839	757	1082
朝鲜族	Korean	61556	31229	30327
满族	Manchu	46521	23274	23247
侗族	Dong	867	453	414
瑶族	Yao	878	353	525
白族	Bai	1247	411	836
土家族	Tujia	5730	3188	2542
哈尼族	Hani	3023	345	2678
哈萨克族	Kazak	1116	459	657
傣族	Dai	2468	426	2042
黎族	Li	1202	466	736
傈僳族	Lisu	1841	208	1633
佤族	Va	5619	1315	4304
畲族	She	363	226	137
高山族	Gaoshan	66	30	36
拉祜族	Lahu	1880	237	1643
水族	Shui	191	85	106
东乡族	Dongxiang	126	77	49
纳西族	Naxi	256	69	187
景颇族	Jingpo	608	59	549
柯尔克孜族	Kirgiz	90	35	55
土族	Tu	651	270	381
达斡尔族	Daur	960	432	528
仫佬族	Mulam	126	46	80
羌族	Qiang	243	121	122
布朗族	Blang	317	99	218
撒拉族	Salar	609	354	255
毛南族	Maonan	50	25	25
仡佬族	Gelao	597	364	233
锡伯族	Xibe	661	291	370
阿昌族	Achang	99	15	84
普米族	Pumi	55	10	45
塔吉克族	Tajik	32	17	15
怒族	Nu	373	161	212
乌孜别克族	Ozbek	13	6	7
俄罗斯族	Russian	128	58	70
鄂温克族	Ewenki	220	95	125
德昂族	De'ang	50	10	40
保安族	Bonan	7	3	4
裕固族	Yugur	76	33	43
京族	Jing	80	35	45
塔塔尔族	Tatar	11	4	7
独龙族	Drung	30	5	25
鄂伦春族	Oroqen	98	33	65
赫哲族	Hezhen	68	35	33
门巴族	Moinba	20	10	10
珞巴族	Lhoba	2	1	1
基诺族	Jino	17	7	10
其他未识别的民族	Non-identified Nationalities	125	57	68
外国人加入中国籍	Chinese Foreigner	21	3	18

注：本表是2010年第六次全国人口普查汇总的11月1日零时数。

a)Data in the table are the tabulation data of the 6th national population census,with zero hour of November 1st,2010 as the reference time.

3-9 各市家庭户与集体户的总户数和总人口

Family Households and Collective Households and Their Population by Region

地 区	Region	总人口（人） Total Population (person)	家庭户 Family Households 户数（户） Family Households (Households)	家庭户 Family Households 人口数（人） Population (person)	集体户 Collective Households 户数（户） Family Households (Households)	集体户 Collective Households 人口数（人） Population (person)	平均家庭户规模（人/户） Average Family Size (person/household)
全省总计	**Total**	**95792719**	**30105454**	**89855501**	**689210**	**5937218**	**2.98**
济南市	Jinan	6813984	2012581	5993647	100319	820337	2.98
青岛市	Qingdao	8715087	2824283	7869302	142072	845785	2.79
淄博市	Zibo	4530597	1524413	4276423	29910	254174	2.81
枣庄市	Zaozhuang	3729140	1099307	3552800	12783	176340	3.23
东营市	Dongying	2035338	679068	1892477	32398	142861	2.79
烟台市	Yantai	6968202	2456755	6424739	83963	543463	2.62
潍坊市	Weifang	9086241	2693924	8497418	52988	588823	3.15
济宁市	Jining	8081905	2374970	7733590	35648	348315	3.26
泰安市	Tai'an	5494207	1700362	5160645	32752	333562	3.04
威海市	Weihai	2804771	1021912	2548972	25254	255799	2.49
日照市	Rizhao	2801013	988566	2664785	23242	136228	2.70
莱芜市	Laiwu	1298529	446455	1203952	6334	94577	2.70
临沂市	Linyi	10039440	3303932	9714990	31385	324450	2.94
德州市	Dezhou	5568235	1623811	5289074	17359	279161	3.26
聊城市	Liaocheng	5789863	1753952	5561142	13779	228721	3.17
滨州市	Binzhou	3748474	1159148	3570233	26189	178241	3.08
菏泽市	Heze	8287693	2442015	7901312	22835	386381	3.24

注：本表是2010年第六次全国人口普查汇总的11月1日零时数。
a)Data in the table are the tabulation data of the 6th national population census,with zero hour of November 1st,2010 as the reference time.

3-10 各市按受教育程度分人口数

Population by Education Attainment and Region

单位：人 (person)

地 区	Region	小学 Primary School	初中 Junior Middle School	高中 Senior Middle School	大学专科 Junior College	大学本科 University	研究生 Graduate Student
全省总计	**Total**	**23912234**	**38468023**	**13322584**	**4933489**	**3161869**	**233323**
济南市	Jinan	1349024	2290022	1139551	703686	586593	66654
青岛市	Qingdao	1707677	3342208	1508161	685122	551100	59175
淄博市	Zibo	1091787	1704153	828320	319232	186378	9977
枣庄市	Zaozhuang	923482	1536503	525100	172723	72546	3595
东营市	Dongying	450301	706942	356047	166569	115092	8746
烟台市	Yantai	1502935	2992695	1243466	396483	280078	15345
潍坊市	Weifang	2212970	3834748	1362353	458055	250177	11672
济宁市	Jining	1932362	3393984	1004586	347561	173269	10193
泰安市	Tai'an	1344083	2319631	720570	264088	182266	11131
威海市	Weihai	576857	1239588	528525	153721	107207	6047
日照市	Rizhao	774957	1083768	331646	135376	76442	4111
莱芜市	Laiwu	327771	531358	210782	70705	35223	1590
临沂市	Linyi	3141560	3986704	928921	286343	176261	6953
德州市	Dezhou	1513315	2461058	695246	192998	89788	3444
聊城市	Liaocheng	1532380	2353226	694388	208427	111395	6553
滨州市	Binzhou	1111326	1579335	420625	127220	80562	3858
菏泽市	Heze	2419447	3112100	824297	245180	87492	4279

注：本表是2010年第六次全国人口普查机器汇总数据。
a)Data in the table are the tabulation data of the 6th national population census,with zero hour of November 1st,2010 as the reference time.

主要统计指标解释

人口数 指一定时点、一定地区范围内有生命的个人总和。

年度统计的年末人口数 指每年 12 月 31 日 24 时的人口数。

城镇人口和乡村人口 普查的城镇人口是指居住在城镇范围内的全部常住人口；乡村人口是除上述人口以外的全部人口。公安机关登记的城镇人口是指户口登记在城镇的人口，其统计口径是以居民常住户口所在地的城乡性质划分的。

出生率(又称粗出生率) 指在一定时期内(通常为一年)一定地区的出生人数与同期内平均人数(或期中人数)之比，用千分率表示。本资料中的出生率指年出生率，其计算公式为：

$$出生率=\frac{年出生人数}{年平均人数}\times 1000‰$$

式中：出生人数指活产婴儿，即胎儿脱离母体时(不管怀孕月数)，有过呼吸或其他生命现象。年平均人数指年初、年底人口数的平均数，也可用年中人口数代替。

死亡率(又称粗死亡率) 指在一定时期内(通常为一年)一定地区的死亡人数与同期内平均人数(或期中人数)之比，用千分率表示。本资料中的死亡率指年死亡率，其计算公式为：

$$死亡率=\frac{年死亡人数}{年平均人数}\times 1000‰$$

人口自然增长率 指在一定时期内(通常为一年)人口自然增加数(出生人数减死亡人数)与该时期内平均人数(或期中人数)之比，用千分率表示。计算公式为：

$$人口自然增长率=\frac{本年出生人数-本年死亡人数}{年平均人数}\times 1000‰$$

$$=人口出生率-人口死亡率$$

总抚养比 也称总负担系数。是指人口总体中非劳动年龄人口数与劳动年龄人口数之比。通常用百分比表示。说明每 100 名劳动年龄人口要负担多少名非劳动年龄人口。用于从人口角度反映人口与经济发展的基本关系。

计算公式为：

$$GDR=\frac{P_{0\sim14}+P_{65+}}{P_{15\sim64}}\times 100\%$$

其中：GDR 为总抚养比；

$P_{0\sim14}$ 为0~14岁少年儿童人口数；

P_{65+} 为65 岁及岁以上的老年人口数；

$P_{15\sim64}$ 为15~64 岁劳动年龄人口数。

老年人口抚养比 也称老年人口抚养系数。是指某人口总体中老年人口数与劳动年龄人口数之比。通常用百分比表示。用以表明每100名劳动年龄人口要负担多少名老年人。老年人口抚养比是从经济角度反映人口老化社会后果的指标之一。

计算公式为：

$$ODR=\frac{P_{65+}}{P_{15\sim64}}\times 100\%$$

其中：ODR 为老年人口抚养比；

P_{65+} 为65岁及岁以上的老年人口数；

$P_{15\sim64}$ 为15~64岁的劳动年龄人口数。

少年儿童抚养比 也称少年儿童抚养系数。是指某人口总体中少年儿童人口与劳动年龄人口数之比。通常用百分比表示。用以反映每100 名劳动年龄人口要负担多少名少年儿童。

计算公式为：

$$CDR=\frac{P_{0\sim14}}{P_{15\sim64}}\times 100\%$$

其中：CDR 为少年儿童抚养比；

$P_{0\sim14}$ 为0~14岁少年儿童人口数；

$P_{15\sim64}$ 为15~64岁劳动年龄人口数。

Explanatory Notes on Main Statistical Indicators

Total Population refers to the total number of people alive at a certain point of time within a given area.

The annual statistics on total population is taken at midnight, the 3lst of December.

Urban Population and Rural Population Urban population refer to all people residing in cities and towns, while rural population refer to population other than urban population. Urban population data of public security department only include persons whose household registration in urban.

Birth Rate (or Crude Birth Rate) refers to the ratio of the number of births to the average population (or mid period population) during a certain period of time (usually a year), expressed in ‰. Birth rate in the chapter refers to annual birth rate. The following formula is used:

$$\text{Birth Rate} = \frac{\text{Number of Births}}{\text{Annual Average Population}} \times 1000‰$$

Number of births in the formula refers to live births, i.e. when a baby has breathed or showed any vital phenomena regardless of the length of pregnancy.

Annual average number of population is the average of the number of population at the beginning of the year and that at the end of the year. Sometimes it is substituted by the mid year population.

Death Rate (or Crude Death Rate) refers to the ratio of the number of deaths to the average population (or mid period population) during a certain period of time (usually a year), expressed in ‰. Death rate in the chapter refers to annual death rate. The following formula is used:

$$\text{Death Rate} = \frac{\text{Number of Deaths}}{\text{Annual Average Population}} \times 1000‰$$

Natural Growth Rate of Population refers to the ratio of natural increase in population (number of births minus number of deaths) in a certain period of time (usually a year) to the average population (or mid period population) of the same period, expressed in ‰. The following formula is applied:

$$\text{Natural Growth Rate of Population} = \frac{\text{Number of Births} - \text{Number of Deaths}}{\text{Annual Average Population}} \times 1000‰$$

Natural Growth Rate of Population = Birth Rate − Death

Gross Dependency Ratio also called gross dependency coefficient, refers to the ratio of non-working-age population to the working-age population ,express in %. Describing in general the number of non-working-age population that every 100 people at working ages will take care of, this indicator reflects the basic relation between population and economic development from the demographic perspective. The gross dependency ratio is calculated with the following formula:

$$GDR = \frac{P_{0\sim14} + P_{65+}}{P_{15\sim64}} \times 100\%$$

Where: GDR is the gross dependency ratio,

$P_{0\sim14}$ is the population of children aged 0-14;

P_{65+} is the elderly population aged 65 and over ;

$P_{15\sim64}$ is the working –age population aged 15-64.

Old Dependency Ratio also called old dependency coefficient,refers to the ratio of the elderly population to the working-age population, express in %.It describes the number of the elderly population that every 100 people at working ages will take care of. Old dependency ratio is one of the indicators reflecting the social implication of population aging from the economic perspective. The old dependency ratio is calculated with the following formula:

$$ODR = \frac{P_{65+}}{P_{15\sim64}} \times 100\%$$

Where: ODR is the old dependency ratio,

P_{65+} is the elderly population aged 65 and over;

$P_{15\sim64}$ is the working –age population aged 15-64.

Children Dependency Ratio also called children dependency coefficient, refers to the ratio of the children population to the working-age population ,express in %.It describes the number of children population that every 100 people at working ages will take care of. The children dependency ratio is calculated with the following formula:

$$CDR = \frac{P_{0\sim14}}{P_{15\sim64}} \times 100\%$$

Where:CDR is the children dependency ratio;

$P_{0\sim14}$ is the children population aged 0-14;

$P_{15\sim64}$ is the working-age population aged 15-64.

第
4
篇

就业人员、劳动报酬和社会保障

Employment , Wages and Social Securities

简 要 说 明

一、本篇资料的主要内容

本篇资料反映我省劳动经济方面的基本情况，包括经济活动人口数，就业人员及职工人数，城镇登记失业人数，劳动报酬总额，人均劳动报酬及指数变化情况等。

二、本篇资料的来源

1.就业基本情况及分组资料、劳动报酬总额、职工工资总额等资料取自《劳动统计报表制度》、《劳动力调查制度》及《乡村社会经济调查方案》。

2.私营企业及个体工商业人员资料取自省工商行政管理局年报。

3.城镇劳动力供给和配置情况、城镇登记失业人员及失业率等资料由人力资源和社会保障厅根据其相关统计制度整理提供。

4.乡镇企业就业人员资料来源于省中小企业办公室。

5.本篇资料由省统计局人口就业处整理提供。

Brief Introduction

I. Main Content

Data in this chapter show the basic conditions of Shandong's labor economy, including the economically active population,number of employed persons in urban areas, earning of employed persons,average earning of employed persons and the changes in index, etc.

II. Source of Data

(1) Data on basic conditions of employment,data by groups, earning of employed persons,total wage bills of staff and workers are collected and compiled through The Reporting Form System on Labour Statistics,The Sample Survey System on Labour Force,The System of Rural Social and Economic Surveys.

(2) Data on employed persons in urban private enterprises and self-employed individuals are derived from the Annual report of Shandong Administration of Industry and Commerce.

(3) Data on urban labor supply and configuration, registered unemployed persons in urban areas and unemployment rate are provided by Shandong Provincial Department of Human Resource and Social Security.

(4) Data on persons employed in township enterprises are provided by Shandong Provincial Office for Development of Medium and Small Businesses.

(5) Data in this chapter are prepared and compiled by the Division of Population and Employment Statistics of Shandong Provincial Bureau of Statistics.

4-1 就业基本情况
Employment

类　　别		Category		2008	2009	2010	2011
经济活动人口	**(万人)**	**Economically Active Population**	**(10 000 persons)**	**6292.5**	**6392.4**	**6482.3**	**6546.5**
就业人员合计	**(万人)**	**Total Number of Employed Persons**	**(10 000 persons)**	**6187.6**	**6294.2**	**6401.9**	**6485.6**
第一产业	(万人)	Primary Industry	(10 000 persons)	2313.5	2297.4	2273.1	2211.6
第二产业	(万人)	Secondary Industry	(10 000 persons)	1955.5	2014.1	2086.7	2185.6
第三产业	(万人)	Tertiary Industry	(10 000 persons)	1918.6	1982.7	2042.1	2088.4
就业人员构成	**(合计=100)**	**Composition of Employed Persons**	**(total=100)**				
第一产业	(%)	Primary Industry	(%)	37.4	36.5	35.5	34.1
第二产业	(%)	Secondary Industry	(%)	31.6	32.0	32.6	33.7
第三产业	(%)	Tertiary Industry	(%)	31.0	31.5	31.9	32.2
按城乡分就业人员		**Number of Employed Persons by Urban and Rural Areas**					
城镇就业人员	(万人)	Urban Employed Persons	(10 000 persons)	2680.1	2803.4	2927.4	3014.4
#国有单位	(万人)	State-owned Units	(10 000 persons)	427.9	428.1	439.4	437.0
城镇集体单位	(万人)	Urban Collective-owned Units	(10 000 persons)	56.0	56.8	57.0	60.8
股份合作单位	(万人)	Cooperative Units	(10 000 persons)	15.2	15.5	16.1	13.5
联营单位	(万人)	Joint Ownership Units	(10 000 persons)	3.5	3.4	3.3	3.4
有限责任公司	(万人)	Limited Liability Corporations	(10 000 persons)	183.1	190.1	205.7	276.1
股份有限公司	(万人)	Share-holding Corporations Ltd.	(10 000 persons)	71.1	78.0	80.3	91.5
私营企业	(万人)	Private Enterprises	(10 000 persons)	304.7	323.1	371.1	410.9
港澳台投资单位	(万人)	Units with Funds from Hong Kong,Macao & Taiwan	(10 000 persons)	26.5	28.0	28.9	30.8
外商投资单位	(万人)	Foreign Funded Units	(10 000 persons)	108.8	109.5	112.1	115.6
个　体	(万人)	Self-employed Individuals	(10 000 persons)	197.0	225.8	256.0	293.1
乡村就业人员	(万人)	Rural Employed Persons	(10 000 persons)	3507.5	3490.8	3474.5	3471.2
#乡镇企业	(万人)	Township and Village Enterprises	(10 000 persons)	1165.7	1215.6	1303.0	
私营企业	(万人)	Private Enterprises	(10 000 persons)	195.9	249.9	276.6	290.9
个　体	(万人)	Self-employed Individuals	(10 000 persons)	213.0	240.9	281.4	285.9
职工人数(万人)		**Number of Staff and Workers**	**(10 000 persons)**	**872.7**	**889.6**	**919.9**	**1006.0**
国有单位	(万人)	State-owned Units	(10 000 persons)	413.9	413.3	422.4	424.4
城镇集体单位	(万人)	Urban Collective-owned Units	(10 000 persons)	54.1	54.4	54.6	58.4
其他单位	(万人)	Units of Other Types of Ownership	(10 000 persons)	404.6	421.9	442.9	523.3
城镇单位女性就业人员	**(万人)**	**Urban Employed Female Persons**	**(10 000 persons)**	**345.2**	**350.1**	**359.1**	**374.8**
城镇累计新增就业人数	**(万人)**	**Number of Newly Employed Persons in Urban Areas**	**(10 000 persons)**	**114.7**	**105.7**	**115.3**	**118.7**
就业转失业人员再就业	**(人)**	**Number of reemployed Persons**	**(10 000 persons)**	**52.1**	**50.2**	**52.7**	**55.0**
#困难群体再就业	(人)	Reemployed Persons in Difficult Groups	(10 000 persons)	11.5	11.6	12.0	11.8
农村劳动力转移就业人数	**(人)**	**Reemployed Persons in Difficult Groups**	**(10 000 persons)**	**149.9**	**122.4**	**129.4**	**136.0**
城镇登记失业人数	**(万人)**	**Number of Registered Unemployed Persons in Urban Areas**	**(10 000 persons)**	**44.7**	**45.1**	**44.5**	**45.1**
城镇登记失业率	**(%)**	**Registered Unemployment Rate in Urban Areas**	**(%)**	**3.5**	**3.4**	**3.4**	**3.4**

4-2 按三次产业分的年底就业人员数

Number of Employed Persons at the Year-end by Three Industries

年 份 Year	就业人员 (万人) Total Employed Persons (10 000 Persons)	第一产业 Primary Industry	第二产业 Secondary Industry	第三产业 Tertiary Industry	构成(合计=100) Composition in Percentage(Total=100) 第一产业 Primary Industry	第二产业 Secondary Industry	第三产业 Tertiary Industry
1949	1859.3						
1950	1840.8						
1951	1884.2						
1952	1897.2						
1953	1885.7						
1954	1874.7						
1955	1959.7						
1956	1824.0						
1957	2150.4						
1958	2155.3						
1959	2033.2						
1960	1958.2						
1961	1936.1						
1962	1981.2						
1963	2027.8						
1964	2099.8						
1965	2146.0						
1966	2199.0						
1967	2219.0						
1968	2254.0						
1969	2274.0						
1970	2606.0						
1971	2752.0						
1972	2744.0	2362.1	217.9	164.0	86.1	7.9	6.0
1973	2869.1	2485.6	220.2	163.3	86.6	7.7	5.7
1974	2894.0						
1975	2925.0						
1976							
1977							
1978	2969.8	2350.9	366.6	252.3	79.2	12.3	8.5
1979							
1980	3117.5	2458.1	382.5	276.9	78.9	12.3	8.9
1981	3192.4	2508.2	389.0	295.2	78.6	12.2	9.3
1982	3270.0	2520.8	442.2	307.0	77.1	13.5	9.4
1983	3795.1	2950.8	465.8	378.5	77.8	12.3	10.0
1984	3563.7	2509.1	528.8	525.8	70.4	14.8	14.8
1985	3561.1	2438.6	705.3	417.2	68.5	19.8	11.7
1986	3651.2	2431.1	776.0	444.1	66.6	21.3	12.2
1987	3765.7	2422.6	848.2	494.9	64.3	22.5	13.1
1988	3887.1	2474.5	905.1	507.5	63.7	23.3	13.1
1989	3940.3	2527.6	902.6	510.1	64.2	22.9	13.0
1990	4043.2	2585.7	922.5	535.0	64.0	22.8	13.2
1991	4219.3	2708.0	958.7	552.6	64.2	22.7	13.1
1992	4302.6	2705.1	1000.8	596.7	62.9	23.3	13.9
1993	4379.3	2689.9	1070.4	619.0	61.4	24.4	14.1
1994	4382.1	2541.6	1098.0	742.5	58.0	25.1	16.9
1995	5207.4	2832.3	1305.5	1069.6	54.4	25.1	20.5
1996	5227.4	2788.0	1286.1	1153.3	53.3	24.6	22.1
1997	5256.0	2812.5	1311.9	1131.6	53.5	25.0	21.5
1998	5287.6	2837.3	1245.8	1204.5	53.7	23.6	22.8
1999	5314.7	2811.7	1245.7	1257.3	52.9	23.4	23.7
2000	5441.8	2887.7	1286.0	1268.1	53.1	23.6	23.3
2001	5475.3	2863.6	1308.6	1303.1	52.3	23.9	23.8
2002	5527.0	2769.6	1375.1	1382.3	50.1	24.9	25.0
2003	5620.6	2638.3	1474.3	1508.0	46.9	26.2	26.8
2004	5728.1	2542.1	1581.0	1605.0	44.4	27.6	28.0
2005	5840.7	2350.3	1781.4	1709.0	40.2	30.5	29.3
2006	5960.0	2328.0	1870.3	1761.7	39.1	31.4	29.5
2007	6081.4	2265.2	1989.9	1826.3	37.3	32.7	30.0
2008	6187.6	2313.5	1955.5	1918.6	37.4	31.6	31.0
2009	6294.2	2297.4	2014.1	1982.7	36.5	32.0	31.5
2010	6401.9	2273.1	2086.7	2042.1	35.5	32.6	31.9
2011	6485.6	2211.6	2185.6	2088.4	34.1	33.7	32.2

4-3 按城乡分的年底就业人员数

Number of Employed Persons at the Year-end in Urban and Rural Areas

单位:万人 (10 000 persons)

年份 地区	Year Region	总计 Total	城镇小计 Subtotal of Urban Area	国有单位 State-owned Units	集体单位 Collective-owned Units	股份合作单位 Cooperative Units	联营单位 Joint Ownership Units	有限责任公司 Limited Liability Corporations	股份有限公司 Share-holding Corporations Ltd.
1990		4043.2	788.9						
1991		4219.3	831.0						
1992		4302.6	871.4						
1993		4379.3	939.9	619.5	213.4		1.4		
1994		4382.1	822.8	648.7	203.6		1.2		
1995		5207.4	1620.9	678.4	201.9		1.0		
1996		5227.9	1627.0	685.4	200.4		1.4		
1997		5256.0	1636.1	690.4	193.6		1.4		
1998		5287.6	1661.4	612.1	134.8	12.5	3.1	20.3	34.5
1999		5314.7	1669.7	579.9	120.7	12.1	2.9	28.8	35.8
2000		5441.8	1825.2	555.1	105.3	12.1	2.7	43.3	37.4
2001		5475.3	1885.4	533.5	93.6	11.9	2.6	54.9	37.4
2002		5527.0	1948.6	504.5	83.9	12.2	2.0	71.0	40.8
2003		5620.6	2029.7	496.7	75.6	12.1	1.6	80.0	40.2
2004		5728.1	2140.4	492.5	68.8	11.5	1.4	89.8	41.6
2005		5840.7	2276.8	423.9	65.3	14.9	3.3	189.2	62.0
2006		5960.0	2425.0	419.2	61.5	15.8	3.5	190.5	64.1
2007		6081.4	2561.5	422.2	59.4	15.2	3.7	189.1	68.9
2008		6187.6	2680.1	427.9	56.0	15.2	3.5	183.1	71.1
2009		6294.2	2803.4	428.1	56.8	15.5	3.4	190.1	78.0
2010		6401.9	2927.4	439.4	57.0	16.1	3.3	205.7	80.3
2011		6485.6	3014.4	437.0	60.8	13.5	3.4	276.1	91.5
济南市	Jinan	392.7	195.3	47.1	3.4	1.2	2.2	43.1	13.6
青岛市	Qingdao	547.6	270.4	37.2	5.7	1.6		21.9	10.9
淄博市	Zibo	267.7	104.5	27.6	5.0	2.4	0.1	17.6	10.2
枣庄市	Zaozhuang	238.9	74.1	23.9	3.9	0.2		7.4	2.2
东营市	Dongying	126.0	62.9	27.6	1.6	0.4	0.1	9.7	3.2
烟台市	Yantai	434.1	171.7	31.1	6.1	1.2	0.3	22.9	6.8
潍坊市	Weifang	513.5	143.6	29.7	2.6	0.9		18.5	8.3
济宁市	Jining	497.5	105.0	43.1	5.9	0.8	0.1	11.1	5.5
泰安市	Tai'an	331.2	91.9	20.2	11.8	0.6	0.2	24.9	5.0
威海市	Weihai	173.3	84.2	13.2	3.6	1.5	0.1	16.0	6.9
日照市	Rizhao	182.5	43.1	8.7	0.9	0.2		7.5	2.2
莱芜市	Laiwu	79.7	28.1	4.9	0.5			10.1	0.9
临沂市	Linyi	651.5	111.4	29.6	1.9	0.7	0.1	16.3	4.7
德州市	Dezhou	303.3	59.6	19.2	2.1	0.8	0.1	11.4	2.2
聊城市	Liaocheng	357.1	58.5	20.9	1.3	0.2		9.7	4.5
滨州市	Binzhou	250.4	61.8	14.0	1.1	0.3		21.4	2.2
菏泽市	Heze	470.8	68.2	26.8	3.0	0.3		5.6	2.2

4-3 续表 continued

单位:万人 (10 000 persons)

年份 地区	Year Region	私营企业 Private Enterprises	港澳台商投资单位 Units with Funds from Hong Kong,Macao &Taiwan	外商投资单位 Foreign Funded Units	个体 Self-employed Individuals	乡村小计 Subtotal of Rural Area	乡镇企业 Township and Village Enterprises	私营企业 Private Enterprises	个体 Self-employed Individuals
1990						3254.3			
1991						3388.3			
1992						3431.2			
1993		9.4	5.2	6.7	37.0	3439.4	1350.8	18.9	276.8
1994		18.3	6.9	12.5	61.5	3559.3	1481.6	31.9	352.2
1995		28.6	13.6	24.7	75.9	3587.3	1439.8	45.1	401.9
1996		39.0	12.7	25.9	87.8	3600.9	1369.6	52.2	428.7
1997		50.1	13.0	28.9	101.6	3620.0	1112.8	56.6	444.6
1998		78.5	11.0	28.0	125.9	3626.2	1198.5	63.8	514.7
1999		87.6	11.1	33.9	165.8	3644.5	1280.6	86.7	506.0
2000		105.3	11.9	38.7	110.0	3617.1	1311.6	108.8	165.5
2001		117.8	12.8	42.3	110.8	3589.9	1345.4	94.4	167.3
2002		152.2	14.0	50.1	122.5	3578.3	1447.3	101.1	175.4
2003		203.0	14.6	54.4	150.8	3590.8	1599.8	163.5	196.2
2004		228.9	16.3	65.7	164.5	3587.7	1627.8	161.2	180.1
2005		262.9	25.9	98.2	174.7	3563.9	1653.5	181.3	190.2
2006		289.5	27.5	106.8	188.5	3535.0	1772.1	218.1	198.4
2007		314.5	27.4	108.3	185.2	3519.9	1159.9	208.3	214.6
2008		304.7	26.5	108.8	197.0	3507.5	1165.7	195.9	213.0
2009		323.1	28.0	109.5	225.8	3490.8	1215.6	249.9	240.9
2010		371.1	28.9	112.1	256.0	3474.5	1303.0	276.6	281.4
2011		410.9	30.8	115.6	293.1	3471.2		290.9	285.9
济南市	Jinan	43.7	2.9	5.2	29.7	197.4		15.1	10.8
青岛市	Qingdao	110.4	6.9	39.8	31.5	277.2		9.3	49.5
淄博市	Zibo	19.8	1.8	5.2	12.7	163.3		27.5	12.8
枣庄市	Zaozhuang	12.1	0.8	0.8	22.5	164.7		7.8	15.9
东营市	Dongying	9.8	1.3	0.8	7.0	63.1		6.0	4.4
烟台市	Yantai	44.4	7.4	29.3	21.3	262.4		26.3	17.7
潍坊市	Weifang	41.3	3.1	4.8	33.6	369.9		51.0	23.0
济宁市	Jining	14.3	0.5	3.8	19.2	392.5		23.1	20.0
泰安市	Tai'an	13.5	0.5	1.3	12.7	239.3		13.5	15.7
威海市	Weihai	16.9	1.4	13.7	10.8	89.1		6.5	5.5
日照市	Rizhao	14.3	0.2	1.4	7.4	139.4		14.5	9.3
莱芜市	Laiwu	6.3	0.2	0.3	4.7	51.7		4.5	2.4
临沂市	Linyi	14.9	1.1	4.0	33.4	540.1		26.0	33.1
德州市	Dezhou	9.6	0.3	2.0	11.5	243.7		19.0	16.7
聊城市	Liaocheng	8.9	0.5	1.0	11.3	298.6		11.2	10.9
滨州市	Binzhou	13.7	1.2	0.7	6.4	188.6		13.6	7.4
菏泽市	Heze	10.0	0.7	1.4	17.4	402.6		16.0	30.7

注:乡镇企业就业人员不包括私营单位和个体工商户就业人员。

a)Data on employed persons in township and village enterprises exclude employed persons in private enterprises and self-employed individuals.

4-4 按行业分的年底就业人员数

Number of Employed Persons at the Year-end by Sector

单位：万人 (10 000 persons)

行　业	Sector	2009	2010	2011
总　计	**Total**	**6294.2**	**6401.9**	**6485.6**
农、林、牧、渔业	Agriculture,Forestry,Animal Husbandry and Fishing	2298.5	2273.1	2213.5
采矿业	Mining	74.1	77.2	82.9
制造业	Manufacturing	1290.6	1326.6	1362.3
电力、燃气及水的生产和供应业	Production and Supply of Electric Power and Heat Power	24.8	24.3	24.5
建筑业	Construction	624.8	658.6	715.1
交通运输、仓储和邮政业	Traffic,Transport,Storage and Post	245.1	254.4	254.3
信息传输、计算机服务和软件业	Information Transfer,Computer Services and Software	51.7	58.2	63.5
批发和零售业	Wholesale and Retail Trade	573.0	613.8	664.3
住宿和餐饮业	Hotels and Catering Services	178.5	186.2	195.5
金融业	Financial Intermediation	38.9	39.4	40.4
房地产业	Real Estate	26.5	31.9	36.6
租赁和商务服务业	Leasing and Business Services	49.7	58.4	61.8
科学研究、技术服务和地质勘查业	Scientific Research,technical Service and Geologic Prospecting	18.7	21.3	22.5
水利、环境和公共设施管理业	Management of Water Conservancy,Environment and Public Facilities	14.4	15.1	15.4
居民服务和其他服务业	Services to Households and Other Services	39.7	42.9	48.9
教　育	Education	122.5	124.1	120.3
卫生、社会保障和社会福利业	Health,Social Security and Social Welfare	47.8	50.8	53.2
文化、体育和娱乐业	Culture,Sports and Entertainment	9.7	10.2	10.3
公共管理和社会组织	Public management and Social Organization	118.8	119.1	117.6
国际组织	International Organization			
其　他	Others	446.4	416.3	383.0

4-5 按登记注册类型和行业分城镇单位就业人员数(2011年底)

Number of Employed Persons in Urban at the Year-end by Status of Registration and Sector(2011)

单位:万人 (10 000 persons)

类　别	Category	总　计 Total	国有单位 State-owned Units	城镇集体单位 Urban Collective-owned Units	其他单位 Others
总　计	**Total**	**1050.4**	**437.0**	**60.8**	**552.7**
按企、事业和机关分	**Grouped by Enterprises,institutions and Agencies**				
企　业	Enterprises	762.0	161.3	52.0	548.7
事　业	Institutions	203.1	192.8	8.3	2.0
机　关	Agebcies & Organizations	81.6	81.6		
民间非营利组织	Civil Nonprofit Organization	0.9	0.1		0.7
其　他	Others	2.9	1.3	0.4	1.2
按国民经济行业分	**Grouped by Sector**				
农、林、牧、渔业	Agriculture,Forestry,Animal Husbandry and Fishing	4.8	3.7	0.4	0.7
采矿业	Mining	73.4	47.2	2.2	24.1
制造业	Manufacturing	372.2	23.1	16.5	332.6
电力、燃气及水的生产和供应业	Production and Supply of Electric Power and Heat Power	20.8	14.3	0.2	6.4
建筑业	Construction	121.9	15.8	18.6	87.5
交通运输、仓储和邮政业	Traffic,Transport,Storage and Post	35.7	23.3	1.0	11.3
信息传输、计算机服务和软件业	Information Transfer,Computer Services and Software	8.4	3.3	0.1	4.9
批发和零售业	Wholesale and Retail Trade	48.2	9.8	5.0	33.4
住宿和餐饮业	Hotels and Catering Services	13.6	5.2	1.0	7.4
金融业	Financial Intermediation	34.6	8.0	3.7	22.9
房地产业	Real Estate	13.4	2.3	0.8	10.3
租赁和商务服务业	Leasing and Business Services	10.3	5.8	1.7	2.8
科学研究、技术服务和地质勘查业	Scientific Research,Technical Service and Geologic Prospecting	10.8	8.6	0.2	1.9
水利、环境和公共设施管理业	Management of Water Conservancy,Environment and Public Facilities	12.0	10.9	0.4	0.7
居民服务和其他服务业	Services to Households and Other Services	3.6	2.6	0.3	0.7
教　育	Education	107.9	102.1	3.1	2.8
卫生、社会保障和社会福利业	Health,Social Security and Social Welfare	46.4	39.9	5.2	1.3
文化、体育和娱乐业	Culture,Sports and Entertainment	6.6	5.9	0.1	0.5
公共管理和社会组织	Public management and Social Organization	105.8	105.2	0.3	0.4
国际组织	International Organization				

4-6 各市按行业分城镇单位就业人员数(2011年底)

Number of Employed Persons at the Year end by Sector(2011)

单位:万人 (10 000 persons)

地 区	Region	总计 Total	农、林、牧、渔业 Agriculture, Forestry, Animal Husbandry and Fishing	采矿业 Mining	制造业 Manufacturing	电力、燃气及水的生产和供应业 Production and Supply of Electric Power and Heat Power	建筑业 Construction	交通运输、仓储和邮政业 Traffic, Transport, Storage and Post
全省总计	**Total**	**1050.4**	**4.8**	**73.4**	**372.2**	**20.8**	**121.9**	**35.7**
济 南 市	Jinan	121.9	0.2	1.0	30.0	1.7	26.0	4.4
青 岛 市	Qingdao	128.4	0.3	0.1	69.2	2.2	6.6	6.5
淄 博 市	Zibo	72.0	0.2	4.8	29.3	1.8	11.3	1.0
枣 庄 市	Zaozhuang	39.6	0.4	10.9	5.9	0.7	6.2	0.7
东 营 市	Dongying	46.1	0.7	15.2	11.3	0.3	2.5	1.3
烟 台 市	Yantai	106.0	0.3	6.2	51.9	2.1	7.3	3.3
潍 坊 市	Weifang	68.7	0.4	1.1	26.1	1.5	5.8	1.4
济 宁 市	Jining	71.5	0.2	17.3	12.7	1.9	7.0	1.7
泰 安 市	Tai'an	65.7	0.3	10.0	15.2	1.0	15.8	0.9
威 海 市	Weihai	56.6	0.2	0.2	33.4	1.4	6.0	0.9
日 照 市	Rizhao	21.4	0.1	0.1	8.1	0.5	1.0	1.4
莱 芜 市	Laiwu	17.0		2.4	7.9	0.3	1.0	0.4
临 沂 市	Linyi	63.1	0.6	2.7	15.1	1.3	12.3	1.0
德 州 市	Dezhou	38.5	0.5	0.2	12.8	1.1	3.1	0.5
聊 城 市	Liaocheng	38.3	0.1		13.0	1.1	2.0	1.4
滨 州 市	Binzhou	41.6	0.1	0.4	23.8	0.6	3.0	0.3
菏 泽 市	Heze	40.8	0.4	0.7	6.3	1.2	3.9	1.1

4-6 续表 1 continued

单位:万人 (10 000 persons)

地 区	Region	信息传输、计算机服务和软件业 Information Transfer, Computer Services and Software	批发和零售业 Wholesale and Retail Trade	住宿和餐饮业 Hotels and Catering Services	金融业 Financial Intermediation	房地产业 Real Estate	租赁和商务服务业 Leasing and Business Services	科学研究、技术服务和地质勘查业 Scientific Research, technical Service and Geologic Prospecting
全省总计	**Total**	**8.4**	**48.2**	**13.6**	**34.6**	**13.4**	**10.3**	**10.8**
济 南 市	Jinan	1.9	10.4	3.6	5.9	2.6	2.7	2.2
青 岛 市	Qingdao	0.5	4.9	2.3	3.9	2.7	1.2	1.8
淄 博 市	Zibo	0.4	3.1	0.8	1.8	0.9	0.5	0.3
枣 庄 市	Zaozhuang	0.2	1.1	0.2	0.7	0.5	0.3	0.3
东 营 市	Dongying	0.6	1.5	1.0	0.8	0.3	0.3	1.3
烟 台 市	Yantai	0.5	3.7	1.2	3.9	2.2	1.1	1.0
潍 坊 市	Weifang	0.4	3.7	0.5	1.8	0.6	0.1	0.7
济 宁 市	Jining	0.3	3.2	0.5	3.1	0.3	0.4	0.3
泰 安 市	Tai'an	0.3	3.9	0.8	1.3	0.4	0.9	0.5
威 海 市	Weihai	0.2	2.7	1.1	1.1	0.8	0.3	0.2
日 照 市	Rizhao	0.3	1.1	0.2	1.0	0.2	0.5	0.1
莱 芜 市	Laiwu	0.1	0.6	0.2	0.3	0.4	0.02	0.03
临 沂 市	Linyi	1.1	1.6	0.3	2.8	0.3	0.2	0.3
德 州 市	Dezhou	0.5	2.1	0.3	1.6	0.4	0.1	0.2
聊 城 市	Liaocheng	0.3	1.3	0.3	2.3	0.3	0.4	0.1
滨 州 市	Binzhou	0.2	1.2	0.2	1.0	0.2	0.3	0.4
菏 泽 市	Heze	0.4	2.1	0.2	1.5	0.2	0.2	0.2

4-6 续表 2 continued

单位:万人 (10 000 persons)

地 区	Region	水利、环境和公共设施管理业 Management of Water Conservancy, Environment and Public Facilities	居民服务和其他服务业 Services to Households and Other Services	教 育 Education	卫生、社会保障和社会福利业 Health, Social Security and Social Welfare	文化、体育和娱乐业 Culture, Sports and Entertainment	公共管理和社会组织 Public management and Social Organization	国际组织 International Organization
全省总计	**Total**	**12.0**	**3.6**	**107.9**	**46.4**	**6.6**	**105.8**	
济南市	Jinan	1.3	1.0	10.2	5.3	1.6	9.7	
青岛市	Qingdao	1.4	0.3	11.2	4.6	0.9	8.0	
淄博市	Zibo	1.0	0.1	6.4	2.9	0.6	5.0	
枣庄市	Zaozhuang	0.6		4.4	1.6	0.2	4.6	
东营市	Dongying	0.4	1.5	2.7	1.2	0.1	3.2	
烟台市	Yantai	1.2	0.1	8.5	3.8	0.7	6.9	
潍坊市	Weifang	0.9	0.1	10.1	4.7	0.2	8.5	
济宁市	Jining	1.0	0.1	8.4	3.2	0.5	9.5	
泰安市	Tai'an	0.5	0.2	5.4	2.1	0.3	6.2	
威海市	Weihai	0.5	0.1	3.0	1.7	0.2	2.8	
日照市	Rizhao	0.2		2.9	1.1	0.2	2.4	
莱芜市	Laiwu	0.1	0.01	1.4	0.6	0.03	1.3	
临沂市	Linyi	0.8		9.8	4.0	0.3	8.7	
德州市	Dezhou	0.6		5.7	2.0	0.2	6.7	
聊城市	Liaocheng	0.6		5.8	2.7	0.2	6.5	
滨州市	Binzhou	0.2	0.1	3.3	1.5	0.1	4.7	
菏泽市	Heze	0.9		8.6	3.4	0.3	8.9	

4-7 各市按行业分私营企业和个体就业人数(2011年底)

Number of Engaged Persons in Private Enterprises and Self-employed Individuals at Year-end by Sector and Region(2011)

单位:万人 (10 000 persons)

地 区	Region	合 计 total	#制造业 Manufacturing	#建筑业 Construction	#交通运输、仓储和邮政业 Transport, Storage and Post	#批发和零售业 Wholesale and Retail Trades	#住宿和餐饮业 Hotels and Catering Services	#租赁和商务服务业 Leasing and Business Service	#居民服务和其他服务业 Services to Households and Other Services
全省总计	**Total**	**1280.7**	**337.5**	**55.4**	**43.5**	**547.1**	**64.8**	**59.5**	**70.9**
济南市	Jinan	99.2	14.9	4.6	2.3	50.3	4.9	7.5	5.4
青岛市	Qingdao	200.7	44.4	10.3	5.8	84.7	10.7	15.7	10.6
淄博市	Zibo	72.8	19.0	3.8	1.2	32.0	3.4	3.7	4.1
枣庄市	Zaozhuang	58.3	12.1	1.1	3.1	29.7	3.0	1.8	3.5
东营市	Dongying	27.3	5.8	1.2	0.4	11.6	1.9	1.3	1.9
烟台市	Yantai	109.7	32.9	6.6	3.5	42.6	5.0	4.7	5.0
潍坊市	Weifang	149.0	55.7	7.1	5.4	48.7	6.0	6.2	7.3
济宁市	Jining	76.6	18.6	1.9	3.4	38.4	4.1	2.3	3.4
泰安市	Tai'an	55.4	12.2	2.0	2.1	26.6	3.0	1.9	3.5
威海市	Weihai	39.7	9.8	2.4	1.2	14.8	2.1	1.9	2.9
日照市	Rizhao	45.4	12.9	2.6	2.7	18.1	1.6	1.8	2.2
莱芜市	Laiwu	17.8	2.7	0.9	0.4	10.6	0.7	0.6	0.9
临沂市	Linyi	107.4	33.5	4.7	4.7	45.2	5.9	2.0	5.1
德州市	Dezhou	56.7	18.1	2.1	2.3	23.9	2.4	1.3	3.1
聊城市	Liaocheng	42.3	13.3	0.9	0.9	17.5	2.6	1.4	3.0
滨州市	Binzhou	41.1	11.5	1.5	1.1	17.8	1.6	1.8	2.1
菏泽市	Heze	74.1	18.9	1.4	2.9	32.9	5.8	1.9	6.6

4-8 各市私营企业就业人员数(2011年底)

Number of Employed Persons in Private Enterprises at the Year-end by Region(2011)

地 区	Region	户 数 (户) Number of Enterprises (household)	就业人数 (万人) Number of Employed Persons (10 000 persons)	#投资者 Investor	城 镇 就业人数 (万人) Number of Employed Persons in Urban Areas (10 000 persons)	#投资者 Investor	乡 村 就业人数 (万人) Number of Employed Persons in Rural Areas (10 000 persons)	#投资者 Investor
全省总计	**Total**	**597546**	**701.8**	**128.9**	**410.9**	**91.4**	**290.9**	**37.5**
济南市	Jinan	68516	58.8	13.7	43.7	10.1	15.1	3.6
青岛市	Qingdao	131335	119.7	26.3	110.4	25.3	9.3	1.0
淄博市	Zibo	35265	47.3	8.9	19.8	4.9	27.5	4.0
枣庄市	Zaozhuang	17394	19.9	3.9	12.1	2.7	7.8	1.2
东营市	Dongying	16532	15.8	4.1	9.8	3.3	6.0	0.8
烟台市	Yantai	54166	70.7	13.9	44.4	9.6	26.3	4.3
潍坊市	Weifang	52348	92.3	11.1	41.3	7.1	51.0	4.0
济宁市	Jining	34818	37.4	7.7	14.3	4.3	23.1	3.4
泰安市	Tai'an	22896	27.0	5.4	13.5	3.0	13.5	2.4
威海市	Weihai	26310	23.4	5.4	16.9	4.0	6.5	1.4
日照市	Rizhao	16854	28.8	3.5	14.3	2.5	14.5	1.0
莱芜市	Laiwu	10816	10.8	1.9	6.3	1.2	4.5	0.7
临沂市	Linyi	32579	40.9	6.3	14.9	3.2	26.0	3.1
德州市	Dezhou	17671	28.6	3.6	9.6	2.0	19.0	1.6
聊城市	Liaocheng	17649	20.1	3.9	8.9	2.2	11.2	1.7
滨州市	Binzhou	18841	27.3	3.7	13.7	2.8	13.6	0.9
菏泽市	heze	20594	26.0	4.3	10.0	2.2	16.0	2.1

4-9 各市个体就业人员数(2011年底)

Number of Self-employed Individuals at the Year-end by Region(2011)

地 区	Region	个体户数 (户) Number of Households (household)	个体就业人数 (万人) Number of Engaged Persons (10 000 persons)	城镇就业人数 (万人) Urban Employed Persons (10 000 persons)	乡村就业人数 (万人) Rural Employed Persons (10 000 persons)
全省总计	**Total**	**2595797**	**579.0**	**293.1**	**285.9**
济南市	Jinan	176061	40.5	29.7	10.8
青岛市	Qingdao	315602	81.0	31.5	49.5
淄博市	Zibo	126194	25.5	12.7	12.8
枣庄市	Zaozhuang	153498	38.4	22.5	15.9
东营市	Dongying	51573	11.5	7.0	4.5
烟台市	Yantai	209939	39.0	21.3	17.7
潍坊市	Weifang	278385	56.7	33.6	23.1
济宁市	Jining	189156	39.2	19.2	20.0
泰安市	Tai'an	136419	28.4	12.7	15.7
威海市	Weihai	84511	16.3	10.8	5.5
日照市	Rizhao	93533	16.7	7.4	9.3
莱芜市	Laiwu	24086	7.1	4.7	2.4
临沂市	Linyi	242278	66.5	33.4	33.1
德州市	Dezhou	126464	28.2	11.5	16.7
聊城市	Liaocheng	103551	22.2	11.3	10.9
滨州市	Binzhou	63094	13.9	6.4	7.5
菏泽市	Heze	221453	48.1	17.4	30.7

4-10 各市按行业分城镇私营企业和个体就业人员数(2011年底)
Number of Engaged Persons in Urban Private Enterprises and Self-employed Individuals at Year-end by Sector and Region(2011)

单位：万人 (10 000 persons)

地区	Region	合计 total	#制造业 Manufacturing	#建筑业 Construction	#交通运输、仓储和邮政业 Transport, Storage and Post	#批发和零售业 Wholesale and Retail Trades	#住宿和餐饮业 Hotels and Catering Services	#租赁和商务服务业 Leasing and Business Service	#居民服务和其他服务业 Services to Households and Other Services
全省总计	**Total**	**704.0**	**145.0**	**35.8**	**22.6**	**315.4**	**39.6**	**45.3**	**40.5**
济南市	Jinan	73.4	9.4	3.5	1.5	38.3	3.9	5.6	4.1
青岛市	Qingdao	141.9	31.7	9.8	4.6	56.3	5.4	15.1	5.7
淄博市	Zibo	32.5	7.7	1.9	0.7	12.8	2.1	1.9	2.2
枣庄市	Zaozhuang	34.5	5.8	0.6	1.3	19.5	2.0	1.2	1.9
东营市	Dongying	16.8	2.9	0.8	0.2	7.3	1.3	1.0	1.2
烟台市	Yantai	65.7	16.1	4.2	2.0	27.4	3.4	3.8	3.3
潍坊市	Weifang	75.0	20.0	3.5	3.4	28.3	3.8	4.3	4.8
济宁市	Jining	33.5	4.9	0.8	1.0	19.0	2.4	1.4	2.1
泰安市	Tai'an	26.2	4.7	0.7	1.1	12.8	1.8	1.4	1.8
威海市	Weihai	27.7	5.7	1.8	0.7	10.8	1.8	1.6	2.2
日照市	Rizhao	21.7	3.5	1.6	1.4	9.8	1.0	1.2	1.3
莱芜市	Laiwu	11.0	1.6	0.6	0.2	6.8	0.5	0.4	0.6
临沂市	Linyi	48.3	10.4	2.5	1.7	24.2	3.6	0.8	2.6
德州市	Dezhou	21.1	4.8	0.8	0.7	10.1	1.3	0.7	1.4
聊城市	Liaocheng	20.2	4.5	0.6	0.3	9.5	1.5	0.8	1.7
滨州市	Binzhou	20.1	4.8	0.9	0.5	8.6	1.1	1.1	1.2
菏泽市	Heze	27.4	5.5	0.7	1.3	12.1	2.7	1.0	2.3

4-11 城镇单位就业人员工资总额和指数

Total Wage Bill of Employed Persons in Urban Units and Related Indices

年 份 Year 地 区 Region	工 资 总 额（亿元）Earning(100 million yuan)				指数（上年=100）Indices(preceding year=100)			
	合 计 Total	国有单位 State-owned Units	城镇集体单位 Urban Collective-owned Units	其他单位 Units of Other Types of Ownership	合 计 Total	国有单位 State-owned Units	城镇集体单位 Urban Collective-owned Units	其他单位 Units of Other Types of Ownership
1995	473.7	364.7	73.0	36.0	124.9	123.3	121.5	154.5
1996	543.1	421.8	78.9	42.4	114.7	115.7	108.1	117.8
1997	593.3	458.9	80.8	53.6	109.2	108.8	102.4	126.4
1998	585.5	450.9	62.6	72.0	98.7	98.3	77.5	134.3
1999	631.1	482.1	60.9	88.1	107.8	106.9	97.3	122.4
2000	707.5	530.8	59.8	116.9	112.1	110.1	98.2	132.7
2001	789.7	585.4	59.0	145.3	111.6	110.3	98.7	124.3
2002	886.1	637.8	60.7	187.6	112.2	109.0	102.9	129.1
2003	974.4	686.3	64.2	223.8	110.0	107.6	105.8	119.3
2004	1129.9	780.5	68.6	280.8	116.0	113.7	106.9	125.5
2005	1470.4	832.6	74.9	562.9	130.1	106.7	109.2	200.5
2006	1702.1	940.9	80.9	680.3	115.8	113.0	108.0	120.9
2007	2040.6	1134.8	92.8	813.0	119.9	120.6	114.7	119.5
2008	2353.8	1311.3	104.3	938.2	115.3	115.6	112.4	115.4
2009	2699.0	1461.9	122.3	1114.8	114.7	111.5	117.3	118.8
2010	3166.7	1683.5	147.1	1336.1	117.3	115.2	120.3	119.9
2011	3956.1	1885.8	182.1	1888.2	124.9	112.0	123.8	141.3
济南市 Jinan	506.4	222.4	10.6	273.4	117.7	103.7	85.5	134.3
青岛市 Qingdao	562.5	218.4	23.9	320.3	119.5	106.3	149.4	128.6
淄博市 Zibo	266.9	126.8	16.2	123.9	127.3	110.3	167.0	145.9
枣庄市 Zaozhuang	139.8	100.4	9.8	29.6	127.0	112.7	108.9	246.7
东营市 Dongying	209.9	152.6	5.2	52.1	125.8	123.9	86.7	138.6
烟台市 Yantai	397.0	133.1	18.4	245.5	133.1	105.6	155.9	153.0
潍坊市 Weifang	252.0	123.4	10.5	118.1	102.4	106.2	120.7	97.4
济宁市 Jining	274.7	192.2	13.6	68.8	124.0	117.8	167.9	136.8
泰安市 Tai'an	246.5	77.5	32.9	136.1	142.2	119.8	150.9	156.6
威海市 Weihai	196.8	58.9	10.8	127.0	156.8	110.3	147.9	196.0
日照市 Rizhao	77.6	33.9	2.2	41.5	114.1	87.8	137.5	149.3
莱芜市 Laiwu	65.5	19.7	1.1	44.7	124.3	113.2	17.5	154.1
临沂市 Linyi	219.1	111.8	6.0	101.3	127.6	118.3	46.2	157.8
德州市 Dezhou	107.2	57.1	5.3	44.8	116.5	111.3	120.5	123.4
聊城市 Liaocheng	112.8	67.0	4.7	41.0	125.2	120.9	156.7	129.3
滨州市 Binzhou	140.0	51.9	3.8	84.2	140.3	124.5	115.2	153.6
菏泽市 Heze	109.1	70.9	6.6	31.6	136.5	124.4	157.1	169.0

注：城镇单位就业人员工资总额即为原来的城镇单位就业人员劳动报酬总额(下表同)。

a)Total wage bill of employed persons in urban units from 1995 to 2010 refered to total earning of employed persons in urban units.The same applies to the table following.

4–12 按行业分城镇单位就业人员工资总额
Total Wages Bill of Employed Persons by Sector

单位:万元 (10 000 yuan)

年 份 地 区	Year Region	总 计 Total	农、林、牧、渔业 Agriculture, Forestry, Animal Husbandry and Fishing	采矿业 Mining	制造业 Manufacturing	电力、燃气及水的生产和供应业 Production and Supply of Electric Power and Heat Power	建筑业 Construction	交通运输、仓储和邮政业 Traffic, Transport, Storage and Post
2003		9743996	81406	1083915	2746873	357989	390568	495658
2004		11299250	87177	1286987	3236853	398513	512311	574155
2005		14704312	83477	1487301	4398642	443226	921330	627195
2006		17020695	82906	1656650	5292179	501959	1086839	728897
2007		20406408	94527	1871085	6288197	584856	1308212	859486
2008		23537669	100892	2226430	7182025	660853	1391519	955338
2009		26989786	112616	2548552	8024370	771504	1664071	1138576
2010		31666908	122232	3104244	9536539	847454	2106988	1362640
2011		39561497	135100	3965000	11987903	941506	3901344	1628951
济 南 市	Jinan	5063963	4817	39034	1042438	81786	888781	238517
青 岛 市	Qingdao	5625499	10436	2821	2438078	117638	277741	318932
淄 博 市	Zibo	2668752	6529	259256	949761	73597	340064	35057
枣 庄 市	Zaozhuang	1398349	12173	543834	147857	28577	145774	14744
东 营 市	Dongying	2098615	18357	879378	337205	17914	79859	71925
烟 台 市	Yantai	3969517	9740	275671	1855814	98369	238261	125254
潍 坊 市	Weifang	2519754	11575	30806	819439	68421	217655	45976
济 宁 市	Jining	2746598	5254	1074656	345901	86051	168961	51105
泰 安 市	Tai'an	2464782	8208	493767	422454	38521	628034	27299
威 海 市	Weihai	1967863	6098	4864	1071234	64023	170263	31367
日 照 市	Rizhao	776360	3037	2523	247123	17154	31117	89620
莱 芜 市	Laiwu	655155	28	111269	317255	18827	19886	13446
临 沂 市	Linyi	2191461	16560	170455	438838	54462	321824	25810
德 州 市	Dezhou	1072185	10745	11538	312763	60154	79400	13653
聊 城 市	Liaocheng	1127719	1106		332733	49024	42963	43209
滨 州 市	Binzhou	1399958	3593	10718	745442	23271	93876	9178
菏 泽 市	Heze	1090691	6846	54409	151717	43721	93642	29780

4-12 续表 1 continued

单位:万元 (10 000 yuan)

年 份 / 地 区	Year / Region	信息传输、计算机服务和软件业 Information Transfer, Computer Services and Software	批发和零售业 Wholesale and Retail Trade	住宿和餐饮业 Hotels and Catering Services	金融业 Financial Intermediation	房地产业 Real Estate	租赁和商务服务业 Leasing and Business Services	科学研究、技术服务和地质勘查业 Scientific Research, technical Service and Geologic Prospecting
2003		131012	350458	85842	441213	72320	99948	127837
2004		149711	361575	96552	495643	86150	107657	144762
2005		183248	461866	140847	589316	139846	163416	185110
2006		196593	494530	156082	699225	157117	180218	213582
2007		211003	566300	168283	913018	187435	210266	276891
2008		232765	665636	202844	1148181	207484	269131	324322
2009		273416	854925	226203	1494078	255605	304125	408302
2010		330199	905041	239290	1725973	337548	343020	493676
2011		436011	1368851	352023	2101270	452546	362945	552621
济 南 市	Jinan	89867	304721	86764	489813	91615	100945	123516
青 岛 市	Qingdao	42947	167496	70742	386903	120324	49994	110005
淄 博 市	Zibo	21865	82488	17618	113568	28530	15619	12482
枣 庄 市	Zaozhuang	8880	28646	3629	35845	12885	7923	9976
东 营 市	Dongying	23516	44739	28850	37294	11412	13566	85187
烟 台 市	Yantai	28014	100562	29898	169576	65971	32907	38343
潍 坊 市	Weifang	16499	126741	12180	119450	18886	4537	25498
济 宁 市	Jining	13845	63346	8968	122463	8039	8376	10874
泰 安 市	Tai'an	13484	112736	23601	55432	11071	24887	21117
威 海 市	Weihai	9206	83170	27932	66356	27227	7753	7537
日 照 市	Rizhao	11222	27012	5323	50746	6307	22497	4080
莱 芜 市	Laiwu	3632	14157	2814	22291	13517	654	834
临 沂 市	Linyi	79464	50898	7730	116447	7688	5228	10740
德 州 市	Dezhou	15440	44338	5349	79033	9954	3191	4947
聊 城 市	Liaocheng	9435	29584	4920	108098	7820	6444	7885
滨 州 市	Binzhou	8770	32938	3794	63628	5588	14647	11159
菏 泽 市	Heze	25170	49424	3503	64328	5377	4070	6468

4-12 续表 2 continued

单位:万元 (10 000 yuan)

年 份 Year / 地 区 Region		水利、环境和公共设施管理业 Management of Water Conservancy, Environment and Public Facilities	居民服务和其他服务业 Services to Households and Other Services	教育 Education	卫生、社会保障和社会福利业 Health, Social Security and Social Welfare	文化、体育和娱乐业 Culture, Sports and Entertainment	公共管理和社会组织 Public management and Social Organization	国际组织 International Organization
2003		119353	14373	1373476	520398	88393	1162964	
2004		136046	15122	1586711	579916	105088	1338321	
2005		165930	73590	1915134	716688	123238	1884912	
2006		165078	80340	2278095	807437	143528	2099440	
2007		203244	82817	2914470	978653	175070	2512598	
2008		236985	108619	3283035	1168013	216973	2956626	
2009		253861	100724	3640085	1351416	242487	3324872	
2010		293613	114733	4186586	1625680	273579	3717873	
2011		343712	161300	4508445	1961290	284009	4116669	
济 南 市	Jinan	46518	24106	535391	286704	99094	489535	
青 岛 市	Qingdao	50920	11256	644579	223630	46432	534625	
淄 博 市	Zibo	28376	1837	317218	126198	25103	213588	
枣 庄 市	Zaozhuang	13229	1084	159372	57543	6738	159641	
东 营 市	Dongying	10946	101713	135768	48864	5331	146790	
烟 台 市	Yantai	35824	3250	383410	155966	22702	299986	
潍 坊 市	Weifang	25898	2596	430268	208624	8565	326140	
济 宁 市	Jining	20202	2658	318200	110937	12998	313767	
泰 安 市	Tai'an	19332	5011	223194	85637	11618	239382	
威 海 市	Weihai	13787	1949	154731	75202	7972	137193	
日 照 市	Rizhao	5369	157	113197	38193	4767	96919	
莱 芜 市	Laiwu	1725	316	46539	20458	884	46624	
临 沂 市	Linyi	19144	505	329283	218336	8805	309246	
德 州 市	Dezhou	16004	395	160218	57656	4202	183207	
聊 城 市	Liaocheng	14274	1103	184173	98932	6300	179717	
滨 州 市	Binzhou	7351	2285	134810	59045	4501	165364	
菏 泽 市	Heze	14814	638	235550	87591	7001	206644	

4-13 城镇单位就业人员平均工资和指数

Average Wage of Employed Persons in Urban Units and Related Indices

年份 Year 地区 Region	平均工资（元）Average Wage (yuan)					指数（上年=100）Indices(preceding year=100) 平均工资 Average Wage		
	合计 Total	其中：在岗职工 Of which Staff and Workers	国有单位 State-owned Units	城镇集体单位 Urban Collective-owned Units	其他单位 Units of Other Types of Ownership	合计 Total	其中：在岗职工 Of which Staff and Workers	国有单位 State-owned Units
1995	5079	5145	5455	3666	5530	119.3	118.6	118.0
1996	5751	5809	6236	3982	6068	113.2	112.9	114.3
1997	6186	6241	6700	4185	6613	107.6	107.4	107.4
1998	6800	6854	7357	4546	6521	109.9	109.8	109.8
1999	7624	7656	8293	4979	7101	112.1	111.7	112.7
2000	8737	8772	9540	5581	7995	114.6	114.6	115.0
2001	9963	10007	10918	6203	9005	114.0	114.1	114.4
2002	11342	11374	12631	7112	9825	113.8	113.7	115.7
2003	12554	12567	13856	8197	10961	110.7	110.5	109.7
2004	14321	14332	15892	9793	12325	114.1	114.0	114.7
2005	16564	16614	19628	11362	14157	115.7	115.9	123.5
2006	19135	19228	22552	13024	16586	115.5	115.7	114.9
2007	22734	22844	26985	15502	19485	118.8	118.8	119.7
2008	26234	26404	30756	18482	22639	115.4	115.6	114.0
2009	29398	29688	34292	21344	25657	112.1	112.4	111.5
2010	33321	33729	38490	25626	29328	113.3	113.6	111.5
2011	37618	37992	43469	29683	33931	112.9	112.6	112.9
济南市 Jinan	41715	42377	47862	30256	38277	113.0	113.1	112.6
青岛市 Qingdao	42752	43162	58744	40444	36188	112.1	114.2	113.4
淄博市 Zibo	37214	37941	46701	31187	31467	110.5	111.9	107.7
枣庄市 Zaozhuang	35542	34977	42074	24449	25833	115.8	114.9	119.1
东营市 Dongying	45412	45593	55493	31703	30489	108.6	108.2	112.1
烟台市 Yantai	37375	37790	43062	29109	35583	113.9	110.5	107.0
潍坊市 Weifang	36548	36642	41667	40820	32128	108.5	107.2	109.3
济宁市 Jining	38745	39614	45058	23214	30770	110.3	110.6	112.9
泰安市 Tai'an	37549	35500	38294	28156	40350	122.2	114.9	117.0
威海市 Weihai	35196	35284	45015	30578	32338	110.5	110.6	111.8
日照市 Rizhao	36377	36957	39556	25368	34909	109.7	109.5	101.0
莱芜市 Laiwu	37040	37747	40511	23784	36168	96.8	98.5	116.9
临沂市 Linyi	35137	37448	38342	32313	32322	114.1	118.1	120.4
德州市 Dezhou	28002	28329	30013	24277	26233	117.0	116.7	117.4
聊城市 Liaocheng	29148	29697	31988	35833	24990	114.7	115.2	115.6
滨州市 Binzhou	33392	33714	37474	29959	31445	120.6	120.4	111.3
菏泽市 Heze	26783	27082	26395	21808	29124	123.6	123.4	121.0

注：城镇单位就业人员平均工资即为原来的城镇单位就业人员平均劳动报酬(下表同)。
a)Average wage of employed persons in urban units referred to average earning of employed persons in urban units.The same applies to the table following.

4-13 续表 continued

年 份 Year 地 区 Region	指 数（上年=100） Indices(preceding year=100)						
	平均工资 Average Wage		平均实际工资 Average Real Wage				
	城镇集体单位 Urban Collective-owned Units	其他单位 Units of Other Types of Ownership	合计 Total	其中：在岗职工 Of which Staff and Workers	国有单位 State-owned Units	城镇集体单位 Urban Collective-owned Units	其他单位 Units of Other Types of Ownership
1995	122.2	119.4	102.1	101.5	101.0	104.6	102.2
1996	108.6	109.7	102.4	102.2	103.4	98.3	99.3
1997	105.1	109.0	104.3	104.1	104.1	101.8	105.6
1998	108.6	98.6	110.2	110.1	110.1	108.9	98.9
1999	109.5	108.9	112.1	111.7	112.7	109.5	108.9
2000	112.1	112.6	113.2	113.2	113.6	110.8	111.3
2001	111.1	112.6	112.8	112.9	113.2	109.9	111.4
2002	114.7	109.1	115.3	115.2	117.2	116.2	110.5
2003	115.3	111.6	109.9	109.7	108.9	114.5	110.8
2004	119.5	112.4	111.5	110.9	112.1	116.8	109.9
2005	116.0	114.9	114.4	114.7	122.2	114.7	113.6
2006	114.6	117.2	114.4	114.6	113.8	113.5	116.0
2007	119.0	117.5	114.5	114.5	115.3	114.6	113.2
2008	119.2	116.2	110.2	110.4	108.9	113.8	111.0
2009	115.5	113.2	112.2	112.6	111.6	115.6	113.3
2010	115.5	113.2	110.4	110.7	108.7	112.6	110.3
2011	115.8	115.7	107.8	107.5	107.8	110.6	110.5
济南市 Jinan	122.0	114.9	107.9	108.0	107.5	116.5	109.7
青岛市 Qingdao	131.8	114.1	107.1	109.1	108.3	125.9	109.0
淄博市 Zibo	133.5	116.9	105.5	106.9	102.9	127.5	111.7
枣庄市 Zaozhuang	113.8	138.7	110.6	109.7	113.8	108.7	132.5
东营市 Dongying	109.8	104.8	103.7	103.3	107.1	104.9	100.1
烟台市 Yantai	112.5	122.0	108.8	105.5	102.2	107.4	116.5
潍坊市 Weifang	132.5	105.4	103.6	102.4	104.4	126.6	100.7
济宁市 Jining	121.5	110.0	105.3	105.6	107.8	116.0	105.1
泰安市 Tai'an	104.2	132.7	116.7	109.7	111.7	99.5	126.7
威海市 Weihai	120.0	116.3	105.5	105.6	106.8	114.6	111.1
日照市 Rizhao	115.1	124.6	104.8	104.6	96.5	109.9	119.0
莱芜市 Laiwu	56.6	90.5	92.5	94.1	111.7	54.1	86.4
临沂市 Linyi	107.2	109.5	109.0	112.8	115.0	102.4	104.6
德州市 Dezhou	127.8	116.0	111.7	111.5	112.1	122.1	110.8
聊城市 Liaocheng	173.7	110.3	109.6	110.0	110.4	165.9	105.3
滨州市 Binzhou	132.6	127.5	115.2	115.0	106.3	126.6	121.8
菏泽市 Heze	114.9	133.0	118.1	117.9	115.6	109.7	127.0

4-14 按登记注册类型和行业分城镇单位就业人员平均工资(2011年)

Average Earning of Employed Persons in Urban Units at the Year end by Status of Registration and Sector(2011)

单位:元 (yuan)

类别	Category	总计 Total	国有单位 State-owned Units	城镇集体单位 Urban Collective-owned Units	其他单位 Others
总计	**Total**	**37618**	**43469**	**29683**	**33931**
按企、事业和机关分	**Grouped by Enterprises,institutions and Agencies**				
企业	Enterprises	36450	47384	29315	33949
事业	Institutions	41265	41751	32282	32100
机关	Agebcies & Organizations	39810	39814	31845	
民间非营利组织	Civil Nonprofit Organization	30928	20874	23980	32720
其他	Others	34028	41179	24170	29392
按国民经济行业分	**Grouped by Sector**				
农、林、牧、渔业	Agriculture,Forestry,Animal Husbandry and Fishing	28329	29275	23640	25937
采矿业	Mining	53767	59106	30339	45599
制造业	Manufacturing	32069	36980	30694	31798
电力、燃气及水的生产和供应业	Production and Supply of Electric Power and Heat Power	45874	48767	21984	40087
建筑业	Construction	31101	33655	25490	31841
交通运输、仓储和邮政业	Traffic,Transport,Storage and Post	46016	46589	24141	46845
信息传输、计算机服务和软件业	Information Transfer,Computer Services and Software	52186	50296	46968	53631
批发和零售业	Wholesale and Retail Trade	28807	35821	21263	27855
住宿和餐饮业	Hotels and Catering Services	25926	27956	28285	24193
金融业	Financial Intermediation	61416	64642	59152	60660
房地产业	Real Estate	32966	31233	24778	33917
租赁和商务服务业	Leasing and Business Services	35000	38840	24065	33946
科学研究、技术服务和地质勘查业	Scientific Research,technical Service and Geologic Prospecting	52518	53724	37797	48517
水利、环境和公共设施管理业	Management of Water Conservancy,Environment and Public Facilities	28827	28714	18160	36437
居民服务和其他服务业	Services to Households and Other Services	45264	52317	29703	25256
教育	Education	41988	42387	38061	31568
卫生、社会保障和社会福利业	Health,Social Security and Social Welfare	43101	45292	29245	31905
文化、体育和娱乐业	Culture,Sports and Entertainment	43492	44691	31595	32917
公共管理和社会组织	Public management and Social Organization	39284	39384	22185	24796
国际组织	International Organization				

4-15 各市按登记注册类型分城镇单位就业人员平均工资(2011年底)

Average Earning of Employed Persons in Urban Units at the Year-end by Status of Registration(2011)

单位：元 (yuan)

地 区	Region	城镇单位 Total	国有单位 State-owned Units	城镇集体单位 Urban Collective-owned Units	股份合作单位 Cooperative Units	联营单位 Joint Ownership Units
全省合计	**Total**	**37618**	**43469**	**29683**	**31489**	**46382**
济南市	Jinan	41715	47862	30256	41405	57638
青岛市	Qingdao	42752	58744	40444	24174	40303
淄博市	Zibo	37214	46701	31187	31612	26275
枣庄市	Zaozhuang	35542	42074	24449	26431	34191
东营市	Dongying	45412	55493	31703	29595	30790
烟台市	Yantai	37375	43062	29109	32225	21707
潍坊市	Weifang	36548	41667	40820	37157	22398
济宁市	Jining	38745	45058	23214	31648	22572
泰安市	Tai'an	37549	38294	28156	33856	26415
威海市	Weihai	35196	45015	30578	27027	21506
日照市	Rizhao	36377	39556	25368	41326	17596
莱芜市	Laiwu	37040	40511	23784	16176	37024
临沂市	Linyi	35137	38342	32313	25427	19178
德州市	Dezhou	28002	30013	24277	29409	23378
聊城市	Liaocheng	29148	31988	35833	50788	27491
滨州市	Binzhou	33392	37474	29959	43482	33506
菏泽市	Heze	26783	26395	21808	31167	18983

4-15 续表 continued

单位：元 (yuan)

地 区	Region	有限责任公司 Limited Liability Corporations	股份有限公司 Share-holding Corporations Ltd.	其他内资 Others	港、澳、台商投资单位 Units with Funds from Hong Kong, Macao&Taiwan	外商投资单位 Foreign Funded Units
全省合计	**Total**	**32783**	**38104**	**29790**	**33020**	**34149**
济南市	Jinan	33600	53646	27628	36769	35616
青岛市	Qingdao	37589	52226	30709	35403	32476
淄博市	Zibo	27480	40592	31375	27440	28643
枣庄市	Zaozhuang	25561	27680	20841	27920	22758
东营市	Dongying	30436	28563	28789	38953	28483
烟台市	Yantai	32451	35348	35847	32884	38975
潍坊市	Weifang	32035	31801	27995	34308	31211
济宁市	Jining	31756	27121	25202	37185	33277
泰安市	Tai'an	44607	27860	25387	30169	28771
威海市	Weihai	31001	32457	29435	31465	34557
日照市	Rizhao	36343	31822	21518	29674	34979
莱芜市	Laiwu	36031	33429	63580	28764	44366
临沂市	Linyi	30403	33379	36816	30806	35548
德州市	Dezhou	24760	31707	28159	24308	27369
聊城市	Liaocheng	23095	28435	24853	17883	26318
滨州市	Binzhou	30427	39955	35192	28634	33263
菏泽市	Heze	31092	27445	20154	29579	27956

4-16 各市按行业分城镇单位就业人员平均工资(2011年底)

Average Earning of Employed Persons in Urban Units at the Year-end by Sector and Region (2011)

单位:元 (yuan)

地 区	Region	总 计 Total	农、林、牧、渔业 Agriculture, Forestry, Animal Husbandry and Fishing	采矿业 Mining	制造业 Manufacturing	电力、燃气及水的生产和供应业 Production and Supply of Electric Power and Heat Power	建筑业 Construction	交通运输、仓储和邮政业 Traffic, Transport, Storage and Post
全省合计	**Total**	**37618**	**28329**	**53767**	**32069**	**45874**	**31101**	**46016**
济南市	Jinan	41715	27717	39568	34881	47495	33472	55423
青岛市	Qingdao	42752	30363	24726	34038	53711	38880	49019
淄博市	Zibo	37214	34128	55859	32495	47734	29044	36956
枣庄市	Zaozhuang	35542	31140	49362	25241	40397	24197	21390
东营市	Dongying	45412	28177	57594	30349	53601	27606	54658
烟台市	Yantai	37375	34441	42648	35656	47177	30959	38691
潍坊市	Weifang	36548	27396	28678	31390	45420	33907	31901
济宁市	Jining	38745	29566	62593	27402	45404	24542	30322
泰安市	Tai'an	37549	32263	48880	28085	37710	39931	29397
威海市	Weihai	35196	40656	24394	32410	47347	29215	34401
日照市	Rizhao	36377	29058	19495	30646	37065	27975	62470
莱芜市	Laiwu	37040	8515	42255	39549	54952	20136	32892
临沂市	Linyi	35137	28966	64728	29615	43142	26020	26796
德州市	Dezhou	28002	23852	59626	24703	53891	24737	25843
聊城市	Liaocheng	29148	15152		25328	42778	17349	30954
滨州市	Binzhou	33392	38922	25914	31078	40358	26886	34232
菏泽市	Heze	26783	15738	77187	24067	34669	24966	27048

4-16 续表 1 continued

单位:元 (yuan)

地 区	Region	信息传输、计算机服务和软件业 Information Transfer, Computer Services and Software	批发和零售业 Wholesale and Retail Trade	住宿和餐饮业 Hotels and Catering Services	金融业 Financial Intermediation	房地产业 Real Estate	租赁和商务服务业 Leasing and Business Services	科学研究、技术服务和地质勘查业 Scientific Research, technical Service and Geologic Prospecting
全省合计	**Total**	**52186**	**28807**	**25926**	**61416**	**32966**	**35000**	**52518**
济南市	Jinan	47506	29640	23751	84443	35354	37285	58249
青岛市	Qingdao	78242	34805	30024	98529	44867	40422	62290
淄博市	Zibo	60433	26859	24327	62992	32262	28967	47296
枣庄市	Zaozhuang	36243	27933	23685	52971	26141	23180	36381
东营市	Dongying	42007	29210	30672	48535	34077	43439	66782
烟台市	Yantai	54185	27850	25203	44890	29076	29619	37869
潍坊市	Weifang	44833	35286	23935	68713	30956	30634	37464
济宁市	Jining	44775	20085	19456	40555	24538	24534	33983
泰安市	Tai'an	42549	29116	30823	42944	28762	27634	41438
威海市	Weihai	47429	31800	26508	58654	34552	28812	38299
日照市	Rizhao	42346	24868	21630	53507	27208	49412	31752
莱芜市	Laiwu	62506	24737	18800	81413	17805	27716	24023
临沂市	Linyi	73306	32460	26229	42434	29308	25652	33406
德州市	Dezhou	34227	21166	19028	49405	26853	24547	31709
聊城市	Liaocheng	37634	23999	19499	48451	25257	17226	60791
滨州市	Binzhou	43984	28351	23149	62460	30029	44158	46926
菏泽市	Heze	59028	23495	16963	43925	22477	18366	27463

4-16 续表 2 continued

单位:元 (yuan)

地 区	Region	水利、环境和公共设施管理业 Management of Water Conservancy, Environment and Public Facilities	居民服务和其他服务业 Services to Households and Other Services	教育 Education	卫生、社会保障和社会福利业 Health, Social Security and Social Welfare	文化、体育和娱乐业 Culture, Sports and Entertainment	公共管理和社会组织 Public management and Social Organization	国际组织 International Organization
全省合计	**Total**	**28827**	**45264**	**41988**	**43101**	**43492**	**39284**	
济南市	Jinan	37128	24476	52946	55323	62155	51008	
青岛市	Qingdao	34791	35252	57677	50010	49312	67176	
淄博市	Zibo	27507	35130	49120	45674	45150	43186	
枣庄市	Zaozhuang	20674	30624	36499	35737	38067	34569	
东营市	Dongying	31913	68558	51152	42680	49455	46126	
烟台市	Yantai	30917	26971	45689	42002	34376	43679	
潍坊市	Weifang	30114	42000	42877	44784	36495	38463	
济宁市	Jining	21196	29235	38167	35332	27708	32918	
泰安市	Tai'an	37428	29354	41602	42323	40893	38822	
威海市	Weihai	30591	37764	52056	44646	37181	49073	
日照市	Rizhao	32225	27946	39156	36965	32035	39914	
莱芜市	Laiwu	28088	28945	32348	33681	30469	36668	
临沂市	Linyi	26468	30817	34198	53803	32966	36041	
德州市	Dezhou	28131	24358	27994	29593	26016	27635	
聊城市	Liaocheng	25042	23315	31836	37948	28138	27877	
滨州市	Binzhou	30951	43685	41099	40859	36892	35488	
菏泽市	Heze	16004	20458	27028	25872	22147	23228	

4-17 各市按行业分城镇私营单位就业人员平均工资

Average Wage of Staff and Workers by Sector and Region

单位:元 (yuan)

地 区	Region	总计 Total	农、林、牧、渔业 Agriculture, Forestry, Animal Husbandry and Fishing	采矿业 Mining	制造业 Manufacturing	电力、燃气及水的生产和供应业 Production and Supply of Electric Power and Heat Power	建筑业 Construction	交通运输、仓储和邮政业 Traffic, Transport, Storage and Post
全省合计	**Total**	**24772**	**23421**	**24607**	**24514**	**22003**	**25452**	**27050**
济南市	Jinan	23391	16262	30173	22851	26383	20898	30818
青岛市	Qingdao	24004	23023	24819	23612	26941	25679	23116
淄博市	Zibo	21732	19921	22441	20325	31317	30897	27805
枣庄市	Zaozhuang	19944	17774	24072	19813	17055	23230	21346
东营市	Dongying	27241	23246	25090	27749	25191	27936	31295
烟台市	Yantai	24853	25928	21234	25563	24310	25411	21979
潍坊市	Weifang	26038	23562	26712	26627	23668	24146	25404
济宁市	Jining	21082	19871	22353	21140	20662	23276	20787
泰安市	Tai'an	25896	23925	23664	26237	24161	24901	25271
威海市	Weihai	22168	19626	22042	22084	24888	22992	24589
日照市	Rizhao	24393	19605	22136	25248	30045	22308	26639
莱芜市	Laiwu	20398	16175	22939	18330	20546	22174	23975
临沂市	Linyi	25114	23952	25817	25999	23372	22596	25777
德州市	Dezhou	22540	22491	20412	23161	22217	24849	23348
聊城市	Liaocheng	21719	18830		21973	20569	19679	24753
滨州市	Binzhou	27533	24484	24808	27218	39464	27437	28272
菏泽市	Heze	23811	19093	27711	24869	22942	23500	25333

注：全省数据为城镇私营单位口径，各市数据为全部私营单位口径。

a)The statistics range of provincial data include urban private units,region data include all private units.

4-17 续表 1 continued

单位:元 (yuan)

地　区	Region	信息传输、计算机服务和软件业 Information Transfer, Computer Services and Software	批发和零售业 Wholesale and Retail Trade	住宿和餐饮业 Hotels and Catering Services	金融业 Financial Intermediation	房地产业 Real Estate	租赁和商务服务业 Leasing and Business Services	科学研究、技术服务和地质勘查业 Scientific Research, technical Service and Geologic Prospecting
全省合计	**Total**	**26919**	**24252**	**23814**	**26837**	**26902**	**28151**	**28155**
济南市	Jinan	29799	22157	21799		24200	30924	28315
青岛市	Qingdao	29383	23747	23854	16410	27733	23169	28445
淄博市	Zibo	25899	20836	18016	23877	30110	22203	27532
枣庄市	Zaozhuang	20230	18319	17974	19053	21469	21248	19662
东营市	Dongying	34566	26600	23684	26892	27011	24722	22159
烟台市	Yantai	20713	23200	21423	25520	25573	18716	25481
潍坊市	Weifang	26009	25135	22614	29182	28114	24546	26688
济宁市	Jining	19842	19995	19117	19070	24162	20136	20456
泰安市	Tai'an	27870	26556	27966	27351	26393	25529	24915
威海市	Weihai	20948	21591	21365	21790	22490	22358	22024
日照市	Rizhao	23168	23409	21513	27404	22557	24306	25698
莱芜市	Laiwu	18013	20384	19393	22267	23312	22330	20882
临沂市	Linyi	23794	21435	21423	25366	27912	21563	25740
德州市	Dezhou	20526	18753	22041	24450	23085	21618	19175
聊城市	Liaocheng	18333	21287	18946	32710	26124	19063	20518
滨州市	Binzhou	27339	27407	25339	30454	20342	27612	26492
菏泽市	Heze	19985	20555	20343	19026	23143	20964	22547

4-17 续表 2 continued

单位:元 (yuan)

地　区	Region	水利、环境和公共设施管理业 Management of Water Conservancy, Environment and Public Facilities	居民服务和其他服务业 Services to Households and Other Services	教育 Education	卫生、社会保障和社会福利业 Health, Social Security and Social Welfare	文化、体育和娱乐业 Culture, Sports and Entertainment	公共管理和社会组织 Public management and Social Organization	国际组织 International Organization
全省合计	**Total**	**25957**	**24976**	**25531**	**26205**	**23885**	**19000**	
济南市	Jinan	23821	29185	23445	24483	26491	25443	
青岛市	Qingdao	24401	22089	22657	22404	25879		
淄博市	Zibo	25721	22644	24763	23963	22881	23852	
枣庄市	Zaozhuang	22678	19320	22097	18768	20544	21605	
东营市	Dongying	22534	24160	23741	28252	22267	23581	
烟台市	Yantai	29741	25635	22874	23831	22767	17462	
潍坊市	Weifang	23299	22360	32442	27578	29216	20771	
济宁市	Jining	19410	19720	22061	21406	18526	11069	
泰安市	Tai'an	26779	25337	23475	24283	23772	17667	
威海市	Weihai	21889	22083	21610	20264	20739	22286	
日照市	Rizhao	26795	25935	20659	20099	17692	18738	
莱芜市	Laiwu	19703	23028	16385	20220	19780		
临沂市	Linyi	21734	24406	24241	27274	20570	19859	
德州市	Dezhou	21830	21977	22107	23346	20204	17931	
聊城市	Liaocheng	11835	20404	19456	17435	15660	17379	
滨州市	Binzhou	28189	29554	28769	30997	25327	40478	
菏泽市	Heze	22101	19378	21475	20383	20528	23222	

4-18 城镇劳动力供给和配置情况

Situations of Urban Labor Supply and Disposition

单位:万人 (10 000 person)

类别	Category	2008	2009	2010	2011
一、本年城镇劳动力供给总数	**Labor Supply in Urban Areas**	**194.3**	**192.6**	**193.8**	**198.2**
1.高等院校毕业生	Graduates of Universities and Colleges	42.0	46.2	47.2	57.0
2.复员、转业军人	Demobilized Soldiers	2.8	3.1	2.5	2.6
3.中等职业学校毕业生	Graduates of Vocational Secondary Schools	39.1	41.1	41.4	47.7
4.未能升学的初高中毕业生	Graduate of High Schools	21.0	21.0	18.3	8.0
5.直接从农村招收的人员	Laborers from Countryside				
6.农转非人员中的劳动力	Laborers with Peasant Background				
7.下岗人员	Laid-off Workers				
8.上年末城镇登记失业人员	Registered Laid-off Urban Workers at Last Year-end	43.5	44.7	45.1	44.5
# 就业转失业人员	Newly Laid-off Workers	35.8	35.3	35.5	38.0
9.其　他	Others	10.2	1.1	3.8	
二、年末城镇登记失业人员	**Number of Registered Laid-off Workers at Year-end**	**44.7**	**45.1**	**44.5**	**45.1**

4-19 各市城镇登记失业人员及失业率

Registered Urban Unemployed Persons and Unemployment Rate by Region

地区	Region	失业人员(万人) Unemployment(10 000 persons)		登记失业率(%) Unemployment Rate(%)	
		2010	2011	2010	2011
全省总计	**Total**	**44.5**	**45.1**	**3.4**	**3.4**
济南市	Jinan	6.0	5.6	3.8	3.6
青岛市	Qingdao	6.3	6.5	2.9	3.0
淄博市	Zibo	2.7	2.4	2.7	2.8
枣庄市	Zaozhuang	2.1	1.9	3.1	2.9
东营市	Dongying	1.0	1.0	1.9	1.9
烟台市	Yantai	4.9	4.9	3.3	3.3
潍坊市	Weifang	4.0	4.0	3.2	3.2
济宁市	Jining	3.7	3.9	3.6	3.0
泰安市	Tai'an	2.7	2.4	2.8	2.8
威海市	Weihai	0.8	0.8	1.5	1.5
日照市	Rizhao	1.4	1.2	2.5	2.3
莱芜市	Laiwu	0.7	0.5	1.9	2.1
临沂市	Linyi	1.9	1.8	1.7	1.6
德州市	Dezhou	2.2	2.0	3.0	2.8
聊城市	Liaocheng	2.6	2.7	3.3	3.3
滨州市	Binzhou	1.5	1.4	3.2	2.7
菏泽市	Heze	1.9	1.9	3.5	3.4

4–20 1988–2011年年底离休、退休、退职人员数

Numbers of Retired and Resigned Persons at Year-end from 1988 to 2011

单位：人 (person)

年 份 Year	总 计 Total	离休人员 Retired Veterans	退休人员 Retired Persons	领取定期生活费的退职人员 Resigned Persons
1988	1104248	155487	842019	106742
1989	1123554	161620	874501	87433
1990	1175300	170717	923046	81537
1991	1264803	190162	994391	80250
1992	1338000	193000	1058000	88000
1993	1417000	189000	1148000	79000
1994	1424000	180000	1167000	76000
1995	1503000	179000	1250000	74000
1996	1564415	171479	1318084	74852
1997	1632000	164000	1385000	83000
1998	1698000	158000	1463000	77000
1999	1756000	150000	1529000	77000
2000	1803820	144063	1592549	67208
2001	1880547	141761	1684005	54781
2002	2005227	130318	1830820	44089
2003	2121128	124002	1948428	48698
2004	2244567	118302	2077937	48328
2005	2487619	114650	2372969	
2006	2617076	104437	2512563	
2007	2821703	99016	2722687	
2008	3050455	93560	2956895	
2009	3260326	88574	3171752	
2010	3450734	79974	3370760	
2011	3730537	71844	3623657	35036

注：本表不包括民政部门支付离休、退休、退职费的人数。
a)Data in this table exclude the number of retired or resigned people whose pensions are paid by civil affair departments.

4–21 离休、退休人员数(2011年底)

Numbers of Retired and Resigned Persons at Year-end(2011)

单位：人 (person)

类 别	Category	离休、退休退职人员 Retired and Resigned Persons	离休人员 Retired Veterans	退休人员 Retired Persons
总 计	**Total**	**3730537**	**71844**	**3623657**
一、城镇单位	**Urban Units**	**3302890**	**71833**	**3199269**
(一)企 业	Enterprises	2508934	36680	2443302
1.内资企业	Domestic Funded Enterprises	2471629	36494	2406895
国有企业	State-owned Enterprises	1387759	27141	1344940
集体企业	Collective Owned Enterprises	662312	5750	649086
其他企业	Others	421558	3603	412869
2.港、澳、台及外资企业	Enterprises with Investment from Hong Kong, Macao and Taiwan	37305	186	36407
(二)事 业	Institutions	606523	20894	583344
(三)机 关	Government Agencies	187433	14259	172623
二、其 他	**Others**	**427647**	**11**	**424388**

4-22 各市离休、退休人员数(2011年底)

Numbers of Retired and Resigned Persons at Year-end by Region(2011)

单位:人 (person)

地 区	Region	离休、退休退职人员 Retired and Resigned Persons	离休人员 Retired Veterans	退休人员 Retired Persons
全省总计	**Total**	**3730537**	**71844**	**3623657**
济 南 市	Jinan	377595	4009	370407
青 岛 市	Qingdao	574623	6922	563049
淄 博 市	Zibo	227637	4198	220376
枣 庄 市	Zaozhuang	92578	1684	89354
东 营 市	Dongying	28641	823	27516
烟 台 市	Yantai	392283	8247	379149
潍 坊 市	Weifang	306992	6171	296560
济 宁 市	Jining	205771	4780	198779
泰 安 市	Tai'an	143472	2884	139209
威 海 市	Weihai	155896	2766	152144
日 照 市	Rizhao	52442	1040	51056
莱 芜 市	Laiwu	64585	720	63400
临 沂 市	Linyi	177504	5119	172223
德 州 市	Dezhou	126367	3568	121587
聊 城 市	Liaocheng	120199	2879	116339
滨 州 市	Binzhou	82998	2453	79119
菏 泽 市	Heze	132332	3896	128089

注：各市数据不包括省直管企业参保离退休人数。

a)Municipal data exclude the number of retired and resigned persons in provincial enterprises.

4-23 1995-2011年年末离休、退休、退职人员保险福利费用

Social Insurance and Welfare Funds for Retired and Resigned Persons at Year-end from 1995 to 2011

单位:万元 (10 000 yuan)

年 份 Year	合 计 Total	离休金 Pensions for Retired Veterans	退休金 Pensions for Retired Persons	退职生活费 Pensions for Resigned Persons	医疗卫生费 Expenses for Medical Care	其 他 Others
1995	811556	103216	490177	8476	111451	62887
1996	975988	122500	615063	10458	121878	65581
1997	1113425	157266	711389	31435	122752	90583
1998	1247796	167415	829434	31490	142547	76910
1999	1453072	187619	1007833	32958	154197	70466
2000	1639110	197923	1118609	55792	164824	101179
2001	1865440	229384	1367579	21541	165535	81401
2002	2123827	250465	1664029	14429	124373	70531
2003	2310600	242670	1843262	23872	114056	86740
2004	2662644	258018	2063972	28716	241333	70605
2005	3133928	284543	2570617		206903	71865
2006	3414229	285247	3112454	16528		
2007	4140515	336767	3803748			
2008	5032696	357222	4675474			
2009	5899974	359422	5540552			
2010	7140990	347304	6793686			
2011	8402224	342747	8015095	44382		

4-24 离休、退休人员保险福利费用(2011年)

Social Insurance and Welfare Funds for Retired Persons(2011)

单位:万元 (10 000 yuan)

类 别	Category	总 计 Total	离休金 Pensions for Retired Veterans	退休金 Pensions for Retired Persons
总 计	**Total**	**8402224**	**342747**	**8015095**
一、城镇单位	**Urban Units**	**7783815**	**342710**	**7400974**
(一)企 业	Enterprises	5266504	161485	5068250
1.内资企业	Domestic Funded Enterprises	5185358	160219	4989094
国有企业	State-owned Enterprises	3132802	117281	2994717
集体企业	Collective Owned Enterprises	1274894	25844	1238784
其他企业	Others	777662	17094	755593
2.港、澳、台及外资企业	Enterprises with Investment from HongKong,Macao and Taiwan	81146	1266	79156
(二)事 业	Institutions	1919897	109316	1807817
(三)机 关	Government Agencies	597414	71909	524907
二、其 他	**Others**	**618409**	**37**	**614121**

4-25 各市离休、退休保险福利费用(2011年)

Social Insurance and Welfare Funds for Retired Persons by Region(2011)

单位:万元 (10 000 yuan)

地 区	Region	总 计 Total	离休金 Pensions for Retired Veterans	退休金 Pensions for Retired Persons
全省总计	**Total**	**8402224**	**342747**	**8015095**
济 南 市	Jinan	844424	21711	818084
青 岛 市	Qingdao	1302906	46998	1249384
淄 博 市	Zibo	493254	14668	472865
枣 庄 市	Zaozhuang	212628	9521	202134
东 营 市	Dongying	91696	4161	87171
烟 台 市	Yantai	828584	39200	783883
潍 坊 市	Weifang	667972	29523	633149
济 宁 市	Jining	467985	24990	440402
泰 安 市	Tai'an	314903	15073	298407
威 海 市	Weihai	325707	14420	310092
日 照 市	Rizhao	124763	5622	118838
莱 芜 市	Laiwu	121994	3180	118300
临 沂 市	Linyi	354450	22680	331598
德 州 市	Dezhou	269060	15531	252523
聊 城 市	Liaocheng	255276	14158	240239
滨 州 市	Binzhou	185952	13143	171123
菏 泽 市	Heze	304769	18152	286232

注：各市数据不包括省直管企业离退休费用。

a)Municipal data exclude the costs of retired and resigned persons in provincial enterprises.

4–26 社会保险基金收支及累计结余

Revenue, Expenses and Balance of Social Insurance Fund

单位：亿元 (100 million yuan)

年 份 Year	合 计 Total	基本养老保 险 Basic Pension Insurance	失业保险 Unemployment Insurance	城镇基本医疗保险 Basic Medical Care Insurance	工伤保险 Work Injury Insurance	生育保险 Maternity Insurance
基金收入 Revenue						
2005	474.9	360.5	23.5	82.1	5.0	3.8
2006	593.0	441.2	31.3	108.2	7.3	5.0
2007	782.9	591.8	36.5	137.9	10.2	6.5
2008	938.3	687.4	45.5	183.0	13.3	9.1
2009	1109.3	825.7	41.8	215.4	16.7	9.7
2010	1283.0	943.5	43.1	264.2	20.5	11.7
2011	1646.0	1191.2	65.5	343.1	28.4	17.8
基金支出 Expenses						
2005	379.0	296.2	14.0	63.2	3.3	2.3
2006	450.9	352.2	13.2	77.7	4.8	3.0
2007	570.9	444.0	13.5	101.9	7.3	4.2
2008	690.7	530.5	14.7	131.2	8.7	5.6
2009	840.5	622.7	22.4	177.0	11.7	6.7
2010	1027.1	749.3	31.4	222.2	15.1	9.1
2011	1223.9	886.8	25.9	279.4	20.1	11.7
累计结余 Balance at Year-end						
2005	409.9	293.7	40.2	63.9	6.4	5.7
2006	551.7	382.7	58.3	94.4	8.6	7.7
2007	756.1	523.5	81.3	130.4	10.9	10.0
2008	1002.5	680.4	112.1	182.2	14.3	13.5
2009	1270.0	883.4	131.5	220.6	18.0	16.5
2010	1525.1	1077.6	143.2	262.6	22.6	19.0
2011	1946.1	1382.0	182.8	326.3	29.8	25.1

4-27 1994-2011年年末社会保险参保人数

Number of Persons Participated in Social Insurance from 1994 to 2011

单位:万人 (10 000 persons)

年份 Year	城镇社会基本养老保险 Urban Basic Pension Insurance	企业基本养老保险 Enterprise's Pension Insurance	机关事业养老保险 Institution and Government Agency's Pension Insurance	医疗保险 Medcial Care Insurance	失业保险 Unemployment Insurance	工伤保险 Work Injury Insurance	生育保险 Maternity Insurance
1994	546.5	546.5				15.0	67.1
1995	569.2	569.2				80.6	120.6
1996	586.3	586.3		111.1	525.6	139.3	198.9
1997	617.1	617.1		112.8	529.6	163.3	243.7
1998	713.2	713.2		224.1	525.0	226.5	241.0
1999	942.7	730.5	212.2	216.1	624.3	249.7	265.4
2000	972.2	757.6	214.6	255.5	715.0	279.4	325.5
2001	1022.2	793.9	228.3	490.2	700.2	285.5	331.8
2002	1043.0	805.0	238.0	625.6	701.2	278.2	323.2
2003	1135.9	883.5	252.4	691.1	719.1	281.8	336.5
2004	1218.7	958.1	260.6	771.9	747.5	476.7	390.8
2005	1302.5	1027.4	275.1	861.5	771.1	578.7	461.2
2006	1368.0	1086.2	281.8	996.1	789.7	647.3	488.8
2007	1455.7	1165.4	291.6	1115.9	814.9	745.0	563.3
2008	1565.8	1266.1	299.7	1266.2	864.1	865.0	638.0
2009	1661.0	1352.1	308.9	2540.2	899.5	1064.6	703.0
2010	1773.0	1459.5	313.5	2770.6	931.2	1211.2	774.1
2011	1907.1	1589.4	317.6	2947.8	964.9	1276.1	857.8

注：城镇社会基本养老保险参保人数包含离退休人数；2009年起，医疗保险参保人数包含城镇居民医疗保险。

a) Number of persons participated in urban basic pension insurance include retirees.Since 2009,number of persons participated in medical care insurance include urban residents participated in medicalcare insurance.

4-28 各市社会保险参保人数(2011年底)

Number of Persons Participated in Social Insurance at Year-end by Region(2011)

单位:人 (person)

地区	Region	城镇社会基本养老保险 Urban Basic Pension Insurance	企业基本养老保险 Enterprise's Pension Insurance	机关事业养老保险 Institution and Government Agency's Pension Insurance	医疗保险 Medcial Care Insurance	失业保险 Unemployment Insurance	工伤保险 Work Injury Insurance	生育保险 Maternity Insurance
全省总计	**Total**	**19070501**	**15894369**	**3176132**	**29477740**	**9648795**	**12760826**	**8578055**
济南市	Jinan	2025058	1779487	245571	2751971	1036782	1315921	900522
青岛市	Qingdao	2858963	2588465	270498	3386841	1555792	2143831	1558454
淄博市	Zibo	1213991	1046110	167881	1959316	677073	837602	576269
枣庄市	Zaozhuang	624348	496744	127604	1206220	338288	397543	239123
东营市	Dongying	275376	200427	74949	905551	126827	461952	362577
烟台市	Yantai	1846040	1590248	255792	2517000	955871	1214309	877064
潍坊市	Weifang	1490415	1185170	305245	2505926	694127	1159595	668210
济宁市	Jining	1090490	825242	265248	2058902	613928	785655	564114
泰安市	Tai'an	930611	762607	168004	1884736	495619	751299	665128
威海市	Weihai	829455	724706	104749	1283356	459407	638302	514451
日照市	Rizhao	353181	275098	78083	737299	157642	242994	187317
莱芜市	Laiwu	312534	266642	45892	403239	156104	224883	160791
临沂市	Linyi	1068168	783755	284413	1980437	487518	869070	446007
德州市	Dezhou	654284	466333	187951	1341711	277857	527840	311747
聊城市	Liaocheng	621763	454861	166902	1515221	284343	400063	175716
滨州市	Binzhou	517988	401144	116844	943960	214665	368018	211924
菏泽市	Heze	793362	494294	299068	2096054	290952	421949	158641

注:各市养老、失业保险人数不包括省直管企业人数。

a)Municipal data on pension insurance exclude the staff and workers of provincial enterprise.

4-29 城镇养老保险基本情况

Basic Statistics on Pension Insurance in Urban Areas

类别		Category		2008	2009	2010	2011
一、年末参保人数	**(万人)**	**Number of People Insured**	**(10 000 persons)**	**1565.8**	**1661.0**	**1773.0**	**1907.1**
职工	(万人)	Employed People	(10 000 persons)	1260.8	1335.0	1427.9	1534.0
#企业	(万人)	Enterprises	(10 000 persons)	1028.6	1098.7	1190.2	1295.8
离休、退休、退职人数	(万人)	Retired and Resigned Persons	(10 000 persons)	305.0	326.0	345.1	373.1
二、基金收支情况		**Revenue and Expenses**					
基金收入	(亿元)	Revenue	(100 million yuan)	687.5	825.7	943.5	1191.2
基金支出	(亿元)	Expenses	(100 million yuan)	530.5	622.7	749.3	886.8
三、企业养老金社会化发放人情况		**Payment of Pension Insurance**					
养老金实发人数	(万人)	People Receiving Pension Insurance	(10 000 persons)	237.5	253.4	269.3	293.7
#社会化发放人数	(万人)	People Receiving Socialized Pension Insurance	(10 000 persons)	237.5	253.4	269.3	293.7
社会化发放率	(%)	Rate of Socialized Pension Insurance	(%)	100.0	100.0	100.0	100.0

4-30 各市新型农村社会养老保险试点情况（2011年）

Statistics on New Ruaral Old-age Insurance by Region

单位：人 (person)

地区	Region	参保人数 Contributors at Year-end	达到领取待遇年龄参保人数 Number of Participants Who Have Reached the Prescribed Age of Benefit Entilement
全省总计	**Total**	**34899996**	**9631296**
济南市	Jinan	957330	248216
青岛市	Qingdao	1379759	477684
淄博市	Zibo	1008944	350402
枣庄市	Zaozhuang	999299	302469
东营市	Dongying	497432	131834
烟台市	Yantai	1566918	636827
潍坊市	Weifang	3067427	805509
济宁市	Jining	4031249	930487
泰安市	Tai'an	2086801	639573
威海市	Weihai	884088	341628
日照市	Rizhao	1485526	395717
莱芜市	Laiwu	466502	153898
临沂市	Linyi	5391449	1347990
德州市	Dezhou	2818296	672803
聊城市	Liaocheng	2758280	696716
滨州市	Binzhou	1162357	401544
菏泽市	Heze	4338339	1097999

主要统计指标解释

经济活动人口 指在16周岁及以上，有劳动能力，参加或要求参加社会经济活动的人口。包括就业人员和失业人员。

就业人员 指在16周岁及以上，从事一定社会劳动并取得劳动报酬或经营收入的人员。这一指标反映了一定时期内全部劳动力资源的实际利用情况，是研究我国基本国情国力的重要指标。

单位就业人员 指在各级国家机关、政党机关、社会团体及企业、事业单位中工作，取得工资或其他形式的劳动报酬的全部人员。包括在岗职工、再就业的离退休人员、民办教师以及在各单位中工作的外方人员和港澳台方人员、兼职人员、借用的外单位人员和第二职业者。不包括离开本单位仍保留劳动关系的职工。单位就业人员反映了各单位实际参加生产或工作的全部劳动力。

城镇私营和个体就业人员 城镇私营就业人员指在工商管理部门注册登记，其经营地址设在县城关镇(含县城关镇)以上的私营企业就业人员，包括私营企业投资者和雇工。城镇个体就业人员指在工商管理部门注册登记，并持有城镇户口或在城镇长期居住，经批准从事个体工商经营的就业人员，包括个体经营者和在个体工商户劳动的家庭帮工和雇工。

城镇登记失业人员 指有非农业户口，在一定的劳动年龄内(16周岁至退休年龄)，有劳动能力，无业而要求就业，并在当地就业服务机构进行求职登记的人员。

城镇登记失业率 城镇登记失业人员与城镇单位就业人员(扣除使用的农村劳动力、聘用的离退休人员、港澳台及外方人员)、城镇单位中的不在岗职工、城镇私营业主、个体户主、城镇私营企业和个体就业人员、城镇登记失业人员之和的比。计算公式为：

$$\text{城镇登记失业率}=\frac{\text{城镇登记失业人数}}{\begin{array}{l}(\text{城镇单位就业人员}-\text{使用的农村劳动力}-\text{聘用的离退休人员}-\text{聘用的港澳台及外方人员})+\text{不在岗职工}\\+\text{城镇私营业主}+\text{城镇个体户主}+\text{城镇私营企业及个体就业人员}+\text{城镇登记失业人数}\end{array}}\times 100\%$$

职工 指在国有、城镇集体、联营、股份制、外商和港、澳、台投资、其他单位及其附属机构工作，并由其支付工资的各类人员。不包括下列人员：(1)乡镇企业就业人员；(2)私营企业就业人员；(3)城镇个体劳动者；(4)离休、退休、退职人员；(5)再就业的离、退休人员；(6)民办教师；(7)在城镇单位中工作的外方及港、澳、台人员；(8)其他按有关规定不列入职工统计范围的人员。(1998年及以后的数据均为在岗职工数据，其他相关指标如职工工资总额，职工平均工资等指标也从1998年按此口径进行了相应调整)。

国有单位 指资产归国家所有的经济组织。包括按《中华人民共和国企业法人登记管理条例》规定登记注册的非公司制的经济组织，以及中央、地方各级国家机关、事业单位和社会团体。

集体单位 指生产资料归集体所有，并按《中华人民共和国企业法人登记管理条例》规定登记注册的经济组织。

其他单位 包括股份合作单位、联营单位、有限责任公司、股份有限公司、港澳台商投资单位以及外商投资单位等其他登记注册类型单位。

在岗职工 指在本单位工作并由单位支付工资的人员，以及有工作岗位，但由于学习、病伤产假等原因暂未工作，仍由单位支付工资的人员。

工资总额 指各单位在一定时期内直接支付给本单位全部职工的劳动报酬总额。工资总额的计算原则应以直接支付给职工的全部劳动报酬为根据。各单位支付给职工的劳动报酬以及其他根据有关规定支付的工资，不论是计入成本的还是不计入成本的，不论是按国家规定列入计征奖金税项目的，还是未列入计征奖金税项目的，不论是以货币形式支付的还是以实物形式支付的，均包括在工资总额内。

平均工资 指企业、事业、机关单位的职工在一定时期内平均每人所得的货币工资额。它表明一定时期职工工资收入的高低程度，是反映职工工资水平的主要指标。计算公式为：

$$\text{平均工资}=\frac{\text{报告期实际支付的全部职工工资总额}}{\text{报告期全部职工平均人数}}$$

平均工资指数 指报告期职工平均工资与基期职工平均工资的比率，是反映不同时期职工货币工资水平变动情况的相对数。计算公式为：

$$\text{平均工资指数}=\frac{\text{报告期职工平均工资}}{\text{基期职工平均工资}}\times 100\%$$

平均实际工资指数 职工平均实际工资指扣除物价变动因素后的职工平均工资。职工平均实际工资指数是反映实际工资变动情况的相对数，表明职工实际工资水平提高或降低的程度。计算公式为：

$$\text{平均实际工资指数}=\frac{\text{报告期职工平均工资指数}}{\text{报告期城镇居民消费价格指数}}\times 100\%$$

基本养老保险

1.（参保）职工人数：指报告期末按照国家法律、法规和有关政策规定参加基本养老保险并在社保经办机构已建立缴费记录档案的职工人数，包括中断缴费但未终止养老保险关系的职工人数，不包括只登记未建立缴费记录档案的人数。

2.（参保）离退休人员人数：指报告期末参加基本养老保险的离休、退休和退职人员的人数。

3.基本养老保险基金收入：指根据国家有关规定，由纳入基本养老保险范围的缴费单位和个人按国家规定的缴费基数和缴费比例缴纳的养老保险基金，以及通过其他方式取得的形成基金来源的收入。包括单位和职工个人缴纳的基本养老保险费、基本养老保险基金利息收入、上级补助收入、下级上解收入、转移收入、财政补贴和其他收入。

4.基本养老保险基金支出：指按照国家政策规定的开支范围和开支标准从养老保险基金中支付给参加基本养老保险的离休、退休、退职人员个人的养老金、丧葬抚恤补助，以及由于保险关系转移、上下级之间调剂资金等原因而发生的支出。包括离休金、退休金、退职金、各种补贴、医疗费、死亡丧葬补助费、抚恤救济费、社会保险经办机构管理费、补助下级支出、上解上级支出、转移支出、其他支出等。

5.基本养老保险基金累计结余：指截止报告期末基本养老保险基金收支相抵后的累计余额。

离休、退休、退职人员 指正式办理了离休、退休、退职手续，并享受相应的离休、退休、退职待遇的人员。

基本医疗保险

1.参保人数：指报告期末按国家有关规定参加基本医疗保险的人数。包括参加保险的职工人数和退休人员人数。

2.基金收入：指根据国家有关规定，由纳入基本医疗保险范围的缴费单位和个人，按国家规定的缴费基数和缴费比例缴纳的基金，以及通过其他方式取得的形成基金来源的款项，包括：单位缴纳的社会统筹基金收入、个人缴纳的个人账户基金收入、财政补贴收入、利息收入、其他收入。

3.基金支出：指按照国家政策规定的开支范围和开支标准从社会统筹基金中支付给参加基本医疗保险的职工和退休人员的医疗保险待遇支出，和从个人帐户基金中支付给参加基本医疗保险的职工和退休人员的医疗费用支出，以及其他支出。包括：住院医疗费用支出、门急诊医疗费用支出、个人账户基金支出、其他支出。

4.基金累计结余：指截止报告期末基本医疗保险的社会统筹和个人帐户基金累计结余金额。包括银行存款、财政专户、债券投资和其他。

失业保险

1.参保人数：指报告期末按照国家法律、法规和有关政策规定参加了失业保险的城镇企业事业单位的职工及地方政府规定参加失业保险的其他人员的人数。

2.失业保险基金收入：指按照规定从企业、事业及其他单位筹集的失业保险费及其他并入失业保险基金收入的总额。包括单位和个人缴纳的失业保险费、失业保险基金利息收入、上级补助收入、下级上解收入、转移收入、财政补贴和其他收入。

3.失业保险基金支出：指报告期内为保障失业人员和下岗职工基本生活、促进其再就业等支出的基金总额。包括失业救济金、医疗费、死亡丧葬补助费、抚恤救济费、转业训练费支出、失业保险经办机构管理费、补助下级支出、上解上级支出、转移支出和其他支出。

4.基金累计结余：指截止报告期末失业保险基金收支相抵后的累计余额。

工伤保险

1.参加保险人数：指报告期末依据国家有关规定参加工伤保险的职工人数。

2.享受保险待遇人数：指劳动者因工负伤致残、死亡或因患职业病致残，根据有关规定享受工伤保险待遇职工或供养直系亲属人数。包括伤残人数、职业病人数、因工死亡人数、供养直系亲属人数。

3.基金收入：指根据国家有关规定，由参加工伤保险的单位按国家规定的缴费基数和缴费比例缴纳的工伤保险基金，以及通过其他形式取得的形成基金来源的款项。包括：单位缴纳的社会统筹基金收入、财政补贴收入、利息收入、其他收入。

4.基金支出：指按照国家政策规定的开支范围和开支标准从工伤保险基金中支付给参加工伤保险的人员及供养直系亲属工伤保险待遇支出及其他支出。包括工伤医疗费、伤残补助金、工亡补助金、护理费、丧葬补助费、工伤预防费用、职业康复费用和其他支出。

5.基金累计结余：指截止报告期末工伤保险基金累计结余金额。包括银行存款、财政专户、债券投资和其他。

生育保险

1.参保人数：指报告期末依据有关规定参加生育保险的职工人数。

2.基金收入：指根据国家有关规定，由参加生育保险的单位按照国家规定的缴费基数和缴费比例缴纳的生育保险基金，以及通过其他方式取得的形成基金来源的款项，包括：单位缴纳的基金收入、利息收入和其他收入。

3.基金支出：指按照国家政策规定的开支范围和开支标准，从生育保险基金中支付给参加生育保险的职工，因妊娠、分娩和计划生育手术而享受的待遇及其他支出。包括：生育津贴、医疗费用支出及其他支出。

4.基金累计结余：指截止报告期末生育保险基金累计结余金额。包括银行存款、财政专户、债券投资和其他。

离休、退休、退职人员保险福利费用 指离休、退休、退职人员实际得到的生活费用总额，包括从社会保险经办机构和单位得到的费用。

1.离休金：指按规定支付给离休人员的生活费用。

2.退休金：指按规定支付给退休人员的生活费用。

3.退职生活费：指按规定支付给退职人员的生活费用。

4.医疗卫生费：指单位直接支付给离休、退休、退职人员的医疗费、住院费以及住院伙食补助等费用。

5.其他：指离休金、退休金、退职生活费和医疗卫生费以外的其他保险福利费用，如丧葬抚恤救济费、生活补贴、物价补贴、冬季取暖补贴等。

Explanatory Notes on Main Statistical Indicators

Economically Active Population refers to the population aged 16 and over who are capable to work, are participating in or willing to participate in economic activities, including employed persons and unemployed persons.

Employed Persons refer to the persons aged 16 and over who are engaged in social working and receive remuneration payment or earn business income. This indicator reflects the actual utilization of total labour force during a certain period of time and is often used for the research on China' s economic situation and national power.

Persons Employed in Units refer to all the persons working in government agencies of various levels, political and party organizations, social organizations, enterprises and institutions, and receiving wages or other forms of payment. They include fully employed staff and workers, re employed retirees, teachers in schools run by the local people, foreigners and Chinese compatriots from Hong Kong, Macao, and Taiwan working in various units, part time employees, employees of other units working temporarily at current posts, and employees holding the second job, but exclude staff and workers who have left their working units while keeping their labour contract (employment relation) unchanged. This indicator reflects the total number of laborers actually engaged in production or other operations in various units.

Persons Employed in Private Enterprises and Self Employed Individuals in Urban Areas Persons employed in private enterprises refer to the persons employed in the private enterprises which have been registered at the departments of industrial and commercial administration and are situated at a county town (i.e. a town where the county government is located) for business operation or at urban areas with the level higher than a county town. The self employed individuals in urban areas refer to persons who hold the certificates of residence in urban areas or have resided in the urban areas for a long time and have been registered at the departments of industrial and commercial administration and approved to be engaged in individual industrial or commercial business, including self employed persons as well as helpers and hired labourers who work in the individual households engaged in industrial or commercial business.

Registered Urban Unemployed Persons refer to the persons with non agricultural household registration at certain working ages (16-50 years for male and 16-45 years for females), who are capable of work, unemployed and willing to work, and have been registered at the local employment service agencies to apply for a job.

Registered Urban Unemployment Rate refers to the ratio of the number of the registered unemployed persons to the sum of the number of persons employed in various units (minus the rural labour force, retirees, and Hong Kong, Macao, Taiwan or foreign employees they employ) laid off workers in urban units, owners and employees in urban private enterprises, urban self-employed individuals and the registered urban unemployed persons. The formula is as follows:

Registered urban unemployment rate=number of registered urban unemployed persons÷(number of persons employed in urban units - rural labour force employed retirees employed- Hong Kong, Macao, Taiwan or foreign employees employ+laid off workers+owners and employees in urban private enterprises+self employed individuals in urban areas+registered urban unemployed persons) ×100%.

Staff and Workers refer to persons working in, and receive payment from units of state ownership, collective ownership, joint ownership, share holding ownership, foreign ownership, and ownership by entrepreneurs from Hong Kong, Macao, and Taiwan, and other types of ownership and their affiliated units. They do not include 1) persons employed in township enterprises, 2) persons employed in private enterprises, 3) urban self employed persons, 4) retirees, 5) re employed retirees, 6) teachers in the schools run by the local people, 7) foreigners and persons from Hong Kong, Macao and Taiwan who work in urban units, and 8) other persons not to be included by relevant regulations. (Data of 1998 and afterward refer to fully employed staff and workers. Other related statistics such as total wage bill and average wage are adjusted since 1998 accordingly).

State owned Units refer to economic units whose assets are owned by the state. Included are non corporation units registered according to Regulation of the People Republic of China on the Registration of Enterprises and Corporations,state organs, institutions and social organizations at the central and local levels.

Collective Owned Units refer to economic units registered according to Regulation of the People Republic of China on the Registration of Enterprises and Corporations where the means of production are collectively owned.

Units of Other Types of Ownership refer to units registered with other types of ownership, including cooperative units, joint ownership units, limited companies, share holding corporations, units invested by entrepreneurs from Hong Kong, Macao, and Taiwan, and foreign invested units.

Fully Employed Staff and Workers refer to persons who work in, and receive wages from their working units, as well as persons who have their work posts, but are temporarily absent from work for reasons of study or on sick, injury or maternal leave and still receive wages from their working units.

Total Wages Bill refer to the total remuneration

payment to staff and workers in various units during a certain period of time. The calculation of total wages is based on the total remuneration payment to the staff and workers. Therefore, all the wages and salaries and other payments to staff and workers are included in the total wages regardless of their sources, category, and forms (in kind or cash). (Total wages of staff and workers in this yearbook include only total wages of fully employed staff and workers, excluding the living allowances distributed to those who have left their working units while keeping their labour contract/employment relation unchanged).

Average Wage refers to the average wage in money terms per person during a certain period of time for staff and workers in enterprises, institutions, and government agencies, which reflects the general level of wage income during a certain period of time and is calculated as follows:

Average Wage=Total Wages of Staff and Workers at Reference Time/Average Number of Staff and Workers at Reference Time.

Average Wage Indices refers to the ratio of average wage of staff and workers in the report period to that in the base period, which reflects the change of wage of staff and workers at the different period. It is calculated as follows:

Average Wage Indices=Average Wage of Staff and Workers at Reference Time/Average Wage of Staff and Workers at Base Period × 100%

Average Real Wage Indices average real wage of staff and workers refers to the average wage of staff and workers after removing the effects of the price changes and average real wage indices of staff and workers refers to the change of real wage, which reflects the relative increasing or decreasing level of real wage of staff and workers, which is calculated as follows:

Average Real Wage Indices=Average Wage Indices of Staff and Workers at the Reference Time/Urban Consumer Price Indices at Reference Time × 100%

Basic Pension Insurance

1.Number of staff and workers covered refer to staff and workers participating in basic pension insurance programme in line with national laws, regulations and related policies by the end of reference period, who have already had payment records in social security management agencies, including those who interrupt payment without terminating the insurance programme. Those who have registered in the programme with no payment records are not included.

2. Number of retirees participating in basic pension insurance programme refer to number of retirees participating in basic pension insurance programme by the end of reference period.

3. Revenue of basic pension insurance refer to payments made by employers and individuals participating in pension insurance programs in accordance with the basis and proportion stipulated in state regulations, and income from other sources that become source of pension insurance fund, including the premium paid by employers and staff and works, interest income, subsidies from higher level agencies, income as transfer from subordinate agencies, transferred income, government financial subsidies and other income.

4. Expenses of basic pension insurance refer to payment made to those retired and resigned people covered in pension insurance program in terms of pension or compensation within the scope and standards of expenditure according to related national policies, and expenditure occurred due to shift of the insurance relationship or adjustment of funds among agencies, including pension for resigned people, pension for retired people, pension for people quitting jobs, various subsidies, medical fees, funeral subsidies, compensation pension, management fees for social security agencies, expenses on subsidies to lower subordinates, expenses as transfer to agencies at higher level, transferred expenditure and other expenditure.

5. Balance of basic pension insurance refers to the balance of basic pension insurance at the end of the reference period after deducting expenses from revenue.

Retired or Resigned Personnel refers to people who have formally completed formalities for their retirement or quitting work and enjoy the corresponding retirement treatments.

Basic Medical Care Insurance

1. Number of people participating in the insurance programme refers to people participating in the basic medical care insurance programme according to related regulations by the end of reference period, including number of staff and workers and retirees participating in this insurance programme.

2. Revenue of insurance programme refer to payments made by employers and individuals participating in medical care insurance programs in accordance with the basis and proportion stipulated in state regulations, and income from other sources that become source of medical insurance fund, including income of social comprehensive funds paid by employers, income from individual accounts, government financial subsidies, interest income and other income.

3. Expenses of insurance programme refer to payment made from social comprehensive funds to those retired and resigned people covered in basic medical care insurance within the scope and standards of expenditure according to related national policies, and medical care payment made from individual accounts to staff and workers and retirees, and other expenses, including medical expenses of hospital inpatients, medical expenses for outpatients and emergency patients, payment from individual accounts and other expenditure.

4. Balance of basic medical care insurance refer to the balance of medical care insurance of social comprehensive funds and individual accounts at the end of the reference period, including bank savings, special fiscal accounts, investment in bonds and others.

Unemployment Insurance

1. Number of people covered refers to staff and workers in urban enterprises or institutions who have participated in

unemployment insurance programme in line relevant policies and regulations, and other people who have participated according to local government regulations, by the end of reference period.

2. Revenue of unemployment insurance refer to payments made by employers and individuals participating in unemployment insurance programme in accordance with relevant regulations and other income contributed to this programme, including unemployment insurance premium made by employers and individuals, interest income, subsidies from higher level agencies, income as transfer from subordinate agencies, transferred income, government financial subsidies and other income.

3. Expenses of unemployment insurance refer to total expenses during the reference period to guarantee the basic livelihood of unemployed people and laid off staff and workers and to encourage their re employment. Included are unemployment relief, medical fees, funeral subsidies, compensation pension, training expenses, management fees for unemployment insurance agencies, subsidies to lower level agencies, expenses as transfer to higher level agencies, transferred expenditure and other expenditure.

4. Balance of unemployment insurance refer to the balance of unemployment revenue deducting unemployment expenses at the end of the reference period.

Work Injury Insurance

1. Number of people covered refers to staff and workers who have participated in work injury insurance programme in line with relevant national regulations.

2. Number of beneficiaries refers to staff and workers and their direct dependents who can, in line with relevant regulations, benefit from work injury insurance, as a result of work injury leading to disability or death of the staff/worker, or occupational disease leading to disability. Included in this category are number of injured and disabled people, number of people with occupational diseases, number of deaths at work places, and number of direct dependents.

3. Revenue of work injury insurance refer to payments made by employers participating in work injury insurance programs in accordance with the basis and proportion stipulated in state regulations, and income from other sources that become source of work injury insurance fund, including income of social comprehensive funds paid by employers, government financial subsidies, interest income and other income.

4. Expenses of work injury insurance refer to payments made from work injury insurance funds to those who participated in the work injury insurance programme and their direct dependents within the scope and standards of expenditure according to related national policies, and other expenditure, including medical fees for work injury, injury and disability subsidies, death subsidies, nursing fees, funeral subsidies, injury prevention fees, rehabilitation fees for occupational diseases and other expenditure.

5. Balance of work injury insurance refer to the balance of the work injury funds at the end of the reference period, including bank savings, special fiscal account, investment in bonds and others.

Maternity Insurance

1. Number of people covered refers to staff and workers who have participated in maternity insurance programme according to relevant regulation at the end of the reporting period.

2. Revenue of maternity insurance refers to payments made by employers participating in maternity insurance programs in accordance with the basis and proportion stipulated in state regulations, and income from other sources that become source of maternity insurance fund, including income of funds paid by employers, interest income and other income.

3. Expenses of maternity insurance refer to payments made from maternity insurance funds to staff and workers who participated in maternity insurance programme within the scope and standards of expenditure according to related national policies, expenses paid for pregnancy, child delivery or surgeries related to family planning, and other expenditure, including allowance for child bearing, medical fees and other expenditure.

4. Balance of the maternity insurance refers to the balance of the maternity insurance funds at the end of reference period, including bank savings, special fiscal account, investment in funds and others.

Insurance and Welfare Funds for Retirees refer to the total payment for living expenses actually received by retirees, including payment received from social insurance management agencies and units.

1. Pensions for retired veteran cadres refer to living expenses paid to retired veteran cadres according to related regulations.

2. Pensions for retirement refer to living expenses paid to retired staff and workers according to related regulations.

3. Living allowances for resigned staff and workers refer to living expenses paid to resigned staff and workers according to related regulation.

4. Medical care expenses refer to medical fees, hospitalization cost and per diem subsidies during hospitalizations paid by employers directly to retirees.

5. Others refer to insurance and welfare payments other than the above mentioned payments, including funeral subsidies, living allowances, price subsidies and heating subsidies during winter.

第
5
篇

固定资产投资

Investment in Fixed Assets

简 要 说 明

一、本篇资料的主要内容

本篇资料主要反映了全省固定资产投资方面的情况，主要包括固定资产投资的规模、结构、资金来源和投资的效果等方面的资料。2011 年，固定资产投资项目统计起点由 50 万元提高到 500 万元，名称统一规范为“固定资产投资”，其中包括城镇、非农户 500 万元及以上项目投资、房地产开发投资；“全社会固定资产投资”包括“固定资产投资加农户固定资产投资”。

二、本篇资料的来源

本篇资料来源于固定资产投资统计年报，由省统计局投资处整理提供。

Brief Introduction

I. Main Content

Data in this chapter show the basic conditions of investment in fixed assets of Shandong Province, mainly including the total investment in fixed assets, the structure of investment, the resources of investment and the results of investment, etc.Since 2011, the statistical criteria of fixed assets investment projects had been increased from 500 thousand to 5 million yuan. Investment in fixed assets include urban area and non-farmers 5 million and above project investments, real estate development investment; the total investment include investment in fixed assets and farmer investment in fixed assets.

II. Source of Data

Data in this chapter are based on the yearly report on investment in fixed assets and provided by the Division of Investment and Construction Statistics of Shandong Provincial Bureau of Statistics.

5-1 1978-2011年全社会固定资产投资总额

Total Investments in Fixed Assets from 1978 to 2011

单位:亿元 (100 million yuan)

年份 Year	全社会固定资产投资额 Total Investment	国有经济 State-owned Units	集体经济 Collective-owned Units	#城镇 Urban	个体经济 Self-employed Units	#农村 Rural	其他经济 Others
1978	41.87	29.27	8.42	1.78	4.18	3.98	
1979	61.35	31.62	18.97	1.55	10.76	10.41	
1980	69.97	35.83	22.24	3.12	11.90	11.47	
1981	79.60	29.63	32.08	3.27	17.89	17.28	
1982	85.00	43.29	23.38	4.38	18.33	17.46	
1983	96.46	49.11	19.19	3.76	28.16	26.48	
1984	140.15	67.09	25.29	5.01	47.77	44.43	
1985	194.33	100.42	30.21	8.64	63.70	58.51	
1986	223.08	121.95	43.09	11.95	58.04	52.32	
1987	297.77	155.65	78.75	17.84	63.37	56.05	
1988	369.82	192.20	100.97	35.46	76.65	64.83	
1989	305.54	162.30	69.68	19.68	73.56	62.00	
1990	335.66	185.44	71.51	18.63	78.71	67.47	
1991	439.82	234.04	104.73	25.06	101.05	85.73	
1992	601.50	343.17	186.43	42.27	71.90	54.19	
1993	892.48	476.26	245.90	49.90	105.44	83.05	64.88
1994	1108.00	537.59	318.42	56.42	118.45	92.30	133.54
1995	1320.97	611.92	383.97	51.62	140.54	113.13	184.55
1996	1558.01	691.76	484.79	79.79	202.65	166.14	178.81
1997	1792.22	773.30	569.70	60.15	241.76	198.68	207.46
1998	2056.97	938.73	610.20	66.70	274.20	227.00	233.84
1999	2222.17	1043.13	635.55	82.72	310.64	228.43	232.85
2000	2542.65	1153.65	679.48	108.63	353.93	254.11	355.59
2001	2807.79	1157.44	688.61	134.92	384.06	263.35	577.68
2002	3509.29	1237.16	812.65	196.78	487.31	285.64	972.17
2003	5328.44	1615.57	1177.00	321.79	733.64	296.03	1802.23
2004	7629.04	1762.29	2455.86	383.83	772.28	116.36	2638.61
2005	10541.87	1853.29	1042.41	620.23	2736.61	1491.55	4909.56
2006	11136.06	1855.41	1063.61	713.49	3096.56	1186.20	5120.48
2007	12537.02	1838.55	1269.64	857.34	3566.49	1141.34	5862.34
2008	15435.93	2431.54	1811.23	1333.23	4360.90	1304.02	6832.27
2009	19030.97	3086.82	2308.54	1717.74	5235.29	1586.71	8400.32
2010	23276.69	3648.45	2627.32	1841.40	6505.00	1822.99	10495.92
2011	26769.73	3783.31	2715.00		8234.50		12036.92

注:1.2011年起，集体经济和个体经济不再细分城镇和农村(下表同)。

2.2011年起，固定资产投资项目统计起点由50万元提高到500万元，名称统一规范为“固定资产投资”，其中包括城镇、非农户500万元及以上项目投资、房地产开发投资；“全社会固定资产投资”包括“固定资产投资加农户固定资产投资”(下表同)。

a)Collective-owned Units and Self-employed Units had no longer divided into urban and rural unit since 2011.The same applies to tables following.

b)Since 2011, the statistical criteria of fixed assets investment projects had been increased from 500 thousand to 5 million yuan. Investment in fixed assets include urban area and non-farmers 5 million and above project investments, real estate development and investment.Total investment include investment in fixed assets and farmer investment in fixed assets.The same applies to tables following.

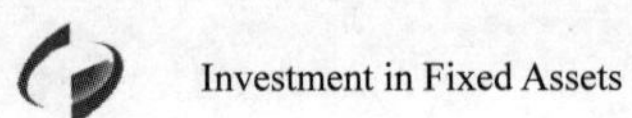

5-2 1978-2011年全社会固定资产投资构成

Composition of Total Investments in Fixed Assets from 1978 to 2011

单位:% (%)

年份 Year	全社会固定资产投资额 Total Investment	国有经济 State-owned Units	集体经济 Collective-owned Units	#城镇 Urban	个体经济 Self-employed Units	#农村 Rural	其他经济 Others
1978	100.0	69.9	20.1	4.2	10.0	9.5	
1979	100.0	51.5	30.9	2.5	17.6	17.0	
1980	100.0	51.2	31.8	4.5	17.0	16.4	
1981	100.0	37.2	40.3	4.1	22.5	21.7	
1982	100.0	50.9	27.5	5.1	21.6	20.5	
1983	100.0	50.9	19.9	3.9	29.2	27.5	
1984	100.0	47.9	18.0	3.6	34.1	31.7	
1985	100.0	51.7	15.5	4.5	32.8	30.1	
1986	100.0	54.7	19.3	5.4	26.0	23.5	
1987	100.0	52.3	26.4	6.0	21.3	18.8	
1988	100.0	52.0	27.3	9.6	20.7	17.5	
1989	100.0	53.1	22.8	6.4	24.1	20.3	
1990	100.0	55.2	21.3	5.6	23.5	20.1	
1991	100.0	53.2	23.8	5.7	23.0	19.5	
1992	100.0	57.1	31.0	7.0	11.9	9.0	
1993	100.0	53.4	27.6	5.6	11.8	9.3	7.2
1994	100.0	48.5	28.7	5.1	10.7	8.3	12.1
1995	100.0	46.3	29.1	3.9	10.6	8.6	14.0
1996	100.0	44.4	31.1	5.1	13.0	10.7	11.5
1997	100.0	43.1	31.8	3.4	13.5	11.1	11.6
1998	100.0	45.6	29.7	3.3	13.3	11.0	11.4
1999	100.0	46.9	28.6	3.7	14.0	10.3	10.5
2000	100.0	45.4	26.7	4.3	13.9	10.0	14.0
2001	100.0	41.2	24.5	4.8	13.7	9.4	20.6
2002	100.0	35.3	23.1	5.6	13.9	8.1	27.7
2003	100.0	30.3	22.1	6.0	13.8	5.6	33.8
2004	100.0	23.1	32.2	5.0	10.1	1.5	34.6
2005	100.0	17.6	9.9	5.9	25.9	14.1	46.6
2006	100.0	16.7	9.5	6.4	27.8	10.7	46.0
2007	100.0	14.7	10.1	6.8	28.4	9.1	46.8
2008	100.0	15.8	11.7	8.6	28.3	8.4	44.3
2009	100.0	16.2	12.1	9.0	27.5	8.3	44.1
2010	100.0	15.7	11.3	7.9	27.9	7.8	45.1
2011	100.0	14.1	10.1		30.8		45.0

5-3 按产业分固定资产投资总额

Total Investment in Fixed Assets by Three Strata of Industry

单位：亿元 (100 million yuan)

年份 Year	固定资产投资额 Investment in Fixed Assets	按产业分 Grouped by Three Strata of Industry			构成(%) Grouped by Structure		
		第一产业 Primary Industry	第二产业 Secondary Industry	第三产业 Tertiary Industry	第一产业 Primary Industry	第二产业 Secondary Industry	第三产业 Tertiary Industry
1999	2222.2	68.1	996.3	1157.7	3.1	44.8	52.1
2000	2542.7	77.1	1176.7	1288.8	3.0	46.3	50.7
2001	2807.8	95.0	1289.8	1423.1	3.4	45.9	50.7
2002	3509.3	131.7	1650.6	1727.0	3.8	47.0	49.2
2003	5328.4	167.5	2799.5	2361.5	3.1	52.5	44.3
2004	7629.0	249.7	4577.1	2802.3	3.3	60.0	36.7
2005	10541.9	308.4	6653.5	3579.6	2.9	63.1	34.0
2006	11136.1	291.7	6908.7	3935.6	2.6	62.0	35.3
2007	12537.0	360.4	7508.2	4668.4	2.9	59.9	37.2
2008	15435.9	563.2	8182.1	6690.6	3.6	53.0	43.3
2009	19031.0	614.8	9615.4	8800.8	3.2	50.5	46.2
2010	23276.7	551.8	11332.4	11392.5	2.4	48.7	48.9
2011	25927.1	533.3	12425.3	12968.5	2.1	47.9	50.0

注：1999—2010年数据为全社会固定资产投资口径，2011年数据为固定资产投资口径。
a)Caliber of 1999-2010 data is total investment, 2011 data is investment in fixed assets.

5-4 固定资产投资(2011年)

Total Investments in Fixed Assets (2011)

单位:万元 (10 000 yuan)

类别	Category	固定资产投资额 Investment in Fixed Assets	#房地产开发投资 Investment in Real Estate Development
总　计	**Total**	**259271333**	**41067530**
按登记注册类型分	**Registration Status**		
内　资	Domestic Fund	246158956	38313083
国　有	State-owned and State-owned	37833089	3160795
集　体	Collective-owned	27150045	1079361
联　营	Joint Ownership Units	291708	9209
股份制	Share Holding Units	88644001	21159985
其　他	Others	92240113	12903733
港澳台商投资	Fund from Hong Kong,Macao and Taiwan	5370761	2096771
#合资经营	Joint Venture	2374174	1017856
合作经营	Collaborative Operation	494342	348434
独　资	Solely Foreign-owned	1934657	730481
外商投资	Fund from Overseas	7741616	657676
#合资经营	Joint Venture	3107455	274279
合作经营	Collaborative Operation	218397	72940
独　资	Solely Foreign-owned	3593536	310457
按隶属关系分	**Investment by Jurisdiction of Management**		
中　央	Central Investment	6842461	322342
地　方	Local Investment	252428872	40745188
省(自治区、直辖市)	Provincial	6200876	1419886
地区(州、盟、省辖市)	Prefecture	17178324	5948790
县(旗、县级市)	County	28164850	5954353
其　他	Others	200884822	27422159
按建设性质分	**Investment by Type of Construction**		
#新　建	New Construction	85899760	
扩　建	Expansion	55567573	
改建和技术改造	Reconstruction and Technical Transformation	64606518	
单纯建造生活设施	Housing	3578991	
迁　建	Removal and Reconstruction	2392472	
恢　复	Resumption	187481	
单纯购置	Purchase only	5971008	

注：本表固定资产投资不含农户投资，下表同。
a)Data in this table of investment in fixed asset does not include farmers investment.The same applies to tables following.

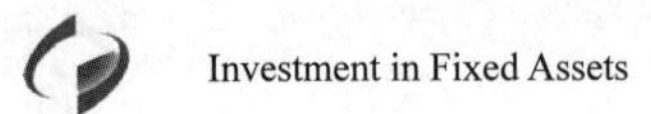

5-5 固定资产投资项目情况(2011年)
Investment Projects in Fixed Assets(2011)

类　别		Category		固定资产投资额 Investment in Fixed Assets	地方投资项目 Local Investment
建设总投资	**（万元）**	**Total Investment in Construction**	**(10 000 yuan)**	**429041330**	**414285091**
自开始建设累计完成投资	（万元）	Completed Investment from Beginning	(10 000 yuan)	318099120	307932671
本年完成投资	（万元）	Investment Completed This Year	(10 000 yuan)	218203803	211683684
#住宅投资	（万元）	Residential Buildings	(10 000 yuan)	8039127	7904807
按构成分		**Investment by Structure**			
建筑工程	（万元）	Construction	(10 000 yuan)	112812702	109498654
安装工程	（万元）	Installation	(10 000 yuan)	16256814	15612188
设备工器具购置	（万元）	Purchase of Equipment and Instruments	(10 000 yuan)	68652389	66728940
#购置旧设备	（万元）	Purchase of Second-hand Equipment	(10 000 yuan)	366084	365900
#用于更新的设备	（万元）	Purchase of Equipment to renwe old ones	(10 000 yuan)	8439101	8291983
其他费用	（万元）	Others	(10 000 yuan)	20481898	19843902
#旧建筑物购置费	（万元）	Purchase of Used Buildings	(10 000 yuan)	505235	504935
#土地购置费	（万元）	Purchase of Field	(10 000 yuan)	7049408	6973809
本年新增固定资产	**（万元）**	**Newly Increased Real Estate**	**(10 000 yuan)**	**153321215**	**149414790**
本年施工房屋面积	（平方米）	Project under Construction	(sq.m)	368320047	365148561
#住　宅	（平方米）	Residential Building	(sq.m)	61194636	60515020
本年竣工房屋面积	（平方米）	Project Completed and Put into Use	(sq.m)	121951971	121539554
#住　宅	（平方米）	Residential Building	(sq.m)	26979302	26898970
本年竣工房屋价值	（万元）	Value of Project Completed and Put into Use	(10 000 yuan)	18109870	18042969
#住　宅	（万元）	Residential Building	(10 000 yuan)	4058624	4045371
施工项目个数	（个）	Number of Projects Under Construction	(unit)	39394	39184
#本年新开工	（个）	Started This Year	(unit)	28247	28111
本年投产项目个数	（个）	Number of Projects Put into Use	(unit)	29235	29129
规划用地面积	（平方米）	Land Space Planned	(sq.m)	1275709710	1235451112
本年实际征用和购置土地面积	（平方米）	Land Space Purchased and Used This Year	(sq.m)	177398894	171816335
本年实际征用和购置土地成交价款	（万元）	Value of Land Purchased and Used This Year	(10 000 yuan)	9725388	9673397
本年资金来源合计	**（万元）**	**Total Fund of Different Sources**	**(10 000 yuan)**	**233972696**	**226866454**
上年末结余资金	（万元）	Fund Left Last Year	(10 000 yuan)	7591853	7389682
本年资金来源小计	（万元）	Total Fund of This Year	(10 000 yuan)	226380843	219476772
国家预算内资金	（万元）	State Budgetary Appropriations	(10 000 yuan)	6428673	5677792
国内贷款	（万元）	Domestic Loans	(10 000 yuan)	21490490	20544297
债　券	（万元）	Stock	(10 000 yuan)	61275	61275
利用外资	（万元）	Overseas Funds	(10 000 yuan)	4355525	4355525
#外商直接投资	（万元）	Direct Foreign Investment	(10 000 yuan)	2036723	2036723
自筹资金	（万元）	Self-raised Fund	(10 000 yuan)	184280434	179334979
#企事业单位自有资金	（万元）	Fund of Enterprises	(10 000 yuan)	55431180	52328682
其他资金来源	（万元）	Others	(10 000 yuan)	9764446	9502904
本年各项应付款合计	（万元）	Total of Account Payable	(10 000 yuan)	10278254	10071213
#工程款	（万元）	for Projects	(10 000 yuan)	3514007	3375086

注：本表固定资产投资不含房地产开发投资和农户投资。
a)Data in this table of investment in fixed asset does not include investment in real estate development and farmers investment.

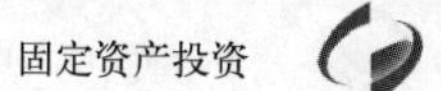

5-6 按行业分的固定资产投资(2011年)

Investments in Fixed Assets by Sector(2011)

单位:万元 (10 000 yuan)

类别	Category	固定资产投资额 Investments in Fixed Assets	建设总投资 Total Investment in Construction	施工项目(个) Number of Project under Constructi-on(unit)	新开工项目 Started This Year
总计	**Provincial Total**	**259271333**	**429041330**	**39394**	**28247**
(一)农、林、牧、渔业	**Farming, Forestry, Animal Husbandry and Fishery**	**5333392**	**7183436**	**1912**	**1518**
农业	Farming	1359995	1881756	506	405
林业	Forestry	538429	661473	189	157
畜牧业	Animal Husbandry	1653020	2312374	579	461
渔业	Fishery	477432	637503	160	114
农、林、牧、渔服务业	Services for Farming, Forestry, Animal Husbandry and Fishery	1304516	1690330	478	381
(二)采矿业	**Mining**	**5926163**	**8744802**	**589**	**412**
煤炭开采和洗选业	Mining and Washing of Coal	936216	2915250	143	98
石油和天然气开采业	Extraction of Petroleum and Natural Gas	2896021	2183521	18	14
黑色金属矿采选业	Mining and Dressing of Ferrous Metal Ores	500661	1299142	102	69
有色金属矿采选业	Mining and Dressing of Nonferrous Metals Ores	642780	1096355	95	58
非金属矿采选业	Mining and Dressing of Nonmetal Ores	916141	1210514	221	165
其他采矿业	Mining and Dressing of Other Ores	34344	40020	10	8
(三)制造业	**Manufacture**	**107657528**	**208621199**	**19614**	**14065**
农副食品加工业	Processing of Farm and Sideline Food	6500458	9963545	1587	1130
食品制造业	Manufacture of Food	2542341	4209829	538	377
饮料制造业	Manufacture of Beverage	1086507	2160874	212	150
烟草制品业	Tobacco Products	45292	165460	3	2
纺织业	Textile Industry	4082170	7222667	961	734
纺织服装、鞋、帽制造业	Manufacture of Textile Garments, Footwear and Headgear	2299110	3496293	651	446
皮革、毛皮、羽毛(绒)及其制品业	Feather, Furs, Down and Related Products	608233	840171	168	124
木材加工及木、竹、藤、棕、草制品业	Timber Processing, Bamboo, Cane, Palm Fiber & Straw Products	2203054	3269272	825	690
家具制造业	Manufacture of Furniture	1207325	2028079	323	229
造纸及纸制品业	Papermaking and Paper Products	2577185	4775153	384	286
印刷业和记录媒介的复制	Printing and Record Medium Reproduction	957569	1547255	221	141
文教体育用品制造业	Manufacture of Cultural, Educational and Sports Goods	610180	883589	150	117
石油加工、炼焦及核燃料加工业	Petroleum Refining, Coking and Nuclear Fuel Processing	2010353	4815276	200	141
化学原料及化学制品制造业	Manufacture of Raw Chemical Materials and Chemica Products	11647212	26767041	1695	1234
医药制造业	Manufacture of Medicines	2963339	6448702	452	282
化学纤维制造业	Manufacture of Chemical Fibers	476504	891999	72	45
橡胶制品业	Rubber Products	3037077	5977184	270	149
塑料制品业	Plastic Products	2188116	3447695	556	409
非金属矿物制品业	Nonmetal Mineral Products	9330128	14796377	2060	1631
黑色金属冶炼及压延加工业	Smelting and Pressing of Ferrous Metals	1823468	3372379	206	158
有色金属冶炼及压延加工业	Smelting and Pressing of Nonferrous Metals	2451894	6248257	224	160

注：建设总投资、施工及新开工项目个数等指标不含房地产企业开发数据(下表同)。

a)Data of total investment in construction , number of project under construction and new started no include those developed by real estate companies. The same applies to tables following.

5-6 续表 1 continued

单位:万元 (10 000 yuan)

类　别	Category	固定资产投资额 Investments in Fixed Assets	建设总投资 Total Investment in Constructi-on	施工项目(个) Number of Project under Constructi-on(unit)	新开工项目 Started This Year
金属制品业	Metal Products	6803781	12864768	1268	859
通用设备制造业	Manufacture of General Purpose Equipment	11946678	22314243	2329	1728
专用设备制造业	Manufacture of Special Purpose Equipment	7182035	12946615	1416	1039
交通运输设备制造业	Manufacture of Transport Equipment	8712155	19773385	1086	637
电气机械及器材制造业	Manufacture of Electrical Machinery and Equipment	7589680	17377100	989	660
通信设备、计算机电子设备制造业及其他	Manufacture of Communication Equipment, Computers and Other Electronic Equipment	2445990	5718092	310	195
仪器仪表及文化、办公用机械制造业	Manufacture of Instruments, Meters and Machinery for Cultural and Office Use	1062035	2220737	158	112
工艺品及其他制造业	Handicraft and Other Manufactures	894700	1429940	244	162
废弃资源和废旧材料回收加工业	Recycling and Disposal of Waste	372959	649222	56	38
(四)电力、燃气及水的生产和供应业	**Production and Supply of Electric Power, Gas and Water**	**6285558**	**16590093**	**774**	**561**
电力、热力的生产和供应业	Production and Supply of Electric Power and Heating Power	4841317	14345209	416	284
燃气生产和供应业	Production and Supply of Gas	609972	965252	151	127
水的生产和供应业	Production and Supply of Tap Water	834269	1279632	207	150
(五)建筑业	**Construction**	**4383954**	**7797782**	**986**	**698**
房屋和土木工程建筑业	Building and Civil Engineering Construction	3418283	6390865	762	544
建筑安装业	Construction Installment	120812	169185	39	29
建筑装饰业	Construction Decoration	137786	168217	32	24
其他建筑业	Other Construction	707073	1069515	153	101
(六)交通运输、仓储和邮政业	**Transport, Storage and Postal Services**	**13956809**	**33932347**	**1839**	**1279**
铁路运输业	Railway Transport	1172601	4455340	34	22
道路运输业	Road Transport	4718649	9162312	975	694
城市公共交通业	Urban Public Traffic	366526	2007209	19	12
水上运输业	Waterway Transport	3169521	9405996	127	76
航空运输业	Air Transport	294557	908751	22	15
管道运输业	Pipeline Transport	290983	771550	22	11
装卸搬运和其他运输服务业	Loading and Unloading and Other Transport Services	506988	844497	107	71
仓储业	Storage	3380927	6306252	523	369
邮政业	Postal Services	56057	70440	10	9
(七)信息传输、计算机服务和软件业	**Information Transmission, Computer Services and Software**	**691253**	**1403954**	**86**	**66**
电信和其他信息传输服务业	Telecommunications and Other Information Transmission Services	447869	832389	61	50
计算机服务业	Computer Services	112713	244346	9	8
软件业	Software	130671	327219	16	8
(八)批发和零售业	**Wholesale and Retail Trade**	**9475990**	**16528566**	**1907**	**1363**
批发业	Wholesale	4750598	8133860	896	623
零售业	Retail Trade	4725392	8394706	1011	740
(九)住宿和餐饮业	**Accommodations and Catering Services**	**4058822**	**9707976**	**671**	**470**
住宿业	Accommodations	2833886	7640255	288	179
餐饮业	Catering Services	1224936	2067721	383	291
(十)金融业	**Finance**	**332947**	**593628**	**70**	**56**
银行业	Banking	219368	360050	47	39
证券业	Securities	1750	1750	2	1

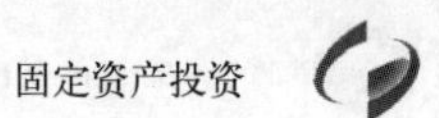

5-6 续表 2 continued

单位:万元 (10 000 yuan)

类 别	Category	固定资产投资额 Investments in Fixed Assets	建设总投资 Total Investment in Constructi-on	施工项目(个) Number of Project under Constructi-on(unit)	新开工项 目 Started This Year
保险业	Insurance	3161	3806	3	2
其他金融活动	Other Financial Activities	108668	228022	18	14
(十一)房地产业	**Real Estate**	**60320778**	**38057722**	**3058**	**2114**
房地产业	Real Estate	60320778	38057722	3058	2114
(十二)租赁和商务服务业	**Leasing and Business Services**	**2513748**	**5517488**	**311**	**212**
租赁业	Leasing Services	159477	223669	28	20
商务服务业	Business Services	2354271	5293819	283	192
(十三)科学研究、技术服务和地质勘查业	**Scientific Research, Technical Services and Geological Prospecting**	**2384121**	**4526009**	**355**	**246**
研究与试验发展	Research and Experimental Development	1187052	2375293	132	95
专业技术服务业	Special Technical Services	436172	732721	84	60
科技交流和推广服务业	Scientific & Technological Exchange and Promotion Services	476592	971224	86	70
地质勘查业	Geological Prospecting	284305	446771	53	21
(十四)水利、环境和公共设施管理业	**Management of Water Conservancy, Environment and Public Facilities**	**13701989**	**27603706**	**2598**	**1866**
水利管理业	Management of Water Conservancy	1566595	2968696	339	249
环境管理业	Management of Environment	2300084	4364291	368	267
公共设施管理业	Management of Public Facilities	9835310	20270719	1891	1350
(十五)居民服务和其他服务业	**Services to Households and Other Services**	**3446163**	**6879210**	**596**	**435**
居民服务业	Services to Households	2083735	3930963	352	251
其他服务业	Other Services	1362428	2948247	244	184
(十六)教 育	**Education**	**2706188**	**5512155**	**777**	**569**
教 育	Education	2706188	5512155	777	569
(十七)卫生、社会保障和社会福利业	**Health Care, Social Security and Social Welfare**	**1914104**	**4120045**	**412**	**271**
卫 生	Health Care	1252108	2988160	272	167
社会保障业	Social Security	424643	664966	73	60
社会福利业	Social Welfare	237353	466919	67	44
(十八)文化、体育和娱乐业	**Culture, Sports and Recreation**	**5428502**	**11683085**	**805**	**561**
新闻出版业	Publication	104422	220000	8	5
广播、电视、电影和音像业	Radio, Television, Film and Video	160049	292032	31	24
文化艺术业	Culture and Arts	3187021	5924765	523	358
体 育	Sports	326916	628770	29	15
娱乐业	Recreation	1650094	4617518	214	159
(十九)公共管理和社会组织	**Public Administration and Social Organizations**	**8753324**	**14038127**	**2034**	**1485**
中国共产党机关	CPC Agencies	23827	33320	8	3
国家机构	Government Agencies	5014295	8013517	1141	828
人民政协和民主党派	CPPCC and Democratic Parties	9827	26456	4	2
群众团体、社会团体和宗教组织	Mass Organizations, Social Organizations and Religious Organizations	315008	737713	53	41
基层群众自治组织	Self-governing Mass Organizations at the Grass-roots Level	3390367	5227121	828	611
(二十)国际组织	**International Organizations**				
国际组织	International Organizations				

5-7 按登记注册类型分的房地产开发投资情况(2011年)

类 别		Category		总 计 Total	内资企业 Domestic Funded	国有企业 State-owned Enterprises
计划总投资	**(万元)**	**Intended Investment**	**(10 000 yuan)**	**182006324**	**166894678**	**11641278**
自开始建设累计完成投资	**(万元)**	**Cumulative Investment**	**(10 000 yuan)**	**106948367**	**98463885**	**6083895**
本年完成投资	**(万元)**	**Investment Completed in Current Year**	**(10 000 yuan)**	**41067530**	**38313083**	**2324637**
配套工程投资	(万元)	in Related Projects	(10 000 yuan)	398566	380255	13359
按构成分		**Grouped by Use of Funds**				
建筑工程	(万元)	Construction	(10 000 yuan)	28990170	27142502	1644200
安装工程	(万元)	Installation	(10 000 yuan)	3279028	3150221	159490
设备工器具购置	(万元)	Purchase of Equipment and Instruments	(10 000 yuan)	366054	354474	17567
其他费用	(万元)	Others	(10 000 yuan)	8432278	7665886	503380
#旧建筑物购置费	(万元)	Purchase of Used Building	(10 000 yuan)	234111	234093	18666
土地购置费	(万元)	Purchase of Land	(10 000 yuan)	6953788	6325642	407956
按工程用途分		**Grouped by Use of Buildings**				
住 宅	(万元)	Residential Buildings	(10 000 yuan)	31987841	30047219	1655017
#90平方米以下住房	(万元)	Residential Buildings below 90sq.m	(10 000 yuan)	7966493	7652231	337600
144平方米以上住房	(万元)	Residential Buildings above 144sq.m	(10 000 yuan)	5610575	4939141	186470
别墅、高档公寓	(万元)	Villas and Upper-scale Apartments	(10 000 yuan)	1610692	1336646	25982
办公楼	(万元)	Office Buildings	(10 000 yuan)	993383	962563	131699
商业营业用房	(万元)	Buildings for Business	(10 000 yuan)	4769337	4227360	175185
其 他	(万元)	Others	(10 000 yuan)	3316969	3075941	362736
本年新增固定资产	**(万元)**	**Newly Increased Fixed Assets**	**(10 000 yuan)**	**17743195**	**17002835**	**1194049**
本年资金来源合计	**(万元)**	**Total Funds of All Sources**	**(10 000 yuan)**	**66009152**	**60509712**	**3668904**
上年末结余资金	(万元)	Fund Left from Last Year	(10 000 yuan)	11664578	10372038	612894
本年资金来源小计	(万元)	Fund of All Sources in Currrent Year	(10 000 yuan)	54344574	50137674	3056010
国内贷款	(万元)	Domestic Loans	(10 000 yuan)	8133541	7280028	734694
#银行贷款	(万元)	from Banks	(10 000 yuan)	7201675	6421073	681964
非银行金融机构贷款	(万元)	from Other Financial Deparments	(10 000 yuan)	931866	858955	52730
利用外资	(万元)	Foreign Investment	(10 000 yuan)	246870		
#外商直接投资	(万元)	Foreign Direct Investment	(10 000 yuan)	207153		
自筹资金	(万元)	Self-Raising Funds	(10 000 yuan)	24195032	22777232	908799
#自有资金	(万元)	Self-owned Funds	(10 000 yuan)	11318829	10482681	421543
其他资金来源	(万元)	Others	(10 000 yuan)	21769131	20080414	1412517
#定金及预付款	(万元)	Earnest Money and Advance Charge	(10 000 yuan)	14015057	12903471	841670
个人按揭贷款	(万元)	Mortgage Loans	(10 000 yuan)	4727369	4305087	287563
本年各项应付款合计	(万元)	Account Payable	(10 000 yuan)	7697727	7269444	305179
#工程款	(万元)	Payment for Construction	(10 000 yuan)	3709371	3480072	171665
待开发土地面积	(平方米)	Space of Land to be Developed	(sq.m)	34293334	31814697	596650
本年购置土地面积	(平方米)	Space of Land Purchased in Current Year	(sq.m)	36911136	34740798	1121889
本年土地成交价款	(万元)	Value of Commercial Land	(10 000 yuan)	5715932	5147956	194988
契税	(万元)	Contract tax	(10 000 yuan)	132148	118756	4423

Investment in Real Development by Registration Status(2011)

集体企业 Collective-owned Enterprises	股份合作企业 Cooperative Enterprises	联营企业 Joint Ownership Enterprises	有限责任公司 Limited Liability Corporations	股份有限公司 Share-holding Corporations Limited	私营企业 Private Enterprises	其他企业 Other Enterprises	港澳台商投资企业 Enterprises with Funds from Hong Kong, Macao and Taiwan	外商投资企业 Foreign Funded Enterprises
2569184	**1062483**	**22685**	**85198439**	**10927645**	**51441466**	**4031498**	**11539047**	**3572599**
2016063	**705878**	**17109**	**48980196**	**6801929**	**31844917**	**2013898**	**6366982**	**2117500**
836823	**238964**	**9209**	**19031229**	**2964914**	**12082455**	**824852**	**2096771**	**657676**
16795	240		187725	20923	138497	2716	15169	3142
666746	142733	6660	13199694	2128570	8759578	594321	1307850	539818
46911	13251	2004	1367388	290142	1126646	144389	91658	37149
1205	818		161990	20918	142187	9789	4736	6844
121961	82162	545	4302157	525284	2054044	76353	692527	73865
6260	1000		66989	71934	63014	6230	18	
98442	64576		3600659	378393	1715062	60554	578574	49572
684791	178070	6632	15002771	2371126	9491277	657535	1507458	433164
166677	28884	3212	3496006	769940	2702326	147586	196789	117473
77801	12908	120	2544388	402940	1612951	101563	567212	104222
186			750291	103541	436021	20625	186958	87088
14011	2650	940	480656	24483	301422	6702	27751	3069
90802	28105	1092	2131630	332828	1338348	129370	392206	149771
47219	30139	545	1416172	236477	951408	31245	169356	71672
378232	**131477**		**7088560**	**1687671**	**6193770**	**329076**	**582849**	**157511**
1174800	**293459**	**18900**	**29784935**	**4942804**	**19356184**	**1269726**	**4158462**	**1340978**
111461	55359	1300	5059202	950740	3365676	215406	1003196	289344
1063339	238100	17600	24725733	3992064	15990508	1054320	3155266	1051634
113900	10096	4500	3438832	731438	2119636	126932	681071	172442
108400	10096	4500	2842294	688511	1971548	113760	611152	169450
5500			596538	42927	148088	13172	69919	2992
							204442	42428
							165047	42106
493540	153524	11600	11747867	1367357	7572129	522416	979201	438599
150719	68938	11600	5347197	621240	3753345	108099	550685	285463
455899	74480	1500	9539034	1893269	6298743	404972	1290552	398165
323541	71366		6130129	1330321	4060724	145720	815083	296503
86929	3114	1500	1858060	449406	1525526	92989	356001	66281
212780	28576		3442527	706859	2299826	273697	304919	123364
61816	15108		1665217	339501	1167670	59095	158786	70513
138743	532565	54119	15358885	2518104	11522916	1092715	1927820	550817
292654	79421	54119	16144686	2087608	14334200	626221	1993222	177116
53100	6100	4300	2678201	554152	1562923	94192	475097	92879
273	183	129	56625	13204	42956	963	11461	1931

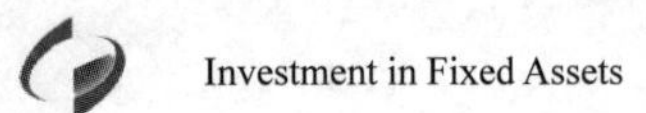

5-8 按登记注册类型分的房地产开发财务情况(2011年)

单位:万元

类别	Category	总计 Total	内资企业 Domestic Funded	国有企业 State-owned Enterprises
一、期初存货	**Initial Inventory**	**51817040**	**46481620**	**3477917**
二、期末资产负债	**Property debt at the End**			
流动资产合计	Total Liquid Liabilities	126178128	115665519	11206145
#应收账款	Accounts receivable	3784900	3560376	170912
存　货	Inventory	68465914	62791535	6187073
固定资产原价	Fixed Asset Value	5332418	4873276	1060306
累计折旧	Accumulated Depreciation	911921	839124	63953
#本年折旧	in Current Year	201073	177977	4982
资产总计	Assets	152425627	139664032	15337026
负债合计	Liabilities	120847703	111551001	11867962
所有者权益合计	Owners' Equity	31577923	28113031	3469064
#实收资本	Paid-up Capital	20747839	17860295	1713885
三、损益及分配	**Net Income or Loss and Distribution**			
主营业务收入	Operating Income	27813147	26352818	1464007
土地转让收入	Revenues from Land Transfer	145045	145045	48634
商品房屋销售收入	Revenues from Commercial Housing Sales	26840405	25423601	1384416
房屋出租收入	Housing Rental Income	129548	97831	8166
其他收入	Others	698148	686341	22791
主营业务成本	Main Business Cost	21053772	20032922	1150440
主营业务税金及附加	Main Business Tax & Additional	2082051	1965997	114936
其他业务利润	Other Operating Profits	135501	141548	8687
销售费用	Sales Expenses	728583	656573	34883
管理费用	Management Expenses	1453024	1333462	85638
#税　金	Taxes	131667	121865	5773
差旅费	Fees	50818	47377	2192
工会经费	Labour union expenditure	5139	5037	383
财务费用	Financial Expenses	574605	531627	30551
#利息支出	Interests	418664	378262	26087
营业利润	Business Profits	2155082	2039187	59969
补贴收入	Subsidy income	31330	27269	10101
营业外收入	Non-operating Income	122379	116957	6432
营业外支出	Non-operating Expenses	102318	91555	7041
利润总额	Total Profits	2194571	2037196	69464
应缴所得税	Income Tax Payable	634067	575245	21056
四、人工成本	**Labor costs**			
本年应付工资总额	Wages Payable in Current Year	747393	695321	38402
五、土地和固定资产支出	**Land and Fixed Assets Expenses**	**5305965**	**5018969**	**482500**
土地购置	Land Acquisition	4650385	4418385	440618
房屋和建筑物	Houses and Buildings	501349	452267	33305
机器设备	Machinery and Equipment	32287	30237	4941
运输工具	Conveyance	45013	43972	723
其他费用	Other Expenses	76931	74107	2914

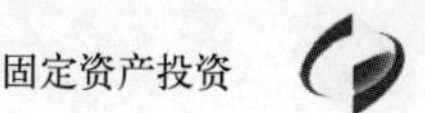

Financial Indicators of Real Estate Development by Registration Status(2011)

(10 000 yuan)

集体企业 Collective-owned Enterprises	股份合作企业 Cooperative Enterprises	联营企业 Joint Ownership Enterprises	有限责任公司 Limited Liability Corporations	股份有限公司 Share-holding Corporations Limited	私营企业 Private Enterprises	其他企业 Other Enterprises	港澳台商投资企业 Enterprises with Funds from Hong Kong, Macao and Taiwan	外商投资企业 Foreign Funded Enterprises
1027613	**241044**	**14690**	**23443289**	**3208696**	**14239137**	**829234**	**3422197**	**1913223**
2495428	674742	30695	57282615	7421998	34722425	1831472	7155523	3357086
126443	26101	5109	1748895	195095	1230081	57741	157708	66816
1080548	387781	11926	31452985	4125796	18679369	866058	3736738	1937641
86358	23309	2398	2103416	229853	1323352	44286	348187	110954
22487	8768	408	361601	65270	303261	13376	54232	18565
4200	1344	50	86083	11026	67968	2324	19247	3849
2817350	770593	40784	67749519	9042666	41671565	2234528	9010111	3751483
2212104	596634	29164	54358443	7100275	33575709	1810710	6462004	2834699
605246	173959	11620	13391076	1942391	8095856	423819	2548108	916785
179219	82841	5467	9290722	935689	5382265	270209	2135057	752486
688818	86384	9566	12719580	2350538	8434213	599713	1072225	388104
52			31487	25900	38953	20		
682337	78783	9206	12521228	2298759	7860533	588339	1036848	379956
4292	2239		43120	5752	32002	2260	27492	4225
2137	5362	360	123746	20126	502726	9094	7885	3923
559608	63283	6925	9621673	1698737	6481878	450378	731395	289456
33226	6694	693	957806	191658	623970	37014	83570	32485
1361	940	0	84191	18555	27212	603	-9736	3689
8257	6384	202	331604	46324	215463	13456	44464	27547
18834	7800	693	624343	103875	468193	24087	76327	43235
1683	439	29	61569	10670	39214	2489	6670	3132
456	419	27	22267	2981	18429	605	2376	1065
30	71		2828	331	1346	48	83	18
5084	4121	154	236805	36553	202689	15672	35162	7817
4992	2481	12	161889	25797	148580	8425	34458	5944
65283	-625	900	1072314	312757	465894	62695	119813	-3918
			6183	425	9620	939	4002	60
53	112	20	67004	28466	13606	1265	3181	2241
1290	279	26	47098	4041	30646	1134	9099	1664
64474	2833	894	1097305	341763	397511	62951	147301	10074
14389	1017		276908	73755	170338	17784	48156	10666
10264	6191	236	376575	53476	195899	14279	34841	17231
58351	**13886**	**3200**	**2767336**	**190694**	**1397062**	**105939**	**219895**	**67100**
53568	13094	2900	2412045	154642	1238754	102765	192873	39127
4350			270216	30406	111321	2670	22016	27065
120		100	15393	1890	7732	61	1413	638
267	338	200	18409	2818	20840	378	845	196
46	455		51273	938	18416	65	2749	75

5-9 房地产开发企业(单位)施工、销售和待售情况(2011年)

Construction and Sale of Buildings Made by Real Estate Enterprises(2011)

类别		Category		合计 Total	住宅 Residential Buildings	90平方米及以下住宅 below 90 sq.m	144平方米以上住宅 Above 144 sq.m
房屋施工面积	**(平方米)**	**Floor Space Under Construction**	**(sq.m)**	**363394924**	**290473193**	**67441499**	**43759264**
#新开工面积	(平方米)	Recently-started Projects	(sq.m)	140653386	113565181	22921868	15776843
房屋竣工面积	**(平方米)**	**Floor Space Completed**	**(sq.m)**	**63567572**	**53117740**	**13918161**	**7260849**
#不可销售面积	(平方米)	Space of Floor not Ready for Sale	(sq.m)	2122777	1255273	162010	11237
商品住宅竣工套数	**(套)**	**Number of Commercial Buildings Completed**	**(unit)**		**497106**	**175682**	**40121**
竣工房屋价值	**(万元)**	**Value of Buildings Completed**	**(10 000 yuan)**	**13483211**	**10786152**	**2955792**	**1439234**
出租房屋面积	**(平方米)**	**Floor Space of Buildings to Lease**	**(sq.m)**	**1211255**	**96510**	**20627**	**2912**
商品房销售面积	**(平方米)**	**Floor Space of Commercial Buildings Sold**	**(sq.m)**	**95760078**	**87411567**	**19133544**	**12336836**
#现房销售面积	(平方米)	Floor Space of Complete Dapartments	(sq.m)	20477578	17929113	3795103	3424611
期房销售面积	(平方米)	Floor Space of Forward Delivery Housin	(sq.m)	75282500	69482454	15338441	8912225
商品房销售额	**(万元)**	**Total Sale of Commercial Building**	**(10 000 yuan)**	**42591498**	**37576321**	**8316232**	**6863460**
#现房销售额	(万元)	Sale of Complete Dapartments	(10 000 yuan)	7769826	6390219	1393082	1429162
期房销售额	(万元)	Sale of Forward Delivery Housing	(10 000 yuan)	34821672	31186102	6923150	5434298
商品住宅销售套数	**(套)**	**Number of Commercial Buildings Sold**	**(unit)**		**795823**	**240853**	**69357**
#现房销售套数	(套)	Complete Dapartments	(unit)		163194	48399	19505
期房销售套数	(套)	Forward Delivery Housing	(unit)		632629	192454	49852
待售面积	**(平方米)**	**Floor Space of Waiting For Sale**	**(sq.m)**	**14473912**	**10451754**	**1839155**	**1900085**
#待售1-3年(含1年)	(平方米)	1 to 3 years	(sq.m)	6451743	4550996	885798	814453
待售3年以上(含3年)	(平方米)	more than 3 years	(sq.m)	467306	152492	39388	71051

5-9 续表 continued

类　别		Category		别墅、高档公寓 Villas and Upper-scale Apartments	办公楼 Office Buildings	商业营业用房 Buildings for Business	其他 Others
房屋施工面积	**（平方米）**	**Floor Space Under Construction**	**(sq.m)**	**7693957**	**7872747**	**40735075**	**24313909**
#新开工面积	（平方米）	Recently-started Projects	(sq.m)	2940885	3660057	13510999	9917149
房屋竣工面积	**（平方米）**	**Floor Space Completed**	**(sq.m)**	**1398055**	**1165419**	**6133918**	**3150495**
#不可销售面积	（平方米）	Space of Floor not Ready for Sale	(sq.m)	90000	109949	291325	466230
商品住宅竣工套数	**（套）**	**Number of Commercial Buildings Completed**	**(unit)**	**6996**			
竣工房屋价值	**（万元）**	**Value of Buildings Completed**	**(10 000 yuan)**	**382928**	**442445**	**1511221**	**743393**
出租房屋面积	**（平方米）**	**Floor Space of Buildings to Lease**	**(sq.m)**		**98528**	**811145**	**205072**
商品房销售面积	**（平方米）**	**Floor Space of Commercial Buildings Sold**	**(sq.m)**	**1605249**	**713988**	**6040170**	**1594353**
#现房销售面积	（平方米）	Floor Space of Complete Dapartments	(sq.m)	499743	361702	1774003	412760
期房销售面积	（平方米）	Floor Space of Forward Delivery Housin	(sq.m)	1105506	352286	4266167	1181593
商品房销售额	**（万元）**	**Total Sale of Commercial Building**	**(10 000 yuan)**	**1309334**	**549553**	**3892907**	**572717**
#现房销售额	（万元）	Sale of Complete Dapartments	(10 000 yuan)	318889	229212	1006386	144009
期房销售额	（万元）	Sale of Forward Delivery Housing	(10 000 yuan)	990445	320341	2886521	428708
商品住宅销售套数	**（套）**	**Number of Commercial Buildings Sold**	**(unit)**	**8804**			
#现房销售套数	（套）	Complete Dapartments	(unit)	2530			
期房销售套数	（套）	Forward Delivery Housing	(unit)	6274			
待售面积	**（平方米）**	**Floor Space of Waiting For Sale**	**(sq.m)**	**458124**	**553001**	**2598886**	**870271**
#待售1-3年(含1年)	（平方米）	1 to 3 years	(sq.m)	270036	305215	1253616	341916
待售3年以上(含3年)	（平方米）	more than 3 years	(sq.m)	6974	16980	209710	88124

5-10 新增生产能力(2011年)

Newly Increased Production Capacity through Capital Construction(2011)

能力名称		Item		建设规模 Total Construc-tion Size	本年施工规模 Under Construc-tion This Year	新开工能力 Started This Year	累计新增生产能力 Accumulated Newly Increased	本年新增能力 Newly Increased This Year
原煤开采	(万吨/年)	Coal Mining	(10 000 tons/year)	2668	2577	1352	848	812
洗　煤	(万吨/年)	Coal Washing	(10 000 tons/year)	2541	2046	1683	2077	1636
焦　炭	(万吨/年)	Coke	(10 000 tons/year)	812	572	552	812	572
天然原油开采	(万吨/年)	Petroleum Extraction	(10 000 tons/year)	269	252	242	243	243
石油加工:		Petroleum Processing	(10 000 tons/year)					
蒸馏设备能力	(处理万吨/年)	Distillation Equipment Capacity	(10 000 tons/year)	292	139	83	123	81
裂化设备能力	(处理万吨/年)	FCC Equipment Capacity	(10 000 tons/year)	441	252	246	173	84
加氢精制设备能力	(处理万吨/年)	Capacity of Hydrotreating Equipment	(10 000 tons/year)	2045	1015	995	1795	965
焦化设备能力	(万吨/年)	Coke Equipment Capacity	(10 000 tons/year)	840	683	653	838	683
催化重整设备能力	(万吨/年)	Catalytic Reforming Equipment Capacity	(10 000 tons/year)	24	15	15	20	15
铁矿开采(原矿)	(万吨/年)	Iron Ore Mining	(10 000 tons/year)	2585	1762	1759	1852	1662
铁矿选矿处理量	(万吨/年)	Iron Ore Processing capacity	(10 000 tons/year)	79	69	69	69	69
铁矿石成品矿	(万吨/年)	Refined Iron Ore Mine	(10 000 tons/year)	283	246	246	256	246
生　铁	(万吨/年)	Pig Iron	(10 000 tons/year)	50	50	15	15	15
粗　钢	(万吨/年)	Crude Steel	(10 000 tons/year)	511	511	511	511	511
铜冶炼	(吨/年)	Copper Smelting	(ton/year)	435500	431000	431000	431000	431000
氧化铝	(吨/年)	Aluminum Oxide	(ton/year)	211000	207000	207000	211000	207000
铝加工	(吨/年)	Aluminum Machining	(ton/year)	1307800	1123757	673757	934157	923757
水力发电	(万千瓦)	Hydro Power Generation	(10 000 kw)	0	0	0	0	0
火力发电	(万千瓦)	Thermal Power Generation	(10 000 kw)	661	447	253	401	327
其他发电	(万千瓦)	Others	(10 000 kw)	521	329	299	365	276
输电线路长度(11万伏及以上)	(公里)	Length of Transmission Line	(over 110kv) (km)	3641	3428	3401	2729	2627
水　泥	(万吨/年)	Cement	(10 000 tons/year)	4285	3278	2532	3023	2622
平板玻璃	(万重量箱/年)	Plain Glass	(10 000 weight-box/year)	1144	814	744	898	718
石墨及炭素制品	(吨/年)	Graphite and Carbon Products	(ton/year)	420204	400542	282763	290825	274847
木　材	(万立方米/年)	Wood	(10 000 cu.m/year)	3	3	3	3	3
氮　肥	(吨/年)	Nitrogen Fertilizers	(ton/year)	998270	720040	687190	906000	687190
磷　肥	(吨/年)	Phosphate Fertilizers	(ton/year)	53913	52517	52417	51637	51517
钾　肥	(吨/年)	Potassium Fertilizer	(ton/year)	35560	31030	27930	32210	26585
化学农药原药	(吨/年)	Chemical Pesticides	(ton/year)	87407	58572	57272	63572	54214
精甲醇	(吨/年)	Extracted Methanol	(ton/year)	526920	526850	526850	526885	526850
塑料树脂及共聚物	(吨/年)	Plastics,Colophony and Copolymer	(ton/year)	493808	410741	408361	398360	379741
合成橡胶	(吨/年)	Synthetic Rubber	(ton/year)	640626	529077	328027	33211	28927
轮胎外胎	(万条/年)	Tires	(10 000 units/year)	6280	5885	555	5870	5295
轮胎内胎	(万条/年)	Tire Tubes	(10 000 units/year)	3485	1800	400	2965	1500

5-10 续表 continued

能力名称	Item	建设规模 Total Construc -tion Size	本年施工规模 Under Construc -tion This Year	新开工能力 Started This Year	累计新增生产能力 Accumu lated Newly Increased	本年新增能力 Newly Incre ased This Year
载货汽车制造 (辆/年)	Trucks (unit/year)	12000	3300	3300	5000	2300
客车制造 (辆/年)	Buses (unit/year)	223200	23200	23200	3200	3200
轿车制造 (辆/年)	Cars (unit/year)	21000	21000	15000	21000	21000
其它汽车制造 (辆/年)	Others (unit/year)	149150	92690	88190	84390	83390
摩托车制造 (辆/年)	Motorcycles (unit/year)	150000	150000	150000		
化学纤维 (吨/年)	Chemical Fiber (ton/year)	55036	54486	35986	42736	37286
#合成纤维 (吨/年)	Synthetic Fibers (ton/year)	30600	30600	16900	23200	18200
棉纺锭 (锭)	Cotton Spindles (unit)	4330000	3832000	2890000	3527000	3232000
毛纺锭 (锭)	Wool Spindles (unit)	3000	2500	2500	2500	2500
啤　酒 (万吨/年)	Beer (10 000 tons/year)	20	7	7	8	6
白　酒 (万吨/年)	Wine (10 000 tons/year)	17	15	15	15	15
其他酒 (万吨/年)	Others (10 000 tons/year)	2	1	0	1	1
机制纸浆 (万吨/年)	Machine-made Pulp (10 000 tons/year)	23	23	13	16	16
房间空气调节器 (万台/年)	Air Conditioners (10 000 units/year)	2	1	1	1	1
新建铁路主线正线	Length of Newly-Built Railway	345	341	156	114	44
-交付运营里程 (公里)	Put into Operation (km)					
新建公路 (公里)	Length of Newly-built Highway (km)	2392	1982	1408	1805	1508
#高速公路 (公里)	Expressway (km)	441	379	140	205	180
一级公路 (公里)	Class-A Highway (km)	208	150	119	146	86
二级公路 (公里)	Class-B Highway (km)	737	632	477	629	598
改建公路 (公里)	Length of Reconstructed Highway (km)	2961	2390	1698	2610	1724
一级公路 (公里)	Class-A Highway (km)	241	228	132	66	66
二级公路 (公里)	Class-B Highway (km)	445	413	302	310	304
新建独立公路桥梁 (延长米)	Length of Newly-built Bridges (m)	42607	42392	1442	28776	28692
-座数 (座)	Number (unit)	14	11	7	10	9
新(扩)建港口码头	Newly-built or Expanded Ports					
-年吞吐量 (万吨)	Annal Throughput (10 000 tons/year)	10006	8527	2525	4855	3519
-泊位 (个)	Berths (unit)	68	49	17	37	12
#新(扩)建沿海港口码头	Newly-built or Expanded Coastal Harbors					
-年吞吐量 (万吨)	Annal Throughput (10 000 tons/year)	6097	5909	127	2009	1397
-泊位 (个)	Berths (unit)	22	18	4	11	6
新(扩)建客、货运站 (个)	Cargo or Passenger Terminals (unit)	35	33	26	32	29
-面积 (平方米)	Area (sq.m)	651895	637033	582161	631832	616970
城市自来水供水能力 (万吨/日)	Volume of Water Supply (10 000 tons/day)	87	82	79	72	67
城市公共交通车辆购置 (辆)	Purchase of Public Transportation Vehicles (unit)	223	223	223	223	223
城市污水处理能力 (万吨/日)	Capacity of Sewage Treatment (10 000 tons/day)	105	100	83	88	71

主要统计指标解释

全社会固定资产投资 是以货币形式表现的在一定时期内全社会建造和购置固定资产的工作量以及与此有关的费用的总称。该指标是反映固定资产投资规模、结构和发展速度的综合性指标,又是观察工程进度和考核投资效果的重要依据。全社会固定资产投资按登记注册类型可分为国有、集体、个体、联营、股份制、外商、港澳台商、其他等。

房地产开发投资 指各种登记注册类型的房地产开发公司、商品房建设公司及其他房地产开发法人单位和附属于其他法人单位实际从事房地产开发或经营活动的单位统一开发的包括统代建、拆迁还建的住宅、厂房、仓库、饭店、宾馆、度假村、写字楼、办公楼等房屋建筑物和配套的服务设施,土地开发工程(如道路、给水、排水、供电、供热、通讯、平整场地等基础设施工程)的投资;不包括单纯的土地交易活动。

农村投资 指发生在农村区域范围内的非农户固定资产投资项目完成的投资。

建设总规模 是指在报告期内所有施工项目的计划总投资。这个指标和施工项目相对应。

在建总规模 是指在报告期末所有在建项目的计划总投资。

在建净规模 是指报告期末所有在建项目建成投产尚需的投资总量。

在建净规模＝在建总规模－累计完成投资

固定资产投资的资金来源 根据固定资产投资的资金来源不同,分为国家预算内资金、国内贷款、利用外资、自筹资金和其他资金。

(1)国家预算内资金:分为财政拨款和财政安排的贷款两部分。包括中央财政的基本建设基金(分经营性基金和非经营性基金两部分)、专项支出(如煤代油专项等)、收回再贷、贴息资金,财政安排的挖潜改造和新产品试制支出、城建支出、商业部门简易建筑支出、不发达地区发展基金等资金中用于固定资产投资的资金;地方财政中由国家统筹安排的资金等。

(2)国内贷款:指报告期固定资产投资单位向银行及非银行金融机构借入的用于固定资产投资的各种国内借款,包括银行利用自有资金及吸收的存款发放的贷款、上级主管部门拨入的国内贷款、国家专项贷款(包括煤代油贷款、劳改煤矿专项贷款等)、地方财政专项资金安排的贷款、国内储备贷款、周转贷款等。

(3)利用外资:指报告期收到的用于固定资产建造和购置的国外资金(包括设备、材料、技术在内)。包括对外借款(外国政府、国际金融组织贷款、出口信贷、外国银行商业贷款、对外发行债券和股票)、外商直接投资及外商其他投资。不包括我国自有外汇资金(国家外汇、地方外汇、留成外汇、调剂外汇和中国银行自有资金发行的外汇贷款等)。计算利用外资时,需要折算成人民币,折算中所使用的外汇汇率按现汇计算,即按使用外汇时的汇率计算。

(4)自筹资金:指固定资产投资单位报告期收到的,由各地区、各部门及企、事业单位筹集用于固定资产投资的预算外资金,包括中央各部门、各级地方和企、事业单位的自筹资金。

(5)其他资金:指在报告期收到的除以上各种资金之外其他用于固定资产投资的资金,包括企业或金融机构通过发行各种债券筹集到的资金、群众集资、个人资金、无偿捐赠的资金及其他单位拨入的资金等。

固定资产投资按国民经济行业分 根据建设项目建成投产后的主要产品或主要用途及社会经济活动性质来确定国民经济行业。一般情况下,一个建设项目或一个企业、事业单位只能属于一种国民经济行业。

固定资产投资按隶属关系分 是按建设单位或企业、事业、行政单位的主管上级机关确定的。

(1)中央:是指中共中央、人大常委会和国务院各部、委、局、总公司以及直属机构直接领导的建设项目和企业、事业、行政单位。这些单位的固定资产投资计划由国务院各部门直接编制和下达,建设中所需物资、主要设备以及建设中的问题都由中央有关部门安排和解决。

(2)地方:是由省(自治区、直辖市)、地区(州、盟、省辖市)、县(旗、县级市)三级政府及业务主管部门直接领导和管理的建设项目、企业、事业、行政单位。地方项目还包括不隶属以上各级政府及主管部门的建设项目和企业、事业单位,如外商投资企业和无主管部门的企业等。

固定资产投资按建设性质分 根据整个建设项目情况来确定。建设项目的性质一般分为新建、扩建、改建和技术改造、迁建、恢复。房地产开发单位投资不划分建设性质。

(1)新建:一般指从无到有"平地起家"开始建设的企业、事业和行政单位或建设项目。现有企业、事业、行政单位一般不属于新建。但如有的单位原有基础很小,经过建设后新增的固定资产价值超过该企、事业、行政单位原有固定资产价值(原值)三倍以上的也应作为新建。

(2)扩建:指在厂内或其他地点,为扩大原有产品的生产能力(或效益)或增加新的产品生产能力,而增建主要的生产车间(或主要工程)、分厂、独立的生产线。行政、事业单位在原单位增建业务用房(如学校增建教学用房、医院增建门诊部、病房等)也作为扩建。

现有企、事业单位为扩大原有主要产品生产能力或增加新的产品生产能力,增建一个或几个主要生产车间(或主要工程)、分厂，同时进行一些更新改造工程的，也应作为扩建。

(3)改建和技术改造：指现有企业、事业单位，对原有设施进行技术改造或更新(包括相应配套的辅助性生产、生活福利设施)的建设项目。现有企业、事业单位为适应市场变化的需要，而改变企业的主要产品种类(如军工企业转产民用品等)的建设项目，应作为改建。原有产品生产作业线由于各工序(车间)之间能力不平衡，为填平补齐充分发挥原有生产能力而增建不增加本企业主要产品设计能力的车间，也应作为改建。技术改造是指企业、事业单位在现有基础上，用先进的技术代替落后的技术，用先进的工艺和装备代替落后的工艺和装备，以改变企业落后的技术经济面貌，实现以内涵为主的扩大再生产，达到提高产品质量、促进产品更新换代、节约能源、降低消耗、扩大生产规模、全面提高社会经济效益的目的。技术改造具体包括以下内容：机器设备和工具的更新改造；生产工艺改革、节约能源和原材料的改造；厂房建筑和公共设施的改造；劳动条件和生产环境的改造等。

固定资产投资按构成分 固定资产投资活动按其工作内容和实现方式分为建筑安装工程，设备、工具、器具购置，其他费用三个部分。

(1)建筑安装工程(建筑安装工作量)：指各种房屋、建筑物的建造工程和各种设备、装置的安装工程。包括各种房屋建造工程；各种用途设备基础和各种工业窑炉的砌筑工程及金属结构工程；为施工而进行的各种准备工作和临时工程以及完工后的清理工作等；铁路、道路的铺设，矿井的开凿及石油管道的架设等；水利工程；防空地下建筑等特殊工程；列入房屋工程预算内的暖气、卫生、通风、照明、煤气等设备的价值及装设油饰工程；列入建筑工程预算内的各种管道(蒸汽、压缩空气、石油、给排水等管道)、电力、电讯电缆导线等的敷设工程；以及各种机械设备的安装工程；为测定安装工程质量，对设备进行的试运工作；房地产开发单位进行的商品房屋开发建设工程、土地开发工程。

在安装工程中，不包括被安装设备本身的价值。

(2)设备、工具、器具购置：指建设单位或企、事业单位购置或自制的，达到固定资产标准的设备、工具、器具的价值。新建单位及扩建单位的新建车间，按照设计或计划要求购置或自制的全部设备、工具、器具，不论是否达到固定资产标准均计入“设备、工具、器具购置”中。

(3)其他费用：指在固定资产建造和购置过程中发生的，除上述几项内容以外的各种应分摊计入固定资产的费用。

施工项目 指报告期内进行过建筑或安装施工活动的项目。凡是报告期内施过工的建设项目，不论施工时间长短，均作为施工项目统计。施工项目个数可以反映一定时期固定资产投资的实际规模，与同期全部建成投产项目个数相比，可以从建设速度的角度反映固定资产投资的效果。根据建设项目施工活动的不同性质，施工项目又分为：本年正式施工项目、本年收尾项目和以前年度全部停缓建项目。

全部建成投产项目 工业项目指设计文件规定形成生产能力的主体工程及其相应配套的辅助设施全部建成，经负荷试运转，证明具备生产设计规定合格产品的条件，并经过验收鉴定合格或达到竣工验收标准，与生产性工程配套的生活福利设施可以满足近期正常生产的需要，正式移交生产的建设项目。非工业项目指设计文件规定的主体工程和相应的配套工程全部建成，能够发挥设计规定的全部效益，经验收鉴定合格或达到竣工验收标准，正式移交使用的建设项目。

新增生产能力(或工程效益) 指通过固定资产投资活动而增加的设计能力(或工程效益)，该指标是以实物形态表现的反映固定资产投资成果的指标，也是考核投资经济效果的重要依据之一。

新增生产能力(或工程效益)一般有以下几种表现形式：

(1)用产品数量表示，以工程在单位时间内(一般是一年)所能生产的产品数量(即年产量)表示。如原煤开采用万吨／年表示，化学农药用吨／年表示，拖拉机制造用台／年表示等。某些化工产品由于含量差别较大，按其设计含量计算折合量表示，如硫酸、纯碱、烧碱等。

(2)用单位时间内所能处理的原料数量表示，以工程每天(或小时)所能处理原料的数量表示。如机制糖工程日处理原料吨，食用植物油日处理原料吨，城市污水处理能力用万吨／日表示等。

(3)用新增加的主要设备的数量或容量表示，如新增棉布织机、丝织机等台数，毛纺锭等锭数，发电厂新增发电机组容量用千瓦表示等。

(4)用建筑物容积、容量、面积、长度表示，是非工业项目或工程新增效益的一种表现形式。如铁路投产里程、新建公路、水库容量、粮食仓库、学校学生席位、医院病床、有效灌溉面积等。

根据工程的特点，有时需要用两种或两种以上的复合计量单位表示新增生产能力(或工程效益)，如新增内燃机生产能力同时用年产台数、千瓦数表示等。

为了规范新增生产能力(或工程效益)的名称和计算单位，国家统计局制订了《新增生产能力(或工程效益)目录及代码》。各固定资产投资单位在统计新增生产能力(或工程效益)时，必须按目录中规定的名称、计量单位和代码填报。

房屋建筑面积 指房屋建筑物勒脚以上外墙外围的水平截面面积，包括房屋建筑物的有效面积和结构面积。该指标是从实物形态上反映建设规模和建设成果的重要指标之一，也是检查工程形象进度、计算工程造价、分析投资效果、研究施工任务和建筑材料之间平衡情况的重要依据。

住宅建筑面积 指施工和竣工房屋建筑面积中供居住用的房屋建筑面积。

施工面积 指报告期内施工的全部房屋建筑面积。包括本期新开工的面积和上期开工跨入本期继续施工的房屋面积，以及上期已停建在本期恢复施工的房屋面积。本期竣工和本期施工后又停缓建的房屋，其建筑面积仍计入本期房屋施工面积中。

竣工面积 指在报告期内房屋建筑按照设计要求已经全部完工，达到住人和使用条件，经验收鉴定合格(或达到竣工验收标准)，正式移交使用单位的各栋房屋建筑面积的总和。

房屋建筑面积竣工率 指一定时期内房屋竣工面积占同期房屋施工面积的比率。是从房屋建筑施工速度的角度反映投资效果的指标。

新增固定资产 指报告期内已经完成建造和购置过程，并已交付生产或使用单位的固定资产价值。该指标是表示固定资产投资成果的价值指标，也是反映建设进度，计算固定资产投资效果的重要指标。

项目建设投产率 指一定时期内全部建成投产项目个数与同期施工项目个数的比率。该指标是从建设单位建设速度的角度反映投资效果的指标。

固定资产交付使用率 指一定时期新增固定资产与同期完成投资额的比率。该指标是反映固定资产动用速度，衡量建设过程中宏观投资效果的综合指标。由于新增固定资产是较长时期内形成的结果，而投资额则是当年完成的，因此，该指标一般适宜于反映较长时期内固定资产的动用情况。

商品房销售面积 指报告期内出售商品房屋的合同总面积(即双方签署的正式买卖合同中所确定的建筑面积)。由现房销售建筑面积和期房销售建筑面积两部分组成。

商品房销售额 指报告期内出售商品房屋的合同总价款(即双方签署的正式买卖合同中所确定的合同总价)。该指标与商品房销售面积同口径，由现房销售额和期房销售额两部分组成。

Explanatory Notes on Main Statistical Indicators

Total Investment in Fixed Assets in the Whole Country refers to the volume of activities in construction and purchases of fixed assets and related fees, expressed in monetary terms. It is a comprehensive indicator which shows the size, structure and growth of the investment in fixed assets, providing basis for observing the progress of construction projects and evaluating results of investment. Total investment in fixed assets in the whole country includes, by type of ownership, the investment by the state owned units, collective units, individuals, joint ownership units, share holding units, as well as investment by businessmen from foreign countries and from Hong Kong, Macao and Taiwan, and by other units.

Investment in Real Estate Development refers to the investment by the real estate development companies, commercial buildings construction companies and other real estate development units of various types of ownership in the construction of house buildings, such as residential buildings, factory buildings, warehouses, hotels, guesthouses, holiday villages, office buildings, and the complementary service facilities and land development projects, such as roads, water supply, water drainage, power supply, heating, telecommunications, land leveling and other projects of infrastructure. It excludes the activities in pure land transactions.

Investment in Rural Areas refers to investment in fixed assets by enterprises, institutions and individuals in rural areas.

Total Size of Construction refers to the planned total investment for all construction projects during the reference period.

Total Size of Investment in Projects under Construction refers to the planned total investment of all projects under construction at the end of the reference period.

Net Size of Investment in Projects under Construction refers to the required investment of all projects under construction at the end of the reference period.

Net Size of Investment=Total Size of Investment-accumulated completed investment

Sources of Funds for Investment in Fixed Assets include fund from state budget, domestic loans, foreign investment, self raised funds, and others depending on the source of investment.

(1) Fund from state budget consists of budgetary appropriation and loans from state budget. More specifically, it includes, from the budget of the central government, capital construction fund (operation fund and non-operational fund), special expenses (e.g. expenses on substituting petroleum with coal), loans from repayment, discount fund, expenses on innovation and trial production of new products, expenses on urban construction, expenses on temporary construction by trade departments, development fund for less developed areas, as well as local budgetary fund transferred from the central budget.

(2) Domestic loans refer to loans of various forms borrowed by investing units from banks and non-bank financial institutions during the reference period for the purpose of investment in fixed assets, including loans issued by banks from their self owned funds and deposit, loans appropriated by higher responsible authorities, special loans by government (including loan for substituting petroleum with coal, special loan for reform through labour coal mines), loans arranged by local government from special funds, domestic reserve loan, and working loan, etc.

(3) Foreign Investment refers to foreign funds received during the reference period for the construction and purchase of investment in fixed assets (covering equipment, materials and technology), including foreign borrowings (loans from foreign governments and international financial institutions, export credit, commercial loans from foreign banks, issue of bonds and stocks overseas), foreign direct investment and other foreign investment. Excluded in this category are capitals in foreign exchanges owned by China (foreign exchanges owned by the central and local governments, foreign exchanges retained by enterprises, foreign exchanges by enterprises through regulating mechanism, loans in foreign exchanges issued by the Bank of China with its own fund, etc.). In calculating the utilization of foreign capitals, foreign currencies are converted into Chinese Renminbi applying the current exchange rate when the foreign capitals are actually used.

(4) Self-raised funds refer to extra budgetary funds for investment in fixed assets received by investing units from central government ministries, local governments, enterprises and institutions, including their self raised funds.

(5) Others refer to funds for investment in fixed assets received from the sources other than those listed above, including capitals raised through issuing bonds by enterprises or financial institutions, funds raised from individuals and through donations, and funds transferred from other units.

Investment in Fixed Assets by Sector The classification of construction projects by sector is determined by the major products or the purpose of the projects when they are put into production or use, and by the nature of their social economic activities. In general, one project or one enterprise or institution can only be classified into one sector.

Investment in Fixed Assets by Jurisdiction of Management refers to the classification of investment by the competent authorities under which investment is made by construction units, enterprises, institutions or administrative units.

(1) Central investment refers to the investment in projects or by enterprises, institutions or administrative units which are under the direct leadership and management of the CPC Central

Committee, the NPC Standing Committee, the State Council and of the national commissions, ministries, agencies and state owned large corporations. Various ministries and departments of the State Council prepare and implement plans for investment in fixed assets by those departments, and arrange and ensure the supply of materials and key equipment required for the projects.

(2) Local investment refers to the investment in projects or by enterprises, institutions or administrative units which are under the direct leadership and management of departments under the provincial, prefecture and county governments. Also included are projects by foreign invested enterprises and enterprises without competent managing authorities.

Investment in Fixed Assets by Type of Construction The construction projects in general can be classified, by the type of construction, into new construction, expansion, reconstruction and technical transformation, moving and restoration. However, investment by type of construction is not applied to investment by real estate development units.

(1) New construction in general refers to newly constructed enterprises, institutions, administrative agencies or independent projects from scratch. Construction in the existing enterprises, institutions or agencies is not considered as new construction. In case the assets of the existing unit is quite small, and the value of newly added fixed assets exceeds the original value of assets by three times, the expansion will be considered as new construction.

(2) Expansion refers to construction of new major production workshop, branch factory or independent production line within a factory or in other locations, for the purpose of increasing the production capacity (or improving efficiency) of the original products. Newly constructed houses for the operation of institutions and administrative organizations (such as the newly constructed buildings for teaching in schools, buildings for clinics or wards in hospitals, etc.) are also classified as expansion.

Also included in the expansion are investments by existing enterprises or institutions in building major production line(s) or branch factory(ies) along with some work on innovation, for the purpose of expending the production capacity of original products or producing new products.

(3) Reconstruction refers to construction projects by existing enterprises or institutions in innovation or technical transformation of the old facilities (including auxiliary production equipment and welfare facilities).Also considered as reconstruction is the construction of new workshops by the existing enterprises or institutions to change the variety of products to meet the market demand (such as the production of civil products by defence industries), or to bring the designed production capacity into full play through a more balanced production process on production lines. Technical transformation refers to replacement of old technology or equipment by new technology or equipment, in order to expand the reproduction through improvement of technology contents in production, to improve product quality, to promote new products, to save energy and reduce consumption and to improve overall social economic efficiency. Contents of technical transformation include: updating of machinery, equipment and tools; reforming production process by using energy or materials saving technology; construction of factory workshops and transformation of public facilities; improvement of working conditions and environment, etc.

Investment in Fixed Assets by Structure By their contents, investment activities are classified into 3 categories, i.e. construction and installation, purchase of equipment and instrument, and other expenses.

(1) Construction and installation (work volume of construction and installation) refers to the construction of various houses and buildings and installation of various kinds of equipment and instruments. They include construction of various houses; equipment foundations, industrial kilns and stoves, and metal structure work; preparation works for project construction, and clearing up works post project construction; pavement of railways and roads, drilling of mines and putting up of oil pipes; construction of projects of water conservancy; construction of underground air raid shelters and construction of other special projects; value of equipment for heating, sanitation, ventilation, lighting, gas, painting, etc. that are covered by the budget of housing projects; laying out of various pipelines (for steam, compressed air, petroleum, tap water and sewage) and lines for electric power and for communications; installation of various machinery equipment, testing operation for pre testing the quality of installation projects, and land and other development work conducted by real estate developers for commercial housing. The value of equipment installed is not included in the value of installation projects.

(2) Purchase of equipment and instruments refers to the total value of equipment, tools, and instruments purchased or self produced which come up to standards for fixed assets by the construction units or investing enterprises or institutions. Equipment, tools and instruments purchased or self produced for new workshops by newly established or expanded units are categorized as "purchase of equipment and instruments" no matter whether they come up to the standards for fixed assets.

(3)Other expenses refer to expenses occurring during the construction or purchase of fixed assets other than those mentioned above.

Projects under Construction refer to projects with construction and installation activities undertaken in the reference period. All projects that have construction activities undertaken during the reference period are reported as projects under construction irrespective of the length of construction work. The number of projects under construction can reflect the actual size of investment in fixed assets during a given period, and when compared with the number of projects completed and put into use during the same period, it demonstrates the results of investment in fixed assets. Depending on the nature of construction activities, projects under construction can also be classified into projects under construction in current year, winding up projects in current year and stopped or suspended projects in previous years (with preservation work in current year).

Projects Completed and Put into Use Industrial projects refer to the major projects and accessory facilities completed which result in forming production capacity and have been checked and accepted while the living and welfare facilities have been completed and can ensure normal production and formally put into production. Non industrial projects refer to the major projects and accessory facilities completed which possess the designed capacity and have been checked, accepted and formally put into production.

Newly Increased Production Capacity(or Project Efficiency) refers to the increase of designed capacity (or project efficiency) through investment in fixed assets, which reflects the accomplishment of investment in fixed assets in kind and serves as important basis for evaluating the economic efficiency of investment.

The newly increased production capacity (project efficiency) are usually expressed in one of the following forms:

(1) output of products, i.e. the output that the project can produce during a given period (usually a year). For instance, the capacity in coal mining is expressed in 10,000 tons/year, the capacity in producing chemical pesticides expressed in ton/year, the capacity in producing tractors in tractor/year, etc. For some chemical products where the effective contents differ significantly, the production capacity is expressed as the designed effective content equivalent, such as in the case of sulphuric acid, soda ash, caustic soda, etc;

(2) raw materials processing capacity, i.e. the volume of raw materials that could be processed by the project per day (or per hour), such as tons of materials processed per day by a sugar refining project or edible vegetable oil project, or tons of urban sewage processed per day;

(3) number or capacity of major equipment increased, such as number of cotton or silk looms increased, wool spindles increased, or capacity (in kilowatts) of power generators increased;

(4) physical measures (volume, capacity, area, and length) of construction, which is typical for non industrial projects, for instance, the length of railways put into operation, the length of highways, the capacity of reservoirs, the capacity of warehouses, the floor space of housing projects, capacity for new students in schools or beds in hospitals, areas under new irrigation project, etc.

Features of projects sometimes call for combined use of two or more measurement to reflect the increased production capacity (or project efficiency), for instance, the new capacity for the production of internal combustion engines are expressed in sets per year and kilowatts per year simultaneously.

To standardize the nomenclature and unit of measurement for new production capacity (or project efficiency), the National Bureau of Statistics has developed Nomenclature and Codes for New Production Capacity (Project Efficiency). All reporting units with investment activities are required to follow these two nomenclatures in reporting statistics on new production capacity (project efficiency).

Floor Space of Buildings under Construction refers to total floor space of the horizontal section of outer walls above the plinth of the building, including the effective area and the area occupied by the structure. This indicator is one of the important indicators in physical terms to reflect the scale and accomplishment of the construction industry, and important basis for monitoring the progress, calculating the cost, analyzing the efficiency and studying the supply of building materials in relation with the construction projects.

Floor Space of Residential Buildings refers to the floor space of the residential buildings among the total space of buildings under construction or completed.

Floor Space under Construction refers to total floor space of all buildings under construction during the reference period, including floor space of newly started buildings during the reference period, floor space of construction extended from the previous period to the current period, and floor space of construction suspended during the previous period and resumed in the current period. Floor space of construction completed in the current period, and floor space of construction started and then suspended in the current period are also included in the floor space under construction of the current year.

Floor Space of Buildings Completed refers to the floor space of all buildings completed in the reference period, which have been appraised and accepted (or come up to the designed standards) and have been transferred to the owners for use.

Completion Rate of Floor Space of Buildings refers to the ratio of the floor space of buildings completed in certain period of time to the floor space of buildings under construction in the same period. This indicator reflects the investment result from the perspective of the speed of construction.

Newly Increased Fixed Assets refer to the newly increased value of fixed assets, constructed or purchased, that have been transferred to the investors. This is an indicator that demonstrates the results of investment in fixed assets in monetary terms, and an important indicator to reflect the speed of construction and to calculate the efficiency of investment.

Rate of Construction Projects Completed and Put into Use refers to the ratio of the number of construction projects completed and put into use in certain period of time to the number of projects under construction in the same period. This reflects the investment efficiency from the perspective of the speed of projects construction.

Rate of Projects of Fixed Assets Completed and Put into Operation refers to the ratio of the newly increased fixed assets to the total investment made in the same period. This is a comprehensive indicator reflecting the speed of the employment of fixed assets and the investment efficiency at the macro level. As the newly increase fixed assets is the result of a long period while the investment is completed in the current year, this indicator is expected to be used to reflect the employment of fixed assets over a long period of time.

Area of Commercial Housing Sold refers to total contracted area of commercial housing (i.e. area of floor space as designated in the formal contracts signed by both sides) during the reference time. It constitutes floor space of completed housing and floor space of future housing.

Value of Commercial Housing Sold refer to total value of contracts (i.e. value of sales/purchase for selling/purchase of commercial housing as designated in the contracts signed by both sides) during the reference time. It has the same coverage as the area of commercial housing sold, constituting completed housing and floor space of future housing.

第
6
篇

对外经济、旅游和开发区

Foreign Trade, Tourism and Development Zone

简 要 说 明

一、本篇资料的主要内容

本篇资料反映了全省外经外贸、旅游和开发区的基本情况，主要包括进出口、利用外资、境外投资、对外承包工程和劳务合作、人民币外汇牌价、旅游业基本情况、经济开发区和高新技术开发区等方面的内容。

二、本篇资料的来源

1.进、出口数据来源于海关统计，进出口商品价值，出口按离岸价（FOB）、进口按到岸价（CIF）统计。

2.利用外资、对外承包工程和劳务合作、境外投资等资料来源于省商务厅。

3.历年人民币对主要外币的年平均汇价资料来源于国家外汇管理局，是根据当年国家外汇管理局提供的每日汇价进行加权平均计算而得出的当年年平均汇价。

4.旅游资料来源于省旅游局。

5.开发区资料来源于省统计局开发区统计年报。

本篇资料由省统计局贸易外经处整理提供。

Brief Introduction

I. Content

Data in this chapter show the basic conditions of foreign trade, tourism and development zones, mainly including imports and exports, utilization of foreign capitals, overseas direct investments, contracted projects, labor services cooperation, exchange rate of RMB to other currencies, tourism and economic development zone, etc.

II. Source of Data

(1)Data on foreign trade are based on the statements made by the Administration of Customs. Exports are calculated at FOB, imports at CIF.

(2)Data on utilization of foreign capitals, contracted projects and labor services cooperation are provided by the Bureau of Commerce of Shandong Province.

(3)Average exchange rates of RMB yuan to other currencies over the years come from the State Administration of Exchange Control. The annual average exchange rate is calculated as the weighted mean of the daily exchange rates provided by the State Administration of Exchange Control.

(4)Data on tourism are provided by Shandong Tourism Administration.

(5)Data on economic development zones are based on the annual reports of economic development zones, which are provided by Shandong Provincial Bureau of Statistics.

Data in this chapter are prepared and compiled by the Division of Trade and External Economic Relations Statistics of Shandong Provincial Bureau of Statistics.

6-1 1978-2011年人民币对主要外币年平均汇价(中间价)
Average Exchange Rate of RMB Yuan Against Main Convertible Currencies from 1978 to 2011(Middle Rate)

单位:人民币元 (RMB yuan)

年份 Year	100美元 100 US Dollars	100日元 100 Japanese Yen	100港元 100 Hong Kong Dollars	100英镑 100 Pounds	100马克(德国) 100 DM	100法郎(法国) 100 Francs	100欧元 100Euros
1978	168.36	0.8058	36.16	322.53	83.80	37.33	
1979	155.49	0.7131	31.35	329.26	84.84	36.56	
1980	149.84	0.6635	30.15	347.73	82.67	35.56	
1981	170.51	0.7735	30.41	344.73	75.63	31.51	
1982	189.26	0.7607	31.15	331.11	77.94	28.86	
1983	197.57	0.8318	27.36	299.60	77.61	26.08	
1984	232.70	0.9780	29.71	308.56	81.56	26.56	
1985	293.67	1.2457	37.57	381.89	100.99	33.06	
1986	345.28	2.0694	44.22	506.40	161.84	50.02	
1987	372.21	2.5799	47.74	609.85	207.24	61.95	
1988	372.21	2.9082	47.70	663.02	212.15	62.64	
1989	376.59	2.7360	48.28	617.85	200.93	59.23	
1990	478.38	3.3233	61.39	854.46	297.16	88.22	
1991	532.27	3.9602	68.45	940.48	321.68	94.63	
1992	551.49	4.3608	71.24	974.14	354.16	104.43	
1993	576.19	5.2020	74.41	866.04	348.77	101.90	
1994	861.87	8.4370	111.53	1319.96	531.90	155.54	
1995	835.07	8.9225	107.96	1320.43	583.29	134.01	
1996	831.42	7.6352	107.51				
1997	828.98	6.8600	107.09	1358.83		142.38	
1998	827.91	6.3488	106.88				
1999	827.96	8.0720	106.53				
2000	827.72	7.3877	106.08				
2001	827.70	6.8075	106.08				
2002	827.70	6.6237	106.07				800.58
2003	827.70	7.1466	106.24				936.13
2004	827.68	7.6552	106.23				1029.00
2005	819.17	7.4484	105.30				1019.53
2006	797.18	6.8570	102.62				1001.90
2007	760.40	6.4632	97.46				1041.75
2008	694.51	6.7427	89.19				1022.27
2009	683.10	7.2986	88.12				952.70
2010	676.95	7.7279	87.13				897.25
2011	645.88	8.1050	82.97				900.11

6–2 1984–2011年海关进出口情况

Basic Statistics on Imports and Exports from 1984 to 2011

单位:万美元 (10 000 USD)

年份 Year	出口总值 Total Value of Exports	一般贸易 General Trade	来料加工装配贸易 Processing and Assembling Trade with Sent Materials	进料加工贸易 Processing Trade with Imported Materials	其他贸易 Other Trades	进口总值 Total Value of Imports
1984	207786					144226
1985	234652					179796
1986	191926					190914
1987	289938	264633	2566	19232	3507	65356
1988	309773	261451	3796	40458	4068	263588
1989	327015	266337	6274	49047	5357	289496
1990	341719	274898	8660	53152	5009	86803
1991	375230	293951	13681	63430	4168	107970
1992	433752	330729	18598	79452	4973	344388
1993	420360	292058	23834	96748	7720	308226
1994	587011	371013	40640	168470	6888	375916
1995	816101	460278	77503	270177	8143	578906
1996	918298	449683	130565	331035	6339	698096
1997	1085888	483895	185156	410664	6173	667743
1998	1034705	458607	172262	396013	7823	627035
1999	1157909	541405	218625	394880	2999	669185
2000	1552905	746563	293008	507050	6284	946093
2001	1812899	913253	310013	579125	10508	1083414
2002	2111511	1089063	341530	669958	10960	1282664
2003	2657285	1400709	392861	845249	18466	1808467
2004	3587286	1799792	483369	1252126	51999	2490850
2005	4625113	2310122	594991	1668351	51649	3063763
2006	5864717	3013461	655916	2083042	112298	3664100
2007	7524374	3800924	679014	2863332	181104	4737424
2008	9317486	4739880	722044	3573434	282128	6496994
2009	7956530	3637582	697915	3296132	324901	5903848
2010	10424695	4973019	750340	4230872	470464	8470390
2011	12578809	6466907	842878	4737751	531273	11020382

6-3 2000-2011年进出口主要分类情况

Imports and Exports by Category from 2000 to 2011

单位:亿美元 (100 million USD)

类别	Category	2000	2005	2008	2009	2010	2011
一、进出口总值	**Total Value of Imports and Exports**	**249.9**	**768.9**	**1581.4**	**1386.0**	**1889.5**	**2359.9**
出口额	Exports	155.3	462.3	931.7	795.7	1042.5	1257.9
进口额	Imports	94.6	306.4	649.7	590.4	847.0	1102.0
二、出口商品构成 (%)	**Structure of Exported Goods (%)**						
初级产品	Primary Goods	21.7	16.8				
工业制成品	Manufactured Goods	78.3	83.2				
三、进口商品构成 (%)	**Structure of Imported Goods (%)**						
初级产品	Primary Goods	26.9	38.3				
工业制成品	Manufactured Goods	73.1	61.7				
四、纺织服装进出口总值	**Total Value of Imports and Exports of Textile Apparel**	**58.4**	**121.3**	**169.8**	**155.7**	**188.5**	**219.0**
出口额	Exports	47.1	106.2	155.5	142.1	173.3	203.8
进口额	Imports	11.3	15.1	14.3	13.6	15.2	15.2
五、农(副)产品进出口总值	**Total Value of Imports and Exports of Agricultural Products(By-products)**	**57.3**	**119.2**	**188.1**	**181.6**	**250.6**	**339.6**
出口额	Exports	35.3	69.1	99.8	97.7	127.0	153.7
进口额	Imports	22.0	50.1	88.3	83.9	123.6	185.9
六、机电产品进出口总值	**Total Value of Imports and Exports of Mechanical and Electrical Products**	**61.3**	**240.3**	**608.3**	**553.7**	**725.0**	**776.2**
出口额	Exports	31.3	135.7	384.3	341.7	450.7	508.4
进口额	Imports	30.0	104.6	224.0	212.0	274.3	267.8
七、高新技术产品进出口总值	**Total Value of Imports and Exports of High and New-tech Products**	**17.2**	**85.0**	**255.3**	**256.7**	**329.1**	**287.2**
出口额	Exports	6.5	42.5	136.7	136.7	175.8	152.0
进口额	Imports	10.7	42.6	118.6	120.0	153.3	135.2
八、外商投资企业进出口总值	**Total Value of Imports and Exports of**	**139.3**	**413.9**	**845.7**	**755.0**	**962.8**	**1075.5**
出口额	Exports	79.3	238.1	506.7	448.3	565.7	637.3
进口额	Imports	60.0	175.8	339.0	306.8	397.1	438.2
九、一般贸易进出口总值	**Total Value of Imports and Exports under General Trades**	**105.1**	**358.6**	**804.1**	**668.2**	**974.4**	**1303.1**
出口额	Exports	74.7	231.0	474.0	363.8	497.3	646.7
进口额	Imports	30.4	127.5	330.1	304.4	477.0	656.4
十、加工贸易进出口总值	**Total Value of Imports and Exports under Processing Trades**	**131.3**	**360.9**	**670.3**	**613.1**	**756.4**	**834.8**
出口额	Exports	80.0	226.3	429.5	399.4	498.1	558.1
进口额	Imports	51.3	134.6	240.8	213.7	258.3	276.7
来料加工贸易进出口总值	Total Value of Imports and Exports under Processing Trades with Sent Materials	49.4	99.0	117.5	108.4	118.3	135.7
出口额	Exports	29.3	59.5	72.2	69.8	75.0	84.3
进口额	Imports	20.1	39.5	45.3	38.6	43.3	51.4
进料加工贸易进出口总值	Total Value of Imports and Exports under ProcessingTrades with Imported Materials	81.9	261.9	552.9	504.7	638.1	699.0
出口额	Exports	50.7	166.8	357.3	329.6	423.1	473.8
进口额	Imports	31.2	95.1	195.5	175.1	215.0	225.2

注:农副产品2004年以后为农产品数据,纺织服装进口额不含服装进口数据。

a)Since 2004,data of agricultural by-products is agricultural products data.Total value of imports of textile apparel no include the value of apparel.

6-4 按主要国家(地区)分海关进出口商品总值(2011年)

Total Value of Import and Export Commodities by Countries or Regions(2011)

单位:万美元 (10 000 USD)

国别(地区)	Country(Region)	进出口总值 Total Value of Imports and Exports	出口总值 Total Value of Exports	进口总值 Total Value of Imports
合　计	**Total**	**23599190**	**12578809**	**11020382**
亚　洲	**Asia**	**11493086**	**5983323**	**5509763**
东　盟	ASEAN	2861090	986222	1874868
香　港	Hong kong	349753	325050	24703
日　本	Japan	2481823	1676087	805736
韩　国	Repulic of Korea	2917090	1440883	1476207
台　湾	Taiwan	411030	160448	250582
马来西亚	Malaysia	716599	195047	521553
印度尼西亚	Indonesia	700918	201970	498948
新加坡	Singapore	293783	176820	116963
印　度	India	832993	435868	397125
泰　国	Thailand	702952	175867	527086
非　洲	**Africa**	**1020097**	**655585**	**364511**
南　非	South Africa	259133	102739	156394
欧　洲	**Europe**	**3884153**	**2646465**	**1237688**
欧　盟	EU	2946979	2188664	758315
英　国	United Kingdom	371797	311713	60084
德　国	Germany	731780	449054	282726
法　国	France	196189	158561	37628
意大利	Italy	283692	201694	81998
荷　兰	Netherlands	376941	328500	48441
西班牙	Spain	166480	129259	37221
瑞　典	Sweden	68330	45018	23313
瑞　士	Switzerland	48530	21349	27181
俄罗斯	Russia	682624	309293	373331
比利时	Belgium	187699	146852	40847
南美州	**South America**	**2389469**	**844067**	**1545402**
阿根廷	Argentina	166824	38204	128620
巴　西	Brazil	941059	222746	718313
智　利	Chile	392781	77282	315499
墨西哥	Mexico	86109	85578	531
巴拿马	Panama	16986	16207	779
北美州	**North America**	**3447898**	**2179515**	**1268383**
美　国	United States	3028547	1990097	1038450
加拿大	Canada	399356	172893	226464
大洋州	**Oceanic**	**1364487**	**269853**	**1094634**
澳大利亚	Australia	1262827	233624	1029203
新西兰	New Zealand	86600	26122	60478

注:进口国别指原产国,出口国别指最终消费国。

a)The importing country refers to country of origin and the exporting country refers to country of final consumption.

6-5 海关进出口商品分类金额(2011年)

Imports and Exports Value by Category of Commodities(2011)

单位:万美元 (10 000 USD)

商品类别	Category	出口 Export	进口 Import
总计	**Total**	**12578809**	**11020382**
一、活动物;动物产品	Live Animals & Animal Products	384542	297477
二、植物产品	Plant Products	522436	964319
三、动植物油脂、蜡及分解产品;食用油	Animal and Vegetable Oils; Fats and Wax; Edible Oils and Fats	10740	119764
四、食品饮料酒醋;烟草及代用品	Food; Beverages; Liquor and Vinegar; Tobacco and Tobacco Substitutes	574927	68273
五、矿产品	Minerals	149947	3390564
六、化学工业及其相关工业产品	Chemicals and Related Products	982924	340388
七、塑料及其制品;橡胶及其制品	Plastics and Related Products; Rubber and Related Products	1103683	1315923
八、皮及皮制品;旅行用品;动物肠线	Leather and Leather Products; Travel Articles; Animal Casing	134259	89899
九、木及软木制品、编结材料制品	Wood and Wooden Products; Plaited Products	199985	176146
十、木浆及纤维状纤维素浆;废纸纸板及制品	Paper Pulp and Cellulose Pulp; Paper and Waste Paper; Paperboard and Related Products	121427	333189
十一、纺织原料及纺织制品	Textile Materials and Products	1963112	524620
十二、鞋帽伞杖鞭及零件;羽毛人发制品	Footwear; Headgear; Umbrellas; Canes; Whips;Feather and Wigs and Related Products	217283	14780
十三、石料膏泥棉云母及制品;陶瓷玻璃	Gypsum; Cement; Asbestos; Mica; Ceramic Glass	239529	17339
十四、珍珠宝石贵金属及制品;仿首饰	Pearls and Precious Stones;Precious Metal and Related Products;Artificial Jewelry	76874	43230
十五、贱金属及制品	Base Metals and Related Products	1024861	712660
十六、机械、电气设备、电视机及音响设备	Machinery; Electric Equipment;TV Sets and Audio	2937454	2154353
十七、车辆,航空器,船舶及运输设备	Locomotives; Vehicles; Aircraft; Ship and Related Transportation Equipment	1075088	103603
十八、照相计量医疗精密仪器及设备,零附件	Photographic,Measuring and Mwdical Instruments and Equipment;Related Parts and Accessories	156138	304346
十九、武器弹药及其零件、附件	Weapons and Ammunition; Related Parts and Accessories	394	5
二十、杂项制品	Miscellaneous Products	699120	43152
二十一、艺术品,收藏品及古物	Works of Art, Collectibles and Antiques	123	35
二十二、特殊交易品及未分类商品	Special Transactions Goods and Products Not Otherwise Classified	3965	6318

6–6 各市海关进口总值

Import Value by Region

单位:万美元 (10 000 USD)

地 区	Region	2000	2003	2004	2005	2006	2007	2008	2009	2010	2011
全省总计	**Total**	**946093**	**1808467**	**2490850**	**3063763**	**3664100**	**4737424**	**6496994**	**5903848**	**8470390**	**11020382**
济南市	Jinan	86827	118009	167373	198370	194981	278277	342979	260998	338077	435313
青岛市	Qingdao	526331	826713	1120615	1360157	1564991	1741529	2102054	1755250	2316976	3173616
淄博市	Zibo	26301	92098	121363	111835	125152	169469	205905	177199	267156	371128
枣庄市	Zaozhuang	4233	6232	9836	5843	5835	10134	15052	10567	16510	22341
东营市	Dongying	6843	39192	45052	62810	75915	125093	214698	220500	524370	585887
烟台市	Yantai	117324	256152	349886	499666	627777	985199	1438396	1446015	1830134	1865388
潍坊市	Weifang	37827	61663	91657	98977	132758	132381	183779	187374	305563	372440
济宁市	Jining	15959	47313	61967	70406	84526	91929	140346	128281	216172	267509
泰安市	Tai'an	6897	11320	15077	19984	29779	49284	58676	37051	66296	63595
威海市	Weihai	67860	150278	214514	281329	350417	392701	435009	379524	498919	618131
日照市	Rizhao	9990	51036	76094	122377	207675	379484	674233	694373	1116594	1693053
莱芜市	Laiwu	4615	10468	28392	39251	24947	43330	139664	98256	168635	245070
临沂市	Linyi	13933	35693	45354	52039	60074	89636	135924	123114	194120	320861
德州市	Dezhou	7244	16832	13671	18292	19524	16279	32854	48143	61408	93557
聊城市	Liaocheng	5028	15337	16007	17787	38464	72105	139075	138370	234233	377913
滨州市	Binzhou	8630	68146	100135	100308	112008	147743	222730	160084	253989	384626
菏泽市	Heze	249	1984	13857	4334	9277	12852	15620	38749	61237	129954

6–7 各市海关出口总值

Export Value by Region

单位:万美元 (10 000 USD)

地 区	Region	2000	2003	2004	2005	2006	2007	2008	2009	2010	2011
全省总计	**Total**	**1552905**	**2657285**	**3587286**	**4625113**	**5864717**	**7524374**	**9317486**	**7956530**	**10424695**	**12578809**
济南市	Jinan	57108	83545	137305	177843	243949	343527	459720	304706	405065	604702
青岛市	Qingdao	826891	1239199	1578166	1942323	2343252	2831005	3263130	2729865	3388997	4058082
淄博市	Zibo	49930	100922	145057	201683	250877	299734	363348	306267	403077	532422
枣庄市	Zaozhuang	9492	18222	25535	31357	41570	54127	51829	48925	74567	84410
东营市	Dongying	7487	44376	60561	85448	112083	140140	197233	175539	275753	435919
烟台市	Yantai	196621	332856	449505	648308	879873	1409234	2064703	1983380	2547962	2669482
潍坊市	Weifang	99413	163858	212712	295085	385846	518137	654075	615288	869581	1036386
济宁市	Jining	21467	53291	82475	116360	149937	172324	186457	156771	229866	307012
泰安市	Tai'an	13652	31017	45014	54476	68753	85241	92087	70540	92614	118548
威海市	Weihai	129519	252865	344939	473400	601076	680216	745478	681808	891721	1074178
日照市	Rizhao	45724	78050	108198	132341	183819	196423	252525	162672	221080	390635
莱芜市	Laiwu	16868	19533	43478	66029	97379	121507	136619	59144	103202	114131
临沂市	Linyi	22541	78368	112872	127688	167805	224499	262958	218801	282591	362193
德州市	Dezhou	12600	38628	45473	55209	63221	87909	121922	95504	133596	174642
聊城市	Liaocheng	9145	23252	36391	46001	61079	99893	151546	83701	128938	187526
滨州市	Binzhou	27958	70076	90392	124096	158264	188125	230108	176567	254980	284489
菏泽市	Heze	6489	29226	69213	47465	55936	72332	83749	87050	121105	144051

6-8 各市外商投资企业进口总值

Import Value of Foreign- funded Enterprises by Region

单位:万美元 (10 000 USD)

地 区	Region	2000	2003	2004	2005	2006	2007	2008	2009	2010	2011
济南市	Jinan	20911	27124	28447	64166	40199	74655	64408	74057	98172	94825
青岛市	Qingdao	358883	512184	637739	765464	830236	872496	989834	800873	946037	1083821
淄博市	Zibo	18857	48087	67157	55656	51241	62437	64871	51379	73952	101691
枣庄市	Zaozhuang	3326	4997	8116	4407	4098	8011	8927	7449	9145	10917
东营市	Dongying	3408	6877	6798	5119	8333	40275	66073	107460	225175	206647
烟台市	Yantai	86491	211005	287946	426616	546095	889106	1288380	1249108	1523651	1415388
潍坊市	Weifang	23830	34611	52474	56398	83177	89321	110498	91750	119937	172322
济宁市	Jining	11641	40551	53051	63631	75733	81111	127769	115459	182080	194136
泰安市	Tai'an	1860	2347	2746	2921	4144	4215	6216	1842	3546	5365
威海市	Weihai	50478	102959	155028	213080	269072	291042	303899	288077	356285	367974
日照市	Rizhao	5375	26623	33534	43823	64940	81453	159197	122795	200410	430882
莱芜市	Laiwu	377	1062	667	1224	919	959	1659	944	4746	2946
临沂市	Linyi	5939	15417	16529	15493	22697	41159	59334	49853	81620	123438
德州市	Dezhou	3193	3981	5224	7078	7159	6965	9274	4952	8884	11925
聊城市	Liaocheng	1371	2244	3835	7034	20724	41646	43436	28062	41743	63460
滨州市	Binzhou	3753	17789	21726	24800	26102	40054	77641	70753	83601	66914
菏泽市	Heze	113	1194	2061	1497	5581	7498	8378	16712	17199	18666

6-9 各市外商投资企业出口总值

Export Value of Foreign-funded Enterprises by Region

单位:万美元 (10 000 USD)

地 区	Region	2000	2003	2004	2005	2006	2007	2008	2009	2010	2011
济南市	Jinan	17404	25309	35248	41785	57178	75142	114935	97779	131488	168105
青岛市	Qingdao	443829	695504	891797	1072594	1303468	1561191	1715079	1424379	1676534	1930536
淄博市	Zibo	18493	55387	82400	105493	133306	159646	187591	167562	212442	266416
枣庄市	Zaozhuang	2850	3706	3851	6885	12715	20530	22154	15726	22546	30939
东营市	Dongying	1037	3372	4810	7118	9269	15078	47085	33449	62815	63541
烟台市	Yantai	136296	232463	302858	461920	648726	1117529	1715035	1709612	2170903	2171242
潍坊市	Weifang	44170	73436	92484	132678	173010	225212	273463	207628	301865	388930
济宁市	Jining	7654	14339	36221	51804	65988	72877	78457	58687	81702	121998
泰安市	Tai'an	6056	8562	11484	14106	18375	20406	24932	17665	22570	25976
威海市	Weihai	77825	161454	229884	313405	410699	455821	472998	429674	566264	623334
日照市	Rizhao	10969	26895	43798	57602	100713	119126	148180	80322	108232	237396
莱芜市	Laiwu	763	3139	5235	7370	10127	11237	8153	12198	15125	14208
临沂市	Linyi	10773	39761	52847	51720	61720	85477	113847	97240	123593	154818
德州市	Dezhou	5249	8129	11136	14710	16122	19454	33054	29539	38784	46408
聊城市	Liaocheng	2980	7941	12020	17416	20205	26100	38064	21737	27318	31230
滨州市	Binzhou	4316	7727	9497	12927	21777	30056	48031	48373	61757	59168
菏泽市	Heze	2131	10195	15291	11242	14706	19459	26549	26736	32385	38242

6-10　1979-2011年利用外资情况

Statistics on Utilization of Foreign Capitals from 1979 to 2011

单位:万美元　　(10 000 USD)

年份 Year	合同项目个数(个) Number of Contracted Projects	#外商直接投资 Foreign Direct Investments	合同外资金额 Total Amount of Contracted Foreign Capital	#外商直接投资 Foreign Direct Investments	实际利用外资金额 Total Amount of Foreign Capital Actually Utilized	#外商直接投资 Foreign Direct Investments
1979	49		1278		1276	
1980	46		1254		1245	
1981	40	1	1296	10	1296	10
1982	60		1348		1327	
1983	51		2010		1831	
1984	100	16	15283	10470	1642	40
1985	232	32	10994	4925	6375	559
1986	109	37	13377	5927	11743	1939
1987	151	53	30520	3890	10219	2381
1988	458	203	59553	26020	14231	3908
1989	485	240	55272	17855	31498	13132
1990	674	366	55164	23283	31123	15084
1991	1187	801	102358	65481	46789	17950
1992	4651	4109	471994	391961	137684	97335
1993	8012	7229	754863	705116	226068	184319
1994	4747	3650	624570	526217	340137	253566
1995	5035	2709	532980	462521	326698	260719
1996	2223	2175	633894	539797	339426	259041
1997	1681	1597	454145	328037	358447	250044
1998	1434	1366	367072	221866	361036	222262
1999	1745	1717	421333	311087	374464	246878
2000	2733	2728	561066	507435	381243	297119
2001	3058	3047	715880	672040	424886	362093
2002	4072	4065	1186072	1130680	652124	558603
2003	5305	5305	1989296	1341413	1125985	709371
2004	5890	5890	2144647	2028958	982105	870064
2005	6415	6415	2884398	2749510	1101441	897072
2006	4030	4030	1645089	1624175	1020966	1000069
2007		2717		1173880		1101159
2008		1527		1014959		820246
2009		1468		871045		801007
2010		1632		1363381		916833
2011		1433		1579081		1116022

注:2003年实际利用外资金额是全口径数据包括对外借款,合同外资个数和合同外资金额不包括对外借款部分。2004年起实行新的外商投资统计制度取消对外借款部分,外商直接投资数据为商务部反馈数。2008年实际利用外资改为实际到帐外资。

a)In 2003,data of total amount of foreign capital actually utilized are including foreign loads.And Data of projects for contracted foreign capital and total amount of contracted foreign capital are excluding foreign loads.Since 2004,foreign loads is canceled according to the new statistical lations on foreign investments.Data of foreign direct investments come from the Ministry of Commerce.In 2008 the foreign capital actually utilized is changed to the actual received foreign capital.

6-11 按主要国家(地区)分外商直接投资(2011年)
Foreign Direct Investment by Countries or Regions(2011)

单位:万美元 (10 000 USD)

国家(地区)	Country(Region)	合同项目个数(个) Number of Contracted Projects (unit)		合同外商投资金额 Total Amount of Contracted Foreign Capital		实际使用外商投资金额 Total Amount of Foreign Capital Actually Utilized	
		2011	累计 Accumulated	2011	累计 Accumulated	2011	累计 Accumulated
总计	**Total**	**1433**	**63531**	**1579081**	**19349022**	**1116022**	**11280735**
韩国	Republic of Korea	335	20953	103870	4667081	85479	2782925
香港	Hong Kong	501	16010	1036783	6848095	697777	3798980
美国	United States	93	5936	43314	1460639	14114	723873
日本	Japan	107	4793	65197	1036992	52599	732108
台湾省	Taiwan	97	6113	56131	1172823	18914	593891
英属维尔京群岛	Virgin Islands	26	810	53934	834755	51739	517624
新加坡	Singapore	46	1314	53570	627156	51894	484491
英国	United Kingkom	13	506	2029	219572	2325	145673
加拿大	Canada	31	1245	10685	330728	9452	149824
澳大利亚	Australia	18	1031	12555	260300	8943	116440
法国	France	8	310	1389	120561	372	104688
德国	Germany	14	650	15292	184165	11499	117531
毛里求斯	Mauritius	2	75	4203	110140	5535	67491
马来西亚	Malaysia	7	322	3845	89186	2626	51479
萨摩亚	Samoa	9	157	12902	91581	5064	47811
意大利	Italy	9	363	5017	80510	3175	51178
荷兰	Netherlands	6	144	18895	82743	18125	68933
开曼群岛	Cayman Islands	2	45	3358	108229	2268	84480
泰国	Thailand	3	242	5598	74880	210	34744
澳门	Macao	4	340	1205	89513	452	28244
瑞士	Switzerlan	3	73	12237	52051	9045	30802
巴拿马	Panama		46	-36	45288	2	20128
百慕大	Bermuda	1	15	-7649	34253	10757	37862
俄罗斯	Russia	5	347	-306	40066	370	20442
菲律宾	Philippines	1	194	-42	39977		17054
丹麦	Denmark	3	53	-268	10474	89	15576
印度尼西亚	Indonesia	4	140	438	39494	748	18353
奥地利	Austria		100	-320	38089	798	26253
西班牙	Spain	3	126	4355	33229	5193	32766
新西兰	New Zealand	7	150	2389	26566	92	14335
卢森堡	Luxembourg	2	22	377	12389	1109	16091
瑞典	Sweden	1	77	48	21157	1944	17788
比利时	Belgium	2	63	181	9872	1605	9655
欧洲联盟	The European Union	71	2686	50193	876164	50582	644012
东南亚联盟	Southeast Asian Union	64	2277	63544	882904	55670	612227

6−12 分行业外商直接投资(2011年)

单位:万美元

行业	Sector	项目数(个) Number of Projects(unit) 本年新增 Newly Added in the Year	比上年增长(%) Growth Rate (%)	累计数 Accumulative number
总　计	**Total**	**1433**	**-12.2**	**63531**
第一产业	**Primary Industry**	**66**	**11.9**	**2099**
农、林、牧、渔业	Agriculture, Forestry, Animal Husbandry and Fishing	66	11.9	2099
第二产业	**Secondary Industry**	**726**	**-25.7**	**50798**
采矿业	Mining	6	-14.3	215
制造业	Manufacturing	685	-26.8	49034
电力、燃气及水的生产和供应业	Production and Supply of Electricity, Gas and Water	18	-21.7	360
建筑业	Construction	17	54.6	1189
第三产业	**Tertiary Industry**	**641**	**7.6**	**10634**
交通运输、仓储和邮政业	Transport, Storage and Post	33	-5.7	671
信息传输、计算机服务和软件业	Information Transmission, Computer Services and Software	30	-16.7	253
批发和零售业	Wholesale and Retail Trade	343	30.4	2793
住宿和餐饮业	Hotels and Catering Services	27	12.5	1311
金融业	Financial Intermediation	8		30
房地产业	Real Estate	29	-43.1	2157
租赁和商务服务业	Leasing and Business Services	93	-22.5	1979
居民服务和其他服务业	Services to Households and Other Services	4	-33.3	161
科学研究、技术服务和地质勘查业	Scientific Research, Technical Service and Geologic Prospecting	55	103.7	388
水利、环境和公共设施管理业	Management of Water Conservancy, Environment and Public Facilities	13		106
教　育	Education	1		85
文化、体育和娱乐业	Culture, Sports and Entertainment	5	-61.5	624
卫生、社会保障和社会福利业	Health, Social Security and Social Welfare			75

Foreign Direct Investment by Sector(2011)

(10000 USD)

合同外资金额 Total Amount of Contracted Foreign Capital			实际使用外资金额 Total Amount of Foreign Capital Actually Utilized		
本　年 This Year	比上年 增 长 (%) Growth Rate (%)	累计数 Accumulative number	本　年 This Year	比上年 增 长 (%) Growth Rate (%)	累计数 Accumulative number
1579081	**15.8**	**19349022**	**1116022**	**21.7**	**11280735**
52208	**16.6**	**572590**	**32213**	**62.7**	**345726**
52208	16.6	572590	32213	62.7	345726
962382	**12.6**	**14609269**	**701031**	**13.9**	**8782105**
7722	90.2	120910	10522	145.9	105993
893651	12.6	13581798	642015	13.2	8109385
43339	14.5	637023	34727	-5.8	425166
17670	-9.4	269538	13767	87.3	141561
564491	**21.8**	**4167207**	**382778**	**35.9**	**2152777**
69184	-33.2	551571	61305	53.6	282259
16488	-41.1	101348	3855	-34.1	19842
133399	129.0	411907	60427	74.6	324011
4721	-30.7	264391	2621	-39.7	14100
7136	-5.4	30635	6842	-65.4	44810
224833	43.7	1793345	220462	66.7	949204
36926	-20.9	494087	7336	-62.1	228644
317	-91.9	52495	239	-97.1	18185
41088	115.4	147965	7526	4.5	59447
24839	17.6	106721	10341	54.6	45412
613		17163	69		6269
4947	-59.7	171652	1755	-49.4	76179
		21047			6233

6-13 按方式分外商直接投资

Basic Statistics on Foreign Direct Investments by Form

单位:万美元 (10 000 USD)

类别	Category	合同项目个数(个) Number of Contracted Projects(unit) 2010	2011	2011年比上年增长(%) Growth Rate (%)	实际外资金额 Total Amount of Foreign Capital Actually Utilized 2010	2011	2011年比上年增长(%) Growth Rate (%)
外商直接投资	**Foreign Direct Investments**	**1632**	**1433**	**-12.2**	**916833**	**1116022**	**21.7**
合资经营企业	Sino-foreign Joint-ventures enterprises	392	439	12.0	262145	314463	20.0
合作经营企业	Sino-foreign Cooperative Operation enterprises	28	19	-32.1	17480	9975	-42.9
外资企业	Foreign Investment Enterprises	1208	971	-19.6	623483	754364	21.0
外商投资股份制企业	Foreign Investment Share Enterprises	4	4		13725	37220	171.2
合作开发	Cooperative Development						
其他	Others						

6-14 各市外商直接投资

Foreign Direct Investment by Region

单位:万美元 (10 000 USD)

地区 Region		项目数(个) Number of Projects(unit) 累计 Accumulative Total	本年 This Year	增长% Growth Rate (%)	合同外资 Amount of Contracted Foreign Capital 累计 Accumulative Total	本年 This Year	增长% Growth Rate(%)	实际使用外资 Amount of Foreign Capital Actually Utilized 累计 Accumulative Total	本年 This Year	增长% Growth Rate (%)
全省总计	**Total**	**63531**	**1433**	**-12.2**	**19349022**	**1579081**	**15.8**	**11280735**	**1116022**	**21.7**
济南市	Jinan	3549	86	-1.2	1241261	141440	17.0	736723	110002	5.8
青岛市	Qingdao	22839	647	-11.7	6531027	528798	10.4	3928388	360097	28.6
淄博市	Zibo	2594	32	10.3	691836	63247	90.5	462215	44971	0.3
枣庄市	Zaozhuang	856	24	-33.3	251543	9100	-76.3	160848	11970	-49.9
东营市	Dongying	820	23	35.3	255617	27018	-15.5	175178	14036	-33.1
烟台市	Yantai	11150	209	-14.0	3926948	211424	26.0	1945014	133891	24.0
潍坊市	Weifang	4458	69	-13.8	1290420	127422	20.5	770276	72159	0.0
济宁市	Jining	1705	46	-38.7	743211	61540	-33.2	401164	73306	60.1
泰安市	Tai'an	1106	25	4.2	233466	13421	-10.7	128493	10019	-16.0
威海市	Weihai	6896	110	-19.1	1841052	116226	44.7	1084462	72708	31.0
日照市	Rizhao	1085	26	4.0	384054	43610	3.8	287695	36615	4.8
莱芜市	Laiwu	465	20	-4.8	153579	20070	62.1	98287	10016	0.1
临沂市	Linyi	1694	36	-2.7	433964	34797	7.9	285774	26885	-17.7
德州市	Dezhou	1124	28		322980	25861	7.3	203766	19033	60.7
滨州市	Binzhou	751	15	66.7	289820	17267	399.8	177328	8001	-20.5
聊城市	Liaocheng	617	20	11.1	274402	118807	165.0	206778	104274	236.4
菏泽市	Heze	983	17	-50.0	281641	19033	-52.5	119619	8039	-32.2
省直	Provincial Subordinate	839			202344			108500		

6-15 境外投资情况(2011年)
Overseas Investment(2011)

类 别	Category	境外投资项目(个) Overseas Investment Projects (unit)			协议投资总额(万美元) Total of Agreement Investments (10 000 USD)					
		本年新增 Newly Added in the Year	同比增长(%) the growth rate (%)	累计 Accumu-lative Total	合计 Total		中方 Chinese Investor		外方 Foreign Investor	
					2011	累计 Accumu-lative Total	2011	累计 Accumu-lative Total	2011	累计 Accumu-lative Total
总 计	**Total**	**372**	**3.3**	**2758**	**296066**	**1000129**	**270922**	**824611**	**25144**	**175518**
贸易性企业	Trade Enterprises	143	12.6	1017	36965	143222	36314	132061	651	11161
非贸易性企业	Non-trade Enterprises	210	20.0	1151	259102	851790	234609	686531	24493	165259
#加工贸易企业	Processing Trade Enterprises	70	20.7	326	80100	246903	74751	198943	5349	47960
资源开发企业	Resource Development Enter prises	55	27.9	215	79011	263914	62730	205753	16282	58161
常设机构	Permanent Establishment	19	-66.1	588						

注：商务部新修订统计制度，不再统计常设机构投资金额。

a)Commerce department revised the statistical system, no statistic on the amount of permanent establishment investments.

6-16 各市境外投资情况
Overseas Investment by Region

单位:万美元 (10 000 USD)

地 区	Region	本年 This Year			累计 Accumulative Total		
		企业数(个) Number of Enterprises (unit)	协议投资额 Agreement Investmemts	中方投资额 Contracted Chinese Investments	企业数(个) Number of Enterprises (unit)	协议投资额 Agreement Investmemts	中方投资额 Contracted Chinese Investments
全省总计	**Total**	**372**	**296066**	**270922**	**2758**	**1000129**	**824611**
济 南 市	Jinan	44	25370	24538	451	98854	79616
青 岛 市	Qingdao	98	53204	50063	824	228473	181661
淄 博 市	Zibo	17	11766	9521	99	60367	41032
枣 庄 市	Zaozhuang	1	8560	8063	15	13197	12311
东 营 市	Dongying	17	6861	5918	87	19924	15684
烟 台 市	Yantai	41	69249	68213	234	127653	119147
潍 坊 市	Weifang	40	20212	17868	236	64154	51635
济 宁 市	Jining	18	27173	26562	108	70436	60146
泰 安 市	Tai'an	5	5900	3400	70	24173	18629
威 海 市	Weihai	21	12532	10758	174	46143	36189
日 照 市	Rizhao	8	11210	6561	95	33693	22343
莱 芜 市	Laiwu	5	6004	3800	44	23460	15206
临 沂 市	Linyi	35	30944	28957	246	123616	110940
德 州 市	Dezhou	4	846	826	25	6461	6211
聊 城 市	Liaocheng	8	1557	1197	48	33796	29180
滨 州 市	Binzhou	4	2416	2416	41	16645	16093
菏 泽 市	Heze	6	3030	3030	61	10451	10027

6-17 按主要国别(地区)分境外投资情况(2011年)

Overseas Investment by Countries or Regions(2011)

单位:万美元 (10 000 USD)

国别(地区)	Country(Region)	项目数(个) Number of Projects(unit)		协议投资总额 Agreement Investmemts		中方协议投资额 Contracted Chinese Investments	
		本年 This Year	累计 Accumulated Investment	本年 This Year	累计 Accumulated Investment	本年 This Year	累计 Accumulated Investment
总计	**Total**	**372**	**2758**	**296066**	**1000129**	**270922**	**824611**
亚洲小计	**Subtotal of Asia**	**205**	**1408**	**153361**	**553801**	**146428**	**461315**
阿富汗	Afghanistan		1		5		5
阿联酋	UAE	7	70	1330	7758	870	5764
澳门	Macao		7		640		605
巴基斯坦	Pakistan		18		8743		5635
朝鲜	Korea DPR	2	10	560	1602	500	1002
东帝汶	East Timor		2		810		490
菲律宾	Philippine	1	21	70	7043	28	3933
哈萨克斯坦	Kazakhstan	1	13		1133		968
韩国	Republic of Korea	20	224	13069	24549	12591	19959
吉尔吉斯斯坦	Kyrgyzstan		7		5482		5090
柬埔寨	Cambodia	9	39	4518	30330	4413	28046
卡塔尔	Qatar	2	5	2506	3006	1231	1633
科威特	Kuwait		1		39		39
老挝	Laos	2	10	1000	10575	1000	4222
马来西亚	Malaysia		24		13416		8329
蒙古	Mongolia	8	44	8133	21663	6146	18893
孟加拉	Bangladesh		12		3893		3664
缅甸	Myanmar	1	9	2960	3262	2960	3222
日本	Japan	19	173	1021	21236	1020	12078
沙特阿拉伯	Saudi Arabia	2	12	500	892	500	819
斯里兰卡	Sri Lanka		9		2777		2281
塔吉克斯坦	Tajikistan	2	2	1171	1171	560	560
中国台湾	Taiwan,China	2	7	517	9302	517	3153
泰国	Thailand	2	28	9952	25622	8965	22595
土库曼斯坦	Turkmenistan		5		300		290
乌兹别克斯坦	Uzbekistan	2	11	560	5195	560	4471
香港	Hong Kong	94	424	78451	263183	78436	239201
新加坡	Singapore	18	67	12491	22051	12298	21382
叙利亚	Syria		2		165		165
也门	Yemen		1		20		20
伊朗	Iran		13		4442		2489
以色列	Israel		1		15		15
印度	India	2	18	113	7845	113	3688
印度尼西亚	Indonesia	6	54	4041	19937	3321	15495
约旦	Jordan		4		1286		418
越南	Vietnam	3	60	10400	24416	10400	20700
非洲小计	**Subtotal of Africa**	**32**	**284**	**26605**	**105937**	**20026**	**86694**
阿尔及利亚	Algeria		6		168		168
埃及	Egypt		9		962		739
埃塞俄比亚	Ethiopia		4		1825		1785
安哥拉	Angola	3	8	2629	3185	2629	2911
贝宁	Benin	1	4	160	510	160	510
博茨瓦纳	Botswana		5		1201		1201

6-17 续表 1 continued

单位:万美元 (10 000 USD)

国别(地区)	Country(Region)	项目数(个) Number of Projects(unit)		协议投资总额 Agreement Investmemts		中方协议投资额 Contracted Chinese Investments	
		本年 This Year	累计 Accumulated Investment	本年 This Year	累计 Accumulated Investment	本年 This Year	累计 Accumulated Investment
赤道几内亚	Eq.Guinea	2	5	20	734	15	728
多哥	Togo		1		5		5
厄立特里亚	Eritrea		1		150		77
佛得角	Cape Verde		1		30		30
冈比亚	Gambia		1		282		140
刚果(布)	Congo Rep		4		126		126
刚果(金)	Congo DR	1	4	0	42	0	42
几内亚	Guinea		13		6135		6129
加纳	Ghana	1	23	990	5338	990	5157
加蓬	Gabon		3		3654		3418
津巴布韦	Zimbabwe	2	5	8255	8897	5191	5658
喀麦隆	Cameroon		2	12	40	12	40
肯尼亚	Kenya	4	12	570	2586	570	1997
莱索托	Lesotho		1		10		10
利比里亚	Liberia		3		910		910
利比亚	Libya		1		20		20
马里	Mali		2		201		201
马达加斯加	Madagascar		4		511		506
毛里求斯	Mauritius	1	4	150	1061	150	1061
毛里塔尼亚	Mauritania		3		58		25
摩洛哥	Morocco		6		465		177
马维拉	Mavila		1		1250		1250
莫桑比克	Mozambique	2	9	5900	9719	3400	6895
纳米比亚	Namibia		6		556		554
南非	South Africa	1	38		13134		12557
南苏丹	South Sudan	3	3	600	600	576	576
尼日利亚	Nigeria	2	35	1165	22594	1165	13894
塞内加尔	Senegal		1				
塞拉利昂	Sierra Leone		1		7		2
塞舌尔	Seychelles		2		80		80
北苏丹	North Sudan	4	15	4454	8368	3468	7382
坦桑尼亚	Tanzania	2	14	1400	4606	1400	4510
突尼斯	Tunisia		2		128		68
乌干达	Uganda	1	10	200	2801	200	2601
赞比亚	Zambia	2	10	100	2975	100	2546
中非	Central Africa		2		15		11
欧洲小计	**Subtotal of Europe**	**39**	**416**	**15979**	**80247**	**13652**	**56813**
阿塞拜疆	Azerbaijan		1		3		3
白俄罗斯	Belorussia		1		10		10
保加利亚	Bulgaria		2		302		152
比利时	Belgium		9		323		289
波兰	Poland		9		63		60
德国	Germany	5	62	1910	15383	1910	6818
丹麦	Denmark	1	4	200	357	200	357
俄罗斯	Russia	15	168	7075	39724	5790	31490
法国	France	3	14	2435	6531	1568	4364
芬兰	Finland		1	300	390	300	390
荷兰	Netherlands	3	20	532	2460	532	3459
捷克	Czech		5		409		409

6-17 续表 2 continued

单位:万美元 (10 000 USD)

国别(地区)	Country(Region)	项目数(个) Number of Projects(unit) 本年 This Year	累计 Accumulated Investment	协议投资总额 Agreement Investmemts 本年 This Year	累计 Accumulated Investment	中方协议投资额 Contracted Chinese Investments 本年 This Year	累计 Accumulated Investment
拉托维亚	Latvia		3		965		568
立陶宛	Lithuania		1		150		41
卢森堡	Luxembourg		1		1873		500
罗马尼亚	Romania		21		1437		956
挪威	Norway		1		70		69
葡萄牙	Portugal		2		125		85
瑞典	Sweden	1	3	20	37	20	37
瑞士	Switzerland	1	3		121		121
斯洛伐克	Slovakia		1		300		300
土耳其	Turkey	2	6	1	50	1	33
乌克兰	Ukraine	1	10	300	872	150	391
西班牙	Spain	1	8	10	629	5	433
希腊	Greece		9		1		1
匈牙利	Hungary		9		179		151
亚美尼亚	Armenia		1		100		50
意大利	Italy	2	19	2904	5407	2904	4681
英国	United Kingdom	4	30	293	1978	273	1598
拉丁美洲小计	**Subtotal of Latin America**	**20**	**127**	**9187**	**51077**	**8253**	**54070**
阿根廷	Argentina	1	10		349		224
安提瓜和巴布达	Antigua and Barbuda		1		65		33
巴巴多斯	Barbados		1		20		20
巴拿马	Panama	1	17	100	336	50	266
巴西	Brazil	2	22	120	12048	120	10121
玻利维亚	Bolivia	2	3	880	1178	880	1178
厄瓜多尔	Ecuador	2	7	1070	1491	1070	1491
圭亚那	Guyana		4		1088		1052
哥伦比亚	Colombia	1	2	100	600	100	600
古巴	Cuba	1	4		106		106
秘鲁	Peru	1	8		11238		11238
苏里南	Surinam		4		185		144
危地马拉	Guatemala		1		2196		2196
委内瑞拉	Venezuela		5		7356		4806
乌拉圭	Uruguay		1		4		4
英属维尔京群岛	British Virgin Islands	6	31	4951	10715	5451	9874
智利	Chile	3	6	1966	2103	582	719
北美小计	**Subtotal of North America**	**55**	**382**	**51316**	**120041**	**43852**	**91691**
加拿大	Canada	10	68	3585	16042	3495	11180
美国	United States	43	306	43801	96341	37873	76010
墨西哥	Mexico	2	8	3930	7658	2485	4501
大洋州小计	**Subtotal of Oceanic**	**21**	**110**	**39619**	**108156**	**38711**	**93118**
澳大利亚	Australia	20	91	38659	101571	37751	86761
巴布亚新几内亚	Papua New Guinea		8		1966		1778
斐济	Fiji		2		3135		3135
新西兰	New Zealand	1	7	960	1380	960	1340
所罗门	Solomon		2		104		104

6-18 1982-2011年对外承包工程和劳务合作情况
Statistics on Contracted Projects and Labor Services Cooperation with Foreign Countries 1982 to 2011

年份 Year	合同个数（个） Number of Contracts (unit)	合同金额（万美元） Contracted Value (10 000 USD)	营业额（万美元） Turnover (10 000 USD)	年末在外人数（人） Number of Persons outside the Country at Year-end (person)	派出人数（人） Number of Persons Sent out(person)
1982	1	421	421		
1983	1	1286	40	408	
1984	1	451	664	783	
1985	4	645	852	1147	
1986	26	1099	876	1597	
1987	33	802	999	1239	
1988	34	502	987	865	
1989	69	1389	1000	1179	
1990	91	3377	1712	1462	
1991	123	5952	3017	2326	
1992	192	8747	3882	3571	
1993	299	20250	6959	7254	
1994	411	31882	12222	10288	
1995	672	38604	18274	16217	
1996	880	52005	28933	23355	
1997	966	57654	36315	26626	
1998	1296	73703	46508	29121	
1999	1116	67729	63615	30979	
2000	1250	61601	45229	35028	
2001	1580	104622	55913	36489	
2002	1380	134098	83133	43554	
2003	1322	124243	99213	52077	
2004	1879	146590	151568	62705	
2005	2171	164091	174518	71610	37797
2006	2513	392134	232293	83974	41369
2007	2642	540344	301928	93797	45212
2008	2880	754137	358867	90623	45269
2009	2397	932312	509083	96421	46296
2010	3075	1092504	602415	102149	47300
2011		948287	819857	108662	48836

注：2011年起，商务部不再对外公布对外劳务合作合同数（下表同）。

a)The Commerce Department had no longer published data refer to Contracts of Labor Cooperation since 2011.The same applies to tables following.

6–19 对外承包工程、劳务合作和设计咨询情况

Statistics on Contracted Projects, Labour Cooperation and Design Consultation with Foreign Countries or Regions

项目	Item	2005	2008	2009	2010	2011
一、合同个数 （个）	**Number of Contracts (unit)**	**2171**	**2880**	**2397**	**3075**	
承包工程 （个）	Contracted Projects (unit)	188	191	259	257	288
劳务合作 （个）	Labor Cooperation (unit)	1876	2589	2138	2818	
设计咨询 （个）	Design Consultation (unit)	107	100			
二、合同金额 （万美元）	**Contracted Value (10 000 USD)**	**164091**	**754137**	**932312**	**1092504**	**948287**
承包工程 （万美元）	Contracted Projects (10 000 USD)	81750	651183	850734	1008411	869806
劳务合作 （万美元）	Labor Cooperation (10 000 USD)	74847	91354	81578	84093	78481
设计咨询 （万美元）	Design Consultation (10 000 USD)	7494	12550			
三、营业额 （万美元）	**Turnover (10 000 USD)**	**174518**	**358867**	**509083**	**602415**	**819857**
承包工程 （万美元）	Contracted Projects (10 000 USD)	111612	262351	425362	523767	747265
劳务合作 （万美元）	Labor Cooperation (10 000 USD)	58463	86096	83721	78648	72592
设计咨询 （万美元）	Design Consultation (10 000 USD)	4443	10420			
四、年末在国外人数 （人）	**Number of Persons outside the Country at year end (person)**	**71610**	**90623**	**96421**	**102149**	**108662**
承包工程 （人）	Contracted Projects (person)	11532	17967	23621	26176	26921
劳务合作 （人）	Labor Cooperation (person)	60053	72575	72800	75973	81741
设计咨询 （人）	Design Consultation (person)	25	81			
五、派出人数 （人）	**Number of Persons Sent out (person)**	**37797**	**45269**	**46296**	**47300**	**48836**
承包工程 （人）	Contracted Projects (person)	7823	13077	16150	16410	18328
劳务合作 （人）	Labor Cooperation (person)	29909	32133	30146	30890	30508
设计咨询 （人）	Design Consultation (person)	65	59			

注：2009年起，“对外承包工程”数据包含了“对外设计咨询”。

a)Data on contracted projects include the data of design consultation since 2009.

6-20 旅游业情况
Tourism

类别		Category		2009	2010	2011
旅行社总数	(个)	Total Number of Travel Agencies	(unit)	1802	1830	1865
旅行社职工人数	(人)	Number of Staff and Workers of Travel Agencies	(person)	23016	23327	22978
旅游饭店总数	(个)	Total Number of Tourist Hotels	(unit)	912	915	907
接待入境游客	(人次)	Number of International Tourists Arrival to China	(person-time)	3100379	3667909	4242277
外国人	(人次)	Foreigners	(person-time)	2411857	2778699	3123264
港澳台胞	(人次)	Hong Kong, Macao and Taiwan Compatriots	(person-time)	688522	889210	1119013
港澳同胞	(人次)	Compatriots from Hong Kong and Macao	(person-time)	400170	489295	628437
台湾同胞	(人次)	Compatriots from Taiwan	(person-time)	288352	399915	490576
旅行社外联入境游客	(人)	Number of International Tourists Outreached by Travel Agencies	(person)	952108	1079715	1279237
旅行社接待入境游客	(人)	Number of International Tourists Recepted by Travel Agencies	(person)	1281974	1395554	1620826
国内旅游人数	(万人次)	Number of Domestic Tourists	(10000 person-time)	28882	34990	41696
旅游总收入	(亿元)	Total Tourism Earnings	(100 million yuan)	2452.2	3058.8	3736.6
入境旅游收入	(万美元)	International Tourism Earnings	(10000 USD)	176530	215506	255076
国内旅游收入	(亿元)	Domestic Tourism Earnings	(100 million yuan)	2331.7	2915.8	3573.7

6-21 1995-2011年国内旅游情况
Domestic Tourism 1995 to 2011

年份 Year	总人次 (万人次) Domestic Tourists (10 000 person-time)	总花费 (亿元) Total Expenditure (100 million yuan)	人均花费 (元) Per Capita Expenditure (yuan)
1995	4655	157.68	338.7
1996	5151	187.43	363.9
1997	5488	213.02	388.2
1998	5844	245.83	420.7
1999	6429	285.17	443.6
2000	7007	386.49	551.6
2001	8086	462.64	572.2
2002	9573	571.53	595.8
2003	8918	542.78	608.6
2004	11479	767.65	653.4
2005	14097	974.59	691.3
2006	16775	1214.82	724.2
2007	20343	1550.76	762.3
2008	24046	1908.53	793.7
2009	28882	2331.70	807.3
2010	34990	2915.80	833.3
2011	41696	3573.70	857.1

6-22 按主要国家分接待外国旅游人数
Number of Foreigner Tourists by Country

单位:人 (person)

国别	Country	1995	2000	2005	2006	2007	2008	2009	2010	2011
总计	**Total**	**304280**	**480090**	**1247842**	**1560436**	**2020311**	**2065007**	**2411857**	**2778699**	**3123264**
亚洲	**Asia**	**220757**	**377862**	**1030169**	**1281818**	**1652988**	**1672854**	**1937940**	**2159102**	**2294655**
印度	India		2762	6759	8679	13387	16369	18537	23932	28861
印度尼西亚	Indonesia	3378	6319	6881	7768	10741	11004	17258	24835	29759
日本	Japan	81071	132619	278170	343681	401345	435123	541095	566511	524594
马来西亚	Malaysia	5581	10700	22534	28200	30207	37109	31949	40230	55282
蒙古	Mongolia		851	1155	1869	2697	3671	6603	7064	8869
菲律宾	Philippines	14015	14906	16327	14561	20844	21953	28344	42487	45599
新加坡	Singapore	9275	16182	25509	35372	42799	46777	66516	70126	86383
韩国	Republic of Korea	98568	183567	640056	809953	1087905	1050839	1151567	1292880	1387535
泰国	Thailand	1781	2545	7281	6979	10473	10837	13449	13387	17400
非洲	**Africa**		**1501**	**3819**	**4232**	**5910**	**7666**	**10384**	**15843**	**24621**
欧洲	**Europe**	**36510**	**47999**	**109671**	**143061**	**184869**	**194240**	**240604**	**331858**	**433962**
英国	United Kingdom	4515	6812	17295	26096	34928	38314	40337	62730	82692
德国	Germany	8207	9065	22459	29337	33609	36519	44299	63694	83803
法国	France	3669	6137	13794	18331	23369	24471	29038	40839	52925
意大利	Italy	2333	3805	9004	10351	17487	17489	20394	24532	32443
荷兰	Netherlands	1436	1750	3008	4017	5365	6036	6289	6376	10302
瑞典	Sweden	877	1573	3162	3526	5972	5888	8066	8498	10970
瑞士	Switzerland	843	1053	2435	3039	4624	7320	7860	8358	10365
俄罗斯	Russia	10566	8926	19484	27661	33614	28583	44262	63036	86748
美洲	**America**	**29012**	**40786**	**73303**	**95883**	**132046**	**133109**	**151538**	**191175**	**252620**
加拿大	Canada	4900	7008	13513	16186	23059	25125	33044	39869	51624
美国	United States	23273	31994	54510	74738	102051	98870	104385	133305	178310
大洋洲	**Oceanic**	**3853**	**8009**	**15393**	**21088**	**29228**	**37107**	**48476**	**58310**	**83773**
澳大利亚	Australia	3046	5956	10643	15633	21493	26887	33625	40738	56523
新西兰	New Zealand	519	1183	2369	3589	5193	7568	11566	12588	20270
其他	**Others**	**14148**	**3933**	**15487**	**14354**	**15610**	**20031**	**22799**	**22311**	**33982**

6-23 各市按主要国家分接待外国旅游人数(2011年)
Number of Foreigner Tourists by Country and Region(2011)

单位:人次 (person-time)

地区 Region	合计 Total	#韩国 Republic of Korea	日本 Japan	马来西亚 Malaysia	新加坡 Singapore	菲律宾 Philippines	印尼 Indonesia	泰国 Thailand	印度 India	美国 United States
全省总计 Total	**3123264**	**1387535**	**524594**	**55282**	**86383**	**45599**	**29759**	**17400**	**28861**	**178310**
济南市 Jinan	193737	31796	32472	9773	12319	2461	2651	2627	7496	17854
青岛市 Qingdao	807448	297770	216022	10714	16609	14244	8112	3265	7788	45732
淄博市 Zibo	137111	37804	43291	7585	5038	1150	4746	410	1480	6211
枣庄市 Zaozhuang	18365	4922	2732	614	886	383	210	412	332	1559
东营市 Dongying	31835	4364	4838	418	1022	246	344	170	354	3480
烟台市 Yantai	444674	267836	67616	4261	8310	5945	2460	1966	3400	12690
潍坊市 Weifang	235899	120204	40893	3673	6598	3655	1209	879	1236	11696
济宁市 Jining	208500	49419	37838	5481	14893	2999	3332	4152	2515	12219
泰安市 Tai'an	202492	55085	28412	7642	8321	924	2535	1135	934	38131
威海市 Weihai	388471	327385	20727	415	762	578	290	93	276	3404
日照市 Rizhao	247255	150090	3698	1271	4727	10864	1276	859	532	5396
莱芜市 Laiwu	5285	673	954	100	106	51	179	57	236	400
临沂市 Linyi	84747	14459	7873	1040	2358	1011	1123	887	1338	3350
德州市 Dezhou	33840	5408	4655	1185	1926	725	410	287	384	2167
聊城市 Liaocheng	39480	12347	8217	180	492	159	240	95	100	9393
滨州市 Binzhou	35531	6173	3012	589	954	75	540	21	368	4046
菏泽市 Heze	8594	1800	1344	341	1062	129	102	85	92	582

6-23 续表 continued

单位:人次 (person-time)

地区 Region	加拿大 Canada	德国 Germany	俄罗斯 Russia	英国 United Kingdom	法国 France	意大利 Italy	瑞典 Sweden	荷兰 Netherlands	澳大利亚 Australia	新西兰 New Zealand
全省总计 Total	**51624**	**83803**	**86748**	**82692**	**52925**	**32443**	**10970**	**10302**	**56523**	**20270**
济南市 Jinan	4981	12385	4707	8278	5402	3282	1028	1500	7523	1444
青岛市 Qingdao	11990	26130	15733	23933	11997	7022	3241	3960	15423	6263
淄博市 Zibo	1926	5484	1077	3746	1824	1629	527	300	1206	1141
枣庄市 Zaozhuang	422	572	410	657	402	178	99	63	622	124
东营市 Dongying	1883	1133	2663	2381	793	596	192	158	1524	660
烟台市 Yantai	6584	8623	4964	8058	5967	6662	779	915	5109	1307
潍坊市 Weifang	2145	2087	3591	2991	2187	1696	260	293	2521	789
济宁市 Jining	6839	5594	4032	9415	7311	2152	1936	1424	6223	3609
泰安市 Tai'an	6160	5937	5074	7279	5878	1560	946	489	5988	1490
威海市 Weihai	678	1061	25704	1547	795	338	90	181	630	82
日照市 Rizhao	1777	8732	13133	8133	5208	3432	190	248	2698	327
莱芜市 Laiwu	246	376	169	442	306	142	12	41	141	107
临沂市 Linyi	1772	1824	1460	2086	1681	1007	538	346	2091	810
德州市 Dezhou	1050	759	1733	1563	938	487	113	122	1300	305
聊城市 Liaocheng	636	708	900	871	937	338	261	178	612	344
滨州市 Binzhou	2308	2147	1058	940	1050	1770	711	72	2668	1408
菏泽市 Heze	227	251	340	372	249	152	47	12	244	60

6–24 接待入境游客构成(按性别、年龄和来鲁目的分)

Structure of Foreigner Tourists(by Sex/Age/Purpose)

单位:% (%)

指标	Indicator	2005	2007	2008	2009	2010	2011
总计	**Total**	**100.0**	**100.0**	**100.0**	**100.0**	**100.0**	**100.0**
按性别分	**by Sex**	**100.0**	**100.0**	**100.0**	**100.0**	**100.0**	**100.0**
男	Male	77.9	71.3	70.3	69.8	67.8	68.7
女	Female	22.1	28.7	29.7	30.2	32.2	31.3
按年龄分	**by Age**	**100.0**	**100.0**	**100.0**	**100.0**	**100.0**	**100.0**
14岁以下	14 and under	1.4	1.6	1.2	1.6	1.6	1.5
15～24岁	15-24	6.1	9.3	9.6	9.7	9.1	9.6
25～44岁	25-44	54.4	50.9	49.5	49.6	51.5	50.3
45～64岁	45-64	32.7	31.7	33.3	32.9	31.8	32.1
65岁以上	65 and over	5.4	6.5	6.4	6.3	6.0	6.5
按来鲁目的分	**by Purpose of Coming to Shandong**	**100.0**	**100.0**	**100.0**	**100.0**	**100.0**	**100.0**
从事经济商务活动	Business	56.9	43.4	48.3	48.2	46.3	47.7
从事文化学术交流	Cultural and Academic Exchanges	5.7	6.2	5.7	5.7	7.7	6.3
探亲访友	Visiting relatives and Friends	3.0	4.2	4.3	4.2	4.4	4.5
旅游观光	Sightseeing	32.0	44.4	39.8	40.4	39.6	39.8
其它	Others	2.3	1.9	2.0	1.6	2.1	1.8

6–25 各市接待入境游客人数

Number of Foreigner Tourists by Region

单位:万人次 (10 000 person-time)

地区 Region	2006	外国人 Foreigner	2007	外国人 Foreigner	2008	外国人 Foreigner	2009	外国人 Foreigner	2010	外国人 Foreigner	2011	外国人 Foreigner
全省总计 Total	**193.13**	**156.04**	**249.64**	**202.03**	**253.76**	**206.50**	**310.04**	**241.19**	**366.79**	**277.87**	**424.20**	**312.33**
济南市 Jinan	13.59	8.21	16.06	9.70	17.03	10.75	18.70	11.61	23.10	15.33	28.99	19.37
青岛市 Qingdao	85.45	75.14	108.03	92.42	80.13	69.81	100.07	80.14	108.05	82.66	115.64	80.74
淄博市 Zibo	5.24	3.65	6.89	4.98	9.39	7.20	12.53	8.22	17.14	11.49	20.92	13.71
枣庄市 Zaozhuang	0.58	0.31	0.83	0.48	1.02	0.57	1.32	0.77	2.61	1.67	3.18	1.84
东营市 Dongying	0.47	0.26	1.14	0.82	1.88	1.45	2.54	1.82	3.33	2.22	4.33	3.18
烟台市 Yantai	23.97	19.68	30.74	25.50	35.21	29.51	40.09	33.35	47.20	39.00	54.85	44.47
潍坊市 Weifang	4.31	3.32	7.42	5.88	13.18	10.59	17.25	13.92	22.19	18.13	28.90	23.59
济宁市 Jining	12.73	7.58	15.56	9.31	19.08	10.92	24.48	14.59	28.90	16.09	34.02	20.85
泰安市 Tai'an	12.60	6.58	14.27	7.93	19.02	12.58	24.06	15.21	29.83	18.05	35.26	20.25
威海市 Weihai	20.49	19.42	26.73	25.50	28.83	27.55	32.27	30.86	37.26	35.60	41.51	38.85
日照市 Rizhao	7.57	7.55	11.22	11.16	15.16	15.09	18.01	17.92	21.52	21.12	25.52	24.73
莱芜市 Laiwu	0.11	0.10	0.14	0.13	0.18	0.17	0.22	0.21	0.40	0.34	0.59	0.53
临沂市 Linyi	2.05	1.41	5.21	4.27	6.54	5.08	8.50	5.30	12.09	6.74	14.67	8.47
德州市 Dezhou	1.81	0.99	2.26	1.15	2.88	1.39	4.22	2.04	5.77	2.71	6.53	3.38
聊城市 Liaocheng	1.29	1.03	1.87	1.64	1.94	1.68	2.58	2.23	3.52	3.05	4.51	3.95
滨州市 Binzhou	0.59	0.57	0.86	0.82	1.73	1.66	2.45	2.39	2.95	2.89	3.70	3.55
菏泽市 Heze	0.30	0.26	0.40	0.32	0.58	0.47	0.75	0.60	0.93	0.77	1.10	0.86

6-26 各市入境旅游外汇收入
Foreign Exchange Earnings by Region

单位:万美元 (10 000 USD)

地 区	Region	2000	2005	2006	2007	2008	2009	2010	2011
全省总计	**Total**	**31513**	**78023**	**101405**	**135185**	**139148**	**176530**	**215506**	**255076**
济南市	Jinan	3152	4175	5318	7075	8340	9318	11354	14228
青岛市	Qingdao	14213	41493	54262	67507	50045	55178	60104	68933
淄博市	Zibo	407	982	1170	1681	4472	5832	9206	11441
枣庄市	Zaozhuang	39	113	166	247	321	419	824	976
东营市	Dongying	39	77	240	668	1508	2214	3128	4126
烟台市	Yantai	6097	13207	16590	22950	26708	31081	37707	46816
潍坊市	Weifang	657	1055	1293	3607	7081	12254	16238	20535
济宁市	Jining	947	2603	3403	4938	6105	12103	17118	17767
泰安市	Tai'an	1118	3740	5200	6349	9518	15050	18380	21852
威海市	Weihai	4203	7086	8929	12447	13734	16083	19151	21855
日照市	Rizhao	202	1908	2654	3042	4432	8168	9795	11497
莱芜市	Laiwu	15	25	90	130	171	209	314	463
临沂市	Linyi	213	648	1046	2892	4271	5165	7717	9057
德州市	Dezhou	15	446	475	597	898	763	1752	2105
聊城市	Liaocheng	153	342	329	695	860	1128	1580	2118
滨州市	Binzhou	14	85	167	258	527	763	898	1058
菏泽市	Heze	29	38	73	102	157	199	239	249

6-27 入境旅游外汇收入及构成
Foreign Exchange Earnings and Its Composition

单位:万美元 (10 000 USD)

类 别	Category	2008		2009		2010		2011	
		数额 Value	比重(%) Proportion	数额 Value	比重(%) Proportion	数额 Value	比重(%) Proportion	数额 Value	比重(%) Proportion
总 计	**Total**	**139148.0**	**100.0**	**176529.7**	**100.0**	**215505.8**	**100.0**	**255076.2**	**100.0**
长途交通	Long Distance Transportation	41438.3	29.8	50717.0	28.7	60772.6	28.2	72110.0	28.3
#民 航	Civil Aviation	33979.9	24.4	40937.2	23.2	48273.3	22.4	56040.2	22.0
铁 路	Railway	1099.3	0.8	1694.7	1.0	2586.1	1.2	3214.0	1.3
汽 车	Highway	3325.6	2.4	4766.3	2.7	6249.7	2.9	8468.5	3.3
轮 船	Waterway	3033.4	2.2	3301.1	1.9	3663.6	1.7	4387.3	1.7
游 览	Visiting	15487.2	11.1	20212.7	11.5	25429.7	11.8	29894.9	11.7
住 宿	Accommodation	16878.7	12.1	21748.5	12.3	26722.7	12.4	34588.3	13.6
餐 饮	Food and Beverage	10867.5	7.8	14175.3	8.0	17456.0	8.1	23237.4	9.1
购 物	Shopping	11368.4	8.2	32693.3	18.5	40084.1	18.6	46730.0	18.3
娱 乐	Entertainment	25046.6	18.0	14263.6	8.1	17671.5	8.2	20890.7	8.2
邮电通讯	Post and Communication Services	5468.5	3.9	6814.0	3.9	7973.7	3.7	9667.4	3.8
市内交通	Local Transportation	3798.7	2.7	5278.2	3.0	6680.7	3.1	5611.7	2.2
其他服务	Other Services	8794.2	6.3	10627.1	6.0	12714.8	5.9	12345.7	4.8

6–28 各经济开发区主要经济指标(2011年)

Main Indicators of the Economic Development Areas(2011)

开发区名称	Development Area	合同利用外资额(万美元) Amount of Contracted Foreign Capital (10 000 USD)	实际利用外资额(万美元) Amount of Foreign Capital Actually Utilized (10 000 USD)	注册企业数(个) Number of Registered Enterprises (unit)	外商投资企业 Foreign -funded Enterprises	高新技术企业 High and New-tech Enterprises
国家级	**National**					
济南出口加工区	Jinan Export Processing zone	2680	1255	72	12	2
青岛经济技术开发区	Qingdao Economic and Technological Development zone	240750	161397	14349	698	56
青岛出口加工区	Qingdao Export Processing zone	10035	4090	80	34	4
烟台经济技术开发区	Yantai Economic and Technological Development zone	57319	38011	6829	871	45
威海经济技术开发区	Weihai Economic and Technological Development zone	8886	10258	2527	291	16
威海出口加工区	Weihai Export Processing zone		6490	48	41	
省　级	**Provincial**					
济南市	Jinan					
济南槐荫工业园区	Jinan Huaiyin Industry Park	469	1276	528	2	
济南化工产业园区	Jinan Chemical Industry Park	620	100	30	2	
济南临港经济开发区	Jinan Lingang Seaport Economic Development Zone	22850	6782	326	11	
济南经济开发区	Jinan Economic Development Zone	11423	2709	163	14	
平阴工业园区	Pingyin Industry Park	221	221	120	2	
济北经济开发区	Jibei Economic Development Zone	1500	5450	948	16	
商河经济开发区	Shanghe Economic Development Zone	11861	1493	158	5	
明水经济开发区	Mingshui Economic Development Zone	6687	13430	277	23	
青岛市	Qingdao					
青岛环海经济开发区	Qingdao Seaside Economic Development Zone			52	40	
胶州经济开发区	Jiaozhou Economic Development Zone	53758	21686	812	429	
即墨经济开发区	Jimo Economic Development Zone	52010	29365	2014	364	
平度经济开发区	Pingdu Economic Development Zone	12769	7723	960	201	
胶南经济开发区	Jiaonan Economic Development Zone	45253	15214	119	9	
青岛临港经济开发区	Qingdao Lingang Economic Development Zone	8200	2173	314	58	
淄博市	Zibo					
淄川经济开发区	Zichuan Economic Development Zone	4850	1130	614	49	
张店经济开发区	Zhangdian Economic Development Zone		2800	103	3	
博山经济开发区	Boshan Economic Development Zone		1511	869	13	
临淄经济开发区	Linzi Economic Development Zone			422	10	
周村经济开发区	Zhoucun Economic Development Zone	3878	5877	471	23	

6-28 续表 1 Continued

开发区名称	Development Area	合同利用外资额（万美元）Amount of Contracted Foreign Capital (10 000 USD)	实际利用外资额（万美元）Amount of Foreign Capital Actually Utilized (10 000 USD)	注册企业数（个）Number of Registered Enterprises (unit)	外商投资企业 Foreign-funded Enterprises	高新技术企业 High and New-tech Enterprises
桓台东岳氟硅材料产业园	Huantai Dongyue International Fluorine-siliconMaterial Industry Zone		9524	23	6	6
桓台经济开发区	Huantai Economic Development Zone		721	816	36	50
高青经济开发区	Gaoqing Economic Development Zone	2120	1000	67	3	7
沂源经济开发区	Yiyuan Economic Development Zone			227	7	29
枣庄市	Zaozhuang					
枣庄经济开发区	Zaozhuang Economic Development Zone	1600	3113	189	14	23
薛城经济开发区	Xuecheng Economic Development Zone	4000	543	196	6	18
峄城经济开发区	Yicheng Economic Development Zone	15480	973	159	33	79
台儿庄经济开发区	Taierzhuong Economic Development Zone		542	180	8	29
山亭经济开发区	Shantieng Economic Development Zone		1056	181	20	6
滕州经济开发区	Tengzhou Economic Development Zone	40720	4230	1281	5	62
东营市	Dongying					
东营胜利工业园区	Dongying Shengli Industry Park		602	192	22	44
河口经济开发区	Hekou Economic Development Zone	6200	1661	217	46	30
垦利经济开发区	Kenli Economic Development Zone	3849	1782	235	8	7
利津经济开发区	Lijin Economic Development Zone	1460	944	102	1	14
广饶经济开发区	Guangrao Economic Development Zone	2032	3074	351	79	121
烟台市	Yantai					
牟平经济开发区	Muping Economic Development Zone	13012	7560	529	178	8
龙口经济开发区	Longkou Economic Development Zone	10530	7627	2023	372	55
龙口高新产业园区	Longkou Hi-Tech Industrial Park	4508	1692	218	68	21
莱阳经济开发区	Laiyang Economic Development Zone	9766	6764	495	118	31
莱州工业园区	Laizhou Hi-Tech Industrial Park	3570	1060	410	14	8
莱州经济开发区	Laizhou Economic Development Zone	6725	6091	702	39	5
蓬莱经济开发区	Penglai Economic Development Zone	6240	6832	496	168	83
招远经济开发区	Zhaoyuan Economic Development Zone	7065	5526	519	130	48
栖霞经济开发区	Qixia Economic Development Zone	1095	1150	613	83	2
海阳经济开发区	Haiyang Economic Development Zone	5184	5699	532	85	35
潍坊市	Weifang					
潍城经济开发区	Weicheng Economic Development Zone	14142	2160	483	20	37
寒亭经济开发区	Hantieng Economic Development Zone		1000	219	39	9
潍坊经济开发区	Weifang Economic Development Zone	8632	491	1637	161	82
潍坊城南工业园区	Weifang Chengnan Industry Park	400	362	330	23	11
临朐经济开发区	Linqu Economic Development Zone	2231	2952	591	82	42

6-28 续表 2 Continued

开发区名称	Development Area	合同利用外资额(万美元) Amount of Contracted Foreign Capital (10 000 USD)	实际利用外资额(万美元) Amount of Foreign Capital Actually Utilized (10 000 USD)	注册企业数(个) Number of Registered Enterprises (unit)	外商投资企业 Foreign -funded Enterprises	高新技术企业 High and New-tech Enterprises
昌乐经济开发区	continuedChangle Economic Development Zone	10010	1800	313	42	12
青州经济开发区	Qingzhou Economic Development Zone	5176	1538	648	12	21
诸城经济开发区	Zhucheng Economic Development Zone	8000	4800	683	19	68
寿光经济开发区	Shouguang Economic Development Zone	15302	6724	694	35	43
安丘经济开发区	Anqiu Economic Development Zone	5336	1764	497	134	37
高密经济开发区	Gaomi Economic Development Zone	12206	8151	678	56	24
昌邑经济开发区	Changyi Economic Development Zone	9712	5645	25	7	4
济宁市	Jining					
济宁经济开发区	Jining Economic Development Zone		7100	312		
任城经济开发区	Rencheng Economic Development Zone	2600	910	529	30	125
鱼台经济开发区	Yutai Economic Development Zone	1500	1346	186	1	33
金乡经济开发区	Jinxiang Economic Development Zone	1500	125	306	23	28
嘉祥经济开发区	Jiaxang Economic Development Zone	1470	1400	159	24	49
汶上经济开发区	Wenshang Economic Development Zone	2600	1303	190	6	41
泗水经济开发区	Shishui Economic Development Zone		923	134	13	10
梁山经济开发区	Liangshan Economic Development Zone	7870	1280	278	26	12
曲阜经济开发区	Qufu Economic Development Zone	10050	2670	346	11	21
兖州经济开发区	Yanzhou Economic Development Zone	2645	4183	321	7	23
兖州工业园区	Yanahou Industry Park	11250	8147	209	5	9
邹城经济开发区	Zoucheng Economic Development Zone	1500	7520	297	11	13
邹城工业园区	Zoucheng Industry Park	11430	8062	365	28	14
泰安市	Taian					
泰山工业园区	Taishan Industry Park		53	111	6	47
岱岳工业园区	Daiyue Industry Park	510	400	586	7	27
宁阳工业园区	Ningyang Industry Park	4800	1199	136	8	26
东平工业园区	Dongping Industry Park	32	336	138	10	30
威海市	Weihai					
文登经济开发区	Wendeng Economic Development Zone	4210	4335	652	258	38
文登工业园区	Wendeng Industry Park	6837	3320	533	239	44
荣成经济技术开发区	Rongcheng	8550	4260	1308	305	94
荣成工业园区	Rongcheng Industry Park	10	336	97	17	4
乳山经济开发区	Rushan Economic Development Zone	2799	2120	727	194	24

6–28 续表 3 Continued

开发区名称	Development Area	合同利用外资额(万美元) Amount of Contracted Foreign Capital (10 000 USD)	实际利用外资额(万美元) Amount of Foreign Capital Actually Utilized (10 000 USD)	注册企业数(个) Number of Registered Enterprises (unit)	外商投资企业 Foreign -funded Enterprises	高新技术企业 High and New-tech Enterprises
日照市	Rizhao					
岚山经济开发区	Lanshan	12000	5116	1710	56	89
五莲工业园区	Wulian Industry Park	4590	2045	87	4	1
莒县工业园区	Juxian Industry Park	5602	4200	96	10	5
莱芜市	Laiwu					
莱芜工业园区	Laiwu Industry Park	3471	1378	256	9	8
莱芜钢城经济开发区	Laiwu Gangcheng Economic Development Zone	2800	2506	413	20	53
临沂市	Linyi					
临沂工业园区	Linyi Industry Park	3050	2750	291	15	15
临沂河东工业园区	Linyi Hedong Industry Park	745	1287	226	11	10
沂南经济开发区	Yinan Economic Development Zone	2500	519	156	18	7
郯城经济开发区	Tancheng Economic Development Zone	2528	136	96	11	8
沂水经济开发区	Yishui Economic Development Zone	13785	2068	174	5	6
苍山经济开发区	Changshan Economic Development Zone	2000	300	136	17	4
费县经济开发区	Feixian Economic Development Zone	494	283	1836	2	6
平邑经济开发区	Pinyi Economic Development Zone	15	15	356	17	15
莒南经济开发区	Junan Economic Development Zone	2961	2710	246	18	8
蒙阴经济开发区	Mengyen Economic Development Zone	140	140	156	12	18
临沭经济开发区	Lienshu Economic Development Zone	3060	527	302	18	7
德州市	Dezhou					
德州运河经济开发区	Deznou Yunhe Economic Development Zone	571	672	279	3	4
德州经济开发区	Dezhou Economic Development Zone	10150	9120	230	8	26
陵县经济开发区	Lingxian Economic Development Zone	3889	489	330	39	64
宁津经济开发区	Ningjin Economic Development Zone	1838	1378	245	22	45
庆云经济开发区	Qinyuen Economic Development Zone	338	236	259	29	48
临邑经济开发区	Linyi Economic Development Zone	1853	125	442	2	56
齐河经济开发区	Qihe Economic Development Zone	7433	2504	178	48	75
平原经济开发区	Pingyuan Economic Development Zone	1093	1309	237	9	14
夏津经济开发区	Xiajin Economic Development Zone	1472	1287	182		11
武城经济开发区	Wucheng Economic Development Zone	2100	23	195	16	56
乐陵经济开发区	Laoling Economic Development Zone	1500	910	325	12	21

6-28 续表 4 Continued

开发区名称	Development Area	合同利用外资额(万美元) Amount of Contracted Foreign Capital (10 000 USD)	实际利用外资额(万美元) Amount of Foreign Capital Actually Utilized (10 000 USD)	注册企业数(个) Number of Registered Enterprises (unit)	外商投资企业 Foreign-funded Enterprises	高新技术企业 High and New- tech Enterprises
聊城市	Liaocheng					
聊城嘉明经济开发区	Liaocheng Jiaming	4300	201	146	5	11
聊城经济开发区	Liaocheng Economic Development Zone		2112	1528		
阳谷工业园区	Yangu Industry Park			146	2	28
莘县工业园区	Shenxian Industry Park	1790	255	186	5	17
东阿工业园区	Donge Industry Park	280	300	147	1	8
滨州市	Binzhou					
滨州经济开发区	Binzhou Economic Development Zone	4208	33230	863	15	19
滨城区北城经济开发区	Bincheng Beicheng Economic Development Zone		640	330	3	8
惠民经济开发区	Huimin Economic Development Zone		360	55	2	1
阳信经济开发区	Yiangxin Economic Development Zone		232	94	8	8
无棣工业园区	Wudi Industry Park		30	994	9	3
沾化经济开发区	Zhanhua Economic Development Zone		196	167	4	6
博兴经济开发区	Boxing Economic Development Zone	596	347	373	2	10
菏泽市	Heze					
菏泽经济开发区	Heze Economic Development Zone	2498	1063	588	6	25
菏泽牡丹工业园区	Heze Mudan Industry Park	1518	2118	145	12	23
曹县工业园区	Caoxian Industry Park	50	266	298	20	20
单县工业园区	Shanxian Industry Park		15	148	3	20
成武工业园区	Chengwu Industry Park	1666	421	78	6	13
巨野工业园区	Juye Industry Park		505	220	3	2
郓城工业园区	Yuncheng Industry Park		180	206	5	12
鄄城工业园区	Juancheng Industry Park	30	24	137	5	10
定陶工业园区	Dingtao Industry Park			125	4	11
东明工业园区	Dongming Industry Park	910		91	7	5

6-28 续表 5 continued

开发区名称	Development Area	全社会固定资产投资(万元) Total Investment in Fixed Assets (10 000 yuan)	工业增加值(万元) Added Value of Industrial Enterprises (10 000 yuan)	规模以上工业主营业务收入(万元) Business Revenue of Industrial Enterprises above Designated Size (10 000 yuan)	规模以上工业利税总额(万元) Total Profits and Taxes of Industrial Enterprises above Designated Size (10 000 yuan)	地方财政一般预算内收入(万元) Budgetary Revenue of Local Government (10 000 yuan)
国家级	**National**					
济南出口加工区	Jinan Export Processing zone	305894	56508	176028	16321	2758
青岛经济技术开发区	Qingdao Economic and Techno -logical Development zone	4426759	7211300	36954102	3329394	657731
青岛出口加工区	Qingdao Export Processing zone	104940	191234	684326	52017	9604
烟台经济技术开发区	Yantai Economic and Technological Development zone	2801358	6340990	27315195	2605132	380008
威海经济技术开发区	Weihai Economic and Technological Development zone	1228366	862068	5937878	200628	128751
威海出口加工区	Weihai Export Processing zone	17694		313537	14381	7424
省 级	**Provincial**					
济南市	Jinan					
济南槐荫工业园区	Jinan Huaiyin Industry Park	148600	153500	395268	82778	12200
济南化工产业园区	Jinan Chemical Industry Park	16500	44251	179571	5208	905
济南临港经济开发区	Jinan Lingang Seaport Economic Development Zone	401780	333248	1366599	194001	14236
济南经济开发区	Jinan Economic Development Zone	190046	369385	1546816	71492	12038
平阴工业园区	Pingyin Industry Park	185000	295705	935683	154117	17739
济北经济开发区	Jibei Economic Development Zone	658497	792058	2587312	315842	63769
商河经济开发区	Shanghe Economic Development Zone	172669	197215	623175	40802	13690
明水经济开发区	Mingshui Economic Development Zone	1276803	1840586	8010282	617079	186781
青岛市	Qingdao					
青岛环海经济开发区	Qingdao Seaside Economic Development Zone	50000		760557		
胶州经济开发区	Jiaozhou Economic Development Zone	2612212	2762336	9634675	1436646	208297
即墨经济开发区	Jimo Economic Development Zone	1548441	1557022	7287157	397052	97204
平度经济开发区	Pingdu Economic Development Zone	910000	534908	1871200	80482	45940
胶南经济开发区	Jiaonan Economic Development Zone	490137	607000	3396593	392894	102765
青岛临港经济开发区	Qingdao Lingang Economic Development Zone	159600	525000	1883000	254205	56358
淄博市	Zibo					
淄川经济开发区	Zichuan Economic Development Zone	788764	2041880	7093474	781830	140080
张店经济开发区	Zhangdian Economic Development Zone	79883	229147	1131760	272774	14597
博山经济开发区	Boshan Economic Development Zone	539860	924090	2599052	374270	29173
临淄经济开发区	Linzi Economic Development Zone	310245	1115393	4350767	273144	31021
周村经济开发区	Zhoucun Economic Development Zone	698601	956318	2956787	347806	69064

6-28 续表 6 continued

开发区名称	Development Area	全社会固定资产投资（万元）Total Investment in Fixed Assets (10 000 yuan)	工业增加值（万元）Added Value of Industrial Enterprises (10 000 yuan)	规模以上工业主营业务收入（万元）Business Revenue of Industrial Enterprises above Designated Size (10 000 yuan)	规模以上工业利税总额（万元）Total Profits and Taxes of Industrial Enterprises above Designated Size (10 000 yuan)	地方财政一般预算内收入（万元）Budgetary Revenue of Local Government (10 000 yuan)
桓台东岳氟硅材料产业园区	Huantai Dongyue International Fluorine-silicon Material Industry Zone	258625	664745	2178652	308863	53712
桓台经济开发区	Huantai Economic Development Zone	893349	160805	9614797	829642	159313
高青经济开发区	Gaoqing Economic Development Zone	218688	346947	1277625	157682	38024
沂源经济开发区	Yiyuan Economic Development Zone	304095	458120	2039110	492920	77720
枣庄市	Zaozhuang					
枣庄经济开发区	Zaozhuang Economic Development Zone	722497	756801	3192699	255612	88922
薛城经济开发区	Xuecheng Economic Development Zone	475626	356392	1529667	129243	42463
峄城经济开发区	Yicheng Economic Development Zone	262262	712648	1306967	280937	48731
台儿庄经济开发区	Taierzhuong Economic Development Zone	279835	315257	934684	197391	32426
山亭经济开发区	Shantieng Economic Development Zone	388300	311571	943748	88265	30020
滕州经济开发区	Tengzhou Economic Development Zone	1818800	3486454	10749442	1168047	292748
东营市	Dongying					
东营胜利工业园区	Dongying Shengli Industry Park	823310	332992	4799840	449656	93608
河口经济开发区	Hekou Economic Development Zone	297460	354231	1570269	181432	67421
垦利经济开发区	Kenli Economic Development Zone	1319244	1357370	8748295	780744	75707
利津经济开发区	Lijin Economic Development Zone	548336	709980	2611777	266197	24175
广饶经济开发区	Guangrao Economic Development Zone	1179763	1897243	9840573	1233845	98620
烟台市	Yantai					
牟平经济开发区	Muping Economic Development Zone	668200	726278	3301834	726278	60298
龙口经济开发区	Longkou Economic Development Zone	1426360	3440000	11223822	1273710	231000
龙口高新产业园区	Longkou Hi-Tech Industrial Park	871018	1340820	5538873	684150	90173
莱阳经济开发区	Laiyang Economic Development Zone	869190	1658247	5669779	551415	80195
莱州工业园区	Laizhou Hi-Tech Industrial Park	725736	485326	2197414	234628	63904
莱州经济开发区	Laizhou Economic Development Zone	1807007	1691825	7942527	808221	148399
蓬莱经济开发区	Penglai Economic Development Zone	1088600	1535573	5196480	677990	78981
招远经济开发区	Zhaoyuan Economic Development Zone	1468673	2597706	10262021	1161793	195503
栖霞经济开发区	Qixia Economic Development Zone	937052	622823	2165991	154853	48048
海阳经济开发区	Haiyang Economic Development Zone	863507	9133089	2683314	268331	95855
潍坊市	Weifang					
潍城经济开发区	Weicheng Economic Development Zone	1345660	614011	1485970	157617	104039
寒亭经济开发区	Hantieng Economic Development Zone	557527	501877	2261941	226400	52800
潍坊经济开发区	Weifang Economic Development Zone	1023268	734510	3038988	182722	86612
潍坊城南工业园区	Weifang Chengnan Industry Park	436482	204348	874263	61908	55021
临朐经济开发区	Linqu Economic Development Zone	1327344	562615	2685472	48329	53219

6-28 续表 7 continued

开发区名称	Development Area	全社会固定资产投资(万元) Total Investment in Fixed Assets (10 000 yuan)	工业增加值(万元) Added Value of Industrial Enterprises (10 000 yuan)	规模以上工业主营业务收入(万元) Business Revenue of Industrial Enterprises above Designated Size (10 000 yuan)	规模以上工业利税总额(万元) Total Profits and Taxes of Industrial Enterprises above Designated Size (10 000 yuan)	地方财政一般预算内收入(万元) Budgetary Revenue of Local Government (10 000 yuan)
昌乐经济开发区	Changle Economic Development Zone	799746	780126	4221460	286519	89920
青州经济开发区	Qingzhou Economic Development Zone	888280		6679640	390000	150127
诸城经济开发区	Zhucheng Economic Development Zone	2407038	1621643	6616426	625644	224960
寿光经济开发区	Shouguang Economic Development Zone	2123034	1929652	8361359	902098	222063
安丘经济开发区	Anqiu Economic Development Zone	1359968	635000	2517850	217404	85285
高密经济开发区	Gaomi Economic Development Zone	1738598	1947374	6462913	650711	171959
昌邑经济开发区	Changyi Economic Development Zone	849211		2533820		31347
济宁市	Jining					
济宁经济开发区	Jining Economic Development Zone	282530	95560	216504	19655	12830
任城经济开发区	Rencheng Economic Development Zone	719811	488602	1882366	193221	67550
鱼台经济开发区	Yutai Economic Development Zone	668692	365831	1209696	108667	44863
金乡经济开发区	Jinxiang Economic Development Zone	538429	215187	773602	96360	14470
嘉祥经济开发区	Jiaxang Economic Development Zone	716560	360520	932123	128017	51733
汶上经济开发区	Wenshang Economic Development Zone	487940	655454	2511020	169575	30850
泗水经济开发区	Shishui Economic Development Zone	444249	291896	796715	89040	26892
梁山经济开发区	Liangshan Economic Development Zone	462839	516474	1198998	110843	33937
曲阜经济开发区	Qufu Economic Development Zone	794800	687168	1684767	201556	55226
兖州经济开发区	Yanzhou Economic Development Zone	292960	528392	2623047	218863	22678
兖州工业园区	Yanahou Industry Park	861353	1018517	4937956	258400	44670
邹城经济开发区	Zoucheng Economic Development Zone	932937	799811	2801554	348372	116959
邹城工业园区	Zoucheng Industry Park	1024125	916385	2932169	397789	122958
泰安市	Taian					
泰山工业园区	Taishan Industry Park	357295	409576	1253070	126879	29844
岱岳工业园区	Daiyue Industry Park	508710	176862	506053	29660	24875
宁阳工业园区	Ningyang Industry Park	994511	402603	1694253	142798	15084
东平工业园区	Dongping Industry Park	1211170	819360	4461880	463017	79896
威海市	Weihai					
文登经济开发区	Wendeng Economic Development Zone	537121	1806321	10691240	782320	85841
文登工业园区	Wendeng Industry Park	1023877	405431	3523873	157052	64717
荣成经济技术开发区	Rongcheng	2458607	3340237	11847088	868380	263328
荣成工业园区	Rongcheng Industry Park	270910	67022	1796908	93664	6932
乳山经济开发区	Rushan Economic Development Zone	884636	842332	2245188	300397	65309

6-28 续表 8 continued

开发区名称	Development Area	全社会固定资产投资（万元）Total Investment in Fixed Assets (10 000 yuan)	工业增加值（万元）Added Value of Industrial Enterprises (10 000 yuan)	规模以上工业主营业务收入（万元）Business Revenue of Industrial Enterprises above Designated Size (10 000 yuan)	规模以上工业利税总额（万元）Total Profits and Taxes of Industrial Enterprises above Designated Size (10 000 yuan)	地方财政一般预算内收入（万元）Budgetary Revenue of Local Government (10 000 yuan)
日照市	Rizhao					
岚山经济开发区	Lanshan	2159354	2515800	7560217	1038808	204715
五莲工业园区	Wuulian Industry Park	78672	312270	1182879	65122	4606
莒县工业园区	Juxian Industry Park	315474	344640	1354696	108376	14880
莱芜市	Laiwu					
莱芜工业园区	Laiwu Industry Park	313300	167000	517400	25400	9094
莱芜钢城经济开发区	Laiwu Gangcheng Economic Development Zone	636010	498088	1174070	97029	18949
临沂市	Linyi					
临沂工业园区	Linyi Industry Park	358179	241568	1020740	103569	7586
临沂河东工业园区	Linyi Hedong Industry Park	437600	334431	1292129	89571	32080
沂南经济开发区	Yinan Economic Development Zone	662968	678893	2452700	159453	48785
郯城经济开发区	Tancheng Economic Development Zone	440209	631254	2148505	145939	34912
沂水经济开发区	Yishui Economic Development Zone	862750	805216	2231967	172126	44333
苍山经济开发区	Changshan Economic Development Zone	257789	456630	1407248	148531	28744
费县经济开发区	Feixian Economic Development Zone	168485	349254	1441122	169449	16641
平邑经济开发区	Pinyi Economic Development Zone	900783	613482	2227433	201377	47367
莒南经济开发区	Junan Economic Development Zone	756291	567345	2541136	161543	48069
蒙阴经济开发区	Mengyen Economic Development Zone	765090	550470	1702792	291096	41898
临沭经济开发区	Lienshu Economic Development Zone	365067	633720	2637125	165012	14372
德州市	Dezhou					
德州运河经济开发区	Deznou Yunhe Economic Development Zone	416015	375138	1558508	161532	22371
德州经济开发区	Dezhou Economic Development Zone	1814922	1414035	7036374	827396	198750
陵县经济开发区	Lingxian Economic Development Zone	923319	760839	3753027	760839	57728
宁津经济开发区	Ningjin Economic Development Zone	828239		2169359	303765	30308
庆云经济开发区	Qinyuen Economic Development Zone	436830	432988	2364070	216812	23972
临邑经济开发区	Linyi Economic Development Zone	544318	549248	4460113	425147	64006
齐河经济开发区	Qihe Economic Development Zone	1083079	1169388	4390490	642431	104593
平原经济开发区	Pingyuan Economic Development Zone	885657	625847	3902235	377696	26923
夏津经济开发区	Xiajin Economic Development Zone	611101	418192	681751	97821	37904
武城经济开发区	Wucheng Economic Development Zone	702235	723300	2532078	405581	31913
乐陵经济开发区	Laoling Economic Development Zone	656100		2980302	343249	26466

6-28 续表 9 continued

开发区名称	Development Area	全社会固定资产投资(万元) Total Investment in Fixed Assets (10 000 yuan)	工业增加值(万元) Added Value of Industrial Enterprises (10 000 yuan)	规模以上工业主营业务收入(万元) Business Revenue of Industrial Enterprises above Designated Size (10 000 yuan)	规模以上工业利税总额(万元) Total Profits and Taxes of Industrial Enterprises above Designated Size (10 000 yuan)	地方财政一般预算内收入(万元) Budgetary Revenue of Local Government (10 000 yuan)
聊城市	Liaocheng					
聊城嘉明经济开发区	Liaocheng Jiaming	348567	602992	2451582	182148	26369
聊城经济开发区	Liaocheng Economic Development Zone	922111	880102	3400310	278803	67858
阳谷工业园区	Yangu Industry Park	457660	1172080	4446730	447216	38210
莘县工业园区	Shenxian Industry Park	478900		3067792		36092
东阿工业园区	Donge Industry Park	381564	701400	2138252	249633	26062
滨州市	Binzhou					
滨州经济开发区	Binzhou Economic Development Zone	702893	395700	1194444	72861	57527
滨城区北城经济开发区	Bincheng Beicheng Economic Development Zone	302744	337039	1156451	63949	19492
惠民经济开发区	Huimin Economic Development Zone	168314	58983	167476	11514	2469
阳信经济开发区	Yiangxin Economic Development Zone	216466	203839	1562077	84612	26052
无棣工业园区	Wudi Industry Park	397378	324144	1024311	53809	17742
沾化经济开发区	Zhanhua Economic Development Zone	502560	344068	1684489	106779	19911
博兴经济开发区	Boxing Economic Development Zone	1095337	1073472	6860274	297419	147973
菏泽市	Heze					
菏泽经济开发区	Heze Economic Development Zone	742912	839031	3354759	413390	75083
菏泽牡丹工业园区	Heze Mudan Industry Park	435876	771123	1386132	253394	120397
曹县工业园区	Caoxian Industry Park	427500	562525	2348786	336906	75566
单县工业园区	Shanxian Industry Park	422891	604790	1732294	172400	39670
成武工业园区	Chengwu Industry Park	357500	416300	846500	172630	37880
巨野工业园区	Juye Industry Park	546070	439280	736363	210244	64123
郓城工业园区	Yuncheng Industry Park	396113	529736	2370643	192391	74107
鄄城工业园区	Juancheng Industry Park	366335	306523	1284966	178098	27466
定陶工业园区	Dingtao Industry Park	144560	195450	876100	184888	18082
东明工业园区	Dongming Industry Park	199804	591922	2428259	267147	23399

6–29 各高新技术产业开发区主要经济指标(2011年)

Main Indicators of the High and New-tech Development Areas(2011)

开发区名称	Development Area	合同利用外资额(万美元) Amount of Contracted Foreign Capital (10 000 USD)	实际利用外资额(万美元) Amount of Foreign Capital Actually Utilized (10 000 USD)	注册企业数(个) Number of Registered Enterprises (unit)	外商投资企业 Foreign-funded Enterprises	高新技术企业 High and New-tech Enterprises
国家级	**National**					
济　南	Jinan	36237	21265	5625	140	192
青　岛	Qingdao	18909	16175	1684	104	101
淄　博	Zibo	35196	14072	2965	180	90
潍　坊	Weifang	189308	39631	4851	189	106
威　海	Weihai	11150	8456	4680	350	49
省　级	**Provincial**					
青岛市	Qingdao					
即　墨	Jimo			91	28	3
枣庄市	Zaozhuang					
枣　庄	Zaozhuang	32250	7467	1593	34	33
东营市	Dongying					
东　营	Dongying	2189	2561	1320	35	24
泰安市	Tai'an					
泰　安	Tai'an	1018	966	1101	28	162
新　泰	Xintai	1490	360	898	38	176
莱芜市	Laiwu					
莱　芜	Laiwu	7759	7656	1417	52	53
临沂市	Linyi					
临　沂	Linyi	50250	39289	1469	41	24
德州市	Dezhou					
禹　城	Yucheng	1920	1000	274	16	9

6-29 续表 continued

开发区名称	Development Area	注册企业资本合计(万元) Total Capital of Registered Enterprises (10 000 yuan)	全社会固定资产投资(万元) Total Investment in Fixed Assets (10 000 yuan)	工业增加值(万元) Added Value of Industrial Enterprises (10 000 yuan)	规模以上工业主营业务收入(万元) Business Revenue of Industrial Enterprises above Designated Size (10 000 yuan)	规模以上工业利税总额(万元) Total Profits and Taxes of Industrial Enterprises above Designated Size (10 000 yuan)	地方财政一般预算内收入(万元) Budgetary Revenue of Local Government (10 000 yuan)
国家级	**National**						
济　南	Jinan	5252759	2425041	2189192	6051257	519692	200149
青　岛	Qingdao	2958854	1251200	3047555	14887436	874346	136871
淄　博	Zibo	1950915	2234809	4865043	16630284	2595035	865056
潍　坊	Weifang	1953687	1006159	5065135	17612044	942566	486666
威　海	Weihai	1167652	1229237	1499448	9494456	938962	430854
省　级	**Provincial**						
青岛市	Qingdao						
即　墨	Jimo		67826			7405	2147
枣庄市	Zaozhuang						
枣　庄	Zaozhuang	846322	1569210	1015155	4035231	487274	108621
东营市	Dongying						
东　营	Dongying	383249	1727073	2001874	10682000	1086369	108183
泰安市	Tai'an						
泰　安	Tai'an	895509	521838	1338016	4442326	272983	156377
新　泰	Xintai	1421387	452777	1321321	2940500	422182	133692
莱芜市	Laiwu						
莱　芜	Laiwu	1837249	2236506	1403692	4559824	476432	170230
临沂市	Linyi						
临　沂	Linyi	2910410	1887420	1710480	5736240	531624	84610
德州市	Dezhou						
禹　城	Yucheng	1694458	792700	1033400	4556800	523600	68950

主要统计指标解释

进出口总额　指实际进出我国国境的货物总金额。包括对外贸易实际进出口货物，来料加工装配进出口货物，国家间、联合国及国际组织无偿援助物资和赠送品，华侨、港澳台同胞和外籍华人捐赠品，租赁期满归承租人所有的租赁货物，进料加工进出口货物，边境地方贸易及边境地区小额贸易进出口货物(边民互市贸易除外)，中外合资企业、中外合作经营企业、外商独资经营企业进出口货物和公用物品，到、离岸价格在规定限额以上的进出口货样和广告品(无商业价值、无使用价值和免费提供出口的除外)，从保税仓库提取在中国境内销售的进口货物，以及其他进出口货物。该指标可以观察一个国家在对外贸易方面的总规模。我国规定出口货物按离岸价格统计，进口货物按到岸价格统计。

商品经营单位所在地进、出口额　指所在地海关注册登记的有进出口经营权的企业实际进、出口额。

商品目的地进口额和商品货源地出口额　目的地进口额指进口货物的消费、使用或最终抵运地的实际进口额；货源地出口额指出口货物的产地或原始发货地的实际出口额。

利用外资　指我国各级政府、部门、企业和其他经济组织通过对外借款、吸收外商直接投资以及用其他方式筹措的境外现汇、设备、技术等。

对外借款　指通过对外正式签订借款协议，从境外筹措的资金，包括外国政府贷款、国际金融组织贷款、外国银行商业贷款、出口信贷以及对外发行债券等。1996 年及以前还包括对外发行股票。该指标是我国利用外资的重要部分。

外商直接投资　指外国企业和经济组织或个人(包括华侨、港澳台胞以及我国在境外注册的企业)按我国有关政策、法规，用现汇、实物、技术等在我国境内开办外商独资企业、与我国境内的企业或经济组织共同举办中外合资经营企业、合作经营企业或合作开发资源的投资(包括外商投资收益的再投资)，以及经政府有关部门批准的项目投资总额内企业从境外借入的资金。

外商其他投资　指除对外借款和外商直接投资以外的各种利用外资的形式。包括企业在境内外股票市场公开发行的以外币计价的股票（目前主要是在香港证券市场发行的H股和在境内证券市场发行的B股）发行价总额，国际租赁进口设备的应付款，补偿贸易中外商提供的进口设备、技术、物料的价款，加工装配贸易中外商提供的进口设备、物料的价款。

对外直接投资　指我国国内投资者以现金、实物、无形资产等方式在国外及港澳台地区设立、购买国（境）外企业，并以控制该企业的经营管理权为核心的经济活动。

对外承包工程　指各对外承包公司以招标议标承包方式承揽的下列业务：(1)承包国外工程建设项目；(2)承包我国对外经援项目；(3)承包我国驻外机构的工程建设项目；(4)承包我国境内利用外资进行建设的工程项目；(5)与外国承包公司合营或联合承包工程项目时我国公司分包部分；(6)对外承包兼营的房屋开发业务。对外承包工程的营业额是以货币表现的本期内完成的对外承包工程的工作量，包括以前年度签订的合同和本年度新签订的合同在报告期内完成的工作量。

对外劳务合作　指以收取工资的形式向业主或承包商提供技术和劳动服务的活动。我国对外承包公司在境外开办的合营企业，中国公司同时又提供劳务的，其劳务部分也纳入劳务合作统计。劳务合作营业额按报告期内向雇主提交的结算数(包括工资、加班费和奖金等)统计。

对外设计咨询　指以服务成果向业主收费的技术服务项目。包括承担地形地貌测绘，地质资源勘探与普查，建设区域规划，提供设计文件、图纸、生产工艺技术资料和工程技术经济咨询，工程项目的可行性考察、研究和评估，进行技术指导和培训人员等；也包括承担国(境)内利用外资建设工程项目中的设计咨询项目内收取外币部分。

旅游者人数

(1)入境国际旅游者人数：指来中国参观、访问、旅行、探亲、访友、休养、考察、参加会议和从事经济、科技、文化、教育、宗教等活动的外国人、华侨、港澳同胞和台湾同胞的人数。不包括外国在我国的常驻机构，如使领馆、通讯社、企业办事处的工作人员；来我国常住的外国专家、留学生以及在岸逗留不过夜人员。

(2)出境居民人数：指大陆居民因公务活动或私人事务短期出境的人数。公务活动出境居民人数包括在国际交通工具上的中国服务员工，因私出境居民人数不包括在国际交通工具上的中国服务员工。

(3)国内旅游者人数：指我国大陆居民和在我国常住 1 年以上的外国人、华侨、港澳台同胞离开常住地在境内其他地方的旅游设施内至少停留一夜，最长不超过 6 个月的人数。

国际旅游(外汇)收入　指入境旅游的外国人、华侨、港澳同胞和台湾同胞在中国大陆旅游过程中发生的一切旅游支出，其对于国家来说就是国际旅游(外汇)收入。

国际旅行社　指经营对外招徕并接待外国人、华侨、港澳同胞和台湾同胞来中国、归国或回内地旅游业务的旅行社。

国内旅行社　指负责经营招徕、组团、接待国内旅客的旅游业务，以及不对外招徕，负责经营接待国际旅行社或其它涉外部门组织的外国人、华侨、港澳同胞和台湾同胞来中国、归国或回内地的旅游业务的旅行社。

星级饭店　指已评定星级的饭店。

Explanatory Notes on Main Statistical Indicators

Total Imports and Exports at Customs refer to the real value of commodities imported into and exported from the boundary of China. They include the actual imports and exports through foreign trade, imported and exported goods under the processing and assembling trades and materials, supplies and gifts as aid given gratis between governments and by the United Nations and other international organizations, and contributions donated by overseas Chinese, compatriots in Hong Kong and Macao and Chinese with foreign citizenship, leasing commodities owned by tenant at the expiration of leasing period, the imported and exported commodities processed with imported materials, commodities trading in border areas (excluding mutual exchange goods), the imported and exported commodities and articles for public use of the Sino foreign joint ventures, cooperative enterprises and ventures exclusively with foreign own investment. Also included are import or export of samples and advertising goods for whose CIF or FOB value are beyond the permitted ceiling (excluding goods of no trading or use value and free commodities for export), imported goods sold in China from bonded warehouses and other imported or exported goods. The indicator of the total imports and exports at customs can be used to observe the total size of external trade in a country. In accordance with the stipulation of the Chinese government, imports are calculated at CIF, while exports are calculated at FOB.

Import and Export Value by Location of Foreign Trade Managing Units refers to actual value of imports and exports carried out by corporations which have been registered by the local customhouse and are vested with right to run import export business.

Import and Export Value of Commodities by Destination and Origin of goods in China: The former indicator refers to the value of import commodities of the places of their consumption, utilization or the places of their final destination. The latter indicator refers to the value of export commodities of the places of their origin or the places of the commodities dispatched.

Utilization of Foreign Capitals refers to remittance, equipment and technology financed from abroad, by loans, foreign direct investment and other forms undertaken by the Chinese governments at all levels, by various departments, enterprises and other economic units.

Foreign Borrowings refer to funds borrowed from abroad through formal signing of borrowing agreements with foreign institutions, including loans of foreign governments, loans of international financial institutions, commercial loans of foreign banks, export credit, and funds raised by Chinese bonds (and shares before 1996) issued abroad. It is an important part of China' s utilization of foreign capitals.

Foreign Direct Investment refers to the investments inside China by foreign enterprises and economic organizations or individuals (including overseas Chinese, compatriots from Hong Kong, Macao and Taiwan, and Chinese enterprises registered abroad), following the relevant policies and laws of China, for the establishment of ventures exclusively with foreign own investment, Sino oreign joint ventures and cooperative enterprises or for co perative exploration of resources with enterprises or economic organizations in China. It includes the re investment of the foreign entrepreneurs with the profits gained from the investment and the funds that enterprises borrow from abroad in the total investment of projects which are approved by the relevant department of the government.

Other Investment by Foreign Entrepreneurs refers to all forms of utilization of foreign capitals other than foreign borrowings and foreign direct investment. It includes the total value of stock shares in foreign currencies issued by enterprises at domestic or foreign stock exchanges (now mainly consisting of H shares issued at Hong Kong Security Market and B shares issued at domestic security markets), rent payable for the imported equipment through international leasing arrangement, cost of imported equipment, technology and materials provided by foreign counterparts in compensation trade and processing and assembly trade.

Overseas Direct Investment refers to enterprises set up or bought by domestic investors in foreign countries and in Hong Kong, Macao and Taiwan, and the economic activities centering on operation and management of those enterprises are under the control of domestic investors. The statistical scope covers various corporation type enterprises and non-corporation type enterprises receiving direct investment from domestic investment entities.

Contracted Projects with Foreign Countries refer to projects undertaken by Chinese contractors (project contracting companies) through bidding process. They include:(1) overseas civil engineering construction projects financed by foreign investors; (2) overseas projects financed by the Chinese government through its foreign aid programs; (3) construction projects of Chinese diplomatic missions, trade offices and other institutions stationed abroad; (4) construction projects in China financed by foreign investment; (5) sub-contracted projects to be taken by Chinese contractors through a joint umbrella project with foreign contractor(s); (6) housing development projects. The business income from international contracted projects is the work volume of contracted projects completed during the reference period, expressed in monetary terms, including completed work on projects signed in previous years.

Service Cooperation with Foreign Countries refers to

the activities of providing technology and labour services to employers or contractors in the forms of receiving salaries and wages. Labour services providing by contractual joint ventures of Chinese international contracting corporations should be included in the statistics of service co-operation with foreign countries. The business income of labour service cooperation is the income in the form of wages and salaries, overtime pay, bonuses and other remuneration received from the employers during the reference period.

Overseas Design and Consultation Service refers to projects with charges for technical services from overseas operators. It includes geographic and topographic mapping, geological resource prospecting and survey, planning of construction areas, provision of design documents, blueprints, materials on production process and techniques, as well as engineering, technical and economic consultation, and feasibility study, research and evaluation of projects. Also included under this category are the above mentioned services of foreign financed projects in China that are paid in foreign currencies.

Number of Tourists

(1) International tourists refer to foreigners, overseas Chinese, Chinese compatriots from Hong Kong, Macao and Taiwan coming to China for sight seeing, visits, tours, family reunions, vacations, study tours, conferences and other activities of a business, scientific and technological, cultural, educational and religious nature. It does not include representatives and employees of resident institutions of foreign countries in China such as embassies, consulates, news agencies and offices of foreign companies and organizations, nor does it include long-term foreign experts or students residing in China, or persons in transition without spending a night in China.

(2) Chinese residents going abroad refer to Chinese residents going abroad for short terms for either public business or private purposes. Chinese employees working on international transport carriers are included in those going abroad for public business purpose, not in those for private purpose.

(3) Domestic tourists refer to residents of the mainland of China who stay for one night at least but no more than 6 months at tourist facilities in other places than their permanent residence within the territory of the mainland China, including foreigners, overseas Chinese and Chinese compatriots from Hong Kong, Macao and Taiwan who have resided in China for over one year.

Foreign Exchange Earnings from International Tourism refer to the total expenditures of foreigners, overseas Chinese, Chinese compatriots from Hong Kong, Macao and Taiwan during their stay in the mainland of China, which are earnings of foreign exchange from international tourism from the point of view from China.

International Travel Agencies refer to travel agencies engaged in the promotion, solicitation, organization and reception of tours to the mainland of China by foreigners, overseas Chinese, Chinese compatriots from Hong Kong, Macao and Taiwan.

Domestic Travel Agencies refer to travel agencies engaged in the promotion, solicitation, organization and reception of domestic tourists, and in the reception of foreigners, overseas Chinese, Chinese compatriots from Hong Kong, Macao and Taiwan organized by international travel agencies or other departments concerned, without their own promotion and solicitation programmes.

Star Hotels refer to hotels rated with stars.

第7篇

能　　源

Energy

简 要 说 明

一、本篇资料的主要内容

本篇资料反映了全省能源生产和消费状况，主要包括能源生产、消费及品种构成，能源生产和消费弹性系数，生活用能源消费量，全省各市主要发展约束性指标，以及分行业能耗情况。

二、本篇资料的来源

本篇资料主要来源于全省能源平衡表，全省主要能源统计指标公报，由省统计局能源处编制提供。

三、关于数据口径与计算的说明

1.一次能源生产量，采用规模以上工业产品产量统计数据。

2.行业分类采用现行统一的国民经济行业分类国家标准。

3.电力、热力折算成标准煤时，分别按照当量、等价两种折标系数计算。电力和热力折算标准煤的当量系数分别为1.229（吨标准煤/万千瓦时）、0.0341（吨标准煤/百万千焦）；电力和热力折算标准煤的等价系数，按平均发电、供热标准煤耗计算。

4.本篇出现的“煤碳”，包括原煤、洗精煤、其它洗煤和煤制品（即型煤），不包括焦炭。煤品包括煤碳、焦碳、焦炉煤气、高炉煤气、转炉煤气和其它焦化产品。

Brief Introduction

I. Main Content

Data in this chapter show the energy production and consumption of Shandong Province, including mainly energy production and consumption and their composition, the elasticity ratio of energy production and consumption, the consumption of energy for residential use, main binding indicators on development of Shandong, and the energy consumption grouped by sector.

II. Source of Data

Data in this chapter are mainliy based on the energy balance sheet of the whole province, the statistics communiqué of main energy indicators of Shandong . The data are provided by the Division of Energy Statistics of Shandong Statistical Bureau.

III. Notes on Coverage and Calculation of Data

(1)Data on the production of primary energy are based on output of industrial products made by enterprises above designate size.

(2) Data by industries in this chapter are based on the new National Industrial Classification of All Economic Activities.

(3) The coefficient for conversion of electric power into the standard coal equivalent is calculated on the basis of heat value equivalent. One kilowatt is equal to 0.1229 kg SCE. The coefficient for conversion of heating into the standard coal equivalent is calculated on the basis of equal caloric value. One million KJ is equal to 0.0341 ton SCE. The coefficient is calculated according to the average consumption of coal for generating electricity or heating.

(4) In this chapter,Coal includes crude coal, washing coal,other washing coal and coal products and excludes coke.Coal products includes coal, coke, coke oven gas,blast furnace gas,converter gas and other coking products.

7-1　历年一次能源生产总量

Primary Energy Output over the Years

单位:万吨标煤　　(10 000 tons of SCE)

年 份 Year	能源生产总　量 Total Energy Production	原　煤 Coal	原　油 Crude Oil	天燃气 Natural Gas	水电和风电 Hydro and Wind Power
1949	120.79	120.79			
1950	158.65	158.65			
1951	188.86	188.86			
1952	258.58	258.58			
1953	259.01	259.01			
1954	293.72	293.72			
1955	342.73	342.73			
1956	386.58	386.58			
1957	440.37	440.37			
1958	981.18	981.02	0.16		
1959	1646.72	1645.97	0.75		
1960	1929.23	1928.04	1.05		0.14
1961	1280.47	1279.96	0.39		0.12
1962	1041.29	1041.17	0.01		0.11
1963	1103.55	1103.31	0.08		0.16
1964	1140.40	1140.10	0.10		0.20
1965	1362.94	1242.89	119.81		0.24
1966	1610.35	1418.18	192.12		0.05
1967	1505.04	1318.82	186.18		0.04
1968	1757.83	1450.32	307.48		0.03
1969	1512.19	1093.60	418.58		0.01
1970	2383.80	1716.18	667.59		0.03
1971	2776.74	1888.33	888.12		0.29
1972	3147.97	1993.40	1154.20		0.37
1973	3384.38	1836.04	1547.89		0.45
1974	2890.71	1021.88	1796.11	71.96	0.76
1975	4555.04	2036.54	2388.62	128.62	1.26
1976	5013.70	2382.91	2500.65	128.88	1.26
1977	5387.37	2727.99	2502.71	155.88	0.79
1978	5901.83	2928.71	2781.49	190.46	1.17
1979	6075.07	3170.21	2697.14	205.49	2.23
1980	5873.37	3064.71	2616.94	189.00	2.72
1981	5392.54	2950.42	2301.75	138.72	1.65
1982	5505.80	3040.71	2335.21	129.41	0.47
1983	5898.00	3132.28	2625.00	139.79	0.93
1984	6696.54	3258.96	3288.36	148.17	1.05
1985	7531.89	3516.00	3861.74	151.89	2.26
1986	8046.80	3642.79	4215.52	185.94	2.55
1987	8511.34	3798.47	4514.38	197.24	1.25
1988	8918.29	3970.94	4757.61	188.73	1.01
1989	9038.69	4067.83	4765.07	205.35	0.44
1990	9262.21	4282.54	4786.70	191.39	1.58
1991	9269.98	4282.53	4793.22	191.25	2.98
1992	9508.88	4535.86	4780.24	191.92	0.86
1993	9875.38	4519.97	5171.83	182.08	1.50
1994	10624.66	5560.85	4887.14	173.78	2.89
1995	10757.67	6305.32	4294.76	156.04	1.55
1996	10697.72	6392.56	4159.57	144.62	0.97
1997	10620.51	6496.14	4002.01	121.67	0.69
1998	10436.05	6412.17	3901.51	122.09	0.28
1999	10322.39	6425.10	3807.55	89.01	0.73
2000	9648.75	5741.96	3822.49	83.54	0.76
2001	11550.26	7634.32	3811.52	103.34	1.08
2002	13241.75	9333.02	3816.52	91.07	1.14
2003	14384.08	10476.85	3808.65	98.36	0.22
2004	14394.61	10461.78	3820.50	111.84	0.49
2005	13995.62	10021.63	3849.36	123.03	1.60
2006	14083.40	10042.24	3935.89	103.46	1.82
2007	14616.67	10526.28	3990.22	99.22	0.95
2008	14615.32	10500.62	3998.91	113.05	2.74
2009	14600.08	10424.07	4040.38	119.97	15.66
2010	16055.71	11913.14	3980.08	129.01	33.48
2011	16351.80	12255.64	3973.65	69.16	53.35

注：1.本表使用当量折标系数折算标准煤。2.2009年开始，一次能源包含水电和风电,1949—2008年数据不包括风电。

a)Data of standard coal equivalent is calculated on the basis of heat value equivalent.

b)Since 2009, Primary Energy included hydro and wind power. 1949-2008 data do not include wind power.

7-2 1979-2011年能源生产、能源消费弹性系数

Elasticity Ratio of Energy Production and Energy Consumption from 1979 to 2011

年 份 Year	能源生产弹性系数 Elasticity Ratio of Energy Production				能源消费弹性系数 Elasticity Ratio of Energy Consumption			
	能源生产比上年增长(%) Growth Rate of Energy Production over Preceding Year (%)	电力生产比上年增长(%) Growth Rate of Electricity Production over Preceding Year (%)	能源生产弹性系数 Elasticity Ratio of Energy Production	电力生产弹性系数 Elasticity Ratio of Electricity Production	能源消费比上年增长(%) Growth Rate of Energy Consumption over Preceding Year (%)	电力消费比上年增长(%) Growth Rate of Electricity Consumption over Preceding Year (%)	能源消费弹性系数 Elasticity Ratio of Energy Consumption	电力消费弹性系数 Elasticity Ratio of Electricity Consumption
1979	1.69	9.68	0.15	0.84		11.03		0.95
1980	-3.33	8.78		0.55	0.62	5.96	0.03	0.40
1981	-8.17	4.58		0.25	-12.23	6.13		0.33
1982	2.12	4.62	0.15	0.33	21.98	6.06	1.56	0.43
1983	7.11	7.26	0.44	0.44	-13.50	7.43		0.46
1984	13.53	8.33	0.51	0.31	7.34	12.43	0.27	0.47
1985	12.46	10.83	0.73	0.63	-12.67	8.70		0.51
1986	6.83	14.46	0.75	1.59	7.34	11.02	0.81	1.22
1987	5.79	10.62	0.29	0.52	13.68	9.68	0.68	0.48
1988	4.78	14.41	0.19	0.57	5.73	8.04	0.23	0.32
1989	1.36	10.58	0.09	0.67	4.84	7.17	0.31	0.45
1990	2.46	6.33	0.15	0.38	3.46	9.76	0.21	0.58
1991	0.52	11.20	0.03	0.57	3.05	9.75	0.15	0.49
1992	2.14	14.06	0.16	0.66	1.92	13.92	0.09	0.65
1993	-0.14	7.85		0.30	-1.07	7.77		0.29
1994	8.27	10.95	0.21	0.28	13.09	10.50	0.33	0.29
1995	6.13	9.09	0.21	0.31	10.58	9.48	0.36	0.32
1996	-2.77	7.28		0.38	3.12	7.51	0.16	0.39
1997	1.52	7.68	0.13	0.66	-0.02	7.38		0.64
1998	-1.81	-7.09			12.70	-1.19	1.10	
1999	-1.01	14.84		0.58	0.22	14.57	0.87	0.53
2000	-6.52	9.91		0.55	-9.17	10.12		0.56
2001	1.71	9.86	0.17	0.98	10.41	10.94	1.03	1.09
2002	4.68	13.19	0.40	1.14	18.06	12.42	1.56	1.07
2003	8.49	11.75	0.62	0.86	18.74	13.47	1.36	0.98
2004	0.07	17.50	0.01	1.15	21.30	17.50	1.39	1.14
2005	-2.78	16.58		1.11	20.08	16.58	1.32	1.09
2006	0.64	15.24	0.04	1.04	10.96	15.24	0.74	1.04
2007	3.79	14.23	0.27	1.00	8.66	14.26	0.61	1.00
2008	-0.01	3.89		0.32	4.48	5.04	0.37	0.42
2009	-0.10	3.95		0.33	5.73	7.85	0.48	0.66
2010	9.97	6.29	0.80	0.50	7.54	12.15	0.60	0.97
2011	1.84	2.64	0.17	0.24	6.68	10.21	0.62	0.94

7-3　一次能源生产量及构成

Primary Energy Output and Composition

类　　别	Category	2000	2005	2008	2009	2010	2011
能源生产总量（折标准煤）	**Total Energy Production**	**9648.75**	**13995.62**	**14615.32**	**14600.08**	**16055.71**	**16351.80**
（万吨标准煤）	**(10 000 tons of SCE)**						
构　成	Composition						
原　煤　(%)	Coal　(%)	59.51	71.61	71.85	71.40	74.20	74.95
原　油　(%)	Crude Oil　(%)	39.62	27.51	27.36	27.67	24.79	24.30
电　力　(%)	Electricity　(%)	0.01	0.01	0.02	0.11	0.21	0.33

注：本表使用当量折标系数折算标准煤。
a)Data of standard coal equivalent is calculated on the basis of heat value equivalent.

7-4　能源消费量及构成

Total Consumption and Composition of Energy

类　　别	Category	2000	2005	2008	2009	2010	2011
一、一次能源消费量（万吨标准煤）	**Primary Energy Consumption**	**12513.21**	**25687.50**	**32116.22**	**34535.66**	**36299.64**	**38507.29**
（折标准煤）	**(10 000 tons of SCE)**						
构　成	Composition						
原　煤　(%)	Coal　(%)	78.76	80.76	77.98	77.13	76.17	76.47
原　油　(%)	Crude Oil　(%)	20.68	18.35	20.58	21.27	22.01	21.62
电　力　(%)	Electricity　(%)	0.01		0.01	0.05	0.09	0.14
二、终端能源消费量（万吨标准煤）	**Final Energy Consumption**	**8178.05**	**17729.40**	**22225.69**	**23441.00**	**25480.51**	**26956.98**
（折标准煤）	**(10 000 tons of SCE)**						
构　成	Composition						
煤　品	Coal　(%)	49.50	53.03	51.29	50.54	48.16	48.18
油　品　(%)	Crude Oil　(%)	30.53	24.09	22.37	22.54	21.86	23.13
电　力　(%)	Electricity　(%)	15.03	13.70	15.08	15.42	15.91	16.58
其　他　(%)	Others　(%)	4.95	9.18	11.26	11.50	14.07	12.13

注：本表使用当量折标系数折算标准煤。
a)Data of standard coal equivalent is calculated on the basis of heat value equivalent.

7-5 综合能源平衡表
Overall Energy Balance Sheet

单位：万吨标准煤 (10000 tons of SCE)

项　　目	Item	2005	2007	2008	2009	2010	2011
可供消费的能源总量	**Total Energy for Consumption**	**24195**	**29173**	**30480**	**32226**	**34266**	**35970**
一次能源生产量	Primary Energy Output	13994	14616	14615	14600	16181	16352
回收能	Recover of Energe	313	521	504	894	561	371
外省(区、市)调入量	Allocation from Other Provinces (autonomous regions、municipalities)	14283	18620	16868	21877	24335	26672
进口量	Imports	1971	2573	3429		4079	4161
本省(区、市)调出量(－)	Allocation to Other Provinces (autonomous regions、municipalities)	5314	6900	5428	4850	10486	9298
出口量(－)	Exports(-)	721	172	60	19	154	61
年初年末库存差额	Stock Changes in the Year	-331	-86	552	-276	-249	-244
能源消费总量	**Total Energy Consumption**	**24195**	**29173**	**30480**	**32226**	**34266**	**35978**
在总量中：	Consumption by srctor						
1.农、林、牧、渔、水利业	1.Agriculture,Forestry,Animal Husbandry, Fishery and Water Conservancy	295	337	360	375	389	399
2.工　业	2.Industry	19189	23460	24358	25516	26952	28072
3.建筑业	3.Construction	471	476	511	606	663	716
4.交通运输、仓储和邮政业	4.Transport,Storage and Post	1775	1996	2079	2281	2458	2717
5.批发、零售业和住宿、餐饮业	5.Wholesale and Retail Trades, Hotels and Catering Services	649	735	784	860	937	1013
6.其他行业	6.Other Sectors	586	687	733	783	876	945
7.生活消费	7.Household Consumption	1231	1481	1655	1805	1990	2117
在总量中：	Consumption by Usage						
(一) 终端消费	(I)End-use Consumption	17729	21084	22226	23441	25481	26955
#工业	Industry	12723	15371	16104	16731	18167	19051
(二) 加工转换损失量	(II)Losses During the Process of Energy Conversion	6466	8089	8255	8785	9346	9021
#炼焦	Coking	73	511	537	542	585	587
炼油	Petroleum Refining	565	588	543	655	914	792
(三) 损失量	(III)Energy Losses						
平衡差额	**Balance**	**0**	**0**	**0**	**0**	**0**	**-8**

注：本表使用当量折标系数折算标准煤。
a)Data of standard coal equivalent is calculated on the basis of heat value equivalent.

7-6 石油平衡表
Petroleum Balance Sheet

单位：万吨 (10 000 tons)

项 目	Item	2005	2007	2008	2009	2010	2011
一、可供量	**Total Energy Available for Consumption**	**3308.0**	**3672.2**	**3771.9**	**4265.4**	**4691.5**	**5034.2**
原油产量	Crude Output	2694.5	2793.1	2799.2	2828.2	2786.0	2781.5
外省(区、市)调入量	Allocation from Other Provinces (autonomous regions、municipalities)	1500.1	1639.6	1554.0	3517.3	2628.0	2032.6
进口量	Imports	1380.6	1801.4	2400.0		2855.0	2920.3
本省(区、市)调出量(－)	Allocation to Other Provinces (autonomous regions、municipalities)	2241.6	2762.5	3021.8	1992.7	3460.5	2706.8
出口量(－)	Exports(-)					76.0	21.2
年初年末库存差额	Stock Changes in the Year	-25.6	200.6	40.5	-87.4	-41.0	27.8
年初库存量	Stock of early Year	210.6	469.7	266.1	225.7	320.7	365.2
年末库存量(－)	Stock of Year end	236.2	269.1	225.7	313.0	361.7	337.3
二、消费量	**Total Energy Consumption**	**3308.0**	**3672.2**	**3771.9**	**4265.4**	**4691.5**	**5039.2**
在总量中：	Consumption by srctor						
1.农、林、牧、渔、水利业	1.Agriculture,Forestry,Animal Husbandry, Fishery and Water Conservancy	131.4	142.8	149.8	150.5	153.1	157.8
2.工 业	2.Industry	1167.9	1292.5	1270.9	1494.3	1761.5	1841.4
3.建筑业	3.Construction	323.8	318.5	327.5	395.4	400.3	429.4
4.交通运输、仓储和邮政业	4.Transport,Storage and Post	1189.9	1333.2	1371.8	1508.1	1584.4	1743.7
5.批发、零售业和住宿、餐饮业	5.Wholesale and Retail Trades, Hotels and Catering Services	64.7	72.8	77.9	82.6	91.1	97.5
6.其他行业	6.Other Sectors	74.6	93.9	99.4	108.7	122.9	147.5
7.生活消费	7.Household Consumption	355.8	418.6	474.5	525.7	578.1	621.9
在总量中：	Consumption by Usage						
1.终端消费	1.End-use Consumption	3009.4	3394.3	3507.1	3734.7	3894.1	4357.3
#工业	Industry	869.3	1014.5	1006.2	963.6	964.1	1159.6
2.加工转换损失	2.Losses During the Process of Energy Conversion	298.6	277.9	264.7	530.7	797.4	681.8
火力发电	Thermal Power		9.1		32.3	39.3	25.3
供 热	Heating		27.4		85.3	73.5	60.5
炼油损耗	Petroleum Refining	298.6	241.4	264.7	413.1	684.6	596.1
制 气	Gas Production						
3.损 失 量	3.Other Losses						
三、平衡差额	**Balance**	**0.0**	**0.0**	**0.0**	**0.0**	**0.0**	**5.0**

7-7 煤炭平衡表
Coal Balance Sheet

单位：万吨 (10 000 tons)

项　目	Item	2005	2007	2008	2009	2010	2011
一、可供量	**Total Energy Available for Consumption**	**26056.2**	**32718.7**	**34389.6**	**34795.2**	**37408.4**	**38920.5**
原煤生产量	Raw coal output	14030.0	14736.5	14700.6	14377.7	15653.9	16113.6
外省(区、市)调入量	Allocation from Other Provinces (autonomous regions、municipalities)	16080.3	22527.4	19974.7	22543.3	27755.5	29935.5
进口量	Imports						
本省(区、市)调出量(－)	Allocation to Other Provinces (autonomous regions、municipalities)	2905.2	3953.1	851.0	1923.0	5797.6	6736.0
出口量(−)	Exports(-)	801.0	190.8	66.4	26.5	47.5	32.8
年初年末库存差额	Stock Changes in the Year	-347.9	-401.3	631.8	-176.3	-155.8	-359.7
年初库存量	Stock of early Year	1196.0	1917.1	2317.7	1685.9	1862.2	2011.0
年末库存量(−)	Stock of Year end	1543.9	2318.4	1685.9	1862.2	2018.0	2370.7
二、消费量	**Total Energy Consumption**	**26056.2**	**32718.7**	**34389.6**	**34795.2**	**37408.5**	**38920.5**
在总量中：	Consumption by srctor						
1.农、林、牧、渔、水利业	1.Agriculture,Forestry,Animal Husbandry, Fishery and Water Conservancy	63.0	74.0	84.5	86.5	86.9	89.0
2.工　业	2.Industry	24571.3	31064.1	32604.4	32922.3	35318.4	36753.7
3.建筑业	3.Construction	55.0	61.0	84.2	90.4	91.6	98.6
4.交通运输、仓储和邮政业	4.Transport,Storage and Post	18.0	21.9	25.5	26.4	29.4	30.6
5.批发、零售业和住宿、餐饮业	5.Wholesale and Retail Trades, Hotels and Catering Services	584.0	651.6	701.6	752.6	825.7	869.2
6.其他行业	6.Other Sectors	430.0	479.0	494.5	510.1	585.6	584.1
7.生活消费	7.Household Consumption	335.0	367.1	394.9	406.9	470.9	495.4
在总量中：	Consumption by Usage						
1.终端消费	1.End-use Consumption	10060.8	11243.7	12437.1	11799.8	12530.5	13042.4
#工业	Industry	8575.8	9589.1	10651.9	9926.9	10440.4	10875.5
2.用于加工转换	2.Energy Conversion	15995.5	21475.0	21952.5	22995.4	24878.0	25878.2
火力发电	Thermal Power	10556.3	12703.0	13121.2	13559.6	14295.2	14543.5
供　热	Heating	2247.4	3545.7	3506.7	3471.7	3875.2	4307.3
洗煤损耗	Losses in Coal Washing and Dressing	1011.1	1048.8	1029.0	1103.9	1669.0	1313.5
炼　焦	Coking	2091.2	4199.0	4234.3	4672.5	4985.4	5653.7
制　气	Gas Production	71.4		94.1		58.1	58.1
型煤加工损耗	Losses in briquette Processing	18.2	-21.5	-32.7	187.7	-5.0	2.2
3.损失量	3.Other Losses						
三、平衡差额	**Balance**	**0.0**	**0.0**	**0.0**	**0.0**	**0.0**	**0.0**

7-8 电力平衡表
Electricity Balance Sheet

单位：亿千瓦小时 (100 million kwh)

项 目	Item	2005	2007	2008	2009	2010	2011
一、可供量	**Total Energy Available for Consumption**	**1989.7**	**2596.1**	**2727.0**	**2941.1**	**3298.4**	**3634.8**
生产量	Output	1989.7	2596.1	2699.2	2883.4	3090.8	3172.4
火力发电	Hydropower	1989.7	2596.1	2697.0	2870.7	3063.6	3129.0
水力发电、核发电、其它发电	Hydro,Nuclear and other Power			2.2	12.7	27.2	43.4
外省(区、市)调入量	Allocation from Other Provinces (autonomous regions、municipalities)	0.3		30.0	57.6	207.6	462.8
进口量	Imports						
本省(区、市)调出量(-)	Allocation to Other Provinces (autonomous regions、municipalities)	13.1		2.3			0.4
出 口 量(-)	Exports(-)						
二、消费量	**Total Energy Consumption**	**1976.9**	**2596.1**	**2727.0**	**2941.1**	**3298.5**	**3635.3**
在总量中：	Consumption by srctor						
1.农、林、牧、渔、水利业	1.Agriculture,Forestry,Animal Husbandry, Fishery and Water Conservancy	47.2	61.9	66.0	75.8	84.6	85.4
2.工 业	2.Industry	1560.0	2074.4	2151.6	2300.8	2555.7	2812.0
3.建筑业	3.Construction	13.2	16.1	19.2	22.7	27.2	32.3
4.交通运输、仓储和邮政业	4.Transport,Storage and Post	19.6	26.6	31.2	35.5	44.7	57.8
5.批发、零售业和住宿、餐饮业	5.Wholesale and Retail Trades, Hotels and Catering Services	38.5	50.9	52.6	57.0	69.1	90.5
6.其他行业	6.Other Sectors	88.4	103.4	111.9	126.4	149.2	169.0
7.生活消费	7.Household Consumption	210.0	262.7	294.4	322.9	368.0	388.2
在总量中：	Consumption by Usage						
1. 终端消费	1.End-use Consumption	1976.9	2596.1	2727.0	2941.1	3298.5	3635.3
#工业	Industry	1560.0	2074.4	2151.6	2300.8	2555.7	2812.0
2. 输配电损失量	2.Losses in Transmission						
三、平衡差额	**Balance**		**0.0**	**0.0**	**0.0**		**-0.4**

7-9 按行业分能耗消费量

Consumption of Energy by Sector

单位：万吨标准煤 (10 000 tons of SCE)

指　标	Indicator	2010	2011	
			指标值 Indicator	比上年增长(%) Growth Rate (%)
消费总计	**Total Consumption**	**34807.8**	**37132.0**	**6.7**
农、林、牧、渔业	**Agriculture,Forestry,Animal Husbandry,Fishery**	**584.3**	**593.3**	**1.5**
工业	**Gross Industrial Enterprises**	**25219.6**	**27349.7**	**8.4**
采矿业	**Mining**	**1616.8**	**2051.9**	**26.9**
煤炭开采和洗选业	Mining and Washing of Coal	825.6	1327.3	60.8
石油和天然气开采业	Extraction of Petroleum and Natural Gas	450.6	400.6	-11.1
黑色金属矿采选业	Mining of Ferrous Metal Ores	146.4	196.3	34.1
有色金属矿采选业	Mining of Non-ferrous Metal Ores	86.6	65.7	-24.2
非金属矿采选业	Mining and Processing of Nonmetal Ores	98.2	62.1	-36.8
其他采矿业	Mining of Other Ores	9.4	0.0	-99.8
制造业	**Manufacturing**	**21261.7**	**23808.9**	**12.0**
农副食品加工业	Processing of Food from Agricultural Products	696.5	885.0	27.1
食品制造业	Manufacture of Foods	455.5	447.6	-1.7
饮料制造业	Manufacture of Beverage	120.6	120.1	-0.4
烟草制品业	Manufacture of Tobacco	9.0	9.4	5.2
纺织业	Manufacture of Textile	987.2	1223.2	23.9
纺织服装、鞋、帽制造业	Manufacture of Textile Wearing Apparel, Footware, and Caps	109.1	108.1	-0.9
皮革、毛皮、羽毛(绒)及其制品业	Manufacture of Leather, Fur,Feather & Its Products	53.3	60.6	13.8
木材加工及木、竹、藤、棕、草制品业	Processing of Timbers, Manufacture of Wood, Bamboo, Rattan, Palm, and Straw Products	160.4	182.9	14.0
家具制造业	Manufacture of Furniture	47.4	52.7	11.2
造纸及纸制品业	Manufacture of Paper and Paper Products	851.0	960.8	12.9
印刷业和记录媒介的复制	Printing, Reproduction of Recording Media	38.7	32.1	-17.1
文教体育用品制造业	Manufacture of Articles for Culture, Education and Sport Activity	31.9	39.8	24.5
石油加工、炼焦及核燃料加工业	Processing of Petroleum, Coking, Processing of Nucleus Fuel	2220.1	2565.8	15.6
化学原料及化学制品制造业	Manufacture of Chemical Raw Material and Chemical Products	3935.5	4563.9	16.0
医药制造业	Manufacture of Medicines	234.0	354.8	51.6
化学纤维制造业	Manufacture of Chemical Fiber	120.9	104.7	-13.4
橡胶制品业	Manufacture of Rubber	346.1	372.0	7.5
塑料制品业	Manufacture of Plastic	162.4	160.5	-1.2
非金属矿物制品业	Manufacture of Non-metallic Mineral Products	2849.9	2804.6	-1.6
黑色金属冶炼及压延加工业	Manufacture and Processing of Ferrous Metals	4534.5	5084.8	12.1
有色金属冶炼及压延加工业	Manufacture & Processing of Non-ferrous Metals	1297.7	1373.9	5.9
金属制品业	Manufacture of Metal Products	347.1	226.4	-34.8
通用设备制造业	Manufacture of General Purpose Machinery	616.0	789.6	28.2
专用设备制造业	Manufacture of Special Purpose Machinery	273.7	242.8	-11.3
交通运输设备制造业	Manufacture of Transport Equipment	293.0	408.3	39.3
电气机械及器材制造业	Manufacture of Electrical Machinery & Equipment	246.0	399.9	62.6
通信设备、计算机及其他电子设备制造业	Manufacture of Communication Equipment, Computer and Other Electronic Equipment	105.5	144.8	37.2
仪器仪表及文化、办公用机械制造业	Manufacture of Measuring Instrument and Machinery for Cultural Activity & Office Work	21.4	26.0	21.5
工艺品及其他制造业	Manufacture of Artwork, Other Manufacture	83.1	58.3	-29.8
废弃资源和废旧材料回收加工业	Recycling and Disposal of Waste	14.2	5.5	-61.3

注：本表数据取自地区能源平衡表，使用等价折标系数折算标准煤。

a)Data in this sheet is derived from preliminary energy balance sheet,data of standard coal equivalent is calculated on the basis of equivalent value.

7-9 续表 continued

单位：万吨标准煤 (10 000 tons of SCE)

指　标	Indicator	2010	2011	
			指标值 Indicator	比上年增长(%) Growth Rate (%)
电力、燃气及水的生产和供应业	**Production and Distribution of Electric,Gas and Water**	**2341.1**	**1488.9**	**-36.4**
电力、热力的生产和供应业	Production and Supply of Electric Power and Heat Power	2138.5	1442.6	-32.5
燃气生产和供应业	Production and Supply of Gas	141.8	15.9	-88.8
水的生产和供应业	Production and Supply of Water	60.8	30.4	-49.9
建筑业	**Construction**	**725.8**	**789.6**	**8.8**
交通运输储运业和邮政业	**Transport,Storage and Post**	**2561.1**	**2848.3**	**11.2**
批发、零售业和住宿、餐饮业	**Wholesale and Retail Trades,Hotels and Catering Services**	**1096.3**	**1219.8**	**11.3**
其他行业	**Others**	**1220.5**	**1329.9**	**9.0**
城乡居民生活	**Household Consumption**	**2839.3**	**3001.4**	**5.7**

7-10 平均每天各种能源消费量

Average Daily Energy Consumption by Type of Energy

类　别	Category	2000	2005	2008	2009	2010	2011
合　计（吨标准煤）	**Total (tons of SCE)**	**311668**	**662885**	**835076**	**882903**	**938790**	**985711**
煤　炭 (吨)	Coal (ton)	337560	713870	942181	953292	1022682	1066316
焦　炭 (吨)	Coke (ton)	12254	54591	71559	80070	84043	90816
原　油 (吨)	Crude Oil (ton)	49616	90421	126766	140901	153244	159627
燃料油 (吨)	Fuel Oil (ton)	8603	9025	8642	10382	35254	40181
汽　油 (吨)	Gasoline (ton)	7373	15942	20312	21669	21984	22093
煤　油 (吨)	Kerosene (ton)	235	602	842	970	1058	1078
柴　油 (吨)	Diesel Oil (ton)	17653	29817	34977	36877	39675	45597
液化石油气 (吨)	Liquefied Petroleum (ton)	2762	4730	5164	5313	6485	6856
电　力 (万千瓦时)	Electricity (10 000 kwh)	27407	54161	74712	80577	90369	99596

注：1.本表使用当量折标系数折算标准煤。2.2010年起，燃料油消费量含炼油再投入量，2000-2009年燃料油消费量不含此项。

a)Data of standard coal equivalent is calculated on the basis of heat value equivalent.

b)Since 2010,data on consumption of fuel oil include those for refining oil,but data of 2000-2009 no including.

7-11 平均每人年生活用能源

Annual Per Captita Energy Consumption for Non-Production Purpose

类　别	Category	2000	2005	2008	2009	2010	2011
合　计　（千克标准煤）	**Total　(Kg of SCE)**	**71.87**	**133.66**	**175.77**	**190.61**	**208.86**	**219.65**
煤　炭　(千克)	Coal　(kg)	22.43	36.36	41.93	42.97	49.41	51.40
汽　油　(千克)	Gasoline　(kg)	12.32	20.84	27.50	30.31	33.79	36.15
液化石油汽　(千克)	Liquefied Petroleum　(kg)	6.84	10.02	12.26	13.38	13.96	14.82
电　力　(千瓦小时)	Electricity　(kwh)	136.06	227.92	312.63	340.95	386.16	402.80

注：本表使用当量折标系数折算标准煤。
a)Data of standard coal equivalent is calculated on the basis of heat value equivalent.

7-12 分品种生活能源年消费总量

Annual Energy Consumption for Non-Production Purpose by Category

类　别	Category	2000	2005	2008	2009	2010	2011
合　计　(万吨标准煤)	**Total　(10 000 tons of SCE)**	**646.60**	**1231.48**	**1655.25**	**1805.10**	**1990.25**	**2116.80**
煤　炭　(万吨)	Coal　(10 000 tons)	262.00	335.00	394.90	406.91	470.86	495.40
汽　油　(万吨)	Gasoline　(10 000 tons)	131.00	192.00	259.00	287.00	322.00	348.34
液化石油汽　(万吨)	Liquefied Petroleum　(10 000 tons)	57.20	92.30	115.50	126.70	133.04	142.83
电　力　(亿千瓦小时)	Electricity　(100 million kwh)	122.41	210.00	294.41	322.88	367.97	388.19

注：本表使用当量折标系数折算标准煤。
a)Data of standard coal equivalent is calculated on the basis of heat value equivalent.

7-13 各市万元GDP能耗

Energy Consumption per 10 000-yuan GDP by Region

单位：吨标准煤/万元 (ton SCE/10 000 yuan)

地 区 Region	2005	2007		2008		2009		2010		2011	
	指标值 Indicator	指标值 Indicator	比2006年上升或下降(±%) Increased or Decreased Compared with 2006	指标值 Indicator	比2007年上升或下降(±%) Increased or Decreased Compared with 2007	指标值 Indicator	比2008年上升或下降(±%) Increased or Decreased Compared with 2008	指标值 Indicator	比2009年上升或下降(±%) Increased or Decreased Compared with 2009	指标值 Indicator	比2010年上升或下降(±%) Increased or Decreased Compared with 2009
全省总计 Total	**1.32**	**1.21**	**-4.54**	**1.13**	**-6.47**	**1.07**	**-5.46**	**1.02**	**-4.39**	**0.86**	**-3.77**
济南市 Jinan	1.28	1.18	-4.64	1.10	-6.48	1.04	-5.40	1.00	-4.21	0.91	-3.78
青岛市 Qingdao	0.99	0.90	-4.94	0.85	-5.97	0.80	-5.19	0.77	-3.84	0.71	-3.93
淄博市 Zibo	2.10	1.93	-4.71	1.79	-7.08	1.68	-5.93	1.62	-4.15	1.57	-3.96
枣庄市 Zaozhuang	2.10	1.93	-6.16	1.79	-7.49	1.68	-5.84	1.61	-4.03	1.35	-3.76
东营市 Dongying	0.95	0.89	-4.63	0.82	-7.38	0.78	-5.47	0.74	-4.26	0.76	-3.82
烟台市 Yantai	0.95	0.87	-4.50	0.81	-5.88	0.77	-5.23	0.74	-4.06	0.69	-3.85
潍坊市 Weifang	1.40	1.30	-4.70	1.21	-7.41	1.13	-6.11	1.08	-4.68	1.02	-3.80
济宁市 Jining	1.71	1.56	-5.02	1.46	-6.71	1.37	-5.58	1.31	-4.38	0.91	-3.76
泰安市 Tai'an	1.50	1.39	-4.70	1.28	-7.56	1.20	-6.03	1.15	-4.10	0.96	-3.95
威海市 Weihai	1.04	0.97	-4.52	0.90	-7.02	0.85	-5.82	0.81	-4.20	0.79	-3.79
日照市 Rizhao	1.84	1.90	5.69	1.81	-4.92	2.40	32.72	2.32	-3.47	1.84	-3.71
莱芜市 Laiwu	4.68	4.33	-5.27	3.95	-8.72	3.70	-6.41	3.51	-5.06	2.90	-3.74
临沂市 Linyi	1.38	1.27	-4.70	1.17	-7.50	1.11	-5.48	1.06	-4.41	1.01	-3.77
德州市 Dezhou	1.56	1.43	-4.70	1.33	-7.12	1.25	-5.63	1.20	-4.57	1.00	-3.73
聊城市 Liaocheng	1.79	1.67	-3.52	1.54	-7.64	1.45	-6.05	1.38	-4.82	1.08	-3.75
滨州市 Binzhou	1.54	1.44	-4.06	1.33	-7.70	1.26	-5.56	1.20	-4.16	1.05	-3.78
菏泽市 Heze	1.62	1.49	-4.55	1.39	-6.96	1.32	-5.37	1.26	-3.93	1.07	-3.73

注：本表使用等价折标系数折算标准煤。2011年起，地区生产总值按2010年价格计算。

a)Data of standard coal equivalent is calculated on the basis of equivalent value.Gross regional product is at 2010 constant prices since 2011.

7-14 各市规模以上工业万元增加值能耗

Energy Consumption per 10 000-yuan Value Added of Industrial Enterprises above the Designated Size by Region

单位：吨标准煤/万元 (ton SCE/10 000 yuan)

地 区 Region	2005	2007		2008		2009		2010		2011	
	指标值 Indicator	指标值 Indicator	比2006年上升或下降(±%) Increased or Decreased Compared with 2006	指标值 Indicator	比2007年上升或下降(±%) Increased or Decreased Compared with 2007	指标值 Indicator	比2008年上升或下降(±%) Increased or Decreased Compared with 2008	指标值 Indicator	比2009年上升或下降(±%) Increased or Decreased Compared with 2009	指标值 Indicator	比2010年上升或下降(±%) Increased or Decreased Compared with 2010
全省总计 Total	**2.15**	**1.89**	**-6.48**	**1.70**	**-10.24**	**1.54**	**-9.20**	**1.40**	**-9.11**	**1.26**	**-7.67**
济南市 Jinan	2.06	1.81	-7.05	1.62	-10.35	1.50	-7.45	1.40	-6.83	1.15	-4.48
青岛市 Qingdao	1.38	1.17	-8.33	1.08	-8.16	1.00	-7.41	0.95	-5.11	0.90	-5.13
淄博市 Zibo	3.33	2.91	-6.22	2.58	-11.27	2.34	-9.43	2.12	-9.24	1.93	-7.90
枣庄市 Zaozhuang	3.59	3.13	-7.44	2.77	-11.61	2.51	-9.33	2.35	-6.25	2.04	-7.56
东营市 Dongying	1.36	1.21	-6.18	1.11	-8.26	1.03	-7.27	0.97	-5.91	1.03	-6.90
烟台市 Yantai	1.47	1.29	-6.03	1.20	-7.22	1.11	-7.62	1.04	-5.82	0.90	-6.60
潍坊市 Weifang	2.45	2.14	-7.06	1.92	-10.47	1.73	-9.64	1.57	-9.34	1.46	-6.10
济宁市 Jining	2.94	2.52	-7.36	2.29	-9.25	2.08	-9.28	1.87	-9.88	1.67	-8.33
泰安市 Tai'an	2.84	2.46	-7.04	2.18	-11.40	1.97	-9.56	1.79	-9.32	1.59	-5.19
威海市 Weihai	1.51	1.34	-6.87	1.22	-9.07	1.13	-7.26	1.06	-6.06	1.00	-6.06
日照市 Rizhao	3.24	3.28	5.26	3.04	-7.30	4.33	42.57	4.02	-7.15	2.91	-7.40
莱芜市 Laiwu	6.79	6.11	-6.66	5.29	-13.35	4.77	-9.75	4.30	-9.85	3.90	-8.13
临沂市 Linyi	2.79	2.42	-6.25	2.13	-11.93	1.97	-7.59	1.83	-7.46	1.69	-7.45
德州市 Dezhou	2.91	2.56	-6.24	2.26	-11.72	2.06	-8.68	1.89	-8.36	1.65	-8.00
聊城市 Liaocheng	3.25	2.92	-5.13	2.59	-11.25	2.35	-9.24	2.14	-9.14	1.97	-7.86
滨州市 Binzhou	2.77	2.52	-4.68	2.25	-10.56	2.07	-7.87	1.95	-6.14	1.72	-8.10
菏泽市 Heze	2.70	2.34	-7.95	2.12	-9.19	1.96	-7.69	1.86	-5.40	1.75	-7.94

注：本表使用当量折标系数折算标准煤。2011年起，工业增加值按2010年价格计算。

a)Data of standard coal equivalent is calculated on the basis of heat value equivalent.Industrial value-added is at 2010 constant prices since 2011.

7-15 各市万元GDP电耗

Electricity Consumption per 10 000-yuan GDP by Region

单位：千瓦时/万元 (kwh/10 000 yuan)

地 区 Region	2005	2007		2008		2009		2010		2011	
	指标值 Indicator	指标值 Indicator	比2006年上升或下降(±%) Increased or Decreased Compared with 2006	指标值 Indicator	比2007年上升或下降(±%) Increased or Decreased Compared with 2007	指标值 Indicator	比2008年上升或下降(±%) Increased or Decreased Compared with 2008	指标值 Indicator	比2009年上升或下降(±%) Increased or Decreased Compared with 2009	指标值 Indicator	比2010年上升或下降(±%) Increased or Decreased Compared with 2010
全省总计 Total	**1073.45**	**1078.70**	**0.03**	**1011.50**	**-6.23**	**972.49**	**-3.86**	**969.58**	**-0.30**	**837.23**	**-0.58**
济南市 Jinan	828.09	771.71	-3.99	724.91	-6.07	694.57	-4.18	693.69	-0.13	593.35	-5.31
青岛市 Qingdao	721.20	660.36	-4.95	617.07	-6.56	570.56	-7.54	570.53	-0.01	495.44	-4.18
淄博市 Zibo	1646.69	1475.03	-7.26	1298.03	-12.00	1165.42	-10.22	1126.67	-3.33	1026.56	-5.65
枣庄市 Zaozhuang	1113.46	1040.57	-7.23	931.02	-10.53	854.00	-8.27	837.62	-1.92	780.48	-0.97
东营市 Dongying	786.37	836.54	-2.95	759.77	-9.18	726.07	-4.44	695.18	-4.25	695.85	1.02
烟台市 Yantai	800.50	840.52	0.02	779.54	-7.26	740.01	-5.07	730.40	-1.30	673.95	-0.48
潍坊市 Weifang	1139.41	1115.20	-4.14	1081.60	-3.01	1045.74	-3.32	1034.21	-1.10	967.21	1.39
济宁市 Jining	1099.43	1030.47	-2.52	1015.97	-1.41	972.90	-4.24	920.85	-5.35	891.29	1.63
泰安市 Tai'an	944.19	972.54	-0.17	894.82	-7.99	803.17	-10.24	797.55	-0.70	649.42	-3.23
威海市 Weihai	540.86	501.67	-4.25	462.13	-7.88	438.05	-5.21	445.05	1.60	436.18	-1.65
日照市 Rizhao	1047.87	1325.90	19.42	1320.81	-0.38	1427.13	8.05	1423.57	-0.25	1219.84	0.34
莱芜市 Laiwu	2401.48	2030.95	-10.03	1926.22	-5.16	1846.63	-4.13	1911.39	3.51	1839.70	1.69
临沂市 Linyi	1168.51	1146.44	-2.35	1008.13	-12.06	1052.67	4.42	1044.53	-0.77	1017.38	1.32
德州市 Dezhou	1209.13	1200.36	-0.78	1034.11	-13.85	1007.70	-2.55	1000.50	-0.71	940.71	-0.08
聊城市 Liaocheng	1490.68	1924.64	10.84	1830.62	-4.89	1708.91	-6.65	1676.84	-1.88	1349.21	-4.59
滨州市 Binzhou	1148.72	1282.23	-3.48	1262.99	-1.50	1230.62	-2.56	1220.52	-0.82	1040.84	-0.91
菏泽市 Heze	997.69	1038.05	1.24	1002.45	-3.43	1010.98	0.85	1007.65	-0.33	905.19	-0.15

注：2011年起，地区生产总值按2010年价格计算。
a)Gross regional product is at 2010 constant prices since 2011.

7-16 各市电力消费量

Electricity Consumption by Region

单位:亿千瓦时 (100 million kwh)

地 区 Region	全社会用电量 Electricity Consumption			工业用电 Industrial Electricity Consumption			城乡居民生活用电 Household Electricity Consumption		
	2010	2011	2011年为2010年% 2010=100	2010	2011	2011年为2010年% 2010=100	2010	2011	2011年为2010年% 2010=100
全省总计 Total	**3298.46**	**3635.26**	**110.21**	**2555.72**	**2812.02**	**110.03**	**367.97**	**388.19**	**105.50**
济南市 Jinan	245.03	256.57	104.71	157.32	161.91	102.91	40.70	40.71	100.04
青岛市 Qingdao	292.97	313.44	106.99	187.70	203.42	108.38	49.50	50.13	101.27
淄博市 Zibo	311.90	329.53	105.65	269.82	286.00	106.00	21.83	22.27	101.98
枣庄市 Zaozhuang	101.75	117.84	115.82	80.88	92.92	114.88	10.42	11.63	111.57
东营市 Dongying	162.56	185.09	113.86	146.06	166.70	114.13	7.60	7.91	104.18
烟台市 Yantai	295.15	329.39	111.60	234.42	263.84	112.55	29.35	30.28	103.17
潍坊市 Weifang	294.86	331.77	112.52	222.30	249.84	112.39	35.05	37.83	107.93
济宁市 Jining	223.01	251.04	112.57	176.63	197.04	111.55	23.12	25.13	108.70
泰安市 Tai'an	137.68	148.54	107.89	105.61	115.88	109.73	16.90	16.54	97.83
威海市 Weihai	86.24	93.93	108.91	58.26	64.58	110.85	12.69	12.23	96.41
日照市 Rizhao	124.62	140.13	112.45	105.78	118.15	111.69	8.29	9.49	114.47
莱芜市 Laiwu	97.87	111.15	113.56	90.45	102.64	113.47	3.52	3.92	111.14
临沂市 Linyi	234.42	273.49	116.66	181.34	211.77	116.78	29.73	31.70	106.64
德州市 Dezhou	149.58	174.16	116.43	107.91	127.02	117.71	19.91	22.63	113.67
聊城市 Liaocheng	229.43	245.71	107.09	188.20	200.30	106.43	21.15	21.18	100.17
滨州市 Binzhou	162.97	180.84	110.96	137.24	150.89	109.95	11.91	13.27	111.40
菏泽市 Heze	100.74	126.59	125.66	58.15	73.10	125.72	26.30	31.34	119.15

注：本表数据由山东省电力集团公司提供。
a)Data in this table are provided by shandong Electric Power Corporation.

主要统计指标解释

能源生产总量 指一定时期内，一个地区一次能源生产量的总和。该指标是观察一个地区能源生产水平、规模、构成和发展速度的总量指标。一次能源生产量包括原煤、原油、天然气、水电、核能及其他动力能(如风能、地热能等)发电量，不包括低热值燃料生产量、生物质能、太阳能等的利用和由一次能源加工转换而成的二次能源产量。

能源消费总量 指一定时期内，一个地区物质生产部门、非物质生产部门和生活消费的各种能源的总和。该指标是观察能源消费水平、构成和增长速度的总量指标。能源消费总量包括原煤和原油及其制品、天然气、电力，不包括低热值燃料、生物质能和太阳能等的利用。能源消费总量分为终端能源消费量、能源加工转换损失量和能源损失量三部分。

(1)终端能源消费量：指一定时期内，一个地区生产和生活消费的各种能源在扣除了用于加工转换二次能源消费量和损失量以后的数量。

(2)能源加工转换损失量：指一定时期内，一个地区投入加工转换的各种能源数量之和与产出各种能源产品之和的差额。该指标是观察能源在加工转换过程中损失量变化的指标。

(3)能源损失量：指一定时期内，能源在输送、分配、储存过程中发生的损失和由客观原因造成的各种损失量，不包括各种气体能源放空、放散量。

能源生产弹性系数 是研究能源生产增长速度与国民经济增长速度之间关系的指标。计算公式：

$$\text{能源生产弹性系数}=\frac{\text{能源生产总量年平均增长速度}}{\text{国民经济年平均增长速度}}$$

国民经济年平均增长速度，可根据不同的目的或需要，用国民生产总值、国内生产总值等指标来计算，本年鉴是采用国内生产总值指标计算的。

电力生产弹性系数 是研究电力生产增长速度与国民经济增长速度之间关系的指标。一般来说，电力的发展应当快于国民经济的发展，也就是说电力应超前发展。计算公式为：

$$\text{电力生产弹性系数}=\frac{\text{电力生产量年平均增长速度}}{\text{国民经济年平均增长速度}}$$

能源消费弹性系数 反映能源消费增长速度与国民经济增长速度之间比例关系的指标。计算公式为：

$$\text{能源消费弹性系数}=\frac{\text{能源消费量年平均增长速度}}{\text{国民经济年平均增长速度}}$$

电力消费弹性系数 反映电力消费增长速度与国民经济增长速度之间比例关系的指标。计算公式为：

$$\text{电力消费弹性系数}=\frac{\text{电力消费量年平均增长速度}}{\text{国民经济年平均增长速度}}$$

能源加工转换效率 指一定时期内，能源经过加工、转换后，产出的各种能源产品的数量与同期内投入加工转换的各种能源数量的比率。该指标是观察能源加工转换装置和生产工艺先进与落后、管理水平高低等的重要指标。计算公式为：

$$\text{能源加工转换效率}=\frac{\text{能源加工转换产出量}}{\text{能源加工转换投入量}}\times 100\%$$

单位国内生产总值能耗 指一定时期内，一个国家或地区每生产一个单位的国内生产总值所消耗的能源。计算公式为：

$$\text{单位国内生产总值能耗}=\frac{\text{能源消费总量}}{\text{国内生产总值}}$$

单位国内生产总值电耗 指一定时期内，一个国家或地区每生产一个单位的国内生产总值所消耗的电力。计算公式为：

$$\text{单位国内生产总值电耗}=\frac{\text{全社会用电量}}{\text{国内生产总值}}$$

单位工业增加值能耗 指一定时期内，一个国家或地区每生产一个单位的工业增加值所消耗的能源。计算公式为：

$$\text{单位工业增加值能耗}=\frac{\text{工业能源消费量}}{\text{工业增加值}}$$

Explanatory Notes on Main Statistical Indicators

Total Energy Production refers to the total production of primary energy by all energy producing enterprises in the region in a given period of time. It is a comprehensive indicator to show the capacity, scale, composition and development of energy production of the country. The production of primary energy includes that of coal, crude oil, natural gas, hydro power and electricity generated by nuclear energy and other means such as wind power and geothermal power. However, it excludes the production of fuels of low calorific value, bio energy, solar energy and the secondary energy converted from the primary energy.

Total Domestic Energy Consumption refers to the total consumption of energy of various kinds by material production sectors, non material production sectors and households in the country in a given period of time. It is a comprehensive indicator to show the scale, composition and development of energy consumption. The total energy consumption includes that of coal, crude oil and their products, natural gas and electricity, However, it excludes the consumption of fuel of low calorific value, bio energy and solar energy. Total domestic energy consumption can be divided into three parts: final energy consumption, loss during the process of energy conversion, and energy loss.

(1)Final Energy Consumption: It refers to the total energy consumption by material production sectors, non material production sectors and households in the region in a given period of time, but excludes the consumption in conversion of the primary energy into the secondary energy and the loss in the process of energy conversion.

(2)Loss During the Process of Energy Conversion: It refers to the total input of various kinds of energy for conversion, minus the total output of various kinds of energy in the region in a given period of time. It is an indicator to show the loss that occurs during the process of energy conversion.

(3)Energy Loss: It refers to the total of the loss of energy during the course of energy transport, distribution and storage and the loss caused by any objective reason in a given period of time. The loss of various kinds of gas due to gas discharges and stocktaking is excluded.

Elasticity Ratio of Energy Production is an indicator to show the relationship between the growth rate of energy production and the growth rate of the national economy. The formula is:

$$\text{Elasticity Ratio of Energy Production} = \frac{\text{Average Annual Growth Rate of Energy Production}}{\text{Average Annual Growth Rate of National Economy}}$$

The average annual growth rate of the national economy can be shown by the gross national product, gross domestic product and other indicators, depending upon the purposes or needs. The gross domestic product is used in calculation of the ratio in this chapter.

Elasticity Ratio of Electricity Production is an indicator to show the relationship between the growth rate of electricity production and the growth rate of the national economy. Generally speaking, the growth rate of electricity production should be higher than that of the national economy.

Its formula is:

$$\text{Elasticity Ratio of Electricity Production} = \frac{\text{Average Annual Growth Rate of Electricity Production}}{\text{Average Annual Growth Rate of National Economy}}$$

Elasticity Ratio of Energy Consumption is an indicator to show the relationship between the growth rate of energy consumption and the growth rate of the national economy. The formula is:

$$\text{Elasticity Ratio of Energy Consumption} = \frac{\text{Average Annual Growth Rate of Energy Consumption}}{\text{Average Annual Growth Rate of National Economy}}$$

Elasticity Ratio of Electricity Consumption is an indicator to show the relationship between the growth rate of electricity consumption and the growth rate of the national economy. The formula is:

$$\text{Elasticity Ratio of Electricity Consumption} = \frac{\text{Average Annual Growth Rate of Electricity Consumption}}{\text{Average Annual Growth Rate of National Economy}}$$

Efficiency of Energy Processing and Conversion refers to the ratio of the total output of energy products of various kinds after processing and conversion and the total input of energy of various kinds for processing and conversion in the same reference period. It is an important indicator to show the current conditions of energy processing and conversion equipment, production technique and management. The formula is:

$$\text{Efficiency of Energy Processing \& Conversion} = \frac{\text{Output of Energy After Processing \& Conversion}}{\text{Input of Energy for Processing \& Conversion}} \times 100\%$$

Energy Consumption per Unit of GDP refers to the energy consumption per unit of gross domestic production in a country or the gross region production in a region in the same reference period. The formula is:

$$\text{Energy Consumption per Unit of GDP} = \frac{\text{Total Energy Consumption}}{\text{Gross Domestic Product}}$$

Electricity Consumption per Unit of GDP refers to the electricity consumption per unit of gross domestic production in a country or the gross region production in a region in the same reference period. The formula is:

$$\text{Electricity Consumption per Unit of GDP} = \frac{\text{Total Electricity Consumption}}{\text{Gross Domestic Product}}$$

Energy Consumption per Unit of Industrial added Value refers to the energy consumption per unit of industrial value added in a country or region in the same reference peroid. The formula is:

$$\text{Energy Consumption per Unit of Industrial added Value} = \frac{\text{Total Energy Consumption}}{\text{Industrial added Value}}$$

第8篇

财政和金融

Government Finance and Banking

简要说明

一、本篇资料的主要内容

本篇资料反映了全省财政收支、金融和保险、证券方面的情况，主要包括财政收入、财政支出、金融机构存贷款、现金收支、保险机构、保险业务开展和山东省辖区证券市场等方面的资料。

二、本篇资料的来源

1.财政部分的资料来源于省财政厅。根据财政部2007年《财政收支分类科目》，财政支出科目变动较大，与往年不可比。

2.金融方面的资料来源于中国人民银行济南分行。

3.保险方面的资料来源于中国保监会山东监管局。

4.证券方面的资料来源于中国证监会山东监管局。

5.本篇资料由省统计局综合处整理。

Brief Introduction

I. Main Content

Data in this chapter show the conditions of local government budgetary finance, banking and insurance,and securities, including government revenue and expenditure, credit funds, cash income and expenses, statistics on insurance companies and basic stituation of securities markets in Shandong province.

II. Source of Data

（1）Data on local government finance are provided by Shandong Provincial Department of Finance. Because of reform of Government Revenue and Expenditure Classification Items issued by the Ministry of Finance of China in 2007,data on items cannot be compared with those of preceding years.

（2）Data on banking are provided by Jinan Branch of the People's Bank of China.

（3）Data on insurance are provided by China Insurance Regulatory Commission of Shandong Bureau.

（4）Data on securities are provided by China Securities Regulatory Commission of Shandong Bureau.

（5）Data in this chapter are prepared and compiled by the Division of Comprehensive Statistics of Shandong Provincial Bureau of Statistics.

8-1 1950-2011年地方财政一般预算收入

Total Local Government Budgetary Revenue from 1950 to 2011

单位:万元 (10 000 yuan)

年份 Year	地方财政一般预算收入 Total Revenue	税收收入 Tax Revenue	增值税 Value Added Tax	营业税 Business Tax	个人所得税 Individual Income Tax	资源税 Resource Tax	城市维护建设税 Tax on City Maintenance and Construction	房产税 Tax on Real Estates	印花税 Stamp Tax
1950	44253	35209							
1951	70001	55119							
1952	76284	62545							
1953	79758	69895							
1954	88446	78100							
1955	89333	79914							
1956	103099	88883							
1957	107262	92112							
1958	211004	105306							
1959	247460	122645							
1960	263795	113956							
1961	165664	87347							
1962	125506	96577							
1963	151111	93026							
1964	155357	100322							
1965	164766	100184							
1966	187716	105124							
1967	190489	109172							
1968	200665	117893							
1969	198303	120536							
1970	309438	167361							
1971	411058	174508							
1972	430416	191095							
1973	449172	206727							
1974	269542	163550							
1975	459668	233132							
1976	496749	270119							
1977	559590	313898							
1978	641286	327465							
1979	569948	322814							
1980	481097	335362							
1981	511850	368177	471		3				
1982	492888	416477	3001		5				
1983	504050	428911	12980		8				
1984	536022	484039	21457	13611	15				
1985	675316	638230	45950	101566	216	26075	30811		
1986	621535	567351	86294	131137	498	1751	37058	440	
1987	727901	652813	108184	159799	515	3002	41417	10663	
1988	826814	825681	192216	216442	371	2795	51037	11012	362
1989	1009416	973118	223717	274118	452	3230	59324	14781	7451
1990	1091082	1058745	241241	291283	687	3478	63936	19110	5754
1991	1285184	1145170	264599	315116	744	3994	71381	26116	5994
1992	1393225	1287334	312552	367710	980	5143	77163	27263	6175
1993	1943978	1908554	545599	458562	1566	5488	90282	32420	6515
1994	1346611	1264642	363371	311355	22983	46941	117238	38577	7115
1995	1790025	1635139	416401	405456	55930	51835	140782	49773	9273
1996	2416742	2156333	518976	515829	89493	50359	172075	61064	10053
1997	3044232	2648693	617844	622148	126801	56732	202164	80812	13373
1998	3523912	3019024	701402	752239	46780	166968	131149	226211	107540
1999	4044829	3429430	782176	789669	187585	59698	238123	134879	19983
2000	4636788	3929022	896895	876638	247492	62164	276205	155591	22440
2001	5731793	4883422	1002918	926921	369925	64405	290458	165321	26963
2002	6102242	4950266	1112319	1176414	310934	97605	307978	209770	37256
2003	7137877	5582820	1260824	1447077	260262	104760	444019	244706	46613
2004	8283306	6274331	1160390	1764502	319637	135148	549266	267768	62914
2005	10731250	8264612	1930040	2177928	388938	182437	659514	327950	92515
2006	13562526	10357905	2428345	2717252	458361	261376	784298	387000	123031
2007	16753980	13083516	2907862	3397121	568145	289858	924642	443522	159005
2008	19570541	15335324	3337763	3960900	611251	288063	1041367	472576	203026
2009	21986324	17203455	3244846	4706109	646665	328077	1090776	578637	238728
2010	27493842	21498997	3782348	6315107	810098	332924	1307440	646535	337443
2011	34559267	26031329	4138174	7657247	965805	383606	1796032	740189	411070

注:本表中1994年以来的财政收入及分组均系新口径数,与历史资料不可比。

a)Data from 1994 are based on new grouping method,so they cannot compare with other data.

8-2 1950-2006年地方财政支出

Total Local Government Budgetary Expenditure from 1950 to 2006

单位:万元 (10 000 yuan)

年份 Year	地方财政支出 Expenditure of Local Government	#基本建设 Expenditure for Capital Construction	#城市维护费 Expenditure on City Maintenance	#支援农业支出 Expenditure for Agriculture	#文教科学卫生事业费 Expenditure for Culture, Education, Science and Health	#行政管理费 Expenditure for Government Administration
1950	10281	556	79	266		4704
1951	15965	3221	490	364		7357
1952	31886	8860	245	735		8332
1953	32272	5719	263	433		9548
1954	33657	6505	245	1447		9381
1955	31143	4023	209	1954		9868
1956	47155	13244	107	3484		12695
1957	49164	10522	201	4770		11790
1958	120740	75087	67	4468		12461
1959	158857	78459	22	16116		14162
1960	239314	98855	82	23717		14571
1961	135988	19073	69	27392		13612
1962	63594	6560	334	9526		11753
1963	79714	10271	1018	12029		13054
1964	89615	17557	1535	12620		13212
1965	95407	18711	1807	10048		13144
1966	104100	24115	1690	10425		13691
1967	102007	33442	1669	9728		12064
1968	88752	31016	1719	7476		12264
1969	113952	49590	1756	7683		12669
1970	142528	70447	1805	8389		14245
1971	159105	67943	1743	11247		17779
1972	188907	82551	1621	15603		19336
1973	194872	66635	2419	21980		18541
1974	191061	56996	2005	24284		18435
1975	212560	52389	2194	26906		21241
1976	214205	48383	2579	29119		22899
1977	226136	48648	2610	32399		24449
1978	319044	83503	3750	40221		26553
1979	316239	69982	9535	41812	77298	31908
1980	300736	46680	9484	38422	90951	39017
1981	255341	32150	13144	28754	94093	39200
1982	294482	32395	17044	37525	110039	45512
1983	324119	39875	18184	38058	122536	52391
1984	389763	51801	22063	39512	144038	69508
1985	512953	55562	39340	42453	174126	70091
1986	679384	63375	47595	49892	208135	79655
1987	752168	48880	48156	57550	219751	83423
1988	940725	59630	63024	78301	278458	114421
1989	1136714	55472	75062	102293	324427	98493
1990	1238530	78060	76532	111848	354574	107220
1991	1320610	73926	80209	116383	390775	121071
1992	1456988	85542	89276	141474	457972	158948
1993	1883646	115922	104912	163489	536522	208572
1994	2187683	100904	121656	176277	721820	269520
1995	2758656	179597	163339	224793	832336	315337
1996	3589836	248334	226014	276556	1032168	402325
1997	4233342	239629	281070	367611	1182892	456970
1998	4878175	318452	367382	377198	1325393	501269
1999	5500034	325120	351390	402651	1453237	544497
2000	6130774	295068	388802	411914	1677928	622058
2001	7537781	409608	485770	478933	1936046	743144
2002	8606484	440415	547982	557939	2290732	900217
2003	10106395	636760	685165	618116	2553316	1123337
2004	11893716	600330	885953	731073	3091148	1312928
2005	14662271	704835	1179667	895847	3751654	1629489
2006	18334400	821963	1470287	1083756	4542846	1929519

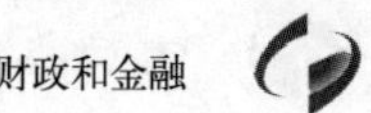

8-3 1979-2006年财政支出中用于文、教、科、卫的支出

Expense on Culture,Education,Science and Health from 1979 to 2006

单位:万元 (10 000 yuan)

年 份 Year	合 计 Total	文体广播事业费 Operating Expenses for Culture,Sports and Broadcast	教育事业费 Operating Expenses for Education	科学事业费 Operating Expenses for Science	卫生经费 Operating Expenses for Health	科技三项经费 Science and Technology Promotion Funds
1979	80348	9219	43077	4141	20098	3813
1980	93350	9974	53296	4060	23290	2730
1981	95577	9791	54453	4094	24965	2274
1982	111630	11702	62804	4335	29737	3052
1983	125430	14353	67656	5040	33667	4714
1984	145710	18779	77533	6738	37382	5278
1985	175562	22631	97565	6513	44117	4736
1986	209611	29869	114757	8056	50910	6019
1987	225197	30555	125465	7053	56678	5446
1988	284003	39108	161889	10205	67256	5545
1989	333489	43029	187894	10535	82969	9062
1990	363035	48165	202060	11646	92703	8461
1991	401036	54145	225118	12757	98755	10261
1992	470129	61127	271681	14629	110310	12382
1993	568801	70133	337052	16678	129131	15807
1994	738553	84780	464330	22340	150028	17075
1995	856648	112065	523754	22551	173966	24312
1996	1066333	124463	670721	27256	209728	34165
1997	1229252	154418	753374	34974	240126	46360
1998	1388027	150517	886208	35703	252965	62634
1999	1532952	159272	999902	35491	258572	79715
2000	1770387	175745	1181042	38543	282598	92459
2001	2051303	206502	1377529	45428	306587	115257
2002	2427593	274203	1627761	53056	335712	136861
2003	2693986	307350	1791484	58375	396107	140670
2004	3091148	366895	2048284	65970	452199	157800
2005	3751654	449415	2487484	76471	544085	194199
2006	4542846	519674	2922839	90544	733206	276583

8-4 地方财政一般预算收入(2011年)
Total Local Government Budgetary Revenue (2011)

单位:万元 (10 000 yuan)

类 别	Category	2011	比上年增长(%) Growth Rate (%)
地方一般预算收入	**Local Government Budgetary Revenue**	**34559267**	**25.7**
一、税收收入	**Tax Revenue**	**26031329**	**21.1**
增值税	Value-added Tax	4138174	9.4
营业税	Business Tax	7657247	21.3
企业所得税	Enterprise Income Tax	3985551	35.9
个人所得税	Personal Income Tax	965805	19.2
资源税	Resource Tax	383606	15.2
固定资产投资方向调节税	Tax Raised from Adjustment of Real-estate Investment		
城市维护建设税	Tax on City Maintenance and Construction	1796032	37.4
房产税	Tax on Real Estates	740189	14.5
印花税	Stamp Tax	411070	21.8
城镇土地使用税	Holding tax on urban and county land	1584572	15.1
土地增值税	Land Value Added Tax	1056698	59.6
车船税	Tax on vehicles and Their Registration	297216	27.7
耕地占用税	Farmland Occupation Tax	973730	19.8
契 税	Contract tax	2024810	4.6
烟叶税	Tobacco Leaf Tax	19177	26.8
其他税收收入	Others	8	-74.2
二、非税收入	**Non-tax Revenue**	**8527938**	**42.3**
专项收入	Specific Revenue	1307950	25.9
行政事业性收费收入	Income from Administrative Fees	2788242	37.3
罚没收入	Penalty and Confiscatory Income	1041924	34.2
国有资本经营收入	Profits of State-owned Enterprises	1000009	25.3
国有资源(资产)有偿使用收入	Revenue of Compensable Use of State-owned Resources (Assets)	1888520	102.9
其他收入	Others	501293	19.2

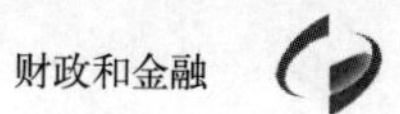

8-5 2008-2011年地方财政一般预算支出

Total Local Government Budgetary Expenditure from 2008 to 2011

单位:万元　　　　(10 000 yuan)

类　别	Category	2007	2008	2009	2010	2011	2011年比上年增长(%) 2011 Growth Rate(%)
地方一般预算支出	**Local Government Budgetary Expenditure**	**22618495**	**27046613**	**32676716**	**41450320**	**50020701**	**20.7**
一般公共服务	General Public Service	4218172	4682351	4901437	5443095	6184774	13.6
公共安全	Public Security	1562148	1732612	1973698	2440277	2746937	12.6
教　育	Education	4533574	5509929	6134864	7704472	10478987	36.0
科学技术	Science and Technology	464073	571333	628783	843643	1086163	28.7
文化体育与传媒	Culture、Sports and Media	441092	552178	703991	740270	915667	23.7
社会保障和就业	Social Security and Employment	2517774	2850525	3427930	4167672	5015394	20.3
医疗卫生	Health	996496	1404184	1892400	2507742	3603575	43.7
城乡社区事务	Urban and Rural Community Affairs	2669508	2894598	3119311	3884029	4016987	3.4
农林水事务	Farming、Forestry and Irrigation Affairs	1630130	2353000	3693489	4659775	5640015	21.0
交通运输	Transport	270004	300454	1742456	2304993	2949121	27.9

8-6 各市地方财政一般预算收入(2011年)

Total Local Government Budgetary Revenue by Region (2011)

单位:万元　　　　(10 000 yuan)

地　区	Region	地方财政一般预算收入 Local Government Budgetary Revenue	税收收入 Tax Revenue	增值税 Value-added Tax	营业税 Business Tax	企业所得税 Enterprise Income Tax	个人所得税 Personal Income Tax	资源税 Resource Tax
全省总计	**Total**	**34559267**	**26031329**	**4138174**	**7657247**	**3985551**	**965805**	**383606**
济南市	Jinan	3249315	2551794	314285	937077	350679	107053	5965
青岛市	Qingdao	5661400	4573344	573582	1466191	713756	220854	3361
淄博市	Zibo	2035852	1374073	246638	298903	193381	36616	13412
枣庄市	Zaozhuang	1001197	730754	111210	141750	80968	14480	19509
东营市	Dongying	1352688	966468	147907	257753	87119	26239	2177
烟台市	Yantai	3031922	2295027	358306	570886	341815	57038	53387
潍坊市	Weifang	2539176	2127067	361530	563872	240382	41078	39096
济宁市	Jining	2070996	1516834	330304	299908	281690	48741	39080
泰安市	Tai'an	1381166	934880	141311	205067	91219	21527	27328
威海市	Weihai	1364398	1089450	148723	314144	116902	19827	7047
日照市	Rizhao	685007	532736	107739	163506	82888	11336	4636
莱芜市	Laiwu	392316	280613	67349	73423	31006	8777	6992
临沂市	Linyi	1412601	1060922	186341	314855	102846	20705	29922
德州市	Dezhou	950634	667229	102750	192153	70453	13966	1095
聊城市	Liaocheng	965630	597511	125160	174563	68116	15102	378
滨州市	Binzhou	1307601	883778	217503	208473	131345	11454	7669
菏泽市	Heze	1115945	831458	116324	216661	102106	11656	27622

8-6 续表 1 continued

单位:万元 (10 000 yuan)

地 区	Region	城市维护建设税 Tax on City Maintenance and Construction	耕地占用税 Farmland Occupation Tax	契 税 Contract Tax	烟叶税 Tobacco Leaf Tax	其他各项税收收入 Others
全省总计	**Total**	**1796032**	**973730**	**2024810**	**19177**	**4087197**
济 南 市	Jinan	195099	67988	186925		386723
青 岛 市	Qingdao	307199	150589	430212	326	707274
淄 博 市	Zibo	121330	87114	160592	370	215717
枣 庄 市	Zaozhuang	80192	27076	52364		203205
东 营 市	Dongying	147162	17544	59785		220782
烟 台 市	Yantai	157890	85473	243051		427181
潍 坊 市	Weifang	178144	64046	238081	6566	394272
济 宁 市	Jining	120910	101937	73155		221109
泰 安 市	Tai'an	59789	59590	165900		163149
威 海 市	Weihai	73797	22675	130484		255851
日 照 市	Rizhao	44679	11573	25671	3273	77435
莱 芜 市	Laiwu	26453	8057	7877	385	50294
临 沂 市	Linyi	80339	41139	66779	8257	209739
德 州 市	Dezhou	45399	55520	61663		124230
聊 城 市	Liaocheng	44203	38106	27768		104115
滨 州 市	Binzhou	66884	46649	59995		133806
菏 泽 市	Heze	41101	88654	34508		192826

8-6 续表 2 continued

单位:万元 (10 000 yuan)

地 区	Region	非税收入 Total Non-tax Revenue	专项收入 Special Program Receipts	行政事业性收费收入 Income from Administrative Fees	罚没收入 Penalty and Confiscatory Income	国有资本经营收入 Profits of State-owned Enterprises	国有资源(资产)有偿使用收入 Revenue of Compensable Use of State-owned Resources (Assets)	其他收入 Others
全省总计	**Total**	**8527938**	**1307950**	**2788242**	**1041924**	**1000009**	**1888520**	**501293**
济 南 市	Jinan	697521	113941	290290	80111	-3272	190486	25965
青 岛 市	Qingdao	1088056	146464	344951	76412	66862	429402	23965
淄 博 市	Zibo	661779	89327	149924	36525	206114	141014	38875
枣 庄 市	Zaozhuang	270443	38637	77327	56427	72973	12110	12969
东 营 市	Dongying	386220	78189	107565	35894	38377	115160	11035
烟 台 市	Yantai	736895	89159	140718	63836	232206	197421	13555
潍 坊 市	Weifang	412109	102937	101263	100205	45572	34377	27755
济 宁 市	Jining	554162	99497	254648	53007	58788	64198	24024
泰 安 市	Tai'an	446286	44680	123394	26916	114659	115372	21265
威 海 市	Weihai	274948	35863	136005	33363	37579	31744	394
日 照 市	Rizhao	152271	26681	50587	27790	9659	22370	15184
莱 芜 市	Laiwu	111703	24644	25807	13347	1562	8041	38302
临 沂 市	Linyi	351679	53659	133707	72478	8282	63046	20507
德 州 市	Dezhou	283405	38657	181140	42659		15599	5350
聊 城 市	Liaocheng	368119	31211	86715	43503	13994	139996	52700
滨 州 市	Binzhou	423823	39659	74631	99740	25901	41770	142122
菏 泽 市	Heze	284487	29055	121962	85070	5571	28897	13932

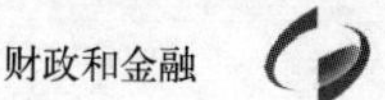

8-7 各市地方财政支出(2011年)

Total Local Government Budgetary Expenditure by Region (2011)

单位：万元 (10 000 yuan)

地 区	Region	地方财政支出 Local Government Budgetary Expenditure	一般公共服务 General Public Service	公共安全 Public Security	教育 Education	科学技术 Science and Technology	文化体育与传媒 Culture、Sports and Media	社会保障和就业 Social Security and Employment	医疗卫生 Health
全省总计	**Total**	**50020701**	**6184774**	**2746937**	**10478987**	**1086163**	**915667**	**5015394**	**3603575**
济南市	Jinan	3968831	592728	283125	652914	75550	116739	494608	270686
青岛市	Qingdao	6580605	956558	412853	1126402	161225	148164	478186	296155
淄博市	Zibo	2531904	333542	144239	613364	64373	40254	275689	162553
枣庄市	Zaozhuang	1603447	225953	96970	341934	17363	28554	159040	136146
东营市	Dongying	1797989	189486	79758	384680	21706	22409	102185	99134
烟台市	Yantai	4075326	462491	174609	766912	127111	95555	571063	317163
潍坊市	Weifang	3582607	424708	160438	959695	91534	38610	258618	261776
济宁市	Jining	3003899	355728	166332	753333	57470	65321	234681	291259
泰安市	Tai'an	2083734	218662	94143	406792	27605	29588	247941	199192
威海市	Weihai	2005904	185608	86647	392778	56267	28073	281022	108891
日照市	Rizhao	1243547	114262	66134	277285	12190	17208	131270	107339
莱芜市	Laiwu	592276	51707	27641	151541	14950	6244	64851	41633
临沂市	Linyi	2848859	330692	158740	723162	30355	46130	349480	344484
德州市	Dezhou	1912791	190118	99771	417660	26049	19104	214880	182435
聊城市	Liaocheng	1734697	217475	105157	416360	21411	32579	181680	188225
滨州市	Binzhou	2011716	208137	82771	438849	28282	22758	270974	150063
菏泽市	Heze	2315540	325358	104715	549685	24126	28064	307004	274693

8-7 续表 continued

单位：万元 (10 000 yuan)

地 区	Region	节能环保 Energy-saving and Environment Protection	城乡社区事务 Urban and Rural Community Affairs	农林水事务 Farming、Forestry and Irrigation Affairs	交通运输 Transport	资源勘探电力信息等事务 Exploration, Power and Information Affairs	商业服务业等事务 Commerce and Services Affairs	金融监管等事务支出 Financial Supervision Affairs	国土资源气象等事务 Land and Weather Affairs	住房保障支出 Housing Security Affairs
全省总计	**Total**	**1139493**	**4016987**	**5640015**	**2949121**	**1844073**	**1193414**	**211651**	**681528**	**675558**
济南市	Jinan	95831	549185	253600	106494	184232	85448	1836	63510	80344
青岛市	Qingdao	104021	973981	381197	291424	355126	172721	151439	86302	107886
淄博市	Zibo	70249	202833	242821	62732	105116	67565	2429	16048	14724
枣庄市	Zaozhuang	34410	79710	135939	68584	127293	49303	3299	15952	69752
东营市	Dongying	38348	207960	245600	64544	105168	41632	2727	18150	27088
烟台市	Yantai	106196	373028	530333	152463	88463	98548	3740	53226	30669
潍坊市	Weifang	136772	308186	388025	108196	169489	109705	11658	35630	38772
济宁市	Jining	71227	249701	309985	131590	112448	71590	1886	26202	33259
泰安市	Tai'an	34304	161161	259746	53441	154233	57259	1759	31235	28504
威海市	Weihai	71186	183266	306662	108051	36385	53349	8135	31190	30917
日照市	Rizhao	29022	81410	197143	72195	11155	41834	272	27844	19624
莱芜市	Laiwu	8438	67396	61378	22892	26465	20774	201	11542	1600
临沂市	Linyi	88555	122214	314543	114996	27249	91151	4934	31262	53821
德州市	Dezhou	70113	153718	261076	80517	50245	46501	12087	11054	32122
聊城市	Liaocheng	54658	67327	220433	73160	41641	56303	979	14026	29789
滨州市	Binzhou	60072	145061	266281	99094	113048	41060	2177	15485	32403
菏泽市	Heze	43239	80347	295926	97395	51355	56409	1084	23940	37338

8-8 历年金融机构人民币存款余额

RMB Deposits of Financial Institutions over the Years

单位:万元 (10 000 yuan)

年份 Year	存款余额 Deposits	企业存款 Deposits of Enterprises	财政存款 Financial Deposits	农业存款 Agricultural Deposits	储蓄存款 Savings Deposits
1952	27761	13282	10177	101	4201
1953	37503	14033	16399	428	6643
1954	37953	14230	12829	996	9898
1955	66543	12862	38541	2255	12885
1956	59508	17058	17275	6299	18876
1957	66853	13671	21811	10970	20401
1958	119815	30097	42900	12408	34410
1959	174223	22237	94119	22061	35806
1960	152412	26747	60237	29408	36020
1961	154397	35419	65453	28048	25477
1962	147935	41050	53695	15974	20691
1963	155443	45826	56502	14924	25872
1964	157531	46288	62306	18604	30271
1965	173968	52426	65917	18600	37025
1966	203942	51901	83799	25528	42714
1967	249023	78115	92748	33202	44958
1968	266821	85320	93774	40114	47613
1969	271167	82682	105564	38148	44773
1970	539978	97982	355104	41358	45534
1971	564186	81566	374227	54081	54312
1972	523844	81483	324625	54677	63059
1973	617913	90537	397042	52709	77625
1974	528596	111890	271985	60467	84254
1975	722193	142258	417459	67018	95458
1976	765045	160536	419241	76113	109155
1977	782107	123030	460033	66737	132307
1978	900037	130437	556357	68941	144302
1979	655921	219751	27280	106696	195573
1980	879427	312830	22597	151545	297520
1981	1135778	403119	33461	150207	395513
1982	1231364	356001	38951	141051	510980
1983	1554862	397019	52104	164557	730519
1984	2333485	725014	47686	219520	1001699
1985	2788151	799892	66522	190082	1301761
1986	3515824	972556	73213	215275	1755638
1987	4702246	1201345	90726	247034	2427793
1988	5913422	1416925	77620	263310	3282031
1989	7246567	1544788	118179	276931	4291525
1990	9340575	1976484	153542	335938	5754706
1991	11636250	2845002	159394	404736	7216749
1992	14482703	3893897	114525	443904	8841510
1993	18166260	4648492	159034	492086	11182415
1994	25225337	6194052	257887	521413	16003992
1995	34243843	8776853	263884	656439	21971982
1996	42938411	11317043	239414	829448	28177108
1997	49698489	13914367	246182	852300	32657331
1998	57554782	15010890	441380	883521	37353766
1999	65629934	17250542	584925	1084540	41098425
2000	74711987	20771967	764478	1351492	44667153
2001	85017294	23079030	1140353	1613431	50637936
2002	102477706	27371339	1318673	2050450	58057165
2003	124382360	33965555	1486500	2438209	67683453
2004	145142781	38730410	2258323	2715491	77214610
2005	171035148	41238617	2596570	3221967	90351351
2006	196339878	47745652	3431146	3954365	103580272
2007	220722430	59101969	4790568	4310596	114381079
2008	269301809	68289510	5352549	4471688	143821895
2009	346977763	100209426	8683402	6605038	170827554
2010	411049645	115855356	10260711	2779643	196482092
2011	463454133		11094869		221732725

8-9 历年金融机构人民币贷款余额

RMB Loans of Financial Institutions over the Years

单位:万元 (10 000 yuan)

年 份 Year	贷款余额 Loans	工业贷款 Industrial Loans	农业贷款 Agricultural Loans	商业贷款 Commercial Loans	基建贷款 Infrastructure Loans	技改贷款 Technology Loans
1952	15674	2786	3796	9092		
1953	44486	2584	6082	35820		
1954	92049	5722	8051	78276		
1955	140448	6580	11898	121970		
1956	162892	12195	34271	116426		
1957	168720	10248	33183	125289		
1958	349843	59095	56826	233922		
1959	465430	117950	55414	292066		
1960	539109	178222	78879	282008		
1961	505425	119466	77270	308689		
1962	414574	72815	75921	265838		
1963	335573	39091	79662	216820		
1964	336843	33558	82586	220699		
1965	389927	41769	86353	261805		
1966	467671	56561	91222	319888		
1967	524989	82522	92431	350036		
1968	573970	104699	92497	376774		
1969	622424	143203	96513	382708		
1970	669092	136735	97501	434856		
1971	673315	172035	56895	444385		
1972	709712	178014	58874	472824		
1973	801467	181583	58446	555619		5819
1974	833605	225297	63227	538531		6550
1975	917553	235441	69972	607077		5063
1976	1029329	282332	101031	639958		6008
1977	1208633	323841	122037	754734		8021
1978	1337139	352225	135620	839518		9776
1979	1248830	376931	119144	735148		3355
1980	1801830	456971	101552	1161848		29478
1981	2064250	515804	123506	1305492		51834
1982	2354235	533949	125550	1505177	1135	86526
1983	2650117	530720	144154	1742243	3916	110909
1984	3666770	713687	291226	2088860	51276	164851
1985	4464893	849353	290436	2496747	103677	212522
1986	5549438	1189134	386722	2731161	135384	285757
1987	6678425	1464076	533772	2938915	203120	383431
1988	8031351	1821004	635129	3261651	285119	467099
1989	9413406	2279606	782795	3637710	352348	513105
1990	11667880	3023434	939869	4179923	499006	595666
1991	14280093	3570738	1130450	4737915	736741	868499
1992	17205544	4033468	1389718	5360085	916789	1124986
1993	20791075	4795134	1568072	6225867	1243646	1342356
1994	25204369	5434972	1118700	7388355	1477151	1718007
1995	31289040	6487091	1516858	8850079	1985458	2013439
1996	36802427	7658151	2474472	10289962	2250044	2531164
1997	44567197	9219803	3177039	11798956	2780310	2536443
1998	51067900	9795567	4189496	12097868	3879386	2522862
1999	56798630	10391030	4435895	12657508	5563931	2522178
2000	62090468	9938023	5281785	11249154	7315876	2678175
2001	70176588	11472037	7071209	12227300	8373434	2854302
2002	85365991	13466479	9073641	12561986	11343636	1111118
2003	104671108	16329927	11565081	12566663	13992866	1537491
2004	117828279	19255716	13401333	11660566	16834244	1946567
2005	133817463	20218176	15611128	10867721	20403236	2069666
2006	157096014	28372457	18446480	9981885	26278047	1433182
2007	175451466	33006922	21559437	10530468	30478416	1405230
2008	200539104	35509421	24634301	9439945	36443285	1528325
2009	259613230	39415542	29629694	11177739	52526564	1328334
2010	307226360					
2011	351789985					

8-10 金融机构本外币信贷收支情况(2011年)

RMB and Foreign Currencies Credit Funds Balance Sheet of Financial Institution (2011)

单位:亿元 (100 million yuan)

类别	Category	2011年末余额 2011 Year-end	比年初增减额 Increase/ Decrease from Year Beginning
各项存款	**Deposits in Various Forms**	**46986.51**	**5349.24**
单位存款	Deposits of Units	22649.04	2539.51
活期存款	Current Deposits	10218.25	758.03
定期存款	Time Deposits	5728.14	978.82
通知存款	Notice Deposits	508.00	-96.92
保证金存款	Margin deposits	4244.64	671.93
个人存款	Individual deposits	22428.83	2640.60
储蓄存款	Savings Deposits	22305.74	2555.74
保证金存款	Margin deposits	26.61	18.14
结构性存款	Structured Deposit	96.48	66.72
财政性存款	Treasury Deposits	1107.95	69.89
临时性存款	Temporary Deposits	172.29	2.74
委托存款	Commissioned Deposits	134.39	-28.42
其他存款	Other Deposits	494.01	124.93
各项贷款	**Loans in Various Forms**	**37521.93**	**5028.97**
境内贷款	**Domestic Loans**	**36336.98**	**4571.35**
短期贷款	Short-term Loans	18319.66	3088.06
个人贷款及透支	Personal Loans and Overdrafts	3559.48	448.98
个人消费贷款	Personal Consumption Loans	338.09	23.81
单位普通贷款及透支	Unit General Loans and Overdrafts	12684.49	2110.69
普通并购贷款	General Mergers and Acquisitions Loans		
银团贷款	Syndicated Loans	75.50	-2.83
贸易融资	Trade Finance	2000.19	531.21
中长期贷款	Medium & Long-term Loans	16621.45	1337.55
个人贷款	Personal Loans	5069.04	858.61
个人消费贷款	Personal Consumption Loans	4370.66	705.41
单位普通贷款	Unit General Loans	10347.90	176.23
普通并购贷款	General Mergers and Acquisitions Loans	33.56	12.58
银团贷款	Syndicated Loans	1012.75	273.87
贸易融资	Trade Finance	138.03	19.34
融资租赁	Circulating Funds Tenancy	0.01	0.01
票据融资	Ciruclating Funds of Bills	1385.39	147.09
各项垫款	Paying in Advance	10.46	-1.36
境外贷款	**Overseas Loans**	**1184.95**	**457.62**

8-11 金融机构人民币信贷收支情况(2011年)

RMB Credit Funds Balance Sheet of Financial Institution (2011)

单位:亿元 (100 million yuan)

类别	Category	2011年末余额 2011 Year-end	比年初增减额 Increase/ Decrease from Year Beginning
各项存款	**Deposits in Various Forms**	**46345.41**	**5266.50**
单位存款	Deposits of Units	22162.89	2464.31
活期存款	Current Deposits	9839.49	689.28
定期存款	Time Deposits	5669.31	973.13
通知存款	Notice Deposits	505.92	-94.61
保证金存款	Margin deposits	4198.91	648.14
个人存款	Individual deposits	22290.76	2629.35
储蓄存款	Savings Deposits	22173.27	2545.53
保证金存款	Margin deposits	26.32	18.02
结构性存款	Structured Deposit	91.16	65.80
财政性存款	Treasury Deposits	1109.49	70.52
临时性存款	Temporary Deposits	155.41	5.56
委托存款	Commissioned Deposits	133.58	-27.82
其他存款	Other Deposits	493.29	124.58
各项贷款	**Loans in Various Forms**	**35179.00**	**4499.70**
境内贷款	**Domestic Loans**	**35017.70**	**4444.74**
短期贷款	Short-term Loans	17331.13	3008.01
个人贷款及透支	Personal Loans and Overdrafts	3559.38	448.93
个人消费贷款	Personal Consumption Loans	337.99	23.76
单位普通贷款及透支	Unit General Loans and Overdrafts	12386.32	2131.02
普通并购贷款	General Mergers and Acquisitions Loans		
银团贷款	Syndicated Loans	75.50	-2.83
贸易融资	Trade Finance	1309.92	430.89
中长期贷款	Medium & Long-term Loans	16291.94	1290.43
个人贷款	Personal Loans	5069.04	858.61
个人消费贷款	Personal Consumption Loans	4370.66	705.41
单位普通贷款	Unit General Loans	10161.65	163.31
普通并购贷款	General Mergers and Acquisitions Loans	33.56	12.58
银团贷款	Syndicated Loans	903.05	236.15
贸易融资	Trade Finance	124.65	19.78
融资租赁	Circulating Funds Tenancy	0.01	0.01
票据融资	Ciruclating Funds of Bills	1385.36	147.10
各项垫款	Paying in Advance	9.26	-0.81
境外贷款	**Overseas Loans**	**161.29**	**54.96**

8-12 金融机构(不含外资)分行业本外币贷款情况(2011年)

Loans of RMB and Foreign Currencies of Financial institutions (Excluding Foreign-funded Institutions) by sector(2011)

单位：亿元 (100 million yuan)

行 业	Sector	2011年末余 额 2011 Year-end	比年初增减额 Increase/ Decrease from Year Beginning
贷款总计	**Total**	**35941.49**	**4881.30**
农、林、牧、渔业	Agriculture,Forestry,Animal Husbandry and Fishing	529.71	-32.18
采矿业	Mining	1072.96	209.06
制造业	Manufacturing	10889.13	1692.32
电力、燃气及水的生产和供应业	Production and Supply of Electric Power,Heat Power and Water	1520.77	125.85
建筑业	Construction	984.58	236.45
交通运输、仓储和邮政业	Traffic,Transport,Storage and Post	1951.08	163.69
信息传输、计算机服务和软件业	Information Transfer,Computer Services and Software	51.24	-0.36
批发和零售业	Wholesale and Retail Trade	3108.58	641.75
住宿和餐饮业	Hotels and Catering Services	133.79	15.11
金融业	Financial Intermediation	48.84	31.36
房地产业	Real Estate	1673.91	128.75
租赁和商务服务业	Leasing and Business Services	1291.29	75.58
科学研究、技术服务和地质勘查业	Scientific Research,technical Service and Geologic Prospecting	32.83	6.05
水利、环境和公共设施管理业	Management of Water Conservancy, Environment and Public Facilities	2229.01	-36.03
居民服务和其他服务业	Services to Households and Other Services	100.96	-45.25
教育	Education	176.75	-61.27
卫生、社会保障和社会福利业	Health,Social Security and Social Welfare	141.70	21.29
文化、体育和娱乐业	Culture,Sports and Entertainment	64.58	6.92
公共管理和社会组织	Public management and Social Organization	130.81	-62.69
国际组织	International Organization		
对境外贷款	Overseas Loans	1184.19	459.38
个人贷款	Personal Loans	8624.79	1305.54

8-13 各市金融机构本外币存贷款余额(2011年)

RMB and Foreign Currencies Deposits and Loans of Financial Institutions by Region(2011)

单位:亿元 (100 million yuan)

地 区	Region	各项存款 Total Deposits		#居民储蓄存款 Savings Deposits of Residents		各项贷款 Total Loans	
		余 额 Year-end	比年初增减 Increase/ Decrease from Year Beginning	余 额 Year-end	比年初增减 Increase/ Decrease from Year Beginning	余 额 Year-end	比年初增减 Increase/ Decrease from Year Beginning
全省总计	**Total**	**46986.51**	**5349.24**	**22305.74**	**2555.74**	**37521.93**	**5028.97**
济 南 市	Jinan	8364.06	767.41	2446.67	251.24	8009.83	981.45
青 岛 市	Qingdao	8901.27	1002.59	3244.13	288.08	7495.25	1145.40
淄 博 市	Zibo	2744.88	256.54	1442.55	128.07	1927.00	181.43
枣 庄 市	Zaozhuang	974.24	76.85	572.28	59.96	814.97	88.49
东 营 市	Dongying	1927.74	340.19	794.62	87.89	1439.57	251.03
烟 台 市	Yantai	4467.85	414.48	2383.54	260.66	3070.96	429.07
潍 坊 市	Weifang	3748.88	440.49	2081.80	232.06	3001.53	429.48
济 宁 市	Jining	2634.90	356.40	1460.60	182.71	1646.49	263.40
泰 安 市	Tai'an	1571.71	165.16	970.56	143.87	1055.25	137.37
威 海 市	Weihai	1810.19	173.46	1064.63	106.18	1259.09	106.26
日 照 市	Rizhao	1161.07	157.24	551.75	93.73	1107.14	144.90
莱 芜 市	Laiwu	606.85	19.23	323.86	23.83	531.60	38.77
临 沂 市	Linyi	2507.10	383.35	1628.12	236.19	1833.63	277.65
德 州 市	Dezhou	1426.33	133.22	921.26	111.89	1003.14	93.58
聊 城 市	Liaocheng	1366.62	128.79	845.72	92.36	1110.66	148.93
滨 州 市	Binzhou	1309.69	243.04	586.72	77.49	1256.49	187.25
菏 泽 市	Heze	1326.40	233.79	984.92	179.33	877.13	82.07

8-14　1997-2011年保险费收入和赔款给付

Premium and Payment of Insurance Companies 1997 to 2011

年　份 Year	保险费收入 (万元) Premium (10 000 yuan)	赔款及给付支出 (万元) Settled Claim and Payment (10 000 yuan)	简单赔付率 (%) Simple Payment Rate (%)
1997	785298	317889	40.5
1998	837500	294648	35.2
1999	956496	365490	38.2
2000	1110622	402204	36.2
2001	1533204	409588	26.7
2002	2238236	456801	20.4
2003	2835306	561804	19.8
2004	3171584	656966	20.7
2005	3408050	766254	22.5
2006	3962203	1209078	30.5
2007	5017177	1717385	34.2
2008	6739812	1983902	29.4
2009	7928870	2283924	28.8
2010	10300687	2286398	22.2
2011	10360352	2712276	26.2

8-15　人身保险公司主要业务指标(2011年)

Major Business Indicators of Life Insurance Companies (2011)

单位:万元　　(10 000 yuan)

类　别	Category	保费收入 Premium Income	赔款支出 Indemnity Expenditure	退保金 Withdrawal Amount Insured	年金给付 Total Annuity Payment	满期给付 Total Mature Payment	死伤医疗给付 Payment for Death,Injury and Medical Treatment
总　计	**Total**	**6968252**	**151778**	**558607**	**188253**	**621606**	**136515**
一、人寿保险	**Life Insurance**	**6275647**		**545640**	**188253**	**550324**	**89253**
(一)非分红产品	Non-dividend Insurance	655773		54849	114265	60577	44403
定期寿险	Time Insurance	20566		246		96	3967
两全寿险	Endowment Insurance	264541		19216	24405	57987	9287
终身寿险	WLL	278531		20349		1812	24402
年　金	Total Annuity Payment	92135		15038	89860	682	6748
(二)分红产品	Dividend Insurance	5549835		490497	73988	483026	37138
定期寿险	Time Insurance						
两全寿险	Endowment Insurance	4638173		465638	44753	476571	29598
终身寿险	WLL	286980		5586		2	5233
年　金	Total Annuity Payment	624682		19273	29234	6453	2308
(三)投资连接产品	Investment Link Insurance	2107		-1		4078	242
(四)万能产品	Universal Life Insurance	67933		296		2644	7470
二、意外伤害保险	**Accident Injury Insurance**	**178365**	**45277**				
一年期以内	Within-One-year Period Business	6613	772				
一年期	One-year Period Business	170031	44505				
三、健康保险	**Health Insurance**	**514239**	**106501**	**12966**		**71281**	**47262**
一年期(及一年期以内)	Within-One-year Period Business	160161	106501				
一年期以上	One-year Period Business	354078		12966		71281	47262

8-16 财产保险公司主要业务指标(2011年)

Major Business Indicators of Insurance Companies(2011)

单位:万元 (10 000 yuan)

类　别	Category	保费收入 Premium	赔款支出 Payment
总　计	**Total**	**3392100**	**1614124**
机动车辆及第三者责任险	Motor Vehicle and Third Party Liability	2824470	1325107
企财险	Enterprise Property insurance	208380	88928
家财险	Family Property Insurance	11898	3325
工程险	Project Insurance	13134	5438
责任险	Liability Insurance	68521	29971
信用险	Credit Insurance	53850	53232
保证保险	Guarantee Insurance	33913	1927
船舶险	Ship Insurance	22335	15152
货运险	Freight Transport Insurance	45839	40655
特殊风险保险	Peculiar Risk Insurance	6171	2484
农业保险	Agriculture Insurance	31920	17345
健康险	Health Insurance	19450	14065
意外伤害险	Accident Injury Insurance	49965	15529
其　他	Other Property Insurance	2255	967

8-17 各市保险业务情况(2011年)

Basic Statistics on Insurance by Region (2011)

单位:亿元 (100 million yuan)

地　区	Region	保费收入 Premium	财产险 Property Insurance	人寿险 Life Insurance	赔款与给付 Claim and Payment	财产险 Property Insurance	人寿险 Life Insurance
全省总计	**Total**	**1036.0**	**332.3**	**703.8**	**271.2**	**161.4**	**109.8**
济 南 市	Jinan	110.3	32.0	78.4	27.7	12.6	15.1
青 岛 市	Qingdao	145.7	56.0	89.7	46.4	29.1	17.3
淄 博 市	Zibo	60.6	21.6	39.0	15.6	9.4	6.1
枣 庄 市	Zaozhuang	30.2	8.0	22.2	6.4	3.7	2.7
东 营 市	Dongying	41.7	15.3	26.4	12.2	6.8	5.4
烟 台 市	Yantai	98.4	30.8	67.6	25.1	15.1	10.0
潍 坊 市	Weifang	90.0	31.0	59.0	24.6	15.9	8.7
济 宁 市	Jining	76.0	21.3	54.7	16.7	9.7	7.0
泰 安 市	Tai'an	48.5	10.9	37.5	12.5	5.7	6.8
威 海 市	Weihai	47.0	13.9	33.2	13.0	7.5	5.5
日 照 市	Rizhao	24.5	10.7	13.8	9.8	8.0	1.8
莱 芜 市	Laiwu	12.8	3.8	9.0	3.0	1.7	1.3
临 沂 市	Linyi	79.5	27.5	52.0	19.1	12.3	6.8
德 州 市	Dezhou	48.6	12.2	36.4	9.9	5.4	4.5
聊 城 市	Liaocheng	41.1	13.5	27.6	9.0	6.3	2.7
滨 州 市	Binzhou	37.8	13.7	24.1	10.8	7.2	3.6
菏 泽 市	Heze	42.6	9.5	33.2	9.0	4.5	4.5

主要统计指标解释

财政收入 指国家财政参与社会产品分配所取得的收入，是实现国家职能的财力保证。财政收入所包括的内容几经变化，目前主要包括：

（1）税收收入：包括增值税、营业税、企业所得税、个人所得税、资源税、固定资产投资方向调节税、城市维护建设税、房产税、印花税、城镇土地使用税、土地增值税、车船税、耕地占用税、契税、烟叶税、其他税收收入。

（2）非税收入：包括专项收入、行政事业性收费收入、罚没收入、国有资本经营收入、国有资源(资产)有偿使用收入、其他收入。

财政支出 国家财政将筹集起来的资金进行分配使用，以满足经济建设和各项事业的需要，主要包括：

（1）一般公共服务支出：反映政府提供一般公共服务的支出。

（2）公共安全：反映政府维护社会公共安全方面的支出，有关事务包括武装警察、公安、国家安全、检察、法院、司法行政、监狱、劳教、国家保密、缉私警察等。

（3）教育支出：反映政府教育事务支出。有关具体教育事务包括教育行政管理、学前教育、小学教育、初中教育、普通高中教育、普通高等教育、初等职业教育、中专教育、技校教育、职业高中教育、高等职业教育、广播电视教育、留学生教育、特殊教育、干部继续教育、教育机关服务等。

（4）科学技术：反映政府用于科学技术方面的支出。

（5）文化体育与传媒：反映政府在文化、文物、体育、广播电视、新闻出版等方面的支出。

（6）社会保障和就业：反映政府在社会保障与就业方面的支出。有关事项包括社会保障与就业管理事务、民政管理事务、财政对社会保险基金的补助、补充全国社会保障基金、行政事业单位离退休、企业改革补助、就业补助、抚恤、退役安置、社会福利、残疾人事业、城市居民最低生活保障、其他城镇社会救济、农村社会救济、自然灾害生活补助、红十字事务等。

（7）医疗卫生支出：反映政府医疗卫生方面的支出。具体包括医疗卫生管理事务支出、医疗服务支出、医疗保障支出、疾病预防控制支出、卫生监督支出、妇幼保健支出、农村卫生支出等。

（8）城乡社区事务：反映政府城乡社区事务支出。具体包括：城乡社区管理事务支出、城乡社区规划与管理支出、城乡社区公共设施支出、城乡社区住宅支出、城乡社区环境卫生支出、建设市场管理与监督支出等

（9）农林水事务：反映政府农林水事务方面的支出。具体包括农业、林业、水利、扶贫支出、农业综合开发支出等。

存　款 指企业、机关、团体或居民根据资金必须收回的原则，把货币资金存入银行或其他信贷机构保管并取得一定利息的一种信用活动形式。根据存款对象或性质的不同可划分为企业存款、财政存款、机关团体存款、基本建设存款、储蓄存款、农村存款、委托存款、其他存款等科目。它是银行信贷资金的主要来源。

贷　款 指银行或其他信贷机构根据资金必须归还的原则，按一定利率，为企业、个人等提供资金的一种信用活动形式。我国银行贷款分为短期贷款、中期流动资金贷款、中长期贷款、信托贷款、融资租赁、委托贷款、票据融资、各项垫款等。

保险公司 在中国境内的、经过保险监督管理部门批准设立，并依法登记注册的各类商业保险公司。

保险金额 指保险人承担赔偿或者给付保险金责任的最高限额。

保　费 指投保人为取得保险人在约定范围内所承担赔偿责任而支付给保险人的费用。

赔　款 指保险人根据保险合同的规定，向被保险人支付的赔偿保险责任损失的金额。

给　付 包括死伤医疗给付和满期给付。死伤医疗给付是指保险人根据人寿保险及长期健康保险合同的规定，因被保险人在保险期内发生保险责任范围内的保险事故支付给被保险人(或受益人)的金额。满期给付是指被保险人生存期满，保险人按人寿保险合同规定支付给被保险人的满期保险金额。

Explanatory Notes on Main Statistical Indicators

Government Revenue refers to the revenue of the government finance by means of participating in the distribution of the social products, which is the financial resources for ensuring the government to function. The contents of government revenue have been changed several times. Now it includes the following main items:

(1) Various tax revenues including value added tax, business tax, enterprise income tax, personal income tax, resources tax, fixed assets investment direction regulating tax, tax on city maintenance and construction, real estate tax, stamp tax, tax on use of urban land, land value added tax, vehicle and vessel tax, tax on occupancy of cultivated land, property tax, tobacco leaf tax, and other tax revenues.

(2) Non-tax Revenues including special revenues, revenues from Administrative and institutional fees, penalty and confiscatory revenues , revenues from state-owned capital operationg,revenues from paid use of state-owned resources, and other revenues .

Government Expenditure refers to the distribution and use of the funds the government finance has raised, so as to meet the needs of economic construction and various causes. It includes the following main items:

(1) Expenditure for general public services: It reflects the expenditure from the government for general public services.

(2) Expenditure on public security: It reflects the expenditure from the government towards safeguarding the public security, including the related affairs of armed police, public security, state security, procuratorial administration,law court, judicial administration, jail , reeducation through labor, state confidentiality, anti-smuggling Patrol,etc.

(3) Expenditure on education: It reflects the expenditure from the government on education, including the related affairs of educational administration management, preschool education, primary education, junior secondary educate, regular senior secondary educate, regular higher education, primary vocational education, specialized secondary educate, technical educate, vocational senior secondary educate, vocational higher education, radio and television education, foreign student educate, special education, cadre continuing education, education institution services,etc.

(4) Expenditure on science and technology: It reflects the expenditure from the government on science and technology.

(5) Expenditure on culture, sport and media: It reflects the expenditure from the government on culture, cultural relics, sport, radio and television, publication, etc.

(6)Expenditure on social security and employment:It reflects the expenditure from the government on social security and employment, including the related affairs of management of social security and employment, civil administration, subsidies to social insurance funds, supplement to national social security funds, retirees of government agencies and institutions, subsidies to enterprises reform, subsidies to employment, pension, settling down demobilized servicemen,social security, disabled person administration, minimum living allowance in urban area, other social relief in urban area, social relief in rural area, subsidies to natural disaster, Red Cross business,etc.

(7)Expenditure on health care: It reflects the expenditure from the government on health care, including expenditure on management of health care, medical services, medical security, disease control and prevention, public health supervision, rural health care,etc.

(8) Expenditure on urban and rural community affairs: It reflects the expenditure from the government on urban and rural community affairs, including expenditure on management of urban and rural community affairs, plan and management of urban and rural community, public utility of urban and rural community, residential buildings of urban and rural community, environmental sanitation of urban and rural community, management and supervision of markets construction, etc.

(9) Expenditure on agriculture, forest and irrigation: It reflects the expenditure from the government on agriculture, forest and irrigation, including expenditure on agriculture, forest, irrigation, poverty alleviation, comprehensive development of agriculture, etc.

Deposit is a form of credit by which enterprises, institutions, organizations or households can put money into banks and other credit institutions for safekeeping and interest earning under the principle of free withdrawal. According to different depositors, deposits are divided into enterprise deposits, treasury deposits, deposits of government agencies and organizations, capital construction deposits, savings deposits, rural saving deposits, entrusted deposits and other deposits. Deposits are major sources of the credit funds of banks.

Loan is a form of credit by which banks and other credit institutions provide funds at certain interest rate to enterprises and individuals in the light of the principle of unconditional repayment. Loans from Chinese banks include circulating capital loans, fixed assets loans, loans to urban and rural individuals engaged in industrial and commercial business and agricultural loans.

Insurance Companies refers to commercial insurance companies of various forms registered by law and established in China with the approval of insurance regulatory agencies.

Amount Insured refers to the maximum that the insurant will get for the claim of the case insured.

Premium is the fee paid by the insurant to the insurer to obtain the obligation of compensation from the insurance within the agreed terms.

Settled Claim is the compensation paid by the insurer to the insurant in accordance with the insurance contract.

Payment includes payment for death, injury or medical treatment and mature payment. Payment for death, injury or medical treatment refers to the money paid to the insurant (or the beneficiary) in accordance with the life or health insurance contract when the insurant encounters accidents within the insured period covered in the contract. Mature payment refers to the mature payment to the insurant in accordance with the life insurance contract at the end of the insured period.

第9篇

价格指数

Price Indices

简 要 说 明

一、本篇资料的主要内容

本篇资料反映了全省生产、投资、流通、消费等环节价格变动状况，主要包括居民消费、商品零售、生产资料、工业品出厂、原材料燃料动力购进、固定资产投资、房地产等价格指数。

二、本篇资料的来源

1.居民消费、商品零售和农业生产资料价格指数来源于消费价格统计调查年报，由国家统计局山东调查总队消费价格调查处整理提供。

2.工业生产者出厂、工业生产者购进、固定资产投资、房地产等价格指数来源于生产价格统计调查年报，由国家统计局山东调查总队生产投资价格调查处整理提供。

Brief Introduction

I. Main Content

Data on the price indices in this chapter show the changing trend in production, investment, circulation and consumption, including mainly consumer price indices of residents, retail price indices, price indices of means of production, production price indices of industrial products, purchasing price indices of raw materials, fuels and power, price indices of investment in fixed assets and real estate price indices.

II. Source of Data

(1) Data on consumer price indices of residents, retail price indices and price indices of agricultural means of production are based on yearly report on consumer price and are provided by the Division of Consumer Price Survey of the National Bureau of Statistics in Shandong.

(2) Data on producer price indices of industrial products, industrial producer purchasing price indices, price indices of investment in fixed assets and real estate price indices are based on yearly report on production price and are provided by the Division of Production and Investment Price Survey of the National Bureau of Statistics in Shandong.

 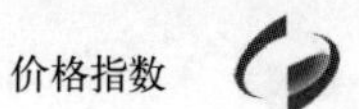

9-1 2007-2011年居民消费价格指数

Consumer Price Indices from 2007 to 2011

(上年=100) (preceding year=100)

类 别	Category	2007	2008	2009	2010	2011
居民消费价格指数	**Consumer Price Index**	**104.4**	**105.3**	**100.0**	**102.9**	**105.0**
城 市	Urban Areas	103.8	104.7	99.9	102.6	104.7
农 村	Rural Areas	105.3	106.2	100.1	103.5	105.9
服务项目价格指数	**Services Price Index**	**101.9**	**102.1**	**101.2**	**100.8**	**103.5**
消费品价格指数	**Consumer Goods Price Index**	**105.1**	**106.1**	**99.7**	**103.5**	**105.6**
食 品	Food	113.6	113.0	101.3	108.3	111.3
粮 食	Grain	108.1	106.3	104.4	113.0	108.7
油 脂	Oil or Fat	121.9	124.2	86.2	106.2	113.2
肉禽及其制品	Meal, Poultry and Their Products	137.7	122.2	91.2	103.6	122.9
蛋	Eggs	120.8	105.2	100.8	107.1	114.7
水产品	Aquatic Products	104.9	112.8	102.3	106.8	114.4
鲜 菜	Fresh Vegetables	113.4	105.7	119.2	125.5	101.2
烟 酒	Tobacco and Liquor	102.7	104.3	102.4	102.5	103.9
衣 着	Clothing	97.3	97.9	97.2	97.6	101.5
家庭设备用品及维修服务	Household Facilities, Articles and Services	102.3	102.0	100.1	99.6	101.0
医疗保健和个人用品	Health Care and Personal Articles	101.6	102.2	101.3	101.9	102.5
交通和通信	Transportation and Communication	98.6	99.9	98.1	99.3	100.6
娱乐教育文化用品及服务	Recreation, Education and Culture Articles	99.6	100.3	100.8	99.7	100.4
居 住	Residence	103.8	107.3	98.8	103.6	105.8
商品零售价格指数	**Retail Price Index**	**103.6**	**104.9**	**99.4**	**102.7**	**104.7**
城 市	Urban Areas	103.1	104.5	99.3	102.4	104.3
农 村	Rural Areas	104.6	105.8	99.4	103.2	105.3
农业生产资料价格指数	**Price Indices of Means of Agricultural production**	**107.1**	**119.3**	**96.3**	**103.0**	**111.1**

9-2 居民消费和商品零售价格总指数(2011年)

General Consumer and Retail Price Indices(2011)

类 别	Categoty	居民消费价格总指数 General Consumer Price Indices			商品零售价格总指数 General Retail Price Indices			农业生产资料价格总指数 General Price Indices of Means of Agricultural Production
		全 省 Provincial Indices	城 市 Urban Indices	农 村 Rural Indices	全 省 Provincial Indices	城 市 Urban Indices	农 村 Rural Indices	
以1950年价格为100	1950=100	642.2	642.0		510.3	484.8	473.2	436.2
以1952年价格为100	1952=100	566.4	567.3		424.3	424.9	428.9	450.6
以1957年价格为100	1957=100	521.9	528.1		386.6	349.1	393.2	420.6
以1965年价格为100	1965=100	514.1	514.1		368.9	378.4	375.3	468.0
以1970年价格为100	1970=100	527.3	527.7		374.7	388.8	381.5	517.4
以1978年价格为100	1978=100	526.7	527.4	519.5	375.1	387.1	382.3	560.4
以1980年价格为100	1980=100	498.5	505.3	488.7	358.5	376.2	365.6	555.0
以1985年价格为100	1985=100	429.6	428.4	416.4	323.7	336.0	332.0	471.1
以1990年价格为100	1990=100	263.9	273.9	257.4	202.3	203.0	210.3	311.9
以1995年价格为100	1995=100	143.9	141.8	149.1	120.0	115.5	128.9	163.4
以2000年价格为100	2000=100	129.2	123.2	137.7	119.5	115.2	128.4	177.5
以上年价格为100	Preceding Year=100	105.0	104.7	105.9	104.7	104.3	105.3	111.1

9–3 历年居民消费价格总指数

General Consumer Price Indices over the Years

年 份 Year	以1950年为100 1950=100	以1952年为100 1952=100	以1978年为100 1978=100	以1990年为100 1990=100	以1995年为100 1995=100	以上年为100 Preceding Year=100
1951	110.8					110.8
1952	113.2					102.2
1953	116.9	103.3				103.3
1954	120.9	106.8				103.4
1955	120.8	106.7				99.9
1956	121.7	107.5				100.7
1957	122.9	108.6				101.0
1958	122.4	108.2				99.6
1959	123.1	108.9				100.6
1960	123.7	109.4				100.5
1961	131.5	116.3				106.3
1962	132.2	116.9				100.5
1963	130.5	115.4				98.7
1964	127.6	112.9				97.8
1965	124.8	110.4				97.8
1966	123.2	109.0				98.7
1967	123.3	109.1				100.1
1968	123.1	108.9				99.8
1969	123.0	108.8				99.9
1970	121.7	107.6				98.9
1971	121.6	107.5				99.9
1972	121.6	107.5				100.0
1973	121.4	107.3				99.8
1974	121.3	107.2				99.9
1975	121.5	107.4				100.2
1976	121.7	107.6				100.2
1977	121.5	107.4				99.8
1978	121.9	107.7				100.3
1979	122.8	108.5	100.7			100.7
1980	128.9	113.9	105.7			105.0
1981	131.2	116.0	107.6			101.8
1982	132.4	117.0	108.6			100.9
1983	135.6	119.8	111.2			102.4
1984	137.6	121.6	112.9			101.5
1985	149.6	132.2	122.7			108.7
1986	156.3	138.1	128.2			104.5
1987	169.1	149.5	138.7			108.2
1988	200.7	177.4	164.7			118.7
1989	235.5	208.1	199.1			117.3
1990	243.5	215.2	199.7			103.4
1991	255.4	225.7	209.5	104.9		104.9
1992	272.8	241.1	223.7	112.0		106.8
1993	307.4	271.7	252.2	126.3		112.7
1994	379.4	335.3	311.2	155.8		123.4
1995	446.1	394.3	365.9	183.2		117.6
1996	489.0	432.1	401.1	200.8	109.6	109.6
1997	502.6	443.2	412.3	206.4	112.7	102.8
1998	499.6	440.5	409.8	205.2	112.0	99.4
1999	496.1	437.4	406.9	203.8	111.2	99.3
2000	497.1	438.3	407.7	204.2	111.4	100.2
2001	506.0	446.2	415.0	207.9	113.4	101.8
2002	502.5	443.1	412.1	206.4	112.6	99.3
2003	508.0	448.0	416.6	208.7	113.8	101.1
2004	526.3	464.1	431.6	216.2	117.9	103.6
2005	535.2	472.0	439.0	219.9	119.9	101.7
2006	540.6	476.7	443.4	222.1	121.1	101.0
2007	564.4	497.7	462.9	231.9	126.4	104.4
2008	594.3	524.1	487.4	244.2	133.1	105.3
2009	594.3	524.1	487.4	244.2	133.1	100.0
2010	611.5	539.3	501.6	251.3	137.0	102.9
2011	642.2	566.4	526.7	263.9	143.9	105.0

9-4 历年城市居民消费价格总指数

General Urban Consumer Price Indices over the Years

年 份 Year	以1930-1936年平均价格为100 Average Price (1930-1936)=100	以1952年为100 1952=100	以1978年为100 1978=100	以1980年为100 1980=100	以1990年为100 1990=100	以1995年为100 1995=100	以上年为100 Preceding Year=100
1949	260.9						
1950	266.9						102.3
1951	295.7						110.8
1952	302.2						102.2
1953	312.2	103.3					103.3
1954	322.8	106.8					103.4
1955	322.5	106.7					99.9
1956	324.8	107.4					100.7
1957	328.0	108.5					101.0
1958	326.7	108.1					99.6
1959	328.7	108.7					100.6
1960	330.3	109.2					100.5
1961	351.2	116.2					106.3
1962	352.9	116.8					100.5
1963	348.3	115.2					98.7
1964	341.0	112.8					97.8
1965	333.5	110.3					97.8
1966	329.2	108.9					98.7
1967	329.5	109.0					100.1
1968	328.8	108.8					99.8
1969	328.5	108.7					99.9
1970	324.9	107.4					98.9
1971	324.6	107.4					99.9
1972	324.6	107.4					100.0
1973	323.9	107.2					99.8
1974	323.6	107.1					99.9
1975	324.2	107.3					100.2
1976	324.9	107.5					100.2
1977	324.3	107.3					99.8
1978	325.2	107.6					100.3
1979	329.7	109.1	101.4				101.4
1980	339.3	112.3	104.3				102.9
1981	346.4	114.6	106.5	102.1			102.1
1982	347.4	115.0	106.9	102.4			100.3
1983	345.3	114.3	106.2	101.8			99.4
1984	350.5	116.0	107.8	103.3			101.5
1985	381.4	126.2	117.3	112.4			108.8
1986	400.5	132.5	123.2	118.0			105.0
1987	436.9	144.6	134.4	128.8			109.1
1988	526.9	174.4	162.1	155.3			120.6
1989	609.6	201.7	187.5	179.7			115.7
1990	625.5	207.0	192.4	184.4			102.6
1991	664.3	219.8	204.3	195.8	106.2		106.2
1992	721.4	238.7	221.9	212.6	115.3		108.6
1993	826.7	273.6	254.3	243.7	132.1		114.6
1994	1036.7	343.1	318.9	305.6	165.7		125.4
1995	1210.9	400.7	372.5	356.9	193.6		116.8
1996	1338.0	442.8	411.6	394.4	213.9	110.5	110.5
1997	1380.8	457.0	424.8	407.0	220.7	114.0	103.2
1998	1376.7	455.6	423.5	405.8	220.0	113.7	99.7
1999	1376.7	455.6	423.5	405.8	220.0	113.7	100.0
2000	1393.2	461.1	428.6	410.7	222.6	115.1	101.2
2001	1408.5	466.2	433.3	415.2	225.0	116.4	101.1
2002	1390.2	460.1	427.7	409.8	222.1	114.9	98.7
2003	1399.9	463.3	430.7	412.7	223.7	115.7	100.7
2004	1439.1	476.3	442.7	424.2	230.0	118.9	102.8
2005	1454.9	481.5	447.6	428.9	232.5	120.2	101.1
2006	1469.5	486.3	452.1	433.2	234.8	121.4	101.0
2007	1525.3	504.8	469.3	449.7	243.7	126.0	103.8
2008	1597.0	528.5	491.4	470.8	255.2	131.9	104.7
2009	1596.1	528.2	491.1	470.6	255.0	131.8	99.9
2010	1637.6	542.0	503.8	482.8	261.6	135.3	102.6
2011	1714.1	567.3	527.4	505.3	273.9	141.8	104.7

9-5 历年农村居民消费价格总指数

General Rural Consumer Price Indices over the Years

年 份 Year	以1978年为100 1978=100	以1980年为100 1980=100	以1985年为100 1985=100	以1990年为100 1990=100	以1995年为100 1995=100	以上年为100 Preceding Year=100
1978						100.3
1979	100.4					100.4
1980	106.2					105.8
1981	107.9	101.6				101.6
1982	109.1	102.7				101.1
1983	113.0	106.4				103.6
1984	114.7	108.0				101.5
1985	124.7	117.4				108.7
1986	129.8	122.2	104.1			104.1
1987	139.4	131.2	111.8			107.4
1988	163.1	153.5	130.8			117.0
1989	194.0	182.5	155.5			118.9
1990	201.7	189.8	161.7			104.0
1991	209.8	197.4	168.2	104.0		104.0
1992	219.5	206.5	175.9	108.8		104.6
1993	242.9	228.6	194.7	120.4		110.7
1994	295.7	278.2	236.9	146.5		121.7
1995	348.6	328.0	279.3	172.7		117.9
1996	379.9	357.5	304.4	188.2	109.0	109.0
1997	389.1	366.1	311.7	192.7	111.6	102.4
1998	385.2	362.4	308.6	190.8	110.5	99.0
1999	379.8	357.3	304.3	188.1	109.0	98.6
2000	377.1	354.8	302.2	186.8	108.2	99.3
2001	386.2	363.3	309.5	191.3	110.8	102.4
2002	385.8	362.9	309.2	191.1	110.7	99.9
2003	391.6	368.3	313.8	194.0	112.4	101.5
2004	409.6	385.2	328.2	202.9	117.5	104.6
2005	419.4	394.5	336.1	207.8	120.3	102.4
2006	423.6	398.4	339.5	209.9	121.6	101.0
2007	446.1	419.5	357.5	221.0	128.0	105.3
2008	473.8	445.5	379.7	234.7	135.9	106.2
2009	474.1	445.8	380.0	234.9	136.0	100.1
2010	490.7	461.4	393.2	243.1	140.8	103.5
2011	519.5	488.7	416.4	257.4	149.1	105.9

9-6 历年商品零售价格总指数

General Retail Price Indices over the Years

年 份 Year	以1930-1936年平均价格为100 Average Price (1930-1936)=100	以1952年为100 1952=100	以1978年为100 1978=100	以1980年为100 1980=100	以1990年为100 1990=100	以1995年为100 1995=100	以上年为100 Preceding Year=100
1949	257.0						
1950	261.7						101.8
1951	302.4						115.6
1952	303.6						100.4
1953	315.2	103.8					103.8
1954	325.0	107.0					103.1
1955	325.6	107.2					100.2
1956	327.9	108.0					100.7
1957	333.5	109.8					101.7
1958	333.8	109.9					100.1
1959	337.1	111.0					101.0
1960	338.8	111.6					100.5
1961	358.4	118.1					105.8
1962	359.9	118.5					100.4
1963	362.7	119.5					100.8
1964	358.0	117.9					98.7
1965	349.4	115.1					97.6
1966	347.7	114.5					99.5
1967	348.0	114.7					100.1
1968	348.0	114.7					100.0
1969	346.6	114.2					99.6
1970	343.8	113.3					99.2
1971	343.5	113.2					99.9
1972	342.5	112.8					99.7
1973	342.2	112.7					99.9
1974	341.8	112.6					99.9
1975	342.2	112.7					100.1
1976	342.5	112.8					100.1
1977	342.2	112.7					99.9
1978	343.5	113.2					100.4
1979	349.0	115.0	101.6				101.6
1980	359.5	118.5	104.6				103.0
1981	365.6	120.5	106.4	101.7			101.7
1982	367.8	121.2	107.1	102.3			100.6
1983	363.0	119.7	105.6	101.0			98.7
1984	367.0	121.0	106.8	102.1			101.1
1985	398.2	131.3	115.9	110.8			108.5
1986	416.1	137.2	121.1	115.8			104.5
1987	450.6	148.6	131.2	125.4			108.3
1988	536.3	176.8	156.1	149.2			119.0
1989	626.9	206.7	182.5	174.4			116.9
1990	636.9	210.0	185.4	177.2			101.6
1991	668.1	220.3	194.5	185.9	104.9		104.9
1992	709.5	233.9	206.6	197.4	111.4		106.2
1993	782.6	258.0	227.8	217.7	122.9		110.3
1994	941.5	310.4	274.1	261.9	147.8		120.3
1995	1075.2	354.5	313.0	299.1	168.8		114.2
1996	1150.6	378.9	334.9	320.1	180.6	107.0	107.0
1997	1159.8	381.9	337.6	322.7	182.0	107.9	100.8
1998	1126.2	370.8	327.8	313.3	176.7	104.8	97.1
1999	1093.5	360.0	318.3	304.2	171.6	101.8	97.1
2000	1078.2	355.0	313.8	299.9	169.2	100.4	98.6
2001	1078.2	355.0	313.8	299.9	169.2	100.4	100.0
2002	1065.3	350.7	310.0	296.3	167.2	99.2	98.8
2003	1067.4	351.4	310.7	296.9	167.5	99.4	100.2
2004	1097.3	361.3	319.4	305.2	172.2	102.2	102.8
2005	1103.9	363.4	321.3	307.0	173.2	102.8	100.6
2006	1110.5	365.6	323.2	308.9	174.3	103.4	100.6
2007	1150.5	378.8	334.8	320.0	180.6	107.1	103.6
2008	1206.9	397.4	351.2	335.7	189.4	112.3	104.9
2009	1199.3	394.9	349.0	333.6	188.3	111.6	99.4
2010	1231.6	405.5	358.4	342.6	193.3	114.7	102.7
2011	1288.9	424.3	375.1	358.5	202.3	120.0	104.7

注：本表已根据现行价格调查统计制度予以调整，均不包括农业生产资料部分。

a)The data in this form have been adjusted according to current statistical system of price survey.Means of agricultural production are excluded.

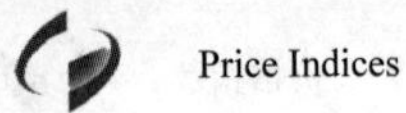

9-7 历年农业生产资料价格总指数

General Price Indices of Means of Agricultural Production over the Years

年 份 Year	以1950年为100 1950=100	以1952年为100 1952=100	以1978年为100 1978=100	以1990年为100 1990=100	以1995年为100 1995=100	以上年为100 Preceding Year=100
1951	94.9					94.9
1952	97.0					102.2
1953	99.5	102.6				102.6
1954	110.3	113.7				110.8
1955	103.8	107.0				94.1
1956	103.7	107.0				100.0
1957	103.4	106.7				99.7
1958	100.2	103.4				96.9
1959	100.0	103.2				99.8
1960	100.9	104.1				100.9
1961	107.5	110.9				106.5
1962	106.8	110.1				99.3
1963	100.4	103.5				94.0
1964	95.8	98.7				95.4
1965	92.7	95.5				96.8
1966	90.8	93.5				97.9
1967	85.6	88.2				94.3
1968	85.1	87.7				99.4
1969	84.3	86.9				99.1
1970	84.2	86.8				99.9
1971	80.9	83.4				96.1
1972	80.3	82.7				99.2
1973	79.9	82.2				99.5
1974	79.2	81.6				99.1
1975	79.2	81.6				100.0
1976	79.2	81.6				100.0
1977	79.2	81.6				100.0
1978	78.5	80.9				99.1
1979	78.6	81.0	100.1			100.1
1980	78.6	81.0	100.1			100.0
1981	79.9	82.4	101.8			101.7
1982	80.8	83.3	102.9			101.1
1983	82.9	85.5	105.6			102.6
1984	88.9	91.7	113.2			107.2
1985	92.5	95.5	117.8			104.1
1986	94.4	97.5	120.3			102.1
1987	99.9	103.2	127.3			105.8
1988	114.6	118.4	146.0			114.7
1989	135.5	139.9	172.6			118.2
1990	139.8	144.4	178.1			103.2
1991	142.6	147.3	181.7	102.0		102.0
1992	144.6	149.4	184.2	103.4		101.4
1993	161.4	166.7	205.6	115.4		111.6
1994	200.3	206.9	255.1	143.2		124.1
1995	267.0	275.8	340.1	190.9		133.3
1996	281.7	291.0	358.8	201.4	105.5	105.5
1997	272.1	281.1	346.6	194.6	101.9	96.6
1998	261.8	270.4	336.5	187.2	98.0	96.2
1999	249.0	257.2	320.0	178.0	93.2	95.1
2000	245.8	253.9	315.8	175.7	92.0	98.7
2001	250.2	258.5	321.5	178.9	93.7	101.8
2002	251.0	259.3	322.5	179.4	94.0	100.3
2003	257.0	265.5	330.2	183.7	96.2	102.4
2004	283.2	292.6	363.9	202.5	106.0	110.2
2005	300.7	310.7	386.4	215.0	112.6	106.2
2006	309.8	320.0	398.0	221.5	116.0	103.0
2007	331.8	342.7	426.3	237.2	124.2	107.1
2008	395.8	408.8	508.6	283.0	148.2	119.3
2009	381.2	393.7	489.8	272.5	142.7	96.3
2010	392.6	405.5	504.4	280.7	147.0	103.0
2011	436.2	450.6	560.4	311.9	163.4	111.1

9-8 居民消费价格分类指数(2011年)
Consumer Price Indices by Category(2011)

(上年=100) (preceding year=100)

商品类别	Category	全省 Provincial Indices	城市 Urban Indices	农村 Rural Indices
居民消费价格指数	**Consumer Price Index**	**105.0**	**104.7**	**105.9**
非食品价格指数	Non-food Price Index	102.5	102.4	102.9
服务项目价格指数	Services Price Index	103.5	103.7	103.1
扣除鲜菜鲜果总指数	General Index Discounting Fresh Vegetables and Fresh Fruit	104.8	104.5	105.5
消费品价格指数	Consumer Goods Price Index	105.6	105.0	106.9
一、食　品	**Food**	**111.3**	**110.5**	**113.0**
1.粮　食	Grain	108.7	108.2	109.9
2.淀粉及制品	Starch and related products	112.3	112.5	111.6
3.干豆类及豆制品	Beans and Bean Products	105.0	104.5	106.5
4.油　脂	Oil or Fat	113.2	111.7	115.4
5.肉禽及其制品	Meal, Poultry and Their Products	122.9	122.4	123.8
(1)食用畜肉及副产品	Animal Meat and Products	131.0	130.3	132.1
(2)禽	Poultry	114.7	113.9	115.6
(3)加工肉禽	Processing Products of Meal and Poultry	109.5	110.1	108.3
6.蛋	Eggs	114.7	114.2	115.4
7.水产品	Aquatic Products	114.4	114.4	114.4
(1)鱼	Fishes	117.5	118.3	115.5
(2)其它水产品	Other Aquatic Products	110.6	110.4	111.8
8.菜	Vegetables	101.5	101.1	102.4
9.调味品	Flavoring	105.5	105.8	104.9
10.糖	Carbohydrate	109.8	110.2	109.5
11.茶及饮料	Tea and Beverages	102.5	103.1	100.5
(1)茶　叶	Tea	102.2	102.9	100.0
(2)饮　料	Beverages	102.6	103.2	100.8
12.干鲜瓜果	Dried and Fresh Melons and Fruits	119.8	118.5	123.7
13.糕点饼干面包	Cake, Biscuit and Bread	106.3	106.6	105.4
14.液体乳及乳制品	Milk and Its Products	103.2	103.3	102.8
15.在外用膳食品	Outward Dinner	105.8	105.4	107.3
16.其它食品	Other Foods	104.1	104.9	102.7
二、烟　酒	**Tobacco and Liquor**	**103.9**	**104.7**	**102.9**
1.烟　草	Tobacco	100.8	101.9	99.6
2.酒	Liquor	106.4	106.4	106.3
三、衣　着	**Clothing**	**101.5**	**101.7**	**100.4**
1.服　装	Garments	101.5	101.8	99.9
(1)男式服装	Men's Clothing	101.1	101.4	99.4
(2)女式服装	Women's Clothing	102.0	102.3	100.3
(3)儿童服装	Children's Clothing	100.5	100.7	99.9
2.衣着材料	Clothing Material	105.9	105.0	106.6
3.鞋袜帽	Footwear and Hats	101.1	101.4	99.9
(1)鞋	Shoes	101.2	101.4	100.0
(2)袜子	Socks	100.6	100.8	99.6
(3)帽子	Hats	101.9	102.5	99.7
4.衣着加工服务费	Clothing Proceeding Services	103.6	101.8	105.3

9-8 续表 continued

(上年=100) (preceding year=100)

商品类别	Category	全省 Provincial Indices	城市 Urban Indices	农村 Rural Indices
四、家庭设备用品及维修服务	**Household Facilities, Articles and Services**	**101.0**	**101.1**	**100.6**
1.耐用消费品	Durable Consumer Goods	100.6	100.5	100.6
(1)家　具	Furniture	102.2	102.1	102.5
(2)家庭设备	Household Facilities	99.6	99.6	99.7
2.室内装饰品	Interior Decorations	100.1	99.8	101.3
3.床上用品	Bed Articles	101.5	102.2	98.5
4.家庭日用杂品	Grocery for Daily Use	101.2	101.5	100.4
5.家庭服务及加工维修服务	Household Service and Proceeding Upkeep	103.9	104.1	103.0
五、医疗保健和个人用品	**Health Care and Personal Articles**	**102.5**	**102.8**	**101.8**
1.医疗保健	Health Care	102.3	102.8	101.2
(1)医疗器具及用品	Medical Instrument and Articles	103.0	103.0	102.8
(2)中药材及中成药	Traditional Chinese Medicinal Materials and Medicines	108.1	109.9	104.0
(3)西　药	Western Medicine	99.6	100.1	98.6
(4)保健器具及用品	Health Care Appliances and Articles	104.2	104.0	104.8
(5)医疗保健服务	Health Care Services	101.1	100.9	101.5
2.个人用品及服务	Personal Articles and Services	103.0	102.8	103.3
(1)化妆美容用品	Makeup Beauty Products	101.2	101.3	101.1
(2)清洁类化妆品	Clean Cosmetics	101.0	100.8	101.6
(3)个人饰品	Personal Decorations	107.3	106.5	109.5
(4)个人服务	Personal Services	102.5	102.5	102.3
六、交通和通信	**Transportation and Communication**	**100.6**	**100.2**	**101.5**
1.交通	Transportation	101.8	101.2	103.4
(1)交通工具	Transportation Facility	98.5	97.6	100.8
(2)车用燃料及零配件	Fuels and Parts	110.6	111.4	109.0
(3)车辆使用及维修费	Using and Upkeep	101.3	101.4	100.6
(4)市区公共交通费	Incity Public Traffic	103.2	102.8	105.1
(5)城市间交通费	Intercity Traffic	104.2	103.1	106.5
2.通信	Communication	98.5	98.3	98.9
(1)通信工具	Communication Facility	91.4	90.4	92.8
(2)通信服务	Communication Service	100.3	100.0	100.9
七、娱乐教育文化用品及服务	**Recreation, Education and Culture Articles and Services**	**100.4**	**100.4**	**100.4**
1.文娱用耐用消费品及服务	Durable Consumer Goods for Cultural and Recreational Use and Services	97.8	98.0	97.1
2.教育	Education	100.8	100.8	100.7
(1)教材及参考书	Teaching Materials and Reference Books	100.6	101.1	100.0
(2)教育服务	Education services	100.8	100.8	100.8
3.文化娱乐类	Cultural and Entertainment	100.4	100.5	100.2
(1)文化娱乐用品	Cultural and Entertainment Supplies	99.5	99.3	100.2
(2)书报杂志	Books, Newspapers and Magazines	100.7	100.9	100.0
(3)文娱费	Expenditure of Culture and Recreation	101.3	101.4	100.3
4.旅游	Touring	103.0	102.9	103.6
八、居　住	**Residence**	**105.8**	**105.1**	**107.3**
1.建房及装修材料	Building and Building Decoration Materials	106.0	103.1	109.2
2.住房租金	Rent	105.9	105.1	110.4
3.自有住房	Private Housing	107.6	108.1	106.0
4.水、电、燃料	Water, Electricity and Fuels	103.2	102.1	106.7

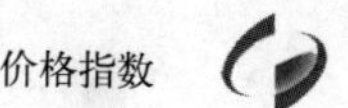

9-9 商品零售价格分类指数(2011年)
Retail Indices by Category(2011)

(上年=100)　　(preceding year=100)

商品类别	Category	全 省 Provincial Indices	城 市 Urban Indices	农 村 Rural Indices
商品零售价格总指数	**Retail Index**	**104.7**	**104.3**	**105.3**
一、食　品	**Food**	**111.6**	**111.0**	**112.8**
1.粮　食	Grain	108.7	108.3	109.3
2.淀粉及制品	Starch and Related Products	112.8	114.2	110.6
3.干豆类及豆制品	Beans and Bean Products	105.8	104.8	107.6
4.油　脂	Oil or Fat	113.6	111.8	115.7
5.肉禽及其制品	Meal, Poultry and Their Products	122.9	122.6	123.4
(1)食用畜肉及副产品	Animal Meat and Products	131.0	130.7	131.3
(2)禽	Poultry	113.8	112.9	114.6
(3)加工肉禽	Processing Products of Meal and Poultry	110.0	110.4	109.1
6.蛋	Eggs	114.9	114.8	115.0
7.水产品	Aquatic Products	114.6	114.9	113.6
(1)鱼	Fishes	117.2	118.3	115.3
(2)其它水产品	Other Aquatic Products	111.1	111.5	109.6
8.菜	Vegetables	101.6	101.3	102.2
9.调味品	Flavoring	106.7	106.4	107.3
10.糖	Carbohydrate	108.7	108.6	108.8
11.干鲜瓜果	Dried and Fresh Melons and Fruits	119.1	118.6	120.1
12.糕点饼干面包	Cake Biscuit and Bread	105.8	106.0	105.2
13.液体乳及乳制品	Milk and Its Products	102.8	103.1	102.1
14.在外用膳食品	Outward Dinner	106.2	105.4	107.9
15.其它食品	Other Foods	104.3	104.9	103.2
二、饮料、烟酒	**Beverages,Tobacco and Liquor**	**103.6**	**104.2**	**102.6**
1.茶及饮料	Tea and Beverages	102.0	102.6	100.5
(1)茶　叶	Tea	101.5	102.4	99.5
(2)饮　料	Beverages	102.3	102.8	101.2
2.烟　草	Tobacco	101.4	102.8	99.5
3.酒	Liquor	106.1	106.0	106.3
三、服装、鞋帽	**Garments,Footwear and Hats**	**101.0**	**101.5**	**99.6**
1.服装	Garments	101.1	101.7	99.3
(1)男式服装	Men's Clothing	100.6	101.4	98.3
(2)女式服装	Women's Clothing	101.6	102.1	100.0
(3)儿童服装	Children's Clothing	100.5	100.7	100.1
2.鞋袜帽	Footwear and Hats	100.9	101.2	100.0
(1)鞋	Shoes	100.9	101.2	100.2
(2)袜　子	Socks	100.4	101.1	98.8
(3)帽　子	Hats	101.8	102.8	99.7
3.其　它	Others	100.1	100.1	100.0
四、纺织品	**Textiles**	**103.0**	**102.8**	**103,2**
1.衣着材料	Clothing Material	106.4	105.5	106.8
2.床上用品	Bed Articles	101.4	102.3	98.6

9-9 续表 continued

(上年=100) (preceding year=100)

商品类别	Category	全省 Provincial Indices	城市 Urban Indices	农村 Rural Indices
五、家用电器及音像器材	**Household Appliances, Music and Video Equipment**	**98.5**	**98.4**	**98.7**
1.家庭设备	Household Facilities	99.4	99.2	100.0
2.文娱用耐用消费品	Durable Consumer Goods for Cultural and Recreational Use	97.1	96.9	97.5
3.专业音像器材	Professional Music and Video Equipment	99.5	100.0	97.5
六、文化办公用品	**Cultural and Office Appliances**	**99.1**	**98.8**	**99.7**
七、日用品	**Articles for Daily Use**	**100.8**	**100.9**	**100.5**
1.日用百货	General Merchandise for Daily Use	100.6	100.9	100.2
2.日用杂品	Grocery for Daily Use	99.2	100.0	96.8
3.洗涤用品	Washing Products	102.7	101.7	104.5
4.其它日用品	Other Articles for Daily Use	100.1	100.8	98.4
八、体育娱乐用品	**Sports and Recreation Articles**	**100.0**	**99.9**	**100.3**
1.体育用品	Sports Articles	99.4	99.6	99.2
2.娱乐用品	Recreation Articles	100.6	100.1	101.6
九、交通、通信用品	**Transportation and Communication Articles**	**97.2**	**96.4**	**98.7**
1.交通运输机械	Transport machinery	98.8	97.8	101.0
2.通信器材	Communication Equipment	94.6	93.3	96.1
十、家　具	**Furniture**	**102.0**	**102.0**	**101.9**
十一、化妆品	**Cosmetics**	**101.4**	**101.6**	**100.9**
十二、金银珠宝	**Gold, Silver and Jewelry**	**112.2**	**110.0**	**118.1**
十三、中西药品及医疗保健用品	**Traditional Chinese and Western Medicines and Health Care Articles**	**103.0**	**103.8**	**101.5**
1.医疗器具及用品	Medical Apparatus and Articles	102.8	105.1	97.3
2.中药材及中成药	Traditional Chinese Medicinal Materials and Medicines	108.6	109.5	106.9
3.西　药	Western Medicines	99.5	100.0	98.6
4.保健器具及用品	Health Care Appliances and Supplies	103.8	104.2	103.0
十四、书报杂志及电子出版物	**Books, Newspapers, Magazines and Electronic Publications**	**100.2**	**100.2**	**100.3**
1.教材及参考书	Teaching Materials and Reference Books	100.6	100.8	100.1
2.书报杂志	Books, Newspapers and Magazines	100.4	100.6	100.0
3.电子音像制品	Electronic Audio-visual Products	99.3	98.2	100.9
十五、燃　料	**Fuels**	**109.9**	**109.5**	**110.6**
1.煤炭及制品	Coal and Products	108.9	108.2	109.7
2.石油及制品	Petroleum and Products	110.4	110.0	111.3
十六、建筑材料及五金电料	**Building Materials and Hardware**	**105.3**	**103.6**	**107.1**
1.建筑装潢材料	Building Decoration Materials	106.3	104.0	108.6
2.五金电料	Hardware	103.2	102.8	103.7

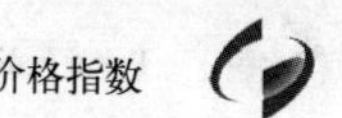

9-10 农产品生产者价格指数(2011年)
Producers' Price Indices for Farm Products(2011)

(上年＝100) (preceding year=100)

指　标	Item	2008	2009	2010	2011
农产品生产者价格指数	**Producers' Price Indices for Farm Products**	**112.5**	**101.2**	**118.8**	**109.7**
种植业产品	**Planting Products**	**107.6**	**105.4**	**126.7**	**102.0**
谷物	Cereal	105.6	102.0	114.7	108.4
#小麦	Wheat	105.9	110.9	109.7	104.5
稻谷	Rice	104.1	98.7	119.0	110.0
玉米	Corn	105.8	95.0	118.2	111.7
大豆	Beans	128.1	85.6	104.4	113.1
油料	Oil-bearing Crops	118.3	81.3	132.4	113.7
棉花	Cotton	102.3	101.6	151.7	121.5
蔬菜	Vegetable	107.0	110.8	138.6	76.2
水果	Fruit	106.6	107.7	110.1	119.2
林业产品	**Forestry Products**	**109.6**	**90.1**	**114.6**	**105.6**
畜牧业产品	**Animal Husbandry Products**	**121.6**	**95.1**	**105.9**	**121.6**
猪（毛重）	Pig (gross weight)	137.7	81.6	101.3	131.9
牛（毛重）	Cattle and Buffaloes (gross weight)	118.8	104.1	107.6	108.8
羊（毛重）	Sheep and Goats (gross weight)	123.7	98.9	106.8	115.4
肉禽（毛重）	Poultry (gross weight)	114.7	102.3	108.1	112.2
蛋类	Eggs	105.4	103.9	108.9	116.6
奶类	Milk	129.9	85.1	113.4	108.3
渔业产品	**Fishery Products**	**111.9**	**100.0**	**113.8**	**113.2**
海水鱼类	Seawater Fish	104.7	99.4	108.3	104.4
淡水鱼类	Freshwater Fish	120.8	97.8	109.9	107.6

9-11 工业、投资、房地产价格指数

年 份 Year	以1988年为100 (1988=100)		以1990年为100 (1990=100)	以1997年为100 (1997=100)		
	工业生产者出厂价格指数 Producer Price Indices for Industrial Products	工业生产者购进价格指数 Industrial Producer Purchasing Price Indices	固定资产投资价格指数 Price Indices for Investment in Fixed Assets	房屋销售价格指数 Sales Price Indices of Houses	房屋租赁价格指数 Renting Price Indices of Houses	土地交易价格指数 Transactions Price Indices of Land
1988	100.0	100.0				
1989	123.8	136.7				
1990	129.6	144.1	100.0			
1991	133.5	154.2	112.4			
1992	146.5	171.0	134.2			
1993	180.1	230.3	163.9			
1994	223.7	279.4	189.8			
1995	261.8	316.2	202.3			
1996	272.5	334.3	208.6			
1997	275.8	336.3	209.4	100.0	100.0	100.0
1998	264.7	318.1	207.7	100.8	97.4	101.7
1999	257.3	297.1	206.9	103.4	99.9	102.6
2000	272.5	311.1	211.8	106.1	98.6	104.1
2001	270.1	311.1	214.8	110.1	99.9	109.3
2002	266.8	307.0	217.2	116.2	99.7	113.4
2003	276.2	324.5	223.5	124.0	98.3	119.1
2004	293.8	369.3	240.0	138.2	99.1	126.5
2005	304.7	391.1	247.0	150.0	100.8	134.6
2006	311.7	407.9	251.5	157.5	102.5	141.1
2007	322.0	427.5	261.7	166.6	105.0	148.3
2008	349.7	483.5	281.8	176.6	107.2	154.1
2009	329.1	461.7	273.1	179.6	109.0	158.9
2010	352.6	504.6	282.9	191.7	110.8	165.5
2011	373.7	550.9	302.3	198.9	111.3	169.7

注：2011年起，“工业品出厂价格指数”改称为“工业生产者出厂价格指数”，“原材料、燃料、动力购进价格指数”改称为“工业生产者购进价格指数”（下表同）。

Price Indices for Industrial, Investment, Real Estate

以上年为100 (preceding year=100)						
工业生产者出厂价格指数 Producer Price Indices for Industrial Products	工业生产者购进价格指数 Industrial Producer Purchasing Price Indices	固定资产投资价格指数 Price Indices for Investment in Fixed Assets	房屋销售价格指数 Sales Price Indices of Houses	房屋租赁价格指数 Renting Price Indices of Houses	土地交易价格指数 Transactions Price Indices of Land	物业管理价格指数 Property Management Price Indices
123.8	136.7					
104.7	105.4					
103.0	107.0	112.4				
109.7	110.9	119.4				
123.0	134.7	122.1				
124.2	121.3	115.8				
117.0	113.2	106.6				
104.1	105.7	103.1				
101.2	100.6	100.4				
96.0	94.6	99.2	100.8	97.4	101.7	
97.2	93.4	99.6	102.6	102.6	100.9	
105.9	104.7	102.4	102.6	98.7	101.4	
99.1	100.0	101.4	103.8	101.3	105.1	
98.8	98.7	101.1	105.5	99.8	103.7	
103.5	105.7	102.9	106.7	98.6	105.1	
106.4	113.8	107.4	111.5	100.8	106.2	
103.7	105.9	102.9	108.5	101.8	106.4	100.9
102.3	104.3	101.8	105.0	101.6	104.8	100.9
103.3	104.8	104.0	105.8	102.5	105.1	101.0
108.6	113.1	107.7	106	102.1	103.9	100.8
94.1	95.5	96.9	101.7	101.7	103.1	100.4
107.2	109.3	103.6	106.7	101.6	104.2	100.5
106.0	109.2	106.8	103.8	100.5	102.5	101.1

a)Since 2011, "Producer Price Indices for Manufactured Goods" was renamed as "Industrial Producer Price Indices for Products", "Purchasing Prices Indices for Raw Materials, Fuels and Power" was renamed as" Industrial Producer Purchasing Price Indices, the same applies to the tables following.

9-12 2000-2011年工业生产者出厂价格指数

Producer Price Indices for Industrial Products from 2000 to 2011

(上年=100) (preceding year=100)

类 别	Category	2000	2001	2002	2003	2004	2005
总指数	**Total Industrial Productds**	**105.9**	**99.1**	**98.8**	**103.5**	**106.4**	**103.7**
轻工业	Light Industry	99.7	99.3	97.5	101.2	103.3	100.8
以农产品为原料	Agricultural Products as Raw Materials	100.2	100.1	97.7	103.2	105.1	100.3
以非农产品为原料	Non-agricultural Products as Raw Materials	97.8	97.4	97.1	99.2	101.5	101.3
重工业	Heavy Industry	110.9	99.0	99.7	106.5	110.5	107.3
采 掘	Mining	139.3	96.8	111.7	111.2	121.3	120.8
原 料	Raw Materials	111.3	100.7	97.7	109.1	110.0	107.5
加 工	Processing	98.0	98.2	97.8	102.6	107.1	102.3
生产资料	Means of Production	109.5	99.1	98.8	104.6	108.0	105.1
采 掘	Mining	139.2	96.9	111.9	110.6	121.5	120.4
原 料	Raw Materials	109.4	100.5	96.8	108.7	108.8	107.0
加 工	Processing	99.1	98.6	97.1	101.9	105.4	101.8
生活资料	Consumer Goods	98.8	99.3	98.5	100.9	102.7	100.1
食 品	Food	97.5	100.6	99.4	103.4	105.6	100.0
衣 着	Clothing	102.4	101.4	98.4	99.4	102.1	101.2
一般日用品	Articles for Daily Use	98.6	98.4	98.5	99.9	101.0	102.3
耐用消费品	Durable Consumer Goods	94.3	96.1	96.7	96.1	97.0	97.7
按工业部门分	**by Industrial Department**						
冶金工业	Metallurgical Industry	111.1	99.7	97.5	113.0	117.6	102.6
电力工业	Power Industry	100.4	100.7	100.2	100.2	100.6	103.3
煤炭及炼焦工业	Coal Industry	97.3	115.0	115.2	102.1	124.8	111.0
石油工业	Petroleum Industry	161.4	92.5	102.2	120.1	116.3	127.2
化学工业	Chemical Industry	102.1	98.6	97.8	102.8	107.7	106.8
机械工业	Machine Building Industry	97.2	97.0	97.2	98.6	101.2	100.4
建筑材料工业	Building Materials Industry	98.1	99.4	99.1	99.4	103.9	100.6
森林工业	Timber Industry	98.1	99.2	95.2	99.5	100.9	101.2
食品工业	Food Industry	97.4	100.6	99.4	103.8	106.4	99.9
纺织工业	Textile Industry	105.8	97.7	92.8	105.7	105.7	99.7
缝纫工业	Tailoring Industry	97.9	100.6	98.5	99.2	102.8	101.4
皮革工业	Leather Industry	100.0	103.2	101.0	99.8	101.2	101.1
造纸工业	Paper Industry	101.6	100.4	97.8	98.7	101.2	101.3
文教艺术用品工业	Industry of Cultural, Educational& Handicrafts Articles	104.0	100.7	100.8	99.1	100.7	102.4
其它工业	Others	103.3	104.1	99.4	100.2	101.2	102.0

9-12 续表 continued

(上年=100) (preceding year=100)

类 别	Category	2006	2007	2008	2009	2010	2011
总指数	**Total Industrial Productds**	**102.3**	**103.3**	**108.6**	**94.1**	**107.2**	**106.0**
轻工业	Light Industry	101.1	103.2	104.8	97.5	104.7	106.3
以农产品为原料	Agricultural Products as Raw Materials	101.4	105.6	105.9	97.1	107.1	107.4
以非农产品为原料	Non-agricultural Products as Raw Materials	100.7	100.4	103.5	97.9	102.2	102.8
重工业	Heavy Industry	103.7	103.4	112.4	90.9	109.5	105.8
采 掘	Mining	109.0	102.0	128.6	79.4	129.5	112.6
原 料	Raw Materials	104.9	104.7	111.2	89.7	111.8	108.0
加 工	Processing	100.9	102.9	107.8	94.8	103.0	104.0
生产资料	Means of Production	103.1	102.9	110.0	93.0	108.4	106.2
采 掘	Mining	107.8	102.5	129.3	80.0	127.7	112.6
原 料	Raw Materials	105.1	104.5	109.7	90.1	111.5	108.2
加 工	Processing	101.4	102.3	106.3	96.1	104.5	104.9
生活资料	Consumer Goods	100.4	104.7	105.0	97.4	103.4	105.1
食 品	Food	101.0	109.9	108.5	96.6	105.7	106.7
衣 着	Clothing	101.6	101.3	102.1	99.9	102.3	104.4
一般日用品	Articles for Daily Use	100.3	99.8	104.2	98.5	103.6	106.7
耐用消费品	Durable Consumer Goods	98.2	97.9	98.7	96.6	97.6	97.2
按工业部门分	**by Industrial Department**						
冶金工业	Metallurgical Industry	101.1	108.3	114.6	86.2	109.8	106.7
电力工业	Power Industry	102.4	101.1	102.2	104.5	102.7	102.9
煤炭及炼焦工业	Coal Industry	97.6	106.4	128.2	89.2	115.5	106.4
石油工业	Petroleum Industry	118.6	100.2	123.3	78.4	129.1	115.3
化学工业	Chemical Industry	101.7	103.5	108.4	91.2	107.6	109.2
机械工业	Machine Building Industry	100.4	100.0	103.5	97.9	100.3	101.2
建筑材料工业	Building Materials Industry	102.2	101.0	106.5	99.9	104.7	106.5
森林工业	Timber Industry	100.6	102.0	101.8	98.0	101.1	103.5
食品工业	Food Industry	100.9	110.2	108.9	96.6	106.0	106.7
纺织工业	Textile Industry	102.4	101.1	101.2	97.7	113.8	113.2
缝纫工业	Tailoring Industry	101.3	100.6	101.7	99.3	101.9	104.4
皮革工业	Leather Industry	102.4	103.7	103.7	99.0	102.4	104.2
造纸工业	Paper Industry	101.1	101.5	107.5	94.9	103.7	101.3
文教艺术用品工业	Industry of Cultural, Educational& Handicrafts Articles	100.9	100.5	102.2	99.9	100.6	99.8
其它工业	Others	101.4	100.2	105.0	100.2	103.4	105.0

9−13 工业生产者出厂价格指数(2011年)

Producer Price Indices for Industrial Products(2011)

(上年=100) (preceding year=100)

类 别	Category	全年平均 Annual Average	一季度 1st Quarter	二季度 2nd Quarter	三季度 3rd Quarter	四季度 4th Quarter
总指数	**General Indices**	**106.0**	**107.8**	**107.0**	**106.7**	**102.5**
(一)核心指数	**Core Indices**	**105.3**	**107.5**	**106.4**	**105.9**	**101.4**
(二)高技术	**High Technology**	**99.6**	**100.4**	**98.8**	**99.7**	**99.3**
(三)能源	**Energy**	**109.2**	**109.3**	**109.5**	**110.6**	**107.4**
(四)按轻重工业分	**By Light and Heavy Industry**					
1.轻工业	Light Industry	106.3	109.0	108.1	106.3	102.1
(1)以农产品为原料	Agricultural Products as Raw Materials	107.4	110.8	109.6	107.3	102.1
(2)以非农产品为原料	Non-agricultural Products as Raw Materials	102.8	103.4	103.1	103.0	101.8
2.重工业	Heavy Industry	105.8	107.3	106.5	106.9	102.8
(1)采掘	Mining	112.6	113.1	113.5	113.9	109.8
(2)原料	Raw Materials	108.0	111.7	109.1	109.3	102.5
(3)加工	Processing	104.0	104.6	104.5	105.0	102.1
(五)按生产生活资料分	**By Means of Production and Consumer Goods**					
1.生产资料	Means of Production	106.2	108.3	107.2	107.1	102.5
(1)采掘	Mining	112.6	113.1	113.5	113.9	109.8
(2)原料	Raw Materials	108.2	111.9	109.3	109.5	102.6
(3)加工	Processing	104.9	106.4	105.8	105.6	101.8
2.生活资料	Consumer Goods	105.1	106.4	106.2	105.4	102.7
(1)食品	Food	106.7	108.0	108.2	107.1	103.5
(2)衣着	Clothing	104.4	105.2	105.3	104.2	103.2
(3)一般日用品	Articles for Daily Use	106.7	108.1	107.1	107.5	104.2
(4)耐用消费品	Durable Consumer Goods	97.2	98.8	97.9	96.3	95.7
(六)按初级中间最终产品分	**By Primary 、Intermediate and Final Products**					
1.初级产品	Primary Products	112.2	113.0	113.3	113.4	109.4
(1)矿产品	Minerals	112.4	113.1	113.5	113.6	109.6
(2)废料	Scrap	101.6	102.6	101.9	101.5	100.4
2.中间产品	Intermediate Products	106.5	108.6	107.6	107.5	102.5
3.最终产品	Final Products	104.5	105.5	105.2	105.0	102.5
(1)最终投资品	Investment Goods	104.2	105.2	104.8	104.8	102.3
(2)最终消费品	Consumer Goods	105.1	106.2	106.0	105.5	102.9
(七)按工业部门分	**By Industrial Department**					
1.冶金工业	Metallurgical Industry	106.7	109.3	107.4	109.1	101.2
2.电力工业	Power Industry	102.9	101.6	102.2	103.7	103.9
3.煤炭及炼焦工业	Coal Industry	106.4	110.7	105.0	106.4	103.7
4.石油工业	Petroleum Industry	115.3	113.6	117.3	118.2	112.1
5.化学工业	Chemical Industry	109.2	112.9	110.7	110.5	103.2
6.机械工业	Machine Building Industry	101.2	101.5	101.1	101.4	100.8
7.建筑材料工业	Building Materials Industry	106.5	107.7	108.5	107.0	103.0
8.森林工业	Timber Industry	103.5	104.1	104.5	103.6	101.7
9.食品工业	Food Industry	106.7	107.9	108.0	107.3	103.8
10.纺织工业	Textile Industry	113.2	124.2	119.4	112.0	99.4
11.缝纫工业	Tailoring Industry	104.4	104.8	105.6	104.2	103.0
12.皮革工业	Leather Industry	104.2	104.9	103.8	104.3	104.0
13.造纸工业	Paper Industry	101.3	103.1	101.1	100.9	100.1
14.文教艺术用品工业	Industry of Cultural, Educational & Handicrafts Articles	99.8	98.5	99.5	100.0	101.2
15.其它工业	Others	105.0	106.9	106.4	104.6	102.3

9-13 续表 continued

(上年=100) (preceding year=100)

类 别	Category	全年平均 Annual Average	一季度 1st Quarter	二季度 2nd Quarter	三季度 3rd Quarter	四季度 4th Quarter
(八)按工业行业分	**by Industrial Sector**					
煤炭开采和洗选业	Mining and Washing of Coal	107.0	111.9	105.2	106.6	104.6
石油和天然气开采业	Extraction of Petroleum and Natural Gas	127.8	117.2	132.6	134.1	126.7
黑色金属矿采选业	Mining and Processing of Ferrous Metal Ores	110.5	122.8	111.2	111.8	98.4
有色金属矿采选业	Mining and Processing of Non-Ferrous Metal Ores	106.7	104.6	105.4	108.5	108.2
非金属矿采选业	Mining and Processing of Nonmetal Ores	111.2	115.1	111.8	110.9	107.6
农副食品加工业	Processing of Food from Agricultural Products	107.7	109.3	109.3	108.4	104.0
食品制造业	Manufacture of Foodstuff	107.9	107.7	106.4	109.8	107.7
饮料制造业	Manufacture of Beverages	104.8	103.9	105.1	104.8	105.3
烟草制品业	Manufacture of Tobacco	100.1	100.0	100.0	100.0	100.3
纺织业	Manufacture of Textile	112.4	122.0	118.0	111.4	99.9
纺织服装、鞋、帽制造业	Manufacture of Textile Wearing Apparel,	103.7	104.5	104.8	103.2	102.6
皮革、毛皮、羽毛(绒)及其制品业	Manufacture of Leather, Fur, Feather	104.2	104.6	103.8	104.3	103.9
木材加工及木、竹、藤、棕、草制品业	Processing of Timber,Manufacture of Wood,Bamboo, Rattan,Palm and Straw Products	103.5	104.1	104.8	103.7	101.5
家具制造业	Manufacture of Furniture	102.9	103.6	103.1	102.9	102.0
造纸及纸制品业	Manufacture of Paper and Paper Products	101.3	103.1	101.1	100.9	100.1
印刷业和记录媒介的复制	Printing, Reproduction of Recording Media	98.0	95.4	97.7	98.7	100.4
文教体育用品制造业	Manufacture of Articles For Culture,	101.5	101.6	101.1	101.1	101.9
石油加工、炼焦及核燃料加工业	Processing of Petroleum, Coking, Processing of Nuclear Fuel	111.0	111.8	112.1	113.0	107.3
化学原料及化学制品制造业	Manufacture of Raw Chemical Materials	110.0	115.3	112.2	112.0	101.5
医药制造业	Manufacture of Medicines	103.4	106.0	103.8	103.7	100.2
化学纤维制造业	Manufacture of Chemical Fibers	103.4	114.2	109.2	99.2	92.0
橡胶制品业	Manufacture of Rubber	112.3	113.1	113.3	111.8	111.0
塑料制品业	Manufacture of Plastics	103.5	103.9	104.3	103.9	101.7
非金属矿物制品业	Manufacture of Non-metallic Mineral Products	106.7	108.3	109.0	107.1	102.8
黑色金属冶炼及压延加工业	Smelting and Pressing of Ferrous Metals	107.8	112.9	108.3	110.1	100.3
有色金属冶炼及压延加工业	Smelting and Pressing of Non-ferrous Metals	106.6	108.1	108.0	110.7	100.0
金属制品业	Manufacture of Metal Products	105.1	104.8	106.0	105.8	103.8
通用设备制造业	Manufacture of General Purpose Machinery	103.0	101.8	102.7	103.9	103.4
专用设备制造业	Manufacture of Special Purpose Machinery	101.1	102.4	101.4	100.3	100.2
交通运输设备制造业	Manufacture of Transport Equipment	101.3	101.7	101.3	101.5	100.7
电气机械及器材制造业	Manufacture of Electrical Machinery and Equipment	101.2	102.3	101.6	101.4	99.3
通信设备、计算机及其他电子设备制造业	Manufacture of Communication Equipment, Computers and Other Electronic Equipment	97.6	97.8	96.2	97.7	98.7
仪器仪表及文化、办公用机械制造业	Manufacture of Measuring Instruments and Machinery for Cultural Activity and Office Work	102.4	103.0	102.6	102.5	101.5
工艺品及其他制造业	Manufacture of Artwork and Other Manufacturing	104.1	105.8	105.0	103.5	102.0
废弃资源和废旧材料回收加工业	Recycling and Disposal of Waste	101.6	102.6	101.9	101.5	100.4
电力、热力的生产和供应业	Production and Supply of Electric Power and Heat Power	102.9	101.6	102.2	103.7	103.9
燃气生产和供应业	Production and Supply of Gas	105.0	105.8	106.3	105.1	103.0
水的生产和供应业	Production and Supply of Water	102.4	105.9	102.0	100.9	101.0

9-14 工业生产者购进价格指数(2011年)
Industrial Producer Purchasing Price Indices(2011)

(上年=100) (preceding year=100)

类　别	Category	全年平均 Annual Average	一季度 1st Quarter	二季度 2nd Quarter	三季度 3rd Quarter	四季度 4th Quarter
总指数		**109.2**	**110.1**	**110.3**	**110.4**	**106.0**
一、按初级中间最终产品分	**By Primary and Intermediate Products**					
1.初级产品	Primary Products	117.7	118.7	120.4	120.5	111.7
(1)农产品	Farm Produce	114.8	115.7	118.4	117.8	108.0
(2)矿产品	Minerals	120.6	121.9	122.5	123.2	115.2
(3)废料	Scrap	113.7	113.8	113.9	116.5	110.7
2.中间产品	Intermediate Products	106.6	107.5	107.3	107.4	104.2
二、九大类原材料购进价格指数	**By Nine Categories of Raw Material**					
1.燃料、动力类	Fuel and Power	110.7	109.1	111.6	112.0	110.0
2.黑色金属材料类	Ferrous Metals	112.9	119.1	114.2	113.3	105.9
(1)钢材	Steel	106.6	107.6	107.1	107.7	104.0
(2)其它	Others	119.1	131.5	121.2	118.6	107.6
3.有色金属材料及电线类	Nonferrous Metals	110.9	115.4	113.2	113.7	101.9
4.化工原料类	Raw Chemical Materials	107.4	107.1	108.0	109.0	105.6
5.木材及纸浆类	Timber and Paper Pulp	104.5	107.4	104.5	103.6	102.5
6.建筑材料及非金属类	Building Materials and Nonmetal Ores	109.3	107.8	108.7	111.5	109.2
7.其它工业原材料及半成品类	Other Industrial Raw Materials and Semi-finished Products	105.7	106.1	106.4	106.4	103.8
8.农副产品类	Agricultural Products	114.9	115.8	118.6	117.9	108.0
9.纺织原料类	Textile Materials	109.8	111.9	111.5	110.7	105.4

9-15 固定资产投资价格指数(2011年)
Price Indices for Investment in Fixed Assets(2011)

(上年=100) (preceding year=100)

类　别	Category	全年平均 Annual Average	一季度 1st Quarter	二季度 2nd Quarter	三季度 3rd Quarter	四季度 4th Quarter
固定资产投资	**Investment in Fixed Assets**	**106.8**	**107.3**	**107.8**	**107.7**	**104.5**
建筑安装、装修装饰工程	Construction and Installation	109.7	110.5	111.3	111.0	106.0
人工费	Labor Costs	115.1	114.7	115.9	117.3	112.6
材料费	Material Costs	109.1	110.4	110.9	110.4	104.5
钢　材	Steel	108.8	110.2	110.8	109.8	104.2
木　材	Wood	106.6	107.4	108.0	108.1	103.1
水　泥	Cement	115.3	116.7	120.2	118.7	105.7
地方建筑材料	Local Building Materials	109.1	110.6	110.5	110.2	105.0
化工材料	Chemical Materials	108.2	108.0	110.4	106.4	107.7
电　料	Electric Materials	103.5	102.9	104.2	103.8	103.2
其他材料	Other Materials	103.9	104.3	101.8	106.8	102.6
机械费	Machinery Costs	105.8	105.4	107.1	106.0	104.8
设备、工器具购置	Purchase for Equipment,Tools and Instrum	101.8	101.9	101.7	101.9	101.5
其他费用	Other Costs	104.9	104.6	105.3	105.4	104.2

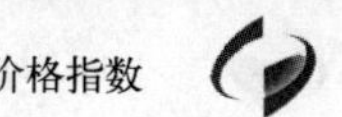

9-16 1991-2011年固定资产投资价格指数

Price Indices for Investment in Fixed Assets from 1991 to 2011

(上年=100) (preceding year=100)

年份 Year	全省固定资产投资 Provincial Investment in Fixed Assets	建筑安装工程 Construction and Installation	人工费 Labor Costs	材料费 Material Costs	钢材 Steel	木材 Wood	水泥 Cement	地方材料 Local Building Materials	化工材料 Chemical Materials
1991	112.4	116.6	122.7	120.9	119.6	121.2	118.5	101.9	115.3
1992	119.4	123.8	118.7	122.4	117.0	109.4	107.8	99.9	113.6
1993	122.1	124.6	142.9	126.5	127.7	121.6	110.4	99.7	121.8
1994	115.7	120.1	159.1	119.4	118.9	132.0	107.0	100.5	122.6
1995	106.6	105.7	111.4	104.2	99.3	100.1	101.9	100.0	107.1
1996	103.1	103.2	112.8	101.0	99.6	99.9	102.1	100.1	102.0
1997	100.4	100.7	106.3	100.6	99.3	100.8	101.7	101.9	101.7
1998	99.2	100.2	104.7	99.0	97.6	100.9	98.3	99.9	100.0
1999	99.6	101.3	105.8	100.1	98.4	102.1	99.8	99.7	101.0
2000	102.4	105.1	105.1	106.2	107.4	109.9	98.2	100.0	101.6
2001	101.4	103.2	106.6	102.7	101.8	111.4	103.8	98.4	98.7
2002	101.1	102.3	103.3	100.5	100.9	106.1	99.3	100.6	101.0
2003	102.9	104.7	103.9	106.7	110.9	110.3	101.8	100.0	101.1
2004	107.4	110.4	108.0	113.2	120.3	106.4	108.6	108.5	104.7
2005	102.9	103.7	109.5	102.4	101.0	103.3	100.0	104.8	103.2
2006	101.8	102.1	109.0	100.1	97.2	102.7	101.4	103.7	103.5
2007	104.0	105.5	110.3	104.7	105.6	106.2	103.2	105.7	103.3
2008	107.7	110.7	110.5	112.4	116.3	110.4	110.2	110.0	114.5
2009	96.9	95.4	106.8	91.3	82.2	101.5	101.2	103.0	97.1
2010	103.6	105.3	110.3	104.4	105.1	102.7	104.3	103.9	105.3
2011	106.8	109.7	115.1	109.1	108.8	106.6	115.3	109.1	108.2

9-16 续表 continued

(上年=100) (preceding year=100)

年份 Year	全省固定资产投资 Provincial Investment in Fixed Assets	建筑安装工程 Construction and Installation					设备工器具购置 Purchase of Equipment,Tools and Instruments	其它费用 Other Costs
			材料费 Material Costs	电料 Electric Materials	其它材料 Other Materials	机械使用费 Machinery Costs		
1991	112.4	116.6	120.9	105.7	105.3	107.1	105.3	107.1
1992	119.4	123.8	122.4	96.5	115.0	106.2	115.0	106.2
1993	122.1	124.6	126.5	92.5	118.8	113.5	118.8	113.5
1994	115.7	120.1	119.4	100.4	107.6	106.0	107.6	106.0
1995	106.6	105.7	104.2	108.2	106.2	113.8	106.2	113.8
1996	103.1	103.2	101.0	104.8	101.6	107.2	101.6	107.2
1997	100.4	100.7	100.6	96.5	98.7	103.5	98.7	103.5
1998	99.2	100.2	99.0	92.5	96.0	102.0	96.0	102.0
1999	99.6	101.3	100.1	100.4	96.2	98.3	96.2	98.3
2000	102.4	105.1	106.2	102.2	97.2	100.4	97.2	100.4
2001	101.4	103.2	102.7	102.2	97.1	102.1	97.1	102.1
2002	101.1	102.3	100.5	107.6	97.3	104.1	97.3	104.1
2003	102.9	104.7	106.7	101.7	98.5	104.2	98.5	104.2
2004	107.4	110.4	113.2	103.4	101.1	106.7	101.1	106.7
2005	102.9	103.7	102.4	102.6	100.8	103.5	100.8	103.5
2006	101.8	102.1	100.1	103.9	100.6	103.4	100.6	103.4
2007	104.0	105.5	104.7	104.2	100.8	104.6	100.8	104.6
2008	107.7	110.7	112.4	102.7	105.8	104.8	102.5	104.4
2009	96.9	95.4	91.3	97.3	101.2	101.3	98.0	102.0
2010	103.6	105.3	104.4	103.2	100.9	103.3	100.2	103.6
2011	106.8	109.7	109.1	103.5	103.9	105.8	101.8	104.9

9-17 2006-2011年房地产价格指数
Price Indices for Real Estate from 2006 to 2011

(上年=100) (preceding year=100)

类别	Category	2006	2007	2008	2009	2010	2011
房屋销售价格总指数	**Selling Price Indices of Houses**	**105.0**	**105.8**	**106.0**	**101.7**	**106.7**	**103.8**
新建房	New buildings	105.1	106.0	106.1	101.8	107.1	104.3
住　宅	Residential Buildings	105.1	106.2	106.3	101.9	107.3	104.4
经济适用房	Economically Affordable Housing	104.0	103.6	102.9	100.5	102.0	101.0
商品住宅	Commercial Residential Buildings			106.7	102.0	107.5	104.6
普通住宅	General Residential Buildings	105.2	106.2	107.1	102.0	107.7	104.6
多层住宅	Multilayer Buildings	105.1	106.3	107.7	102.2	106.1	104.7
高层住宅	High-layer Buildings	105.2	106.1	106.5	101.6	108.5	104.5
其他住宅	Other Buildings	101.6	101.9	107.5	105.2	112.0	106.1
高档住宅	Luxury Residential Buildings	106.0	107.8	103.8	101.9	103.5	104.8
别　墅	Villas	103.6	106.2	103.2	103.4	104.7	106.4
高档公寓	High-grade Apartment	106.7	108.2	104.0	101.6	103.4	102.4
非住宅	Non-Residential Buildings	104.3	104.8	104.3	100.5	104.3	102.7
办公楼	Office Buildings	105.0	104.7	105.7	97.8	105.9	102.8
商业营业用房	Commercial Business Buildings	103.9	105.0	104.4	102.0	104.6	102.9
其它用房	Others	103.0	101.9	100.3	100.1	102.2	101.6
二手房	Second-hand House	104.9	105.2	105.8	101.4	106.1	102.8
住　宅	Residential Buildings	105.2	105.3	105.9	102.1	106.6	103.0
普通住宅	General Residential Buildings			106.5	102.1	106.8	103.0
高档住宅	Luxury Residential Buildings			104.7	100.4	102.5	101.4
非住宅	Non-residential Buildings	103.5	105.0	105.3	98.4	103.0	101.4
房屋租赁价格总指数	**Renting Price Indices of Houses**	**101.6**	**102.5**	**102.1**	**101.7**	**101.6**	**100.5**
住　宅	Residential Buildings	102.4	104.3	101.9	101.3	102.1	100.6
经济适用房	Economically Affordable Housing	102.5	100.7	100.0	100.5	100.1	100.0
廉租房	Low-rent Housing	100.0	100.0	100.0	118.8	118.8	100.0
商品住宅	Commercial Residential Buildings			102.6	100.3	100.6	100.8
普通住宅	General Residential Buildings	103.1	105.0	102.2	100.3	100.6	100.7
高档住宅	Luxury Residential Buildings	101.4	110.1	104.6	101.4	100.0	102.0
别　墅	Villas	100.6	106.0	101.5	100.0	100.0	100.0
高档公寓	High-grade Apartment	111.1	112.0	105.8	102.0	100.0	102.1
非住宅	Non-Residential Buildings			102.2	102.0	101.2	100.3
办公楼	Office Buildings	100.5	101.8	104.9	106.8	102.6	100.1
商业营业用房	Commercial Business Buildings	102.0	101.8	101.8	99.7	100.4	100.6
其　它	Other Buildings	100.5	100.0	100.2	100.1	100.3	100.3
物业管理价格总指数	**Property Management Price Indices**	**100.9**	**101.0**	**100.8**	**100.4**	**100.5**	**101.1**
住　宅	Residential Buildings	101.4	100.8	101.0	100.1	100.5	101.3
经济适用房	Economically Affordable Housing	101.8	102.4	100.1	100.2	100.0	100.0
商品住宅	Commercial Residential Buildings			101.1	100.1	100.5	101.4
普通住宅	General Residential Buildings	101.6	100.8	101.2	100.1	100.5	101.4
高档住宅	Luxury Residential Buildings	100.1	100.2	100.7	100.1	100.2	101.6
非住宅	Non-Residential Buildings			100.3	100.8	100.5	100.3
办公楼	Office Buildings	99.7	100.3	100.6	100.9	100.7	100.5
商业营业用房	Commercial Residential Buildings	100.2	102.1	100.2	100.1	100.3	100.1
其它	Industrial Storage Buildings			100.2	100.0	100.0	100.0
土地交易价格总指数	**Transactions Price Indices of Land**	**104.8**	**105.1**	**103.9**	**103.1**	**104.2**	**102.5**
居住用地	Land for Residential Building Use	105.4	104.9	104.4	102.7	104.2	102.8
经济适用房用地	Land for Economically Affordable Housin	103.5	102.5	101.5	100.9	100	100.1
商品住宅用地	Land for Commercial Residential Buildings			102.5	102.7	104.2	102.8
普通住宅用地	Land for General Residential Buildings	105.5	104.8	104.4	102.8	104.3	102.9
高档住宅用地	Land for Luxury Residential Buildings	102.9	105.5	114.3	100.6	101.5	100.4
工业用地	Land for Industry Use	103.8	106.1	103.6	103.2	103.8	102.2
商业营业用地	Land for Business Buildings	104.8	104.4	103.2	104.0	106.9	103.1
其它用地	Land for Other	105.5	104.1	101.9	105.0	101.4	100.8

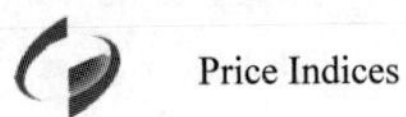

9-18 各市工业生产者出厂价格指数(2011年)

Ex-factory Price Indices of Industrial Products by Region(2011)

(上年=100) (preceding year=100)

类 别	Category	济南 Jinan	青岛 Qingdao	淄博 Zibo	枣庄 Zaozhuang	东营 Dongying	烟台 Yantai	潍坊 Weifang	济宁 Jining	泰安 Tai'an
总指数	**General Indices**	**105.3**	**104.9**	**107.1**	**107.8**	**114.6**	**107.6**	**108.4**	**106.3**	**104.6**
(一)核心指数	**Core Indices**	**104.7**	**103.5**	**105.6**	**108.4**	**106.8**	**108.0**	**107.6**	**104.8**	**102.9**
(二)高技术	**High Technology**	**103.7**	**87.0**	**105.3**	**105.7**	**99.8**	**96.6**	**116.1**	**100.0**	**102.6**
(三)能源	**Energy**	**108.5**	**110.0**	**113.2**	**104.8**	**121.3**	**102.7**	**109.2**	**107.5**	**109.1**
(四)按轻重工业分	**By Light and Heavy Industry**									
1.轻工业	Light Industry	105.8	103.5	103.6	106.3	107.3	105.1	111.6	106.1	104.6
(1)以农产品为原料	Agricultural Products as Raw Materials	107.4	106.7	105.6	108.5	107.9	104.6	112.2	106.3	105.1
(2)以非农产品为原料	Non-agricultural Products as Raw Materials	103.1	99.2	101.4	100.7	98.1	106.4	104.0	104.5	102.2
2.重工业	Heavy Industry	105.2	105.9	107.9	108.4	116.0	108.6	106.4	106.3	104.6
(1)采掘	Mining	113.7	132.1	107.8	105.8	126.4	111.8	119.0	107.3	109.0
(2)原料	Raw Materials	107.0	111.4	110.8	106.3	110.2	111.4	108.2	107.3	106.9
(3)加工	Processing	104.7	103.8	103.5	110.3	108.5	107.6	105.0	104.8	102.5
(五)按生产生活资料分	**By Means of Production and Consumer Goods**									
1.生产资料	Means of Production	105.8	105.5	107.8	108.5	115.2	107.8	107.0	106.1	104.6
(1)采掘	Mining	113.7	132.1	107.8	105.8	126.4	111.8	119.0	107.3	109.0
(2)原料	Raw Materials	107.5	111.5	111.2	106.1	110.3	111.7	106.6	107.6	107.4
(3)加工	Processing	105.3	103.5	103.7	110.3	108.1	106.6	107.1	104.7	102.6
2.生活资料	Consumer Goods	102.9	103.8	103.0	105.2	107.2	106.8	113.2	107.2	104.7
(1)食品	Food	106.1	109.7	104.4	109.9	110.3	107.6	112.2	109.5	106.2
(2)衣着	Clothing	112.5	107.4	102.7	101.5	103.0	101.3	111.7	101.8	105.2
(3)一般日用品	Articles for Daily Use	100.2	108.0	102.4	103.3	99.2	111.7	120.6	102.4	100.6
(4)耐用消费品	Durable Consumer Goods	97.3	94.3	101.2	99.1	94.2	100.5	103.0	103.4	104.1
(六)按初级中间最终产品分	**By Primary 、Intermediate and Final Products**									
1.初级产品	Primary Products	111.9	132.1	107.8	105.8	127.4	111.6	119.0	107.3	109.0
(1)矿产品	Minerals	113.7	132.1	107.8	105.8	127.4	111.6	119.0	107.3	109.0
(2)废料	Scrap	100.0								
2.中间产品	Intermediate Products	106.9	107.7	107.2	110.5	109.6	108.8	109.5	106.5	104.7
3.最终产品	Final Products	103.9	104.1	105.3	103.7	109.6	105.0	106.8	104.6	102.8
(1)最终投资品	Investment Goods	104.2	104.7	106.1	102.8	110.8	105.1	104.5	103.5	102.0
(2)最终消费品	Consumer Goods	103.1	103.4	102.9	105.2	104.8	104.9	111.4	106.2	104.9
(七)按工业部门分	**by Industrial Department**									
1.冶金工业	Metallurgical Industry	111.0	106.8	109.0	107.8	105.3	114.6	104.6	107.9	104.8
2.电力工业	Power Industry	101.6	101.5	99.6	98.9	101.5	102.2	104.7	103.2	105.8
3.煤炭及炼焦工业	Coal Industry	103.5	100.2	109.3	105.5	100.0	106.4	108.2	108.6	109.7
4.石油工业	Petroleum Industry	114.7	114.7	117.8	110.2	122.1	101.7	113.8	105.6	107.5
5.化学工业	Chemical Industry	104.5	115.1	106.6	114.7	111.1	109.2	111.3	105.7	104.2
6.机械工业	Machine Building Industry	102.1	98.6	102.3	101.3	101.2	102.1	101.2	103.3	100.8
7.建筑材料工业	Building Materials Industry	105.6	113.2	103.0	117.2	106.4	120.1	112.4	114.5	105.3
8.森林工业	Timber Industry	102.3	102.9	101.1	99.9	102.4	111.9	103.6	103.3	103.9
9.食品工业	Food Industry	106.3	109.7	107.4	110.1	113.1	107.6	112.7	109.9	106.9
10.纺织工业	Textile Industry	113.2	98.0	108.3	110.0	104.6	98.8	116.9	106.9	103.8
11.缝纫工业	Tailoring Industry	114.0	108.6	102.6	101.5		100.5	111.7	101.8	106.1
12.皮革工业	Leather Industry	105.9	103.0	111.7	95.9	103.0	108.9			93.8
13.造纸工业	Paper Industry	103.3	105.7	100.9	113.4	103.7	103.9	103.7	101.2	95.8
14.文教艺术用品工业	Industry of Cultural, Educational & Handicrafts Articles	101.8	104.4	101.7	101.0	100.7	108.9	103.9	97.9	103.3
15.其它工业	Others	106.9	104.8	100.6	103.8	104.0	108.8	110.4	99.5	98.7

9-18 续表 continued

(上年=100) (preceding year=100)

类 别	Category	威海 Weihai	日照 Rizhao	莱芜 Laiwu	临沂 Linyi	德州 Dezhou	聊城 Liaocheng	滨州 Binzhou	菏泽 Heze
总指数	**General Indices**	**105.6**	**110.8**	**105.9**	**106.2**	**104.4**	**106.9**	**108.7**	**106.5**
(一)核心指数	**Core Indices**	**101.7**	**108.4**	**108.5**	**106.7**	**103.8**	**104.9**	**107.2**	**105.3**
(二)高技术	**High Technology**	**91.9**	**97.6**	**105.5**	**97.8**	**102.0**	**108.2**	**103.1**	**100.5**
(三)能源	**Energy**	**100.8**	**104.7**	**103.3**	**102.7**	**103.3**	**101.3**	**110.1**	**109.5**
(四)按轻重工业分	**By Light and Heavy Industry**								
1.轻工业	Light Industry	110.6	114.0	93.3	107.2	104.5	109.9	107.8	107.5
(1)以农产品为原料	Agricultural Products as Raw Materials	113.4	115.3	93.1	107.3	105.4	110.3	107.7	108.5
(2)以非农产品为原料	Non-agricultural Products as Raw Materials	102.1	106.5	102.7	106.3	101.6	107.1	108.4	102.9
2.重工业	Heavy Industry	101.7	108.9	107.5	105.7	104.1	105.2	110.3	105.7
(1)采掘	Mining	102.7	109.5	101.1	117.1			111.6	83.8
(2)原料	Raw Materials	111.8	104.2	101.7	105.7	103.2	105.2	111.4	105.8
(3)加工	Processing	100.4	110.0	109.5	104.2	104.5	105.2	109.0	106.3
(五)按生产生活资料分	**By Means of Production and Consumer Goods**								
1.生产资料	Means of Production	101.5	108.7	107.6	106.4	105.1	105.1	107.8	107.0
(1)采掘	Mining	102.7	109.5	101.1	117.1			111.6	83.8
(2)原料	Raw Materials	112.2	102.4	101.7	106.0	104.0	105.2	111.8	106.1
(3)加工	Processing	100.3	110.2	109.4	105.3	105.5	105.1	106.2	108.2
2.生活资料	Consumer Goods	112.2	115.3	81.4	105.9	103.5	115.0	112.0	105.4
(1)食品	Food	117.3	119.8	76.1	105.8	105.5	120.4	113.1	108.3
(2)衣着	Clothing	92.4	101.7	125.2	111.5	104.0	81.6	107.4	99.3
(3)一般日用品	Articles for Daily Use	107.1	105.1	107.3	105.3	100.1	104.8	109.2	102.7
(4)耐用消费品	Durable Consumer Goods	106.7	100.5	162.9	101.7	98.1	90.9	100.0	107.3
(六)按初级中间最终产品分	**By Primary 、Intermediate and Final Products**								
1.初级产品	Primary Products	102.7	110.9	101.1	117.1			111.6	83.8
(1)矿产品	Minerals	102.7	110.9	101.1	117.1			111.6	83.8
(2)废料	Scrap		110.2						
2.中间产品	Intermediate Products	107.5	112.8	106.2	105.9	104.6	108.5	108.8	107.2
3.最终产品	Final Products	104.6	108.3	96.5	105.1	104.1	107.0	110.2	106.4
(1)最终投资品	Investment Goods	98.9	104.9	103.3	104.8	105.5	104.6	109.3	107.8
(2)最终消费品	Consumer Goods	111.6	112.1	81.4	105.3	103.2	111.8	111.3	104.9
(七)按工业部门分	**by Industrial Department**								
1.冶金工业	Metallurgical Industry	113.5	114.1	108.1	110.2	98.1	106.6	104.6	108.6
2.电力工业	Power Industry	97.0	102.6	101.5	102.9	100.7	100.8	103.0	102.6
3.煤炭及炼焦工业	Coal Industry		116.6	109.5	102.4		106.6	111.3	97.0
4.石油工业	Petroleum Industry			107.6	107.5	107.6	99.7	112.1	120.8
5.化学工业	Chemical Industry	108.6	105.7	109.4	106.5	102.5	110.4	114.8	102.9
6.机械工业	Machine Building Industry	95.5	104.0	104.7	102.1	105.7	102.7	107.8	110.2
7.建筑材料工业	Building Materials Industry	115.1	112.9	121.8	106.5	102.5	109.5	115.6	103.7
8.森林工业	Timber Industry	100.5	99.9	146.9	103.3	103.7	105.9	100.1	102.0
9.食品工业	Food Industry	117.9	119.7	76.8	108.0	105.9	120.0	113.5	109.3
10.纺织工业	Textile Industry	108.8	117.2	108.0	101.9	106.5	105.2	105.2	109.6
11.缝纫工业	Tailoring Industry	81.7	101.7	127.0	107.3	104.0	70.1	107.4	97.0
12.皮革工业	Leather Industry	106.6		103.1	116.6	112.3	96.6	101.9	110.6
13.造纸工业	Paper Industry	109.6	96.8		103.5	98.8	100.3	100.1	108.4
14.文教艺术用品工业	Industry of Cultural, Educational & Handicrafts Articles	100.7	100.0	99.9	99.3	105.6	100.0	102.6	104.4
15.其它工业	Others	110.7	101.8	104.2	112.1	104.6	98.4	108.0	102.3

主要统计指标解释

居民消费价格指数 是反映一定时期内城乡居民所购买的生活消费品价格和服务项目价格变动趋势和程度的相对数，是对城市居民消费价格指数和农村居民消费价格指数进行综合汇总计算的结果。该指数可以观察和分析消费品的零售价格和服务价格变动对城乡居民实际生活费支出的影响程度。

城市居民消费价格指数 是反映一定时期内城市居民家庭所购买的生活消费品价格和服务项目价格变动趋势和程度的相对数。该指数可以观察和分析消费品的零售价格和服务项目价格变动对城镇职工货币工资的影响，作为研究职工生活和确定工资政策的依据。

农村居民消费价格指数 是反映一定时期内农村居民家庭所购买的生活消费品价格和服务项目价格变动趋势和程度的相对数。该指数可以观察农村消费品的零售价格和服务项目价格变动对农村居民生活消费支出的影响，直接反映农民生活水平的实际变化情况，为分析和研究农村居民生活问题提供依据。

商品零售价格指数 是反映一定时期内城乡商品零售价格变动趋势和程度的相对数。商品零售价格的变动直接影响到城乡居民的生活支出和国家的财政收入，影响居民购买力和市场供需的平衡，影响到消费与积累的比例关系。因此，该指数可以从一个侧面对上述经济活动进行观察和分析。

农业生产资料价格指数 指反映一定时期内农业生产资料价格变动趋势和程度的相对数。农业生产资料价格指数分为农用手工工具、饲料、产品畜、半机械化农具、机械化农具、化学肥料、农药及农药械、农用机油、其他农业生产资料、农业生产服务十大类。其编制目的是了解农业生产中物质资料投入价格的变动状况，服务于国民经济核算。1994年以前，农业生产资料价格指数仅仅是商品零售价格指数的一个类别，此后，从商品零售价格指数中分离出来，单独编制。

农产品生产者价格指数 是反映一定时期内，农产品生产者出售农产品价格水平变动趋势及幅度的相对数。该指数可以客观反映全国农产品生产价格水平和结构变动情况，满足农业与国民经济核算需要。其中某代表品生产价格指数是通过对全部有出售该产品行为的调查单位的个体指数进行几何平均求得的，类价格指数是通过对其所属的类（或代表品）的价格指数进行加权平均求得的。季度累计价格指数的计算方法与分季指数的计算方法相同。

工业生产者出厂价格指数 是反映一定时期内工业企业产品第一次出售时的出厂价格总水平的变动趋势和程度的相对数，包括工业企业售给本企业以外所有单位的各种产品和直接售给居民用于生活消费的产品。该指数可以观察出厂价格变动对工业总产值及增加值的影响。

工业生产者购进价格指数 是反映工业企业作为生产投入，而从物资交易市场和能源、原材料生产企业购买原材料、燃料和动力产品时，所支付的价格水平变动趋势和程度的统计指标，是扣除工业企业物质消耗成本中的价格变动影响的重要依据。

固定资产投资价格指数 是反映一定时期内固定资产投资品及项目的价格变动趋势和程度的相对数。固定资产投资额是由建筑安装工程投资完成额、设备工器具购置投资完成额和其他费用投资完成额三部分组成的。编制固定资产投资价格指数应首先分别编制上述三部分投资的价格指数，然后采用加权算术平均法求出固定资产投资价格总指数。

该指数可以准确地反映固定资产投资中涉及的各类投资品和取费项目价格变动趋势和变动幅度，消除按现价计算的固定资产投资指标中的价格变动因素，真实地反映固定资产投资的规模、速度、结构和效益，为国家科学地制定、检查固定资产投资计划并提高宏观调控水平，为完善国民经济核算体系提供科学的、可靠的依据。

房地产价格指数 是反映一定时期内房地产价格变动趋势和程度的相对数，包括房屋销售价格指数、房屋租赁价格指数、土地交易价格指数和物业管理价格指数。这四套指数的计算方法相似，均采用由下到上逐级汇总的方法。

Explanatory Notes on Main Statistical Indicators

Consumer Price Indices reflect the trend and degree of changes in prices of consumer goods and services purchased by urban and rural households during a given period.They are obtained by combining Consumer Price Indices of Urban Household and Consumer Price Indice of Rural Household.The Indices enable the observation and analysis of the degree of impact of the changes in the prices of retailed goods and services on the actual living expenses of urban and rural residents.

Urban Consumer Price Indices reflect the trend and degree of changes in prices of consumer goods and services purchased by urban households during a given period. It can be used to observe and analyze the impact of price changes in consumer goods and services on wages (in monetary terms) of urban staff and workers, and provide basis for policy making concerning the living cost and wages of staff and workers.

Rural Consumer Price Indices reflect the trend and degree of changes in prices of consumer goods and services purchased by rural households during a given period. It can be used to observe the impact of change in retail prices of consumer goods and service prices in rural areas on living expenditure of rural households, and to show the changes in the living standard of peasants. It provides basis for analysis and research on condition of life in rural areas.

Retail Price Indices reflect the trend and degree of change in retail prices of commodities during a given period. The change in retail prices of commodities directly affect the living expenditure of urban and rural residents, government revenue, purchasing power of residents and the equilibrium of market supply and demand, and the ratio of consumption to accumulation. Therefore, the retail price indices are useful to analyze the changes of the above economic activities.

Price Indices of Means of Agricultural Production reflect the trend and degree of changes in prices of means of agricultural production during a given period. Price indices of means of agricultural production are composed of 10 categories including Agricultural hand tools, feeds, Product livestock, semi-mechanized farm machinery, mechanized farm machinery, chemical fertilizers, pesticides and spraying machinery, fuels for farm machinery, other means of agricultural production and Agricultural production services. Compilation of these indices helps to understand the changes in prices of input into agricultural production and facilitate the compilation of national account statistics. Before 1994, price indices of means of agricultural production was a sub-category in the in the retail price indices of commodities, and it has been compiled separately since 1994.

Indices of Producers' Prices for Farm Products reflect the trend and degree of changes in producers' prices received by farmers when they sell farm products during a given period. These indices depict the change in the level and structure of producers' prices of farm products of the country and meet the needs of agriculture statistics and national account statistics. The producers' price index of a given product is calculated through geometrical mean of individual indices of all surveyed units who sell such product, and the indices of a product category is obtained through weighted mean of price indices of all products in the category. Method for calculating accumulative quarterly indices is the same as for calculating the distinctive quarterly indices.

Producer Price Indices for Industrial Products reflect the trend and degree of changes in price of all industrial products for the first time to sell during a given period, including sales of industrial products by an industrial enterprise to all units outside the enterprise, as well as sales of consumer goods to residents. It can be used to analyze the impact of ex factory prices on gross output value and value added of the industrial sector.

Industrial Producer Purchasing Price Indices reflect changes in the level and degree of prices paid by industrial enterprises when they purchase production input such as raw materials, fuels and power from the market or from other energy or raw materials producing enterprises. These indices provide important basis for measuring the material consumption of industrial enterprises after removing influence of price changes.

At present, close to 1,800 products in 9 categories, including fuels and power, ferrous metals, non ferrous metals, chemicals, building materials, are covered in China for the survey to produce indices of purchasing prices of raw materials, fuels and power.

Price Indices of Investment in Fixed Assets reflect the trend and degree of changes in prices of investment goods and projects in fixed assets during a given period. The investment in fixed assets consists of three components, namely the investment in construction and installation, the investment in purchases of equipment and instrument, and the investment in other items. Price indices of investment in fixed assets are calculated as the weighted arithmetic mean of the price indices of the three components of investment in fixed assets.

Removing the factor of price change in the aggregates of investment at current prices, this indicator shows the changes in the prices of commodities and fees involved in the investment of fixed assets, and can be used to observe the actual size, growth, structure, and efficiency of investment in fixed assets and provides reliable and scientific data for government planning, management, decision making, and further improving the current national accounting system.

Price Indices for Real Estate reflect the trend and degree of changes in prices of real estate during a given period, including price indices for selling houses and buildings, price indices for leasing houses and buildings and price indices for land transaction. The methods for the compilation of the three sets of indices are similar in that they all use bottom—up approach under which data are reported from lower level to higher level.

第10篇

居民生活

People's Livelihood

简 要 说 明

一、本篇资料的主要内容

本篇资料反映了全省城镇、农村居民的家庭收支、就业、居住、耐用消费品拥有、生产和生活等方面的情况。

二、本篇资料的来源

1.本篇资料中城镇居民家庭相关资料来源于城镇住户调查年报，由国家统计局山东调查总队城镇住户调查处整理提供。

2.本篇资料中农民家庭相关资料来源于农村住户调查年报，由国家统计局山东调查总队农村住户调查处整理提供。

3.各市农村居民主要指标来源于农村住户调查年报，由省统计局农村处整理提供。

Brief Introduction

I. Content

Data in this chapter show the basic conditions of the people's livelihood in Shandong Province, including income and expenditure of the households, employment, housing condition, consumption and possession of the major consumer goods, etc.

II. Source of Data

(1) Data in this chapter are based on the data collected by the sample survey on urban households and are prepared and provided by the Division of Urban Household Survey of the National Bureau of Statistics in Shandong.

(2) Data in this chapter are based on the data collected by the sample survey on rural households and are prepared and provided by the Division of Rural Household Survey of the National Bureau of Statistics in Shandong.

(3) Data on the main indicators of rural residents' livelihood are based on the sample survey of rural households and are prepared and provided by the Division of Countryside Statistics of Shandong Provincial Bureau of Statistics.

10-1 主要年份城镇居民家庭基本情况
Basic Conditions of Urban Households of Major Years

年份 Year	调查户数（户） Number of Households Surveyed (household)	平均每户家庭人口（人） Average Household Size (person)	平均每户就业人口（人） Average Number of Employed Persons per Household (person)	平均每一就业者负担人数（人） Number of Dependents per Employee (person)	平均每户离退休者人数（人） Average Number of Retirees (person)	人均全年可支配收入（元） Per Capita Annual Disposable Income (yuan)	人均全年消费性支出（元） Per Capita Annual Consumption Expenditure (yuan)	人均全年非消费支出（元） Per Capita Annual Non-consumption Expenditure (yuan)	人均住宅建筑面积（平方米） Per Capita Construction Area of Building (sq.m)
1984	430	3.93	2.35	1.67	0.12	638.64	520.92		6.90
1985	900	3.57	2.10	1.70	0.25	747.56	670.03		7.77
1986	1630	3.54	2.05	1.72	0.15	853.50	751.34		9.15
1987	1730	3.53	2.05	1.72	0.17	987.11	812.54		9.61
1988	1830	3.51	2.06	1.71	0.17	1163.46	1025.78		9.96
1989	2080	3.43	2.01	1.71	0.20	1349.16	1160.52		10.25
1990	2180	3.38	2.00	1.69	0.21	1466.22	1229.28		10.05
1991	2180	3.31	1.98	1.67	0.20	1687.56	1407.12		10.49
1992	2180	3.26	1.98	1.65	0.22	1974.48	1598.88	151.44	10.80
1993	2080	3.24	1.96	1.65	0.24	2515.08	1946.88	270.12	11.20
1994	2080	3.21	1.96	1.64	0.24	3444.36	2635.20	438.72	11.88
1995	2050	3.19	1.96	1.63	0.23	4264.08	3285.48	566.40	12.35
1996	2050	3.16	1.99	1.59	0.17	4890.24	3771.00	725.52	12.13
1997	2100	3.17	2.01	1.58	0.16	5190.79	4040.63	730.68	12.70
1998	2300	3.14	1.98	1.59	0.17	5380.08	4143.96	1079.40	12.82
1999	2400	3.12	1.93	1.62	0.20	5808.96	4515.05	1082.04	13.10
2000	2500	3.10	1.87	1.66	0.23	6489.97	5022.00	1037.04	13.75
2001	2450	3.06	1.82	1.68	0.25	7101.08	5252.42	1132.91	14.17
2002	2650	3.02	1.78	1.70	0.28	7614.50	5596.39	1904.83	24.57
2003	2650	2.98	1.77	1.68	0.26	8399.91	6069.35	2220.60	25.67
2004	2650	2.95	1.77	1.67	0.26	9437.80	6673.75	2351.86	26.39
2005	2800	2.91	1.69	1.72	0.32	10744.79	7457.31	2431.63	28.49
2006	3000	2.91	1.71	1.70	0.30	12192.24	8468.40	3249.06	29.29
2007	3050	2.87	1.68	1.71	0.34	14264.70	9666.61	3521.90	29.80
2008	3300	2.87	1.64	1.75	0.35	16305.41	11006.61	3639.81	31.33
2009	3300	2.86	1.64	1.74	0.36	17811.04	12012.73	4060.06	31.80
2010	3300	2.86	1.67	1.71	0.35	19945.83	13118.24	4297.74	32.09
2011	3300	2.83	1.69	1.67	0.34	22791.84	14560.67	4780.60	33.18

注：住宅建筑面积指标2001年以前为人均居住面积，2002年以后为人均建筑面积。
a)Data before 2001 on construction area of builiding means per capita living space, data after 2002 per capita floor space.

10–2 城镇居民年人均收入

Per Capital Annual Income of Urban Households

单位:元 (yuan)

年份 Year	可支配收入 Disposable Income	总收入 Total Income	工资性收入 Income of Wages and Salaries	经营净收入 Net Business Income	财产性收入 income from Properties	转移性收入 Income from Transfer
1984	638.64	651.84	594.84	0.36		54.84
1985	747.56	754.57	653.82	5.61		92.27
1986	853.50	855.22	717.64	6.85		125.94
1987	987.11	987.20	852.36	4.22		124.87
1988	1163.46	1169.70	976.94	4.49		183.83
1989	1349.16	1349.28	1091.64	6.48	12.12	233.64
1990	1466.22	1516.44	1233.72	5.64	15.60	256.92
1991	1687.56	1687.56	1369.92	5.64	16.32	290.40
1992	1974.48	1976.64	1680.36	5.40	27.12	259.68
1993	2515.08	2517.48	2123.52	12.96	37.44	340.92
1994	3444.36	3445.08	2940.60	1.92	54.48	445.32
1995	4264.08	4265.40	3651.12	10.32	66.60	532.32
1996	4890.24	4893.36	4315.68	4.20	102.96	465.60
1997	5190.79	5217.18	4617.44	7.20	118.93	461.98
1998	5380.08	5414.17	4737.84	16.12	118.46	532.52
1999	5808.96	5840.54	5043.97	26.65	108.08	658.99
2000	6489.97	6521.60	5561.02	74.05	112.52	769.39
2001	7101.08	7141.16	5981.86	93.22	147.83	898.85
2002	7614.50	8158.13	6702.95	155.09	79.12	1220.97
2003	8399.91	9057.58	7418.42	227.91	109.78	1301.47
2004	9437.80	10187.12	8327.11	299.94	116.84	1443.23
2005	10744.79	11607.82	9026.55	492.12	151.86	1937.29
2006	12192.24	13222.85	10442.06	558.18	220.66	2001.96
2007	14264.70	15366.26	11814.19	730.15	304.71	2517.21
2008	16305.41	17548.97	12940.62	1194.40	346.90	3067.05
2009	17811.04	19336.91	13985.83	1379.02	412.76	3559.30
2010	19945.83	21736.94	15731.23	1703.72	490.22	3811.78
2011	22791.84	24889.80	17629.40	2294.85	615.69	4349.86

10-3 城镇居民年人均支出

Per Capital Annual Expenditure of Urban Households

单位:元 (yuan)

年份 Year	家庭总支出 Total Expenditure	消费性支出 Consumption Expenditure	食品 Food	衣着 Clothing	居住 Residence	家庭设备用品及服务 Household Appliances and Services	医疗保健 Health care and Medical Services	交通和通信 Transport and Communicatio-ns	教育文化娱乐服务 Recreation, Education and Cultural Services	其他商品和服务 Miscellaneous Goods and Services
1984	562.20	520.92	311.97	84.98	24.10	41.06	3.42	12.00	30.55	12.62
1985	711.19	670.03	338.86	102.87	32.38	72.42	4.61	10.90	86.19	21.35
1986	802.13	751.34	378.43	106.45	58.74	84.84	4.59	12.79	77.37	27.61
1987	880.39	812.54	433.11	120.82	37.69	96.63	7.40	13.92	72.01	30.30
1988	1107.32	1025.78	523.57	154.65	38.88	155.75	11.49	19.04	85.83	35.71
1989	1249.32	1160.52	603.36	158.02	47.56	145.33	16.18	18.71	121.17	50.12
1990	1328.76	1229.28	635.99	186.14	46.50	141.21	22.51	23.01	125.47	48.43
1991	1537.80	1407.12	734.22	228.93	59.66	150.66	22.96	28.09	123.56	59.13
1992	1750.32	1598.88	816.36	266.76	78.84	166.20	32.40	38.28	140.88	59.04
1993	2216.88	1946.88	898.04	349.20	124.68	186.24	48.24	58.85	205.89	75.56
1994	3074.04	2635.20	1212.53	473.64	179.52	247.68	72.36	94.90	250.25	104.22
1995	3851.88	3285.48	1489.08	570.84	223.92	309.24	107.16	169.25	294.12	121.84
1996	4496.40	3771.00	1651.32	657.60	262.44	323.64	147.24	194.16	397.32	137.16
1997	4773.12	4040.63	1662.19	674.40	325.03	344.30	179.88	235.95	474.90	143.92
1998	5225.99	4143.96	1649.54	581.02	371.30	384.64	188.13	269.51	552.00	147.83
1999	5598.14	4515.05	1682.25	613.32	455.08	467.25	219.79	289.92	624.72	162.72
2000	6060.42	5022.00	1755.72	665.62	482.17	474.24	322.60	375.23	754.28	192.13
2001	6386.11	5252.42	1809.91	700.29	512.03	451.79	327.49	434.24	827.84	188.81
2002	7501.22	5596.39	1927.57	751.81	459.71	396.96	407.68	538.50	929.11	184.98
2003	8289.95	6069.35	2051.30	790.60	551.75	461.09	444.04	638.22	931.46	200.89
2004	9025.61	6673.75	2310.66	829.22	601.54	457.33	484.42	801.23	983.07	206.28
2005	9888.94	7457.31	2512.73	925.94	751.69	503.36	579.01	902.32	1039.99	242.29
2006	11717.46	8468.40	2711.65	1091.22	838.17	526.29	624.06	1175.57	1201.97	299.48
2007	13188.51	9666.61	3180.64	1238.34	1027.58	661.03	708.58	1333.63	1191.18	325.64
2008	14646.42	11006.61	3699.42	1394.11	1247.04	806.35	799.79	1410.45	1277.43	372.01
2009	16072.80	12012.73	3954.34	1548.75	1280.04	885.04	885.16	1719.68	1332.97	406.75
2010	17415.98	13118.24	4205.88	1745.20	1408.64	915.00	885.79	2140.42	1401.77	415.55
2011	19341.27	14560.67	4827.61	2008.84	1510.84	1013.82	938.86	2203.99	1538.44	518.27

10−4 2007−2011年城镇居民家庭年末耐用品百户拥有量

Number of Durable Consumer Goods Owned by Per 100 Urban Households at the Year end from 2007 to 2011

类 别		Category		2007	2008	2009	2010	2011
摩托车	(辆)	Motorcycles	(unit)	41.19	34.75	35.82	35.30	27.03
助力车	(辆)	Motorbikes	(unit)	31.53	46.62	51.72	55.58	62.52
家用汽车	(辆)	Automobiles	(unit)	9.37	12.94	16.14	19.87	28.00
洗衣机	(台)	Washing Machines	(unit)	95.01	92.98	94.52	95.59	98.25
电冰箱	(台)	Refrigerators	(unit)	98.82	98.95	100.90	102.28	103.79
彩色电视机	(台)	Color TV Sets	(unit)	122.24	119.44	120.93	122.34	120.98
家用电脑	(台)	Computers	(unit)	58.81	64.04	71.12	77.24	85.89
组合音响	(套)	Hi-Fi Stereo Component System	(set)	25.65	22.89	23.33	23.28	21.40
摄像机	(架)	Pickup Cameras	(unit)	7.85	8.92	9.74	10.41	13.44
照相机	(架)	Cameras	(unit)	54.24	50.08	52.82	55.06	58.74
钢 琴	(架)	Pianos	(unit)	3.38	3.39	3.43	3.87	4.17
微波炉	(台)	Microwave Ovens	(unit)	48.23	47.87	50.58	52.80	54.60
空调器	(台)	Air Conditioner	(unit)	85.63	89.68	95.24	100.29	108.44
淋浴热水器	(台)	Water Heaters	(unit)	80.31	85.00	87.03	88.66	91.64
消毒碗柜	(台)	Sterilized Cabinet	(unit)	5.68	6.77	7.50	7.74	7.05
洗碗机	(台)	Dishwasher	(unit)	0.90	0.81	0.93	1.06	1.02
健身器材	(套)	Body Building Equipment	(set)	6.51	6.33	6.69	6.88	6.94
固定电话	(部)	Fixed-line Phones	(unit)	85.89	76.07	75.53	73.95	61.72
移动电话	(部)	Mobile Phones	(unit)	173.46	181.59	189.97	199.09	213.48

10－5　城镇居民家庭居住情况(2011年)

Housing Conditions Of Urban Households (2011)

类　别		Category		总 计 Total
现住房总建筑面积	**（平方米／人）**	**Total Construction Area**	**(sq.m/person)**	**33.18**
住宅建筑式样(合计)		Grouped by Design of Residential Buildings(Total)		
单栋住宅	(%)	Separate Residential Buildings	(%)	1.81
四居室	(%)	Four-room Apartments	(%)	4.22
三居室	(%)	Three-room Apartments	(%)	46.22
二居室	(%)	Two-room Apartments	(%)	35.92
一居室	(%)	One-room Apartments	(%)	1.13
普通楼房	(%)	Ordinary Buildings	(%)	4.99
平房及其它	(%)	Terraces and Others	(%)	5.71
卫生设备(合计)		Grouped by Sanitary Facility(Total)		
无卫生设备	(%)	Without Sanitary Facility	(%)	0.45
有厕所浴室	(%)	With Sanitary Facility	(%)	89.91
有厕所无浴室	(%)	With Washroom and Without Lavatory	(%)	8.63
公　用	(%)	Public Washroom and Lavatory	(%)	1.01
取暖设备(合计)		Grouped by Heating Facility(Total)		
无取暖设备	(%)	Without Heating Facility	(%)	4.38
空调设备	(%)	Air Conditioner	(%)	11.46
暖　气	(%)	Central Heating	(%)	72.07
其　它	(%)	Others	(%)	12.08
炊用燃料使用情况(合计)		Grouped by Using of Fuel for Cooking(Total)		
煤炭	(%)	Coal	(%)	2.03
罐装液化石油气	(%)	Bottled Liquefied Petroleum Gas	(%)	36.65
管道液化石油气	(%)	Pipe Liquefied Petroleum Gas	(%)	2.26
管道煤气	(%)	Pipe Gas	(%)	7.53
管道天然气	(%)	Pipe Natural Gas	(%)	49.42
柴油	(%)	Diesel	(%)	
其它燃料	(%)	Other fuel	(%)	2.11

10-6 各调查市县城镇居民年人均主要指标(2011年)

Major Annual Per Capita Indicators of Urban Households by Region(2011)

单位:元 (yuan)

地 区	Region	家庭总收入 Total Income	可支配收入 Disposable Income	家庭总支出 Total Expenditure	消费性支出 Consumption Expenditure
城镇居民	**Residents in Rural Areas**	**24889.80**	**22791.84**	**19341.27**	**14560.67**
一、地级及以上城市居民	**Residents in Cities of and above Prefectural Level**				
济南市	Jinan	31895.11	28891.97	23156.33	18045.58
青岛市	Qingdao	31491.68	28567.49	25460.59	19296.56
淄博市	Zibo	26541.23	24955.40	20142.51	15994.09
枣庄市	Zaozhuang	23082.94	20193.38	19805.73	13463.09
东营市	Dongying	30929.74	27342.65	23686.81	17531.80
烟台市	Yantai	28815.01	26541.75	22942.62	18395.10
潍坊市	Weifang	24072.24	22508.15	19621.63	15169.64
济宁市	Jining	24514.08	22405.54	22271.69	14691.90
泰安市	Tai'an	24413.38	22687.14	18255.18	14888.02
威海市	Weihai	27750.35	25290.24	22456.95	17001.88
日照市	Rizhao	21288.18	20097.91	19604.46	13781.37
莱芜市	Laiwu	27484.30	23508.87	20639.64	14218.74
临沂市	Linyi	25840.30	24231.56	18598.85	13880.61
德州市	Dezhou	21903.87	19770.80	19101.95	12700.47
聊城市	Liaocheng	21768.95	20649.24	17574.94	13846.94
滨州市	Binzhou	24912.86	22540.34	20978.41	14808.24
菏泽市	Heze	18501.36	16658.09	14869.84	11215.99
二、县级市城市居民	**Residents in Cities of County Level**				
龙口市	Longkou	27788.80	25387.30	20877.53	16565.93
青州市	Qingzhou	19280.94	17713.32	15653.55	10784.89
诸城市	Zhucheng	20836.86	18983.49	14751.52	11280.40
文登市	Wendeng	20092.74	18767.64	14666.95	11861.12
临清市	Linqing	18764.49	17560.97	12849.41	10423.17
三、县城居民	**Residents in Towns of County Level**				
利津县	Lijin	23238.00	21747.02	17748.88	12173.52
微山县	Weishan	22720.73	20472.23	17915.78	11301.38
费 县	Feixian	16739.14	15153.23	13703.50	9265.41
武城县	Wucheng	16846.73	16292.73	11767.42	9123.57
东阿县	Donge	15677.66	14402.89	11299.71	7986.17
巨野县	Juye	16114.06	14710.00	12591.77	9297.22

注:全省城镇居民收支资料由28个调查市县城镇居民家庭抽样调查资料加权汇总计算;地级及以上城市居民收支是由17个城市市区居民家庭抽样调查资料汇总;县级城市居民收支是由5个城市市区居民家庭的抽样调查资料汇总;县城居民收支是由6个城关镇居民家庭抽样调查资料汇总;市、县数据仅供参考。

a)The Urban residents income and expenditure of Shandong province are weighted aggregate calculated from sample survey of urban households in 28 cities and counties.The income and expenditure of residents in cities of and above Prefecture level are Summarized from sample survey of the urban area households of 17 cities of Shandong.The income and expenditure of residents in Cities of Country Level are Summarized from sample survey of the urban area households of 5 cities.The income and expenditure of residents in towns of Country Level are Summarized from sample survey of the households of 6 Peri-urban town.The data of cities and counties are only for reference.

10-7 主要年份农民家庭主要指标

Major Indicators of Rural Households of Major Years

年份 Year	调查户数 (户) Number of Households Surveyed (household)	调查户常住人口 (人) Number of Permanent Residents in the Households Surveyed (person)	平均每户常住人口 (人) Average Number of Permanent Residents Per Household (person)	平均每户整半劳力 (人) Average Number of Full/Semi Labour Force Per Household (person)	人均年末生活用房面积 (平方米) Per Capita Space of Living House at Year-end (sq.m)
1978	715	4126	5.77	2.54	9.81
1979	732	4138	5.65	2.67	9.91
1980	825	4649	5.64	2.70	10.98
1981	827	4538	5.49	2.63	10.03
1982	1529	7849	5.13	2.54	10.64
1983	1438	7266	5.05	2.85	12.50
1984	1558	7730	4.96	2.86	14.54
1985	4000	18896	4.72	2.84	15.13
1986	4200	19667	4.68	2.85	15.74
1987	4200	19339	4.60	2.86	16.48
1988	4200	19074	4.54	2.86	17.34
1989	4200	18749	4.46	2.85	17.96
1990	4200	18486	4.40	2.82	18.48
1991	4200	18241	4.34	2.77	19.87
1992	4200	17886	4.26	2.75	19.31
1993	4200	17494	4.17	2.77	20.64
1994	4200	17239	4.10	2.76	21.15
1995	4200	17089	4.07	2.78	21.56
1996	4200	16847	4.01	2.68	22.32
1997	4200	16574	3.95	2.65	23.16
1998	4200	16379	3.90	2.64	23.91
1999	4200	16116	3.84	2.60	25.07
2000	4200	15918	3.79	2.60	23.61
2001	4200	15671	3.73	2.54	24.60
2002	4200	15569	3.71	2.58	25.59
2003	4200	15405	3.67	2.62	26.53
2004	4200	15386	3.66	2.67	26.92
2005	4200	15382	3.66	2.69	29.64
2006	4200	15298	3.64	2.69	30.69
2007	4200	15204	3.62	2.69	31.69
2008	4200	15121	3.60	2.68	32.98
2009	4200	15012	3.57	2.68	34.24
2010	4200	14878	3.54	2.67	34.71
2011	4200	14722	3.51	2.53	36.31

注：1978年至1980年的生活用房面积中包括生产用房。

a)The space of production house is included in the space of living house since 1978 to 1980.

10-7 续表 continued

年 份 Year	平均每人全年总收入（元） Per Capita Annual Total Income (yuan)	平均每人全年纯收入（元） Per Capita Annual Net Income (yuan)	平均每人全年总支出（元） Per Capita Annual Total Expenditure (yuan)	#购置生产性固定资产 Purchase of Productive Fixed Assets	#生活消费支出 Expense on Household Consumption
1978	134.58	114.56	116.57		93.69
1979	184.66	159.81	157.41		128.01
1980	240.98	210.23	204.75		165.34
1981	282.07	251.62	247.90	8.99	202.12
1982	343.99	299.95	296.21	17.87	230.02
1983	500.68	360.64	428.14	22.23	264.38
1984	554.61	394.99	461.31	18.11	287.24
1985	592.50	408.12	521.50	18.71	321.98
1986	644.65	449.27	570.40	14.81	364.56
1987	740.61	517.69	639.75	16.36	406.34
1988	857.76	583.74	780.24	23.72	482.11
1989	939.57	630.56	841.95	21.05	513.10
1990	994.36	680.18	878.27	18.14	547.05
1991	1152.02	764.04	1037.81	29.79	612.99
1992	1241.82	802.90	1121.22	27.81	655.69
1993	1413.69	952.74	1210.98	29.48	724.49
1994	1975.12	1319.73	1671.34	30.01	995.72
1995	2626.96	1715.09	2301.34	56.70	1338.46
1996	3246.92	2086.31	2955.16	68.33	1652.51
1997	3468.72	2292.12	2855.26	84.34	1626.27
1998	3561.87	2452.83	2782.48	93.23	1595.09
1999	3645.89	2549.56	2845.88	97.36	1679.75
2000	3872.22	2659.20	3036.20	107.85	1770.75
2001	4138.61	2804.51	3326.79	101.70	1904.95
2002	4305.77	2953.97	3438.78	92.40	1997.83
2003	4482.15	3150.49	3521.42	83.78	2133.20
2004	5037.52	3507.43	3999.23	107.74	2389.27
2005	5676.98	3930.55	4561.27	117.14	2735.77
2006	6188.54	4368.33	5090.48	149.36	3143.80
2007	7150.28	4985.34	5863.21	111.15	3621.57
2008	8136.66	5641.43	6697.38	123.75	4077.05
2009	8683.82	6118.77	7258.17	233.83	4417.18
2010	9877.33	6990.28	7981.02	192.14	4807.18
2011	12146.71	8342.13	10298.67	294.68	5900.57

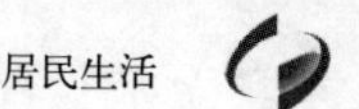

10-8 农村住户家庭基本情况

Basic Condition of Rural Households

类 别		Category		2008	2009	2010	2011
调查户数		**Number of Households Surveyed**	**(household)**	**4200**	**4200**	**4200**	**4200**
一、调查户从业类型		Business Types of Households Serveyed					
(按总收入比重计算)		(calculated according to the proportion of total income)					
1.农业户	(户/百户)	Households Engaged in Agriculture	(household/100 households)	19.14	17.79	18.10	16.48
2.农业兼业户	(户/百户)	Households Engeged in Agricuture and Other Sectors	(household/100 households)	34.64	32.60	31.02	30.02
3.非农业兼业户	(户/百户)	Households Engaged in Non-agriculture	(household/100 households)	37.19	39.38	40.33	43.48
4.非农业户	(户/百户)	Households Engeged in Non--agricutureand Other Sectors	(household/100 households)	9.02	10.24	10.55	10.02
二、调查户从业类型		Business Types of Households Serveyed					
(按从业劳动力比重计算)		(calculated according to the proportion of business labour force)					
1.农业户	(户/百户)	Households Engaged in Agriculture	(household/100 households)	29.14	29.64	27.74	27.14
2.农业兼业户	(户/百户)	Households Engeged in Agricuture and Other Sectors	(household/100 households)	15.93	15.67	15.79	11.36
3.非农业兼业户	(户/百户)	Households Engaged in Non-agriculture	(household/100 households)	35.88	34.43	36.95	35.69
4.非农业户	(户/百户)	Households Engeged in Non-agricutureand Other Sectors	(household/100 households)	19.05	20.26	19.52	25.81
三、家庭结构		Household Structure					
1.单身或夫妇	(户/百户)	Single and Couples	(household/100 households)	13.02	13.93	14.71	16.76
2.夫妇与一个孩子	(户/百户)	Couples with One Child	(household/100 households)	31.74	31.36	31.33	31.69
3.夫妇与两个孩子	(户/百户)	Couples with Two Children	(household/100 households)	29.40	28.76	28.10	26.31
4.夫妇与三个以上孩子	(户/百户)	Couples with Three Children and More	(household/100 households)	6.21	5.62	5.21	3.21
5.单亲与孩子	(户/百户)	Single-parent with Children	(household/100 households)	1.62	1.40	1.52	1.69
6.三代同堂	(户/百户)	Three Generations Living under One Roof	(household/100 households)	16.05	17.05	17.48	18.26
7.其 他		Others	(household/100 households)	1.95	1.88	1.64	2.07
四、参加专业性合作经济组织的户数	(户/百户)	Number of Participating in Professional Cooperative Economic Organizations	(household/100 households)	3.76	4.38	4.10	2.95
五、参加新型农村合作医疗的户数	(户/百户)	Number of Households Participating in the New Type of Rural Cooperative Medical Care	(household/100 households)	98.62	98.90	99.19	99.33
六、领取最低生活保障的户数	(户/百户)	Number of Households Receiving the Minimum Livelihood Guarantee	(household/100 households)	0.67	0.81	0.98	1.05

10-9 农村住户居住情况
Living Condition of Rural Households

类 别		Category		2008	2009	2010	2011
一、期末居住住房情况		**Housing Condition at Term-end**					
(一)住房面积	(平米/人)	Housing Area	(sq.m/person)	32.98	34.24	34.71	36.31
(二)住房价值	(元/平米)	Housing Value	(yuan/sq.m)	354.45	369.65	387.82	552.19
(三)住房类型		Houging Type					
1.楼房面积	(平米/人)	Apartment Area	(sq.m/person)	4.90	5.27	6.09	5.60
2.砖瓦平房面积	(平米/人)	Brick Bungalow Area	(sq.m/person)	26.70	27.48	27.22	30.08
3.其 他	(平米/人)	Other Types	(sq.m/person)	1.38	1.49	1.39	0.63
(四)住房结构		Housing Structure					
1.钢筋混凝土结构面积	(平米/人)	Reinforced Concrete Structure	(sq.m/person)	9.04	9.78	9.64	11.19
2.砖木结构面积	(平米/人)	Brick and Wood Structure	(sq.m/person)	22.80	23.34	23.96	24.45
3.其 他	(平米/人)	Other Structures	(sq.m/person)	1.15	1.12	1.11	0.67
二、期内新建(购)住房情况		**Condition of Newly Building (Buying) Housing in the Term**					
(一)新建(购)住房面积	(平米/人)	Area of Newly Building(Buying) Housing	(sq.m/person)	1.31	1.36	0.59	1.43
(二)新建(购)住房价值	(元/平米)	Value of Newly Building(Buying) Housing	(yuan/sq.m)	552.06	579.26	387.89	996.61
(三)新建(购)住房类型		Type of Newly Building(Buying) Housing					
1.楼房面积	(平米/人)	Apartment Area	(sq.m/person)	0.40	0.43	0.27	0.57
2.砖瓦平房面积	(平米/人)	Brick Bungalow Area	(sq.m/person)	0.91	0.92	0.31	0.85
3.其 他	(平米/人)	Other Types	(sq.m/person)		0.02	0.01	0.00
(四)新建(购)住房结构		Structure of Newly Building Housing					
1.钢筋混泥土结构面积	(平米/人)	Reinforced Concrete Structure	(sq.m/person)	0.68	0.76	0.32	0.90
2.砖木结构面积	(平米/人)	Brick and Wood Structure	(sq.m/person)	0.63	0.59	0.27	0.52
3.其 他	(平米/人)	Other Structures	(sq.m/person)		0.01		0.00
三、居住条件		**Living Condition**					
(一)住房卫生设备使用情况		Condition of Health Equipment					
1.使用水冲式厕所的户数	(户/百户)	Having Flushing Toilet	(household/100 households)	8.38	9.24	9.45	9.81
2.使用旱厕的户数	(户/百户)	Having Old Toilet	(household/100 households)	91.40	90.55	90.33	89.81
3.无厕所的户数	(户/百户)	No Toilet	(household/100 households)	0.21	0.21	0.21	0.38
(二)取暖设备使用情况		Condition of Heating Equipment					
1.使用空调的户数	(户/百户)	Having Air Conditioner	(household/100 households)	3.38	3.79	4.95	7.52
2.使用暖气的户数	(户/百户)	Having Heater	(household/100 households)	18.31	17.40	17.83	10.12
3.使用火炕的户数	(户/百户)	Having Kang	(household/100 households)	19.07	19.48	19.64	17.74
4.使用其他取暖设备的户数	(户/百户)	No Heating Equipment	(household/100 households)	35.60	36.69	37.90	49.36
(三)炊事使用的主要能源		Major Source of Cooking					
1.使用燃气的户数	(户/百户)	Liquid Natural Gas	(household/100 households)	26.64	27.26	31.19	37.14
2.使用煤炭的户数	(户/百户)	Coal	(household/100 households)	22.12	20.67	18.29	8.00
3.使用柴草的户数	(户/百户)	Fuelwood	(household/100 households)	46.45	43.90	41.79	39.62
4.使用电的户数	(户/百户)	Electricity	(household/100 households)	3.14	6.33	8.17	14.86
5.使用其他燃料的户数	(户/百户)	Other Fuels	(household/100 households)	1.64	1.83	0.57	0.38
(四)饮用水来源情况		Source of Drinking Water					
1.饮用自来水的户数	(户/百户)	Tap Water	(household/100 households)	69.67	73.02	77.31	71.98
2.饮用深井水的户数	(户/百户)	Deep Well Water	(household/100 households)	25.19	22.98	19.79	23.48
3.饮用浅井水的户数	(户/百户)	Shallow Well Water	(household/100 households)	5.12	3.98	2.90	4.55
(五)住宅外道路路面状况		Condition of Road Near Residential					
1.水泥或柏油路面的户数	(户/百户)	Cement or Asphalt	(household/100 households)	54.52	57.55	59.71	63.45
2.沙石或石板等硬质路面的户数	(户/百户)	Stone, Sand and Gravel or Other Hard Materials	(household/100 households)	17.57	16.26	15.10	12.17
3.其他路面的户数	(户/百户)	Other Materials	(household/100 households)	27.90	26.19	25.19	24.38

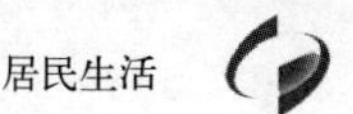

10-10 农村住户人均总收入与总支出

Per Capita Total Income and Expenditure of Rural Households

单位:元 (yuan)

类　别	Category	2008	2009	2010	2011
一、总收入	**Total Income**	**8136.66**	**8683.82**	**9877.33**	**12146.71**
(一)工资性收入	Income from Wages and Salaries	2263.46	2496.57	2958.06	3715.25
1.在非企业组织中劳动得到收入	Incomes from Working in the Non-business Organizations	255.22	283.52	306.59	287.39
2.在本乡地域内劳动得到收入	Incomes from Working inside the Village	1315.25	1418.47	1688.23	2203.25
#在企业中劳动得到收入	Incomes from Working in Enterprises	798.47	862.84	1055.64	1334.80
3.外出从业得到收入	Income from Working Somewhere away from Home	693.00	794.59	963.24	1224.61
(二)家庭经营收入	Income from Household Operations	5339.43	5534.44	6181.28	7590.55
1.第一产业收入	Income from Primary Industry	4338.07	4435.18	4908.18	5838.32
(1)农业收入	Income from Farming	2967.56	3169.75	3550.48	4201.61
(2)林业收入	Income from Forestry	96.58	93.58	109.32	117.80
(3)牧业收入	Income from Animal Husbandry	1228.86	1126.08	1197.83	1464.69
(4)渔业收入	Income from Fishery	45.07	45.78	50.55	54.22
2.第二产业收入	Income from Secondary Industry	355.53	368.77	413.95	563.76
(1)工业收入	Industry	278.80	284.01	316.65	465.33
(2)建筑业收入	Construction	76.72	84.77	97.31	98.43
3.第三产业收入	Income from Tertiary Industry	645.84	730.49	859.14	1188.48
(1)交通、运输、邮电业收入	Transport,Storage and Post	186.85	198.61	239.20	305.75
(2)批零贸易业、饮食业收入	Wholesale,Retail and Catering Trades	252.23	302.58	385.21	635.38
(3)社会服务业收入	Social Services	78.10	92.53	92.35	97.19
(4)文教卫生业收入	Culture,Education and Health	44.30	48.71	58.53	53.47
(5)其他行业收入	Other Sectors	84.35	88.05	83.86	96.69
(三)财产性收入	Income from Properties	163.93	196.11	238.29	246.45
#1.利　息	Interest	13.81	15.70	19.15	58.47
2.集体分配股息和红利	Divident and Bonus Distributed by Mass	1.84	2.45	8.21	15.55
3.其他股息和红利	Other Divident and Bonus	5.40	6.10	6.42	8.01
4.租金(包括农业机械)	Rent(including Agricultural Machinery)	16.09	19.54	21.21	56.37
5.转让承包土地经营权收入	Land Management Rights Transfer	13.61	17.27	24.79	33.55
(四)转移性收入	Income from Transfers	369.82	456.70	499.70	594.45
#1.家庭非常住人口寄回和带回收入	Sent back by Non-permanent Resident	50.16	59.57	64.77	0.03
2.城市亲友赠送收入	Presentation from Relatives and Friends in Rural Area	31.34	38.69	45.63	26.59
3.农村亲友赠送收入	Presentation from Relatives and Friends in Urban Area	120.82	166.24	163.59	154.76

10-10 续表 continued

单位:元 (yuan)

类 别	Category	2008	2009	2010	2011
二、总支出	**Total Expenditure**	**6697.38**	**7258.17**	**7981.02**	**10298.67**
(一)家庭经营费用支出	Expenditure for Household Operations	2139.35	2165.90	2463.80	3270.25
1.第一产业生产费用支出	Primary Industry	1895.81	1912.96	2139.27	2661.48
(1)农业生产费用支出	Expenditure for Farming Production	1024.97	1091.71	1216.99	1564.35
(2)林业生产费用支出	Expenditure for Forestry Production	17.76	16.48	15.28	20.02
(3)牧业生产费用支出	Expenditure for Animal Husbandry Production	836.59	787.93	889.57	1058.31
(4)渔业生产费用支出	Expenditure for Fishery Production	16.49	16.84	17.44	18.80
2.第二产业生产费用支出	Secondary Industry	142.28	137.13	159.90	250.88
(1)工业生产费用支出	Expenditure for Industry Production	129.74	124.46	148.30	227.78
(2)建筑业生产费用支出	Expenditure for Construction Production	12.54	12.68	11.60	23.10
3.第三产业生产费用支出	Tertiary Industry	101.25	115.80	164.64	357.88
(1)交通运输邮电业生产费用支出	Expenditure for Production of Transport,Storage	21.13	24.26	35.49	92.65
(2)批零贸易餐饮业生产费用支出	Expenditure for Production of Wholesale,Retail and Catering Services	48.02	60.67	97.84	202.38
(3)社会服务业生产费用支出	Expenditure for Production of Social Services	7.24	10.92	10.76	23.10
(4)文教卫生业生产费用支出	Expenditure for Production of Culture,Education	7.78	6.43	6.14	10.24
(5)其他行业生产费用支出	Expenditure for Production of Other Secotrs	17.08	13.53	14.41	29.52
(二)购置生产性固定资产支出	Expenditure for Purchase of Productive Fixed Assets	123.75	233.83	192.14	294.68
(三)建造生产性固定资产雇工支出	Expenditure for Building of Productive Fixed Assets	3.24	12.15	3.46	5.37
(四)税费支出	Expenditure for Taxes and Fees	24.88	13.75	13.03	32.71
(五)生活消费支出	Expense on Household Consumption	4077.05	4417.18	4807.18	5900.57
#服务性支出	Expenditure for Services	1218.19	1245.29	1338.38	1517.01
1.食品消费支出	Food	1551.77	1618.66	1804.45	2107.07
2.衣着消费支出	Clothing	250.29	265.59	305.56	399.82
3.居住消费支出	Residence	804.75	945.81	832.95	1126.98
4.家庭设备、用品消费支出	Household Appliances	240.91	273.77	324.70	411.59
5.交通和通讯消费支出	Transport and Communications	452.55	533.55	649.21	753.05
6.文化教育、娱乐消费支出	Recreation,Education and Cultural	417.27	399.95	421.91	482.66
7.医疗保健消费支出	Health care	280.49	301.55	383.89	508.38
8.其他商品和服务消费支出	Other Goods and Services	79.00	78.30	84.51	111.02
(六)财产性支出	Expenditure for Properties	30.60	27.79	44.17	9.31
(七)转移性支出	Expenditure for Transfers	298.51	387.59	457.23	785.78

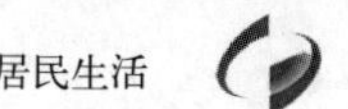

10-11 农村住户人均纯收入
Per Capita Net Income of Rural Households

单位:元 (yuan)

类 别	Category	2008	2009	2010	2011
全年纯收入	**Net Income**	**5641.43**	**6118.77**	**6990.28**	**8342.13**
一、工资性收入	**Income from Wages and Salaries**	**2263.46**	**2496.57**	**2958.06**	**3715.25**
1.在非企业组织中劳动得到收入	Incomes from Working in the Non-business Organizations	255.22	283.52	306.59	287.39
2.在本乡地域内劳动得到收入	Incomes from Working inside the Village	1315.25	1418.47	1688.23	2203.25
#在企业中劳动得到收入	Incomes from Working in Enterprises	798.47	862.84	1055.64	1334.80
3.外出从业得到收入	Income from Working Somewhere away from Home	693.00	794.59	963.24	1224.61
二、家庭经营纯收入	**Net Income from Household Operations**	**2962.96**	**3129.28**	**3456.89**	**3935.24**
1.第一产业纯收入	Net Income from Primary Industry	2283.12	2369.95	2605.18	2944.98
(1)农业收入	Net Income from Farming	1812.72	1954.25	2201.15	2443.60
(2)林业收入	Net Income from Forestry	78.29	76.97	93.93	96.47
(3)牧业收入	Net Income from Animal Husbandry	365.53	311.83	279.10	370.79
(4)渔业收入	Net Income from Fishery	26.58	26.91	31.01	34.13
2.非农产业纯收入	Net Income from Non-agricultural Industries	679.84	759.32	851.70	990.25
(1)第二产业纯收入	Net Income from Secondary Industry	188.22	204.51	227.45	256.09
1)工业收入	Industry	126.15	135.30	144.87	186.77
2)建筑业收入	Construction	62.07	69.21	82.59	69.32
(2)第三产业纯收入	Net Income from Tertiary Industry	491.62	554.82	624.25	734.16
1)交通、运输、邮电业收入	Transport,Storage and Post	137.32	146.29	166.39	174.59
2)批零贸易业、饮食业收入	Wholesale , Retail and Catering Trades	188.89	221.95	264.62	398.95
3)社会服务业收入	Social Services	67.59	77.82	78.60	67.11
4)文教卫生业收入	Culture , Education and Health	34.60	40.49	50.83	40.15
5)其他行业收入	Other Sectors	63.22	68.26	63.82	53.36
三、财产性纯收入	**Net Income from Properties**	**163.93**	**196.11**	**238.29**	**246.45**
#1.利 息	Interest	13.81	15.70	19.15	58.47
2.集体分配股息和红利	Divident and Bonus Distributed by Mass	1.84	2.45	8.21	15.55
3.其他股息和红利	Other Divident and Bonus	5.40	6.10	6.42	8.01
4.租金(包括农业机械)	Rent(including Agricultural Machinery)	16.09	19.54	21.21	56.37
5.转让承包土地经营权收入	Land Management Rights Transfer	13.61	17.27	24.79	33.55
四、转移性纯收入	**Net Income from Transfers**	**251.07**	**296.81**	**337.04**	**445.19**
#1.家庭非常住人口寄回和带回	Sent back by Non-permanent Resident	50.16	59.57	64.77	0.03
2.城市亲友赠送	Presentation from Relatives and Friends in Rural Area	31.34	38.69	45.63	26.59
3.离退休金、养老金	Old-age Pensions	25.93	28.35	35.47	134.04
4.城市亲友支付赡养费	Alimony Relatives and Friends in Urban Area	5.14	5.50	6.52	14.33
5.农村亲友支付赡养费	Alimony Relatives and Friends in Rural Area	8.71	14.40	15.86	35.08
6.救济金、抚恤金、救灾款	Relief，Pensions and Disaster Relief Funds	3.57	3.86	6.08	6.02
7.得到赔款	Compensation	13.41	13.68	19.09	14.56
8.粮食直接补贴收入	Direct Grain Subsidy	45.33	51.60	52.58	82.96

10－12　农村住户人均现金收支情况

Per Capita Cash Income and Expenditure of Rural Households

单位:元　　(yuan)

类　别	Category	2008	2009	2010	2011
一、期内现金收入	**Cash Income in the Term**	**7326.83**	**8057.88**	**9093.67**	**11086.16**
(一)工资性收入	Income from Wages and Salaries	2262.43	2492.73	2955.33	3703.87
1.在非企业组织中劳动得到收入	Incomes from Working in the Non-business Organizations	255.14	283.29	306.15	285.05
2.在本乡地域内劳动得到收入	Incomes from Working inside the Village	1314.45	1415.62	1686.60	2195.95
#在企业中劳动得到收入	Incomes from Working in Enterprises	797.94	860.34	1054.04	1328.47
3.外出从业得到收入	Income from Working Somewhere away from Home	692.84	793.82	962.58	1222.87
(二)家庭经营现金收入	Cash Income from Household Operations	4574.42	4977.75	5486.79	6627.01
1.第一产业现金收入	Cash Income from Primary Industry	3573.58	3880.46	4214.25	4874.99
(1)农业现金收入	Cash Income from Farming	2251.92	2616.64	2869.59	3246.91
(2)林业现金收入	Cash Income from Forestry	94.35	90.50	102.47	113.82
(3)牧业现金收入	Cash Income from Animal Husbandry	1181.68	1126.96	1191.71	1460.16
(4)渔业现金收入	Cash Income from Fishery	45.63	46.36	50.47	54.10
2.第二产业现金收入	Cash Income from Secondary Industry	355.24	368.57	413.93	563.73
(1)工业收入	Industry	278.68	284.01	316.65	465.31
(2)建筑业收入	Construction	76.56	84.56	97.28	98.43
3.第三产业现金收入	Cash Income from Tertiary Industry	645.60	728.73	858.61	1188.29
(1)交通、运输、邮电业收入	Transport,Storage and Post	186.85	198.61	239.20	305.75
(2)批零贸易业、饮食业收入	Wholesale , Retail and Catering Trades	252.23	302.58	385.21	635.38
(3)社会服务业收入	Social Services	78.10	92.53	92.35	97.19
(4)文教卫生业收入	Culture , Education and Health	44.30	48.71	58.53	53.47
(5)其他行业收入	Other Sectors	84.11	86.29	83.33	96.51
(三)财产性收入	Income from Properties	132.14	154.28	177.01	206.40
#1.利　息	Interest	13.81	15.70	19.15	58.47
2.集体分配股息和红利	Divident and Bonus Distributed by Mass	1.84	2.45	8.21	15.55
3.其他股息和红利	Other Divident and Bonus	5.40	6.10	6.42	8.01
4.租金(包括农业机械)	Rent(including Agricultural Machinery)	16.09	19.54	21.21	56.37
5.转让承包土地经营权收入	Land Management Rights Transfer	13.61	17.27	24.79	33.55
(四)转移性收入	Income from Transfers	357.85	433.12	474.55	548.87
#1.家庭非常住人口寄回和带回	Sent back by Non-permanent Resident	50.16	59.51	64.74	
2.城市亲友赠送	Presentation from Relatives and Friends in Rural Area	29.98	37.89	44.42	24.06
3.离退休金、养老金	Old-age Pensions	25.93	28.35	35.47	134.04
4.城市亲友支付赡养费	Alimony Relatives and Friends in Urban Area	5.14	5.50	6.52	14.33
5.农村亲友支付赡养费	Alimony Relatives and Friends in Rural Area	8.71	14.40	15.86	35.08
6.救济金、抚恤金、救灾款	Relief，Pensions and Disaster Relief Funds	3.57	3.86	6.08	6.02
7.得到赔款	Compensation	13.41	13.68	19.09	14.56
8.粮食直接补贴收入	Direct Grain Subsidy	45.33	51.60	52.58	82.96

10—12 续表 continued

单位:元 (yuan)

类　别	Category	2008	2009	2010	2011
二、期内现金支出	**Cash Expenditure in the Term**	**6317.36**	**6886.82**	**7589.48**	**9913.74**
(一)生产费用支出	Expenditure of Production Costs	2206.32	2359.63	2607.45	3476.55
1.家庭经营费用支出	Expenditure for Household Operations	2079.33	2113.66	2411.85	3176.50
(1)第一产业生产费用支出	Primary Industry	1835.80	1860.80	2087.31	2568.17
1)农业生产费用支出	Expenditure for Farming Production	1015.47	1079.70	1209.24	1530.75
2)林业生产费用支出	Expenditure for Forestry Production	17.76	16.48	15.28	20.01
3)牧业生产费用支出	Expenditure for Animal Husbandry Production	786.09	747.81	845.35	998.61
4)渔业生产费用支出	Expenditure for Fishery Production	16.49	16.81	17.44	18.80
(2)第二产业生产费用支出	Secondary Industry	142.28	137.13	159.90	250.88
1)工业生产费用支出	Expenditure for Industry Production	129.74	124.46	148.30	227.78
2)建筑业生产费用支出	Expenditure for Construction Production	12.54	12.68	11.60	23.10
(3)第三产业生产费用支出	Tertiary Industry	101.25	115.72	164.64	357.44
1)交通运输邮电业生产费用支出	Expenditure for Production of ansport,Storage	21.13	24.26	35.49	92.65
2)批零贸易餐饮业生产费用支出	Expenditure for Production of Wholesale, Retail and Catering Trades	48.01	60.59	97.84	201.94
3)社会服务业生产费用支出	Expenditure for Production of Social Services	7.24	10.92	10.76	23.10
4)文教卫生业生产费用支出	Expenditure for Production of Culture, Education and Health	7.78	6.43	6.14	10.24
5)其他行业生产费用支出	Expenditure for Production of Other Secotrs	17.08	13.53	14.41	29.52
2.购置生产性固定资产支出	Expenditure for Purchase of Productive Fixed Assets	123.75	233.83	192.14	294.68
3.建、造生产性固定资产雇工支出	Expenditure for Building of Productive Fixed Assets	3.24	12.15	3.46	5.37
(二)税费支出	Expenditure for Taxes and Fees	24.56	13.57	12.75	32.71
(三)生活消费支出	Expense on Household Consumption	3760.73	4100.44	4469.47	5623.58
#服务性支出	Expenditure for Services	1218.19	1245.29	1338.38	1517.01
1.食品消费支出	Food	1240.21	1303.70	1468.05	1831.38
2.衣　着	Clothing	248.38	264.49	304.77	398.90
3.居　住	Residence	802.06	945.41	832.50	1126.88
4.家庭设备、用品及服务	Household Appliances	240.76	273.49	324.63	411.32
5.交通和通讯	Transport and Communications	452.55	533.55	649.21	753.05
6.文化教育、娱乐用品及服务	Recreation,Education,Cultural and Services	417.27	399.95	421.91	482.66
7.医疗保健	Health care	280.49	301.55	383.89	508.38
8.其他商品和服务	Other Goods and Services	79.00	78.30	84.51	111.02
(四)财产性支出	Expenditure for Properties	30.60	27.79	44.17	9.31
(五)转移性支出	Expenditure for Transfers	295.15	385.39	455.65	771.59

10—13 农村住户年末主要耐用消费品拥有情况

Ownership of Major Durable Consumer Goods at the Year-end

类 别		Category		2008	2009	2010	2011
1.洗衣机	(台/百户)	Washing Machine	(unit/100 households)	64.93	71.86	77.93	81.76
2.电冰箱	(台/百户)	Refrigerator	(unit/100 households)	46.67	54.95	65.74	77.76
3.空调机	(台/百户)	Air Conditioner	(unit/100 households)	7.64	12.64	17.69	22.29
4.抽油烟机	(台/百户)	Lampblack Exhauster	(unit/100 households)	10.21	14.88	17.29	17.69
5.吸尘器	(台/百户)	Vacuam Cleaner	(unit/100 households)	0.98	1.36	1.83	0.79
6.微波炉	(台/百户)	Microwave Oven	(unit/100 households)	4.19	8.50	10.71	10.36
7.热水器	(台/百户)	Water Heater	(unit/100 households)	28.50	38.45	46.40	57.17
8.电动自行车	(台/百户)	Motorbikes	(unit/100 households)	44.00	58.43	70.67	88.71
9.摩托车	(台/百户)	Motorcycle	(unit/100 households)	69.64	70.29	72.62	59.74
10.汽车(生活用)	(台/百户)	Automobile	(unit/100 households)	1.71	3.86	5.43	9.02
11.固定电话机	(部/百户)	Phone	(unit/100 households)	76.95	70.74	67.62	44.40
12.移动电话	(部/百户)	Cell Phone	(unit/100 households)	121.24	141.33	160.90	186.43
13.彩色电视机	(台/百户)	Color TV Set	(unit/100 households)	106.62	110.74	112.57	112.00
14.摄像机	(台/百户)	Pickup Camera	(unit/100 households)	0.55	0.81	1.10	0.83
15.照相机	(架/百户)	Camera	(unit/100 households)	8.07	7.76	8.33	5.02
16.家用计算机	(台/百户)	Computer	(unit/100 households)	5.00	10.83	16.69	25.21

10－14 农村住户人均食品消费数量

Per Capita Food Consumption of Rural Households

单位:千克 (kg)

类 别	Category	2008	2009	2010	2011
一、粮食消费量	**Grain Consumption**	**195.33**	**181.82**	**178.27**	**149.85**
(一)谷物消费量	Cereal	190.76	176.83	174.44	146.97
#小 麦	Wheat	152.43	137.63	134.62	122.23
稻 谷	Rice	7.01	6.75	7.01	7.63
玉 米	Corn	22.36	23.07	21.78	12.88
(二)薯类消费量	Tubers	1.33	1.24	1.03	0.82
(三)豆类消费量	Beans	3.24	3.76	2.80	2.07
二、油脂类消费量	**Oil Consumption**	**7.91**	**10.32**	**9.83**	**9.47**
1.植物油	Vegetable Oil	7.78	10.18	9.68	9.38
2.动物油	Animal Fat	0.13	0.14	0.15	0.09
三、烟叶消费量	**Tobacco Consumption**	**0.09**	**0.08**	**0.15**	**0.07**
四、豆制品	**Bean Products**	**2.42**	**2.53**	**2.75**	**3.01**
五、蔬菜及菜制品消费量	**Consumption of Vegetable and Products**	**78.98**	**74.32**	**70.93**	**77.91**
六、瓜 类	**Melons**	**10.48**	**12.34**	**14.20**	**12.77**
七、水果类	**Fruits**	**17.92**	**17.65**	**17.58**	**20.72**
八、消费茶叶	**Tea Consumption**	**0.43**	**0.33**	**0.38**	**0.29**
九、坚果消费量	**Nuts Consumption**	**1.28**	**1.46**	**1.30**	**1.69**
十、肉禽及其制品	**Meat,Poultry and Products**	**14.01**	**13.81**	**15.05**	**16.62**
1.猪 肉	Pork	6.83	7.28	8.06	8.36
2.牛 肉	Beef	0.22	0.21	0.24	0.31
3.羊 肉	Mutton	0.35	0.33	0.32	0.27
4.家 禽	Poultry	3.15	2.77	2.74	3.22
5.其他肉禽及制品	Other Meat,Poultry and Products	3.46	3.22	3.69	4.46
十一、蛋类及蛋制品	**Eggs and Products**	**11.42**	**11.09**	**10.90**	**10.76**
十二、奶和奶制品	**Milk and Products**	**6.67**	**6.12**	**6.26**	**7.69**
十三、水产品	**Aquatic Products**	**4.90**	**4.95**	**4.66**	**4.73**
1.鱼 类	Fish	3.75	3.63	3.40	3.53
2.虾、贝、蟹类	Shrimp,Shellfish and Crab	0.76	0.91	0.87	0.82
3.藻 类	Algae	0.05	0.06	0.07	0.08
4.其 他	Others	0.34	0.35	0.32	0.31
十四、食糖	**Sugar**	**1.03**	**0.98**	**0.82**	**0.72**
十五、酒	**Liquor**	**12.39**	**12.58**	**11.46**	**10.79**
1.白 酒	White Spirit	5.55	5.55	4.97	4.84
2.啤 酒	Beer	6.74	6.93	6.38	5.85
3.果 酒	Wine	0.08	0.07	0.07	0.05

10–15 农村住户人口与就业情况
Population and Employment of Rural Households

单位：人 (person)

类　别	Category	2008	2009	2010	2011
一、农村住户人口状况	**Population of Rural Households**				
(一)家庭人口	Households Population	15029	14949	14919	14678
(二)家庭人口与户主关系	Relationship with the Head of Household				
1.户　主	the Head of the Household	4200	4200	4200	4200
2.配　偶	Spouses	4082	4070	4060	4041
3.子　女	Children	5692	5593	5566	5312
4.孙子女	Grandchildren	572	629	642	698
5.父　母	Parents	442	424	418	381
6.祖父母	Grandparents	5	5	4	6
7.兄弟姐妹	Brothers and Sisters	18	17	20	15
8.其他亲属	Other Relatives	18	11	9	23
9.非亲属	Unrelated				2
(三)年龄状况	Age Status				
1.6岁及以下	6 Year-old and Under	765	733	680	853
2.7–15岁	Between 7 and 15 Year-old	1252	1221	1176	1638
3.16–18岁	Between 16 and 18 Year-old	761	548	468	441
4.19–22岁	Between 19 and 22 Year-old	1629	1597	1357	1045
5.23–25岁	Between 23 and 25 Year-old	724	850	1034	933
6.26–30岁	Between 26 and 30 Year-old	838	887	987	829
7.31–40岁	Between 31 and 40 Year-old	2060	1823	1681	1951
8.41–50岁	Between 41 and 50 Year-old	3112	3144	3232	3146
9.51–60岁	Between 51 and 60 Year-old	2736	2877	2860	2355
10.61岁及以上	61 Year-old and Above	1152	1269	1444	1487
(四)在校学生人数	Students Enrollment	2503	2462	2483	2427
二、农村住户劳动力素质状况	**Labor Force Quality of Rural Households**				
(一)整半劳动力数	Number of Full/Semi Labour Force	12359	12346	12375	11454
#男劳动力人数	Number of Male Labour Force	6472	6504	6546	5966
整劳动力人数	Number of Full Labour Force	8032	7737	7635	7255
(二)年龄状况	Age Status				
1.16–18岁	Between 16 and 18 Year-old	724	539	468	441
2.19–22岁	Between 19 and 22 Year-old	1660	1596	1357	1045
3.23–25岁	Between 23 and 25 Year-old	722	855	1034	933
3.26–30岁	Between 26 and 30 Year-old	861	892	987	829
5.31–40岁	Between 31 and 40 Year-old	2036	1819	1681	1951
6.41–50岁	Between 41 and50 Year-old	3099	3144	3232	3146
7.51–60岁	Between51 and 60 Year-old	2646	2761	2731	2241
8.61岁及以上	61 Year-old and Above	611	740	885	868

10-15 续表 1 continued

单位:人 (person)

类 别	Category	2008	2009	2010	2011
(三)文化程度	Education of Labor Force				
1.不识字或识字很少	Can Not Read or Read Very Little	532	464	458	360
2.小学程度	Primary School	1686	1683	1655	1967
3.初中程度	Junior High School	6512	6539	6550	6246
4.高中程度	Senior High School	2129	2149	2146	1682
5.中 专	Secondary School	765	717	725	484
6.大专及以上	Junior College and over	735	794	841	715
三、农村住户劳动力就业情况	**Employment of Rural Labor Force**				
(一)就业劳动力人数	Number of Full/Semi Labour Force	11033	10924	10930	10385
#男劳动力人数	Number of Male Labour Force	5738	5751	5783	5453
整劳动力人数	Number of Full Labour Force	7008	6697	6532	6480
(二)年内就业状况	Employment during the year				
1.本地务农	Engaged Agriculture at Local	8446	8307	8201	8029
2.本地非农自营	Operating at Local	1156	1136	1083	1093
3.本地非农务工	Working at local	2998	2996	2928	3727
4.外出从业	Working Outside	2077	2074	2041	2327
(三)主要就业地点	Place of Employment				
1.乡 内	In the Village	9371	8962	8937	8430
2.县内乡外	In the County but outside the Village	568	698	888	813
3.省内县外	In the Province but outside the County	731	850	720	759
4.国内省外	In China but outside the Province	357	407	381	374
5.国 外	Abroad	6	7	4	9
(四)行业分布	Sector Employment				
1.第一产业	Primary Industry	6291	5753	5908	5202
2.第二产业	Secondary Industry	2472	2677	2696	2989
3.第三产业	Teriary Industry	2270	2494	2326	2194
(五)年内从业时间(月)	Working time during the year (month)				
1.本地务农	Engaged Agriculture at Local	48370	48957	48524	44070
2.本地非农自营	Operating at Local	8324	8702	8747	8089
3.本地非农务工	Working at local	21157	21892	22220	22711
4.外出从业	Working Outside	18556	19155	19569	18816
(六)年末就业状况	Employment at Year-end				
1.本地务农	Engaged Agriculture at Local	5443	5651	5676	5331
2.本地非农自营	Operating at Local	901	911	911	818
3.本地非农务工	Non-agriculture Employment at local	1966	2102	2118	2022
4.外出从业	Non-local Employment	1661	1877	1947	1951
5.其他从业	Other Employment	289	140	108	117
6.未从业	No Employment	773	243	170	146

10-15 续表 2 continued

单位:人 (person)

类 别	Category	2008	2009	2010	2011
(七)参加医疗保险情况	Conditions of Participated in Medical Insurance				
1.农村新型农村合作医疗	New Cooperative Medical System	10651	10582	10585	9934
2.城镇医疗保险	Urban Medical Insurance	256	281	285	389
3.商业医疗保险	Commercial Medical Insurance	133	91	135	110
4.其他医疗保险	Other Medical Insurance	58	41	7	3
5.没有参加任何医疗保险	Non-participated in Medical Insurance	115	77	80	83
(八)参加养老保险情况	Conditions of Participated in Pension Insurance				
1.农村社会养老保险	New Rural Old-age Insurance	1268	1455	2041	6793
2.城镇基本养老保险	Urban Basic Pension Insurance	567	627	570	658
3.商业养老保险	Commercial Pension Insurance	277	260	340	260
4.其他养老保险	Other Pension Insurance	186	192	30	13
5.没有参加任何养老保险	Non-participated in Pension Insurance	8758	8414	7970	2752
四、外出劳动力情况	**Migrant worker**				
(一)外出劳动力人数	Number of Migrant worker	2077	2074	2041	2327
#男劳动力人数	Number of Male Migrant worker	1434	1475	1459	1690
整劳动力	Number of Full Labour Force	1909	1880	1859	2045
(二)年龄状况	Age Status				
1.16-18岁	Between 16 and 18 Year-old	93	42	31	46
2.19-22岁	Between 19 and 22 Year-old	624	531	390	362
3.23-25岁	Between 23 and 25 Year-old	324	387	432	444
3.26-30岁	Between 26 and 30 Year-old	295	330	391	340
5.31-40岁	Between 31 and 40 Year-old	318	301	318	434
6.41-50岁	Between 41 and50 Year-old	291	327	327	488
7.51-60岁	Between51 and 60 Year-old	119	137	133	182
8.61岁及以上	61 Year-old and Above	13	19	19	31
(三)文化程度	Education of Labor Force				
1.不识字或识字很少	Can Not Read or Read Very Little	19	15	13	13
2.小学	Primary School	88	85	76	171
3.初中	Junior High School	1375	1314	1264	1420
4.高中	Senior High School	292	323	320	372
5.中专	Secondary School	198	200	211	177
6.大专及以上	Junior College and over	105	137	157	174
(四)接受农业技术培训人数	Number of Persons accepted Agricultural Technology Training	176	177	170	294
(五)接受非农职业技能培训人数	Number of Persons accepted Non-agricultural Vocational Skills Training	390	444	516	646
(六)外出地区	Work Region				
1.乡外县内	In the County but outside the Village	816	748	914	998
2.县外省内	In the Province but outside the County	824	890	732	907
3.省外	Outside Province	437	436	395	422

10-15 续表 3 continued

单位:人 (person)

类别	Category	2008	2009	2010	2011
(七)地区类型	Type of Region				
1.直辖市	Municipalities	178	165	149	171
2.省会城市	Capital cities	223	272	290	265
3.地级市	Cities at Prefecture-level	656	643	642	681
4.县级市	Cities at County-level	627	602	615	815
5.建制镇	Towns	270	305	269	360
6.其他地区	Others	123	87	76	35
(八)从事行业	Sector Employment				
1.第一产业	Primary Industry	44	45	36	21
2.第二产业	Secondary Industry	1195	1208	1160	1503
3.第三产业	Teriary Industry	838	821	845	803
(九)从事工作种类	Type of Job				
1.私营企业主	Private Entrepreneurs	49	9	9	5
2.企业经营管理	Business Management	31	15	19	30
3.个体经营	Self-employed	55	75	78	98
4.专业技术	Professional Technology	179	271	269	418
5.办事人员及有关	Staff Member	74	83	75	82
6.商业	Business	78	73	79	58
7.服务业	Services Sector	272	257	266	277
8.农、林、牧、渔、水利业生产	Production of Agriculture, Forestry, Animal Husbandry, Fishery and Water Conservancy	48	45	30	23
9.生产、运输设备操作人员及有关	Production and Transport Equipment Operators	766	752	804	816
10.其他	Others	525	494	412	520
(十)参加医疗保险情况	Conditions of Participated in Medical Insurance				
1.农村新型农村合作医疗	New Cooperative Medical System	1959	1972	1942	2182
2.城镇医疗保险	Urban Medical Insurance	73	75	75	126
3.商业医疗保险	Commercial Medical Insurance	25	18	26	31
4.其他医疗保险	Other Medical Insurance	20	13	1	1
5.没有参加任何医疗保险	Non-participated in Medical Insurance	35	18	22	26
(十一)参加养老保险情况	Conditions of Participated in Pension Insurance				
1.农村社会养老保险	New Rural Old-age Insurance	98	117	249	1231
2.城镇基本养老保险	Urban Basic Pension Insurance	173	246	210	258
3.商业养老保险	Commercial Pension Insurance	68	71	102	95
4.其他养老保险	Other Pension Insurance	71	76	8	7
5.没有参加任何养老保险	Non-participated in Pension Insurance	1670	1564	1473	758

10－16 农村住户农业生产结构及生产技术应用情况
Agricultural Production Structure and Technology Application of Rural Households

单位:亩/人 (mu/person)

类 别	Category	2008	2009	2010	2011
一、土地经营情况	**Land Operation**				
(一)期内增加的经营土地面积	Added Land Area Operated in the Term	0.05	0.09	0.04	0.05
#耕 地	Farmland	0.05	0.08	0.04	0.04
(二)期内减少的经营土地面积	Decrease Land Area Operated in the Term	0.07	0.06	0.04	0.04
#耕 地	Farmland	0.06	0.05	0.03	0.04
(三)期末实际经营的土地面积	Actually Land Area Operated at Term-end	1.67	1.71	1.71	1.71
1.耕 地	Farmland	1.51	1.55	1.56	1.60
#有效灌溉面积	Effective Irrigation Area	1.30	1.34	1.36	1.40
2.山 地	Mountain Land	0.05	0.05	0.04	0.03
3.园 地	Garden Land	0.10	0.10	0.10	0.08
4.牧草地	Grassland				
5.养殖水面	Culture Surface	0.01	0.01	0.01	0.003
二、土地种植情况	**Land Cultivation**				
(一)粮食播种面积	Acreage of Grain	1.92	1.96	1.99	2.01
1.小麦播种面积	Acreage of Wheat	0.94	0.96	0.97	0.99
2.水稻播种面积	Acreage of Rice	0.01	0.01	0.02	0.02
3.玉米播种面积	Acreage of Corn	0.92	0.93	0.95	0.97
4.豆类播种面积	Acreage of Beans	0.03	0.04	0.02	0.01
5.薯类播种面积	Acreage of Tubers	0.02	0.02	0.02	0.02
(二)经济作物播种面积	Acreage of Economic Crops	0.69	0.70	0.52	0.60
1.棉花播种面积	Acreage of Cotton	0.36	0.33	0.23	0.22
2.油料播种面积	Acreage of Oil	0.14	0.13	0.13	0.14
3.蔬菜播种面积	Acreage of Vegetables	0.16	0.20	0.13	0.19
4.瓜类播种面积	Acreage of Melons	0.02	0.03	0.03	0.04
三、农业生产技术应用情况	**Agricultural Technology Application**				
(一)机耕面积	Mechanical Cultivation Area	1.40	1.46	1.45	1.49
(二)抛秧面积	Throwing Seedling Area	0.02	0.01	0.01	0.02
(三)机播面积	Mechanical Seeding Area	1.34	1.51	1.44	1.58
(四)机收面积	Mechanical Harvesting Area	0.95	1.06	1.04	1.23
(五)机电灌溉面积	Mechanical Irrigation Area	1.12	1.18	1.18	1.25
(六)薄膜覆盖面积	Films Coverage Area	0.41	0.41	0.41	0.36
(七)温室面积	Greenhouse Area	0.02	0.03	0.02	0.04

10−17 农村住户生产经营情况

Production Operations of Rural Households

类　别		Category		2008	2009	2010	2011
一、农 业		**Farming**					
(一)谷物产量	(公斤/人)	Cereal Output	(kg/person)	836.04	868.77	848.38	910.40
#1.小麦产量	(公斤/人)	Ordinary Wheat	(kg/person)	388.11	407.22	411.29	441.17
2.玉米产量	(公斤/人)	Ordinary Corn	(kg/person)	439.68	454.27	428.52	460.37
(二)薯类产量	(公斤/人)	Tubers Output	(kg/person)	6.61	7.58	8.27	7.48
(三)豆类产量	(公斤/人)	Beans Output	(kg/person)	5.41	6.62	4.03	1.85
(四)棉花产量	(公斤/人)	Cotton Output	(kg/person)	68.55	64.70	39.75	44.95
(五)油料产量	(公斤/人)	Oil Output	(kg/person)	44.40	42.21	39.70	39.91
(六)蔬菜产量	(公斤/人)	Vegetable Output	(kg/person)	404.58	410.75	402.05	531.37
(七)瓜果类产量	(公斤/人)	Melon Output	(kg/person)	63.58	81.94	75.58	112.38
(八)园林水果产量	(公斤/人)	Fruit Output	(kg/person)	109.52	97.73	90.12	89.47
#苹果产量	(公斤/人)	Apple	(kg/person)	45.93	41.92	38.43	34.20
梨产量	(公斤/人)	Pear	(kg/person)	7.29	5.06	4.52	4.86
桃产量	(公斤/人)	Peach	(kg/person)	17.75	17.18	12.08	19.21
枣产量	(公斤/人)	Jujube	(kg/person)	20.77	22.07	20.17	18.86
二、林 业		**Forestry**					
#板栗产量	(公斤/人)	Chestnut Output	(kg/person)	0.13	0.24	0.16	0.23
核桃产量	(公斤/人)	Walnut Output	(kg/person)	0.12	0.15	0.10	0.27
花椒产量	(公斤/人)	Output of Chinese Prickly Ash	(kg/person)	0.13	0.10	0.24	0.06
木 材	(立方米/人)	Wood	(cu.m/person)	0.15	0.13	0.15	0.15
树 苗	(株/人)	Sapling	(stem/person)	11.59	20.55	2.86	5.14
三、牧 业		**Animal Husbandry**					
(一)畜禽肉产量(出售、自宰)	(公斤/人)	Output of Livestock and Poultry	(kg/person)	74.44	76.00	80.95	80.71
1.畜肉产量	(公斤/人)	Output of Livestock Meat	(kg/person)	30.94	36.50	36.46	35.81
#(1)肉猪头数	(头/人)	Pig	(head/person)	0.32	0.41	0.41	0.38
肉猪肉产量	(公斤/人)	Pork	(kg/person)	26.78	32.74	33.67	30.92
(2)菜羊只数	(只/人)	Sheep	(head/person)	0.05	0.06	0.06	0.11
菜羊肉产量	(公斤/人)	Mutton	(kg/person)	0.91	1.09	1.05	2.61
(3)肉牛头数	(头/人)	Cattle	(head/person)	0.01	0.01	0.01	0.01
肉牛肉产量	(公斤/人)	Beef	(kg/person)	3.15	2.62	1.69	2.09
2.家禽肉产量	(公斤/人)	Output of Poultry Meat	(kg/person)	43.50	39.50	44.48	44.89
#(1)鸡只数	(只/人)	Chicken	(head/person)	7.85	7.28	8.32	5.93
鸡的肉产量	(公斤/人)	Chicken Meat	(kg/person)	16.42	15.55	17.10	11.71
(2)鸭只数	(只/人)	Ducks	(head/person)	9.69	9.08	11.03	12.50
鸭的肉产量	(公斤/人)	Ducks Meat	(kg/person)	23.11	22.70	27.28	32.05
(3)鹅只数	(只/人)	Geese	(head/person)	0.00	0.00	0.01	0.00
鹅的肉产量	(公斤/人)	Geese Meat	(kg/person)	0.00	0.00	0.04	0.01
(二)蛋类产量	(公斤/人)	Eggs Output	(kg/person)	24.49	27.32	25.56	12.51
#1.鸡蛋产量	(公斤/人)	Chicken Eggs	(kg/person)	23.83	26.51	24.86	12.47
2.鸭蛋产量	(公斤/人)	Duck Eggs	(kg/person)	0.05	0.12	0.07	0.03
(三)毛、绒产量	(公斤/人)	Feather and Cashmere Output	(kg/person)	0.02	0.01	0.01	0.02
(四)奶类产量	(公斤/人)	Milk Outout	(kg/person)	5.26	3.72	5.26	1.01
四、渔 业		**Fishery**					
#海水鱼类产量	(公斤/人)	Seawatoer Fish Output	(kg/person)	1.38	0.86	0.08	0.00
淡水鱼类产量	(公斤/人)	Fresh Water Fish Output	(kg/person)	1.16	0.03	0.01	3.67

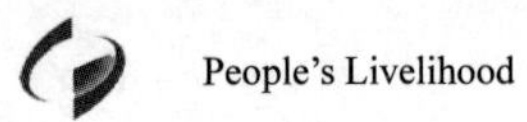

10–18 农村居民出售产品情况
Product Sales of Rural Households

类别		Category		2008	2009	2010	2011
一、农业	**(元/人)**	**Farming**	**(yuan/person)**	**2164.16**	**2533.21**	**2772.49**	**3142.53**
(一)谷物数量	(千克/人)	Cereal Amount	(kg/person)	529.12	559.47	554.61	539.68
金额	(元/人)	Sum	(yuan/person)	849.05	921.00	1050.54	1114.88
#1.出售小麦数量	(千克/人)	Amount of Wheat	(kg/person)	239.31	229.25	233.24	248.33
出售小麦金额	(元/人)	Sum of Wheat	(yuan/person)	389.42	418.96	466.67	513.55
2.出售玉米数量	(千克/人)	Amount of Corn	(kg/person)	283.43	323.51	315.53	284.36
出售玉米金额	(元/人)	Sum of Corn	(yuan/person)	447.89	489.54	570.31	582.08
(二)出售薯类数量	(千克/人)	Amount of Tubers	(kg/person)	4.64	5.48	5.77	7.07
出售薯类金额	(元/人)	Sum of Tubers	(yuan/person)	13.57	16.19	18.50	37.78
(三)出售豆类数量	(千克/人)	Amount of Beans	(kg/person)	1.95	4.11	2.94	1.25
出售豆类金额	(元/人)	Sum of Beans	(yuan/person)	6.75	13.96	11.52	5.28
(四)出售棉花数量	(千克/人)	Amount of Cotton	(kg/person)	43.31	64.41	34.78	28.67
出售棉花金额	(元/人)	Sum of Cotton	(yuan/person)	254.62	365.26	302.84	254.75
(五)出售油料数量	(千克/人)	Amount of Oil	(kg/person)	17.33	27.79	25.11	25.34
出售油料金额	(元/人)	Sum of Oil	(yuan/person)	82.88	113.30	137.95	165.52
(六)出售蔬菜数量	(千克/人)	Amount of Vegetables	(kg/person)	363.68	382.08	366.40	499.21
出售蔬菜金额	(元/人)	Sum of Vegetables	(yuan/person)	570.24	691.47	786.56	1010.43
(七)出售瓜类数量	(千克/人)	Amount of Melons	(kg/person)	61.45	79.38	74.13	110.98
出售瓜类金额	(元/人)	Sum of Melons	(yuan/person)	83.98	105.25	118.01	164.38
(八)出售园林水果数量	(千克/人)	Amount of Fruits	(kg/person)	103.49	98.96	88.08	81.50
出售园林水果金额	(元/人)	Sum of Fruits	(yuan/person)	253.18	251.01	295.25	275.07
#1.出售苹果数量	(千克/人)	Amount of Apples	(kg/person)	42.73	43.02	37.70	27.68
出售苹果金额	(元/人)	Sum of Apples	(yuan/person)	85.43	104.54	114.76	115.37
2.出售梨数量	(千克/人)	Amount of Pears	(kg/person)	6.19	5.70	4.34	4.52
出售梨金额	(元/人)	Sum of Pears	(yuan/person)	7.55	11.97	9.27	11.85
3.出售桃数量	(千克/人)	Amount of Peaches	(kg/person)	16.97	17.32	11.83	18.91
出售桃金额	(元/人)	Sum of Peaches	(yuan/person)	31.98	38.63	30.91	48.24
4.出售杏数量	(千克/人)	Amount of Apricots	(kg/person)	2.18	1.30	1.49	0.78
出售杏金额	(元/人)	Sum of Apricots	(yuan/person)	5.37	4.62	5.23	1.85
5.出售枣数量	(千克/人)	Amount of Jujubes	(kg/person)	20.80	21.84	19.89	18.42
出售枣金额	(元/人)	Sum of Jujubes	(yuan/person)	70.78	46.15	76.62	59.62
二、林业	**(元/人)**	**Forestry**	**(yuan/person)**	**90.78**	**89.64**	**101.67**	**102.43**
#1.出售采集林产品金额	(元/人)	Sum of Forestry Products	(yuan/person)	5.47	6.71	7.18	7.58
2.出售竹木金额	(元/人)	Sum of Bamboo	(yuan/person)	62.80	67.38	74.57	83.27
3.出售育种、育苗金额	(元/人)	Sum of Breeding Nursery	(yuan/person)	18.51	13.78	17.95	9.30
三、牧业	**(元/人)**	**Animal Husbandry**	**(yuan/person)**	**1176.78**	**1118.62**	**1180.73**	**1446.06**
#1.出售肉猪及猪肉总重量	(千克/人)	Amount of Pigs and Meat	(kg/person)	26.40	32.76	33.66	30.91
出售肉猪及猪肉总金额	(元/人)	Sum of Pigs and Meat	(yuan/person)	483.34	473.90	489.35	618.39
2.出售菜羊及羊肉总重量	(千克/人)	Amount of Sheep and Mutton	(kg/person)	0.92	1.09	1.05	2.60
出售菜羊及羊肉总金额	(元/人)	Sum of Sheep and Mutton	(yuan/person)	19.10	21.72	22.90	75.84
3.出售家禽总重量	(千克/人)	Amount of Livestock	(kg/person)	39.42	39.38	44.37	44.81
出售家禽总金额	(元/人)	Sum of Livestock	(yuan/person)	315.75	299.38	341.69	407.85
4.出售蛋类的数量	(千克/人)	Amount of Eggs	(kg/person)	23.66	26.26	24.66	12.05
出售蛋类的金额	(元/人)	Sum of Eggs	(yuan/person)	144.33	161.56	166.62	100.78
四、渔业	**(元/人)**	**Fishery**	**(yuan/person)**	**29.16**	**35.56**	**34.93**	**45.17**
#1.出售海水产品金额	(元/人)	Sum of Seawater Products	(yuan/person)	21.73	33.95	34.85	11.52
2.出售淡水产品金额	(元/人)	Sum of Fresh Water Products	(yuan/person)	7.21	1.47	0.04	33.63

10-19 各市农村居民主要指标(2011年)

Major Indicators of Rural Households by Region(2011)

单位:元/人 (yuan/person)

地 区	Region	调查户数(户) Number of Households Surveyed (household)	常住人口(人) Number of Permanent Residents (person)	全年总收入 Total Income	工资性收入 Income from Wages and Salaries	家庭经营收入 Income from Household Operations	财产性收入 Income from Properties	转移性收入 Income from Transfers
济南市	Jinan	780	2829	13630	4971	7474	470	714
青岛市	Qingdao	680	2263	17156	5418	10840	281	617
淄博市	Zibo	800	2612	13580	6405	6054	290	830
枣庄市	Zaozhuang	600	2172	10775	4289	5866	79	541
东营市	Dongying	500	1666	15370	3732	10682	388	568
烟台市	Yantai	1060	3118	14419	4963	8611	306	538
潍坊市	Weifang	1160	4048	14750	4550	9462	267	471
济宁市	Jining	1130	4174	11164	4223	6324	269	349
泰安市	Tai'an	560	1958	10806	4677	5479	163	486
威海市	Weihai	360	968	15986	6036	8889	352	708
日照市	Rizhao	400	1247	12325	4025	7910	160	231
莱芜市	Laiwu	200	586	11669	4601	6478	120	470
临沂市	Linyi	1200	4028	11109	3102	7307	200	500
德州市	Dezhou	1070	3668	11033	3715	6973	87	259
聊城市	Liaocheng	840	2858	11136	3310	7446	132	249
滨州市	Binzhou	700	2353	13388	4067	8570	295	456
菏泽市	Heze	980	3864	8976	3422	5081	116	358

10-19 续表 1 continued

单位:元/人 (yuan/person)

地 区	Region	全年纯收入 Net Income	工资性纯收入 Net Income from Wages and Salaries	家庭经营纯收入 Net Income from Household Operations	财产性纯收入 Net Income from Properties	转移性纯收入 Net Income from Transfers	现金纯收入 Cash Net Income	全年总支出 Total Expenditure	家庭经营费用支出 Expenditure for Household Operations
济南市	Jinan	10412	4971	4399	470	571	9683	9548	2747
青岛市	Qingdao	12370	5418	6122	281	549	11195	13192	4222
淄博市	Zibo	10878	6405	3517	290	665	10424	9504	2028
枣庄市	Zaozhuang	8397	4289	3636	79	392	7733	7973	1984
东营市	Dongying	10025	3732	5430	388	476	8962	11639	4606
烟台市	Yantai	11716	4963	5992	306	455	10217	9606	2297
潍坊市	Weifang	10409	4550	5193	267	399	9669	11116	3786
济宁市	Jining	8712	4223	3758	369	363	8036	7774	2182
泰安市	Tai'an	8974	4677	3800	163	333	8198	6877	1460
威海市	Weihai	12334	6036	5274	352	672	10320	11197	3320
日照市	Rizhao	8756	4025	4365	160	206	7780	8084	3174
莱芜市	Laiwu	9626	4601	4410	120	495	9192	8524	1992
临沂市	Linyi	8018	3102	4305	200	411	7103	7949	2628
德州市	Dezhou	8350	3715	4302	87	246	6850	6769	2172
聊城市	Liaocheng	7735	3310	4070	132	223	6901	8321	2961
滨州市	Binzhou	8744	4067	3995	295	388	7911	11115	3942
菏泽市	Heze	7119	3422	3318	116	263	6036	6147	1560

10-19 续表 2 continued

单位:元/人 (yuan/person)

地区	Region	购置生产性固定资产支出 Expenditure for Purchase of Productive Fixed Assets	建造生产性固定资产雇工支出 Expenditure for Building of Productive Fixed Assets	税费支出 Expenditure for Taxes and Fees	生活消费支出 Expense on Household Consumption	财产性支出 Expenditure for Properties	转移性支出 Expenditure for Transfers	全年生活消费总支出 Total Expense on Household Consumption	食品消费支出 Food
济南市	Jinan	259	9	25	5905	9	593	5905	2147
青岛市	Qingdao	280	1	8	7661	3	1016	7661	2803
淄博市	Zibo	85	3	12	6458	4	915	6458	2266
枣庄市	Zaozhuang	93		3	5051		842	5051	1891
东营市	Dongying	255	10	17	5829	62	860	5829	2050
烟台市	Yantai	211	3	2	5884	10	1199	5884	2330
潍坊市	Weifang	238	5	8	6382	40	657	6382	2100
济宁市	Jining	191	2	5	4721	3	671	4721	1878
泰安市	Tai'an	75	4	1	4855	2	481	4855	1861
威海市	Weihai	103		4	6823	1	945	6823	2492
日照市	Rizhao	88	75	4	4352	16	374	4352	1758
莱芜市	Laiwu	148		5	5194	40	1146	5194	1917
临沂市	Linyi	129	8	5	4696	11	472	4696	1846
德州市	Dezhou	184	1	19	4142	1	250	4142	1531
聊城市	Liaocheng	360	28	33	4553	4	382	4553	1724
滨州市	Binzhou	449		70	5968	55	631	5968	1881
菏泽市	Heze	112	8	15	4140	1	310	4140	1658

10-19 续表 3 continued

单位:元/人 (yuan/person)

地区	Region	衣着消费支出 Clothing	居住消费支出 Residence	家庭设备、用品消费支出 Household Appliances and Services	交通和通讯消费支出 Transport and Communications	文化教育、娱乐消费支出 Recreation, Education and Cultural Services	医疗保健消费支出 Health Care and Medical Services	其他商品和服务消费支出 Other Goods and Services
济南市	Jinan	359	992	382	888	388	675	75
青岛市	Qingdao	701	1328	510	1135	649	391	143
淄博市	Zibo	534	997	434	926	642	539	120
枣庄市	Zaozhuang	375	951	394	605	338	337	160
东营市	Dongying	487	843	424	1035	464	419	106
烟台市	Yantai	585	910	300	697	445	503	115
潍坊市	Weifang	440	1184	513	1037	565	432	111
济宁市	Jining	359	814	351	563	307	350	98
泰安市	Tai'an	318	773	407	501	607	349	40
威海市	Weihai	635	1218	373	731	744	503	128
日照市	Rizhao	469	630	429	528	274	186	78
莱芜市	Laiwu	370	933	350	730	357	463	75
临沂市	Linyi	345	895	323	624	318	231	114
德州市	Dezhou	286	710	297	586	226	433	73
聊城市	Liaocheng	277	954	354	481	351	333	80
滨州市	Binzhou	375	1619	389	875	345	400	84
菏泽市	Heze	285	762	279	452	308	320	77

主要统计指标解释

一、城镇住户

城镇家庭人口 指居住在一起，经济上合在一起共同生活的家庭成员。凡计算为家庭人口的成员其全部收支都包括在本家庭中。

城镇就业面 指就业人口占家庭人口的百分比。

城镇就业者负担人数 指家庭人口与就业人口之比。

城镇家庭总收入 指家庭成员得到的工资性收入、经营净收入、财产性收入、转移性收入之和，不包括出售财物收入和借贷收入。

城镇家庭可支配收入 指家庭成员得到可用于最终消费支出和其它非义务性支出以及储蓄的总和，即居民家庭可以用来自由支配的收入。它是家庭总收入扣除交纳的所得税、个人交纳的社会保障支出以及记账补贴后的收入。计算公式为：

可支配收入=家庭总收入-交纳所得税

-个人交纳的社会保障支出-记帐补贴

城镇家庭总支出 指除借贷支出以外的全部家庭支出。包括消费性支出、购房建房支出、转移性支出、财产性支出、社会保障支出。

城镇家庭消费性支出 指家庭用于日常生活的支出，包括食品、衣着、家庭设备用品及服务、医疗保健、交通和通信、娱乐教育文化服务、居住、杂项商品和服务等八大类支出。

恩格尔系数 指食物支出金额在消费性总支出金额中所占的比例。计算公式为：

$$恩格尔系数=\frac{食品支出金额}{消费性总支出金额}\times 100\%$$

二、农村住户

农村住户 指农村常住户。农村常住户是指在农村范围内居住或即将居住半年以上的家庭户。户口不在本地而在本地居住或即将居住半年及以上的住户也包括在本地农村常住户范围内；有本地户口，但举家外出谋生半年以上的住户，无论是否保留承包耕地都不包括在本地农村住户范围内。

常住人口 指全年经常在家或在家居住6个月以上，而且经济和生活与本户连成一体的人口。外出从业人员在外居住时间虽然在6个月以上，但收入主要带回家中，经济与本户连为一体，仍视为家庭常住人口；在家居住，生活和本户连成一体的国家职工、退休人员也为家庭常住人口。但是现役军人、中专及以上(走读生除外)的在校学生、以及常年在外(不包括探亲、看病等)且已有稳定的职业与居住场所的外出从业人员，不算家庭常住人口。家庭常住人口主要作为计算农村住户平均每人收入、消费和积累水平及分析家庭人口状况的依据。

整、半劳动力 整劳动力指男子18周岁到50周岁，女子18周岁到45周岁；半劳动力指男子16周岁到17周岁，51周岁到60周岁；女子16周岁到17周岁，46周岁到55周岁，同时具有劳动能力的人。虽然在劳动年龄之内，但已丧失劳动能力的人，不应算为劳动力；超过劳动年龄，但能经常参加劳动，计入半劳动力数内。

总收入 指调查期内农村住户和住户成员从各种来源渠道得到的收入总和。按收入的性质划分为工资性收入、家庭经营收入、财产性收入和转移性收入。

工资性收入 指农村住户成员受雇于单位或个人，靠提供劳动而获得的收入。

家庭经营收入 指农村住户以家庭为生产经营单位进行生产筹划和管理而获得的收入。农村住户家庭经营活动按行业划分为农业、林业、牧业、渔业、工业、建筑业、交通运输业邮电业、批发和零售贸易餐饮业、社会服务业、文教卫生业和其他家庭经营。

财产性收入 指金融资产或有形非生产性资产的所有者向其他机构单位提供资金或将有形非生产性资产供其支配，作为回报而从中获得的收入。

转移性收入 指农村住户和住户成员无须付出任何对应物而获得的货物、服务、资金或资产所有权等，不包括无偿提供的用于固定资本形成的资金。一般情况下，是指农村住户在二次分配中的所有收入。

现金收入 指农村住户和住户成员在调查期内得到以现金形态表现的收入。按来源分成工资性收入、家庭经营现金收入、财产性收入、转移性收入。

纯收入 指农村住户当年从各个来源得到的总收入相应地扣除所发生的费用后的收入总和。计算方法：

纯收入=总收入-家庭经营费用支出-税费支出

-生产性固定资产折旧

纯收入主要用于再生产投入和当年生活消费支出，也可用于储蓄和各种非义务性支出。“农民人均纯收入”按人口平均的纯收入水平，反映的是一个地区或一个农户农村居民的平均收入水平。

总支出 指农村住户用于生产、生活和再分配的全部支出。家庭经营费用支出、购置生产性固定资产支出、生产性固定资产折旧、税费支出、生活消费支出、财产性支出和转移性支出。

Explanatory Notes on Main Statistical Indicators

I. Urban Households

Population of Urban Households refer to members of the household living and sharing economically together. All income and expenditure of the population of the household are included in the income and expenditure of the household.

Proportion of Urban Employment refer to the proportion of employed population to the population of urban households.

Number of Dependents per Urban Employee refers to the ratio between number of persons in urban households and the number of dependents.

Total Income of Urban Households refers to the sum of wage and salary, net business income, income from properties, and income from transfers of members of the households, excluding income from selling of properties and income from borrowings.

Disposable Income of Urban Households refers to the actual income at the disposal of members of the households which can be used for final consumption, other non compulsory expenditure and savings. This equals to total income minus income tax, personal contribution to social security and sample household subsidy for keeping diaries. Following formula is used:

Disposable income=total household income-income tax-personal contribution to social security-sample household subsidy for keeping diaries

Total Expenditure of Urban Households refer to all expenditure of the households except expenditure on leading. It includes expenditure on consumption, on purchasing or building houses, on transfers, on properties and on social security.

Consumption Expenditure of Urban Households refers to total expenditure of the sample households for consumption in daily life,including expenditure on eight categories such as food, clothing, household appliances and services, health care and medical services, transport and communications, recreation, education and cultural services, housing, miscellaneous goods and services.

Engel Coefficient refers to the percentage of expenditure on food in the total consumption expenditure, using the following formula:

Engel Coefficient=(expenditure on food/total consumption expenditure)×100%

II. Rural Households

Rural Households refer to resident households in rural areas residing for nearly or more than half-year. Migrated households residing in the current addresses for nearly or more than half-year with their household registration in other places are included in the resident households of their current addresses. For households with their household registration in one place but all members of the households moving away for living in another place for over half-year, they will not be included in the rural households of the area where they are registered, irrespective of whether they still keep their contracted land.

Resident Population refers to population staying at home permanently or for over 6 months during a year and sharing life economically with the household. Members of the household staying away from the household for over 6 months but keeping a close economic relation with the household by sending the majority of income to the household are regarded as resident population of the household. Government staff and workers or retirees living as close members of the household are also considered as resident population. However, servicemen, students of secondary technical schools or schools of higher education and persons with stable jobs and residence outside the household (excluding those visiting relatives or seeking medical service) are not included as resident population of the household. Resident population is used in calculating income, consumption, accumulation on per capita basis of rural households and in analyzing composition of rural households.

Full/Semi Labour Force Full labour force refers to persons capable of work, aged 18-50 for males and 18-45 for females. Semi labour force refers to persons capable of work, aged 16-17 and 51-60 for males and 16-17 and 46-55 for females. Persons at their working ages but not capable of work are not to be included as labour force. Persons not at working ages but participating regularly in work are included in semi labour force. For staff and workers as resident population of the household, they are included as full or semi labour force of the household if they are in the labour force.

Total Income refers to the sum of income earned from various sources by the rural households and their members during the reference period, and is classified as income from wages and salaries, income from household operations, income from properties and income from transfers.

Income from Wages and Salaries refers to income from labour earned by the members of rural households employed by other units or individuals.

Income from Household Operations refers to income by the rural households as units of production and operations. Operations by rural households are classified by economic activities as agriculture, forestry, animal husbandry, fishery, manufacturing, construction, transportation, post and telecommunications, wholesale, retail and catering, social service, culture, education, health, and other household operations.

Income from Properties refers to the income received as returns by owners of financial assets or tangible non productive assets by providing capitals or tangible non productive assets to other institutional units.

Income from Transfers refers to the receipt by rural households and their members of goods, services, capitals or rights of assets without giving or repaying accordingly, excluding capitals provided to them for the formation of fixed assets. In general, it refers to all income received by rural households through redistribution.

Cash Income refers to income received by rural households and their members in the form of cash during the reference period. It is classified, by source of income, into income from wages and salaries,cash income from household operations, income from properties and income from transfers.

Net Income refers to the total income of rural households from all sources minus all corresponding expenses. The formula for calculation is as follows:

Net income=total income-household operation expenses-taxes and fees depreciation of fixed assets for production

Net income is mainly used as input for reproduction and as consumption expenditure of the year, and also used for savings and non-compulsory expenses of various forms. "Per capita net income of farmers" is the level of net income averaged by population which reflects the average income level of rural households in a given area.

Total Expenditure refers to total expenses of rural households on production, consumption and redistribution, including expenditure on household operations, on purchase of productive fixed assets, depreciation of productive fixed assets, taxes and fees, expenses on household consumption, expenses on properties and expenses on transfers.

第11篇

城市建设

City Construction

简 要 说 明

一、本篇资料的主要内容

本篇资料反映了全省各城市基础设施基本情况，包括市政设施、设施水平、供水、公共交通、园林绿化、燃气供热和建设用地等方面的资料。

二、本篇资料的来源

本篇资料来源于省住房、城乡建设厅和省交通运输厅，由山东省统计局综合处和工业处整理提供。

Brief Introduction

I. Content

Data in this chapter show the basic conditions of public facilities of main cities in Shandong, including urban construction and infrastructure, water supply, public communications, urban greenery, gas and heating and land for construction, etc.

II. Source of Data

Data in this chapter are provided by the Housing and Urban-Rural Development and Transportation Department of Shandong Province. Data in this chapter are prepared and compiled by Comprehensive Statistics, Industry and Transport Statistics of Shandong Provincial Bureau of Statistics.

11-1 城市基础设施

Basic Statistics on Urban Infrastructure

指标名称	Item	2008	2009	2010	2011
一、设施水平	**Urban Facilities**				
城市人口密度 (人/平方公里)	Population Density (person/sq.km)	1413	1415	1389	1389
人均日生活用水量 (升)	Per Capita Daily Water Consumption (litre)	127.87	129.91	129.52	129.79
用水普及率 (%)	Coverage Rate of Water Supply (%)	99.39	99.47	99.57	99.74
用气普及率 (%)	Coverage Rate of Natural Gas Supply (%)	98.50	99.17	99.30	99.48
人均拥有道路面积 (平方米)	Per Capita Area of Roads (sq.m)	19.60	20.94	22.23	23.62
	10 000 Persons (unit)				
建成区排水管道密度 (公里/平方公里)	Built-up Area Density of Sewage Pipelines (km/sq.km)		11.46	9.62	10.69
人均公园绿地面积 (平方米)	Per Capita Public Green Areas (sq.m)	14.20	15.09	15.84	16.00
建成区绿化覆盖率 (%)	Coverage Rate of Urban Green Areas (%)	39.80	41.18	41.47	41.51
二、供水情况	**Water Supply**				
供水总量 (万立方米)	Volume of Water Supply (10 000 cu.m)	267172	275592	290866	313500
#生产运营用水 (万立方米)	For Productive Use (10 000 cu.m)	113687	117149	127028	139700
生活用水 (万立方米)	For Residential Use (10 000 cu.m)	121593	124603	127338	131505
用水人口 (万人)	Population Using Water (10 000 persons)	2624	2648	2715	2792
三、公共交通	**Public Transportation**				
客运总量 (万人次)	Volume of Passenger Traffic (10 000 person-times)	339599	335324	371801	380085
运营车数 (辆)	Number of Operating Vehicles (unit)	30286	25272	27752	31230
出租汽车数 (辆)	Number of Taxis (unit)	56325	57278	57687	58462
四、市政设施及污水处理	**Infrastructure and Waste Water Treatment**				
道路面积 (万平方米)	Area of Roads (10 000 sq.m)	51755	55756	60325	66123
道路长度 (公里)	Length of Roads (km)	28700	30793	32859	34681
人行道面积 (万平方米)	Area of Sidewalks (10 000 sq.m)	9950	10980	12149	13999
路灯盏数 (盏)	Number of Streetlights (unit)	1127984	1280664	1339298	1445771
桥梁数 (座)	Numer of Bridges (unit)	4071	4251	4316	4359
污水年排放量 (万吨)	Volume of Waste Water Discharged (10 000 ton)	221129	229929	244417	265465
污水年处理量 (万吨)	Volume of Waste Water Treated (10 000 ton)	187912	193738	222691	247348
防洪堤长度 (公里)	Length of Levees (km)	1699	2321	2352	2511
五、园林绿化	**Parks,Gardens and Green Areas**				
园林绿地面积 (公顷)	Green Areas (ha)	135328	146993	157945	165577
#公园绿地面积 (公顷)	Public Park (ha)	37500	40167	43191	44800
绿化覆盖面积 (公顷)	Coverage of Green Area (ha)	156957	168408	181055	188136
#建成区绿化覆盖面积 (公顷)	Coverage of Urban Green Area (ha)	129788	138923	147904	155699
公园个数 (个)	Number of Parks (unit)	546	575	595	660
公园面积 (公顷)	Area of Parks (ha)	18534	20426	21350	22919

11－2　城市设施水平(2011年)

Basic Statistics on Urban Infrastructure by City(2011)

城市名称	City	城市人口密度(人/平方公里) Population Density (person/sq.km)	自来水人均日生活用水量(升) Per Capita Daily Water Consumption (litre)	自来水普及率(%) Coverage Rate of Water Supply (%)	燃气普及率(%) Coverage Rate of Gas Supply (%)	人均拥有道路面积(平方米) Per Capita Area of Roads (sq.m)	人均公园绿地面积(平方米) Per Capita Public Green Areas (sq.m)	建成区绿化覆盖率(%) Coverage Rate of Urban Green Areas (%)
全　省	**Total**	**1389**	**129.79**	**99.74**	**99.48**	**23.62**	**16.00**	**41.51**
济南市	Jinan	2335	143.44	100.00	100.00	22.52	10.31	37.05
章丘市	Zhangqiu	704	138.42	100.00	100.00	21.98	14.06	41.09
青岛市	Qingdao	1972	169.56	100.00	100.00	23.84	14.58	44.69
胶州市	Jiaozhou	1903	145.54	100.00	99.92	26.01	16.03	43.81
即墨市	Jimo	1370	150.32	100.00	99.82	24.29	14.06	43.90
平度市	Pingdu	960	150.64	100.00	100.00	25.91	12.40	39.98
胶南市	Jiaonan	1046	195.69	100.00	99.70	22.07	18.02	45.54
莱西市	Laixi	872	157.61	100.00	99.96	27.97	16.50	45.30
淄博市	Zibo	1912	115.90	100.00	100.00	22.31	15.47	42.53
枣庄市	Zaozhuang	2057	112.87	99.19	99.36	21.06	13.26	38.97
滕州市	Tengzhou	1617	132.26	100.00	99.75	19.90	12.63	39.11
东营市	Dongying	594	110.69	100.00	98.49	29.44	17.57	39.56
烟台市	Yantai	1592	131.44	99.85	99.81	23.25	20.48	43.20
龙口市	Longkou	2029	84.72	99.96	99.51	25.16	12.55	42.39
莱阳市	Laiyang	1194	103.00	99.46	99.53	11.27	12.68	40.64
莱州市	Laizhou	923	90.56	100.00	99.71	21.06	14.09	41.90
蓬莱市	Penglai	1055	81.02	92.11	99.28	25.36	13.75	41.01
招远市	Zhaoyuan	1301	118.40	100.00	100.00	18.56	17.40	39.49
栖霞市	Qixia	4719	116.56	97.28	99.34	9.57	11.79	35.51
海阳市	Haiyang	345	111.20	99.04	98.40	15.72	16.08	41.97
潍坊市	Weifang	1062	110.13	100.00	100.00	25.79	17.35	40.30
青州市	Qingzhou	1197	101.98	100.00	100.00	27.09	25.34	46.54
诸城市	Zhucheng	905	104.52	100.00	100.00	32.20	19.63	40.30
寿光市	Shouguang	1005	114.87	100.00	100.00	30.14	23.02	44.05
安丘市	Anqiu	772	106.49	100.00	100.00	20.81	26.38	40.41
高密市	Gaomi	1477	150.18	99.52	100.00	27.75	17.90	35.75
昌邑市	Changyi	1269	143.73	100.00	100.00	20.41	19.24	43.12
济宁市	Jining	1408	126.85	100.00	96.58	26.96	10.90	37.51
曲阜市	Qufu	3015	99.95	100.00	95.48	24.73	14.97	35.70
兖州市	Yanzhou	1351	150.71	100.00	96.32	20.04	14.72	33.43
邹城市	Zoucheng	2861	135.35	99.82	98.25	16.46	14.04	39.02
泰安市	Tai'an	2256	166.74	100.00	99.80	25.11	19.83	43.85
新泰市	Xintai	991	103.54	100.00	99.82	25.07	18.82	44.60
肥城市	Feicheng	1743	132.40	100.00	100.00	24.33	18.79	45.07
威海市	Weihai	2573	121.54	100.00	100.00	30.62	24.76	47.59
文登市	Wendeng	743	123.96	100.00	100.00	26.06	21.56	46.83
荣成市	Rongcheng	812	105.19	100.00	100.00	22.80	22.10	46.81
乳山市	Rushan	1305	100.03	100.00	100.00	28.14	17.93	42.56
日照市	Rizhao	1754	92.03	100.00	99.31	25.63	21.67	42.00
莱芜市	Laiwu	1138	125.63	100.00	99.85	28.37	18.49	42.17
临沂市	Linyi	1493	150.97	100.00	99.11	20.60	17.61	44.91
德州市	Dezhou	1153	123.58	100.00	100.00	24.96	20.66	40.69
乐陵市	Leling	2817	78.73	100.00	97.95	20.12	4.54	27.52
禹城市	Yucheng	2705	101.84	97.35	94.27	21.36	13.06	32.33
聊城市	Liaocheng	1543	124.38	97.05	98.19	28.29	11.54	40.30
临清市	Linqing	1150	130.92	99.57	99.57	28.45	11.81	38.63
滨州市	Binzhou	1263	96.27	100.00	100.00	19.84	17.73	39.58
菏泽市	Heze	1924	114.45	97.74	99.19	16.80	11.68	41.71

11-3 城市供水(2011年)

Urban Water Supply by City(2011)

城市名称	City	自来水综合生产能力(万立方米/日) Production Capacity of Water Supply (10 000 cu.m/day)	地下水 Groundwater	供水管道长度(公里) Length of Water Supply Pioelines (km)	供水总量(万立方米) Volume of Water Supply (10 000 cu.m)	生产运营用水 For Productive Use	生活用水 For Residential Use	用水人口(万人) Population with Access to Tap Water (10 000 persons)
全　省	**Total**	**1616.9**	**698.0**	**39568**	**313500**	**139700**	**131505**	**2792**
济南市	Jinan	188.7	91.0	3367	32268	10100	14790	283
章丘市	Zhangqiu	19.8	19.8	254	2817	1160	1301	26
青岛市	Qingdao	130.1	11.3	5121	35131	12317	17149	277
胶州市	Jiaozhou	12.0	4.0	444	2989	1220	1323	25
即墨市	Jimo	29.0		601	6711	4269	2130	39
平度市	Pingdu	11.9	9.9	425	3409	1504	1512	28
胶南市	Jiaonan	26.0	12.0	426	5778	2340	2870	40
莱西市	Laixi	17.5	2.0	525	3352	1546	1555	27
淄博市	Zibo	170.6	112.5	2081	27181	17917	6365	152
枣庄市	Zaozhuang	73.6	61.1	1297	8492	3295	3646	90
滕州市	Tengzhou	22.0	14.0	796	4632	1749	1735	36
东营市	Dongying	74.5		1050	9583	4653	2615	65
烟台市	Yantai	79.1	31.5	2858	15222	7000	6873	143
龙口市	Longkou	16.4	8.4	337	1739	689	877	28
莱阳市	Laiyang	13.8	8.8	309	2857	1380	1186	32
莱州市	Laizhou	12.5	0.5	555	1632	285	1124	34
蓬莱市	Penglai	9.3	1.2	316	942	418	455	15
招远市	Zhaoyuan	6.0	3.5	359	1645	815	770	18
栖霞市	Qixia	4.3	1.3	91	730	59	618	15
海阳市	Haiyang	6.9		282	1600	539	1005	25
潍坊市	Weifang	69.2	19.6	2030	15022	8299	5067	126
青州市	Qingzhou	16.2	13.4	512	2863	1535	1222	33
诸城市	Zhucheng	19.0		319	6302	3820	1732	45
寿光市	Shouguang	18.6	9.8	283	5446	3753	1384	33
安丘市	Anqiu	15.9	11.5	232	3081	1693	1078	28
高密市	Gaomi	30.5	9.0	185	6495	4217	1579	29
昌邑市	Changyi	13.5	13.5	99	3473	2333	799	15
济宁市	Jining	57.0	57.0	690	12400	5692	4741	102
曲阜市	Qufu	10.0	9.0	255	1849	928	721	20
兖州市	Yanzhou	13.0	13.0	242	3604	1886	878	21
邹城市	Zoucheng	14.5	14.5	323	4359	2610	1349	28
泰安市	Tai'an	29.0	9.0	1417	6618	1929	3738	61
新泰市	Xintai	17.1	1.0	784	3126	900	1859	49
肥城市	Feicheng	6.1	6.1	160	1850	475	1155	24
威海市	Weihai	39.2	3.1	1878	6052	2611	2625	59
文登市	Wendeng	13.0	2.9	520	3195	1538	1408	31
荣成市	Rongcheng	27.0	5.0	745	2674	1111	1411	37
乳山市	Rushan	11.0	4.6	516	1339	491	670	18
日照市	Rizhao	33.7	15.1	1405	6116	3642	2133	64
莱芜市	Laiwu	25.5	12.8	684	3890	987	2142	48
临沂市	Linyi	60.7	18.0	1441	15778	3036	10250	191
德州市	Dezhou	28.0		722	6930	3539	2803	62
乐陵市	Leling	14.3	9.5	67	1049	202	729	25
禹城市	Yucheng	8.2	8.2	119	2246	1510	587	16
聊城市	Liaocheng	22.7	21.2	792	5430	2187	2806	62
临清市	Linqing	16.0	15.0	245	2281	600	1434	30
滨州市	Binzhou	45.5	2.0	1173	7242	4124	2482	71
菏泽市	Heze	18.6	1.4	236	4081	797	2824	68

11-4 城市公共交通(2011年)
Public Transportation by City(2011)

城市名称	City	运营车数(辆) Number of Operating Vehicles (unit)	标准运营车数(标台) Number of Standard Operating Vehicles (unit)	运营线路总长度(公里) Length of Operation Lines (km)	客运总量(万人次) Volume of Passenger Traffic (10 000 person-times)	出租汽车数(辆) Number of Taxis (unit)
全　省	**Total**	**31230**	**34754**	**41492**	**380085**	**58462**
济 南 市	Jinan	4173	5120	3839	84578	8357
章 丘 市	Zhangqiu	134	85	270	1200	267
青 岛 市	Qingdao	5658	7085	4536	89614	9697
胶 州 市	Jiaozhou	575	586	700	4975	258
即 墨 市	Jimo	279	284	556	2865	235
平 度 市	Pingdu	269	229	697	3404	164
胶 南 市	Jiaonan	249	294	425	3195	226
莱 西 市	Laixi	148	148	282	899	135
淄 博 市	Zibo	2239	2410	4145	22631	6082
枣 庄 市	Zaozhuang	1072	1013	1175	4856	824
滕 州 市	Tengzhou	537	523	728	6610	406
东 营 市	Dongying	640	727	1358	5496	3104
烟 台 市	Yantai	1976	2386	2072	34414	2169
龙 口 市	Longkou	178	203	394	1177	442
莱 阳 市	Laiyang	124	124	246	1734	399
莱 州 市	Laizhou	54	52	67	480	450
蓬 莱 市	Penglai	70	71	130	840	611
招 远 市	Zhaoyuan	69	69	134	621	369
栖 霞 市	Qixia	59	42	658	383	320
海 阳 市	Haiyang	74	76	185	475	372
潍 坊 市	Weifang	1174	1305	1499	13925	2253
青 州 市	Qingzhou	297	280	580	2650	469
诸 城 市	Zhucheng	307	317	1434	2509	372
寿 光 市	Shouguang	110	111	151	1514	306
安 丘 市	Anqiu	68	49	195	275	292
高 密 市	Gaomi	199	195	285	931	232
昌 邑 市	Changyi	56	56	190	560	211
济 宁 市	Jining	1144	1236	662	12385	1560
曲 阜 市	Qufu	97	97	439	1022	209
兖 州 市	Yanzhou	313	296	295	3076	499
邹 城 市	Zoucheng	227	208	672	2800	797
泰 安 市	Tai'an	937	992	520	7200	1292
新 泰 市	Xintai	265	296	275	2178	258
肥 城 市	Feicheng	243	226	339	2550	403
威 海 市	Weihai	951	1059	1489	12767	1527
文 登 市	Wendeng	82	70	271	120	271
荣 成 市	Rongcheng	130	131	157	1550	295
乳 山 市	Rushan	122	104	400	681	270
日 照 市	Rizhao	510	570	554	5714	1068
莱 芜 市	Laiwu	950	1026	2634	6394	1600
临 沂 市	Linyi	1552	1697	1650	12093	2750
德 州 市	Dezhou	734	775	1017	5088	2405
乐 陵 市	Leling	65	46	285	165	199
禹 城 市	Yucheng	57	40	175	287	259
聊 城 市	Liaocheng	631	634	1141	5339	1416
临 清 市	Linqing	66	45	254	486	333
滨 州 市	Binzhou	986	1013	900	2580	714
菏 泽 市	Heze	380	353	432	2800	1315

11-5 城市市政设施(2011年)
Infrastructure by City(2011)

城市名称	City	道路长度(公里) Length of Roads (km)	道路面积(万平方米) Area of Roads (10 000 sq.m)	人行道面积(万平方米) Area of Sidewalks (10 000 sq.m)	路灯盏数(盏) Number of Streetlights (unit)	桥梁数(座) Number of Bridges (unit)	排水管道长度(公里) Length of Sewage Pipelines (km)
全　　省	**Total**	**34680.8**	**66123.5**	**13999**	**1445771**	**4359**	**40110**
济 南 市	Jinan	4626.7	6361.4	1262	98769	761	2246
章 丘 市	Zhangqiu	220.0	566.0	147	25200	33	716
青 岛 市	Qingdao	3705.3	6604.9	1420	131672	378	5187
胶 州 市	Jiaozhou	402.8	649.0	72	9987	35	484
即 墨 市	Jimo	755.9	943.0	311	9864	54	578
平 度 市	Pingdu	531.4	712.4	199	15918	78	563
胶 南 市	Jiaonan	445.3	886.7	189	23099	84	869
莱 西 市	Laixi	480.0	756.0	132	17033	54	695
淄 博 市	Zibo	1380.0	3381.4	621	65812	265	2251
枣 庄 市	Zaozhuang	868.4	1915.8	505	39177	59	972
滕 州 市	Tengzhou	526.9	715.2	203	19021	26	376
东 营 市	Dongying	735.4	1905.5	245	38374	112	790
烟 台 市	Yantai	1643.4	3335.2	647	83996	92	2653
龙 口 市	Longkou	313.3	713.9	207	16489	31	440
莱 阳 市	Laiyang	181.5	357.4	105	6386	34	270
莱 州 市	Laizhou	198.0	716.0	102	16640	12	396
蓬 莱 市	Penglai	236.2	424.3	101	8397	43	289
招 远 市	Zhaoyuan	208.6	330.8	64	8378	44	328
栖 霞 市	Qixia	97.0	144.6	34	9471	25	124
海 阳 市	Haiyang	179.0	393.0	143	5712	17	298
潍 坊 市	Weifang	1537.5	3250.7	941	81489	78	1591
青 州 市	Qingzhou	520.6	891.6	184	23220	22	592
诸 城 市	Zhucheng	684.8	1461.9	368	24404	26	507
寿 光 市	Shouguang	694.4	995.1	181	38363	7	566
安 丘 市	Anqiu	300.0	581.5	96	4923	33	397
高 密 市	Gaomi	498.4	803.1	240	14595	82	456
昌 邑 市	Changyi	150.5	310.9	82	7078	28	148
济 宁 市	Jining	841.1	2760.7	635	32582	96	1033
曲 阜 市	Qufu	285.4	492.2	83	22491	32	193
兖 州 市	Yanzhou	231.9	413.9	77	24500	21	237
邹 城 市	Zoucheng	572.0	461.0	91	8213	42	235
泰 安 市	Tai'an	768.0	1542.0	342	38858	148	847
新 泰 市	Xintai	493.0	1233.2	140	10344	34	477
肥 城 市	Feicheng	189.0	581.6	63	18899	32	244
威 海 市	Weihai	752.0	1812.0	316	49345	221	2462
文 登 市	Wendeng	336.1	810.9	206	15240	63	564
荣 成 市	Rongcheng	389.0	838.0	128	20306	95	665
乳 山 市	Rushan	279.4	516.4	84	17630	63	500
日 照 市	Rizhao	1285.4	1627.6	340	35533	78	1138
莱 芜 市	Laiwu	770.0	1368.6	262	35373	103	834
临 沂 市	Linyi	2046.3	3928.5	640	129984	136	1914
德 州 市	Dezhou	669.0	1551.3	320	28250	39	808
乐 陵 市	Leling	300.0	510.0	105	4800	15	78
禹 城 市	Yucheng	198.2	346.6	50	4950	63	192
聊 城 市	Liaocheng	517.1	1801.4	503	26061	122	894
临 清 市	Linqing	396.6	857.4	260	7120	29	226
滨 州 市	Binzhou	700.2	1401.1	287	31549	247	1128
菏 泽 市	Heze	540.0	1162.0	266	40276	167	659

11-5 续表 continued

城市名称 City		污水年排放量(万吨) Volume of Waste Water Discharged (10 000 tons)	污水处理总量(万吨) Volume of Waste Water Treated Yearly (10 000 tons)	防洪堤长度(公里) Length of Levees (km)	生活垃圾清运量(万吨) Volume of Garbage Disposal (10 000 tons)	生活垃圾无害化处理量(万吨) Volume of Garbage Harmless Diposed (10 000 tons)
全　　省	**Total**	**265465**	**247348**	**2511**	**959.46**	**887.85**
济 南 市	Jinan	27428	25893	88	87.61	86.27
章 丘 市	Zhangqiu	2394	2109		15.65	15.65
青 岛 市	Qingdao	29859	28872	182	135.05	135.05
胶 州 市	Jiaozhou	2541	2341	16	13.73	13.73
即 墨 市	Jimo	5705	5327	29	11.40	11.40
平 度 市	Pingdu	2898	2591	29	12.27	12.27
胶 南 市	Jiaonan	4912	4771	35	12.39	12.39
莱 西 市	Laixi	2849	2782	32	10.35	10.35
淄 博 市	Zibo	23104	21457	93	56.94	56.94
枣 庄 市	Zaozhuang	7218	6676	35	48.31	13.10
滕 州 市	Tengzhou	3937	3659	35	12.78	12.78
东 营 市	Dongying	7187	6528	81	18.93	18.93
烟 台 市	Yantai	12939	11792	472	54.55	54.55
龙 口 市	Longkou	1478	1357	38	9.18	9.18
莱 阳 市	Laiyang	2428	2307	7	7.15	7.15
莱 州 市	Laizhou	1387	1318		9.98	9.98
蓬 莱 市	Penglai	801	761	22	7.36	7.36
招 远 市	Zhaoyuan	1397	1328	43	8.43	8.43
栖 霞 市	Qixia	620	589	23	4.18	0.34
海 阳 市	Haiyang	1360	1292	26	5.13	5.13
潍 坊 市	Weifang	12768	11730	39	25.71	25.71
青 州 市	Qingzhou	2436	2314		9.01	9.01
诸 城 市	Zhucheng	5357	5089	5	14.60	12.24
寿 光 市	Shouguang	4629	4397	18	25.47	25.47
安 丘 市	Anqiu	2619	2488	15	7.75	0.64
高 密 市	Gaomi	5521	5174		8.58	8.58
昌 邑 市	Changyi	2952	2804		4.77	4.77
济 宁 市	Jining	10540	10013		22.10	22.10
曲 阜 市	Qufu	1572	1493		9.47	4.58
兖 州 市	Yanzhou	3064	2768	22	7.37	1.95
邹 城 市	Zoucheng	3705	2926		20.42	20.42
泰 安 市	Tai'an	5625	5126	42	17.35	17.35
新 泰 市	Xintai	2657	2402	16	14.60	12.41
肥 城 市	Feicheng	1572	1432		4.42	4.42
威 海 市	Weihai	5143	4829	87	27.83	27.83
文 登 市	Wendeng	2717	2522	79	10.70	10.70
荣 成 市	Rongcheng	2273	2107	37	7.08	7.08
乳 山 市	Rushan	1138	1050	19	8.30	8.30
日 照 市	Rizhao	5199	4771	66	17.44	17.44
莱 芜 市	Laiwu	3306	3019	66	18.27	18.27
临 沂 市	Linyi	13360	12623	507	39.70	39.70
德 州 市	Dezhou	5891	5596		20.60	20.32
乐 陵 市	Leling	891	704		7.12	0.33
禹 城 市	Yucheng	1909	1814		2.91	0.73
聊 城 市	Liaocheng	4615	4196	100	16.15	16.15
临 清 市	Linqing	1939	1767	44	9.18	9.18
滨 州 市	Binzhou	6156	5685	16	16.14	16.14
菏 泽 市	Heze	3469	2759	47	25.05	25.05

11-6 城市园林绿化(2011年)
Parks, Gardens and Green Areas by City(2011)

城市名称	City	绿化覆盖面积(公顷) Coverage of Green Area (ha)	建成区 Urban Green Area	园林绿地面积(公顷) Green Areas (ha)	公园绿地面积 Public Park	公园个数(个) Number of Parks (unit)	公园面积(公顷) Area of Parks (ha)
全　省	**Total**	**188136**	**155699**	**165577**	**44800**	**660**	**22919**
济南市	Jinan	13165	13165	11956	2913	33	2383
章丘市	Zhangqiu	1583	1582	1465	362	7	222
青岛市	Qingdao	19883	13028	18013	4041	74	1931
胶州市	Jiaozhou	2088	1932	1775	400	6	81
即墨市	Jimo	2273	2239	2020	546	5	157
平度市	Pingdu	1919	1919	1764	341	9	100
胶南市	Jiaonan	2555	2555	2212	724	2	133
莱西市	Laixi	1548	1408	1285	446	8	280
淄博市	Zibo	16398	9847	15533	2345	30	809
枣庄市	Zaozhuang	5079	4843	4417	1206	31	559
滕州市	Tengzhou	1980	1884	1901	454	4	270
东营市	Dongying	6191	4311	5808	1137	29	990
烟台市	Yantai	11701	11636	10909	2938	23	466
龙口市	Longkou	2294	1714	1488	356	10	117
莱阳市	Laiyang	1721	1707	1456	402	1	73
莱州市	Laizhou	1692	1676	1544	479	25	176
蓬莱市	Penglai	1417	1047	1093	230	6	52
招远市	Zhaoyuan	1186	1165	1052	310	7	282
栖霞市	Qixia	579	565	538	178	3	28
海阳市	Haiyang	1442	1427	1359	402	4	380
潍坊市	Weifang	8696	6005	8458	2187	21	802
青州市	Qingzhou	2340	2248	2149	834	14	146
诸城市	Zhucheng	3340	1773	2545	891	13	552
寿光市	Shouguang	2901	1687	2663	760	10	590
安丘市	Anqiu	1755	1502	1404	737	5	691
高密市	Gaomi	1903	1605	1470	518	5	148
昌邑市	Changyi	1209	1078	1033	293	3	280
济宁市	Jining	6162	4408	4915	1116	16	398
曲阜市	Qufu	964	964	771	298	24	298
兖州市	Yanzhou	1193	1170	1043	304	7	52
邹城市	Zoucheng	1700	1600	1556	393	12	124
泰安市	Tai'an	5187	4863	4491	1218	21	627
新泰市	Xintai	2899	2899	2787	926	14	871
肥城市	Feicheng	1645	1400	1475	449	5	404
威海市	Weihai	6903	6425	5940	1465	18	485
文登市	Wendeng	2247	2033	1937	671	11	448
荣成市	Rongcheng	2190	2053	1888	812	9	585
乳山市	Rushan	1410	1298	1254	329	7	53
日照市	Rizhao	3998	3923	3658	1376	14	690
莱芜市	Laiwu	3017	2952	2960	892	12	263
临沂市	Linyi	10991	7972	9415	3359	32	2708
德州市	Dezhou	2924	2889	2771	1284	18	247
乐陵市	Leling	915	908	262	115	2	100
禹城市	Yucheng	1036	1036	862	212	6	73
聊城市	Liaocheng	4412	2746	2400	735	13	667
临清市	Linqing	1043	904	917	356	7	152
滨州市	Binzhou	4559	4409	3842	1252	15	524
菏泽市	Heze	3903	3299	3123	808	9	452

11-7 城市燃气供热情况(2011年)
Gas Supply and Heating by City(2011)

城市名称	City	人工煤气供气量(万立方米) Total Gas Supply (10 000 cu.m)	家庭用量 Residential Use	天然气供气量(万立方米) Total Natural Gas Supply (10 000 cu.m)	家庭用量 Residential Use	液化石油气供气量(吨) Total Liquefied Petroleum Gas Supply (ton)	家庭用量 Residential Use	集中供热面积(万平方米) Heating Area (10 000 sq.m)	住宅 Houses
全　省	**Total**	**34513.2**	**7847.7**	**438016.4**	**92273.2**	**541533.5**	**381302.0**	**61120.8**	**47824.5**
济南市	Jinan	4658.1	2588.4	29610.0	6031.0	42000.0	28000.0	6623.2	4948.6
章丘市	Zhangqiu			2000.8	400.0	4960.8	4562.0	600.0	443.0
青岛市	Qingdao	9136.7	1178.6	48167.4	12454.6	79812.4	30741.4	8235.0	6871.0
胶州市	Jiaozhou			3945.0	826.0	1728.0	1500.0	491.0	427.0
即墨市	Jimo			3391.3	1114.9	8000.0	8000.0	641.0	599.0
平度市	Pingdu			2093.0	1015.0	8180.0	6050.0	440.0	403.0
胶南市	Jiaonan			2531.4	447.6	7200.0	7000.0	1208.3	1000.7
莱西市	Laixi			2501.0	275.0	3380.0	3200.0	299.4	277.9
淄博市	Zibo	8464.0		87229.0	7136.5	52312.9	15349.0	3578.2	2820.8
枣庄市	Zaozhuang	3405.4	2154.8	3035.0	696.0	14682.6	11185.0	1097.5	764.4
滕州市	Tengzhou			11974.0	2791.0	4699.0	4130.0	330.0	295.0
东营市	Dongying			25591.3	12747.5	10697.2	10170.9	2777.8	1994.6
烟台市	Yantai			16759.0	3030.0	36745.0	19685.0	6088.5	4576.3
龙口市	Longkou			29513.3	595.0	2670.0	2500.0	550.0	444.0
莱阳市	Laiyang			1860.0	400.0	5700.0	5550.0	293.0	246.5
莱州市	Laizhou			1310.0	498.0	2900.0	1900.0	603.0	482.0
蓬莱市	Penglai			4866.8	301.0	4450.0	3860.0	410.0	331.0
招远市	Zhaoyuan			581.0	276.0	4798.0	3662.0	365.0	328.0
栖霞市	Qixia			460.0	190.0	3585.0	3285.0	28.9	23.0
海阳市	Haiyang			354.4	160.0	8000.0	7000.0	208.0	181.0
潍坊市	Weifang	6449.0	1086.0	10970.7	2166.6	10798.0	10796.0	2864.2	2293.5
青州市	Qingzhou			2957.0	750.0	3300.0	3010.0	707.8	630.6
诸城市	Zhucheng			1854.9	538.7	9600.0	8900.0	1482.0	813.0
寿光市	Shouguang			2283.8	720.0	4100.0	4100.0	736.0	649.0
安丘市	Anqiu			1140.6	119.0	7382.0	6512.0	490.0	357.6
高密市	Gaomi			2100.0	900.0	5831.0	5826.0	440.0	229.6
昌邑市	Changyi			1550.0	890.0	2350.0	2350.0	421.5	421.5
济宁市	Jining			12246.8	1695.1	3987.7	3987.7	1941.0	1347.0
曲阜市	Qufu			1817.0	280.0	1066.0	507.0	387.0	317.0
兖州市	Yanzhou	2400.0	840.0	540.0	240.0	3109.2	2300.0	380.0	355.0
邹城市	Zoucheng			1317.0	658.0	1150.0	920.0	800.0	760.0
泰安市	Tai'an			21147.0	4153.0	1013.0	800.0	1550.0	875.0
新泰市	Xintai			41.3	36.0	8550.0	8500.0	606.0	474.0
肥城市	Feicheng			3200.1	425.0			257.5	212.5
威海市	Weihai			5635.0	1075.0	1720.0	1165.0	2754.0	2129.0
文登市	Wendeng			689.0	84.7	7089.0	5624.0	540.0	420.0
荣成市	Rongcheng			492.0	420.0	6600.0	2608.0	553.0	444.0
乳山市	Rushan			190.0	127.0	1000.0	356.0	350.0	279.0
日照市	Rizhao			2464.0	572.1	10897.1	10735.2	1272.8	996.9
莱芜市	Laiwu			4367.2	1368.7	11594.2	11050.0	1127.0	1007.0
临沂市	Linyi			23824.5	6200.0	60631.5	43960.0	1763.0	1477.9
德州市	Dezhou			13432.6	1520.9	1850.0	1700.0	1380.0	1050.0
乐陵市	Leling			1635.3	1226.4	2758.0	2200.0	100.0	95.0
禹城市	Yucheng			3056.0	2836.0	810.0	810.0	230.0	160.0
聊城市	Liaocheng			14348.1	1545.2	4500.0	4200.0	1206.0	948.0
临清市	Linqing			1795.0	1050.0	650.0	650.0	575.0	422.0
滨州市	Binzhou			10383.0	8838.8	56700.0	54990.0	789.2	703.6
菏泽市	Heze			14765.0	452.0	5996.0	5415.0	550.0	500.0

11-8 城市建设用地(2011年)
Land for Construction by City(2011)

城市名称	City	城市面积(平方公里) City Area (sq.km)	建成区面积 Area of Urban Districts	城市建设用地面积(平方公里) Space of Land for Construction (sq.km)	居住用地 Land for Dewelling	公共设施用地 Land for Public Facilities	工业用地 Land for Industry	道路广场用地 Land for Roads and Squares
全 省	**Total**	**83999.4**	**3751.2**	**3680.7**	**1089.1**	**509.7**	**801.1**	**388.7**
济南市	Jinan	3257.0	355.4	355.0	90.7	63.7	67.7	46.8
章丘市	Zhangqiu	1855.0	38.5	38.3	7.8	12.0	8.4	3.4
青岛市	Qingdao	1405.3	291.5	287.1	84.0	35.3	66.1	32.3
胶州市	Jiaozhou	1210.0	44.1	44.1	11.0	6.0	14.6	3.1
即墨市	Jimo	1780.0	51.0	49.8	15.0	5.0	12.6	8.0
平度市	Pingdu	3166.5	48.0	48.0	13.1	7.8	18.7	
胶南市	Jiaonan	1846.0	56.1	55.2	16.0	7.4	13.8	7.5
莱西市	Laixi	1570.3	31.1	31.1	11.4	3.2	6.2	2.9
淄博市	Zibo	2970.2	231.5	225.3	77.1	24.4	65.2	21.3
枣庄市	Zaozhuang	3069.0	124.3	123.8	42.4	18.0	16.9	14.5
滕州市	Tengzhou	1494.2	48.2	48.1	24.1	4.6	8.8	2.9
东营市	Dongying	3294.4	109.0	107.7	34.7	17.1	21.4	14.2
烟台市	Yantai	2722.3	269.3	267.1	74.7	43.4	62.0	30.6
龙口市	Longkou	893.8	40.4	40.4	9.9	5.1	5.6	6.6
莱阳市	Laiyang	1731.5	42.0	42.0	18.9	6.7	7.5	2.5
莱州市	Laizhou	1878.1	40.0	40.0	12.6	7.3	10.0	5.0
蓬莱市	Penglai	1128.6	25.5	24.7	7.5	4.0	4.5	3.3
招远市	Zhaoyuan	1433.2	29.5	29.2	6.8	4.1	6.3	2.8
栖霞市	Qixia	2016.0	15.9	15.9	3.9	2.8	3.9	2.8
海阳市	Haiyang	1886.8	34.0	26.6	7.2	2.6	4.4	1.8
潍坊市	Weifang	2580.0	149.0	147.2	51.1	18.2	32.8	16.9
青州市	Qingzhou	1569.0	48.3	45.6	11.5	7.8	5.8	8.9
诸城市	Zhucheng	2169.0	44.0	43.5	11.5	3.8	9.3	4.8
寿光市	Shouguang	2072.0	38.3	38.3	8.8	5.3	7.2	4.8
安丘市	Anqiu	1713.0	37.2	37.2	9.4	3.2	11.3	5.0
高密市	Gaomi	1524.0	44.9	42.3	13.8	5.6		0.4
昌邑市	Changyi	1578.0	25.0	25.0	8.7	2.5	5.1	4.1
济宁市	Jining	1043.4	117.5	114.0	36.1	8.7	33.5	1.9
曲阜市	Qufu	895.3	27.0	27.0	9.5	3.4	5.4	1.3
兖州市	Yanzhou	648.2	35.0	35.0	10.4	4.5	9.2	
邹城市	Zoucheng	1616.0	41.0	41.0	12.0	4.0	4.8	4.9
泰安市	Tai'an	2087.0	110.9	108.3	40.8	22.6	19.4	12.8
新泰市	Xintai	1933.0	65.0	65.0	15.1	4.2	11.5	7.3
肥城市	Feicheng	1277.0	31.1	31.1	12.1	3.0	4.2	5.0
威海市	Weihai	777.0	135.0	135.0	36.8	15.0	41.4	15.9
文登市	Wendeng	1829.0	43.4	43.4	9.1	3.7	10.9	5.6
荣成市	Rongcheng	1526.0	43.9	43.9	8.9	4.3	7.5	3.6
乳山市	Rushan	1665.0	30.5	30.5	6.7	3.8	5.8	5.2
日照市	Rizhao	1915.0	93.4	93.4	26.7	9.4	20.1	10.7
莱芜市	Laiwu	2246.0	70.0	70.0	18.2	11.1	14.5	8.0
临沂市	Linyi	2656.9	177.5	173.2	46.0	28.0	27.1	14.3
德州市	Dezhou	539.0	71.0	70.7	18.5	8.0	17.8	9.8
乐陵市	Leling	1168.0	33.0	32.3	5.0	6.5	3.8	2.0
禹城市	Yucheng	990.0	32.0	32.0	6.9	3.8	7.9	3.2
聊城市	Liaocheng	1441.6	68.1	62.4	16.8	9.4	15.5	5.0
临清市	Linqing	960.0	23.4	23.4	7.8	3.2	4.8	3.3
滨州市	Binzhou	1557.4	111.4	91.8	33.6	14.7	22.9	2.0
菏泽市	Heze	1415.3	79.1	79.0	28.6	11.7	17.4	9.9

主要统计指标解释

供水综合生产能力 指按供水设施取水、净化、送水、出厂输水干管等环节设计能力计算的综合生产能力。包括在原设计能力的基础上，经挖、革、改增加的生产能力。计算时，以四个环节中最薄弱的环节为主确定能力。

年末供水管道长度 指从送水泵至用户水表之间所有管道的长度。不包括新安装尚未使用的管道。

全年供水总量 指报告期供水企业(单位)供出的全部水量。包括有效供水量和漏损水量。

生活用水量 包括公共服务用水和居民家庭用水。公共服务用水指为城市社会公共生活服务的用水。包括行政事业单位、部队营区和公共设施服务、社会服务业、批发零售贸易业、旅馆饮食业以及其他公共服务业等单位的用水。居民家庭用水指城市范围内所有居民家庭的日常生活用水。包括城市居民、农民家庭、公共供水站用水。

用水普及率 指城市用水人口数与城市人口总数的比率。计算公式：

$$用水普及率=\frac{城市用水人口数}{城市人口总数}\times 100\%$$

人工煤气生产能力 指报告期末人工煤气生产厂制气、净化、输送等环节的综合生产能力，不包括备用设备能力。一般按设计能力计算，如果实际生产能力大于设计能力时，应按实际测定的生产能力计算。测定时应以制气、净化、输送三个环节中最薄弱的环节为主。

供气管道长度 指报告期末从气源厂压缩机的出口或门站出口至各类用户引入管之间的全部已经通气投入使用的管道长度。不包括煤气生产厂、输配站、液化气储存站、灌瓶站、储配站、气化站、混气站、供应站等厂(站)内的管道。

全年供气总量 指全年燃气企业(单位)向用户供应的燃气数量。包括销售量和损失量。

燃气普及率 指报告期末使用燃气的城市人口数与城市人口总数的比率。计算公式为：

$$燃气普及率=\frac{城市用气人口数}{城市人口总数}\times 100\%$$

城市供热能力 指供热企业(单位)向城市热用户输送热能的设计能力。

城市供热总量 指在报告期供热企业(单位)向城市热用户输送全部蒸汽和热水的总热量。

城市供热管道长度 指从各类热源到热用户建筑物接入口之间的全部蒸汽和热水的管道长度。不包括各类热源厂内部的管道长度。

年末道路长度 指年末道路长度和与道路相通的广场、桥梁、隧道的长度，按车行道中心线计算。在统计时只统计路面宽度在 3.5 米(含 3.5 米)以上的各种铺装道路，包括开放型工业区和住宅区道路在内。

城市桥梁 指为跨越天然或人工障碍物而修建的构筑物。包括跨河桥、立交桥、人行天桥以及人行地下通道等。包括永久性桥和半永久性桥。

城市排水管道长度 指所有排水总管、干管、支管、检查井及连接井进出口等长度之和。城市污水日处理能力 指污水处理厂(或处理装置)每昼夜处理污水量的设计能力。

年末运营车数 指年末公交企业(单位)用于运营业务的全部车辆数。以企业(单位)固定资产台帐中已投入运营的车辆数为准。

城市园林绿地面积 指报告期末用作园林和绿化的各种绿地面积。包括公共绿地、居住区绿地、单位附属绿地、防护绿地、生产绿地、道路绿地和风景林地面积。

不包括：

1.屋顶绿化、垂直绿化、阳台绿化和室内绿化。

2.以物质生产为主的林地、耕地、牧草地、果园和竹园等。

3.城市总体规划中不列入绿地的水域。

公园绿地 指向公众开放的市级、区级、居住区级各类公园、街旁游园，包括其范围内的水域。其中居住区级公园应不小于 1 万平方米，街旁游园的宽度不小于 8 米，面积不小于 400 平方米。

Explanatory Notes on Main Statistical Indicators

Production Capacity of Water Supply refers to the designed comprehensive production capacity of water facilities, covering the 4 links of water collection, purification, conveyance, and outflow through trunk pipelines. Increase capacity through transformation and innovation projects are included as well. The capacity is determined mainly on the weakest of the above mentioned 4 links.

Length of Water Supply Pipelines at the Year-end refers to the total length of all the pipelines between the water pumps and the user water meters, excluding pipelines newly installed but not used yet.

Annual Volume of Water Supply refers to the total volume of water supplied by water works (units) during the reference period, including both the effective water supply and loss during the water supply.

Consumption of Water for Residential Use refers to the water consumption of households for daily life and the water consumption of public service facilities. The latter refers to water consumption for urban public services, including the consumption of government agencies and public institutions, military barracks, public facilities, wholesale and retail outlets, restaurants, hotels, and other units providing public services. Household water consumption refers to consumption of water for daily life of all households in the boundary of cities, including households of urban residents and farmers, and public water supply stations.

Percentage of Urban Population with Access to Tap Water refers to the ratio of the urban population with access to tap water to the total urban population. The formula is:

$$\text{Coverage of urban population with access to tap water} = \frac{\text{Urban population with access to tap water}}{\text{Urban population}} \times 100\%$$

Production Capacity of Gaswork Gas refers to the comprehensive production capacity of the urban gasworks in gas generation, purification and delivery at the end of the reference period, excluding capacity of the reserved facilities. In general, it is determined by the designed capacity, and when actual production capacity is larger than the designed capacity, the capacity is determined by the actual measurement on the weakest link in the production, purification and delivery.

Length of Gas Pipelines refers to the total length of pipelines in use between the outlet of the compressor of gas work or outlet of gas stations and the leading pipe of users, excluding pipelines within gasworks, delivery stations, LPG storage stations, refilling stations, gas mixing stations and supply stations.

Volume of Gas Supply refers to the total volume of gas provided to users by gas producing enterprises (units) in a year, including the volume sold and the volume lost.

Percentage of Urban Population with Access to Gas refers to the ratio of the urban population with access to gas to the total urban population at the end of the reference period. The formula is:

$$\text{Coverage rate of urban population with access to gas} = \frac{\text{Urban population with access to gas}}{\text{Urban population}} \times 100\%$$

Heating Capacity in Urban Area refers to the designed capacity of heating enterprises (units) in supplying heating energy to urban users during the reference period.

Quantity of Heat Supplied in Urban Area refers to the total quantity of heat from steam and hot water supplied to urban users by heating enterprises (units) during the reference period.

Length of Heating Pipelines refers to the total length of steam or hot water pipelines for sources of heat to the leading pipelines of the buildings of the users, excluding internal pipelines in heat generating enterprises.

Length of Paved Roads at the Year-end refers to the length of roads with paved surface including squares bridges and tunnels connected with roads by the end of the year.Length of the roads is measured by the central lines for vehicles for paved roads with a width of 3.5 meters and over, including roads in open ended factory compounds and residential quarters.

Urban Bridges refer to bridges built to cross over natural or man made barriers, including bridges over rivers, overpasses for traffic and for pedestrian, underpasses for pedestrian, etc. Both permanent and semi permanent bridges are included.

Length of Urban Sewage Pipes refers to the total length of general drainage, trunks. branch and inspection wells, connection wells, inlets and outlets, etc.

Daily Disposal Capacity of Urban Sewage refers to the designed 24 hour capacity of sewage disposal by the sewage treatment works or facilities.

Number of Vehicles under Operation at the Year-end refers to the total number of vehicles under operation by public transport enterprises (units) at the end of the year, based on the records of operational vehicles by the enterprises (units).

Area of Urban Gardens and Green Areas refers to the total area occupied for green projects at the end of the reference period, including public green land, green land in residential quarters, green land attached to institutions, protection green land, production green land, roadside green land and forest in scenic spots. It does not include the following:

(1)Greenery and plants on roofs, balconies, indoors and vertical green areas;

(2)Forest, cultivated land, grassland, orchards and bamboo grooves that are for production purpose;

(3)Water areas that are not included in urban master plan as green land.

Park Green Area refers to green areas open to the public such as municipal, community and neighborhood parks and roadside parks, including waters within parks. Neighborhood parks should occupy an area larger than 10,000 square meters, and the width of roadside parks should occupy an area larger than 400 square meters, with a width of more that 8 meters.

第
12
篇

资源和环境

Natural Resources and Environment

简 要 说 明

一、本篇资料的主要内容

本篇资料主要反映了全省资源和环境保护事业发展状况，资源部分主要包括自然资源、湖泊、河流、山脉和气候以及土地利用和水资源状况，环境保护部分主要包括工业废水、废气、固体废物等工业污染物排放及处理情况和工业污染治理项目建设情况。

二、本篇资料的来源

1、自然资源和湖泊、河流、山脉等表，由省统计局综合处根据年鉴积累资料整理。

2、气象资料主要包括各市平均气温、降水量、日照等方面的资料，数据来源于省气象局，由省统计局综合处整理提供。

3、湿地和造林资料来源于省林业局，由省统计局社科处整理提供。

4、土地利用情况来源于省国土资源厅，由省统计局社科处整理提供。

5、水资源资料来源于省水利厅，由省统计局社科处整理提供。

6、环境保护资料来源于省环境保护厅，由省统计局社科处整理提供。

Brief Introduction

I. Content

Data in this chapter reflect natural resources of Shandong and development in environment protection Resources mainly include natural resources, lakes, rivers, mountains and climate. Envirnment protection mainly shows treatment and discharge of industrial waste water, solid waste and waste gas, construction of projects for pollution treatment.

II. Source of Data

(1) Data on natural resources, lakes, rivers, and mountains are prepared by the Division of Comprehensive Statistics of Shandong Provincial Bureau of Statistics.

(2) Data on climate mainly include average temperature, precipitation and sunshine hours,. The data are provided by the Meteorological Bureau of Shandong Province and prepared by the Division of Comprehensive Statistics of Shandong Provincial Bureau of Statistics.

(3) Data on wetland and plantation are provided by the Department of Forestry of Shandong Province and prepared by the Division of Social,Science and Technology Statistics of Shandong Provincial Bureau of Statistics.

(4) Data on land use are provided by the Shandong Department of Land and Resources and prepared by the Division of Social,Science and Technology Statistics of Shandong Provincial Bureau of Statistics.

(5) Data on water resource are provided by the Department of Water Resources of Shandong Province and prepared by the Division of Social,Science and Technology Statistics of Shandong Provincial Bureau of Statistics.

(6) Data on environment protection are provided by the Environmental Protection Department of Shandong Province and prepared by the Division of Social,Science and Technology Statistics of Shandong Provincial Bureau of Statistics.

12-1 人口和自然资源(2011年)
Population and Natural Resources (2011)

项目		Item		2011
一、人口		**Population**		
年末总人口	(万人)	Total Population(year-end)	(10 000 persons)	9637
人口密度	(人/平方公里)	Density of Population	(person/sq.km)	613
二、土地		**Land**		
全省土地面积	(万公顷)	Land Area	(10 000 hectares)	1571.26
全省土地面积中各类土地所占比重		Composition of Different Landforms		
1.中山	(%)	Medium-size Mountains	(%)	0.84
2.低山	(%)	Hills	(%)	14.67
3.丘陵	(%)	Hill Land	(%)	13.19
4.山间谷地	(%)	Valleys	(%)	5.64
5.山前倾斜地	(%)	Slopes	(%)	12.94
6.山前平原	(%)	Plains near Moutains	(%)	9.16
7.湖沼平原	(%)	Plains near Lakes and Rivers	(%)	4.35
8.滨海低地	(%)	Coastal lowlands	(%)	2.82
9.滩涂	(%)	Shoal	(%)	2.52
10.河滩高地	(%)	Overflow Heights	(%)	4.56
11.决口扇形地	(%)	Fan-shaped Plains Formed by Breaches	(%)	2.99
12.冲积平原	(%)	Alluvial Plains	(%)	19.01
13.洼地	(%)	Depression	(%)	4.07
14.现代黄河三角洲	(%)	Modern Yellow River Delta	(%)	3.24
三、矿产		**Mineral Resources**		
已发现矿产种类	(种)	Mineral Resources Discovered	(kind)	150
已探明储量的矿产种类	(种)	Number of Mineral Resources with Insured Reserves	(kind)	82
能源矿产	(种)	Energy Resources	(kind)	7
金属矿产	(种)	Metal Mineral	(kind)	25
非金属矿产	(种)	Nonmetal Mineral	(kind)	47
水气矿产	(种)	Water and Gas	(kind)	3
四、水文、水利		**Water Resources**		
1.多年平均水资源总量	(亿立方米)	Average Volume of Water Resources	(100 million cu.m)	303
#地表水资源量	(亿立方米)	Surface Water Volume	(100 million cu.m)	198
2.多年平均地下水资源量	(亿立方米)	Average Volume of Ground Water	(100 million cu.m)	165
3.海岸线长度	(公里)	Length of Coastlines	(km)	3121

注：土地数据为2008年数据。
a)Data on land is 2008 data.

12-2 主要湖泊、河流基本情况
Basic Statistics on Major Lakes and Rivers

湖泊名	Names of Lakes	面积（平方公里） Area of Lakes (sq.km)	蓄水量（亿立方米） Reserve of lakes (100 million cu.m)	河流名	Names of Rivers	面积（平方公里） Drainage Area (sq.km)	河长（公里） Length (km)
小　计	Total	1494.6	23.5	徒骇河	Tuhaihe River	13136.6	446.5
微山湖	Weishan Lake	531.7	7.8	沂　河	Yihe River	10909.9	287.5
昭阳湖	Zhaoyang Lake	337.1	4.3	马颊河	Majiahe River	10638.4	448.0
独山湖	Dushan Lake	144.6	1.8	小清河	Xiaoqinghe River	10498.8	233.0
南阳湖	Nanyang Lake	211.0	3.4	大汶河	Dawenhe River	9069.0	211.0
东平湖	Dongping Lake	167.0	3.1	潍　河	Weihe River	6493.2	233.0
麻大湖	Mada Lake	110.0	1.0	沭　河	Shuhe River	6161.4	263.0
白云湖	Baiyun Lake	16.2	0.3	大沽河	Daguhe River	4161.9	179.9
青沙湖	Qingsha Lake	11.1	0.2	弥　河	Mihe River	3847.5	206.0

12-3 主要山脉高度
Height of Major Mountains

山　名	Mountain Range	标高（米） Height of MountainPeak (m)	山　名	Mountain Range	标高（米） Height of MountainPeak (m)
泰　山	Taishan Mountains	1532	马耳山	Maer Mountains	707
蒙　山	Mengshan Mountains	1156	龙须崮	Longxvgu Mountains	707
崂　山	Laoshan Mountains	1133	凤凰山	Fenghuang Mountains	648
鲁　山	Lushan Mountains	1108	四海山	Sihai Mountains	625
沂　山	Yishan Mountains	1032	鏊子崮	Aozigu Mountains	616
徂徕山	Culai Mountains	1028	黑　山	Heishan Mountains	612
昆嵛山	Kunyu Mountains	923	珂楼埠山	Keloubu Mountains	577
九顶山	Jiuding Mountains	834	大　山	Dashan Mountains	560
艾　山	Aishan Mountains	814	伟德山	Weide Mountains	554
牙　山	Yashan Mountains	806	招虎山	Zhaohu Mountains	550
大泽山	Daze Mountains	737	孟良崮	Menglianggu Mountains	536
摩天岭	Motianling Mountains	735	布　山	Bushan Mountains	447

12-4 各市平均气温(2011年)
Monthly Average Temperature by Region(2011)

单位:摄氏度 (℃)

城市名	City	一 月 Jan.	二 月 Feb.	三 月 Mar.	四 月 Apr.	五 月 May	六 月 June
济南市	Jinan	-3.4	2.6	8.7	15.5	20.9	27.2
青岛市	Qingdao	-2.9	1.6	6.0	11.4	17.5	20.0
淄博市	Zibo	-5.2	0.8	7.5	14.0	19.8	26.0
枣庄市	Zaozhuang	-2.9	2.6	8.4	15.5	21.1	25.9
东营市	Dongying	-4.2	0.6	7.3	13.8	20.8	25.7
烟台市	Yantai	-4.4	0	5.1	11.2	17.8	21.4
潍坊市	Weifang	-4.9	0.5	6.9	13.3	19.8	24.6
济宁市	Jining	-2.8	2.9	8.8	15.8	20.9	26.8
泰安市	Tai'an	-4.3	1.7	7.3	14.6	20.0	25.9
威海市	Weihai	-4.0	0.1	4.9	11.1	17.6	21.3
日照市	Rizhao	-2.7	1.5	6.9	12.8	18.7	21.7
莱芜市	Laiwu	-4.5	1.6	7.1	14.3	20.1	25.7
临沂市	Linyi	-3.3	2.0	8.2	14.9	20.7	24.9
德州市	Dezhou	-3.7	1.4	8.9	15.2	20.6	27.0
聊城市	Liaocheng	-4.8	0.9	7.6	14.5	19.4	25.9
滨州市	Binzhou	-5.0	-0.1	7.3	13.8	20.3	26.2
菏泽市	Heze	-2.2	2.7	9.1	15.8	20.4	27.2

12-4 续表 continued

单位:摄氏度 (℃)

城市名	City	七 月 July	八 月 Aug.	九 月 Sept.	十 月 Oct.	十一月 Nov.	十二月 Dec.	全年平均 Annual Average
济南市	Jinan	27.5	24.9	19.5	16.0	9.1	0.2	14.1
青岛市	Qingdao	23.8	25.0	21.2	16.3	11.3	1.8	12.8
淄博市	Zibo	27.1	24.9	19.1	14.5	8.3	-0.8	13.0
枣庄市	Zaozhuang	27.1	25.3	20.5	15.4	10.7	1.4	14.3
东营市	Dongying	27.2	25.8	20.6	15.2	9.3	0.3	13.5
烟台市	Yantai	24.2	24.3	20.1	14.8	9.8	0.7	12.1
潍坊市	Weifang	26.3	25.3	20.2	14.4	9.3	-0.1	13.0
济宁市	Jining	28.0	25.2	20.1	16.0	10.0	0.9	14.4
泰安市	Tai'an	26.7	24.9	19.4	14.2	8.9	-0.1	13.3
威海市	Weihai	24.0	24.4	20.5	15.3	10.5	1.3	12.3
日照市	Rizhao	24.9	25.3	21.3	16.3	11.4	2.1	13.4
莱芜市	Laiwu	26.6	24.8	19.3	14.4	8.8	-0.2	13.2
临沂市	Linyi	26.8	25.5	20.8	15.3	10.6	0.9	13.9
德州市	Dezhou	28.0	25.8	19.8	15.6	8.6	-0.4	13.9
聊城市	Liaocheng	27.1	24.7	18.7	14.4	8.4	-0.9	13.0
滨州市	Binzhou	27.1	25.2	19.5	13.9	8.3	-0.8	13.0
菏泽市	Heze	28.3	25.1	19.2	15.7	9.3	0.8	14.3

12-5 各市降水量(2011年)

Monthly Precipitation by Region(2011)

单位:毫米 (millimeters)

城市名	City	一 月 Jan.	二 月 Feb.	三 月 Mar.	四 月 Apr.	五 月 May	六 月 June
济 南 市	Jinan	0.4	16.2	2.1	20.3	55.8	14.9
青 岛 市	Qingdao	0.1	25.8	4.5	8.4	36.2	57.9
淄 博 市	Zibo	0.4	14.4	1.3	17.5	64.0	42.0
枣 庄 市	Zaozhuang	0.0	30.3	5.3	4.4	22.4	40.9
东 营 市	Dongying	0.5	13.0	0.0	17.2	34.6	28.5
烟 台 市	Yantai	10.3	25.3	0.0	17.5	20.0	161.2
潍 坊 市	Weifang	0.3	22.7	0.6	6.1	56.1	56.3
济 宁 市	Jining	0.0	16.7	3.3	12.5	51.6	26.7
泰 安 市	Tai'an	0.0	24.0	2.6	10.4	132.0	39.0
威 海 市	Weihai	4.0	28.3	0.0	16.9	18.5	211.3
日 照 市	Rizhao	0.0	18.2	3.5	20.9	45.4	35.6
莱 芜 市	Laiwu	0.0	17.2	2.3	5.1	100.9	74.3
临 沂 市	Linyi	0.0	22.7	6.1	4.1	27.3	49.9
德 州 市	Dezhou	0.4	7.6	0.0	15.3	57.0	42.6
聊 城 市	Liaocheng	0.1	14.8	0.4	17.4	37.8	32.7
滨 州 市	Binzhou	0.7	10.7	0.0	10.2	24.1	39.4
菏 泽 市	Heze	0.0	20.6	0.9	15.7	65.3	15.8

12-5 续表 continued

单位:毫米 (millimeters)

城市名	City	七 月 July	八 月 Aug.	九 月 Sept.	十 月 Oct.	十一月 Nov.	十二月 Dec.	全 年 Annual Total
济 南 市	Jinan	119.1	227.5	119.8	14.3	67.8	8.9	667.1
青 岛 市	Qingdao	256.0	148.5	98.7	13.7	46.6	20.8	717.2
淄 博 市	Zibo	128.3	137.0	131.4	6.5	89.4	17.4	649.6
枣 庄 市	Zaozhuang	93.7	350.2	53.8	21.6	86.7	22.4	731.7
东 营 市	Dongying	131.9	185.5	85.4	26.0	65.9	16.1	604.6
烟 台 市	Yantai	111.7	187.2	206.0	9.0	71.1	15.1	834.4
潍 坊 市	Weifang	238.3	233.9	162.9	5.5	65.8	26.0	874.5
济 宁 市	Jining	86.8	209.4	186.8	26.4	132.0	15.5	767.7
泰 安 市	Tai'an	192.0	165.8	209.7	13.4	99.2	14.7	902.8
威 海 市	Weihai	132.6	144.7	195.7	3.9	49.7	21.0	826.6
日 照 市	Rizhao	158.4	254.2	52.8	10.6	82.6	57.6	739.8
莱 芜 市	Laiwu	154.8	169.5	240.8	10.3	102.6	15.5	893.3
临 沂 市	Linyi	119.8	379.7	58.2	19.0	84.6	40.4	811.8
德 州 市	Dezhou	92.9	171.0	97.7	7.5	51.8	3.5	547.3
聊 城 市	Liaocheng	137.0	251.5	116.2	19.3	69.2	6.0	702.4
滨 州 市	Binzhou	125.4	111.2	79.5	7.1	61.4	12.1	481.8
菏 泽 市	Heze	102.8	103.9	263.0	38.7	109.1	12.9	748.7

12-6 各市日照时数(2011年)

Monthly Sunshine Hours by Region(2011)

单位:小时 (hours)

城市名	City	一月 Jan.	二月 Feb.	三月 Mar.	四月 Apr.	五月 May	六月 June
济南市	Jinan	177.3	116.4	260.4	267.6	261.8	176.9
青岛市	Qingdao	188.8	147.0	249.4	230.7	188.5	131.5
淄博市	Zibo	161.9	109.2	250.7	240.6	238.9	214.9
枣庄市	Zaozhuang	145.8	100.9	217.2	229.0	197.1	148.6
东营市	Dongying	217.5	142.7	269.2	246.4	266.2	255.7
烟台市	Yantai	169.4	164.5	280.5	243.5	258.1	233.9
潍坊市	Weifang	222.8	149.2	268.1	266.7	258.3	226.8
济宁市	Jining	175.0	124.2	266.5	254.1	201.8	204.6
泰安市	Tai'an	180.4	134.7	256.1	261.1	228.0	214.2
威海市	Weihai	174.4	164.5	289.4	230.7	247.5	230.8
日照市	Rizhao	223.1	150.5	265.0	242.7	197.5	160.0
莱芜市	Laiwu	196.3	147.7	264.3	253.5	237.9	203.4
临沂市	Linyi	183.5	143.5	246.9	258.3	223.6	169.4
德州市	Dezhou	185.8	103.8	268.8	270.6	269.2	254.0
聊城市	Liaocheng	170.1	108.2	228.3	233.2	219.0	205.1
滨州市	Binzhou	180.1	82.2	257.6	237.8	283.7	230.3
菏泽市	Heze	187.3	135.1	266.2	260.7	238.1	237.1

12-6 续表 continued

单位:小时 (hours)

城市名	City	七月 July	八月 Aug.	九月 Sept.	十月 Oct.	十一月 Nov.	十二月 Dec.	全年 Annual Total
济南市	Jinan	122.2	108.6	135.3	182.0	109.5	166.0	2084.0
青岛市	Qingdao	148.0	143.0	177.2	169.3	116.2	133.9	2023.5
淄博市	Zibo	154.0	124.9	134.1	176.6	111.1	129.8	2046.7
枣庄市	Zaozhuang	133.6	90.2	115.5	158.6	78.8	138.6	1753.9
东营市	Dongying	190.5	156.6	157.0	202.8	133.7	147.7	2386.0
烟台市	Yantai	175.8	175.6	203.1	214.1	149.3	125.8	2393.6
潍坊市	Weifang	158.5	147.9	185.8	194.7	123.4	158.2	2360.4
济宁市	Jining	160.7	116.3	118.5	165.3	89.1	148.1	2024.2
泰安市	Tai'an	145.9	145.9	146.2	175.7	104.4	165.0	2157.6
威海市	Weihai	159.0	162.7	196.8	220.2	145.0	117.9	2338.9
日照市	Rizhao	137.9	125.8	169.2	172.8	118.2	160.7	2123.4
莱芜市	Laiwu	129.2	127.4	139.1	160.1	91.9	151.9	2102.7
临沂市	Linyi	120.4	102.6	136.3	165.0	87.1	121.6	1958.2
德州市	Dezhou	205.4	158.0	145.6	183.4	129.0	154.8	2328.4
聊城市	Liaocheng	184.1	124.1	103.0	148.1	103.5	150.1	1976.8
滨州市	Binzhou	150.5	145.6	150.9	161.5	129.2	142.1	2151.5
菏泽市	Heze	231.6	152.6	115.0	193.1	112.7	157.4	2286.9

12-7 各市土地利用情况（2008年）

Land Use by Region (2008)

单位：公顷 (hectares)

地 区	Region	土地调查面积 Area under Land Survey	农用地 Land for Agriculture Use	#园 地 Garden Land	#牧草地 Grazing and Pasture Land	建设用地 Land for Construction	居民点及工矿用地 Land for Inhabitation, Mining and Manufacturing	交通用地 Land for Transport Facilities	水利设施用地 Land for Water Conservancy Facilities
全省总计	**Total**	**15712631**	**11566184**	**1007357**	**33985**	**2510563**	**2092514**	**162592**	**255457**
济南市	Jinan	799851	550868	26946		153468	134234	10758	8476
青岛市	Qingdao	1117530	831084	61206		208325	169229	16316	22780
淄博市	Zibo	596517	430878	69541		112649	95452	9131	8066
枣庄市	Zaozhuang	456322	335532	23574	330	75357	63244	5873	6240
东营市	Dongying	792326	376126	8214	26032	115076	70846	9253	34977
烟台市	Yantai	1374647	1101818	251523		176600	147748	14999	13852
潍坊市	Weifang	1600489	1157598	90485	383	293716	248793	14530	30394
济宁市	Jining	1119427	760445	27507		171431	141340	12317	17774
泰安市	Tai'an	776183	597274	49660		117046	100806	6938	9302
威海市	Weihai	569798	452362	59675		79626	65870	5355	8401
日照市	Rizhao	534799	432005	57763		72654	57352	4891	10411
莱芜市	Laiwu	224621	147659	15150		34484	28237	2574	3673
临沂市	Linyi	1720167	1311227	133982	418	241459	198255	13948	29256
德州市	Dezhou	1035632	801021	44589	243	167683	145115	8060	14508
聊城市	Liaocheng	871457	690430	35480	210	148802	132150	8512	8140
滨州市	Binzhou	903260	620064	31741	6222	149950	127294	7752	14904
菏泽市	Heze	1219385	969793	20322	147	192238	166547	11386	14305

12-8 各市湿地面积(2008年)

Area of Wetlands by Region (2008)

地 区	Region	湿地面积（千公顷） Area of Wetlands (1 000 hectares)	天然湿地 Natural Wetlands	近岸及海岸 Coasts and Seashores	河 流 Rivers	湖 泊 Lakes	沼 泽 Marshland	人工湿地 Man-made Wetlands	湿地面积占国土面积比重(%) Proportion of Wetlands in Total Area of Territory (%)
全省总计	**Total**	**2303.58**	**2202.60**	**1350.01**	**679.70**	**164.28**	**3.94**	**100.98**	**14.70**
济南市	Jinan	8.04	6.34		4.60	1.74		1.70	0.98
青岛市	Qingdao	156.31	139.15	130.10	9.05			17.16	14.34
淄博市	Zibo	20.86	18.99		5.73	13.26		1.87	3.51
枣庄市	Zaozhuang	3.79	2.18		2.18			1.61	0.83
东营市	Dongying	487.11	484.16	481.00	0.56		2.60	2.95	61.48
烟台市	Yantai	514.63	504.82	110.68	394.14			9.81	37.54
潍坊市	Weifang	167.11	140.96	117.68	23.28			26.15	10.54
济宁市	Jining	153.73	151.03		24.63	126.40		2.70	13.60
泰安市	Tai'an	50.95	45.95		24.72	21.23		5.00	6.56
威海市	Weihai	231.46	227.06	210.18	16.88			4.40	42.58
日照市	Rizhao	45.14	40.97	36.30				4.17	8.50
莱芜市	Laiwu	12.52	10.98		10.98			1.54	5.60
临沂市	Linyi	52.57	35.64		35.64			16.93	3.06
德州市	Dezhou	4.96	3.90		3.90			1.06	0.48
聊城市	Liaocheng	10.51	10.09		10.09			0.42	1.21
滨州市	Binzhou	269.46	268.51	264.07	1.45	1.65	1.34	0.95	28.50
菏泽市	Heze	114.43	111.87		111.87			2.56	9.20

12-9 造林面积情况
Area of Afforestation

单位:公顷 (hectare)

年份 Year 地区 Region	造林总面积 Total Area of Afforestation	按造林方式分 By Approach 人工造林 Manual Planting	飞机播种 Airplane Planting	按林种用途分 By Function of Forest 用材林 Timber Forests	经济林 By-product Forests	防护林 Protection Forests	薪炭林 Fuel Forests	特种用途林 Forests for Special Purpose
2000	153389	153389		18007	100769	34268	63	282
2001	135259	135259		19019	84039	32155		46
2002	152597	152597		43671	80066	27670	1098	92
2003	344079	344079		192653	92130	57709	1039	548
2004	262711	262711		134193	53536	74441	233	308
2005	141141	141141		47470	42674	49559	633	805
2006	134423	134423		40421	34252	59193	7	550
2007	156738	156738		49409	26971	68046	66	254
2008	185575	184928		69516	25947	89726	20	366
2009	182171	180529		42463	26172	113067		469
2010	205131	198998		36101	37856	129877		1297
2011	219028	219028		34598	51154	130896		2380
济南市 Jinan	15496	15496		3370	4310	7671		145
青岛市 Qingdao	9247	9247		1804	2494	4949		
淄博市 Zibo	12238	12238		640	907	10691		
枣庄市 Zaozhuang	6400	6400		118	1839	4417		26
东营市 Dongying	7623	7623		597	227	6799		
烟台市 Yantai	14071	14071		579	3371	10026		95
潍坊市 Weifang	24480	24480		3646	2126	18448		260
济宁市 Jining	12462	12462		1051	3900	7403		108
泰安市 Tai'an	16040	16040		2297	6442	6979		322
威海市 Weihai	6252	6252		234	1915	4103		
日照市 Rizhao	15974	15974		1509	7383	7082		
莱芜市 Laiwu	3011	3011		112	506	2393		
临沂市 Linyi	29091	29091		5596	7968	14743		784
德州市 Dezhou	13093	13093		4436	1470	7187		
聊城市 Liaocheng	10015	10015		2848	3180	3985		2
滨州市 Binzhou	12436	12436		1858	373	10205		
菏泽市 Heze	11099	11099		3903	2743	3815		638

12-10 供水用水情况
Water Supply and Water Use

年份 Year 地区 Region	供水总量(亿立方米) Water Supply (100 million cu.m)	地表水 Surface Water	地下水 Ground-water	其他 Others	用水总量(亿立方米) Water Use (100 million cu.m)	农业 Agricul-ture	工业 Industry	生活 Consump-tion	生态 Ecological Protection
2000	249.46	114.40	131.81	3.25	244.09	179.84	43.65	20.61	
2001	251.61	115.60	133.71	2.30	252.73	187.40	41.92	23.08	0.34
2002	252.39	117.66	132.96	1.77	244.73	192.87	36.59	14.98	0.29
2003	219.34	104.12	113.95	1.27	215.70	162.54	27.96	23.92	1.38
2004	214.88	106.28	107.40	1.20	211.30	160.14	24.81	24.67	1.68
2005	211.02	106.70	102.67	1.65	207.65	161.73	18.38	25.17	2.37
2006	225.53	119.77	103.90	1.86	222.24	175.07	18.93	25.62	2.62
2007	219.55	115.59	101.98	1.98	219.55	164.81	24.12	27.42	3.20
2008	219.89	115.51	101.23	3.15	219.89	162.76	24.69	28.71	3.73
2009	219.99	119.62	97.05	3.33	219.99	161.60	24.70	29.77	3.94
济南市 Jinan	16.59	9.52	6.56	0.52	16.59	10.31	2.40	3.24	0.65
青岛市 Qingdao	9.86	5.76	3.92	0.18	9.86	4.10	2.05	3.42	0.38
淄博市 Zibo	9.59	2.03	7.19	0.36	9.59	5.69	2.25	1.38	0.26
枣庄市 Zaozhuang	5.76	1.67	3.94	0.15	5.76	3.19	1.08	1.39	0.09
东营市 Dongying	9.37	8.30	1.07		9.37	6.63	1.51	0.87	0.35
烟台市 Yantai	8.54	4.35	4.17	0.02	8.54	5.72	1.07	1.66	0.08
潍坊市 Weifang	16.56	7.34	8.75	0.47	16.56	10.86	2.35	2.77	0.58
济宁市 Jining	26.08	10.10	15.78	0.19	26.08	21.17	2.28	2.37	0.26
泰安市 Tai'an	12.15	4.60	7.11	0.45	12.15	8.79	1.11	1.91	0.34
威海市 Weihai	2.79	1.86	0.89	0.03	2.79	1.33	0.60	0.81	0.04
日照市 Rizhao	5.27	3.54	1.68	0.05	5.27	3.68	0.86	0.72	0.02
莱芜市 Laiwu	3.29	0.97	2.13	0.18	3.29	1.88	0.92	0.48	
临沂市 Linyi	16.84	10.67	6.12	0.05	16.84	12.23	1.78	2.67	0.15
德州市 Dezhou	21.50	13.93	7.53	0.05	21.50	19.33	0.66	1.48	0.04
聊城市 Liaocheng	19.97	12.31	7.51	0.15	19.97	16.67	1.59	1.51	0.19
滨州市 Binzhou	15.30	12.70	2.55	0.05	15.30	13.15	0.82	1.04	0.29
菏泽市 Heze	20.56	9.97	10.17	0.42	20.56	16.95	1.36	2.04	0.22

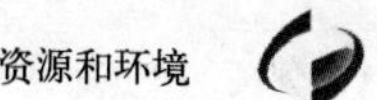

12-11 水资源情况
Water Resources

年份 地区	Year Region	水资源总量(亿立方米) Total Amount of Water Resources (100 millioncu.m)	地表水资源量 Surface Water Resources	地下水资源与地表水资源不重复量 Unduplicated Measurement Between Surface Water and Groundwater
2003		489.69	349.29	140.40
2004		349.46	234.51	114.55
2005		415.86	295.85	120.01
2006		199.78	109.56	90.22
2007		387.11	280.19	106.93
2008		328.71	228.96	99.75
2009		284.95	173.80	111.16
2010		309.12	199.08	110.04
济南市	Jinan	20.02	11.02	9.00
青岛市	Qingdao	13.42	9.79	3.62
淄博市	Zibo	9.26	5.51	3.75
枣庄市	Zaozhuang	9.08	5.84	3.24
东营市	Dongying	6.48	5.64	0.84
烟台市	Yantai	35.20	30.67	4.54
潍坊市	Weifang	15.57	9.09	6.48
济宁市	Jining	20.79	9.11	11.68
泰安市	Tai'an	10.44	6.49	3.95
威海市	Weihai	18.88	17.09	1.79
日照市	Rizhao	12.18	10.17	2.01
莱芜市	Laiwu	4.22	2.87	1.35
临沂市	Linyi	37.07	30.45	6.62
德州市	Dezhou	26.19	14.43	12.07
聊城市	Liaocheng	26.32	13.07	13.25
滨州市	Binzhou	15.37	10.55	4.82
菏泽市	Heze	28.64	7.59	21.05

12-12 1981-2010年主要污染物排放及处理情况

Discharge and Treatment of Major Pollutants (1981-2010)

单位:万吨 (10 000 tons)

年份 Year	废水排放量 Volume of Waste Water Discharged	#工业 Industry	二氧化硫排放量 Volume of Sulphur Dioxide Discharged	烟尘排放量 Volume of Soot Discharged	工业固体废物产生量 Volume of Industrial Solid Waste	工业固体废物综合利用量 Volume of Industrial Solid Waste Utilized
1981	104790	87673	119	77	2522	639
1982	105942	82641	120	97	2615	723
1983	110938	88168	122	85	2559	716
1984	129033	106275	142	117	2743	760
1985	131898	105375	160	120	2748	765
1986	127277	98913	171	129	2860	847
1987	132770	93811	173	116	2848	894
1988	144346	97136	191	128	3325	968
1989	137165	91360	189	130	3610	1117
1990	136573	87631	193	121	3880	1337
1991	137051	88728	204	121	3837	2169
1992	137721	86412	226	125	3941	2410
1993	142322	86350	228	135	4201	2353
1994	147979	87316	225	130	4263	2871
1995	158681	96214	232	130	4484	2899
1996	204200	101018			4652	2824
1997	246100	130918	247	108	5131	3448
1998	234048	117069	226	92	5109	3777
1999	224100	107975	183	71	5166	3877
2000	229000	110324	180	67	5407	4173
2001	235271	115233	172	65	6215	5224
2002	230709	106668	169	62	6559	5704
2003	245782	115933	184	62	6786	6054
2004	264014	128706	182	52	7922	7191
2005	280377	139071	200	62	9175	8683
2006	302637	144365	196	58	11011	10397
2007	334255	166574	182	46	11935	11615
2008	358910	176977	169	44	12988	12173
2009	386731	182673	159	42	14138	13826
2010	436371	208257	154	39	16038	15297

12-13 各市主要污染物排放情况(2010年)

Dicharge of Major Pollutants by Region (2010)

地 区	Region	废水排放量(万吨) Volume of Waste Water Discharged (10 000 tons)	工业 Industry	生活 Daily Life	化学需氧量排放量(吨) Volume of COD Discharged (ton)	工业 Industry	生活 Daily Life	氨氮排放量(吨) Volume of Ammonia Nitrogen Discharged (ton)	工业 Industry	生活 Daily Life
全省总计	**Total**	**436371**	**208257**	**228115**	**620533**	**295128**	**325405**	**66484**	**15441**	**51042**
济南市	Jinan	28567	5594	22973	47354	8816	38537	4779	428	4351
青岛市	Qingdao	38156	10800	27355	46634	14758	31875	8076	786	7290
淄博市	Zibo	34735	21212	13523	36404	27839	8565	4607	2207	2400
枣庄市	Zaozhuang	24809	16185	8623	37387	17153	20234	3190	802	2388
东营市	Dongying	17893	10559	7334	29753	21754	8000	1875	936	939
烟台市	Yantai	25502	8386	17116	41974	15254	26719	3928	762	3166
潍坊市	Weifang	45733	21496	24237	41280	22481	18798	6715	1793	4922
济宁市	Jining	33493	16212	17281	38017	12773	25244	3886	327	3559
泰安市	Tai'an	15172	4579	10594	25711	6608	19103	2895	233	2662
威海市	Weihai	11403	2872	8532	14314	3699	10615	2387	181	2206
日照市	Rizhao	14982	9977	5005	23095	12015	11080	2158	604	1554
莱芜市	Laiwu	5790	2659	3131	10388	2698	7690	1062	126	936
临沂市	Linyi	32259	10077	22181	32439	8062	24377	6297	708	5589
德州市	Dezhou	30198	19335	10864	67429	43654	23775	4556	1834	2722
聊城市	Liaocheng	30941	20873	10068	45897	28661	17236	2708	862	1846
滨州市	Binzhou	24220	15013	9208	45921	36240	9682	3415	1958	1457
菏泽市	Heze	22520	12429	10091	36536	12662	23874	3952	896	3056

12-13 续表 continued

地 区	Region	二氧化硫排放量(吨) Volume of Sulphur Dioxide Discharged (ton)	工业 Industry	生活 Daily Life	烟尘排放量(吨) Volume of Soot Discharged (ton)	工业 Industry	生活 Daily Life	工业粉尘排放量(吨) Volume of Industrial Dust Discharged (ton)
全省总计	**Total**	**1537818**	**1382874**	**154944**	**391665**	**291201**	**100464**	**189417**
济南市	Jinan	81601	70296	11305	26839	19709	7130	28631
青岛市	Qingdao	112763	86190	26573	23171	12967	10204	5074
淄博市	Zibo	167921	163602	4319	42718	38271	4447	10139
枣庄市	Zaozhuang	82231	75952	6279	16273	13142	3131	26381
东营市	Dongying	75094	70995	4099	6344	5873	471	1422
烟台市	Yantai	96845	88047	8798	15137	13051	2086	21116
潍坊市	Weifang	122120	116122	5998	35900	26081	9819	14333
济宁市	Jining	119821	118716	1105	28479	22090	6389	5548
泰安市	Tai'an	80603	67699	12904	26945	18248	8697	6021
威海市	Weihai	52047	31785	20262	13155	8238	4917	1169
日照市	Rizhao	54101	49592	4509	9257	7427	1830	6832
莱芜市	Laiwu	61615	58497	3118	14980	12858	2122	19791
临沂市	Linyi	96173	87757	8416	35054	31344	3710	14688
德州市	Dezhou	114705	103475	11230	39092	27590	11502	4287
聊城市	Liaocheng	75203	71865	3338	19230	6725	12505	20401
滨州市	Binzhou	73767	70668	3099	18505	14952	3553	1178
菏泽市	Heze	71207	51615	19592	20586	12635	7951	2407

12-14 各市工业污染治理项目建设情况(2010年)

Constructing of Projects Dealing With the Industrial Pollution by Region (2010)

地区	Region	本年施工项目总数(个) Number of Projects under Construc-tion of the Year (unit)	施工项目本年完成投资额(万元) Inves-tment in Projects Completed of the Year (10 000 yuan)	废水治理项目 Projects for Waste Water Treatment	废气治理项目 Projects for Waste Gas Treatment	固体废物治理项目 Projects for Solid Waste Treatment	噪声治理项目 Projects for Noise Pollution Treatment	电磁辐射治理项目 Projects for EMF Treatment	放射性治理项目 Projects for Radiation Treatment	污染搬迁治理项目 Projects for Removal of Pollution Sources	其他治理项目 Others	本年竣工项目数(个) Projects Completed of the Year (unit)
全省总计	**Total**	**456**	**456759**	**162780**	**186423**	**15288**	**785**			**84000**	**7484**	**399**
济南市	Jinan	37	27393	8463	18871	57					2	30
青岛市	Qingdao	25	10219	6458	3668		23				70	19
淄博市	Zibo	74	39179	21831	15679		200				1469	71
枣庄市	Zaozhuang	11	8851	2737	6094		20					8
东营市	Dongying	54	77593	39551	36584	382	346				731	50
烟台市	Yantai	63	27423	9875	6691	10838	3				16	56
潍坊市	Weifang	39	131691	15773	31798		50			84000	71	31
济宁市	Jining	31	8136	3061	4411	170	38				456	28
泰安市	Tai'an	20	2856	1583	1183						90	20
威海市	Weihai	16	18359	3436	14828		95					12
日照市	Rizhao	21	45978	13780	24887	2721	10				4580	17
莱芜市	Laiwu	1	400		400							1
临沂市	Linyi	14	14547	14467	80							13
德州市	Dezhou	2	5280	5280								1
聊城市	Liaocheng	4	1338	478	860							2
滨州市	Binzhou	5	19062	230	18832							5
菏泽市	Heze	39	18454	15777	1557	1120						35

12-15 各市工业废水污染物排放及处理情况(2010年)

Discharge and Treatment of Industrial Waste Water by Region (2010)

地区	Region	工业废水排放量(万吨) Total Volume of Industrial Waste Water Discharged (10 000 tons)	工业废水排放达标量(万吨) Industrial Waste Water Meeting Discharge Standards (10 000 tons)	废水治理设施数(套) Number of Facilities for Treatment of Waste Water (set)	废水治理设施运行费用(万元) Annual Expenditure for Operation (10 000 yuan)	化学需氧量去除量(吨) COD Removed from Waste water (ton)	氨氮去除量(吨) Ammonia Nitrogen Removed from Waste Water (ton)	化学需氧量排放量(吨) COD Discharge from Waste water (ton)	氨氮排放量(吨) Ammonia Nitrogen Discharge from Waste Water (ton)
全省总计	**Total**	**208257**	**205010**	**5142**	**487353**	**2317429**	**175866**	**295128**	**15441**
济南市	Jinan	5594	5576	230	25587	42527	4993	8816	428
青岛市	Qingdao	10800	10591	504	33013	82483	5514	14758	786
淄博市	Zibo	21212	21212	599	64994	107032	6843	27839	2207
枣庄市	Zaozhuang	16185	16067	178	17894	68220	3088	17153	802
东营市	Dongying	10559	10559	156	45691	194090	2909	21754	936
烟台市	Yantai	8386	8386	464	20584	88985	2382	15254	762
潍坊市	Weifang	21496	21210	583	54723	183962	4614	22481	1793
济宁市	Jining	16212	16015	331	35608	207479	40255	12773	327
泰安市	Tai'an	4579	4492	246	7888	56951	850	6608	233
威海市	Weihai	2872	2872	164	6357	4195	279	3699	181
日照市	Rizhao	9977	9977	199	12480	163562	2003	12015	604
莱芜市	Laiwu	2659	2646	110	31653	27908	576	2698	126
临沂市	Linyi	10077	9910	366	19368	264252	3895	8062	708
德州市	Dezhou	19335	18015	224	32220	343627	80736	43654	1834
聊城市	Liaocheng	20873	20644	281	41881	230122	3135	28661	862
滨州市	Binzhou	15013	14455	244	14902	163511	11976	36240	1958
菏泽市	Heze	12429	12384	263	22510	88521	1817	12662	896

12−16 各市工业废气污染物排放及处理情况(2010年)

Emission and Treatment of Industrial Waste Gas by Region(2010)

地 区	Region	废气排放量(亿标立方米) Total Volume of Waste Gas Emission (100 million cu.m)	废气治理设施数(套) Number of Facilities for Treatment of Waste Gas (set)	废气治理设施运行费用(万元) Annual Expenditure for Operation (10 000 yuan)	二氧化硫去除量(吨) Volume of Sulphur Dioxide Removed (ton)	二氧化硫排放量(吨) Volume of Sulphur Dioxide Discharged (ton)	烟尘去除量(吨) Volume of Soot Removed (ton)	烟尘排放量(吨) Volume of Soot Discharged (ton)	粉尘去除量(吨) Volume of Dust Removed (ton)	粉尘排放量(吨) Volume of Dust Discharged (ton)
全省总计	**Total**	**43837.35**	**11886**	**1039839**	**3152480**	**1382874**	**35960425**	**291201**	**7672001**	**189417**
济南市	Jinan	3257.62	1021	129327	149428	70296	2186420	19709	693352	28631
青岛市	Qingdao	2558.09	912	54472	156983	86190	2178880	12967	183104	5074
淄博市	Zibo	3500.91	1439	154916	425366	163602	3240587	38271	314955	10139
枣庄市	Zaozhuang	2490.63	1100	35324	128533	75952	1522005	13142	1152575	26381
东营市	Dongying	996.27	240	43690	263783	70995	1173164	5873	14011	1422
烟台市	Yantai	2187.44	853	80818	189421	88047	1883089	13051	191823	21116
潍坊市	Weifang	4275.25	1136	63446	257745	116122	3068977	26081	235087	14333
济宁市	Jining	3593.41	946	81209	312561	118716	4482982	22090	569537	5548
泰安市	Tai'an	1876.96	658	40767	196946	67699	1808673	18248	272776	6021
威海市	Weihai	546.35	194	7627	24774	31785	493462	8238	7642	1169
日照市	Rizhao	3612.09	485	74273	102890	49592	1197323	7427	97749	6832
莱芜市	Laiwu	3459.24	469	72402	221230	58497	2155712	12858	1116300	19791
临沂市	Linyi	4234.35	765	37046	120092	87757	2218632	31344	1105584	14688
德州市	Dezhou	3184.66	604	52262	206985	103475	3011137	27590	51624	4287
聊城市	Liaocheng	1991.47	254	59220	192580	71865	2135341	6725	1508801	20401
滨州市	Binzhou	1341.73	382	30697	122864	70668	2172529	14952	94463	1178
菏泽市	Heze	730.90	428	22343	80299	51615	1031510	12635	62616	2407

12−17 各市工业固体废物排放及处理利用情况(2010年)

Emission、Treatment and Utilization of Industrial Solid Wastes by Region(2010)

地 区	Region	固体废物产生量(万吨) Total Volume of Industrial Solid Waste Produced (10 000 tons)	固体废物综合利用量(万吨) Total Volume of Industrial Solid Waste Utilized (10 000 tons)	#综合利用往年贮存量 Utilized Wastes Produced in Previous Years	固体废物贮存量(万吨) Volume of Industrial Wastes in Solid Stocks (10 000 tons)	固体废物处置量(万吨) Volume of Industrial Solid Waste Treated (10 000 tons)	#处置往年贮存量 Treated Wastes Produced in Previous Years	固体废物排放量(万吨) Volume of Industrial Solid Waste Discharged (10 000 tons)
全省总计	**Total**	**16038.48**	**15297.31**	**112.50**	**384.11**	**474.97**	**0.67**	**0.011**
济南市	Jinan	1011.69	986.69		23.07	2.81	0.00	
青岛市	Qingdao	909.21	907.47	14.20	6.61	11.13	0.00	
淄博市	Zibo	1518.00	1373.87		33.59	110.54		
枣庄市	Zaozhuang	513.30	524.97	11.75		0.11		
东营市	Dongying	240.46	222.53		4.94	12.99		
烟台市	Yantai	2155.49	1908.04		0.44	247.01		
潍坊市	Weifang	834.77	753.10	3.00	79.13	5.56	0.01	0.001
济宁市	Jining	2052.72	1940.05	1.96	107.86	6.78	0.01	
泰安市	Tai'an	1042.38	1057.06	42.16	25.42	2.07	0.00	
威海市	Weihai	223.40	213.83	0.03	7.04	2.57	0.00	
日照市	Rizhao	820.59	820.49		0.00	0.09		
莱芜市	Laiwu	1334.11	1320.48	39.39	54.29	0.74		
临沂市	Linyi	1232.64	1190.98		37.53	4.13		
德州市	Dezhou	718.94	718.83		0.01	0.10		
聊城市	Liaocheng	660.51	588.65		4.18	68.34	0.65	
滨州市	Binzhou	556.24	556.24			0.00		0.010
菏泽市	Heze	214.03	214.03			0.00		

12−18 重点调查企业工业废水污染物排放及处理情况(2010年)

行业名称	Sector	工业废水排放量(万吨) Total Volume of Industrial Waste Water Discharged (10 000 tons)
煤炭开采和洗选业	Mining and Washing of Coal	13526.16
石油和天然气开采业	Extraction of Petroleum and Natural Gas	3413.23
黑色金属矿采选业	Mining of Ferrous Metal Ores	786.93
有色金属矿采选业	Mining of Non-ferrous Metal Ores	699.35
非金属矿采选业	Mining and Processing of Nonmetal Ores	83.08
其他采矿业	Mining of Other Ores	
农副食品加工业	Processing of Food from Agricultural Products	16025.25
食品制造业	Manufacture of Foods	11747.13
饮料制造业	Manufacture of Beverage	8570.78
烟草制品业	Manufacture of Tobacco	97.69
纺织业	Manufacture of Textile	18884.68
纺织服装、鞋、帽制造业	Manufacture of Textile Wearing Apparel,Footware, and Caps	679.75
皮革、毛皮、羽毛(绒)及其制品业	Manufacture of Leather, Fur, Feather & Its Products	2734.84
木材加工及木、竹、藤、棕、草制品业	Processing of Timbers, Manufacture of Wood,Bamboo, Rattan, Palm, and Straw Products	333.54
家具制造业	Manufacture of Furniture	26.10
造纸及纸制品业	Manufacture of Paper and Paper Products	48043.54
印刷业和记录媒介的复制	Printing, Reproduction of Recording Media	20.88
文教体育用品制造业	Manufacture of Articles for Culture,Education and Sport Activity	4.69
石油加工、炼焦及核燃料加工业	Processing of Petroleum, Coking,Processing of Nucleus Fuel	7457.14
化学原料及化学制品制造业	Manufacture of Chemical Raw Material and Chemical Products	25707.50
医药制造业	Manufacture of Medicines	5859.46
化学纤维制造业	Manufacture of Chemical Fiber	4074.24
橡胶制品业	Manufacture of Rubber	1195.75
塑料制品业	Manufacture of Plastic	122.26
非金属矿物制品业	Manufacture of Non-metallic Mineral Products	1219.51
黑色金属冶炼及压延加工业	Manufacture and Processing of Ferrous Metals	2832.51
有色金属冶炼及压延加工业	Manufacture & Processing of Non-ferrous Metals	3980.74
金属制品业	Manufacture of Metal Products	757.09
通用设备制造业	Manufacture of General Purpose Machinery	519.80
专用设备制造业	Manufacture of Special Purpose Machinery	1063.25
交通运输设备制造业	Manufacture of Transport Equipment	1698.06
电气机械及器材制造业	Manufacture of Electrical Machinery & Equipment	419.13
通信设备、计算机及其他电子设备制造业	Manufacture of Communication Equipment, Computer and Other Electronic Equipment	769.71
仪器仪表及文化、办公用机械制造业	Manufacture of Measuring Instrument and Machinery for Cultural Activity & Office Work	67.67
工艺品及其他制造业	Manufacture of Artwork, Other Manufacture	361.05
废弃资源和废旧材料回收加工业	Recycling and Disposal of Waste	73.99
电力、热力的生产和供应业	Production and Supply of Electric Power and Heat Power	6314.34
燃气生产和供应业	Production and Supply of Gas	160.26
水的生产和供应业	Production and Supply of Water	152.35

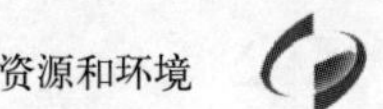

Discharge, Treatment and Utilization of Industrial Waste Water and Pollutants in Major Investigated Enterprises (2010)

工业废水排放达标量(万吨) Industrial Waste Water Meeting Discharge Standards (10 000 tons)	废水治理设施数(套) Number of Facilities for Treatment of Waste Water(set)	废水治理设施运行费用(万元) Annual Expenditure for Operation (10 000 yuan)	化学需氧量去除量(吨) COD Removed from Waste Water (ton)	氨氮去除量(吨) Ammonia Nitrogen Removed from Waste Water (ton)	化学需氧量排放量(吨) COD Discharge from Waste Water (ton)	氨氮排放量(吨) Ammonia Nitrogen Discharge from Waste Water (ton)
13507.78	204	18800.0	18885.73	796.57	9926.70	258.88
3413.23	55	21525.2	31109.61	1619.12	7145.62	324.64
786.93	21	2818.7	1195.24	2.07	715.18	5.69
681.35	42	2447.9	1350.47	14.85	668.26	8.58
83.08	19	286.4	355.50	5.40	36.38	4.08
15693.96	766	25999.4	354948.68	16156.08	21526.65	1466.03
11553.61	313	20144.4	234144.46	36003.37	14923.52	897.80
8192.69	183	14070.3	147765.61	4275.86	16835.68	608.48
97.69	5	229.3	1131.01	12.57	59.29	3.48
18538.82	528	35203.8	155860.98	2817.01	27796.23	1545.23
664.01	42	1417.1	4500.07	36.09	805.62	41.89
2606.98	159	7108.6	26966.80	2821.37	5685.18	607.19
318.42	22	913.2	1380.88	37.82	378.11	36.47
25.70	2	53.4	61.60	0.01	6.99	0.17
47536.95	343	102801.7	820307.01	4779.74	78144.78	2907.37
20.87	4	25.2	7.35	0.45	35.96	2.30
4.11	3	17.4	12.01	0.11	3.72	0.61
7451.77	181	39592.7	104990.06	3902.79	9649.73	723.11
25430.27	755	70982.7	235136.43	94615.34	30967.55	2763.55
5852.23	145	14896.5	79188.44	2517.36	6326.53	308.86
3770.73	43	13798.1	26052.06	784.58	7181.12	396.48
1181.95	24	1659.5	4610.30	47.66	1102.44	86.78
122.26	9	92.7	165.14	4.63	122.47	15.52
1184.90	302	3178.0	5855.57	95.73	1225.54	110.47
2768.25	212	50376.3	24459.02	3335.50	4288.21	132.72
3977.57	79	13269.0	6856.55	84.08	3716.33	128.97
754.17	132	2817.9	2951.47	91.36	630.70	38.20
516.70	69	1120.9	1373.38	68.53	488.78	32.93
1054.31	40	2013.2	2559.88	144.49	680.15	46.70
1681.25	93	3759.1	5201.63	347.29	1367.09	108.67
416.73	42	877.8	961.91	16.83	379.20	38.80
769.71	44	3772.8	3853.28	269.86	1173.21	87.40
67.67	9	44.7	91.27	5.57	39.64	4.75
320.87	23	452.5	4393.04	17.96	734.98	27.91
73.99	1	123.0	1283.77	29.99	72.48	10.50
6232.18	223	10328.6	7039.90	91.19	6706.21	152.80
160.26	1	105.0	9.12	4.33	88.69	23.48
152.35	4	230.0	414.00	12.00	77.25	10.66

12-19 重点调查企业工业废气污染物排放及处理情况(2010年)

行业名称	Sector	废气排放量(亿标立方米) Total Volume of Waste Gas Emission (100 million cu.m)
煤炭开采和洗选业	Mining and Washing of Coal	154.0
石油和天然气开采业	Extraction of Petroleum and Natural Gas	45.1
黑色金属矿采选业	Mining of Ferrous Metal Ores	44.4
有色金属矿采选业	Mining of Non-ferrous Metal Ores	12.3
非金属矿采选业	Mining and Processing of Nonmetal Ores	17.8
其他采矿业	Mining of Other Ores	
农副食品加工业	Processing of Food from Agricultural Products	238.3
食品制造业	Manufacture of Foods	164.4
饮料制造业	Manufacture of Beverage	99.1
烟草制品业	Manufacture of Tobacco	2.9
纺织业	Manufacture of Textile	252.0
纺织服装、鞋、帽制造业	Manufacture of Textile Wearing Apparel,Footware, and Caps	5.1
皮革、毛皮、羽毛(绒)及其制品业	Manufacture of Leather, Fur, Feather & Its Products	12.9
木材加工及木、竹、藤、棕、草制品业	Processing of Timbers, Manufacture of Wood,Bamboo, Rattan, Palm, and Straw Products	64.3
家具制造业	Manufacture of Furniture	3.3
造纸及纸制品业	Manufacture of Paper and Paper Products	610.4
印刷业和记录媒介的复制	Printing, Reproduction of Recording Media	1.2
文教体育用品制造业	Manufacture of Articles for Culture,Education and Sport Activity	0.6
石油加工、炼焦及核燃料加工业	Processing of Petroleum, Coking,Processing of Nucleus Fuel	1867.0
化学原料及化学制品制造业	Manufacture of Chemical Raw Material and Chemical Products	2154.1
医药制造业	Manufacture of Medicines	73.5
化学纤维制造业	Manufacture of Chemical Fiber	412.7
橡胶制品业	Manufacture of Rubber	167.7
塑料制品业	Manufacture of Plastic	27.7
非金属矿物制品业	Manufacture of Non-metallic Mineral Products	6979.7
黑色金属冶炼及压延加工业	Manufacture and Processing of Ferrous Metals	11151.4
有色金属冶炼及压延加工业	Manufacture & Processing of Non-ferrous Metals	1612.0
金属制品业	Manufacture of Metal Products	114.2
通用设备制造业	Manufacture of General Purpose Machinery	62.8
专用设备制造业	Manufacture of Special Purpose Machinery	88.2
交通运输设备制造业	Manufacture of Transport Equipment	257.0
电气机械及器材制造业	Manufacture of Electrical Machinery & Equipment	38.3
通信设备、计算机及其他电子设备制造业	Manufacture of Communication Equipment, Computer and Other Electronic Equipment	157.5
仪器仪表及文化、办公用机械制造业	Manufacture of Measuring Instrument and Machinery for Cultural Activity & Office Work	1.7
工艺品及其他制造业	Manufacture of Artwork, Other Manufacture	32.8
废弃资源和废旧材料回收加工业	Recycling and Disposal of Waste	2.3
电力、热力的生产和供应业	Production and Supply of Electric Power and Heat Power	16686.6
燃气生产和供应业	Production and Supply of Gas	222.2
水的生产和供应业	Production and Supply of Water	

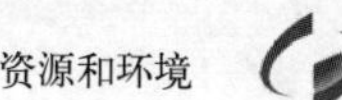

Emission, Treatment and Utilization of Industrial Waste Gas and Pollutants in Major Investigated Enterprises (2010)

废气治理设施数（套）Number of Facilities for Treatment of Waste Gas (set)	废气治理设施运行费用（万元）Annual Expenditure for Operation (10 000 yuan)	二氧化硫去除量（吨）Volume of Sulphur Dioxide Removed (ton)	二氧化硫排放量（吨）Volume of Sulphur Dioxide Discharged (ton)	烟 尘去除量（吨）Volume of Soot Removed (ton)	烟尘排放 量（吨）Volume of Soot Discharged (ton)	粉 尘去除量（吨）Volume of Dust Removed (ton)	粉 尘排放量（吨）Volume of Dust Discharged (ton)
292.0	4632.9	12965.0	12372.9	223135.5	2812.8	2191.4	754.0
38.0	372.8		2192.2	45.6	471.3	47.2	1.9
38.0	1364.2	150.7	453.9	2960.3	366.2	1861.3	176.1
103.0	831.3	2642.6	632.9	36444.6	568.0	8695.9	179.0
42.0	346.1	499.5	290.0	4080.9	232.9	499.4	575.3
677.0	19432.0	15108.6	19303.3	172726.5	5782.1	11953.9	535.4
275.0	5986.4	10736.9	13212.0	163197.8	5609.8	31084.0	166.3
184.0	3036.1	8713.8	9041.7	88127.7	2597.9	143.0	15.7
6.0	350.3	48.3	106.9	613.5	70.7	85.5	4.5
447.0	6285.0	15798.8	18031.6	256403.1	4810.8	82.2	89.3
49.0	205.9	249.9	424.4	1845.5	180.1		
119.0	642.5	606.8	1542.6	5551.6	527.2	38.0	7.4
88.0	643.4	347.7	1643.2	5283.1	896.9	12583.0	4261.9
10.0	78.3	114.7	259.8	728.1	119.1	0.1	0.0
334.0	31412.3	40847.1	36991.5	830712.2	8854.3	4519.6	835.9
6.0	42017.4	32.9	97.8	152.9	85.5		
2.0	29.0	43.0	35.6	35.4	10.3		1.4
293.0	83085.6	260587.3	66200.0	486284.8	8860.2	50697.5	5486.5
1208.0	52196.3	192463.7	93242.4	1016622.7	21673.1	84563.2	4963.2
172.0	2638.4	6299.6	5716.6	24000.9	1568.4	9.1	13.9
75.0	2556.9	4777.3	10212.9	45084.2	1155.1	35.6	52.5
139.0	3275.6	11774.5	8719.2	127271.6	1958.6	1307.9	14.6
41.0	486.6	689.5	964.5	4222.5	396.2	78.9	20.4
3250.0	78008.2	34344.3	79042.4	461275.3	35158.1	5263669.3	107616.3
1083.0	222838.4	159321.0	109534.7	881861.6	37793.8	2064108.0	44334.4
401.0	43745.8	253638.2	45987.1	1218257.8	5784.1	102301.8	2073.4
177.0	1304.4	524.8	1614.6	8210.1	1278.0	1064.3	117.5
310.0	2520.5	3333.8	3984.3	15233.1	3345.8	8065.7	918.4
140.0	2135.8	4004.9	4447.3	78392.7	859.2	2448.8	226.6
190.0	2244.8	1055.9	908.2	5872.2	475.7	19161.2	2574.5
95.0	647.4	468.4	471.4	3149.3	370.5	303.5	211.2
63.0	614.2	103.6	161.9	909.7	59.6	401.2	1.6
5.0	6.3	8.3	75.4	138.4	43.7		
20.0	143.2	111.3	5085.6	8758.8	384.9		
2.0	44.0		258.1	925.2	104.6		
1503.0	422730.6	2108518.2	759078.1	29776891.1	113620.5		36.0
9.0	950.0	1548.7	746.2	5019.1	149.4		398.6

12-20 重点调查企业工业固体废物排放及处理利用情况(2010年)

行业名称	Sector	固体废物产生量(万吨) Volume of Industrial Solid Wastes Produced (10 000 tons)
煤炭开采和洗选业	Mining and Washing of Coal	1657.50
石油和天然气开采业	Extraction of Petroleum and Natural Gas	29.70
黑色金属矿采选业	Mining of Ferrous Metal Ores	508.01
有色金属矿采选业	Mining of Non-ferrous Metal Ores	1517.61
非金属矿采选业	Mining and Processing of Nonmetal Ores	44.89
其他采矿业	Mining of Other Ores	
农副食品加工业	Processing of Food from Agricultural Products	141.44
食品制造业	Manufacture of Foods	94.61
饮料制造业	Manufacture of Beverage	97.08
烟草制品业	Manufacture of Tobacco	1.24
纺织业	Manufacture of Textile	57.11
纺织服装、鞋、帽制造业	Manufacture of Textile Wearing Apparel,Footware, and Caps	1.95
皮革、毛皮、羽毛(绒)及其制品业	Manufacture of Leather, Fur, Feather & Its Products	8.42
木材加工及木、竹、藤、棕、草制品业	Processing of Timbers, Manufacture of Wood,Bamboo, Rattan, Palm, and Straw Products	4.30
家具制造业	Manufacture of Furniture	0.83
造纸及纸制品业	Manufacture of Paper and Paper Products	442.70
印刷业和记录媒介的复制	Printing, Reproduction of Recording Media	0.43
文教体育用品制造业	Manufacture of Articles for Culture,Education and Sport Activity	0.09
石油加工、炼焦及核燃料加工业	Processing of Petroleum, Coking,Processing of Nucleus Fuel	235.95
化学原料及化学制品制造业	Manufacture of Chemical Raw Material and Chemical Products	889.72
医药制造业	Manufacture of Medicines	35.30
化学纤维制造业	Manufacture of Chemical Fiber	37.79
橡胶制品业	Manufacture of Rubber	48.46
塑料制品业	Manufacture of Plastic	4.14
非金属矿物制品业	Manufacture of Non-metallic Mineral Products	193.99
黑色金属冶炼及压延加工业	Manufacture and Processing of Ferrous Metals	3161.23
有色金属冶炼及压延加工业	Manufacture & Processing of Non-ferrous Metals	730.19
金属制品业	Manufacture of Metal Products	13.06
通用设备制造业	Manufacture of General Purpose Machinery	24.92
专用设备制造业	Manufacture of Special Purpose Machinery	22.95
交通运输设备制造业	Manufacture of Transport Equipment	42.44
电气机械及器材制造业	Manufacture of Electrical Machinery & Equipment	3.47
通信设备、计算机及其他电子设备制造业	Manufacture of Communication Equipment, Computer and Other Electronic Equipment	3.65
仪器仪表及文化、办公用机械制造业	Manufacture of Measuring Instrument and Machinery for Cultural Activity & Office Work	0.13
工艺品及其他制造业	Manufacture of Artwork, Other Manufacture	7.66
废弃资源和废旧材料回收加工业	Recycling and Disposal of Waste	1.02
电力、热力的生产和供应业	Production and Supply of Electric Power and Heat Power	5068.27
燃气生产和供应业	Production and Supply of Gas	4.21
水的生产和供应业	Production and Supply of Water	0.02

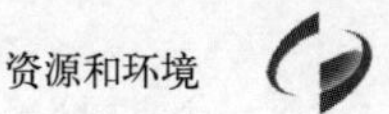

Discharge, Treatment and Utilization of Industrial Solid Wastes in Major Investigated Enterprises (2010)

固体废物综合利用量(万吨) Volume of Industrial Solid Wastes Utilized (10 000 tons)	#综合利用往年贮存量 Utilized Wastes Produced in Previous Years	固体废物贮存量(万吨) Volume of Industrial Solid Wastes in Stocks (10 000 tons)	#处置往年贮存量 Treated Wastes Produced in Previous Years	固体废物排放量(万吨) Volume of Industrial Solid Wastes Discharged (10 000 tons)
1730.79	95.26	21.97		
17.03		0.03		
395.05		26.72		
1264.78		39.93		
44.89				
140.68	0.00	0.01		
91.87		0.00		
95.49	0.00	0.00		
1.24				
56.56		0.00		
1.91		0.00		
6.65		0.00		
4.30				
0.83				
442.65		0.00		
0.34				
0.09				
220.89		0.14		
798.13	3.01	92.23	0.00	0.00
34.51		0.04		
34.95				
47.12		0.00		
4.14				
190.63		0.03		
3122.86	14.20	52.04		
659.16		16.33	0.65	
11.60	0.00	0.02	0.00	
23.63	0.02	0.01		
22.72				
39.88	0.01	0.49	0.00	
3.16		0.00	0.01	
2.00		0.00	0.01	
0.09		0.00		
7.66	0.00	0.00		
1.02				
4921.59		123.13		
4.21				
0.00				

主要统计指标解释

自然资源 指人类可以直接从自然界获得，并用于生产和生活的物质资源。自然资源一般可以分成可再生资源和非再生资源两大类。可再生资源指在较短时间内可以再生、可以循环利用的资源，包括土地资源、水资源、气候资源、生物资源和海洋资源等。非再生资源指在使用后不能再生的资源，包括矿产资源和地热能源。

土地资源 土地指陆地的表层部分，它主要由岩石、岩石的风化物和土壤构成。土地资源按利用类型可以分为农用地、建筑用地和未利用地。农用地包括耕地、园地、林地、牧草地和水面。建筑用地包括居民点及工矿用地、交通用地和水利设施用地。未利用地指农用地和建筑用地以外的土地，包括滩涂、荒漠、戈壁、冰川和石山等。

耕地面积 指经过开垦用以种植农作物并经常进行耕耘的土地面积。包括种有作物的土地面积、休闲地、新开荒地和抛荒未满三年的土地面积。

森林资源 指森林、林木、林地以及依托森林、林木、林地生存的野生动物、植物和微生物。林木指树木和竹子。森林指以乔木为主体的植物群落，是集生的乔木及与共同作用的植物、动物、微生物和土壤、气候等的总体。

活立木总蓄积量 指一定范围内土地上全部树木蓄积的总量，包括森林蓄积、疏林蓄积、散生木蓄积和四旁树蓄积。

森林面积 指由乔木树种构成，郁闭度 0.2 以上(含 0.2)的林地或冠幅宽度 10 米以上的林带的面积，即有林地面积。森林面积包括天然起源和人工起源的针叶林面积、阔叶林面积、针阔混交林面积和竹林面积，不包括灌木林地面积和疏林地面积。

森林覆盖率 指一个国家或地区森林面积占土地总面积的百分比。森林覆盖率是反映森林资源的丰富程度和生态平衡状况的重要指标。在计算森林覆盖率时，森林面积包括郁闭度 0.2 以上的乔木林地面积和竹林地面积，国家特别规定的灌木林地面积、农田林网以及四旁(村旁、路旁、水旁、宅旁)林木的覆盖面积。计算公式为：

$$\text{森林覆盖率}(\%)=\frac{\text{森林面积}}{\text{土地总面积}}\times 100\%$$

水资源 水在自然界中以固体、液体和气态三种聚集状态存在，分布于海洋、陆地(包括土壤)以及大气之中，通过水循环形成水资源。水资源包括经人类控制并直接可供灌溉、发电、给水、航运、养殖等用途的地表水和地下水，以及江河、湖泊、井、泉、潮汐、港湾和养殖水域等。水资源是发展国民经济不可缺少的重要自然资源。

地表水和地下水 陆地上的水因空间分布不同，分为地表水和地下水。地表水指分别存在于河流、湖泊、沼泽、冰川和冰盖等水体中水分的总称，又称陆地水。地下水指储存在地面以下饱和岩土孔隙、裂隙及溶洞中的水。

水资源总量 指评价区内降水形成的地表和地下产水总量，即地表产流量与降水入渗补给地下水量之和，不包括过境水量。

地表水资源量 指评价区内河流、湖泊、冰川等地表水体中可以逐年更新的动态水量，即当地天然河川径流量。

地下水资源量 指评价区内降水和地表水对饱水岩土层的补给量，包括降水入渗补给量和河道、湖库、渠系、渠灌田间等地表水体的入渗补给量。

内陆水域总面积 指江、河、湖泊、池塘、塘堰、水库等各种流水或蓄水的水面占地面积。

海　洋 是海和洋的统称。洋为地球表面上相连接的广大咸水水体的主体部分。海为地球表面相连接的广大咸水水体被陆地、岛礁、半岛包围或分隔的边缘部分。

海水可养殖面积 指利用滩涂、浅海、港湾进行鱼、虾、蟹、贝、藻等海水经济动植物的人工养殖的水面面积。

径　流 指陆地上接受降水后扣除损耗外，从地表和地下向流域出口断面汇集的水流。径流可分为地表径流、地下径流和壤中流。地表径流指沿地表向河流、湖泊、沼泽、海洋等汇集的水流；地下径流指沿潜水层或隔水层间的含水层，向河流、湖泊、沼泽、海洋等汇集的地下水水流。

径流量 指在一定时段内通过河流某一过水断面的水量，用以反映一个国家或地区水资源的丰歉程度。计算公式为：

径流量=降水量−蒸发量

矿产资源 矿产指由地质作用形成，富集于地壳中或出露于地表达到工农业利用要求的有用矿物。矿产是一种重要的自然资源，是社会发展的重要物质基础。

矿产基础储量 基础储量是查明矿产资源的一部分。它能满足现行采矿和生产所需的指标要求，是控制的、探明的并通过可行性或预可行性研究认为属于经济的、边界经济的部分，用未扣除设计、采矿损失的数量表示。

气　温 指空气的温度，我国一般以摄氏度(℃)为单位表示。气象观测的温度表是放在离地面约 1.5 米处通风良好的百叶箱里测量的，因此，通常说的气温指的是离地面 1.5 米处百叶箱中的温度。其统计计算方法为：

月平均气温是将全月各日的平均气温相加，除以该月的天数而得。

年平均气温是将 12 个月的月平均气温累加后除以 12 而得。

相对湿度 指空气中实际所含水蒸气密度和同温度下饱和水蒸气密度的百分比值。其统计方法与气温相同。

降水量 指从天空降落到地面的液态或固态(经融化后)水，未经蒸发、渗透、流失而在地面上积聚的深度。其统计计算方法为：

月降水量是将全月各日的降水量累加而得。

年降水量是将 12 个月的月降水量累加而得。

日照时数 指太阳实际照射地面的时间。其统计方法与降水量相同。

工业废水排放达标量 指报告期内废水中各项污染物指标都达到国家或地方排放标准的外排工业废水量，包括未经处理外排达标的，经废水处理设施处理后达标排放的，以及经污水处理厂处理后达标排放的。

工业废水排放达标率 指工业废水排放达标量占工业废水排放量的百分率，计算公式为：

$$\text{工业废水排放达标率}=\frac{\text{工业废水排放达标量}}{\text{工业废水排放量}}\times 100\%$$

城镇生活污水排放量 指城镇居民每年排放的生活污水。用人均系数法测算。测算公式为：

$$\begin{matrix}\text{生活污水}\\\text{排放量}\end{matrix}=\begin{matrix}\text{城镇生活污水}\\\text{排放系数}\end{matrix}\times\begin{matrix}\text{市镇非}\\\text{农业人口}\end{matrix}\times 365$$

城镇生活污水中化学需氧量(COD)产生量 指城镇居民每年排放的生活污水中的 COD 的产生量。用人均系数法测算。测算公式为：

$$\begin{matrix}\text{城镇生活污水}\\\text{中}COD\text{排放量}\end{matrix}=\begin{matrix}\text{城镇生活污水中}\\COD\text{产生系数}\end{matrix}\times\begin{matrix}\text{市镇非}\\\text{农业人口}\end{matrix}\times 365$$

化学需氧量（COD） 测量有机和无机物质化学分解所消耗氧的质量浓度的水污染指数。

工业废气排放量 指报告期内企业厂区内燃料燃烧和生产工艺过程中产生的各种排入大气的含有污染物的气体的总量，以标准状态(273K，101325Pa)计算。测算公式为：

$$\begin{matrix}\text{工业废气}\\\text{排放量}\end{matrix}=\begin{matrix}\text{燃料燃烧过程}\\\text{中废气排放量}\end{matrix}+\begin{matrix}\text{生产工艺过程}\\\text{中废气排放量}\end{matrix}$$

生活及其他 SO_2 排放量 以生活及其他煤炭消费量和其含硫量为基础，根据以下公式计算：

$$\begin{matrix}\text{生活及其他}\\SO_2\text{排放量}\end{matrix}=\begin{matrix}\text{生活及其他}\\\text{煤炭消费量}\end{matrix}\times\text{含硫量}\times 0.8\times 2$$

工业 SO_2 排放量 指报告期内企业在燃料燃烧和生产工艺过程中排入大气的 SO_2 总量，计算公式为：

$$\begin{matrix}\text{工业}SO_2\\\text{排放量}\end{matrix}=\begin{matrix}\text{燃料燃烧过程}\\\text{中}SO_2\text{排放量}\end{matrix}+\begin{matrix}\text{生产工艺过程}\\\text{中}SO_2\text{排放量}\end{matrix}$$

工业烟尘排放量 指企业厂区内燃料燃烧过程中产生的烟气中夹带的颗粒物排放量。

生活及其他烟尘排放量 指除工业生产活动以外的所有社会、经济活动及公共设施的经营活动中燃烧所排放的烟尘纯重量。以生活及其他煤炭消费量为基础进行测算。

工业粉尘排放量 指企业在生产工艺过程中排放的能在空气中悬浮一定时间的固体颗粒物排放量。如钢铁企业的耐火材料粉尘、焦化企业的筛焦系统粉尘、烧结机的粉尘、石灰窑的粉尘、建材企业的水泥粉尘等。不包括电厂排入大气的烟尘。

工业固体废物产生量 指报告期内企业在生产过程中产生的固体状、半固体状和高浓度液体状废弃物的总量，包括危险废物、冶炼废渣、粉煤灰、炉渣、煤矸石、尾矿、放射性废物和其他废物等；不包括矿山开采的剥离废石和掘进废石(煤矸石和呈酸性或碱性的废石除外)。酸性或碱性废石指采掘的废石其流经水、雨淋水的 pH 值小于 4 或 pH 值大于 10.5 者。

危险废物 指列入国家危险废物名录或根据国家规定的危险废物鉴别标准和鉴别方法认定的，具有爆炸性、易燃性、易氧化性、毒性、腐蚀性、易传染疾病等危险特性之一的废物。

工业固体废物综合利用量 指报告期内企业通过回收、加工、循环、交换等方式，从固体废物中提取或者使其转化为可以利用的资源、能源和其他原材料的固体废物量(包括当年利用往年的工业固体废物贮存量)，如用作农业肥料、生产建筑材料、筑路等。综合利用量由原产生固体废物的单位统计。

工业固体废物综合利用率 指工业固体废物综合利用量占工业固体废物产生量(包括综合利用往年贮存量)的百分率。计算公式为：

$$\begin{matrix}\text{工业固体废物}\\\text{综合利用率}\end{matrix}=\frac{\begin{matrix}\text{工业固体废物}\\\text{综合利用量}\end{matrix}}{\begin{matrix}\text{工业固体废物产生量}+\\\text{综合利用往年贮存量}\end{matrix}}\times 100\%$$

工业固体废物贮存量 指报告期内企业以综合利用或处置为目的，将固体废物暂时贮存或堆存在专设的贮存设施或专设的集中堆存场所内的数量。专设的固体废物贮存场所或贮存设施必须有防扩散、防流失、防渗漏、防止污染大气、水体的措施。

工业固体废物处置量 指报告期内企业将固体废物焚烧或者最终置于符合环境保护规定要求的场所，并不再回取的工业固体废物量(包括当年处置往年的工业固体废物贮存量)。处置方式有填埋(其中危险废物应安全填埋)、焚烧、专业贮存场(库)封场处理、深层灌注、回填矿井及海洋处置(经海洋管理部门同意投海处置)等。

工业固体废物排放量 指报告期内企业将所产生的固体废物排到固体废物污染防治设施、场所以外的数量，不包括矿山开采的剥离废石和掘进废石(煤矸石和呈酸性或碱性的废石除外)。

“三废”综合利用产品产值 指报告期内利用“三废”作为主要原料生产的产品价值(现行价)；已经销售或准备销售的应计算产品价值，留作生产自用的不应计算产品价值。

生活垃圾清运量 指报告期内收集和运送到垃圾处理厂(场)的生活垃圾数量。生活垃圾指城市日常生活或为城市日常生活提供服务的活动中产生的固体废物以及法律行政规定的视为城市生活垃圾的固体废物。包括：居民生活垃圾、商业垃圾、集市贸易市场垃圾、街道清扫垃圾、公共场所垃圾和机关、学校、厂矿等单位的生活垃圾。

生活垃圾无害化处理率 指报告期生活垃圾无害化处理量与生活垃圾产生量的比率。在统计上，由于生活垃圾产生量不易取得，可用清运量代替。计算公式为：

$$\text{生活垃圾无害化处理率}=\frac{\text{生活垃圾无害化处理量}}{\text{生活垃圾产生量}}\times 100\%$$

Explanatory Notes on Main Statistical Indicators

Natural Resources refer to material resources that could be obtained from the nature by human being and used for production and living. Natural resources in general can be classified as renewable resources and non-renewable resources. Renewable resources refer to resources that could be renewed and recycled during a relatively short period of time, including land resource, water resource, climate resource, biology resource and marine resource. Non-renewable resources include resources that could not be renewed, such as minerals and geothermal resource.

Land Resources refers to the surface of the earth, consisting of mainly rocks and its whethering and earth. Land resource can be classified, by its utilization, as land for agriculture, land for construction and unused land. Land for agriculture includes cultivated land, plantation land, forestland, grassland and waters. Land for construction includes land for residential purpose, for manufacturing and mining, for transportation and for water-conservancy projects. Unused land refers to land other than land for agriculture and construction, including beaches, deserts, Gobi, glaciers and rock mountains.

Area of Cultivated Land refers to area of land reclaimed for the regular cultivation of various farm crops, including crop-cover land, fallow, newly reclaimed land and land laid idle for less than 3 years.

Forest Resource refers to forests, trees, forestland and wild animals, plants and microorganism that live on forest and trees. Trees include trees and bamboo. Forest refers to the population of clusters of trees and other plants, animals and microorganism as well as the earth and climate that have interactions with the trees.

Total Standing Stock Volume refers to the total stock volume of trees growing in land, including trees in forest, tress in sparse forest, scattered trees and trees planted by the side of villages, farm houses and along roads and rivers.

Forest Area refers to the area of forest where trees and bamboo grow with canopy density above 0.2, including land of natural woods and planted woods, but excluding bush land and thin forest land. It reflects the total areas of afforestation.

Forest Coverage Rate refers to the ratio of area of afforested land to total land area. It is a very important indicator that reflects the status of abundance of forest resource and ecosystem balance. Forest area includes the area of trees and bamboo grow with canopy density above 0.2, the area of shrubby tree according to regulations of the government, the area of forest land inside farm land and the area of trees planted by the side of villages, farm houses and along roads and rivers. The formula for calculating forest coverage rate is as follows:

Forestry coverage rate (%) = (Area of Afforested Land/Area of Total Land) ×100%

Water Resource Water exists in the nature in solid, liquid and gaseous states, is distributed in the ocean, land (including earth) and air, and constitutes the water resource through the circulation of water. Water resource includes the surface water and underground water that is controlled by the human being for irrigation, power-generation, water supply, navigation and cultivation. It also includes rivers, lakes, wells, springs, tides, gulf and water area for cultivation. Water resource as an important natural resource is indispensable for the development of the national economy.

Surface Water and Underground Water Water on earth can be divided into surface water and underground water according to its distribution. Surface water refers to moisture exists in rivers, lakes, swamps, glaciers, icecaps and so on. It is also called land water. The underground water refers to water deposited underground in the cranny and the hole of saturated rock soil and in the water-eroded cave.

Total Water Resources refers to total volume of water resources measured as run-off for surface water from rainfall and recharge for groundwater in a given area, excluding transit water.

Surface Water Resources refers to total renewable resources which exist in rivers, lakes, glaciers and other collectors from rainfall and are measured as run-off of rivers.

Groundwater Resources refers to replenishment of aquifers with rainfall and surface water.

Inland Water Area refers to water area of rivers, lakes, ponds, reservoir, etc.

Ocean is the general name for sea and ocean. Ocean refers to the main body of large salt water connected with the earth. Sea refers to the edge areas of the salt water on the earth that are comparted or surrounded by land, island, reef or peninsula.

Marine Cultivatable Areas refer to water areas in beach, shallow sea and lough that are used to breed marine cash propagation, such as fish, shrimp, crab, shellfish, alga and so on.

Runoff refers to the water gathered at the way out of the cross section of drainage area either from the surface or underground after deducting the wastage of the precipitation on the land. Runoff can be divided into surface runoff, underground runoff and within soil runoff. Surface runoff refers to water flow to the rivers, lakes, swamps, and seas on the surface of the earth. Underground runoff refers to water flow to rivers, lakes, swamps, and seas through the water-bearing stratum of confined layer or unconfined layer.

Volume of Runoff refers to the total volume of water running through a certain cross section of a river during a certain period of time, reflecting the water resource condition in a country or a region. The formula for calculating volume or runoff is as follows:

Runoff =Precipitation-Evaporation

Mineral Resources refer to useful minerals that can be used for industrial or agricultural purposes enriched in lithosphere or on earth due to the geological process. Minerals are important natural resources, and important material base for social development.

Ensured Mineral Reserves refer to the actual mineral reserves, which equal to the proven mineral reserves (including industrial reserves and prospective reserves) minus extracted parts and underground losses.

Temperature refers to the air temperature. China uses centigrade as the unit. The thermometry used for weather observation is put in a breezy shutter, which is 1.5 meters high from the ground. Therefore, the commonly used temperature refers to the temperature in the breezy shutter 1.5 meters away from the ground. The calculation method is as follows:

Monthly Average Temperature is the summation of average daily temperature of one month divided by the actual days of that particular month.

Annual Average Temperature is the summation of monthly average of a year divided by 12 months.

Relative Humidity refers to the ratio of actual water vapor pressure to the saturation water vapor density under the current temperature. The statistical method is the same as that of temperature.

Volume of Precipitation refers to the deepness of liquid state or solid state (thawed) water falling from the sky to the ground that has not been evaporated, infiltrated or run off. The calculation method is as follows:

Monthly precipitation is the summation of daily precipitation of a month.

Annual precipitation is the summation of 12 months precipitation of a year.

Sunshine Hours refer to the actual hours of sun irradiating the earth. The calculation method is the same as that of the precipitation.

Industrial Waste Water Meeting Discharge Standards refers to volume of industrial waste water discharge which, with or without treatment, reaches national or local standards with regard to all pollutants.

Ratio of Industrial Waste Water Meeting Discharge Standards refers to percentage of industrial waste water meeting discharge standards over total industrial waste water discharge. It is calculated as:

$$\text{Ratio of industrial waste water meeting discharge standards} = \frac{\text{industrial waste water meeting discharge standards}}{\text{total industrial waste water discharge}} \times 100\%$$

Urban Non industrial Waste Water Discharge refers to annual discharge of non industrial waste water by urban households. It is estimated by per capita coefficient using the formula:

$$\text{Urban non-industrial waste water discharge} = \text{urban non-industrial waste water discharge coefficient} \times \text{urban non-agricultural population} \times 365$$

Volume of Chemical Oxygen Demand (COD) Generated by Urban Non industrial Waster Water refers to chemical oxygen demand generated through the annual discharge of non industrial waste water by urban households. It is estimated as:

$$\text{Volume of chemical oxygen demand (cod) generated by urban non-industrial waster water} = \text{Coefficient of COD generated through urban non-industrial waste water} \times \text{urban non-agricultural population} \times 365$$

Chemical Oxygen Demand (COD) refers to index of water pollution measuring the mass concentration of oxygen consumed by the chemical breakdown of organic and inorganic matter.

Industrial Waste Air Emission refers to discharge into atmosphere of waste air containing pollutants generated from fuel burning and production process in enterprises within a given period of time. It is calculated at standard status (273K, 101325Pa) as:

$$\text{Industrial waste air emission} = \text{emission through fuel burning} + \text{emission through production process}$$

SO_2 Emission through Non-industrial and Other Activities is calculated on the basis of consumption of coal by households and other activities and the sulphur content of coal with the following formula:

$$SO_2\text{ emission through non-industrial and other activities} = \text{of coal by households and other activities} \times \text{sulphur content} \times 0.8 \times 2$$

SO_2 Emission through Industrial Activities refers to volume of sulphur dioxide emission from fuel burning and production process by enterprises during a given period of time. It is calculated as:

$$SO_2\text{ emission through industrial activities} = SO_2\text{ emission from fuel burning} + SO_2\text{ emission from production process}$$

Industrial Soot Emission refers to volume of soot in smoke emitted in process of fuel burning in premises of enterprises.

Soot Emission by Consumption and Others refers to net volume of soot emitted by fuel burning from all social and economic activities and operation of public facilities other than industrial activities. It is calculated on the basis of coal consumption by households and others.

Industrial Dust Emission refers to volume of dust emitted by production process of enterprises and suspended in the air for a given period of time, including dust from refractory material of iron and steel works, dust from coke

screening systems and sintering machines of coke plants, dust from lime kilns and dust from cement production in building material enterprises, but excluding soot and dust emitted from power plants.

Industrial Solid Wastes Produced refers to total volume of solid, semi solid and high concentration liquid residues produced by industrial enterprises from production process in a given period of time, including hazardous wastes, slag, coal ash, gangue, tailings, radioactive residues and other wastes, but excluding stones stripped or dug out in mining (gangue and acid or alkaline stones not included). A stone is acid or alkaline depending on the pH value of the water below 4 or above 10.5 when the stone is in, or soaked by, the water.

Hazardous Wastes refers to those included in the national hazardous wastes catalogue or specified as any one of the following properties in the national hazardous wastes identification standards: explosive, ignitable, oxidizable, toxic, corrosive or liable to cause infectious diseases or lead to other dangers.

Industrial Solid Wastes Utilized refers to volume of solid wastes from which useful materials can be extracted or which can be converted into usable resources, energy or other materials by means of reclamation, processing, recycling and exchange (including utilizing in the year the stocks of industrial solid wastes of the previous year). Examples of such utilizations include fertilizers, building materials and road materials. The information shall be collected by the producing units of the wastes.

Ratio of Industrial Solid Wastes Utilized refers to the percentage of industrial solid wastes utilized over industrial solid wastes produced (including stocks of the previous years). It is calculated as:

$$\text{Rate of utilization of industrial solid wastes} = \frac{\text{volume of industrial solid wastes utilized}}{\text{industrial solid wastes produced} + \text{stock of previous years}} \times 100\%$$

Stocks of Industrial Solid Wastes refers to volume of solid wastes placed in special facilities or special sites for purposes of utilization or disposal. The sites or facilities should take measures against dispersion, loss, seepage, and air and water contamination.

Industrial Solid Wastes Disposed refers to quantity of industrial solid wastes which are burnt or placed ultimately in the sites meeting the requirements for environmental protection and not salvaged or recycled (including disposition in the year of those wastes of previous years). The disposition includes landfill (Safe landfills should be conducted for hazardous wastes), incineration, containment spaces, deep underground disposal, backfill in mining pits and disposal at sea.

Industrial Solid Wastes Discharged refers to volume of industrial solid wastes discharged by producing enterprises to disposal facilities or to other sites. The wastes exclude stones stripped or dug from mining (gangue and acid or alkaline waste stones not included).

Output Value of Products Made from Waste Gas, Waste Water and Solid Wastes refers current value of products with waste gas, waste water and solid wastes as main materials of production. Products sold and ready to sell shall be included while those produced for own use shall not be included.

Consumption Wastes Transported refers to volume of consumption wastes collected and transported to disposal factories or sites. Consumption wastes are solid wastes produced from urban households or from service activities for urban households, and solid wastes regarded by laws and regulations as urban consumption wastes, including those from households, commercial activities, markets, cleaning of streets, public sites, offices, schools, factories, mining units and other sources.

Ratio of Consumption Wastes Treated refers to consumption wastes treated over that produced. In practical statistics, as it is difficult to estimate, the volume of consumption wastes produced is replaced with that transported. It is calculated as:

$$\text{Ratio of consumption wastes treated} = \frac{\text{consumption wastes treated}}{\text{consumption wastes produced}} \times 100\%$$

第13篇 农　业

Agriculture

简 要 说 明

一、本篇资料的主要内容

本篇资料反映了全省农业生产和农村经济的基本情况，主要包括农林牧渔业总产值、增加值、农村劳动力、耕地、主要农产品产量、农业机械年末拥有量、农村电气化和农业化学化情况以及农田水利建设等方面的统计资料。

二、本篇资料的来源

本篇资料来源于农村综合统计年报，由省统计局农村处整理提供。

三、本篇资料的统计范围和统计口径

本篇资料的统计范围包括省内所属的各种经济类型、各个系统的全部农林牧渔业生产单位以及各非农行业附属的农林牧渔业生产活动单位。军委系统的农业生产（除军马外）也包括在内，但不包括农业科学试验机构进行的农业生产。

Brief Introduction

I. Content

Data in this chapter show the basic conditions of agricultural production and rural economy, mainly including agricultural output, value added, rural labor force, cultivated land, output of main agricultural produces, agricultural machinery, electrification and chemistry in rural areas and basic construction on irrigation and drainage.

II. Source of Data

Data in this chapter are based on the statistical reporting summary tables and are prepared and compiled by the Division of Countryside Statistics of Shandong Province.

III. Scope and Coverage of Statistics

The coverage of the comprehensive statistical reporting includes all productive units of farming, forestry, animal husbandry and fishery and those related non-agricultural affiliated units with various ownership and the activities of horse raising for military purpose and those undertaken by agricultural research institutions are excluded.

13-1 历年农林牧渔业总产值

Gross Output Value of Farming,Forestry, Animal Husbandry and Fishery over the Years

单位:亿元 (100 million yuan)

年份 Year	农林牧渔业总产值 Gross Output Value of Farming, Forestry,Animal Husbandry and Fishery	农业 Farming	种植业 Planting	林业 Forestry	牧业 Animal Husbandry	渔业 Fishery	农林牧渔服务业 Farming,Forestry, Animal Husbandry and Fishery Service
1949	20.07	18.01	16.01	0.12	1.66	0.28	
1950	26.36	23.85	21.02	0.12	1.98	0.41	
1951	33.06	29.44	26.17	0.14	2.82	0.66	
1952	40.00	35.05	31.16	0.25	3.98	0.72	
1953	37.04	32.24	28.31	0.41	3.63	0.76	
1954	41.92	36.93	33.03	0.49	3.67	0.83	
1955	44.97	40.05	35.40	0.66	3.37	0.89	
1956	44.05	38.49	36.53	0.81	3.88	0.87	
1957	36.44	31.21	30.36	0.87	3.54	0.82	
1958	41.66	36.73	36.64	1.30	2.69	0.94	
1959	39.32	34.39	34.31	1.38	2.52	1.03	
1960	26.32	23.26	23.24	0.28	1.73	1.05	
1961	31.84	28.17	28.11	0.19	2.50	0.98	
1962	38.32	32.77	32.71	0.26	4.09	1.20	
1963	40.21	33.40	33.33	0.29	5.38	1.14	
1964	40.18	33.10	33.02	0.37	5.48	1.23	
1965	50.49	42.88	42.79	0.55	5.76	1.30	
1966	55.93	46.08	46.00	0.54	8.03	1.28	
1967	55.81	46.08	45.98	0.59	7.88	1.26	
1968	51.83	42.43	42.32	0.62	7.42	1.36	
1969	58.70	49.31	49.22	0.61	7.04	1.74	
1970	66.78	55.75	55.62	0.90	8.14	1.99	
1971	75.63	60.97	60.86	1.89	10.86	1.91	
1972	81.42	65.29	65.14	2.33	11.34	2.46	
1973	84.59	68.42	68.26	2.34	11.34	2.49	
1974	78.47	61.65	61.48	2.30	11.83	2.69	
1975	93.43	75.85	75.64	2.65	12.33	2.60	
1976	100.36	80.37	80.12	2.60	14.24	3.15	
1977	99.27	78.83	78.40	2.10	14.72	3.62	
1978	102.22	84.77	83.71	1.81	12.19	3.45	
1979	135.92	113.34	111.33	2.04	16.61	3.93	
1980	160.91	128.81	126.22	4.52	23.43	4.15	
1981	198.50	155.62	151.83	4.91	33.04	4.94	
1982	218.51	171.58	167.98	7.22	34.12	5.59	
1983	259.50	208.75	202.87	8.48	36.21	6.06	
1984	310.11	245.19	236.64	8.60	48.20	8.12	
1985	335.42	248.17	236.62	11.07	62.82	13.36	
1986	361.19	269.51	255.92	12.67	62.84	16.17	
1987	413.18	313.76	299.05	12.11	64.15	23.16	
1988	494.53	331.59	313.98	14.80	108.07	40.07	
1989	547.66	366.24	347.61	14.28	124.71	42.43	
1990	645.75	419.50	397.85	20.45	150.19	55.61	
1991	779.18	491.76	471.53	22.19	186.52	78.71	
1992	815.62	462.58	437.03	23.73	215.73	113.58	
1993	944.99	526.66	511.48	28.24	239.90	150.19	
1994	1282.25	660.13	649.84	36.78	348.78	236.56	
1995	1678.16	931.89	922.96	41.81	433.62	270.84	
1996	1962.12	1090.64	1078.05	49.97	512.60	308.91	
1997	2058.32	1137.19	1107.33	49.86	550.58	320.69	
1998	2174.54	1219.85	1184.65	45.91	583.40	325.38	
1999	2202.95	1254.87	1232.44	44.93	572.95	330.20	
2000	2294.35	1300.44	1280.12	47.62	599.17	347.12	
2001	2453.96	1401.34	1385.22	47.22	654.71	350.69	
2002	2526.05	1420.88	1402.81	48.25	698.44	358.48	
2003	2902.45	1599.32		53.70	831.34	370.04	48.05
2004	3453.91	1891.73		59.49	1022.84	426.09	53.76
2005	3741.81	2033.95		57.57	1125.04	465.52	59.73
2006	4058.62	2283.29		65.48	1025.37	522.94	161.54
2007	4766.23	2604.07		81.98	1313.00	580.35	186.83
2008	5612.96	2895.68		102.24	1704.90	686.28	223.87
2009	6003.09	3223.99		101.27	1683.83	747.42	246.58
2010	6650.94	3670.07		86.53	1774.46	847.37	272.52
2011	7409.75	3843.62		99.96	2171.92	999.11	295.14

注：本表绝对数按当年价格计算，2003年起执行新国民经济行业分类标准。本表数据已与第二次农业普查结果进行了衔接。

a)Data in this table are caculated at current prices.Since 2003,the data have been calculated according to the new classification for national standard of industry classification. Data in this sheet are consistent with those obatained from the Second Agricultural Census.

13-2 历年农林牧渔业总产值指数(以1952年为100)

Indices of Farming,Forestry,Animal Husbandry and Fishery over the Years(1952=100)

年份 Year	农林牧渔业总产值 Indices of Farming,Forestry, Animal Husbandry and Fishery	农业 Farming	种植业 Planting	林业 Forestry	牧业 Animal Husbandry	渔业 Fishery	农林牧渔服务业 Farming,Forestry, Animal Husbandry and Fishery Service
1949	57.7	59.1	59.1	56.9	48.0	44.2	
1950	78.8	81.4	80.7	56.9	59.6	68.0	
1951	81.4	82.7	82.8	56.9	69.8	90.5	
1952	100.0	100.0	100.0	100.0	100.0	100.0	
1953	89.9	89.3	88.2	160.8	88.5	102.7	
1954	99.8	100.4	101.0	184.3	88.0	109.5	
1955	108.1	109.9	109.3	256.9	81.3	118.4	
1956	111.3	111.1	117.8	325.5	97.7	122.4	
1957	94.2	92.1	100.8	360.8	91.9	118.4	
1958	107.9	108.5	121.8	543.1	70.0	134.7	
1959	102.7	102.5	115.0	578.4	66.1	149.7	
1960	63.4	64.0	71.9	107.8	41.6	141.5	
1961	61.5	62.1	69.7	58.8	48.6	106.1	
1962	65.5	63.9	71.8	70.6	70.0	114.3	
1963	75.5	71.6	80.4	86.3	101.6	119.7	
1964	80.0	75.2	84.4	119.6	109.7	136.1	
1965	99.8	96.7	108.6	174.5	114.3	142.9	
1966	113.6	106.8	119.9	178.4	163.6	144.2	
1967	113.7	107.1	120.2	194.1	161.1	142.9	
1968	103.3	96.5	108.3	198.0	148.5	151.0	
1969	113.9	109.2	122.6	186.3	137.1	188.4	
1970	123.5	117.7	132.1	264.7	151.2	204.8	
1971	136.9	126.0	141.4	547.1	197.5	191.8	
1972	141.5	129.5	145.4	649.0	198.0	238.1	
1973	147.2	135.9	152.5	654.9	198.2	240.8	
1974	137.5	123.3	138.3	647.1	208.1	262.6	
1975	163.2	151.2	169.6	745.1	216.5	252.4	
1976	166.9	152.6	171.1	692.2	237.8	291.8	
1977	164.8	149.4	167.1	556.9	245.5	334.7	
1978	177.1	160.6	178.2	680.4	253.4	383.7	
1979	193.9	177.1	195.7	637.3	287.2	338.8	
1980	212.1	190.0	209.7	680.4	347.4	375.5	
1981	218.8	198.2	218.1	627.5	352.9	336.1	
1982	239.2	215.3	236.9	1043.1	373.1	383.0	
1983	273.7	253.2	275.9	988.2	386.1	399.3	
1984	326.0	302.4	326.8	1109.8	462.2	449.7	
1985	338.2	306.5	326.8	1427.5	520.9	491.8	
1986	339.2	304.4	321.2	1380.4	539.2	566.0	
1987	366.3	331.7	350.4	1364.7	551.7	681.6	
1988	378.6	324.4	337.3	1325.5	703.9	887.8	
1989	383.5	321.8	333.9	1259.2	768.7	959.7	
1990	404.2	335.6	345.3	1235.3	823.3	1150.7	
1991	452.3	370.2	384.0	1315.6	922.9	1393.5	
1992	455.9	345.4	352.9	1380.1	985.7	1721.0	
1993	510.6	381.0	399.8	1526.4	1080.3	2103.1	
1994	578.0	411.1	436.2	1770.6	1295.3	2523.7	
1995	629.4	441.9	471.1	1839.7	1463.7	2720.5	
1996	675.3	478.1	507.4	2141.6	1551.5	2902.8	
1997	707.0	490.1	506.4	2154.4	1716.0	2975.4	
1998	777.0	589.3	562.1	2068.2	1915.1	3121.2	
1999	819.7	615.2	599.2	2072.3	2045.3	3345.9	
2000	851.7	639.8	625.6	2200.8	2155.7	3362.6	
2001	885.8	666.0	655.6	2064.4	2315.2	3315.5	
2002	895.5	649.4	637.2	1971.5	2472.6	3391.8	
2003	944.8	691.6		2121.3	2613.5	3449.5	111.5
2004	998.7	732.4		2138.3	2772.9	3601.3	108.0
2005	1050.6	761.0		2059.2	2975.3	3842.6	109.2
2006	1105.2	802.1		2279.5	3106.2	3992.5	118.8
2007	1141.7	829.4		2457.3	3131.0	4180.1	110.8
2008	1199.9	859.3		2798.9	3315.7	4426.7	113.3
2009	1251.5	882.5		3076.0	3488.1	4701.2	110.1
2010	1296.6	904.6		3380.5	3624.1	4931.6	109.9
2011	1345.9	939.9		3694.9	3714.7	5148.6	107.2

注：本表按可比价格计算；相关数据已与第二次农业普查结果进行了衔接；农林牧渔服务业指数以上年为100。

a)Data in this table are caculated at constant prices.Data in this sheet are consistent with those obatained from the Second Agricultural Census. Indices of Farming,Forestry,Animal Husbandry and Fishery service in preceding year is considered as 100%.

13-3 农林牧渔业总产值

Gross Output Value of Farming,Forestry,Animal Husbandry and Fishery

单位:亿元 (100 million yuan)

类 别	Category	2010	2011	2011为2010% 2010=100
农林牧渔业总产值	**Gross Output Value of Farming,Forestry, Animal Husbandry and Fishery**	**6650.94**	**7409.75**	**103.8**
一、农业产值	**Output Value of Farming**	**3670.07**	**3843.62**	**103.9**
1.谷物及其他作物	Cereal and Other Corps	1410.14	1641.36	105.3
#粮食	Grain	842.77	942.27	102.2
油料	Oil	184.37	210.42	99.7
棉花	Cotton	182.74	230.51	108.3
2.蔬菜园艺作物	Vegetable Gardening Crops	1592.64	1417.21	102.7
#蔬菜(含菜用瓜)	Vegetables	1515.07	1334.95	101.7
3.水果坚果饮料	Fruit and Nut Beverages	626.83	745.96	104.3
#水果坚果(含果用瓜)	Fruit and Nut	580.90	697.25	103.2
4.中药材	Chinese Herbal Medicines	40.46	39.10	99.3
二、林业产值	**Output Value of Forestry**	**86.53**	**99.96**	**109.3**
1.林木的培育和种植	Trees Cultivation and Planting	37.13	41.89	111.9
2.竹木采运	Bamboo Logging and Transport	16.55	20.12	105.1
3.林产品	Forestry Products	32.85	37.94	108.6
三、牧业产值	**Output Value of Animal Husbandry**	**1774.46**	**2171.92**	**102.5**
1.牲畜饲养	Livestock Feeding	352.50	388.95	100.6
2.猪的饲养	Pig Feeding	693.51	900.44	99.1
3.家禽的饲养	Poultry Feeding	577.97	697.46	105.8
#肉禽	Poultry for Eating	295.03	358.12	106.1
禽蛋	Egg of Poultry	282.93	339.34	104.4
4.狩猎和捕捉动物	Animal Hunting and Trapping	1.01	1.22	108.3
5.其他畜牧业	Other Animal Husbandry	149.48	183.85	109.6
四、渔业产值	**Output Value of Fishery**	**847.37**	**999.11**	**104.4**
1.海水产品	Seawater Aquatic Products	678.53	799.60	103.0
2.内陆水域水产品	Inland waterways Aquatic Products	168.84	199.51	109.8
五、农林牧渔服务业产值	**Output Value of Farming,Forestry,Animal Husbandry and Fishery Service**	**272.52**	**295.14**	**107.2**

注:本表绝对数按当年价格计算,速度按可比口径及价格计算。

a)Absolute data in the table are calculated at current prices，the speed are caculated at constant price and caliber.

13-4 各市农林牧渔业总产值(2011年)

Gross Output Value of Farming,Forestry,Animal Husbandry and Fishery by Region(2011)

单位:万元 (10 000 yuan)

地 区	Region	农林牧渔业总产值 Output Value of Farming,Forestry, Animal Husbandry and Fishery	农业产值 Output Value of Farming	林业产值 Output Value of Forestry	牧业产值 Output Value of Animal Husbandry	渔业产值 Output Value of Fishery	农林牧渔服务业产值 Output Value of Services to Farming, Forestry,Animal Husbandry and Fishery
全省总计	**Total**	**74097489**	**38436234**	**999550**	**21719244**	**9991087**	**2951374**
济南市	Jinan	4229905	2614786	83426	1357422	49726	124545
青岛市	Qingdao	5359343	2365300	19237	1560108	1232720	181978
淄博市	Zibo	2076357	1358660	109514	510084	38494	59605
枣庄市	Zaozhuang	2387766	1547176	20472	645387	58347	116384
东营市	Dongying	1926475	769161	16604	578781	419096	142833
烟台市	Yantai	6452741	3122390	122610	1198760	1818015	190966
潍坊市	Weifang	7143252	3893750	52884	2590620	372285	233713
济宁市	Jining	6938325	3852708	83051	2279020	484020	239526
泰安市	Tai'an	3750976	2082327	57471	1345124	109615	156439
威海市	Weihai	3355662	878105	8294	629305	1781298	58660
日照市	Rizhao	1987480	907115	27386	580352	397460	75167
莱芜市	Laiwu	782767	466062	13356	281828	11028	10493
临沂市	Linyi	5072998	3231010	164638	1425536	118849	132965
德州市	Dezhou	4758538	2510609	114348	1807884	118998	206699
聊城市	Liaocheng	4441040	3136244	22472	1150480	53154	78690
滨州市	Binzhou	3462442	1864036	58086	1047706	375467	117147
菏泽市	Heze	4100462	2636861	87989	1180871	99647	95094

注:本表按当年价格计算。
a)Data in this table are caculated at current prices.

13-5 各市农林牧渔业增加值(2011年)

Added Value of Farming,Forestry, Animal Husbandry and Fishery by Region(2011)

单位:万元 (10 000 yuan)

地 区	Region	增加值 Added Value	农业 Farming	林业 Forestry	牧业 Animal Husbandry	渔业 Fishery	农林牧渔服务业 Services to Farming, Forestry,Animal Husbandry and Fishery
全省总计	**Total**	**39738459**	**22550289**	**701052**	**8910228**	**6143021**	**1433869**
济南市	Jinan	2378573	1525518	56903	706066	33508	56578
青岛市	Qingdao	3063780	1530804	10263	673199	752077	97437
淄博市	Zibo	1167498	812872	68108	237871	20108	28539
枣庄市	Zaozhuang	1264048	903007	12662	247277	36482	64620
东营市	Dongying	991808	499915	7959	224914	203049	55971
烟台市	Yantai	3614260	1823891	73237	610358	997879	108895
潍坊市	Weifang	3592820	2355047	31233	902173	183328	121039
济宁市	Jining	3511352	2180184	48722	974067	218760	89619
泰安市	Tai'an	2149955	1316519	44322	630275	80631	78208
威海市	Weihai	1711794	414932	4362	260855	1003316	28329
日照市	Rizhao	1120827	535327	19985	289417	228929	47169
莱芜市	Laiwu	411781	315204	8073	79392	6174	2938
临沂市	Linyi	2790123	2017499	108545	520131	73426	70522
德州市	Dezhou	2295711	1144383	69407	864178	79899	137844
聊城市	Liaocheng	2388238	1826785	17337	462465	34827	46824
滨州市	Binzhou	1780749	1126727	31810	386220	180497	55495
菏泽市	Heze	2280409	1600317	66868	510193	79553	23478

注:本表按当年价格计算。
a)Data in this table are caculated at current prices.

13-6 历年粮、棉、油产量

Output of Grain,Cotton and Oil-bearing Crops over the Years

年 份 Year	粮食 Grain 总产量(万吨) Gross Output (10 000 tons)	粮食 Grain 单产(千克/公顷) Output Per Hectare (kg/hectare)	棉花 Cotton 总产量(万吨) Gross Output (10 000 tons)	棉花 Cotton 单产(千克/公顷) Output Per Hectare (kg/hectare)	油料 Oil-bearing Crops 总产量(万吨) Gross Output (10 000 tons)	油料 Oil-bearing Crops 单产(千克/公顷) Output Per Hectare (kg/hectare)
1949	870.0	795	8.1	180	55.6	1170
1950	1033.5	915	10.3	195	66.0	1320
1951	1023.5	915	12.4	180	73.4	1395
1952	1199.0	1035	16.9	240	84.5	1470
1953	1049.5	900	13.1	210	80.3	1380
1954	1247.0	1050	15.5	255	105.0	1530
1955	1276.0	1110	20.9	285	106.1	1485
1956	1372.5	1215	21.7	270	129.9	1650
1957	1126.0	990	17.4	225	70.0	945
1958	1226.0	1170	21.2	300	78.4	1320
1959	1049.0	1095	16.3	240	44.8	1185
1960	829.5	825	7.8	135	21.8	735
1961	840.5	855	3.1	75	39.7	1290
1962	910.0	915	3.9	105	42.4	1875
1963	992.5	990	8.6	165	51.1	2025
1964	1132.5	1140	12.1	180	64.3	2070
1965	1332.0	1350	19.9	300	67.1	1395
1966	1470.0	1545	20.2	300	97.3	1665
1967	1466.0	1575	21.8	315	82.2	1350
1968	1282.5	1395	22.7	330	69.2	1245
1969	1449.5	1545	23.9	360	47.0	915
1970	1465.0	1575	27.3	390	78.5	1575
1971	1607.5	1710	24.3	375	92.7	1725
1972	1735.0	1815	19.6	330	74.9	1365
1973	1917.0	2025	26.3	405	87.4	1710
1974	1683.0	1815	19.0	300	83.4	1530
1975	2170.5	2355	24.1	390	84.2	1515
1976	2241.5	2460	15.8	255	58.5	1065
1977	2099.0	2370	14.9	240	67.7	2025
1978	2288.0	2595	15.4	255	95.9	1785
1979	2472.0	2835	16.7	315	109.1	1800
1980	2384.0	2820	53.7	735	143.0	2160
1981	2312.5	2835	67.5	720	142.1	2010
1982	2375.0	3090	96.0	720	142.5	2190
1983	2700.0	3465	122.5	825	152.0	2460
1984	3040.0	3885	172.5	1005	182.0	2790
1985	3137.7	3930	106.2	915	267.9	2745
1986	3250.0	3840	94.1	930	207.6	2355
1987	3393.7	4125	124.4	1020	234.3	2940
1988	3225.0	3990	113.7	825	197.8	2505
1989	3250.0	4035	102.5	780	150.0	1995
1990	3570.0	4380	102.8	690	212.1	2910
1991	3916.9	4845	135.1	870	233.1	3285
1992	3589.3	4533	67.7	455	166.3	2380
1993	4100.0	4992	41.0	539	268.4	3434
1994	4091.1	5015	55.9	705	338.3	3781
1995	4245.0	5220	47.1	707	315.0	3580
1996	4332.7	5260	37.2	773	309.3	3767
1997	3852.2	4766	35.4	894	240.9	2977
1998	4264.8	5244	41.3	996	335.6	3908
1999	4269.0	5271	39.2	1072	320.5	3614
2000	3837.7	4938	59.0	1085	356.9	3730
2001	3720.6	5201	78.1	1062	377.3	3743
2002	3292.7	4763	72.2	1086	340.4	3458
2003	3435.5	5355	87.7	994	361.8	3572
2004	3516.7	5570	109.8	1036	369.7	3913
2005	3917.4	5837	84.6	1000	363.9	4044
2006	4093.0	5848	102.3	1149	328.2	4136
2007	4148.8	5981	100.1	1112	328.6	4097
2008	4260.5	6125	104.1	1172	340.6	4192
2009	4316.3	6140	92.1	1151	334.5	4247
2010	4335.7	6120	72.4	945	342.2	4193
2011	4426.3	6194	78.5	1043	341.0	4227

注：本表数据已与第二次农业普查结果进行了衔接。

a) Data in this sheet are consistent with those obatained from the Second Agricultural Census.

13-7 1978-2011年畜牧业生产情况
Production of Animal Husbandry1978 to 2011

年 份 Year	肉类总产量 (万吨) Output of Meat (10 000 tons)	猪存栏 (万头) Stocked Pigs (10 000 heads)	牛存栏 (万头) Stocked Cattle (10 000 heads)	羊存栏 (万只) Stocked Sheep (10 000 heads)	家禽存栏 (万只) Stocked Poultry (10 000 heads)
1978	60.80	1992.00	227.60	756.40	6766.00
1979	65.18	2117.60	221.50	925.80	7204.00
1980	90.10	2112.50	217.80	1041.30	7997.00
1981	96.26	1901.10	213.70	1025.60	8075.00
1982	94.98	1726.20	213.60	989.50	9115.00
1983	94.54	1562.70	222.10	901.80	10216.80
1984	104.38	1681.50	232.60	753.90	14688.90
1985	128.62	1812.80	258.00	783.30	16548.20
1986	141.78	1668.90	292.50	985.30	15120.70
1987	141.02	1547.00	344.60	1404.10	16916.30
1988	171.47	1688.60	416.00	1436.40	21582.10
1989	195.63	1604.10	472.40	1491.30	20471.30
1990	221.61	1576.70	511.80	1528.10	23974.60
1991	241.49	1599.40	501.40	1591.20	24136.80
1992	250.67	1602.60	531.90	1655.20	25810.80
1993	286.61	1603.70	603.00	1703.50	27188.70
1994	338.77	1701.50	681.30	1799.80	35118.60
1995	394.42	1718.10	714.10	1866.10	34613.80
1996	405.52	1723.60	740.10	1877.20	37485.00
1997	460.64	2209.70	811.90	2038.60	41833.00
1998	497.90	2485.90	911.80	2322.00	48484.00
1999	524.49	2560.48	977.25	2536.22	53332.00
2000	499.99	2401.81	779.90	2260.06	47789.90
2001	531.49	2500.29	778.54	2357.24	50263.73
2002	559.66	2602.80	787.88	2466.79	53236.24
2003	591.00	2686.09	804.31	2543.26	55031.28
2004	621.72	2761.01	771.51	2667.51	56875.64
2005	657.78	2771.96	750.45	2645.96	54641.26
2006	681.00	2508.50	632.70	2368.30	52100.30
2007	618.70	2656.50	570.70	2342.30	48779.50
2008	660.31	2725.80	522.49	2142.88	53971.78
2009	684.13	2753.06	485.61	2096.94	52028.80
2010	704.36	2747.55	483.67	2138.88	54352.49
2011	711.05	2837.13	492.86	2150.90	58541.17

注：本表数据已根据第二次农业普查结果进行了衔接。
a)Data in this sheet are consistent with those obatained from the Second Agricultural Census.

13-7 续表 continued

年 份 Year	猪出栏 (万头) Slaughtered Pigs (10 000 heads)	牛出栏 (万头) Slaughtered Cattle (10 000 heads)	羊出栏 (万只) Slaughtered Sheeps (10 000 heads)	家禽出栏 (万只) Slaughtered Poultry (10 000 heads)	禽蛋产量 (万吨) Output of Poultry Eggs (10 000 tons)	奶类产量 (万吨) Output of Milk (10 000 tons)
1978	901.20	4.60	142.40		22.50	6.83
1979	1047.50	6.70	228.60		23.67	6.95
1980	1241.60	8.80	377.50		25.62	6.80
1981	1296.80	11.50	460.70		29.47	5.24
1982	1213.20	10.60	521.60		34.30	8.77
1983	1159.20	18.90	616.30		41.07	11.43
1984	1284.00	18.40	519.10		62.28	13.34
1985	1482.60	27.60	558.30	8283.10	72.50	13.26
1986	1681.20	32.30	617.60	9234.50	69.66	15.81
1987	1514.00	49.80	842.10	11397.30	79.14	17.28
1988	1619.60	69.00	1219.00	15904.00	102.97	19.53
1989	1845.40	82.80	1348.40	16701.20	109.43	21.24
1990	1936.20	110.10	1416.40	22769.00	124.25	22.53
1991	1983.50	119.50	1348.70	30792.70	149.14	23.65
1992	2046.00	140.90	1366.10	33467.90	154.30	25.17
1993	2092.90	177.10	1411.00	42837.30	184.07	28.05
1994	2185.70	213.10	1668.20	64716.70	240.75	32.45
1995	2453.00	248.40	2034.10	71286.50	247.15	36.98
1996	2500.90	272.40	2051.80	73508.00	267.30	41.14
1997	2801.10	334.50	2269.30	82549.00	294.30	45.82
1998	3123.20	354.90	2518.90	91299.00	322.00	53.98
1999	3248.13	391.10	2838.80	100246.00	349.06	61.29
2000	3213.24	322.25	2375.73	91195.00	301.04	62.72
2001	3370.69	359.63	2530.15	99493.75	311.58	80.48
2002	3566.19	380.13	2646.54	105550.38	328.33	103.92
2003	3765.90	396.47	2731.23	113458.25	349.11	132.05
2004	4060.41	413.21	2869.43	122660.64	355.83	167.92
2005	4263.54	425.73	3002.98	145089.38	363.20	196.66
2006	4389.90	436.60	3026.20	151090.90	353.90	212.40
2007	3654.00	449.70	3080.70	139652.90	359.90	242.18
2008	3916.74	458.24	3098.80	152889.08	365.63	254.92
2009	4155.66	454.34	3057.08	156864.19	377.72	258.15
2010	4301.11	449.35	3005.11	163572.63	384.84	271.56
2011	4234.24	433.39	2901.22	173553.90	401.64	278.95

13–8 1978–2011年渔业生产情况
Output of Fishery 1978 to 2011

年 份 Year	水产品 总产量 (吨) Total Aquatic Products (ton)	海 水 产 品 (吨) Seawater Aquatic Products (ton)	海洋捕捞 Ocean Fishing	海水养殖 Mariculture
1978	740283	691451	501504	189947
1979	627531	581165	432700	148465
1980	619591	570854	416814	154040
1981	589905	540408	407194	133214
1982	657698	611824	477729	134095
1983	674813	623122	465382	157740
1984	754572	693277	525027	168250
1985	814047	729568	531977	197591
1986	914411	806086	599376	206710
1987	1106641	983119	717588	265531
1988	1355865	1220408	809820	410588
1989	1539905	1403323	899265	504058
1990	1677973	1522059	1032683	489376
1991	1981169	1779214	1138436	640778
1992	2481648	2251437	1384628	866809
1993	3192828	2896171	1555657	1340514
1994	3506539	3053106	1608172	1444934
1995	3440763	2956402	1461525	1494876
1996	5299159	4683795	2337772	2346023
1997	5512326	4840507	2686824	2153683
1998	5875574	5116993	3003764	2113228
1999	6277843	5440155	3003387	2436767
2000	6306551	5375169	2780483	2594685
2001	6196988	5266599	2511170	2755430
2002	6277536	5403654	2457272	2946382
2003	6378795	5456872	2421393	3035479
2004	6486528	5528613	2440631	3087982
2005	6648983	5655207	2421396	3233811
2006	6837469	5783299	2359570	3423729
2007	7133795	5986873	2451596	3535277
2008	7303048	6094766	2481256	3613510
2009	7535939	6263895	2449591	3814304
2010	7838259	6463345	2350888	3962643
2011	8138280	6647212	2512437	4134775

注：本表数据已与第二次农业普查结果进行了衔接。
a)Data in this sheet are consistent with those obatained from the Second Agricultural Census.

13-8 续表 continued

年 份 Year	淡水产品产量(吨) Freshwater Aquatic Products (ton)	捕捞量 Fishing Output	养殖量 Breeding Output	水产品养殖面积(万亩) Water Area for Breeding Aquatics (10 000 mu)	海 水 Seawater	淡 水 Freshwater
1978	48832	32507	16325	202.30	26.80	175.50
1979	46366	30968	15398	193.29	26.54	166.75
1980	48737	32436	16301	203.21	28.50	174.71
1981	49497	31489	18008	182.24	28.66	153.58
1982	45874	29696	16178	176.15	35.18	140.97
1983	51691	31713	19978	160.05	32.31	127.74
1984	61295	34438	26857	165.10	37.70	127.40
1985	84479	37370	47109	215.14	49.58	165.56
1986	108325	38641	69684	243.14	56.70	186.44
1987	123522	34103	89419	257.65	70.87	186.78
1988	135457	29354	106103	234.90	104.27	180.63
1989	136582	26847	109735	246.73	103.72	143.01
1990	155914	31545	124369	273.52	105.01	168.51
1991	201955	41772	160183	304.04	112.54	191.50
1992	230211	41074	189137	312.30	115.89	196.41
1993	296657	50088	246569	400.16	223.76	176.40
1994	453433	58373	395060	466.56	197.36	269.21
1995	484362	55428	428933	497.39	197.81	299.58
1996	615364	67222	548142	564.54	242.45	322.09
1997	671819	73221	598598	618.91	274.04	344.87
1998	758582	80336	678246	649.80	283.22	366.58
1999	837689	80002	757687	722.78	336.14	386.65
2000	931382	81214	850168	788.35	420.71	367.64
2001	930389	79991	850397	829.39	434.99	394.40
2002	873882	71142	802740	802.51	439.15	363.36
2003	921923	91019	830904	930.91	537.52	393.38
2004	957915	93484	864431	1014.34	598.02	416.32
2005	993776	110887	882889	1033.11	611.09	422.02
2006	1054170	117390	936780	840.03	564.62	275.42
2007	1146922	114368	1032554	884.99	609.26	275.73
2008	1208282	129643	1078639	993.45	639.33	354.12
2009	1272044	128342	1143702	1029.30	662.10	367.20
2010	1374914	130896	1244018	1136.51	751.42	385.09
2011	1491068	135378	1355690	1174.40	768.19	406.21

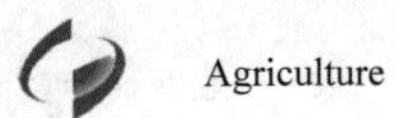

13-9 农作物播种面积和产量

Sown Area and Output of Farm Crops

类别	Category	2010年			2011年			总产量2011年比2010年增减(%) Total Output Rate of Increase over Preceeding year (%)
		播种面积(公顷) Sown Area (hectare)	总产量(吨) Total Output (ton)	单产(千克/公顷) Output per Hectare (kg/hectare)	播种面积(公顷) Sown Area (hectare)	总产量(吨) Total Output (ton)	单产(千克/公顷) Output per Hectare (kg/hectare)	
农作物总播种面积	**Total Sown Area of Crops**	**10818206**			**10865438**			
一、粮食作物合计	**Grain**	**7084802**	**43357017**	**6120**	**7145818**	**44262905**	**6194**	**2.1**
(一)夏收粮食	Summer Harvest Grain	3564313	20600011	5780	3595474	21047004	5854	2.2
1.谷物	Cereals	3563536	20597161	5780	3594963	21044962	5854	2.2
#小麦	Wheat	3561868	20585994	5780	3593531	21039200	5855	2.2
2.夏杂豆	Beans	777	2850	3669	511	2042	3992	-28.4
(二)秋收粮食	Autumn Harvest Grain	3520489	22757006	6464	3550344	23215901	6539	2.0
1.谷物	Cereals	3107120	20456276	6584	3144021	20904281	6649	2.2
(1)稻谷	Rice	128219	1063491	8294	124538	1039568	8347	-2.2
(2)玉米	Corn	2955267	19320723	6538	2995867	19786700	6605	2.4
(3)谷子	Millet	17558	53645	3055	17820	58300	3272	8.7
(4)高粱	Chinese Sorghum	5060	15505	3064	4587	15500	3379	
(5)其他谷物	Other Cereals	1015	2912	2868	1209	4213	3486	44.7
2.豆类合计	Beans	166072	407676	2455	165665	430500	2599	5.6
#大豆	Soybean	156935	385912	2459	156162	405850	2599	5.2
3.薯类(按折粮计算)	Tubers	247298	1893054	7655	240658	1881121	7817	-0.6
二、油料作物合计	**Oil-bearing Crops**	**815929**	**3421584**	**4193**	**806707**	**3410001**	**4227**	**-0.3**
#花生果	Peanuts	804987	3390438	4212	797102	3385850	4248	-0.1
油菜籽	Rapeseeds	9530	26609	2792	8668	21895	2526	-17.7
芝　麻	Sesame	709	1203	1697	619	1055	1704	-12.3
三、棉花	**Cotton**	**766400**	**724133**	**945**	**752600**	**784586**	**1043**	**8.3**
四、麻类合计	**Fiber Crops**	**72**	**212**	**2955**	**69**	**281**	**4057**	**32.7**
#黄红麻	Jute and Ambary Hemp	34	101	3000	34	201	5910	98.6
大　麻	Cannabis	35	80	2269	35	80	2277	0.4
五、甜菜	**Beetroots**	**2**	**14**	**7210**	**4**	**166**	**38192**	**1047.8**
六、烟叶合计	**Tobacco**	**25010**	**69214**	**2768**	**33569**	**87814**	**2616**	**26.9**
#烤烟	Flue-cured Tobacco	24495	67384	2751	33246	87197	2623	29.4
七、药材	**Medical Materials**	**28850**			**28668**			
八、蔬菜(含菜用瓜)	**Vegetable**	**1770794**	**90307458**	**50998**	**1791207**	**91809332**	**51256**	**1.7**
九、瓜类(果用瓜)	**Melon**	**280729**	**13549347**	**48265**	**273430**	**13623347**	**49824**	**0.5**
#西瓜	Watermelon	213034	10853192	50946	203477	10798155	53068	-0.5
十、其它农作物	**Other Farm Crops**	**45619**			**33366**			
#青饲料	Fresh Feed	1071			1073			

13-10 各市农作物播种面积和产量(2011年)

Sown Area and Output of Farm Crops by Region(2011)

地 区	Region	农作物总播种面积(公顷) Total Sown Area of Farm Crops (hectare)	一、粮食作物合计 Grain Crops			(一)夏收粮食 Summer Harvest Grain		
			播种面积(公顷) Sown Area (hectare)	总产量(吨) Total Output (ton)	单 产(千克/公顷) Output per Hectare (kg/hectare)	播种面积(公顷) Sown Area (hectare)	总产量(吨) Total Output (ton)	单 产(千克/公顷) Output per Hectare (kg/hectare)
全省总计	**Total**	**10865438**	**7145818**	**44262905**	**6194**	**3595474**	**21047004**	**5854**
济 南 市	Jinan	622324	468452	2958399	6315	215704	1289516	5978
青 岛 市	Qingdao	756963	545563	3630046	6654	270341	1653863	6118
淄 博 市	Zibo	308020	255277	1775654	6956	123008	773552	6289
枣 庄 市	Zaozhuang	409142	288122	1902555	6603	147474	909465	6167
东 营 市	Dongying	278347	118316	815744	6895	55111	352785	6401
烟 台 市	Yantai	564263	405662	2607521	6428	172229	942288	5471
潍 坊 市	Weifang	1140758	802862	5336639	6647	388536	2456005	6321
济 宁 市	Jining	1067031	686694	4872218	7095	352816	2362004	6695
泰 安 市	Tai'an	636750	434491	3171410	7299	218151	1485476	6809
威 海 市	Weihai	264501	174184	1053687	6049	78558	434367	5529
日 照 市	Rizhao	271313	184414	1188678	6446	91586	482050	5263
莱 芜 市	Laiwu	90951	52334	269768	5155	17699	71526	4041
临 沂 市	Linyi	1116859	759601	4774082	6285	366746	2113865	5764
德 州 市	Dezhou	1117610	920181	7350025	7988	456127	3488668	7648
聊 城 市	Liaocheng	1060908	785541	5377381	6845	398930	2756696	6910
滨 州 市	Binzhou	627503	447134	3093664	6919	226041	1493962	6609
菏 泽 市	Heze	1493107	1025244	5860851	5717	620768	3636665	5858

13-10 续表 1 continued

地 区	Region	1.谷 物 Cereals			#小 麦 Wheat			2.夏杂豆 Beans		
		播种面积(公顷) Sown Area (hectare)	总产量(吨) Total Output (ton)	单 产(千克/公顷) Output per Hectare (kg/hectare)	播种面积(公顷) Sown Area (hectare)	总产量(吨) Total Output (ton)	单 产(千克/公顷) Output per Hectare (kg/hectare)	播种面积(公顷) Sown Area (hectare)	总产量(吨) Total Output (ton)	单 产(千克/公顷) Output per Hectare (kg/hectare)
全省总计	**Total**	**3594963**	**21044962**	**5854**	**3593531**	**21039200**	**5855**	**511**	**2042**	**3992**
济 南 市	Jinan	215704	1289516	5978	215704	1289516	5978			
青 岛 市	Qingdao	270341	1653863	6118	270260	1653376	6118			
淄 博 市	Zibo	123004	773543	6289	123004	773543	6289	3	9	2625
枣 庄 市	Zaozhuang	147474	909465	6167	147474	909465	6167			
东 营 市	Dongying	55111	352785	6401	55111	352785	6401			
烟 台 市	Yantai	172206	942243	5472	172206	942243	5472	23	45	1935
潍 坊 市	Weifang	388165	2454415	6323	388161	2454397	6323	371	1590	4286
济 宁 市	Jining	352784	2361891	6695	352768	2361817	6695	31	112	3614
泰 安 市	Tai'an	218151	1485476	6809	218150	1485472	6809			
威 海 市	Weihai	78526	434220	5530	78526	434220	5530	31	147	4676
日 照 市	Rizhao	91580	482024	5263	91579	482021	5263	6	26	4333
莱 芜 市	Laiwu	17699	71526	4041	17699	71526	4041			
临 沂 市	Linyi	366714	2113787	5764	365387	2108612	5771	32	78	2465
德 州 市	Dezhou	456127	3488668	7648	456127	3488668	7648			
聊 城 市	Liaocheng	398930	2756696	6910	398930	2756696	6910			
滨 州 市	Binzhou	226027	1493927	6609	226027	1493927	6609	14	35	2562
菏 泽 市	Heze	620768	3636665	5858	620768	3636665	5858			

13-10 续表 2 continued

地 区 Region	(二)秋收粮食 Autumn Harvest Grain			1.谷 物 Cereals			(1)稻 谷 Rice		
	播种面积(公顷) Sown Area (hectare)	总产量(吨) Total Output (ton)	单 产(千克/公顷) Output per Hectare (kg/hectare)	播种面积(公顷) Sown Area (hectare)	总产量(吨) Total Output (ton)	单 产(千克/公顷) Output per Hectare (kg/hectare)	播种面积(公顷) Sown Area (hectare)	总产量(吨) Total Output (ton)	单 产(千克/公顷) Output per Hectare (kg/hectare)
全省总计 Total	**3550344**	**23215901**	**6539**	**3144021**	**20904281**	**6649**	**124538**	**1039568**	**8347**
济南市 Jinan	252748	1668883	6603	227088	1528595	6731	8489	63388	7467
青岛市 Qingdao	275221	1976183	7180	258848	1908934	7375	28	165	5850
淄博市 Zibo	132270	1002102	7576	127448	979983	7689	617	4631	7500
枣庄市 Zaozhuang	140648	993090	7061	122411	882305	7208	2498	19471	7794
东营市 Dongying	63205	462959	7325	60510	455750	7532	3858	27486	7125
烟台市 Yantai	233433	1665233	7134	206863	1513690	7317	105	781	7462
潍坊市 Weifang	414326	2880634	6953	398231	2788660	7003	1	3	4313
济宁市 Jining	333879	2510214	7518	300953	2326229	7730	46193	387030	8378
泰安市 Tai'an	216340	1685934	7793	195463	1575072	8058	242	1930	7990
威海市 Weihai	95626	619320	6476	81989	545035	6648			
日照市 Rizhao	92828	706628	7612	80260	619981	7725	8480	71742	8460
莱芜市 Laiwu	34635	198242	5724	30256	164207	5427	77	290	3750
临沂市 Linyi	392855	2660217	6772	310961	2158439	6941	47114	404705	8590
德州市 Dezhou	464054	3861357	8321	460272	3839967	8343	305	2061	6750
聊城市 Liaocheng	386611	2620685	6779	378114	2578651	6820	233	1511	6477
滨州市 Binzhou	221093	1599702	7235	217016	1585693	7307	762	6310	8277
菏泽市 Heze	404476	2224186	5499	372058	2119884	5698	5478	48064	8773

13-10 续表 3 continued

地 区 Region	(2)玉 米 Corn			(3)谷 子 Millet			(4)高 粱 Chinese Sorghum		
	播种面积(公顷) Sown Area (hectare)	总产量(吨) Total Output (ton)	单 产(千克/公顷) Output per Hectare (kg/hectare)	播种面积(公顷) Sown Area (hectare)	总产量(吨) Total Output (ton)	单 产(千克/公顷) Output per Hectare (kg/hectare)	播种面积(公顷) Sown Area (hectare)	总产量(吨) Total Output (ton)	单 产(千克/公顷) Output per Hectare (kg/hectare)
全省总计 Total	**2995867**	**19786700**	**6605**	**17820**	**58300**	**3272**	**4587**	**15500**	**3379**
济南市 Jinan	211183	1439574	6817	6287	22501	3579	1003	2677	2669
青岛市 Qingdao	258257	1906374	7382	175	722	4133	243	1017	4186
淄博市 Zibo	125135	969622	7749	1450	4944	3409	196	589	2998
枣庄市 Zaozhuang	119211	859824	7213	505	2228	4409	196	782	3992
东营市 Dongying	56475	427698	7573	54	145	2671	72	278	3862
烟台市 Yantai	205596	1508261	7336	750	2822	3764	217	904	4167
潍坊市 Weifang	394981	2777253	7031	2606	9314	3574	552	1726	3125
济宁市 Jining	254195	1937043	7620	215	917	4274	248	854	3442
泰安市 Tai'an	194277	1569743	8080	758	2683	3538	158	592	3750
威海市 Weihai	81967	544972	6649	5	12	2250	6	21	3550
日照市 Rizhao	70962	544376	7671	624	2799	4488	156	907	5810
莱芜市 Laiwu	29774	162561	5460	290	1034	3567	115	319	2784
临沂市 Linyi	261067	1744182	6681	1692	6133	3624	906	2951	3256
德州市 Dezhou	459175	3834337	8350	482	2828	5869	156	590	3772
聊城市 Liaocheng	376532	2572813	6833	1150	3625	3153	165	572	3475
滨州市 Binzhou	215927	1578211	7309	229	821	3586	98	352	3607
菏泽市 Heze	365928	2069439	5655	548	1983	3617	97	369	3798

13-10 续表 4 continued

地 区	Region	(5)其它谷物 Other Cereals			2.豆 类 Beans			#大 豆 Soybean		
		播种面积(公顷) Sown Area (hectare)	总产量(吨) Total Output (ton)	单 产(千克/公顷) Output per Hectare (kg/hectare)	播种面积(公顷) Sown Area (hectare)	总产量(吨) Total Output (ton)	单 产(千克/公顷) Output per Hectare (kg/hectare)	播种面积(公顷) Sown Area (hectare)	总产量(吨) Total Output (ton)	单 产(千克/公顷) Output per Hectare (kg/hectare)
全省总计	**Total**	**1209**	**4213**	**3486**	**165665**	**430500**	**2599**	**156162**	**405850**	**2599**
济 南 市	Jinan	125	455	3649	10938	33921	3101	9737	30308	3113
青 岛 市	Qingdao	145	656	4530	12115	31390	2591	11996	30988	2583
淄 博 市	Zibo	48	197	4071	2261	5554	2457	1662	4082	2456
枣 庄 市	Zaozhuang				9826	34744	3536	9383	33723	3594
东 营 市	Dongying	51	144	2828	2441	5314	2177	1773	4017	2265
烟 台 市	Yantai	195	921	4717	12893	38491	2985	11659	34167	2931
潍 坊 市	Weifang	91	364	4017	7109	21846	3073	6785	21071	3105
济 宁 市	Jining	102	386	3790	18498	51342	2776	17776	49664	2794
泰 安 市	Tai'an	28	124	4413	11263	33548	2979	11056	32921	2978
威 海 市	Weihai	10	29	2906	7148	20064	2807	7141	20050	2808
日 照 市	Rizhao	38	156	4116	4008	12768	3186	3971	12660	3188
莱 芜 市	Laiwu	1	3	4350	265	644	2427	262	635	2424
临 沂 市	Linyi	181	468	2584	29532	81168	2748	28624	78891	2756
德 州 市	Dezhou	153	150	982	2153	6548	3042	1643	5164	3143
聊 城 市	Liaocheng	35	130	3777	5784	15786	2729	5279	14524	2751
滨 州 市	Binzhou				3250	8558	2633	2694	7071	2625
菏 泽 市	Heze	7	29	4291	26561	71189	2680	25176	68203	2709

13-10 续表 5 continued

地 区	Region	3.薯类(按折粮薯类计算) Tubers			二、油 料 Oil-bearing Crops			#花 生 果 Peanuts		
		播种面积(公顷) Sown Area (hectare)	总产量(吨) Total Output (ton)	单 产(千克/公顷) Output per Hectare (kg/hectare)	播种面积(公顷) Sown Area (hectare)	总产量(吨) Total Output (ton)	单 产(千克/公顷) Output per Hectare (kg/hectare)	播种面积(公顷) Sown Area (hectare)	总产量(吨) Total Output (ton)	单 产(千克/公顷) Output per Hectare (kg/hectare)
全省总计	**Total**	**240658**	**1881121**	**7817**	**806707**	**3410001**	**4227**	**797102**	**3385850**	**4248**
济 南 市	Jinan	14722	106367	7225	15254	54826	3594	14006	51564	3681
青 岛 市	Qingdao	4259	35858	8420	94623	443727	4689	94517	443713	4695
淄 博 市	Zibo	2561	16566	6467	6832	24552	3594	6808	24529	3603
枣 庄 市	Zaozhuang	8411	76040	9041	23264	97746	4202	22328	95008	4255
东 营 市	Dongying	254	1895	7464	1024	3425	3344	973	3280	3370
烟 台 市	Yantai	13677	113053	8266	111179	452976	4074	111139	452834	4074
潍 坊 市	Weifang	8987	70128	7804	50330	250656	4980	50159	250250	4989
济 宁 市	Jining	14428	132643	9193	46872	216510	4619	46514	215619	4636
泰 安 市	Tai'an	9614	77314	8041	51640	224374	4345	51545	224112	4348
威 海 市	Weihai	6490	54221	8355	66587	253243	3803	66587	253243	3803
日 照 市	Rizhao	8560	73880	8630	55636	251008	4512	55629	251002	4512
莱 芜 市	Laiwu	4113	33391	8118	6764	17359	2567	6725	17272	2568
临 沂 市	Linyi	52362	420610	8033	174193	826223	4743	173918	824678	4742
德 州 市	Dezhou	1629	14842	9110	4040	18639	4613	3902	18095	4638
聊 城 市	Liaocheng	2713	26248	9675	35653	137346	3852	34116	133951	3926
滨 州 市	Binzhou	827	5451	6592	3197	8406	2629	3099	8249	2662
菏 泽 市	Heze	5857	33113	5653	59670	235609	3949	55138	223420	4052

13-10 续表 6 continued

地 区 Region	#油菜籽 Rapeseeds			#芝 麻 Sesame			三、棉 花 Cotton		
	播种面积(公顷) Sown Area (hectare)	总产量(吨) Total Output (ton)	单 产(千克/公顷) Output per Hectare (kg/hectare)	播种面积(公顷) Sown Area (hectare)	总产量(吨) Total Output (ton)	单 产(千克/公顷) Output per Hectare (kg/hectare)	播种面积(公顷) Sown Area (hectare)	总产量(吨) Total Output (ton)	单 产(千克/公顷) Output per Hectare (kg/hectare)
全省总计 Total	**8668**	**21895**	**2526**	**619**	**1055**	**1704**	**752600**	**784586**	**1043**
济 南 市 Jinan	938	2161	2303	298	501	1683	25182	28423	1129
青 岛 市 Qingdao				6	7	1315	2990	3917	1310
淄 博 市 Zibo				24	22	924	8080	10707	1325
枣 庄 市 Zaozhuang	802	2013	2509	123	209	1705	4157	6547	1575
东 营 市 Dongying	49	141	2883	2	5	2250	133062	149149	1121
烟 台 市 Yantai				4	5	1213	243	361	1484
潍 坊 市 Weifang	157	346	2198				42978	50495	1175
济 宁 市 Jining	264	629	2382	46	78	1702	97621	127493	1306
泰 安 市 Tai'an	67	171	2554	3	4	1158	7125	8803	1235
威 海 市 Weihai									
日 照 市 Rizhao	1	3	3900				1771	2248	1269
莱 芜 市 Laiwu				5	6	1367	816	1187	1454
临 沂 市 Linyi	223	315	1411	27	39	1409	10023	12684	1265
德 州 市 Dezhou	109	372	3399	20	42	2082	102313	143091	1399
聊 城 市 Liaocheng	1496	3384	2262				59239	70026	1182
滨 州 市 Binzhou	97	155	1596	2	1	750	132887	157074	1182
菏 泽 市 Heze	4473	12060	2696	59	130	2180	181979	231837	1274

13-10 续表 7 continued

地 区 Region	四、麻 类 Fiber Crops			#黄红麻 Jute and Ambary Hemp			五、甜 菜 Beetroots		
	播种面积(公顷) Sown Area (hectare)	总产量(吨) Total Output (ton)	单 产(千克/公顷) Output per Hectare (kg/hectare)	播种面积(公顷) Sown Area (hectare)	总产量(吨) Total Output (ton)	单 产(千克/公顷) Output per Hectare (kg/hectare)	播种面积(公顷) Sown Area (hectare)	总产量(吨) Total Output (ton)	单 产(千克/公顷) Output per Hectare (kg/hectare)
全省总计 Total	**69**	**281**	**4057**	**34**	**201**	**5910**	**4**	**166**	**38192**
济 南 市 Jinan									
青 岛 市 Qingdao							1	30	45000
淄 博 市 Zibo									
枣 庄 市 Zaozhuang									
东 营 市 Dongying									
烟 台 市 Yantai									
潍 坊 市 Weifang									
济 宁 市 Jining									
泰 安 市 Tai'an	36	81	2276						
威 海 市 Weihai									
日 照 市 Rizhao									
莱 芜 市 Laiwu									
临 沂 市 Linyi									
德 州 市 Dezhou	34	200	5952	33	200	6000	2	123	52500
聊 城 市 Liaocheng									
滨 州 市 Binzhou									
菏 泽 市 Heze							1	13	9750

13-10 续表 8 continued

地 区	Region	六、烟 叶 Tobacco			#烤 烟 Cigarettes			七、药材播种面积(公顷) Sown Area of Medical Materials (hectare)
		播种面积(公顷) Sown Area (hectare)	总产量(吨) Total Output (ton)	单 产(千克/公顷) Output per Hectare (kg/hectare)	播种面积(公顷) Sown Area (hectare)	总产量(吨) Total Output (ton)	单 产(千克/公顷) Output per Hectare (kg/hectare)	
全省总计	**Total**	**33569**	**87814**	**2616**	**33246**	**87197**	**2623**	**28668**
济 南 市	Jinan							671
青 岛 市	Qingdao	448	1191	2657	448	1191	2657	31
淄 博 市	Zibo	1327	3522	2654	1327	3522	2654	4623
枣 庄 市	Zaozhuang							120
东 营 市	Dongying							
烟 台 市	Yantai							89
潍 坊 市	Weifang	11542	29570	2562	11542	29570	2562	1359
济 宁 市	Jining	1	3	2063				684
泰 安 市	Tai'an	4	12	3160	4	12	3160	579
威 海 市	Weihai	3	13	3750				1729
日 照 市	Rizhao	5668	14523	2562	5641	14339	2542	3685
莱 芜 市	Laiwu	917	2203	2403	917	2203	2403	463
临 沂 市	Linyi	13658	36778	2693	13368	36360	2720	9725
德 州 市	Dezhou							
聊 城 市	Liaocheng							524
滨 州 市	Binzhou							13
菏 泽 市	Heze							4371

13-10 续表 9 continued

地 区	Region	八、蔬菜(含菜用瓜) Vegetable		#马铃薯 Potato		九、瓜 类 Melon	
		播种面积(公顷) Sown Area (hectare)	总产量(吨) Total Output (ton)	播种面积(公顷) Sown Area (hectare)	总产量(吨) Total Output (ton)	播种面积(公顷) Sown Area (hectare)	总产量(吨) Total Output (ton)
全省总计	**Total**	**1791207**	**91809332**	**114101**	**4429229**	**273430**	**13623347**
济 南 市	Jinan	97869	6178248	4380	216736	13638	953206
青 岛 市	Qingdao	103554	5838183	18086	729439	8847	456520
淄 博 市	Zibo	28008	2167970	760	33091	3757	198114
枣 庄 市	Zaozhuang	89012	4386453	27775	957228	4435	218701
东 营 市	Dongying	22364	1463939	33	1186	2652	117919
烟 台 市	Yantai	39908	1929385	2478	94402	6787	286580
潍 坊 市	Weifang	188212	11295677	12816	512955	39503	1947880
济 宁 市	Jining	207992	7684265	10232	386006	25194	1106354
泰 安 市	Tai'an	134502	7602028	16249	711896	3234	149302
威 海 市	Weihai	18955	907894	2527	91523	2862	128783
日 照 市	Rizhao	17172	965262	1195	47498	2065	82915
莱 芜 市	Laiwu	29547	1020959	2924	101609	92	4682
临 沂 市	Linyi	129392	6004749	11688	422557	16010	856056
德 州 市	Dezhou	84353	4502471	1004	49727	6661	363975
聊 城 市	Liaocheng	154869	8540405	618	13316	24678	1256732
滨 州 市	Binzhou	33299	1845885	541	30030	9233	447180
菏 泽 市	Heze	157762	6912741	795	30028	59905	2548447

13-10 续表 10 continued

地 区	Region	#西 瓜 Watermelon 播种面积(公顷) Sown Area (hectare)	#西 瓜 Watermelon 总产量(吨) Total Output (ton)	#甜 瓜 Muskmelon 播种面积(公顷) Sown Area (hectare)	#甜 瓜 Muskmelon 总产量(吨) Total Output (ton)	十、其它农作物播种面积(公顷) Sown Area of Other Farm Crops (hectare)	#青饲料播种面积 Fresh Feed Succulence
全省总计	**Total**	**203477**	**10798155**	**46913**	**1980393**	**33366**	**1073**
济 南 市	Jinan	10957	792259	971	65352	1258	60
青 岛 市	Qingdao	5089	298219	2717	88064	907	22
淄 博 市	Zibo	3437	188145	49	1384	115	10
枣 庄 市	Zaozhuang	3337	177823	515	21748	32	
东 营 市	Dongying	1806	85758	349	15108	928	77
烟 台 市	Yantai	3647	185931	1023	31375	395	14
潍 坊 市	Weifang	26073	1360043	7278	321675	3972	7
济 宁 市	Jining	15843	811096	8868	280093	1973	
泰 安 市	Tai'an	2412	116267	524	22287	5139	24
威 海 市	Weihai	1647	93441	346	10384	181	43
日 照 市	Rizhao	1482	51810	13	471	902	3
莱 芜 市	Laiwu	83	4393	5	171	19	11
临 沂 市	Linyi	11112	644113	1520	73571	4256	41
德 州 市	Dezhou	5675	319633	150	7575	26	2
聊 城 市	Liaocheng	15480	774346	7707	398556	403	38
滨 州 市	Binzhou	8572	427607	468	12004	1741	108
菏 泽 市	Heze	50963	2237270	8918	310575	4174	241

13-11 各市茶叶、水果生产情况(2011年)
Production of Tea and Fruits by Region(2011)

单位:吨 (ton)

地 区	Region	茶叶产量 Output of Tea	水果产量 Output of Fruits	苹 果 Apple	梨 Pear	葡 萄 Grape
全省总计	**Total**	**10704**	**14884962**	**8379378**	**1227380**	**985070**
济 南 市	Jinan	11	480149	234704	32102	20671
青 岛 市	Qingdao	1971	805192	541804	71606	72160
淄 博 市	Zibo	33	1020910	570565	8650	145259
枣 庄 市	Zaozhuang	5	236873	66323	16577	5985
东 营 市	Dongying		90589	44902	6909	7783
烟 台 市	Yantai	57	4830561	3975976	237318	369046
潍 坊 市	Weifang	273	884280	374324	75306	61968
济 宁 市	Jining		280358	102713	22311	73084
泰 安 市	Tai'an	165	503577	149061	20335	12875
威 海 市	Weihai	285	815595	719835	49498	19936
日 照 市	Rizhao	6334	203961	133713	7825	5084
莱 芜 市	Laiwu		85252	20944	2628	1359
临 沂 市	Linyi	1394	1985032	599129	92747	81729
德 州 市	Dezhou		389590	93416	26530	13583
聊 城 市	Liaocheng		548273	271141	173269	53096
滨 州 市	Binzhou	3	1128535	132738	252393	7967
菏 泽 市	Heze	174	596236	348089	131376	33487

13-11 续表 1 continued

单位:吨 (ton)

地 区	Region	桃 Peach	杏 Apricot	红枣 Jujube	柿子 Persimmon	山楂 Hawthorn	其它 Others
全省总计	**Total**	**2401492**	**174770**	**1016000**	**162118**	**191718**	**347035**
济南市	Jinan	99109	42138	9737	20008	10255	11425
青岛市	Qingdao	80308	5053	4186	13895	4764	11417
淄博市	Zibo	241121	2930	4518	7875	8123	31871
枣庄市	Zaozhuang	70426	2673	11129	11069	2486	50205
东营市	Dongying	3188	532	27218	7		50
烟台市	Yantai	82296	14469	1552	11097	2947	135860
潍坊市	Weifang	233528	7826	9693	38621	65516	17498
济宁市	Jining	49591	5693	10494	2612	5570	8289
泰安市	Tai'an	194417	41962	27153	7805	15171	34798
威海市	Weihai	17284	266	113	611	232	7821
日照市	Rizhao	44150	739	575	6445	1371	4058
莱芜市	Laiwu	34019	1798	997	11054	10671	1783
临沂市	Linyi	1072478	25546	11788	26007	53560	22048
德州市	Dezhou	22499	3230	220018	296	6484	3536
聊城市	Liaocheng	23432	5254	14847	729	2053	4452
滨州市	Binzhou	59264	11082	659041	2021	2424	1604
菏泽市	Heze	74381	3580	2942	1965	92	323

13-11 续表 2 continued

单位:公顷 (hectare)

地 区	Region	年末实有果园面积 Orchard Area at the Year-end	#苹果园 Apple	#梨园 Pear	#葡萄园 Grape	#桃园 Peach
全省总计	**Total**	**591966**	**276267**	**43804**	**35806**	**96403**
济南市	Jinan	31813	14897	1836	1281	5364
青岛市	Qingdao	30315	15792	2051	2738	3137
淄博市	Zibo	32062	15816	457	3582	8575
枣庄市	Zaozhuang	14465	3720	556	414	3646
东营市	Dongying	6615	2346	324	319	499
烟台市	Yantai	155323	114914	8674	15009	3355
潍坊市	Weifang	35848	10719	2153	1998	8512
济宁市	Jining	18257	4074	1002	2039	4061
泰安市	Tai'an	24798	6502	841	514	7808
威海市	Weihai	32426	25798	2201	963	1023
日照市	Rizhao	10427	4327	198	124	3131
莱芜市	Laiwu	11334	2080	266	106	4800
临沂市	Linyi	79041	21029	2581	2262	36870
德州市	Dezhou	13116	2945	943	453	524
聊城市	Liaocheng	36550	14052	8642	2476	1693
滨州市	Binzhou	40799	5196	7821	219	1571
菏泽市	Heze	18777	12060	3257	1310	1832

13-12 各市林业生产情况(2011年)
Production of Forestry by Region(2011)

地 区	Region	按主要林种用途分(公顷) by Purpose of Major Forest Types(hectare)			主要林产品产量(吨) Output of Major Forestry Products(ton)		农村集体、农民采伐木材消耗蓄积量(立方米) Volume of Timber Consumption Cut by Rural Collective and Households (cu.m)
		用材林 Forest for Timber	经济林 Economic Forest	防护林 Protection Forest	核桃 Walnut	板栗 Chestnut	
全省总计	**Total**	**34598**	**51154**	**130896**	**73244**	**279474**	**3259488**
济南市	Jinan	3370	4310	7671	26047	10528	112590
青岛市	Qingdao	1804	2494	4949	133	2636	98492
淄博市	Zibo	640	907	10691	585	7407	80760
枣庄市	Zaozhuang	118	1839	4417	528	6935	48798
东营市	Dongying	597	227	6799			25358
烟台市	Yantai	579	3371	10026	5367	28537	38332
潍坊市	Weifang	3646	2126	18448	1418	21692	196640
济宁市	Jining	1051	3900	7403	12606	17750	292925
泰安市	Tai'an	2297	6442	6979	18952	45470	136598
威海市	Weihai	234	1915	4103	82	16432	19604
日照市	Rizhao	1509	7383	7082		22751	58786
莱芜市	Laiwu	112	506	2393	928	6280	32049
临沂市	Linyi	5596	7968	14743	6077	93042	591503
德州市	Dezhou	4436	1470	7187			189386
聊城市	Liaocheng	2848	3180	3985	68		148573
滨州市	Binzhou	1858	373	10205	320	14	385400
菏泽市	Heze	3903	2743	3815	133		803694

13-12 续表 continued

单位:公顷 (hectare)

地 区	Region	营林情况 Forestation					
		当年人工造林面积 Forested Area in the Year	迹地更新面积 Update Area	零星植树(万株) Surrounding Tree Planting (10000 trees)	当年育苗面积 Nursery Garden Area in the Year	幼林抚育作业面积(公顷次) Laid out Area of Young Trees (hectare.time)	成林抚育面积 Laid out Area of Grown-up Trees
全省总计	**Total**	**219028**	**8266**	**20609**	**95911**	**1112728**	**1062132**
济南市	Jinan	15496	179	1350	5326	69656	56355
青岛市	Qingdao	9247	713	814	12139	21477	24959
淄博市	Zibo	12238		1023	1632	41871	60878
枣庄市	Zaozhuang	6400	76	686	1545	106017	40489
东营市	Dongying	7623	16	223	2627	28950	43349
烟台市	Yantai	14071	67	509	1799	63069	64378
潍坊市	Weifang	24480	1031	3217	9722	84321	71532
济宁市	Jining	12462	18	1554	13908	109672	76693
泰安市	Tai'an	16040	264	827	18341	60246	112264
威海市	Weihai	6252	61	411	3209	5260	3940
日照市	Rizhao	15974	177	621	1612	96677	23355
莱芜市	Laiwu	3011	113	381	872	20878	23142
临沂市	Linyi	29091	1044	4067	7374	105921	86552
德州市	Dezhou	13093		2075	7002	74965	103259
聊城市	Liaocheng	10015	1203	1116	1577	84008	62459
滨州市	Binzhou	12436	2964	472	2145	60371	55475
菏泽市	Heze	11099	340	1265	5081	79369	153053

13-13 各市畜牧业生产情况(2011年)

Production of Animal Husbandry by Region(2011)

地 区	Region	大牲畜年末存栏(万头) Stocked Large Livestock at Year-end (10000 heads)	#牛 Cattle	猪年末存栏(万头) Stocked Pigs at Year-end (10000 heads)	羊年末存栏(万只) Stocked Sheep and Goats at Year-end (10000 heads)	山羊 Goats	绵羊 Sheep	家禽年末存栏(万只) Stocked Poultry at Year-end (10000 heads)	兔年末存栏(万只) Stocked Hare at Year-end (10000 heads)
全省总计	**Total**	**509.08**	**492.86**	**2837.13**	**2150.90**	**1716.11**	**434.79**	**58541.17**	**3221.87**
济南市	Jinan	75.17	74.53	201.46	148.07	108.20	39.87	3679.86	245.69
青岛市	Qingdao	27.64	27.59	217.82	19.17	15.58	3.58	5780.02	52.84
淄博市	Zibo	14.74	14.69	64.95	48.94	45.58	3.36	1503.12	125.93
枣庄市	Zaozhuang	11.93	11.14	113.00	110.54	106.87	3.67	2643.94	374.57
东营市	Dongying	26.43	26.06	68.99	114.82	41.96	72.86	2345.77	30.50
烟台市	Yantai	23.11	22.98	238.48	40.27	31.66	8.61	5060.45	65.76
潍坊市	Weifang	42.41	42.00	450.18	90.55	59.69	30.86	12008.29	98.08
济宁市	Jining	34.65	34.30	321.31	248.77	160.78	87.99	7641.17	473.21
泰安市	Tai'an	34.94	34.70	198.30	159.92	106.99	52.92	3415.61	162.26
威海市	Weihai	8.55	8.54	95.78	13.58	13.36	0.22	1899.95	94.17
日照市	Rizhao	8.30	8.17	143.81	76.12	75.51	0.61	2889.04	254.16
莱芜市	Laiwu	1.64	1.64	49.89	35.99	29.36	6.64	761.91	142.07
临沂市	Linyi	34.19	33.95	391.10	246.48	229.75	16.73	7032.80	663.01
德州市	Dezhou	162.05	155.27	369.96	185.64	147.27	38.36	6039.71	48.39
聊城市	Liaocheng	40.11	38.14	151.17	137.86	95.16	42.70	4735.95	59.12
滨州市	Binzhou	68.22	66.32	123.48	78.84	29.29	49.55	4440.04	60.47
菏泽市	Heze	51.69	49.51	345.27	765.30	659.06	106.24	4500.81	271.64

13-13 续表 1 continued

地 区	Region	牛当年出栏(万头) Slaughtered Cattle in the Year (10000 heads)	猪当年出栏(万头) Slaughtered Pigs in the Year (10000 heads)	羊当年出栏(万只) Slaughtered Sheep and Goats in the Year (10000 heads)	家禽当年出栏(万只) Slaughtered Poultry in the Year (10000 heads)	兔当年出栏(万只) Slaughtered Hare in the Year (10000 heads)
全省总计	**Total**	**433.39**	**4234.24**	**2901.22**	**173553.90**	**5812.98**
济南市	Jinan	48.66	294.45	214.26	5675.79	343.19
青岛市	Qingdao	7.18	367.27	19.97	19645.22	163.17
淄博市	Zibo	10.70	127.19	58.70	5117.29	497.56
枣庄市	Zaozhuang	7.50	160.35	175.40	7630.51	460.51
东营市	Dongying	23.70	126.85	165.25	7204.45	77.32
烟台市	Yantai	9.44	334.70	39.91	12861.72	14.68
潍坊市	Weifang	31.33	728.65	110.89	49487.33	214.76
济宁市	Jining	24.26	615.12	451.35	18474.59	1666.10
泰安市	Tai'an	16.76	358.09	255.12	8640.45	339.43
威海市	Weihai	3.33	126.84	12.79	4549.11	39.80
日照市	Rizhao	6.54	187.68	85.98	5599.70	409.18
莱芜市	Laiwu	1.03	51.64	43.16	1556.67	163.81
临沂市	Linyi	30.15	572.30	311.47	18251.78	793.07
德州市	Dezhou	96.75	522.20	207.98	12274.04	81.14
聊城市	Liaocheng	26.94	249.74	212.80	16893.36	226.13
滨州市	Binzhou	50.06	194.73	142.31	14902.92	168.72
菏泽市	Heze	54.50	451.58	1032.31	7682.58	154.42

13-13 续表 2 continued

单位:吨 (ton)

地 区	Region	肉类总产量 Output of Meat	#牛肉 Beef	#猪肉 Pork	#羊肉 Mutton	#禽肉 Poultry Meat	#兔肉 Rabbit	奶类产量 Output of Milk	#牛奶 Cow Milk
全省总计	**Total**	**7110529**	**662300**	**3469000**	**324864**	**2545400**	**92802**	**2789510**	**2688669**
济南市	Jinan	388451	67827	215581	22485	78471	3828	314047	314047
青岛市	Qingdao	595484	9834	266450	1997	314745	2448	371653	332139
淄博市	Zibo	177548	14655	90627	5790	60664	5768	122867	122687
枣庄市	Zaozhuang	252849	10210	118083	14567	102933	6654	42634	42417
东营市	Dongying	257080	32605	96054	17413	109569	1140	164228	164228
烟台市	Yantai	469397	13005	254137	5024	196989	217	224378	197066
潍坊市	Weifang	1353419	42485	544467	11599	751087	3165	277233	271927
济宁市	Jining	794581	33964	439194	38089	258644	23413	138864	137165
泰安市	Tai'an	429581	23025	264410	26012	111467	4534	509232	509232
威海市	Weihai	161209	4654	95463	1275	59077	595	196819	173630
日照市	Rizhao	199810	7820	118056	7911	62258	3719	16192	16192
莱芜市	Laiwu	62958	1230	36364	4006	19529	1779	2215	2215
临沂市	Linyi	726019	37715	406951	27703	243947	9537	104740	101459
德州市	Dezhou	656508	129089	372540	18037	134979	985	170166	170160
聊城市	Liaocheng	512177	36632	195101	21329	254127	3546	85004	84868
滨州市	Binzhou	454101	69792	149516	14174	217210	2349	132658	132658
菏泽市	Heze	600320	77234	340048	89451	89748	2124	65819	65819

13-13 续表 3 continued

单位:吨 (ton)

地 区	Region	羊毛产量 Output of Wool	山羊毛 Goat Wool	绵羊毛 Sheep Wool	禽蛋产量 Poultry Eggs	#鸡蛋 Hen's Eggs	蚕茧产量 Output of Cocoon	#桑蚕茧 Cocoon	#柞蚕茧 Oak Cocoon
全省总计	**Total**	**13006**	**4083**	**8923**	**4016361**	**3489579**	**35943**	**35614**	**328**
济南市	Jinan	1053	549	504	351894	336659	91	91	
青岛市	Qingdao	21	4	17	191428	190098	1338	1338	
淄博市	Zibo	198	152	46	70414	61734	2130	2130	
枣庄市	Zaozhuang	388	235	153	109370	96264	593	593	
东营市	Dongying	384	45	338	127500	109597	659	659	
烟台市	Yantai	154	2	153	288926	281841	553	495	58
潍坊市	Weifang	588	63	525	268711	240092	2368	2368	
济宁市	Jining	1674	823	851	582443	445255	260	260	
泰安市	Tai'an	1104	104	999	191827	178767	7674	7674	
威海市	Weihai	1		1	128843	125231	634	573	61
日照市	Rizhao	22	14	8	121806	119564	5087	4877	210
莱芜市	Laiwu	122	50	71	30719	29949	268	268	
临沂市	Linyi	680	459	221	292046	261244	2841	2841	
德州市	Dezhou	482	145	337	397649	246075			
聊城市	Liaocheng	1257	214	1042	324537	311005			
滨州市	Binzhou	1084	104	980	239232	202213	5301	5301	
菏泽市	Heze	3793	1118	2674	384293	348991	6145	6145	

13—14　各市水产品产量和养殖面积(2011年)

Output and Breeding Area of Aquatic Products by Region (2011)

地　区	Region	水产品总产量(吨) Total Aquatic Products (ton)	海水产品 Seawater Aquatic products	海洋捕捞 Ocean Fishing	海水养殖 Seawater Cultured	内陆水域水产品 Inland waterways Aquatic Products
全省总计	**Total**	**8138280**	**6647212**	**2512437**	**4134775**	**1491068**
济 南 市	Jinan	43692				43692
青 岛 市	Qingdao	1136409	1092409	269329	823080	44000
淄 博 市	Zibo	24892				24892
枣 庄 市	Zaozhuang	82422				82422
东 营 市	Dongying	481640	376583	87085	289498	105057
烟 台 市	Yantai	1861762	1834296	764405	1069891	27466
潍 坊 市	Weifang	499724	397991	179951	218040	101733
济 宁 市	Jining	372457				372457
泰 安 市	Tai'an	82870				82870
威 海 市	Weihai	2201511	2163295	862441	1300854	38216
日 照 市	Rizhao	521809	489330	243079	246251	32479
莱 芜 市	Laiwu	3418				3418
临 沂 市	Linyi	132681	302	302		132379
德 州 市	Dezhou	88721				88721
聊 城 市	Liaocheng	69743				69743
滨 州 市	Binzhou	391693	263370	76209	187161	128323
菏 泽 市	Heze	113200				113200
省属远洋捕捞企业	Provincial Ocean Fishing Enterprises	29636	29636	29636		

13—14　续表 continued

地　区	Region	内陆捕捞 Landlocked Fishing	内陆养殖 Landlocked Cultured	水产品养殖面积(公顷) Breeding Area of Aquatic Products (hectare)	海水养殖 Seawater Cultured	内陆养殖 Landlocked Cultured
全省总计	**Total**	**135378**	**1355690**	**782935**	**512126**	**270809**
济 南 市	Jinan	1352	42340	6853		6853
青 岛 市	Qingdao		44000	54857	38743	16114
淄 博 市	Zibo	601	24291	5482		5482
枣 庄 市	Zaozhuang	4903	77519	10824		10824
东 营 市	Dongying	8687	96370	123278	96705	26573
烟 台 市	Yantai	720	26746	151875	142450	9425
潍 坊 市	Weifang	16830	84903	99097	68054	31043
济 宁 市	Jining	52860	319597	54577		54577
泰 安 市	Tai'an	16271	66599	11311		11311
威 海 市	Weihai		38216	65160	61367	3793
日 照 市	Rizhao	1150	31329	39867	30243	9624
莱 芜 市	Laiwu	553	2865	1890		1890
临 沂 市	Linyi	12993	119386	30143		30143
德 州 市	Dezhou	1458	87263	10843		10843
聊 城 市	Liaocheng	4878	64865	8016		8016
滨 州 市	Binzhou	6872	121451	88010	74564	13446
菏 泽 市	Heze	5250	107950	20852		20852
省属远洋捕捞企业	Provincial Ocean Fishing Enterprises					

13-15 主要农业机械年末拥有量(2011年)
Major Agricultural Machinery at the Year-end(2011)

类 别	单位	Category	Unit	数量 Number
农业机械总动力	**(万千瓦)**	**total power of agricultural machinery**	**(10000 kw)**	**12098.25**
一、拖拉机及配套机械		**Tractors and related machinery**		
拖拉机	(万台)	Tractor	(10000 units)	247.46
	(万千瓦)		(10000 kw)	3233.66
#大中型(14.7千瓦及以上)	(万台)	Large and Medium-sized(14.7 kw and above)	(10000 units)	45.43
	(万千瓦)		(10000 kw)	1580.36
拖拉机配套农具	(万部)	Tractor Supporting Tools	(10000 units)	417.01
#大中型	(万部)	Large and Medium-sized	(10000 units)	94.51
二、种植业机械		**Farming Machinery**		
机引犁	(万台)	Mechanical Power Plow	(10000 units)	145.09
旋耕机	(万台)	Rotary Tiller	(10000 units)	32.68
播种机	(万台)	Seeder	(10000 units)	66.28
农用水泵	(万台)	Agricultural Water-pump	(10000 units)	295.16
节水灌溉类机械	(万套)	Water-saving Irrigation Machinery	(10000 units)	49.45
机动喷雾(粉)机	(万台)	Mobile Spray (Powder) Machinery	(10000 units)	47.43
	(万千瓦)		(10000 kw)	100.35
联合收获机	(万台)	Combine Harvester	(10000 units)	20.10
	(万千瓦)		(10000 kw)	667.98
#玉米联合收获机	(万台)	Corn Combine Harvester	(10000 units)	6.64
秸秆粉碎还田机	(万台)	Straw crushing Machinery	(10000 units)	8.89
机动脱粒机	(万台)	Thresher	(10000 units)	39.75
三、畜牧养殖机械	**(万台)**	**Animal Husbandry Machinery**	**(10000 units)**	**18.30**
	(万千瓦)		(10000 kw)	102.10
四、渔业机械	**(万台)**	**Fishery Machinery**	**(10000 units)**	**11.99**
	(万千瓦)		(10000 kw)	235.20
五、林果业机械	**(万台)**	**Fruit Industry Machinery**	**(10000 units)**	**0.92**
	(万千瓦)		(10000 kw)	6.30
六、农产品初加工机械		**Agricultural Products Primary Processing Machinery**		
农产品初加工动力机械	(万台)	Agricultural Products Primary Processing Power Machinery	(10000 units)	101.69
	(万千瓦)		(10000 kw)	892.88
农产品初加工作业机械	(万台)	Agricultural Products Primary Processing Operating Machinery	(10000 units)	49.12
七、农田基本建设机械	**(万台)**	**Farmland Capital Construction Machinery**	**(10000 units)**	**4.13**
	(万千瓦)		(10000 kw)	277.03
八、运输机械		**Transport Machinery**		
#农村运输车	(万台)	Rural Transport Vehicles	(10000 units)	289.88
	(万千瓦)		(10000 kw)	3546.38
九、其他机械		**Other Machinery**		
#农用飞机	(架)	Agricultural Aircraft	(unit)	8
农业机械原值	**(亿元)**	**Total Value of Agricultural Machinery**	**(100 million Yuan)**	**702.31**

13-16 各市主要农业机械年末拥有量(2011年)

Number of Major Agricultural Machinery at the Year-end by Region(2011)

地 区	Region	农业机械总动力(千瓦) total power of agricultural machinery (kw)	#拖拉机及配套机械 Tractors and related machinery			#联合收获机 Combine Harvester		农业机械原值(万元) Total Value of Agricultural Machinery (10000 yuan)
			拖拉机 Tractor		拖拉机配套农具 Tractor Supporting Tools			
			(台) (unit)	(千瓦) (kw)	(部) (unit)	(台) (unit)	(千瓦) (kw)	
全省总计	**Total**	**120982537**	**2474649**	**32336602**	**4170135**	**200962**	**6679799**	**7023140**
济南市	Jinan	5273919	62402	1085805	99938	8608	245965	314981
青岛市	Qingdao	7840558	202022	2649283	408465	12736	597756	510386
淄博市	Zibo	3404595	25667	693652	52267	8754	139326	288099
枣庄市	Zaozhuang	2915054	37103	799843	103135	8134	338937	247660
东营市	Dongying	2319166	53288	845025	117662	4592	119766	228510
烟台市	Yantai	9076905	266356	2617313	347061	7087	241382	573199
潍坊市	Weifang	13010164	188720	2656964	297101	21519	879205	882736
济宁市	Jining	9840918	111699	2196475	189978	24840	450962	609462
泰安市	Taian	4798221	70286	1239946	130472	13073	198215	294433
威海市	Weihai	5391795	271970	2335244	485688	4425	143526	356586
日照市	Rizhao	3027842	234103	1666096	474811	1147	40861	269850
莱芜市	Laiwu	1022613	20266	263830	26206	799	10030	83755
临沂市	Linyi	8914330	404502	3723271	579695	9263	379512	499954
德州市	Dezhou	13626861	253335	4068522	285304	23222	993049	661426
聊城市	Liaocheng	10859644	73059	1414291	124663	16513	668195	446260
滨州市	Binzhou	5679089	78841	1369912	160249	12555	410123	300958
菏泽市	Heze	13980864	121030	2711130	287440	23695	822990	727016

13-17 各市地类面积(2008年)

Land Category Area by Region(2008)

单位:公顷 (hectare)

地 区	Region	农用地 agricultural land	耕地 Cultivated Land	水浇地 Irrigated Land	建设用地 Land for construction	未利用地 unutilized land
全省总计	**Total**	**11566184**	**7510761**	**4360871**	**2510563**	**1640220**
济南市	Jinan	550868	360664	244484	153468	96384
青岛市	Qingdao	831084	512830	198660	208325	78294
淄博市	Zibo	430878	207094	134601	112649	53422
枣庄市	Zaozhuang	335532	240846	98531	75357	45730
东营市	Dongying	376126	219988	100274	115076	301648
烟台市	Yantai	1101818	446000	146717	176600	96784
潍坊市	Weifang	1157598	783920	383772	293716	149444
济宁市	Jining	760445	600580	409279	171431	187564
泰安市	Tai'an	597274	343375	210655	117046	61872
威海市	Weihai	452362	191723	60784	79626	38088
日照市	Rizhao	432005	229575	56160	72654	30143
莱芜市	Laiwu	147659	68642	34798	34484	42497
临沂市	Linyi	1311227	842638	160824	241459	167485
德州市	Dezhou	801021	618962	590541	167683	67203
聊城市	Liaocheng	690430	565594	548311	148802	32367
滨州市	Binzhou	620064	447065	378540	149950	133545
菏泽市	Heze	969793	831266	603941	192238	57529

注：本表数据由省国土资源厅提供，暂无最新数据。
a)Data in this table are provided by Shandong Provinical Department of Land and Resources，no latest data temporarily.

13-18 各市灌溉面积(2011年)
Irrigated Area by Region(2011)

单位:千公顷 (1000 hectares)

地区	Region	有效灌溉面积 Effective Irrigated Area	#当年实灌 Irrigated in the Year	林地灌溉面积 Irrigated Area of Forest Lands	果园灌溉面积 Irrigated Area of Orchard	旱涝保收面积 Area Ensuring Harvest Whether Drought or Flood	机电排灌面积 Area under Motorized Irrigation and Drainage	纯排面积 Single Drainaged Area
全省总计	**Total**	**4986.88**	**4327.76**	**161.63**	**346.13**	**3645.76**	**4558.14**	**44.20**
济南市	Jinan	247.41	228.06	7.33	7.03	179.22	240.04	1.90
青岛市	Qingdao	331.69	278.78	11.86	30.42	235.01	308.51	0.41
淄博市	Zibo	125.45	117.30	5.60	20.44	105.12	118.98	
枣庄市	Zaozhuang	150.90	122.86	1.10	9.68	131.27	147.08	1.90
东营市	Dongying	168.55	143.49	8.48	5.95	111.44	151.49	3.26
烟台市	Yantai	273.72	210.94	4.74	76.96	213.86	226.30	
潍坊市	Weifang	536.71	446.89	20.78	37.74	414.44	493.61	1.37
济宁市	Jining	441.14	409.94	9.33	9.79	371.65	452.76	18.79
泰安市	Tai'an	257.87	230.61	6.25	17.06	168.00	239.22	4.51
威海市	Weihai	149.76	81.72	1.12	20.85	97.01	107.92	
日照市	Rizhao	116.96	100.52	4.59	15.15	76.10	78.54	
莱芜市	Laiwu	39.59	33.41	0.50	3.13	28.41	28.34	
临沂市	Linyi	376.61	269.94	13.08	28.75	219.04	233.74	8.17
德州市	Dezhou	451.81	412.58	39.52	19.08	300.64	445.44	2.02
聊城市	Liaocheng	494.07	481.00	9.39	9.94	417.02	493.03	
滨州市	Binzhou	310.68	305.59	14.50	19.90	225.41	302.27	1.67
菏泽市	Heze	513.96	454.13	3.46	14.26	352.12	490.87	0.20

13-19 各市农村基层情况(2011年)
Basic Conditions of Rural Grass-root Units by Region(2011)

地区	Region	一、农村基层组织情况(个) Rural Grass-root Units(unit)			二、农村社会基础设施(个) Rural Infrastructure(unit)		
		乡镇级单位 Number of Towns	#镇 Towns	村委会个数 Number of Villager`s Committees	自来水受益村数 Number of Villages Benefit from Water	通汽车村数 Number of Villages with Automobile Traffic	通电话村数 Number of Villages with Telephone Lines
全省总计	**Total**	**1857**	**1118**	**78230**	**72471**	**78201**	**78228**
济南市	Jinan	141	51	4611	4559	4611	4611
青岛市	Qingdao	178	77	5974	5916	5969	5972
淄博市	Zibo	88	59	3102	3022	3102	3102
枣庄市	Zaozhuang	64	44	2315	2296	2315	2315
东营市	Dongying	40	23	1781	1781	1781	1781
烟台市	Yantai	154	81	6423	5969	6422	6423
潍坊市	Weifang	119	62	8169	8039	8169	8169
济宁市	Jining	156	95	6278	6133	6263	6278
泰安市	Tai'an	87	61	3566	3515	3566	3566
威海市	Weihai	71	49	2514	2512	2512	2514
日照市	Rizhao	54	40	2977	2605	2977	2977
莱芜市	Laiwu	20	15	1016	1007	1016	1016
临沂市	Linyi	157	119	7121	5971	7121	7121
德州市	Dezhou	134	88	5818	5044	5818	5818
聊城市	Liaocheng	135	82	5755	5006	5749	5755
滨州市	Binzhou	91	56	4972	4870	4972	4972
菏泽市	Heze	168	116	5838	4226	5838	5838

13—19 续表 1 continued

地 区	Region	乡村户数(万户) Number of Rural Households (10 000 households)	乡村人口数 Rural Population	乡村从业人员数 Number of Rural Laborers	(一) 按性别分 by Sex: 男 Male	女 Female	(二)按国民经济行业分 by Sector: 农林牧渔业 Farming,Forestry, Animal Husbandry and Fishery	#农业 of which: Farming
		三、乡村人口、从业人员及主要行业分布(万人) Rural Population,Laborers and Distribution of Major Sectors(10 000 persons)						
全省总计	**Total**	**2153.87**	**7203.79**	**4083.54**	**2175.72**	**1907.83**	**1981.21**	**1699.92**
济南市	Jinan	100.06	354.20	197.38	105.07	92.31	74.95	63.83
青岛市	Qingdao	154.91	488.67	277.24	146.67	130.57	102.73	83.07
淄博市	Zibo	88.84	273.01	163.25	87.22	76.03	61.96	54.27
枣庄市	Zaozhuang	79.38	283.47	164.73	87.91	76.82	76.71	65.88
东营市	Dongying	33.97	110.02	63.10	33.02	30.08	30.20	27.23
烟台市	Yantai	172.10	474.86	262.44	140.28	122.16	139.66	119.86
潍坊市	Weifang	204.12	697.57	369.86	196.80	173.06	187.01	162.81
济宁市	Jining	183.90	675.59	392.51	208.61	183.90	178.92	150.39
泰安市	Tai'an	122.50	419.03	239.30	127.77	111.52	85.73	66.10
威海市	Weihai	64.38	160.19	89.07	48.90	40.16	39.34	31.22
日照市	Rizhao	82.35	242.37	139.40	74.81	64.59	83.62	70.08
莱芜市	Laiwu	31.45	88.51	51.65	28.19	23.46	25.26	20.87
临沂市	Linyi	277.46	903.33	540.13	288.58	251.55	286.61	245.52
德州市	Dezhou	124.57	451.44	243.71	130.09	113.62	138.24	123.65
聊城市	Liaocheng	136.14	493.15	298.59	157.94	140.65	183.89	161.87
滨州市	Binzhou	93.51	312.45	188.62	101.46	87.16	85.86	75.56
菏泽市	Heze	204.23	775.91	402.57	212.37	190.19	200.52	177.72

13—19 续表 2 continued

地 区	Region	工业 Industry	建筑业 Construction	交通运输、仓储及邮电业 Transport, Storage, Post and Communication	信息传输和计算机服务业 Information Transmission and Computer Services	批发与零售业 Wholesale and Retail Trades	住宿和餐饮业 Hotels and Catering Services	其他 Others
		三、乡村人口、从业人员及主要行业分布(万人) Rural Population,Laborers and Distribution of Major Sectors(10 000 persons) — (二) 按国民经济行业分 by Sector						
全省总计	**Total**	**709.04**	**486.00**	**170.67**	**34.85**	**234.29**	**122.73**	**344.74**
济南市	Jinan	34.02	29.97	13.41	1.93	16.26	8.45	18.38
青岛市	Qingdao	76.87	32.57	11.89	2.82	21.48	7.86	21.02
淄博市	Zibo	47.32	18.26	8.85	1.40	11.34	6.07	8.05
枣庄市	Zaozhuang	28.48	21.58	10.13	1.59	10.19	5.19	10.85
东营市	Dongying	12.71	6.45	3.72	0.67	4.10	2.58	2.67
烟台市	Yantai	51.28	23.36	7.71	1.71	12.95	6.69	19.09
潍坊市	Weifang	71.01	40.75	15.74	3.24	17.53	11.21	23.36
济宁市	Jining	50.69	61.20	20.88	4.67	22.35	13.00	40.79
泰安市	Tai'an	36.34	41.55	12.55	2.46	17.98	10.09	32.59
威海市	Weihai	19.46	9.56	3.44	0.63	5.64	2.31	8.69
日照市	Rizhao	15.01	18.48	3.95	1.05	5.29	3.40	8.58
莱芜市	Laiwu	7.70	7.43	2.37	0.33	2.70	2.12	3.74
临沂市	Linyi	91.34	67.60	19.40	3.81	25.25	13.50	32.62
德州市	Dezhou	31.89	23.92	7.35	2.54	13.25	6.25	20.27
聊城市	Liaocheng	35.98	22.96	8.32	2.07	13.67	7.94	23.77
滨州市	Binzhou	40.11	20.93	9.14	1.05	13.74	7.03	10.76
菏泽市	Heze	58.83	39.43	11.80	2.87	20.57	9.04	59.51

13–20 各市农村电气化和农业化学化情况(2011年)

Rural Electrification and Agriculture Chemicals by Region(2011)

单位:吨 (ton)

地区	Region	农用化肥施用量(实物量) Consumption of Chemical Fertilizer (physical volume)	氮肥 Nitrogenous Fertilizer	磷肥 Phosphate Fertilizer	钾肥 Potash Fertilizer	复合肥 Compound Fertilizer	农用化肥施用量(折纯量) Consumption of Chemical Fertilizer (convert to pure volume)	氮肥 Nitrogenous Fertilizer	磷肥 Phosphate Fertilizer
全省总计	**Total**	**14270898**	**5487250**	**2342768**	**1226813**	**5214067**	**4736435**	**1586061**	**497007**
济南市	Jinan	867309	402542	197378	52184	215206	236057	94491	36864
青岛市	Qingdao	815778	217313	73363	62735	462366	293689	60248	14579
淄博市	Zibo	332091	138588	54834	20889	117779	98025	37840	9876
枣庄市	Zaozhuang	638941	247723	55167	35746	300304	211119	73920	11933
东营市	Dongying	345472	143613	89314	19367	93178	108724	37209	19364
烟台市	Yantai	1069648	345742	148370	140208	435327	382285	115374	34695
潍坊市	Weifang	1504064	381729	138576	119838	863921	574306	117091	32892
济宁市	Jining	1203723	423820	199415	112017	468471	458166	146424	44108
泰安市	Tai'an	644650	261437	100442	69142	213629	202459	57717	21984
威海市	Weihai	394000	141400	45056	39744	167800	103215	28364	8641
日照市	Rizhao	354105	112063	36191	28897	176954	126556	31398	10168
莱芜市	Laiwu	130873	55379	17061	13052	45380	38090	10974	2709
临沂市	Linyi	1439726	613342	167797	151556	507031	430968	134653	35978
德州市	Dezhou	1140470	556810	227926	71958	283775	352337	164807	46268
聊城市	Liaocheng	1149987	464442	247650	114209	323685	423677	162655	65850
滨州市	Binzhou	670004	320470	112592	41279	195663	208380	80026	24440
菏泽市	Heze	1570059	660836	431634	133991	343597	488383	232870	76657

13–20 续表 continued

单位:吨 (ton)

地区	Region	钾肥 Potash Fertilizer	复合肥 Compound Fertilizer	农用塑料薄膜使用量 Plastic Film Consumption	地膜使用量 Film Consumption	农用柴油量 Diesel Consumption	农药施用量 Pesticides Consumption	地膜覆盖面积(公顷) Film Coverage (hectare)	农村用电量(万千瓦时) Electricity Consumption in Rural Area (10000 kwh)
全省总计	**Total**	**456529**	**2196839**	**318317**	**138669**	**1852329**	**164812**	**2505055**	**4565183**
济南市	Jinan	18166	86536	14587	4547	50755	3200	55604	256835
青岛市	Qingdao	21892	196968	18282	10588	233570	6848	164176	431646
淄博市	Zibo	6513	43796	10341	3286	30422	6060	31440	535200
枣庄市	Zaozhuang	12513	112753	8483	3669	15175	4587	29787	281321
东营市	Dongying	7995	44156	8048	5945	36327	5315	140620	47652
烟台市	Yantai	55839	176378	12326	8135	303686	20387	135318	832803
潍坊市	Weifang	50226	374096	77219	16529	166665	16286	238271	570813
济宁市	Jining	46652	220982	13697	9267	101200	16245	171420	140322
泰安市	Tai'an	24419	98340	9660	4384	51921	6866	64733	95795
威海市	Weihai	15602	50608	3918	2714	307525	10072	30861	200989
日照市	Rizhao	10972	74018	10238	5980	183382	7915	111386	86026
莱芜市	Laiwu	5986	18421	2718	1929	10655	1342	24209	97740
临沂市	Linyi	52747	207590	51207	21988	97111	16029	332748	293938
德州市	Dezhou	25414	115848	24809	14183	65952	12498	480156	78317
聊城市	Liaocheng	46636	148537	23131	6385	75663	10053	121923	127326
滨州市	Binzhou	14507	89406	7054	5938	35439	9388	163640	98549
菏泽市	Heze	40450	138406	22598	13204	86881	11722	208761	389912

主要统计指标解释

农林牧渔业总产值 指以货币表现的农、林、牧、渔业全部产品和对农林牧渔业生产活动进行的各种支持性服务活动的价值总量，它反映一定时期内农林牧渔业生产总规模和总成果。1957 年以前的农林牧渔业总产值中包括了厩肥和农民自给性手工业(如农民自制衣服、鞋、袜，自己从事粮食初步加工等)。1958 年及以后，林业中增加了村及村以下竹木采伐产值；牧业中取消了厩肥产值；副业中取消了农民自给性手工业产值，增加了村及村以下办的工业产值；渔业中增加了海洋捕捞水产品产值。1980 年及以后，在副业中增加了农民家庭兼营工业商品部分的产值。从 1984 年起村及村以下工业产值划归工业。从 1993 年起取消副业，将野生动物的捕猎划入牧业，野生植物采集和农民家庭兼营商品性工业划归农业。从 2003 年起，执行新的国民经济行业分类标准，农林牧渔业总产值中包括了农林牧渔服务业产值。林业中增加了森林采运业产值。农业中取消了家庭兼营商品性工业产值，将野生林产品的采集划归林业。

农林牧渔业总产值的计算方法通常是按农、林、牧、渔业产品及其副产品的产量分别乘以各自单位产品价格求得；少数生产周期较长，当年没有产品或产品产量不易统计的，则采用间接方法匡算其产值；然后将四业产品产值相加即为农林牧渔业总产值。

粮食产量 指全社会的产量。包括国有经济经营的、集体统一经营的和农民家庭经营的粮食产量，还包括工矿企业办的农场和其他生产单位的产量。粮食除包括稻谷、小麦、玉米、高粱、谷子及其他杂粮外，还包括薯类和豆类。其产量计算方法，豆类按去豆荚后的干豆计算；薯类(包括甘薯，不包括芋头和木薯)1963 年以前按每 4 公斤鲜薯折 1 公斤粮食计算，从 1964 年开始改为按 5 公斤鲜薯折 1 公斤粮食计算。作为蔬菜的薯类(如马铃薯等)按鲜品计算，并且不作粮食统计。其他粮食一律按脱粒后的原粮计算。1989 年以前全国粮食产量数据主要靠全面报表取得，1989 年开始使用抽样调查数据。

棉花产量 指全社会的产量。包括春播棉和夏播棉。产量按皮棉计算。不包括木棉。

油料产量 指全部油料作物的生产量。包括花生、油菜籽、芝麻、向日葵籽、胡麻籽（亚麻籽）和其他油料。不包括大豆、木本油料和野生油料。花生以带壳干花生计算。

水产品产量 指人工养殖的水产品和天然生长的水产品的捕捞量。包括海水的鱼类、虾蟹类、贝类和藻类以及内陆水域的鱼类、虾蟹类和贝类，不包括淡水生植物。水产品产量是通过各级水产和统计部门逐级上报取得数据。1995 年及以前，贝类中牡蛎按鲜肉计算；蚶、蛤、蛙按 5 斤鲜品折 1 斤计算。1996 年以后则统一按鲜品计算。

猪、牛、羊肉产量 指当年出栏并已屠宰、除去头蹄下水后带骨肉(即胴体重)的重量。包括全社会范围内的产量。由于畜牧业产品年报数据与普查数据之间存在一定的差距，根据国家统计局有关文件精神，从 2000 年起，对畜牧业年报数据与普查数据进行衔接。

期初(末)畜禽存栏头(只)数 指报告期初(末)农村各种合作经济组织和国营农场、农民个人、机关、团体、学校、工矿企业、部队等单位以及城镇居民饲养的大牲畜、猪、羊、家禽等畜禽的存栏数。数据上报方式及数据调整情况同猪、牛、羊肉产量。

农作物播种面积 指实际播种或移植有农作物的面积。凡是实际种植有农作物的面积，不论种植在耕地上还是种植在非耕地上，均包括在农作物播种面积中。在播种季节基本结束后，因遭灾而重新改种和补种的农作物面积，也包括在内。它是反映我国耕地面积利用情况的一个重要指标。目前，农作物播种面积主要包括粮食、棉花、油料、糖料、麻类、烟叶、蔬菜和瓜类、药材和其他农作物九大类。

有效灌溉面积 指具有一定的水源，地块比较平整，灌溉工程或设备已经配套，在一般年景下，当年能够进行正常灌溉的耕地面积。在一般情况下，有效灌溉面积应等于灌溉工程或设备已经配备，能够进行正常灌溉的水田和水浇地面积之和。它是反映我国耕地抗旱能力的一个重要指标。

农用化肥施用量 指本年内实际用于农业生产的化肥数量，包括氮肥、磷肥、钾肥和复合肥。化肥施用量要求按折纯量计算数量。折纯量是指把氮肥、磷肥、钾肥分别按含氮、含五氧化二磷、含氧化钾的百分之百成份进行折算后的数量。复合肥按其所含主要成分折算。公式为：

折纯量=实物量×某种化肥有效成份含量的百分比

农业机械总动力 指主要用于农、林、牧、渔业的各种动力机械的动力总和。包括耕作机械、排灌机械、收获机械、农用运输机械、植物保护机械、牧业机械、林业机械、渔业机械和其他农业机械〔内燃机按引擎马力折成瓦(特)计算、电动机按功率折成瓦(特)计算〕。不包括专门用于乡、镇、村、组办工业、基本建设、非农业运输、科学试验和教学等非农业生产方面用的动力机械与作业机械。这个指标的统计数据主要来源于农机部门。

乡村从业人员 指乡村人口中劳动年龄在 16 周岁以上实际参加生产经营活动并取得实物或货币收入的人员，包括劳动年龄内经常参加劳动的人员，也包括超过劳动年龄但经常参加劳动的人员，但不包括户口在家的在外学生、现役军人和丧失劳动能力的人，也不包括待业人员和家务劳动者。从业人员按从事主业时间最长（时间相同按收入）分为农林牧渔业从业人员、工业从业人员、建筑业从业人员、交通运输业、仓储及邮电通信业从业人员、批零贸易业、餐饮业从业人员、其他非农行业从业人员。

Explanatory Notes on Main Statistical Indicators

Gross Output Value of Farming, Forestry, Animal Husbandry and Fishery refers to the total value of products of farming, forestry, animal husbandry and fishery, and total value of services rendered to support farming, forestry, animal husbandry and fishery activities. It reflects the total scale and results of agricultural production during a given period. Prior to 1957, Chinas gross agricultural output value included barnyard manure and handicraft products for self consumption (clothes, shoes, stockings, and initial grain processing undertaken by peasants). Since 1958, cutting and felling of bamboo and trees by villages and other cooperative organizations under villages have been included in forestry; value of barnyard manure has been excluded from animal husbandry; self consumed handicrafts has been excluded from sideline occupations, while the output value of industries run by villages and cooperative organizations under village had been included in sideline occupations and the output value of fish catches by motor fishing boats has been added to fishery. Since 1980, the value of handicraft products made for sale by individuals in households had been added to sideline occupations. Since 1984, industries run by villages and under villages have been included in the sector of industry. Since 1993, the subdivision of sideline occupations has been canceled, and the hunting of wild animals has been classified into animal husbandry, and the gathering of wild plants and commodity industry run by rural household have been included in farming. A new industrial classification of economic activities was introduced in 2003. Under the new classification, value of services to farming, forestry, animal husbandry and fishery is included in the gross output value of agriculture, value of wood felling and transport is included in forestry, value of industrial output by rural households is not included in agriculture, and the collection of wild forest products is taken from agriculture and included in the forestry. The first agriculture census of China revealed some discrepancy between the production of animal products from the annual reports and that from the census. Efforts were made by the Rural Socio economic Survey Organization of NBS to adjust the output value of animal husbandry to make the figures from the annual reports consistent with the census data.

Gross output value of agriculture is obtained by first multiplying the output of each product or by product by its price, resulting in the output value of each single item. For a small number of products, annual output of which is not available or difficult to get due to the long production (growing) process involved, the output value is estimated through an indirect approach. The sum of output value of all products of farming, forestry, animal husbandry and fishery is then equal to the gross output value of agriculture.

Grain Output refers to the total output in the whole country including grains produced by state farms, collective units, rural households, as well as by farms affiliated to industrial and mining enterprises and other production units. Grain includes rice, wheat, corn, sorghum, millet and other miscellaneous grains as well as tubers and bean. Output of beans refers to dry beans without pods. The output of tubers (sweet potatoes, not including taros and cassava) was converted into that of grain at the ratio 4： 1, i.e. 4 kilograms of fresh tubers was equivalent to 1 kilogram of grain up to 1963. Since 1964 the ratio for conversion has been 5:1. Tubers supplied as vegetables (such as potatoes) are calculated as fresh vegetables and their output is not included in the output of grain. Output of all other grains refers to husked grain. Data on grain production before 1989 were obtained through Comprehensive Statistical Reporting System. Since 1989, data from sample surveys are used.

Cotton Output refers to the cotton production in the whole country including cotton sown in spring and in autumn. Output is measured as the weight of ginned cotton. Ceiba is not included.

Output of Oil-bearing Crops refers to the total production of oil bearing crops of various kinds, including peanuts, (dry, in shell) rapeseeds, sesame, sunflower seeds, flax seeds, and other oil bearing crops. Soybeans, oil bearing woody plants, and wild oil bearing crops are not included.

Output of Aquatic Products refers to catches of both artificially cultured and naturally grown aquatic products, including fish, shrimps, crabs and shellfish in sea and inland water as well as seaweed. Freshwater plants are not included.Data on output of aquatic products are reported by aquatic product and statistical agencies level by level. Before 1995, among the shellfish, the oyster was counted as fresh meat; 5 kilograms of ark shell, clams and frogs are equivalent to 1 kilogram of fresh aquatic products; they are all counted as fresh aquatic products since 1996.

Output of Pork, Beef, and Mutton refers to the meat of slaughtered hogs, cattle, sheep and goats with head, feet, and offal taken away. Data refers to the production of the whole country. The first agriculture census of China in 1996 revealed some discrepancy between the production of animal products from the annual reports and that from the census. Efforts were made by the Rural Socio economic Survey Organization of NBS to adjust the output value of animal husbandry to make the figures from the annual reports consistent with the census data. Since 1999, NBS conducted sample survey for the major animal husbandry products, such as hogs, cattle, sheep and goats and fowls, and the data from sample surveys are used as national finalized data. Those products, which are not covered by the sample survey, are still reported by statistical agencies level by level.

Number of Livestock or Poultry in Stock at Beginning (or End) refers to the total number of large animals, pigs, sheep, fowls, etc. raised by rural cooperative organizations, state farms, rural individuals, government agencies, schools, industrial and mining enterprises, army, and urban residents at the beginning (or end) of the reference period. Data reporting system and data adjustment are the same as that in the output of pork, beef and mutton.

Sown Area of Crops refers to area of land sown or

transplanted with crops regardless of being in cultivated area or non cultivated area. Area of land re sown due to natural disasters is also included. This is an important indicator that can reflect the utilization condition of the cultivated land in China. At present, the sown area of crops mainly include the following 9 categories of crops: grain, cotton, oil bearing crops, sugar crops, fiber crops, Tobacco, Vegetables and melons, medicinal materials and other farm crops.

Irrigated Area refers to areas that are effectively irrigated, i.e. level land, which has water source and complete sets of irrigation facilities to lift and move adequate water for irrigation purpose under normal conditions. Under normal conditions, irrigated area is the sum of watered fields and irrigated fields where irrigation systems or equipment have been installed for regular irrigation purpose. This important indicator reflects drought resistance capacity of the cultivated land in China.

Consumption of Chemical Fertilizers in Agriculture refers to the quantity of chemical fertilizers applied in agriculture in the year, including nitrogenous fertilizer, phosphate fertilizer, potash fertilizer, and compound fertilizer. The consumption of chemical fertilizers is required in calculation to convert the gross weight into weight containing 100% effective component (e.g. 100% nitrogen content in nitrogenous fertilizer, 100% phosphorous pent oxide contents in phosphate fertilizer, 100% potassium oxide contents in potash fertilizer). Compound fertilizer is converted with its major component. The formula is :

Volume of effective component=physical quantity×effective component of certain chemical fertilizer (%)

Total Power of Farm Machinery refers to total mechanical power of machinery used in farming, forestry, animal husbandry, and fishery, including ploughing, irrigation and drainage, harvesting, transport, plant protection, stock breeding, forestry and fishery. The power of internal combustion engines is required to convert horsepower into watts and the power of electric motors is required to be converted into watts. Machinery employed for non agricultural purposes, such as the machines used in township run and village run industry, construction, non agricultural transport, scientific experiments and teaching, is excluded. Data are mainly from agricultural machinery agencies.

Rural Employed Persons refer to rural labor forces aged over 16 years old who are engaged in real production and management activities and receive payment in kind or wages, including those covered within the age frame and regularly participating in production activities, and those who are out of the range of age frame and also participating in production activities regularly. Excluding students studying in other places with their permanent residence registered in local areas, servicemen and persons incapable of working; also excluding those who are waiting for jobs and those engaged in household work. Persons employed are classified as persons engaged in agriculture, forestry, animal husbandry or fishery activities; persons engaged in industrial activities; persons engaged in construction activities; persons engaged in transport, storage and telecommunications activities; persons engaged in whole sales and retail sales trade and catering activities; and persons engaged in other non agriculture activities, depending upon the longest period of employment in major activities (or using income indicator when period of employment is the same).

第14篇

工　业

Industry

简 要 说 明

一、本篇资料的主要内容

本篇资料反映了全省工业生产和基本效益情况，主要包括历年工业总产值及指数、规模以上工业、国有控股工业、国有工业、集体工业、外商投资和港澳台投资工业、大中型工业企业、非公有工业、高新技术产业的主要经济指标、相关的财务分析指标和主要工业产品产量等方面的内容。自 2011 年开始，规模以上工业企业划分标准由年主营业务收入 500 万元及以上提高到 2000 万元及以上。

二、本篇资料的来源

本篇资料来源于工业统计年报，由省统计局工业交通统计处整理提供。

Brief Introduction

I. Content

Data in this chapter show the basic condition of industry in Shandong, mainly including the gross industrial output value and indices, the output of major industrial products and major economic and relevant financial indicators of industrial enterprises. Industrial enterprises include enterprises above designated size, state share holding enterprises, state owned enterprises, collective owned enterprises, foreign funded enterprises, enterprises with funds from Hong Kong, Macao and Taiwan, large and medium sized enterprises, private enterprises and high tech enterprises.Since 2011, criteria of revenue from principal business for the industrial enterprises above designated size has been increased from 5 million yuan and above to 20 million yuan and above.

II. Source of Data

Data in this chapter are based on the annual report of industrial statistics and are prepared and provide by the Division of Industry and Transport Statistics of Shandong Provincial Bureau of Statistics.

14-1　历年工业总产值

Gross Industrial Output Value over the Years

年 份 Year	工业总产值 (亿元) Gross Industrial Output Value (100 millioon yuan)					占全部工业总产值的比重(%) As Percentage of Gross Industrial Output Value(%)			
		国 有 经 济 State-owned	集 体 经 济 Collective -owned	轻工业 总产值 Light Industry	重工业 总产值 Heavy Industry	国有经济 State-owned	集体经济 Collective-owned	轻工业 Light Industry	重工业 Heavy Industry
1949	9.15	3.42	0.01	8.25	0.90	37.38	0.11	90.16	9.84
1950	13.07	5.05	0.27	11.74	1.33	38.64	2.07	89.82	10.18
1951	16.27	6.20	0.65	14.40	1.87	38.11	4.00	88.51	11.49
1952	20.08	9.07	0.88	17.84	2.24	45.17	4.38	88.84	11.16
1953	25.41	11.81	1.15	22.34	3.07	46.48	4.53	87.92	12.08
1954	29.35	14.16	1.71	25.30	4.05	48.25	5.83	86.20	13.80
1955	30.10	14.81	2.31	25.36	4.74	49.20	7.67	84.25	15.75
1956	39.64	17.57	3.02	32.39	7.25	44.32	7.62	81.71	18.29
1957	43.31	15.83	2.36	35.34	7.97	36.55	5.45	81.60	18.40
1958	69.57	51.80	9.34	47.36	22.21	74.46	13.43	68.08	31.92
1959	92.98	71.55	11.95	63.11	29.87	76.95	12.85	67.87	32.13
1960	97.91	87.57	9.10	49.10	48.81	89.44	9.29	50.15	49.85
1961	55.04	40.80	8.71	33.72	21.32	74.13	15.82	61.26	38.74
1962	45.70	33.99	6.27	31.22	14.48	74.38	13.72	68.32	31.68
1963	49.10	37.34	5.83	34.32	14.78	76.05	11.87	69.90	30.10
1964	58.61	45.55	7.04	40.18	18.43	77.72	12.01	68.55	31.45
1965	71.38	55.79	8.95	48.21	23.17	78.16	12.54	67.54	32.46
1966	88.64	69.07	12.03	57.67	30.97	77.92	13.57	65.06	34.94
1967	96.60	74.85	13.74	63.98	32.62	77.48	14.22	66.23	33.77
1968	103.85	79.73	14.76	66.68	37.17	76.77	14.21	64.21	35.79
1969	105.79	81.56	15.53	72.74	33.05	77.10	14.68	68.76	31.24
1970	141.22	109.22	21.37	81.88	59.34	77.34	15.13	57.98	42.02
1971	147.91	115.13	24.64	78.84	69.07	77.84	16.66	53.30	46.70
1972	153.92	117.98	27.49	79.81	74.11	76.65	17.86	51.85	48.15
1973	162.94	122.51	30.44	84.06	78.88	75.19	18.68	51.59	48.41
1974	119.99	84.75	24.05	66.74	53.25	70.63	20.04	55.62	44.38
1975	189.78	138.41	38.39	96.65	93.13	72.93	20.23	50.93	49.07
1976	220.00	157.01	52.12	107.03	112.97	71.37	23.69	48.65	51.35
1977	262.24	178.85	70.70	127.92	134.32	68.20	26.96	48.78	51.22
1978	296.82	200.74	78.60	144.28	152.54	67.63	26.48	48.61	51.39
1979	314.34	217.62	78.52	157.52	156.82	69.23	24.98	50.11	49.89
1980	340.32	229.89	90.46	183.81	156.51	67.55	26.58	54.01	45.99
1981	358.37	238.57	96.69	212.33	146.04	66.57	26.98	59.25	40.75
1982	393.21	261.91	100.28	233.57	159.64	66.61	25.50	59.40	40.60
1983	441.85	292.55	110.46	261.04	180.81	66.21	25.00	59.08	40.92
1984	534.91	318.30	164.80	317.58	217.33	59.51	30.81	59.37	40.63
1985	682.78	397.07	205.53	370.41	312.37	58.15	30.10	54.25	45.75
1986	784.33	415.12	234.86	419.38	364.95	52.93	29.94	53.47	46.53
1987	1032.88	521.66	302.57	533.38	499.50	50.51	29.29	51.64	48.36
1988	1455.24	662.48	441.05	751.70	703.54	45.52	30.31	51.65	48.35
1989	1920.94	833.86	575.95	982.99	937.95	43.41	29.98	51.17	48.83
1990	2200.85	911.88	650.38	1118.76	1082.09	41.43	29.55	50.83	49.17
1991	2599.17	1038.69	764.67	1326.78	1272.39	39.96	29.42	51.05	48.95
1992	3115.45	1301.39	993.81	1536.64	1578.81	41.77	31.90	49.32	50.68
1993	4713.48	1678.89	1285.42	2125.93	2587.55	35.62	27.27	45.10	54.90
1994	7023.23	2012.72	1812.72	3367.58	3655.65	28.66	25.81	47.95	52.05
1995	8906.60	2600.54	1840.75	4403.84	4502.76	29.20	20.67	49.44	50.56
1996	9126.63	2423.77	2380.09	4540.14	4586.49	26.56	26.08	49.75	50.25
1997	9984.12	2513.03	2512.01	4926.50	5057.61	25.17	25.16	49.34	50.66
1998	10579.17	2177.73	2206.64	5110.02	5469.15	20.59	20.86	48.30	51.70
1999	11195.46	2058.49	2218.99	5373.71	5821.75	18.39	19.82	48.00	52.00
2000	12509.53	2474.49	2393.99	5964.70	6544.83	19.78	19.14	47.68	52.32
2001	13277.37	1223.49	2078.33	6437.42	6839.96	9.21	15.65	48.48	51.52
2002	15588.53	1377.03	2348.82	7630.45	7958.08	8.83	15.07	48.95	51.05
2003	19891.54	1484.04	2526.39	9049.49	10842.05	7.46	12.70	45.49	54.51
2004	26295.24	2087.28	2819.30	11382.95	14912.29	7.94	10.72	43.29	56.71
2005	35387.43	1982.94	2264.87	13124.13	22263.30	5.60	6.40	37.09	62.91
2006	43900.21	2307.84	2469.67	15638.85	28261.36	5.26	5.63	35.62	64.38
2007	54428.27	2988.11	2922.80	19011.79	35416.48	5.49	5.37	34.93	65.07
2008	62958.53	4577.21	2464.08	21315.28	41643.25	7.27	3.91	33.86	66.14
2009	71209.42	4074.70	2775.66	24195.79	47013.62	5.72	3.90	33.98	66.02
2010	83851.40	5486.12	2632.65	27161.78	56689.62	6.54	3.14	32.39	67.61
2011	99504.98	6200.76	2983.41	31019.15	68485.83	6.23	3.00	31.17	68.83

注:1.本表按当年价格计算，1998年及以后集体工业为规模以上集体工业；

2.自2011年开始，规模以上工业企业划分标准由年主营业务收入500万元及以上提高到2000万元及以上(下表同)。

a)Data in this table are caculated at current prices,collective-owned industry refers to collective-owned industry above designated size since 1998.

b)The criteria of revenue from principal business for the industrial enterprises above designated size has been increased from 5 million yuan and above to 20 million yuan and above since 2011.The same applies to the fllowing tables.

14-2 历年工业总产值指数(以1952年为100)

Indice of Gross Industrial Output Value over the Years(1952=100)

年份 Year	工业总产值指数 Indice of Gross Industrial Output Value	国有单位 State-owned	集体单位 Collective-owned	按轻重工业分 Grouped by Light & Heavy Industries 轻工业 Light Industry	重工业 Heavy Industry
1949	45.2	37.4	1.3	46.2	39.9
1950	64.7	55.3	29.9	65.6	59.2
1951	80.5	67.9	72.7	80.0	82.6
1952	100.0	100.0	100.0	100.0	100.0
1953	126.8	130.4	131.2	125.0	136.6
1954	147.4	157.3	194.8	141.4	180.3
1955	151.6	165.0	264.9	141.0	210.4
1956	216.3	212.1	375.3	190.3	339.4
1957	236.0	224.7	344.2	206.0	370.0
1958	369.6	609.1	1129.9	264.4	987.3
1959	488.4	831.9	1428.6	348.7	1314.6
1960	514.4	1018.4	1088.3	265.9	2104.7
1961	273.1	448.1	984.4	174.4	877.5
1962	214.9	353.9	671.4	154.4	570.4
1963	243.2	394.3	633.8	172.5	591.5
1964	285.4	490.9	780.5	206.0	752.6
1965	366.7	633.5	1045.4	260.2	995.8
1966	454.2	783.6	1403.9	310.0	1325.4
1967	495.2	849.2	1602.6	344.6	1399.1
1968	532.7	905.3	1723.4	358.2	1589.7
1969	542.2	925.5	1813.0	348.6	1261.0
1970	723.4	1238.6	2494.8	435.6	2514.1
1971	815.8	1405.7	3094.8	449.2	3134.3
1972	888.8	1507.8	3614.3	476.1	3519.7
1973	940.9	1566.0	4002.6	501.4	3746.0
1974	708.9	1108.3	3235.1	407.4	2587.8
1975	1122.4	1812.0	5168.8	590.4	4529.6
1976	1304.7	2061.0	7037.7	655.5	5508.5
1977	1560.1	2352.4	9564.9	785.1	6563.4
1978	1766.4	2644.2	10646.8	886.7	7464.3
1979	1850.0	2834.6	10522.1	957.5	7589.3
1980	2001.2	2992.2	12111.7	1116.6	7571.8
1981	2091.4	3081.7	12845.4	1280.8	7014.1
1982	2269.7	3309.1	13571.4	1393.6	7583.1
1983	2524.2	3652.8	14849.3	1541.5	8500.0
1984	2887.8	3651.0	21459.7	1772.2	9655.9
1985	3530.6	4267.7	26046.7	1979.7	13293.4
1986	4110.2	4592.0	29223.4	2271.5	15740.8
1987	5089.9	5247.0	36481.8	2716.5	20260.6
1988	6803.9	6289.4	49739.0	3718.2	26390.7
1989	8029.9	6845.8	59622.0	4368.6	31314.3
1990	9081.8	7221.1	67151.9	4910.3	35635.7
1991	10630.2	7880.3	79849.3	5814.8	41232.5
1992	13203.8	9169.6	104332.3	6983.6	52983.8
1993	17410.5	10252.6	152395.2	8422.2	75660.9
1994	22325.5	10611.4	201009.3	11471.0	90112.1
1995	27482.7	12230.2	219100.8	14563.6	110026.9
1996	31954.1	12946.9	272154.0	17820.0	121491.7
1997	35820.6	13736.4	294951.4	19946.0	136423.0
1998	39954.3	12309.5	267429.8	21672.0	156345.4
1999	44702.4	12274.7	267143.4	23594.6	173193.0
2000	52713.1	13031.4	314292.3	28303.2	200740.0
2001	58288.7	7085.8	269624.9	31681.3	218566.7
2002	66406.7	8105.5	289070.9	36715.1	267094.8
2003	80723.9	8209.3	305837.0	41983.7	346635.6
2004	105142.9	9409.0	366085.2	54702.7	451415.2
2005	143609.4	10969.1	274178.2	60887.4	711789.0
2006	174082.5	12474.5	292134.7	71800.2	871484.8
2007	213754.5	15993.0	340762.7	88991.2	1081129.3
2008	243985.2	19063.9	371280.7	103190.2	1205057.4
2009	293138.0	18027.4	444262.5	124426.5	1445148.9
2010	328691.6	15909.7	496117.7	140021.7	1617429.3
2011	367977.8	16964.2	530394.5	150855.5	1843387.5

注:本表按可比价格计算,1998年及以后集体工业指数为规模以上集体工业指数。

a)Data in this table are caculated at current prices,the index of collective-owned industry refers to index of collective-owned industry above designated size since 1998.

14-3 2005-2011年规模以上工业增加值

Value Added of Industry Enterprises above Designated Size From 2005 to 2011

单位:万元 (10 000 yuan)

类 别	Category	2005		2006		2007	
		工业增加值 Value Added of Industry Enterprises	比上年增长(%) Growth Rate(%)	工业增加值 Value Added of Industry Enterprises	比上年增长(%) Growth Rate(%)	工业增加值 Value Added of Industry Enterprises	比上年增长(%) Growth Rate(%)
全省总计	**Total**	**84119185**	**28.40**	**111227631**	**23.60**	**132121756**	**20.77**
在总计中:轻工业	of which:Light Industry	29353345	30.81	37910762	21.93	44745712	18.96
重工业	Heavy Industry	54765839	27.98	73316869	24.53	87376044	21.70
在总计中:国有企业	of which:State-owned Enterprises	7033164	14.44	9014277	15.42	7548811	10.08
集体企业	Collective-owned Enterprises	7414530	15.92	6366139	14.49	6851061	14.46
股份制企业	Cooperative Enterprises	46191332	29.20	62902706	23.23	76973065	21.08
外商及港澳台商投资企业	Enterprises with Funds from Foreign Countries,Hong Kong, Macao and Taiwan	13915495	32.67	20235306	27.22	25719594	23.24
在总计中:国有控股企业	of which:State-holding Enterprises	25676513	14.88	28419059	11.61	29953246	11.69
在总计中:农村工业	of which:Industry in Rural Area	29045597	35.52				
在总计中:大中型工业企业	of which:Large and Medium-sized Enterprises	50781790	20.43	64778442	14.40	73064688	14.94

注:本表绝对数按当年价格计算,增幅按可比价计算。

a)Data in this table are calculated at current prices，growth rate at costant prices.

14-3 续表 continued

单位:万元 (10 000 yuan)

类 别	Category	2008		2009		2010	2011
		工业增加值 Value Added of Industry Enterprises	比上年增长(%) Growth Rate(%)	工业增加值 Value Added of Industry Enterprises	比上年增长(%) Growth Rate(%)	工业增加值比上年增长(%) Growth Rate(%)	工业增加值比上年增长(%) Growth Rate(%)
全省总计	**Total**	**167187522**	**13.80**	**188477760**	**14.93**	**15.00**	**14.03**
在总计中:轻工业	of which:Light Industry	54514692	13.21	62715602	12.13	12.91	11.88
重工业	Heavy Industry	112672831	14.10	125762158	16.24	16.08	15.06
在总计中:国有企业	of which:State-owned Enterprises	9844121	4.60	8776650	4.57	13.24	15.71
集体企业	Collective-owned Enterprises	8265316	8.27	8267032	17.82	9.93	11.50
股份制企业	Cooperative Enterprises	98632264	15.11	112143312	15.96	15.64	14.59
外商及港澳台商投资企业	Enterprises with Funds from Foreign Countries,Hong Kong, Macao and Taiwan	31373575	14.06	35485979	11.01	14.12	11.13
在总计中:国有控股企业	of which:State-holding Enterprises	37261436	8.17	33276261	4.67	12.54	6.08
在总计中:农村工业	of which:Industry in Rural Area						
在总计中:大中型工业企业	of which:Large and Medium-sized Enterprises	73106839	8.73	76047431	9.14	13.31	11.04

14-4 按行业分的规模以上工业增加值及构成(2006-2011年)

单位:万元

类别	Category	2006 工业增加值 Value Added of Industry Enterprises	2006 比上年增长(%) Growth Rate (%)
全省总计	**Total**	**111227631**	**23.60**
采掘业	**Mining**	**12289262**	**7.48**
煤炭开采和洗选业	Mining and Washing of Coal	4082396	14.66
石油和天然气开采业	Extraction of Petroleum and Natural Gas	6546144	-2.02
黑色金属矿采选业	Mining of Ferrous Metal Ores	408941	59.91
有色金属矿采选业	Mining of Non-ferrous Metal Ores	614974	-0.20
非金属矿采选业	Mining and Processing of Nonmetal Ores	632950	42.24
其他采矿业	Mining of Other Ores	3857	27.25
制造业	**Manufacturing**	**92785787**	**26.30**
农副食品加工业	Processing of Food from Agricultural Products	9091699	20.23
食品制造业	Manufacture of Foods	2341009	27.37
饮料制造业	Manufacture of Beverage	1530002	26.54
烟草制品业	Manufacture of Tobacco	815834	8.02
纺织业	Manufacture of Textile	7658562	23.50
纺织服装 鞋 帽制造业	Manufacture of Textile Wearing Apparel, Footware, and Caps	1973379	29.44
皮革、毛皮、羽毛(绒)及其制品业	Manufacture of Leather, Fur, Feather & Its Products	1247858	16.68
木材加工及木 竹、藤、棕、草制品业	Processing of Timbers, Manufacture of Wood, Bamboo, Rattan, Palm, and Straw Products	1116259	34.20
家具制造业	Manufacture of Furniture	669227	29.12
造纸及纸制品业	Manufacture of Paper and Paper Products	3094724	18.63
印刷业和记录媒介的复制	Printing, Reproduction of Recording Media	484337	31.07
文教体育用品制造业	Manufacture of Articles for Culture, Education and Sport Activity	616161	30.76
石油加工 炼焦及核燃料加工业	Processing of Petroleum, Coking, Processing of Nucleus Fuel	3829143	15.72
化学原料及化学制品制造业	Manufacture of Chemical Raw Material and Chemical Products	9551748	32.71
医药制造业	Manufacture of Medicines	1757416	27.14
化学纤维制造业	Manufacture of Chemical Fiber	311210	4.68
橡胶制品业	Manufacture of Rubber	2187906	18.02
塑料制品业	Manufacture of Plastic	1622665	29.31
非金属矿物制品业	Manufacture of Non-metallic Mineral Products	6235753	30.06
黑色金属冶炼及压延加工业	Manufacture and Processing of Ferrous Metals	5653306	24.34
有色金属冶炼及压延加工业	Manufacture & Processing of Non-ferrous Metals	2556024	25.13
金属制品业	Manufacture of Metal Products	2740975	33.74
通用设备制造业	Manufacture of General Purpose Machinery	6179252	33.13
专用设备制造业	Manufacture of Special Purpose Machinery	3785745	27.57
交通运输设备制造业	Manufacture of Transport Equipment	4350869	32.96
电器机械及器材制造业	Manufacture of Electrical Machinery & Equipment	4909946	19.77
通信设备 计算机及其他电子设备制造业	Manufacture of Communication Equipment, Computer and Other Electronic Equipment	3935433	39.15
仪器仪表及文化、办公用机械制造业	Manufacture of Measuring Instrument and Machinery for Cultural Activity & Office Work	654310	47.53
工艺品及其他制造业	Manufacture of Artwork, Other Manufacture	1848617	21.41
废弃资源和废旧材料回收加工业	Recycling and Disposal of Waste	36419	-33.45
电力、燃气及水的生产和供应业	**Production and Supply of Electric,Gas and Water**	**6152582**	**18.80**
电力、热力的生产和供应业	Production and Supply of Electric Power and Heat Power	5907004	18.51
燃气生产和供应业	Production and Supply of Gas	92976	42.09
水的生产和供应业	Production and Supply of Water	152603	18.81

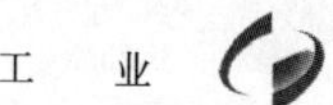

Added Value and Its Composition of Industry Enterprises above Designated Size by Sector from 2006 to 2011

(10 000 yuan)

2007		2008		2009		2010		2011	
工业增加值 Value Added of Industry Enterprises	比上年增长(%) Growth Rate (%)	工业增加值 Value Added of Industry Enterprises	比上年增长(%) Growth Rate (%)	工业增加值 Value Added of Industry Enterprises	比上年增长(%) Growth Rate (%)	增加值占规模以上工业比重(%) Composition (%)	工业增加值比上年增长(%) Growth Rate (%)	增加值占规模以上工业比重(%) Composition(%)	工业增加值比上年增长(%) Growth Rate (%)
132121756	**20.77**	**167187522**	**13.80**	**188477760**	**14.93**	**100.00**	**15.00**	**100.00**	**14.03**
12703220	**10.66**	**17188065**	**13.50**	**13670161**	**9.62**	**9.63**	**6.18**	**9.70**	**6.76**
4770710	13.42	6765630	10.90	6159625	5.32	4.30	12.26	4.23	9.82
5732570	5.67	7392860	22.45	4290610	10.01	3.53	-2.23	4.02	0.75
545582	26.83	836188	13.86	935877	27.82	0.59	7.20	0.59	12.72
738338	10.41	979270	-12.24	1072746	13.59	0.59	3.07	0.35	18.33
912007	28.98	1203297	7.58	1194914	13.89	0.61	10.45	0.50	12.72
4014	149.52	10820	5.53	16389	63.13	0.01	15.23	0.01	25.25
114071346	**22.60**	**144362351**	**14.08**	**168368468**	**15.85**	**87.12**	**16.14**	**87.75**	**14.95**
11570312	15.76	14105135	10.83	16344032	14.09	8.16	10.59	7.49	10.38
2911469	25.29	3536490	14.52	4003544	15.43	2.21	12.42	1.93	11.97
1678181	15.39	2069958	8.44	2449131	12.98	1.40	14.54	1.43	12.53
921748	8.66	1054892	6.49	1171391	8.41	0.84	7.58	0.82	17.40
9064608	20.98	11201530	15.10	12341405	10.18	6.36	7.92	6.32	5.80
2540395	22.32	3025704	18.56	3526325	14.16	1.99	18.87	1.55	14.12
1451807	14.57	1543124	6.14	1763016	10.64	0.88	10.72	0.77	12.53
1403405	34.00	2055870	22.55	2589996	22.62	1.22	22.40	1.17	21.89
770006	22.47	1055468	24.98	1302818	7.60	0.58	16.77	0.58	12.35
3299089	13.70	3972821	9.38	4261395	-6.27	2.47	16.54	2.19	14.59
521005	24.97	687792	22.03	869573	16.99	0.49	21.74	0.38	21.98
691965	28.41	729955	13.15	933728	8.44	0.46	15.98	0.36	12.63
4282238	14.27	6073781	3.29	6363391	25.97	4.76	7.60	5.36	15.62
11893309	27.27	15475923	12.25	18373957	19.60	9.25	15.62	9.13	17.12
2239195	25.55	3069312	22.35	3929649	8.44	2.22	19.88	2.48	17.96
321290	15.30	321715	-8.32	335102	19.47	0.18	9.69	0.23	8.04
2634053	20.59	3025035	9.15	3730779	20.15	1.83	16.89	2.05	13.47
2208911	26.77	2646967	14.38	3174594	15.72	1.50	21.82	1.37	15.25
7497990	21.81	9409578	16.15	11310506	7.13	5.42	16.36	5.74	16.09
7248266	18.76	8455552	4.72	7589485	22.51	3.96	6.26	4.49	14.50
3926986	32.71	4989991	19.23	5443550	15.13	3.26	16.72	4.52	24.32
3297793	22.96	4647763	12.49	5494159	19.82	2.43	21.90	2.48	19.45
8202191	27.77	10502015	18.35	13608577	13.98	7.28	26.20	7.14	18.43
4633269	13.18	5817318	15.31	7141855	22.60	4.01	23.28	3.87	21.79
5058823	33.78	7203754	19.30	9867737	20.04	5.31	29.80	4.99	7.02
5705819	22.11	7639939	19.19	8760027	15.16	3.97	17.40	4.16	15.81
5182095	40.76	6594429	24.44	8278354	13.48	3.12	15.31	3.29	18.24
985763	24.58	1162654	26.47	877600	4.04	0.35	17.91	0.39	25.44
1875634	15.28	2193713	12.13	2367298	4.29	1.17	11.32	1.02	12.91
53728	39.06	94172	39.53	165496	3.56	0.07	15.56	0.05	17.49
5347190	**11.61**	**5637107**	**7.97**	**6439131**	**17.02**	**3.25**	**9.08**	**2.55**	**10.81**
5053797	11.29	5200093	6.38	5936131	9.28	2.98	8.28	2.32	11.32
142208	23.45	264096	53.06	288776	18.17	0.17	27.97	0.15	9.73
151185	12.64	172917	10.61	214224	13.35	0.09	6.01	0.08	-0.84

14-5 规模以上工业企业主要经济指标

单位:万元

类别	Category	企业单位数(个) Number of Industial Enterprises (unit)	#亏损企业 Loss Enterprises
1998		11402	2035
1999		11391	1767
2000		11679	1444
2001		12268	1672
2002		13468	1759
2003		16177	1885
2004		23915	3407
2005		27540	2390
2006		31936	2529
2007		36145	2445
2008		42629	3134
2009		45518	2723
2010		44037	2114
2011		35813	1715
一、按登记注册类型分	**by Status of Registration**		
内资企业	Domestic Funded Enterprises	31332	1125
国有企业	State-owned Enterprises	517	135
中央企业	Central Enterprises	92	21
地方企业	Local Enterprises	425	114
集体企业	Collective-owned Enterprises	538	22
股份合作企业	Cooperative Enterprises	184	15
联营企业	Joint Ownership Enterprises	31	2
国有联营企业	State Joint Ownership Enterprises	5	1
集体联营企业	Collective Joint Ownership Enterprises	13	
国有与集体联营企业	Joint State-collective Enterprises	5	1
其他联营企业	Other Joint Ownership Enterprises	8	
有限责任公司	Limited Liability Corporations	5753	407
国有独资公司	State Sole funded Corporations	72	16
其他有限责任公司	Other Limited Liability Corporations	5681	391
股份有限公司	Share-holding Corporations Limited	922	75
私营企业	Private Enterprises	22239	419
私营独资企业	Private-funded Enterprises	6140	52
私营合作企业	Private Partnership Enterprises	315	5
私营有限责任公司	Private Limited Liability Corporations	15067	346
私营股份有限公司	Private Share-holding Corporations Ltd.	717	16
其他企业	Other Enterprises	1148	50
港、澳、台商投资企业	Enterprises with Funds from Hong Kong, Macao and Taiwan	1025	115
合资经营企业(港或澳、台资)	Joint-ventures Enterprises	575	61
合作经营企业(港或澳、台资)	Cooperative Enterprises	26	
港澳台商独资经营企业	Enterprises with Sole Investment	405	54
港澳台商投资股份有限公司	Share-holding Corporations Ltd. With Funds from Hong Kong, Macao and Taiwan	18	
其他企业	Others	1	
外商投资企业	Foreign Funded Enterprises	3456	475
中外合资经营企业	Joint-venture Enterprises	1344	140
中外合作经营企业	Cooperation Enterprises	73	14
外资企业	Enterprises with Sole Foreign Funds	1994	312
外商投资股份有限公司	Share-holding Corporations Ltd. With Foreign Investment	40	8
其他企业	Others	5	1
二、在总计中:亏损企业	**of which:Loss Enterprises**	**1715**	**1715**
在总计中:国有控股企业	of which:State-holding Enterprises	1115	266
在总计中:农村工业	of which:Industry in Rural Area	498	18
按轻重工业分	**by Light & Heavy Industry**		
轻工业	Light Industry	14939	708
重工业	Heavy Industry	20874	1007
按企业规模分	**by Enterprise Size**		
大型企业	Large-sized Enterprises	877	69
中型企业	Medium-sized Enterprises	4286	432
小型企业	Small-sized Enterprises	28920	1171
微型企业	Micro-sized Enterprises	1730	43

Main Economic Indicators of Industrial Enterprises above Designated Size

(10 000 yuan)

工 业 总产值 Gross Industrial Output Value	工 业 销售产值 Industrial Output Value of Products Sold	#出 口 交货值 Export Delivery Value	资产合计 Total Assets	产成品 Finished Products	流动资产 合 计 Total Working Capitals	固定资产 合 计 Total Fixed Assets
63983861	61802682		82405505	5696137	33943685	32769856
69445186	67331157		88232453	5876704	35969715	35588345
83115250	81333731		97019617	5828823	38953991	39837025
93773726	91686051		105219953	6362129	42865444	42135407
114975327	112416603		119048719	6598734	48110953	46802238
153795446	150617682	20455625	144616035	7407029	58577265	55559493
225218944	220390333	29112157	185873748	9317070	76760058	70552540
305228616	299821716	34900993	221312416	11733123	94374934	83096180
387800991	381725527	45088074	264753536	13044729	112015984	101857165
498730040	490205752	55241949	319449143	15902408	133694410	123329283
629585284	607312375	62670428	392245052	19647783	165790969	149254050
712094180	701481473	55916115	460526941	20467726	192869139	202208903
838513994	826521387	66380488	537612783	22484979	238304625	227881083
995049762	980059403	71054688	608187652	22576063	286009369	243357519
837085419	824130186	34983276	510817883	18504482	233474682	206864242
62007599	61464686	1616105	53398134	1206047	18802859	24894871
31723055	31602499	297950	24724576	327403	6165599	13495897
30284545	29862187	1318154	28673558	878645	12637260	11398974
29834101	29656574	1123436	18697361	724057	10381369	6329283
5050244	4970930	597774	2329649	126882	1095743	970672
6528171	6494909	294818	6093122	274125	2248829	3062581
4522016	4523367	237463	4847663	191287	1482048	2662047
278873	271519	23759	142353	8828	92451	34646
1645683	1619874	1261	1064129	72249	657304	348117
81599	80149	32335	38977	1762	17027	17771
261961215	259581031	12253409	207211991	7897571	97844958	78045394
32088745	31910534	1416407	53486722	2227545	25349356	17198143
229872471	227670498	10837001	153725269	5670026	72495602	60847251
101081845	99754663	6385622	78881816	2852064	34796945	33905926
343078488	335558903	11255637	127660039	4895793	60740605	53507616
81653249	79728863	1924526	23456175	817323	9868844	11250938
4193330	4080743	69007	911162	34649	382420	439725
240360903	235037628	7949560	94432836	3723718	46038886	38868781
16871006	16711670	1312544	8859866	320103	4450455	2948172
27543756	26648490	1456478	16545771	527942	7563375	6147899
31362461	30710307	6255999	21881325	1038037	11576390	8488239
18860739	18480099	3383427	13563710	636095	7038794	5482324
459113	463157	81867	175346	11229	94692	57011
11517114	11243056	2751240	7677587	372025	4250856	2770830
474975	473474	39466	424415	13362	166821	176570
50521	50521		40267	5326	25228	1504
126601882	125218911	29815413	75488443	3033544	40958297	28005038
57687671	56400653	10423003	39755092	1539793	22391655	14161216
4632102	4623287	476838	2859415	79230	1744622	971503
60515837	59794045	17789376	28987077	1289183	15494505	11363539
3711401	4348422	1123296	3878816	125098	1323879	1504386
54871	52504	2901	8043	241	3635	4395
42672605	**41914982**	**4000101**	**46728548**	**1661507**	**19929809**	**21918802**
194537092	193514621	6527608	196679001	5825084	77628679	84039276
19489018	19295717	432820	9844356	281109	3906749	4814694
310191484	307193929	32327337	164738257	7713141	80871646	63755017
684858278	672865474	38727351	443449395	14862922	205137723	179602502
404694025	401582128	35629773	332060989	11333196	153691783	130281893
199813560	196138927	17690428	131253185	5368717	66102383	50842597
375444156	367763955	17284129	140247459	5714047	64447212	60355298
15098021	14574393	450357	4626018	160103	1767992	1877730

14—5 续表 1

单位:万元

类别	Category	企业单位数(个) Number of Industial Enterprises (unit)	#亏损企业 Loss Enterprises
三、按行业大类分	**by Sector**		
采掘业	**Mining**	**916**	**20**
煤炭开采和洗选业	Mining and Washing of Coal	289	10
石油和天然气开采业	Extraction of Petroleum and Natural Gas	17	2
黑色金属矿采选业	Mining of Ferrous Metal Ores	162	4
有色金属矿采选业	Mining of Non-ferrous Metal Ores	93	
非金属矿采选业	Mining and Processing of Nonmetal Ores	350	4
开采辅助活动	Mining support activities	3	
其他采矿业	Mining of Other Ores	2	
制造业	**Manufacturing**	**34354**	**1534**
农副食品加工业	Processing of Food from Agricultural Products	3781	119
食品制造业	Manufacture of Foods	1053	38
酒、饮料和精制茶制造业	Manufacture of Wine, Beverages and Refined Tea	450	29
烟草制品业	Manufacture of Tobacco	13	1
纺织业	Manufacture of Textile	2700	138
纺织服装、服饰业	Manufacture of Textile Clothing and Apparel	1239	72
皮革、毛皮、羽毛及其制品和制鞋业	Manufacture of Leather, Fur, Feather and Footware	536	37
木材加工和木、竹、藤、棕、草制品业	Processing of Timbers, Manufacture of Wood, Bamboo, Rattan, Palm, and Straw Products	1244	21
家具制造业	Manufacture of Furniture	485	14
造纸和纸制品业	Manufacture of Paper and Paper Products	773	46
印刷和记录媒介复制业	Printing, Reproduction of Recording Media	338	19
文教、工美、体育和娱乐用品制造业	Manufacture of Cultural, Educational,Crafts, Sports and Entertainment Supplies	1009	46
石油加工、炼焦和核燃料加工业	Processing of Petroleum, Coking, Processing of Nucleus Fuel	278	27
化学原料和化学制品制造业	Manufacture of Chemical Raw Material and Chemical Products	3322	138
医药制造业	Manufacture of Medicines	611	30
化学纤维制造业	Manufacture of Chemical Fiber	77	7
橡胶和塑料制品业	Manufacture of Rubber and Plastic	1658	64
非金属矿物制品业	Manufacture of Non-metallic Mineral Products	3357	103
黑色金属冶炼和压延加工业	Manufacture and Processing of Ferrous Metals	809	39
有色金属冶炼和压延加工业	Manufacture & Processing of Non-ferrous Metals	348	18
金属制品业	Manufacture of Metal Products	1906	99
通用设备制造业	Manufacture of General Purpose Machinery	2810	96
专用设备制造业	Manufacture of Special Purpose Machinery	1717	65
汽车制造业	Manufacture of Automotive	1069	76
铁路、船舶、航空航天和其他运输设备制造业	Manufacture Railways, Shipbuilding, Aerospace and Other Transportation Equipment	315	29
电气机械和器材制造业	Manufacture of Electrical Machinery & Equipment	1444	74
计算机、通信和其他电子设备制造业	Manufacture of Computer,Communication and Other Electronic Equipment	592	68
仪器仪表制造业	Manufacture of Measuring Instrument	257	13
其他制造业	Manufacture of Others	86	5
废弃资源综合利用业	Comprehensive Utilization of Disposal Resources	54	1
金属制品、机械和设备修理业	Repair of Metal Products, Machinery and Equipment	23	2
电力、燃气及水的生产和供应业	**Production and Supply of Electric,Gas and Water**	**543**	**161**
电力、热力生产和供应业	Production and Supply of Electric Power and Heat Power	384	128
燃气生产和供应业	Production and Supply of Gas	74	6
水的生产和供应业	Production and Supply of Water	85	27

continued

工 业 总产值 Gross Industrial Output Value	工 业 销售产值 Industrial Output Value of Products Sold	#出 口 交货值 Export Delivery Value	资产合计 Total Assets	产成品 Finished Products	流动资产 合 计 Total Working Capitals	固定资产 合 计 Total Fixed Assets
57130362	**56769855**	**57382**	**69140244**	**1390490**	**25385368**	**31187038**
29077067	28840061	22236	42735072	932445	17463645	15499216
13167299	13169944		15866604	101738	3611286	12101476
3846443	3802618		3580947	75260	1505486	1110622
7017434	6992029	3246	4889318	203810	1805854	1651623
3826593	3768715	14856	1997462	66633	956176	796225
159309	160271		48519	8994	27974	20500
36217	36217	17045	22323	1612	14947	7377
896447356	**882060759**	**70982987**	**492588392**	**21129685**	**252360573**	**183747442**
84704505	83908833	8517564	35784703	2317830	18778433	13037028
20481017	20242266	2067369	11787736	408050	5659350	4631718
10166281	10745612	431547	7549491	380707	3353643	2715256
2745350	2740217	2128	2588929	4151	1383690	1012295
63119224	63298526	5638883	28952753	1193524	12769633	13347877
17187392	16876152	4180649	7306374	349203	3649920	2850243
8291136	8106246	1309611	2986187	173392	1653682	979123
13156812	12862904	841272	3815363	192257	1668423	1729965
5945110	5859889	923271	2513724	110606	1289874	1034105
21452186	20866146	636024	18760642	525382	7513888	8570009
3749277	3690406	122468	1640795	63498	718353	744105
11654611	11479510	2765314	4560381	289285	2290395	1820066
55435387	54526556	80414	22933751	998412	11851387	9666153
100996386	99129840	3901408	55806951	1982111	25492112	23530719
20054603	19486358	1299699	14681193	613260	7110870	5636869
2045064	1877487	248377	1845934	45081	833350	739796
38426175	37873934	5738393	20167628	944823	9876264	8660056
54240485	52870612	1815165	31817036	1086141	13354875	14630251
54695053	53809239	1622107	35666276	1113623	17455222	12529801
39120822	38556988	474814	26286740	545641	13144915	10746022
37374491	36425966	2782128	17554495	830458	9399990	5981291
52094374	50724701	2522745	28980499	1371242	16260247	9267443
36418238	35469729	1746103	20812179	1557913	12609482	6075800
40869118	40318444	3010491	29548143	2011748	18547831	7517650
13920377	13636960	2219529	13877740	181401	8073708	4163359
44813206	43943145	2773127	26086698	1151855	16438926	6506884
36934924	36493349	12894282	15306121	582615	9441017	4790908
4325490	4273283	238814	2087057	82654	1342084	519800
1032963	989699	159477	373501	12592	188868	152035
576753	563754	2698	229226	7055	111886	84771
420550	414010	17116	280150	3175	98255	76048
41472044	**41228790**	**14319**	**46459016**	**55888**	**8263429**	**28423039**
39261087	39004887	14310	41783843	38349	6755974	26106163
1595611	1605935	4	2075392	12100	713346	1024270
615346	617968	5	2599780	5439	794109	1292606

14-5 续表 2

单位:万元

类别	Category	负债合计 Total Liabilities	主营业务收入 Revenue from Principal Business
1998		53019069	59232502
1999		55906200	65669913
2000		60677134	80613925
2001		63422782	90888177
2002		71042729	110385253
2003		85861030	149322101
2004		110649305	218097900
2005		129169987	300238710
2006		152945606	381160618
2007		178855860	491862417
2008		215766273	620341916
2009		246764808	708261319
2010		289698944	836629973
2011		338476209	997662407
一、按登记注册类型分	**by Status of Registration**		
内资企业	Domestic Funded Enterprises	286763364	844677318
国有企业	State-owned Enterprises	34552035	64126688
中央企业	Central Enterprises	16080855	31242550
地方企业	Local Enterprises	18471180	32884138
集体企业	Collective-owned Enterprises	9664350	31243093
股份合作企业	Cooperative Enterprises	1290341	5163970
联营企业	Joint Ownership Enterprises	3858560	5831112
国有联营企业	State Joint Ownership Enterprises	3047063	3829431
集体联营企业	Collective Joint Ownership Enterprises	87733	286158
国有与集体联营企业	Joint State-collective Enterprises	707523	1621611
其他联营企业	Other Joint Ownership Enterprises	16242	93913
有限责任公司	Limited Liability Corporations	126847750	269954830
国有独资公司	State Sole funded Corporations	35276863	38554007
其他有限责任公司	Other Limited Liability Corporations	91570887	231400823
股份有限公司	Share-holding Corporations Limited	42736518	101111739
私营企业	Private Enterprises	59607122	340238940
私营独资企业	Private-funded Enterprises	8648676	81055496
私营合作企业	Private Partnership Enterprises	360168	4232953
私营有限责任公司	Private Limited Liability Corporations	46522323	238270313
私营股份有限公司	Private Share-holding Corporations Ltd.	4075956	16680178
其他企业	Other Enterprises	8206689	27006946
港、澳、台商投资企业	Enterprises with Funds from Hong Kong, Macao and Taiwan	11346599	30732608
合资经营企业(港或澳、台资)	Joint-ventures Enterprises	7164077	18436362
合作经营企业(港或澳、台资)	Cooperative Enterprises	87184	455935
港澳台商独资经营企业	Enterprises with Sole Investment	3900155	11301904
港澳台商投资股份有限公司	Share-holding Corporations Ltd. With Funds from Hong Kong, Macao and Taiwan	175064	487887
其他企业	Others	20120	50521
外商投资企业	Foreign Funded Enterprises	40366246	122252481
中外合资经营企业	Joint-venture Enterprises	22276915	55771370
中外合作经营企业	Cooperation Enterprises	2004394	4028294
外资企业	Enterprises with Sole Foreign Funds	14509154	58191771
外商投资股份有限公司	Share-holding Corporations Ltd. With Foreign Investment	1574491	4207768
其他企业	Others	1292	53278
二、在总计中:亏损企业	**of which:Loss Enterprises**	**37121483**	**41857819**
在总计中:国有控股企业	of which:State-holding Enterprises	124052763	200407014
在总计中:农村工业	of which:Industry in Rural Area	3560780	19305196
按轻重工业分	**by Light & Heavy Industry**		
轻工业	Light Industry	81900975	314830166
重工业	Heavy Industry	256575234	682832241
按企业规模分	**by Enterprise Size**		
大型企业	Large-sized Enterprises	196526964	413569563
中型企业	Medium-sized Enterprises	77927467	199371514
小型企业	Small-sized Enterprises	61969069	371099871
微型企业	Micro-sized Enterprises	2052710	13621458

continued

(10 000 yuan)

#主营业务税金及附加 Taxes and Other Charges on Principal Business	营业费用 Cost of Business	管理费用 Cost of Management	利润总额 Total Profits	亏损企业亏损总额 Losses of Loss Enterprises	利税总额 Total Profits and Taxes	本年应交增值税 Value-added Tax Payable	全部从业人员年平均人数(人) Annual Average of Empolyed Persons (person)
878741	1856449	3544678	2352546	612781	5759226	2527939	5477622
892677	2193698	3706989	2807713	553840	6491681	2791292	5347200
979126	2655084	4361840	5440003	413877	10025880	3606752	5223652
1065092	3057361	4674791	5609071	460741	10510808	3837726	5230823
1238379	3520233	5545515	6218859	458789	11619227	4161988	5563693
1537247	4375115	6625794	9202699	480295	16057373	5317427	5954189
2084286	5799204	9356350	14078571	1059788	23533842	7370985	6901536
2806248	7274800	10179479	21646981	711535	34529239	10076010	7382292
3904132	8525325	11812749	26325786	975994	42707592	12477674	7881051
4975418	10669050	14853591	33911532	835577	54603330	15716380	8305254
7391871	13010112	21464407	39235594	3426307	66056176	19428711	9126970
8845353	14718012	21594578	45126582	1450096	74490030	20518095	9266002
10836997	17692625	31919733	61079916	1207839	97376175	25459263	9315033
12191685	18943364	29271577	70977118	2307650	112335263	28636010	8597697
11459311	15515608	24557637	60125996	1780227	96570421	24526663	7085232
1617389	1133742	3118712	2776635	511041	6514906	2108989	433337
1316339	307867	648990	1199598	263636	3525781	1004978	90044
301050	825874	2469722	1577037	247405	2989125	1104011	343293
211010	1276571	1123685	2397226	12812	3418025	808477	207058
33358	121382	136205	318628	8909	489301	136946	51410
27066	76054	282050	74341	1605	196533	95073	31189
18974	65997	257505	41898	754	128251	67335	22215
2426	2941	5073	14757		27718	10526	3181
5374	6380	14129	13825	851	34877	15678	2768
292	736	5343	3861		5687	1534	3025
2700574	4821493	8302151	17771360	807927	27984482	7304969	2388639
365421	825443	2347051	3989978	37958	6057123	1526234	419165
2335153	3996050	5955100	13781382	769968	21927359	5778735	1969474
4404076	1877541	3800290	9944672	279388	18272275	3788992	714263
2353623	5685363	7098481	24832843	132476	36853242	9582302	3045879
631393	1361240	1662920	6077796	11876	9108149	2386870	714950
32374	69287	89972	294652	1478	434974	107750	36108
1593021	3905859	4910339	17240446	106070	25685488	6782521	2156674
96836	348978	435250	1219951	13051	1624631	305161	138147
112215	523463	696064	2010292	26071	2841657	700915	213457
158838	784800	1019951	2601999	81169	3657601	888716	310063
109406	564681	610917	1739812	44475	2389389	535094	175842
1741	8622	22144	24571		36907	10595	5402
42239	194456	354740	789744	36694	1165462	330684	119958
5318	16478	24237	41551		59219	12174	8541
135	564	7914	6321		6625	169	320
573536	2642956	3693988	8249123	446254	12107241	3220632	1202402
313979	1297189	1642871	4116163	223724	6101530	1628958	460712
10565	67830	68196	210010	23287	304354	83579	24615
203455	979147	1824558	3465922	170606	5089865	1399274	671298
45222	298643	157736	455260	28579	608006	107418	45150
315	146	628	1769	57	3487	1403	627
1610084	**622439**	**1715312**	**-2307650**	**2307650**	**173772**	**856662**	**601896**
7682939	3746306	9602337	14886026	1413532	30473305	7584804	1477406
96277	295790	479687	1823419	7902	2383011	461643	133886
3212526	8464213	8455488	21678401	380312	33761380	8802462	3548057
8979159	10479152	20816089	49298717	1927338	78573883	19833549	5049640
7621965	8477759	13621933	31068933	868183	51125723	12222519	3068335
1872939	3596583	6103536	12352072	906032	19567354	5191074	2351858
2517537	6646044	9213011	26627274	512392	40088836	10740778	3117139
179244	222979	333096	928839	21043	1553350	481639	60365

14-5 续表 3

单位:万元

类　　别	Category	负债合计 Total Liabilities	主营业务收入 Revenue from Principal Business
三、按行业大类分	**by Sector**		
采掘业	**Mining**	**39177370**	**61539683**
煤炭开采和洗选业	Mining and Washing of Coal	26767311	32516837
石油和天然气开采业	Extraction of Petroleum and Natural Gas	7591592	13478999
黑色金属矿采选业	Mining of Ferrous Metal Ores	1612678	4076219
有色金属矿采选业	Mining of Non-ferrous Metal Ores	2224480	7415637
非金属矿采选业	Mining and Processing of Nonmetal Ores	954354	3860076
开采辅助活动	Mining support activities	17384	160271
其他采矿业	Mining of Other Ores	9572	31644
制造业	**Manufacturing**	**267551124**	**895584108**
农副食品加工业	Processing of Food from Agricultural Products	17990395	84512533
食品制造业	Manufacture of Foods	5332348	20388858
酒、饮料和精制茶制造业	Manufacture of Wine, Beverages and Refined Tea	3303952	11377746
烟草制品业	Manufacture of Tobacco	848401	2624274
纺织业	Manufacture of Textile	14077243	64971921
纺织服装、服饰业	Manufacture of Textile Clothing and Apparel	3462466	16924789
皮革、毛皮、羽毛及其制品和制鞋业	Manufacture of Leather, Fur, Feather and Footware	1421774	8760517
木材加工和木、竹、藤、棕、草制品业	Processing of Timbers, Manufacture of Wood, Bamboo, Rattan, Palm, and Straw Products	1549544	13036952
家具制造业	Manufacture of Furniture	1105902	5858702
造纸和纸制品业	Manufacture of Paper and Paper Products	11040464	21179462
印刷和记录媒介复制业	Printing, Reproduction of Recording Media	714990	3589753
文教、工美、体育和娱乐用品制造业	Manufacture of Cultural, Educational,Crafts, Sports and Entertainment Supplies	2043481	11589316
石油加工、炼焦和核燃料加工业	Processing of Petroleum, Coking, Processing of Nucleus Fuel	15690055	56596988
化学原料和化学制品制造业	Manufacture of Chemical Raw Material and Chemical Products	30302978	101352918
医药制造业	Manufacture of Medicines	6010777	19417350
化学纤维制造业	Manufacture of Chemical Fiber	1132158	2015866
橡胶和塑料制品业	Manufacture of Rubber and Plastic	11205079	37949873
非金属矿物制品业	Manufacture of Non-metallic Mineral Products	15302884	54224352
黑色金属冶炼和压延加工业	Manufacture and Processing of Ferrous Metals	23927029	51658276
有色金属冶炼和压延加工业	Manufacture & Processing of Non-ferrous Metals	14384028	39672986
金属制品业	Manufacture of Metal Products	9253127	37085246
通用设备制造业	Manufacture of General Purpose Machinery	14574978	50602766
专用设备制造业	Manufacture of Special Purpose Machinery	11018990	35895400
汽车制造业	Manufacture of Automotive	18526784	42167654
铁路、船舶、航空航天和其他运输设备制造业	Manufacture Railways, Shipbuilding, Aerospace and Other Transportation Equipment	9903488	13401182
电气机械和器材制造业	Manufacture of Electrical Machinery & Equipment	14121139	45969629
计算机、通信和其他电子设备制造业	Manufacture of Computer,Communication and Other Electronic Equipment	8031964	36570350
仪器仪表制造业	Manufacture of Measuring Instrument	880330	4184953
其他制造业	Manufacture of Others	179588	969618
废弃资源综合利用业	Comprehensive Utilization of Disposal Resources	92595	617390
金属制品、机械和设备修理业	Repair of Metal Products, Machinery and Equipment	122196	416489
电力、燃气及水的生产和供应业	**Production and Supply of Electric,Gas and Water**	**31747715**	**40538615**
电力、热力生产和供应业	Production and Supply of Electric Power and Heat Power	29316624	38239008
燃气生产和供应业	Production and Supply of Gas	1010383	1667707
水的生产和供应业	Production and Supply of Water	1420708	631901

continued

(10 000 yuan)

#主营业务税金及附加 Taxes and Other Charges on Principal Business	营业费用 Cost of Business	管理费用 Cost of Management	利润总额 Total Profits	亏损企业亏损总额 Losses of Loss Enterprises	利税总额 Total Profits and Taxes	本年应交增值税 Value-added Tax Payable	全部从业人员年平均人数(人) Annual Average of Empolyed Persons (person)
3480032	**915623**	**4796392**	**10750689**	**14277**	**18420056**	**4010261**	**783316**
439104	649378	3294103	4522975	6846	7196055	2056962	521304
2923853	23183	823985	4182259	4077	8624670	1518558	108974
51850	39359	167649	654713	3001	967723	260198	39692
26187	56099	357302	1049299		1105724	30168	51825
37456	145280	150615	324079	354	501151	138589	60807
1521	1397	1645	14580		21343	5242	456
62	927	1093	2786		3390	543	258
8578073	**17845239**	**23276776**	**59372306**	**1553503**	**91848719**	**23559920**	**7597707**
359728	1379139	1833695	5252256	43359	7399461	1778105	757011
160529	621790	523991	1620458	24357	2447633	664472	208220
413313	828921	308536	1086933	28474	1969257	456734	118151
1165397	94772	189884	258422	1064	1735986	312168	6979
330084	627991	1024079	4177967	83722	6216138	1702787	849790
96827	368516	677906	1098236	13952	1696494	485548	364095
56377	192606	252988	536956	22696	845458	249446	142503
83872	203703	215660	957524	10370	1358672	316375	158253
50594	124531	151390	424285	2628	664487	187526	74785
90667	428612	524664	1247165	31511	1874167	533128	185136
30977	81270	132211	285105	5424	455097	135961	48708
83632	239148	378272	751508	17261	1233248	395163	190921
2618799	288960	851291	1561625	354987	5652711	1356814	112000
506046	1661582	2379979	7702304	223285	10660291	2409059	585098
137611	1439184	903849	2296406	9891	3178853	742499	189769
7129	28409	73990	93563	9609	135397	34687	20756
197861	734625	951170	2516170	47045	3502352	783077	299120
421165	1206319	1414170	4868965	56040	7296769	2025446	566079
163391	473426	1353233	1810107	45669	3037163	1059023	279768
91527	258773	466788	2685737	37012	3738546	953281	149872
220591	567028	955958	2488827	63985	3749862	1027161	307919
350075	1319762	1918009	4107594	51948	6103070	1633874	516713
224604	922592	1177376	2828556	30519	4123413	1040543	323734
276743	839855	1069654	2428353	71338	3555249	838739	319960
62719	198318	667103	875334	170972	1286963	338391	110638
245218	1705949	1554763	2990739	49783	4407477	1140028	334435
82796	874536	1118568	1916876	37158	2768646	760320	309643
32961	102627	146880	345003	7541	515130	136138	45228
6191	20758	23119	68957	1618	109056	33772	13208
7241	9426	13388	56574	122	85363	21484	4520
3408	2111	24213	33800	165	46311	8172	4695
133580	**182503**	**1198408**	**854123**	**739870**	**2066488**	**1065829**	**216674**
114691	101295	1027063	668737	715270	1783932	990594	176334
13722	61316	81198	167231	4351	235081	51254	14811
5167	19892	90147	18155	20249	47475	23981	25529

14-6 规模以上国有控股工业企业主要经济指标

单位:万元

类　别	Category	企业单位数(个) Number of Industial Enterprises (unit)	#亏损企业 Loss Enterprises
1998		3272	1009
1999		3049	786
2000		2774	596
2001		2403	569
2002		2082	498
2003		1961	471
2004		1496	492
2005		1394	370
2006		1360	357
2007		1306	316
2008		1238	347
2009		1287	301
2010		1215	265
2011		1115	266
在总计中:	**of which:**		
亏损企业	Loss Enterprises	266	266
一、按隶属关系分	**by Type of Ownership**		
中央企业	Central Enterprises	92	21
地方企业	Local Enterprises	425	114
二、按轻重工业分	**by Light & Heavy Industry**		
轻工业	Light Industry	255	68
重工业	Heavy Industry	860	198
三、按企业规模分	**by Enterprise Size**		
大型企业	Large-sized Enterprises	217	44
中型企业	Medium-sized Enterprises	447	107
小型企业	Small-sized Enterprises	416	114
微型企业	Micro-sized Enterprises	35	1

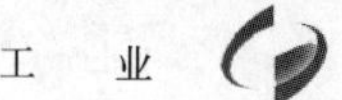

Main Economic Indicators of State-holding Industrial Enterprises above Designated Size

(10 000 yuan)

工业总产值 Gross Industrial Output Value	工业销售产值 Industrial Output Value of Products Sold	#出口交货值 Export Delivery Value	资产合计 Total Assets	产成品 Finished Products	流动资产合计 Total Working Capitals	固定资产合计 Total Fixed Assets
26957289	26268189		52675723	2722662	19888668	21568218
28716110	28189134		55961178	2784840	20520063	23686902
34865374	34582037		61171986	2648035	21559936	26865483
36451434	36075026		63133220	2596606	22619070	27560219
42011174	41427624		66635177	2450859	23463473	28577367
51487207	50844736	3517105	74887872	2695640	26726934	31848291
61113296	60064712	3613516	77434607	2467721	27344202	32361321
74010339	73313626	4044683	83290508	2852847	30467518	34492399
92291515	91593439	5307039	100154308	3002772	35011142	43339200
106319329	105639312	5825394	110202051	3354872	37987413	48369892
124176021	112293098	5970544	121311503	3880315	44288814	51646274
128851751	128318585	3727250	148415245	3846745	53040758	71533991
167269747	166962124	6385364	171793672	5044322	66485777	78535944
194537092	193514621	6527608	196679001	5825084	77628679	84039276
24424463	24187344	725333	25418156	575765	8063057	14588713
31723055	31602499	297950	24724576	327403	6165599	13495897
30284545	29862187	1318154	28673558	878645	12637260	11398974
17452667	18013973	1726500	16820686	804066	8786353	5378845
177084424	175500648	4801108	179858315	5021018	68842327	78660431
154150866	153701443	5697614	159163085	4848666	63972096	64962076
32039941	31681478	694011	28603955	819318	10368622	14729902
6963661	6751730	135984	8477176	156619	3212043	4036690
1382624	1379970	0	434785	482	75918	310609

14-6 续表 1

单位:万元

类 别	Category	企业单位数(个) Number of Industial Enterprises (unit)	#亏损企业 Loss Enterprises
三、按行业大类分	**by Sector**		
采掘业	**Mining**	**114**	**8**
煤炭开采和洗选业	Mining and Washing of Coal	66	5
石油和天然气开采业	Extraction of Petroleum and Natural Gas	12	2
黑色金属矿采选业	Mining of Ferrous Metal Ores	11	1
有色金属矿采选业	Mining of Non-ferrous Metal Ores	16	
非金属矿采选业	Mining and Processing of Nonmetal Ores	8	
开采辅助活动	Mining support activities	1	
其他采矿业	Mining of Other Ores		
制造业	**Manufacturing**	**683**	**136**
农副食品加工业	Processing of Food from Agricultural Products	37	8
食品制造业	Manufacture of Foods	13	2
酒、饮料和精制茶制造业	Manufacture of Wine, Beverages and Refined Tea	35	7
烟草制品业	Manufacture of Tobacco	11	1
纺织业	Manufacture of Textile	12	5
纺织服装、服饰业	Manufacture of Textile Clothing and Apparel	8	1
皮革、毛皮、羽毛及其制品和制鞋业	Manufacture of Leather, Fur, Feather and Footware	3	
木材加工和木、竹、藤、棕、草制品业	Processing of Timbers, Manufacture of Wood, Bamboo, Rattan, Palm, and Straw Products	7	2
家具制造业	Manufacture of Furniture		
造纸和纸制品业	Manufacture of Paper and Paper Products	12	1
印刷和记录媒介复制业	Printing, Reproduction of Recording Media	15	3
文教、工美、体育和娱乐用品制造业	Manufacture of Cultural, Educational,Crafts, Sports and Entertainment Supplies		
石油加工、炼焦和核燃料加工业	Processing of Petroleum, Coking, Processing of Nucleus Fuel	23	7
化学原料和化学制品制造业	Manufacture of Chemical Raw Material and Chemical Products	89	17
医药制造业	Manufacture of Medicines	25	2
化学纤维制造业	Manufacture of Chemical Fiber	4	1
橡胶和塑料制品业	Manufacture of Rubber and Plastic	14	4
非金属矿物制品业	Manufacture of Non-metallic Mineral Products	76	11
黑色金属冶炼和压延加工业	Manufacture and Processing of Ferrous Metals	19	4
有色金属冶炼和压延加工业	Manufacture & Processing of Non-ferrous Metals	11	4
金属制品业	Manufacture of Metal Products	32	9
通用设备制造业	Manufacture of General Purpose Machinery	59	9
专用设备制造业	Manufacture of Special Purpose Machinery	36	4
汽车制造业	Manufacture of Automotive	43	11
铁路、船舶、航空航天和其他运输设备制造业	Manufacture Railways, Shipbuilding, Aerospace and Other Transportation Equipment	40	12
电气机械和器材制造业	Manufacture of Electrical Machinery & Equipment	33	6
计算机、通信和其他电子设备制造业	Manufacture of Computer,Communication and Other Electronic Equipment	16	3
仪器仪表制造业	Manufacture of Measuring Instrument	5	1
其他制造业	Manufacture of Others	2	
废弃资源综合利用业	Comprehensive Utilization of Disposal Resources	1	1
金属制品、机械和设备修理业	Repair of Metal Products, Machinery and Equipment	2	
电力、燃气及水的生产和供应业	**Production and Supply of Electric,Gas and Water**	**318**	**122**
电力、热力生产和供应业	Production and Supply of Electric Power and Heat Power	247	91
燃气生产和供应业	Production and Supply of Gas	21	5
水的生产和供应业	Production and Supply of Water	50	26

continued

(10 000 yuan)

工业总产值 Gross Industrial Output Value	工业销售产值 Industrial Output Value of Products Sold	#出口交货值 Export Delivery Value	资产合计 Total Assets	产成品 Finished Products	流动资产合计 Total Working Capitals	固定资产合计 Total Fixed Assets
43649005	**43362396**	**23882**	**61918329**	**1217273**	**21823293**	**28699170**
24437145	24185073	16438	40409421	898365	15991721	14897866
13038675	13041320		15768539	101357	3642085	12080206
1143758	1127622		1525414	17932	610839	454659
4768193	4751701	1310	3891090	185544	1397012	1153486
111542	106025	6134	283634	5125	161503	92855
149693	150655		40231	8950	20132	20099
113075008	**112438822**	**6503231**	**93798347**	**4575508**	**49325749**	**29899900**
1659933	1638783	256809	733289	52014	464363	207805
203297	211245		169468	10478	77639	78808
2388483	3076270	96225	3141165	142719	1390074	735411
2736226	2731342	2128	2586282	4129	1381298	1012040
668354	662869	309178	707746	53596	334974	265386
81633	82677	36056	120643	6687	83638	28801
57279	54463		27428	8031	19548	6414
148508	130732		260490	11808	62775	53559
1960390	1945476	533	915351	69181	355811	549079
137972	138606	28	199260	7288	86530	89841
29573447	29465927	1211	10969247	494238	5057386	5386204
10371045	10244655	648708	9864715	340826	3733829	4640167
2373792	2314660	230266	2162515	120731	1146708	680103
462831	441291	48051	695640	14004	236393	280084
946615	945385	336428	1262104	111670	770425	329552
2671722	2615944	216989	4519248	101557	1525506	1943451
15077079	15037823	552605	12406857	355201	4289418	4231116
4914340	4910246		1719001	27824	846969	712001
1203507	1124281	29316	773067	47266	489324	209373
5708988	5444046	167218	7413628	373369	4631274	1489530
2704594	2519404	314372	3191169	353847	2265315	561932
13511543	13545641	1098758	16457156	1363163	11681705	2768940
6196180	6006533	1108193	7877077	79314	4475465	2476379
1602712	1564840	129251	1871503	140038	1190829	407488
5585271	5459843	902085	3610995	273365	2654135	700702
47305	45488	1706	55535	9464	36058	12063
30547	30482		17102	213	12606	2143
11803	11803		6586	2577	5976	607
39610	38065	17116	64082	913	19779	40919
37813079	**37713404**	**495**	**40962324**	**32303**	**6479638**	**25440206**
36730096	36619330	495	37802833	22977	5437179	23979964
737287	741718		1163514	7503	425637	490052
345696	352356		1995977	1824	616822	970191

14-6 续表 2

单位:万元

类　别	Category	负债合计 Total Liabilities	主营业务收　入 Revenue from Principal Business
	1998	33392509	28458107
	1999	35181030	30965917
	2000	38067876	37970654
	2001	37483411	40271259
	2002	39713021	44943840
	2003	44344094	56629328
	2004	46536736	63587181
	2005	50122726	77742855
	2006	60927702	95306527
	2007	65045428	111558833
	2008	70344746	128756909
	2009	86788971	133129344
	2010	102957123	174910226
	2011	124052763	200407014
在总计中:	**of which:**		
亏损企业	Loss Enterprises	20574617	24048237
一、按隶属关系分	**by Type of Ownership**		
中央企业	Central Enterprises	16080855	31242550
地方企业	Local Enterprises	18471180	32884138
二、按轻重工业分	**by Light & Heavy Industry**		
轻工业	Light Industry	8427215	20399717
重工业	Heavy Industry	115625547	180007297
三、按企业规模分	**by Enterprise Size**		
大型企业	Large-sized Enterprises	98835284	160704963
中型企业	Medium-sized Enterprises	19746274	32474853
小型企业	Small-sized Enterprises	5148886	7150134
微型企业	Micro-sized Enterprises	322318	77064

continued

(10 000 yuan)

#主营业务税金及附加 Taxes and Other Charges on Principal Business	营业费用 Cost of Business	管理费用 Cost of Management	利润总额 Total Profits	亏损企业亏损总额 Losses of Loss Enterprises	利税总额 Total Profits and Taxes	本年应交增值税 Value-added Tax Payable	全部从业人员年平均人数(人) Annual Average of Empolyed Persons (person)
667126	831611	2123686	779737	380070	3013838	1566975	2847698
660786	972660	2176570	951851	365374	3298141	1685504	2679816
701911	1100187	2583426	3038705	255271	5946153	2205537	2447147
759947	1296629	2641532	2826951	278147	5747731	2160883	2210739
831106	1371031	3099209	2667128	262877	5675976	2177741	2046430
993791	1580906	3586621	3976276	252046	7618829	2648762	2012836
1098150	1559258	4272468	5083589	573420	9232606	3050867	1664496
1266031	1744348	4268502	7470903	299658	12199176	3462241	1490223
2063986	1904728	4562370	8889270	380727	15419255	4465998	1485997
2475585	2218373	5576619	9768777	377289	17304550	5060188	1440311
4184459	2432221	7836139	8704701	2448306	18378706	5489546	1383296
4581942	2701601	7254743	8737389	652659	18732617	5413285	1456558
6227344	3271169	9854555	12893837	610626	25924570	6803389	1548876
7682939	3746306	9602337	14886026	1413532	30473305	7584804	1477406
1554906	180232	851133	-1413532	1413532	722235	576560	203963
1316339	307867	648990	1199598	263636	3525781	1004978	90044
301050	825874	2469722	1577037	247405	2989125	1104011	343293
1401788	1453399	930075	1479445	79880	3834525	950769	202851
6281150	2292907	8672262	13406581	1333653	26638779	6634035	1274555
6697732	3176296	7746321	13872950	794261	27164715	6394299	1104160
926514	379760	1462971	737823	474323	2748456	965388	291973
57572	190232	390677	266519	144260	547237	222074	64659
1121	19	2368	8733	689	12897	3043	16614

14-6 续表 3

单位:万元

类别	Category	负债合计 Total Liabilities	主营业务收入 Revenue from Principal Business
三、按行业大类分	**by Sector**		
采掘业	**Mining**	**35791672**	**47631508**
煤炭开采和洗选业	Mining and Washing of Coal	25575168	27711395
石油和天然气开采业	Extraction of Petroleum and Natural Gas	7532853	13350848
黑色金属矿采选业	Mining of Ferrous Metal Ores	623709	1172251
有色金属矿采选业	Mining of Non-ferrous Metal Ores	1890959	5131779
非金属矿采选业	Mining and Processing of Nonmetal Ores	158857	114581
开采辅助活动	Mining support activities	10127	150655
其他采矿业	Mining of Other Ores		
制造业	**Manufacturing**	**60009539**	**115790226**
农副食品加工业	Processing of Food from Agricultural Products	450026	1671661
食品制造业	Manufacture of Foods	128656	219790
酒、饮料和精制茶制造业	Manufacture of Wine, Beverages and Refined Tea	1290338	3669524
烟草制品业	Manufacture of Tobacco	848097	2615399
纺织业	Manufacture of Textile	484124	655066
纺织服装、服饰业	Manufacture of Textile Clothing and Apparel	84989	130452
皮革、毛皮、羽毛及其制品和制鞋业	Manufacture of Leather, Fur, Feather and Footware	20622	53795
木材加工和木、竹、藤、棕、草制品业	Processing of Timbers, Manufacture of Wood, Bamboo, Rattan, Palm, and Straw Products	114427	119137
家具制造业	Manufacture of Furniture		
造纸和纸制品业	Manufacture of Paper and Paper Products	612695	1949073
印刷和记录媒介复制业	Printing, Reproduction of Recording Media	101553	137694
文教、工美、体育和娱乐用品制造业	Manufacture of Cultural, Educational,Crafts, Sports and Entertainment Supplies		
石油加工、炼焦和核燃料加工业	Processing of Petroleum, Coking, Processing of Nucleus Fuel	7844337	29994573
化学原料和化学制品制造业	Manufacture of Chemical Raw Material and Chemical Products	6474072	11205540
医药制造业	Manufacture of Medicines	838755	2292464
化学纤维制造业	Manufacture of Chemical Fiber	408871	445254
橡胶和塑料制品业	Manufacture of Rubber and Plastic	947278	1219933
非金属矿物制品业	Manufacture of Non-metallic Mineral Products	2694733	2652433
黑色金属冶炼和压延加工业	Manufacture and Processing of Ferrous Metals	8674286	11146159
有色金属冶炼和压延加工业	Manufacture & Processing of Non-ferrous Metals	1077383	5451035
金属制品业	Manufacture of Metal Products	610974	1289851
通用设备制造业	Manufacture of General Purpose Machinery	3970317	5548888
专用设备制造业	Manufacture of Special Purpose Machinery	2184010	3096709
汽车制造业	Manufacture of Automotive	11446462	15316523
铁路、船舶、航空航天和其他运输设备制造业	Manufacture Railways, Shipbuilding, Aerospace and Other Transportation Equipment	5633243	5887773
电气机械和器材制造业	Manufacture of Electrical Machinery & Equipment	1323856	1910359
计算机、通信和其他电子设备制造业	Manufacture of Computer,Communication and Other Electronic Equipment	1666755	6989503
仪器仪表制造业	Manufacture of Measuring Instrument	42939	45184
其他制造业	Manufacture of Others	9771	26586
废弃资源综合利用业	Comprehensive Utilization of Disposal Resources	3608	11803
金属制品、机械和设备修理业	Repair of Metal Products, Machinery and Equipment	22364	38065
电力、燃气及水的生产和供应业	**Production and Supply of Electric,Gas and Water**	**28251551**	**36985281**
电力、热力生产和供应业	Production and Supply of Electric Power and Heat Power	26578510	35880132
燃气生产和供应业	Production and Supply of Gas	571370	749448
水的生产和供应业	Production and Supply of Water	1101671	355701

continued

(10 000 yuan)

#主营业务税金及附加 Taxes and Other Charges on Principal Business	营业费用 Cost of Business	管理费用 Cost of Management	利润总额 Total Profits	亏损企业亏损总额 Losses of Loss Enterprises	利税总额 Total Profits and Taxes	本年应交增值税 Value-added Tax Payable	全部从业人员年平均人数（人） Annual Average of Empolyed Persons (person)
3340142	**635084**	**4269475**	**9278152**	**11304**	**16256111**	**3461300**	**597965**
404088	569088	3097450	4072717	6226	6475921	1822723	437171
2903897	23094	820264	4152238	4077	8569025	1512891	108437
15634	9610	84417	222452	1001	334369	96168	14939
11602	19893	256009	794050		822628	16967	33465
3413	12224	9819	22182		32962	7367	3553
1509	1174	1515	14513		21207	5185	400
4233588	**2994067**	**4351600**	**4946321**	**741543**	**12458063**	**3146006**	**699706**
9777	16936	55731	71869	1376	89604	7945	13441
1319	18594	10916	6646	749	16841	8876	4746
167586	539377	122743	440450	6599	811176	203127	33819
1165324	94629	189736	255790	1064	1732214	311099	5700
1295	10981	21438	1148	10886	35858	33415	22512
603	1907	10564	2230	231	4243	1410	5845
376	1568	2155	1894		3934	1663	1973
903	2116	4494	10413	247	13951	2635	1163
5723	24506	75994	99078	56	158714	53744	13218
524	3390	19600	8952	1191	15460	5523	4772
2499557	74356	559539	269363	297519	3746681	862904	52920
55484	159883	324205	424795	143944	643595	161562	74671
18982	242651	134382	327089	1035	458546	112472	30977
348	6422	24764	15008	6632	19175	3819	7347
2466	31922	35813	-12766	24167	3171	13428	13770
27323	92360	148416	355206	7641	508856	126279	44795
37951	121248	597968	184107	23427	444140	222081	79154
3458	19036	47073	24216	22418	85442	56369	17299
3478	18602	50299	29550	4508	47334	14183	12134
27837	228879	366932	768555	19649	999939	202981	65801
9189	166070	195005	151999	1270	233240	71776	28951
143198	391534	441255	876779	23743	1303570	283218	74468
18264	107885	472205	230767	120421	371904	113372	43602
8163	79342	87248	21612	18053	68729	37622	19910
23189	533772	332271	376456	4453	632126	231271	22970
337	3510	8487	1948	140	4470	2185	1805
499	1986	1168	836		2085	750	197
22	273	540	-122	122	74	174	116
414	333	10660	2454		2993	125	1630
109209	**117155**	**981263**	**661553**	**660686**	**1759131**	**977498**	**179735**
103070	81431	871936	607219	636910	1662572	942588	152821
2838	20944	36130	64880	3556	85219	16465	7440
3301	14780	73196	-10546	20220	11340	18445	19474

14-7 规模以上外商投资和港澳台商投资工业企业主要经济指标

单位:万元

类别	Category	企业单位数(个) Number of Industial Enterprises (unit)	#亏损企业 Loss Enterprises
1998		1587	454
1999		1625	404
2000		1740	373
2001		2020	484
2002		2385	541
2003		2925	665
2004		4315	1059
2005		4684	773
2006		5227	819
2007		5747	847
2008		5900	1068
2009		6052	986
2010		5536	756
2011		4481	590
在总计中:	**of which:**		
亏损企业	Loss Enterprises	590	590
在总计中:	**of which:**		
港、澳、台商投资企业	Enterprises with Funds from Hong Kong,Macao and Taiwan	1025	115
合资经营企业(港或澳、台资)	Joint-ventures Enterprises	575	61
合作经营企业(港或澳、台资)	Cooperative Enterprises	26	
港澳台商独资经营企业	Enterprises with Sole Investment	405	54
港澳台商投资股份有限公司	Share-holding Corporations Ltd. with Funds from Hong Kong, Macao and Taiwan	18	
其他企业	Others	1	
外商投资企业	Foreign Funded Enterprises	3456	475
中外合资经营企业	Joint-venture Enterprises	1344	140
中外合作经营企业	Cooperation Enterprises	73	14
外资企业	Enterprises with Sole Foreign Funds	1994	312
外商投资股份有限公司	Share-holding Corporations Ltd. with Foreign Investment	40	8
其他企业	Others	5	1
在总计中:	**of which:**		
国有控股企业	State-holding Enterprises	86	22
在总计中:	**of which:**		
农村工业	Industry in Rural Area	36	2
一、按轻重工业分	**by Light & Heavy Industry**		
轻工业	Light Industry	2407	301
重工业	Heavy Industry	2074	289
二、按企业规模分	**by Enterprise Size**		
大型企业	Large-sized Enterprises	175	20
中型企业	Medium-sized Enterprises	963	148
小型企业	Small-sized Enterprises	3153	410
微型企业	Micro-sized Enterprises	190	12

Main Economic Indicators of Industrial Enterprises above Designated Size with Funds from Foreign Countries (Territories),Hong Kong,Macao and Taiwan

(10 000 yuan)

工 业 总产值 Gross Industrial Output Value	工 业 销售产值 Industrial Output Value of Products Sold	#出 口 交货值 Export Delivery Value	资产合计 Total Assets	产 成 品 Finished Products	流动资产合计 Total Working Capitals	固定资产合计 Total Fixed Assets
8835322	8543079		9794237	730725	4039995	4312492
9860114	9503397		10374625	747230	4403141	4469533
11733444	11407902		11450417	766490	5149741	4763392
14570101	14184782		13978219	885669	6218800	5561049
17707902	17224508		16056232	965904	7330202	6278224
24832436	24336050	9283568	22387343	1189967	9810521	9084614
37836423	36920480	13536351	30386016	1636652	13195818	12040507
54014093	53031835	16756713	38447493	2063357	16996280	15011741
72090688	71138467	22454787	49903969	2635215	22336522	18732001
96955087	95104911	28979286	63158104	3186410	28783090	23543356
115354778	112502839	33732027	71304227	4060074	33656735	24364312
129775048	127998832	32424654	86379610	3878036	39585096	33430492
143659376	140914565	34755802	94554908	4123696	47889846	34450993
157964343	155929217	36071412	97369768	4071581	52534687	36493277
10126084	10009705	3019277	10866523	459290	5908004	4149313
31362461	30710307	6255999	21881325	1038037	11576390	8488239
18860739	18480099	3383427	13563710	636095	7038794	5482324
459113	463157	81867	175346	11229	94692	57011
11517114	11243056	2751240	7677587	372025	4250856	2770830
474975	473474	39466	424415	13362	166821	176570
50521	50521		40267	5326	25228	1504
126601882	125218911	29815413	75488443	3033544	40958297	28005038
57687671	56400653	10423003	39755092	1539793	22391655	14161216
4632102	4623287	476838	2859415	79230	1744622	971503
60515837	59794045	17789376	28987077	1289183	15494505	11363539
3711401	4348422	1123296	3878816	125098	1323879	1504386
54871	52504	2901	8043	241	3635	4395
11104598	11707629	768408	12093898	98783	5089217	5223144
1288516	1280499	136344	589793	35731	274917	274225
61088960	60650629	14290480	38455477	1954872	20092757	14339271
96875383	95278588	21780933	58914292	2116709	32441930	22154006
65978832	65421741	16314092	44396366	1482230	23403563	17177485
41874564	41348909	10978679	27888827	1385761	16007326	9830727
48276289	47345577	8534243	24272821	1190305	12826625	9200014
1834659	1812991	244399	811754	13286	297174	285051

14-7 续表 1

单位:万元

类别	Category	企业单位数(个) Number of Industial Enterprises (unit)	#亏损企业 Loss Enterprises
三、按行业大类分	**by Sector**		
采掘业	**Mining**	**18**	**1**
煤炭开采和洗选业	Mining and Washing of Coal	2	
石油和天然气开采业	Extraction of Petroleum and Natural Gas	1	
黑色金属矿采选业	Mining of Ferrous Metal Ores	2	
有色金属矿采选业	Mining of Non-ferrous Metal Ores	4	
非金属矿采选业	Mining and Processing of Nonmetal Ores	9	1
开采辅助活动	Mining support activities		
其他采矿业	Mining of Other Ores		
制造业	**Manufacturing**	**4390**	**581**
农副食品加工业	Processing of Food from Agricultural Products	595	48
食品制造业	Manufacture of Foods	164	20
酒、饮料和精制茶制造业	Manufacture of Wine, Beverages and Refined Tea	49	9
烟草制品业	Manufacture of Tobacco		
纺织业	Manufacture of Textile	229	36
纺织服装、服饰业	Manufacture of Textile Clothing and Apparel	378	54
皮革、毛皮、羽毛及其制品和制鞋业	Manufacture of Leather, Fur, Feather and Footware	164	27
木材加工和木、竹、藤、棕、草制品业	Processing of Timbers, Manufacture of Wood, Bamboo, Rattan, Palm, and Straw Products	69	6
家具制造业	Manufacture of Furniture	67	5
造纸和纸制品业	Manufacture of Paper and Paper Products	83	14
印刷和记录媒介复制业	Printing, Reproduction of Recording Media	33	6
文教、工美、体育和娱乐用品制造业	Manufacture of Cultural, Educational,Crafts, Sports and Entertainment Supplies	282	34
石油加工、炼焦和核燃料加工业	Processing of Petroleum, Coking, Processing of Nucleus Fuel	17	6
化学原料和化学制品制造业	Manufacture of Chemical Raw Material and Chemical Products	277	32
医药制造业	Manufacture of Medicines	67	2
化学纤维制造业	Manufacture of Chemical Fiber	10	4
橡胶和塑料制品业	Manufacture of Rubber and Plastic	209	29
非金属矿物制品业	Manufacture of Non-metallic Mineral Products	226	13
黑色金属冶炼和压延加工业	Manufacture and Processing of Ferrous Metals	56	7
有色金属冶炼和压延加工业	Manufacture & Processing of Non-ferrous Metals	22	3
金属制品业	Manufacture of Metal Products	228	33
通用设备制造业	Manufacture of General Purpose Machinery	234	31
专用设备制造业	Manufacture of Special Purpose Machinery	172	23
汽车制造业	Manufacture of Automotive	163	29
铁路、船舶、航空航天和其他运输设备制造业	Manufacture Railways, Shipbuilding, Aerospace and Other Transportation Equipment	65	10
电气机械和器材制造业	Manufacture of Electrical Machinery & Equipment	189	37
计算机、通信和其他电子设备制造业	Manufacture of Computer,Communication and Other Electronic Equipment	280	51
仪器仪表制造业	Manufacture of Measuring Instrument	36	4
其他制造业	Manufacture of Others	16	5
废弃资源综合利用业	Comprehensive Utilization of Disposal Resources	5	1
金属制品、机械和设备修理业	Repair of Metal Products, Machinery and Equipment	5	2
电力、燃气及水的生产和供应业	**Production and Supply of Electric,Gas and Water**	**73**	**8**
电力、热力生产和供应业	Production and Supply of Electric Power and Heat Power	35	6
燃气生产和供应业	Production and Supply of Gas	31	1
水的生产和供应业	Production and Supply of Water	7	1

continued

(10 000 yuan)

工 业 总产值 Gross Industrial Output Value	工 业 销售产值 Industrial Output Value of Products Sold	#出 口 交货值 Export Delivery Value	资产合计 Total Assets	产成品 Finished Products	流动资产合计 Total Working Capitals	固定资产合计 Total Fixed Assets
962974	**936775**	**5319**	**910072**	**7631**	**270837**	**542456**
652911	631976		783753	5407	231190	469725
19737	19737		10294	362	2795	7498
72642	72612		8595	210	1143	6991
17157	17018		14901	556	5964	8612
200527	195432	5319	92530	1096	29744	49629
153323050	**151306577**	**36066090**	**91583766**	**4054284**	**51297051**	**32523193**
20754806	20617101	4137484	11675842	796589	6857854	3941378
4974654	4910878	1015070	3242987	97618	1865407	1043384
2383114	3094735	311128	2742959	89057	1040342	699935
5947758	5714800	2070919	3901583	203202	1833713	1608453
5077105	5008288	1767145	2478166	115646	1201491	1041089
2883603	2815834	716587	1074616	66427	610612	365761
994416	989897	315936	339465	25874	182650	133661
919830	894502	186655	408590	34040	208659	181374
3006495	2826359	193513	3870203	109155	1512762	2125846
613433	608776	44858	432145	25866	207687	166250
3381108	3364841	1360157	1333179	97667	784134	424643
1471327	1446548	4512	760668	31757	377624	311337
12811475	12512408	1496879	8736760	324892	4298563	3439692
4862696	4688174	702691	4128001	138334	2084043	1631106
331014	199403	120015	473157	7062	333122	155769
4278409	4245863	1254750	2339035	147836	1288106	939803
5106477	4966747	605350	3781028	136605	1795661	1708375
4604646	4479569	236423	2419171	78137	1649579	612127
3783175	3750531	143075	1678330	29799	1316999	323595
7240895	7076873	1877959	3810181	248037	2197969	1313943
5485491	5322475	1652900	4107511	206685	2480500	1351412
6856635	6729121	736660	4824344	541515	3284689	1198526
8501446	8346024	1263029	6341757	160604	3699214	2241544
3389434	3428304	1013620	4460439	51647	2935711	1263473
6181252	6050843	1052429	3014347	83837	1804713	984948
26264870	26007077	11504369	8370674	184297	4845928	3137936
871610	876317	163513	598399	14099	468021	80329
255937	249029	101349	137556	3867	82229	50383
42610	40008		31529	3090	21539	9295
47331	45254	17116	71144	1046	27530	37827
3678319	**3685866**	**4**	**4875930**	**9666**	**966800**	**3427628**
2617675	2613612		3556794	942	499232	2719150
980959	995052	4	1042365	8725	400372	535341
79685	77202		276770		67196	173137

14-7 续表 2

单位:万元

类别	Category	负债合计 Total Liabilities	主营业务收入 Revenue from Principal Business
1998		6259372	7736435
1999		6550373	8826211
2000		6974187	10608335
2001		7975312	12695597
2002		9002705	15655508
2003		12602882	23176116
2004		16498501	35828528
2005		21083916	52377071
2006		26832468	70456341
2007		34261658	94561330
2008		38145531	110043170
2009		45394957	127005719
2010		49181433	138639700
2011		51712845	152985089
在总计中:	**of which:**		
亏损企业	Loss Enterprises	7470372	9490901
在总计中:	**of which:**		
港、澳、台商投资企业	Enterprises with Funds from Hong Kong,Macao and Taiwan	11346599	30732608
合资经营企业(港或澳、台资)	Joint-ventures Enterprises	7164077	18436362
合作经营企业(港或澳、台资)	Cooperative Enterprises	87184	455935
港澳台商独资经营企业	Enterprises with Sole Investment	3900155	11301904
港澳台商投资股份有限公司	Share-holding Corporations Ltd. with Funds from Hong Kong, Macao and Taiwan	175064	487887
其他企业	Others	20120	50521
外商投资企业	Foreign Funded Enterprises	40366246	122252481
中外合资经营企业	Joint-venture Enterprises	22276915	55771370
中外合作经营企业	Cooperation Enterprises	2004394	4028294
外资企业	Enterprises with Sole Foreign Funds	14509154	58191771
外商投资股份有限公司	Share-holding Corporations Ltd. with Foreign Investment	1574491	4207768
其他企业	Others	1292	53278
在总计中:	**of which:**		
国有控股企业	State-holding Enterprises	6544872	11027511
在总计中:	**of which:**		
农村工业	Industry in Rural Area	209198	1256028
一、按轻重工业分	**by Light & Heavy Industry**		
轻工业	Light Industry	18881018	60371759
重工业	Heavy Industry	32831827	92613330
二、按企业规模分	**by Enterprise Size**		
大型企业	Large-sized Enterprises	24843132	64269924
中型企业	Medium-sized Enterprises	15112953	41042881
小型企业	Small-sized Enterprises	11386160	46348317
微型企业	Micro-sized Enterprises	370601	1323966

continued

(10 000 yuan)

#主营业务税金及附加 Taxes and Other Charges on Principal Business	营业费用 Cost of Business	管理费用 Cost of Management	利润总额 Total Profits	亏损企业亏损总额 Losses of Loss Enterprises	利税总额 Total Profits and Taxes	本年应交增值税 Value-added Tax Payable	全部从业人员年平均人数(人) Annual Average of Empolyed Persons (person)
47686	278082	398945	271543	177281	555943	236714	499412
44995	331812	436676	413809	141768	743539	284735	534524
45189	397752	511820	607409	123586	1068901	416302	570940
42749	500409	587803	747735	133568	1381549	591069	677208
52771	656697	715305	946420	121496	1585217	586026	782462
77214	844733	893503	1437357	173975	2218336	703765	942482
142675	1155656	1409829	2388875	238522	3616446	1084896	1268481
256875	1404591	1578402	3498964	215791	5220808	1464969	1485932
305226	1989506	2156705	4373503	235135	6473118	1794389	1607730
410640	2621917	2640990	5535820	252042	8226755	2280295	1716875
433346	2871686	3300860	5972969	595461	8957825	2551510	1689902
561210	3061011	3482913	7213796	558728	10879283	3104278	1740004
770021	3668294	5700645	10010172	351316	14429266	3649074	1657493
732375	3427756	4713939	10851122	527423	15764843	4109348	1512465
33222	261916	497534	-527423	527423	-315218	171189	192796
158838	784800	1019951	2601999	81169	3657601	888716	310063
109406	564681	610917	1739812	44475	2389389	535094	175842
1741	8622	22144	24571		36907	10595	5402
42239	194456	354740	789744	36694	1165462	330684	119958
5318	16478	24237	41551		59219	12174	8541
135	564	7914	6321		6625	169	320
573536	2642956	3693988	8249123	446254	12107241	3220632	1202402
313979	1297189	1642871	4116163	223724	6101530	1628958	460712
10565	67830	68196	210010	23287	304354	83579	24615
203455	979147	1824558	3465922	170606	5089865	1399274	671298
45222	298643	157736	455260	28579	608006	107418	45150
315	146	628	1769	57	3487	1403	627
197556	388233	312766	1017122	165619	1623375	404634	61071
4747	34601	78598	131451	1937	161917	25697	6528
328171	1858587	2011380	4151669	157111	6180627	1682001	799755
404204	1569169	2702560	6699453	370312	9584216	2427347	712710
307902	1414416	1475950	4820559	177118	7006459	1874822	535071
172124	1067797	1471813	2776361	161404	3932806	972490	557869
238367	918582	1718013	3183164	171439	4707845	1229696	410357
13981	26961	48163	71039	17461	117732	32340	9168

14-7 续表3

单位：万元

类　　别	Category	负债合计 Total Liabilities	主营业务收　入 Revenue from Principal Business
三、按行业大类分	**by Sector**		
采掘业	**Mining**	**481897**	**944123**
煤炭开采和洗选业	Mining and Washing of Coal	448277	639360
石油和天然气开采业	Extraction of Petroleum and Natural Gas	779	19737
黑色金属矿采选业	Mining of Ferrous Metal Ores	660	74612
有色金属矿采选业	Mining of Non-ferrous Metal Ores	5495	15204
非金属矿采选业	Mining and Processing of Nonmetal Ores	26686	195211
开采辅助活动	Mining support activities		
其他采矿业	Mining of Other Ores		
制造业	**Manufacturing**	**48965393**	**148853496**
农副食品加工业	Processing of Food from Agricultural Products	6129483	21016200
食品制造业	Manufacture of Foods	1549230	4800703
酒、饮料和精制茶制造业	Manufacture of Wine, Beverages and Refined Tea	1107139	3054568
烟草制品业	Manufacture of Tobacco		
纺织业	Manufacture of Textile	1779581	5813852
纺织服装、服饰业	Manufacture of Textile Clothing and Apparel	1091770	4904430
皮革、毛皮、羽毛及其制品和制鞋业	Manufacture of Leather, Fur, Feather and Footware	569245	2825627
木材加工和木、竹、藤、棕、草制品业	Processing of Timbers, Manufacture of Wood, Bamboo, Rattan, Palm, and Straw Products	138611	978693
家具制造业	Manufacture of Furniture	165910	878946
造纸和纸制品业	Manufacture of Paper and Paper Products	2339663	2844098
印刷和记录媒介复制业	Printing, Reproduction of Recording Media	162099	511960
文教、工美、体育和娱乐用品制造业	Manufacture of Cultural, Educational,Crafts, Sports and Entertainment Supplies	572882	3288034
石油加工、炼焦和核燃料加工业	Processing of Petroleum, Coking, Processing of Nucleus Fuel	568088	1452930
化学原料和化学制品制造业	Manufacture of Chemical Raw Material and Chemical Products	5023642	12487700
医药制造业	Manufacture of Medicines	1599235	4358935
化学纤维制造业	Manufacture of Chemical Fiber	346077	313611
橡胶和塑料制品业	Manufacture of Rubber and Plastic	1310501	4064996
非金属矿物制品业	Manufacture of Non-metallic Mineral Products	1734467	5126352
黑色金属冶炼和压延加工业	Manufacture and Processing of Ferrous Metals	1744263	4095171
有色金属冶炼和压延加工业	Manufacture & Processing of Non-ferrous Metals	945947	3763821
金属制品业	Manufacture of Metal Products	1941784	7188395
通用设备制造业	Manufacture of General Purpose Machinery	2005529	5241288
专用设备制造业	Manufacture of Special Purpose Machinery	2813710	6614732
汽车制造业	Manufacture of Automotive	3421777	8272137
铁路、船舶、航空航天和其他运输设备制造业	Manufacture Railways, Shipbuilding, Aerospace and Other Transportation Equipment	3451310	3202072
电气机械和器材制造业	Manufacture of Electrical Machinery & Equipment	1341018	5939661
计算机、通信和其他电子设备制造业	Manufacture of Computer,Communication and Other Electronic Equipment	4741238	24612017
仪器仪表制造业	Manufacture of Measuring Instrument	228934	875358
其他制造业	Manufacture of Others	94031	224209
废弃资源综合利用业	Comprehensive Utilization of Disposal Resources	15507	49547
金属制品、机械和设备修理业	Repair of Metal Products, Machinery and Equipment	32722	53454
电力、燃气及水的生产和供应业	**Production and Supply of Electric,Gas and Water**	**2265555**	**3187469**
电力、热力生产和供应业	Production and Supply of Electric Power and Heat Power	1563127	2078802
燃气生产和供应业	Production and Supply of Gas	553872	1036239
水的生产和供应业	Production and Supply of Water	148556	72429

continued

(10 000 yuan)

#主营业务税金及附加 Taxes and Other Charges on Principal Business	营业费用 Cost of Business	管理费用 Cost of Management	利润总额 Total Profits	亏损企业亏损总额 Losses of Loss Enterprises	利税总额 Total Profits and Taxes	本年应交增值税 Value-added Tax Payable	全部从业人员年平均人数（人） Annual Average of Empolyed Persons (person)
21233	**41807**	**69749**	**308694**	**1**	**412199**	**82272**	**4270**
19492	16999	46568	277225		372763	76045	1319
416		108	1404		1819		54
742	5	6351	7886		10279	1651	181
117	559	698	1381		1635	137	415
466	24243	16024	20798	1	25703	4439	2301
693666	**3348169**	**4545459**	**10369329**	**482619**	**15038388**	**3907470**	**1488075**
48035	346131	477580	1184967	25846	1763203	527961	189334
30641	191851	134662	432754	18592	628030	163522	44797
80710	375195	81735	292224	12963	491839	118622	26576
30158	78911	213650	368223	15235	548513	148405	102541
24943	129391	247909	319330	10583	475444	124334	134666
19578	61582	110616	120208	14547	200520	60453	69919
5429	18323	26528	81861	4010	106458	19082	10042
4356	30847	34911	70111	754	101708	26750	15528
11944	79796	84009	150499	8501	229044	65547	24444
3650	14954	30516	36576	2819	63570	21600	7521
14004	64728	153530	177203	13175	278332	85894	71065
3327	15330	26873	42291	3471	95215	49324	3517
50357	267141	404327	1114652	40702	1523568	325016	66484
26015	364768	229913	703503	1170	938741	208766	36029
954	5463	8862	13466	2829	17451	3032	3082
20630	111029	137628	228998	6858	337858	86297	45920
22424	139579	150061	544540	6501	761033	192569	56326
6483	24800	110939	142698	3256	196830	47632	13582
7103	13627	33019	221192	1382	519402	291107	7243
28980	99316	262796	439436	37797	635962	165139	59043
28276	164769	260978	433624	22488	608939	145758	57278
20305	202365	204517	533451	19756	710614	156413	45105
138381	142251	199429	797434	30953	1137161	199719	63192
15275	58611	107008	258877	126283	371367	97126	31891
15743	79557	177441	436303	17833	554778	102571	60114
30147	229457	573465	1128395	29715	1600334	434941	225439
3886	33818	39327	81154	2694	116820	31531	10315
1241	2520	8517	7640	1618	15411	6529	4626
196	1715	2400	5075	122	6653	1382	598
494	348	12314	2648	165	3592	450	1858
17476	**37780**	**98731**	**173099**	**44802**	**314256**	**119606**	**20120**
6842	6357	51246	48461	43987	140014	81564	11162
10340	31333	39634	115293	352	162463	35902	7404
294	89	7852	9345	463	11779	2141	1554

14-8 规模以上国有工业企业主要经济指标

单位:万元

类　　别	Category	企业单位数(个) Number of Industial Enterprises (unit)	#亏损企业 Loss Enterprises
1998		2820	914
1999		2437	658
2000		2114	486
2001		1592	400
2002		1387	349
2003		1151	309
2004		972	332
2005		842	243
2006		746	212
2007		661	184
2008		609	186
2009		649	162
2010		597	148
2011		517	135
在总计中:	**of which:**		
亏损企业	Loss Enterprises	135	135
在总计中:	**of which:**		
中央企业	Central Enterprises	92	21
地方企业	Local Enterprises	425	114
一、按轻重工业分	**by Light & Heavy Industry**		
轻工业	Light Industry	124	39
重工业	Heavy Industry	393	96
二、按企业规模分	**by Enterprise Size**		
大型企业	Large-sized Enterprises	76	19
中型企业	Medium-sized Enterprises	229	54
小型企业	Small-sized Enterprises	192	61
微型企业	Micro-sized Enterprises	20	1

Main Economic Indicators of State-owned Industrial Enterprises above Designated Size

(10 000 yuan)

工　业 总产值 Gross Industrial Output Value	工　业 销售产值 Industrial Output Value of Products Sold	#出　口 交货值 Export Delivery Value	资产合计 Total Assets	产 成 品 Finished Products	流动资产合计 Total Working Capitals	固定资产合计 Total Fixed Assets
21777337	21217008		44238808	2123081	16333639	18855507
20584859	20289862		40373852	1933588	14674928	17252037
24744936	24607993		42208919	1617992	14019235	19245575
12234932	12037423		27531520	921428	9429088	11637665
13770330	13600891		27580401	813504	9294926	11563565
14840375	14566769	749626	28068618	732614	9725574	11768793
19715003	19142465	817147	27013217	607810	8782685	12164842
19829441	19639882	687504	24493249	561662	8482461	10266814
23078362	22921402	582201	27104824	521067	9139735	11828055
27367017	27151997	571583	30119677	569429	9963162	13476671
45772078	35078287	1117299	44055195	1007282	12046865	22574394
40747007	40355963	1164851	42604000	986200	14396493	20675274
54861225	54639308	1408178	49684216	1107398	18421339	24524408
62007599	61464686	1616105	53398134	1206047	18802859	24894871
7628581	7519945	148539	10524766	184252	3136513	6380835
31723055	31602499	297950	24724576	327403	6165599	13495897
30284545	29862187	1318154	28673558	878645	12637260	11398974
9036022	8938448	1067462	8081372	398465	4883386	2398796
52971578	52526238	548643	45316762	807583	13919473	22496075
46801049	46611089	1276021	37518477	863870	12993871	16766122
11804549	11533197	322623	12385790	286419	4320153	6637245
2641509	2561062	17461	3355366	55758	1443061	1399312
760493	759339	0.1	138501	0.1	45774	92193

14-8 续表 1

单位:万元

类 别	Category	企业单位数(个) Number of Industial Enterprises (unit)	#亏损企业 Loss Enterprises
三、按行业大类分	by Sector		
采掘业	**Mining**	**53**	**3**
煤炭开采和洗选业	Mining and Washing of Coal	33	2
石油和天然气开采业	Extraction of Petroleum and Natural Gas	6	1
黑色金属矿采选业	Mining of Ferrous Metal Ores	7	
有色金属矿采选业	Mining of Non-ferrous Metal Ores	4	
非金属矿采选业	Mining and Processing of Nonmetal Ores	3	
开采辅助活动	Mining support activities		
其他采矿业	Mining of Other Ores		
制造业	**Manufacturing**	**247**	**54**
农副食品加工业	Processing of Food from Agricultural Products	25	5
食品制造业	Manufacture of Foods	5	2
酒、饮料和精制茶制造业	Manufacture of Wine, Beverages and Refined Tea	10	1
烟草制品业	Manufacture of Tobacco	8	1
纺织业	Manufacture of Textile	6	2
纺织服装、服饰业	Manufacture of Textile Clothing and Apparel	1	
皮革、毛皮、羽毛及其制品和制鞋业	Manufacture of Leather, Fur, Feather and Footware	1	
木材加工和木、竹、藤、棕、草制品业	Processing of Timbers, Manufacture of Wood, Bamboo, Rattan, Palm, and Straw Products	2	1
家具制造业	Manufacture of Furniture		
造纸和纸制品业	Manufacture of Paper and Paper Products	2	
印刷和记录媒介复制业	Printing, Reproduction of Recording Media	8	2
文教、工美、体育和娱乐用品制造业	Manufacture of Cultural, Educational,Crafts, Sports and Entertainment Supplies		
石油加工、炼焦和核燃料加工业	Processing of Petroleum, Coking, Processing of Nucleus Fuel	8	3
化学原料和化学制品制造业	Manufacture of Chemical Raw Material and Chemical Products	22	3
医药制造业	Manufacture of Medicines	5	
化学纤维制造业	Manufacture of Chemical Fiber	3	
橡胶和塑料制品业	Manufacture of Rubber and Plastic	3	1
非金属矿物制品业	Manufacture of Non-metallic Mineral Products	23	6
黑色金属冶炼和压延加工业	Manufacture and Processing of Ferrous Metals	4	1
有色金属冶炼和压延加工业	Manufacture & Processing of Non-ferrous Metals	5	2
金属制品业	Manufacture of Metal Products	8	1
通用设备制造业	Manufacture of General Purpose Machinery	25	4
专用设备制造业	Manufacture of Special Purpose Machinery	19	3
汽车制造业	Manufacture of Automotive	19	7
铁路、船舶、航空航天和其他运输设备制造业	Manufacture Railways, Shipbuilding, Aerospace and Other Transportation Equipment	16	7
电气机械和器材制造业	Manufacture of Electrical Machinery & Equipment	9	1
计算机、通信和其他电子设备制造业	Manufacture of Computer,Communication and Other Electronic Equipment	5	
仪器仪表制造业	Manufacture of Measuring Instrument	4	1
其他制造业	Manufacture of Others	1	
废弃资源综合利用业	Comprehensive Utilization of Disposal Resources		
金属制品、机械和设备修理业	Repair of Metal Products, Machinery and Equipment		
电力、燃气及水的生产和供应业	**Production and Supply of Electric,Gas and Water**	**217**	**78**
电力、热力生产和供应业	Production and Supply of Electric Power and Heat Power	171	54
燃气生产和供应业	Production and Supply of Gas	6	2
水的生产和供应业	Production and Supply of Water	40	22

continued

(10 000 yuan)

工业总产值 Gross Industrial Output Value	工业销售产值 Industrial Output Value of Products Sold	#出口交货值 Export Delivery Value	资产合计 Total Assets	产成品 Finished Products	流动资产合计 Total Working Capitals	固定资产合计 Total Fixed Assets
8674275	**8598933**	**3193**	**9699348**	**197425**	**4078053**	**2723858**
7583333	7513240	314	7846137	175798	3363387	2205627
109012	107332		105585	913	30969	56095
596380	597686		1220369	10361	568111	310390
314738	316000		454553	5185	79047	119477
70812	64675	2879	72704	5167	36539	32268
23283093	**22911887**	**1612856**	**20213942**	**996259**	**11000368**	**6630855**
982013	966934	217459	451028	30875	274372	145780
70822	70729		88739	1711	30452	52992
359057	348678	360	305524	33314	200339	76756
2716733	2711434	2128	2541557	2899	1356953	991980
358960	353812	135761	305651	20607	135265	111643
9047	9047		19747	3621	17530	1934
29709	26683		8181	1877	6045	2136
25525	25351		37555	2605	15744	20146
83859	79150		60981	2145	40769	16575
50891	50222		96104	3826	42720	39155
3238999	3168617	1211	1875163	69228	795027	926473
3359368	3319560	164448	2365225	117365	877848	982634
205665	197094	8292	251398	10362	104040	89694
220633	201114	30649	287672	11975	108234	123955
50223	49636	327	39460	3792	26343	10117
564287	521647	31359	856851	25172	250029	469284
707852	678465		842777	37159	376506	435380
1617796	1613870		1370225	26188	628402	652832
117917	118529	2778	87884	13122	54745	26820
898036	858003	29246	1148503	55772	739805	283261
488434	474711	10084	657051	66576	463254	142721
2049857	2085310	73196	1187144	134345	881292	192648
1169785	1110790	202212	2089429	43932	1083418	405960
808907	809151	80161	843423	63067	540637	145400
3060470	3026921	621479	2345015	205492	1921071	271438
29863	28047	1706	41786	9233	23311	11241
8386	8386		9872		6219	1902
30050232	**29953866**	**55**	**23484844**	**12364**	**3724438**	**15540159**
29765811	29671647	55	22581457	10821	3409187	15061117
110883	111152		122423	914	35162	54223
173538	171067		780964	629	280088	424819

14-8 续表 2

单位:万元

类　　别	Category	负债合计 Total Liabilities	主营业务收　入 Revenue from Principal Business	#主营业务税金及附加 Taxes and Other Charges on Principal Business
1998		28167124	23946800	590800
1999		25356990	23050722	466612
2000		26686324	27821717	492552
2001		17653620	16006815	294059
2002		17777286	17815410	343306
2003		18009322	19793599	385228
2004		17664902	20631866	234423
2005		16133478	20149674	215660
2006		17375838	23656937	673855
2007		18561850	27623229	777269
2008		21171736	47675137	3251935
2009		26103211	42480695	1094712
2010		32202345	56271894	1501435
2011		34552035	64126688	1617389
在总计中:	**of which:**			
亏损企业	Loss Enterprises	8614507	7420217	86078
在总计中:	**of which:**			
中央企业	Central Enterprises	16080855	31242550	1316339
地方企业	Local Enterprises	18471180	32884138	301050
一、按轻重工业分	**by Light & Heavy Industry**			
轻工业	Light Industry	4024908	10805148	1212272
重工业	Heavy Industry	30527127	53321540	405117
二、按企业规模分	**by Enterprise Size**			
大型企业	Large-sized Enterprises	23339416	49403538	1520761
中型企业	Medium-sized Enterprises	9051513	11927865	63293
小型企业	Small-sized Enterprises	2062625	2757136	33137
微型企业	Micro-sized Enterprises	98481	38149	198

continued

(10 000 yuan)

营业费用 Cost of Business	管理费用 Cost of Management	利润总额 Total Profits	亏损企业亏损总额 Losses of Loss Enterprises	利税总额 Total Profits and Taxes	本年应交增值税 Value-added Tax Payable	全部从业人员年平均人数(人) Annual Average of Empolyed Persons (person)
643101	1792405	535787	333760	2467528	1340941	2466876
594305	1542118	531073	308774	2223106	1225421	1988920
547576	1754897	2554426	194180	4711091	1664113	1652934
351126	1044379	520439	149112	1542737	728243	984032
329434	1073754	610973	131676	1748879	794695	883357
339400	1135605	724762	126296	1944990	835000	769190
259600	1345339	508887	358415	1679671	936360	668702
233128	1153373	767749	130004	1827104	843695	536010
276963	1308489	1098603	116777	2868286	1095828	480364
324251	1493013	1304975	162156	3361138	1278894	453495
729708	2645622	6139923	630451	12337647	2945789	568582
961122	2234651	1523331	314887	4140177	1522134	491752
1122616	2993266	2338185	267808	5787735	1948115	489028
1133742	3118712	2776635	511041	6514906	2108989	433337
79038	392969	-511041	511041	-186033	236514	100232
307867	648990	1199598	263636	3525781	1004978	90044
825874	2469722	1577037	247405	2989125	1104011	343293
689936	474331	653589	27602	2427973	560318	84495
443806	2644381	2123046	483438	4086933	1548671	348842
864431	2105111	2424460	278770	5573057	1617693	244206
162640	819575	249058	172945	688358	374721	146603
106652	193524	102064	58637	251253	115587	31362
19	502	1052	689	2238	988	11166

14-8 续表 3

单位:万元

类 别	Category	负债合计 Total Liabilities	主营业务收 入 Revenue from Principal Business
三、按行业大类分	**by Sector**		
采掘业	**Mining**	**5059334**	**8800145**
煤炭开采和洗选业	Mining and Washing of Coal	4179509	7701619
石油和天然气开采业	Extraction of Petroleum and Natural Gas	45295	104544
黑色金属矿采选业	Mining of Ferrous Metal Ores	519797	618587
有色金属矿采选业	Mining of Non-ferrous Metal Ores	259249	312283
非金属矿采选业	Mining and Processing of Nonmetal Ores	55484	63113
开采辅助活动	Mining support activities		
其他采矿业	Mining of Other Ores		
制造业	**Manufacturing**	**12587200**	**25630708**
农副食品加工业	Processing of Food from Agricultural Products	265898	1000191
食品制造业	Manufacture of Foods	79178	69043
酒、饮料和精制茶制造业	Manufacture of Wine, Beverages and Refined Tea	198982	366767
烟草制品业	Manufacture of Tobacco	842965	2591691
纺织业	Manufacture of Textile	194031	345050
纺织服装、服饰业	Manufacture of Textile Clothing and Apparel	18470	7857
皮革、毛皮、羽毛及其制品和制鞋业	Manufacture of Leather, Fur, Feather and Footware	7186	26683
木材加工和木、竹、藤、棕、草制品业	Processing of Timbers, Manufacture of Wood, Bamboo, Rattan, Palm, and Straw Products	56625	25440
家具制造业	Manufacture of Furniture		
造纸和纸制品业	Manufacture of Paper and Paper Products	48118	80234
印刷和记录媒介复制业	Printing, Reproduction of Recording Media	64714	53819
文教、工美、体育和娱乐用品制造业	Manufacture of Cultural, Educational,Crafts, Sports and Entertainment Supplies		
石油加工、炼焦和核燃料加工业	Processing of Petroleum, Coking, Processing of Nucleus Fuel	1445910	3335420
化学原料和化学制品制造业	Manufacture of Chemical Raw Material and Chemical Products	1771769	3490883
医药制造业	Manufacture of Medicines	109060	264466
化学纤维制造业	Manufacture of Chemical Fiber	69956	227590
橡胶和塑料制品业	Manufacture of Rubber and Plastic	40821	51007
非金属矿物制品业	Manufacture of Non-metallic Mineral Products	562739	536341
黑色金属冶炼和压延加工业	Manufacture and Processing of Ferrous Metals	753155	667180
有色金属冶炼和压延加工业	Manufacture & Processing of Non-ferrous Metals	857825	2107634
金属制品业	Manufacture of Metal Products	58040	134257
通用设备制造业	Manufacture of General Purpose Machinery	664062	861776
专用设备制造业	Manufacture of Special Purpose Machinery	440443	581210
汽车制造业	Manufacture of Automotive	763962	2089107
铁路、船舶、航空航天和其他运输设备制造业	Manufacture Railways, Shipbuilding, Aerospace and Other Transportation Equipment	1398598	1033377
电气机械和器材制造业	Manufacture of Electrical Machinery & Equipment	624236	1144157
计算机、通信和其他电子设备制造业	Manufacture of Computer,Communication and Other Electronic Equipment	1211671	4503402
仪器仪表制造业	Manufacture of Measuring Instrument	32116	27743
其他制造业	Manufacture of Others	6673	8386
废弃资源综合利用业	Comprehensive Utilization of Disposal Resources		
金属制品、机械和设备修理业	Repair of Metal Products, Machinery and Equipment		
电力、燃气及水的生产和供应业	**Production and Supply of Electric,Gas and Water**	**16905500**	**29695835**
电力、热力生产和供应业	Production and Supply of Electric Power and Heat Power	16402770	29394178
燃气生产和供应业	Production and Supply of Gas	57701	129509
水的生产和供应业	Production and Supply of Water	445029	172149

continued

(10 000 yuan)

#主营业务税金及附加 Taxes and Other Charges on Principal Business	营业费用 Cost of Business	管理费用 Cost of Management	利润总额 Total Profits	亏损企业亏损总额 Losses of Loss Enterprises	利税总额 Total Profits and Taxes	本年应交增值税 Value-added Tax Payable	全部从业人员年平均人数(人) Annual Average of Empolyed Persons (person)
139688	**106844**	**1403714**	**1100550**	**1449**	**1755946**	**513726**	**124464**
113437	96070	1260018	797388	734	1341622	428929	104690
13168	482	7464	14398	715	40644	13078	841
11001	5581	77786	167747		246782	67918	11711
672	155	52738	116169		117439	597	5578
1409	4556	5709	4848		9460	3204	1644
1395626	**936367**	**920037**	**922042**	**159587**	**3169821**	**847917**	**183487**
2375	7798	11890	52063	972	59741	5304	9103
533	6825	5819	318	749	4033	3183	2134
24173	71361	18349	29660	107	75757	21924	7379
1164851	92870	185843	246984	1064	1718572	306738	3879
294	6465	9768	7025	3435	13997	6678	11161
18	198	13	157		363	188	570
261	327	303	994		1896	641	860
283	570	1276	898	156	2315	1134	526
392	1453	3096	1774		5916	3750	2500
266	2013	12820	2454	912	4784	2064	3088
147116	10002	55315	4190	43402	239320	88014	10182
11390	30316	68941	70839	41562	122162	39735	15685
1924	45591	22070	30864		52123	19334	3542
232	4506	11642	21641		24833	2960	1983
287	3377	3850	-4135	4440	-2990	859	1515
3789	17189	28803	38877	2504	66138	23434	10133
985	4656	20935	4076	150	9946	4885	4633
3327	15685	34368	-9524	21028	49466	54299	15747
603	3358	5002	8916	104	12060	2541	1750
5748	36670	72564	12984	10357	43470	24215	13886
3013	37666	44977	26569	1167	47739	18145	12437
1965	88072	69127	9710	13433	30513	18675	12183
1898	9085	73969	88591	13721	106641	15787	11110
4530	48052	36534	11338	186	36369	19194	10051
15164	390557	116429	264628		443059	163006	15700
168	1706	5245	115	140	1112	829	1633
43		1089	36		484	405	117
82075	**90531**	**794961**	**754043**	**350004**	**1589138**	**747346**	**125386**
79900	78976	734158	754816	332536	1573167	733004	111515
618	4538	9691	13820	978	19556	5029	1893
1557	7017	51112	-14593	16490	-3584	9313	11978

14-9 规模以上非公有工业主要经济指标

单位：万元

类　　别	Category	企业单位数(个) Number of Industial Enterprises (unit)	#亏损企业 Loss Enterprises
	2002	8377	1047
	2003	11584	1247
	2004	20324	2726
	2005	24092	1871
	2006	28015	1920
	2007	32395	1884
	2008	39486	2569
	2009	43942	2508
	2010	41210	1712
	2011	34758	1558
在总计中：	**of which:**		
亏损企业	Loss Enterprises	1558	1558
在总计中：	**of which:**		
农村工业	Industry in Rural Area	307	12
一、按轻重工业分	**by Light & Heavy Industry**		
轻工业	Light Industry	14673	662
重工业	Heavy Industry	20085	896
二、按企业规模分	**by Enterprise Size**		
大型企业	Large-sized Enterprises	781	50
中型企业	Medium-sized Enterprises	3951	370
小型企业	Small-sized Enterprises	28352	1096
微型企业	Micro-sized Enterprises	1674	42

Main Economic Indicators of Non-public Industry above Designated Size

(10 000 yuan)

工 业 总产值 Gross Industrial Output Value	工 业 销售产值 Industrial Output Value of Products Sold	#出 口 交货值 Export Delivery Value	资产合计 Total Assets	产成品 Finished Products	流动资产合计 Total Working Capitals	固定资产合计 Total Fixed Assets
45461718	44155651		35949602	2814383	16729064	12760819
73393784	71515263	14474997	52877008	3521911	23879407	18379772
138152594	135022277	22988004	95685397	5954466	42876737	34492541
200549717	196288717	28331918	122189852	7796259	55761512	44012262
243089184	238524116	33703704	132257499	8023085	61749264	47266989
330029176	323122998	42754269	171807847	10132134	77982898	62484427
449737185	440291558	51970618	237467651	13989404	105926599	86484833
643590615	633853190	53674627	404207876	18823010	172041728	175656063
606536704	595826013	54743512	322702466	15339365	150171419	132698502
903208063	888938143	68315148	536092157	20645959	256825142	212133365
34764505	34119381	3851562	35740384	1460534	16497448	15405654
7681936	7573276	420616	2630825	97876	1076931	1123660
290321918	287510773	30275976	148651202	6897870	70307953	60182891
612886144	601427370	38039172	387440956	13748089	186517189	151950474
339989259	337126474	33367640	279954213	9895472	132305502	108805702
183290108	179950391	17345600	116993060	5009100	60786462	43552462
365939142	358387193	17151551	134728080	5583292	62050279	58005739
13989554	13474085	450357	4416805	158094	1682899	1769462

14-9 续表 1

单位:万元

类　　别	Category	企业单位数(个) Number of Industial Enterprises (unit)	#亏损企业 Loss Enterprises
三、按行业大类分	**by Sector**		
采掘业	**Mining**	**762**	**17**
煤炭开采和洗选业	Mining and Washing of Coal	236	8
石油和天然气开采业	Extraction of Petroleum and Natural Gas	11	1
黑色金属矿采选业	Mining of Ferrous Metal Ores	149	4
有色金属矿采选业	Mining of Non-ferrous Metal Ores	53	
非金属矿采选业	Mining and Processing of Nonmetal Ores	308	4
开采辅助活动	Mining support activities	3	
其他采矿业	Mining of Other Ores	2	
制造业	**Manufacturing**	**33677**	**1460**
农副食品加工业	Processing of Food from Agricultural Products	3712	114
食品制造业	Manufacture of Foods	1046	36
酒、饮料和精制茶制造业	Manufacture of Wine, Beverages and Refined Tea	430	28
烟草制品业	Manufacture of Tobacco	5	
纺织业	Manufacture of Textile	2676	133
纺织服装、服饰业	Manufacture of Textile Clothing and Apparel	1232	72
皮革、毛皮、羽毛及其制品和制鞋业	Manufacture of Leather, Fur, Feather and Footware	529	36
木材加工和木、竹、藤、棕、草制品业	Processing of Timbers, Manufacture of Wood, Bamboo, Rattan, Palm, and Straw Products	1239	20
家具制造业	Manufacture of Furniture	485	14
造纸和纸制品业	Manufacture of Paper and Paper Products	750	44
印刷和记录媒介复制业	Printing, Reproduction of Recording Media	329	17
文教、工美、体育和娱乐用品制造业	Manufacture of Cultural, Educational,Crafts, Sports and Entertainment Supplies	1006	46
石油加工、炼焦和核燃料加工业	Processing of Petroleum, Coking, Processing of Nucleus Fuel	268	24
化学原料和化学制品制造业	Manufacture of Chemical Raw Material and Chemical Products	3249	133
医药制造业	Manufacture of Medicines	603	30
化学纤维制造业	Manufacture of Chemical Fiber	73	7
橡胶和塑料制品业	Manufacture of Rubber and Plastic	1634	62
非金属矿物制品业	Manufacture of Non-metallic Mineral Products	3270	95
黑色金属冶炼和压延加工业	Manufacture and Processing of Ferrous Metals	793	37
有色金属冶炼和压延加工业	Manufacture & Processing of Non-ferrous Metals	335	15
金属制品业	Manufacture of Metal Products	1862	95
通用设备制造业	Manufacture of General Purpose Machinery	2747	92
专用设备制造业	Manufacture of Special Purpose Machinery	1672	60
汽车制造业	Manufacture of Automotive	1037	68
铁路、船舶、航空航天和其他运输设备制造业	Manufacture Railways, Shipbuilding, Aerospace and Other Transportation Equipment	297	21
电气机械和器材制造业	Manufacture of Electrical Machinery & Equipment	1405	73
计算机、通信和其他电子设备制造业	Manufacture of Computer,Communication and Other Electronic Equipment	584	68
仪器仪表制造业	Manufacture of Measuring Instrument	249	12
其他制造业	Manufacture of Others	84	5
废弃资源综合利用业	Comprehensive Utilization of Disposal Resources	53	1
金属制品、机械和设备修理业	Repair of Metal Products, Machinery and Equipment	23	2
电力、燃气及水的生产和供应业	**Production and Supply of Electric,Gas and Water**	**319**	**81**
电力、热力生产和供应业	Production and Supply of Electric Power and Heat Power	209	72
燃气生产和供应业	Production and Supply of Gas	68	4
水的生产和供应业	Production and Supply of Water	42	5

continued

(10 000 yuan)

工　业 总产值 Gross Industrial Output Value	工　业 销售产值 Industrial Output Value of Products Sold	#出　口 交货值 Export Delivery Value	资产合计 Total Assets	产成品 Finished Products	流动资产合计 Total Working Capitals	固定资产合计 Total Fixed Assets
46306862	**46029277**	**50980**	**58527522**	**1171705**	**20893584**	**28041462**
21266940	21101905	21922	34813495	754461	14070850	13252339
13058288	13062613		15761019	100825	3580317	12045381
3121207	3078430		2296039	64244	892698	783701
5370104	5344902	1310	3806245	186087	1469823	1225547
3294798	3244939	10703	1779884	55484	836976	706618
159309	160271		48519	8994	27974	20500
36217	36217	17045	22323	1612	14947	7377
845900241	**832054851**	**68249904**	**454891344**	**19431680**	**231491225**	**171373183**
81843211	81081927	8206907	34667871	2255507	18189540	12566463
20354230	20115544	2067369	11686800	405871	5627443	4568109
9379210	9976572	431187	7108742	345218	3130889	2559532
28618	28783		47371	1253	26737	20316
61556452	61777409	5503122	28312901	1152287	12548437	13162513
16920639	16611293	4180649	7236088	343824	3601602	2841676
8185435	8004230	1309611	2957735	165629	1636324	968039
13110803	12817377	839998	3766840	189504	1646676	1708787
5945110	5859889	923271	2513724	110606	1289874	1034105
21074751	20499080	636024	18524846	517509	7395428	8468647
3690730	3632602	122468	1543985	59536	675317	704560
11604911	11430595	2765314	4536632	289258	2273805	1814589
52147459	51309010	79203	21039404	929170	11049440	8727416
96246316	94394945	3715215	52966396	1841399	24380100	22373702
19829745	19269945	1291407	14415954	602085	6999762	5540402
1822314	1674257	217728	1556430	33107	724567	614558
38062864	37515621	5736741	20034706	934585	9793976	8616970
52501869	51176160	1768798	30592370	1044974	12931666	14022635
51046766	50193698	1584333	32830691	1003091	16161450	11114449
31794772	31239900	474814	19920988	427705	10586094	7319018
35786112	34862142	2715175	17018517	774610	9074696	5789822
49984862	48668313	2491853	27543722	1306950	15359564	8911018
35111000	34206042	1733858	19831210	1484723	11945108	5853183
38522232	37937309	2937296	28270743	1872963	17635944	7303305
12743664	12518442	2017317	11781251	136995	6986774	3754144
36631682	35796137	1811063	18385610	732003	10636214	5697566
33778486	33371192	12272786	12932215	376307	7507121	4510368
4260868	4212806	237108	2020459	73418	1303700	501123
951437	909474	159477	357698	12103	180324	147578
563147	550148	2698	209296	6317	94401	82544
420550	414010	17116	280150	3175	98255	76048
11000959	**10854015**	**14264**	**22673291**	**42574**	**4440334**	**12718720**
9116958	8954856	14255	18985071	27528	3276736	10935450
1484728	1494783	4	1952969	11186	678183	970047
399273	404377	5	1735251	3859	485415	813224

14-9 续表 2

单位:万元

类　　别	Category	负债合计 Total Liabilities	主营业务收　　入 Revenue from Principal Business	#主营业务税金及附加 Taxes and Other Charges on Principal Business
	2002	21313899	41315596	265544
	2003	31712472	67129307	391312
	2004	56824804	130437492	827335
	2005	70425050	192709468	1329910
	2006	73382178	235060091	1511572
	2007	93063256	319128552	2110216
	2008	126815011	436168759	2871983
	2009	214058654	637480523	7568442
	2010	162927222	595223019	4197912
	2011	294259825	902292626	10363286
在总计中:	**of which:**			
亏损企业	Loss Enterprises	28088886	34176235	1523087
在总计中:	**of which:**			
农村工业	Industry in Rural Area	1069625	7551801	34919
一、按轻重工业分	**by Light & Heavy Industry**			
轻工业	Light Industry	72944562	291629787	1904372
重工业	Heavy Industry	221315262	610662839	8458914
二、按企业规模分	**by Enterprise Size**			
大型企业	Large-sized Enterprises	165582297	344691361	5998996
中型企业	Medium-sized Enterprises	67838355	182759316	1746458
小型企业	Small-sized Enterprises	58921548	361606866	2441955
微型企业	Micro-sized Enterprises	1917625	13235082	175877

continued

(10 000 yuan)

营业费用 Cost of Business	管理费用 Cost of Management	利润总额 Total Profits	亏损企业亏损总额 Losses of Loss Enterprises	利税总额 Total Profits and Taxes	本年应交增值税 Value-added Tax Payable	全部从业人员年平均人数(人) Annual Average of Empolyed Persons (person)
1406356	1694016	2220200	171370	3776911	1291168	2478177
1989872	2256070	3746152	208135	6123624	1986160	3020689
3514626	4298966	7637171	461794	12172233	3707727	4610483
4679003	5123287	12365312	389101	19492812	5797590	5269529
5209981	5788106	13992516	453323	22082783	6578696	5444440
6920189	7575783	19972972	404202	30976672	8893484	5893386
9042107	11320595	26931151	875847	42263661	12460527	7025463
12595614	18188751	41734576	1126436	67554841	18251824	8479293
11855499	19120365	42864781	539966	63939221	16876527	7036804
16533052	25029180	65803258	1783797	102402332	25718545	7957302
539718	1309468	-1783797	1783797	363955	612416	495232
113323	185637	605220	4141	806820	166061	49590
6766452	7407079	20241310	348794	30190018	7978649	3397848
9766600	17622101	45561948	1435004	72212315	17739896	4559454
6556516	10824768	27188304	589413	43574474	10185011	2720610
3347265	5123130	11763448	723009	18297720	4638509	2150481
6414206	8761835	25946290	451022	39016376	10425984	3037724
215065	319447	905216	20354	1513762	469041	48487

14-9 续表 3

单位:万元

类别	Category	负债合计 Total Liabilities	主营业务收入 Revenue from Principal Business
三、按行业大类分	**by Sector**		
采掘业	**Mining**	**33767729**	**50542352**
煤炭开采和洗选业	Mining and Washing of Coal	22549272	24578846
石油和天然气开采业	Extraction of Petroleum and Natural Gas	7546297	13374455
黑色金属矿采选业	Mining of Ferrous Metal Ores	1074020	3330365
有色金属矿采选业	Mining of Non-ferrous Metal Ores	1737245	5735800
非金属矿采选业	Mining and Processing of Nonmetal Ores	833940	3330972
开采辅助活动	Mining support activities	17384	160271
其他采矿业	Mining of Other Ores	9572	31644
制造业	**Manufacturing**	**245846329**	**841233031**
农副食品加工业	Processing of Food from Agricultural Products	17471407	81769354
食品制造业	Manufacture of Foods	5252401	20263104
酒、饮料和精制茶制造业	Manufacture of Wine, Beverages and Refined Tea	3040479	10588009
烟草制品业	Manufacture of Tobacco	5436	32584
纺织业	Manufacture of Textile	13788292	63399443
纺织服装、服饰业	Manufacture of Textile Clothing and Apparel	3420825	16659030
皮革、毛皮、羽毛及其制品和制鞋业	Manufacture of Leather, Fur, Feather and Footware	1400426	8662277
木材加工和木、竹、藤、棕、草制品业	Processing of Timbers, Manufacture of Wood, Bamboo, Rattan, Palm, and Straw Products	1487620	12987934
家具制造业	Manufacture of Furniture	1105902	5858702
造纸和纸制品业	Manufacture of Paper and Paper Products	10934945	20819452
印刷和记录媒介复制业	Printing, Reproduction of Recording Media	650001	3527683
文教、工美、体育和娱乐用品制造业	Manufacture of Cultural, Educational,Crafts, Sports and Entertainment Supplies	2023840	11551320
石油加工、炼焦和核燃料加工业	Processing of Petroleum, Coking, Processing of Nucleus Fuel	14236689	53215458
化学原料和化学制品制造业	Manufacture of Chemical Raw Material and Chemical Products	28250694	96491428
医药制造业	Manufacture of Medicines	5892614	19126733
化学纤维制造业	Manufacture of Chemical Fiber	1060600	1786063
橡胶和塑料制品业	Manufacture of Rubber and Plastic	11106050	37595395
非金属矿物制品业	Manufacture of Non-metallic Mineral Products	14558010	52462466
黑色金属冶炼和压延加工业	Manufacture and Processing of Ferrous Metals	22035819	48112849
有色金属冶炼和压延加工业	Manufacture & Processing of Non-ferrous Metals	11773957	31884103
金属制品业	Manufacture of Metal Products	8954173	35466896
通用设备制造业	Manufacture of General Purpose Machinery	13779890	48504899
专用设备制造业	Manufacture of Special Purpose Machinery	10370500	34554587
汽车制造业	Manufacture of Automotive	17735453	39792792
铁路、船舶、航空航天和其他运输设备制造业	Manufacture Railways, Shipbuilding, Aerospace and Other Transportation Equipment	8503682	12360077
电气机械和器材制造业	Manufacture of Electrical Machinery & Equipment	8984543	35777643
计算机、通信和其他电子设备制造业	Manufacture of Computer,Communication and Other Electronic Equipment	6815791	31980036
仪器仪表制造业	Manufacture of Measuring Instrument	837105	4121269
其他制造业	Manufacture of Others	171798	889394
废弃资源综合利用业	Comprehensive Utilization of Disposal Resources	75192	575564
金属制品、机械和设备修理业	Repair of Metal Products, Machinery and Equipment	122196	416489
电力、燃气及水的生产和供应业	**Production and Supply of Electric,Gas and Water**	**14645767**	**10517243**
电力、热力生产和供应业	Production and Supply of Electric Power and Heat Power	12755056	8548385
燃气生产和供应业	Production and Supply of Gas	952683	1538199
水的生产和供应业	Production and Supply of Water	938029	430659

continued

(10 000 yuan)

#主营业务税金及附加 Taxes and Other Charges on Principal Business	营业费用 Cost of Business	管理费用 Cost of Management	利润总额 Total Profits	亏损企业亏损总额 Losses of Loss Enterprises	利税总额 Total Profits and Taxes	本年应交增值税 Value-added Tax Payable	全部从业人员年平均人数(人) Annual Average of Empolyed Persons (person)
3327418	**763816**	**3287934**	**9448227**	**12828**	**16403703**	**3451001**	**628855**
323929	547948	2018753	3705425	6112	5821030	1616562	406619
2910685	22701	816521	4167861	3362	8584026	1505480	108133
40259	33577	87698	473932	3001	698822	183785	26928
20251	28307	233224	792980		836175	22874	36021
30711	128960	129000	290664	354	438918	116515	50440
1521	1397	1645	14580		21343	5242	456
62	927	1093	2786		3390	543	258
6985221	**15679488**	**21415721**	**56260629**	**1381176**	**85529805**	**21951052**	**7238494**
340976	1332488	1750765	5064926	42387	7148294	1733416	731854
159701	614694	517848	1613527	23608	2434773	659371	205698
362973	755809	288381	1017545	28367	1816274	423481	109649
546	1902	4041	11437		17413	5430	3100
327611	613796	1007796	4092209	79302	6103413	1678298	827270
95780	362212	669628	1082176	13952	1670798	476958	362594
55019	190605	250664	536477	20054	841051	246877	140433
83519	202982	214162	955684	10214	1355042	314939	157465
50594	124531	151390	424285	2628	664487	187526	74785
86942	421312	515324	1224603	31284	1832720	518032	179119
30690	79150	119235	282343	4513	449695	133609	45550
83503	238982	377091	747529	17261	1226850	392873	190635
2471378	278808	794801	1553456	311586	5407939	1267632	101412
485047	1609786	2287038	7490953	175887	10338796	2320152	562084
135617	1393195	879927	2262844	9891	3123346	722551	185889
6894	23903	62337	71890	9609	110525	31723	18723
196856	727458	943063	2496630	42493	3469166	770435	294353
408128	1153750	1345849	4723003	52908	7068221	1955981	543679
154806	457436	1300465	1700408	45493	2860339	1000483	261672
58719	176699	312199	2007762	14695	2884613	811496	90985
201220	529578	896974	2367839	63350	3525749	943418	296576
327721	1269916	1816777	4006115	41592	5889816	1545033	496177
218566	865015	1107568	2749128	28958	3983484	986649	305421
272890	746413	993140	2395708	57896	3486247	806400	304246
60784	189062	592934	786380	157189	1179562	322245	99362
192192	710126	1021104	2456996	49597	3586419	907114	291560
67617	483364	1000468	1646353	37158	2318593	596232	293365
32618	98112	139673	342383	7402	510000	134011	42822
5762	17163	19652	60479	1618	95409	29032	13001
7148	9132	11215	55762	122	84458	21484	4320
3408	2111	24213	33800	165	46311	8172	4695
50648	**89748**	**325525**	**94402**	**389794**	**468825**	**316492**	**89953**
33995	22246	217290	-90552	382661	203842	255935	64230
13104	56778	71507	153411	3374	215525	46225	12918
3549	10724	36728	31543	3759	49457	14332	12805

14-10 规模以上工业企业主要财务分析指标

类　别	Category	总资产贡献率 (%) Ratio of Total Assets to Industrial Output Value (%)
1998		
1999		
2000		
2001		
2002		
2003		
2004		
2005		
2006		19.07
2007		18.74
2008		18.48
2009		17.56
2010		19.45
2011		19.88
一、按登记注册类型分	**by Status of Registration**	
内资企业	Domestic Funded Enterprises	20.37
国有企业	State-owned Enterprises	13.39
中央企业	Central Enterprises	15.42
地方企业	Local Enterprises	11.64
集体企业	Collective-owned Enterprises	19.25
股份合作企业	Cooperative Enterprises	22.24
联营企业	Joint Ownership Enterprises	5.57
国有联营企业	State Joint Ownership Enterprises	4.95
集体联营企业	Collective Joint Ownership Enterprises	20.97
国有与集体联营企业	Joint State-collective Enterprises	5.96
其他联营企业	Other Joint Ownership Enterprises	16.06
有限责任公司	Limited Liability Corporations	15.15
国有独资公司	State Sole funded Corporations	12.49
其他有限责任公司	Other Limited Liability Corporations	16.07
股份有限公司	Share-holding Corporations Limited	24.43
私营企业	Private Enterprises	30.32
私营独资企业	Private-funded Enterprises	40.09
私营合作企业	Private Partnership Enterprises	49.58
私营有限责任公司	Private Limited Liability Corporations	28.70
私营股份有限公司	Private Share-holding Corporations Ltd.	19.76
其他企业	Other Enterprises	18.68
港、澳、台商投资企业	Enterprises with Funds from Hong Kong, Macao and Taiwan	17.97
合资经营企业(港或澳、台资)	Joint-ventures Enterprises	19.03
合作经营企业(港或澳、台资)	Cooperative Enterprises	21.94
港澳台商独资经营企业	Enterprises with Sole Investment	16.16
港澳台商投资股份有限公司	Share-holding Corporations Ltd. With Funds from Hong Kong, Macao and Taiwan	15.34
其他企业	Others	19.29
外商投资企业	Foreign Funded Enterprises	17.09
中外合资经营企业	Joint-venture Enterprises	16.57
中外合作经营企业	Cooperation Enterprises	11.70
外资企业	Enterprises with Sole Foreign Funds	18.37
外商投资股份有限公司	Share-holding Corporations Ltd. with Foreign Investment	16.85
其他企业	Others	44.35
二、在总计中:亏损企业	**of which:Loss Enterprises**	**2.30**
在总计中:国有控股企业	of which:State-holding Enterprises	16.81
在总计中:农村工业	of which:Industry in Rural Area	25.66
在总计中:轻工业	of which:Light Industry	21.92
重工业	Heavy Industry	19.12
在总计中:大型企业	of which:Large-sized Enterprises	16.81
中型企业	Medium-sized Enterprises	16.40
小型企业	Small-sized Enterprises	29.90
微型企业	Micro-sized Enterprises	34.82

Main Financial Indicators of Industrial Enterprises above Designated Size

产值利税率 (%) Ratio of Profits and Taxes to Output Value (%)	销售产值利税率 (%) Ratio of Profits and Taxes to Output Value of Sales (%)	资产负债率 (%) Assets-Liability Ratio (%)	流动资产周转率 (次) Ratio of Turnover Working Capitals (time)	成本费用利润率 (%) Ratio of Profits to Cost (%)	产品销售率 (%) Proportion of Products Sold (%)
9.00	9.32	64.34	1.75	4.18	96.59
9.35	9.64	63.36	1.83	4.53	96.96
12.06	12.33	62.54	2.07	7.31	97.86
11.21	11.46	60.28	2.12	6.61	97.77
10.11	10.34	59.68	2.43	6.02	97.77
10.44	10.66	59.37	2.55	6.62	97.93
10.45	10.68	59.53	3.22	6.96	97.86
11.31	11.52	58.37	3.53	7.91	98.23
11.01	11.19	57.77	3.40	7.58	98.43
10.95	11.14	55.99	3.68	7.57	98.29
10.49	10.88	55.01	3.74	6.87	96.46
10.46	10.46	53.58	3.67	6.96	98.51
11.61	11.78	53.89	3.51	7.93	98.57
11.29	11.46	55.65	3.54	7.70	98.49
11.54	11.72	56.14	3.68	7.70	98.45
10.51	10.60	64.71	3.48	4.42	99.12
11.11	11.16	65.04	5.16	3.94	99.62
9.87	10.01	64.42	2.67	4.86	98.61
11.46	11.53	51.69	3.01	8.35	99.40
9.69	9.84	55.39	4.72	6.91	98.43
3.01	3.03	63.33	2.65	1.28	99.49
2.84	2.84	62.86	2.65	1.09	100.03
9.94	10.21	61.63	3.43	5.16	97.36
2.12	2.15	66.49	2.47	0.86	98.43
6.97	7.10	41.67	5.52	4.73	98.22
10.68	10.78	61.22	2.87	6.87	99.09
18.88	18.98	65.95	1.66	10.66	99.44
9.54	9.63	59.57	3.29	6.23	99.04
18.08	18.32	54.18	2.94	11.21	98.69
10.74	10.98	46.69	5.61	8.10	97.81
11.15	11.42	36.87	8.20	8.43	97.64
10.37	10.66	39.53	10.93	7.81	97.32
10.69	10.93	49.26	5.19	7.99	97.79
9.63	9.72	46.00	3.76	8.11	99.06
10.32	10.66	49.60	3.57	8.15	96.75
11.66	11.91	51.86	2.68	9.19	97.92
12.67	12.93	52.82	2.66	10.32	97.98
8.04	7.97	49.72	4.82	5.87	100.88
10.12	10.37	50.80	2.68	7.48	97.62
12.47	12.51	41.25	2.96	9.23	99.68
13.11	13.11	49.97	2.00	14.34	100.00
9.56	9.67	53.47	3.01	7.29	98.91
10.58	10.82	56.04	2.51	8.06	97.77
6.57	6.58	70.10	2.31	5.40	99.81
8.41	8.51	50.05	3.78	6.39	98.81
16.38	13.98	40.59	3.29	11.51	117.16
6.36	6.64	16.07	14.66	3.54	95.69
0.41	**0.41**	**79.44**	**2.14**	**-5.29**	**98.22**
15.66	15.75	63.07	2.72	7.80	99.47
12.23	12.35	36.17	4.95	10.52	99.01
10.88	10.99	49.72	3.92	7.52	99.03
11.47	11.68	57.86	3.39	7.77	98.25
59.18	2.77	7.96	99.23	8.22	99.21
59.37	3.06	6.64	98.16	6.64	98.16
44.19	5.77	7.96	97.95	7.96	97.95
44.37	7.53	7.97	96.53	5.00	98.39

14-10 续表

类　别	Category	总资产贡献率 (%) Ratio of Total Assets to Industrial Output Value (%)
三、按行业大类分	**by Sector**	
采掘业	**Mining**	**27.59**
煤炭开采和洗选业	Mining and Washing of Coal	18.01
石油和天然气开采业	Extraction of Petroleum and Natural Gas	54.66
黑色金属矿采选业	Mining of Ferrous Metal Ores	27.84
有色金属矿采选业	Mining of Non-ferrous Metal Ores	23.70
非金属矿采选业	Mining and Processing of Nonmetal Ores	26.38
开采辅助活动	Mining support activities	44.25
其他采矿业	Mining of Other Ores	15.42
制造业	**Manufacturing**	**20.08**
农副食品加工业	Processing of Food from Agricultural Products	22.36
食品制造业	Manufacture of Foods	22.02
酒、饮料和精制茶制造业	Manufacture of Wine, Beverages and Refined Tea	26.78
烟草制品业	Manufacture of Tobacco	67.21
纺织业	Manufacture of Textile	23.58
纺织服装、服饰业	Manufacture of Textile Clothing and Apparel	24.23
皮革、毛皮、羽毛及其制品和制鞋业	Manufacture of Leather, Fur, Feather and Footware	29.87
木材加工和木、竹、藤、棕、草制品业	Processing of Timbers, Manufacture of Wood, Bamboo, Rattan, Palm, and Straw Products	37.03
家具制造业	Manufacture of Furniture	28.36
造纸和纸制品业	Manufacture of Paper and Paper Products	11.70
印刷和记录媒介复制业	Printing, Reproduction of Recording Media	28.89
文教、工美、体育和娱乐用品制造业	Manufacture of Cultural, Educational,Crafts, Sports and Entertainment Supplies	28.58
石油加工、炼焦和核燃料加工业	Processing of Petroleum, Coking, Processing of Nucleus Fuel	26.70
化学原料和化学制品制造业	Manufacture of Chemical Raw Material and Chemical Products	20.65
医药制造业	Manufacture of Medicines	22.75
化学纤维制造业	Manufacture of Chemical Fiber	9.72
橡胶和塑料制品业	Manufacture of Rubber and Plastic	19.04
非金属矿物制品业	Manufacture of Non-metallic Mineral Products	24.36
黑色金属冶炼和压延加工业	Manufacture and Processing of Ferrous Metals	10.55
有色金属冶炼和压延加工业	Manufacture & Processing of Non-ferrous Metals	15.87
金属制品业	Manufacture of Metal Products	22.52
通用设备制造业	Manufacture of General Purpose Machinery	22.00
专用设备制造业	Manufacture of Special Purpose Machinery	20.97
汽车制造业	Manufacture of Automotive	13.04
铁路、船舶、航空航天和其他运输设备制造业	Manufacture Railways, Shipbuilding, Aerospace and Other Transportation Equipment	9.91
电气机械和器材制造业	Manufacture of Electrical Machinery & Equipment	18.04
计算机、通信和其他电子设备制造业	Manufacture of Computer,Communication and Other Electronic Equipment	18.53
仪器仪表制造业	Manufacture of Measuring Instrument	25.61
其他制造业	Manufacture of Others	30.48
废弃资源综合利用业	Comprehensive Utilization of Disposal Resources	38.43
金属制品、机械和设备修理业	Repair of Metal Products, Machinery and Equipment	17.20
电力、燃气及水的生产和供应业	**Production and Supply of Electric,Gas and Water**	**6.30**
电力、热力生产和供应业	Production and Supply of Electric Power and Heat Power	6.25
燃气生产和供应业	Production and Supply of Gas	12.03
水的生产和供应业	Production and Supply of Water	2.41

continued

产值利税率 (%) Ratio of Profits and Taxes to Output Value (%)	销售产值利税率 (%) Ratio of Profits and Taxes to Output Value of Sales (%)	资产负债率 (%) Assets-Liability Ratio (%)	流动资产周转率 (次) Ratio of Turnover Working Capitals (time)	成本费用利润率 (%) Ratio of Profits to Cost (%)	产品销售率 (%) Proportion of Products Sold (%)
32.24	**32.45**	**56.66**	**2.55**	**21.37**	**99.37**
24.75	24.95	62.64	2.05	14.67	99.18
65.50	65.49	47.85	3.73	68.42	100.02
25.16	25.45	45.03	2.72	19.39	98.86
15.76	15.81	45.50	4.11	16.52	99.64
13.10	13.30	47.78	4.03	9.38	98.49
13.40	13.32	35.83	5.73	10.10	100.60
9.36	9.36	42.88	2.12	9.44	100.00
10.25	**10.41**	**54.32**	**3.60**	**7.15**	**98.40**
8.74	8.82	50.27	4.52	6.68	99.06
11.95	12.09	45.24	3.63	8.94	98.83
19.37	18.33	43.76	3.45	10.80	105.70
63.23	63.35	32.77	1.95	20.18	99.81
9.85	9.82	48.62	5.13	7.00	100.28
9.87	10.05	47.39	4.66	7.08	98.19
10.20	10.43	47.61	5.25	6.70	97.77
10.33	10.56	40.61	7.82	8.08	97.77
11.18	11.34	43.99	4.56	7.91	98.57
8.74	8.98	58.85	2.86	6.19	97.27
12.14	12.33	43.58	4.99	8.86	98.43
10.58	10.74	44.81	5.06	7.14	98.50
10.20	10.37	68.41	4.87	2.92	98.36
10.56	10.75	54.30	4.00	8.34	98.15
15.85	16.31	40.94	2.75	13.45	97.17
6.62	7.21	61.33	2.45	4.77	91.81
9.11	9.25	55.56	3.87	7.24	98.56
13.45	13.80	48.10	4.08	9.95	97.47
5.55	5.64	67.09	3.28	3.29	98.38
9.56	9.70	54.72	3.04	7.21	98.56
10.03	10.29	52.71	3.97	7.31	97.46
11.72	12.03	50.29	3.14	8.99	97.37
11.32	11.63	52.94	2.86	8.63	97.40
8.70	8.82	62.70	2.30	6.06	98.65
9.25	9.44	71.36	1.69	7.04	97.96
9.84	10.03	54.13	2.80	7.11	98.06
7.50	7.59	52.48	3.90	5.57	98.80
11.91	12.05	42.18	3.13	9.17	98.79
10.56	11.02	48.08	5.14	7.89	95.81
14.80	15.14	40.39	5.54	10.17	97.75
11.01	11.19	43.62	4.24	9.45	98.45
4.98	**5.01**	**68.33**	**4.95**	**2.04**	**99.41**
4.54	4.57	70.16	5.70	1.69	99.35
14.73	14.64	48.68	2.48	10.67	100.65
7.72	7.68	54.65	0.82	2.69	100.43

14-11 规模以上国有控股工业企业主要财务分析指标

类别	Category	总资产贡献率 (%) Ratio of Total Assets to Industrial Output Value (%)
1998		
1999		
2000		
2001		
2002		
2003		
2004		
2005		
2006		18.25
2007		17.64
2008		16.65
2009		13.95
2010		16.35
2011		16.81
在总计中：	**of which:**	
亏损企业	Loss Enterprises	5.11
在总计中：	**of which:**	
中央企业	Central Enterprises	15.42
地方企业	Local Enterprises	11.65
一、按轻重工业分	**by Light & Heavy Industry**	
轻工业	Light Industry	23.54
重工业	Heavy Industry	16.19
二、按企业规模分	**by Enterprise Size**	
大型企业	Large-sized Enterprises	18.31
中型企业	Medium-sized Enterprises	11.40
小型企业	Small-sized Enterprises	7.51
微型企业	Micro-sized Enterprises	16.09

Enterprises above Designated Size

产值利税率 (%) Ratio of Profits and Taxes to Output Value (%)	销售产值利税率 (%) Ratio of Profits and Taxes to Output Value of Sales (%)	资产负债率 (%) Assets-Liability Ratio (%)	流动资产周转率 (次) Ratio of Turnover Working Capitals (time)	成本费用利润率 (%) Ratio of Profits to Cost (%)	产品销售率 (%) Proportion of Products Sold (%)
11.18	11.47	63.39	1.43	2.85	97.44
11.49	11.70	62.87	1.51	3.24	98.16
17.05	17.19	62.23	1.76	8.85	99.19
15.77	15.93	59.37	1.78	7.65	98.97
13.51	13.70	59.60	1.95	6.39	98.61
14.80	14.98	59.21	2.12	7.71	98.75
15.11	15.37	60.10	2.35	8.82	98.28
16.48	16.64	60.18	2.52	10.83	99.06
16.71	16.83	60.83	2.72	10.51	99.24
16.28	16.38	59.02	2.94	9.91	99.36
14.80	16.37	57.99	2.91	7.36	90.43
14.54	14.54	58.48	2.51	7.19	99.59
15.50	15.53	59.93	2.63	8.07	99.82
15.66	15.75	63.07	2.72	7.80	99.47
2.96	2.99	80.94	3.03	-5.74	99.03
11.11	11.16	65.04	5.16	3.94	99.62
9.87	10.01	64.42	2.67	4.86	98.61
21.97	21.29	50.08	2.38	8.20	103.22
15.04	15.18	64.29	2.76	7.76	99.11
18.61	18.67	62.24	2.44	10.07	99.69
8.58	8.67	69.06	3.23	2.29	98.88
7.85	8.10	60.74	2.26	3.80	96.95
11.13	11.15	61.24	6.80	3.40	99.80

14—11 续表

类别	Category	总资产贡献率 (%) Ratio of Total Assets to Industrial Output Value (%)
三、按行业大类分	**by Sector**	
采掘业	**Mining**	**27.17**
煤炭开采和洗选业	Mining and Washing of Coal	17.22
石油和天然气开采业	Extraction of Petroleum and Natural Gas	54.65
黑色金属矿采选业	Mining of Ferrous Metal Ores	22.27
有色金属矿采选业	Mining of Non-ferrous Metal Ores	21.87
非金属矿采选业	Mining and Processing of Nonmetal Ores	12.61
开采辅助活动	Mining support activities	52.91
其他采矿业	Mining of Other Ores	
制造业	**Manufacturing**	**14.61**
农副食品加工业	Processing of Food from Agricultural Products	14.02
食品制造业	Manufacture of Foods	10.20
酒、饮料和精制茶制造业	Manufacture of Wine, Beverages and Refined Tea	26.06
烟草制品业	Manufacture of Tobacco	67.13
纺织业	Manufacture of Textile	7.06
纺织服装、服饰业	Manufacture of Textile Clothing and Apparel	3.72
皮革、毛皮、羽毛及其制品和制鞋业	Manufacture of Leather, Fur, Feather and Footware	16.30
木材加工和木、竹、藤、棕、草制品业	Processing of Timbers, Manufacture of Wood, Bamboo, Rattan, Palm, and Straw Products	5.70
家具制造业	Manufacture of Furniture	
造纸和纸制品业	Manufacture of Paper and Paper Products	20.51
印刷和记录媒介复制业	Printing, Reproduction of Recording Media	8.56
文教、工美、体育和娱乐用品制造业	Manufacture of Cultural, Educational,Crafts, Sports and Entertainment Supplies	
石油加工、炼焦和核燃料加工业	Processing of Petroleum, Coking, Processing of Nucleus Fuel	36.22
化学原料和化学制品制造业	Manufacture of Chemical Raw Material and Chemical Products	8.25
医药制造业	Manufacture of Medicines	21.75
化学纤维制造业	Manufacture of Chemical Fiber	6.02
橡胶和塑料制品业	Manufacture of Rubber and Plastic	1.75
非金属矿物制品业	Manufacture of Non-metallic Mineral Products	13.09
黑色金属冶炼和压延加工业	Manufacture and Processing of Ferrous Metals	5.97
有色金属冶炼和压延加工业	Manufacture & Processing of Non-ferrous Metals	6.28
金属制品业	Manufacture of Metal Products	6.77
通用设备制造业	Manufacture of General Purpose Machinery	13.78
专用设备制造业	Manufacture of Special Purpose Machinery	8.67
汽车制造业	Manufacture of Automotive	8.73
铁路、船舶、航空航天和其他运输设备制造业	Manufacture Railways, Shipbuilding, Aerospace and Other Transportation Equipment	5.45
电气机械和器材制造业	Manufacture of Electrical Machinery & Equipment	5.04
计算机、通信和其他电子设备制造业	Manufacture of Computer,Communication and Other Electronic Equipment	18.46
仪器仪表制造业	Manufacture of Measuring Instrument	8.41
其他制造业	Manufacture of Others	12.81
废弃资源综合利用业	Comprehensive Utilization of Disposal Resources	3.28
金属制品、机械和设备修理业	Repair of Metal Products, Machinery and Equipment	5.05
电力、燃气及水的生产和供应业	**Production and Supply of Electric,Gas and Water**	**6.20**
电力、热力生产和供应业	Production and Supply of Electric Power and Heat Power	6.43
燃气生产和供应业	Production and Supply of Gas	7.88
水的生产和供应业	Production and Supply of Water	0.95

continued

产值利税率 (%) Ratio of Profits and Taxes to Output Value (%)	销售产值利税率 (%) Ratio of Profits and Taxes to Output Value of Sales (%)	资产负债率 (%) Assets-Liability Ratio (%)	流动资产周转率 (次) Ratio of Turnover Working Capitals (time)	成本费用利润率 (%) Ratio of Profits to Cost (%)	产品销售率 (%) Proportion of Products Sold (%)
37.24	**37.49**	**57.80**	**2.33**	**24.40**	**99.34**
26.50	26.78	63.29	1.93	15.38	98.97
65.72	65.71	47.77	3.67	68.64	100.02
29.23	29.65	40.89	1.94	23.41	98.59
17.25	17.31	48.60	3.68	18.37	99.65
29.55	31.09	56.01	0.71	22.22	95.05
14.17	14.08	25.17	7.48	10.78	100.64
11.02	**11.08**	**63.98**	**2.49**	**4.33**	**99.44**
5.40	5.47	61.37	3.61	5.01	98.73
8.28	7.97	75.92	2.85	3.09	103.91
33.96	26.37	41.08	2.73	13.67	128.80
63.31	63.42	32.79	1.95	20.11	99.82
5.37	5.41	68.40	1.97	0.17	99.18
5.20	5.13	70.45	1.59	1.65	101.28
6.87	7.22	75.19	2.76	3.69	88.03
9.39	10.67	43.93	1.90	9.46	
					99.24
8.10	8.16	66.94	5.51	5.24	100.46
11.21	11.15	50.96	1.66	6.27	
					99.64
12.67	12.72	71.51	6.12	0.95	98.78
6.21	6.28	65.63	3.04	4.00	97.51
19.32	19.81	38.79	2.01	16.91	95.35
4.14	4.35	58.78	1.97	2.97	99.87
0.34	0.34	75.06	1.63	-1.01	97.91
19.05	19.45	59.63	1.79	14.22	99.74
2.95	2.95	69.92	3.70	1.16	99.92
1.74	1.74	62.67	6.55	0.44	93.42
3.93	4.21	79.03	2.71	2.25	95.36
17.52	18.37	53.55	1.24	15.25	93.15
8.62	9.26	68.44	1.39	5.04	100.25
9.65	9.62	69.55	1.34	5.88	96.94
6.00	6.19	71.51	1.34	4.17	97.64
4.29	4.39	70.74	1.66	1.11	97.75
11.32	11.58	46.16	2.69	5.54	96.16
9.45	9.83	77.32	1.26	4.33	99.79
6.82	6.84	57.14	2.11	3.10	100.00
0.63	0.63	54.79	2.27	-0.89	96.10
7.56	7.86	34.90	1.92	6.97	99.74
4.65	**4.66**	**68.97**	**5.76**	**1.72**	**99.70**
4.52	4.54	70.32	6.64	1.63	100.60
11.56	11.49	49.11	1.89	8.70	101.94
3.29	3.23	55.01	0.61	-2.35	97.67

14-12 规模以上国有工业企业主要财务分析指标

类　别	Category	总资产贡献率 (%) Ratio of Total Assets to Industrial Output Value (%)
1998		
1999		
2000		
2001		
2002		
2003		
2004		
2005		
2006		12.35
2007		18.92
2008		16.65
2009		11.01
2010		12.91
2011		13.39
在总计中：	**of which:**	
亏损企业	Loss Enterprises	0.25
在总计中：	**of which:**	
中央企业	Central Enterprises	15.42
地方企业	Local Enterprises	11.64
一、按轻重工业分	**by Light & Heavy Industry**	
轻工业	Light Industry	30.45
重工业	Heavy Industry	10.35
二、按企业规模分	**by Enterprise Size**	
大型企业	Large-sized Enterprises	13.40
中型企业	Medium-sized Enterprises	7.42
小型企业	Small-sized Enterprises	8.09
微型企业	Micro-sized Enterprises	20.74

Main Financial Indicators of State-owned Industrial Enterprises above Designated Size

产值利税率 (%) Ratio of Profits and Taxes to Output Value (%)	销售产值利税率 (%) Ratio of Profits and Taxes to Output Value of Sales (%)	资产负债率 (%) Assets-Liability Ratio (%)	流动资产周转率 (次) Ratio of Turnover Working Capitals (time)	成本费用利润率 (%) Ratio of Profits to Cost (%)	产品销售率 (%) Proportion of Products Sold (%)
11.33	11.63	63.67	1.47	2.32	97.43
10.80	10.96	62.81	1.57	2.40	98.57
19.04	19,14	63.22	1.98	10.21	99.45
12.61	12.82	64.12	1.70	3.37	98.39
12.70	12.86	64.46	1.90	3.57	98.77
13.11	13.35	64.16	2.04	3.83	98.16
8.52	8.77	65.39	2.23	2.55	97.10
9.21	9.30	65.87	2.05	4.01	99.04
12.43	12.51	64.11	2.59	4.99	99.32
12.28	12.38	61.63	2.77	5.11	99.21
26.95	35.17	48.06	3.96	15.97	76.64
10.16	10.16	61.27	2.95	3.77	99.04
10.55	10.59	64.81	3.05	4.36	99.60
10.51	10.60	64.71	3.48	4.42	99.12
-2.44	-2.47	81.85	2.42	-6.26	98.58
11.11	11.16	65.04	5.16	3.94	99.62
9.87	10.01	64.42	2.67	4.86	98.61
26.87	27.16	49.80	2.27	7.08	98.92
7.72	7.78	67.36	3.91	3.96	99.16
10.48	10.55	64.95	3.03	5.48	99.36
5.83	5.96	73.14	2.81	2.03	97.70
9.51	9.81	61.47	1.92	3.78	96.95
13.75	13.76	56.68	8.30	4.20	99.98

14-12 续表

类 别	Category	总资产贡献率 (%) Ratio of Total Assets to Industrial Output Value (%)
三、按行业大类分	**by Sector**	
采掘业	**Mining**	**18.93**
煤炭开采和洗选业	Mining and Washing of Coal	17.94
石油和天然气开采业	Extraction of Petroleum and Natural Gas	38.56
黑色金属矿采选业	Mining of Ferrous Metal Ores	20.61
有色金属矿采选业	Mining of Non-ferrous Metal Ores	27.31
非金属矿采选业	Mining and Processing of Nonmetal Ores	16.03
开采辅助活动	Mining support activities	
其他采矿业	Mining of Other Ores	
制造业	**Manufacturing**	**16.76**
农副食品加工业	Processing of Food from Agricultural Products	15.65
食品制造业	Manufacture of Foods	6.43
酒、饮料和精制茶制造业	Manufacture of Wine, Beverages and Refined Tea	25.23
烟草制品业	Manufacture of Tobacco	67.78
纺织业	Manufacture of Textile	6.00
纺织服装、服饰业	Manufacture of Textile Clothing and Apparel	1.82
皮革、毛皮、羽毛及其制品和制鞋业	Manufacture of Leather, Fur, Feather and Footware	25.43
木材加工和木、竹、藤、棕、草制品业	Processing of Timbers, Manufacture of Wood, Bamboo, Rattan, Palm, and Straw Products	6.16
家具制造业	Manufacture of Furniture	
造纸和纸制品业	Manufacture of Paper and Paper Products	10.68
印刷和记录媒介复制业	Printing, Reproduction of Recording Media	6.05
文教、工美、体育和娱乐用品制造业	Manufacture of Cultural, Educational,Crafts, Sports and Entertainment Supplies	
石油加工、炼焦和核燃料加工业	Processing of Petroleum, Coking, Processing of Nucleus Fuel	15.14
化学原料和化学制品制造业	Manufacture of Chemical Raw Material and Chemical Products	7.03
医药制造业	Manufacture of Medicines	20.82
化学纤维制造业	Manufacture of Chemical Fiber	8.58
橡胶和塑料制品业	Manufacture of Rubber and Plastic	-2.50
非金属矿物制品业	Manufacture of Non-metallic Mineral Products	10.04
黑色金属冶炼和压延加工业	Manufacture and Processing of Ferrous Metals	4.10
有色金属冶炼和压延加工业	Manufacture & Processing of Non-ferrous Metals	4.95
金属制品业	Manufacture of Metal Products	14.18
通用设备制造业	Manufacture of General Purpose Machinery	4.49
专用设备制造业	Manufacture of Special Purpose Machinery	7.77
汽车制造业	Manufacture of Automotive	2.69
铁路、船舶、航空航天和其他运输设备制造业	Manufacture Railways, Shipbuilding, Aerospace and Other Transportation Equipment	5.77
电气机械和器材制造业	Manufacture of Electrical Machinery & Equipment	5.88
计算机、通信和其他电子设备制造业	Manufacture of Computer,Communication and Other Electronic Equipment	18.88
仪器仪表制造业	Manufacture of Measuring Instrument	2.86
其他制造业	Manufacture of Others	5.98
废弃资源综合利用业	Comprehensive Utilization of Disposal Resources	
金属制品、机械和设备修理业	Repair of Metal Products, Machinery and Equipment	
电力、燃气及水的生产和供应业	**Production and Supply of Electric,Gas and Water**	**8.20**
电力、热力生产和供应业	Production and Supply of Electric Power and Heat Power	8.44
燃气生产和供应业	Production and Supply of Gas	16.57
水的生产和供应业	Production and Supply of Water	-0.10

continued

产值利税率 (%) Ratio of Profits and Taxes to Output Value (%)	销售产值利税率 (%) Ratio of Profits and Taxes to Output Value of Sales (%)	资产负债率 (%) Assets-Liability Ratio (%)	流动资产周转率 (次) Ratio of Turnover Working Capitals (time)	成本费用利润率 (%) Ratio of Profits to Cost (%)	产品销售率 (%) Proportion of Products Sold (%)
20.24	**20.42**	**52.16**	**2.23**	**13.36**	**99.13**
17.69	17.86	53.27	2.37	10.69	99.08
37.28	37.87	42.90	3.38	18.75	98.46
41.38	41.29	42.59	1.12	36.84	100.22
37.31	37.16	57.03	3.96	62.38	100.40
13.36	14.63	76.31	1.73	8.55	91.33
13.61	**13.83**	**62.27**	**2.41**	**3.83**	**98.41**
6.08	6.18	58.95	3.65	5.48	98.46
5.70	5.70	89.23	2.32	0.44	99.87
21.10	21.73	65.13	1.85	9.46	97.11
63.26	63.38	33.17	1.96	19.70	99.80
3.90	3.96	63.48	2.57	2.05	98.57
4.01	4.01	93.54	0.47	1.95	100.00
6.38	7.11	87.84	4.41	3.97	89.81
9.07	9.13	150.78	1.62	3.63	99.31
7.05	7.47	78.91	2.00	2.22	94.38
9.40	9.53	67.34	1.31	4.01	98.69
7.39	7.55	77.11	4.30	0.13	97.83
3.64	3.68	74.91	3.99	2.24	98.82
25.34	26.45	43.38	2.55	15.92	95.83
11.26	12.35	24.32	2.14	10.15	91.15
-5.95	-6.02	103.45	2.03	-7.70	98.83
11.72	12.68	65.68	2.18	7.73	92.44
1.41	1.47	89.37	2.28	0.48	95.85
3.06	3.07	62.60	3.50	-0.43	99.76
10.23	10.17	66.04	2.45	7.23	100.52
4.84	5.07	57.82	1.20	1.52	95.54
9.77	10.06	67.03	1.30	4.62	97.19
1.49	1.46	64.35	2.62	0.42	101.73
9.12	9.60	66.94	0.98	8.44	94.96
4.50	4.49	74.01	2.15	0.99	100.03
14.48	14.64	51.67	2.42	6.02	98.90
3.72	3.96	76.86	1.21	0.39	93.92
5.77	5.77	67.60	1.35	0.37	100.00
5.29	**5.31**	**71.98**	**8.01**	**2.47**	**99.68**
5.29	5.30	72.64	8.66	2.50	99.68
17.64	17.59	47.13	4.02	10.54	100.24
-2.07	-2.10	56.98	0.66	-7.01	98.58

14-13 各市规模以上工业企业主要经济指标(2011年)

Main Economic Indicators of Industrial Enterprises above Designated Size by Region(2011)

单位:万元 (10 000 yuan)

地区	Region	企业单位数(个) Number of Industial Enterprises (unit)	大型企业 Large-sized Enterprises	中型企业 Medium-sized Enterprises	小型企业 Small-sized Enterprises	微型企业 Micro-sized Enterprises	亏损企业数(个) Number of Loss Enterprises (unit)	工业总产值(万元) Gross Industrial Output Value (10 000 yuan)	内资企业 Domestic Funded Enterprises
全省总计	**Total**	**35813**	**877**	**4286**	**28920**	**1730**	**1715**	**995049762**	**837085419**
济南市	Jinan	1417	44	195	1117	61	157	39412617	35716862
青岛市	Qingdao	4727	94	545	3723	365	448	121685879	86490679
淄博市	Zibo	3133	82	332	2568	151	97	92531388	80908673
枣庄市	Zaozhuang	1635	23	354	1012	246	43	32990117	30873007
东营市	Dongying	815	42	112	627	34	34	82069933	76330897
烟台市	Yantai	2861	94	432	2150	185	161	111614642	69208416
潍坊市	Weifang	4130	93	429	3443	165	144	90815070	78865732
济宁市	Jining	1260	48	195	980	37	99	37255149	32209891
泰安市	Tai'an	1608	51	196	1323	38	48	45659700	43883717
威海市	Weihai	1636	68	303	1170	95	101	46613249	31613501
日照市	Rizhao	580	18	114	435	13	60	21149312	15956990
莱芜市	Laiwu	253	13	42	184	14	42	13553487	13327699
临沂市	Linyi	3374	58	324	2879	113	70	55126187	47821259
德州市	Dezhou	3144	54	253	2755	82	35	51825980	48987188
聊城市	Liaocheng	2148	37	168	1867	76	35	52783719	51390920
滨州市	Binzhou	883	38	137	687	21	92	46917144	43530076
菏泽市	Heze	2205	16	155	2000	34	49	34282604	31854883

14-13 续表 1 continued

单位:万元 (10 000 yuan)

地区	Region	国有工业 State-owned Enterprises	集体工业 Collective-owned Enterprises	股份合作企业 Cooperative Enterprises	联营企业 Joint Ownership Enterprises	有限责任公司 Limited Liability Corporations	股份有限公司 Share-holding Corporations Limited
全省总计	**Total**	**62007599**	**29834101**	**5050244**	**6528171**	**261961215**	**101081845**
济南市	Jinan	3861027	276908	272968	4355819	15237789	4416274
青岛市	Qingdao	7777626	7009938	350175	23400	23470815	10637273
淄博市	Zibo	5752012	3092336	705858	134110	18392065	14697160
枣庄市	Zaozhuang	1454401	466658	23864	17769	9574690	540753
东营市	Dongying	2840756	1830126	160225		19150222	21029772
烟台市	Yantai	4587987	9832379	847219	52624	20896206	7649412
潍坊市	Weifang	2343817	3346450	486402	1614244	19889234	11795558
济宁市	Jining	2649874	162555	355777	56467	12268367	7243173
泰安市	Tai'an	3912306	368378	268836		16912673	1738135
威海市	Weihai	715141	1855630	644323	70812	9237600	4306719
日照市	Rizhao	464255	85258	52607	33019	10803068	1002243
莱芜市	Laiwu	314019	3264		12383	10992634	558710
临沂市	Linyi	1267333	203000	321530	4836	11061141	5146619
德州市	Dezhou	2571028	305173	311610		9430893	2190651
聊城市	Liaocheng	1512461	548189	202454	2996	18607831	2161851
滨州市	Binzhou	1252262	91015	5801		28082561	3966269
菏泽市	Heze	1497118	356846	40595	149693	7953426	1120421

14—13 续表 2 continued

单位:万元 (10 000 yuan)

地 区	Region	私营企业 Private Enterprises	其他企业 Other Enterprises	港澳台商投资企业 Enterprises with Funds from Hong Kong, Macao and Taiwan	外商投资企业 Foreign Funded Enterprises	高新技术产业 High and New-tech Industry 总产值 Gross Output Value	占规模以上工业比重(%) Portion in Industries Above Designated Size	工业销售产值(当年价) Industrial Output Value of Products Sold (current prices)	#出口交货值 Export Delivery Value
全省总计	**Total**	**343078488**	**27543756**	**31362461**	**126601882**	**281258422**	**27.31**	**980059403**	**71054688**
济南市	Jinan	7096074	200004	926439	2769316	19796705	38.66	38625351	2292798
青岛市	Qingdao	34342184	2879270	6430883	28764317	46400777	38.95	119742220	18618072
淄博市	Zibo	35246685	2888447	1874010	9748705	25449028	26.60	91467385	980059403
枣庄市	Zaozhuang	18755557	39315	1000803	1116307	5423384	16.24	32828306	540521
东营市	Dongying	26971780	4348016	2557955	3181081	25542893	30.74	80403781	2060431
烟台市	Yantai	25114092	228497	6290168	36116058	47093054	38.69	110486962	16562841
潍坊市	Weifang	37244887	2145141	4014421	7934916	23497391	24.93	89291088	6466320
济宁市	Jining	9311103	162576	609242	4436016	7510375	19.42	36308630	2099706
泰安市	Tai'an	19475210	1208180	169089	1606894	9789178	21.27	43416228	1133419
威海市	Weihai	14467391	315885	986675	14013073	17655384	33.64	45694781	7080136
日照市	Rizhao	3180358	336182	328207	4864115	4012730	14.62	20717695	2239687
莱芜市	Laiwu	1166781	279908	80783	145005	1973456	14.01	13398907	704658
临沂市	Linyi	27794309	2022490	2096194	5208734	11621375	20.60	53991577	980059403
德州市	Dezhou	29264906	4912927	224226	2614566	10595119	20.50	51161269	980059403
聊城市	Liaocheng	25422242	2932898	271267	1121531	7896562	14.90	52352193	38625351
滨州市	Binzhou	9420675	711491	2063124	1323945	9010248	18.93	47348256	119742220
菏泽市	Heze	18804255	1932529	1438976	988745	7990763	23.53	34063149	91467385

14—13 续表 3 continued

单位:万元 (10 000 yuan)

地 区	Region	资产合计 Total Assets	产成品 Finished Products	流动资产合计 Total Working Capitals	固定资产合计 Total Fixed Assets	负债合计 Total Liabilities	主营业务收入 Revenue from Principal Business	主营业务税金及附加 Taxes and Other Charges on Principal Business
全省总计	**Total**	**608187652**	**22576063**	**286009369**	**243357519**	**338476209**	**997662407**	**12191685**
济南市	Jinan	38563423	2221330	21308484	11703944	24938973	40686283	596433
青岛市	Qingdao	69962547	3230922	41335257	20940536	40711609	121070032	1922288
淄博市	Zibo	45929773	22576063	21293272	18217829	24445795	91922108	1287542
枣庄市	Zaozhuang	16741773	22576063	6542021	8426746	8758540	33622724	225953
东营市	Dongying	49038034	22576063	20667281	25726398	25340162	81996776	3445600
烟台市	Yantai	59434170	2221330	28146945	24357691	29060883	111546488	404928
潍坊市	Weifang	53742478	3230922	27023113	21185518	31329709	91119424	429003
济宁市	Jining	40490543	1507250	17667101	14483748	25518476	38629743	215765
泰安市	Tai'an	28444580	703158	11916913	11511530	16899387	44688395	490136
威海市	Weihai	28456381	983714	15087264	10549803	14449609	46350885	208887
日照市	Rizhao	19155210	564821	10025662	6935426	12420963	21607035	82568
莱芜市	Laiwu	10177623	380180	3953677	2991690	6988934	10275669	38344
临沂市	Linyi	27689605	1520964	14048391	10789791	14970119	56263889	299018
德州市	Dezhou	26948819	784005	10228620	13412208	10508978	52083333	556144
聊城市	Liaocheng	28967229	789958	12405551	13378637	14644225	52477532	280371
滨州市	Binzhou	31310897	1044908	15470905	12700275	19322101	49780616	142843
菏泽市	Heze	14877425	612783	6209423	7303487	7277267	34738664	364038

14-13 续表 4 continued

单位:万元 (10 000 yuan)

地 区	Region	营业费用 Cost of Business	管理费用 Cost of Management	利润总额 Total Profits	亏损企业亏损总额 Losses of Loss Enterprises	利税总额 Total Profits and Taxes	本年应交增值税 Value-added Tax Payable	全部从业人员年平均人数(人) Annual Average Empolyed Persons (person)
全省总计	**Total**	**18943364**	**29271577**	**70977118**	**2307650**	**112335263**	**28636010**	**8597697**
济南市	Jinan	1243002	1968300	2323000	272891	3901736	974014	388072
青岛市	Qingdao	3988719	5503656	6457750	486700	11795429	3306809	1028618
淄博市	Zibo	1168400	2377477	7365081	232624	11811124	3172611	709931
枣庄市	Zaozhuang	622831	1074445	2310713	126556	3886482	1346380	493187
东营市	Dongying	656114	1747565	10047969	18168	16674210	3123165	333892
烟台市	Yantai	1902959	2733176	9034824	221472	11733738	2288472	897151
潍坊市	Weifang	1836635	2419916	5367143	158022	7728487	1924719	825909
济宁市	Jining	920053	1644664	2695321	208093	4088847	1153287	455693
泰安市	Tai'an	798512	2549352	3587853	53374	5723659	1635964	446057
威海市	Weihai	1020108	1718074	2557253	81294	3942097	1161128	496266
日照市	Rizhao	313004	557451	1167604	50592	1923702	671700	160901
莱芜市	Laiwu	118344	449880	423157	39264	662542	198768	117996
临沂市	Linyi	1208610	1223178	3783765	54718	5450205	1212392	628596
德州市	Dezhou	1296417	1037328	4180636	28670	6801287	2044910	491984
聊城市	Liaocheng	679960	735366	3504236	36905	5056169	1267603	381684
滨州市	Binzhou	425674	678910	2650120	123716	4022859	1111605	379517
菏泽市	Heze	653794	657367	2850400	114592	4572482	1356185	357258

14-14 各市规模以上国有控股工业企业主要经济指标(2011年)

Main Economic Indicators of State-holding Industrial Enterprises above Designated Size by Region(2011)

单位:万元 (10 000 yuan)

地 区	Region	企业单位数(个) Number of Industial Enterprises (unit)	#亏损企业 Number of Loss Enterprises	工业总产值 Gross Industrial Output Value	工业销售产值 Industrial Output Value of Products Sold	#出口交货值 Export Delivery Value	资产合计 Total Assets
全省总计	**Total**	**1115**	**266**	**194537092**	**193514621**	**6527608**	**196679001**
济南市	Jinan	135	34	20848260	20559647	1256128	24871147
青岛市	Qingdao	148	46	28479909	28869601	1946206	22680852
淄博市	Zibo	98	29	16634154	16441478	375050	12478672
枣庄市	Zaozhuang	57	17	5921496	5929707	63607	9022628
东营市	Dongying	28	2	18817476	18852153	288	18409523
烟台市	Yantai	118	27	19528655	19353255	928248	15218549
潍坊市	Weifang	71	17	11188367	10964216	172456	11050300
济宁市	Jining	93	23	12877150	12782097	350888	24226288
泰安市	Tai'an	63	11	9913084	9657921	106633	12286297
威海市	Weihai	40	8	2236367	2228056	310607	3379313
日照市	Rizhao	19	6	1374895	1357256	214242	1388303
莱芜市	Laiwu	15	3	5191748	5152093	232617	4937757
临沂市	Linyi	51	12	3229707	3173290	128097	4078279
德州市	Dezhou	55	8	5719460	5741916	55227	4746880
聊城市	Liaocheng	59	5	5673367	5622449	111927	3875134
滨州市	Binzhou	29	8	3579601	3534478	270086	2649823
菏泽市	Heze	32	10	4559811	4533384	3174	3122115

14-14 续表 1 continued

单位:万元 (10 000 yuan)

地 区	Region	产成品 Finished Products	流动资产合计 Total Working Capitals	固定资产合计 Total Fixed Assets	负债合计 Total Liabilities	主营业务收入 Revenue from Principal Business	#主营业务税金及附加 Taxes and Other Charges on Principal Business
全省总计	**Total**	**5825084**	**77628679**	**84039276**	**124052763**	**200407014**	**7682939**
济南市	Jinan	1549994	13249636	8072482	17364906	22091807	494245
青岛市	Qingdao	800810	12227244	7762940	14771082	31879124	1149024
淄博市	Zibo	389542	4603012	5452960	7167715	16634349	776763
枣庄市	Zaozhuang	129299	3751195	4343681	5320241	6615959	84095
东营市	Dongying	226309	4779977	13271492	9342062	19180412	3052551
烟台市	Yantai	465186	6880842	5139620	8631665	21809608	167287
潍坊市	Weifang	442209	5215004	4716024	6809392	11086147	141157
济宁市	Jining	888770	9084183	9119615	16114373	14311445	138710
泰安市	Tai'an	246754	4903462	4985482	8872248	9946415	157566
威海市	Weihai	42979	1268870	1536057	2079363	2294706	8013
日照市	Rizhao	41796	461587	834845	770326	1665298	13183
莱芜市	Laiwu	76664	1506403	520040	3582083	878115	20400
临沂市	Linyi	122785	1487124	2171054	2749816	3787414	31577
德州市	Dezhou	122205	1588192	2582728	2933917	6027291	102036
聊城市	Liaocheng	129405	1567968	1987216	2666705	5374906	21325
滨州市	Binzhou	74844	1231539	1125272	1875301	3576857	5878
菏泽市	Heze	72943	1142951	1675505	2111085	4444350	117303

14-14 续表 2 continued

单位:万元 (10 000 yuan)

地 区	Region	营业费用 Cost of Business	管理费用 Cost of Management	利润总额 Total Profits	亏损企业亏损总额 Losses of Loss Enterprises	利税总额 Total Profits and Taxes	本年应交增值税 Value-added Tax Payable	全部从业人员年平均人数(人) Annual Average Empolyed Persons (person)
全省总计	**Total**	**3746306**	**9602337**	**14886026**	**1413532**	**30473305**	**7584804**	**1477406**
济南市	Jinan	565907	1149888	772585	222004	1733601	464847	149147
青岛市	Qingdao	1038675	1078932	849595	280225	2725385	714225	135685
淄博市	Zibo	270836	924671	810803	148095	2180482	588597	149103
枣庄市	Zaozhuang	78332	511287	782178	101162	1275551	406160	132065
东营市	Dongying	38617	890054	4316386	871	8956719	1587758	119446
烟台市	Yantai	403599	717831	1693878	139923	2263175	400942	120807
潍坊市	Weifang	217198	457226	833437	97601	1372687	395188	67967
济宁市	Jining	420424	1073384	1386572	145882	2262740	715972	192983
泰安市	Tai'an	188988	1339748	1056551	18533	1736694	522344	132565
威海市	Weihai	41847	176097	123452	25799	182402	49963	25231
日照市	Rizhao	5759	64868	49726	13984	98136	35226	9167
莱芜市	Laiwu	42065	312321	141231	18853	275259	113560	46653
临沂市	Linyi	56612	209039	303166	35384	652282	167202	53132
德州市	Dezhou	58993	136304	277902	12152	538907	155848	44947
聊城市	Liaocheng	147309	138793	335618	25031	498979	141328	43416
滨州市	Binzhou	24646	97664	107284	32078	430320	202513	23434
菏泽市	Heze	56273	128759	375369	95958	729776	236833	26673

14-15 各市规模以上外商和港澳台投资工业主要经济指标(2011年)

Main Economic Indicators of Industry with Funds from Foreign Countries (Territories), Hong Kong,Macao and Taiwan by Region(2011)

单位:万元 (10 000 yuan)

地区	Region	企业单位数(个) Number of Industial Enterprises (unit)	#亏损企业 Number of Loss Enterprises	工业总产值 Gross Industrial Output Value	工业销售产值 Industrial Output Value of Products Sold	#出口交货值 Export Delivery Value	资产合计 Total Assets
全省总计	**Total**	**4481**	**590**	**157964343**	**155929217**	**36071412**	**97369768**
济南市	Jinan	169	40	3695755	3681119	508436	3284202
青岛市	Qingdao	1619	283	35195200	35280619	10727378	21746224
淄博市	Zibo	194	15	11622715	11502711	1575054	7860302
枣庄市	Zaozhuang	78	7	2117110	2071710	160133	1793196
东营市	Dongying	39	1	5739036	5607314	243894	2867542
烟台市	Yantai	797	84	42406225	42063125	12618310	19533854
潍坊市	Weifang	386	29	11949337	11654526	2349143	8448696
济宁市	Jining	86	19	5045257	4781177	975872	3818535
泰安市	Tai'an	63	10	1775983	1766691	142170	766907
威海市	Weihai	497	48	14999748	14617600	4003595	8374881
日照市	Rizhao	94	17	5192322	5115741	869345	4634717
莱芜市	Laiwu	19	3	225788	214081	16783	260529
临沂市	Linyi	200	11	7304927	7095937	852282	5766145
德州市	Dezhou	83	3	2838792	2791866	449313	1756197
聊城市	Liaocheng	35	1	1392798	1396978	129180	702083
滨州市	Binzhou	56	15	3387069	3237786	243154	2482716
菏泽市	Heze	65	4	2427721	2401680	207371	2031977

14-15 续表 1 continued

单位:万元 (10 000 yuan)

地区	Region	产成品 Finished Products	流动资产合计 Total Working Capitals	固定资产合计 Total Fixed Assets	负债合计 Total Liabilities	主营业务收入 Revenue from Principal Business	#主营业务税金及附加 Taxes and Other Charges on Principal Business
全省总计	**Total**	**4071581**	**52534687**	**36493277**	**51712845**	**152985089**	**732375**
济南市	Jinan	125151	1858064	1098889	1461390	3727233	21939
青岛市	Qingdao	1038917	13301841	6288291	11744124	33611964	285363
淄博市	Zibo	256860	4259076	2848760	4413090	11398448	51472
枣庄市	Zaozhuang	61644	729943	751746	920028	2105749	11372
东营市	Dongying	144996	1824824	988278	1766483	5596124	9714
烟台市	Yantai	782804	10671036	7513387	10634821	40756983	129257
潍坊市	Weifang	360603	4362723	3565837	4730810	11653234	33397
济宁市	Jining	163310	1890127	1398861	1828061	4920459	16872
泰安市	Tai'an	28238	356632	311119	344912	1393311	10866
威海市	Weihai	254577	4505299	3003956	3814111	14466730	46706
日照市	Rizhao	183161	1913320	2411853	2859881	5160333	13170
莱芜市	Laiwu	12151	104903	102389	120718	218310	971
临沂市	Linyi	352222	3268761	1847106	2952127	7640827	33234
德州市	Dezhou	61057	629018	1030663	743224	2819948	11404
聊城市	Liaocheng	28171	328644	326141	305604	1124897	5457
滨州市	Binzhou	92947	1398088	1030009	1425257	3361978	12898
菏泽市	Heze	124773	1010882	905073	890595	2380000	35356

14-15 续表 2 continued

单位:万元 (10 000 yuan)

地 区	Region	营业费用 Cost of Business	管理费用 Cost of Management	利润总额 Total Profits	亏损企业亏损总额 Losses of Loss Enterprises	利税总额 Total Profits and Taxes	本年应交增值税 Value-added Tax Payable	全部从业人员年平均人数(人) Annual Average Empolyed Perss (person)
全省总计	**Total**	**3427756**	**4713939**	**10851122**	**527423**	**15764843**	**4109348**	**1512465**
济南市	Jinan	148998	174421	414514	27853	557692	120650	50549
青岛市	Qingdao	1085692	1697637	2083372	159955	3237633	848193	433223
淄博市	Zibo	190377	340203	1104349	21089	1463049	306836	83606
枣庄市	Zaozhuang	50191	58985	82116	28084	162521	69017	33237
东营市	Dongying	37456	68519	237658	449	628946	348497	12980
烟台市	Yantai	546093	787073	3096119	151005	4069558	841609	333065
潍坊市	Weifang	301157	351810	649695	21090	930591	245061	119601
济宁市	Jining	84786	125527	194244	48023	334966	123379	48602
泰安市	Tai'an	57894	43934	108733	10653	165813	46033	19357
威海市	Weihai	292476	452230	889547	21826	1295533	351883	170867
日照市	Rizhao	69974	106027	187538	19171	396423	195708	25616
莱芜市	Laiwu	9013	14457	14211	3638	18542	3357	3088
临沂市	Linyi	258954	246478	667667	3506	942415	240895	83549
德州市	Dezhou	58569	58454	207531	3415	320069	98055	33982
聊城市	Liaocheng	24193	28440	109280	26	152169	37405	13552
滨州市	Binzhou	46388	52903	258225	6990	319017	47893	26496
菏泽市	Heze	165546	88098	541367	650	737022	159880	21095

14-16 各市规模以上非公有工业主要经济指标(2011年)

Main Economic Indicators of Non-public Industry Enterprises above Designated Size by Region(2011)

单位:万元 (10 000 yuan)

地 区	Region	企业单位数(个) Number of Industial Enterprises (unit)	#亏损企业 Number of Loss Enterprises	工业总产值 Gross Industrial Output Value	工业销售产值 Industrial Output Value of Products Sold	#出口交货值 Export Delivery Value	资产合计 Total Assets
全省总计	**Total**	**34758**	**1558**	**903208063**	**888938143**	**68315148**	**536092157**
济南市	Jinan	1322	138	35274683	34601865	2213207	33791783
青岛市	Qingdao	4641	427	106898316	105065518	16901512	56369109
淄博市	Zibo	2962	74	83687041	82749022	3684652	37307860
枣庄市	Zaozhuang	1583	36	31069058	30911741	522376	14620443
东营市	Dongying	778	32	77399051	75755083	1995968	47008950
烟台市	Yantai	2694	143	97194275	96214681	16452187	48876763
潍坊市	Weifang	4064	137	85124802	83598698	6424455	50289489
济宁市	Jining	1205	88	34442720	33473639	2071165	36788901
泰安市	Tai'an	1548	40	41379016	39260188	1116481	26405196
威海市	Weihai	1568	96	44042478	43135679	6955771	26723126
日照市	Rizhao	563	54	20599800	20182569	2025885	18786162
莱芜市	Laiwu	248	41	13236204	13076189	704658	9597479
临沂市	Linyi	3326	63	53655853	52520247	1952126	26198471
德州市	Dezhou	3103	30	48949780	48324191	1271295	25511179
聊城市	Liaocheng	2118	34	50723069	50309908	1086453	27845747
滨州市	Binzhou	859	86	45573867	46013896	1664671	30246328
菏泽市	Heze	2174	39	32428640	32215620	1272288	13705920

14-16 续表 1 continued

单位:万元 (10 000 yuan)

地区	Region	产成品 Finished Products	流动资产合计 Total Working Capitals	固定资产合计 Total Fixed Assets	负债合计 Total Liabilities	主营业务收入 Revenue from Principal Business	#主营业务税金及附加 Taxes and Other Charges on Principal Business
全省总计	**Total**	**20645959**	**256825142**	**212133365**	**294259825**	**902292626**	**10363286**
济南市	Jinan	2101857	19647353	9285492	21521345	36345174	574351
青岛市	Qingdao	2508897	32030372	18554659	31745348	102898080	1843661
淄博市	Zibo	1308280	17856464	14917179	19518712	83144871	1221576
枣庄市	Zaozhuang	398105	5909923	7229994	7150927	31833409	212193
东营市	Dongying	1098817	19725805	24976656	24029951	77304189	3398789
烟台市	Yantai	2305189	24151510	19058077	24312368	96497926	335728
潍坊市	Weifang	2426930	25756588	19198516	28979560	85412412	351038
济宁市	Jining	1476863	16175072	12897734	23329309	35697815	197423
泰安市	Tai'an	603630	10943180	10747539	15507516	41023962	427511
威海市	Weihai	942078	14263986	9799105	13279370	43784800	195812
日照市	Rizhao	535195	9836349	6778104	12172552	21049206	78658
莱芜市	Laiwu	369507	3679047	2825958	6653648	9939135	31380
临沂市	Linyi	1470772	13628767	9843850	13823997	54803033	289463
德州市	Dezhou	731381	9671942	12569720	9448610	49150056	459747
聊城市	Liaocheng	762899	11970625	12790137	13886093	50444978	247612
滨州市	Binzhou	1022288	15010386	12303522	18512073	48445737	140366
菏泽市	Heze	583272	5941566	6483945	6417062	32988432	350942

14-16 续表 2 continued

单位:万元 (10 000 yuan)

地区	Region	营业费用 Cost of Business	管理费用 Cost of Management	利润总额 Total Profits	亏损企业亏损总额 Losses of Loss Enterprises	利税总额 Total Profits and Taxes	本年应交增值税 Value-added Tax Payable	全部从业人员年平均人数(人) Annual Average Empolyed Persons (person)
全省总计	**Total**	**16533052**	**25029180**	**65803258**	**1783797**	**102402332**	**25718545**	**7957302**
济南市	Jinan	1155797	1721976	1835372	210343	3282531	865318	341545
青岛市	Qingdao	2527354	4606478	5629569	422296	10460999	2881984	952956
淄博市	Zibo	965630	1806556	6738297	171795	10718740	2776990	604381
枣庄市	Zaozhuang	593755	972670	2265651	65529	3751473	1270300	451020
东营市	Dongying	624160	1637781	9797797	17297	16244735	2990697	320931
烟台市	Yantai	1679040	2244930	7747365	195654	10075735	1987866	775824
潍坊市	Weifang	1783678	2250375	5228889	117954	7329038	1743643	788625
济宁市	Jining	903494	1456005	2551620	158265	3803883	1030581	421630
泰安市	Tai'an	745749	1771361	3395653	39032	5323337	1490516	407561
威海市	Weihai	985583	1588937	2454520	66894	3734757	1069608	472632
日照市	Rizhao	307656	541235	1153073	49526	1898283	664721	151893
莱芜市	Laiwu	113305	391171	344252	38991	542284	164380	106904
临沂市	Linyi	1182785	1147837	3729228	33017	5334375	1160861	604749
德州市	Dezhou	1267798	970293	4049246	26619	6492950	1964386	474599
聊城市	Liaocheng	658223	687042	3402891	36674	4884715	1230661	368803
滨州市	Binzhou	416669	612815	2627318	114889	3970359	1084397	368304
菏泽市	Heze	622376	602975	2833651	19023	4466937	1280761	339960

14−17　各市规模以上工业主要财务分析指标(2011年)

Main Financial Indicators of Industry above Designated Size by Region(2011)

单位：%　　(%)

地　区	Region	总资产贡献率 Ratio of Total Assets to Industrial Output Value	产值利税率 Ratio of Profits and Taxes to Output Value	销售产值利税率 Ratio of Profits and Taxes to Output Value of Sales	资产负债率 Assets-Liability Ratio	流动资产周转率(次) Ratio of Turnover Working Capitals (time)	成本费用利润率 Ratio of Profits to Cost	产品销售率 Proportion of Products Sold
全省总计	**Total**	**19.88**	**11.29**	**11.46**	**55.65**	**3.54**	**7.70**	**98.49**
济南市	Jinan	11.41	9.90	10.10	64.67	1.94	6.02	98.00
青岛市	Qingdao	17.73	9.69	9.85	58.19	2.97	5.63	98.40
淄博市	Zibo	27.11	12.76	12.91	53.22	4.37	8.74	98.85
枣庄市	Zaozhuang	24.45	11.78	11.84	52.32	5.20	7.49	99.51
东营市	Dongying	35.39	20.32	20.74	51.67	3.99	14.87	97.97
烟台市	Yantai	20.84	10.51	10.62	48.90	3.97	8.82	98.99
潍坊市	Weifang	15.87	8.51	8.66	58.30	3.40	6.36	98.32
济宁市	Jining	11.82	10.98	11.26	63.02	2.28	7.02	97.46
泰安市	Tai'an	21.27	12.54	13.18	59.41	3.87	8.56	95.09
威海市	Weihai	15.60	8.46	8.63	50.78	3.08	6.21	98.03
日照市	Rizhao	11.63	9.10	9.29	64.84	2.19	5.78	97.96
莱芜市	Laiwu	8.76	4.89	4.94	68.67	3.82	2.93	98.86
临沂市	Linyi	21.08	9.89	10.09	54.06	4.03	7.22	97.94
德州市	Dezhou	26.91	13.12	13.29	39.00	5.11	9.27	98.72
聊城市	Liaocheng	19.19	9.58	9.66	50.55	4.26	7.10	99.18
滨州市	Binzhou	14.67	8.57	8.50	61.71	3.26	5.57	100.92
菏泽市	Heze	32.43	13.34	13.42	48.91	5.60	9.02	99.36

14−18　各市规模以上国有控股工业主要财务分析指标(2011年)

Main Financial Indicators of State holding Industry Enterprises above Designated Size by Region(2011)

单位：%　　(%)

地　区	Region	总资产贡献率 Ratio of Total Assets to Industrial Output Value	产值利税率 Ratio of Profits and Taxes to Output Value	销售产值利税率 Ratio of Profits and Taxes to Output Value of Sales	资产负债率 Assets-Liability Ratio	流动资产周转率(次) Ratio of Turnover Working Capitals (time)	成本费用利润率 Ratio of Profits to Cost	产品销售率 Proportion of Products Sold
全省总计	**Total**	**16.81**	**15.66**	**15.75**	**63.07**	**2.72**	**7.80**	**99.47**
济南市	Jinan	8.42	8.32	8.43	69.82	1.69	3.59	98.62
青岛市	Qingdao	13.06	9.57	9.44	65.13	2.68	2.76	101.37
淄博市	Zibo	18.51	13.11	13.26	57.44	3.81	5.00	98.84
枣庄市	Zaozhuang	15.25	21.54	21.51	58.97	1.85	12.67	100.14
东营市	Dongying	49.19	47.60	47.51	50.75	4.10	37.08	100.18
烟台市	Yantai	15.74	11.59	11.69	56.72	3.18	8.37	99.10
潍坊市	Weifang	14.06	12.27	12.52	61.62	2.18	7.80	98.00
济宁市	Jining	10.95	17.57	17.70	66.52	1.74	9.12	99.26
泰安市	Tai'an	15.38	17.52	17.98	72.21	2.26	10.45	97.43
威海市	Weihai	6.96	8.16	8.19	61.53	1.83	5.66	99.63
日照市	Rizhao	9.60	7.14	7.23	55.49	3.61	3.36	98.72
莱芜市	Laiwu	7.67	5.30	5.34	72.54	3.47	2.66	99.24
临沂市	Linyi	17.30	20.20	20.56	67.43	2.60	8.32	98.25
德州市	Dezhou	12.93	9.42	9.39	61.81	3.86	4.84	100.39
聊城市	Liaocheng	15.42	8.80	8.87	68.82	3.50	6.51	99.10
滨州市	Binzhou	18.16	12.02	12.17	70.77	2.91	3.12	98.74
菏泽市	Heze	26.06	16.00	16.10	67.62	3.90	9.39	99.42

14－19　规模以上工业主要产品产量(2011年)

Output of Major Industrial Products above Designated Size(2011)

名　　称		Item		生产量 Output
原　煤	(万吨)	Coal	(10 000 tons)	16113.6
洗　煤	(万吨)	Washed Coal	(10 000 tons)	7525.9
天然原油	(万吨)	Crude Oil	(10 000 tons)	2781.5
天然气	(亿立方米)	Natural Gas	(100 million cu.m)	5.2
铁矿石原矿量	(万吨)	Ironstone in Original Iron Ores	(10 000 tons)	1926.2
铜选矿产品含铜量	(万吨)	Copper Content of Copper Dressing Products	(10 000 tons)	0.8
硫铁矿石(折含硫35%)	(万吨)	Pyrite Ore(converted into 35% sulphur)	(10 000 tons)	20.3
原　盐	(万吨)	Salt	(10 000 tons)	1654.1
发电量	(亿千瓦小时)	Electricity	(100 million kwh)	3162.2
火　电	(亿千瓦小时)	Thermal Power	(100 million kwh)	3121.6
水　电	(亿千瓦小时)	Hydro Power	(100 million kwh)	2.0
大　米	(万吨)	Rice	(10 000 tons)	34.0
小麦粉	(万吨)	Wheat Flour	(10 000 tons)	2182.8
精制食用植物油	(万吨)	Refined Edible Vegetable Oil	(10 000 tons)	557.5
鲜冷藏冻肉	(万吨)	Frozen,Fresh Meat	(10 000 tons)	751.9
配混合饲料	(万吨)	Mixed Feed	(10 000 tons)	1112.9
糖　果	(万吨)	Candy	(10 000 tons)	14.6
速冻米面食品	(万吨)	Quick-frozen Food	(10 000 tons)	5.6
方便面	(万吨)	Instant Noodles	(10 000 tons)	43.0
乳制品	(万吨)	Milk Products	(10 000 tons)	311.7
液体乳	(万吨)	Liquid Milk	(10 000 tons)	286.3
罐　头	(万吨)	Canned Food	(10 000 tons)	77.8
酱　油	(万吨)	Soy Sauce	(10 000 tons)	96.0
发酵酒精(折96度,商品量)	(万千升)	Fermenting Alcohol	(10 000 kiloliter)	50.1
饮料酒	(万千升)	Liquor	(10 000 kiloliter)	801.6
白酒(折65度,商品量)	(万千升)	White Spirit	(10 000 kiloliter)	99.2
啤　酒	(万千升)	Beer	(10 000 kiloliter)	647.6
葡萄酒	(万千升)	Wine	(10 000 kiloliter)	44.6
软饮料	(万吨)	Soft Drinks	(10 000 tons)	589.7
碳酸饮料	(万吨)	Carbonated Drinks	(10 000 tons)	57.1
果汁及果汁饮料	(万吨)	Juice and Juice Beverage	(10 000 tons)	125.6
包装饮用水	(万吨)	Bottled Drinking Water	(10 000 tons)	268.0
冷冻饮品	(万吨)	Frozen Drinks	(10 000 tons)	15.5
精制茶	(万吨)	Refined Tea	(10 000 tons)	0.4
卷　烟	(亿支)	Cigarettes	(100 million pieces)	1361.3
化学纤维用浆粕	(万吨)	Chemical Fiber Pulp	(10 000 tons)	29.3
化学纤维	(万吨)	Chemical Fiber	(10 000 tons)	80.9
粘胶纤维	(万吨)	Viscose Fiber	(10 000 tons)	17.5
合成纤维	(万吨)	Synthetic Fiber	(10 000 tons)	60.7
锦纶纤维	(万吨)	Nylon Fiber	(10 000 tons)	11.7
涤纶纤维	(万吨)	Polyester Fiber	(10 000 tons)	28.3
腈纶纤维	(万吨)	Acrylic Fiber	(10 000 tons)	5.9
丙纶纤维	(万吨)	Polypropylene Fiber	(10 000 tons)	7.2
纱	(万吨)	Yarn	(10 000 tons)	723.4
布	(亿米)	Cloth	(100 million m)	124.5
棉　布	(亿米)	Cotton Cloth	(100 million m)	102.0
棉混纺布(混纺交织布)	(亿米)	Cotton Blended Cloth	(100 million m)	16.2
化学纤维布(纯化纤布)	(亿米)	Chemical Fiber Cloth	(100 million m)	6.2
印染布	(亿米)	Printed Fabric	(100 million m)	38.9
帘子布	(万吨)	Cord Fabric	(ton)	19.2
绒线(毛线)	(万吨)	Knitting Wool	(10 000 tons)	4.6
毛机织物(呢绒)	(万米)	Wool Fabric	(10 000 m)	7228.1
亚麻布	(万米)	Ramie and Flax Cloth	(10 000 m)	2521.0

14-19 续表 1 continued

名 称		Item		生产量 Output
服 装	(万件)	Garments	(10 000 pieces)	311834.0
梭织服装	(万件)	Woven Garments	(10 000 pieces)	105033.4
西服套装	(万件)	Suits	(10 000 pieces)	5255.2
衬 衫	(万件)	Shirts	(10 000 pieces)	5104.5
羽绒服	(万件)	Down Wear	(10 000 pieces)	2390.2
针织服装	(万件)	Knitted Clothing	(10 000 pieces)	206800.6
轻 革	(万平方米)	Leather	(10 000 sq.m)	11088.5
皮革鞋靴	(万双)	Shoes	(10 000 pairs)	20770.2
皮革服装	(万件)	Leather Apparel	(10 000 pieces)	296.2
天然毛皮服装	(万件)	Natural Fur Apparel	(10 000 units)	10.8
人造板	(万立方米)	Manmade Plates	(10 000 cu.m)	4445.2
胶合板	(万立方米)	Plywood	(10 000 cu.m)	3284.1
纤维板	(万立方米)	Fiberboard	(10 000 cu.m)	424.2
刨花板	(万立方米)	Flakeboard	(10 000 cu.m)	69.3
人造板表面装饰板(人造板	(万立方米)	Secondary Processing Decorative Plates	(10 000 cu.m)	3176.6
实木地板(木地板)	(万平方米)	Solid Wood Floor	(10 000 cu.m)	48.5
复合地板	(万平方米)	Engineered Floor	(10 000 cu.m)	3265.4
家 具	(万件)	Furniture	(10 000 units)	7408.6
木质家具	(万件)	Wood Furniture	(10 000 units)	7037.0
软体家具(包括床垫、沙发)	(万件)	Soft Furniture	(10 000 units)	162.2
金属家具	(万件)	Metal Furniture	(10 000 units)	115.1
纸 浆	(万吨)	Paper Pulp	(10 000 tons)	594.9
机制纸及纸板	(万吨)	Machine-made Paper and Paperboards	(10 000 tons)	1825.1
新闻纸	(万吨)	Newsprint	(10 000 tons)	174.8
未涂布印刷书写用纸	(万吨)	Uncoated Writing Printing Paper	(10 000 tons)	283.8
纸制品	(万吨)	Paper Products	(10000 tons)	303.8
瓦楞纸箱(纸箱)	(万吨)	Corrugated Box	(10000 tons)	223.8
原油加工量	(万吨)	Processed Crude Oil	(10 000 tons)	6017.6
汽 油	(万吨)	Gasoline	(10 000 tons)	1286.3
煤 油	(万吨)	Kerosene	(10 000 tons)	92.2
柴 油	(万吨)	Diesel Oil	(10 000 tons)	2463.5
润滑油	(万吨)	Lubricant	(10 000 tons)	76.3
燃料油	(万吨)	Fuel	(10 000 tons)	327.9
石油沥青	(万吨)	Asphalt	(10 000 tons)	492.4
液化石油气	(万吨)	Liquid Petrol Gas	(10 000 tons)	342.5
焦 碳	(万吨)	Coke	(10 000 tons)	3973.4
机械化焦炉生产的焦炭	(万吨)	Machine-made Coke	(10 000 tons)	2366.8
煤气生产量(煤气)	(亿立方米)	Gas	(100 million cu.m)	352.3
硫酸(折100%)	(万吨)	Sulfuric	(10 000 tons)	607.5
盐酸(含量31%以上)	(万吨)	Hydrochloric Acid(content of more than 31%)	(10 000 tons)	112.2
氢氧化钠(烧碱)(折100%)	(万吨)	Caustic	(10 000 tons)	548.0
离子膜法烧碱	(万吨)	Ionic Membrane Caustic	(10 000 tons)	261.5
碳酸钠(纯碱)	(万吨)	Soda Ash	(10 000 tons)	439.9
碳化钙(电石)(折300升/千克)	(万吨)	Calcium carbide(convert to 300 L/kg)	(10 000 tons)	5.8
合成氨	(万吨)	Synthetic Ammonia	(10 000 tons)	696.1
农用氮、磷、钾化学肥料总计(折纯)	(万吨)	Chemical Fertilizer	(10 000 tons)	639.6
氮 肥(折含N 100%)	(万吨)	Nitrogen Fertilizer	(10 000 tons)	591.5
尿 素	(万吨)	Urea	(10 000 tons)	461.5
磷肥(折合P2O5 100%)	(万吨)	Phosphate Fertilizer	(10 000 tons)	46.6

14-19 续表 2 continued

名 称		Item		生产量 Output
化学农药原药(折有效成分100%)	(万吨)	Chemical Pesticide	(10 000 tons)	53.3
杀虫剂原药	(万吨)	Insecticides Pesticide	(10 000 tons)	8.7
杀菌剂原药	(万吨)	Fungicides Pesticide	(10 000 tons)	0.8
除草剂原药	(万吨)	Herbicide Pesticide	(10 000 tons)	37.2
乙 烯	(万吨)	Ethylene	(10 000 tons)	85.2
纯 苯	(万吨)	Benzene	(10 000 tons)	139.2
精甲醇	(万吨)	Extracted Methanol	(10 000 tons)	336.4
冰醋酸	(万吨)	Acetic Acid	(10 000 tons)	67.4
涂料(油漆)	(万吨)	Paint	(10 000 tons)	97.2
初级形态的塑料(塑料树脂及共聚物)	(万吨)	Primary Plastic	(10 000 tons)	375.8
聚氯乙烯树脂	(万吨)	PVC Colophony	(10 000 tons)	99.7
聚丙烯树酯	(万吨)	Polypropylene Colophony	(10 000 tons)	66.5
合成橡胶	(万吨)	Synthetic Rubber	(10 000 tons)	53.8
合成纤维单体	(万吨)	Synthetic Fiber Monomer	(10 000 tons)	20.0
合成纤维聚合物	(万吨)	Synthetic Fiber Polymers	(10 000 tons)	15.6
肥(香)皂	(万吨)	Soap	(10 000 tons)	48.5
合成洗涤剂	(万吨)	Synthetic Detergents	(10 000 tons)	23.4
中成药	(万吨)	Traditional Chemical Medicine	(10 000 tons)	12.1
橡胶轮胎外胎(轮胎外胎)	(万条)	Tires	(10 000 tires)	30451.4
子午线轮胎外胎	(万条)	Radial Tires	(10 000 tires)	10965.4
塑料制品	(万吨)	Plastic Articles	(10 000 tons)	377.4
塑料薄膜	(万吨)	Plastic Film	(10 000 tons)	57.2
农用薄膜	(万吨)	Agricultural Film	(10 000 tons)	33.9
塑料人造革、合成革	(万吨)	Plastic leather and synthetic leather	(10 000 tons)	5.5
泡沫塑料	(万吨)	Foam	(10 000 tons)	7.6
日用塑料制品	(万吨)	Plastic Products for Daily Use	(10 000 tons)	35.2
水泥熟料	(万吨)	Cement Chamotte	(10 000 tons)	8481.0
窑外分解窑熟料(预分解窑熟料)	(万吨)	Precalciner Kiln Clinker	(10 000 tons)	5559.5
水 泥	(万吨)	Cement	(10 000 tons)	15035.6
水泥排水管	(千米)	Cement Drain Pipes	(1 000 m)	119580.7
水泥压力管	(千米)	Cement Pressure Pipes	(1 000 m)	676.9
水泥混凝土电杆	(万根)	Cement Concrete Poles	(10 000 units)	44.4
商品混凝土	(万立方米)	Concrete	(10 000 cu.m)	4487.2
预应力混凝土桩	(万米)	Prestressed concrete piles	(10 000 m)	1011.9
砖(折标准砖)	(亿块)	Brick	(100 million units)	321.1
瓦	(亿片)	Tile	(100 million units)	49.9
天然大理石建筑板材(大理石板材)	(万平方米)	Natural Marble Building Block	(10 000 sq.m)	567.0
天然花岗石建筑板材(花岗石板材)	(万平方米)	Natural Granite Building Block	(10 000 sq.m)	5843.1

14-19 续表 3 continued

名　　称		Item		生产量 Output
平板玻璃	(万重量箱)	Plate Glass	(10 000 weight boxes)	7754.3
中空玻璃	(万平方米)	Hollow Glass	(10 000 sq.m)	1028.1
钢化玻璃	(万平方米)	Tempered Glass	(10 000 sq.m)	3548.7
夹层玻璃	(万平方米)	Tempered Glass	(10 000 sq.m)	269.3
日用玻璃制品	(万吨)	Glass Products for Daily Use	(10 000 tons)	262.0
玻璃保温容器	(万个)	Glass Proof Container	(10 000 units)	11062.6
瓷质砖	(万平方米)	Porcelain Tile	(10 000 sq.m)	79702.4
炻瓷砖	(万平方米)	Vitrified Tile	(10 000 sq.m)	4379.1
细炻砖	(万平方米)	Fine Stoneware Tile	(10 000 sq.m)	826.0
炻质砖	(万平方米)	Stoneware Tile	(10 000 sq.m)	623.6
陶质砖	(万平方米)	Ceramic Tile	(10 000 sq.m)	13547.0
卫生陶瓷	(亿件)	Ceramic Sanitary Ware	(100 million units)	37.2
耐火材料制品	(万吨)	Fire-resistant Products	(10 000 tons)	466.5
石墨及碳素制品	(万吨)	Graphite and Carbon Products	(10 000 tons)	341.7
玻璃纤维纱	(万吨)	Glass Fiber Yarn	(10 000 tons)	125.3
生　铁	(万吨)	Pig Iron	(10 000 tons)	5608.5
粗　钢	(万吨)	Crude Steel	(10 000 tons)	5655.2
钢　材	(万吨)	Rolled Steel	(10 000 tons)	7033.7
大型型钢	(万吨)	Rolled-steel,Large	(10 000 tons)	361.1
中小型型钢	(万吨)	Rolled-steel,Medium and Small	(10 000 tons)	596.1
棒　材	(万吨)	Steel Bar	(10 000 tons)	931.4
钢　筋	(万吨)	Corrugated Steel Bar	(10 000 tons)	1082.5
盘条(线材)	(万吨)	Wire Rod	(10 000 tons)	748.7
特厚板	(万吨)	Heavy Steel Plate	(10 000 tons)	19.6
厚钢板	(万吨)	Thick Steel Plate	(10 000 tons)	232.5
中　板	(万吨)	Medium Steel Plate	(10 000 tons)	266.4
冷轧薄板	(万吨)	Non-hot-roll Thin Steel Plate	(10 000 tons)	273.1
中厚宽钢带	(万吨)	Medium Wide Steel Belt	(10 000 tons)	1058.5
冷轧薄宽钢带	(万吨)	Non-hot-roll Thin Wide Steel Belt	(10 000 tons)	153.1
热轧窄钢带	(万吨)	Hot-roll Narrow Steel Belt	(10 000 tons)	235.9
冷轧窄钢带	(万吨)	Non-hot-roll Narrow Steel Belt	(10 000 tons)	27.7
镀层板(带)	(万吨)	Plated Plate(Belt)	(10 000 tons)	109.0
涂层板(带)	(万吨)	Coated Plate(Belt)	(10 000 tons)	89.6
无缝钢管	(万吨)	Seamless Steel Pipe	(10 000 tons)	507.9
焊接钢管	(万吨)	Welded Steel Pipe	(10 000 tons)	199.3
其它钢材	(万吨)	Other Rolled Steel	(10 000 tons)	76.1
铁合金	(万吨)	Ferroalloy	(10 000 tons)	58.1
十种有色金属	(万吨)	Ten Kinds of Nonferrous Metals	(10 000 tons)	263.3
精炼铜(铜)	(万吨)	Refined Copper	(10 000 tons)	68.3
原铝(电解铝)	(万吨)	Electrolyzed Aluminum	(10 000 tons)	191.0
黄　金	(千克)	Gold	(kg)	254628.7
白　银	(千克)	Silver	(kg)	411894.4
氧化铝	(万吨)	Aluminum Oxide	(10 000 tons)	1093.1
铝合金	(万吨)	Aluminum Alloy	(10 000 tons)	11.4
铜材(铜加工材)	(万吨)	Rolled Copper	(10 000 tons)	28.7
铝材	(万吨)	Rolled Aluminum	(10 000 tons)	434.9
金属集装箱	(万立方米)	Metal Containers	(10 000 cu.m)	925.4
金属切削工具	(万件)	Metal-cutting Tools	(10 000 units)	3.0
模　具	(万套)	Mold	(10 000 units)	27.4
电动手提式工具(电动工具)	(万台)	Portable Electric Tools	(10 000 units)	55.9
不锈钢日用制品	(万吨)	Stainless Steel Products for Daily Use	(ton)	17.8
家用燃气灶具	(万台)	Household Gas Cookers	(10 000 units)	28.3

14—19 续表 4 continued

名 称		Item		生产量 Output
工业锅炉	(蒸发量吨)	Industrial Boilers	(evaporation ton)	34541.1
电站汽轮机	(万千瓦)	Turbine Power Plant	(10 000 kw)	465.0
金属切削机床	(万台)	Metal-cutting Machine Tools	(10 000 units)	14.5
金属成形机床(锻压设备)	(万台)	Metal Forming Machine	(10 000 tons)	2.3
数控金属成形机床(数控锻压设备)	(台)	CNC Metal Forming Machine	(ton)	1646.0
铸造机械	(万台)	Casting Machinery	(10 00 0unit)	7.4
起重机	(万吨)	Lifting Equipment	(10 000 tons)	128.4
输送机械	(万吨)	Conveyer	(10 000 m)	6.5
泵(液体泵)	(万台)	Pumps	(10 000 units)	122.7
风 机	(万台)	Fans	(10 000 units)	14.0
气体压缩机	(台)	Gas Compressor	(unit)	631.6
减速机	(万台)	Reducer	(10 000 units)	16.7
滚动轴承(轴承)	(亿套)	Rolling Bearings	(100 million units)	18.4
阀 门	(万吨)	Valves	(10 000 tons)	33.7
液压元件	(万件)	Hydraulic Components	(10 000 units)	588.1
气动元件	(万件)	Pneumatic Components	(10 000 units)	145.2
粉末冶金零件	(万吨)	Sintered Metal Products	(10 000 tons)	31.6
采矿设备(矿山设备)	(万吨)	Mining Equipment	(10 000 tons)	31.0
饲料加工机械	(台)	Feed Processing Machinery	(unit)	9974.0
棉花加工设备	(台)	Cotton Processing Machinery	(unit)	34619.0
印刷专用设备	(吨)	Printing Special Equipment	(ton)	1874.5
水泥专用设备(水泥设备)	(吨)	Cement Special Equipment	(ton)	53659.0
金属冶炼设备(冶炼设备)	(吨)	Metal Smelting Equipment	(ton)	43639.9
金属轧制设备	(吨)	Metal Rolling Equipment	(ton)	10183.0
包装专用设备(包装机械)	(台)	Packaging Special Equipment	(unit)	6028.8
大型拖拉机	(台)	Large Tractors	(unit)	16775.0
中型拖拉机	(台)	Medium Tractors	(unit)	106957.0
小型拖拉机	(万台)	Small Tractors	(10 000 units)	133.3
收获机械	(台)	Harvesting Machinery	(unit)	124988.0
挖掘、铲土运输机械	(台)	Mining and Shoveling Transport Machinery	(unit)	140901.0
压实机械	(台)	Compacting Machinery	(unit)	1261.0
混凝土机械	(台)	Concrete Machinery	(unit)	19499.0
环境保护专用设备	(台(套))	Special Equipment for Environmental Protection	(unit)	46665.0
水质污染防治设备	(台(套))	Water Pollution Control Equipment	(unit)	11198.0
固体废弃物处理设备	(台(套))	Solid Waste Disposal Equipment	(unit)	59.0
大气污染防治设备	(台(套))	Air Pollution Control Equipment	(unit)	11952.0
铁路客车	(辆)	Railway Passenger Coaches	(unit)	2124.0
铁路货车	(辆)	Railway Freight Wagons	(unit)	4929.0

14-19 续表 5 continued

名 称		Item		生产量 Output
汽 车	(万辆)	Motor Vehicles	(10 000 units)	122.0
载货汽车	(万辆)	Trucks	(10 000 units)	80.2
公路客车	(万辆)	Buses	(10 000 units)	1.1
轿 车	(万辆)	Cars	(10 000 units)	36.9
改装汽车	(万辆)	Modified Cars	(10 000 units)	22.9
摩托车	(万辆)	Motorcycles	(10 000 units)	75.3
两轮自行车(自行车)	(万辆)	bicycles	(10 000 units)	5.6
电动自行车	(万辆)	Electric Bicycle	(10000 units)	387.7
民用钢质船舶	(万总吨)	Civil Steel Vessels	(10 000 tons)	382.1
发电设备	(万千瓦)	Power Generating Equipment	(10 000 kw)	898.8
汽轮发电机	(万千瓦)	Steam Turbogenerator	(10 000 kw)	822.1
交流电动机	(万千瓦)	AC Motors	(10 000 kw)	2702.1
变压器	(万千伏安)	Transformers	(10 000 KVA pm)	21091.3
高压开关板	(面)	High Voltage Switch Plate	(unit)	50567.9
低压开关板	(万面)	Low Voltage Switch Plate	(unit)	16.4
电力电缆	(万千米)	Power Cable	(10 000 km)	149.0
通信及电子网络用电缆	(万对千米)	Cable for Communications and Electronic Network	(10 000 couples·km)	197.0
光缆(光纤通讯电缆)	(万芯千米)	Fire Optic Cable	(10 000 cores·km)	616.5
绝缘制品	(吨)	Insulation Products	(ton)	57808.8
原电池及原电池组(折R20标准只)	(亿只)	Primary Cells and Batteries	(100 million units)	25.6
灯具及照明装置	(万套(台、个))	Lamps and Lighting Fixtures	(10 000 units)	1689.1
电光源(灯泡)	(万只)	Light Bulbs	(10 000 units)	16.1
家用洗衣机	(万台)	Household Washing Machines	(10 000 units)	610.2
家用电冰箱	(万台)	Household Refrigerators	(10000 units)	718.5
冷柜(含冷冻箱、冷藏箱、展示柜)	(万台)	Freezers	(10000 units)	587.9
家用电风扇	(万台)	Electric Fans	(10000 units)	5.4
房间空气调节器	(万台)	Air Conditioners	(10000 units)	411.9
吸排油烟机	(万台)	Vacuum Cleaners	(10000 units)	33.6
电热水器	(万台)	Electric Water Heater	(10000 units)	295.7
微波炉	(万台)	Microwave Ovens	(10000 units)	59.9
电饭锅	(万个)	Electric Cookers	(10000 units)	137.8
电焊机	(万台)	Welders	(10000 units)	3.9
程控交换机	(万线)	Program-controlled Switchboards	(10000 lines)	197.0
数字程控交换机	(万线)	Digital Program-controlled Switchboards	(10000 lines)	197.0
电话单机	(万台)	Telephone Sets	(10000 units)	225.7
移动通信手持机(手机)	(万台)	Mobile Telephones	(10000 units)	4351.1
电子计算机	(万台)	Computers	(10000 units)	417.5
笔记本计算机	(万台)	Notebook computer	(10000 units)	296.7
显示器	(万台)	Display	(10000 units)	104.1
打印机	(万台)	Printers	(10000 units)	751.4
半导体分立器件	(亿只)	Discrete Semiconductor Devices	(100 million units)	104.2
彩色电视机	(万台)	Color Television Sets	(10000 units)	1249.5

主要统计指标解释

工　业　指从事自然资源的开采，对采掘品和农产品进行加工和再加工的物质生产部门。具体包括：(1)对自然资源的开采，如采矿、晒盐等(但不包括禽兽捕猎和水产捕捞)；(2)对农副产品的加工、再加工，如粮油加工、食品加工、缫丝、纺织、制革等；(3)对采掘品的加工、再加工，如炼铁、炼钢、化工生产、石油加工、机器制造、木材加工等，以及电力、自来水、煤气的生产和供应等；(4)对工业品的修理、翻新，如机器设备的修理、交通运输工具(如汽车)的修理等。

工业统计调查单位为独立核算法人工业企业。

独立核算法人工业企业指从事工业生产经营活动的单位。独立核算法人工业企业应同时具备以下条件：①依法成立，有自己的名称、组织机构和场所，能够承担民事责任；②独立拥有和使用资产，承担负债，有权与其他单位签订合同；③独立核算盈亏，并能够编制资产负债表。

本年鉴中涉及的企业登记注册类型：

国有及国有控股企业　指国有企业加上国有控股企业。国有企业(即原全民所有制工业或国营工业)指企业全部资产归国家所有，并按《中华人民共和国企业法人登记管理条例》规定登记注册的非公司制的经济组织。包括国有企业、国有独资公司和国有联营企业。1957 年以前的公私合营和私营工业，后均改造为国营工业，1992 年改为国有工业，这部分工业的资料不单独分列时，均包括在国有企业内。国有控股企业是对混合所有制经济的企业进行的“国有控股”分类。它是指这些企业的全部资产中国有资产(股份)相对其他所有者中的任何一个所有者占资(股)最多的企业。该分组反映了国有经济控股情况。

集体企业　指企业资产归集体所有，并按《中华人民共和国企业法人登记管理条例》规定登记注册的经济组织。是社会主义公有制经济的组成部分。包括城乡所有使用集体投资举办的企业，以及部分个人通过集资自愿放弃所有权并依法经工商行政管理机关认定为集体所有制的企业。

股份合作企业　指以合作制为基础，由企业职工共同出资入股，吸收一定比例的社会资产投资组建，实行自主经营，自负盈亏，共同劳动，民主管理，按劳分配与按股分红相结合的一种集体经济组织。

联营企业　指两个及两个以上相同或不同所有制性质的企业法人或事业单位法人，按自愿、平等、互利的原则，共同投资组成的经济组织。联营企业包括：

国有联营企业指国有企业与国有企业间的联营；

集体联营企业指集体企业与集体企业间的联营；

国有与集体联营企业指国有企业与集体企业间的联营。

有限责任公司　指根据《中华人民共和国公司登记管理条例》规定登记注册，由两个以上，五十个以下的股东共同出资，每个股东以其所认缴的出资额对公司承担有限责任，公司以其全部资产对其债务承担责任的经济组织。

有限责任公司包括国有独资公司以及其他有限责任公司。

股份有限公司　指根据《中华人民共和国企业法人登记管理条例》规定登记注册，其全部注册资本由等额股份构成并通过发行股票筹集资本，股东以其认购的股份对公司承担有限责任，公司以其全部资产对其债务承担责任的经济组织。

私营企业　指由自然人投资设立或由自然人控股，以雇佣劳动为基础的营利性经济组织。包括按照《公司法》、《合伙企业法》、《私营企业暂行条例》规定登记注册的私营有限责任公司、私营股份有限公司、私营合伙企业和私营独资企业。

港、澳、台商投资企业　指企业注册登记类型中的港、澳、台资合资、合作、独资经营企业和股份有限公司之和。

外商投资企业　指企业注册登记类型中的中外合资、合作经营企业、外资企业和外商投资股份有限公司之和。

“三资”企业系指港、澳、台商投资企业和外资企业的简称。

轻工业　指主要提供生活消费品和制作手工工具的工业。按其所使用的原料不同，可分为两大类：(1)以农产品为原料的轻工业，是指直接或间接以农产品为基本原料的轻工业。主要包括食品制造、饮料制造、烟草加工、纺织、缝纫、皮革和毛皮制作、造纸以及印刷等工业；(2)以非农产品为原料的轻工业，是指以工业品为原料的轻工业。主要包括文教体育用品、化学药品制造、合成纤维制造、日用化学制品、日用玻璃制品、日用金属制品、手工工具制造、医疗器械制造、文化和办公用机械制造等工业。

重工业　指为国民经济各部门提供物质技术基础的主要生产资料的工业。按其生产性质和产品用途，可以分为下列三类：(1)采掘(伐)工业，是指对自然资源的开采，包括石油开采、煤炭开采、金属矿开采、非金属矿开采等工业；(2)原材料工业，指向国民经济各部门提供基本材料、动力和燃料的工业。包括金属冶炼及加工、炼焦及焦炭、化学、化工原料、水泥、人造板以及电力、石油和煤炭加工等工业；(3)加工工业，是指对工业原材料进行再加工制造的工业。包括装备国民经济各部门的机械设备制造工业、金属结构、水泥制品等工业，以及为农业提供的生产资料如化肥、农药等工业。

根据上述划分原则，修理业中以重工业产品为修理作业对象的划为重工业，反之划为轻工业。

工业总产值

(1)定义：

工业总产值是以货币形式表现的，工业企业在一定时期内生产的工业最终产品或提供工业性劳务活动的总价值量。它反映一定时间内工业生产的总规模和总水平。

(2)计算原则：

工业生产的原则，即凡是企业在报告期生产的经检验合格的产品，不管是否在报告期销售，均包括在内。

最终产品的原则，即凡是计入工业总产值的产品，必须是本企业生产的经检验合格的，不需要再进行任何加工的最终产品。如果企业有中间产品(半成品)对外销售，则对外销售的中间产品应视为企业的最终产品。

工厂法原则，即工业总产值是以工业企业作为基本计算(核算)单位，即按企业的最终产品计算工业总产值。按这种方法计算的工业总产值，不允许同一产品价值在企业内部重复计算，不能把企业内部各个车间(分厂)生产的成果相加，但允许企业间的重复计算。

(3)内容及计算方法：

1995 年全国工业普查对工业总产值(原规定)的内容及计算原则和方法做了某些修订，修订后的工业总产值(新规定)包括三项内容：即本期生产成品价值、对外加工费收入、在制品半成品期末期初差额价值三部分。

本期生产成品价值：指企业本期生产，并在报告期内不再进行加工，经检验、包装入库的全部工业成品(半成品)价值合计，包括企业生产的自制设备及提供给本企业在建工程、其他非工业部门和福利部门等单位使用的成品价值。本期生产成品价值为按自备原材料生产的产品的数量乘以本期不含增值税(销项税额)的产品实际销售平均单价计算；会计核算中按成本价格转帐的自制设备和自产自用的成品，按成本价格计算生产成品价值。生产成品价值中不包括用定货者来料加工的成品(半成品)价值。

对外加工费收入：指企业在报告期内完成的对外承接的工业品加工(包括用定货者来料加工产品)的加工费收入和对外工业修理作业所取得的加工费收入。对外加工费收入按不含增值税(销项税额)的价格计算，可根据会计“产品销售收入”科目的有关资料取得。

对于本企业对内非工业部门提供的加工修理、设备安装的劳务收入，如果企业会计核算基础较好，能取得这部分资料，而且这部分价值所占比重较大，应包括在对外加工费收入中。自制半成品在制品期末期初差额价值：指企业报告期在制品期末减期初的差额价值，本指标一般可以从会计核算资料中取得。如果会计产品成本核算中不计算半成品、在制品的成本，则总产值中也不包括这部分价值，反之则包括。

(4)工业总产值统计范围变化和计算方法修订情况：

1984 年以前工业总产值不包括村办工业，村办工业总产值划归农业。1984 年以后工业总产值包括村办工业。

1995 年工业普查对工业总产值计算方法做了修订，即从 1995 年始按新修订(新规定)方法计算工业总产值。新规定与原规定的区别如下：

全价与加工费的计算原则不同：新规定为凡自备原材料，不论其生产繁简程度如何，一律按全价计算工业总产值；凡来料加工，允许按加工费计算工业总产值。原规定则视生产加工的繁简程度不同，规定哪些行业按全价，哪些行业按加工费计算工业总产值。

自制半成品、在产品期末期初差额价值的计算原则不同：新规定要求，凡会计产品成本核算时计算了成本的差额价值，总产值中就应包括，否则可不包括；原规定则按生产周期六个月的界限区分，凡生产周期六个月以上的企业，总产值计算中应包括这部分差额价值，否则可不包括。

计算价格不同：新规定按不含增值税(销项税额)的价格计算；原规定则按含增值税(销项税额)的价格计算。

工业增加值　指工业企业在报告期内以货币表现的工业生产活动的最终成果。

工业增加值有两种计算方法：一是生产法，即工业总产出减去工业中间投入加上应交增值税；二是收入法，即从收入的角度出发，根据生产要素在生产过程中应得到的收入份额计算，具体构成项目有固定资产折旧、劳动者报酬、生产税净额、营业盈余，这种方法也称要素分配法。本年鉴中的工业增加值是以生产法计算的。

生产法工业增加值的计算方法为：

工业增加值=工业总产出−工业中间投入+应交增值税

(1)工业总产出：指工业企业在一定时期内工业生产活动的总成果。工业总产出包括：成品生产价值，对外加工费收入，自制半成品、在产品期末期初差额价值。1995 年后用新规定计算的工业总产值代替。

(2)工业中间投入：指工业企业在工业生产活动中消耗的外购物质产品和对外支付的服务费用。服务费用包括支付给物质生产部门(工业、农业、批发零售贸易业、建筑业、运输邮电业)的服务费用和支付给非物质生产部门(如保险、金融、文化教育、科学研究、医疗卫生、行政管理等)的服务费用。工业中间投入的确定须遵循以下原则：必须从外部购入的，并已计入工业总产出的产品和服务价值；必须是本期投入生产，并一次性消耗掉(包括本期摊销的低值易耗品等)的产品和服务价值。

工业中间投入包括直接材料费用、制造费用中的工业中间投入、管理费用中的工业中间投入、销售费用中的工业中间投入和利息支出五部分。

资产总计　指企业拥有或控制的能以货币计量的经济资源，包括各种财产、债权和其他权利。资产按流动性分为流动资产、长期投资、固定资产、无形资产、递延资产和其他资产。该指标根据企业会计“资产负债表”中“资产总计”项目的期末数增列。

流动资产　指企业可以在一年内或者超过一年的一个生产周期内变现或者耗用的资产，包括现金及各种存款、短期投资，应收及预付款项、存货等。

流动资产平均余额　指企业在报告期内全部流动资产

的平均余额。

固定资产原价 指企业在建造、购置、安装、改建、扩建、技术改造某项固定资产时所支出的全部货币总额。它一般包括买价、包装费、运杂费和安装费等。

固定资产净值年平均余额 指固定资产净值在报告期内余额的平均数。计算公式为：

$$\text{固定资产净值年平均余额}=\frac{\text{1至12月各月月初、月末固定资产净值之和}}{24}$$

该指标根据“资产负债表”中“固定资产原价”、“累计折旧”指标的期初、期末数计算填列。

固定资产净值指固定资产原价减去历年已提折旧额后的净额。计算公式为：

固定资产净值=固定资产原价－累计折旧

负债合计 指企业所承担的能以货币计量，将以资产或劳务偿付的债务，偿还形式包括货币、资产或提供劳务。负债一般按偿还期长短分为流动负债和长期负债。根据会计“资产负债表”中“负债合计”的年末数填列。

所有者权益 指企业投资人对企业净资产的所有权。企业净资产等于企业全部资产减去全部负债后的余额，包括企业投资人对企业的最初投入的实际到位的资产及资本公积金、盈余公积金和未分配利润。所有者权益合计数小于零，表示企业资不抵债。

主营业务收入 指会计“利润表”中对应指标的本年累计数。未执行2001年《企业会计制度》的企业，用“产品销售收入”的本期累计数代替。

主营业务成本 指会计“利润表”中对应指标的本年累计数。未执行2001年《企业会计制度》的企业，用“产品销售成本”的本期累计数代替。

主营业务税金及附加 指会计“利润表”中对应指标的本年累计数。未执行2001年《企业会计制度》的企业，用“产品销售税金及附加”的本期累计数代替。

利润总额 指企业生产经营活动的最终成果，是企业在一定时期内实现的盈亏相抵后的利润总额(亏损以“－”号表示)，它等于营业利润加上补贴收入加上投资收益加上营业外净收入再加上以前年度损益调整。

本年应交增值税 指企业在报告期内应交纳的增值税额。它等于本年销项税额加上出口退税加上进项税额转出数减去本年进项税额。小规模纳税企业直接按全年计税销售额乘以征收率计算取得。

从业人员平均人数 是指报告期内每天拥有的从业人员人数。其计算公式为：

$$\text{季平均人数}=\frac{\text{季内各月平均人数之和}}{3}$$

$$\text{月平均人数}=\frac{\text{报告月内每天实有人数之和}}{\text{报告月日历日数}}$$

$$\text{年平均人数}=\frac{\text{年内各月平均人数之和}}{12}$$

总资产贡献率 反映企业全部资产的获利能力，是企业经营业绩和管理水平的集中体现，是评价和考核企业盈利能力的核心指标。计算公式为：

$$\text{总资产贡献率(\%)}=\frac{\text{利润总额}+\text{税金总额}+\text{利息支出}}{\text{平均资金总额}}\times100\%$$

公式中：税金总额为产品销售税金及附加与应交增值税之和；平均资产总额为期初期末资产之和的算术平均值。

资产负债率 该指标既反映企业经营风险的大小，也反映企业利用债权人提供的资金从事经营活动的能力。计算公式为：

$$\text{资产负债率(\%)}=\frac{\text{负债总额}}{\text{资产总额}}\times100\%$$

资产与负债均为报告期期末数。

流动资产周转次数 指一定时期内流动资产完成的周转次数，反映投入工业企业流动资金的周转速度。计算公式为：

$$\text{流动资产周转次数}=\frac{\text{产品销售收入}}{\text{全部流动资产平均余额}}$$

公式中：全部流动资产平均余额为期初和期末的流动资产之和的算术平均值。

成本费用利润率 反映企业投入的生产成本及费用的经济效益，同时也反映企业降低成本所取得的经济效益。计算公式为：

$$\text{成本费用利润率(\%)}=\frac{\text{利润总额}}{\text{成本费用总额}}\times100\%$$

公式中：成本费用总额为产品销售成本、销售费用、管理费用、财务费用之和。

全员劳动生产率 该指标反映企业的生产效率和劳动投入的经济效益。计算公式为：

$$\text{全员劳动生产率(元/人)}=\frac{\text{工业增加值}}{\text{全部从业人员平均人数}}$$

产品销售率 该指标反映工业产品已实现销售的程度，是分析工业产销衔接情况，研究工业产品满足社会需求的指标。计算公式为：

$$\text{产品销售率(\%)}=\frac{\text{工业销售产值}}{\text{工业总产值(现价)}}\times100\%$$

Explanatory Notes on Main Statistical Indicators

Industry refers to the material production sector which is engaged in extraction of natural resources and processing and reprocessing of minerals and agricultural products, including (1) extraction of natural resources, such as mining, salt production (but not including hunting and fishing); (2) processing and reprocessing of farm and sideline produces, such as rice husking, flour milling, wine making, oil pressing, silk reeling, spinning and weaving, and leather making; (3) manufacture of industrial products, such as steel making, iron smelting, chemicals manufacturing, petroleum processing, machine building, timber processing; water and gas production and electricity generation and supply; (4)repairing of industrial products such as the repairing of machinery and means of transport (including cars).

Units of industrial statistics survey corporate industrial enterprises with independent accounting system.

Corporate industrial enterprises with independent accounting system refer to enterprises engaging in industrial production activities, which meet the following requirements: (1)They are established legally, having their own names, organizations, location, able to take civil liability; (2)They possess and use their assets independently, assume liabilities, and are entitled to sign contracts with other units; (3)They are financially independent and compile their own balance sheets.

Enterprises covered in the industrial statistics in the Yearbook include following categories by their registration:

State-owned and State-holding Enterprises refer to state owned enterprises plus state holding enterprises. State owned enterprises (originally known as state run enterprises with ownership by the whole society) are non corporate economic entities registered in accordance with the Regulation of the People's Republic of China on the Management of Registration of Legal Enterprises, where all assets are owned by the state. Included in this category are state owned enterprises, state funded corporations and state owned joint operation enterprises. Joint state private industries and private industries, which existed before 1957, were transformed into state run industries since 1957, and into state owned industries after 1992. Statistics on those enterprises are included in the state owned industries instead of grouping them separately. State holding enterprises is a sub classification of enterprises with mixed ownership, referring to enterprises where the percentage of state assets (or shares by the state) is larger than any other single share holder of the same enterprise. This sub classification illustrates the control of the state over a particular industry.

Collective-owned Enterprises refer to economic entities registered in accordance with the Regulation of the People's Republic of China on the Management of Registration of Legal Enterprises, where assets are owned by collectively. Collective enterprises constitute an integral part of the socialist economy with public ownership. They include urban and rural enterprises invested by collectives, and some enterprises registered in industrial and commercial administration agency as collective units where funds are pulled together by individuals who voluntarily give up their right of ownership.

Share-holding Cooperative Enterprises refer to economic units set up on cooperative basis, with funding partly from members of the enterprise and partly from outside investment, where the operation and management is decided by the members who also participate in the production, and the distribution of income is based both on work (labour input) and on shares (capital input).

Joint Operation Enterprises refer to economic units that are established by joint investment by two or more corporate enterprises or institutions of the same or different types of ownership on voluntary, equal and mutual beneficial basis. They include:

a)state owned joint operation enterprises (joint operation between state owned enterprises);

b)collective joint operation enterprises (joint operation between collective enterprises; and

c)state collective joint operation enterprises (joint operation between state and collective enterprises).

Limited Liability Corporations refer to economic units registered in accordance with the Regulation of the People's Republic of China on the Management of Registration of Corporations, with capitals from 2 to 49 investors, each investor bears limited liability to the corporation depending on his/her holding of shares, and the corporation bears liability to its debt to the maximum of its total assets.

Share-holding Corporations Ltd. refer to economic units registered in accordance with the Regulation of the People's Republic of China on the Management of Registration of Corporate Enterprises, with total registered capitals divided into equal shares and raised through issuing stocks. Each investor bears limited liability to the corporation depending on the holding of shares, and the corporation bears liability to its debt to the maximum of its total assets.

Private Enterprises refer to economic units invested or controlled (by holding the majority of the shares) by natural persons who hire labours for profit making activities. Included in this category are private limited liability corporations, private share holding corporations Ltd., private partnership enterprises and private sole investment enterprises registered in accordance with the Corporation Law, Partnership Enterprise Law and Tentative Regulation on Private Enterprises.

Enterprises with Funds from Hong Kong, Macao and Taiwan refers to all industrial enterprises registered as the joint venture, cooperative, sole (exclusive) investment industrial enterprises and limited liability corporations with funds from Hong Kong, Macao and Taiwan.

Foreign Funded Enterprises refers to all industrial enterprises registered as the joint venture, cooperative, sole (exclusive) investment industrial enterprises and limited liability corporations with foreign funds.

Enterprises with Hong Kong, Macao, Taiwan and foreign fund refer to all the enterprises with funds from Hong Kong Macao and Taiwan and foreign funded enterprises.

Light Industry refers to the industry that produces consumer goods and hand tools. It consists of two categories, depending on the materials used:

(1) Industries using farm products as raw materials. These are branches of light industry which directly or indirectly use farm products as basic raw materials, including the manufacture of food and beverages, tobacco processing, textile, clothing, fur and leather manufacturing, paper making, printing, etc.

(2) Industries using non farm products as raw materials. These are branches of light industry which use manufactured goods as raw materials, including the manufacture of cultural, educational articles and sports goods, chemicals, synthetic fiber, chemical products for daily use, glass products for daily use, metal products for daily use, hand tools, medical apparatus and instruments, and the manufacture of cultural and clerical machinery.

Heavy Industry refers to the industry which produces capital goods, and provides various sectors of the national economy with necessary material and technical basis. It consists of the following three branches according to the purpose of production or the use of products:

(1) Mining, quarrying and logging industry refers to the industry that extracts natural resources, including extraction of petroleum, coal, metal and non metal ores.

(2) Raw materials industry refers to the industry that provides various sectors of the national economy with raw materials, fuels and power. It includes smelting and processing of metals, coking and coke chemistry, chemical materials and building materials such as cement, plywood, and power, petroleum refining and coal dressing.

(3) Manufacturing industry refers to the industry that processes raw materials. It includes machine building industry which equips sectors of the national economy, industries of metal structure and cement products, industries producing means of agricultural production, such as chemical fertilizers and pesticides.

According to the above principle of classification, the repairing trades, which are engaged primarily in repairing products of heavy industry are classified into heavy industry while these engaged in repairing products of light industry are classified into light industry.

Gross Industrial Output Value

(1) Definition: Gross industrial output value is the total volume of final industrial products produced and industrial services provided during a given period. It reflects the total achievements and overall scale of industrial production during a given period.

(2) Principles for calculation:

Statistics on industrial production follow the principle that all products produced by the enterprises and accepted during the reference period are to be included no matter whether they are sold or not during the reference period.

Determination of final products follow the principle that all products that are included in the calculation of grow industrial output value are the final products of the enterprise which have been accepted through quality check and require no further processing. If an enterprise has intermediate (semi finished) products to sell, these intermediate products are considered as the final products of the enterprise.

Gross industrial output value is calculated following the principle of factory approach, i.e. industrial enterprise is used as the basic accounting unit in calculating the gross industrial output value. By this approach, value of the same product is not to be double counted, and the output value of different workshops (branch factories) should not be added. However, this approach does not exclude the possibility of double counting between enterprises.

(3) Content and calculation method: The old definition of gross industrial output value was modified during the national industrial census in 1995. The revised (new) definition of gross industrial output value consists of 3 components: value of the finished products during the reference period, income from external processing, and value of change in semi finished products at the end and at the beginning of the reference period.

Value of the finished products during the reference period: refers to the value of all finished (semi finished) industrial products that are produced during the reference period without the need for further processing, checked for acceptance, packed and put into the warehouse of the enterprise, including the value of own produced equipment and the value of products provided to the projects under construction of the enterprise, and to other non industrial or welfare units. Value of finished products during the reference period is calculated by the quantity of products produced using own materials multiplied by the average unit prices at which products are sold (excluding value added tax). Own produced equipment and products produced for own use are value at cost prices as in the case of enterprise accounting. Value of finished products does not include the value of finished products (semi finished products) that are produced using the materials from the clients who make the orders.

Income from external processing: refers to income from contracted external processing of industrial products (including processing of industrial products using materials from the clients), and the income from industrial repairing work provided to other units. Income from external processing is calculated using information from the item "products sales income" in the enterprise accounting at the prices excluding value added tax.

For income from services such as processing, repairing and installation of equipment provided to non industrial units within the enterprise, if the accounting work of the enterprise is good enough to separate it from other records, and the share of such services is significant, it should also be included in the income from external processing.

Value of change in semi finished products at the end and at the beginning of the reference period: refers to the value of change in semi finished products at the end and at the beginning of the reference period, which generally can be obtained from accounting records of enterprises. If the enterprise accounting excludes the cost of semi finished products, then it should not be included in the gross industrial output value, and vice versa.

(4) Changes in the coverage and method of calculation of gross industrial output value

Prior to 1984, the value of rural industry run by villages was classified into agriculture instead of industry. Since 1984, it has been included in the gross industrial output value. Method of calculation for the gross industrial output value was modified in the industrial census in 1995. The difference in the new method as compared with the old one is outlined below:

Principle in using full value vs. processing fee: The new method stipulates that all products produced using own materials are to be calculated with full value in reporting the gross industrial output value irrespective of sophistication of production, and for external processing, it allows calculation using processing fee. In the old method, however, the use of full value or processing fee was determined by the degree of sophistication of production in different branches of industries.

Principle in determining the value of change in semi finished products: The new method requires that value of the change in semi finished products should be included in the gross industrial output value if it is included in the accounting record of the enterprise, otherwise it should not be included. By the old method, it is determined by the type of enterprises in terms of production cycle. If the production cycle is over 6 months, the value of change in semi finished products is included in the gross industrial output value, otherwise it is excluded.

Difference in prices: The new method uses prices excluding value added tax in the calculation of gross industrial output value, while the old method used prices including value added tax.

Value-added of Industry refers to the final results of industrial production of industrial enterprises in money terms during the reference period.

Industrial value added can be calculated by two approaches: the production approach, i.e. gross industrial output value minus intermediate input plus value added tax, and the income approach, i.e. income for various factors used in the course of production, including depreciation of fixed assets, remuneration of labourers, net of production tax, and operating surplus. Value added of industry in the Yearbook is calculated by production approach as following:

Value added of industry=gross industrial outputindustrial intermediate input+value added tax

(1)Gross industrial output: refers to the total achievements of industrial production during a given period. Gross industrial output includes value of finished products, income from external processing, and value of change in semi finished products at the end and at the beginning of the reference period. Since 1995, it was substituted by the gross industrial output value by new method.

(2) Industrial intermediate input: refers to purchased goods and paid services consumed during the industrial production of enterprises. Fees paid for services include fees paid for the services provided by material production sectors (industry, agriculture, wholesale and retail trade, construction, transport, post and telecommunications) and by non material production sectors (insurance, banking, culture, education, scientific research, health and medical care, public administration, etc.). The determination of industrial intermediate input follows the principle that the goods and services must be purchased from outside and included in the gross industrial output, and that the goods and services are inputted into production and consumed (include low value consumables) during the reference period.

Industrial intermediate input includes 5 components, namely direct consumption of materials, industrial intermediate input in manufacturing cost, industrial intermediate input in management cost, industrial intermediate input in marketing cost and expenditure on interest.

Total Assets refer to all economic resources, in monetary terms, that is owned or controlled by enterprises, including properties, creditors equity and other economic rights of all forms. Classified by the degree of equitability, total assets include circulating assets, long term investment, fixed assets, intangible assets and deferred assets, and other assets. Data on this indicator can be obtained by the year end figures of total assets in the Assets and Liability Table of accounting records of enterprises.

Working Capitals refer to capitals that an enterprise can cash or use during one year or one production cycle that may exceeds one year, including cash and savings deposits of various forms, short term investment,money receivable and prepaid money, inventories, etc.

Annual Average Value of Working Capitals refers to the average value of all working capitals of the enterprise during the reference period.

Original Value of Fixed Assets refers to the total value, in monetary terms, that an enterprise spent on fixed assets, through construction, purchase, installation, transformation, expansion or technical upgrading. Generally, it covers cost ofpurchase, packing, transportation and installation, etc.

Annual Average of Net Value of Fixed Assets refer to average of the net value of fixed assets during the reference period, calculated with the following formula:

$$\text{Annual Average of Net Value of Fixed Assets} = \frac{\text{sum of net value of fixed assets at the beginning and at the end of each month from January to December}}{24}$$

Information on this indicator can be obtained from the beginning and ending figures of the original value of fixed assets and cumulative depreciation from the Assets and Liability Table of enterprises.

Net value of fixed assets refers to the original value of fixed assets minus depreciation over the years, i.e.:

Net value of fixed assets=original value of fixed assets cumulative depreciation

Total Liabilities refer to payable liabilities of enterprises that have to repay in terms of money, assets or labour services. In terms of payment, it can be divided into liquid liabilities and long term liabilities. Data on this item is obtained from the ending figures on total liabilities from the Assets and Liability Table from the enterprises.

Owner's Equity refers to the ownership of net assets of enterprise by its investors. The net assets equal the total assets minus total liabilities of the enterprise, including the actual assets invested into the enterprise by investors, accumulation of capitals and operating surplus and non distributed profits. The enterprise's assets is less than its liabilities if the sum of owner's equity is smaller than zero.

Revenue from Principal Business refers to the annual accumulation of corresponding item in the "profit table"of the accountant. For enterprises that do not follow the 2001 Enterprise Accounting Standards, the year end accumulation of revenue from the sales of products is used as a substitute.

Cost of Principal Business refers to the annual accumulation of corresponding item in the "profit table" of the accountant. For enterprises that do not follow the 2001 Enterprise Accounting Standards, the year end accumulation of cost for the sales of products is used as a substitute.

Tax and Extra Charges from Principal Business refer to the annual accumulation of corresponding item in the"profit table" of the accountant. For enterprises that do not follow the 2001 Enterprise Accounting Standards, the year end accumulation of tax and extra charges from the sales of products is used as a substitute.

Total Profits refer to the final achievements of production and operation of the enterprises, represented by the total profits after deducting losses (loss is expressed by the negative figure). It is the sum of profits from operation, income from subsidies, investment earnings, net income from activities other than operation, and adjustment of profits and losses of previous years.

Value added Tax Payable refers to the amount of the value added tax which should be paid by the enterprises during the reference period. It is the sum of tax on sales, export rebate, and transferred tax on purchases of the current year, minus the tax on purchases of the current year. Value added tax payable of small size enterprises is determined by the taxable sales of the year multiplied by the tax rate.

Average Annual Number of Employed Persons Employed persons refer to all those who are employed in enterprises and receive remunerations therefrom, including currently working employees, retirees who are re employed, teachers of local run schools, as well as foreigners, staff from Hong Kong, Macao and Taiwan, part time employees and persons with second job who are employed by the enterprise, and employees of other units temporarily working in the enterprises, but excluding former employees who left the enterprise with their employment records still kept by the enterprises.

Average number of employed persons refers to the number of employees everyday during the reference period, calculated with the following formula:

$$\text{Monthly average number} = \frac{\text{sum of actual employees everyday in reference month}}{\text{number of calendar dates in reference month}}$$

$$\text{Quarterly average number} = \frac{\text{sum of monthly average number in reference quarter}}{3}$$

$$\text{Annual average number} = \frac{\text{sum of monthly average number in reference year}}{12}$$

Ratio of Profits, Taxes and Interests to Average Assets reflects the profit making capability of all assets of the enterprise and is a key indicator manifesting the performance and management and evaluating the profit making potential of the enterprise. It is calculated as follows:

$$\text{Ratio of Profits, Taxes and Interests to Average Assets (\%)} = \frac{\text{total profits + total taxes + interest payment}}{\text{average assets}} \times 100\%$$

In the above formula, total taxes is the sum of tax and extra charges on the sales of products and value added tax payable; and average assets is the arithmetic mean of the sum of beginning assets and ending assets.

Ratio of Debts to Assets reflect both the operation risk and the capability of the enterprise in making use of the capital from the creditors. It is calculated as follows:

$$\text{Ratio of Debts to Assets (\%)} = \frac{\text{total debts}}{\text{total assets}} \times 100\%$$

Both assets and debts are figures at the end of the reference period.

Turnover of Working Capitals refers to the number of times of turnover of working capital in a given period of time, which reflects the speed of the turnover of working capital of industrial enterprises, and is calculated as follows:

$$\text{Turnover of Working Capital} = \frac{\text{sales revenue of products}}{\text{average balance of total working capital}}$$

In the above formula, average balance of total working capital refers to the arithmetic mean of the sum of working capital at the beginning and at the end of the reference period.

Ratio of Profits to Total Industrial Costs refers to the ratio of profits realized in a given period to the total costs in the same period, which reflects the economic efficiency of input cost and is calculated as follows:

$$\text{Ratio of Profits to Total Industrial Cost (\%)} = \frac{\text{total profits}}{\text{total costs}} \times 100\%$$

Total costs in the above formula is the sum of cost of products sold, marketing cost, management cost and financial cost.

Overall Labour Productivity is an indicator reflecting the production efficiency of an enterprise and the economic efficiency of its labour input, calculated by the formula:

$$\text{Overall Labour Productivity (yuan/person)} = \frac{\text{industrial value-added}}{\text{average of all persons engaged}}$$

Sales Ratio of Products is an indicator reflecting the actual sale of industrial products, analyzing the production selling and supply demand relations. It is calculated as:

$$\text{Sales Ratio of Products (\%)} = \frac{\text{value of industrial sales}}{\text{gross industrial output value (current prices)}} \times 100\%$$

第15篇

建筑业

Construction

简 要 说 明

一、本篇资料的主要内容

本篇资料反映了全省建筑业基本情况，主要包括建筑业总产值、从业人员、建筑企业生产指标、财务指标等方面的内容。

二、本篇资料的来源

本篇资料来源于建筑业统计年报，由省统计局投资处整理提供。

Brief Introduction

I. Content

Data in this chapter show the basic conditions of the construction industry in Shandong Province, mainly including the gross output value of construction, number of employed persons, major production indices and financial indicators.

II. Source of Data

Data in this chapter are based on the annual report of construction industry, and are prepared and provided by the Division of Investment and Construction Statistics of Shandong Provincial Bureau of Statistics

15-1 主要年份建筑业总产值

Gross Output Value of Construction Enterprises

单位:亿元 (100 million yuan)

年 份 Year	总 计 Total	#国有经济 State-owned Construction Enterprises	中 央 Central	地 方 Local	#集体经济 Collective Owned Construction Enterprises	#城 镇 Township
1957	1.32	1.32	0.67	0.65		
1962	1.20	0.99	0.44	0.55	0.21	0.21
1965	2.51	1.66	0.53	1.13	0.85	0.85
1970	3.02	1.76	0.76	1.00	1.26	1.26
1975	7.24	4.66	2.27	2.39	2.58	2.58
1978	11.34	7.62	2.54	5.08	3.72	3.72
1979	11.96	8.14	2.62	5.52	3.82	3.82
1980	14.26	9.76	4.01	5.75	4.50	4.50
1981	13.42	9.41	4.98	4.43	4.01	4.01
1982	14.50	9.46	4.41	5.05	5.04	5.04
1983	15.89	10.45	4.56	5.89	5.44	5.44
1984	23.07	16.25	8.62	7.63	6.82	6.82
1985	31.21	22.05	12.21	9.84	9.16	9.16
1986	34.71	24.44	14.87	9.57	10.27	10.27
1987	40.91	28.67	17.51	11.16	12.24	12.24
1988	49.38	33.34	20.04	13.30	16.04	16.04
1989	55.24	37.94	22.36	15.71	17.30	17.30
1990	58.89	40.60	24.27	16.33	18.29	18.29
1991	71.40	47.77	27.40	20.38	32.63	32.63
1992	98.66	61.86	32.81	29.05	36.81	36.81
1993	141.14	93.32	46.57	46.75	46.71	46.71
1994	206.42	133.92	78.70	55.22	65.13	65.13
1995	257.95	163.73	92.25	71.48	82.08	82.08
1996	593.90	198.27	101.45	96.82	363.92	100.44
1997	652.59	228.26	112.47	115.79	387.09	120.19
1998	702.64	279.97	104.79	135.25	328.63	102.06
1999	770.80	248.19	113.14	135.05	326.12	113.55
2000	820.52	249.48	120.37	129.11	310.30	110.27
2001	986.49	246.45	94.37	152.08	286.76	189.22
2002	1153.24	254.86	86.30	168.56	274.99	186.23
2003	1485.89	331.17	126.80	204.37	294.14	201.40
2004	1969.01	657.70	302.85	354.85	263.02	
2005	2509.17	782.56	365.49	417.07	320.29	
2006	2791.81	799.34	370.15	429.19	309.72	
2007	3289.05	977.26	459.81	517.45	329.43	
2008	3842.52	963.53	478.23	485.30	338.76	
2009	4579.15	1136.65	599.49	537.16	337.03	
2010	5496.59	1368.34	704.30	664.04	377.57	
2011	6482.90	1680.49	920.80	759.69	401.61	

注:1.1995年前不含县以下集体施工企业。2.从2004年开始国有经济含国有控股。

a)Data in this table don't include the data of enterprises of collective owned ones under county level.

b)Since 2004,state-owned enterprises include state-controlled ones.

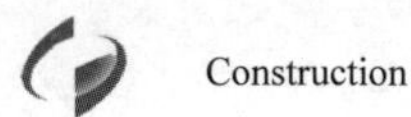

15-2 主要年份计算建筑业劳动生产率的平均人数
Average Number of Employed Persons in Construction Enterprises for calculating the Labor Productivity

单位:万人 (10 000 persons)

年份 Year	总计 Total	#国有经济 State-owned Construction Enterprises	中央 Central	地方 Local	#集体经济 Collective Owned Construction Enterprises	#城镇 Township
1957	4.21	4.21	2.14	2.07		
1962	6.48	4.91	2.13	2.78	1.56	1.56
1965	7.35	4.77	1.52	3.25	2.59	2.59
1970	10.31	5.76	2.66	3.10	4.52	4.52
1975	18.81	11.33	5.36	5.97	7.47	7.47
1978	25.20	16.21	5.40	10.81	9.07	9.07
1979	26.00	16.96	6.24	10.72	8.88	8.88
1980	26.91	18.07	8.91	9.16	9.00	9.00
1981	28.55	19.20	11.07	8.20	9.11	9.11
1982	27.36	17.52	9.00	8.71	9.51	9.51
1983	27.88	18.02	6.42	11.55	9.71	9.71
1984	33.93	22.26	9.37	12.93	11.56	11.56
1985	40.53	26.89	13.13	13.67	13.47	13.47
1986	38.57	24.69	15.17	9.67	13.88	13.88
1987	39.34	24.50	14.97	9.62	14.93	14.93
1988	40.48	24.88	14.74	10.08	15.73	15.73
1989	38.90	22.86	13.63	10.83	14.54	14.54
1990	38.15	21.83	11.65	10.18	14.87	14.87
1991	39.72	23.83	12.51	11.32	15.89	15.89
1992	45.10	23.44	11.66	11.78	19.85	19.85
1993	52.78	29.57	11.87	17.70	22.94	22.94
1994	66.22	37.17	20.10	17.07	27.36	27.36
1995	66.84	35.32	14.91	20.40	29.13	29.13
1996	188.02	40.96	14.82	26.14	138.19	38.19
1997	175.78	40.49	14.39	26.10	126.15	40.15
1998	169.11	38.59	11.28	27.30	100.52	31.99
1999	164.95	33.56	10.86	22.70	92.07	26.96
2000	171.94	31.80	10.27	21.53	85.33	25.60
2001	181.07	29.15	8.15	21.00	71.17	50.65
2002	183.56	23.08	4.57	18.50	61.28	39.98
2003	210.11	29.43	8.50	20.93	54.59	34.83
2004	238.91	53.85	16.50	37.35	43.98	
2005	249.81	48.93	16.21	32.72	45.07	
2006	282.30	59.04	27.76	31.28	42.53	
2007	288.40	51.78	17.36	34.42	41.09	
2008	300.24	44.74	18.32	26.42	41.15	
2009	305.99	42.81	17.99	24.82	33.15	
2010	344.88	54.00	25.20	28.80	34.19	
2011	307.56	45.07	21.18	23.89	27.74	

注:1.1995年前不含县以下集体施工企业。2.从2004年开始国有经济含国有控股。

a)Data in this table don't include the data of enterprises of collective owned ones under county level.

b)Since 2004,state-owned enterprises include State-controlled ones.

15-3 建筑业企业生产指标(2011年)

Main Production Indicators of Construction Enterprises(2011)

类 别	Category	企业个数(个) Number of Enterprises (unit)	建筑业总产值(万元) Gross Output Value (10 000 yuan)	竣工产值(万元) Value of Projects Completed (10 000 yuan)	签定合同额(万元) Value of Contracts (10 000 yuan)	#上年结转 Carryover of Last Year
总 计	**Total**	**5747**	**64829000**	**34842507**	**101559670**	**35159973**
#国有及国有控股企业	State-owned and State-controlled Enterprises	498	16804908	6484462	33039481	15925357
一、按登记注册类型分	**Grouped by Registration Status**					
内资企业	Domestic Funded	5716	64326119	34760670	100416032	34386116
国有企业	State-owned	367	7555052	3450328	13299758	6271605
集体企业	Collective-owned	549	4016117	2772722	5353616	1207547
股份合作企业	Stock-holding Cooperation	57	503639	386591	921079	377182
联营企业	Joint-owned	9	105866	85031	135057	15196
国有联营企业	State-owned	1	45322	39671	63915	5837
集体联营企业	Collective-owned	5	41477	26462	51231	8975
国有与集体联营企业	State-and-collective owned	1	10697	10697	11540	280
其他联营企业	Others	2	8370	8200	8371	104
有限责任公司	Company with Limited Liabilition	1877	30622154	14401881	50239949	18354067
国有独资公司	State-owned	20	3199183	940633	6645951	2857285
其他有限责任公司	Others	1857	27422971	13461249	43593998	15496782
股份有限公司	Stock-holding Company limited	327	6921743	4021668	10845467	3613979
私营企业	Private-owned	2491	14412847	9475847	19382518	4501461
私营独资企业	Solely Owned	110	448612	298203	557141	64183
私营合伙企业	Joint Owned	34	167376	92135	261746	79225
私营有限责任公司	Company with Limited Liabilition	2152	12212376	7952404	16424219	3916974
私营股份有限公司	Stock-holding Company limited	195	1584484	1133106	2139412	441078
其他企业	Others	39	188701	166602	238589	45079
港、澳、台商投资企业	Funded from Hong Kong,Macao and Taiwan	14	429438	32988	1057148	758152
合资经营企业(港或澳、台资)	Joint Ventures	11	419640	23189	1051569	758039
合作经营企业(港或澳、台资)	Cooperative Joint Venture					
港、澳、台商独资经营企业	Solely Owned	3	9798	9798	5579	114
港、澳、台商投资股份有限公司	Share-holding Company Limited					
外商投资企业	Foreign Funded	17	73443	48850	86490	15705
中外合资经营企业	Chinese-foreign Joint Venture	12	51998	27487	66103	8214
中外合作经营企业	Chinese-foreign Cooperative Joint Venture	1	998	998	1665	567
外资企业	Solely Owned	3	14243	14160	12363	6578
外商投资股份有限公司	Share-holding Company Limited					

15-3 续表 1 continued

类 别	Category	企业个数(个) Number of Enterprises (unit)	建筑业总产值(万元) Gross Output Value (10 000 yuan)	竣工产值(万元) Value of Projects Completed (10 000 yuan)	签定合同额(万元) Value of Contracts (10 000 yuan)	#上年结转 Carryover of Last Year
二、按国民经济行业分	**by Sector**					
房屋和土木工程建筑业	Building and Civil Engineering Construction	3843	56624156	29616718.1	91301481	33100459
房屋工程建筑	Building	2931	40365424	22976838.4	63616278	20129730
土木工程建筑	Civil Engineering	912	16258732	6639879.7	27685204	12970729
建筑安装业	Construction Installation	866	4933115	3084170	6261573	1580600
建筑装饰业	Construction Decoration	728	2365140	1530388.2	2891619	344670
其它建筑业	Others	310	906590	611230.9	1104997	134244
工程准备	Preparation	107	407804	290066.1	557329	72756
提供工程设备服务	Service	30	73579	47639.9	78421	7638
其它未列明的建筑活动	Others	173	425208	273524.9	469246	53851
三、按隶属关系分	**by Ownership**					
中 央	Central	59	9422313	3054548.5	22698024	13031837
地 方	Local	5688	55406688	31787958.7	78861646	22128137
省(自治区、直辖市)	Provincial	77	2604641	1269070.9	3570056	933684
地(区、市、州、盟)	Region	491	11507821	5311374.8	18497478	6553279
县(区、市、旗)及县以下	County	5120	41294226	25207513	56794113	14641174
四、按企业资质等级分	**by Qualification Criteria**					
施工总承包	Construction Contract	3763	58246096	30498701.1	93419857	33719117
特 级	Special Grade	15	6414498	2683503.9	12858410	6350063
一 级	First Grade	282	28101272	11971815.5	48743220	19935359
二 级	Second Grade	1248	13717062	9080823.1	19345855	5009864
三级及以下	Third Grade and below	2218	10013263	6762558.6	12472372	2423830
专业承包	Professional Contract	1984	6582905	4343806.1	8139813	1440856
一 级	First Grade	146	2300928	1464767	3148113	682955
二 级	Second Grade	592	2020425	1332413.1	2463234	436723
三级及以下	Third Grade and below	1246	2261552	1546626	2528466	321179
五、按营业状态分	**by Business Status**					
营 业	Open	5572	63969549	34598710.8	100486936	34942472
停业(歇业)	Close	98	180432	146898.5	194964	50497
筹 建	Prepared to Start	3	1089	1450.1	3243	672
当年关闭	Closed in Current Year	64	671400	94617.1	861768	158326
当年破产	Bankruptcy	4	833	313.7	1006	195
其 它	Others	6	5698	517	11753	7811
六、按控股情况分	**by Share Holding**					
#国有控股	State-controlled	498	16804908	6484462	33039481	15925357
#集体控股	Collective-controlled	825	7640155	5142735.3	10154983	2546596
#私人控股	Private-controlled	4022	34423034	20215670.3	48779899	13076560
#港澳台商控股	Controlled by Investors from Hong Kong,Macao and Taiwan	10	46451	30984.1	52286	17112
#外商控股	Foreign-controlled	16	72888	48294.3	85935	15705

15−3 续表 2 continued

类 别	Category	房屋建筑施工面积（平方米）Floor Space of Buildings under Construction (sq.m)	房屋建筑竣工面积（平方米）Floor Space of Buildings Completed (sq.m)	#住 宅 Residential	年末从业人员（人）Staff Employed (person)
总 计	**Total**	**505044898**	**192786764**	**128700446**	**2706784**
#国有及国有控股企业	State-owned and State-controlled Enterprises	58754815	13203836	7217622	349986
一、按登记注册类型分	**Grouped by Registration Status**				
内资企业	DomesticFunded	504579081	192678571	128695679	2698843
国有企业	State-owned	18833621	5266275	3594442	190352
集体企业	Collective-owned	43852362	21725298	15558743	262005
股份合作企业	Stock-holding Cooperation	4533214	2780147	2048424	28933
联营企业	Joint-owned	447260	324886	187281	4493
国有联营企业	State-owned				1139
集体联营企业	Collective-owned	367760	275386	146781	2125
国有与集体联营企业	State-and-collective owned				523
其他联营企业	Others	79500	49500	40500	706
有限责任公司	Company with Limited Liabilition	249278999	79078130	50573056	1130994
国有独资公司	State-owned	16569115	3287789	1450982	37644
其他有限责任公司	Others	232709884	75790341	49122074	1093350
股份有限公司	Stock-holding Company limited	64506161	23801610	15000878	282206
私营企业	Private-owned	121596458	58734143	40852475	790477
私营独资企业	Solely Owned	3110554	1783460	1336714	23813
私营合伙企业	Joint Owned	956221	413782	276480	7981
私营有限责任公司	Company with Limited Liabilition	105694049	51675844	35770836	668781
私营股份有限公司	Stock-holding Company limited	11835634	4861057	3468445	89902
其他企业	Others	1531006	968082	880380	9383
港、澳、台商投资企业	Funded from Hong Kong,Macao and Taiwan	212009	8940	4767	6577
合资经营企业(港或澳、台资)	Joint Ventures	212009	8940	4767	6481
合作经营企业(港或澳、台资)	Cooperative Joint Venture				
港、澳、台商独资经营企业	Solely Owned				96
港、澳、台商投资股份有限公司	Share-holding Company Limited				
外商投资企业	Foreign Funded	253808	99253		1364
中外合资经营企业	Chinese-foreign Joint Venture	178703	24148		813
中外合作经营企业	Chinese-foreign Cooperative Joint Venture				67
外资企业	Solely Owned	75105	75105		229
外商投资股份有限公司	Share-holding Company Limited				

15-3 续表 3 continued

类别	Category	房屋建筑施工面积(平方米) Floor Space of Buildings under Construction (sq.m)	房屋建筑竣工面积(平方米) Floor Space of Buildings Completed (sq.m)	#住宅 Residential	年末从业人员(人) Staff Employed (person)
二、按国民经济行业分	**by Sector**				
房屋和土木工程建筑业	Building and Civil Engineering Construction	491054418	186663263	125159396	2386548
房屋工程建筑	Building	478389843	183275480	123217317	2028611
土木工程建筑	Civil Engineering	12664575	3387783	1942079	357937
建筑安装业	Construction Installation	12625781	5608721	3311720	216455
建筑装饰业	Construction Decoration	289021	155882	142662	73227
其它建筑业	Others	1075678	358898	86668	30554
工程准备	Preparation	34890	7300	7300	12075
提供工程设备服务	Service	237724	35759	5279	3281
其它未列明的建筑活动	Others	803064	315839	74089	15198
三、按隶属关系分	**by Ownership**				
中　央	Central	28366064	4866019	1836195	131067
地　方	Local	476678834	187920745	126864251	2575717
省(自治区、直辖市)	Provincial	8919133	2244815	1071532	58467
地(区、市、州、盟)	Region	99593378	24043073	15753936	300941
县(区、市、旗)及县以下	County	368166323	161632857	110038783	2216309
四、按企业资质等级分	**by Qualification Criteria**				
施工总承包	Construction Contract	493938809	186393627	127333253	2454169
特　级	Special Grade	63238687	13282066	7759237	181728
一　级	First Grade	192065841	57901062	35177926	771316
二　级	Second Grade	136571572	62744134	45812309	805579
三级及以下	Third Grade and below	102062709	52466365	38583781	695546
专业承包	Professional Contract	11106089	6393137	1367193	252615
一　级	First Grade	2735382	1740937	72977	57281
二　级	Second Grade	4657869	3249702	710653	88417
三级及以下	Third Grade and below	3712838	1402498	583563	106917
五、按营业状态分	**by Business Status**				
营　业	Open	500565739	191641286	128022798	2671564
停业(歇业)	Close	1595392	695852	420219	12788
筹　建	Prepared to Start	36038	36038	6038	201
当年关闭	Closed in Current Year	2758192	389396	227199	21427
当年破产	Bankruptcy				135
其　它	Others	89537	24192	24192	669
六、按控股情况分	**by Share Holding**				
#国有控股	State controlled	58754815	13203836	7217622	349986
#集体控股	Collective controlled	74159128	37089177	25374610	411251
#私人控股	Private controlled	321568401	125916323	86768303	1730203
#港澳台商控股	Controlled by Investors from Hong Kong,Macao and Taiwan	192209	7700	3527	1109
#外商控股	Foreign controlled	253808	99253		1298

15-4 建筑业主要财务指标(2011年)

Major Financial Indicators of Construction Enterprises(2011)

单位:万元 (10 000 yuan)

类 别	Category	年初存货 Inventory at Beginning of year	流动资产 Liquid Assets	固定资产 Fixed Assets	在建工程 Project under Construction	资产合计 Total Assets	流动负债 Liquid Liabilities
总 计	**Total**	**9525474**	**46862117**	**7723287**	**779918**	**59928990**	**38173912**
#国有及国有控股企业	State-owned and State-controlled Enterprises	3231220	15848353	1827309	146188	19374328	15103552
一、按登记注册类型分	**Grouped by Registration Status**						
内资企业	Domestic Funded	9482436	46490568	7667095	778975	59453189	37827920
国有企业	State owned	1688995	7674774	981250	43579	9494307	7481272
集体企业	Collective-owned	561327	2191400	468795	24699	2988410	1791546
股份合作企业	Stock-holding Cooperation	59014	436462	70112	3788	512861	244537
联营企业	Joint-owned	5924	44149	20034	469	65014	33334
国有联营企业	State-owned		15706	6528		22474	19424
集体联营企业	Collective-owned	2944	17792	6576	261	24957	8367
国有与集体联营企业	State and collective owned	108	5056	4610	208	9666	2856
其他联营企业	Others	2872	5595	2320		7917	2688
有限责任公司	Company with Limited Liabilition	4613692	22930734	3187851	381923	28762671	18694886
国有独资公司	State owned	537226	2134523	240792	12381	2524965	1914100
其他有限责任公司	Others	4076466	20796211	2947059	369542	26237706	16780786
股份有限公司	Stock holding Company limited	775970	4765370	760142	93820	6159175	3996818
私营企业	Private owned	1755374	8320594	2133689	228269	11292111	5501443
私营独资企业	Solely Owned	30034	202272	82138	5532	309979	133691
私营合伙企业	Joint Owned	14893	115967	58929	1665	183014	86789
私营有限责任公司	Company with Limited Liabilition	1564017	7247182	1789613	208890	9741836	4755141
私营股份有限公司	Stock holding Company limited	146430	755173	203010	12181	1057282	525822
其他企业	Others	22142	127086	45222	2428	178641	84085
港、澳、台商投资企业	Funded from Hong Kong,Macao and Taiwan	29531	303549	33526	425	382635	290897
合资经营企业(港或澳、台资)	Joint Ventures	29395	301651	31905	425	378876	290093
合作经营企业(港或澳、台资)	Cooperative Joint Venture						
港、澳、台商独资经营企业	Solely Owned	136	1898	1621		3759	804
港、澳、台商投资股份有限公司	Share holding Company Limited						
外商投资企业	Foreign Funded	13508	68000	22666	518	93167	55095
中外合资经营企业	Chinese foreign Joint Venture	12024	41075	17975	518	61131	33338
中外合作经营企业	Chinese foreign Cooperative Joint Venture	832	14238	1430		15876	13531
外资企业	Solely Owned	652	6373	1048		7633	2760
外商投资股份有限公司	Share holding Company Limited						

15-4 续表 1 continued

单位:万元 (10 000 yuan)

类 别	Category	年初存货 Inventory at Beginning of year	流动资产 Liquid Assets	固定资产 Fixed Assets	在建工程 Project under Construction	资产合计 Total Assets	流动负债 Liquid Liabilities
二、按国民经济行业分	**by Sector**						
房屋和土木工程建筑业	Building and Civil Engineering Construction	7748669	41176200	6561199	666013	52457789	33713785
房屋工程建筑	Building	5356982	25679443	4229622	508106	32799911	19862491
土木工程建筑	Civil Engineering	2391687	15496757	2331577	157906	19657878	13851294
建筑安装业	Construction Installation	1178357	3847580	737515	84063	4924488	3131783
建筑装饰业	Construction Decoration	237855	1185455	242002	23934	1632654	796140
其它建筑业	Others	360593	652883	182570	5908	914060	532203
工程准备	Preparation	43741	250583	61233	2338	350906	224544
提供工程设备服务	Service	7242	71831	18777	104	112938	82292
其它未列明的建筑活动	Others	309610	330469	102560	3466	450216	225368
三、按隶属关系分	**by Ownership**						
中 央	Central	1786260	8627056	877493	78297	10349348	8618454
地 方	Local	7739214	38235061	6845794	701621	49579643	29555457
省(自治区、直辖市)	Provincial	733096	2959877	214200	28055	3574292	2763020
地(区、市、州、盟)	Region	1560360	9825342	1069258	125299	11919378	8366588
县(区、市、旗)及县以下	County	5445758	25449843	5562335	548267	34085973	18425849
四、按企业资质等级分	**by Qualification Criteria**						
施工总承包	Construction Contract	8410517	42101482	6642519	684572	53500964	34733794
特 级	Special Grade	750725	5239555	474148	69976	6871370	4497749
一 级	First Grade	4509195	21024366	2487875	224555	25362108	18375448
二 级	Second Grade	2024585	9929904	2124985	255858	13094774	7546140
三级及以下	Third Grade and below	1126013	5907657	1555511	134184	8172712	4314457
专业承包	Professional Contract	1114957	4760635	1080768	95346	6428026	3440117
一 级	First Grade	225063	1259536	212316	42554	1635741	961053
二 级	Second Grade	552686	1596519	371137	27925	2214923	1080700
三级及以下	Third Grade and below	337209	1904581	497315	24867	2577362	1398364
五、按营业状态分	**by Business Status**						
营 业	Open	9368500	45865864	7499098	752166	58615308	37281040
停业(歇业)	Close	89734	437040	53497	4256	534856	385730
筹 建	Prepared to Start	153	2816	53		4949	2148
当年关闭	Closed in Current Year	65800	548233	168231	23477	762791	500003
当年破产	Bankruptcy	234	1537	772	19	2481	1384
其 它	Others	1053	6628	1637		8606	3607
六、按控股情况分	**by Share Holding**						
国有控股	State-controlled	3231220	15848353	1827309	146188	19374328	15103552
集体控股	Collective-controlled	943868	4337911	920780	149999	5848752	3292562
私人控股	Private-controlled	4785607	22689970	4310175	458175	29667174	16664250
港澳台商控股	Controlled by Investors from Hong Kong,Macao and Taiwan	7008	27302	9869	425	42818	16516
外商控股	Foreign-controlled	13475	67355	22577	518	92433	54792

15-4 续表 2 continued

单位:万元 (10 000 yuan)

类别	Category	非流动负债 Non-current liabilities	负债合计 Total Liabilities	所有者权益 Creditors' Equity	主营业务收入 Revenue from Principal Business	主营业务成本 Cost of Principal Business
总 计	**Total**	**1693916**	**41235140**	**18693851**	**59532515**	**52039833**
#国有及国有控股企业	State owned and State controlled Enterprises	757430	15930908	3443420	17545251	15875990
一、按登记注册类型分	**Grouped by Registration Status**					
内资企业	Domestic Funded	1687655	40881815	18571374	59213565	51756950
国有企业	State-owned	211545	7751677	1742630	8384065	7593151
集体企业	Collective-owned	45721	1881608	1106802	3312608	2737917
股份合作企业	Stock-holding Cooperation	8300	289419	223442	483517	424544
联营企业	Joint-owned	3383	36947	28068	60839	50292
国有联营企业	State-owned	1000	20424	2050	15945	15186
集体联营企业	Collective-owned	1100	9467	15490	21938	16510
国有与集体联营企业	State-and-collective owned	1023	3879	5787	9092	7273
其他联营企业	Others	260	3177	4740	13864	11324
有限责任公司	Company with Limited Liabilition	912317	20585147	8177524	27917924	24638958
国有独资公司	State-owned	127274	2041375	483591	3170298	2866891
其他有限责任公司	Others	785042	18543773	7693933	24747626	21772067
股份有限公司	Stock-holding Company limited	296278	4318000	1841175	6034881	5281045
私营企业	Private-owned	210056	5934878	5357233	12849676	10887813
私营独资企业	Solely Owned	3665	146010	163969	344923	282513
私营合伙企业	Joint Owned	1153	87942	95072	164594	129669
私营有限责任公司	Company with Limited Liabilition	171297	5122949	4618887	10937524	9299492
私营股份有限公司	Stock-holding Company limited	33942	577977	479305	1402635	1176139
其他企业	Others	55	84140	94501	170056	143229
港、澳、台商投资企业	Funded from Hong Kong,Macao and Taiwan	6261	298230	84405	245304	226465
合资经营企业(港或澳、台资)	Joint Ventures	5261	296426	82449	234332	216300
合作经营企业(港或澳、台资)	Cooperative Joint Venture					
港、澳、台商独资经营企业	Solely Owned	1000	1804	1956	10972	10165
港、澳、台商投资股份有限公司	Share-holding Company Limited					
外商投资企业	Foreign Funded		55095	38072	73645	56419
中外合资经营企业	Chinese-foreign Joint Venture		33338	27792	53932	41018
中外合作经营企业	Chinese-foreign Cooperative Joint Venture		13531	2345	998	513
外资企业	Solely Owned		2760	4873	12511	10544
外商投资股份有限公司	Share-holding Company Limited					

15-4 续表 3 continued

单位:万元 (10 000 yuan)

类 别	Category	非流动负债 Non-current liabilities	负债合计 Total Liabilities	所有者权益 Creditors' Equity	主营业务收入 Revenue from Principal Business	主营业务成本 Cost of Principal Business
二、按国民经济行业分	**by Sector**					
房屋和土木工程建筑业	Building and Civil Engineering Construction	1621139	36599912	15857878	52135062	45798835
房屋工程建筑	Building	961876	21793560	11006351	35378964	31025648
土木工程建筑	Civil Engineering	659263	14806352	4851526	16756098	14773187
建筑安装业	Construction Installation	45278	3252572	1671916	4514402	3832201
建筑装饰业	Construction Decoration	16792	837188	795466	1887041	1566971
其它建筑业	Others	10706	545468	368591	996010	841826
工程准备	Preparation	4831	230737	120168	508817	445232
提供工程设备服务	Service	108	82400	30538	70862	56455
其它未列明的建筑活动	Others	5767	232331	217885	416331	340139
三、按隶属关系分	**by Ownership**					
中 央	Central	374314	8992769	1356579	10967664	10065065
地 方	Local	1319602	32242371	17337271	48564850	41974769
#省(自治区、直辖市)	Provincial	190151	2957154	617138	2645742	2383394
#地(区、市、州、盟)	Region	461559	9152116	2767262	9986061	8954373
#县(区、市、旗)及县以下	County	667892	20133101	13952872	35933047	30637002
四、按企业资质等级分	**by Qualification Criteria**					
施工总承包	Construction Contract	1567190	37556457	15944508	53395566	46970393
特 级	Special Grade	503962	5528406	1342964	6012662	5419705
一 级	First Grade	681076	19392073	5970035	26454834	23919872
二 级	Second Grade	220514	7983930	5110845	12214071	10429361
三级及以下	Third Grade and below	161638	4652048	3520664	8713999	7201455
专业承包	Professional Contract	126726	3678683	2749343	6136949	5069441
一 级	First Grade	52135	1042176	593565	1979492	1707504
二 级	Second Grade	35771	1164240	1050684	2050109	1671714
三级及以下	Third Grade and below	38820	1472268	1105094	2107348	1690223
五、按营业状态分	**by Business Status**					
营 业	Open	1630174	40271406	18343902	58637718	51238013
停业(歇业)	Close	9268	400098	134758	129518	110166
筹 建	Prepared to Start	1136	3284	1665	396	387
当年关闭	Closed in Current Year	53338	555361	207430	757603	684971
当年破产	Bankruptcy		1384	1097	766	606
其 它	Others		3607	5000	6513	5690
六、按控股情况分	**by Share Holding**					
国有控股	State-controlled	757430	15930908	3443420	17545251	15875990
集体控股	Collective-controlled	106684	3677404	2171348	5996264	5032088
私人控股	Private-controlled	650474	18273259	11393915	30509565	26328100
港澳台商控股	Controlled by Investors from Hong Kong,Macao and Taiwan	1483	19072	23746	44625	40418
外商控股	Foreign-controlled		54793	37640	73090	55957

15-4 续表 4 continued

单位:万元 (10 000 yuan)

类 别	Category	主营业务税金及附加 Taxes and Other Charges on Principal Business	销售费用 Sales Expenses	管理费用 Management Expenses	财务费用 Financial Expenses	利润总额 Total Profits
总 计	**Total**	**1918033**	**266070**	**2114349**	**414646**	**2916040**
#国有及国有控股企业	State-owned and State-controlled Enterprises	507663	27424	649901	103851	447422
一、按登记注册类型分	**Grouped by Registration Status**					
内资企业	Domestic Funded	1909749	264351	2103934	409187	2902885
国有企业	State-owned	224296	15160	332591	32813	212264
集体企业	Collective-owned	118909	22843	140599	17975	271643
股份合作企业	Stock-holding Cooperation	16606	1849	10101	4154	27819
联营企业	Joint-owned	2063	740	3975	192	4008
国有联营企业	State-owned	441		652	11	92
集体联营企业	Collective-owned	857	602	1853	123	1994
国有与集体联营企业	State-and-collective owned	350		387	5	1078
其他联营企业	Others	416	138	1083	54	844
有限责任公司	Company with Limited Liabilition	921409	89025	890828	193024	1289393
国有独资公司	State-owned	106367	923	92748	29644	108674
其他有限责任公司	Others	815042	88102	798080	163380	1180720
股份有限公司	Stock-holding Company limited	169127	31065	240759	59678	259675
私营企业	Private-owned	451647	102446	478351	100574	825570
私营独资企业	Solely Owned	13188	3399	14139	2749	28559
私营合伙企业	Joint Owned	6068	2672	7072	2751	15844
私营有限责任公司	Company with Limited Liabilition	378592	82398	411270	84154	685280
私营股份有限公司	Stock-holding Company limited	53799	13978	45869	10921	95887
其他企业	Others	5692	1222	6731	775	12515
港、澳、台商投资企业	Funded from Hong Kong,Macao and Taiwan	6981	666	6517	4814	1405
合资经营企业(港或澳、台资)	Joint Ventures	6746	587	6378	4729	1227
合作经营企业(港或澳、台资)	Cooperative Joint Venture					
港、澳、台商独资经营企业	Solely Owned	236	80	139	85	178
港、澳、台商投资股份有限公司	Share-holding Company Limited					
外商投资企业	Foreign Funded	1302	1053	3899	645	11750
中外合资经营企业	Chinese-foreign Joint Venture	732	737	2882	371	9153
中外合作经营企业	Chinese-foreign Cooperative Joint Venture	30	217	127	22	88
外资企业	Solely Owned	330		596	51	1453
外商投资股份有限公司	Share-holding Company Limited					

15-4 续表 5 continued

单位:万元 (10 000 yuan)

类　　别	Category	主营业务税金及附加 Taxes and Other Charges on Principal Business	销售费用 Sales Expenses	管理费用 Management Expenses	财务费用 Financial Expenses	利润总额 Total Profits
二、按国民经济行业分	**by Sector**					
房屋和土木工程建筑业	Building and Civil Engineering Construction	1693822	186722	1709720	376085	2448894
房屋工程建筑	Building	1198545	137419	1018664	252250	1776259
土木工程建筑	Civil Engineering	495276	49303	691057	123835	672635
建筑安装业	Construction Installation	130225	36571	258963	20988	263102
建筑装饰业	Construction Decoration	63049	25237	97968	12151	144108
其它建筑业	Others	30937	17539	47698	5422	59936
工程准备	Preparation	17145	4294	21069	1419	22039
提供工程设备服务	Service	1881	4098	6111	863	4508
其它未列明的建筑活动	Others	11911	9147	20518	3139	33389
三、按隶属关系分	**by Ownership**					
中　央	Central	291195	10931	372662	32114	204514
地　方	Local	1626838	255139	1741687	382532	2711526
省(自治区、直辖市)	Provincial	68113	5522	108730	32322	53593
地(区、市、州、盟)	Region	303763	24277	344986	99951	323514
县(区、市、旗)及县以下	County	1254962	225340	1287971	250259	2334419
四、按企业资质等级分	**by Qualification Criteria**					
施工总承包	Construction Contract	1729402	185955	1772708	368498	2470052
特　级	Special Grade	180353	6723	183538	49898	185037
一　级	First Grade	786373	35548	793827	179513	815444
二　级	Second Grade	454966	76935	438285	80123	751221
三级及以下	Third Grade and below	307710	66750	357058	58964	718350
专业承包	Professional Contract	188631	80114	341641	46148	445988
一　级	First Grade	56435	18025	92438	10687	102563
二　级	Second Grade	64327	27173	115246	13463	162025
三级及以下	Third Grade and below	67869	34917	133957	21998	181400
五、按营业状态分	**by Business Status**					
营　业	Open	1888028	262799	2078303	400451	2894869
停业(歇业)	Close	4503	609	8628	10746	5259
筹　建	Prepared to Start	15		40	0	-47
当年关闭	Closed in Current Year	25258	2629	27128	3433	15490
当年破产	Bankruptcy	34	29	78	5	15
其　它	Others	195	4	172	11	454
六、按控股情况分	**by Share Holding**					
#国有控股	State-controlled	507663	27424	649901	103851	447422
#集体控股	Collective-controlled	199849	37081	235465	32392	474775
#私人控股	Private-controlled	1057714	185961	1001333	222544	1756429
#港澳台商控股	Controlled by Investors from Hong Kong,Macao and Taiwan	1017	140	1589	206	1722
#外商控股	Foreign-controlled	1290	1052	3841	646	11727

15-5 各市建筑业主要生产指标(2011年)

Main Production Indicators of Construction Enterprises by Region(2011)

地区 Region	企业个数(个) Number of Enterprises (unit)	建筑业合同(万元) Value of Construction Contracts (10 000 yuan)	#上年结转合同额 Carryover of Last Year	建筑业总产值(万元) Gross Output Value of Construction (10 000 yuan)	竣工产值(万元) Value of Construction Completed (10 000 yuan)	房屋建筑施工面积(平方米) Floor Space under Construction (sq.m)	房屋建筑竣工面积(平方米) Floor Space Completed (sq.m)	#住宅 Residential	年末从业人员(人) Employees at year-end (person)
全省总计 Total	**5747**	**101559670**	**35159973**	**64829000**	**34842507**	**505044898**	**192786764**	**128700446**	**2706784**
济南市 Jinan	464	22810081	11383014	11291079	4741877	58048196	12298732	7112266	294922
青岛市 Qingdao	584	16951368	6845839	9031344	3997034	71257456	17174860	11089794	182989
淄博市 Zibo	413	8873022	2330494	6226779	3518323	52728367	22128325	14136114	330893
枣庄市 Zaozhuang	223	2648778	581228	1928484	1155507	18197726	8744386	6769820	142623
东营市 Dongying	209	3187661	640506	2662208	1853696	7953558	4823558	3084090	87992
烟台市 Yantai	798	6903271	1676173	5524348	3456794	39123152	16957245	12072662	216649
潍坊市 Weifang	480	7598168	2825883	5243436	3102242	58313357	22388525	14113430	254629
济宁市 Jining	369	5332729	1923299	3519662	1727342	27779990	12131416	8450818	169372
泰安市 Tai'an	323	7008158	898136	5508445	3751809	35354391	20742216	13536563	305265
威海市 Weihai	441	2760109	762800	1938368	1229615	25262527	9642083	6171698	103977
日照市 Rizhao	215	2764150	1158564	1711242	787399	9083928	4584949	3451009	62559
莱芜市 Laiwu	111	721964	219402	538172	319783	4316014	2905745	2114021	40455
临沂市 Linyi	354	5070572	1497380	3534128	1868539	39713160	13976231	10010484	206909
德州市 Dezhou	180	2177793	623447	1574935	903754	14058537	6884836	4865121	77680
聊城市 Liaocheng	201	2259391	776872	1190547	719193	17686785	5965918	3834055	54527
滨州市 Binzhou	209	2492434	569921	1821845	735705	12283571	3915229	2664498	65615
菏泽市 Heze	173	2000021	447015	1583978	973896	13884183	7522510	5224003	109728

15-6 各市建筑业主要财务指标(2011年)

Financial Indicators of Construction Enterprises by Region(2011)

单位:万元 (10 000 yuan)

地 区	Region	流动资产 Liquid Assets	固定资产 Fixed Assets	在建工程 Projects under Construction	资产合计 Total Assets	流动负债 Liquid Liabilities	非流动负债 Non-current liabilities	负债合计 Total Liabilities
全省总计	**Total**	**46862117**	**7723287**	**779918**	**59928990**	**38173912**	**1693916**	**41235140**
济南市	Jinan	9923198	868761	59868	11995874	9145741	524428	9708864
青岛市	Qingdao	6321428	905413	104874	8215785	5065964	448216	5596537
淄博市	Zibo	2948199	600818	66259	3701929	2085899	32368	2158138
枣庄市	Zaozhuang	1451420	342611	40252	1972471	1287403	22533	1321935
东营市	Dongying	2091862	547043	61317	2737260	1734476	22534	1757072
烟台市	Yantai	3864719	740439	34910	4971106	2881491	174258	3095513
潍坊市	Weifang	5145888	661584	98692	6405317	4058522	120756	4571623
济宁市	Jining	2564122	417336	29340	3162422	2100978	54006	2173928
泰安市	Tai'an	1731384	443583	24719	2450423	1279269	38924	1367886
威海市	Weihai	1570745	324311	27544	2037320	1336524	64930	1402195
日照市	Rizhao	1669767	267278	38224	2094120	1372938	28750	1435099
莱芜市	Laiwu	403168	149843	54974	607117	234208	5416	273228
临沂市	Linyi	3858117	401061	33932	4907907	3068322	78425	3750652
德州市	Dezhou	935738	238187	13847	1231466	693229	6133	711333
聊城市	Liaocheng	948287	175722	24048	1185272	732884	9349	745222
滨州市	Binzhou	960782	297603	59331	1302268	799608	48909	855478
菏泽市	Heze	473294	341696	7788	950936	296456	13980	310436

15-6 续表 continued

单位:万元 (10 000 yuan)

地 区	Region	所有者权益 Owner's Equity	实收资本 Paid-in Capitals	主营业务收入 Revenue from Principal Business	主营业务成本 Cost of Principal Business	主营业务税金及附加 Taxes and Other Charges on Principal Business	管理费用 Management Expenses	财务费用 Financial Expenses	利润总额 Total Profits
全省总计	**Total**	**18693851**	**11078943**	**59532515**	**52039833**	**1918033**	**2114349**	**414646**	**2916040**
济南市	Jinan	2287010	1548978	10574796	9458888	352564	415617	59530	347458
青岛市	Qingdao	2619247	1613906	8332623	7448777	229903	276355	83960	303823
淄博市	Zibo	1543791	811290	6220541	5560264	196420	207358	41485	200936
枣庄市	Zaozhuang	650536	349097	1826662	1561704	56563	71877	10175	91093
东营市	Dongying	980189	488296	2453864	2122897	71593	95416	25126	131408
烟台市	Yantai	1875592	1070196	5370250	4531355	174808	179894	39178	415007
潍坊市	Weifang	1833693	761823	5388030	4795731	155621	138578	10768	268728
济宁市	Jining	988494	618303	3421760	3037112	103292	123102	22917	124726
泰安市	Tai'an	1082537	746770	4263894	3439076	165506	214218	20653	389944
威海市	Weihai	635125	345036	1663104	1383006	59491	73036	16820	133025
日照市	Rizhao	659021	486789	1611861	1413065	60205	53122	24859	59531
莱芜市	Laiwu	333889	176304	469679	395603	15817	15880	3102	34103
临沂市	Linyi	1157255	623055	2935712	2516439	110528	91646	24325	170390
德州市	Dezhou	520133	315491	1386371	1204904	43927	35916	8714	81446
聊城市	Liaocheng	440050	347625	1014242	899520	32067	41682	7166	34104
滨州市	Binzhou	446790	296242	1255449	1071907	43103	54450	9828	72948
菏泽市	Heze	640499	479742	1343678	1199588	46624	26202	6040	57372

主要统计指标解释

建筑业统计单位 指从事房屋、构筑物建造和设备安装活动的法人企业。建筑业法人企业应具有建筑业资质并能够独立核算，同时其应具备以下条件：①依法成立，有自己的名称、组织机构和场所，能够承担民事责任；②独立拥有和使用资产，承担负债，有权与其他单位签订合同；③独立核算盈亏，能够编制资产负债表。

建筑业总产值 是以货币形式表现的建筑业企业在一定时期内生产的建筑业产品和提供的服务的总和。建筑业总产值包括：

⑴建筑工程产值：指列入建筑工程预算内的各种工程价值。

⑵安装工程产值：指设备安装工程价值，不包括被安装设备本身的价值。

⑶其他产值：建筑业总产值中除建筑工程、安装工程以外的产值。包括房屋构筑物修理产值、非标准设备制造产值、总包企业向分包企业收取的管理费以及不能明确划分的施工活动所完成的产值。

a.房屋构筑物修理产值：指房屋和构筑物修理所完成的产值，但不包括被修理房屋、构筑物本身价值和生产设备的修理产值。

b.非标准设备制造产值：指加工制造没有定型的非标准生产设备的加工费和原材料价值(如化工厂、炼油厂用的各种罐、槽，矿井生产统一使用的各种漏斗、三角槽、阀门等)以及附属加工厂为本企业承建工程制作的非标准设备的价值。

建筑业增加值 指建筑业企业在报告期内以货币形式表现的建筑业生产经营活动的最终成果。

从 2004 年第一次全国经济普查开始，建筑业现价增加值按生产法和分配法(收入法)两种方法计算，以收入法的计算结果为准，即从收入的角度出发，根据生产要素在生产过程中应得的收入份额计算。具体计算方法：经济普查年度建筑业增加值按照《经济普查年度 GDP 核算方案》计算，非经济普查年度建筑业增加值按照《非经济普查年度 GDP 核算方案》计算。

房屋建筑施工面积 指在报告期内施过工的全部房屋建筑面积，包括本期新开工的房屋面积、上期施工跨入本期继续施工的房屋面积、上期停缓建在本期恢复施工的房屋面积、本期竣工的房屋面积及本期施工后又停缓建的房屋面积。

房屋建筑竣工面积 指在报告期内房屋建筑按照设计要求全部完工，达到了使用条件，经验收鉴定合格，正式移交使用单位的房屋建筑面积。

Explanatory Notes on Main Statistical Indicators

Statistical Unit in Construction refers to corporate enterprise engaged in the construction of buildings and structures and in the installation of equipment. A corporate construction enterprise should have qualification certificates with independent accounting system, and should meet the following 3 requirements: a) being set up in line with relevant legal basis, having its full name, organization and location, and capable of taking civil liabilities; b) independently possessing and using its assets and assuming its liabilities, and entitled to sign contracts with other institutions; and c) making independent accounts of its profits and losses, and capable of compiling its own balance sheet.

Gross Output Value of Construction refers to total of construction products and services, expressed in money terms, produced or rendered by construction and installation enterprises during a given period of time. It includes:

(1)Output value of construction projects, that is the value of projects covered by the project budgets;

(2)Output value of installation projects, that is the value of the installation of equipment, (excluding the value of the equipment to be installed);

(3)Output value of others, that is the output value of construction industry excluding that of construction projects and installation projects. It includes: output value of repair of buildings and structures; output value of non standard equipment manufacturing; overhead expenses received by contracted enterprises to the sub contracted enterprises and the completed output value of construction activities that have no clear definition.

a. Output value of repair of buildings and structures, that is the value created through the repairs of buildings or structures, but does not include the value of buildings or structures being repaired and the value of the repair of production equipment;

b. Output value of manufactured non standard equipment, that is the value of non standard production equipment including raw materials and manufacturing cost made for the construction project (i.e., chemical plant; kettles or tanks used by refineries; various fillers, triangle tanks, valves used by mines), and the output value of equipment manufactured by subsidiary workshops.

Value added of Construction refers to the final result of the activities of production and management of construction industry in monetary terms in the reference period.

Starting from the 2004 economic census, value added of construction is calculated by both production approach and income approach, with the income approach as the final approach, where the calculation is based on the share of production factor in the production process. Specifically, value added of construction for census years is calculated in accordance with the Programme of Compilation of GDP and National Accounts for the Year of Economic Census, and value added of construction for other years is calculated in accordance with the Programme of Compilation of GDP and National Accounts for the Non Economic Census Years.

Floor Space of Buildings under Construction refers to floor space of buildings under construction during the reference period, including newly started buildings, buildings started earlier and continued during the reference period, and buildings suspended earlier but restarted during the reference period, buildings completed during the reference period, and buildings under construction and then suspended during the reference period.

Floor Space of Buildings Completed refers to the floor space of buildings that are completed in the reference period in accordance with the requirements of the design, up to the standard for putting them into use, and have been checked and accepted by concerned departments as qualified ones.

第
16
篇

运输和邮电

Transport, Post and Telecommunication Services

简 要 说 明

一、本篇资料的主要内容

本篇资料反映了全省交通运输业和邮电通讯业发展的基本状况，主要包括交通设施基本情况、客货运量及周转量、交通运输企业主要技术经济指标、沿海主要港口货物吞吐量、邮政和电信基本情况、地方交通和营业性运输车辆、民用汽车拥有量等方面的内容。

二、本篇资料的来源

本篇资料中，交通运输资料分别来源于济南铁路局、山东省地方铁路局、邯济铁路有限公司、省交通厅、省民航安监办、省公安厅交警总队，邮电通信业资料来源于省通信管理局和省邮政局。

本篇资料由省统计局工业交通处整理提供。

Brief Introduction

I. Content

Data in this chapter cover mainly the basic conditions of the development of transport, post and telecommunications in Shandong Province, including the basic conditions of transport, the freight traffic and passenger traffic accomplished by various means, major financial indices of related enterprises, cargo handled at principal sea ports, the possession of the transport equipment and the basic conditions of post and telecommunication services.

II. Source of Data

Data in this chapter are provided by Jinan Railway Board, Shandong Local Railway Board, Hanji Railway Co., Ltd, Shandong Communications Department, Shandong Aviation Administration of Work Security, and Traffic Police General Brigade of Shandong Public Security Department. Data on post and telecommunication services are provided by Shandong Communication Administration and Shandong Post Bureau.

Data in this chapter are prepared and compiled by the Division of Industry and Transport Statistics of Shandong Provincial Bureau of Statistics.

16-1 历年运输线路长度

Length of Transport Routes over the Years

单位:公里 (km)

年 份 Year	铁 路 通车里程 Length of Railways in operation	公 路 通车里程 Length of Highways in Operation	#晴雨通车 In Operation Regardless of Weather	内 河 通航里程 Length of Navigabe Inland Waterways	#通机动船 In Operation for Motor Vessels
1949	887	3152	65	1082	
1950	953	6402	103	1117	
1951	954	7396	120	1117	
1952	954	7669	170	1459	409
1953	956	8333	170	1459	409
1954	956	8507	476	1459	409
1955	956	9070	667	1459	409
1956	1139	10669	1489	1696	900
1957	1154	13425	2115	1642	1063
1958	1136	19734	4996	2120	1380
1959	1135	21980	5504	2638	1491
1960	1168	20780	6526	2365	1521
1961	1168	20143	5773	2379	1433
1962	1168	15766	4189	2179	1353
1963	1168	16915	3985	2151	1337
1964	1168	18032	4509	2117	1289
1965	1208	22176	5669	1827	1310
1966	1261	23273	7241	1815	1321
1967	1266	24209	7889	1815	1321
1968	1276	25511	8501	1815	1321
1969	1276	27471	11356	1815	1321
1970	1276	29159	12666	1821	1629
1971	1276	29903	14137	1876	1717
1972	1276	30369	16773	1876	1764
1973	1276	30769	18543	1876	1764
1974	1276	31050	19364	1876	1764
1975	1275	31712	20212	1876	1764
1976	1386	32978	21645	2118	1802
1977	1386	33629	23636	2343	1811
1978	1385	34244	25289	2403	1880
1979	1388	35139	26106	1972	1953
1980	1411	35311	26544	1970	1736
1981	1582	35292	27284	1849	1712
1982	1565	35504	27875	1859	1722
1983	1565	35722	28480	1859	1722
1984	1569	35935	29427	1859	1725
1985	1572	36327	30250	1840	1706
1986	2041	37005	31286	1840	1706
1987	2042	37530	32468	1840	1706
1988	2042	38759	34057	1840	1706
1989	2042	39783	35557	1840	1706
1990	2041	40772	37015	1840	1706
1991	2042	41937	39081	1891	1780
1992	2048	43134	40612	1891	1780
1993	2048	46033	43992	1891	1780
1994	2048	50225	48385	1891	1780
1995	2048	54243	52702	1891	1780
1996	2620	57271	55882	1891	1780
1997	2721	59260	58028	1414	1302
1998	2658	64145	63142	1414	1302
1999	2672	67847	67055	1476	
2000	2672	70686	70038	1476	
2001	2709	71128	70701	1476	
2002	2709	74029	73665	1476	
2003	3236	76266	75948	1012	
2004	3348	77768	77483	1012	
2005	3402	80132	79854	1012	
2006	3405	204911	203363	1012	
2007	3379	212236	211279	1012	
2008	3329	220687	219525	1012	
2009	3620	226693	225235	1012	
2010	3833	229858	228906	1150	
2011	4177	233189	232264	1150	

注:2006年起，村道纳入公路通车里程。

a)Length of highways includes that of village-level highways since 2006.

16–2 历年旅客运量及周转量

Passenger Traffic and Turnover Volume over the Years

年 份 Year	客运量 (万人) Passenger Traffic (10 000 Persons)	铁 路 Railways	公 路 Highways	水 路 Waterways	周转量 (百万人公里) Passenger Turnover (million Passenger-km)	铁 路 Railways	公 路 Highways	水 路 Waterways
1949	928	846	82		1368	1287	81	
1950	1005	888	117		1534	1434	100	
1951	1166	995	171		1661	1534	127	
1952	1196	938	251	7	1553	1365	180	8
1953	1654	1217	428	9	2127	1806	311	10
1954	1766	1202	550	14	2287	1889	389	9
1955	1775	1086	678	11	2229	1786	438	5
1956	2300	1368	919	13	2864	2335	523	6
1957	3019	1872	1128	19	3002	2427	565	10
1958	3694	2399	1270	25	3406	2702	694	10
1959	4916	3361	1500	55	3934	3090	832	12
1960	5911	4480	1385	46	4717	3887	807	23
1961	7793	6400	1321	72	7230	6476	809	35
1962	7590	5923	1599	68	7664	6690	933	41
1963	3837	2360	1433	44	4084	3304	659	21
1964	4509	2864	1607	38	3639	2845	779	15
1965	4566	2457	2077	32	3664	2699	953	12
1966	5065	2225	2812	28	4126	2914	1200	12
1967	5308	2442	2831	35	4641	3420	1203	18
1968	5933	2580	3319	34	5421	3933	1470	18
1969	5915	2538	3343	34	5813	4323	1473	17
1970	5725	2454	3240	31			1445	14
1971	5819	2550	3239	30			1542	13
1972	6595	2948	3612	35			1727	15
1973	6926	2992	3900	34	6305	4403	1888	14
1974	6802	3156	3613	33	6354	4498	1843	13
1975	7084	3202	3844	38	6676	4708	1953	15
1976	7614	3233	4239	52	6996	4791	2189	16
1977	8679	3522	5103	54	7702	5127	2560	15
1978	9431	3467	5897	67	8448	5535	2895	18
1979	10857	3431	7338	88	9373	5950	3403	19
1980	12208	3586	8532	90	10624	6769	3839	16
1981	12682	3600	8994	88	11365	7272	4077	16
1982	13109	3695	9322	92	12283	7788	4477	18
1983	14839	3792	10942	102	14237	8954	5264	19
1984	17309	4071	13125	113	17058	10615	6423	20
1985	19772	4073	15565	134	20357	12433	7901	23
1986	26459	4005	22311	143	24671	13895	10752	24
1987	25209	4212	20811	186	27316	15608	11680	28
1988	29035	4447	24297	291	32412	17974	14402	36
1989	30718	3905	26419	344	32286	16552	15693	41
1990	29798	3303	26136	359	30138	14830	15255	53
1991	31940	3286	28240	405	32620	15873	16598	96
1992	33920	3244	30145	486	35164	17043	18002	119
1993	33634	3346	29693	595	34068	17785	16114	169
1994	34592	3587	30253	627	35627	18273	17126	222
1995	36425	3414	32317	694	35097	17418	17449	230
1996	39199	2854	35611	734	35344	15317	19696	331
1997	43218	3071	39234	913	40060	17277	22347	436
1998	50904	3223	46467	868	45229	18327	24599	483
1999	59350	3670	54817	863	51828	20568	28846	414
2000	66128	3840	61466	822	54873	22180	32358	335
2001	70497	3723	65787	987	59432	23373	35573	486
2002	74626	3566	69948	1112	64294	24644	39173	477
2003	75492	3324	71053	1115	61769	22024	39223	522
2004	89388	3857	84290	1241	74799	26696	47545	558
2005	98485	3952	93178	1355	82778	28268	53910	600
2006	109472	4757	103298	1417	93014	32223	60128	663
2007	123963	5127	117309	1527	106879	34039	72022	818
2008	213387	5470	205917	2000	141867	36694	104569	604
2009	234234	5806	226134	2294	158713	37993	119723	997
2010	248720	6041	240044	2635	164471	42135	121151	1185
2011	250469	6609	241457	2403	172751	45872	125691	1188

注:2008年起,公路、水路数据改用全国公路水路运输量专项调查数据(下同)。

a)Since 2008, data on highways and waterways are based on the National Special Highway and Waterways Survey.The same as the following tables.

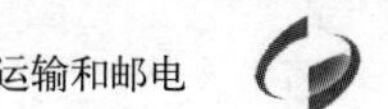

16-3 历年货物运量及周转量

Freight Traffic and Turnover Volume over the Years

年 份 Year	货运量 (万吨) Freight Traffic (10 000 tons)	铁 路 Railways	公 路 Highways	水 路 Waterways	周转量 (百万吨公里) Freight Turnover (million ton-km)	铁 路 Railways	公 路 Highways	水 路 Waterways
1949	547	381	166	0.2	1245	1178	66	1
1950	838	585	211	42	2775	2641	79	55
1951	918	623	233	62	3097	2897	117	80
1952	1802	640	1029	133	3711	3346	154	211
1953	2653	790	1692	171	5014	4523	219	272
1954	2787	918	1643	226	5646	5133	226	287
1955	3305	895	2013	397	4919	4359	246	344
1956	4551	1237	2942	372	3739	5957	325	457
1957	4558	1238	2973	347	6923	6190	327	406
1958	7908	2042	5400	466	11487	10241	676	569
1959	13778	3318	9821	639	15201	13160	1293	748
1960	14135	3833	9677	625	16153	14087	1405	661
1961	6632	2458	3840	334	10591	9601	578	412
1962	4500	1801	2419	280	8106	7309	421	376
1963	5133	2015	2777	341	8933	8052	482	399
1964	6056	2358	3335	363	9839	8811	564	464
1965	7544	2821	4339	385	11929	10721	750	458
1966	8481	3312	4805	364	16791	15493	855	443
1967	8262	3079	4823	360	15352	14008	927	417
1968	8307	3252	4728	327	16941	15624	926	391
1969	7656	2809	4487	360	16453	14998	988	467
1970	10081	3911	5693	477	19167	17346	1186	635
1971	11565	4227	6803	535			1423	688
1972	13334	4645	8100	589			1695	762
1973	14105	4641	8870	594	21963	19240	1900	823
1974	10578	3017	7107	454	17580	15256	1689	635
1975	14598	4214	9781	603	22198	18947	2374	877
1976	17320	4904	11732	684	24062	20096	2942	1024
1977	21484	5365	15255	864	27326	22293	3865	1168
1978	22964	5940	16128	896	31005	25746	4060	1199
1979	22536	5951	15748	837	31586	26540	3634	1113
1980	22086	5687	15629	770	31329	26087	4005	1237
1981	20496	5306	14427	763	31941	26332	4093	1516
1982	21641	5415	15413	813	35160	28400	4937	1823
1983	23726	5655	17216	855	38996	30966	5787	2243
1984	25310	6035	18389	886	41974	33250	6505	2219
1985	27371	6403	20105	863	48431	37342	8139	2468
1986	32299	6789	24619	893	57599	44618	10287	2694
1987	36012	7072	28008	932	64533	49069	12231	3234
1988	39866	7322	31670	874	72723	53851	15325	3547
1989	43098	7934	34331	833	78996	58657	16612	3727
1990	41443	8012	32654	777	77845	58546	15705	3594
1991	44145	8372	34587	1186	81402	59694	16660	5047
1992	47676	8609	37684	1381	87617	62750	18931	5936
1993	51250	9023	40820	1407	92257	63127	20444	8687
1994	57187	9259	46485	1443	101437	66744	23069	11625
1995	66546	9256	55669	1621	112655	69857	26397	16401
1996	70664	10226	58270	2168	122849	71385	30559	20895
1997	72780	10368	60340	2072	126093	73323	31915	20855
1998	76813	10224	64716	1867	118753	65877	34322	18513
1999	80212	10553	67696	1956	127304	73588	35350	18330
2000	92483	11253	76778	4452	403315	79964	40575	282776
2001	99464	12426	81574	5464	467545	84815	41143	341587
2002	107454	13624	89714	4116	304075	92525	46009	165541
2003	117712	17167	95900	4645	342906	107157	50987	184762
2004	132036	17862	106887	7287	478309	111109	59606	307594
2005	147999	18338	120455	9206	558286	121908	71182	365196
2006	167511	19126	136750	11635	665521	151159	84510	429852
2007	198507	19923	163959	14625	642854	131151	106926	404777
2008	247489	20872	216604	10013	1010234	134133	511792	364309
2009	284463	19596	251587	13280	1095569	134139	604502	356928
2010	298055	18056	264366	15633	1174705	144775	621680	408250
2011	314962	19711	279380	15871	1258364	152606	662435	443323

16-4 沿海主要港口货物吞吐量
Volume of Freight Handled in Major Coastal Ports

单位:千吨 (1000 tons)

港口名称	Seaport	1980	1990	1995	2000	2005	2006	2007	2008	2009	2010	2011
总　计	**Total**	**28283**	**54449**	**105940**	**160249**	**384010**	**470060**	**575472**	**657894**	**730720**	**864210**	**961880**
青岛港	Qingdao	17080	30340	51030	86607	186785	224150	265022	300295	323120	350121	372297
烟台港	Yantai	5060	6680	13610	19639	45060	60760	101293	111892	169270	150327	180293
日照港	Rizhao		9250	14520	26738	84208	110070	130633	151022	181310	225967	252603
威海港	Weihai	612	1001	3787	6583	15317	18030	20949	22062	41180	24072	30025
石岛港	Shidao	501	381	463	410	3878	5090	8281	12380			
张家埠港	Zhangjiabu	494	196	111	100	94	70	21	195			
乳山港	Rushan	282	68	52	30	216	180	230	188			
羊口港	Yangkou		581	512	251	275	520	502	515			
蛔江港	Lijiang		60	206	190	739	790	783	616			
潍北港	Weibei		70	70	730	3850	5510	8502	10017			
牟平港	Muping		60	187	290	752	850	824	804			

16-5 交通运输企业主要技术经济指标
Major Technical and Economic Indicators of Transportation Enterprises

类　别	Category	2008	2009	2010	2011
铁路运输	**Railway Transport**				
货车周转时间 (天)	Turning Around Time of Freight Locomotives (day)	1.9	1.9	1.8	1.8
货车全周转距离 (公里)	Turning Around Length of Freight Locomotives (km)	393	423	415	410
货车中转距离 (公里)	Transfer Length of Freight Locomotives (km)	186	209	203	198
平均一日装车数 (车)	Daily Loading Coach (coach)	6742	7216	7905	8601
平均一日卸车数 (车)	Daily Unloading Coach (coach)	8351	8055	9213	9707
货车静载重 (吨)	Static Load of Freight Locomotives (ton)	61.5	62.4	62.6	62.8
货运机车日产量 (万总重吨公里)	Average Daily Ton-kilometers of Freight Locomotives (10 000 tonkm)	130.7	135.6	137.1	143.7
内燃机车每万吨公里耗油 (公斤)	Oil Consumption of Diesel Locomotives per 10000 Ton-km (kg)	22.0	23.9	25.1	27.6
沿海水运船舶	**Coastal Waterways Transport**				
全部船舶净载重量 (万吨)	Static Load of Vessels (10 000 tons)	999.0	1099.0	1190	1296
码头舶位 (个)	Berths in Ports (unit)	440	458	473	485
最大靠舶能力 (万吨)	Maximum Capacity on Berths (10 000 ton)	30	30	30	30
年综合通过能力 (万吨)	Integrated Capacity (10 000 tons)	36297	41744	45642	48212
旅客吞吐量 (万人)	Passenger Handled (10 000 persons)	1031	2047	2266	1879

16-6 1978-2011年邮政基本情况
Basic Conditions of Post Services 1978 to 2011

年 份 Year	邮政局总计 (处) Post &Telecommunication offices (unit)	#设在农村 in Rural Area	邮路总长度 (万公里) Length of Postal Routes (10 000 km)	函 件 (万件) Letters (10 000 pcs)	报刊期发数 (万份) Issue of Newspapers and Magazines (10 000 copies)
1978	2349	2048		15532	542
1979	2348	2042	22.6	16336	613
1980	2363	2057	22.5	17324	775
1981	2363	2052	22.8	17540	859
1982	2371	2050	4.2	17340	946
1983	2384	2048	4.2	17434	1131
1984	2415	2060	4.4	18958	1572
1985	2516	2153	4.7	21930	2017
1986	2531	2174	5.0	23745	1743
1987	2540	2176	5.2	26940	1888
1988	2576	2196	5.3	28884	1777
1989	2608	2210	5.3	30043	1176
1990	2647	2233	5.8	29486	1047
1991	2672	2247	5.7	28001	1174
1992	2699	2267	6.7	28266	1326
1993	3259	2492	8.5	32966	1247
1994	4180		9.7	35920	982
1995	4080	3400	10.5	38789	1180
1996	3727	3013	13.4	35112	1020
1997	5397		15.1	32859	996
1998	5382		15.1	33114	1147
1999	4414	3497	18.5	35138	1568
2000	3011	2255	17.0	32878	1701
2001	3040	2225	15.9	31400	1324
2002	3012	2193	16.5	51496	972
2003	3007	2166	15.7	58220	1152
2004	3009	2118	16.2	50087	716
2005	3025	2118	17.3	24075	823
2006	3043	2105	17.0	44356	703
2007	3046	2086	17.4	47157	763
2008	2934	2080	17.7	46362	823
2009	2862	2030	18.1	52074	868
2010	2840	1991	6.8	53963	1618
2011	2851	2012	6.6	46014	796

16-7 1978-2011年电信业务总量

Business Volume of Telecommunication Services 1978 to 2011

年 份 Year	电信业务总量 (万元) Business Volume of Telecommunication Services (10 000 Yuan)	电报 (万份) Telegraph (10 000 copies)	长话电路 (路) Lines of Long-distance Calls (line)	长途电话 (万次) Long-distance Calls (10 000 times)	市内电话 (万户) Local Telephones (10 000 subscribers)	农村电话 (万户) Rural Telephones (10 000 subscribers)
1978	10058	588	1082	1308	6.3	3.8
1979	10515	632	1177	1428	7.1	4.3
1980	11030	711	1282	1525	7.5	4.4
1981	11291	789	1415	1532	8.0	4.5
1982	11629	805	1532	1649	8.5	4.6
1983	12529	917	1653	1789	9.4	4.8
1984	13751	908	1929	1963	10.7	5.1
1985	16186	1132	2190	2325	12.1	5.2
1986	17735	1203	2638	2569	13.4	5.5
1987	20719	1519	3341	2984	15.2	5.9
1988	27124	1918	4392	3987	18.5	6.4
1989	32153	1812	5694	4693	22.3	6.9
1990	39401	1634	7436	5800	26.5	7.3
1991	103322	1651	12675	8724	32.9	8.1
1992	156134	1673	18422	16978	45.8	9.5
1993	274917	1412	32615	32273	69.6	12.8
1994	404027	987	47589	52719	84.8	19.2
1995	537135	667	40634	55755	165.8	46.1
1996	697719	458	54179	61409	227.0	80.0
1997	957400	324	67834	79719	283.5	128.6
1998	1338886	226	98760	97077	346.7	179.6
1999	1411800	202	163381	96553	413.8	283.8
2000	1865000	178	222500	96010	547.0	559.0
2001	2300200	138	108000	101682	661.0	827.0
2002	2759820		135000	99470	790.0	950.0
2003	3325632		268530	149245	1008.0	1085.0
2004	4846250		510000	121275	1314.0	1198.0
2005	6754670		290996	152883	1410.9	1275.7
2006	9286877		462662	148631	1380.5	1256.7
2007	11799357		350028	157152	1377.6	1211.5
2008	14262026		413082	124858	1398.4	1053.7
2009	15867854		1238400	123510	1291.3	965.0
2010	19209000				1193.5	829.6
2011	7236000				1087.6	809.0

注：2011年起，电信业务总量按2010年价格计算。

a)The business volume of telecommunication services was calculated at 2010 constant prices since 2011.

16-8 邮电业务基本情况

Basic Conditions of Post and Telecommunication Services

类别		Category		2008	2009	2010	2011
邮电业务总量	(亿元)	Business Volume of Telecommunication Services	(100 million yuan)	1485.5	1652.0	1973.0	771.2
函　件	(万件)	Letters	(10 000 pcs)	46362	52074	53963	46014
特快专递	(万件)	Express Mail Services	(10000 pcs)	2292	2594	2724	
报刊期发数	(万份)	Issue of Newspapers and Magazines	(10 000 copies)	823	868	1618	796
年末移动电话用户	(万户)	Number of Mobile Telephone Subscribers at Year-end	(10 000 subscribers)	4612	5342	6190	7118
#3G移动电话用户	(万户)	3G Mobile Phone Subscribers	(10 000 subscribers)				142
固定电话年末用户	(万户)	Number of Fixed Telephone Subscribers at Year-end	(10 000 subscribers)				1896.6
#城市电话用户	(万户)	Urban Fixed Telephone Subscribers	(10 000 subscribers)				1087.6
农村电话用户	(万户)	Rural Telephone Subscribers	(10 000 subscribers)	1054	965	830	809
邮政所	(处)	Post Offices	(unit)	2934	2862	2840	2851
邮路总长度	(公里)	Length of Postal Routes	(km)	176755	180810	67897	66179
国际互联网总网民数	(万人)	Number of Internet Subscribers	(10 000 persons)	1983	2769	3332	3625
互联网宽带接入用户	(万户)	Number of Internet Broad Band Subscribers	(10 000 subscribers)				1154.1
移动互联网用户	(万户)	Number of Mobile Internet Subscribers	(10 000 persons)				4371

注：2011年起，邮电业务总量按2010年价格计算。

a)The business volume of post and telecommunication services was calculated at 2010 constant prices since 2011.

16-9 各市邮电业务基本情况(2011年)

Basic Conditions of Post and Telecommunication Services by Region(2011)

地区	Region	邮电业务总量(亿元) Business Volume of Post and Telecommunication Services (100 million yuan)	邮政业务总量(亿元) Business Volume of Post Services (100 million yuan)	电信业务总量(亿元) Business Volume of Telecommunication Services (100 million yuan)	移动电话用户数(万户) Number of Mobile Telephone Subscribers (10 000 subscribers)	固定电话用户数(万户) Number of Fixed Telephone Subscribers (10 000 subscribers)	互联网宽带接入用户(万户) Number of Internet Broad Band Subscribers (10 000 subscribers)
全省总计	**Total**	**771.2**	**47.6**	**723.6**	**7118.1**	**1896.6**	**1154.1**
济南市	Jinan	79.4	4.4	74.9	769.4	191.3	137.8
青岛市	Qingdao	100.6	5.4	95.2	866.5	250.9	165.7
淄博市	Zibo	37.3	2.3	34.9	372.6	107.1	65.5
枣庄市	Zaozhuang	25.2	1.1	24.1	249.8	69.0	39.1
东营市	Dongying	23.0	1.2	21.8	262.2	57.1	38.6
烟台市	Yantai	60.5	4.0	56.4	579.9	172.9	103.7
潍坊市	Weifang	72.3	3.7	68.6	665.2	189.8	103.9
济宁市	Jining	46.2	3.0	43.2	486.7	117.5	68.2
泰安市	Tai'an	31.4	2.2	29.2	332.1	96.6	55.6
威海市	Weihai	30.0	2.4	27.6	255.3	81.9	54.5
日照市	Rizhao	18.7	1.1	17.6	186.8	42.9	32.6
莱芜市	Laiwu	7.9	0.7	7.2	88.7	24.8	16.2
临沂市	Linyi	59.5	1.5	58.0	655.1	150.9	87.0
德州市	Dezhou	31.2	3.1	28.1	309.1	90.1	45.7
聊城市	Liaocheng	31.6	2.8	28.8	349.5	91.5	50.3
滨州市	Binzhou	26.4	3.0	23.4	255.4	80.6	40.5
菏泽市	Heze	40.4	3.5	36.8	433.7	81.7	49.2

16−10 各市公路情况(2011年)

Basic Conditions of Highways by Region (2011)

单位:公里 (km)

地 区	Region	公路里程 Length of Highways	等级公路里程 Expressway and Class I to IV Highways	二级及二级以上公路合计 Second Class and Above	高速公路里程 Length of Expressway	晴雨通车里程 Length of Highways Regardless of Weather	公路密度(公里/百平方公里) Road Density (km/100 sq.km)
全省总计	**Total**	**233189.3**	**231428.2**	**37211.3**	**4350.1**	**232264.2**	**148.8**
济南市	Jinan	11940.0	11809.2	1876.3	346.7	11897.7	146.0
青岛市	Qingdao	16234.8	16224.1	4020.8	728.8	16234.8	146.8
淄博市	Zibo	10486.0	10011.5	1773.8	206.0	10270.7	176.2
枣庄市	Zaozhuang	7003.5	6868.7	1285.1	116.7	6930.0	153.2
东营市	Dongying	8278.2	8278.2	1074.6	180.6	8278.2	99.7
烟台市	Yantai	14834.1	14834.1	3771.5	438.7	14834.1	107.9
潍坊市	Weifang	23694.5	23694.5	4170.1	352.4	23694.5	159.6
济宁市	Jining	16257.0	15988.0	2339.3	223.7	16078.6	146.1
泰安市	Tai'an	13927.2	13615.6	2052.1	232.7	13668.8	176.7
威海市	Weihai	6768.8	6768.8	1625.0	101.5	6768.8	117.0
日照市	Rizhao	6672.5	6672.5	1419.4	153.2	6672.5	124.6
莱芜市	Laiwu	3600.1	3581.7	622.3	140.4	3593.7	160.3
临沂市	Linyi	22621.4	22536.2	3737.6	330.6	22548.9	131.6
德州市	Dezhou	20827.1	20827.1	1759.9	231.5	20827.1	200.9
聊城市	Liaocheng	14915.2	14832.5	1693.1	135.0	14861.9	171.1
滨州市	Binzhou	14934.7	14691.3	2041.1	171.1	14909.7	158.0
菏泽市	Heze	20194.2	20194.2	1949.3	260.7	20194.2	164.8

16−11 各市地方交通旅客运输量(2011年)

Passenger Transport Volume of Local Traffic by Region(2011)

地 区	Region	客运量(万人) Passenger Traffic (10 000persons)	公路 Highways	水运 Waterways	周转量(百万人公里) Passenger-Kilometers (million passenger-km)	公路 Highways	水运 Waterways
全省总计	**Total**	**243860**	**241457**	**2403**	**126879**	**125691**	**1188**
济南市	Jinan	11197	11165	32	14415	14414	0.59
青岛市	Qingdao	22351	21560	791	13292	13182	110.04
淄博市	Zibo	40342	40339	3	13756	13756	0.04
枣庄市	Zaozhuang	7378	7361	17	4864	4863	0.84
东营市	Dongying	4201	4176	25	4063	4059	3.83
烟台市	Yantai	33332	32753	579	12957	12321	636.01
潍坊市	Weifang	22170	22169	1	10409	10409	0.01
济宁市	Jining	9473	9345	128	6280	6275	4.63
泰安市	Tai'an	5346	5321	25	4295	4292	2.08
威海市	Weihai	15885	15401	484	7214	6808	405.33
日照市	Rizhao	4382	4284	98	2962	2952	9.80
莱芜市	Laiwu	3628	3603	25	1237	1235	1.92
临沂市	Linyi	22469	22365	104	9962	9952	10.20
德州市	Dezhou	10901	10853	48	5996	5994	1.63
聊城市	Liaocheng	8739	8726	13	4820	4819	0.77
滨州市	Binzhou	6255	6245	10	3860	3860	0.05
菏泽市	Heze	15811	15791	20	6499	6499	0.10

16—12 各市地方交通货物运输量(2011年)

Freight Transport Volume of Local Traffic by Region(2011)

地区	Region	货运量(万吨) Volume of Freight Traffic (10 000tons)	公路 Highways	水运 Waterways	周转量(百万吨公里) Freight Turnover (million ton-km)	公路 Highways	水运 Waterways
全省总计	**Total**	**295251**	**279380**	**15871**	**1105758**	**662435**	**443323**
济南市	Jinan	14767	14574	193	26898	25355	1543
青岛市	Qingdao	23428	19208	4220	364625	40886	323740
淄博市	Zibo	25376	25376		85820	85820	
枣庄市	Zaozhuang	23453	22488	965	28374	24001	4373
东营市	Dongying	6781	6629	152	14784	13329	1455
烟台市	Yantai	18502	14451	4051	104975	41591	63384
潍坊市	Weifang	23083	21938	1145	78851	69566	9285
济宁市	Jining	23796	21054	2742	56846	45164	11682
泰安市	Tai'an	10588	10484	104	14281	13850	431
威海市	Weihai	5349	3988	1361	26415	7826	18590
日照市	Rizhao	11650	10992	658	34756	27164	7592
莱芜市	Laiwu	6231	6231		5197	5197	
临沂市	Linyi	31210	31210		89415	89415	
德州市	Dezhou	15707	15707		32709	32709	
聊城市	Liaocheng	14746	14746		37854	37854	
滨州市	Binzhou	12781	12709	72	31533	31429	105
菏泽市	Heze	27803	27595	208	72424	71280	1144

16—13 各市民用汽车拥有量(2011年)

Possession of Private Vehicles by Region(2011)

单位:辆 (Unit)

地区	Region	民用汽车总计 Total	载客汽车 Passenger Vehicles	大型 Large	中型 Medium	小型 Smail	微型 Minicar
全省总计	**Total**	**9686243**	**6960707**	**89019**	**100729**	**6275980**	**494979**
济南市	Jinan	927799	755253	11610	7997	694786	40860
青岛市	Qingdao	1163422	961539	15112	16038	851705	78684
淄博市	Zibo	518543	408343	6398	6323	375513	20109
枣庄市	Zaozhuang	323232	239955	2993	4403	207915	24644
东营市	Dongying	385053	290901	3533	2540	273399	11429
烟台市	Yantai	868299	669001	8306	12701	601541	46453
潍坊市	Weifang	1100565	711255	6779	8219	638871	57386
济宁市	Jining	552345	359321	5336	5845	327383	20757
泰安市	Tai'an	340162	243467	3606	3714	222429	13718
威海市	Weihai	375541	293604	3788	5742	270435	13639
日照市	Rizhao	255372	189220	2589	2035	171401	13195
莱芜市	Laiwu	135092	105348	1278	1275	95682	7113
临沂市	Linyi	879134	632988	4900	7420	548235	72433
德州市	Dezhou	449353	288455	2420	3173	260540	22322
聊城市	Liaocheng	493401	272224	3158	2927	243191	22948
滨州市	Binzhou	409455	266207	2996	2555	248673	11983
菏泽市	Heze	426824	207880	3033	4883	184148	15816

16-13 续表 continued

单位:辆 (Unit)

地 区	Region	载货汽车 Trucks	大 型 Large	中 型 Medium	小 型 Smail	微 型 Minicar	其它汽车 Others
全省总计	**Total**	**1490565**	**432463**	**148876**	**900083**	**9143**	**1234971**
济南市	Jinan	126209	25607	8863	91341	398	46337
青岛市	Qingdao	156313	36235	22570	96867	641	45570
淄博市	Zibo	87877	26000	9397	51684	796	22323
枣庄市	Zaozhuang	53193	19424	4259	29326	184	30084
东营市	Dongying	48603	14796	3162	30057	588	45549
烟台市	Yantai	111741	33302	12173	66164	102	87557
潍坊市	Weifang	182283	40963	20965	119273	1082	207027
济宁市	Jining	109055	44416	9407	54846	386	83969
泰安市	Tai'an	49823	13052	6362	30266	143	46872
威海市	Weihai	65886	12361	5578	47149	798	16051
日照市	Rizhao	44773	15300	4196	24529	748	21379
莱芜市	Laiwu	19872	5613	1488	12719	52	9872
临沂市	Linyi	165071	51167	18821	92887	2196	81075
德州市	Dezhou	72459	23911	4954	43373	221	88439
聊城市	Liaocheng	58558	22579	4652	31046	281	162619
滨州市	Binzhou	61738	18654	4449	38416	219	81510
菏泽市	Heze	60750	27090	6204	27277	179	158194

16-14 各市私人汽车拥有量(2011年)
Possession of Private Vehicles by Region(2011)

单位:辆 (Unit)

地 区	Region	汽车总计 Total	载客汽车 Passenger Vehicles	大 型 Large	中 型 Medium	小 型 Smail	微 型 Minicar
全省总计	**Total**	**8222214**	**6078674**	**13066**	**46035**	**5562058**	**457515**
济南市	Jinan	786123	653883	1610	3429	611425	37419
青岛市	Qingdao	895383	795363	742	5374	721557	67690
淄博市	Zibo	440874	360398	1426	3209	337113	18650
枣庄市	Zaozhuang	280998	216544	446	2708	189425	23965
东营市	Dongying	323881	256426	695	943	244094	10694
烟台市	Yantai	742815	586133	938	6911	534724	43560
潍坊市	Weifang	990392	648097	1904	4406	587124	54663
济宁市	Jining	476031	315368	895	2831	292932	18710
泰安市	Tai'an	295555	213970	580	1543	199452	12395
威海市	Weihai	316903	257534	420	2431	242125	12558
日照市	Rizhao	213623	165830	456	1070	152023	12281
莱芜市	Laiwu	118954	94070	280	689	86365	6736
临沂市	Linyi	780576	584428	541	3967	509709	70211
德州市	Dezhou	391364	262033	403	1545	238851	21234
聊城市	Liaocheng	436237	243098	546	1471	219929	21152
滨州市	Binzhou	361687	240034	550	1101	226985	11398
菏泽市	Heze	365849	180500	634	2401	163375	14090

16-14 续表 continued

单位:辆 (Unit)

地 区	Region	载货汽车 Trucks	大 型 Large	中 型 Medium	小 型 Smail	微 型 Minicar	其它汽车 Others
全省总计	**Total**	**985718**	**182745**	**98280**	**696877**	**7816**	**1157822**
济 南 市	Jinan	90255	12432	6012	71448	363	41985
青 岛 市	Qingdao	61424	5132	6087	49878	327	38596
淄 博 市	Zibo	60616	13091	7107	39685	733	19860
枣 庄 市	Zaozhuang	38426	9318	3540	25392	176	26028
东 营 市	Dongying	26636	4449	1718	19940	529	40819
烟 台 市	Yantai	73061	14392	7758	50829	82	83621
潍 坊 市	Weifang	151523	32284	16700	101580	959	190772
济 宁 市	Jining	85609	33670	7534	44075	330	75054
泰 安 市	Tai'an	38193	8259	5160	24659	115	43392
威 海 市	Weihai	45515	7420	3074	34405	616	13854
日 照 市	Rizhao	28268	5290	2371	19976	631	19525
莱 芜 市	Laiwu	15634	3508	1192	10888	46	9250
临 沂 市	Linyi	118725	16482	15873	84271	2099	77423
德 州 市	Dezhou	43057	1814	3118	37924	201	86274
聊 城 市	Liaocheng	32578	3554	3039	25734	251	160561
滨 州 市	Binzhou	42800	6089	3549	32958	204	78853
菏 泽 市	Heze	33394	5560	4448	23232	154	151955

16-15 各市营业性运输车辆(2011年)

Transport Vehicles in Operation by Region(2011)

单位:辆 (Unit)

地 区	Region	汽 车 Vehicles	客 车 Passenger Vehicles	货 车 Trucks	其 它 机动车 Others
全省总计	**Total**	**1041565**	**34381**	**1007184**	**324572**
济 南 市	Jinan	103317	3898	99419	16680
青 岛 市	Qingdao	128850	3490	125360	16136
淄 博 市	Zibo	50259	1091	49168	3427
枣 庄 市	Zaozhuang	28726	1396	27330	3460
东 营 市	Dongying	29016	643	28373	10456
烟 台 市	Yantai	89208	3501	85707	20545
潍 坊 市	Weifang	123578	3425	120153	42356
济 宁 市	Jining	64529	2027	62502	5632
泰 安 市	Tai'an	39170	1894	37276	18061
威 海 市	Weihai	53206	1575	51631	9294
日 照 市	Rizhao	23892	1075	22817	2714
莱 芜 市	Laiwu	14561	171	14390	2491
临 沂 市	Linyi	115033	3231	111802	37710
德 州 市	Dezhou	53231	1361	51870	22648
聊 城 市	Liaocheng	36244	1631	34613	10049
滨 州 市	Binzhou	38887	1114	37773	30691
菏 泽 市	Heze	49858	2858	47000	72222

注:2010年起，公路营运载客汽车不包括在公路运输管理部门管理并注册登记为公共汽车和出租汽车的车辆。

a)Passenger vehicles do not include those managed by department of highway transportation and registered as buses and taxis since 2010.

主要统计指标解释

铁路营业里程 又称营业长度(包括正式营业和临时营业里程)，指办理客货运输业务的铁路正线总长度。凡是全线或部分建成双线及以上的线路，以第一线的实际长度计算；复线、站线、段管线、岔线和特殊用途线以及不计算运费的联络线都不计算营业里程。该指标可以反映铁路运输业基础设施的发展水平，也是计算客货周转量、运输密度和机车车辆运用效率等指标的基础资料。

公路里程 指在一定时期内实际达到《公路工程\[WTBZ\]技术标准 JTJ01-88》规定的等级公路，并经公路主管部门正式验收交付使用的公路里程数。包括大中城市的郊区公路以及通过小城镇街道部分的公路里程和桥梁、渡口的长度，不包括大中城市的街道、厂矿、林区生产用道和农业生产用道的里程。两条或多条公路共同经由同一路段，只计算一次，不得重复计算里程长度。该指标可以反映公路建设的发展规模，也是计算运输网密度等指标的基础资料。

内河航道里程 也称内河通航里程，指在一定时期内，能通航运输船舶及排筏的天然河流、湖泊水库、运河及通航渠道的长度。包括全年季节性通航累计三个月以上的航道，不包括仅供零散流放竹、木排的河道。该指标可以反映内河水运网的规模、水平和发展情况。

货(客)运量 指在一定时期内，各种运输工具实际运送的货物(旅客)数量。该指标是反映运输业为国民经济和人民生活服务的数量指标，也是制定和检查运输生产计划、研究运输发展规模和速度的重要指标。货运按吨计算，客运按人计算。货物不论运输距离长短、货物类别，均按实际重量统计。旅客不论行程远近或票价多少，均按一人一次客运量统计；半价票、小孩票也按一人统计。

货物(旅客)周转量 指在一定时期内，由各种运输工具运送的货物(旅客)数量与其相应运输距离的乘积之总和。该指标可以反映运输业生产的总成果，也是编制和检查运输生产计划，计算运输效率、劳动生产率以及核算运输单位成本的主要基础资料。计算货物周转量通常按发出站与到达站之间的最短距离，也就是计费距离计算。计算公式为：

货物（旅客）周转量=Σ（货物（旅客）运输量×运输距离）

铁路货车平均静载重 指铁路货车在始发站静止状态下平均每车装载的货物重量，用以分析货车完成装车时车辆载重力的利用情况。计算公式为：

$$货车平均静载量=\frac{货物发送吨数}{装车数}$$

铁路货运机车日产量 指在一定时期内，平均每台货运机车在一昼夜内所完成的总重吨公里数，包括载运货物的重量和车辆本身的自重。该指标从时间和牵引能力两方面反映了机车运用效率。计算公式为：

$$货运机车平均日产量=\frac{货运总重吨公里数}{货运机车台日数}$$

沿海主要港口货物吞吐量 指经水运进出沿海主要港区范围，并经过装卸的货物数量，包括邮件及办理托运手续的行李、包裹以及补给运输船舶的燃、物料和淡水。货物吞吐量按货物流向分为进口、出口吞吐量，按货物交流性质分为外贸货物吞吐量和国内贸易货物吞吐量。货物吞吐量的货类构成及其流向，是衡量港口生产能力大小的重要指标。

民用汽车拥有量 指报告期末，在公安交通管理部门按照《机动车注册登记工作规范》，已注册登记领有民用车辆牌照的全部汽车数量。汽车拥有量统计的主要分类：根据汽车结构分为载客汽车、载货汽车及其他汽车；根据汽车所有者不同分为个人(私人)汽车、单位汽车；根据汽车的使用性质分为营运汽车、非营运汽车；根据汽车大小规格不同载客汽车分为大型、中型、小型和微型，载货汽车分为重型、中型、轻型和微型。

邮电业务总量 指以价值量形式表现的邮电通信企业为社会提供各类邮电通信服务的总数量。邮电业务量按专业分类包括函件、包件、汇票、报刊发行、邮政快件、特快专递、邮政储蓄、集邮、公众电报、用户电报、传真、长途电话、出租电路、无线寻呼、移动电话、分组交换数据通信、出租代维等。计算方法为各类产品乘以相应的平均单价(不变价)之和，再加上出租电路和设备、代用户维护电话交换机和线路等的服务收入。该指标综合反映了一定时期邮电业务发展的总成果，是研究邮电业务量构成和发展趋势的重要指标。计算公式为：

邮电业务总量=Σ（各类邮电业务量×不变单价）
+出租代维及其他业务收入
=邮政业务总量+电信业务总量

移动电话用户 指通过移动电话交换机进入移动电话网、占用移动电话号码的各类电话用户。包括签约用户和智能网预付费用户。一个移动电话号码统计为一户。

互联网上网人数 指平均每周使用互联网至少 1 小时的中国公民人数。

本地电话用户 指接入本地电信运营商固定电话网上的电话用户。包括：住宅用户、单位用户、公用电话用户等。按电话用户位置又分为市内电话用户和农村电话用户。1997年以前，“市内电话用户”是指接入县城及县以上城市的电话网上的电话用户；“农村电话用户”是指接入县邮电局农话台及县以下农村电话交换点，以县城为中心(除市话用户外)联通县、乡(镇)、行政村、村民小组的用户。从 1997 年起，电话用户数分组调整为以用户所在区域划分为“城市电

话用户”和“乡村电话用户”，与过去的按市内电话和农村电话划分方法不同。而电话用户总数、电话机总部数统计范围不变。

城市电话用户 指直辖市、省辖市、地级市、县级市的市区、市郊区及县城(包括县人民政府所在地的县城关区或行政建制相当于县人民政府所在地的镇)范围内接入局用交换机的电话用户数，包括分布在农村地区的独立工矿区、林区、驻军等电话用户数。

农村电话用户 指按行政区划属于城市范围以外的乡(镇)、村的电话用户数。

Explanatory Notes on Main Statistical Indicators

Length of Railways in Operation refers to the total length of the trunk line under passenger and freight transportation (including both full operation and temporary operation). The calculation is based on the actual length of the first line even if this line has a full or partial double track or more tracks, excluding double tracks, station sidings, tracks under the charge of stations, branch lines, special purpose lines and the non payable connecting lines. The length of railways in operation is an important indicator to show the development of the infrastructure for the railway transport, and also the essential data to calculate volume of passenger freight transport, traffic density and utilization efficiency of the locomotives and carriages.

Length of Highways refers to the length of highways which are built in conformity with the grades specified by the highway engineering standard formulated by the Ministry of Communications,and have been formally checked and accepted by the departments of highways and put into use. The length of highways includes that of the suburb highways at large and medium sized cities, highways passing through streets at small cities and towns, and also the length of bridges and ferries. It does not include the length of streets in big and medium sized cities and highways built for the production purpose at factories, mines, forest areas and agricultural areas. If two or more highways go the same section of the way, the length of the section is only calculated for once and no duplication is allowed. The length of highways is an important indicator to show the development of the highway construction and to provide essential information to calculate the transport network density.

Length of Navigable Inland Waterways it is an indicator reflecting the size and development of inland water network, it refers to the length of the natural rivers, lakes, reservoirs, canals, and ditches open to navigation during a given period, which enables the transport by ships and rafts. It includes the channels open to navigation for over an accumulative 3 months in a year, yet this does not include the river courses, which are only used to float odd logs and bamboo rafts. This indicator can reflect the scale, level and development situation of the inland waterway network.

Freight (Passenger) Traffic refers to the volume of freight (passenger) transported with various means. Freight transport is calculated in tons and passenger traffic is calculated in the number of persons. Despite the type of freight and traveling distance, the freight transport is calculated in the actual weight of the goods: and despite the traveling distance and ticket price, the passenger traffic is calculated by the principle that one person can be counted only once in one travel. The passengers who travel with a half price ticket or a child ticket is also calculated as one person. The freight (passenger) traffic provides a quantitative measure to show how the transport industry serves the national economy and people, and is also an important indicator for planning the transport industry and for studying the development scale and speed of the transport industry.

Freight Ton kilometers (Passenger kilometers) refer to the sum of the products of the volume of transported cargo (passengers) multiplying by the transport distance. It is an important indicator to reflect the achievement of transportation industry. Normally, the shortest distance between the departure station and the destination station (i.e., the payable distance) is the basis to calculate the freight ton kilometers. This is an important indicator to show the total results of the transport industry, to prepare and examine the transport plan and to measure the efficiency, the labour productivity and the unit cost of transport.The formula is as follows:

$$\begin{matrix}\text{Freight ton - kilometres} \\ \text{(passenger - kilometres)}\end{matrix} = \sum \begin{matrix}\text{freight} \\ \text{(passenger)traffic}\end{matrix} \times \begin{matrix}\text{distance of} \\ \text{transportation}\end{matrix}$$

Static Load of Freight Cars refers to the average cargo weight as loaded by each freight car under the static condition at the departure station. It is used to show the utilization extent of the loading capacity of the freight cars. The formula is:

$$\begin{matrix}\text{Static load (ton)} \\ \text{of freight car}\end{matrix} = \frac{\text{tonnage of goods dispatched}}{\text{number of freight cars loaded}}$$

Average Daily Haul of Freight Locomotives refers to the average total ton kilometers accomplished by each freight transport locomotive over day and night during a given period of time. It includes both the weight of the goods carried and the dead weight of the train itself. It is a comprehensive indicator reflecting the locomotive efficiency in terms of both time and the pulling force.

$$\begin{matrix}\text{Average daily haul of} \\ \text{freight transport locomotive} \\ \text{(ton - kilometre)}\end{matrix} = \frac{\text{Total ton - kilometres of freight}}{\text{Daily number of freight transport locomotive}}$$

Volume of Freight Handled in Major Coastal Ports refers to the volume of cargo passing in and out the harbor area of the major coastal ports and having been loaded and unloaded. The volume includes that of the postal matters, registered luggage and fuels, materials and fresh water as supplies of the ships. The volume of freight handled may be classified by direction of flow as freight for import and freight for export, or by nature of cargo as freight for domestic trade and freight for foreign trade. As an important indicator, the volume of freight handled by type of cargo and by main flow direction reflects the production capacity of ports.

Possession of Civil Motor Vehicles refer to the total

numbers of vehicles that are registered and received vehicles license tags according to the Work Standard for Motor Vehicles Registration formulated by transport management office under department of public security at the end of reference period. They are divided into following categories according to the structure of motor vehicles: passenger vehicles, trucks and others; and private vehicles and vehicles for units use according to ownerships; working vehicles and non working vehicles according to kind of usage; large passenger vehicles, medium passenger vehicles, small passenger vehicles and mini passenger vehicle, heavy trucks, light heavy trucks, light trucks and mini trucks according to sizes of vehicles.

Business Volume of Post and Telecommunications refers to the total amount of post and telecommunication services, expressed in value terms, provided by the post and telecommunications departments for the society. Post and telecommunication services can be classified as letters, parcels, remittance, issue of newspapers and magazines, fast mail service, express mail service, savings deposits, stamps for collection, public and individual telegraph service, facsimiles, long distance telephone service, leasing of telephone lines, urban paging service, mobile telephone service, data transfer and transmission, etc. The accounting approach is to multiply the service products of all types with their average unit price (constant price) to get sum of business value, plus income from other services such as leasing of telephone lines and equipment, maintenance of telephone switchboards and lines on behalf of customers. This indicator reflects the overall results of post and telecommunications service during a given period, and is important to study the composition of business service and the development of post and telecommunications service.

The formula is as follows:

Business volume of post and telecommunications

=∑(Transaction of post and telecommunication services ×price[constant price])

+Income from leasing, maintenance and other services

= business volume of postal service

+ business volume of telecommunications service

Mobile Telephone Subscribers refer to the persons who own mobile telephone numbers and are connected with the mobile telephone communication network through the mobile telephone switchboards, including contracted subscribers and pre paid subscribers for intelligent network. One mobile telephone is taken as a subscriber.

Internet Users refer to the number of Chinese citizens who use Internet at least for one hour each week.

Local Telephone Subscribers refer to subscribers that are connected to the local telecommunication service provider through fix line network, including household subscribers, institutional subscribers and public telephones. They are also classified as city subscribers and rural subscribers according to locations. Before 1997, city subscribers referred to those connected to city telephone networks in county towns and cities, while village subscribers referred to those connected to village telephone stations at and below counties. Since 1997, the classification of telephone subscribers was modified on the basis of physical location of the subscribers as urban telephone subscribers and rural telephone subscribers, which is different from the previous classification of categorizing local telephones and rural telephones, while the definition of total subscribers and total number of telephones remain unchanged.

Urban Telephone Subscribers refer to number of telephone subscribers, located at municipalities, cities under the jurisdiction of province, cities at prefecture level, downtown and suburb of city at county level town and county towns (including country towns where county government located, and towns of county level according to the administrative organizational system), that are connected to the public line telephone network, including rural mineral area, forest area, military area.

Rural Telephone Subscribers refer to telephone subscribers, located at counties (towns) and villages outside the range of cities according to administrative jurisdiction.

第17篇

批发和零售、住宿和餐饮业

Wholesale, Retail, Hotels and Catering Services

简 要 说 明

一、本篇资料的主要内容

本篇资料反映全省市场发展情况、批发和零售业、住宿和餐饮业经营情况和效益情况等，主要包括 2011 年批发和零售业商品流转情况及财务状况、住宿和餐饮业经营情况及财务状况、社会消费品零售总额等内容。

二、本篇资料的来源

本篇资料中除特别注明外，其余均来自 2011 年限额以上批发和零售业、住宿和餐饮业年报资料和 2011 年定期报表统计资料。

本篇资料由省统计局贸易外经处整理提供。

Brief Introduction

I. Content

Data in this chapter are supposed to show the development of Shandong's domestic market, wholesale and retail trade, hotels and catering services, mainly including the circulation of commodities in the wholesale and retail trade, the financial indices of related businesses and the total retail sales of consumer goods in 2011.

II. Source of Data

Except the data specifically noted, all data in this chapter are based on the annual report of wholesale, retail, hotels and catering services and periodic statistical statements of 2011.

Data in this chapter are prepared and compiled by the Division of Trade and External Economic Relations Statistics of Shandong Provincial Bureau of Statistics.

17−1 批发和零售业情况

Basic Conditions of Wholesale and Retail Trades

指　　标	Item	2007	2008	2009	2010	2011
批发和零售业	**Wholesale and Retail Trades**					
法人企业　(个)	Number of Corporation Enterprises　(unit)	5165	9946	10026	11792	12026
年末从业人数　(万人)	Engaged Persons at Year-end　(10 000 persons)		78	75	86	81
商品购进额　(亿元)	Total Purchases　(100 million yuan)	7087.4	10557.4	9732.8	13833.6	18306.3
#进口额　(亿元)	Imports　(100 million yuan)	414.6	494.9	306.2	645.0	819.8
商品销售额　(亿元)	Total Sale　(100 million yuan)	7423.4	11821.5	11535.5	16105.6	20586.7
#出口额　(亿元)	Exports　(100 million yuan)	405.1	600.4	362.1	502.7	712.4
期末商品库存额　(亿元)	Total Stock at Year-end　(100 million yuan)	621.7	927.7	940.2	1025.1	1208.7
批发业	**Wholesalel Trade**					
法人企业　(个)	Number of Corporation Enterprises　(unit)	1821	3996	3866	4897	5237
年末从业人数　(万人)	Engaged Persons at Year-end　(10 000 persons)		28	26	31	29
商品购进额　(亿元)	Total Purchases　(100 million yuan)	4929.4	7619.9	6338.0	9216.3	12244.8
#进口额　(亿元)	Imports　(100 million yuan)	402.8	483.5	298.6	589.0	758.5
商品销售额　(亿元)	Total Sales　(100 million yuan)	5018.3	8411.6	7584.4	10838.3	13926.1
#出口额　(亿元)	Exports　(100 million yuan)	404.4	598.9	359.4	499.0	708.9
期末商品库存额　(亿元)	Total Stock at Year-end　(100 million yuan)	373.8	581.2	491.2	608.0	702.6
零售业	**Retail Trade**					
法人企业　(个)	Number of Corporation Enterprises　(unit)	3344	5950	6160	6895	6789
年末从业人数　(万人)	Engaged Persons at Year-end　(10 000 persons)		50	49	54	52
商品购进额　(亿元)	Total Purchases　(100 million yuan)	2158.0	2937.5	3394.9	4617.3	6061.5
#进口额　(亿元)	Imports　(100 million yuan)	11.8	11.4	7.6	56.0	61.3
商品销售额　(亿元)	Total Sales　(100 million yuan)	2405.1	3409.9	3951.1	5267.3	6660.6
#出口额　(亿元)	Exports　(100 million yuan)	0.7	1.5	2.7	3.7	3.6
期末商品库存额　(亿元)	Total Stock at Year-end　(100 million yuan)	247.9	346.5	448.9	417.1	506.1
年末零售营业面积　(万平方米)	Business Area of Retail at Year-end　(10 000 sq.m)		2380.4	3207.0	3938.0	2349.5

注：1.2008年以前的统计范围为限额以上法人企业、产业活动单位，2008年及以后为限额以上法人企业。

2.2008年以前的统计限额划分指标为“年商品销售额”、“年末从业人员”，2008年及以后为“年主营业务收入”。

a) Scope of wholesale and retail trades for 2006 and 2007 covers enterprises and establishments above designated size; those for 2008-2010 covers enterprises above designated size.

b) For the designation of size for 2008-2010, the indicator was based on income from principal business; for other years, it was based on total sales or turnover and engaged persons.

17-2 限额以上批发和零售业商品购进、销售、库存总额(2011年)

单位:万元

指标名称	Indicator	法人单位(个) Corporate Unit (unit)
总　　计	**Total**	**12026**
一、批发业	**Wholesale Trade**	**5237**
1.按登记注册类型分	by Status of Registration	
内　资	Domestic Funded Enterprises	5142
国　有	State-owned	222
集　体	Collective-owned	120
股份合作	Cooperative	27
联营企业	Joint Ownership	9
国有联营	State Joint Ownership	2
集体联营	Collective Joint Ownership	4
国有与集体联营	Joint State-collective	1
其他联营	Other Joint Ownership	2
有限责任公司	Limited Liability Corporations	1016
国有独资公司	State Sole Funded Corporations	11
其他有限责任公司	Other Limited Liability Corporations	1005
股份有限公司	Share-holding Corporations Ltd.	122
私营企业	Private Enterprises	3388
私营独资	Private-funded Enterprises	664
私营合伙	Private Partnership Enterprises	50
私营有限责任公司	Private Limited Liability Corporations	2566
私营股份有限公司	Private Share-holding Corporations Ltd.	108
其　他	Others	238
港澳台商投资企业	Enterprises with Funds from Hong Kong,Macao and Taiwan	27
与港澳台商合资经营	Joint-venture	8
与港澳台商合作经营	Cooperative	
港澳台商独资	Sole Investment	18
港澳台商独资股份有限公司	Share-holding Corporations Ltd. with Sole Investment	1
外商投资企业	Foreign Funded Enterprises	68
中外合资经营	Joint-venture	17
中外合作经营	Cooperative	2
外资企业	Sole Foreign Investment	49
外商投资股份有限公司	Share-holding Corporations Ltd. with Foreign Investment	
2.按国民经济行业分	by Sector	
农畜产品批发业	Wholesale of Farm Produce and Livestock Products	297
食品、饮料及烟草制品批发业	Wholesale of Food, Beverages and Tobaccos	498
米、面制品及食用油批发业	Wholesale of Rice, Flour and Edible Oil	71
烟草制品批发业	Whole of Tobaccos	42
纺织、服装及日用品批发业	Wholesale of Textiles, Garments and Daily Consumer Articles	231
服装批发业	Wholesale of Garments	65
文化、体育用品及器材批发业	Wholesale of Culture, Sports Appliances and Equipments	57
医药及医疗器材批发业	Wholesale of Medicines and Medical Appliances	188
矿产品、建材及化工产品批发业	Wholesale of Mineral Products, Building Materials and Chemical Products	3027
煤炭及制品批发业	Wholesale of Coal and Related Products	843
石油及制品批发业	Wholesale of Petrolem and Related Products	224
金属及金属矿批发业	Wholesale of Metal Materials	923
建材批发业	Wholesale of Building Materials	413
化肥批发业	Wholesale of Chemical Fertilizer	227
机械设备、五金交电及电子产品批发业	Wholesale of Machinery, Hardware and Electronic Equipment	661
汽车、摩托车及零配件批发业	Wholesale of Motor Vehicles, Motorcycles and Parts	156
家用电器批发业	Wholesale of Household Electrical Appliances	47
计算机、软件及辅助设备批发业	Wholesale of Computer, Software and Assistant Appliances	40
贸易经纪与代理	Trade Broker and Agency	41
其他批发业	Other Wholesale not Classified Elsewhere	237

Total Purchases,Sales and Inventory of Enterprises above Designated Size of Wholesale and Retail Trades(2011)

(10 000 yuan)

购进总额		销售总额 Total Sale Value				年末库存总额
Total Purchases Value	#进口 Import	合计 Total	批发 Wholesale	#出口 Export	零售 Retail	Inventory (year-end)
183062997	**8198164**	**205867167**	**133298007**	**7124416**	**72569160**	**12086754**
122447547	**7585065**	**139260836**	**126116994**	**7088653**	**13143842**	**7025999**
118970514	7399907	134760729	121887673	6600502	12873056	6709169
17539484	1426862	20681228	19353402	1257753	1327825	1005495
3792271	1013020	4048525	3631813	723461	416712	155902
286305		302979	279251	4395	23728	15427
188914		200486	131040	11707	69446	5595
36780		36924	36551		374	1869
55339		59896	54731	11707	5165	2706
88795		95760	34882		60878	692
8001		7905	4877		3028	328
40016499	3078294	44283863	42052350	2206819	2231513	2078200
1178182	35760	1601157	1485002	359121	116155	143976
38838317	3042534	42682706	40567348	1847698	2115358	1934224
8270411	87900	11364497	7657355	78345	3707142	391792
44357002	1580852	47893155	43958845	2168063	3934310	2842632
6048834	19352	6510237	5497056	85045	1013181	164916
423374		486573	401274		85298	13691
36687718	1368295	39500249	36794206	2041649	2706043	2063377
1197077	193205	1396097	1266309	41369	129788	600649
4519629	212979	5985996	4823616	149959	1162380	214127
1038793	34509	1755546	1530002	380257	225544	209196
403588	8000	415911	414861	4415	1050	38589
624203	26509	1328507	1108690	375842	219817	170550
11003		11128	6451		4678	57
2438239	150648	2744561	2699319	107893	45242	107635
825529	7086	971843	951854	4702	19989	73495
15231	4422	25236	25232		4	5183
1597479	139140	1747482	1722233	103191	25248	28957
3856270	245712	4098825	3892766	115183	206060	358104
14300990	234900	17761874	16021879	381590	1739995	1510191
1828953	137878	2088642	2008464	114728	80179	245217
6204003	19696	8332597	7951324	6265	381273	996457
6010168	225266	7201763	6207383	1493634	994380	444489
3038407	75622	3709737	3222631	780098	487106	187442
2355770	5458	3231258	2782448	146621	448810	208764
5082754	44417	5456059	5233040	15099	223019	368899
69454243	4838879	76270640	68245866	1638736	8024774	2905714
13816635	1129131	14986545	13279321	25398	1707224	740659
16072962	1043526	18539009	13294518	4617	5244491	331459
22478277	1262302	23669184	23328890	200248	340294	962269
4287663	245906	4788149	4334828	115833	453322	186144
4012115		4186204	4095678	111489	90526	353998
17401370	1287891	20746883	19452584	3051365	1294300	911498
3406724	17599	5222170	4840108	537516	382062	200655
3965978	100439	4890606	4856948	1140906	33658	132371
395075	2770	434296	403193		31103	13301
938707	466600	956900	896150	63968	60749	187070
3047275	235943	3536633	3384879	182458	151755	131272

17–2 续表

单位:万元

指标名称	Indicator	法人单位(个) Corporate Unit (unit)
二、零售业	**Retail Trade**	**6789**
1.按登记注册类型分	by Status of Registration	
内　资	Domestic Funded Enterprises	6701
国　有	State-owned	279
集　体	Collective-owned	406
股份合作	Cooperative	51
联营企业	Joint Ownership	20
国有联营	State Joint Ownership	2
集体联营	Collective Joint Ownership	18
国有与集体联营	Joint State-collective	
其他联营	Other Joint Ownership	
有限责任公司	Limited Liability Corporations	1387
国有独资公司	State Sole Funded Corporations	8
其他有限责任公司	Other Limited Liability Corporations	1379
股份有限公司	Share-holding Corporations Ltd.	207
私营企业	Private Enterprises	4057
私营独资	Private-funded Enterprises	1316
私营合伙	Private Partnership Enterprises	105
私营有限责任公司	Private Limited Liability Corporations	2463
私营股份有限公司	Private Share-holding Corporations Ltd.	173
其　他	Others	294
港澳台商投资企业	Enterprises with Funds from Hong Kong,Macao and Taiwan	35
与港澳台商合资经营	Joint-venture	10
与港澳台商合作经营	Cooperative	1
港澳台商独资	Sole Investment	18
港澳台商独资股份有限公司	Share-holding Corporations Ltd. with Sole Investment	5
外商投资企业	Foreign Funded Enterprises	53
中外合资经营	Joint-venture	10
中外合作经营	Cooperative	1
外资企业	Sole Foreign Investment	18
外商投资股份有限公司	Share-holding Corporations Ltd. With Foreign Investment	5
2.按国民经济行业分	by Sector	
综合零售业	Integrated Retail	1241
百货零售业	Retail of General Merchandise	757
超级市场零售业	Retail of Supermarkets	309
食品、饮料及烟草制品专门零售业	Retail of Food, Beverages and Tobaccos	444
纺织、服装及日用品专门零售业	Special Retail of Textiles, Garments and Daily Consumer Articles	358
服装零售业	Retail of Garments	189
文化、体育用品及器材专门零售业	Retail of Culture, Sports Appliances and Equipments	294
体育用品零售业	Retail of Sports Goods	6
图书零售业	Retail of Books	137
医药及医疗器材专门零售业	Retail of Medicines and Medical Appliances	327
药品零售业	Retail of Medicines	298
汽车、摩托车、燃料及零配件专门零售业	Retail of Motor Vehicles, Motorcycles,Fuel and Parts	2345
汽车零售业	Retail of Motor Vehicles	1546
机动车燃料零售业	Retail of Fuel of Motor Vehicles	551
家用电器及电子产品专门零售业	Special Retail of Household Electric Appliances and Electronic Products	834
家用电器零售业	Retail of Household Electric Appliances	515
计算机、软件及辅助设备零售业	Retail of Computer, Software and Assistant Appliances	205
通讯设备零售业	Retail of Communication Equipments	88
五金、家具及室内装修材料专门零售业	Special Retail of Hardware, Furniture and Decoration Materials	540
无店铺及其他零售业	Non-shop and Other Retails	406
邮购及电子销售业	Distribution of Post and E-commerce	3

continued

(10 000 yuan)

购进总额		销售总额 Total Sale Value				年末库存总额
Total Purchases Value	#进口 Import	合计 Total	批发 Wholesale	#出口 Export	零售 Retail	Inventory (year-end)
60615450	**613100**	**66606331**	**7181013**	**35763**	**59425318**	**5060755**
57823226	535035	63737268	6530413	28008	57206855	4857104
2790184	567	3239163	650794	880	2588369	288886
3104048	3745	3343458	468534		2874924	148825
283972		351021	10731		340290	28739
79010		106363	11555		94808	8852
6397		8346			8346	190
72613		98017	11555		86462	8662
19073140	115122	20469196	2186764	10043	18282432	2011837
30851		33616			33616	1705
19042289	115122	20435580	2186764	10043	18248816	2010132
8874831	78	10968754	1326648		9642107	576794
22100145	304496	23536718	1734431	15343	21802286	1655166
5585287	25165	6018383	308856		5709527	278804
591910		611656	35284		576372	43202
14653679	271601	15559647	1249723	15343	14309924	1252315
1269269	7730	1347033	140568		1206464	80846
1517899	111028	1722596	140956	1742	1581640	138006
844223	15324	924477	77459		847018	88718
136582	15324	168529	19166		149363	14538
685		8874	2526		6349	122
602716		642717	49414		593303	56197
76721		71757	6353		65404	15171
1948001	62741	1944586	573142	7755	1371444	114934
136582	15324	168529	19166		149363	14538
685		8874	2526		6349	122
602716		642717	49414		593303	56197
76721		71757	6353		65404	15171
20699261	29151	22571299	2405885		20165414	1900304
14947576	112	16668290	1283261		15385030	1184974
4779355	29039	4836731	948135		3888597	646740
1990032	4309	2196828	250108	15072	1946720	106069
2029470	19335	2273045	331370	4312	1941675	188692
1278056	2969	1450027	269785	3616	1180242	128355
1397103	2527	1428617	361439	9559	1067178	239917
14707		17788	9054	7755	8734	1229
640697		636057	164027		472030	134773
2232837	3	2523396	526992		1996404	242649
2101052	3	2364290	522739		1841551	211031
22802851	553183	24916252	1977023	1033	22939229	1694971
17014353	529499	17869388	894472	523	16974915	1526583
4786382		5963618	1012609		4951008	116625
4844000	1160	5276127	557919	603	4718208	366608
3500073		3869378	295843		3573535	283750
777132		822530	213814		608716	51501
348200		367066	33927		333139	21924
2512547	680	2846757	204857	4233	2641899	207741
2107350	2751	2574011	565420	952	2008591	113804
31407		35741			35741	4330

17－3 限额以上批发和零售业企业财务状况(2011年)

单位:万元

指标名称	Indicator	企业数(个) Number of Enterprises (unit)
总　　计	**Total**	**11370**
一、批发业	**Wholesale Trade**	**4977**
1.按登记注册类型分	by Status of Registration	
内　资	Domestic Funded Enterprises	4885
国　有	State-owned	213
集　体	Collective-owned	112
股份合作	Cooperative	26
联营企业	Joint Ownership	8
国有联营	State Joint Ownership	2
集体联营	Collective Joint Ownership	3
国有与集体联营	Joint State-collective	1
其他联营	Other Joint Ownership	2
有限责任公司	Limited Liability Corporations	995
国有独资公司	State Sole Funded Corporations	10
其他有限责任公司	Other Limited Liability Corporations	985
股份有限公司	Share-holding Corporations Ltd.	119
私营企业	Private Enterprises	3188
私营独资	Private-funded Enterprises	592
私营合伙	Private Partnership Enterprises	46
私营有限责任公司	Private Limited Liability Corporations	2446
私营股份有限公司	Private Share-holding Corporations Ltd.	104
其　他	Others	224
港澳台商投资企业	Enterprises with Funds from Hong Kong,Macao and Taiwan	27
与港澳台商合资经营	Joint-venture	8
与港澳台商合作经营	Cooperative	
港澳台商独资	Sole Investment	18
港澳台商独资股份有限公司	Share-holding Corporations Ltd. with Sole Investment	1
外商投资企业	Foreign Funded Enterprises	65
中外合资经营	Joint-venture	16
中外合作经营	Cooperative	2
外资企业	Sole Foreign Investment	47
外商投资股份有限公司	Share-holding Corporations Ltd. with Foreign Investment	
2.按国民经济行业分	by Sector	
农畜产品批发业	Wholesale of Farm Produce and Livestock Products	289
食品、饮料及烟草制品批发业	Wholesale of Food, Beverages and Tobaccos	464
米、面制品及食用油批发业	Wholesale of Rice, Flour and Edible Oil	69
烟草制品批发业	Whole of Tobaccos	40
纺织、服装及日用品批发业	Wholesale of Textiles, Garments and Daily Consumer Articles	225
服装批发业	Wholesale of Garments	63
文化、体育用品及器材批发业	Wholesale of Culture, Sports Appliances and Equipments	54
医药及医疗器材批发业	Wholesale of Medicines and Medical Appliances	184
矿产品、建材及化工产品批发业	Wholesale of Mineral Products, Building Materials and Chemical Products	2868
煤炭及制品批发业	Wholesale of Coal and Related Products	792
石油及制品批发业	Wholesale of Petrolem and Related Products	219
金属及金属矿批发业	Wholesale of Metal Materials	892
建材批发业	Wholesale of Building Materials	372
化肥批发业	Wholesale of Chemical Fertilizer	204
机械设备、五金交电及电子产品批发业	Wholesale of Machinery, Hardware and Electronic Equipment	633
汽车、摩托车及零配件批发业	Wholesale of Motor Vehicles, Motorcycles and Parts	151
家用电器批发业	Wholesale of Household Electrical Appliances	43
计算机、软件及辅助设备批发业	Wholesale of Computer, Software and Assistant Appliances	40
贸易经纪与代理	Trade Broker and Agency	41
其他批发业	Other Wholesale not Classified Elsewhere	219

Financial Indicators of Enterprises above Designated Size of Wholesale and Retail Trades(2011)

(10 000 yuan)

年末资产负债 Assets and Liabilities at Year-end						损益及分配 Losses,Profits and Distribution	
流动资产合计 Total Working Capitals	固定资产原价 Original Value of Fixed Assets	本年折旧 Depreciation in the Year	资产合计 Total Assests	负债合计 Total Liabilities	所有者权益合计 Total Owner's Equities	营业收入合计 Business Revenue	主营业务收入 Revenue from Principal Business
52202720	**12711541**	**664680**	**70667837**	**51484113**	**19183725**	**192291484**	**190567966**
34936825	**6235552**	**316054**	**44576511**	**32497630**	**12078881**	**132499586**	**131430204**
33659534	6153176	311457	43183134	31575698	11607436	128474593	127414288
5685473	814357	49156	6703386	4535163	2168223	18634287	18216338
1241203	125210	6847	1463150	1303432	159719	3801887	3756769
79302	20893	1433	118564	91139	27425	276355	276355
25890	16902	1368	66460	54892	11568	186880	186014
7299	3833	1291	9848	6143	3705	39659	39653
17236	7419	25	36906	31203	5703	43557	42697
1174	4177		17436	17436	0	95760	95760
182	1473	53	2270	110	2159	7905	7905
14035145	1087677	52868	16338172	13583074	2755098	39735034	39655845
803071	60718	3530	928265	688049	240216	1354301	1353873
13232073	1026958	49338	15409907	12895025	2514882	38380733	38301973
1852952	1728076	71622	3862849	2309100	1553749	17959937	17848284
9783929	2104116	117920	13220924	8768042	4452882	42630372	42421294
703341	389846	16824	1150520	555696	594824	5338084	5335136
37452	15685	1204	58406	25625	32781	452806	452806
8769012	1632577	95637	11646215	7934284	3711931	35586015	35382085
274124	66009	4256	365783	252438	113345	1253466	1251266
955640	255946	10243	1409628	930855	478773	5249841	5053390
651765	36884	732	711102	465654	245449	1582480	1581028
108161	12388	252	126753	95793	30960	372839	372255
543349	24387	480	584024	369796	214229	1198512	1197645
255	110		325	65	260	11128	11128
625526	45492	3865	682274	456278	225996	2442514	2434888
403186	32512	2638	430427	273864	156564	883818	883635
22939	1584	207	23965	14471	9494	26138	25236
199402	11395	1021	227882	167944	59938	1532558	1526018
1656169	287036	11840	2214219	1598689	615530	3822665	3818153
4285883	1003691	53037	5594545	2952483	2642062	14990212	14954119
649364	168747	5037	915005	821600	93405	1953018	1935476
2107460	423293	25781	2611449	810421	1801029	6866546	6861289
1878725	326855	11010	2631662	1981075	650587	6665646	6445538
988184	85789	5053	1306666	1054103	252563	3557055	3351045
777093	133094	4226	987147	811501	175646	2796253	2790219
1867995	142753	8262	2133204	1835389	297814	4612112	4605811
16371624	3607741	186199	21763215	15842019	5921196	77620424	76868512
2761869	533957	31410	3540719	2210758	1329961	13965338	13908248
2440999	2043668	97356	4735144	2998998	1736146	24691417	24472435
7530259	427827	26078	8688920	7063167	1625754	21322765	21194301
973489	203247	9288	1272601	891169	381432	4324662	4323271
869734	160061	7151	1125535	871892	253643	4038876	4004264
6708475	564851	33249	7568980	6244827	1324153	18059786	18020951
1284781	140667	9431	1429482	1051147	378335	4813309	4810270
1644648	6053	902	1728733	1664451	64282	4023962	3997206
118812	7746	460	133344	108095	25250	406154	405716
560948	44396	2211	682868	570103	112764	937840	934345
829914	125137	6022	1000671	661543	339128	2994649	2992557

17−3 续表 1

单位:万元

指 标 名 称	Indicator	企业数(个) Number of Enterprises (unit)
二、零售业	**Retail Trade**	**6393**
1.按登记注册类型分	by Status of Registration	
内 资	Domestic Funded Enterprises	6306
国 有	State-owned	266
集 体	Collective-owned	385
股份合作	Cooperative	50
联营企业	Joint Ownership	19
国有联营	State Joint Ownership	1
集体联营	Collective Joint Ownership	18
国有与集体联营	Joint State-collective	
其他联营	Other Joint Ownership	
有限责任公司	Limited Liability Corporations	1345
国有独资公司	State Sole Funded Corporations	7
其他有限责任公司	Other Limited Liability Corporations	1338
股份有限公司	Share-holding Corporations Ltd.	201
私营企业	Private Enterprises	3769
私营独资	Private-funded Enterprises	1159
私营合伙	Private Partnership Enterprises	102
私营有限责任公司	Private Limited Liability Corporations	2346
私营股份有限公司	Private Share-holding Corporations Ltd.	162
其 他	Others	271
港澳台商投资企业	Enterprises with Funds from Hong Kong,Macao and Taiwan	36
与港澳台商合资经营	Joint-venture	11
与港澳台商合作经营	Cooperative	1
港澳台商独资	Sole Investment	17
港澳台商独资股份有限公司	Share-holding Corporations Ltd. with Sole Investment	6
外商投资企业	Foreign Funded Enterprises	51
中外合资经营	Joint-venture	11
中外合作经营	Cooperative	1
外资企业	Sole Foreign Investment	17
外商投资股份有限公司	Share-holding Corporations Ltd. With Foreign Investment	6
2.按国民经济行业分	by Sector	
综合零售业	Integrated Retail	1163
百货零售业	Retail of General Merchandise	705
超级市场零售业	Retail of Supermarkets	293
食品、饮料及烟草制品专门零售业	Retail of Food, Beverages and Tobaccos	407
纺织、服装及日用品专门零售业	Special Retail of Textiles, Garments and Daily Consumer Articles	323
服装零售业	Retail of Garments	170
文化、体育用品及器材专门零售业	Retail of Culture, Sports Appliances and Equipments	278
体育用品零售业	Retail of Sports Goods	6
图书零售业	Retail of Books	135
医药及医疗器材专门零售业	Retail of Medicines and Medical Appliances	314
药品零售业	Retail of Medicines	287
汽车、摩托车、燃料及零配件专门零售业	Retail of Motor Vehicles, Motorcycles,Fuel and Parts	2260
汽车零售业	Retail of Motor Vehicles	1511
机动车燃料零售业	Retail of Fuel of Motor Vehicles	528
家用电器及电子产品专门零售业	Special Retail of Household Electric Appliances and Electronic Products	783
家用电器零售业	Retail of Household Electric Appliances	481
计算机、软件及辅助设备零售业	Retail of Computer, Software and Assistant Appliances	197
通讯设备零售业	Retail of Communication Equipments	81
五金、家具及室内装修材料专门零售业	Special Retail of Hardware, Furniture and Decoration Materials	485
无店铺及其他零售业	Non-shop and Other Retails	380
邮购及电子销售业	Distribution of Post and E-commerce	3

continued

(10 000 yuan)

年末资产负债 Assets and Liabilities at Year-end						损益及分配 Losses,Profits and Distribution	
流动资产合计 Total Working Capitals	固定资产原价 Original Value of Fixed Assets	本年折旧 Depreciation in the Year	资产合计 Total Assests	负债合计 Total Liabilities	所有者权益合计 Total Owner's Equities	营业收入合计 Business Revenue	#主营业务收入 Revenue from Principal Business
17265895	**6475989**	**348626**	**26091327**	**18986483**	**7104844**	**59791898**	**59137762**
16385332	6073372	323660	24800989	18065089	6735901	57276950	56676338
647083	350380	16863	1036595	741687	294908	2787524	2768911
412140	297641	13995	706213	432445	273768	3018717	3011708
63139	55997	1502	128695	82318	46377	327627	259063
10648	13387	265	27544	18408	9137	103919	103915
1296	4831		4533	4590	-57	8148	8148
9352	8556	265	23011	13818	9194	95771	95767
5596088	1915841	107464	8079660	6108144	1971516	18415266	18293795
4801	3092	99	7429	5956	1473	29846	29798
5591287	1912750	107365	8072231	6102188	1970043	18385420	18263997
3899590	1381447	64666	6172220	4628726	1543494	10516213	10235745
5330129	1915514	110799	8049623	5608714	2440909	20615320	20522676
695221	541675	29762	1233563	634841	598722	4826868	4803630
84653	37723	2352	121888	43232	78655	555208	552798
4225241	1231272	72427	6205184	4640418	1564766	14040437	13976585
325013	104845	6259	488989	290223	198766	1192807	1189663
426516	143164	8106	600440	444648	155792	1492364	1480525
205897	112587	9679	328948	210501	118448	838438	821520
54745	17968	1015	82541	61985	20556	173364	170496
189	311	58	636	394	242	8874	8874
131933	81821	7604	214329	127028	87301	558920	547037
6321	10513	900	16964	15727	1237	69368	67201
674666	290030	15287	961389	710893	250496	1676510	1639903
54745	17968	1015	82541	61985	20556	173364	170496
189	311	58	636	394	242	8874	8874
131933	81821	7604	214329	127028	87301	558920	547037
6321	10513	900	16964	15727	1237	69368	67201
6372852	3138419	148259	10550251	7873823	2676428	20184606	19831641
5057320	2352801	100623	8445681	6319609	2126072	14855850	14563519
1144774	677822	41688	1817028	1371826	445202	4360346	4300965
335593	252016	11496	617044	367302	249742	1817761	1814495
274952	131851	6942	447330	292445	154886	1903721	1741774
190191	85778	4446	301024	213340	87685	1179915	1048634
515311	235645	10203	778725	457410	321315	1267187	1251253
3724	2596	251	5491	3637	1855	16609	16609
279827	178979	7347	470433	269821	200612	533306	521089
999421	211762	14528	1283809	960808	323001	2256003	2253287
944448	197901	12499	1216535	928608	287927	2119352	2116645
6223359	1558970	107882	8705735	6591034	2114701	23167377	23126843
5460545	1031826	73834	7296932	5768951	1527981	16845059	16822863
622302	456845	29935	1191570	693821	497749	5499664	5482593
1308911	401425	23796	1738819	1267984	470835	4715651	4675706
1035141	224330	11158	1322986	997950	325036	3443153	3409839
145054	39928	1875	192940	116628	76312	733733	728806
63403	123865	10348	145860	95806	50053	325518	323814
629398	305998	14151	1011885	555981	455904	2255493	2248251
606099	239903	11369	957728	619695	338032	2224099	2194511
15724	2185	362	17041	9711	7331	37823	37071

17-3 续表 2

单位:万元

指标名称	Indicator	主营业务成本 Cost of Principal Business
总　计	**Total**	**173162795**
一、批发业	**Wholesale Trade**	**120692187**
1.按登记注册类型分	by Status of Registration	
内　资	Domestic Funded Enterprises	117053479
国　有	State-owned	16248589
集　体	Collective-owned	3481854
股份合作	Cooperative	260180
联营企业	Joint Ownership	171983
国有联营	State Joint Ownership	37396
集体联营	Collective Joint Ownership	37529
国有与集体联营	Joint State-collective	89894
其他联营	Other Joint Ownership	7163
有限责任公司	Limited Liability Corporations	36951381
国有独资公司	State Sole Funded Corporations	1125024
其他有限责任公司	Other Limited Liability Corporations	35826357
股份有限公司	Share-holding Corporations Ltd.	16841579
私营企业	Private Enterprises	38439435
私营独资	Private-funded Enterprises	4325719
私营合伙	Private Partnership Enterprises	375097
私营有限责任公司	Private Limited Liability Corporations	32608136
私营股份有限公司	Private Share-holding Corporations Ltd.	1130483
其　他	Others	4658478
港澳台商投资企业	Enterprises with Funds from Hong Kong,Macao and Taiwan	1413405
与港澳台商合资经营	Joint-venture	341876
与港澳台商合作经营	Cooperative	
港澳台商独资	Sole Investment	1061271
港澳台商独资股份有限公司	Share-holding Corporations Ltd. with Sole Investment	10258
外商投资企业	Foreign Funded Enterprises	2225303
中外合资经营	Joint-venture	736415
中外合作经营	Cooperative	15965
外资企业	Sole Foreign Investment	1472923
外商投资股份有限公司	Share-holding Corporations Ltd. with Foreign Investment	
2.按国民经济行业分	by Sector	
农畜产品批发业	Wholesale of Farm Produce and Livestock Products	3402398
食品、饮料及烟草制品批发业	Wholesale of Food, Beverages and Tobaccos	11617239
米、面制品及食用油批发业	Wholesale of Rice, Flour and Edible Oil	1761724
烟草制品批发业	Whole of Tobaccos	5060428
纺织、服装及日用品批发业	Wholesale of Textiles, Garments and Daily Consumer Articles	5931196
服装批发业	Wholesale of Garments	3164061
文化、体育用品及器材批发业	Wholesale of Culture, Sports Appliances and Equipments	2654113
医药及医疗器材批发业	Wholesale of Medicines and Medical Appliances	4266067
矿产品、建材及化工产品批发业	Wholesale of Mineral Products, Building Materials and Chemical Products	72278701
煤炭及制品批发业	Wholesale of Coal and Related Products	12501361
石油及制品批发业	Wholesale of Petrolem and Related Products	23253916
金属及金属矿批发业	Wholesale of Metal Materials	20512391
建材批发业	Wholesale of Building Materials	3838652
化肥批发业	Wholesale of Chemical Fertilizer	3781138
机械设备、五金交电及电子产品批发业	Wholesale of Machinery, Hardware and Electronic Equipment	16936723
汽车、摩托车及零配件批发业	Wholesale of Motor Vehicles, Motorcycles and Parts	4563976
家用电器批发业	Wholesale of Household Electrical Appliances	3813816
计算机、软件及辅助设备批发业	Wholesale of Computer, Software and Assistant Appliances	384895
贸易经纪与代理	Trade Broker and Agency	842664
其他批发业	Other Wholesale not Classified Elsewhere	2763086

continued

(10 000 yuan)

损益及分配 Losses,Profits and Distribution							工资、福利、增值税 Wages,Welfare and Value Added Tax	
主营业务税金及附加 Taxes and Other Charges on Principal Business	营业费用 Expenses on Business	管理费用 Expenses on Management	财务费用 Expenses on Finance	营业利润 Profits from Business	利润总额 Total Profits	应交所得税 Income Tax Payable	本年应付工资总额 Total Wages Payable	本年应交增值税 Value Added Tax Payable
1138444	**5240883**	**3560333**	**1045352**	**7108607**	**6575190**	**1093700**	**2355906**	**2572549**
755415	**2965721**	**1842956**	**630144**	**4766695**	**4446369**	**750364**	**1159758**	**1522009**
750854	2761895	1792155	614780	4652985	4339978	736670	1106335	1489551
329531	331358	480041	23287	838266	820186	205321	294338	339392
9253	77022	76289	8110	124754	122742	8158	26429	36118
1829	7346	3858	3930	-99	1199	443	2229	3858
426	6267	4410	1447	2348	2349	139	2573	995
135	722	852	222	332	336	102	1054	142
137	1401	2805	1066	617	617	21	1357	822
102	3999	641	55	1068	1065		59	12
51	145	112	104	331	331	16	103	19
151514	965694	394105	225234	1048652	996613	189414	271815	478112
40590	34719	41671	4427	114837	114783	27503	32205	31958
110924	930974	352433	220807	933815	881829	161911	239610	446153
19855	381632	178378	22486	413905	395857	62822	191527	143372
210342	889235	607304	307630	2023206	1801185	245067	282749	448283
54786	134105	87300	39529	702216	476003	79551	45730	92991
3615	10480	7756	3610	52338	50761	9743	2842	6913
143760	719554	487111	256394	1211950	1220932	147341	224926	333267
8182	25096	25136	8098	56702	53489	8432	9251	15112
28105	103342	47772	22657	201953	199848	25305	34676	39423
2487	90106	25318	12115	46091	40039	7571	30857	8038
1485	14138	4111	1135	10032	10213	2341	4259	2073
1002	75963	20978	10978	35126	29826	5229	26566	5855
	5	230	2	933			32	110
2074	113721	25483	3249	67619	66352	6124	22566	24419
1334	89390	11500	1967	42823	42322	1869	15436	13634
20	4117	559	-237	3870	3781		584	48
720	20214	13425	1520	20926	20249	4255	6546	10738
15894	83588	56971	46893	230212	224994	23707	29803	25657
423605	643905	583028	38606	1681478	1473470	293417	368931	477112
5275	116376	30230	13539	23614	52053	8625	31018	20223
364256	148009	406534	-10263	899376	896654	212522	244168	295462
31968	175830	118057	31081	186571	209597	23465	77986	41136
10027	49523	35475	12117	92858	94768	9957	17137	10095
3792	52360	29965	10040	35518	30792	3649	22161	10877
8385	163033	79773	20927	74105	74168	14318	53600	55924
188490	1317165	720584	401828	2033855	1945306	316845	421997	667204
60387	313836	195035	88893	764987	667702	142049	65872	153671
24821	485925	197782	46158	474598	455945	51952	224354	244102
29804	181084	127208	124146	238886	281101	39848	49120	100097
39259	90048	69118	64759	224329	219121	35478	25219	84905
15086	54558	32849	23792	100363	100794	10976	22268	16083
47628	430138	203083	52354	410882	390683	56462	154848	139319
11197	88203	42809	17325	93670	91680	20172	28264	33107
5813	166602	24236	-5484	29653	28543	3454	30444	41634
601	5151	4710	1333	11018	10472	2366	3108	1316
7373	35228	14742	12463	25920	27015	6132	5034	8981
28279	64474	36756	15952	88154	70345	12370	25398	95800

17-3 续表 3

单位:万元

指标名称	Indicator	主营业务成本 Cost of Principal Business
二、零售业	**Retail Trade**	**52470608**
1.按登记注册类型分	by Status of Registration	
内资	Domestic Funded Enterprises	50335540
国有	State-owned	2460528
集体	Collective-owned	2579057
股份合作	Cooperative	235684
联营企业	Joint Ownership	88781
国有联营	State Joint Ownership	6980
集体联营	Collective Joint Ownership	81801
国有与集体联营	Joint State-collective	
其他联营	Other Joint Ownership	
有限责任公司	Limited Liability Corporations	16441050
国有独资公司	State Sole Funded Corporations	26420
其他有限责任公司	Other Limited Liability Corporations	16414631
股份有限公司	Share-holding Corporations Ltd.	9258470
私营企业	Private Enterprises	17942903
私营独资	Private-funded Enterprises	3944900
私营合伙	Private Partnership Enterprises	464348
私营有限责任公司	Private Limited Liability Corporations	12479594
私营股份有限公司	Private Share-holding Corporations Ltd.	1054061
其他	Others	1329066
港澳台商投资企业	Enterprises with Funds from Hong Kong,Macao and Taiwan	713661
与港澳台商合资经营	Joint-venture	151857
与港澳台商合作经营	Cooperative	7620
港澳台商独资	Sole Investment	470184
港澳台商独资股份有限公司	Share-holding Corporations Ltd. with Sole Investment	57984
外商投资企业	Foreign Funded Enterprises	1421407
中外合资经营	Joint-venture	151857
中外合作经营	Cooperative	7620
外资企业	Sole Foreign Investment	470184
外商投资股份有限公司	Share-holding Corporations Ltd. with Foreign Investment	57984
2.按国民经济行业分	by Sector	
综合零售业	Integrated Retail	17368078
百货零售业	Retail of General Merchandise	12777982
超级市场零售业	Retail of Supermarkets	3757976
食品、饮料及烟草制品专门零售业	Retail of Food, Beverages and Tobaccos	1543335
纺织、服装及日用品专门零售业	Special Retail of Textiles, Garments and Daily Consumer Articles	1492412
服装零售业	Retail of Garments	896633
文化、体育用品及器材专门零售业	Retail of Culture, Sports Appliances and Equipments	1037523
体育用品零售业	Retail of Sports Goods	13577
图书零售业	Retail of Books	396634
医药及医疗器材专门零售业	Retail of Medicines and Medical Appliances	1897766
药品零售业	Retail of Medicines	1801116
汽车、摩托车、燃料及零配件专门零售业	Retail of Motor Vehicles, Motorcycles,Fuel and Parts	21206277
汽车零售业	Retail of Motor Vehicles	15490255
机动车燃料零售业	Retail of Fuel of Motor Vehicles	5022187
家用电器及电子产品专门零售业	Special Retail of Household Electric Appliances and Electronic Products	4159009
家用电器零售业	Retail of Household Electric Appliances	3034906
计算机、软件及辅助设备零售业	Retail of Computer, Software and Assistant Appliances	653443
通讯设备零售业	Retail of Communication Equipments	268758
五金、家具及室内装修材料专门零售业	Special Retail of Hardware, Furniture and Decoration Materials	1873518
无店铺及其他零售业	Non-shop and Other Retails	1892689
邮购及电子销售业	Distribution of Post and E-commerce	25823

(10 000 yuan)

损益及分配 Losses,Profits and Distribution							工资、福利、增值税 Wages,Welfare and Value Added Tax	
主营业务税金及附加 Taxes and Other Charges on Principal Business	营业费用 Expenses on Business	管理费用 Expenses on Management	财务费用 Expenses on Finance	营业利润 Profits from Business	利润总额 Total Profits	应交所得税 Income Tax Payable	本年应付工资总额 Total Wages Payable	本年应交增值税 Value Added Tax Payable
383029	**2275162**	**1717377**	**415209**	**2341912**	**2128821**	**343336**	**1196149**	**1050540**
374963	2089287	1594640	409779	2277790	2080857	325738	1147474	1002279
15521	98813	106993	7315	96738	72187	14345	86805	51488
31696	93147	103341	17265	197000	178354	23720	52037	44640
2142	6911	9393	1524	8030	6447	570	8080	3068
1277	4309	3560	730	6075	6013	495	2245	1221
68	535	417	-2	150	155		372	127
1209	3774	3144	732	5925	5858	495	1873	1094
76839	788451	508610	123978	514317	492903	101644	408376	281510
135	1137	1399	32	1292	674	125	1140	533
76704	787314	507211	123945	513024	492229	101519	407235	280977
45891	398113	275519	77895	310479	310037	45061	199786	264577
189212	650784	542127	170562	1101134	971763	126861	355922	337437
68373	161839	124425	31980	483777	432164	59393	76178	81513
8246	14526	10460	3251	52999	51310	5771	6080	5172
97771	444799	378760	128162	507720	434242	55274	248995	239292
14822	29620	28483	7170	56638	54048	6423	24669	11460
12385	48759	45097	10511	44019	43154	13043	34223	18338
2921	68043	22282	3810	24888	24069	7741	23428	11954
575	10191	8350	1765	-53	-855	393	5817	2351
20	45	92	43	1054	88	44	32	12
1830	48225	11022	948	24128	24236	6344	13969	8402
457	8601	2387	906	-539	-554	669	3190	1155
5146	117833	100454	1619	39233	23895	9857	25247	36307
575	10191	8350	1765	-53	-855	393	5817	2351
20	45	92	43	1054	88	44	32	12
1830	48225	11022	948	24128	24236	6344	13969	8402
457	8601	2387	906	-539	-554	669	3190	1155
122069	1065544	749356	146800	726220	648737	138869	564318	340543
94681	685891	573508	119873	547158	491075	101238	385794	250211
20457	350997	150142	18421	110575	100735	29452	162177	68112
22999	66239	59138	15347	110317	110810	15319	38347	37391
24535	54132	49812	7901	125031	100362	7629	35892	23623
14375	31271	29341	5421	82538	60524	4292	20732	12345
14146	57839	76756	8705	65828	62858	10467	60461	29040
129	1310	930	86	676	667	86	849	1572
4469	36654	58029	785	32594	33956	5293	41688	13970
16252	119857	92186	14900	114694	101832	14364	53499	51731
15212	103393	86296	14788	98226	97694	13834	50897	47429
91117	569136	451242	159432	676206	634236	93831	275496	400236
50309	428672	349962	127977	397877	361457	68222	202288	233915
27115	117012	81969	24432	213593	209168	12516	60956	152979
34283	198198	110433	24773	199345	188218	24032	83415	98573
21068	156178	78484	15562	143142	135264	18424	60461	73764
7809	22274	14442	3422	32945	31359	3941	11788	17123
4357	16963	15012	5703	18193	17548	1384	8850	6510
37621	74096	68047	19096	186756	159491	18515	54074	31323
20009	70121	60406	18256	137515	122278	20310	30646	38081
282	7929	1667	-68	2196	2367	497	1447	1836

17-4 各市限额以上批发和零售业商品购进、销售、库存总额(2011年)

Total Purchases,Sales and Inventory of Enterprises above Designated Size of Wholesale and Retail Trades by Region(2011)

单位：万元 (10 000 yuan)

地区 Region	法人单位(个) Corporate Unit (unit)	年末从业人数(人) Persons Employed at Year-end (person)	购进总额 Total Purchases Value	#进口 Import	销售总额 Total Sale Value 合计 Total	批发 Wholesale	出口 Export	零售 Retail	年末库存总额 Inventory (year-end)
全省总计 Total	**12026**	**809192**	**183062997**	**8198164**	**205867167**	**133298007**	**7124416**	**72569160**	**12086754**
济南市 Jinan	1047	99100	22081878	443819	24835981	16850784	567231	7985198	1804523
青岛市 Qingdao	1323	87997	36427033	4635651	41742748	32868860	4517339	8873888	2736286
淄博市 Zibo	666	50782	11548799	321877	13253338	7575753	140732	5677585	585575
枣庄市 Zaozhuang	357	20153	2645804	8717	2857880	1752957	1749	1104923	190647
东营市 Dongying	355	34922	6346653	583842	7207456	4403302	535529	2804154	365238
烟台市 Yantai	1121	68210	15912719	239848	18008820	11676912	299284	6331908	1189082
潍坊市 Weifang	899	65669	16215654	193701	18783225	12786515	577244	5996710	838202
济宁市 Jining	1080	62314	11729375	7854	13107960	7832787	57186	5275173	531988
泰安市 Tai'an	987	46175	12033526	27574	12620890	8319894	10743	4300996	627423
威海市 Weihai	361	38945	6197732	245958	6338193	1805097	88830	4533097	680038
日照市 Rizhao	173	16009	4724934	1030845	5344882	3892196	131373	1452686	334804
莱芜市 Laiwu	172	10540	3285628	79681	3359632	2700527	9845	659105	185300
临沂市 Linyi	907	67735	11501982	260877	13326025	5532119	66952	7793906	684722
德州市 Dezhou	689	37888	4964376	5944	5773805	2436516	6909	3337288	304339
聊城市 Liaocheng	521	29279	6075968	99965	6580551	4920901	37898	1659650	344055
滨州市 Binzhou	421	27640	4205152	9592	4786004	3169416	60170	1616587	391459
菏泽市 Heze	947	45834	7165786	2419	7939778	4773472	15401	3166306	293073

17-5 各市限额以上批发和零售业财务状况(2011年)

Financial Indicators of Enterprises above Designated Size of Wholesale and Retail Trades by Region(2011)

单位:亿元 (100 million yuan)

地区	Region	企业数(个) Number of Enterprises (unit)	流动资产合计 Total Working Capitals	固定资产原价 Original Value of Fixed Assets	本年折旧 Depreciati-on in the Year	资产合计 Total Assests	负债合计 Total Liabilities	所有者权益合计 Total Owners' Equities	营业收入合计 Business Revenue	主营业务收入 Revenue from Principal Business
全省总计	**Total**	**11370**	**5220.3**	**1271.2**	**66.5**	**7066.8**	**5148.4**	**1918.4**	**19229.1**	**19056.8**
济南市	Jinan	996	898.5	208.1	10.9	1224.8	948.2	276.6	2941.4	2924.5
青岛市	Qingdao	1310	1448.6	171.9	8.4	1787.6	1487.8	299.8	3672.2	3653.8
淄博市	Zibo	653	204.2	94.5	5.0	334.5	219.7	114.8	1246.2	1204.7
枣庄市	Zaozhuang	328	53.6	23.9	1.2	85.6	47.7	38.0	267.3	263.4
东营市	Dongying	354	208.4	58.0	2.7	273.4	204.2	69.2	678.8	670.6
烟台市	Yantai	1011	441.0	99.8	5.3	587.3	406.1	181.2	1583.5	1576.4
潍坊市	Weifang	861	460.7	95.9	3.4	582.8	460.7	122.2	1672.3	1667.5
济宁市	Jining	939	254.8	64.7	3.5	349.1	210.7	138.4	1121.6	1074.8
泰安市	Tai'an	987	174.5	77.5	4.4	290.2	117.8	172.3	1247.3	1246.5
威海市	Weihai	330	111.7	57.7	4.3	167.9	111.3	56.6	550.9	549.7
日照市	Rizhao	169	153.6	22.3	2.3	206.3	166.6	39.7	512.6	510.9
莱芜市	Laiwu	168	94.4	15.1	0.8	116.1	101.5	14.6	306.7	306.0
临沂市	Linyi	878	270.3	86.2	4.9	384.6	239.5	145.1	1121.8	1115.8
德州市	Dezhou	585	84.8	50.7	2.1	146.0	98.7	47.3	497.9	497.5
聊城市	Liaocheng	507	154.5	35.9	1.9	200.3	133.9	66.4	599.7	598.1
滨州市	Binzhou	394	126.9	46.3	2.0	182.8	115.1	67.7	466.5	455.3
菏泽市	Heze	900	80.0	62.6	3.3	147.3	78.8	68.5	742.2	741.4

17-5 续表 continued

单位:亿元 (100 million yuan)

地区	Region	主营业务成本 Cost of Principal Business	主营业务税金及附加 Taxes and Other Charges on Principal Business	营业费用 Expenses on Business	管理费用 Expenses on Managem-ent	财务费用 Expenses on Finance	营业利润 Profits from Business	利润总额 Total Profits	应交所得税 Income Tax Payable	本年应付工资总额 Total Wages Payable	本年应交增值税 Value Added Tax Payable
全省总计	**Total**	**17316.28**	**113.84**	**524.09**	**356.03**	**104.54**	**710.86**	**657.52**	**109.37**	**235.59**	**257.25**
济南市	Jinan	2726.44	9.87	91.82	49.05	12.91	46.79	45.51	12.26	38.20	35.62
青岛市	Qingdao	3443.42	9.06	97.26	61.84	14.89	47.62	51.92	11.53	37.09	36.63
淄博市	Zibo	1082.71	7.39	33.69	23.87	6.01	54.44	49.46	9.42	12.62	15.03
枣庄市	Zaozhuang	232.99	2.72	5.93	7.05	1.38	13.64	13.58	2.40	5.67	4.42
东营市	Dongying	617.85	2.99	15.11	10.99	5.23	19.93	18.73	4.29	7.96	15.75
烟台市	Yantai	1397.93	10.01	61.01	29.52	8.76	75.06	71.51	12.92	18.77	27.84
潍坊市	Weifang	1563.80	4.87	41.72	24.77	8.55	28.82	28.38	4.74	19.00	17.04
济宁市	Jining	985.72	8.95	20.46	16.95	4.04	42.34	31.00	4.96	13.62	11.56
泰安市	Tai'an	1057.44	13.17	23.38	21.05	9.80	122.24	123.98	20.78	12.28	16.79
威海市	Weihai	482.40	10.98	22.21	16.87	2.54	19.25	16.95	2.28	11.84	7.43
日照市	Rizhao	459.10	3.46	13.96	11.72	4.07	21.35	19.27	1.39	4.34	4.49
莱芜市	Laiwu	293.77	0.83	5.31	3.74	2.83	-0.12	-0.38	0.54	2.55	1.88
临沂市	Linyi	961.45	7.67	37.53	31.52	8.56	74.16	44.04	6.02	19.70	29.26
德州市	Dezhou	428.58	6.09	10.12	10.08	4.24	38.96	38.70	5.11	6.62	8.60
聊城市	Liaocheng	542.98	4.06	14.04	10.57	3.67	23.68	23.04	2.32	8.42	6.30
滨州市	Binzhou	391.21	2.59	13.00	11.49	3.26	34.73	34.71	3.48	7.19	8.41
菏泽市	Heze	648.49	9.16	17.54	14.95	3.79	47.99	47.12	4.93	9.74	10.21

17-6 住宿和餐饮业情况

Basic Conditions of Hotels and Catering Services

指　标	Item	2007	2008	2009	2010	2011
住宿和餐饮业	**Hotels and Catering Services**					
法人企业 (个)	Number of Corporation Enterprises (unit)	2360	4640	4127	4130	3401
年末从业人数 (万人)	Engaged Persons at Year-end (10 000 persons)	26.9	29.7	29.6	31.2	28.6
营业额 (亿元)	Business Revenue (100 million yuan)	273.0	385.5	388.7	480.7	504.4
#餐费收入 (亿元)	From Meals (100 million yuan)	191.9	284.8	287.5	347.6	347.3
年末餐饮营业面积(万平方米)	Business Area of Catering Services at Year-end(10 000 sq.m)			676.2	720.5	849.8
住宿业	**Hotels**					
法人企业 (个)	Number of Corporation Enterprises (unit)	558	862	888	997	949
年末从业人数 (万人)	Engaged Persons at Year-end (10 000 persons)	9.2	10.5	10.9	12.1	11.6
营业额 (亿元)	Business Revenue (100 million yuan)	94.1	122.5	126.1	164.9	186.3
#客房收入 (亿元)	From Hotel Rooms (100 million yuan)	37.4	46.9	48.1	65.7	82.7
餐费收入 (亿元)	From Meals (100 million yuan)	44.6	60.6	64.1	80.9	83.5
客房数 (万间)	Number of Room (10 000 rooms)			10.0	13.3	11.4
床位数 (万位)	Number of Beds (10 000 beds)			17.8	23.3	19.7
年末餐饮营业面积(万平方米)	Business Area of Catering Services at Year-end(10 000 sq.m)			197.5	211.1	259.9
餐饮业	**Catering Services**					
法人企业 (个)	Number of Corporation Enterprises (unit)	1802	3778	3239	3133	2452
年末从业人数 (万人)	Engaged Persons at Year-end (10 000 persons)	17.7	19.2	18.7	19.1	17.0
营业额 (亿元)	Business Revenue (100 million yuan)	178.9	263.0	262.6	315.8	318.1
#餐费收入 (亿元)	From Meals (100 million yuan)	147.2	224.2	223.4	266.7	263.8
年末餐饮营业面积(万平方米)	Business Area of Catering Services at Year-end(10 000 sq.m)			478.7	509.4	589.9

注：1.2008年以前的统计范围为限额以上法人企业、产业活动单位，2008年及以后为限额以上法人企业。

2.2008年以前的统计限额划分指标为"年营业额"、"年末从业人员"，2008年及以后为"年主营业务收入"。

a) Scope of hotels and catering services for 2006 and 2007 covers enterprises and establishments above designated size; those for 2008-2010 covers enterprises above designated size.

b) For the designation of size for 2008-2010, the indicator was based on income from principal business; for other years, it was based on bussiness revenue or turnover and engaged persons.

17−7 限额以上住宿和餐饮业经营情况(2011年)
Business of Hotels and Catering Services above Designated Size(2011)

指 标 名 称	Indicator	法人单位（个） Corporate Unit (unit)	从业人数（人） Employed Persons (person)
总 计	**Total**	**3401**	**286139**
一、住宿业	**Hotels**	**949**	**116178**
1.按登记注册类型分	by Status of Registration		
内 资	Domestic Funded Enterprises	912	108910
国 有	State-owned	192	35785
集 体	Collective-owned	52	6152
股份合作	Cooperative	10	1008
联营企业	Joint Ownership	1	20
国有联营	State Joint Ownership		
集体联营	Collective Joint Ownership		
国有与集体联营	Joint State-collective		
其他联营	Other Joint Ownership	1	20
有限责任公司	Limited Liability Corporations	214	31956
国有独资公司	State Sole Funded Corporations	6	1540
其他有限责任公司	Other Limited Liability Corporations	208	30416
股份有限公司	Share-holding Corporations Ltd.	47	5696
私营企业	Private Enterprises	341	22953
私营独资	Private-funded Enterprises	114	6347
私营合伙	Private Partnership Enterprises	12	291
私营有限责任公司	Private Limited Liability Corporations	204	15625
私营股份有限公司	Private Share-holding Corporations Ltd.	11	690
其 他	Others	55	5340
港澳台商投资企业	Enterprises with Funds from Hong Kong,Macao and Taiwan	23	4874
与港澳台商合资经营	Joint-venture	11	2641
与港澳台商合作经营	Cooperative	1	450
港澳台商独资	Sole Investment	11	1783
港澳台商独资股份有限公司	Share-holding Corporations Ltd. with Sole Investment		
外商投资企业	Foreign Funded Enterprises	14	2394
中外合资经营	Joint-venture	8	1206
中外合作经营	Cooperative	2	679
外资企业	Sole Foreign Investment	4	509
外商投资股份有限公司	Share-holding Corporations Ltd. With Foreign Investment		
2.按国民经济行业分	by Sector		
旅游饭店	Tourist Hotels	657	96675
一般旅馆	General Hotels	274	18470
其他住宿服务	Other Accommodation Services	18	1033

17-7 续表 1 continued

指标名称	Indicator	法人单位（个） Corporate Unit (unit)	从业人数（人） Employed Persons (person)
二、餐饮业	**Catering Services**	**2452**	**169961**
1.按登记注册类型分	by Status of Registration		
内　资	Domestic Funded Enterprises	2400	148164
国　有	State-owned	109	12762
集　体	Collective-owned	56	3381
股份合作	Cooperative	22	1763
联营企业	Joint Ownership	1	43
国有联营	State Joint Ownership		
集体联营	Collective Joint Ownership	1	43
国有与集体联营	Joint State-collective		
其他联营	Other Joint Ownership		
有限责任公司	Limited Liability Corporations	357	30829
国有独资公司	State Sole Funded Corporations	1	130
其他有限责任公司	Other Limited Liability Corporations	356	30699
股份有限公司	Share-holding Corporations Ltd.	55	7992
私营企业	Private Enterprises	1568	78271
私营独资	Private-funded Enterprises	702	24661
私营合伙	Private Partnership Enterprises	38	1888
私营有限责任公司	Private Limited Liability Corporations	773	48319
私营股份有限公司	Private Share-holding Corporations Ltd.	55	3403
其　他	Others	232	13123
港澳台商投资企业	Enterprises with Funds from Hong Kong,Macao and Taiwan	21	2513
与港澳台商合资经营	Joint-venture	7	1521
与港澳台商合作经营	Cooperative		
港澳台商独资	Sole Investment	14	992
港澳台商独资股份有限公司	Share-holding Corporations Ltd. with Sole Investment		
外商投资企业	Foreign Funded Enterprises	31	19284
中外合资经营	Joint-venture	9	515
中外合作经营	Cooperative		
外资企业	Sole Foreign Investment	22	18769
外商投资股份有限公司	Share-holding Corporations Ltd. with Foreign Investment		
2.按国民经济行业分	by Sector		
正餐服务业	Dinner service	2368	146780
快餐服务业	Fast Food Service	56	21578
饮料及冷饮服务业	Beverages and cold drinks service	7	276
其他餐饮服务业	Other Catering Services	21	1327

17-7 续表 2 continued

单位:万元 (10 000 yuan)

指标名称	Indicator	营业额 Business Revenue	客房收入 Revenue from Hotel Rooms	餐费收入 Revenue from Meals	商品销售收入 Revenue from Commodities	其他收入 Other Revenue
总　计	**Total**	**5043759**	**1092962**	**3472793**	**288986**	**189018**
一、住宿业	**Hotels**	**1862649**	**827430**	**835138**	**71703**	**128378**
1.按登记注册类型分	by Status of Registration					
内　资	Domestic Funded Enterprises	1718176	751562	783013	67676	115924
国　有	State-owned	530044	215059	232724	20789	61472
集　体	Collective-owned	130290	45820	77153	4105	3212
股份合作	Cooperative	13803	4697	8035	746	326
联营企业	Joint Ownership	246	98	149		
国有联营	State Joint Ownership					
集体联营	Collective Joint Ownership					
国有与集体联营	Joint State-collective					
其他联营	Other Joint Ownership	246	98	149		
有限责任公司	Limited Liability Corporations	455511	189819	230874	13357	21462
国有独资公司	State Sole Funded Corporations	22228	9124	9243	430	3431
其他有限责任公司	Other Limited Liability Corporations	433283	180695	221631	12926	18031
股份有限公司	Share-holding Corporations Ltd.	92447	39524	37892	7512	7518
私营企业	Private Enterprises	408313	215724	155463	19419	17707
私营独资	Private-funded Enterprises	138606	76541	50183	6959	4923
私营合伙	Private Partnership Enterprises	12589	6156	5936	479	18
私营有限责任公司	Private Limited Liability Corporations	247873	126839	96319	11950	12766
私营股份有限公司	Private Share-holding Corporations Ltd.	9245	6188	3025	32	
其　他	Others	87522	40822	40724	1748	4227
港澳台商投资企业	Enterprises with Funds from Hong Kong,Macao and Taiwan	101773	53066	35110	3575	10022
与港澳台商合资经营	Joint-venture	42358	21118	15849	1126	4265
与港澳台商合作经营	Cooperative	5504	1583	2359	344	1218
港澳台商独资	Sole Investment	53911	30366	16902	2105	4539
港澳台商独资股份有限公司	Share-holding Corporations Ltd. with Sole Investment					
外商投资企业	Foreign Funded Enterprises	42701	22802	17015	452	2432
中外合资经营	Joint-venture	15370	7171	6823	419	957
中外合作经营	Cooperative	20523	11460	7648		1415
外资企业	Sole Foreign Investment	6808	4171	2545	33	60
外商投资股份有限公司	Share-holding Corporations Ltd. With Foreign Investment					
2.按国民经济行业分	by Sector					
旅游饭店	Tourist Hotels	1533551	639819	723479	56657	113596
一般旅馆	General Hotels	306063	174113	103726	14248	13976
其他住宿服务	Other Accommodation Services	23036	13498	7933	797	807

17-7 续表 3 continued

单位:万元 (10 000 yuan)

指标名称	Indicator	营业额 Business Revenue	客房收入 Revenue from Hotel Rooms	餐费收入 Revenue from Meals	商品销售收入 Revenue from Commodities	其他收入 Other Revenue
二、餐饮业	**Catering Services**	**3181109**	**265532**	**2637655**	**217283**	**60639**
1.按登记注册类型分	by Status of Registration					
内 资	Domestic Funded Enterprises	2864881	257355	2332365	215615	59546
国 有	State-owned	195985	42740	131558	15638	6049
集 体	Collective-owned	58007	6346	46941	4427	293
股份合作	Cooperative	28026	4548	20828	2447	204
联营企业	Joint Ownership	1790		1790		
国有联营	State Joint Ownership					
集体联营	Collective Joint Ownership	1790		1790		
国有与集体联营	Joint State-collective					
其他联营	Other Joint Ownership					
有限责任公司	Limited Liability Corporations	471781	61402	363848	30589	15942
国有独资公司	State Sole Funded Corporations	901		901		
其他有限责任公司	Other Limited Liability Corporations	470880	61402	362947	30589	15942
股份有限公司	Share-holding Corporations Ltd.	188951	27121	123451	33318	5061
私营企业	Private Enterprises	1694090	95927	1454448	114290	29426
私营独资	Private-funded Enterprises	733460	24589	632208	61717	14946
私营合伙	Private Partnership Enterprises	46839	2920	40489	3370	59
私营有限责任公司	Private Limited Liability Corporations	851624	62496	730722	45633	12773
私营股份有限公司	Private Share-holding Corporations Ltd.	62168	5922	51029	3569	1648
其 他	Others	226251	19270	189502	14907	2572
港澳台商投资企业	Enterprises with Funds from Hong Kong,Macao and Taiwan	49071	4733	42695	1390	253
与港澳台商合资经营	Joint-venture	18946	3564	14839	310	232
与港澳台商合作经营	Cooperative					
港澳台商独资	Sole Investment	30125	1169	27856	1079	20
港澳台商独资股份有限公司	Share-holding Corporations Ltd. with Sole Investment					
外商投资企业	Foreign Funded Enterprises	267158	3444	262594	279	840
中外合资经营	Joint-venture	11371	1349	9151	71	800
中外合作经营	Cooperative					
外资企业	Sole Foreign Investment	255787	2095	253444	208	40
外商投资股份有限公司	Share-holding Corporations Ltd. with Foreign Investment					
2.按国民经济行业分	by Sector					
正餐服务业	Dinner service	2832193	263367	2299612	210143	59071
快餐服务业	Fast Food Service	313771	854	308808	2942	1168
饮料及冷饮服务业	Beverages and cold drinks service	8940		7398	1543	
其他餐饮服务业	Other Catering Services	26205	1312	21837	2656	400

17-8 各市限额以上住宿和餐饮业经营情况(2011年)

Business of Hotels and Catering Services above Designated Size by Region (2011)

地区	Region	法人单位(个) Corporation Unit (unit)	从业人数(人) Persons Employed (person)	营业额(万元) Business Revenue (10000 yuan)	客房收入 Revenue from Hotel Rooms	餐费收入 Revenue from Meals	商品销售收入 Revenue from Commodi-ties	其他收入 Other Revenue
全省总计	**Total**	**3401**	**286139**	**5043759**	**1092962**	**3472793**	**288986**	**189018**
济南市	Jinan	357	44451	619771	151898	410181	17134	40558
青岛市	Qingdao	364	54055	928588	218218	634071	28743	47556
淄博市	Zibo	363	17249	390385	48628	311407	24765	5586
枣庄市	Zaozhuang	103	6216	88355	19631	48983	16693	3048
东营市	Dongying	63	11148	203199	37401	114798	39095	11905
烟台市	Yantai	356	24354	531490	130240	383255	11551	6443
潍坊市	Weifang	231	21848	268108	59535	181880	16717	9975
济宁市	Jining	279	14987	237845	49743	175089	5498	7515
泰安市	Tai'an	268	16280	403714	96916	289101	9493	8204
威海市	Weihai	196	14702	360933	82489	235449	26810	16184
日照市	Rizhao	63	5741	71834	20144	47940	2406	1344
莱芜市	Laiwu	35	2892	29888	7019	18408	3309	1151
临沂市	Linyi	158	13922	218266	48041	140287	21936	8002
德州市	Dezhou	152	11915	215032	39234	145422	16556	13820
聊城市	Liaocheng	94	7821	98923	19563	64268	11186	3907
滨州市	Binzhou	82	6565	86546	20025	61469	4107	946
菏泽市	Heze	237	11993	290885	44238	210785	32988	2875

17–9 限额以上住宿和餐饮业财务状况(2011年)

单位:万元

指 标 名 称	Indicator	企业数(个) Number of Enterprises (unit)
总　　计	**Total**	**3029**
一、住宿业	**Hotels**	**906**
1.按登记注册类型分	by Status of Registration	
内 资	Domestic Funded Enterprises	871
国 有	State-owned	184
集 体	Collective-owned	48
股份合作	Cooperative	9
联营企业	Joint Ownership	
国有联营	State Joint Ownership	
集体联营	Collective Joint Ownership	
国有与集体联营	Joint State-collective	
其他联营	Other Joint Ownership	
有限责任公司	Limited Liability Corporations	212
国有独资公司	State Sole Funded Corporations	6
其他有限责任公司	Other Limited Liability Corporations	206
股份有限公司	Share-holding Corporations Ltd.	46
私营企业	Private Enterprises	323
私营独资	Private-funded Enterprises	105
私营合伙	Private Partnership Enterprises	11
私营有限责任公司	Private Limited Liability Corporations	196
私营股份有限公司	Private Share-holding Corporations Ltd.	11
其 他	Others	49
港澳台商投资企业	Enterprises with Funds from Hong Kong,Macao and Taiwan	21
与港澳台商合资经营	Joint-venture	10
与港澳台商合作经营	Cooperative	1
港澳台商独资	Sole Investment	10
港澳台商独资股份有限公司	Share-holding Corporations Ltd. With Sole Investment	
外商投资企业	Foreign Funded Enterprises	14
中外合资经营	Joint-venture	8
中外合作经营	Cooperative	2
外资企业	Sole Foreign Investment	4
外商投资股份有限公司	Share-holding Corporations Ltd. with Foreign Investment	
2.按国民经济行业分	by Sector	
旅游饭店	Tourist Hotels	639
一般旅馆	General Hotels	250
其他住宿服务	Other Accommodation Services	17

Financial Indicators of Enterprises above Designated Size of Hotels and Catering Services(2011)

(10 000 yuan)

年末资产负债 Assets and Liabilities at Year-end						损益及分配 Losses,Profits and Distribution	
流动资产合计 Total Working Capitals	固定资产原价 Original Value of Fixed Assets	本年折旧 Depre-ciation in the Year	资产合计 Total Assests	负债合计 Total Liabilities	所有者权益合计 Total Owner's Equities	营业收入合计 Business Revenue	主营业务收入 Revenue from Principal Business
2241217	**4364270**	**205774**	**6658960**	**4405914**	**2253046**	**4627922**	**4602888**
1228425	**2802811**	**133099**	**3736650**	**2453475**	**1283175**	**1807515**	**1791863**
1155775	2418612	120222	3386109	2166453	1219656	1673810	1662588
402819	1047759	48912	1279652	685026	594626	528487	521163
35800	129712	5493	151164	78178	72986	125514	124846
14508	30358	754	35984	20728	15255	13615	13615
387105	758204	34510	1134311	831017	303294	447672	446516
7450	115356	4131	105169	50353	54816	22295	22015
379655	642849	30379	1029142	780664	248477	425377	424501
100854	122745	8123	210877	176073	34804	87311	86945
168528	275042	19613	472548	304150	168397	392887	391227
47348	63494	4178	120301	78805	41496	130914	130655
1068	6746	285	8428	1813	6615	11416	11416
116390	199976	14927	334220	219689	114531	241068	239668
3722	4826	224	9598	3843	5755	9489	9489
46161	54792	2818	101574	71280	30294	78324	78277
47349	307460	10525	275577	232832	42745	91168	86776
22581	129415	5167	117005	148534	-31530	40855	40804
4916	9161		7731	6122	1609	5504	5504
19852	168884	5359	150841	78176	72666	44810	40468
25301	76738	2351	74965	54191	20775	42537	42500
7168	54306	779	39529	30308	9221	15206	15169
10864	11153	903	19135	14231	4904	20523	20523
7270	11279	670	16302	9652	6650	6808	6808
1042382	2501263	111503	3221875	2061377	1160498	1503448	1489172
171684	275026	20116	480527	358900	121627	282632	281257
14359	26523	1481	34249	33198	1051	21435	21435

17-9 续表1

单位:万元

指标名称	Indicator	企业数(个) Number of Enterprises (unit)
二、餐饮业	**Catering Services**	**2123**
1.按登记注册类型分	by Status of Registration	
内资	Domestic Funded Enterprises	2074
国有	State-owned	100
集体	Collective-owned	48
股份合作	Cooperative	21
联营企业	Joint Ownership	1
国有联营	State Joint Ownership	
集体联营	Collective Joint Ownership	1
国有与集体联营	Joint State-collective	
其他联营	Other Joint Ownership	
有限责任公司	Limited Liability Corporations	333
国有独资公司	State Sole Funded Corporations	1
其他有限责任公司	Other Limited Liability Corporations	332
股份有限公司	Share-holding Corporations Ltd.	51
私营企业	Private Enterprises	1329
私营独资	Private-funded Enterprises	541
私营合伙	Private Partnership Enterprises	34
私营有限责任公司	Private Limited Liability Corporations	702
私营股份有限公司	Private Share-holding Corporations Ltd.	52
其他	Others	191
港澳台商投资企业	Enterprises with Funds from Hong Kong,Macao and Taiwan	19
与港澳台商合资经营	Joint-venture	7
与港澳台商合作经营	Cooperative	
港澳台商独资	Sole Investment	12
港澳台商独资股份有限公司	Share-holding Corporations Ltd. With Sole Investment	
外商投资企业	Foreign Funded Enterprises	30
中外合资经营	Joint-venture	9
中外合作经营	Cooperative	
外资企业	Sole Foreign Investment	21
外商投资股份有限公司	Share-holding Corporations Ltd. with Foreign Investment	
2.按国民经济行业分	by Sector	
正餐服务业	Dinner service	2049
快餐服务业	Fast Food Service	48
饮料及冷饮服务业	Beverages and cold drinks service	6
其他餐饮服务业	Other Catering Services	20

continued

(10 000 yuan)

年末资产负债 Assets and Liabilities at Year-end						损益及分配 Losses,Profits and Distribution	
流动资产合计 Total Working Capitals	固定资产原价 Original Value of Fixed Assets	本年折旧 Depre-ciation in the Year	资产合计 Total Assests	负债合计 Total Liabilities	所有者权益合计 Total Owner's Equities	营业收入合计 Business Revenue	主营业务收入 Revenue from Principal Business
1012793	**1561459**	**72675**	**2922310**	**1952439**	**969871**	**2820407**	**2811025**
938840	1433213	68411	2676231	1781422	894809	2506909	2497767
82857	186654	5565	297069	174571	122498	176840	175491
17704	43015	1453	55928	30379	25549	49340	49267
11888	26507	1508	34321	28647	5674	26332	26284
525	17	0	543	15	528	1790	1790
525	17	0	543	15	528	1790	1790
219296	382303	15091	688064	500273	187792	449617	447171
604	24		809	579	230	901	901
218693	382279	15091	687255	499694	187562	448716	446269
70568	83537	1707	259783	205750	54033	185837	185815
446850	635767	38807	1175333	726322	449011	1423600	1418618
103253	179611	9838	302513	144374	158140	550637	549576
13207	9108	435	25760	11727	14033	43661	43654
307753	415995	26586	786696	536570	250126	768851	764944
22638	31054	1947	60364	33651	26712	60452	60444
89152	75412	4279	165191	115466	49725	193552	193332
38429	33668	1728	83326	56429	26897	48095	48095
31953	19613	1157	62137	44673	17464	18974	18974
6476	14055	571	21189	11756	9433	29122	29122
35524	94578	2536	162752	114588	48165	265403	265162
7081	10402	472	17328	11525	5803	11357	11117
28443	84176	2063	145425	103063	42362	254045	254045
968485	1475090	69629	2749777	1833078	916699	2477670	2468723
34956	68788	2044	148641	102421	46219	308574	308515
1332	3415	217	4054	1770	2283	8584	8584
8020	14165	785	19839	15170	4669	25580	25204

17-9 续表 2

单位:万元

指 标 名 称	Indicator	主营业务成本 Cost of Principal Business
总 计	**Total**	**2367462**
一、住宿业	**Hotels**	**783642**
1.按登记注册类型分	by Status of Registration	
内 资	Domestic Funded Enterprises	755105
国 有	State-owned	212176
集 体	Collective-owned	64583
股份合作	Cooperative	5898
联营企业	Joint Ownership	
国有联营	State Joint Ownership	
集体联营	Collective Joint Ownership	
国有与集体联营	Joint State-collective	
其他联营	Other Joint Ownership	
有限责任公司	Limited Liability Corporations	190302
国有独资公司	State Sole Funded Corporations	5959
其他有限责任公司	Other Limited Liability Corporations	184344
股份有限公司	Share-holding Corporations Ltd.	48317
私营企业	Private Enterprises	204571
私营独资	Private-funded Enterprises	67851
私营合伙	Private Partnership Enterprises	6798
私营有限责任公司	Private Limited Liability Corporations	125543
私营股份有限公司	Private Share-holding Corporations Ltd.	4379
其 他	Others	29259
港澳台商投资企业	Enterprises with Funds from Hong Kong,Macao and Taiwan	17741
与港澳台商合资经营	Joint-venture	8701
与港澳台商合作经营	Cooperative	1485
港澳台商独资	Sole Investment	7555
港澳台商独资股份有限公司	Share-holding Corporations Ltd. with Sole Investment	
外商投资企业	Foreign Funded Enterprises	10796
中外合资经营	Joint-venture	4260
中外合作经营	Cooperative	3309
外资企业	Sole Foreign Investment	3226
外商投资股份有限公司	Share-holding Corporations Ltd. With Foreign Investment	
2.按国民经济行业分	by Sector	
旅游饭店	Tourist Hotels	630044
一般旅馆	General Hotels	143758
其他住宿服务	Other Accommodation Services	9840

continued

(10 000 yuan)

损益及分配 Losses,Profits and Distribution							工资、福利费 Wages and Welfare
主营业务税金及附加 Taxes and Other Charges on Principal Business	营业费用 Expenses on Business	管理费用 Expenses on Management	财务费用 Expenses on Finance	营业利润 Profits from Business	利润总额 Total Profits	应交所得税 Income Tax Payable	本年应付工资总额 Total Wages Payable
223513	**963016**	**684824**	**111124**	**275506**	**261832**	**59264**	**626637**
93081	**440879**	**385540**	**48549**	**56596**	**49794**	**16235**	**286141**
86052	407218	331235	40936	53481	47111	15288	267151
27892	148755	137898	8438	-9211	-4777	3187	95978
5613	32357	10145	1264	13185	11140	2657	12567
720	3944	2238	267	569	664	219	2525
24937	119120	102772	17406	-5537	-6585	3749	81095
1209	7935	10989	158	-3836	-3830	13	4494
23728	111185	91783	17248	-1701	-2756	3736	76602
5015	14118	14423	2799	3251	3313	475	11766
17629	67482	49217	9523	44138	36411	4451	50335
4550	16479	12049	3983	26228	19535	1867	12597
249	844	693	97	2691	2691	17	619
12502	48580	35742	5226	12945	11967	2500	35850
328	1579	734	218	2274	2218	67	1269
4246	21442	14543	1240	7086	6945	551	12886
4695	24776	39188	6108	-850	-1140	773	12751
2255	13283	17112	3332	-3135	-2959	33	8513
354	1067	2445	95	57	42	12	1236
2085	10425	19631	2681	2229	1776	729	3003
2335	8886	15118	1505	3965	3824	173	6239
804	3433	6493	839	-555	-489	4	2833
1265	3586	7498	403	4461	4461		2345
266	1867	1127	264	59	-148	170	1061
80000	384076	343569	41293	25949	20497	12544	245562
12450	53591	39706	6899	25516	24250	3365	38351
632	3212	2264	357	5131	5047	326	2228

17-9 续表3

单位:万元

指标名称	Indicator	主营业务成本 Cost of Principal Business
二、餐饮业	**Catering Services**	**1583820**
1.按登记注册类型分	by Status of Registration	
内资	Domestic Funded Enterprises	1433159
国有	State-owned	102362
集体	Collective-owned	31238
股份合作	Cooperative	13322
联营企业	Joint Ownership	1611
国有联营	State Joint Ownership	
集体联营	Collective Joint Ownership	1611
国有与集体联营	Joint State-collective	
其他联营	Other Joint Ownership	
有限责任公司	Limited Liability Corporations	236131
国有独资公司	State Sole Funded Corporations	448
其他有限责任公司	Other Limited Liability Corporations	235683
股份有限公司	Share-holding Corporations Ltd.	66067
私营企业	Private Enterprises	876218
私营独资	Private-funded Enterprises	353534
私营合伙	Private Partnership Enterprises	27774
私营有限责任公司	Private Limited Liability Corporations	460062
私营股份有限公司	Private Share-holding Corporations Ltd.	34848
其他	Others	106211
港澳台商投资企业	Enterprises with Funds from Hong Kong,Macao and Taiwan	23019
与港澳台商合资经营	Joint-venture	9114
与港澳台商合作经营	Cooperative	
港澳台商独资	Sole Investment	13905
港澳台商独资股份有限公司	Share-holding Corporations Ltd. with Sole Investment	
外商投资企业	Foreign Funded Enterprises	127642
中外合资经营	Joint-venture	6999
中外合作经营	Cooperative	
外资企业	Sole Foreign Investment	120643
外商投资股份有限公司	Share-holding Corporations Ltd. With Foreign Investment	
2.按国民经济行业分	by Sector	
正餐服务业	Dinner service	1410311
快餐服务业	Fast Food Service	151355
饮料及冷饮服务业	Beverages and cold drinks service	3975
其他餐饮服务业	Other Catering Services	18180

continued

(10 000 yuan)

损益及分配 Losses,Profits and Distribution							工资、福利费 Wages and Welfare
主营业务税金及附加 Taxes and Other Charges on Principal Business	营业费用 Expenses on Business	管理费用 Expenses on Management	财务费用 Expenses on Finance	营业利润 Profits from Business	利润总额 Total Profits	应交所得税 Income Tax Payable	本年应付工资总额 Total Wages Payable
130432	**522136**	**299284**	**62575**	**218909**	**212038**	**43029**	**340496**
113129	428595	271258	59604	198325	188653	35943	300330
6837	31996	27338	1796	6404	7429	2634	24912
2194	5666	4678	604	5004	5026	718	6306
1656	5769	4262	599	719	112	73	3036
34	24	41	19	60	211	4	93
34	24	41	19	60	211	4	93
20325	106646	60952	13241	11880	11753	6498	65471
51	67	297	9	30	30		288
20274	106579	60656	13232	11850	11723	6498	65183
9993	46073	37425	9966	16272	17142	3831	21898
62445	190324	116924	29737	145250	135074	20203	152573
18975	41793	31983	10612	93110	86763	9611	42194
1275	3377	3115	576	7445	8233	768	3079
39647	134300	77097	17544	38236	33772	9070	100083
2549	10854	4729	1005	6459	6306	754	7217
9645	42098	19637	3642	12736	11907	1982	26041
2478	15631	5288	1148	516	-68	466	7471
1011	6882	3367	997	-2390	-2365	7	4302
1467	8749	1921	152	2906	2297	459	3169
14825	77910	22739	1824	20069	23452	6621	32695
616	835	1344	478	892	911	154	1202
14208	77075	21395	1345	19176	22542	6466	31493
112578	427283	273583	60508	190381	180907	35001	300940
16353	90234	22556	1927	25925	29058	7755	36272
423	2369	304	41	1473	859	10	578
1078	2251	2840	100	1131	1214	264	2706

17-10 各市限额以上住宿和餐饮业财务状况(2011年)

Financial Indicators of Enterprises above Designated Size of Hotels and Catering Services by Region(2011)

单位:万元 (10 000 yuan)

地区	Region	企业数(个) Number of Enterprises (unit)	流动资产合计 Total Working Capitals	固定资产原价 Original Value of Fixed Assets	本年折旧 Deprecia-tion in the Year	资产合计 Total Assests	负债合计 Total Liabilities	所有者权益合计 Total Owners' Equities	营业收入合计 Business Revenue	主营业务收入 Revenue from Principal Business
全省总计	**Total**	**3029**	**2241217**	**4364270**	**205774**	**6658960**	**4405914**	**2253046**	**4627922**	**4602888**
济南市	Jinan	333	378018	617799	34071	953482	637326	316156	600539	597364
青岛市	Qingdao	343	493295	867460	35214	1290935	867907	423028	882234	876823
淄博市	Zibo	311	113628	201474	8372	303540	211754	91786	294838	292351
枣庄市	Zaozhuang	86	35698	94508	4259	139188	83178	56010	79045	78733
东营市	Dongying	62	109986	130740	1962	333007	257738	75269	202768	201560
烟台市	Yantai	308	193838	577507	23402	763388	446288	317100	510669	509170
潍坊市	Weifang	222	254435	276617	14642	568145	452313	115831	263751	260676
济宁市	Jining	218	60496	264731	14647	381902	275850	106052	193075	192098
泰安市	Tai'an	268	89570	207648	14627	282814	109239	173575	402765	402696
威海市	Weihai	173	139109	371008	12857	471228	286468	184760	313040	309658
日照市	Rizhao	60	37289	72479	6456	102986	75006	27981	69699	68895
莱芜市	Laiwu	35	30942	25154	933	71859	50035	21824	29527	29261
临沂市	Linyi	146	85727	253349	7009	341486	253038	88449	203736	202581
德州市	Dezhou	113	79955	129942	7786	239310	155009	84301	174877	174675
聊城市	Liaocheng	93	38509	87299	3270	124278	68293	55985	95036	94465
滨州市	Binzhou	74	53424	98584	10751	152192	113118	39074	77903	77614
菏泽市	Heze	184	47301	87973	5517	139220	63356	75864	234421	234270

17-10 续表 1 continued

单位:万元 (10 000 yuan)

地区	Region	主营业务成本 Cost of Principal Business	主营业务税金及附加 Taxes and Other Charges on Principal Business	营业费用 Expenses on Business	管理费用 Expenses on Management	财务费用 Expenses on Finance	营业利润 Profits from Business	利润总额 Total Profits	应交所得税 Income Tax Payable	本年应付工资总额 Total Wages Payable
全省总计	**Total**	**2367462**	**223513**	**963016**	**684824**	**111124**	**275506**	**261832**	**59264**	**626637**
济南市	Jinan	244032	33252	214234	104813	10558	-6286	-6569	2750	100662
青岛市	Qingdao	364908	47262	240299	171999	24087	36441	37274	13611	128805
淄博市	Zibo	159017	13540	45899	36590	9920	28838	29110	3653	35607
枣庄市	Zaozhuang	47341	3801	11141	7421	1559	7761	7716	2176	12645
东营市	Dongying	77848	10997	53768	39694	9598	9223	10528	3198	32163
烟台市	Yantai	293493	22077	89110	57733	6107	42037	39516	5321	57492
潍坊市	Weifang	136632	13594	66467	48320	9700	-12382	-12377	1210	49220
济宁市	Jining	112868	9586	30529	34233	2343	3339	1670	1476	25957
泰安市	Tai'an	270832	14825	29733	24342	9975	52982	46118	6094	39336
威海市	Weihai	192392	17440	36037	47675	4624	14221	13538	2379	33722
日照市	Rizhao	37086	3814	14426	13851	1319	-1327	-2771	413	10236
莱芜市	Laiwu	16223	1138	7559	4859	1479	-1895	-1605	1196	5116
临沂市	Linyi	104150	8322	44223	30848	5326	10093	10065	1839	26508
德州市	Dezhou	106854	5683	16761	18788	4169	23216	21113	7182	20284
聊城市	Liaocheng	53917	3861	21088	12047	2328	2111	2083	856	14130
滨州市	Binzhou	41910	3509	13762	11182	2311	5018	4779	1468	15678
菏泽市	Heze	107961	10811	27979	20430	5722	62117	61643	4445	19079

17-11 亿元以上商品交易市场情况(2011年)

Basic Statistics on Commodity Exchange Markets of Turnover above 100 Million Yuan (2011)

类 别	Category	市场数量(个) Number of Markets (unit)	摊位数(个) Number of Booths (unit)	年末出租摊位数(个) Number of Booths Rented at Year End (unit)	年末营业面积(平方米) Operating Area at Year End (sq.m)	成交额(亿元) Turnover (100 million yuan)
总 计	**Total**	**555**	**384036**	**364551**	**36499880**	**7424.00**
按市场类别分组	**Grouped by Market Category**					
综合市场	Comprehensive Markets	84	79675	73722	5215968	802.13
生产资料综合市场	Means of production Comprehensive Markets	5	1360	1289	324750	14.98
工业消费品综合市场	Industrial consumer products Comprehensive Markets	33	42944	41118	2337580	532.52
农产品综合市场	Farmer Produces Comprehensive Markets	23	18288	16703	1106448	193.95
其他综合市场	Other Comprehensive Markets	23	17083	14612	1447190	60.68
专业市场	Special Markets	471	304361	290829	31283912	6621.86
生产资料市场	Means of Production Markets	89	30420	28245	10566699	2158.37
农业生产用具市场	Agricultural Tools Markets	5	627	589	169000	19.74
农用生产资料市场	Agricultural Production Markets	6	793	791	77750	38.77
煤炭市场	Coal and Charcoal Markets					
木材市场	Wood Markets	14	4496	4397	2152440	253.24
建材市场	Building Materials Markets	21	10091	9296	1488685	178.21
化工材料及制品市场	Chemical Materials and Products Markets	4	2698	2368	234626	43.01
金属材料市场	Metal Materials Markets	31	7386	6504	5253970	1498.80
机械设备市场	Mechanical Device Markets	5	2941	2920	336971	103.38
其他生产资料市场	Other Means of Production Markets	3	1388	1380	853257	23.21
农产品市场	Agricultural Products Markets	157	134149	128669	11609096	2225.19
粮油市场	Grain and Oil Markets	17	11075	11043	699924	244.21
肉禽蛋市场	Meat, Poultry and Eggs Markets	6	3090	2975	121100	14.55
水产品市场	Aquatic Products Markets	23	36687	35285	1421022	491.00
蔬菜市场	Vegetables Markets	66	58839	55566	5407731	873.72
干鲜果品市场	Dried and Fresh Melons and Fruits Markets	25	13062	12765	881879	308.68
棉麻土畜、烟叶市场	Cotton ,Hemp,Local Livestock and Tobacco Markets	9	2024	1955	2754580	167.90
其他农产品市场	Other Agricultural Products Markets	11	9372	9080	322860	125.13
食品、饮料及烟酒市场	Food, Beverages, Tobacco, and Liquor Markets	29	22760	21740	864590	225.06
食品饮料市场	Food and Beverage Markets	8	7644	7437	254727	77.47
茶叶市场	Tea Markets	3	1162	1149	220000	31.03
烟酒市场	Tobacco and Liquor Markets	8	3947	3294	161330	59.25
其他食品饮料及烟酒市场	Other Food, Beverages, Tobacco, and Liquor Markets	10	10007	9860	228533	57.30
纺织、服装、鞋帽市场	Textile, Garments, Footgear, and Hats Markets	65	55014	53349	2119513	678.14
布料及纺织品市场	Fabrics and Textile Markets	11	5915	5636	408385	192.34
服装市场	Clothing Markets	38	38621	37885	1071594	351.70
鞋帽市场	Shoes and Hats Markets	7	3199	2901	122292	57.24
其他纺织服装鞋帽市场	Others	9	7279	6927	517242	76.86
日用品及文化用品市场	Daily Use and Cultural Goods Markets	16	11666	11468	531692	178.89
小商品市场	Merchandise Markets	6	7905	7727	299232	132.03
箱包市场	Case and Bag Markets	2	322	318	16000	6.64

17-11 续表 continued

类别	Category	市场数量(个) Number of Markets (unit)	摊位数(个) Number of Booths (unit)	年末出租摊位数(个) Number of Booths Rented at Year End (unit)	年末营业面积(平方米) Operating Area at Year End (sq.m)	成交额(亿元) Turnover (100 million yuan)
玩具市场	Toy Markets	2	1009	1009	106660	14.01
文具市场	Stationery Markets					
图书、报刊杂志市场	Books, Newspapers and Magazines Markets	2	252	236	12800	3.17
音像制品及电子出版物市场	Video products and E-journal Markets					
体育用品市场	Sports Goods Markets					
其他日用品及文化用品市场	Other Daily Use and Cultural Goods Markets	4	2178	2178	97000	23.03
黄金、珠宝、玉器等首饰市场	Gold,Jewelry,Jade Markets	3	1987	1682	230000	56.00
电器、通讯器材、电子设备市场	Electrical Appliances, Communication Appliances, Electronic Equipment Markets	12	4134	4033	349300	133.13
家电市场	Household Appliances Markets	5	1330	1319	258800	55.53
通讯器材市场	Communication Appliances					
照相、摄像器材市场	Camera Equipment Markets					
计算机及辅助设备市场	Computers and Auxiliary Equipment Markets	6	2684	2594	84500	75.20
其他电器、通讯器材、电子设备市场	Others	1	120	120	6000	2.40
医药、医疗用品及器材市场	Medicine,Medical Supplies and Equipment Markets	1	800	800	60000	3.87
中药材市场	Chinese Medicine Markets	1	800	800	60000	3.87
其他医药、医疗用品及器材市场	Others					
家具、五金及装饰材料市场	Furniture,Hardware,and Decorative Materials Markets	57	28781	26796	3366069	565.94
家具市场	Furniture Markets	12	4859	4670	561471	61.97
装饰材料市场	Decoration Materials Markets	24	8897	8289	1177886	210.71
灯具市场	Lamps Markets	2	1178	1178	170000	37.30
厨具、盥洗设备市场	Kitchen Utensils and Washing Equipment Markets	1	360	306	21000	2.01
五金材料市场	Hardware Materials Markets	11	7507	7068	599890	130.43
其他装修市场	Others	7	5980	5285	835822	123.51
汽车、摩托车及零配件市场	Automobile, Motorcycle and Spare Parts Markets	31	9095	8893	1080443	328.38
汽车市场	Automobile Markets	14	4281	4271	745970	204.37
摩托车市场	Motorcycle Markets					
机动车零配件市场	Motor Vehicle Spare Parts Markets	17	4814	4622	334473	124.01
花、鸟、鱼、虫市场	Flowers,Birds,Fish,Insects Markets	2	1600	1600	139960	40.87
花卉市场	Flower Markets	2	1600	1600	139960	40.87
鸟市场	Bird Markets					
观赏鱼市场	Ornamental Fish Markets					
其他花鸟鱼虫市场	Others					
旧货市场	Second Hand Markets	2	516	460	47000	4.80
古玩、古董、字画市场	Antique,Antiques,Calligraphy and Painting Markets					
邮票、硬币市场	Stamps,Coins Markets					
其他旧货市场	Other Second Hand Markets	2	516	460	47000	4.80
其他专业市场	Others	7	3439	3094	319550	23.22
二、按营业状态分组	**Grouped by Operating Status**					
1.常年营业	Perennial operating	527	369712	350744	35001168	7217.26
2.季节性营业	Seasonal operating	28	14324	13807	1498712	206.74
3.其他	Others					
三、按经营方式分组	**Grouped by Operating Mode**					
1.以批发为主	Wholesale	386	275198	259393	30160814	6475.46
2.以零售为主	Retail	169	108838	105158	6339066	948.54
四、按经营环境分组	**Grouped by Operating Environment**					
1.露天式	Open Air	174	94218	89589	13728220	2298.16
2.封闭式	Closed	327	236605	225318	17176084	4427.39
3.其他	Others	54	53213	49644	5595576	698.45

17-12 亿元以上商品交易市场成交情况(2011年)

Basic Statistics on Commodity Exchange Markets of Turnover above 100 Million Yuan(2011)

类　　别	Category	年末出租摊位数(个) Number of Booths Rented at Year end (unit)	全年成交额(亿元) Turnover (100 million yuan)
合　计	**Total**	**364551**	**7424.00**
1.食品、饮料、烟酒类	Food, Beverages, Tobacco and Liquor	159856	2441.53
(1)粮油、食品类	Grain、Oil and Food	146776	2253.05
#粮油类	Grain and Oil	10687	289.99
肉禽蛋类	Meal,Doultr and Eggs	9560	106.69
水产品类	Aquatil Prodults	33657	532.79
蔬菜类	Vegetables	67257	874.65
干鲜果品类	Dried and Fresh Molons and Fruits	21335	378.17
(2)饮料类	Beverages	5261	87.04
(3)烟酒类	Tobacco and Liquor	7819	101.44
2.服装、鞋帽、针、纺织品类	Clothing, Shoes, Hats and Textiles	83479	927.18
(1)服装类	Clothing	50239	433.30
(2)鞋帽类	Shoes and Hats	15250	177.35
(3)针、纺织品类	Knitwear and Textiles	17990	316.53
3.化妆品类	Cosmetics	3182	35.65
4.金银珠宝类	Gold,Silver and Jewelry	1996	59.45
5.日用品类	Articles for Daily Use	20868	225.95
#洗涤用品类	Washing Articles	5458	24.22
儿童玩具类	Children Toys	3564	23.88
6.五金电料类	Hardware & Electrical Materials	10274	186.17
7.体育、娱乐用品类	Sports & Recreational Articles	1300	17.30
8.书报杂志类	Newspapers and Magazines	621	5.15
9.电子出版物及音像制品类	E-journals and Video Products	665	2.57
10.家用电器和音像器材类	Household Appliances and Video Appliance	3359	85.76
11.中西药材类	Traditional Chinese and Western Medicines	1018	6.07
#西药类	Western Medicines	139	1.78
中草药及中成药品类	Traditional Chinese Medicines	861	4.06
12.文化办公用品类	Cultural and Offices Appliances	5518	112.69
13.家具类	Furniture	6819	139.67
14.通讯器材类	Communication Appliances	668	6.89
15.煤炭及制品类	Coal and Related Products	75	1.50
16.木材及制品类	Wood and Wooden Products	5718	276.17
17.石油及制品类	Petroleum and Related Products	40	2.72
18.化工材料及制品类	Chemical Materials and Related Products	3347	78.68
#化肥类	Fertilizers	484	24.97
19.金属材料类	Metal Materials	6819	1484.87
20.建筑及装潢材料类	Building and Decoration Materials	21988	514.78
21.机电产品及设备类	Mechanical & Electrical Products	4468	141.48
#农机类	Agricultural Machineries	695	25.41
22.汽车类	Automobiles	8613	328.72
23.种子饲料类	Seeds and Feedstuff	682	12.26
24.棉麻类	Cotton and Hemp	2506	171.93
25.其他类	Others	10672	158.84

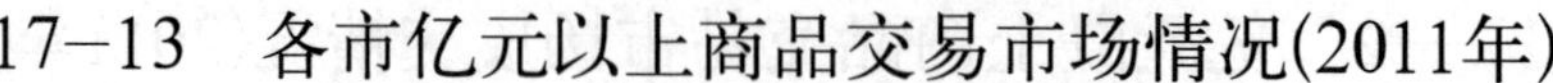

17-13 各市亿元以上商品交易市场情况(2011年)

Basic Statistics on Commodity Exchange Markets of Turnover above 100 Million Yuan by Region(2011)

地 区	Region	市场数量(个) Number of Markets	摊位数(个) Number of Booths	年末出租摊位数(个) Number of Booths Rented at Year End (unit)	年末营业面积(平方米) Operating Area at Year End (sq.m)	成交额(万元) Turnover (10 000 yuan)
全省总计	**Total**	**555**	**384036**	**364551**	**36499880**	**74239976**
济南市	Jinan	41	24439	23659	2251419	5081304
青岛市	Qingdao	68	58374	55928	5387198	11091673
淄博市	Zibo	25	14789	13873	857280	3242388
枣庄市	Zaozhuang	23	16253	14458	988099	2526781
东营市	Dongying	14	8872	8479	663086	439332
烟台市	Yantai	26	22944	22715	2152457	2721899
潍坊市	Weifang	38	27319	24954	3265458	6936559
济宁市	Jining	22	15800	14213	1489500	1452818
泰安市	Tai'an	11	17228	16260	2633627	4351884
威海市	Weihai	14	5891	5784	203237	362621
日照市	Rizhao	12	20741	19359	1845000	2864898
莱芜市	Laiwu	1	89	89	25000	26300
临沂市	Linyi	58	37113	35368	3404434	8048763
德州市	Dezhou	113	59055	57813	7270301	12083650
聊城市	Liaocheng	15	15952	15212	1810264	4709008
滨州市	Binzhou	20	13113	12647	924149	6621095
菏泽市	Heze	54	26064	23740	1329371	1679003

17-14 连锁门店及配送中心分布情况(2011年)

Distribution of Stores and Distribution Centers of chain stores of Wholesale and Retail Trades and Hotel and Catering Services(2011)

单位：个 (unit)

地 区	Region	门店总数 Number of Stores	直营店数 Under Direct Management	加盟店数 Through License Arrangement	配送中心数 Distribution Centers	自有 Under Direct Management
合 计	**Total**	**9374**	**6957**	**2417**	**133**	**121**
批发和零售业	**Wholesale and etail Trades**	**9186**	**6769**	**2417**	**129**	**117**
北 京	Beijing	29	11	18	1	1
天 津	Tianjin	1	1			
河 北	Hebei	41	9	32		
山 西	Shanxi	3	3			
内蒙古自治区	Inner Mongolia	1	1			
辽 宁	Liaoning	2	2			
吉林省	Jilin	1	1			
黑龙江省	Heilongjiang	1	1			
上 海	Shanghai	1	1			
江 苏	Jiangsu	5	5			
浙 江	Zhejiang	4	4			
安 徽	Anhui	1	1			
福 建	Fujian	2	2			
江 西	Jiangxi	2	2			
山 东	Shandong	9073	6706	2367	128	116
济 南	Jinan	676	650	26	9	8
青 岛	Qingdao	2729	1339	1390	40	31
河 南	Henan	7	7			
湖 北	Hubei	1	1			
湖 南	Hunan	1	1			
广 东	Guangdong	2	2			
海南省	Hainan	1	1			
重 庆	Chongqing	1	1			
四 川	Sichuan	1	1			
云 南	Yunnan	1	1			
陕西省	Shanxi	1	1			
甘肃省	Ganshu	1	1			
宁夏回族自治区	Ningxia	1	1			
新 疆	Xinjiang	1	1			
住宿和餐饮业	**Hotel and Catering Services**	**188**	**188**		**4**	**4**
山 东	Shandong	188	188		4	4
济 南	Jinan	26	26			
青 岛	Qingdao	138	138		4	4

注：本表数据是指总部设在山东的连锁企业的门店及配送中心的分布情况。

a)Data in this table refers to the distribution of stores and distribution centers of chain stores that headquarters in Shandong.

17-15 批发和零售业连锁经营情况(2011年)

指标	Item	连锁总店(总部)数(个) Number of chain head stores (unit)	合计 Total
总计	**Total**	**141**	**9186**
一、按行业分组	**by Sector**		
批发业	Wholesale Trade	16	3077
零售业	Retail Trade	125	6109
二、按登记注册类型分组	**by Status of Registration**		
内资企业	Domestic Funded Enterprises	131	8847
国有企业	State-owned Enterprises	7	169
集体企业	Collective-owned Enterprises	2	11
股份合作企业	Cooperative Enterprises	1	15
联营企业	Joint Ownership Enterprises		
有限责任公司	Limited Liability Corporations	50	2655
股份有限公司	Share-holding Corporations Limited	16	4840
私营企业	Private Enterprises	52	1120
其他企业	Other Enterprises	3	37
港、澳、台商投资企业	Enterprises with Funds from Hong Kong, Macao and Taiwan	3	249
合资经营企业(港或澳、台资)	Joint-ventures Enterprises	2	167
合作经营企业(港或澳、台资)	Cooperative Enterprises		
港、澳、台商独资经营企业	Enterprises with Sole Investment	1	82
港、澳、台商投资股份有限公司	Share-holding Corporations Ltd. With Funds from Hong Kong,Macao and Taiwan		
其他港澳台投资企业			
外商投资企业	Foreign Funded Enterprises	7	90
中外合资经营企业	Joint-venture Enterprises	3	71
中外合作经营企业	Cooperation Enterprises	1	2
外资企业	Enterprises with Sole Foreign Funds	2	5
外商投资股份有限公司	Share-holding Corporations Ltd. With Foreign Investment		
其他外商投资企业		1	12
三、按连锁零售业态分组	**by Business Categories**		
便利店	Convenience Store	1	13
折扣店	Discount store		
超　市	Supermarket	29	2340
大型超市	Large supermarket	5	65
仓储会员店	Warehouse club stores	1	2
百货商店	Department store	12	1639
专业店	Professional store	64	1850
其中：加油站	In:Gas Station	7	219
专卖店	Specialty store	20	3114
家居建材商店	Home-furnishings store		
厂家直销中心	Factory Outlet Center		
其　他	Others	9	163

Business of chain operation of Wholesale and Retail Trade(2011)

门店总数(个) Number of Stores(unit)		年末零售营业面积(平方米) Operational Area(sq.m)			年末从业人员数(人) Engaged Persons(person)		
直营店 Under Direct Management	加盟店 Through License Arrangement	合计 Total	直营店 Under Direct Management	加盟店 Through License Arrangement	合计 Total	直营店 Under Direct Management	加盟店 Through License Arrangement
6769	**2417**	**10904154**	**10565436**	**338718**	**168222**	**156733**	**11489**
3077		690367	690367		9705	9705	
3692	2417	10213787	9875069	338718	158517	147028	11489
6431	2416	10336529	10007811	328718	155849	144760	11089
169		91447	91447		1437	1437	
11		3280	3280		98	98	
15		13671	13671		355	355	
2024	631	3323224	3246966	76258	42179	39970	2209
3212	1628	6512287	6269602	242685	101856	93573	8283
964	156	385020	375845	9175	9649	9057	592
36	1	7600	7000	600	275	270	5
249		90721	90721		3231	3231	
167		67985	67985		2194	2194	
82		22736	22736		1037	1037	
89	1	476904	466904	10000	9142	8742	400
71		355129	355129		5280	5280	
2		15719	15719		1614	1614	
4	1	51245	41245	10000	1729	1329	400
12		54811	54811		519	519	
13		34868	34868		328	328	
1523	817	3326710	3198171	128539	48912	45498	3414
64	1	806564	796564	10000	15904	15504	400
2		5000	5000		23	23	
299	1340	5340557	5152211	188346	77554	70779	6775
1637	213	550280	541047	9233	15396	14631	765
219		140298	140298		1646	1646	
3068	46	732713	730113	2600	7333	7198	135
163		107462	107462		2772	2772	

17-15 续表 1 continued

指　　标	Item	连锁门店商品购进额(万元) Total Purchases of chain store(10000 yuan)		
		合计 Total	直营店 Under Direct Management	加盟店 Through License Arrangement
总　　计	**Total**	**20132061**	**19643818**	**488242**
一、按行业分组	**by Sector**			
批发业	Wholesale Trade	8297493	8297493	
零售业	Retail Trade	11834568	11346326	488242
二、按登记注册类型分组	**by Status of Registration**			
内资企业	Domestic Funded Enterprises	18387236	17928994	458242
国有企业	State-owned Enterprises	569772	569772	
集体企业	Collective-owned Enterprises	13234	13234	
股份合作企业	Cooperative Enterprises	18385	18385	
联营企业	Joint Ownership Enterprises			
有限责任公司	Limited Liability Corporations	3578462	3469038	109425
股份有限公司	Share-holding Corporations Limited	13588644	13275318	313326
私营企业	Private Enterprises	612947	578086	34861
其他企业	Other Enterprises	5792	5162	630
港、澳、台商投资企业	Enterprises with Funds from Hong Kong, Macao and Taiwan	145685	145685	
合资经营企业(港或澳、台资)	Joint-ventures Enterprises	97965	97965	
合作经营企业(港或澳、台资)	Cooperative Enterprises			
港、澳、台商独资经营企业	Enterprises with Sole Investment	47719	47719	
港、澳、台商投资股份有限公司	Share-holding Corporations Ltd. With Funds from Hong Kong,Macao and Taiwan			
其他港澳台投资企业				
外商投资企业	Foreign Funded Enterprises	1599140	1569140	30000
中外合资经营企业	Joint-venture Enterprises	740696	740696	
中外合作经营企业	Cooperation Enterprises	672711	672711	
外资企业	Enterprises with Sole Foreign Funds	127654	97654	30000
外商投资股份有限公司	Share-holding Corporations Ltd. With Foreign Investment			
其他外商投资企业		58079	58079	
三、按连锁零售业态分组	**by Business Categories**			
便利店	Convenience Store	20509	20509	
折扣店	Discount store			
超　市	Supermarket	3816319	3667084	149235
大型超市	Large supermarket	1566809	1536809	30000
仓储会员店	Warehouse club stores	6141	6141	
百货商店	Department store	4545681	4271870	273811
专业店	Professional store	2047957	2039803	8154
其中：加油站	In:Gas Station	707599	707599	
专卖店	Specialty store	7943732	7916690	27043
家居建材商店	Home-furnishings store			
厂家直销中心	Factory Outlet Center			
其　他	Others	184913	184913	

17-15 续表 2 continued

指　　标	Item	连锁门店商品销售额(万元) Sale Value of chain store(10000 yuan)		
		合计 Total	直营店 Under Direct Management	加盟店 Through License Arrangement
总　　计	**Total**	**23378806**	**22911519**	**467287**
一、按行业分组	**by Sector**			
批发业	Wholesale Trade	8921587	8921587	
零售业	Retail Trade	14457220	13989933	467287
二、按登记注册类型分组	**by Status of Registration**			
内资企业	Domestic Funded Enterprises	21368523	20931236	437287
国有企业	State-owned Enterprises	569144	569144	
集体企业	Collective-owned Enterprises	15130	15130	
股份合作企业	Cooperative Enterprises	21015	21015	
联营企业	Joint Ownership Enterprises			
有限责任公司	Limited Liability Corporations	3402675	3350498	52177
股份有限公司	Share-holding Corporations Limited	16443353	16095969	347384
私营企业	Private Enterprises	909580	872413	37167
其他企业	Other Enterprises	7626	7066	560
港、澳、台商投资企业	Enterprises with Funds from Hong Kong, Macao and Taiwan	201789	201789	
合资经营企业(港或澳、台资)	Joint-ventures Enterprises	133927	133927	
合作经营企业(港或澳、台资)	Cooperative Enterprises			
港、澳、台商独资经营企业	Enterprises with Sole Investment	67862	67862	
港、澳、台商投资股份有限公司	Share-holding Corporations Ltd. With Funds from Hong Kong,Macao and Taiwan			
其他港澳台投资企业				
外商投资企业	Foreign Funded Enterprises	1808494	1778494	30000
中外合资经营企业	Joint-venture Enterprises	981811	981811	
中外合作经营企业	Cooperation Enterprises	651902	651902	
外资企业	Enterprises with Sole Foreign Funds	119020	89020	30000
外商投资股份有限公司	Share-holding Corporations Ltd. With Foreign Investment			
其他外商投资企业		55761	55761	
三、按连锁零售业态分组	**by Business Categories**			
便利店	Convenience Store	22556	22556	
折扣店	Discount store			
超　市	Supermarket	3891806	3789788	102018
大型超市	Large supermarket	1482602	1452602	30000
仓储会员店	Warehouse club stores	5913	5913	
百货商店	Department store	6484033	6188900	295133
专业店	Professional store	2837836	2828623	9213
其中：加油站	In:Gas Station	1038782	1038782	
专卖店	Specialty store	8461953	8431030	30923
家居建材商店	Home-furnishings store			
厂家直销中心	Factory Outlet Center			
其　他	Others	192107	192107	

17-16 住宿和餐饮业连锁经营情况(2011年)

指标名称	Indicator	连锁总店或总部数(个) Number of chain head stores (unit)	门店总数(个) Number of Stores (unit)
总 计	**Total**	**22**	**189**
一、按行业分组	**by Sector**		
住宿业	Hotel Services	4	9
餐饮业	Catering Services	18	180
二、按登记注册类型分组	**by Status of Registration**		
内资企业	Domestic Funded Enterprises	16	67
国有企业	State-owned Enterprises		
集体企业	Collective-owned Enterprises		
股份合作企业	Cooperative Enterprises		
联营企业	Joint Ownership Enterprises		
有限责任公司	Limited Liability Corporations	4	12
股份有限公司	Share-holding Corporations Limited		
私营企业	Private Enterprises	12	55
其他企业	Other Enterprises		
港、澳、台商投资企业	Enterprises with Funds from Hong Kong, Macao and Taiwan	2	11
合资经营企业(港或澳、台资)	Joint-ventures Enterprises		
合作经营企业(港或澳、台资)	Cooperative Enterprises		
港、澳、台商独资经营企业	Enterprises with Sole Investment	2	11
港、澳、台商投资股份有限公司	Share-holding Corporations Ltd. With Funds from Hong Kong, Macao and Taiwan		
其他港澳台投资企业			
外商投资企业	Foreign Funded Enterprises	4	111
中外合资经营企业	Joint-venture Enterprises		
中外合作经营企业	Cooperation Enterprises		
外资企业	Enterprises with Sole Foreign Funds	4	111
外商投资股份有限公司	Share-holding Corporations Ltd. With Foreign Investment		
其他外商投资企业			

Business of chain operation of Hotels and Catering Services(2011)

直营店 Under Direct Management	年末从业人员(人) Engaged Persons (person)	直营店 Under Direct Management	年末餐饮营业面积(平方米) Operational Area (sq.m)	直营店 Under Direct Management	客房数(间) Number of rooms (room)	直营店 Under Direct Management	床位数(个) Number of Beds (unit)	直营店 Under Direct Management
9	**20535**	**20535**	**207016**	**207016**	**1377**	**1377**	**2118**	**2118**
9	1498	1498	21650	21650	1247	1247	1927	1927
	19037	19037	185366	185366	130	130	191	191
8	2777	2777	93174	93174	681	681	1201	1201
8	622	622	14650	14650	551	551	1010	1010
	2155	2155	78524	78524	130	130	191	191
1	1078	1078	9968	9968	696	696	917	917
1	1078	1078	9968	9968	696	696	917	917
	16680	16680	103874	103874				
	16680	16680	103874	103874				

17−16 续表

指标名称	Indicator	餐位数 (位) Number of Diningseats (unit)	直营店 Under Direct Management
总　计	**Total**	**47794**	**47794**
一、按行业分组	**by Sector**		
住宿业	Hotel Services	2832	2832
餐饮业	Catering Services	44962	44962
二、按登记注册类型分组	**by Status of Registration**		
内资企业	Domestic Funded Enterprises	17601	17601
国有企业	State-owned Enterprises		
集体企业	Collective-owned Enterprises		
股份合作企业	Cooperative Enterprises		
联营企业	Joint Ownership Enterprises		
有限责任公司	Limited Liability Corporations	3072	3072
股份有限公司	Share-holding Corporations Limited		
私营企业	Private Enterprises	14529	14529
其他企业	Other Enterprises		
港、澳、台商投资企业	Enterprises with Funds from Hong Kong,Macao and Taiwan	1660	1660
合资经营企业(港或澳、台资)	Joint-ventures Enterprises		
合作经营企业(港或澳、台资)	Cooperative Enterprises		
港、澳、台商独资经营企业	Enterprises with Sole Investment	1660	1660
港、澳、台商投资股份有限公司	Share-holding Corporations Ltd. With Funds from Hong Kong, Macao and Taiwan		
其他港澳台投资企业			
外商投资企业	Foreign Funded Enterprises	28533	28533
中外合资经营企业	Joint-venture Enterprises		
中外合作经营企业	Cooperation Enterprises		
外资企业	Enterprises with Sole Foreign Funds	28533	28533
外商投资股份有限公司	Share-holding Corporations Ltd. With Foreign Investment		
其他外商投资企业			

continued

连锁门店商品购进额(万元) Total Purchases of chain store (10000 yuan)	直营店 Under Direct Management	统一配送商品购进额 Centralized Purchases and Delivery	连锁门店营业额(万元) Bussiness Revenue of chain store (10000 yuan)	直营店 Under Direct Management	餐费收入 From Meals	直营 Under Direct Management
70052	**70052**	**10766**	**296596**	**296596**	**85418**	**85418**
2123	2123		6051	6051	2419	2419
67929	67929	10766	290545	290545	82999	82999
13079	13079	1501	50125	50125	40012	40012
2689	2689	567	5059	5059	2563	2563
10389	10389	935	45065	45065	37449	37449
0	0		5710	5710	4008	4008
0	0		5710	5710	4008	4008
56973	56973	9265	240761	240761	41398	41398
56973	56973	9265	240761	240761	41398	41398

17-17 主要年份社会消费品零售总额

Retail Sale of Consumer Goods of Major Years

单位:亿元 (100 million yuan)

年 份	社会消费品零售总额	按所在地分 by Location			按行业分 by Sector				
Year	Retail Sale of Consumer Goods	市 City	县 County	县以下 Under County Level	批发和零售业 Wholesale and Retail Trades	住宿和餐饮业 Hotels and Catering Services	制造业 Manufacturing	农业生产者 Agricultural Producers	其他行业 Other Sectors
1949	6.23				3.92	0.63	1.68		
1952	19.01				13.23	1.92	3.21	0.53	0.12
1957	26.00				21.86	1.08	2.19	0.51	0.45
1962	30.49				25.39	1.37	1.98	1.60	0.15
1965	33.85				29.92	1.83	1.35	0.60	0.15
1970	40.94				36.53	1.37	1.87	0.95	0.22
1975	60.32				51.98	2.72	2.85	1.54	1.22
1978	79.73	23.39	21.14	35.19	68.40	3.65	4.57	2.34	0.77
1979	92.22	27.46	23.10	41.66	78.38	4.25	6.09	2.64	0.86
1980	114.01	32.36	27.78	53.86	94.61	5.03	10.00	3.38	0.99
1981	131.47	35.84	34.40	61.23	107.10	5.82	13.42	3.53	1.60
1982	141.48	41.63	34.22	65.64	112.90	7.64	14.12	4.82	2.00
1983	162.14	47.85	37.49	76.80	127.67	9.83	16.93	5.16	2.55
1984	189.08	66.58	37.98	84.52	147.25	11.23	20.57	6.16	3.87
1985	227.03	84.16	46.50	96.38	173.62	13.86	25.27	8.94	5.34
1986	261.64	96.22	54.18	111.25	194.85	15.48	31.38	12.32	7.61
1987	300.69	119.11	58.69	122.89	217.34	18.16	41.14	14.91	9.14
1988	392.37	164.12	73.40	154.85	287.09	22.88	49.85	20.50	12.05
1989	430.74	199.91	72.75	158.09	315.80	23.93	49.86	26.34	14.81
1990	460.13	218.97	79.19	161.96	338.02	25.07	50.24	30.41	16.38
1991	536.03	263.90	86.76	185.36	392.19	30.67	59.41	35.48	18.28
1992	653.23	336.37	99.77	217.08	471.87	37.56	77.87	44.17	21.76
1993	884.71	481.28	124.74	278.69	617.53	53.08	125.63	68.12	20.35
1994	1210.08	670.38	171.83	367.87	813.17	87.13	142.79	113.75	53.24
1995	1583.96	921.86	177.40	484.70	1024.82	129.88	194.83	158.40	76.03
1996	1916.51	1134.57	195.48	586.46	1226.57	168.65	243.40	176.32	101.57
1997	2237.83	1378.50	219.31	640.02	1425.50	194.69	279.73	232.73	105.18
1998	2564.54	1572.06	246.20	746.28	1600.27	238.50	328.26	271.84	125.67
1999	2872.82	1763.91	275.79	833.12	1807.00	281.54	344.74	304.52	135.02
2000	3264.05	2017.18	313.35	933.52	2075.94	339.46	359.05	332.93	156.67
2001	3634.60	2253.45	352.56	1028.59	2340.68	399.81	363.46	356.19	174.46
2002	4078.02	2577.31	379.26	1121.45	2691.49	477.13	358.87	362.94	187.59
2003	4644.86	2977.36	469.13	1198.37	3836.66	585.25			222.95
2004	5290.50	3320.64	588.76	1381.10	4444.04	661.06			185.40
2005	6166.94	3890.93	687.50	1588.51	5173.89	776.51			216.54
2006	7217.13	4593.55	804.90	1818.68	6044.60	925.47			247.06
2007	8607.45	5488.52	971.12	2147.81	7205.96	1123.47			278.02
2008	10658.76	6766.32	1240.07	2652.37	9314.97	1063.78			280.00
2009	12362.97	8038.46	1437.80	2886.71	10348.40	1673.61			340.96
2010	14620.30								
2011	17155.49								

注：2005－2008年社会消费品零售总额及分组数据，根据国家统一办法，依据第二次经济普查数据进行了调整。自2010年，社会消费品零售总额分组重新调整。

a)According to national regulation,data in this table from 2005 to 2008 are modified on the second national economic census.Since 2010,the group of Retail Sale of Consumer Goods has been adjusted.

17-18 各市社会消费品零售总额(2011年)

Retail Sale of Consumer Goods by Region(2011)

地区 Region	绝对额（亿元） Amount (100 million yuan)					比上年增长（%） Growth Rate (%)				
	社会消费品零售总额 Total Retail Sales of Consumer Goods	按经营地分 by Operation Place		按消费形态分 by Consumption Pattern		社会消费品零售总额 Total Retail Sales of Consumer Goods	按经营地分 by Operation Place		按消费形态分 by Consumption pattern	
		城镇 Urban	乡村 Rural	商品零售 Retail Sales	餐饮收入 Catering Income		城镇 Urban	乡村 Rural	商品零售 Retail Sales	餐饮收入 Catering Income
全省总计 Total	**17155.49**	**13854.93**	**3300.56**	**15391.44**	**1764.05**	**17.3**	**17.4**	**16.9**	**17.1**	**18.9**
济南市 Jinan	2114.29	1919.69	194.60	1724.80	389.49	17.3	18.0	10.9	16.1	22.8
青岛市 Qingdao	2302.37	1908.93	393.44	2076.71	225.66	17.4	17.8	15.2	17.7	14.3
淄博市 Zibo	1186.70	1007.91	178.79	1049.53	137.16	18.0	18.0	17.8	17.9	18.4
枣庄市 Zaozhuang	496.00	347.20	148.80	430.17	65.84	17.3	16.9	18.1	16.0	26.4
东营市 Dongying	456.38	365.21	91.17	415.38	41.01	17.4	17.3	17.9	17.5	16.2
烟台市 Yantai	1657.08	1328.16	328.92	1509.96	147.12	17.3	17.4	17.0	20.5	17.0
潍坊市 Weifang	1425.96	1002.53	423.43	1323.09	102.87	17.3	19.9	14.5	17.4	15.3
济宁市 Jining	1177.98	898.00	279.98	1067.95	110.04	17.3	18.4	14.0	17.5	14.4
泰安市 Tai'an	819.27	687.92	131.35	724.58	94.69	17.4	19.1	9.1	15.4	33.2
威海市 Weihai	832.69	604.06	228.64	762.37	70.33	17.4	17.8	16.5	17.4	17.1
日照市 Rizhao	367.44	299.22	68.22	339.45	27.99	17.3	18.2	16.5	17.3	16.4
莱芜市 Laiwu	198.39	154.24	44.15	181.72	16.67	16.0	16.2	15.2	16.0	15.7
临沂市 Linyi	1376.89	1053.70	323.19	1300.49	76.40	18.1	18.4	17.1	18.3	14.9
德州市 Dezhou	772.56	484.68	287.89	698.77	73.79	17.3	15.3	20.8	17.2	20.5
聊城市 Liaocheng	655.79	467.69	188.10	575.23	80.56	17.4	19.2	13.1	18.3	11.4
滨州市 Binzhou	529.73	370.98	158.75	469.62	60.11	17.5	17.6	17.4	16.9	22.4
菏泽市 Heze	785.97	692.52	93.45	701.43	84.54	18.1	18.1	18.0	18.1	17.8

主要统计指标解释

社会消费品零售总额 指批发和零售业、住宿和餐饮业以及其他行业直接售给城乡居民和社会集团的消费品零售额。其中，对居民的消费品零售额，是指售予城乡居民用于生活消费的商品金额；对社会集团的消费品零售额，是指售给机关、社会团体、部队、学校、企事业单位、居委会或村委会等，公款购买的用作非生产、非经营使用与公共消费的商品金额。

社会消费品零售总额包括：售给城乡居民作为生活消费用的商品金额和修建房屋用的建筑材料，以及售给来华的外国人、华侨、港澳台同胞的消费品金额。

不包括：城市居民间或居民委托信托商店卖出的商品；售给农业、工业、建筑业等行业用于生产的商品。

批发零售业商品购、销、存总额 指各种登记注册类型的批发、零售业企业(单位)以本企业(单位)为总体的，从国内、国外市场购进的商品总量，销售和出口的商品总量、库存商品总量等情况。该指标可以反映商品流转过程中商品的购进、销售、库存之间的比例关系和存在的问题。

商品购进总额 指从本企业(单位)以外的单位和个人购进(包括从境外直接进口)作为转卖或加工后转卖的商品总额。它反映批发零售贸易业从国内、国外市场上购进商品的总量。商品购进总额包括：(1)从工农业生产者购进的商品；(2)从出版社、报社的出版发行部门购进的图书、杂志和报纸；(3)从各种登记注册类型的批发零售贸易企业(单位)购进的商品；(4)从其他单位购进的商品，如从机关、团体、企业等单位购进的剩余物资，从餐饮业、服务业购进的商品，从海关、市场管理部门购进的缉私和没收的商品，从居民手中收购的废旧商品等；(5)从国(境)外直接进口的商品。不包括企业(单位)为自身经营用和未通过买卖行为而收入的商品以及销售退回、商品升溢等。

商品销售总额 指对本企业(单位)以外的单位和个人出售(包括对境外直接出口)的商品总额。它反映批发零售贸易业在国内市场上销售商品以及出口商品的总量。商品销售总额包括：(1)售给城乡居民和社会集团消费用的商品；(2)售给工业、农业、建筑业、运输邮电业、批发零售贸易业、餐饮业、服务业等作为生产、经营使用的商品；(3)售给批发零售贸易业作为转卖或加工后转卖的商品；(4)对国(境)外直接出口的商品。不包括出售本企业(单位)自用的废旧包装用品、未通过买卖行为付出的商品、经本单位介绍，由买卖双方直接结算，本单位只收取手续费的业务、购货退出的商品以及商品损耗和损失等。

批发零售业库存 指报告期末各种登记注册类型的批发零售贸易企业(单位)已取得所有权的商品。它反映批发零售贸易企业(单位)的商品库存情况和对市场商品供应的保证程度。期末库存包括：(1)存放在批发零售贸易业经营单位(如门市部、批发站、经营处)仓库、货场、货柜和货架中的商品；(2)挑选、整理、包装中的商品；(3)已记入购进而尚未运到本单位的商品，即发货单或银行承兑凭证已到而货未到的部分；(4)寄放他处的商品，如因购货方拒绝承付而暂时存放在购货方的商品和已办完加工成品收回手续而未提回的商品；(5)委托其他单位代销(未作销售或调出)尚未售出的商品；(6)代其他单位购进尚未交付的商品。不包括所有权不属于本单位的商品、拨付除批发零售贸易业以外的其他行业所属独立核算加工厂等加工生产尚未收回成品的商品、代国家物资储备部门保管的商品等。

库存总额采用的计算价格是：农副产品采购单位按购进价计算；批发单位按进货价计算；零售单位按核算价格计算，即按什么价格核算就按什么价格计算。

住宿餐饮业营业额 指住宿和餐饮业法人企业、产业活动单位在经营活动中因提供服务或销售商品等取得的收入，包括客房收入、餐费收入、商品销售收入和其他收入。客房收入指住宿和餐饮业法人企业、产业活动单位在经营活动中因提供住宿服务取得的客房收入。餐费收入指住宿和餐饮业法人企业、产业活动单位因为顾客提供就餐服务取得的收入，包括经烹饪、调制加工后出售的各种食品，如主食、炒菜、凉拌菜等的收入。商品销售收入指住宿和餐饮业法人企业、产业活动单位伴随服务而出售商品所取得的收入。其他收入指营业收入中除客房收入、餐费收入、商品销售收入以外的其他收入，包括娱乐、健身和商务服务等。

亿元商品交易市场成交额 指年成交额达到亿元以上，经工商部门批准、专门从事商品批发、零售业务活动的市场。其市场所有摊位成交总额称为商品交易市场成交额。

连锁企业（或称连锁店、连锁公司） 指在核心企业或总店的领导下，由分散的、经营同类商品或服务的企业或活动单位，采取共同方针，实行集中采购和分散销售的有机结合，通过规范化经营，实现规模效益的经济联合组织形式。一般连锁店应由若干个分店组成。其经营特征：(1)经营同类商品；(2)使用统一商号；(3)统一采购配送，采购与销售相分离（部分商品可根据物流合理和保质保鲜原则，由供应商直接送货到门店，其余均由总部统一配送）。

连锁门店包括下列三种形式：

直营连锁：也叫正规连锁。连锁门店均由总部独资或控股开设，在总部的直接领导下统一经营。总部采取纵深似的管理方式，直接下令掌管所有的零售门店，零售门店也必须完全接受总部指挥。他是大型垄断商业资本通过吞并、兼并或独资、控股等途径，发展壮大自身实力和规模的一种形式。

特许连锁：各连锁门店（被特许人）通过合同形式，取得使用总部（特许人）商标、商号、经营技术和销售总部开发的商品的特许权，各加盟连锁门店为独立法人，在总部指导下统一经营。

自由连锁：也称自愿连锁。连锁公司的门店均为独立法人，各自的资产所有权关系不变，在公司总部的指导下共同经营。各成员店使用共同的店名，与总部订阅有关购、销、宣传等方面的合同，并按合同开展经营活动。在合同规定的范围之外，各成员店可以自由活动。根据自愿原则，各成员店可自由加入连锁体系，也可自由退出。

特许连锁加上自由连锁等于加盟连锁。

Explanatory Notes on Main Statistical Indicators

Total Retail Sales of Consumer Goods refers to the sum of consumer goods sold by the wholesale and retail trades, hotel and catering trades and other sectors to urban and rural residents and social groups.Retail sales of consumer goods sold to residents refers to the commodities sold to urban and rural residents for their daily use.Retail sales of consumer goods sold to social groups refers to the commodities sold to agencies, social groups, military units, schools, enterprises, institutions, urban subdistrict committee and village committee for non-production and non-operation use and purchased by public money of these units.

The Retail Sales of Consumer Goods Includes commodities sold to urban and rural residents for their daily use, building material sold to them for the construction and repair of houses and consumer goods sold to foreigners, overseas Chinese and Chinese compatriots from Hong Kong, Macao and Taiwan.

The Retail Sales of Consumer Goods excludes commodities sold by trust shops commissioned by urban residents and sold among the urban residents. It also excludes commodities sold to agricultural, industrial, construction and other industries for the production.

Purchase, Sales and Stock of Commodities by Wholesale and Retail Trades refers to the total volume of commodities purchased, total volume of sales and exports, and the stock of commodities by wholesale and retail enterprises (establishments) of different status of registration from domestic and overseas markets. This indictor reflects the relationship among purchase, sales and stock of commodities in the circulation of goods and reveals the existing problems.

Total Purchases of Commodities refer to the total value of purchases of commodities by the enterprises (establishments) from other establishments or individuals (including direct import from abroad) for the purpose of re selling, either with or without further processing of the commodities purchased. This indicator is used to show the total value of purchases of commodities by wholesale and retail establishments from domestic and overseas markets. The total purchases include: (1) agricultural and industrial products purchased from producers; (2) books, magazines and newspapers purchased from distribution departments of the publishers; (3) commodities purchased from wholesale and retail establishments of different status of registration; (4) commodities purchased from other units, such as surplus materials purchased from government agencies, enterprises or institutions, commodities purchased from catering and service establishments, confiscated goods purchased from customs authorities or market management agencies, second hand goods and wastes purchased from residents; and (5) commodities directly imported from abroad. Excluded are commodities purchased by enterprises (establishments) for use in their own business operation, commodities obtained without buying or selling procedures, rejected commodities, etc.

Total Sales of Commodities refer to value of commodities sold by the establishments to other establishments and individuals (including direct export). This indicator is used to show the total value of sales of commodities at domestic markets and export. The total sales include: (1) commodities sold to urban and rural residents and social groups for their consumption; (2) commodities sold to establishments in industry, agriculture, construction, transportation, post and telecommunications, wholesale and retail trades, catering trade and public utility for their production and operation; (3) commodities sold to wholesale and retail establishments for re selling, with or without further processing;and (4)commodities for direct export to other countries. Excluded are selling of waste packaging materials used by the establishments (units) themselves, commodities transferred without buying or selling procedures, commission income from brokerage in transactions whose settlement is directly handled by buyers and sellers, rejected commodities in the purchase, loss in commodities, etc.

Commodity Stock of Wholesale and Retail Enterprises refers to total commodities possessed by wholesale and retail enterprises (units) of various types of registration status at the end of the reference period, which reflects the commodity stock level of various wholesale and retail enterprises and the potential for market supply. It includes: (1) commodities located in storage, garages, counters, and shelves of operating units (such as sale stores, wholesale centers, and operating offices) of wholesale and retail enterprises; (2) commodities in the process of selecting, sorting, and packing; (3) commodities not arrived but recorded as purchase in the account, i.e. commodities not arrived but payment receipts for the commodities from the sellers or the banks arrived; (4) commodities deposited in other places rather than places mentioned above, for instance: commodities in the hold of purchasers temporarily due to the refusal of payment and commodities not taken back after going through the formalities; (5) commodities entrusted to other units to sell but not sold yet; (6) commodities purchased for other units but not delivered yet. Commodities not included as stock are those not owned by the enterprises (units), those allocated to financially independent factories rather than wholesale and retail enterprises for processing but not taken back yet, and finally those put in stock by wholesale and retail enterprises on behalf of the state material reserves units.

For the calculation of the value of commodities stock, the value is calculated at purchasing prices in agricultural goods purchasing units and wholesale units, and at the accounting prices in retail units.

Business Revenue of Hotels and Catering Services: refer to revenue received from providing services or selling commodities by corporate enterprises and establishments engaged in hotel and catering services, including income from hotel rooms, from catering services, from selling of commodities and from other services. Income from hotel rooms refers to income of corporate enterprises and establishments by providing lodging services. Income from catering services refers to income of corporate enterprises and establishments by providing catering services, including selling of cooked or prepared foods such as stable food, cooked dishes or cold dishes. Income from selling of commodities refers to income of corporate enterprises and establishments by selling commodities that accompany the services they provide. Income from other activities refers to income received other than income from hotel rooms, catering services or selling of commodities, such as income from providing recreation, fitness or business services.

Volume of Transaction at Large Commodity Markets (with transaction value over 100 million yuan) refers to markets approved by the industrial and commercial administration departments, which specialize in wholesale and retail of commodities with an annual transaction of over 100 million yuan. The sum of sales of all sellers in the markets makes up the transaction value of the markets.

Chain Enterprises (also called chain stores or chain corporations) refer to a form of joint economic entities under which scattered enterprises or establishments engaged in providing homogeneous commodities or services, with the central leadership of core enterprise or headquarters and guided by common policies, conduct centralized purchase and distributed selling of commodities, in order to gain better efficiency through standardized operation. Consisting of a number of branch stores, the chain stores have in general following features: 1) homogeneous commodities, 2) unique name of stores, 3) centralized purchase and delivery which is separated from distributed selling operation (most commodities are delivered from the headquarters except some items which, from logistics, quality or freshness considerations, might be delivered by the suppliers directly).

Chain stores have 3 categories:

a) Chain stores under direct management: These are formal chain stores invested or controlled by the headquarters. They operate under the direct and unified management from the headquarters. Adopting a direct management approach, the headquarters give orders and control all retail stores, which follow completely the directives from the headquarters. Large monopolized commercial companies develop and expand their business through purchasing, merging, direct investment and controlling of shares.

b) Chain stores through special permit: Through contracts, chain stores (or their owners) obtain licenses from the headquarters to use designated trade marks, names, operation know how, and to sell the commodity developed by the headquarters. Under this arrangement, each store in the chain is an independent legal entity and operates under the guidance from the headquarters.

c) Chain stores through voluntary arrangement: Under this arrangement, all stores operate together under the guidance of the headquarters, while maintaining their status of independent legal entities with full ownership of their assets. They use the same store name, sign contracts with the headquarters concerning purchase, sale, publicity, etc. and operate under the contract. They are free to engage in other activities which are not bounded in the contract. They could join or leave the chain on voluntary basis.

Chain stores through special permit and those through voluntary arrangement make up chain stores through license arrangement.

第18篇

教育、科技和文化

Education,Science and Technology,Culture

简 要 说 明

一、本篇资料的主要内容

本篇资料反映了全省教育、科技和文化事业基本情况。教育部分主要包括高等教育、中等教育、初等教育、成人高等教育、职业教育、幼儿园等方面基本情况；科技部分主要包括科技成果、专利、规模以上工业科技活动和全社会科技活动情况；文化部分主要包括文化、文物、广播、电视、档案、报纸杂志出版、图书出版等方面的发展状况。

二、本篇资料的来源

1.教育部分中，技工学校的资料来源于省人力资源和社会保障厅规划财务处，其他资料来源于省教育厅发展规划处。

2.文化部分中，艺术事业、图书馆事业、群众文化事业的资料来源于省文化厅计划财务处，广播电视资料来源于省广播电视局计划财务处，新闻出版有关资料来源于省新闻出版局办公室，档案馆有关资料来源于省档案局法规经济科技处。

3.科技部分中，科技成果资料来源于省科学技术厅，专利资料来源于省知识产权局，规模以上工业企业科技活动和全社会科技活动资料来源于省统计局统计年报。

本篇资料由省统计局社科处整理提供。

Brief Introduction

I. Content

Data in this chapter show the basic conditions of education, technology and culture. Data on education show the development of higher education, secondary education, primary education, vocational education and kindergartens. Data on technology show the basic conditions of scientific and technological achievements and prizes, number of patent applications examined and granted, scientific and technological activities of industrial enterprises above designate size and basic conditions of R&D institutions. Data on culture show the basic conditions on arts, cultural relics, broadcasting, television, archives and publication.

II. Source of Data

(1)Data on the basic conditions of technical schools are provided by the Planning and Finance Division of Shandong Human Resources and Social Security Department and other data on education are provided by the Planning and Finance Division of Shandong Provincial Education Department.

(2)Data on the causes of arts, libraries, mass culture are provided by the Planning and Finance of Shandong Provincial Culture Department. Data on broadcasting and television are provided by the Planning and Finance of Shandong Provincial Administration of Radio and Television. Data on news and publication are provided by the Administrative Office of Shandong Provincial Administration of Press and Publication. Data on archives and publication are provided by the Division of Technology and Economy of Shandong Provincial Archives Administration.

(3)Data on scientific and technological are provided by Department of Science and Technology of Shandong Province. Data on patents are provided by Shandong Provincial Intellectual Property Office. Data on scientific and technological activities come from the annual report of scientific and technological activities, which is provided by Shandong Provincial Bureau of Statistics.

Data in this chapter are provided and compiled by the Division of Social, Science and Technology Statistics of Shandong Provincial Bureau of Statistics.

18-1 各级各类学校基本情况(2011年)
Basic Statistics on Education Institutions(2011)

项目	Item	学校数(所) Number of Schools (unit)	招生数(人) New Enrollment (person)	在校学生数(人) Total Enrol-lment (person)	毕业生数(人) Graduates (person)	教职工数(人) Teachers and Staff (person)	#专任教师 Full-time Teachers
高等教育	**Higher Education**						
研究生培养机构	Institutions Providing Postgraduate Programs	31	24314	69004	19112		
普通高校	Regular Institutions of Higher Education	27	24095	68354	18938		
科研机构	Research Institutions	4	219	650	174		
普通高等学校	Regular Institutions of Higher Education	139	489905	1620145	460833	142698	94621
本科院校	Universities with Full Undergraduate Courses	63	308974	1063025	251877	94935	63034
#独立学院	Non-university Tertiary	12	26047	88394	16858	7065	4664
专科院校	Colleges with Specialized Courses	76	180931	557120	208956	47763	31587
#高等职业学校	Vocational and Technical Colleges	70	165642	512153	193407	44350	28993
成人高等教育	Institutions of Higher Education for Adult	17	147677	386481	144703	3951	2731
民办的其他高等教育机构	Other Private Institutions of Higher Education	89					
中等教育	**Secondary Education**						
高中阶段教育	Senior Secondary Education						
普通高中	Regular Senior Secondary Schools	565	560488	1564212	501759		113427
中等职业学校	Vocational Secondary Education	591	444703	1177130	386564	74232	53569
技工学校	Technical Schools	208	149407	381503	123404	24379	21050
职业技术培训机构	Vocational and Technical Training Institutions	10088		2561767	3113877	50583	41668
初中阶段教育	Junior Secondary Education						
普通初中	Regular Junior Secondary Schools	3004	1057830	3451577	1076260		263333
初等教育	**Primary Education**						
普通小学	Regular Primary Schools	12047	1193990	6440742	1005022	393612	386280
特殊教育学校	**Special Education**	**146**	**2436**	**16882**	**1922**	**5731**	**4585**
学前教育	**Pre-school Education**	**18455**	**1159213**	**2423037**	**867680**	**167592**	**112648**

18-2 历年普通高等教育基本情况

Basic Statistics on Higher Education

年 份 Year	学校数 (所) Number of Schools (unit)	教职工数 (人) Teachers and Staff (person)	#专任教师 Full-time Teachers	招生数 (人) New Enrollment (person)	在校学生数 (人) Total Enrollment (person)	毕业生数 (人) Graduates (person)
1949	7	1908	484	1405	3969	70
1950	7	2090	650	1861	5406	424
1951	7	2624	935	2915	5679	569
1952	7	3684	1024	2777	6753	1703
1953	6	3542	1165	2758	7363	1931
1954	6	3262	1366	2976	8509	1759
1955	7	3397	1471	3280	8915	1825
1956	7	3900	1701	5765	11574	1775
1957	7	4518	2114	3122	12532	1686
1958	35	7938	3212	10004	19557	2249
1959	35	7799	3177	9957	26493	2409
1960	63	11746	4809	12074	34744	5821
1961	40	13534	5300	6206	33461	5567
1962	26	10144	4318	3496	26001	7148
1963	18	8882	4093	4472	23807	6180
1964	16	9187	4001	5144	22435	6806
1965	16	9156	3898	5621	22164	6102
1966	15	9314	3996		21919	293
1967	15	9200	4006		16631	5288
1968	15	9392	4094	92	9731	6992
1969	16	10564	4774		9254	2756
1970	16	10185	4526			9162
1971	19	12527	5618	8953	8953	
1972	19	12945	5168	6479	14259	
1973	19	13609	5166	5982	17291	4098
1974	19	13731	5432	5470	16375	5461
1975	21	13858	5601	7366	17582	6033
1976	22	15035	5941	8896	21340	6072
1977	27	17712	7028	13192	25735	7203
1978	34	20202	7855	19712	38390	7015
1979	35	23544	9478	12856	44771	5364
1980	35	26130	10347	14402	51427	7684
1981	37	27512	10379	14160	59645	6311
1982	37	30381	12065	15765	51794	23993
1983	41	31535	12943	19827	55276	16806
1984	47	33591	13919	24862	66429	13563
1985	49	36383	14974	32745	83567	16159
1986	49	39009	15951	30211	92422	21183
1987	50	41620	16716	32972	95891	29428
1988	50	43990	17585	35714	101281	30869
1989	51	46037	18162	34308	103928	31766
1990	49	46704	18377	35023	105822	33104
1991	49	46839	17825	36067	107093	34500
1992	51	47483	18059	57878	130188	34994
1993	51	48156	18405	57918	151758	33935
1994	49	49537	19460	55036	156639	50457
1995	49	50829	19932	55611	160398	52083
1996	49	51490	20079	56544	169184	47835
1997	48	50374	20414	56950	175920	50141
1998	49	50261	20581	62994	187473	51477
1999	52	49624	21252	82410	213679	49612
2000	58	54910	24764	124817	303826	49687
2001	65	64362	30902	183553	449360	69583
2002	75	72408	37412	218719	583601	94697
2003	85	84391	45457	273894	761417	117253
2004	97	93653	53847	327452	946124	166959
2005	104	109920	64636	400573	1171284	224611
2006	109	121167	74676	445034	1338122	268384
2007	111	128761	81889	453479	1440378	355735
2008	114	134072	87432	514176	1534009	411143
2009	128	136753	89734	501082	1592974	431598
2010	133	139100	91413	495722	1631373	444003
2011	139	142698	94621	497292	1645589	472882

注:2005年普通高等教育含104所普通高校、部分成人高校举办的高职班和电大普通专科班。

a)Data of 2005 includes those on 104 regular HEIS,higher vocational hold by some adult HEIS and regular vocational secondary courses held by eduction institutions.

18-3 历年中等专业教育基本情况

Basic Statistics on Vocational Secondary Education

年 份 Year	学校数(所) Number of Schools (unit)	招生数(人) New Enrollment (person)	毕业生数(人) Graduates (person)	在校学生数(人) Total Enrollment (person)	教职工数(人) Teachers and Staff (person)	#专任教师 Full-time Teachers
1949	34	4784	1778	13738	1207	441
1950	48	7734	4292	14206	1663	709
1951	80	11179	4855	21918	3372	1307
1952	171	33756	5223	50175	6845	2744
1953	76	8478	23488	33516	4916	1812
1954	69	9478	9812	32458	4509	1807
1955	58	7738	11553	25336	3707	1477
1956	90	30047	9403	45706	6522	2573
1957	86	7972	12089	40738	6112	2742
1958	394	106779	15584	129494	8704	4537
1959	487	58777	21286	110617	11394	4955
1960	474	79722	32699	143184	15798	7893
1961	198	10395	22687	65735	12433	6008
1962	85	585	16909	23599	6072	2797
1963	79	9685	13814	18942	5883	3312
1964	94	15282	6751	27420	6086	2769
1965	275	35768	2242	72974	9197	4850
1966	158	2831	3403	50097	9128	4310
1967	160	2810	11544	41288	9159	4388
1968	155	11861	28731	24411	9461	4328
1969	128	2107	10537	15956	8410	3942
1970	126	2648	12356	6238	8121	3997
1971	135	18497	11758	12823	7776	5403
1972	140	9746	1313	11581	8756	3773
1973	122	16377	1980	25717	8366	3771
1974	129	18963	9440	34035	10175	4434
1975	144	21442	15786	40798	11378	5038
1976	178	23328	19908	44345	13296	5522
1977	176	23195	29665	33142	14004	5649
1978	189	25961	9006	49466	14814	6158
1979	195	26574	2882	75484	16080	6792
1980	203	28137	35212	68593	17617	7898
1981	165	27797	32661	63864	18563	8115
1982	174	29235	26782	66640	20482	9204
1983	179	31570	21413	77601	21503	9775
1984	188	33597	27166	84125	22539	10184
1985	208	45163	30024	100176	24511	11333
1986	227	44130	31422	114039	27320	12807
1987	214	40120	36247	103128	26820	12846
1988	225	44606	33551	114168	28985	14522
1989	230	48407	28370	134515	29314	14719
1990	236	48634	35423	148504	31634	16000
1991	240	52092	45259	155092	31842	15617
1992	234	55353	52088	158309	32857	15972
1993	241	77875	51360	185062	34354	16769
1994	243	89643	50801	222551	35066	17526
1995	244	95442	58680	258801	36084	18211
1996	255	105468	78496	289827	38030	19898
1997	252	112348	90545	311161	38458	20291
1998	254	114956	99483	327031	39160	20949
1999	251	122331	106740	344062	39274	21311
2000	243	93493	103629	333184	37241	20409
2001	200	92215	110827	310508	28002	15607
2002	165	115941	111333	314135	27005	15369
2003	154	94625	64046	256655	23630	13761
2004	145	87889	65953	260276	21621	12771
2005	134	86044	75076	257161	20406	12193
2006	130	90432	79902	264456	20563	12634
2007	135	98634	92275	283231	20985	13223
2008	130	93217	83077	271905	20308	13224
2009	124	99212	88355	271993	19981	13093
2010						
2011						

18-4 历年普通中学基本情况

Basic Statistics on Senior and Junior Secondary Education

年 份 Year	学校数 (所) Number of Schools (unit)	招生数 (万人) New Enrollment (10 000 persons)	毕业生数 (万人) Graduates (10 000 persons)	在校学生数 (万人) Total Enrollment (10 000 persons)	教职工数 (人) Teachers and Staff (person)	#专任教师 Full-time Teachers
1949	66	1.08	0.34	3.89	3431	1585
1950	70	1.95	0.66	4.03	3728	1841
1951	112	2.47	0.73	5.50	4507	2232
1952	189	6.12	0.99	10.44	10170	4507
1953	192	4.06	1.82	12.51	12151	5206
1954	211	6.84	2.25	16.83	14666	6621
1955	218	6.74	5.08	17.51	14778	6756
1956	332	9.94	3.75	22.83	17606	8824
1957	1004	17.64	6.20	33.99	24369	14054
1958	3784	34.39	6.19	57.98	32762	20140
1959	3316	31.92	8.55	65.13	38072	23089
1960	2770	27.60	9.98	72.11	49335	28743
1961	1331	14.71	15.26	52.16	43679	24642
1962	1247	15.04	12.77	43.21	37062	21542
1963	1403	18.39	12.94	43.79	39691	24381
1964	2316	23.90	10.80	53.51	42781	26747
1965	6166	34.06	11.67	80.74	53914	37339
1966	4002	14.27	9.95	65.39	47995	33716
1967	3848	14.22	12.99	63.74	48224	33926
1968	6957	54.15	34.31	81.68	59827	41922
1969	13033	96.11	28.13	143.28	97723	79912
1970	13938	103.39	58.50	188.13	122751	100261
1971	12252	146.85	94.53	256.03	124547	116284
1972	11495	139.73	113.47	289.35	187231	155412
1973	12239	121.90	135.22	261.11	177864	144292
1974	12419	131.27	126.88	252.21	177829	142047
1975	14621	172.20	113.98	305.11	200906	161092
1976	19822	263.31	127.48	437.85	275864	228657
1977	20171	260.62	161.35	522.33	330445	277784
1978	17361	210.68	218.75	478.22	318128	264663
1979	16322	176.14	192.39	418.22	304551	246035
1980	14646	144.10	107.90	407.91	309538	247920
1981	12974	125.17	117.55	361.45	296240	233102
1982	11160	119.41	106.37	328.57	271664	212707
1983	9971	112.21	86.35	315.39	256926	200957
1984	9175	115.88	85.31	334.42	257968	201521
1985	9038	123.80	96.87	356.32	268321	209202
1986	8259	125.02	105.22	376.19	283726	220304
1987	7877	125.52	116.95	379.54	297083	232958
1988	7474	125.17	120.41	373.53	307364	241845
1989	6997	123.30	118.61	363.74	315494	245260
1990	6699	125.60	115.14	367.30	324027	249459
1991	6310	129.17	115.30	372.98	329927	253428
1992	5897	132.87	115.58	382.49	335020	258308
1993	5640	139.14	115.88	395.28	337259	260896
1994	5429	154.67	116.82	427.15	345640	268514
1995	5073	167.06	118.14	470.46	358301	279301
1996	4820	169.69	122.97	512.22	375463	294849
1997	4693	178.19	141.95	541.38	392365	310926
1998	4635	201.28	159.91	571.54	404824	322785
1999	4586	222.20	164.88	620.43	414538	333884
2000	4575	234.18	167.96	678.60	430754	350353
2001	4684	220.94	188.59	702.18	451014	359665
2002	4648	201.65	205.62	689.17	461898	369664
2003	4606	192.94	222.82	654.34	468627	374811
2004	4569	192.32	213.80	628.34	473687	379100
2005	4404	179.71	207.29	592.49	470584	377133
2006	4175	164.60	196.70	554.04	462298	372370
2007	4039	162.49	191.02	520.31	454920	370255
2008	3893	160.54	172.88	502.14	445545	367658
2009	3750	160.24	158.65	499.34	442447	372550
2010	3645	164.12	156.89	501.07	438787	372082
2011	3569	161.83	157.80	501.58	462765	376760

18-5 历年技工学校基本情况

Basic Statistics on Technical Schools

年 份 Year	学校数 (所) Number of Schools (unit)	招生数 (人) New Enrollment (person)	毕业生数 (人) Graduates (person)	在校学生数 (人) Total Enrollment (person)	教职工数 (人) Teachers and Staff (person)	#专任教师 Full-time Teachers
1953	1	150		150	25	15
1954	2	250		500	149	51
1955	2	452	150	802	206	72
1956	3	775	350	1227	351	127
1957	6	1525	452	2300	614	213
1958	44	9362	775	10887	1255	413
1959	52	9500	1525	18862	1800	620
1960	145	20290	6100	33052	2750	830
1961	16	2178	812	2996	2052	682
1962	19	1274	906	5188	2078	688
1963	21	2890	918	7163	2168	690
1964	28	4498	2687	8781	2019	920
1965	18	2336	1381	6662	1214	503
1966	16	62	115	3836	979	264
1967	16		1063	2773	1005	262
1968	14	633	2444	962	847	207
1969	9		510	452	604	141
1970	6		452		639	106
1971	2	380		380	189	85
1972	2			380	189	85
1973	15	1992	320	2052	1018	192
1974	19	2649	54	4702	1080	257
1975	26	3407	1700	5652	1751	345
1976	26	3144	1704	5841	2204	435
1977	29	6083	5421	6414	3189	735
1978	64	13669	301	19651	7042	1563
1979	72	11673	4950	26632	7055	1951
1980	94	15698	9854	32208	8974	2978
1981	100	9323	11190	29605	9749	3474
1982	103	9379	12857	25953	10154	3474
1983	106	10698	11562	24343	10560	3508
1984	119	12851	8624	28302	11215	3732
1985	134	16748	9219	35163	14142	3423
1986	163	22069	10035	47114	19968	3928
1987	206	28114	11281	63839	22647	5390
1988	236	40381	16036	87832	26382	5996
1989	256	40821	22402	105330	27843	7088
1990	266	42429	28654	118605	19084	10084
1991	279	44081	39679	122591	33739	11210
1992	290	46436	39628	128557	37579	12233
1993	302	55920	42320	142660	37222	12853
1994	306	67812	45358	165989	39351	13424
1995	312	70251	65457	169023	38891	13948
1996	312	77595	62981	185253	37747	13778
1997	305	74054	65310	192675	35160	14059
1998	305	55668	59292	188493	33806	14035
1999	302	50896	71460	161531	28871	14531
2000	279	48008	66546	137718	24484	14066
2001	278	53283	55769	132122	23152	16060
2002	249	83186	49634	165386	22190	13072
2003	244	105896	46247	212811	20684	13371
2004	249	121444	58834	274432	21370	14607
2005	229	138505	78091	325924	22049	15058
2006	197	148625	98239	357648	22309	16211
2007	200	159954	110278	385325	26744	23586
2008	197	161000	121000	415000	24700	18847
2009	196	147000	140300	396200	24963	19378
2010	209	136995	133615	397719	18183	14962
2011	208	149407	123404	381503	24379	21050

18-6 历年小学基本情况

Basic Statistics on Primary Schools

年 份 Year	学校数 (所) Number of Schools (unit)	招生数 (万人) New Enrollment (10 000 persons)	毕业生数 (万人) Graduates (10 000 persons)	在校学生数 (万人) Total Enrollment (10 000 persons)	教职工数 (人) Teachers and Staff (person)	#专任教师 Full-time Teachers
1949	27476	64.85	5.92	193.00	47640	45710
1950	37649	73.09	8.32	237.79	66439	46108
1951	45481	85.14	10.67	341.88	87932	84992
1952	55096	138.44	15.52	453.75	130791	122107
1953	53476	45.09	28.28	425.81	132259	123224
1954	52172	91.94	29.72	432.60	133588	124298
1955	52171	91.05	19.65	432.74	135050	126975
1956	52299	133.10	35.49	501.57	146511	139354
1957	52337	90.99	43.32	490.88	153512	146366
1958	64817	306.00	54.30	708.80	187148	181812
1959	76675	223.99	42.25	763.82	208941	202828
1960	67256	195.19	55.25	722.88	211598	204973
1961	61259	120.27	38.94	551.58	200310	196000
1962	58670	125.37	40.61	487.56	185043	180870
1963	61258	141.11	33.12	524.60	197427	192509
1964	108658	297.43	42.40	748.14	261782	256587
1965	143202	289.83	44.92	966.72	322560	316441
1966	76222	171.14	88.24	774.64	261927	248105
1967	77680	151.12	92.09	793.38	270433	256623
1968	77108	163.30	124.64	791.73	280930	268784
1969	76584	179.99	128.53	799.50	319014	285271
1970	79041	206.71	138.66	813.58	331613	296931
1971	81870	326.20	125.73	898.25	392417	390689
1972	82158	284.62	123.09	951.06	350695	340726
1973	83615	251.02	106.48	1004.20	374535	363243
1974	82910	232.79	105.79	1054.00	390151	376961
1975	82327	240.58	143.75	1091.22	401530	390571
1976	78698	215.88	208.06	1059.68	403562	391905
1977	78137	220.55	198.87	1035.87	399653	388337
1978	79375	234.57	181.42	1041.84	395247	384540
1979	78828	219.38	164.83	1040.06	407704	393271
1980	78796	211.68	155.64	1041.70	418828	402739
1981	78829	197.06	154.84	1017.62	417223	400449
1982	77893	190.23	159.74	978.73	414849	395455
1983	76610	184.50	160.87	946.26	414753	393013
1984	74314	176.38	160.80	927.50	410443	387448
1985	71062	167.67	164.07	894.06	405550	379751
1986	65447	161.76	158.81	870.41	412879	384564
1987	64095	152.42	158.86	844.87	421864	394296
1988	63006	156.57	154.47	830.01	432249	404509
1989	62321	162.45	149.77	823.19	439419	408468
1990	61845	158.09	144.84	818.21	446395	414653
1991	59976	156.99	143.85	815.15	447368	414924
1992	56885	163.94	141.97	826.21	450396	416662
1993	54009	185.75	145.75	853.57	448575	415928
1994	50824	206.15	153.03	895.54	448601	414912
1995	47068	205.33	154.07	940.36	456568	422989
1996	40458	194.37	152.29	971.86	463651	429345
1997	37377	183.70	155.59	990.19	468548	434671
1998	34480	146.34	173.92	951.34	467987	435156
1999	29453	116.04	191.40	870.72	451063	418828
2000	26017	104.48	195.12	774.88	440161	408200
2001	21342	101.36	176.17	699.19	422905	390374
2002	19590	107.26	144.10	662.59	414600	383816
2003	18303	107.86	128.24	642.78	410968	380066
2004	16943	110.17	124.69	627.80	410264	378793
2005	15871	104.27	113.31	615.37	410394	377729
2006	14611	107.18	101.69	623.02	415117	381673
2007	14064	111.46	103.87	634.01	420353	386641
2008	13503	104.61	107.48	632.98	420552	387957
2009	12858	101.78	109.47	626.81	421057	389962
2010	12405	111.30	110.26	629.25	417504	387453
2011	12047	119.40	106.82	644.07	393612	386280

18-7　1985-2011年成人高等教育基本情况
Basic Statistics on Adult Education from 1985 to 2011

年 份 Year	学校数 (所) Number of Schools (unit)	招生数 (人) New Enrollment (person)	毕业生数 (人) Graduates (person)	在校学生数 (人) Total Enrollment (person)	教职工数 (人) Teachers and Staff (person)	#专任教师 Full-time Teachers
1985	53	41358	14543	85909	7918	3677
1986	55	38305	18626	119123	9514	4417
1987	58	30789	30352	110258	8900	3847
1988	53	43784	35680	101606	10179	4137
1989	53	43386	30687	115753	11552	4754
1990	53	32580	29317	114764	12745	5164
1991	54	26409	40382	104560	12669	4926
1992	51	49078	41748	105427	12883	5017
1993	53	71210	31104	149282	12648	5257
1994	53	81379	30786	196381	13048	5872
1995	53	61032	55764	198934	13159	6037
1996	53	59850	65204	194454	13308	6495
1997	53	65775	74017	185029	14096	6925
1998	46	73618	61603	198780	13023	6557
1999	40	87117	61611	221161	14335	7131
2000	40	82423	70810	219977	14090	7084
2001	34	103165	57373	255775	13911	6841
2002	29	111023	69723	316605	11797	6182
2003	27	128242	79518	373086	9877	5300
2004	24	132313	107645	268112	11056	6247
2005	24	108707	118379	258521	11481	6683
2006	24	95858	34999	295189	12775	7516
2007	23	106857	97584	297085	12627	7537
2008	22	152713	93079	355307	7390	4840
2009	21	136048	105081	377343	6240	4142
2010	18	133191	110347	388741	4225	2946
2011	17	147677	144703	386481	3951	2731

注：自2001年起成人高等学历教育统计口径调整为不含电大普通专科班及高职。

a)After 2001,adult higher education exclude regular specialized courses and vocational education.

18-8 研究生教育基本情况

Basic Statistics on Postgraduate Education

项 目		Item		2006	2007	2008	2009	2010	2011
一、培养单位数	**（个）**	**Institutions Providing Postgraduate Programs**	**(unit)**	**31**	**32**	**31**	**31**	**31**	**31**
高等学校	（个）	Regular Institutions of Higher Education	(unit)	26	27	27	27	27	27
科研单位	（个）	Research Institutions	(unit)	5	5	4	4	4	4
二、招生数	**（人）**	**Enrollment**	**(person)**	**15009**	**16860**	**18531**	**21664**	**23431**	**24314**
攻读博士学位	（人）	Appliants for Doctor's Degree	(person)	1688	1763	1822	1865	1920	1954
高等学校	（人）	Regular Institutions of Higher Education	(person)	1614	1688	1748	1790	1844	1877
科研单位	（人）	Research Institutions	(person)	74	75	74	75	76	77
攻读硕士学位	（人）	Appliants for Master's Degree	(person)	13321	15097	16709	19799	21511	22360
高等学校	（人）	Regular Institutions of Higher Education	(person)	13099	14868	16571	19659	21349	22218
科研单位	（人）	Research Institutions	(person)	222	229	138	140	162	142
三、在校生数	**（人）**	**Total Enrollment**	**(person)**	**41708**	**46710**	**50720**	**57191**	**65034**	**69004**
攻读博士学位	（人）	Appliants for Doctor's Degree	(person)	5734	6108	6707	7068	7487	7871
高等学校	（人）	Regular Institutions of Higher Education	(person)	5499	5851	6481	6853	7275	7664
科研单位	（人）	Research Institutions	(person)	235	257	226	215	212	207
攻读硕士学位	（人）	Appliants for Master's Degree	(person)	35974	40602	44013	50123	57547	61133
高等学校	（人）	Regular Institutions of Higher Education	(person)	35325	39931	43619	49714	57106	60690
科研单位	（人）	Research Institutions	(person)	649	671	394	409	441	443
四、毕业生数	**（人）**	**Graduates**	**(person)**	**9415**	**11293**	**13212**	**14139**	**15559**	**19112**
攻读博士学位	（人）	Appliants for Doctor's Degree	(person)	1132	1433	1423	1493	1362	1508
高等学校	（人）	Regular Institutions of Higher Education	(person)	1056	1381	1319	1416	1278	1430
科研单位	（人）	Research Institutions	(person)	76	52	104	77	84	78
攻读硕士学位	（人）	Appliants for Master's Degree	(person)	8283	9860	11789	12646	14197	17604
高等学校	（人）	Regular Institutions of Higher Education	(person)	8155	9690	11666	12563	14098	17508
科研单位	（人）	Research Institutions	(person)	128	170	123	83	99	96

18-9 各市中等职业学校基本情况(2011年)
Basic Statistics on Secondary Vocational Schools by Region (2011)

地区	Region	学校数(所) Schools (unit)	招生数(人) New Enrollment (person)	毕业生数(人) Graduates (person)	在校学生数(人) Total Enrollment (person)	专任教师数(人) Full-time Teachers (person)
全省总计	**Total**	**591**	**444703**	**386564**	**1177130**	**53569**
济南市	Jinan	70	35720	29005	92068	4195
青岛市	Qingdao	68	37324	49008	116694	6523
淄博市	Zibo	26	28473	24790	59564	2345
枣庄市	Zaozhuang	21	15078	19182	44108	1708
东营市	Dongying	12	7800	7652	19241	1044
烟台市	Yantai	45	38455	30026	102489	4745
潍坊市	Weifang	44	69396	47055	175264	6189
济宁市	Jining	39	27345	21037	69145	3796
泰安市	Tai'an	18	23064	19285	64336	2509
威海市	Weihai	30	12526	10243	35735	2070
日照市	Rizhao	18	14289	11239	33505	1809
莱芜市	Laiwu	14	4453	4319	8612	582
临沂市	Linyi	55	29073	22529	81669	4066
德州市	Dezhou	33	23489	25192	80253	3136
聊城市	Liaocheng	28	22030	16947	58793	3015
滨州市	Binzhou	17	20182	15541	49529	1958
菏泽市	Heze	53	36006	33514	86125	3879

18-10 各市普通中学情况(2011年)
Basic Statistics of Secondary Schools by Region (2011)

地区	Region	普通高中 Senior Secondary Schools					普通初中 Junior Secondary Schools				
		学校数(所) Schools (unit)	专任教师数(人) Full-time Teachers (person)	招生数(人) New Enrollment (person)	在校学生数(人) Total Enrollment (person)	毕业生数(人) Graduates (person)	学校数(所) Schools (unit)	专任教师数(人) Full-time Teachers (person)	招生数(人) New Enrollment (person)	在校学生数(人) Total Enrollment (person)	毕业生数(人) Graduates (person)
全省总计	**Total**	**565**	**113427**	**560488**	**1564212**	**501759**	**3004**	**263333**	**1057830**	**3451577**	**1076260**
济南市	Jinan	36	6811	35926	102321	33509	169	15378	65927	202421	63483
青岛市	Qingdao	58	9394	43522	119780	32138	232	22008	75733	253446	90194
淄博市	Zibo	34	5666	34956	96588	26026	159	14782	47375	200575	55621
枣庄市	Zaozhuang	27	4424	25946	77318	26623	105	9897	45491	136933	48068
东营市	Dongying	18	3211	16321	44334	13150	74	7143	24536	81159	22345
烟台市	Yantai	48	8701	36991	107930	32597	243	22634	51975	242262	74244
潍坊市	Weifang	47	13528	64373	172149	52367	301	26793	93643	310966	110240
济宁市	Jining	40	8645	43536	125618	43065	247	21126	89571	289332	93347
泰安市	Tai'an	33	6558	26726	63266	23792	144	13283	63086	186434	43697
威海市	Weihai	22	3976	13489	40451	13237	89	8989	21491	93734	27987
日照市	Rizhao	22	3499	15818	45574	14350	94	8300	31700	98983	32822
莱芜市	Laiwu	8	1747	9978	24504	6127	47	4603	14455	66779	13927
临沂市	Linyi	50	11956	61746	166228	52490	301	27797	124660	390000	125935
德州市	Dezhou	20	5661	27087	76298	28333	180	13701	66433	186187	53071
聊城市	Liaocheng	37	6213	27676	85498	33241	164	13847	67075	194634	58352
滨州市	Binzhou	18	4863	22870	61881	20917	144	10477	43201	131951	39895
菏泽市	Heze	47	8574	53527	154474	49797	311	22575	131478	385781	123032

18-11 各市小学基本情况(2011年)

Basic Statistics on Primary Schools by Region (2011)

地　区	Region	学校数(所) Schools (unit)	专任教师数(人) Full-time Teachers (person)	招生数(人) New Enrollment (Person)	在校学生数(人) Total Enrollment (person)	毕业生数(人) Graduates (person)
全省总计	**Total**	**12047**	**386280**	**1193990**	**6440742**	**1068186**
济南市	Jinan	631	25162	70736	389687	67077
青岛市	Qingdao	889	31832	92860	479513	76249
淄博市	Zibo	340	15430	47533	229614	48237
枣庄市	Zaozhuang	575	18075	49453	263222	49548
东营市	Dongying	160	7843	25074	136194	24905
烟台市	Yantai	429	19571	56393	260661	52569
潍坊市	Weifang	1015	37352	103805	546461	97170
济宁市	Jining	1214	32751	104883	563543	88834
泰安市	Tai'an	659	20853	62172	377628	64054
威海市	Weihai	129	6720	20594	99047	21226
日照市	Rizhao	409	11458	35937	195277	32391
莱芜市	Laiwu	164	5351	13237	65943	14465
临沂市	Linyi	1632	42147	151270	776931	123645
德州市	Dezhou	982	27513	78636	461803	66955
聊城市	Liaocheng	788	23509	77597	430988	65406
滨州市	Binzhou	395	16020	48141	263366	43978
菏泽市	Heze	1636	44693	155669	900864	131477

18-12 各市中小学教职工情况(2011年)

Basic Statistics on Teachers and Staff of Primary and Secondary Schools by Region (2011)

单位:人 (person)

地　区	Region	普通中学教职工 Teachers and Staff of Secondary Schools	#专任教师 Full-time Teachers	小学教职工 Teachers and Staff of Primary Schools	#专任教师 Full-time Teachers
全省总计	**Total**	**462765**	**376760**	**393612**	**386280**
济南市	Jinan	28192	22189	25459	25162
青岛市	Qingdao	36738	31402	33704	31832
淄博市	Zibo	26481	20448	15057	15430
枣庄市	Zaozhuang	18132	14321	18813	18075
东营市	Dongying	14090	10354	6311	7843
烟台市	Yantai	37799	31335	19096	19571
潍坊市	Weifang	48714	40321	36135	37352
济宁市	Jining	36850	29771	33919	32751
泰安市	Tai'an	24685	19841	21518	20853
威海市	Weihai	15143	12965	6698	6720
日照市	Rizhao	13830	11799	11629	11458
莱芜市	Laiwu	8369	6350	5965	5351
临沂市	Linyi	49783	39753	44658	42147
德州市	Dezhou	22959	19362	28561	27513
聊城市	Liaocheng	23548	20060	24871	23509
滨州市	Binzhou	20138	15340	15265	16020
菏泽市	Heze	37314	31149	45953	44693

18－13 各市普通中学专任教师学历情况(2011年)

Basic Statistics on Education of Teachers and Staff of Secondary Schools by Region (2011)

单位：人 (person)

地区	Region	普通高中专任教师 Full-time Teachers of Senior Secondary Schools	#本科及以上 With Undergraduate Education or Higher	#专科 With Specialized Education	普通初中专任教师 Full-time Teachers of Junior Secondary Schools	#本科及以上 With Undergraduate Education or Higher	#专科 With Specialized Education
全省总计	**Total**	**113427**	**110555**	**2785**	**263333**	**197018**	**63831**
济南市	Jinan	6811	6737	72	15378	13416	1752
青岛市	Qingdao	9394	9307	82	22008	18595	3109
淄博市	Zibo	5666	5607	55	14782	13221	1460
枣庄市	Zaozhuang	4424	4224	192	9897	7972	1837
东营市	Dongying	3211	3204	7	7143	5817	1276
烟台市	Yantai	8701	8590	109	22634	17895	4564
潍坊市	Weifang	13528	13068	454	26793	19323	7211
济宁市	Jining	8645	8474	170	21126	14377	6552
泰安市	Tai'an	6558	6298	240	13283	9463	3636
威海市	Weihai	3976	3898	75	8989	8152	782
日照市	Rizhao	3499	3374	109	8300	5967	2206
莱芜市	Laiwu	1747	1747		4603	3784	775
临沂市	Linyi	11956	11530	424	27797	22669	5090
德州市	Dezhou	5661	5418	238	13701	7061	6390
聊城市	Liaocheng	6213	6085	128	13847	9698	4015
滨州市	Binzhou	4863	4732	118	10477	7315	3023
菏泽市	Heze	8574	8262	312	22575	12293	10153

18－14 各市幼儿园情况

Basic Statistics on Kindergartens by Region

地区	Region	幼儿园数(所) Number of Kindergartens (unit)		入园(班)儿童数(人) Number of Children Enrolled (person)		专任教师数(人) Full-timeTeachers (person)	
		2010	2011	2010	2011	2010	2011
全省总计	**Total**	**17751**	**18455**	**1085062**	**1159213**	**98763**	**112648**
济南市	Jinan	1460	1332	55912	59116	8272	9181
青岛市	Qingdao	2343	2476	64506	72966	12210	14063
淄博市	Zibo	757	824	42994	33772	7372	7648
枣庄市	Zaozhuang	634	636	51394	50844	2977	2902
东营市	Dongying	472	470	20110	23631	3656	3971
烟台市	Yantai	1239	1233	40091	45491	7076	7898
潍坊市	Weifang	1724	1829	108696	99849	9981	12516
济宁市	Jining	1506	1490	117437	123016	7619	9074
泰安市	Tai'an	1120	1023	68402	60266	6493	6994
威海市	Weihai	309	304	13415	17570	3141	3314
日照市	Rizhao	740	732	32938	26100	3918	3942
莱芜市	Laiwu	433	430	8140	9892	1869	2143
临沂市	Linyi	2184	2429	150188	181165	8742	10426
德州市	Dezhou	376	558	54334	73027	2797	4000
聊城市	Liaocheng	338	314	62730	83361	2349	2454
滨州市	Binzhou	390	498	36400	45668	3023	3783
菏泽市	Heze	1726	1877	157375	153479	7268	8339

18-15 1978-2011年重要科技成果数量

Major Achievements in Science and Technology 1978 to 2011

单位:项 (unit)

年份 Year	成果数量 Number of Achievements	#农业 Agriculture	#工业 Industry	国际领先先进水平 Advanced Internationally	国内领先先进水平 Advanced nationally	省内领先先进水平 Advanced on Provincial Level
1978	652	116	443	19	283	350
1979	456	90	261	21	149	286
1980	657	195	396	25	210	422
1981	704	169	485	29	201	474
1982	732	153	516	35	298	399
1983	977	209	660	26	378	573
1984	997	196	730	21	420	556
1985	1196	277	758	41	566	589
1986	1337	183	933	75	634	628
1987	1525	264	964	92	838	595
1988	1786	300	1104	118	1045	623
1989	1957	325	1220	135	1081	741
1990	2112	375	1246	150	1148	814
1991	2488	541	1405	175	1503	810
1992	2668	57	1265	327	1538	803
1993	2858	605	1418	372	1745	741
1994	3113	696	1487	416	2131	566
1995	3251	702	1524	466	2272	513
1996	3388	709	1599	471	2353	564
1997	3507	737	1517	456	2678	373
1998	3558	614	1515	724	2516	318
1999	3688	557	1270	744	2737	207
2000	3728	575	1289	599	2861	182
2001	3112	494	1138	506	2439	167
2002	3018	452	1117	486	2371	161
2003	2896	433	1071	466	2276	154
2004	3028	454	1120	485	2392	151
2005	2408	320	539	534	1741	133
2006	2313	338	630	448	1742	123
2007	2346	330	704	543	1662	
2008	2330	301	677	592	1618	
2009	2364	306	849	751	1412	
2010	2367	391	751	676	1316	
2011	2379	305	723	647	1296	

18-16 科技成果情况

Basic Statistics on Science and Technology

单位:项 (unit)

类别	Category	2005	2006	2007	2008	2009	2010	2011
一、国家级科技成果奖励成果	**National Scientific and Techinical Award**	**17**	**32**	**23**	**26**	**33**	**36**	**39**
国家发明奖	National Invention Award	3	4	3	2	2	4	6
国家自然科学奖	State Natural Science Award	1			4			
国家科技进步奖	The State Scientific and Technological Progress Award	13	28	20	20	31	31	33
国际合作奖	International Cooperation Award						1	
二、省级重要科技成果	**Important Scientific and Technical Award**	**2408**	**2313**	**2346**	**2330**	**2364**	**2367**	**2379**
三、省科学技术奖	**Provincial Science and Technology Award**							
自然科学奖	Natural Science Award	17	20	20	20	24	18	17
技术发明奖	Technological Invention Award	12	18	11	17	18	12	16
科技进步奖	Scientific and Technological Progress Award	465	460	467	458	454	467	461
四、专利情况	**Patent Applications**							
申请量	Number of Patent Applications	28835	38284	46849	60247	66857	80856	109599
授权量	Number of Patent Applications Granted	10743	15937	22821	26688	34513	51490	58843

注:国家自然科学奖每两年评一次。
a)State Natural Science Award is issued every other year.

18-17 R&D人员折合全时当量情况(2011年)

Basic Statistics On Full-time Equivalent of R&D Personnel(2011)

单位：人年 (man year)

年 份 类 别	Year Category	R&D人员折合全时当量 Full-time Equivalent of R&D Personnel	基础研究人员 Basic Research Personnel	应用研究人员 Applied Research Personnel	试验发展人员 Experimental Development Personnel
2005		89574	6360	20638	62576
2006		96599	7151	16089	73359
2007		116468	6732	18289	91448
2008		160916	7942	14310	138664
2009		164397	8505	11657	144238
2010		190329	9481	20070	160777
2011		228623	11249	19772	197604
一、按行业分	**by Sector**				
农、林、牧、渔业	Agriculture, Forestry, Animal Husbandry and Fishery	1083	14	113	956
采矿业	Mining	15937	13	1144	14780
制造业	Manufacturing	163721	148	2969	160603
电力、燃气及水的生产和供应业	Production and Supply of Electricity,Gas and Water	1189		125	1064
建筑业	Construction	5489		300	5190
交通运输、仓储和邮政业	Transport, Storage and Postal Services	812	16	12	784
信息传输、计算机服务和软件业	Information Transmission,Computer Services and Software	3587		34	3554
批发和零售业	Wholesale and Retail Trade				
住宿和餐饮业	Accommodations and Catering Services				
金融业	Finance	16			16
房地产业	Real Estate				
租赁和商务服务业	Leasing and Business Services	736		155	581
科学研究、技术服务和地质勘查业	Scientific Research, Technical Services and Geological Prospecting	1573		397	1176
水利、环境和公共设施管理业	Management of Water Conservancy, Environment and Public Facilities	138		27	111
居民服务和其他服务业	Services to Households and Other Services				
教育	Education	16082	7721	7192	1171
卫生、社会保障和社会福利业	Health Care, Social Security and Social Welfare	8760	1595	4127	3038
文化、体育和娱乐业	Culture, Sports and Recreation	8	4	4	
公共管理和社会组织	Public Administration and Social Organizations				
国际组织	International Organizations				
二、按地区分	**by Region**				
济南市	Jinan	36821	3612	6760	26449
青岛市	Qingdao	39151	2260	3540	33352
淄博市	Zibo	21805	259	483	21062
枣庄市	Zaozhuang	6483	66	477	5940
东营市	Dongying	11066	238	1505	9323
烟台市	Yantai	21617	538	831	20250
潍坊市	Weifang	20079	412	1011	18656
济宁市	Jining	9656	1280	784	7593
泰安市	Tai'an	12428	943	1299	10187
威海市	Weihai	11180		780	10400
日照市	Rizhao	2149		100	2050
莱芜市	Laiwu	1926		71	1856
临沂市	Linyi	8905	575	309	8021
德州市	Dezhou	4502	50	234	4218
聊城市	Liaocheng	7012	727	501	5785
滨州市	Binzhou	8503	233	366	7905
菏泽市	Heze	3767	60	324	3383

18-18 R&D经费支出情况(2011年)

单位：万元

年 份 类 别	Year Category	R&D经费内部支出合 计 Internal Expenditure on R&D	基础研究支 出 Basic Research	应用研究支 出 Applied Research
	2005	1937924		
	2006	2341297		
	2007	3123081		
	2008	4351943		
	2009	5195892	105046	194974
	2010	6720045	132841	366053
	2011	8443766	188276	541682
一、按行业分	**by Sector**			
农、林、牧、渔业	Agriculture, Forestry, Animal Husbandry and Fishery	28040	22	882
采矿业	Mining	652976	65	83091
制造业	Manufacturing	6726703	7379	152300
电力、燃气及水的生产和供应业	Production and Supply of Electricity,Gas and Water	51673		9328
建筑业	Construction	189119		9929
交通运输、仓储和邮政业	Transport, Storage and Postal Services	29310	98	130
信息传输、计算机服务和软件业	Information Transmission,Computer Services and Software	53316		183
批发和零售业	Wholesale and Retail Trade			
住宿和餐饮业	Accommodations and Catering Services			
金融业	Finance	1813		
房地产业	Real Estate			
租赁和商务服务业	Leasing and Business Services	27100		3290
科学研究、技术服务和地质勘查业	Scientific Research, Technical Services and Geological Prospecting	51611		6229
水利、环境和公共设施管理业	Management of Water Conservancy,Environment and Public Facilities	1116		239
居民服务和其他服务业	Services to Households and Other Services			
教育	Education	238144	93221	102724
卫生、社会保障和社会福利业	Health Care, Social Security and Social Welfare	103149	24322	62943
文化、体育和娱乐业	Culture, Sports and Recreation	173	125	48
公共管理和社会组织	Public Administration and Social Organizations			
国际组织	International Organizations			
二、按地区分	**by Region**			
济南市	Jinan	955341	53609	126146
青岛市	Qingdao	1643142	83507	120186
淄博市	Zibo	634911	2776	15029
枣庄市	Zaozhuang	156809	249	3829
东营市	Dongying	524021	2404	72199
烟台市	Yantai	1123004	6683	48267
潍坊市	Weifang	703536	3555	17256
济宁市	Jining	374092	8329	11287
泰安市	Tai'an	389921	16090	29142
威海市	Weihai	347230		24274
日照市	Rizhao	83035		1365
莱芜市	Laiwu	141670		6389
临沂市	Linyi	321360	5486	2883
德州市	Dezhou	110825	291	21074
聊城市	Liaocheng	344006	2443	18388
滨州市	Binzhou	411595	2756	12734
菏泽市	Heze	127660	101	5006

Basic Statistics On Expenditure on R&D(2011)

(10 000 yuan)

试验发展支出 Experimental Development	政府资金 Government Appropriation Funds	企业资金 Self-raised Funds by Enterprises	国外资金 Foreign funds	其他资金 Other Funds	R&D经费外部支出合计 External expenditure on R&D	对国内研究机构的支出 Expenditure On Domestic Research Institutions	对国内高等学校支出 Expenditure On Domestic colleges and universities	对国内企业支出 Expenditure On Domestic Enterprises	对境外支出 Expenditure On Overseas
					116501				
					150767				
					211443				
					302255				
4895872	448788	4629063	21470	96570	329984	136864	93150	54635	44905
6221155	588821	6001743	28443	101041	483222	196572	139603	103457	42753
7713809	720630	7562821	36808	123506	481700	194548	157518	81576	48050
27135	5512	22304		224	1112	863	246	4	
569820	30479	618756		3742	48630	13286	30538	3845	961
6567023	176619	6466595	25637	57851	392989	166748	112508	72982	40751
42345	412	50380		881	4064	2095	1291	677	
179190	2433	183689		2998	8473	2567	5370	347	188
29082	1511	27799			3301	2315	986		
53133	2868	42768	6853	827	298	275	22		
1813		1813							
23810	735	26365			632	274	337	21	
45382	47348			4263	217	217			
877	144	972			10		10		
42199	146227	78284	810	12823	18654	4282	5112	3101	6150
15884	78134	20907	436	3671	32	2	31		
	105		67						
775586	166993	742294	8839	37216	40140	13775	17965	3827	4572
1439451	233662	1379178	9624	20677	142610	46221	22840	54081	19468
617105	20917	601677	4784	7532	29371	15990	9064	1428	2889
152732	6151	150150	402	106	4828	2182	2378	3	266
449418	32691	482622	1628	7081	26433	13196	10388	252	2598
1068053	46040	1067881	2005	7080	29749	14701	9173	4281	1594
682725	27950	664058		11528	43075	15821	13119	1390	12745
354477	22289	348750	57	2997	32176	7545	24332	92	199
344689	30939	352078	509	6394	13778	7390	4079	1261	1048
322956	17788	322797	3371	3273	19650	9088	10235	98	230
81670	2072	80914	1	48	3252	2086	731	55	380
135282	2446	137719	1325	180	5675	4810	349	516	
312991	18250	299995	584	2532	15307	7543	7282	459	22
89460	6751	102841	70	1162	5505	3326	1192	472	514
323174	18227	313684	3419	8676	21729	11846	6496	3388	
396106	13676	395306	70	2543	32489	9907	12093	9868	621
122555	6444	120878	121	218	15715	8904	5804	104	904

18-19 R&D人员情况(2011年)

年份 类别	Year Category	有研究开发活动单位数(个) Number of Units with Research and Development Activities (unit)
2005		1522
2006		1595
2007		1932
2008		2315
2009		2829
2010		2988
2011		3023
一、按行业分	**by Sector**	
农、林、牧、渔业	Agriculture, Forestry, Animal Husbandry and Fishery	52
采矿业	Mining	51
制造业	Manufacturing	2353
电力、燃气及水的生产和供应业	Production and Supply of Electricity,Gas and Water	29
建筑业	Construction	56
交通运输、仓储和邮政业	Transport, Storage and Postal Services	9
信息传输、计算机服务和软件业	Information Transmission,Computer Services and Software	76
批发和零售业	Wholesale and Retail Trade	
住宿和餐饮业	Accommodations and Catering Services	
金融业	Finance	1
房地产业	Real Estate	
租赁和商务服务业	Leasing and Business Services	4
科学研究、技术服务和地质勘查业	Scientific Research, Technical Services and Geological Prospecting	3
水利、环境和公共设施管理业	Management of Water Conservancy,Environment and Public Facilities	10
居民服务和其他服务业	Services to Households and Other Services	
教育	Education	95
卫生、社会保障和社会福利业	Health Care, Social Security and Social Welfare	129
文化、体育和娱乐业	Culture, Sports and Recreation	2
公共管理和社会组织	Public Administration and Social Organizations	
国际组织	International Organizations	
二、按地区分	**by Region**	
济南市	Jinan	401
青岛市	Qingdao	468
淄博市	Zibo	326
枣庄市	Zaozhuang	114
东营市	Dongying	80
烟台市	Yantai	344
潍坊市	Weifang	323
济宁市	Jining	109
泰安市	Tai'an	147
威海市	Weihai	138
日照市	Rizhao	35
莱芜市	Laiwu	27
临沂市	Linyi	147
德州市	Dezhou	75
聊城市	Liaocheng	77
滨州市	Binzhou	120
菏泽市	Heze	89

Basic Statistics On R&D Personnel(2011)

研究与试验发展人员（人） Research and Development Personnel (person)	全时人员 Full-time Personnel	非全时人员 Part-time Personnel	博士毕业 Doctor	硕士毕业 Master
232722	149698	83024	8832	24111
275360	176314	99046	9900	28961
327256	218662	108594	11822	34966
1297	892	405	49	96
21816	9387	12429	258	1422
228257	165977	62280	2978	15131
1951	911	1040	36	194
7617	4874	2743	61	562
1696	751	945	5	119
4495	4297	198	25	268
32	32			3
739	643	96	6	206
1598	1568	30	29	428
197	157	40	1	13
29233	16113	13120	6180	10978
17048	5247	11801	601	2489
23	14	9		1
51246	37048	14198	3659	8730
52296	38109	14187	2384	6063
28242	17979	10263	539	1677
7929	4297	3632	90	417
13519	9360	4159	951	2452
30372	20323	10049	839	2467
30508	21389	9119	554	2581
15405	9446	5959	544	2121
19408	10114	9294	506	1563
16093	10585	5508	189	854
3971	2496	1475	49	193
3950	2503	1447	56	308
13941	7863	6078	522	1966
6351	4612	1739	127	526
11959	7392	4567	460	1243
14889	9996	4893	219	911
5579	3582	1997	105	466

18-20 规模以上工业企业R&D经费支出情况(2011年)

单位：万元

年份 类别	Year Category	R&D经费内部支出合计 Internal Expenditure on R&D	基础研究支出 Basic Research
2005		1611441	
2006		1955191	
2007		2681425	
2008		3759470	
2009		4567109	1415
2010		5892400	5142
2011		7431352	7444
一、按企业规模分	**by Enterprise Size**		
大型企业	Large-sized Enterprises	5382658	7345
中型企业	Medium-sized Enterprises	1256968	99
小型企业	Small-sized Enterprises	695488	
微型企业	Micro-enterprises	96238	
二、按登记注册类型分	**by Status of Registration**		
内资企业	Domestic Funded Enterprises	6506426	1361
国有企业	State-owned Enterprises	629580	
集体企业	Collective-owned Enterprises	515926	
股份合作企业	Cooperative Enterprises	73488	
联营企业	Joint Ownership Enterprises	89702	
有限责任公司	Limited Liability Corporations	2850787	370
股份有限公司	Share-holding Corporations Limited	1379737	991
私营企业	Private Enterprises	866639	
其他企业	Other Enterprises	100566	
港、澳、台商投资企业	Enterprises with Funds from Hong Kong, Macao and Taiwan	235945	
合资经营企业(港或澳、台资)	Joint-ventures Enterprises	171675	
合作经营企业(港或澳、台资)	Cooperative Enterprises	2416	
港、澳、台商独资经营企业	Enterprises with Sole Investment	50707	
港、澳、台商投资股份有限公司	Share-holding Corporations Ltd. With Funds from Hong Kong, Macao and Taiwan	11147	
外商投资企业	Foreign Funded Enterprises	688981	6083
中外合资经营企业	Joint-venture Enterprises	486386	
中外合作经营企业	Cooperation Enterprises	3740	
外资企业	Enterprises with Sole Foreign Funds	128695	
外商投资股份有限公司	Share-holding Corporations Ltd. With Foreign Investment	70161	6083
三、按工业行业大类分	**by Sector**		
采矿业	Mining	652976	65
煤炭开采和洗选业	Mining and Washing of Coal	423094	45
石油和天然气开采业	Extraction of Petroleum and Natural Gas	103804	20
黑色金属矿采选业	Mining of Ferrous Metal Ores	9966	
有色金属矿采选业	Mining of Non-ferrous Metal Ores	106668	
非金属矿采选业	Mining and Processing of Nonmetal Ores	9446	
其他采矿业	Mining of Other Ores		
制造业	Manufacturing	6726703	7379
农副食品加工业	Processing of Food from Agricultural Products	262325	384
食品制造业	Manufacture of Foods	162372	
饮料制造业	Manufacture of Beverage	110274	6083
烟草制品业	Manufacture of Tobacco	17347	
纺织业	Manufacture of Textile	304404	
纺织服装、鞋、帽制造业	Manufacture of Textile Wearing Apparel, Footware, and Caps	52127	
皮革、毛皮、羽毛(绒)及其制品业	Manufacture of Leather, Fur,Feather & Its Products	25360	
木材加工及木、竹、藤、棕、草制品业	Processing of Timbers, Manufacture of Wood, Bamboo, Rattan, Palm, and Straw Products	6171	

Expenditures of Industrial Enterprises above Designated Size on R&D(2011)

(10 000 yuan)

应用研究支出 Applied Research	试验发展支出 Experimental Development	政府资金 Government Appropriation Funds	企业资金 Self-raised Funds by Enterprises	国外资金 Foreign funds	其他资金 Other Funds	R&D经费外部支出合计 External expenditure on R&D	对国内研究机构的支出 Expenditure On Domestic Research Institutions	对国内高等学校支出 Expenditure On Domestic colleges and universities	对境外支出 Expenditure On Overseas
		37788	1566064	1846	5745	104078			
		43818	1901614	1752	8010	136912			
		55162	2597941	4006	24317	189487			
		104376	3631823	2324	20951	265516			
3648	4562045	128492	4371493	16421	50702	298263	124604	82780	40347
93552	5793707	168876	5657574	23030	42921	443343	178233	128849	34653
244720	7179188	207510	7135731	25637	62474	445682	182129	144338	41712
200193	5175120	137038	5197723	10072	37826	344724	136754	113767	34913
22664	1234205	42749	1189641	11168	13411	67711	28920	20027	4796
10303	685185	27526	652769	4398	10796	24561	9667	9251	2003
11560	84678	197	95598		442	8686	6788	1293	
236002	6269063	190507	6242980	15205	57735	401371	160400	123592	40478
32768	596812	13825	609225	1164	5366	54783	45116	7875	552
13623	502304	8118	502691		5118	47988	2707	3130	11443
6993	66495	1610	71830		48	2531	1315	920	170
	89702	320	89381	1		7879	3066	3760	
91372	2759045	73078	2746118	8715	22876	162495	67959	67710	9788
71873	1306873	64908	1299544	2097	13189	87290	22067	26635	15749
19073	847566	28267	826645	2229	9498	32276	17474	8950	2470
300	100266	383	97545	999	1639	6129	696	4614	305
141	235804	3404	230115	49	2376	14223	6490	6567	894
141	171534	2650	166758		2267	12596	6371	5203	878
	2416	123	2294			56	33	10	14
	50707	530	50018	49	110	1445	25	1305	3
	11147	102	11045			126	61	49	
8577	674321	13599	662636	10383	2363	30088	15239	14179	340
2954	483432	11054	465760	7978	1593	22530	8660	13365	289
	3740		3740						
3152	125543	1533	123987	2405	770	1140	348	627	51
2471	61607	1013	69148			6418	6231	187	
83091	569820	30479	618756		3742	48630	13286	30538	961
22619	400429	2567	419727		799	36141	10165	25604	35
56603	47181	16623	85266		1915	3185	1172	1941	72
	9966		9966			103		103	
3869	102798	11289	94681		697	8911	1725	2825	854
	9446		9116		330	290	225	66	
152300	6567023	176619	6466595	25637	57851	392989	166748	112508	40751
4523	257418	3907	251039	50	7329	23332	8141	10732	393
1929	160443	4863	156984		526	4317	1347	1072	1
9575	94616	2710	106590		973	4424	1871	1744	412
	17347		17219		128	2117	1532	585	
12831	291574	7605	294192	424	2184	13263	3813	8939	414
89	52038	996	50754		378	5632	1924	3224	484
	25360	1107	23181		1072	193	183	10	
	6171	218	5953			341	135	185	21

18−20 续表

单位：万元

类别	Category	R&D经费内部支出合计 Internal Expenditure on R&D	基础研究支出 Basic Research
家具制造业	Manufacture of Furniture	3163	
造纸及纸制品业	Manufacture of Paper and Paper Products	162090	
印刷业和记录媒介的复制	Printing, Reproduction of Recording Media	9163	
文教体育用品制造业	Manufacture of Articles for Culture, Education and Sport Activity	23694	
石油加工、炼焦及核燃料加工业	Processing of Petroleum, Coking, Processing of Nucleus Fuel	201343	
化学原料及化学制品制造业	Manufacture of Chemical Raw Material and Chemical Products	807383	760
医药制造业	Manufacture of Medicines	368492	
化学纤维制造业	Manufacture of Chemical Fiber	53826	
橡胶制品业	Manufacture of Rubber	254398	
塑料制品业	Manufacture of Plastic	35354	
非金属矿物制品业	Manufacture of Non-metallic Mineral Products	167747	
黑色金属冶炼及压延加工业	Manufacture and Processing of Ferrous Metals	374395	
有色金属冶炼及压延加工业	Manufacture & Processing of Non-ferrous Metals	384515	
金属制品业	Manufacture of Metal Products	62420	
通用设备制造业	Manufacture of General Purpose Machinery	469194	152
专用设备制造业	Manufacture of Special Purpose Machinery	316549	
交通运输设备制造业	Manufacture of Transport Equipment	766021	
电气机械及器材制造业	Manufacture of Electrical Machinery & Equipment	696822	
通信设备、计算机及其他电子设备制造业	Manufacture of Communication Equipment, Computer and Other Electronic Equipment	559142	
仪器仪表及文化、办公用机械制造业	Manufacture of Measuring Instrument and Machinery for Cultural Activity & Office Work	41260	
工艺品及其他制造业	Manufacture of Artwork, Other Manufacture	29351	
废弃资源和废旧材料回收加工业	Recycling and Disposal of Waste	3	
电力、燃气及水的生产和供应业	Production and Supply of Electric Gas and Water	51673	
电力、热力的生产和供应业	Production and Supply of Electric Power and Heat Power	49638	
燃气生产和供应业	Production and Supply of Gas	89	
水的生产和供应业	Production and Supply of Water	1946	
四、按地区分	**by Region**		
济南市	Jinan	678213	
青岛市	Qingdao	1285704	6388
淄博市	Zibo	589391	
枣庄市	Zaozhuang	147265	
东营市	Dongying	463433	20
烟台市	Yantai	1073007	79
潍坊市	Weifang	666006	
济宁市	Jining	351849	
泰安市	Tai'an	360597	65
威海市	Weihai	329907	
日照市	Rizhao	81923	
莱芜市	Laiwu	140937	
临沂市	Linyi	300060	740
德州市	Dezhou	104706	
聊城市	Liaocheng	329465	
滨州市	Binzhou	402665	152
菏泽市	Heze	126224	

continued

(10 000 yuan)

应用研究支出 Applied Research	试验发展支出 Experimental Development	政府资金 Government Appropriation Funds	企业资金 Self-raised Funds by Enterprises	国外资金 Foreign funds	其他资金 Other Funds	R&D经费外部支出合计 External expenditure on R&D	对国内研究机构的支出 Expenditure On Domestic Research Institutions	对国内高等学校支出 Expenditure On Domestic colleges and universities	对境外支出 Expenditure On Overseas
	3163	45	3118			161	81	80	
8586	153503	2340	157934		1815	5712	2358	1230	2044
50	9113	286	8877			139		11	
8211	15482	3101	20593			594	245	164	5
1794	199550	2538	196301	1522	982	31963	19725	8278	2598
15617	791006	19580	780213	1036	6554	31103	19549	9938	846
1801	366691	15464	350654	1398	976	36296	18379	9830	694
	53826	65	53761			1310	400	879	
1544	252855	2046	250010	515	1828	12267	1472	10168	512
1637	33718	365	34911	79		1810	440	560	110
597	167150	11081	155229	89	1349	4159	1883	1914	290
5452	368943	1263	370898	1990	245	11096	7102	3549	
16504	368011	2586	377107	4498	324	5411	3604	1572	
697	61723	926	60462	86	946	3146	1825	690	406
10185	458857	12531	451909	400	4354	18072	7472	6227	3896
9985	306564	11799	298345	1157	5249	5513	2241	2859	308
16788	749233	24698	727467	4070	9786	98120	49453	13639	13076
11372	685450	20866	670533	537	4886	56255	6596	6804	11816
12367	546775	20906	525769	7787	4681	12623	3590	6828	1007
102	41158	2128	39132			2296	408	476	1398
66	29285	602	27461		1288	1325	980	325	20
	3		3						
9328	42345	412	50380		881	4064	2095	1291	
9328	40310	312	48445		881	3814	1850	1286	
	89		89						
	1946	100	1846			250	245	5	
33923	644290	23197	644762	1499	8755	28862	9143	13104	4538
7097	1272219	34101	1235737	6700	9167	123808	40717	17028	13821
6430	582961	12632	568447	4784	3527	28186	15821	8370	2692
1129	146136	3712	143150	402		3871	1429	2173	266
63278	400136	21560	434113	1571	6189	25615	12828	10070	2598
36219	1036710	26823	1040796	2000	3389	29521	14510	9145	1594
	666006	13629	641369		11009	42545	15687	12820	12745
8363	343487	6231	343877		1741	31976	7535	24161	199
20759	339773	9706	348486		2405	12769	7083	3903	588
16776	313131	15033	308469	3371	3034	19650	9088	10235	230
414	81508	1942	79931	1	48	3252	2086	731	380
6389	134548	2103	137330	1325	180	5675	4810	349	
552	298768	10657	287113	374	1916	14716	7543	6691	22
20025	84681	5542	98112	70	982	5503	3326	1192	514
11745	317720	6733	310811	3419	8501	21568	11714	6469	
7151	395362	8639	392549		1477	32469	9907	12093	621
4472	121752	5271	120677	121	155	15697	8902	5804	904

18-21 规模以上工业企业R&D人员情况(2011年)

单位：人

年份 类别	Year Category	研究与试验发展人员（人） Research and Development Personnel
2005		
2006		
2007		
2008		
2009		178235
2010		204906
2011		252024
一、按企业规模分	**by Enterprise Size**	
大型企业	Large-sized Enterprises	158141
中型企业	Medium-sized Enterprises	56765
小型企业	Small-sized Enterprises	33900
微型企业	Micro-sized Enterprises	3218
二、按登记注册类型分	**by Status of Registration**	
内资企业	Domestic Funded Enterprises	220010
国有企业	State-owned Enterprises	18293
集体企业	Collective-owned Enterprises	8135
股份合作企业	Cooperative Enterprises	2222
联营企业	Joint Ownership Enterprises	2168
有限责任公司	Limited Liability Corporations	99255
股份有限公司	Share-holding Corporations Limited	50670
私营企业	Private Enterprises	34457
其他企业	Other Enterprises	4810
港、澳、台商投资企业	Enterprises with Funds from Hong Kong, Macao and Taiwan	9606
合资经营企业(港或澳、台资)	Joint-ventures Enterprises	7279
合作经营企业(港或澳、台资)	Cooperative Enterprises	200
港、澳、台商独资经营企业	Enterprises with Sole Investment	1470
港、澳、台商投资股份有限公司	Share-holding Corporations Ltd. With Funds from Hong Kong, Macao and Taiwan	657
外商投资企业	Foreign Funded Enterprises	22408
中外合资经营企业	Joint-venture Enterprises	14627
中外合作经营企业	Cooperation Enterprises	206
外资企业	Enterprises with Sole Foreign Funds	5313
外商投资股份有限公司	Share-holding Corporations Ltd. With Foreign Investment	2262
三、按工业行业大类分	**by Sector**	
采矿业	Mining	21816
煤炭开采和洗选业	Mining and Washing of Coal	13507
石油和天然气开采业	Extraction of Petroleum and Natural Gas	4424
黑色金属矿采选业	Mining of Ferrous Metal Ores	721
有色金属矿采选业	Mining of Non-ferrous Metal Ores	2826
非金属矿采选业	Mining and Processing of Nonmetal Ores	338
其他采矿业	Mining of Other Ores	
制造业	Manufacturing	228257
农副食品加工业	Processing of Food from Agricultural Products	6915
食品制造业	Manufacture of Foods	5355
饮料制造业	Manufacture of Beverage	3109
烟草制品业	Manufacture of Tobacco	604
纺织业	Manufacture of Textile	17901
纺织服装、鞋、帽制造业	Manufacture of Textile Wearing Apparel, Footware, and Caps	2447
皮革、毛皮、羽毛(绒)及其制品业	Manufacture of Leather, Fur, Feather & Its Products	611
木材加工及木、竹、藤、棕、草制品业	Processing of Timbers, Manufacture of Wood, Bamboo, Rattan, Palm, and Straw Products	305

Basic Statistics On R&D Personnel of Industrial Enterprises above Designated Size(2011)

(person)

本年度参加项目人员 Personnel involved in the project current year	#科技管理和服务人员 Technology management and service personnel	全时人员 Full-time Personnel	非全时人员 Part-time Personnel
146134	32101	119150	59085
184206	20700	140123	64783
225292	26732	176275	75749
142283	15858	112361	45780
50269	6496	39202	17563
29801	4099	22684	11216
2939	279	2028	1190
196629	23381	152874	67136
15561	2732	11922	6371
7601	534	6631	1504
1994	228	1725	497
1959	209	1628	540
89688	9567	67658	31597
45224	5446	37546	13124
30311	4146	23350	11107
4291	519	2414	2396
8507	1099	6548	3058
6480	799	4625	2654
166	34	154	46
1353	117	1187	283
508	149	582	75
20156	2252	16853	5555
13355	1272	11281	3346
180	26	198	8
4599	714	3581	1732
2022	240	1793	469
20397	1419	9387	12429
12738	769	4794	8713
4096	328	2876	1548
658	63	350	371
2605	221	1177	1649
300	38	190	148
203120	25137	165977	62280
6194	721	3902	3013
4994	361	3125	2230
2705	404	2301	808
504	100	281	323
16493	1408	13229	4672
2206	241	1548	899
503	108	422	189
287	18	108	197

18−21 续表

单位：人

类 别	Category	研究与试验发展人员（人）Research and Development Personnel
家具制造业	Manufacture of Furniture	566
造纸及纸制品业	Manufacture of Paper and Paper Products	4096
印刷业和记录媒介的复制	Printing, Reproduction of Recording Media	817
文教体育用品制造业	Manufacture of Articles for Culture, Education and Sport Activity	1405
石油加工、炼焦及核燃料加工业	Processing of Petroleum, Coking, Processing of Nucleus Fuel	4103
化学原料及化学制品制造业	Manufacture of Chemical Raw Material and Chemical Products	25299
医药制造业	Manufacture of Medicines	14729
化学纤维制造业	Manufacture of Chemical Fiber	1404
橡胶制品业	Manufacture of Rubber	6900
塑料制品业	Manufacture of Plastic	1885
非金属矿物制品业	Manufacture of Non-metallic Mineral Products	9475
黑色金属冶炼及压延加工业	Manufacture and Processing of Ferrous Metals	7554
有色金属冶炼及压延加工业	Manufacture & Processing of Non-ferrous Metals	6168
金属制品业	Manufacture of Metal Products	2907
通用设备制造业	Manufacture of General Purpose Machinery	24664
专用设备制造业	Manufacture of Special Purpose Machinery	14198
交通运输设备制造业	Manufacture of Transport Equipment	22815
电气机械及器材制造业	Manufacture of Electrical Machinery & Equipment	18669
通信设备、计算机及其他电子设备制造业	Manufacture of Communication Equipment, Computer and Other Electronic Equipment	18231
仪器仪表及文化、办公用机械制造业	Manufacture of Measuring Instrument and Machinery for Cultural Activity & Office Work	3171
工艺品及其他制造业	Manufacture of Artwork, Other Manufacture	1949
废弃资源和废旧材料回收加工业	Recycling and Disposal of Waste	5
电力、燃气及水的生产和供应业	Production and Supply of Electric Gas and Water	1951
电力、热力的生产和供应业	Production and Supply of Electric Power and Heat Power	1761
燃气生产和供应业	Production and Supply of Gas	13
水的生产和供应业	Production and Supply of Water	177
四、按地区分	**by Region**	
济南市	Jinan	26241
青岛市	Qingdao	37646
淄博市	Zibo	25416
枣庄市	Zaozhuang	6960
东营市	Dongying	10450
烟台市	Yantai	26294
潍坊市	Weifang	26799
济宁市	Jining	10886
泰安市	Tai'an	15636
威海市	Weihai	14106
日照市	Rizhao	3679
莱芜市	Laiwu	3803
临沂市	Linyi	11957
德州市	Dezhou	5598
聊城市	Liaocheng	8217
滨州市	Binzhou	13476
菏泽市	Heze	4860

continued

(person)

本年度参加项目人员 Personnel involved in the project current year	科技管理和服务人员 Technology management and service personnel	全时人员 Full-time Personnel	非全时人员 Part-time Personnel
511	55	138	428
3842	254	2404	1692
762	55	744	73
1227	178	1017	388
3694	409	2157	1946
22413	2886	16462	8837
12974	1755	12256	2473
1302	102	965	439
6137	763	4719	2181
1585	300	1484	401
8236	1239	6584	2891
6813	741	4952	2602
5501	667	4439	1729
2746	161	2376	531
21598	3066	17301	7363
12688	1510	10655	3543
19850	2965	18444	4371
16685	1984	14331	4338
16042	2189	15469	2762
2831	340	2518	653
1793	156	1643	306
4	1	3	2
1775	176	911	1040
1602	159	730	1031
10	3	13	
163	14	168	9
23457	2784	21510	4731
32087	5559	29311	8335
21764	3652	16559	8857
6180	780	4080	2880
9477	973	7127	3323
23711	2583	18560	7734
24453	2346	19234	7565
10120	766	6355	4531
14479	1157	8636	7000
12376	1730	9984	4122
3418	261	2467	1212
3560	243	2439	1364
10787	1170	7149	4808
5054	544	4331	1267
7435	782	5800	2417
12603	873	9570	3906
4331	529	3163	1697

18−22 规模以上工业企业R&D人员折合全时当量情况（2011年）
Full-time Equivalent of R&D Personnel of Industrial Enterprises above Designated Size（2011）

单位：人年 (man year)

年 份 类 别	Year Category	R&D人员折合全时当量 Full-time Equivalent of R&D Personnel	基础研究人员 Basic Research Personnel	应用研究人员 Applied Research Personnel	试验发展人员 Experimental Development Personnel
2005		59751	62	7747	51942
2006		64955	28	3378	61549
2007		82202	110	5815	76277
2008		124106	8	969	123129
2009		129585	154	84	129346
2010		144561	88	1671	142802
2011		180846	162	4237	176447
一、按企业规模分	**by Enterprise Size**				
大型企业	Large-sized Enterprises	114607	158	3522	110927
中型企业	Medium-sized Enterprises	39986	4	398	39584
小型企业	Small-sized Enterprises	24777		191	24586
微型企业	Micro-sized Enterprises	1476		126	1350
二、按登记注册类型分	**by Status of Registration**				
内资企业	Domestic Funded Enterprises	157284	75	4034	153175
国有企业	State-owned Enterprises	14478		429	14049
集体企业	Collective-owned Enterprises	6702		86	6616
股份合作企业	Cooperative Enterprises	1692		171	1521
联营企业	Joint Ownership Enterprises	1327			1327
有限责任公司	Limited Liability Corporations	69607	13	2201	67393
股份有限公司	Share-holding Corporations Limited	35258	62	951	34245
私营企业	Private Enterprises	24542		194	24347
其他企业	Other Enterprises	3679		2	3677
港、澳、台商投资企业	Enterprises with Funds from Hong Kong, Macao and Taiwan	7264		12	7253
合资经营企业(港或澳、台资)	Joint-ventures Enterprises	5377		12	5366
合作经营企业(港或澳、台资)	Cooperative Enterprises	117			117
港、澳、台商独资经营企业	Enterprises with Sole Investment	1226			1226
港、澳、台商投资股份有限公司	Share-holding Corporations Ltd. With Funds from Hong Kong, Macao and Taiwan	544			544
外商投资企业	Foreign Funded Enterprises	16298	86	191	16020
中外合资经营企业	Joint-venture Enterprises	10583		79	10504
中外合作经营企业	Cooperation Enterprises	161			161
外资企业	Enterprises with Sole Foreign Funds	4302		58	4244
外商投资股份有限公司	Share-holding Corporations Ltd. With Foreign Investment	1251	86	54	1111
三、按工业行业大类分	**by Sector**				
采矿业	**Mining**	15937	13	1144	14780
煤炭开采和洗选业	Mining and Washing of Coal	9714	7	380	9328
石油和天然气开采业	Extraction of Petroleum and Natural Gas	3984	6	728	3249
黑色金属矿采选业	Mining of Ferrous Metal Ores	391			391
有色金属矿采选业	Mining of Non-ferrous Metal Ores	1590		36	1554
非金属矿采选业	Mining and Processing of Nonmetal Ores	259			259
其他采矿业	Mining of Other Ores				
制造业	**Manufacturing**	163721	148	2969	160603
农副食品加工业	Processing of Food from Agricultural Products	4982	9	55	4918
食品制造业	Manufacture of Foods	3480		22	3459
饮料制造业	Manufacture of Beverage	2252	86	127	2038
烟草制品业	Manufacture of Tobacco	454			454
纺织业	Manufacture of Textile	9285		134	9151
纺织服装、鞋、帽制造业	Manufacture of Textile Wearing Apparel, Footware, and Caps	1923		2	1921
皮革、毛皮、羽毛(绒)及其制品业	Manufacture of Leather, Fur, Feather & Its Products	295			295
木材加工及木、竹、藤、棕、草制品业	Processing of Timbers, Manufacture of Wood, Bamboo, Rattan, Palm, and Straw Products	122			122

18—22 续表 continued

单位：人年 (man year)

类　别	Category	R&D人员折合全时当量 Full-time Equivalent of R&D Personnel	基础研究人员 Basic Research Personnel	应用研究人员 Applied Research Personnel	试验发展人　员 Experimental Development Personnel
家具制造业	Manufacture of Furniture	198			198
造纸及纸制品业	Manufacture of Paper and Paper Products	2501		99	2402
印刷业和记录媒介的复制	Printing, Reproduction of Recording Media	698		2	696
文教体育用品制造业	Manufacture of Articles for Culture, Education and Sport Activity	1039		17	1022
石油加工、炼焦及核燃料加工业	Processing of Petroleum, Coking, Processing of Nucleus Fuel	2912		17	2895
化学原料及化学制品制造业	Manufacture of Chemical Raw Material and Chemical Products	18814	47	328	18440
医药制造业	Manufacture of Medicines	12125		100	12025
化学纤维制造业	Manufacture of Chemical Fiber	1075			1075
橡胶制品业	Manufacture of Rubber	4427		11	4416
塑料制品业	Manufacture of Plastic	1163		16	1147
非金属矿物制品业	Manufacture of Non-metallic Mineral Products	7063		39	7024
黑色金属冶炼及压延加工业	Manufacture and Processing of Ferrous Metals	4307		63	4245
有色金属冶炼及压延加工业	Manufacture & Processing of Non-ferrous Metals	4877		109	4768
金属制品业	Manufacture of Metal Products	2211		19	2193
通用设备制造业	Manufacture of General Purpose Machinery	18162	6	924	17231
专用设备制造业	Manufacture of Special Purpose Machinery	10340		72	10268
交通运输设备制造业	Manufacture of Transport Equipment	16908		326	16582
电气机械及器材制造业	Manufacture of Electrical Machinery & Equipment	14385		164	14220
通信设备、计算机及其他电子设备制造业	Manufacture of Communication Equipment, Computer and Other Electronic Equipment	14020		315	13705
仪器仪表及文化、办公用机械制造业	Manufacture of Measuring Instrument and Machinery for Cultural Activity & Office Work	2435		5	2431
工艺品及其他制造业	Manufacture of Artwork, Other Manufacture	1264		4	1260
废弃资源和废旧材料回收加工业	Recycling and Disposal of Waste	5			5
电力、燃气及水的生产和供应业	Production and Supply of Electric,Gas and Water	1189		125	1064
电力、热力的生产和供应业	Production and Supply of Electric Power and Heat Power	1041		125	916
燃气生产和供应业	Production and Supply of Gas	2			2
水的生产和供应业	Production and Supply of Water	145			145
四、按地区分	**by Region**				
济南市	Jinan	21456		1442	20014
青岛市	Qingdao	29243	92	126	29025
淄博市	Zibo	20036		153	19883
枣庄市	Zaozhuang	5801		70	5731
东营市	Dongying	8915	6	776	8133
烟台市	Yantai	19165	4	314	18847
潍坊市	Weifang	17621			17621
济宁市	Jining	6811		219	6592
泰安市	Tai'an	10037	8	346	9683
威海市	Weihai	9445		240	9204
日照市	Rizhao	2026		14	2013
莱芜市	Laiwu	1793		71	1723
临沂市	Linyi	7758	46	17	7695
德州市	Dezhou	4051		105	3946
聊城市	Liaocheng	5463		218	5245
滨州市	Binzhou	7906	6	59	7841
菏泽市	Heze	3319		69	3250

18-23 高技术产业R&D活动及新产品开发情况(2010年)

行业	Industry	有R&D活动的企业数(个) Number of Enterprises with R&D Activities (unit)	R&D人员折合全时当量(人年) Full-time Equivalent of R&D Personnel (man year)
合计	**Total**	**331**	**20704**
医药制造业	Medical and Pharmaceutical Products	135	8662
#化学药品制造	Chemical Medicine	57	5969
中成药制造	Traditional Chinese Medicine	20	828
生物、生化制品的制造	Biology, Biochemistry Products	26	999
航空航天器制造业	Aviation and Aircrafts Manufacturing	4	62
电子及通信设备制造业	Electronic and Communication Equipment	91	6139
通信设备制造	Communication Equipment	20	1279
雷达及配套设备制造	Radar Equipments	1	82
广播电视设备制造	Broadcast and Television Equipments	2	43
电子器件制造	Electronic Parts	22	785
电子元件制造	Electronic Components	31	1246
家用视听设备制造	Household Audiovisual	3	1619
其他电子设备制造	Other Electronic Equipment	12	1085
电子计算机及办公设备制造业	Electronic Computers and Office Equipments	13	2710
电子计算机整机制造	Electronic Computer	3	1907
计算机网络设备制造	Computer Network Equipment	2	356
电子计算机外部设备制造	Electronic Computer Peripheral Equipments	5	259
办公设备制造	Office Equipment	3	188
医疗设备及仪器仪表制造业	Medical Treatment Instruments and Meters	88	3131
医疗设备及器械制造	Medical Treatment Equipments and Instruments	15	718
仪器仪表制造	Instruments and Meters	73	2413

注：本表的数据口径为规模以上工业企业。

a)Data in this table cover industrial enterprises above designated size.

Statistics on R&D Activities and New Products Development in High-tech Industry(2010)

R&D经费内部支出(万元) Internal Expenditure on R&D (10 000 yuan)	专利申请数(件) Patent Applications (piece)	拥有发明专利(件) Patents in Force (piece)	新产品开发项目数(项) New Products (units)	新产品开发经费支出(万元) Expenditure on New Products Development (10 000 yuan)
719615	**4129**	**1640**	**3204**	**794902**
2566483	783	733	1299	2585344
1637844	430	474	845	1711521
208872	145	104	114	216533
252974	87	91	123	249356
13120	17	8	65	11476
3277521	1911	612	1138	3765106
1071860	106	211	165	1089479
14507	2		7	16938
11799	227	6	22	149958
276019	248	104	301	503178
274313	289	53	165	323954
1428687	813	195	312	1435436
200336	226	43	166	246163
788645	786	76	278	939965
615884	441	40	202	729189
32023	96	7	20	70223
117656	243	25	43	113834
23082	6	4	13	26719
550284	632	211	424	647126
195615	113	31	91	215456
354669	519	180	333	431670

18−24 高技术产业基本情况(2010年)

Statistics on Production and Management in High-tech Industry(2010)

项　目		Item		2006	2007	2008	2009	2010
生产经营情况		**Production Operation**						
企业数	(个)	Number of Enterprises	(unit)	1378	1591	1721	1907	1847
从业人员年平均人数	(万人)	Annual Average Number of Persons Engaged	(10 000 persons)	39.3	46.0	48.6	52.3	54.5
当年价总产值	(亿元)	Gross Output Value	(100 million yuan)	2372.2	3134.7	3924.4	4555.7	5175.6
主营业务收入	(亿元)	Revenue from Principal Business	(100 million yuan)	2286.3	3095.0	3861.8	4548.8	5148.8
利润	(亿元)	Profits	(100 million yuan)	114.7	173.2	226.6	279.1	383.6
利税	(亿元)	Pre-tax Profits	(100 million yuan)	180.9	260.3	336.3	407.7	554.7
R&D及相关活动情况		**R&D and related Activities**						
有R&D活动的企业数	(个)	Number of Enterprises with R&D Activities	(unit)				354	331
R&D人员全时当量	(人年)	Full-time Equivalent of R&D Personnel	(man year)	7717	9850	13449	17681	20704
R&D经费内部支出	(亿元)	Internal Expenditure on R&D	(100 million yuan)	30.0	44.0	52.7	60.1	72.0
新产品开发经费	(亿元)	Expenditure on New Products Development	(100 million yuan)	34.8	48.5	56.2	72.2	79.5
专利申请数	(件)	Number of Patent Applications Examined	(unit)	1102	1491	2058	3371	4129
拥有发明专利数	(件)	Number of Invention Patents	(unit)	314	595	777	1758	1640
固定资产投资情况		**Investment in Fixed Assets**						
施工项目数	(个)	Number of Projects Under Construction	(unit)	640	634	683	715	762
#新开工项目数	(个)	Number of New Projects	(unit)	403	363	365	404	464
全部建成或投产项目数	(个)	Number of Projects Completed or Put into Use	(unit)	262	215	311	342	384
投资额	(亿元)	Investment	(100 million yuan)	268.6	261.3	365.6	476.8	521.0
新增固定资产	(亿元)	New Added Fixed Assets	(100 million yuan)	147.5	133.0	173.4	214.8	260.7

注：生产经营情况的数据口径为规模以上工业企业；2005−2008年R&D及相关活动情况的数据口径为大中型工业企业，2009年开始为规模以上工业。固定资产投资情况的数据口径为规模以上项目。

a)Data on production operation cover industrial enterprises above designated size;2005-2008 data on R&D and related activities cover larger and medium-sized enterprises;Data on investment in fixed assets cover projects above designated size.

18-25　主要年份文化、文物事业基本情况

Number of Institutions for Culture and Cultural Relics of Major Years

年　份 Year	文化(艺术)馆 Cultural Centre		文化站 Cultural Station		艺术表演团体 Art Performance Troups	
	机构数(个) Number (unit)	人 数(人) Personnel (person)	机构数(个) Number (unit)	人 数(人) Personnel (person)	机构数(个) Number (unit)	人 数(人) Personnel (person)
1949	39				46	
1952	166		139		113	
1957	134		283		175	
1962	130		500		180	
1965	141	1261	6	10	176	9923
1970	137	1601			154	9599
1975	151	1891	887	944	157	12709
1976	150	1979	1644	1803	157	13396
1977	155	2110	1988	2185	156	13557
1978	155	2151	2103	2196	155	13219
1979	155	2138	2104	2163	155	12896
1980	155	2251	2117	2197	156	12562
1981	156	2420	2099	2218	157	11930
1982	155	2490	2107	2268	157	11280
1983	155	2609	2102	2172	157	10584
1984	154	2590	2132	2204	159	9922
1985	157	2818	2198	2230	158	9317
1986	159	2940	2276	2292	149	9177
1987	157	2849	2345	2410	139	7751
1988	159	3043	2423	2787	127	7344
1989	159	3140	2452	2643	123	6992
1990	159	3127	2482	2666	119	6703
1991	156	3100	2504	2783	120	6640
1992	156	3129	2481	2798	120	6657
1993	157	3145	2454	2862	119	6430
1994	157	3197	2387	2882	118	6448
1995	158	3265	2363	3117	118	6170
1996	159	3237	2466	3286	118	6090
1997	158	3264	2482	3177	118	6148
1998	158	3252	2494	3339	118	6170
1999	158	3194	2493	3293	117	6077
2000	159	3055	2422	3304	118	5943
2001	159	2975	1912	2943	121	5990
2002	156	2935	1866	3019	121	6030
2003	157	2968	1792	3022	120	5988
2004	159	3136	1783	3190	118	5995
2005	158	2982	1768	3166	117	6066
2006	158	3058	1857	3330	118	6250
2007	157	3012	1826	3715	119	6163
2008	156	3025	1826	3754	119	6254
2009	158	3115	1867	4593	118	6279
2010	158	3055	1855	4543	119	6268
2011	160	3086	1828	4643	116	6163

18−25 续表 continued

年 份 Year	剧 场(院) Theaters		图 书 馆 Libraries		博 物 馆 Museums	
	机构数 (个) Number (unit)	人 数 (人) Personnel (person)	机构数 (个) Number (unit)	人 数 (人) Personnel (person)	机构数 (个) Number (unit)	人 数 (人) Personnel (person)
1949	5		3			
1952	15		3			
1957	44		40			
1962	129		84			
1965	128	755	27	257	7	183
1970	83	600	12	193	5	155
1975	81	592	43	436	8	211
1976	71	577	62	564	9	237
1977	76	658	66	621	9	246
1978	75	661	80	737	10	298
1979	77	705	88	876	10	310
1980	71	627	88	924	10	317
1981	72	649	89	1004	9	268
1982	71	667	89	1075	15	338
1983	61	660	89	1131	17	364
1984	65	678	92	1240	19	380
1985	62	705	99	1338	23	488
1986	123	2193	101	1486	30	527
1987	119	2310	105	1613	36	763
1988	116	2388	111	1780	40	876
1989	118	2413	113	1796	40	979
1990	117	2516	115	1876	41	1021
1991	121	2736	118	1956	45	1141
1992	120	2772	122	2055	45	1215
1993	119	2837	126	2178	52	1329
1994	118	2878	126	2256	54	1418
1995	115	2783	130	2318	56	1462
1996	111	2727	131	2359	54	1522
1997	107	2652	131	2471	54	1562
1998	107	2577	131	2536	56	1422
1999	107	2544	133	2555	57	1663
2000	105	2473	133	2506	59	1633
2001	105	2444	136	2503	66	1611
2002	104	2434	140	2559	70	1566
2003	104	2353	140	2573	73	1634
2004	95	2088	142	2633	72	1684
2005	94	1881	145	2690	75	1723
2006	95	2098	143	2624	76	1770
2007	92	1937	145	2640	87	1915
2008	90	1827	147	2606	96	2064
2009	82	1640	150	2669	111	2307
2010	91	1904	149	2680	114	2456
2011	93	2134	150	2697	120	2787

18-26　文化、文物机构人员情况(2011年)

Number of Institution and Personnel in Culture and Culture Relics(2011)

项　　目	Item	机构数(个) Number of Institutions (unit)	人员数(人) Number of Employed Persons (person)
总　　计	**Total**	**20162**	**114362**
文化及相关产业	**Culture and Related Industry**	**20156**	**114244**
艺术业	Arts	248	8551
艺术表演团体	Arts Performance Troupes	116	6163
艺术表演场馆	Arts Centers	93	2134
艺术创作机构	Art Creation Institutions	39	254
其他艺术	Others		
公共图书馆业	Public Libraries	150	2697
群众文化服务业	Mass Culture	1988	7729
艺术馆、文化馆	Cultural and Art Centers	160	3086
文化站	Cultural Stations	1828	4643
艺术教育业	Culture Education	5	412
文化市场经营机构	Business Units Dealing in Culture Market	17131	82413
文艺科研机构	Art Research	7	99
文物业	Cultural Relics	238	5796
文物保护管理机构	Agency of Relics Preservation	103	2486
文物科研机构	Scientific and Research Historical Relics Agency	5	82
博物馆	Museums	120	2787
文物商店	Cultural Relics Agencies	7	111
其他文化及相关产业	Others	389	6547
非文化及相关产业		**6**	**118**

注：文化市场经营机构含互联网上网服务营业场所和娱乐场所。
a) Business units dealing in culture market include internet service and entertainment venues.

18-27　各市文化、文物事业基本情况(2011年)

Basic Statistics on Culture and Cultural Relics by Region (2011)

地区	City	公共图书馆数(个) Public Libraries (unit)	公共图书馆藏书量(万册) Total Collections (10 000 volumes)	艺术表演团体(个) Performance Troupes (unit)	艺术表演场所(个) Art Performance Places (unit)	群众艺术馆(个) Mass Art Centers (unit)	文化馆(个) Cultural Centers (unit)	文化站(个) Cultural Stations (unit)	文物、文化事业费(万元) Total Expenditures (10 000 yuan)	博物馆(个) Museums (unit)
全省总计	**Total**	**150.0**	**3890.0**	**116.0**	**93.0**	**18.0**	**142.0**	**1828.0**	**233226**	**120**
济南市	Jinan	11.0	308.8	8.0	9.0	1.0	10.0	140.0	17166	8
青岛市	Qingdao	13.0	470.9	10.0	10.0	1.0	12.0	173.0	26792	11
淄博市	Zibo	9.0	249.9	3.0	8.0	1.0	9.0	87.0	14197	18
枣庄市	Zaozhuang	7.0	113.1	3.0	4.0	1.0	6.0	62.0	5481	7
东营市	Dongying	6.0	80.0	5.0	1.0	1.0	5.0	40.0	6488	2
烟台市	Yantai	13.0	553.0	10.0	6.0	1.0	12.0	151.0	26138	7
潍坊市	Weifang	12.0	212.6	8.0	1.0	1.0	13.0	118.0	13935	8
济宁市	Jining	11.0	185.3	12.0	10.0	1.0	12.0	151.0	27122	8
泰安市	Tai'an	7.0	122.3	4.0	4.0	1.0	6.0	87.0	8370	3
威海市	Weihai	4.0	124.8	4.0	2.0	1.0	5.0	72.0	12030	7
日照市	Rizhao	4.0	40.6	1.0	2.0	1.0	4.0	53.0	4449	3
莱芜市	Laiwu	2.0	45.0	1.0	1.0	1.0	1.0	19.0	1412	
临沂市	Linyi	13.0	306.1	5.0	5.0	1.0	12.0	161.0	9382	10
德州市	Dezhou	12.0	113.7	10.0	9.0	1.0	11.0	133.0	5790	3
聊城市	Liaocheng	8.0	90.2	7.0	7.0	1.0	8.0	130.0	7169	9
滨州市	Binzhou	8.0	129.2	7.0	1.0	1.0	7.0	89.0	5540	5
菏泽市	Heze	9.0	64.2	12.0	9.0	1.0	9.0	162.0	5353	9

注：全省数据含省本级数据，17市加总不等于全省。
a)Provincial data include provincial level data,sum of region data is not equal to provincial data.

18–28 广播电视基本情况

Basic Statistics on Radio and Television Stations

项目		Item		2009	2010	2011
广播		**Radio**				
广播节目综合人口覆盖率	(%)	Radio Coverage Rate of the Population	(%)	98.0	98.1	98.2
广播节目套数	(套)	Number of Radio Programs	(set)	153	155	157
广播节目制作时间	(万小时)	Length of Radio Programs Produced	(10 000 hours)	45.1	47.7	47.4
公共广播节目播出时间	(万小时)	Length of Public Radio Programs Broadcasted	(10 000 hours)	81.3	83.9	85.6
对外广播节目播出套数	(套)	Number of International Radio Programs Broadcasted	(set)			
对外广播节目播出时间	(万小时)	Length of International Radio Programs Broadcasted	(10 000 hours)			
广播节目播出语言种类	(种)	Kinds of Languages of Radio Programs Broadcasted	(kind)	1	1	1
电视		**Television**				
电视节目综合人口覆盖率	(%)	TV Coverage Rate of Population	(%)	97.9	97.9	97.9
有线广播电视用户数	(万户)	Number of Users of Cable Radio and TV	(10 000 households)	1491.2	1650.9	1802.3
有线广播电视入户率	(%)	Popularization Rate of Cable Radio and TV	(%)	52.7	57.3	61.9
电视节目套数	(套)	Number of TV Programs	(set)	166	169	170
电视节目制作时间	(万小时)	Length of TV Programs Produced	(10 000 hours)	14.5	15.8	17.1
公共电视节目播出时间	(万小时)	Length of Public TV Programs Broadcasted	(10 000 hours)	92.5	95.3	96.5
电视节目播出语言种类	(种)	Kinds of Languages of TV Programs Broadcasted	(kind)	1	1	3
电视剧播出数	(万部)	Number of TV Plays Broadcasted	(10 000 sets)	1.3	1.3	
电视剧播出数	(万集)	Number of TV Plays Broadcasted	(10 000 parts)	36.2	36.1	
动画电视播出数	(部)	Number of Cartoons Broadcasted	(set)	620	689	
动画电视播出数	(万集)	Number of Cartoons Broadcasted	(10 000 parts)	2.3	3.4	
对外电视节目播出套数	(套)	Number of International TV Programs Broadcasted	(set)	1	1	1
对外电视节目播出时间	(万小时)	Length of International TV Programs Broadcasted	(10 000 hours)	0.9	0.9	0.9
电影		**Movies**				
国有电影制片厂	(个)	State-owned Movie Studios	(unit)	1	1	1
#电影故事片厂		Feature Film Movie Studios		1	1	1
电影院线	(条)	Movie Circuit	(line)	10	14	16
#银幕	(块)	Screen	(unit)	300.0	416.0	707.0
电影综合收入	(亿元)	Revenue of Movies	(100 million yuan)	1.9	3.6	5.0
#国内电影票房收入		Domestic Movie Box Office Revenue		1.6	3.0	4.2
广播电视技术及其他		**TV Technology and Others**				
广播电视总收入	(亿元)	Revenue of Radio and TV	(100 million yuan)	80.6	89.3	106.9
广播电视从业人员数	(万人)	Staff and Workers of Radio and TV	(10 000 persons)	4.2	4.3	4.9
中、短波转播发射台	(座)	Transmission and Relaying Stations of Medium and Short Wave Broadcast	(unit)	32	31	30
调频转播发射台	(座)	Relaying Stations of Frequency Modulation Broadcasting	(units)	135	133	133
电视转播发射台	(座)	TV Transmission and Relaying Stations	(units)	167	163	156
微波实有站	(座)	Microwave Stations	(unit)	45	49	82

18–29 图书、期刊和报纸出版情况(2011年)

Number of Books,Magazines and Newspapers Published (2011)

类 别	Item	种 数 (种) Number of Publications (kind)	总印数 (万册、万份) Total Printed Copies (10 000 Copies)
图书总计	**Books**	**9638**	**39167.5**
马列主义、毛泽东思想	Marxism-Leninism, Mao Zedong Thought	6	3.8
哲学	Philosophy	75	35.6
社会科学总论	General Social Sciences	73	61.7
政治、法律	Politics and Law	369	266.6
军事	Military Affairs	22	11.2
经济	Economics	218	104.5
文化、科学、教育、体育	Culture, Science, Education and Sports	5908	33932.8
语言、文字	Languages	118	78.1
文学	Literature	730	2018.6
艺术	Arts	612	746.8
历史、地理	History and Geography	207	171.4
自然科学总论	General Natural Sciences	109	260.6
数理科学、化学	Mathematics and Chemistry	134	146.4
天文学、地球科学	Astronomy and Geology	43	21.2
生物科学	Biology	9	3.3
医学、卫生	Medicine and Health Care	177	225.9
农业科学	Agricultural Science	135	101.4
工业技术	Industrial Technology	506	642.9
交通运输	Transportation	24	9.3
航空、航天	Aeronautics and Aerospace		
环境科学	Environmental Science	9	5.1
综合性图书	General Books	154	320.5
期刊总计	**Magazine**	**261**	**11631**
综 合	Synthesis	19	457
哲学社会科学	Philosophy and Social Science	67	4259
自然科学技术	Natural Science and Technology	121	1463
文化教育	Culture and Education	32	1647
文学艺术	Literature and Arts	15	1099
画 刊	Pictorial	1	6
少 儿	Children's Books	6	2700
报纸总计	**Newspaper**	**136**	**347226**
综合报	Synthetical Newspaper	54	311134
专业报	Special Newspaper	33	34909
高校校报	College Newspaper	49	1183

18−30 档案馆基本情况(2011年)
Statistics on Archive Institution(2011)

项 目		Item		总 计 Total	国家综合档案馆 National Comprehen-sive Archive	省 级 Provincial Level	市地级 City Level	县 级 County Level
档案馆	(个)	Number of Institutions	(unit)	208	164	1	17	146
现有专职人数	(人)	Number of Personnel	(person)	2279	1640	101	190	1349
档案馆面积	(平方米)	Floor Space of Archives Institution	(sq.m)	451840	359202	49230	92475	217497
馆藏档案		Number of Archives						
全 宗	(个)	Whole Volume	(unit)	20548	20309	306	3772	16231
案 卷	(卷)	Files	(volume)	14959793	10258852	748096	2694062	6816694
建国前档案案卷	(卷)	Before 1949 Files	(volume)	751340	741517	460612	270359	10546
建国后档案案卷	(卷)	After 1949 Files	(volume)	14208453	9517335	287484	2423703	6806148
馆藏资料	(册)	Number of Material Stored	(volume)	2765649	2497109	86292	467520	1943297
档案资料利用情况		Use of Archiver						
利用档案	(卷次)	Number of Archives Used	(volume-times)	552362	339427	958	53610	284859
利用资料	(册次)	Number of Material Used	(vomume-times)	57958	36672	67	5937	30668
利用档案人次	(人次)	Number of Persons Using Material	(person-times)	319882	130671	1154	20821	108696
开放案卷	(卷)	Opening Archives	(volume)	4154237	1983551	535290	401262	1046999
开放档案目(案卷级)	(万条)	Catalog of Opening Archives (Files)	(10 000 units)	272.91	109.23	26.72	29.54	52.97

18−30 续表 continued

项 目		Item		国家专门档案馆 National Special Archives	部 门 档案馆 Departm-ent Archives	大型企业 档 案 馆 Enterprise Archive Institution	文化事业单位档案馆 Culture Archive Institution	科技事业单位档案馆 Science and Technology Archive Institution
档案馆	(个)	Number of Institutions	(unit)	18	3	8	10	5
现有专职人数	(人)	Number of Personnel	(person)	346	30	143	89	31
档案馆面积	(平方米)	Floor Space of Archives Institution	(sq.m)	38465	5732	33608	10743	4090
馆藏档案		Number of Archives						
全 宗	(个)	Whole Volume	(unit)	32	2	143	55	7
案 卷	(卷)	Files	(volume)	2351885	357539	1249039	590103	152375
建国前档案案卷	(卷)	Before 1949 Files	(volume)	4187	40	5000	460	136
建国后档案案卷	(卷)	After 1949 Files	(volume)	2347698	357499	1244039	589643	152239
馆藏资料	(册)	Number of Material Stored	(volume)	28496	145143	72129	20070	2702
档案资料利用情况		Use of Archiver						
利用档案	(卷次)	Number of Archives Used	(volume-times)	55017	63579	44487	41269	8583
利用资料	(册次)	Number of Material Used	(vomume-times)	3211	100	16440	1355	180
利用档案人次	(人次)	Number of Persons Using Material	(person-times)				12	
开放案卷	(卷)	Opening Archives	(volume)	1914610	183592		72484	
开放档案目(案卷级)	(万条)	Catalog of Opening Archives (Files)	(10 000 units)	162.93		0.13	0.62	

主要统计指标解释

普通高等学校　指按照国家规定的设置标准和审批程序批准举办的，通过全国普通高等学校统一招生考试，招收高中毕业生为主要培养对象，实施高等教育的全日制大学、独立设置的学院和高等专科学校、高等职业学校和其他机构。

大学、独立设置的学院主要实施本科层次以上教育，高等专科学校、高等职业学校实施专科层次教育，其他机构是承担国家普通招生计划任务不计校数的机构。包括普通高等学校分校和批准筹建的普通高等学校等。

成人高等学校　指按照国家规定的设置标准和审批程序批准举办的，通过全国成人高等学校统一招生考试，招收具有高中毕业或同等学历的在职从业人员为主要培养对象，利用函授、业余、脱产等多种形式对其实施高等学历教育的学校。包括职工高等学校、农民高等学校、管理干部学院、教育学院、独立函授学院、广播电视大学、其他机构等。其他机构是承担国家成人招生计划任务不计校数的机构。

小学学龄儿童净入学率　指调查范围内已入小学学习的学龄儿童占校内外学龄儿童总数(包括弱智儿童，不包括盲聋哑儿童)的比重。计算公式为：

$$\text{小学学龄儿童净入学率}=\frac{\text{已入学的小学学龄儿童数}}{\text{校内外小学学龄儿童总数}}\times 100\%$$

国家财政性教育经费　包括国家财政预算内教育经费，各级政府征收用于教育的税费，企业办学校教育经费，校办产业、勤工俭学和社会服务收入用于教育的经费。

财政预算内教育经费　指中央、地方各级财政或上级主管部门在年度内安排，并计划拨到教育部门和其他部门主办的各级各类学校、教育事业单位，列入国家预算支出科目的教育经费，包括教育事业拨款、科研经费拨款、基建拨款和其他经费拨款。

研究与试验发展(R&D)　指在科学技术领域，为增加知识总量，以及运用这些知识去创造新的应用进行的系统的创造性的活动，包括基础研究、应用研究、试验发展三类活动。国际上通常采用R&D活动的规模和强度指标反映一国的科技实力和核心竞争力。

基础研究　指为了获得关于现象和可观察事实的基本原理的新知识(揭示客观事物的本质、运动规律，获得新发现、新学说)而进行的实验性或理论性研究，它不以任何专门或特定的应用或使用为目的。其成果以科学论文和科学著作为主要形式。用来反映知识的原始创新能力。

应用研究　指为获得新知识而进行的创造性研究，主要针对某一特定的目的或目标。应用研究是为了确定基础研究成果可能的用途，或是为达到预定的目标探索应采取的新方法(原理性)或新途径。其成果形式以科学论文、专著、原理性模型或发明专利为主。用来反映对基础研究成果应用途径的探索。

试验发展　指利用从基础研究、应用研究和实际经验所获得的现有知识，为产生新的产品、材料和装置，建立新的工艺、系统和服务，以及对已产生和建立的上述各项作实质性的改进而进行的系统性工作。其成果形式主要是专利、专有技术、具有新产品基本特征的产品原型或具有新装置基本特征的原始样机等。在社会科学领域，试验发展是指把通过基础研究、应用研究获得的知识转变成可以实施的计划(包括为进行检验和评估实施示范项目)的过程。人文科学领域没有对应的试验发展活动。主要反映将科研成果转化为技术和产品的能力，是科技推动经济社会发展的物化成果。

研究与试验发展人员　指参与研究与试验发展项目研究、管理和辅助工作的人员，包括项目(课题)组人员，企业科技行政管理人员和直接为项目(课题)活动提供服务的辅助人员。反映投入从事拥有自主知识产权的研究开发活动的人力规模。

研究与试验发展人员全时当量　指全时人员数加非全时人员按工作量折算为全时人员数的总和。例如：有两个全时人员和三个非全时人员(工作时间分别为 20%、30%和 70%)，则全时当量为 2+0.2+0.3+0.7=3.2 人年。为国际上比较科技人力投入而制定的可比指标。

R&D 经费内部支出合计　指调查单位用于内部开展 R&D 活动（基础研究、应用研究和试验发展）的实际支出。包括用于 R&D 项目（课题）活动的直接支出，以及间接用于 R&D 活动的管理费、服务费、与 R&D 有关的基本建设支出以及外协加工费等。不包括生产性活动支出、归还贷款支出以及与外单位合作或委托外单位进行 R&D 活动而转拨给对方的经费支出。

专　利　是专利权的简称，是对发明人的发明创造经审查合格后，由专利局依据专利法授予发明人和设计人对该项发明创造享有的专有权。包括发明、实用新型和外观设计。反映拥有自主知识产权的科技和设计成果情况。

发　明　指对产品、方法或者其改进所提出的新的技术方案。是国际通行的反映拥有自主知识产权技术的核心指标。

文化事业机构　指从事专业文化工作和为专业文化工作服务的独立建制的单位。不包括这些单位另外举办独立核算的其他机构和各部门的业余文化组织。该指标主要反映文化事业机构发展规模水平。

艺术表演团体　指从事戏曲、音乐、舞蹈、杂技等专业艺术表演，有独立帐户的单位，不包括半工半艺、半农半艺和民间职业剧团。该指标主要反映全国专业艺术表演团体发展规模水平。

艺术表演观众人数(人次)　指售票、包场演出或民族地区免费演出的艺术表演观众人次数，不包括彩排审查和内部观摩演出的观看人次数。该指标主要反映全国观看专业艺术表演团体演出的效益规模。

Explanatory Notes on Main Statistical Indicators

Regular Institutions of Higher Learning refer to educational establishments set up according to the government evaluation and approval procedures, enrolling graduates from senior secondary schools and providing higher education courses and training for senior professionals. They include full time universities, colleges, high professional schools, high professional vocational schools and others.

Universities and colleges are mainly providing undergraduate courses; those high professional schools and high professional vocational schools are mainly providing professional trainings; and others refer to educational establishments, which are responsible for enrolling students but not covered in the total number of schools, including: branch schools of universities and colleges, and universities and colleges that have been proved and prepared to construct.

Institutions of Higher Learning for Adults refer to educational establishments, set up in line with relevant rules approved by the government, enrolling staff and workers with senior secondary school or equivalent education, and providing higher education courses in many forms of correspondence, spare time, or full time for adults. Professionals thus trained receive a qualification equivalent to graduates studying regular courses at regular universities, colleges and professional colleges. Institutions of higher learning for adults include schools of high education for staff and workers, schools of high education for peasants, colleges for management cadres, pedagogical colleges, independent correspondence colleges, Radio and TV universities and other educational establishments. Other educational establishments are responsible for enrolling adult students but not covered in the number of schools.

Enrollment Rate of Primary School Age Children refers to the proportion of school age children enrolled at schools to the total number of school age children both in and outside schools (including retarded children, but excluding blind, deaf and mute children). The formula is:

$$\begin{matrix}\text{Enrolment Rate}\\ \text{of Primary}\\ \text{School - age Children}\end{matrix} = \frac{\begin{matrix}\text{Total Primary School - age}\\ \text{Children at Schools}\end{matrix}}{\begin{matrix}\text{Total Primary School - age}\\ \text{Children Whether or}\\ \text{Not Attending School}\end{matrix}} \times 100\%$$

Government Appropriation for Education refers to state budgetary fund for education, taxes and fees collected by governments at all levels that are used for education purpose, education fund for enterprise run schools, income from school run enterprises, work study programme and social services that are used for education purpose.

Budgetary Fund for Education refers to education fund that is planned to allocate to various schools and education institutions by central and local financial departments at various levels within the reference year, which is within the state budgetary expenditure, including: appropriate funds for education, science and research, capital construction and others.

Research and Development (R&D) refers to systematic and creative activities in the field of science and technology aiming at increasing the knowledge and using the knowledge for new application. R&D includes 3 categories of activities: basic research, applied research and experiments and development. The scale and intensity of R&D are widely used internationally to reflect the strength of S&T and the core competitiveness of a country in the world.

Basic Research refers to empirical or theoretical research aiming at obtaining new knowledge on the fundamental principles of phenomena of observable facts to reveal the nature and law of movement of objects and to acquire new discoveries or new theories. Basic research takes no specific or designated application as the aim of the research. Results of basic research are mainly released or disseminated in the form of scientific papers or monographs. This indicator reflects the original innovation capacity of knowledge.

Applied Research refers to creative research aiming at obtaining new knowledge on a specific objective or target. Purpose of the applied research is to identify the possible use of results from basic research, or to explore new (fundamental) methods or new approaches. Results of applied research are expressed in the form of scientific papers, monographs, fundamental models or invention patents. This indicator reflects the exploration of ways to apply the results of basic research.

Experiments and Development refer to systematic activities aiming at using the knowledge from basic and applied researches or from practical experience to develop new products, materials and equipment, to establish new production process, systems and services, or to make substantial improvement on the existing products, process or services. Results of experiment and development activities are embodied in patents, exclusive technology, and monotype of new products or equipment. In social sciences, experiment and development activities refer to the process of converting the knowledge from basic or applied researches into feasible programmes (including conduct of demonstration projects for assessment and evaluation). There are no experiment and development activities in the science of humanities. This indicator reflects the capability of transferring the results of S&T into technique and products, which is the materialized measurement of S&T pushing forward the economic and social development.

R&D Personnel refer to persons engaged in research, management and supporting activities of R&D, including persons in the project teams, persons engaged in the management of S&T activities of enterprises and supporting staff providing direct service to the research projects. This indicator reflects the size of personnel engaged in R&D activities with independent intellectual property.

Full time Equivalent of R&D Personnel refers to the sum of the full time persons and the full time equivalent of part time persons converted by workload. For instance, if there are 2 full time persons and 3 part time workers (20%, 30% and 70% of working hours respectively on R&D activities), the full time equivalent is 2+0.2+0.3+0.7=3.2 person years. This is an internationally comparable indicator of input of personnel in S&T activities.

Total Internal Expenditure of Funds on R&D refers to the real expenditure of surveyed units on their own R&D activities(basic research, application study, test and development)including direct expenditure on R&D activities,expenditure on capital construction and material processing by others.Excluding the expenditure on production activities,return of loan,and fee transferred to coopertated and entrusted agencies on R&D activities.

Patent is an abbreviation for the patent right and refers to the exclusive right of ownership by the inventors or designers for the creation or inventions, given from the patent offices after due process of assessment and approval in accordance with the Patent Law. Patents are granted for inventions, utility models and designs. This indicator reflects the achievements of S&T and design with independent intellectual property.

Inventions refer to the new technical proposals to the products or methods or their modifications. This is universal core indicator reflecting the technologies with independent intellectual property.

Cultural Institutions refer to units, which have their own organizational system and independent accounting system and specialize in or serve cultural development. They exclude other establishments run by these cultural institutions and amateur cultural groups established by various departments. This indicator reflects the development of cultural units.

Art Troupe refers to the troupe which is engaged in drama, opera, music, dance, acrobatics or other art performance, opens independent accounts with banks and has self supporting accounting system; excluding the troupes which are engaged partly in industrial or agricultural activities, partly in art performance and the professional troupes organized by the people. This indicator reflects the development of national professional art troupes.

Number of Audience at Art Performance refers to the number of attendants at commercial shows, completely booked shows or free shows given in minority national areas, and does not include the number of spectators at rehearsals for examination and internal shows for study.

第
19
篇

卫生、体育、民政、司法测绘和标准计量

Health, Sports, Legal and Judicial Affairs, Surveying and Mapping, Standard Measuring and Civil Affairs

简 要 说 明

一、本篇资料的主要内容

本篇资料反映了全省卫生、体育、民政、司法、测绘和标准计量等社会事业基本情况。卫生部分主要包括卫生机构及其人员、床位数、县及县以上医院诊疗人次数、入院人数、治愈率、死亡率及好转率等基本情况。体育部分主要包括运动员、教练员、裁判员发展人数，体育锻炼达标人数及各市举办运动会情况。民政部分主要包括婚姻登记、救灾、城镇居民最低生活保障、社会福利事业基本情况。司法部分主要包括律师工作和公证事业基本情况。测绘部分主要包括测绘系统的持证单位及其人员和生产活动情况。标准计量部分主要包括标准化工作基本情况和产品质量监督抽查情况。

二、本篇资料的来源

1.卫生部分的资料来源于省卫生厅信息中心。

2.体育部分的资料来源于省体育局财务经济处。

3.民政部分的资料来源于省民政厅计划财务处。

4.司法部分的资料来源于省司法厅办公室。

5.测绘部分的资料来源于省国土资源厅测绘管理处。

6.标准计量部分的资料来源于省质量技术监督局计划财务处。

本篇资料中，测绘和标准计量部分由省统计局综合处加工整理，其他各部分资料由省统计局社科处整理提供。

Brief Introduction

I. Content

In this chapter, data on surveying and mapping are prepared and compiled by the Division of Comprehensive Statistics of Shandong Provincial Bureau of Statistics, the rest of the data by the Division of Social, Science and Technology Statistics of Shandong Provincial Bureau of Statistics.

Data in this chapter show the basic conditions of different causes. These causes include health, sports, legal and judicial affairs, surveying and mapping, standard measuring and civil affairs. Data on health include the number of the number of institutions, personnel, hospital beds, number of patients treated and in patients, fatality rate and recovery rate. Data on sports mainly include the number of athletes, coaches and referees, number of persons who have come up to the National Physical Training Program Standards and sports events. Data on civil affairs mainly include marriage registration, disaster relief, number of persons receiving lowest cost of living in urban areas and social welfare. Data on legal and judicial affairs include the number of lawyers and notarization. Data on standard measuring show the basic conditions of standardization and the results of quality supervision carried out in Shandong.

II. Source of Data

(1)Data on public health are provided by the Information Center of Shandong Provincial Department of Health.

(2)Data on sports are provided by the Division of Planning and Finance of Shandong Provincial Physical Culture Administration.

(3)Data on civil affairs are provided by the Division of Planning and Finance of Shandong Provincial Department of Civil Affairs.

(4)Data on legal and judicial affairs are provided by the Administrative Office of Shandong Provincial Department of Justice.

(5)Data on surveying and mapping are provided by the Division of Survey and Mapping of Shandong Provincial Department of Land and Resources.

(6)Data on standard measuring are provided by the Division of Planning and Finance of Shandong Provincial Administration of Quality and Technical Supervision.

In this chapter, data on surveying are prepared by the Division of Comprehensive Statistics of Shandong Provincial Bureau of Statistics. Other data are prepared by the Division of Social,Science and Technology Statistics of Shandong Provincial Bureau of Statistics.

19-1 卫生事业基本情况

Basic Statistics of Health Institutions

年 份 Year	卫生机构数（个） Number of Health Institutions (unit)	#医院、卫生院 Hospitals and Township Hospitals	卫生机构床位数（万张） Number of Beds (10 000 sets)	#医院、卫生院 Hospitals and Township Hospitals	卫生技术人员数（万人） Medical Technical Personnel (10 000 persons)	#医生 Doctors
1949	288	112	0.3	0.3	2.6	1.8
1950	652	165	1.4	0.5	3.1	1.9
1951	871	198	1.2	0.6	3.4	1.9
1952	1879	223	1.8	0.9	3.9	2.0
1953	2487	220	1.8	0.9	4.2	2.2
1954	3985	221	2.1	1.1	5.5	2.6
1955	4620	221	2.1	1.1	6.0	2.9
1956	10038	218	2.2	1.3	7.1	3.3
1957	10235	232	2.4	1.5	7.3	3.3
1958	16707	5334	5.2	4.2	8.4	3.6
1959	21980	10009	7.5	6.3	7.7	3.4
1960	24442	8841	8.9	6.7	8.2	3.6
1961	21475	2039	6.3	4.9	9.4	
1962	19460	349	4.9	3.4	9.0	4.3
1963	17640	448	4.9	3.5	9.0	
1964	16789	456	5.0	3.6	8.9	
1965	16336	502	5.4	3.8	8.9	4.4
1966	17259	1948	5.8	4.7	8.9	
1967	18294	2105	6.2	5.1	9.2	
1968	13289	2099	6.0	5.1	8.6	
1969	8285	2093	5.7	5.1	8.0	
1970	6173	2155	6.2	5.7	7.9	3.7
1971	5973	2259	6.9	6.3	8.2	
1972	6253	2291	7.5	7.0	9.0	3.8
1973	6619	2304	8.0	7.4	10.8	4.6
1974	6799	2307	8.5	7.8	11.3	4.9
1975	7092	2336	9.3	8.6	12.4	5.0
1976	7438	2402	10.2	9.4	13.6	5.2
1977	8003	2420	11.1	10.3	14.4	5.5
1978	8389	2453	12.0	11.1	15.0	5.7
1979	8731	2541	12.5	11.6	16.1	6.2
1980	8908	2552	12.7	11.7	16.9	6.2
1981	9448	2565	12.9	11.8	17.9	6.9
1982	9830	2583	13.2	12.0	18.7	7.3
1983	9965	2597	13.5	12.2	19.3	7.6
1984	9972	2626	14.1	12.8	19.8	7.7
1985	10304	2623	14.7	13.4	20.5	8.0
1986	10399	2659	15.3	13.9	21.3	8.3
1987	10634	2690	16.2	14.7	22.1	8.7
1988	10475	2767	16.8	15.2	22.8	9.2
1989	10707	2975	17.2	15.5	23.4	10.4
1990	11040	3037	17.7	16.0	24.1	10.7
1991	11141	3066	18.2	16.5	24.1	10.5
1992	10865	3097	18.7	17.1	24.7	10.6
1993	10881	3096	19.5	17.7	25.8	11.1
1994	10654	3134	19.9	18.1	26.4	11.5
1995	10463	3104	20.0	18.2	27.1	11.9
1996	11968	3139	20.0	18.7	28.7	12.8
1997	10993	3151	20.7	19.4	29.4	13.0
1998	11008	3170	20.8	19.6	30.1	13.3
1999	14611	3151	21.3	20.1	30.8	13.9
2000	17118	3150	21.5	20.3	31.5	14.5
2001	17348	3000	21.8	20.7	31.8	14.9
2002	17500	2980	22.1	21.0	32.2	15.4
2003	16025	2929	21.8	20.8	31.1	13.4
2004	16574	2891	23.2	21.6	32.3	13.9
2005	16788	2922	25.1	23.5	32.5	14.1
2006	17016	2942	25.9	24.3	33.7	14.6
2007	15337	3075	28.3	26.5	34.6	15.0
2008	14973	3008	32.0	29.7	37.6	16.0
2009	15094	3024	34.7	32.1	40.6	16.9
2010	16496	3099	38.2	35.1	44.1	17.8
2011	68275	3135	41.6	37.8	48.2	18.6

19-2 卫生总费用
Total Health Expenditure

年份 Year	卫生总费用(亿元) Total Health Expenditure (100 million yuan)	政府卫生支出 Government Health Expenditure		社会卫生支出 Social Health Expenditure		个人现金卫生支出 Out-of-pocket Health Expenditure		人均卫生总费用(元) Per Capita Health Expenditure (yuan)	卫生总费用占GDP比重(%) Health Expenditure as Percentage of GDP (%)
		绝对数(亿元) Level (100 million yuan)	占卫生总费用比重(%) As Percentage of Health Expenditure (%)	绝对数(亿元) Level (100 million yuan)	占卫生总费用比重(%) As Percentage of Health Expenditure (%)	绝对数(亿元) Level (100 million yuan)	占卫生总费用比重(%) As Percentage of Health Expenditure (%)		
1998	195.71	30.66	15.67	56.62	28.93	108.43	55.40	221.44	2.79
1999	227.96	31.96	14.02	58.05	25.46	137.96	60.52	256.63	3.04
2000	271.98	34.96	12.85	67.16	24.69	169.85	62.45	302.30	3.26
2001	301.92	39.60	13.12	90.42	29.95	171.89	56.93	333.94	3.28
2002	353.46	48.42	13.70	96.92	27.42	208.13	58.88	389.19	3.44
2003	399.68	59.13	14.79	117.92	29.50	222.64	55.70	438.01	3.31
2004	448.60	69.68	15.53	136.31	30.39	242.61	54.08	488.67	2.99
2005	542.13	83.83	15.46	168.77	31.13	289.53	53.41	586.21	2.93
2006	650.10	108.89	16.75	219.95	33.83	321.26	49.42	698.36	2.94
2007	801.02	148.01	18.48	272.91	34.07	380.10	47.45	855.15	3.08
2008	987.17	193.19	19.57	359.72	36.44	434.26	43.99	1048.25	3.18
2009	1163.20	254.02	21.84	428.68	36.85	480.51	41.31	1228.26	3.43
2010	1345.30	327.40	24.34	497.02	36.95	520.88	38.72	1403.13	3.43

19-3 各类医疗卫生机构基本情况(2011年)
Basic Statistics on Medical Institutions(2011)

医疗机构分类	Institutions	机构数(个) Number of Institutions (unit)	床位数(张) Number of Beds	卫生技术人员(人) Number of Medical Personnel (person)	执业(助理)医师 Licensed (Assistant) Doctors	注册护士 Registered Nurse	诊疗人次数(万人次) Visit (10 000 times)
总计	**Total**	**68275**	**416148**	**481738**	**186034**	**170968**	**51794.2**
医院	**Hospital**	**1490**	**280385**	**281654**	**100900**	**121341**	**13471.9**
综合医院	Genaral Hospital	974	205041	212814	75285	93608	10345.3
中医医院	Traditional Chinese Medicine Hospital	157	39047	40690	16039	15091	1999.9
专科医院	Specialized Hospital	347	34538	26676	8943	12033	1043.2
基层医疗卫生机构	**Basic Medical Institutions**	**65954**	**112951**	**162383**	**70309**	**40713**	**36813.3**
社区卫生服务中心(站)	Health Service Center for Community	2281	14914	25053	10068	7968	2343.6
卫生院	Health Center	1645	97391	99444	36419	22357	7217.6
乡镇卫生院	Township Health Center	1645	97391	99444	36419	22357	7217.6
门诊部	Outpatient Department	185	646	1851	771	632	159.4
专业公共卫生机构	**Specialized Public Health Institutions**	**681**	**17412**	**34575**	**13402**	**8007**	**1473.6**
专科疾病防治院(所、站)	Specialized Disease Prevention & Treatment Institute	132	3791	4147	1664	1064	214.7
妇幼保健院(所、站)	Women and Children Care Agencies	158	13273	15257	6297	5546	1221.4
其他机构	**Other Institutions**	**150**	**5400**	**3126**	**1423**	**907**	**35.4**
疗养院	Sanatorium	21	5400	1768	750	671	35.4
临床检验中心	Clinical Laboratory Center	1		3	1	1	

19-4 医院工作状况

Basic Statistics of Hospitals above County Level

项目		Item		2007	2008	2009	2010	2011
机构数	(个)	Number of Medical Units	(unit)	1286	1253	1319	1377	1490
诊疗人次数	(万人次)	Number of Patients Treated	(10 000 person-times)	9924	10704	11677	12357	13472
#门诊急诊人次数	(万人次)	Out-Patients and Emergency Patients	(10 000 person-times)	9385	10320	11147	11902	13155
#死亡人数	(人)	Casualties	(person)	14497	13738	20104	19061	21135
观察室收容病人数	(万人次)	Number of Inpatients	(10 000 person-times)	263	406	266	266	616
#死亡人数	(人)	Casualties In-Patient	(person)	4197	3686	4327	3892	4138
健康检查人数	(万人)	Number of People Having Physical Checkup	(10 000 persons)	660	1563	731	937	863
本年入院人数	(人)	Hospital Admissions	(person)	5322462	5940077	6801219	7558447	8354234
本年出院人数	(人)	Number of People Discharged from Hospitals	(person)	5318355	5936624	6772545	7533675	8322652
1.治　愈	(人)	Recovered	(person)	2751655	3087977	3450242	3890796	4269306
2.好　转	(人)	Improved	(person)	1934480	2217729	2698313	2982065	3371810
3.未　愈	(人)	Unrecovered	(person)	136835	145219	156399	166526	175307
4.死　亡	(人)	Dead	(person)	45760	47202	47664	49247	50302
本年住院病人手术人次数	(万人次)	Number of Operations on Inpatients	(10 000 person-times)	150	163	177	189	206
年底实有病床数	(张)	Beds Owned by Hospitals at the Year-end	(set)	196475	218129	236488	255764	280385
实际开放总床日数	(万床日)	Total Number of Beds Used at Midnight	(10 000 bed-days)	6868	7623	8255	8965	9683
平均每日开放病床数	(张)	Average Number of Beds Used Every Day	(set)	188168	208861	226172	245604	265283
实际占用总床日数	(万床日)	Total Number of Beds Occupied	(10 000 bed-days)	5376	6010	6634	7318	8230
出院者占用总床日数	(万床日)	Total Number of Beds for Patients Discharged	(10 000 bed-days)	5228	5801	6490	7095	8005
治愈率	(%)	Care Rate	(%)	60.2	59.4	57.1	57.6	56.8
好转率	(%)	Improvement Rate	(%)	36.4	37.4	39.8	39.6	40.5
病死率	(%)	Death Rate	(%)	0.9	0.8	0.7	0.7	0.6
病床周转次数	(次)	Turnover of Beds	(time)	28.3	28.4	29.9	30.7	31.4
病床工作日	(日)	Days of Beds in Use	(day)	285.7	288.0	293.3	298.0	310.2
病床使用率	(%)	Utilization Rate of Beds	(%)	78.3	78.8	80.4	81.64	85.0
出院者平均在院日数	(日)	Average Hospitalization Period	(day)	9.8	9.8	9.6	9.4	9.6

19-5 各市新型农村合作医疗情况(2011年)

Conditions of New Cooperative Medical System by Region (2011)

年 份 Year / 地 区 Region	县(市、区)数(个) Number of Counties (unit)	开展新农合县(市、区)(个) Number of Counties Implementing of NCMS(unit)	参加新农合人数(万人) Number of Enrollees (10 000 persons)	人均筹资(元) Per Capita Premiums (yuan)	补偿受益人次(万人次) Number of Beneficiaries from Reimbursement (10 000 person-times)	本年度筹资总额(万元) Premiums This Year (10 000 yuan)
2008	140	134	6358	88	8889	557373
2009	140	135	6439	103	12625	664145
2010	140	135	6549	135	14606	885508
2011	140	135	6629	256	16712	1698512
济南市 Jinan	10	9	325	261	378	84985
青岛市 Qingdao	12	8	445	263	397	116974
淄博市 Zibo	8	8	231	253	354	58504
枣庄市 Zaozhuang	6	6	256	251	829	64246
东营市 Dongying	5	5	109	295	341	32035
烟台市 Yantai	12	12	403	258	647	104025
潍坊市 Weifang	12	12	626	259	1678	161951
济宁市 Jining	12	12	628	252	505	158376
泰安市 Tai'an	6	6	381	253	1484	96361
威海市 Weihai	4	4	134	287	185	38508
日照市 Rizhao	4	4	217	251	465	54356
莱芜市 Laiwu	2	2	87	255	368	22263
临沂市 Linyi	12	12	863	253	3362	218299
德州市 Dezhou	11	11	431	254	900	109258
聊城市 Liaocheng	8	8	438	256	601	112294
滨州市 Binzhou	7	7	302	255	1050	76920
菏泽市 Heze	9	9	753	251	3166	189157

19-6 各市卫生事业基本情况(2011年)

Statistics on Health Service by Region(2011)

地 区 Region	卫生机构数(个) Number of Health Institutions (unit)	医院 Hospitals	疾病预防控制机构数 Sanitation Stations	妇幼保健机构 Maternity and Child Care Center	床位数(张) Beds (set)	医院 Hospitals	卫生机构人员(人) Health Care Institutions personnel (person)	卫生技术人员(人) Medical Technical Personnel (person)	医生 Doctors	注册护士 Nurses
全省总计 Total	**68275**	**1490**	**184**	**158**	**416148**	**280385**	**689628**	**481738**	**186034**	**170968**
济南市 Jinan	4460	139	12	12	34920	27984	58590	42116	18328	15357
青岛市 Qingdao	7436	170	28	13	39980	28862	64232	48037	18934	19640
淄博市 Zibo	4941	125	9	9	24007	17519	37396	28016	11698	10509
枣庄市 Zaozhuang	2193	71	8	7	13778	10174	22652	15883	6593	5876
东营市 Dongying	1644	73	6	7	10761	8637	17241	13247	5139	5253
烟台市 Yantai	5309	138	15	14	38481	24040	52384	40914	15891	12315
潍坊市 Weifang	6582	114	17	12	41024	27038	78678	60607	22540	22807
济宁市 Jining	6602	120	14	13	32743	22457	55464	34129	13910	12410
泰安市 Tai'an	3821	85	9	7	23863	16659	41528	27564	9824	10266
威海市 Weihai	2239	28	4	4	17308	10950	22454	17799	6358	6461
日照市 Rizhao	2017	25	5	5	10606	6514	17502	12230	4888	3925
莱芜市 Laiwu	1212	23	3	3	5588	4243	10124	6657	2778	2483
临沂市 Linyi	6586	107	15	13	39904	22164	62652	37433	13030	13241
德州市 Dezhou	3448	49	12	12	17524	10715	32872	21677	8357	6420
聊城市 Liaocheng	4965	61	9	9	19667	14063	32995	21282	8085	7388
滨州市 Binzhou	1949	71	8	8	18852	12604	29083	20913	6954	6569
菏泽市 Heze	2871	91	10	10	27142	15762	53781	33234	12727	10048

注:1.医院中不包括卫生院。2.本表内数字包括诊所、卫生保健所、医务室的机构、人员数。3.妇幼保健机构包括妇幼保健院、所、站。
a)Number of hospitals exclude the township hospitals.b)Data in this table include the number of clinics,health care centers,medical staff.
c)Maternity and child care centers include centers on different level.

19—7 等级运动员、教练员、裁判员发展人数

Basic Statistics on Athletes, Coaches and Referees

单位:人 (person)

项 目	Item	2006	2007	2008	2009	2010	2011
等级运动员	**Number of Athletes and Referees in Grades**	**4596**	**4596**	**3299**	**4667**	**4831**	**2512**
国际运动健将	International Master of Sportsmen	1	1	12	12	13	16
运动健将	Master of Sportsmen	20	20	79	108	95	14
一 级	First Grade Sportsmen	583	583	569	789	1098	691
二 级	Second Grade Sportsmen	3992	3992	2639	3758	3625	1791
三 级	Third Grade Sportsmen						
少年级	Junior Grade sportsmen						
聘任教练员	**Employeed Referees**	**268**	**493**	**1179**	**83**	**33**	**95**
高级职称	Senior Title	124	137	3	11	3	9
中级职称	Intermediate Title	96	199	7	21	15	37
初级职称	Junior Title	48	157	31	51	15	49
等级裁判员	**Number of Referees in Grades**	**1949**	**1949**	**1289**	**2253**	**1900**	**1076**
国际级	International Referees			1	1		
国家级	National Referees	13	13	13	10	25	20
一 级	First Grade Referees	269	269	530	231	352	473
二 级	Second Grade Referees	1667	1667	745	2011	1523	583
三 级	Third Grade Referees						

19—8 各市举办运动会情况(2011年)

Basic Statistics on Mass Sports by Region (2011)

地 区	Region	举办综合运动会次数(次) Number of Comprehensive Sports Meets Held (time)		举办单项比赛次数(次) Number of Individual Competition Held (time)	
		2010	2011	2010	2011
全省总计	**Total**	**41**	**74**	**2767**	**468**
济 南 市	Jinan	8	3	106	50
青 岛 市	Qingdao		3	2147	13
淄 博 市	Zibo		3	16	15
枣 庄 市	Zaozhuang	1	2	28	10
东 营 市	Dongying	2	6	4	44
烟 台 市	Yantai		8	19	42
潍 坊 市	Weifang		10	28	50
济 宁 市	Jining	2	3	6	17
泰 安 市	Tai'an		4	12	12
威 海 市	Weihai	3	6	17	20
日 照 市	Rizhao	2	5	8	45
莱 芜 市	Laiwu		3	20	27
临 沂 市	Linyi		6	12	40
德 州 市	Dezhou	3	4	10	28
聊 城 市	Liaocheng		3	4	20
滨 州 市	Binzhou	20	2	300	3
菏 泽 市	Heze		3	30	32

19−9 民政事业基本情况
Basic Statistics on Civil Affairs

项 目		Item		2008	2009	2010	2011
一、救灾工作情况		**calamity Relief**					
救灾支出	(万元)	Expenditures on Calamity Relief	(10 000 yuan)	19478	17566	37551	26380
#生活救济费	(万元)	Expenditure on Victims' Life	(10 000 yuan)	14767	16902	22594	20024
二、社会救助情况		**Social Relief**					
居民最低生活保障		Resident Minimum Livelihood Guarantee					
城镇居民低保人数	(人)	Number of Urban Residents for Minimum Livelihood Guarantee	(person)	607114	615012	675758	605956
城镇最低生活保障支出	(万元)	Expenditures by Urban Residents for Minimum Livelihood Guarantee	(10 000 yuan)	101000	126922	147345	161939
农村居民低保人数	(人)	Number of Rural residents for Minimum Livelihood Guarantee	(person)	1875505	2002820	2425808	2393488
农村最低生活保障支出	(万元)	Expenditures by Rural residents for Minimum Livelihood Guarantee	(10 000 yuan)	107356	161688	219387	283800
民政部门城乡医疗救助		Medical Assistance of Civil Affairs Departments					
城市医疗救助人数	(人次)	Number of Medical Aid in Urban	(person)	61943	49432	50056	56175
民政部门资助参加医疗保险人数	(人次)	Number of Aid for Medical Insurance in Urban	(person)	67456	108077	197426	215981
农村医疗救助人数	(人次)	Number of Medical Aid in Rural	(person)	64277	119538	104865	141922
民政部门资助参加合作医疗人数	(人次)	Number of Aid for Cooperative Medical Care in Rural	(person)	977123	1317579	1926300	1942281
三、社会福利事业情况		**Social Welfare Institutions**					
单位数	(个)	Number of Institutions	(unit)	2035	2149	2305	2358
床位数	(张)	Number of Beds	(set)	251068	277520	314212	332224
收养人数	(人)	Number of People Adopted	(person)	220543	235311	247069	250021
四、社会福利企业情况		**Social Welfare Enterprises**					
单位数	(个)	Number of Social Welfare Enterprises	(unit)	1528	1480	1424	1424
职工数	(人)	Number of Employees	(person)	97480	99699	101179	100075
#残疾职工	(人)	Physically-challenged	(person)	39119	40079	39951	39991
利润额	(万元)	Profits	(10 000 yuan)	157095	115116	97462	99238
五、社会捐赠情况		**Social Donations**					
资金数	(万元)	Amount	(10 000 yuan)	285240	69858	84385	73023
捐赠衣被总数	(万件)	Number of donated clothing	(10 000 units)	542	283	60	2.9
六、福利彩票情况		**Welfare Lottery**					
销售额	(万元)	Sales	(10 000 yuan)	510118	690475	898455	1095063
提取公益金	(万元)	Public Welfare Fund	(10 000 yuan)	81368	105964	130818	156326

19−10 婚姻登记情况

Basic Statistics on Marriages and Divorces

项　　目		Item		2007	2008	2009	2010	2011
一、国内登记结婚		**Domestic Marriage Registration**						
准予登记结婚	(对)	Registered Marriage	(couple)	744456	792515	917163	924657	969092
#恢复结婚	(对)	Resuming of Marriage	(couple)	7812	8957	8431	8543	7945
初婚人数	(人)	First Marriage	(person)	1333614	1425571	1662422	1648745	1725831
再婚人数	(人)	Number of Remarriage	(person)	155298	159459	174302	200569	212353
男　性	(人)	Male	(person)	74548	72496	82109	106059	104570
女　性	(人)	Female	(person)	80750	86963	92193	94510	107783
二、涉外登记结婚		**Marriage Registration Concerning Foreigners**						
准予登记结婚	(对)	Registered Marriage	(couple)	1098	1127	1199	1135	1212
准予登记结婚人数	(人)	Number of Persons Registered	(person)	2196	2254	2398	2270	2424
国内公民	(人)	Domestic Citizens	(person)	1097	1113	1187	1125	1202
男　性	(人)	Male	(person)	123	153	151	153	206
女　性	(人)	Female	(person)	947	960	1036	972	996
港澳居民	(人)	Compatriots in Hong Kong and Macao	(person)	38	66	56	35	47
台湾居民	(人)	Compatriots in Taiwan	(person)	217	227	234	172	210
华　侨	(人)	Overseas Chinese	(person)	54	43	48	37	39
外籍华人	(人)	Foreign Citizens of Chinese Origion	(person)					
外国人	(人)	Foreigners	(person)	790	805	873	901	926
三、离婚登记		**Divorce Registration**						
法院受理离婚案件	(件)	Divorce Case Handled	(unit)	78819	87679	92989	97276	104293
准予登记离婚总数	(对)	Number of Registered Divorce	(couple)	152934	139164	151693	167545	181597
民政部门办理离婚	(对)	Divorces Handled through Civil Administration Departments	(couple)	76467	89625	100860	116386	127850
#涉外婚姻	(对)	Divorces Concerning Foreigners	(couple)	88	82	87	104	134
法院调解离婚	(对)	Divorces through Law Court Mediation	(couple)	40508	35161	37370	38592	41131
法院判决离婚	(对)	Divorces through Law Court Judgment	(couple)	24260	14378	13463	12567	12616

19-11 殡葬服务情况

Statistics on Funeral and Interment Services

年 份 Year 地 区 Region		殡葬类单位数(个) Number of Funeral and Interment Enterprises (unit)	年末职工总数(人) Employeesat Year-end (person)	火化炉数(台) Number of Cremators (set)	全年处理遗体数(具) Cremated Remains During the Year (bodies)	当年安葬数(人) Number of the Buried During the Year (persons)	火化率(%) Cremation Rate (%)
2005		162	3403	390	540020	15405	97.0
2006		164	3338	397	512846	13058	96.0
2007		165	3450	422	540641	9092	97.0
2008		167	3457	430	565845	10468	98.0
2009		168	3353	440	585799	15814	98.0
2010		166	3372	456	616092	17336	98.5
2011		168	3366	466	610564	17130	98.6
济南市	Jinan	9	283	28	39042	875	100.0
青岛市	Qingdao	11	211	46	56962	1663	100.0
淄博市	Zibo	9	133	25	27132	1065	100.0
枣庄市	Zaozhuang	5	87	17	23548		95.6
东营市	Dongying	4	70	16	11038		93.9
烟台市	Yantai	13	254	45	51749	1123	100.0
潍坊市	Weifang	18	371	54	60052	8953	100.0
济宁市	Jining	16	445	44	50800	632	95.9
泰安市	Tai'an	10	173	25	36264	20	100.0
威海市	Weihai	8	88	20	20770	793	100.0
日照市	Rizhao	7	67	13	17379	358	95.7
莱芜市	Laiwu	2	49	6	6896	351	86.3
临沂市	Linyi	13	296	37	64298	475	95.7
德州市	Dezhou	13	196	29	34333	91	94.8
聊城市	Liaocheng	10	262	20	32264	487	85.7
滨州市	Binzhou	10	175	22	25711	134	100.0
菏泽市	Heze	10	206	19	52326	110	96.0

19-12 律师、公证工作基本情况

Basic Statistics on Lawyers and Notarization

项 目		Item		2006	2007	2008	2009	2010	2011
律师工作		**Lawyers**							
律师事务所	(个)	Number of Law Offices	(unit)	712	767	821	991	1106	1199
国资所	(个)	State-owned	(unit)	44	44	43	43	43	43
合作所	(个)	Cooperative	(unit)	293	297	20			
合伙所	(个)	Partnership	(unit)	370	421	751	816	843	866
个人发起所	(个)	Initiated by Individual	(unit)	5	5	7	132	219	290
执业律师	(人)	Number of Lawyers	(person)	8074	9024	9542	10531	12091	14137
专职律师	(人)	Full-time Lawyers	(person)	7701	8185	8641	9638	11608	13102
兼职律师	(人)	Part-time Lawyers	(person)	373	395	436	437	483	506
公证工作		**Notarization**							
公证处	(个)	Number of Notary Offices	(unit)	160	158	158	158	158	158
公证员	(人)	Notaries	(person)	860	850	846	852	846	903
公证员助理	(人)	Assistant Notaries	(person)	277	270	289	317	392	386
办理各类公证事项	(万件)	Number of Notarized Affairs	(unit)	45.6	51.2	49.8	49.3	51.5	53.0

19-13 各市交通事故情况（2011年）

Basic Statistics on Traffic Accidents by Region (2011)

地 区	Region	发生数 (起) Number of Traffic Accidents (case)	死亡人数 (人) Number of Deaths (person)	受伤人数 (人) Number of Injuries (person)	直接财产损失 (万元) Direct Property Losses (10 000 yuan)
全省总计	**Total**	**13375**	**3974**	**12901**	**5049.7**
济 南 市	Jinan	762	259	838	247.4
青 岛 市	Qingdao	2164	374	2240	862.8
淄 博 市	Zibo	1374	345	1328	586.7
枣 庄 市	Zaozhuang	329	134	229	106.4
东 营 市	Dongying	585	176	604	109.9
烟 台 市	Yantai	677	256	775	140.1
潍 坊 市	Weifang	1543	347	1473	433.8
济 宁 市	Jining	1103	270	1076	354.8
泰 安 市	Tai'an	529	234	521	180.5
威 海 市	Weihai	233	180	124	23.1
日 照 市	Rizhao	530	134	419	254.3
莱 芜 市	Laiwu	473	73	504	153.5
临 沂 市	Linyi	340	127	280	131.8
德 州 市	Dezhou	726	247	576	411.3
聊 城 市	Liaocheng	1128	244	1268	332.0
滨 州 市	Binzhou	569	300	364	248.8
菏 泽 市	Heze	193	173	142	114.7

19-14 火灾事故情况（2011年）
Basic Statistics on Fire Accidents(2011)

项目	Item	合计 Total	特大 Extraordinarily Serious	重大 Serious	较大 Comparatively Serious	一般 Ordinary
发生（起）	Fire Accidents (case)	3819			2	3817
死亡（人）	Deaths (person)	19			10	9
受伤（人）	Injuries (person)	11			5	6
直接经济损失（万元）	Direct Economic Losses (10 000 yuan)	7769			163	7606
平均每起事故损失（元）	Average Loss of Fire (yuan)	20343			816500	19926

19-15 各市火灾事故情况（2011年）
Basic Statistic on Fires by Region(2011)

地区	Region	发生数（起） Number of Fire Accidents (case)	死亡人数（人） Number of Deaths (person)	受伤人数（人） Number of Injuries (person)	直接经济损失（万元） Direct Economic Losses (10 000 yuan)
全省总计	**Total**	**3819**	**19**	**11**	**7769**
济南市	Jinan	572	1		774
青岛市	Qingdao	370	1	2	602
淄博市	Zibo	375	2		166
枣庄市	Zaozhuang	412			585
东营市	Dongying	260			165
烟台市	Yantai	91	2	2	152
潍坊市	Weifang	278	8	5	1027
济宁市	Jining	210			247
泰安市	Tai'an	247			55
威海市	Weihai	80			308
日照市	Rizhao	160			418
莱芜市	Laiwu	18		2	1276
临沂市	Linyi	86			24
德州市	Dezhou	98	1		700
聊城市	Liaocheng	314			660
滨州市	Binzhou	181	4		149
菏泽市	Heze	67			463

19-16 人民检察院审查批准、决定逮捕犯罪嫌疑人和提起公诉被告人情况（2011年）

Arrests of Criminal Suspects and Defendants under Public Prosecution Approved by People's Procuratorate (2011)

案件分类	Category of Cases	批捕、决定逮捕合计 Total of Arrests		决定起诉合计 Total of Public Prosecutions	
		件 (case)	人 (person)	件 (case)	人 (case)
合计	**Total**	**31534**	**43676**	**47236**	**69705**
公安、安全、监狱机关提请小计	Sub-total of Requests by Departments of State and Public Security and Prisons	30527	42524	45387	67099
危害国家安全案	Offences Against State Security	3	3	8	9
危害公共安全案	Offences Against Public Security	4592	4977	11364	11952
破坏社会主义市场经济秩序案	Offences Against Socialist Economic Order	1683	2334	1989	3398
侵犯公民人身、民主权利案	Offences Against Citizens' Personal and Democratic Rights	8184	10113	11848	15797
侵犯财产案	Offences Against Properties	11261	16860	13884	22453
妨害社会管理秩序案	Offences Against Social Management of Order	4797	8228	6285	13480
危害国防利益案	Offences Against National Defense	7	9	10	11
军人违反职责案	Offences on Dereliction of Duty by Servicemen				
检察机关直接立案侦查案件小计	Sub-total of Cases Handled Directly by Procuratorate's Offices	1007	1152	1849	2606
贪污贿赂案	Offences on Corruption and Bribery	928	1050	1474	1989
渎职侵权案	Offences on Abuse and Dereliction of Duty	79	102	375	617

19-17 人民法院审理一审案件情况

First Trial Cases by Courts

单位：件 (case)

年份 Year	收案 Cases Accepted	刑事 Criminal	民事 Civil	经济纠纷 Economic Disputes	行政 Administrative
2005	537098	41768	238479	237926	18925
2006	530542	42175	232841	235616	19910
2007	535832	43501	238244	234124	19963
2008	603565	44935	259623	274427	24580
2009	625334	45711	284706	267925	26992
2010	652618	44885	303987	274384	29362
2011	681311	48777	325380	278457	28697

注：一审案件指人民法院按照诉讼级别管辖按第一审程序审理的案件。

a) First trial cases refer to cases accepted by people's courts according to the first trial proceedings.

19－18　分系统测绘持证部门情况(2011年)

Basic Statistics on Surveying and Mapping Departments(2011)

系统名称	Sector	持证单位数（个） Departments with Certificate (unit)	甲级 First-class	乙级 Second-class	丙级 Third-class	丁级 Fourth-class	测绘职工数（人） Employed Staff (person)	高级职称 Senior Title	中级职称 Interm-ediate Title	初级职称 Junior Title	测绘服务总值（万元） Output Value (10 000 yuan)
测绘	Surveying and Mapping	3	2	1			398	59	158	181	21076
国土资源	Land and Resources	87	2	11	20	54	1115	145	418	552	18301
城乡建设与规划	Urban-Rural Construction and Planning	198	5	12	41	140	2180	244	775	1161	48374
铁道	Railway	2		1		1	31	4	10	17	62
交通运输	Transportation	16		3	9	4	369	100	169	100	9239
水利	Water	32	1	6	13	12	448	135	181	132	16102
电力	Electricity	4		1	1	2	85	22	30	33	1345
通讯	Communication										
石油	Oil	6	1	4	1		189	35	79	75	7255
煤炭	Coal	21	1	4	1	15	322	49	107	166	5268
有色金属	Non-Ferrous Metal	1				1	5	1	4		36
农业	Agriculture	1			1		9	5	4		152
林业	Forestry										
气象	Meteorological										
地震	Earthquake	1		1			32	11	14	7	12
海洋	Ocean	8	1	3	2	2	173	70	64	39	975
环保	Environmental Protection										
公安武警	Public Security and Armed										
烟草	Tobacco										
科教文卫	Science and Technology, Education,Culture,Health	2	1		1		66	37	26	3	1353
出版	Publishing										
民政	Civil Affairs										
航空航天	Aeronautics and Astronautics										
冶金	Metallurgy	10	2	3	1	4	500	77	145	278	30909
其他	Others	24	3	9	7	5	532	124	188	220	8664

19－19　各市测绘持证单位个数和人员情况(2011年)

Basic Statistics on Surveying and Mapping Departments by Region(2011)

地区	Region	持证单位数（个） Departments with Certificate (unit)	甲级 First-class	乙级 Second-class	丙级 Third-class	丁级 Fourth-class	测绘职工数（人） Employed Staff (person)	高级职称 Senior Title	中级职称 Intermediate Title	初级职称 Junior Title	测绘服务总值（万元） Output Value (10 000 yuan)
全省总计	**Total**	710	23	76	161	450	9618	1406	3350	4460	215049
济南市	Jinan	79	10	18	16	35	2221	432	731	970	96177
青岛市	Qingdao	82	4	14	22	42	1147	228	394	494	27933
淄博市	Zibo	43	2	2	15	24	553	54	216	256	9520
枣庄市	Zaozhuang	33		3	5	25	313	45	122	128	3626
东营市	Dongying	32	1	7	9	15	486	86	196	190	8878
烟台市	Yantai	65	2	7	13	43	802	96	272	388	17247
潍坊市	Weifang	54	2	2	9	41	543	56	165	318	6665
济宁市	Jining	53		5	13	35	712	87	264	305	7943
泰安市	Tai'an	34	1	1	7	25	375	40	86	186	4666
威海市	Weihai	31		3	9	19	343	33	138	152	5643
日照市	Rizhao	21		2	7	12	242	27	90	124	2986
莱芜市	Laiwu	17		1	5	11	135	16	48	69	1996
临沂市	Linyi	43	1	3	3	36	537	65	199	260	7938
德州市	Dezhou	49		3	11	35	420	69	146	204	3943
聊城市	Liaocheng	27		3	8	16	269	27	86	145	2868
滨州市	Binzhou	21		1	3	17	195	17	82	96	2857
菏泽市	Heze	26		1	6	19	325	28	115	175	4164

19–20 产品质量监督抽查情况(2011年)

Results of Sampling Checks on Product Quality(2011)

类别	Category	监督检验企业数(个) Number of Enterprises Supervised and Checked (unit)	检验批次(批次) Number of Batch-time Checked (unit)	合格批次(批次) Number of Batch-time Qualified (unit)	批次合格率(%) Rate of Batch-time Qualified (%)
乳制品	Dairy Product	61	256	255	99.6
肉制品	Meat Product	497	1226	1116	91.0
蛋制品	Egg Product	81	122	122	100.0
水产加工品	Aquatic roduct	250	333	300	90.1
小麦粉	Wheat Flour	605	1521	1281	84.2
食用植物油	Edible Vegetable Oil	266	346	308	89.0
挂面	Noodles	175	453	429	94.7
酱油	Soy Sauce	131	361	331	91.7
食醋	Vinegar	125	376	343	91.2
酱	Sauce	73	96	88	91.7
味精	Monosodium Glutamate	43	57	57	100.0
鸡精	Chicken Essence	13	13	11	84.6
淀粉	Starch	62	71	68	95.8
淀粉制品(粉丝)	Starch Mated	95	96	95	99.0
豆制品	Bean Product	90	105	87	82.9
白酒	White Spirit	352	826	785	95.0
啤酒	Beer	57	71	68	95.8
葡萄酒	Wine	168	226	215	95.1
饮料	Beverage	679	808	645	79.8
冷冻饮品	Frozen Dirnks	103	163	135	82.8
茶叶	Tea	181	217	209	96.3
粽子	Rice Dumplings	21	23	20	87.0
糕点	Cake	442	594	556	93.6
月饼	Mooncake	266	418	369	88.3
饼干	Biscuit	106	123	115	93.5
膨化食品	Snack Food	53	56	56	100.0
方便食品	Instant Food	60	77	69	89.6
蜜饯	Candied Fruit	246	251	188	74.9
糖果制品	Candy Products	177	217	166	76.5
食糖	Suger	43	76	74	97.4
罐头	Can	211	335	306	91.3
炒货	Roasted Seeds and Nuts	148	188	186	98.9
速冻面米	Quick-frozen Pastry	71	74	64	86.5
食品添加剂	Food Additive	47	49	49	100.0
食品包装	Food Package	128	156	128	82.1
商用燃气灶具	Commercial Gas Stove	23	23	20	87.0
卫生纸	Toilet Paper	5	5	5	100.0
电冰箱	Refrigerator	8	8	8	100.0

19−20　续表　continued

类　别	Category	监督检验企业数（个）Number of Enterprises Supervised and Checked (unit)	检验批次（批次）Number of Batch-time Checked (unit)	合格批次（批次）Number of Batch-time Qualified (unit)	批次合格率(%) Rate of Batch-time Qualified (%)
密封胶	Sealant	20	20	20	100.0
纸尿裤	Diapers	9	12	11	91.7
板式家具	Panel Furniture	9	9	8	88.9
木家具	Wood Furniture	40	40	35	87.5
学生服	Students Clothes	16	16	11	68.8
儿童服装	Children Clothes	15	15	14	93.3
电热毯	Electric Blanket	14	14	12	85.7
水泥	Cement	10	10	9	90.0
电动自行车	Electric Bikes	19	19	18	94.7
床上用品	Bedding	30	30	23	76.7
细木工板	Blockboard	9	9	8	88.9
石膏及其制品	Gypsum and Its Products	30	30	27	90.0
中空玻璃	Insulating Glass	25	25	18	72.0
烟花爆竹	Fireworks	32	34	27	79.4
太阳能热水器	Solar Water Heater	25	25	21	84.0

19−21　各市标准化工作情况(2011年)

Statistics on Standardization by Region(2011)

地　区　Region	本年度企业备案（个）Number of Enterprises Registered in This Year (unit)	本年末累计企业备案（个）Cumulative Number of Enterprises Registered at Year End (unit)	本年度采标情况(项) Standards Adopted in This Year (unit)							本年末累计采标(项) Cumulative Number of Standards Adopted at the Year End (unit)
			采标数 Number of Standards Adopted in This Year	采用ISO标准 ISO Standard		采用IEC标准 IEC Standard		采用国外先进标准 Advanced Foreign Standard		
				等同 Unchanged	修改 Changed	等同 Unchanged	修改 Changed	等同 Unchanged	修改 Changed	
全省总计　Total	**5465**	**132713**	**267**	**24**	**41**	**26**	**48**	**25**	**101**	**9969**
济南市　Jinan	180	10403	17	2	4	4	3	2	2	1729
青岛市　Qingdao	455	11541	33	2	1	3	12	2	13	2038
淄博市　Zibo	617	9019	11	1	1	2	1	2	4	1270
枣庄市　Zaozhuang	93	3901	12	1	1	2	4	1	3	69
东营市　Dongying	216	5244	41	2	7	2	5	3	22	192
烟台市　Yantai	186	10639	31	2	6	1	2	3	17	1261
潍坊市　Weifang	372	15979	25	2	4	1	5	1	12	1107
济宁市　Jining	265	5590	5	1	1	1	1	1		118
泰安市　Tai'an	176	3976	5	1	1		1	1	1	398
威海市　Weihai	216	3047	8	2	1	1	1	1	2	295
日照市　Rizhao	72	1739	8	1	2	2	1	1	1	171
莱芜市　Laiwu	74	1030	3	1			1		1	72
临沂市　Linyi	93	5170	22	2	4	3	3	3	7	447
德州市　Dezhou	137	5899	18	1	2	2	1	2	8	393
聊城市　Liaocheng	85	2962	17	1	4	1	4	2	5	155
滨州市　Binzhou	80	2649	6	1	1	1	1		2	209
菏泽市　Heze	129	2774	5	1	1		2		1	45

主要统计指标解释

卫生机构 是指从卫生行政部门取得《医疗机构执业许可证》，或从民政、工商行政、机构编制管理部门取得法人单位登记证书，为社会提供医疗保健、疾病控制、卫生监督服务或从事医学科研和教育等工作的单位。卫生机构包括医院、疗养院、社区卫生服务中心(站)、卫生院、门诊部、诊所(卫生所、医务室)、村卫生室、急救中心(站)、采供血机构、妇幼保健院(所、站)、专科疾病防治院(所、站)、疾病预防控制中心(防疫站)、卫生监督所、卫生监督检验(监测、检测)机构、医学科研机构、医学在职培训机构、健康教育所(站)等其他卫生机构。

医疗机构 包括医院、社区卫生服务中心(站)、疗养院、卫生院、门诊部、诊所(卫生所、医务室)、妇幼保健院(所、站)、专科疾病防治院(所、站)、急救中心(站)和临床检验中心。医疗机构分为非赢利性医疗机构和赢利性医疗机构。

医　院 包括综合医院、中医医院、中西医结合医院、民族医院、各类专科医院和护理院。

卫生技术人员 指卫生机构中医生、护理人员、药剂人员、检验人员等卫生技术人员。

医　生 指在医疗、预防保健机构工作且取得《执业医师证书》的执业医师和执业助理医师。

卫生服务总费用 反映全国当年用于医疗卫生保健服务所消耗的资金总额，用筹资来源法测算。政府预算卫生支出指各级政府用于卫生事业的财政预算拨款。社会卫生支出指政府预算外的卫生资金投入，主要表现为社会医疗保险。其中包括如企事业单位和乡村集体经济单位举办医疗卫生机构设施建设费，企业职工医疗卫生费，行政事业单位负担的职工公费医疗超支部分等。居民个人卫生支出指城乡居民用自己可支配的经济收入支付的各项医疗卫生费用和医疗保险费用。

粗离婚率 指当年离婚对数占年平均人口的比重，计算公式为：

$$粗离婚率=\frac{当年离婚对数}{年平均人口数}\times 1000‰$$

律　师 指依法取得律师执业证书，担任法律顾问，民事(刑事、行政)案件代理人、刑事案件辩护人、办理非诉讼业务，解答法律询问，代写法律事务文书等，为社会提供法律服务的人员。

公证人员 指在公证处工作的人员总称，包括公证处主任、副主任、公证员、公证员助理(助理公证员)和其他从事辅助性工作的人员。

公证文书 指公证处根据当事人申请，依照事实和法律，按照法定程序制作的，具有法律效力的司法证明文书。根据公证书用途和使用地，公证书分为国内公证书、国内经济公证书、涉外民事公证书、涉外经济公证书四类。

调解民间纠纷 指调解委员会按照法律规定，根据自愿原则，用说服教育的方法调解民间发生的有关民事权利和义务争执的件数，包括调解成功数和调解未成功数。该指标主要反映人民调解委员会的工作量。

受理劳动争议案件数 指劳动争议仲裁委员会根据国家有关规定，对劳动争议当事人的申请予以审查，符合受理条件而正式立案、准备处理的劳动争议案件数。

Explanatory Notes on Main Statistical Indicators

Health Care Institutions refer to the units which have been qualified the Certification of Health Care Institution by the administration of public health,or qualified the Certification of Corporate Unit by the civil affairs,administration for industry and commerce,commission office for public sector reform,and engaging in medical care,disease prevention and control,health supervision and inspection,medicine research and health education,etc,including:hospitals,sanatoriums,community health service centers(stations),health centers,clinics(health stations and infirmaries),first-aid centres(stations),blood gathering and supplying institutions,women and children care agencies(centres and stations),special disease prevention and curing agencies (centres and stations),disease prevention and control centres(epidemic prevention stations),health supervision and inspection agencies,sanitary inspection institutions,medicinal scientific research and on-job training institutions,health education centres and so on.

Medical Organizations include: hospitals, health service centers (stations) of communities, nursing homes, health centers, clinics, clinics (health stations and infirmaries), maternity and child care agencies (centers and stations), special disease prevention and curing agencies (centers and stations), first aid centers (stations) and clinical inspection centers. Medical organizations are grouped by two types: profit making and non profit making medical organizations.

Hospitals include: polyclinics, traditional Chinese medical hospitals, hospitals integrated with traditional Chinese therapeutics and western therapeutics, ethical hospitals, various specialties hospitals and nursing hospitals.

Medical Technical Personnel refers to doctors, assistant nurses, pharmacists, and laboratory technicians working in medical institutions.

Doctors refer to certified physicians and certified assistant physicians with certifications working in medical and health care and prevention agencies.

Total Cost of Health Services reflects the total expenditures on medical and health care services for the whole country, calculated on basis of sources of funding. Health expenditure from government budget refers to budgetary allocation for health undertakings by governments at all levels. Social health expenditure refers to non government budgetary capital input, mainly the health insurance. It includes expenditure on health institutions run by enterprises and rural collective entities, expenditure on medical and health care of employees of enterprises, and excessive health expenditure of government employees that could be covered by the government health care system. Health expenditure on individuals refers to expenditure on health service and health insurance paid by residents from their disposable income.

Crude Divorce Rate refers to proportion of divorced people to the annual average population for the reference year, the formula is:

$$\text{Crude Divorce rate} = \frac{\text{number of couples divorced for the reference year}}{\text{annual average population}} \times 1000‰$$

Lawyers are certified legal workers according to law, and who are employed by legal counseling firms to act as legal advisers, agents in criminal or civil lawsuits, or defenders in criminal lawsuits, or to handle non litigious legal affairs, to advise on matters of law or to write legal papers for others, and provide service to the public.

Notary Personnel refer to people working for notary offices including:directors,deputy directors,notaries,assistant notaries and other people providing assistance.

Notary Documents refer to the judicial notary documents drawn up at the request of the interested party and are in accordance with facts and the law and following certain legal proceedings.

Mediation of Civil Disputes refers to number of cases made by mediation committees in mediating in civil disputes concerning civil rights and duties through persuasion and education in accordance with the provisions of law on a voluntary basis, so as to solve disputes by helping the parties involved come to an agreement and understanding, including those unsuccessful ones. This indicator reflects the workload of the mediation committees.

Number of Labour Dispute Cases Accepted refers to the number of cases of labour dispute submitted that, after being reviewed by the labour dispute arbitration committees in line with the relevant national regulations, are accepted and registered for treatment.

第
20
篇

各县(市、区)主要经济指标

Main Indicators of Counties (Cities and Districts at County Level)

简 要 说 明

一、本篇资料的主要内容

本篇资料反映了全省各县（市、区）经济社会事业发展基本情况，主要包括人口、土地面积、从业人员、农业、工业、投资、财政、金融、出口、农民收入和教育等方面的内容。

二、本篇资料的来源

本篇资料来源于山东经济强（弱）县统计监测年报，由省统计局农村处整理提供。

Brief Introduction

I. Content

Data in this chapter show the development in society and economy of counties or cities on the county level, mainly including population, area, employed persons, agriculture, industry, investment, finance, banking, post services and telecommunication, foreign trade, income of rural households and education.

II. Source of Data

Data in this chapter are based on the annul monitoring reports of counties and are provided by the Division of Countryside Statistics of Shandong Provincial Bureau of Statistics.

20-1 各县(市、区)主要经济指标(2011年)

Major Economic Indicators of Counties(Cities and Districts at County Level,2011)

地 区	Region	年 末 总人口 (万人) Total Population at Year-end (10 000 persons)	行政区域 土地面积 (平方公里) Area of Local land (sq.km)	年末单位 从业人员数 (人) Total Employed Persons at Year-end in units (person)	乡村从业 人 员 数 (人) Employed Persons at Year-end in Country (person)	地方财政 预算内收入 (万元) Local Financial Budgetary Revenue (10 000 yuan)	地方财政 预算内支出 (万元) Local Financial Budgetary Expenditure (10 000 yuan)	年末金融 机构各项 存款余额 (万元) Deposit Balance of Financial Institution at Year-end (10 000 yuan)
济南市	**Jinan**							
历下区	Lixia	54.0	101	267143		371883	302680	
市中区	Shizhong	58.0	280	206846	72970	270284	215185	
槐荫区	Huaiyin	38.0	152	91163	60288	140226	172357	
天桥区	Tianqiao	51.0	259	149748	42180	131109	156874	
历城区	Licheng	93.0	1299	170878	367548	240061	316230	
长清区	Changqing	56.0	1178	91601	231650	58568	140724	
平阴县	Pingyin	37.0	827	45566	158557	60005	137759	956844
济阳县	Jiyang	56.0	1076	51673	279843	80068	158385	787673
商河县	Shanghe	63.0	1163	42887	282149	43922	153873	708359
章丘市	Zhangqiu	102.0	1855	151867	478577	305069	446810	3126413
青岛市	**Qingdao**							
市南区	Shinan	54.8	30	211320		334068	298008	
市北区	Shibei	49.5	29	94717		188277	192956	
四方区	Sifang	37.2	35	55440		107895	104030	
黄岛区	Huangdao	54.0	274	328738	92969	657731	400098	6287066
崂山区	Laoshan	25.0	389	168442	89515	392382	386096	
李沧区	Licang	31.0	99	73830		242555	180216	
城阳区	Chengyang	48.2	553	186114	214924	478017	341600	5360356
胶州市	Jiaozhou	80.7	1313	165681	363165	343026	460638	3462015
即墨市	Jimo	113.2	1780	156892	561591	361000	483900	4221700
平度市	Pingdu	137.6	3167	80773	715968	271459	414439	3156211
胶南市	Jiaonan	84.1	1846	194590	366312	363567	462734	3084295
莱西市	Laixi	73.6	1568	106498	367995	232370	257697	1899394
淄博市	**Zibo**							
淄川区	Zichuan	64.8	961	85249	225655	181278	224343	3350795
张店区	Zhangdian	74.4	358	235471	142663	500806	468703	10627891
博山区	Boshan	45.8	698	49368	146098	133999	160686	1854592
临淄区	Linzi	61.0	668	121445	236616	329505	330389	4956571
周村区	Zhoucun	34.0	307	63484	100665	117450	131094	2004394
桓台县	Huantai	49.9	509	74023	245278	215735	259455	2415003
高青县	Gaoqing	36.6	831	139476	184525	76018	141412	823967
沂源县	Yiyuan	56.5	1636	63637	351047	121223	201509	1221185
枣庄市	**Zaozhuang**							
市中区	Shizhong	53.0	374	105386	107540	129456	178368	2639292
薛城区	Xuecheng	51.0	507	26730	187364	99160	181392	1968036
峄城区	Yicheng	39.0	637	28407	192442	55200	112576	477458
台儿庄区	Taierzhuang	31.0	539	26558	159615	47780	109558	510573

20-1 续表 1 continued

地　区	Region	年　末总人口（万人）Total Population at Year-end (10 000 person)	行政区域土地面积（平方公里）Area of Local land (sq.km)	年末单位从业人员数（人）Total Employed Persons at Year-end in units (person)	乡村从业人员数（人）Employed Persons at Year-end in Country (person)	地方财政预算内收入（万元）Local Financial Budgetary Revenue (10 000 yuan)	地方财政预算内支出（万元）Local Financial Budgetary Expenditure (10 000 yuan)	年末金融机构各项存款余额（万元）Deposit Balance of Financial Institution at Year-end (10 000 yuan)
山亭区	Shanting	51.0	1019	22835	256016	32127	109280	461325
滕州市	Tengzhou	169.0	1496	294256	744347	401506	586167	3287552
东营市	**Dongying**							
东营区	Dongying	62.0	1155	42010	71797	221222	269677	11801103
河口区	Hekou	25.0	2139	22919	50704	100248	124422	1561540
垦利县	Kenli	23.0	2231	31345	86578	120188	193108	1778319
利津县	Lijin	30.0	1666	17256	147092	61336	139569	731941
广饶县	Guangrao	50.0	1166	74231	274834	221186	306313	3176434
烟台市	**Yantai**							
芝罘区	Zhifu	68.3	169	184965	37049	474071	728264	10277654
福山区	Fushan	44.2	710	292129	143976	530508	630456	5550997
牟平区	Mouping	45.6	1588	59804	194584	150198	198497	2705960
莱山区	Laishan	21.4	258	37236	66112	157613	164827	2052874
长岛县	Changdao	4.3	56	5306	12704	12118	42573	272197
龙口市	Longkou	63.5	893	94582	275228	475668	526337	5131836
莱阳市	Laiyang	87.4	1731	83263	422886	93536	172267	2254749
莱州市	Laizhou	85.8	1878	107295	385751	303737	388687	4024357
蓬莱市	Penglai	45.0	1129	87740	200596	200675	255498	2468997
招远市	Zhaoyuan	57.1	1432	84489	224260	285300	344468	3274157
栖霞市	Qixia	62.6	2016	40986	303734	50577	139473	1474261
海阳市	Haiyang	66.5	1887	38502	357513	162008	246639	2118735
潍坊市	**Weifang**							
潍城区	Weicheng	36.6	272	31774	95195	113346	84887	
寒亭区	Hanting	32.8	623	30526	192064	87782	100264	
坊子区	Fangzi	31.2	412	29052	258591	63291	93390	
奎文区	Kuiwen	35.0	576	64261	36042	170868	105069	
临朐县	Linqu	87.7	1831	44143	418149	55709	170146	1717175
昌乐县	Changle	61.0	1101	37459	260099	128732	199806	1601157
青州市	Qingzhou	91.8	1569	55340	365199	217576	229398	3650203
诸城市	Zhucheng	108.5	2183	66573	452518	400618	416172	3135177
寿光市	Shouguan	104.6	1990	84545	502476	416006	440376	4638348
安丘市	Anqiu	95.0	1712	108195	432613	77820	207212	1964772
高密市	Gaomi	87.4	1527	70440	417821	230918	302442	2030276
昌邑市	Changyi	58.2	1628	39297	267848	158136	221078	2301484
济宁市	**Jining**							
市中区	Shizhong	57.0	381	246691	141067	102387	125591	9776647
任城区	Rencheng	56.0	599	82019	239045	186699	162579	1444364
微山县	Weishan	72.0	1790	53994	364369	169466	223916	1392879
鱼台县	Yutai	47.0	654	29330	231139	50987	105008	637800

20-1 续表 2 continued

地 区	Region	年末总人口(万人) Total Population at Year-end (10 000 person)	行政区域土地面积(平方公里) Area of Local land (sq.km)	年末单位从业人员数(人) Total Employed Persons at Year-end in units (person)	乡村从业人员数(人) Employed Persons at Year-end in Country (person)	地方财政预算内收入(万元) Local Financial Budgetary Revenue (10 000 yuan)	地方财政预算内支出(万元) Local Financial Budgetary Expenditure (10 000 yuan)	年末金融机构各项存款余额(万元) Deposit Balance of Financial Institution at Year-end (10 000 yuan)
金乡县	Jinxiang	64.0	888	20014	354592	51166	157926	1221926
嘉祥县	Jiaxiang	87.0	966	37081	459201	76800	164200	1312355
汶上县	Wenshang	78.0	877	26801	423931	71006	152692	1154064
泗水县	Sishui	62.0	1118	22606	308513	40017	129744	770759
梁山县	Liangshan	79.0	961	32743	385096	50609	145658	1300478
曲阜市	Qufu	64.0	815	66124	300338	127766	216188	1669277
兖州市	Yanzhou	64.0	664	56927	261117	274290	273583	2319776
邹城市	Zoucheng	116.0	1610	172274	456650	356660	408419	4568468
泰安市	**Taian**							
泰山区	Taishan	62.2	337	136279	109146	196000	150525	1409972
岱岳区	Daiyue	89.9	1750	51327	500325	70566	183092	1121000
宁阳县	Ningyang	82.7	1125	153459	374694	69556	183709	1139608
东平县	Dongping	79.5	1340	44223	383802	64341	170892	1079029
新泰市	Xintai	139.9	1933	187198	636311	369019	497622	3114648
肥城市	Feicheng	98.4	1277	129576	388677	274536	371360	2596580
威海市	**Weihai**							
环翠区	Huancui	65.2	777	253649	111224	494125	365034	8942564
文登市	Wendeng	64.0	1829	107437	279480	342329	393274	2845858
荣成市	Rongcheng	67.1	1526	151099	233337	360589	579736	4058977
乳山市	Rushan	57.1	1654	53519	266627	172678	264063	2254508
日照市	**Rizhao**							
东港区	Donggang	82.0	1146	126025	333285	315343	267893	7279353
岚山区	Lanshan	42.0	759	65381	210727	168640	163284	1120300
五莲县	Wulian	52.0	1496	35866	246673	43012	145290	1162486
莒 县	Juxian	114.0	1952	52491	603285	59356	230262	2048561
莱芜市	**Laiwu**							
莱城区	Laicheng	96.9	1734	139820	412187	228389	474720	4503158
钢城区	Gangcheng	30.0	511	49280	104325	163927	117556	1565340
临沂市	**Linyi**							
兰山区	Lanshan	112.0	818	163180	354743	301616	281615	9265805
罗庄区	Luozhuang	61.0	642	80599	291022	152508	161833	1947728
河东区	Hedong	74.0	834	36051	375354	152008	214556	1629699
沂南县	Yinan	91.0	1719	33252	477134	57500	184966	1328517
郯城县	Tancheng	94.0	1195	30319	516511	53906	183100	1143197
沂水县	Yishui	114.0	2414	44392	566525	106120	238658	2050395
苍山县	Cangshan	131.0	1724	31950	650683	60173	203860	1446268
费 县	Feixian	83.0	1660	37801	444294	62806	171959	1292775
平邑县	Pingyi	102.0	1823	79112	559526	53267	197105	1287958
莒南县	Junan	102.0	1751	34301	550195	65150	199526	1555996
蒙阴县	Mengyin	55.0	1602	29572	272572	41651	138769	866148
临沭县	Linshu	63.0	1010	30532	342743	54566	144246	1256542

20-1 续表 3 continued

地 区	Region	年末总人口(万人) Total Population at Year-end (10 000 persons)	行政区域土地面积(平方公里) Area of Local land (sq.km)	年末单位从业人员数(人) Total Employed Persons at Year-end in units (person)	乡村从业人员数(人) Employed Persons at Year-end in Country (person)	地方财政预算内收入(万元) Local Financial Budgetary Revenue (10 000 yuan)	地方财政预算内支出(万元) Local Financial Budgetary Expenditure (10 000 yuan)	年末金融机构各项存款余额(万元) Deposit Balance of Financial Institution at Year-end (10 000 yuan)
德州市	**Dezhou**							
德城区	Decheng	64.2	583	119817	116655	201147	264116	5995231
陵 县	Lingxian	59.0	1213	29336	245216	51819	142465	859171
宁津县	Ningjin	47.1	833	16759	240050	34066	112050	1045082
庆云县	Qingyun	31.0	502	20019	120385	28508	58790	531600
临邑县	Linyi	54.2	1016	27144	250443	70441	150150	971957
齐河县	Qihe	62.8	1411	41479	296724	110168	200294	1149918
平原县	Pingyuan	48.0	1047	31860	206535	39206	116839	872984
夏津县	Xiajin	52.5	872	17115	251302	40188	103435	779887
武城县	Wucheng	39.2	748	29655	180140	35867	110398	773789
乐陵市	Leling	69.7	1172	23833	292415	35006	152000	980445
禹城市	Yucheng	52.7	990	34360	237261	75003	158403	1064705
聊城市	**Liaocheng**							
东昌府区	Dongchangfu	117.1	1710	112836	502272	139845	268269	5032872
阳谷县	Yanggu	81.2	1066	31162	420268	51390	166177	1841321
莘 县	Shenxian	103.0	1416	35822	553661	42398	192169	1141999
茌平县	Chiping	54.8	1003	53025	274193	146796	234405	1182621
东阿县	Donge	40.4	729	41332	214259	42337	103310	907026
冠 县	Guanxian	81.0	1161	34385	427201	44246	150326	1093459
高唐县	Gaotang	49.7	949	51271	233101	90520	159020	928880
临清市	Linqing	76.7	950	42572	360950	88670	160221	1535932
滨州市	**Binzhou**							
滨城区	Bincheng	64.0	1041	137204	279554	422286	640086	3965423
惠民县	Huimin	64.0	1363	38364	339535	51709	178357	855787
阳信县	Yangxin	45.0	799	34263	200419	40600	124116	621425
无棣县	Wudi	46.0	1984	37204	243749	96872	178504	934713
沾化县	Zhanhua	39.0	2116	30847	218040	70108	155520	613220
博兴县	Boxing	49.0	900	60133	224197	180016	243681	2226582
邹平县	Zouping	73.0	1250	203024	380681	446010	491452	3879743
菏泽市	**Heze**							
牡丹区	Mudan	152.2	1415	125835	530225	358828	611983	4124769
曹 县	Caoxian	158.8	1974	36713	697161	113338	289643	1353503
单 县	Shanxian	123.4	1670	36926	554761	125211	246697	1215386
成武县	Chengwu	70.4	998	26669	286072	58900	150706	785560
巨野县	Juye	102.1	1308	35153	456542	128666	254374	1290213
郓城县	Yuncheng	123.9	1643	47038	521333	133903	258523	1694365
鄄城县	Juancheng	87.1	1032	27530	397919	48011	170206	963393
定陶县	Dingtao	67.6	846	23238	309926	43689	131142	742515
东明县	Dongming	81.0	1370	39855	271754	105399	202266	1094270

20-1 续表 4 continued

地　区	Region	城乡居民储蓄存款余额（万元）Urban and Rural Household Savings Deposits (10 000 yuan)	年末金融机构各项贷款余额（万元）Loan Balance of Financial Institution at Year-end (10 000 yuan)	粮　食总产量（吨）Output of Grain (ton)	油料产量（吨）Output of Oil-bearing Crops (ton)	蔬菜产量（吨）Output of Vegetables (ton)	水果产量（吨）Output of Fruits (ton)	肉　类总产量（吨）Output of Meat (ton)	奶类产量（吨）Output of Milk (ton)
济南市	**Jinan**								
历下区	Lixia								
市中区	Shizhong			42373	93	9791	3412	7002	17544
槐荫区	Huaiyin			26431		11201		2380	14127
天桥区	Tianqiao			78157	706	24874	616	6315	3012
历城区	Licheng			253590	4303	970418	159599	45697	97127
长清区	Changqing			326290	15971	650257	45006	28891	30431
平阴县	Pingyin	575124	486493	230427	10017	541340	118967	43477	33114
济阳县	Jiyang	552217	357264	531928	17561	1211426	54108	57809	38978
商河县	Shanghe	477277	437349	773707	651	929710	32731	80734	5728
章丘市	Zhangqiu	2095320	1906479	695496	5523	1829231	65709	116146	73986
青岛市	**Qingdao**								
市南区	Shinan								
市北区	Shibei								
四方区	Sifang								
黄岛区	Huangdao	1974576	5132330	9034	3369	12483	3035	1556	715
崂山区	Laoshan			1599	700	8195	7129	2671	688
李沧区	Licang					3300	410		
城阳区	Chengyang	2542618	4517825	32146	80	82785	13059	9168	16474
胶州市	Jiaozhou	2115692	2384820	478131	30388	1193617	58162	57921	23385
即墨市	Jimo	2675800	3325400	551032	85470	644405	24074	76764	46725
平度市	Pingdu	2303796	1504213	1580011	143340	2386432	339342	182157	23820
胶南市	Jiaonan	1742292	2082987	308624	91703	449431	142033	68036	15086
莱西市	Laixi	1379651	1099340	669470	88676	1057536	217948	197211	244759
淄博市	**Zibo**								
淄川区	Zichuan	2218668	1110706	120816	2663	44583	8161	15651	564
张店区	Zhangdian	4523004	8574123	84123	996	18681	1425	6220	4965
博山区	Boshan	1359826	1092733	39713	1394	285506	51621	11864	1348
临淄区	Linzi	2537486	3043618	405951	43	990421	8512	42774	22321
周村区	Zhoucun	1375204	1070931	108245	808	57257	16128	13033	6231
桓台县	Huantai	1172571	2377598	430949	75	109338	1507	16579	12969
高青县	Gaoqing	454734	587930	511783	3344	271275	35278	34500	59985
沂源县	Yiyuan	729220	865467	74073	15227	390910	898277	36929	14485
枣庄市	**Zaozhuang**								
市中区	Shizhong	1505741	2348203	85928	11376	147034	9613	25225	6465
薛城区	Xuecheng	1036458	944243	227588	9645	237578	10521	32639	472
峄城区	Yicheng	306300	453696	273722	15248	725424	32678	18900	1111
台儿庄区	Taierzhuang	336144	273954	284925	1456	548604	11992	22393	25273

20−1 续表 5 continued

地 区	Region	城乡居民储蓄存款余额(万元) Urban and Rural Household Savings Deposits (10 000 yuan)	年末金融机构各项贷款余额(万元) Loan Balance of Financial Institution at Year-end (10 000 yuan)	粮 食总产量(吨) Output of Grain (ton)	油料产量(吨) Output of Oil-bearing Crops (ton)	蔬菜产量(吨) Output of Vegetables (ton)	水果产量(吨) Output of Fruits (ton)	肉 类总产量(吨) Output of Meat (ton)	奶类产量(吨) Output of Milk (ton)
山亭区	Shanting	335283	281948	160986	23883	142766	119217	32264	7868
滕州市	Tengzhou	2141366	3731441	869406	36137	2585047	52853	121427	1445
东营市	**Dongying**								
东营区	Dongying	4360227	6323828	72473	73	227446	5849	46776	16418
河口区	Hekou	1099147	730467	15283	1192	4340	30987	25670	13912
垦利县	Kenli	901926	1902676	83107	566	26993	9898	24978	31569
利津县	Lijin	382360	659142	119808	1594	336552	29676	73683	10490
广饶县	Guangrao	1158158	4339671	525073		868609	12179	85469	90700
烟台市	**Yantai**								
芝罘区	Zhifu	4789235	9956374	254	196	21984	5598	1145	3634
福山区	Fushan	2326753	3536475	45200	9950	25943	104825	17042	12076
牟平区	Mouping	1514214	1452501	147364	32303	107506	544857	79218	37804
莱山区	Laishan	990051	1506219	23603	6057	22557	35980	11838	3694
长岛县	Changdao	201391	117915	436			450	95	86
龙口市	Longkou	2867765	3723320	129196	9744	226409	370283	38109	45202
莱阳市	Laiyang	1635402	1368387	520519	85738	511493	394193	85243	74433
莱州市	Laizhou	2868275	1734856	676280	54496	251376	291886	80141	11789
蓬莱市	Penglai	1590073	1764515	146100	42580	127483	702109	48543	7028
招远市	Zhaoyuan	1886357	1903020	317308	69228	62438	517335	43353	8813
栖霞市	Qixia	1163746	827208	241582	63579	197763	1506246	22221	1522
海阳市	Haiyang	1397047	1203011	359678	79105	374432	356798	42449	18299
潍坊市	**Weifang**								
潍城区	Weicheng			100115	154	38573	21593	14612	6058
寒亭区	Hanting			353428	350	112330	69784	37855	24195
坊子区	Fangzi			386558	8726	422036	6299	28362	6641
奎文区	Kuiwen			39015		1176	424	619	1343
临朐县	Linqu	1368072	1185972	341357	11572	154089	196447	161984	97358
昌乐县	Changle	975295	1460732	296870	43303	873355	59756	120303	46163
青州市	Qingzhou	2587511	2550255	439949	35	1098839	98430	99070	56407
诸城市	Zhucheng	2096494	2848351	867051	63601	1098745	80778	327182	4930
寿光市	Shouguan	2810319	4189861	663466	438	4154226	97149	153788	9042
安丘市	Anqiu	1471608	1351676	459865	51397	1710064	97991	105228	393
高密市	Gaomi	1452611	1830380	905191	52517	1025121	76770	193315	18603
昌邑市	Changyi	1710471	1479920	483775	18562	607123	78859	111102	6100
济宁市	**Jining**								
市中区	Shizhong	41102		246220	20	35376		9887	4659
任城区	Rencheng	1093598	940787	298713	1079	497871	31216	28988	16136
微山县	Weishan	771116	711963	343979	2369	330265	782	80356	144
鱼台县	Yutai	478800	283000	310060		695187	3943	31701	1471

20-1 续表 6 continued

地 区	Region	城乡居民储蓄存款余额（万元）Urban and Rural Household Savings Deposits (10 000 yuan)	年末金融机构各项贷款余额（万元）Loan Balance of Financial Institution at Year-end (10 000 yuan)	粮 食 总产量（吨）Output of Grain (ton)	油料产量（吨）Output of Oil-bearing Crops (ton)	蔬菜产量（吨）Output of Vegetables (ton)	水果产量（吨）Output of Fruits (ton)	肉 类 总产量（吨）Output of Meat (ton)	奶类产量（吨）Output of Milk (ton)
金乡县	Jinxiang	940817	623156	54815	162	1698783	15362	42175	4860
嘉祥县	Jiaxiang	1031854	620345	579820	2674	744513	10284	61876	9285
汶上县	Wenshang	875455	572862	544346	44028	924224	23231	88200	48708
泗水县	Sishui	591687	440596	256114	62059	642979	56671	80399	3201
梁山县	Liangshan	997401	498539	564290	17470	796988	53946	90467	13570
曲阜市	Qufu	1018720	713413	571459	9705	89966	41265	77658	8912
兖州市	Yanzhou	1573516	1616800	473612	6344	732093	3106	104321	7666
邹城市	Zoucheng	2181994	2933489	628791	70601	496019	40551	98552	20252
泰安市	**Taian**								
泰山区	Taishan	920930	997793	69818	124	160712	8915	8769	125289
岱岳区	Daiyue	956000	757000	593406	28367	2414238	195558	63392	119290
宁阳县	Ningyang	847967	634361	657631	73659	937515	44443	94277	82054
东平县	Dongping	847456	748196	701049	18768	680848	11537	49383	15687
新泰市	Xintai	2029052	2092239	500440	94457	1368224	108539	140897	98738
肥城市	Feicheng	1660803	1822991	649064	9000	2040491	134584	72862	68172
威海市	**Weihai**								
环翠区	Huancui	4229367	6185652	66814	17754	67871	84865	11762	10397
文登市	Wendeng	2115751	1774382	379447	88489	234885	185548	51058	106146
荣成市	Rongcheng	2645592	2938622	301521	70412	251903	127245	34437	60284
乳山市	Rushan	1576312	1692263	305905	76588	353235	417937	63952	19992
日照市	**Rizhao**								
东港区	Donggang	2772825	8015352	212832	51779	88671	79992	33621	2005
岚山区	Lanshan	604100	1095700	190718	45083	164341	43087	34261	1873
五莲县	Wulian	836508	727869	228762	61009	176653	30464	44801	
莒 县	Juxian	1311428	1232495	556366	93137	535597	50417	87127	12313
莱芜市	**Laiwu**								
莱城区	Laicheng	2375695	3077634	233889	11905	838083	56529	51389	1323
钢城区	Gangcheng	862883	2238357	35879	5454	182876	28723	11569	892
临沂市	**Linyi**								
兰山区	Lanshan	4752876	8288233	227146	26881	92183	27466	20692	13804
罗庄区	Luozhuang	1139344	1717656	185931	12259	88432	4859	12472	29624
河东区	Hedong	1178888	1131399	342441	20785	212983	20146	27668	3910
沂南县	Yinan	1048178	575696	414467	76054	990145	79970	154434	18888
郯城县	Tancheng	973918	641743	767736	15977	439315	10601	49417	1783
沂水县	Yishui	1523580	1216261	453638	89132	595062	429822	101748	18584
苍山县	Cangshan	1082500	715544	673871	56619	2252278	65948	39081	2948
费 县	Feixian	1001524	949955	318172	83893	501453	224029	46783	3260
平邑县	Pingyi	907989	776045	369572	88522	372458	208558	70036	4033
莒南县	Junan	1232949	938229	511013	141092	193401	52371	125623	507
蒙阴县	Mengyin	671119	524002	193089	41223	134475	850683	24209	175
临沭县	Linshu	768324	861574	317005	173786	132563	10581	53856	7224

20-1 续表 7 continued

地 区	Region	城乡居民储蓄存款余额(万元) Urban and Rural Household Savings Deposits (10 000 yuan)	年末金融机构各项贷款余额(万元) Loan Balance of Financial Institution at Year-end (10 000 yuan)	粮 食 总产量(吨) Output of Grain (ton)	油料产量(吨) Output of Oil-bearing Crops (ton)	蔬菜产量(吨) Output of Vegetables (ton)	水果产量(吨) Output of Fruits (ton)	肉 类 总产量(吨) Output of Meat (ton)	奶类产量(吨) Output of Milk (ton)
德州市	**Dezhou**								
德城区	Decheng	3149468	4170479	272781	126	155285	37511	24005	5964
陵 县	Lingxian	627648	711944	1058301		43430	6145	77299	37528
宁津县	Ningjin	846267	545046	633754	2757	458368	19414	29936	6493
庆云县	Qingyun	351400	373800	280223		61637	32427	11745	100
临邑县	Linyi	729284	594392	847910	43	339844	12044	122622	38056
齐河县	Qihe	733551	814665	1178829	8300	1141932	6851	113680	18404
平原县	Pingyuan	613334	507110	775361	350	1226803	16446	72679	13266
夏津县	Xiajin	579250	558667	265966	3686	148350	20984	32488	1109
武城县	Wucheng	615533	512584	456463	174	51058	2275	14808	3844
乐陵市	Leling	720283	726551	786671	355	148507	229583	75956	6441
禹城市	Yucheng	613770	1017798	793767	2847	727256	5910	81288	38962
聊城市	**Liaocheng**								
东昌府区	Dongchangfu	2637630	3772249	904205	6451	1374179	26463	73069	14407
阳谷县	Yanggu	1088434	1493862	699577	11903	1632605	29880	69053	30155
莘 县	Shenxian	956114	617156	785770	30863	1948784	33641	141626	3653
茌平县	Chiping	711981	1540701	668788	24219	1395314	70993	64707	7480
东阿县	Donge	577430	571132	503079	454	349183	22142	23901	5299
冠 县	Guanxian	739897	813817	705092	48295	1123880	290305	73684	12829
高唐县	Gaotang	578403	990803	526800	12766	355352	7717	45092	3077
临清市	Linqing	1168554	1293814	584070	2394	361109	67132	21046	8104
滨州市	**Binzhou**								
滨城区	Bincheng	1716325	3614334	327917	208	184621	38249	23140	10178
惠民县	Huimin	572519	690964	598912	5147	899619	132127	65382	10100
阳信县	Yangxin	370468	476728	484170		136646	253557	83644	3618
无棣县	Wudi	568615	1079663	270505	404	13266	252405	103721	2694
沾化县	Zhanhua	334243	571637	136062	1238	78921	389137	51968	3130
博兴县	Boxing	1005740	1810798	458218	244	240559	7488	44275	2156
邹平县	Zouping	1299314	4320764	817880	1166	292253	55572	81972	100782
菏泽市	**Heze**								
牡丹区	Mudan	2499837	2895757	698507	15441	699487	47257	74924	1962
曹 县	Caoxian	1122656	758539	1072712	20504	372607	20265	79286	43945
单 县	Shanxian	1044544	782260	695009	38462	1652683	259547	107497	6594
成武县	Chengwu	630380	489981	449821	575	850414	31299	50354	971
巨野县	Juye	991257	1007784	417307	9116	749087	83206	48179	3532
郓城县	Yuncheng	1402110	1100482	1000037	29939	1037596	60130	86552	2275
鄄城县	Juancheng	825554	469167	497281	61803	437500	34141	43654	1516
定陶县	Dingtao	593822	412993	490115	4788	741943	28484	72039	2687
东明县	Dongming	739045	854313	540064	54981	371423	31906	37836	2337

20-1 续表 8 continued

地 区	Region	规模以上工业企业(万元) Industrial Enterprises above Designated Size(10 000 yuan)				社会消费品零售额(万元) Total Retail Sales of Consumer Goods (10 000 yuan)	出口总额(万美元) Total Exports (10 000 USD)
		工业总产值 Gross Industrial Output Value	主营业务收入 Revenue from Principal Business	利润总额 Total Profits	利税总额 Total Profits and Taxes		
济南市	**Jinan**						
历下区	Lixia	3523269	3646935	-69179	421345	4919761	54789
市中区	Shizhong	3373190	4406239	149811	241148	3001523	170411
槐荫区	Huaiyin	1475901	1444233	120385	171046	2252211	20959
天桥区	Tianqiao	830729	854846	25540	45521	2232294	65373
历城区	Licheng	11109844	10251268	391587	744541	2743962	115509
长清区	Changqing	4209518	4157939	222076	426056	700861	13611
平阴县	Pingyin	3454863	2812593	342862	486349	565900	45534
济阳县	Jiyang	3850835	3599155	284196	420057	680933	9571
商河县	Shanghe	1066685	1027020	39757	74635	477801	5806
章丘市	Zhangqiu	10397004	9932903	560770	922969	2098132	39380
青岛市	**Qingdao**						
市南区	Shinan	1629891	343270	4280	11193	3168100	677015
市北区	Shibei	1106501	1507260	1099	99728	2667415	195149
四方区	Sifang	2222142	2136971	86437	125173	1499900	48718
黄岛区	Huangdao	28134290	28954340	1622605	2692081	1227785	930869
崂山区	Laoshan	5946882	5624252	391199	564028	1051075	280497
李沧区	Licang	8222404	9769269	72141	568857	1943467	92166
城阳区	Chengyang	15468201	12313567	660090	909506	1228883	650845
胶州市	Jiaozhou	15375116	14377602	1041914	1835935	1917097	556933
即墨市	Jimo	15660179	15483391	890096	1528707	2275967	370632
平度市	Pingdu	11245721	11203346	663464	968491	2086259	123613
胶南市	Jiaonan	13971732	13269235	620000	1503045	1677932	253773
莱西市	Laixi	7413615	7213956	510300	627168	1584946	175918
淄博市	**Zibo**						
淄川区	Zichuan	16938828	16103012	1466124	2219687	1656344	90949
张店区	Zhangdian	15967072	16064939	1472847	2500970	3753140	122409
博山区	Boshan	6748955	6782455	642983	988816	1432542	40320
临淄区	Linzi	25666564	25780449	1542542	2879213	1487812	72777
周村区	Zhoucun	7653242	7486357	582817	873996	1311527	41714
桓台县	Huantai	14297441	14321883	984680	1288240	1104209	94765
高青县	Gaoqing	2372690	2362684	175899	326814	302861	16505
沂源县	Yiyuan	3891498	3802834	515463	741767	814104	20546
枣庄市	**Zaozhuang**						
市中区	Shizhong	4172000	4160300	257800	436693	786445	22397
薛城区	Xuecheng	6358900	7165900	174575	306990	652878	8183
峄城区	Yicheng	2824000	2752800	181300	305244	376846	6526
台儿庄区	Taierzhuang	2992648	2869200	192900	299457	399288	4404

20-1 续表 9 continued

地区	Region	规模以上工业企业(万元) Industrial Enterprises above Designated Size(10 000 yuan)				社会消费品零售额(万元) Total Retail Sales of Consumer Goods (10 000 yuan)	出口总额(万美元) Total Exports (10 000 USD)
		工业总产值 Gross Industrial Output Value	主营业务收入 Revenue from Principal Business	利润总额 Total Profits	利税总额 Total Profits and Taxes		
山亭区	Shanting	1183871	1187300	57220	92662	427037	6392
滕州市	Tengzhou	13988931	14530264	856605	1544134	2163456	36573
东营市	**Dongying**						
东营区	Dongying	7227069	7187150	615870	917499	2102756	84210
河口区	Hekou	5299813	5427160	345242	614878	306980	7070
垦利县	Kenli	12866659	12711148	1306040	1659132	354678	23242
利津县	Lijin	7634574	7598265	436165	740680	212959	7630
广饶县	Guangrao	26232880	25929959	2479300	3106969	1045295	282833
烟台市	**Yantai**						
芝罘区	Zhifu	8067626	8824519	437590	503114	3810281	187567
福山区	Fushan	29406626	29454666	2086726	2819894	1353940	1534924
牟平区	Mouping	5937688	5784287	459230	569963	924443	70405
莱山区	Laishan	2191757	1927733	160118	254372	597080	76659
长岛县	Changdao	36690	35890	2621	5459	116493	3164
龙口市	Longkou	21801019	21412045	1896023	2493771	2105011	150111
莱阳市	Laiyang	8380220	8380220	421018	672457	1691868	76071
莱州市	Laizhou	12103421	12369330	1102035	1662613	1946465	101715
蓬莱市	Penglai	11113448	12056285	1224748	1367641	888216	73548
招远市	Zhaoyuan	12617741	13603151	1272225	1616204	1008620	121643
栖霞市	Qixia	2328398	2305974	133621	163835	824622	26188
海阳市	Haiyang	4640374	4080247	263531	505177	997874	59587
潍坊市	**Weifang**						
潍城区	Weicheng	2684692	1355688	85531	134083	1226668	28072
寒亭区	Hanting	2639185	2553511	74800	207765	407104	95515
坊子区	Fangzi	2175904	2259305	136420	167156	357943	37002
奎文区	Kuiwen	686762	673344	2595	24137	1245878	58931
临朐县	Linqu	3522744	3558020	122870	198770	811943	18203
昌乐县	Changle	6393124	6350804	251974	385712	811697	103071
青州市	Qingzhou	11141995	11039689	499199	975908	1394120	31895
诸城市	Zhucheng	16628700	16144405	1085587	1486543	1663319	118258
寿光市	Shouguan	12887696	12901304	887141	1240089	1747925	144385
安丘市	Anqiu	3052642	3092669	147835	221716	1069756	62592
高密市	Gaomi	11798839	12290249	712887	1092346	1139331	137791
昌邑市	Changyi	7320934	7622653	506831	742203	995451	45287
济宁市	**Jining**						
市中区	Shizhong	1072314	1101789	8036	36861	1445127	35257
任城区	Rencheng	9047731	2784200	287000	451226	868088	22150
微山县	Weishan	2614438	2609061	597663	824774	718460	4022
鱼台县	Yutai	408055	680330	61334	100997	516900	2335

20-1 续表 10 continued

地 区	Region	规模以上工业企业(万元) Industrial Enterprises above Designated Size(10 000 yuan)				社会消费品零售额(万元) Total Retail Sales of Consumer Goods (10 000 yuan)	出口总额(万美元) Total Exports (10 000 USD)
		工业总产值 Gross Industrial Output Value	主营业务收入 Revenue from Principal Business	利润总额 Total Profits	利税总额 Total Profits and Taxes		
金乡县	Jinxiang	1070856	1152525	90010	125234	560354	44164
嘉祥县	Jiaxiang	1300162	1330309	114400	173400	603519	9178
汶上县	Wenshang	1402304	1624750	161719	238822	630336	6554
泗水县	Sishui	803316	854900	88300	110660	508200	7682
梁山县	Liangshan	2118791	2077995	134760	184333	550906	2203
曲阜市	Qufu	1773439	1810416	157157	256085	1063032	8494
兖州市	Yanzhou	11995897	8669700	586300	778800	1267986	66657
邹城市	Zoucheng	6317421	8037562	1101100	1411584	1574896	6171
泰安市	**Taian**						
泰山区	Taishan	4094392	4184780	267186	463600	1929906	12096
岱岳区	Daiyue	2352673	2402341	188813	246236	1006814	15575
宁阳县	Ningyang	5480061	5462230	473045	734830	922100	6083
东平县	Dongping	5759900	5717043	365029	545082	761903	1397
新泰市	Xintai	14117883	14351889	1328665	2182235	1801371	158128
肥城市	Feicheng	12509640	11535920	861812	1464142	1618377	22993
威海市	**Weihai**						
环翠区	Huancui	12262569	12628749	793683	1164826	2887994	673674
文登市	Wendeng	10974647	11230375	776387	1297980	2010809	91130
荣成市	Rongcheng	18176739	17076739	1072533	1732914	2065219	262616
乳山市	Rushan	5003470	5184093	256732	392039	1362897	47203
日照市	**Rizhao**						
东港区	Donggang	9144000	7853350	301985	420015	1681292	584061
岚山区	Lanshan	8532546	8656937	466431	931501	58900	105013
五莲县	Wulian	3190000	3305300	174400	165300	450800	17300
莒 县	Juxian	3770900	3670700	169900	278300	865900	28200
莱芜市	**Laiwu**						
莱城区	Laicheng	8374780	9332975	276113	454022	1497478	93820
钢城区	Gangcheng	5715504	5745409	90017	195084	486405	20275
临沂市	**Linyi**						
兰山区	Lanshan	9802041	9986456	744449	940765	4200736	82031
罗庄区	Luozhuang	10237303	11008626	649341	1012587	1045388	58663
河东区	Hedong	6268250	6223975	276946	413736	846514	56259
沂南县	Yinan	2669823	2619555	159520	232626	678698	13362
郯城县	Tancheng	3223619	3262367	266336	391021	774023	7609
沂水县	Yishui	5837557	5797302	481760	684119	1082271	27929
苍山县	Cangshan	2263638	2248894	142352	243168	1177168	5375
费 县	Feixian	4206120	4222675	292051	382911	656067	25610
平邑县	Pingyi	2388964	2372811	137615	218204	959883	16398
莒南县	Junan	2823270	2827430	324221	386256	987133	42357
蒙阴县	Mengyin	2093699	2056945	116387	128745	575409	4867
临沭县	Linshu	3463431	3480574	227605	262571	645556	21941

20-1 续表 11 continued

地 区	Region	规模以上工业企业(万元) Industrial Enterprises above Designated Size(10 000 yuan)				社会消费品零售额(万元) Total Retail Sales of Consumer Goods (10 000 yuan)	出口总额(万美元) Total Exports (10 000 USD)
		工业总产值 Gross Industrial Output Value	主营业务收入 Revenue from Principal Business	利润总额 Total Profits	利税总额 Total Profits and Taxes		
德州市	**Dezhou**						
德城区	Decheng	8917700	8761700	522300	927826	1793463	60887
陵 县	Lingxian	4204319	4316638	249916	521485	554021	12033
宁津县	Ningjin	4108640	4062550	314100	478587	596920	6887
庆云县	Qingyun	2806626	2801000	215100	312570	434195	1880
临邑县	Linyi	4797730	4917300	376425	763531	677975	28971
齐河县	Qihe	5636977	5668737	429536	729084	682621	14598
平原县	Pingyuan	4046100	4106400	450400	429185	545851	5312
夏津县	Xiajin	4107198	4127620	367171	519687	512581	1510
武城县	Wucheng	4109702	4065500	293000	517060	464841	2892
乐陵市	Leling	3994529	4165200	260800	479497	656805	14702
禹城市	Yucheng	5137596	5071870	633700	942506	655962	17933
聊城市	**Liaocheng**						
东昌府区	Dongchangfu	7215807	6532214	356126	527018	1434286	45045
阳谷县	Yanggu	6318478	6244578	423179	679832	858463	20130
莘 县	Shenxian	3858324	4016271	273441	440305	683142	5447
茌平县	Chiping	8532505	8509107	605907	748516	690649	35037
东阿县	Donge	2995600	2893924	227620	473088	435380	4586
冠 县	Guanxian	5254405	5222830	324925	510058	597672	20287
高唐县	Gaotang	9753558	9734274	551615	746599	671112	20674
临清市	Linqing	9309142	9299771	594300	944255	928847	33170
滨州市	**Binzhou**						
滨城区	Bincheng	7219689	6145908	278298	686618	1377053	92984
惠民县	Huimin	1484511	1275782	83981	126268	624303	2526
阳信县	Yangxin	1756936	1393273	108757	154921	396663	22690
无棣县	Wudi	2866922	2636095	89322	146850	510441	3210
沾化县	Zhanhua	1919737	1762121	93782	137178	482858	1158
博兴县	Boxing	7453812	8050558	402747	624160	617500	60677
邹平县	Zouping	24307958	23911014	1615795	2166334	1048727	101414
菏泽市	**Heze**						
牡丹区	Mudan	7192994	7171555	574998	872138	1546626	18557
曹 县	Caoxian	4221598	4352937	337242	601151	1215031	31050
单 县	Shanxian	3995452	4314898	342880	560015	963247	6804
成武县	Chengwu	2392959	2316285	233969	342575	546414	3577
巨野县	Juye	3442268	3551981	465324	618629	771895	33588
郓城县	Yuncheng	3917668	4022830	316753	521497	938025	7285
鄄城县	Juancheng	2463365	2477386	222525	438197	641844	11863
定陶县	Dingtao	1940368	1931382	167362	226675	498425	2861
东明县	Dongming	4638881	4659665	195039	396324	630470	5569

20-1 续表 12 continued

地 区	Region	固定资产投资完成额（万元）Investment in fixed assets (10 000 yuan)	普通中学专任教师数（人）Full-time Teachers in Secondary Schools (person)	小 学专任教师数（人）Full-time Teachers in Primary Schools (person)	普通中学在校学生数（人）Total Enrollment in Secondary Schools (person)	小 学在校学生数（人）Total Enrollment in Primary Schools (person)	农民人均纯 收 入（元）Per Captita Net Income of Rural Residents (yuan)
济南市	**Jinan**						
历下区	Lixia	1862207	1666	1972	17859	31617	
市中区	Shizhong	1984682	2502	2213	31035	37084	11597
槐荫区	Huaiyin	2195323	1052	1579	9894	27569	12702
天桥区	Tianqiao	740173	1037	3062	12900	31500	9431
历城区	Licheng	2525247	4034	3357	55560	57709	11348
长清区	Changqing	1109793	2391	2129	26870	32566	10079
平阴县	Pingyin	969815	1365	1574	18971	20854	8490
济阳县	Jiyang	1198347	1864	2908	30090	34515	9507
商河县	Shanghe	445434	2540	2592	27018	41476	8369
章丘市	Zhangqiu	2305089	4237	4245	58793	66875	11965
青岛市	**Qingdao**						
市南区	Shinan	1330963	776	1786	17224	28077	
市北区	Shibei	1305957	756	1614	10205	23218	
四方区	Sifang	1279586	689	1414	7776	19444	
黄岛区	Huangdao	4426759	1295	1405	16807	28317	13976
崂山区	Laoshan	1263640	1047	1127	11671	14557	14113
李沧区	Licang	1942474	1226	1475	15127	22933	
城阳区	Chengyang	3655647	2266	2116	25318	39115	13031
胶州市	Jiaozhou	4240128	3358	3864	42851	58354	12318
即墨市	Jimo	4186637	5421	5197	61899	74911	12293
平度市	Pingdu	3500340	5747	5408	68170	80769	12022
胶南市	Jiaonan	4139994	4087	3917	41768	53141	12280
莱西市	Laixi	3048728	3665	2727	40891	36031	12049
淄博市	**Zibo**						
淄川区	Zichuan	1997331	3558	2383	45975	34731	11211
张店区	Zhangdian	3233993	3652	2923	56144	46838	13531
博山区	Boshan	1805890	2929	1344	28777	20157	10499
临淄区	Linzi	2617987	3187	2444	41858	33192	12305
周村区	Zhoucun	1438850	1860	1139	24479	18493	10890
桓台县	Huantai	2142120	3148	1517	36087	27911	11828
高青县	Gaoqing	715173	1913	1311	24177	20985	7687
沂源县	Yiyuan	951628	2719	1829	40620	28089	9558
枣庄市	**Zaozhuang**						
市中区	Shizhong	1116421	1441	2037	18995	37853	8934
薛城区	Xuecheng	1774166	2013	2439	20068	30225	8432
峄城区	Yicheng	923380	1172	1839	12045	30539	8238
台儿庄区	Taierzhuang	636463	1203	1868	12838	23607	7167

20-1 续表 13 continued

地区	Region	固定资产投资完成额(万元) Investment in Fixed Asset (10 000 yuan)	普通中学专任教师数(人) Full-time Teachers in Secondary Schools (person)	小学专任教师数(人) Full-time Teachers in Primary Schools (person)	普通中学在校学生数(人) Total Enrollment in Secondary Schools (person)	小学在校学生数(人) Total Enrollment in Primary Schools (person)	农民人均纯收入(元) Per Captita Net Income of Rural Residents (yuan)
山亭区	Shanting	625743	1686	2596	22795	33522	6609
滕州市	Tengzhou	3061965	6249	7307	87163	95307	9287
东营市	**Dongying**						
东营区	Dongying	2878447	5848	1426	57929	54021	10271
河口区	Hekou	1681058	960	947	11240	17350	9787
垦利县	Kenli	2067804	1057	935	16057	13341	9905
利津县	Lijin	1185110	1587	1153	11567	18315	9224
广饶县	Guangrao	3349783	2660	1624	28700	33167	10517
烟台市	**Yantai**						
芝罘区	Zhifu	2439608	3023	1904	46925	32349	13711
福山区	Fushan	5081392	2067	1488	21234	20077	12814
牟平区	Mouping	2523310	2216	1556	23545	14435	11736
莱山区	Laishan	2348954	801	427	8511	8376	13158
长岛县	Changdao	45849	241	163	2918	1581	13666
龙口市	Longkou	4025000	3677	2005	41042	29628	13302
莱阳市	Laiyang	1025587	3957	2177	40227	33556	9848
莱州市	Laizhou	3050416	4081	2170	44051	35740	12565
蓬莱市	Penglai	2364048	2372	1120	24774	17466	12655
招远市	Zhaoyuan	2785666	3088	1672	33119	23618	12594
栖霞市	Qixia	986923	3285	1868	29159	19697	9761
海阳市	Haiyang	2564352	2845	1952	32790	23638	11064
潍坊市	**Weifang**						
潍城区	Weicheng	1421354	1449	1649	17121	25199	10979
寒亭区	Hanting	1608796	2105	1994	21940	26584	10415
坊子区	Fangzi	726828	888	1635	15072	19547	10493
奎文区	Kuiwen	1160435	971	1134	9714	25868	11093
临朐县	Linqu	1560037	4113	3854	38186	43708	9232
昌乐县	Changle	1550527	3224	2877	37813	34308	10150
青州市	Qingzhou	2720699	4438	4130	55710	57638	10484
诸城市	Zhucheng	2965910	4545	4165	62111	72643	11281
寿光市	Shouguan	2971628	4858	4308	67619	67949	11253
安丘市	Anqiu	1455971	4539	3327	46414	56527	9450
高密市	Gaomi	2604480	4139	3575	48826	56538	10377
昌邑市	Changyi	1863499	2583	2177	36240	32814	10496
济宁市	**Jining**						
市中区	Shizhong	820900	952	951	9574	12844	8156
任城区	Rencheng	1952924	1786	2031	16774	23186	9322
微山县	Weishan	1092600	2382	3097	27226	37316	8294
鱼台县	Yutai	507254	1693	1592	26070	31397	8022

20-1 续表 14 continued

地 区	Region	固定资产投资完成额（万元）Investment in Fixed Asset (10 000 yuan)	普通中学专任教师数（人）Full-time Teachers in Secondary Schools (person)	小学专任教师数（人）Full-time Teachers in Primary Schools (person)	普通中学在校学生数（人）Total Enrollment in Secondary Schools (person)	小学在校学生数（人）Total Enrollment in Primary Schools (person)	农民人均纯收入（元）Per Captita Net Income of Rural Residents (yuan)
金乡县	Jinxiang	630131	1345	1946	12151	26645	8054
嘉祥县	Jiaxiang	911500	2209	3611	27511	69907	8066
汶上县	Wenshang	950728	1704	2823	23100	44614	8577
泗水县	Sishui	551400	1181	2920	11687	37088	6357
梁山县	Liangshan	935564	1550	2868	22173	44310	7873
曲阜市	Qufu	963599	1594	2407	30762	31520	8270
兖州市	Yanzhou	1917232	2724	2708	25626	39637	9859
邹城市	Zoucheng	1958700	4951	4920	53932	61428	9409
泰安市	**Taian**						
泰山区	Taishan	2166021	1666	1444	27457	34862	10356
岱岳区	Daiyue	2112035	2282	2987	30236	59615	8321
宁阳县	Ningyang	1970000	3148	3591	38912	50661	8256
东平县	Dongping	1396933	3003	2834	30598	51744	7146
新泰市	Xintai	3425653	4696	5456	95916	67516	10141
肥城市	Feicheng	3242193	5280	5036	53136	66771	10149
威海市	**Weihai**						
环翠区	Huancui	4598348	2565	2269	31328	38317	11659
文登市	Wendeng	3012440	3170	1566	31060	20509	12699
荣成市	Rongcheng	3379062	3552	1590	36446	26280	13743
乳山市	Rushan	2426195	2717	1295	23631	13893	10953
日照市	**Rizhao**						
东港区	Donggang	3796710	2712	2917	35597	50561	9079
岚山区	Lanshan	2891091	1650	1437	17962	26665	9766
五莲县	Wulian	81030	2343	2122	26918	29698	8312
莒 县	Juxian	1723190	4402	4729	47270	74779	8369
莱芜市	**Laiwu**						
莱城区	Laicheng	2506000	5173	4373	74980	50731	9539
钢城区	Gangcheng	995015	1291	1008	15808	15040	9978
临沂市	**Linyi**						
兰山区	Lanshan	3816033	5616	4648	74884	110730	9342
罗庄区	Luozhuang	1581408	2159	2014	26513	42451	8070
河东区	Hedong	1986557	2454	2270	31371	46410	7972
沂南县	Yinan	915425	3554	3566	47720	63580	7913
郯城县	Tancheng	916243	3743	4086	51217	57865	7966
沂水县	Yishui	1146548	3891	3994	48489	60725	7924
苍山县	Cangshan	914040	3728	4820	56546	131767	7950
费 县	Feixian	876512	3552	2980	42483	54688	7922
平邑县	Pingyi	874056	3655	3813	57652	66769	7947
莒南县	Junan	1388359	3807	3998	53386	60341	7924
蒙阴县	Mengyin	719783	2520	1780	29678	34587	7984
临沭县	Linshu	951277	2734	2527	35929	47038	7925

20-1 续表 15 continued

地 区	Region	固定资产投资完成额(万元) Investment in Fixed Asset (10 000 yuan)	普通中学专任教师数(人) Full-time Teachers in Secondary Schools (person)	小学专任教师数(人) Full-time Teachers in Primary Schools (person)	普通中学在校学生数(人) Total Enrollment in Secondary Schools (person)	小学在校学生数(人) Total Enrollment in Primary Schools (person)	农民人均纯收入(元) Per Captita Net Income of Rural Residents (yuan)
德州市	**Dezhou**						
德城区	Decheng	2327200	1496	2287	24065	51438	8494
陵 县	Lingxian	987700	1173	2577	15400	41751	8336
宁津县	Ningjin	1008600	1800	1883	18919	37760	8441
庆云县	Qingyun	564381	1300	1600	14899	26262	8228
临邑县	Linyi	1034652	1821	3103	13124	35130	8342
齐河县	Qihe	1118558	1978	3224	26040	42676	8447
平原县	Pingyuan	991832	1355	2652	22891	34511	8352
夏津县	Xiajin	661400	1825	2596	20913	48117	8142
武城县	Wucheng	837325	1559	1675	20629	35403	8329
乐陵市	Leling	990711	2714	3348	30990	55568	8322
禹城市	Yucheng	1014249	2009	2437	17152	37950	8449
聊城市	**Liaocheng**						
东昌府区	Dongchangfu	2101253	4480	4644	76796	110821	7736
阳谷县	Yanggu	1083841	2485	3401	38893	53392	7600
莘 县	Shenxian	1050200	2470	4067	36032	69640	7697
茌平县	Chiping	1538649	2127	2129	21810	38201	8075
东阿县	Donge	617489	1379	1483	16528	22353	7706
冠 县	Guanxian	1045803	1456	2703	15540	48024	7654
高唐县	Gaotang	1505128	1778	2108	18500	32509	7928
临清市	Linqing	1468730	2482	2814	27743	55119	7651
滨州市	**Binzhou**						
滨城区	Bincheng	2571489	2732	2833	35314	46571	8987
惠民县	Huimin	1059022	2004	2396	27539	42690	7752
阳信县	Yangxin	890628	1694	1843	20948	30195	7345
无棣县	Wudi	1395897	2010	2182	20769	30233	8541
沾化县	Zhanhua	971824	1562	1528	16893	23179	8748
博兴县	Boxing	1454918	2321	2568	29676	36852	8980
邹平县	Zouping	1763171	3017	2670	42693	53646	10230
菏泽市	**Heze**						
牡丹区	Mudan	1245101	5739	6876	94819	136304	7231
曹 县	Caoxian	448207	4430	7088	84620	157860	6991
单 县	Shanxian	756580	4086	5033	73093	105111	7114
成武县	Chengwu	427654	3177	3650	37103	66882	7212
巨野县	Juye	755630	3143	4457	54415	87197	7220
郓城县	Yuncheng	567415	4205	6385	72211	123287	7228
鄄城县	Juancheng	389940	2417	3886	48358	80883	6912
定陶县	Dingtao	325460	2259	3003	30266	60876	7096
东明县	Dongming	588727	2485	3523	45370	82464	7077

附录1

全国各省（市、自治区）主要经济指标

Main Economic Indicators of the Whole Country by Region

简 要 说 明

一、本篇资料的主要内容

本篇资料反映了全国各省、自治区、直辖市经济社会发展基本情况，主要包括行政区划、人口、国内生产总值及其构成、劳动工资、财政、农业、工业、投资、建筑业、交通运输、国内贸易、进出口、价格指数、居民生活和国际旅游等方面的资料。

二、本篇资料的来源

本篇资料来源于中国统计出版社出版的《中国统计摘要 2012》，由省统计局综合处整理。

Brief Introduction

I. Content

Data in this chapter reflect the basic Socio-economic development of some provinces, mainly including divisions of administrative areas, population, GDP and its components, wages, finance, agriculture, industry, investment, construction industry, communications, domestic trade, exports and imports, price indices, livelihood and tourism, etc.

II. Source of Data

Data in this chapter come from China Statistics Abstract 2012 published by China Statistics Press and are prepared and compiled by the Division of Comprehensive Statistics of Shandong Provincial Bureau of Statistics.

附录 1-1　各地区行政区划(2011年底)

Divisions of Administrative Areas by Region(Year-end of 2011)

单位:个　　(unit)

省级区划名称	Provinces, Autonomous Regions and Municipalities	地级区划数 Number of Regions at Prefecture Level	#地级市 Cities at Prefecture Level	县级区划数 Number of Regions at County Level	#市辖区 Districts under the Jurisdiction of Cities	#县级市 Cities at County Level	#县 Counties	#自治县 Autonomous Counties
全国总计	**National Total**	**332**	**284**	**2853**	**857**	**369**	**1456**	**117**
北京市	Beijing			16	14		2	
天津市	Tianjin			16	13		3	
河北省	Hebei	11	11	172	36	22	108	6
山西省	Shanxi	11	11	119	23	11	85	
内蒙古自治区	Inner Mongolia	12	9	101	21	11	17	
辽宁省	Liaoning	14	14	100	56	17	19	8
吉林省	Jilin	9	8	60	20	20	17	3
黑龙江省	Heilongjiang	13	12	128	64	18	45	1
上海市	Shanghai			17	16		1	
江苏省	Jiangsu	13	13	104	55	25	24	
浙江省	Zhejiang	11	11	90	32	22	35	1
安徽省	Anhui	16	16	105	43	6	56	
福建省	Fujian	9	9	85	26	14	45	
江西省	Jiangxi	11	11	100	19	11	70	
山东省	**Shandong**	**17**	**17**	**140**	**49**	**31**	**60**	
河南省	Henan	17	17	159	50	21	88	
湖北省	Hubei	13	12	103	38	24	38	2
湖南省	Hunan	14	13	122	35	16	64	7
广东省	Guangdong	21	21	121	54	23	41	3
广西壮族自治区	Guangxi	14	14	109	34	7	56	12
海南省	Hainan	2	2	20	4	6	4	6
重庆市	Chongqing			38	19		15	4
四川省	Sichuan	21	18	181	44	14	119	4
贵州省	Guizhou	9	6	88	13	7	56	11
云南省	Yunnan	16	8	129	13	11	76	29
西藏自治区	Tibet	7	1	73	1	1	71	
陕西省	Shaanxi	10	10	107	24	3	80	
甘肃省	Gansu	14	12	86	17	4	58	7
青海省	Qinghai	8	1	43	4	2	30	7
宁夏回族自治区	Ningxia	5	5	22	9	2	11	
新疆维吾尔自治区	Xinjiang	14	2	99	11	20	62	6
香港特别行政区	Hong Kong Special Administrative Region							
澳门特别行政区	Macao Special Administrative Region							
台湾省	Taiwan							

注:本表资料由民政部提供。

a)Data in this table are provided by the Ministry of Civil Affairs.

附录 1-1 续表 continued

单位：个 (unit)

省级区划名称	Provinces, Autonomous Regions and Municipalities	乡镇级区划数 Number of Regions at Township Level	镇数 Number of Towns	乡数 Number of Townships	#民族乡 Minority Autonomous Township	街道办事处 Street Communities	区公所 District Office
全国总计	**National Total**	**40466**	**19683**	**13587**	**1086**	**7194**	**2**
北京市	Beijing	322	144	38	5	140	
天津市	Tianjin	244	123	11	1	110	
河北省	Hebei	2233	1013	946	52	273	1
山西省	Shanxi	1397	564	632		201	
内蒙古自治区	Inner Mongolia	909	477	192	18	240	
辽宁省	Liaoning	1508	607	290	69	611	
吉林省	Jilin	898	428	190	28	280	
黑龙江省	Heilongjiang	1278	478	417	58	383	
上海市	Shanghai	209	108	2		99	
江苏省	Jiangsu	1300	860	96	1	344	
浙江省	Zhejiang	1346	654	290	14	402	
安徽省	Anhui	1522	914	343	9	265	
福建省	Fujian	1102	600	329	19	173	
江西省	Jiangxi	1539	794	602	8	143	
山东省	**Shandong**	**1857**	**1118**	**128**		**611**	
河南省	Henan	2381	1011	852	12	518	
湖北省	Hubei	1233	742	194	10	297	
湖南省	Hunan	2426	1121	1038	97	267	
广东省	Guangdong	1585	1132	11	7	442	
广西壮族自治区	Guangxi	1235	702	424	58	109	
海南省	Hainan	222	183	21		18	
重庆市	Chongqing	1012	598	225	14	189	
四川省	Sichuan	4672	1816	2579	98	277	
贵州省	Guizhou	1558	694	751	250	113	
云南省	Yunnan	1362	577	667	145	118	
西藏自治区	Tibet	692	140	542	9	10	
陕西省	Shaanxi	1418	1137	82		199	
甘肃省	Gansu	1353	468	759	34	126	
青海省	Qinghai	396	137	229	28	30	
宁夏回族自治区	Ningxia	237	101	92		44	
新疆维吾尔自治区	Xinjiang	1020	242	615	42	162	1
香港特别行政区	Hong Kong Special Administrative Region						
澳门特别行政区	Macao Special AdministrativeRegion						
台湾省	Taiwan						

附录 1-2 地区生产总值

Gross Domestic Product

单位:亿元 (100 million yuan)

地　区	Region	2002	2003	2004	2005	2006	2007	2008	2009	2010	2011
北　京	Beijing	4330.4	5023.8	6033.2	6969.5	8117.8	9846.8	11115.0	12153.0	14113.6	16011.4
天　津	Tianjin	2150.8	2578.0	3111.0	3905.6	4462.7	5252.8	6719.0	7521.9	9224.5	11191.0
河　北	Hebei	6018.3	6921.3	8477.6	10012.1	11467.6	13607.3	16012.0	17235.5	20394.3	24228.2
山　西	Shanxi	2324.8	2855.2	3571.4	4230.5	4878.6	6024.5	7315.4	7358.3	9200.9	11100.2
内蒙古	Inner Mongolia	1940.9	2388.4	3041.1	3905.0	4944.2	6423.2	8496.2	9740.3	11672.0	14246.1
辽　宁	Liaoning	5458.2	6002.5	6672.0	8047.3	9304.5	11164.3	13668.6	15212.5	18457.3	22025.9
吉　林	Jilin	2348.5	2662.1	3122.0	3620.3	4275.1	5284.7	6426.1	7278.8	8667.6	10530.7
黑龙江	Heilongjiang	3637.2	4057.4	4750.6	5513.7	6211.8	7104.0	8314.4	8587.0	10368.6	12503.8
上　海	Shanghai	5741.0	6694.2	8072.8	9247.7	10572.2	12494.0	14069.9	15046.5	17166.0	19195.7
江　苏	Jiangsu	10606.9	12442.9	15003.6	18598.7	21742.1	26018.5	30982.0	34457.3	41425.5	48604.3
浙　江	Zhejiang	8003.7	9705.0	11648.7	13417.7	15718.5	18753.7	21462.7	22990.4	27722.3	32000.1
安　徽	Anhui	3519.7	3923.1	4759.3	5350.2	6112.5	7360.9	8851.7	10062.8	12359.3	15110.3
福　建	Fujian	4467.6	4983.7	5763.4	6554.7	7583.8	9248.5	10823.0	12236.5	14737.1	17410.2
江　西	Jiangxi	2450.5	2807.4	3456.7	4056.8	4820.5	5800.3	6971.1	7655.2	9451.3	11583.8
山　东	**Shandong**	**10275.5**	**12078.2**	**15021.8**	**18366.9**	**21900.2**	**25776.9**	**30933.3**	**33896.7**	**39169.9**	**45361.9**
河　南	Henan	6035.5	6867.7	8553.8	10587.4	12362.8	15012.5	18018.5	19480.5	23092.4	27232.0
湖　北	Hubei	4212.8	4757.5	5633.2	6590.2	7617.5	9333.4	11328.9	12961.1	15967.6	19594.2
湖　南	Hunan	4151.5	4660.0	5641.9	6596.1	7688.7	9439.6	11555.0	13059.7	16038.0	19635.2
广　东	Guangdong	13502.4	15844.6	18864.6	22557.4	26587.8	31777.0	36796.7	39482.6	46013.1	52673.6
广　西	Guangxi	2523.7	2821.1	3433.5	3984.1	4746.2	5823.4	7021.0	7759.2	9569.9	11714.4
海　南	Hainan	622.0	693.2	798.9	898.0	1044.9	1254.2	1503.1	1654.2	2064.5	2515.3
重　庆	Chongqing	1990.0	2272.8	2692.8	3467.7	3907.2	4676.1	5793.7	6530.0	7925.6	10011.1
四　川	Sichuan	4725.0	5333.1	6379.6	7385.1	8690.2	10562.4	12601.2	14151.3	17185.5	21026.7
贵　州	Guizhou	1243.4	1426.3	1677.8	2005.4	2339.0	2884.1	3561.6	3912.7	4602.2	5701.8
云　南	Yunnan	2312.8	2556.0	3081.9	3461.7	3988.1	4772.5	5692.1	6169.8	7224.2	8751.0
西　藏	Tibet	166.6	185.1	220.3	248.8	290.8	341.4	394.9	441.4	507.5	605.8
陕　西	Shaanxi	2253.4	2587.7	3175.6	3933.7	4743.6	5757.3	7314.6	8169.8	10123.5	12391.3
甘　肃	Gansu	1232.0	1399.8	1688.5	1934.0	2276.7	2702.4	3166.8	3387.6	4120.8	5000.5
青　海	Qinghai	340.7	390.2	466.1	543.3	648.5	797.4	1018.6	1081.3	1350.4	1634.7
宁　夏	Ningxia	377.2	445.4	537.1	612.6	725.9	919.1	1203.9	1353.3	1689.7	2060.8
新　疆	Xinjiang	1612.7	1886.4	2209.1	2604.2	3045.3	3523.2	4183.2	4277.1	5437.5	6474.5

注:本表按当年价格计算。
a)Data in this table are calculated at current prices.

附录 1-3 地区生产总值和增长速度(2011年)

Gross Domestic Product and Growth Rate(2011)

地区	Region	地区生产总值(亿元) Gross Domestic Product (100 million yuan)	第一产业 Primary Industry	第二产业 Secondary Industry	工业 Industry	建筑业 Construction	第三产业 Tertiary Industry	#交通运输、仓储和邮政 Transport, Storage and Post	地区生产总值比上年增长(%) Growth Rate (%)
北京	Beijing	16011.4	136.2	3744.4	3039.0	705.4	12130.9	845.3	8.1
天津	Tianjin	11191.0	159.1	5878.0	5380.5	497.5	5153.9	699.0	16.4
河北	Hebei	24228.2	2905.7	13098.1	11741.9	1356.2	8224.3	2046.2	11.3
山西	Shanxi	11100.2	641.4	6577.8	5903.9	674.0	3880.9	736.3	13.0
内蒙古	Inner Mongolia	14246.1	1304.9	8092.1	7158.9	933.1	4849.1	981.6	14.3
辽宁	Liaoning	22025.9	1915.6	12150.7	10696.5	1454.2	7959.6	1086.0	12.1
吉林	Jilin	10530.7	1277.4	5601.2	4907.7	693.5	3652.1	419.4	13.7
黑龙江	Heilongjiang	12503.8	1705.6	6317.3	5583.2	734.1	4481.0	501.8	12.2
上海	Shanghai	19195.7	124.9	7959.7	7230.6	729.1	11111.1	913.6	8.2
江苏	Jiangsu	48604.3	3064.8	25023.8	22072.3	2951.5	20515.7	2051.7	11.0
浙江	Zhejiang	32000.1	1580.6	16404.2	14535.5	1868.7	14015.4	1197.9	9.0
安徽	Anhui	15110.3	2020.3	8226.4	6979.6	1246.8	4863.6	587.5	13.5
福建	Fujian	17410.2	1610.6	9167.5	7775.1	1392.4	6632.1	976.4	12.2
江西	Jiangxi	11583.8	1391.1	6592.2	5611.9	980.4	3600.5	482.4	12.5
山东	**Shandong**	**45361.9**	**3973.9**	**24017.1**	**21275.9**	**2741.2**	**17370.9**	**2328.4**	**10.9**
河南	Henan	27232.0	3512.1	15887.4	14401.7	1485.7	7832.6	995.8	11.6
湖北	Hubei	19594.2	2569.3	9818.8	8538.0	1280.7	7206.1	869.5	13.8
湖南	Hunan	19635.2	2733.7	9324.7	8083.2	1241.6	7576.8	933.8	12.8
广东	Guangdong	52673.6	2659.8	26205.3	24408.1	1797.2	23808.5	2035.2	10.0
广西	Guangxi	11714.4	2047.3	5736.8	4914.4	822.4	3930.3	577.6	12.3
海南	Hainan	2515.3	659.2	714.5	475.0	239.5	1141.6	122.1	12.0
重庆	Chongqing	10011.1	844.5	5542.8	4690.5	852.3	3623.8	456.3	16.4
四川	Sichuan	21026.7	2983.5	11027.9	9491.0	1536.9	7015.3	638.8	15.0
贵州	Guizhou	5701.8	726.2	2334.0	1969.7	364.3	2641.6	569.1	15.0
云南	Yunnan	8751.0	1407.8	3991.0	3205.9	785.1	3352.2	217.2	13.7
西藏	Tibet	605.8	74.4	209.5	48.9	160.6	321.9	22.8	12.7
陕西	Shaanxi	12391.3	1220.9	6836.3	5727.8	1108.5	4334.1	553.2	13.9
甘肃	Gansu	5000.5	678.2	2524.3	2071.3	452.9	1798.0	259.3	12.5
青海	Qinghai	1634.7	155.4	939.1	775.7	163.5	540.2	67.5	13.5
宁夏	Ningxia	2060.8	184.1	1076.0	836.9	239.1	800.7	171.8	12.0
新疆	Xinjiang	6474.5	1139.0	3289.8	2764.1	525.7	2045.7	256.7	12.0

注：本表绝对数按当年价格计算，增长速度按不变价格计算。

a)Absolute figure are calculated at current prices,growth rate at constant prices.

附录 1-4 地区生产总值构成

Composition of Gross Domestic Product by Region

(地区生产总值=100)　　(Gross Domestic Product=100)

地　区 Region	第一产业 Primary Industry	第二产业 Secondary Industry	工　业 Industry	建筑业 Construction	第三产业 Teritary Industry	#交通运输仓储邮政业 Transport, Storage and Post	#批发和零　售 Wholesale Retail Sales
北　京 Beijing	0.9	23.4	19.0	4.4	75.8	5.3	13.3
天　津 Tianjin	1.4	52.5	48.1	4.4	46.1	6.2	12.3
河　北 Hebei	12.0	54.1	48.5	5.6	33.9	8.4	7.3
山　西 Shanxi	5.8	59.3	53.2	6.1	35.0	6.6	7.6
内蒙古 Inner Mongolia	9.2	56.8	50.3	6.6	34.0	6.9	8.5
辽　宁 Liaoning	8.7	55.2	48.6	6.6	36.1	4.9	8.8
吉　林 Jilin	12.1	53.2	46.6	6.6	34.7	4.0	8.2
黑龙江 Heilongjiang	13.6	50.5	44.7	5.9	35.8	4.0	8.5
上　海 Shanghai	0.7	41.5	37.7	3.8	57.9	4.8	15.8
江　苏 Jiangsu	6.3	51.5	45.4	6.1	42.2	4.2	11.2
浙　江 Zhejiang	4.9	51.3	45.4	5.8	43.8	3.7	10.0
安　徽 Anhui	13.4	54.4	46.2	8.3	32.2	3.9	6.9
福　建 Fujian	9.3	52.7	44.7	8.0	38.1	5.6	8.7
江　西 Jiangxi	12.0	56.9	48.4	8.5	31.1	4.2	6.7
山　东 Shandong	**8.8**	**52.9**	**46.9**	**6.0**	**38.3**	**4.9**	**12.1**
河　南 Henan	12.9	58.3	52.9	5.5	28.8	3.7	5.8
湖　北 Hubei	13.1	50.1	43.6	6.5	36.8	4.4	7.7
湖　南 Hunan	13.9	47.5	41.2	6.3	38.6	4.8	8.5
广　东 Guangdong	5.0	49.8	46.3	3.4	45.2	3.9	10.3
广　西 Guangxi	17.5	49.0	42.0	7.0	33.6	4.9	6.6
海　南 Hainan	26.2	28.4	18.9	9.5	45.4	4.9	10.1
重　庆 Chongqing	8.4	55.4	46.9	8.5	36.2	4.6	7.5
四　川 Sichuan	14.2	52.4	45.1	7.3	33.4	3.0	5.6
贵　州 Guizhou	12.7	40.9	34.5	6.4	46.3	10.0	7.8
云　南 Yunnan	16.1	45.6	36.6	9.0	38.3	2.5	9.3
西　藏 Tibet	12.3	34.6	8.1	26.5	53.1	3.8	5.7
陕　西 Shaanxi	9.9	55.2	46.2	8.9	35.0	4.5	8.3
甘　肃 Gansu	13.6	50.5	41.4	9.1	36.0	5.2	6.5
青　海 Qinghai	9.5	57.4	47.4	10.0	33.0	4.1	5.7
宁　夏 Ningxia	8.9	52.2	40.6	11.6	38.9	8.3	5.0
新　疆 Xinjiang	17.6	50.8	42.7	8.1	31.6	4.0	4.9

注：本表按当年价格计算。
a)Data in this table are calculated at current prices.

附录 1–5 年末总人口

Basic Statistics on National Population by Region

单位:万人 (10 000 persons)

地 区	Region	2003	2004	2005	2006	2007	2008	2009	2010	2011
全 国	**Total**	**129227**	**129988**	**130756**	**131448**	**132129**	**132802**	**133450**	**134091**	**134735**
北 京	Beijing	1456	1493	1538	1581	1633	1695	1755	1962	2019
天 津	Tianjin	1011	1024	1043	1075	1115	1176	1228	1299	1355
河 北	Hebei	6769	6809	6851	6898	6943	6989	7034	7194	7241
山 西	Shanxi	3314	3335	3355	3375	3393	3411	3427	3574	3593
内蒙古	Inner Mongolia	2380	2384	2403	2415	2429	2444	2458	2472	2482
辽 宁	Liaoning	4210	4217	4221	4271	4298	4315	4341	4375	4383
吉 林	Jilin	2704	2709	2716	2723	2730	2734	2740	2747	2749
黑龙江	Heilongjiang	3815	3817	3820	3823	3824	3825	3826	3833	3834
上 海	Shanghai	1711	1742	1890	1964	2064	2141	2210	2303	2347
江 苏	Jiangsu	7406	7433	7588	7656	7723	7762	7810	7869	7899
浙 江	Zhejiang	4680	4720	4991	5072	5155	5212	5276	5447	5463
安 徽	Anhui	6410	6461	6120	6110	6118	6135	6131	5957	5968
福 建	Fujian	3488	3511	3557	3585	3612	3639	3666	3693	3720
江 西	Jiangxi	4254	4284	4311	4339	4368	4400	4432	4462	4488
山 东	**Shandong**	**9125**	**9180**	**9248**	**9309**	**9367**	**9417**	**9470**	**9588**	**9637**
河 南	Henan	9667	9717	9380	9392	9360	9429	9487	9405	9388
湖 北	Hubei	6002	6016	5710	5693	5699	5711	5720	5728	5758
湖 南	Hunan	6663	6698	6326	6342	6355	6380	6406	6570	6596
广 东	Guangdong	7954	8304	9194	9442	9660	9893	10130	10441	10505
广 西	Guangxi	4857	4889	4660	4719	4768	4816	4856	4610	4645
海 南	Hainan	811	818	828	836	845	854	864	869	877
重 庆	Chongqing	3130	3122	2798	2808	2816	2839	2859	2885	2919
四 川	Sichuan	8700	8725	8212	8169	8127	8138	8185	8045	8050
贵 州	Guizhou	3870	3904	3730	3690	3632	3596	3537	3479	3469
云 南	Yunnan	4376	4415	4450	4483	4514	4543	4571	4602	4631
西 藏	Tibet	270	274	277	283	287	292	297	301	303
陕 西	Shaanxi	3690	3705	3690	3699	3708	3718	3727	3735	3743
甘 肃	Gansu	2603	2619	2545	2547	2548	2551	2555	2560	2564
青 海	Qinghai	534	539	543	548	552	554	557	563	568
宁 夏	Ningxia	580	588	596	604	610	618	625	633	639
新 疆	Xinjiang	1934	1963	2010	2050	2095	2131	2159	2185	2209

注:1.全国总计含中国人民解放军现役军人数,不包括香港、澳门特别行政区和台湾省数据;分省数据不含中国人民解放军现役军人数。
2.2002–2004年部分地区数据不是常住人口口径。

a)The military personnel were included in the national total population,but excluded in the regional total population.The national total population excluded the population of Hong Kong,Macao and Taiwan.

b)The 2002-2004 data in some areas were not the caliber of resident population.

附录 1–6 全社会固定资产投资

Total Investment in Fixed Assets in the Whole Country

单位:亿元 (100 million yuan)

地　区	Region	2003	2004	2005	2006	2007	2008	2009	2010	2011
全国总计	**Total**	**55566.6**	**70477.4**	**88773.6**	**109998.2**	**137323.9**	**172828.4**	**224598.8**	**278121.9**	**311021.9**
北　京	Beijing	2169.3	2528.2	2827.2	3296.4	3907.2	3814.7	4616.9	5403.0	5578.9
天　津	Tianjin	1039.4	1245.7	1495.1	1820.5	2353.1	3389.8	4738.2	6278.1	7067.5
河　北	Hebei	2478.0	3218.8	4139.7	5470.2	6884.7	8866.6	12269.8	15083.4	16404.3
山　西	Shanxi	1100.9	1443.9	1826.6	2255.7	2861.5	3531.2	4943.2	6063.2	7072.8
内蒙古	Inner Mongolia	1174.7	1788.0	2643.6	3363.2	4372.9	5475.4	7336.8	8926.5	10403.9
辽　宁	Liaoning	2076.4	2979.6	4200.4	5689.6	7435.2	10019.1	12292.5	16043.0	17726.3
吉　林	Jilin	969.0	1169.1	1741.1	2594.3	3651.4	5038.9	6411.6	7870.4	7436.7
黑龙江	Heilongjiang	1166.2	1430.8	1737.3	2236.0	2833.5	3656.0	5028.8	6812.6	7523.8
上　海	Shanghai	2499.1	3050.3	3509.7	3900.0	4420.4	4823.1	5043.8	5108.9	4879.2
江　苏	Jiangsu	5233.0	6557.1	8165.4	10069.2	12268.1	15300.6	18949.9	23184.3	26678.6
浙　江	Zhejiang	4740.3	5781.3	6520.1	7590.2	8420.4	9323.0	10742.3	12376.0	14185.1
安　徽	Anhui	1418.7	1935.2	2525.1	3533.6	5087.5	6747.0	8990.7	11542.9	12433.8
福　建	Fujian	1496.4	1892.9	2316.7	2981.8	4287.8	5207.7	6231.2	8199.1	9926.4
江　西	Jiangxi	1303.2	1713.2	2176.6	2683.6	3301.9	4745.4	6643.1	8772.3	9089.8
山　东	**Shandong**	**5328.4**	**7629.0**	**10541.9**	**11136.1**	**12537.0**	**15435.9**	**19031.0**	**23276.7**	**26769.7**
河　南	Henan	2263.0	3099.4	4311.6	5904.7	8010.1	10490.6	13704.5	16585.9	17766.8
湖　北	Hubei	1809.5	2264.8	2676.6	3343.5	4330.4	5647.0	7866.9	10262.7	12585.7
湖　南	Hunan	1590.3	2072.6	2629.1	3175.5	4154.8	5534.0	7703.4	9663.6	11833.7
广　东	Guangdong	4813.2	5870.0	6977.9	7973.4	9294.3	10868.7	12933.1	15623.7	17158.5
广　西	Guangxi	921.3	1236.5	1661.2	2198.7	2939.7	3756.4	5237.2	7057.6	7973.6
海　南	Hainan	280.0	317.0	367.2	423.9	502.4	705.4	988.3	1317.0	1669.5
重　庆	Chongqing	1161.5	1537.0	1933.2	2407.4	3127.7	3979.6	5214.3	6688.9	7472.6
四　川	Sichuan	2336.3	2818.4	3585.2	4412.9	5639.8	7127.8	11371.9	13116.7	14239.8
贵　州	Guizhou	748.1	865.2	998.3	1197.4	1488.8	1864.5	2412.0	3104.9	3943.5
云　南	Yunnan	1000.1	1291.5	1777.6	2208.6	2759.0	3435.9	4526.4	5528.7	6185.3
西　藏	Tibet	134.0	162.4	181.4	231.1	270.3	309.9	378.3	462.7	516.3
陕　西	Shaanxi	1200.7	1508.9	1882.2	2480.7	3415.0	4614.4	6246.9	7963.7	9445.8
甘　肃	Gansu	619.8	733.9	870.4	1022.6	1304.2	1712.8	2363.0	3158.3	3961.7
青　海	Qinghai	255.6	289.2	329.8	408.5	482.8	583.2	798.2	1016.9	1435.7
宁　夏	Ningxia	318.0	376.2	443.3	498.7	599.8	828.9	1075.9	1444.2	1639.1
新　疆	Xinjiang	973.4	1147.1	1339.1	1567.1	1850.8	2260.0	2725.5	3423.2	4632.1
不分地区	Not Classified by Region	962.2	1182.5	1677.9	1947.6	2530.8	3734.9	5779.7	6759.1	5384.6

附录 1-7 城镇固定资产投资
Investment in Urban Area

单位:亿元 (100 million yuan)

地区	Region	2002	2003	2004	2005	2006	2007	2008	2009	2010	2011
全国总计	**Total**	**35488.8**	**45811.7**	**59028.2**	**75095.1**	**93368.7**	**117464.5**	**148738.3**	**193920.4**	**241430.9**	**301932.8**
北京	Beijing	1693.6	1999.9	2333.0	2595.4	3012.5	3597.3	3520.9	4149.6	4916.5	5519.9
天津	Tianjin	715.5	931.7	1128.7	1364.0	1679.0	2192.2	3175.1	4446.6	5896.5	7040.5
河北	Hebei	1353.9	1772.8	2442.0	3307.8	4403.2	5690.3	7463.8	10476.5	12922.7	15795.2
山西	Shanxi	727.8	998.8	1315.2	1666.5	2055.7	2600.2	3194.6	4509.6	5526.6	6837.4
内蒙古	Inner Mongolia	635.4	1097.1	1707.5	2555.3	3264.9	4255.0	5327.0	7143.8	8688.0	10291.7
辽宁	Liaoning	1364.0	1771.2	2580.3	3666.5	4977.8	6576.0	8881.9	11605.1	15106.3	17431.5
吉林	Jilin	750.7	872.9	1059.4	1581.3	2366.1	3340.2	4592.7	5958.9	7395.2	7221.6
黑龙江	Heilongjiang	958.7	1069.5	1317.0	1581.2	2040.4	2591.7	3354.8	4695.7	6292.7	7206.3
上海	Shanghai	2012.3	2245.5	2863.0	3198.6	3497.5	4045.1	4404.9	4618.9	4630.5	4877.0
江苏	Jiangsu	2515.3	4011.6	5008.2	6218.9	7479.6	9161.4	11609.7	14266.8	17416.5	26299.4
浙江	Zhejiang	2429.3	3198.5	3998.8	4784.7	5429.3	5996.9	6551.1	7454.3	8438.1	13651.5
安徽	Anhui	864.5	1184.5	1613.0	2126.7	3050.2	4444.6	5948.6	7945.5	10281.3	11986.0
福建	Fujian	1030.6	1229.3	1594.5	1958.3	2692.4	3829.0	4601.5	5548.6	7385.8	9692.6
江西	Jiangxi	714.6	1099.1	1477.9	1902.7	2375.4	2954.9	4325.4	6008.1	7856.9	8756.1
山东	**Shandong**	**2607.8**	**4177.2**	**5400.5**	**7275.1**	**8715.5**	**10153.6**	**12529.0**	**15439.1**	**18844.4**	**25927.1**
河南	Henan	1195.9	1677.2	2434.9	3461.2	4840.8	6609.2	8721.2	11454.9	13934.8	16932.1
湖北	Hubei	1376.2	1573.7	2005.1	2387.4	3038.5	3927.4	5148.8	7183.7	9405.6	12223.7
湖南	Hunan	988.3	1235.3	1679.4	2204.0	2718.4	3609.5	4880.0	6880.0	8618.0	11360.5
广东	Guangdong	3287.3	4145.1	5029.4	5890.1	6553.7	7368.7	8640.9	10230.1	12599.3	16688.4
广西	Guangxi	627.7	791.3	1094.6	1480.9	1947.8	2596.7	3325.9	4689.9	6383.3	7563.9
海南	Hainan	202.7	246.2	291.0	339.2	397.0	472.8	668.0	942.7	1257.5	1611.4
重庆	Chongqing	795.1	1040.6	1400.6	1777.1	2252.0	2937.1	3715.9	4855.1	6170.6	7366.2
四川	Sichuan	1481.2	1835.1	2322.9	2991.8	3927.4	5043.4	6362.1	9090.1	11061.4	13705.3
贵州	Guizhou	555.8	667.9	780.2	899.3	1052.8	1289.1	1609.3	2049.8	2609.4	3734.1
云南	Yunnan	664.8	839.2	1113.0	1592.3	2001.9	2443.8	3106.3	4117.5	5052.6	5927.0
西藏	Tibet	106.6	134.0	162.4	181.4	200.7	230.8	271.3	327.6	405.0	516.3
陕西	Shaanxi	795.4	1071.0	1378.5	1740.9	2285.7	3168.8	4286.4	5888.4	7569.9	9123.7
甘肃	Gansu	465.5	553.7	660.8	786.0	923.9	1177.5	1510.8	2076.4	2808.6	3866.0
青海	Qinghai	215.4	236.9	272.7	310.8	384.6	443.7	514.0	689.1	840.0	1366.0
宁夏	Ningxia	183.5	263.1	316.8	382.0	438.7	527.7	735.7	964.2	1292.8	1583.5
新疆	Xinjiang	734.5	892.6	1046.4	1210.0	1418.0	1659.2	2025.6	2434.1	3065.1	4445.0
不分地区	Not Classified by Region	1464.9	962.2	1182.5	1677.9	1947.6	2530.8	3734.9	5779.7	6759.1	5384.6

注：2011年数据为固定资产投资(不含农户)口径。

a) Caliber of 2011 data is investment in fixed assets (excluding farmers).

附录 1-8　房地产开发企业房屋施工、竣工面积和商品房销售面积

Floor Space of Buildings for Real Estate Development

单位：万平方米　　(10 000 sq.m)

地　区	Region	房屋施工面积 Floor Space of Builings under Construction		房屋竣工面积 Floor Space of Builings Completed		商品房销售面积 Floor Space of Builings Sold	
		2010	2011	2010	2011	2010	2011
全国总计	**Total**	**405356.4**	**507959.4**	**78743.9**	**89244.2**	**104764.6**	**109945.6**
北　京	Beijing	10300.9	12065.4	2386.7	2245.2	1639.5	1440.0
天　津	Tianjin	7160.8	9075.4	2098.5	2105.3	1514.5	1643.1
河　北	Hebei	20700.0	26835.4	3614.7	5145.3	4662.1	5901.4
山　西	Shanxi	7599.8	9325.6	1203.7	2084.2	1180.6	1263.2
内蒙古	Inner Mongolia	11535.3	16378.1	2297.7	2453.1	3057.4	3620.1
辽　宁	Liaoning	26831.1	34511.9	4497.4	6359.2	6800.5	7561.4
吉　林	Jilin	7069.5	8963.4	2030.5	1656.2	2382.1	2364.2
黑龙江	Heilongjiang	7532.9	12065.3	2645.8	2992.6	2720.9	3395.4
上　海	Shanghai	11295.0	12983.3	1941.2	2240.6	2061.0	1771.3
江　苏	Jiangsu	35106.9	40738.1	8696.3	8040.9	9485.5	7982.7
浙　江	Zhejiang	23781.9	30318.1	4115.8	4423.3	4816.5	3827.1
安　徽	Anhui	17620.0	20744.1	3026.7	3063.9	4154.3	4581.6
福　建	Fujian	14189.7	19212.8	2242.5	2614.9	2575.6	2696.2
江　西	Jiangxi	7229.9	8210.9	1817.7	1777.4	2469.7	2335.4
山　东	**Shandong**	**28081.2**	**36339.5**	**5074.3**	**6356.8**	**9293.9**	**9576.0**
河　南	Henan	20394.0	25281.0	4426.9	5307.1	5452.2	6304.4
湖　北	Hubei	11589.4	13923.9	2541.2	3083.5	3508.6	4190.1
湖　南	Hunan	16801.9	20746.3	3347.9	3934.0	4470.0	4877.7
广　东	Guangdong	29301.4	36311.9	5659.1	5800.5	7321.8	7761.3
广　西	Guangxi	12048.7	14448.2	1564.3	2183.9	2793.9	2934.1
海　南	Hainan	2699.5	3659.9	609.1	375.9	854.7	888.2
重　庆	Chongqing	17138.5	20397.2	2626.6	3424.3	4314.4	4533.5
四　川	Sichuan	21158.5	27315.4	3966.8	4308.7	6396.9	6664.7
贵　州	Guizhou	7905.5	10395.3	1048.0	1462.4	1730.7	1889.9
云　南	Yunnan	8785.0	10597.9	1536.0	1450.8	2959.4	3107.1
西　藏	Tibet	75.3	48.7	12.2	21.7	19.3	19.4
陕　西	Shaanxi	9947.9	12180.0	900.1	1104.4	2590.2	3068.6
甘　肃	Gansu	3130.4	3810.0	598.7	656.0	756.5	815.9
青　海	Qinghai	1424.2	1659.0	267.7	505.9	281.0	348.2
宁　夏	Ningxia	2940.5	4040.8	936.9	942.8	936.0	842.9
新　疆	Xinjiang	3980.8	5422.8	1012.9	1253.3	1564.9	1737.0

附录 1-9 房地产开发企业(单位)投资和商品房销售额

Investment and Total Sale of Commercial Buildings of Enterprises for Real Estate Development

单位:亿元　　(100 million yuan)

地　　区	Region	房地产开发投资额 Investment for Real Estate		商品房销售额 Total Sale of Commercial Buildings		#住　宅 Residential	
		2010	2011	2010	2011	2010	2011
全国总计	**Total**	**48259.4**	**61739.8**	**52721.2**	**59119.1**	**44120.7**	**48619.4**
北　京	Beijing	2901.1	3036.3	2915.4	2425.8	2060.5	1606.0
天　津	Tianjin	866.6	1080.0	1246.5	1473.1	1034.3	1242.3
河　北	Hebei	2264.9	3069.6	1650.0	2350.0	1488.8	1998.1
山　西	Shanxi	592.2	789.9	411.7	434.7	357.4	372.3
内蒙古	Inner Mongolia	1120.0	1650.0	1076.6	1360.8	766.5	997.6
辽　宁	Liaoning	3465.8	4487.6	3063.3	3576.3	2587.7	3010.8
吉　林	Jilin	921.0	1165.4	868.8	1040.1	735.9	863.6
黑龙江	Heilongjiang	843.1	1219.4	1011.9	1357.5	833.0	1080.2
上　海	Shanghai	1980.7	2170.3	2981.0	2568.9	2416.2	1981.9
江　苏	Jiangsu	4299.4	5552.7	5540.3	5186.0	4536.6	4125.7
浙　江	Zhejiang	3025.4	4137.3	4459.0	3728.2	3577.5	2925.0
安　徽	Anhui	2251.8	2590.1	1746.9	2183.1	1420.1	1736.8
福　建	Fujian	1818.9	2402.6	1611.3	2070.9	1300.1	1627.1
江　西	Jiangxi	706.8	852.7	776.4	953.6	670.3	790.0
山　东	**Shandong**	**3249.4**	**4106.8**	**3665.1**	**4259.2**	**3218.0**	**3757.6**
河　南	Henan	2114.1	2620.0	1658.8	2201.2	1454.6	1791.0
湖　北	Hubei	1618.2	2063.2	1313.2	1873.0	1134.9	1566.3
湖　南	Hunan	1469.1	1896.7	1406.4	1852.2	1247.6	1566.9
广　东	Guangdong	3659.7	4899.2	5480.8	6199.2	4589.8	5326.2
广　西	Guangxi	1206.2	1500.5	995.2	1111.7	881.7	973.5
海　南	Hainan	467.9	663.0	746.6	790.4	734.1	759.3
重　庆	Chongqing	1620.3	2015.1	1846.9	2146.1	1610.6	1825.4
四　川	Sichuan	2194.6	2836.7	2647.3	3270.9	2330.8	2727.3
贵　州	Guizhou	556.7	878.7	581.0	734.7	501.6	595.3
云　南	Yunnan	900.4	1272.7	934.6	1133.6	769.3	921.8
西　藏	Tibet	9.0	5.1	5.6	6.7	5.2	6.1
陕　西	Shaanxi	1159.5	1420.5	973.7	1517.2	906.7	1353.9
甘　肃	Gansu	266.4	362.9	230.1	276.9	203.3	235.5
青　海	Qinghai	108.2	144.8	84.4	114.2	77.1	103.3
宁　夏	Ningxia	254.4	330.6	309.2	314.5	253.8	237.7
新　疆	Xinjiang	347.7	518.3	483.0	608.4	416.4	512.2

附录 1-10 地方财政收入

Final Statement of Government Revenue by Region

单位:亿元 (100 million yuan)

地 区	Region	2003	2004	2005	2006	2007	2008	2009	2010
地方总计	**Total**	**9850.0**	**11693.4**	**14884.2**	**18303.6**	**23572.6**	**28644.9**	**32580.7**	**40610.0**
北 京	Beijing	592.4	744.5	919.2	1117.2	1492.6	1837.3	2026.8	2353.9
天 津	Tianjin	204.5	246.2	331.9	417.0	540.4	675.5	821.4	1068.8
河 北	Hebei	335.8	407.8	515.7	620.5	789.1	944.6	1066.2	1330.8
山 西	Shanxi	186.1	256.4	368.3	583.4	597.9	747.9	805.8	969.7
内蒙古	Inner Mongolia	138.7	196.8	277.5	343.4	492.4	649.6	850.8	1070.0
辽 宁	Liaoning	447.0	529.6	675.3	817.7	1082.7	1356.1	1591.0	2004.8
吉 林	Jilin	154.0	166.3	207.2	245.2	320.7	422.8	487.1	602.4
黑龙江	Heilongjiang	248.9	289.4	318.2	386.8	440.5	578.4	641.6	755.6
上 海	Shanghai	886.2	1106.2	1417.4	1576.1	2074.5	2358.7	2540.3	2873.6
江 苏	Jiangsu	798.1	980.5	1322.7	1656.7	2237.7	2731.1	3228.6	4079.9
浙 江	Zhejiang	706.6	806.0	1066.6	1298.2	1649.5	1933.1	2142.4	2608.5
安 徽	Anhui	220.7	274.6	334.0	428.0	543.7	724.6	863.9	1149.4
福 建	Fujian	304.7	333.5	432.6	541.2	699.5	833.3	932.3	1151.5
江 西	Jiangxi	168.2	205.8	252.9	305.5	389.9	488.6	581.2	777.8
山 东	**Shandong**	**713.8**	**828.3**	**1073.1**	**1356.3**	**1675.4**	**1957.1**	**2198.6**	**2749.4**
河 南	Henan	338.1	428.8	537.7	679.2	862.1	1009.1	1126.1	1381.0
湖 北	Hubei	259.7	310.5	375.5	476.1	590.4	710.2	800.4	1011.2
湖 南	Hunan	268.6	320.6	395.3	477.9	606.6	722.7	845.0	1066.0
广 东	Guangdong	1315.5	1418.5	1807.2	2179.5	2785.8	3310.0	3649.2	4515.7
广 西	Guangxi	203.7	237.8	283.0	342.6	418.8	518.7	620.8	772.3
海 南	Hainan	51.3	57.0	68.7	81.8	108.3	145.0	178.2	271.1
重 庆	Chongqing	161.6	200.6	256.8	317.7	442.7	577.2	655.6	1018.4
四 川	Sichuan	336.6	385.8	479.7	607.6	850.9	1041.7	1174.2	1561.0
贵 州	Guizhou	124.6	149.3	182.5	226.8	285.1	349.5	416.5	533.9
云 南	Yunnan	229.0	263.4	312.6	380.0	486.7	613.6	698.2	871.2
西 藏	Tibet	8.2	10.0	12.0	14.6	20.1	24.9	30.1	36.7
陕 西	Shaanxi	177.3	215.0	275.3	362.5	475.2	591.3	733.9	957.9
甘 肃	Gansu	87.7	104.2	123.5	141.2	190.9	264.9	286.7	353.6
青 海	Qinghai	24.0	27.0	33.8	42.2	56.7	71.6	87.7	110.2
宁 夏	Ningxia	30.0	37.5	47.7	61.4	80.0	95.0	111.5	153.6
新 疆	Xinjiang	128.2	155.7	180.3	219.5	285.9	361.1	388.8	500.6

注：本表数据为地方财政本级收入。

a)Data in this table are the revenue of local governments.

附录 1-11 地方财政支出

Final Statement of Government Expenditure by Region

单位:亿元 (100 million yuan)

地区	Region	2002	2003	2004	2005	2006	2007	2008	2009	2010
地方总计	**Total**	**15281.5**	**17229.9**	**20592.8**	**25154.3**	**30431.3**	**38339.3**	**49052.7**	**60593.8**	**73602.0**
北京	Beijing	628.3	734.8	898.3	1058.3	1296.8	1649.5	1956.0	2301.7	2716.0
天津	Tianjin	265.2	312.1	375.0	442.1	543.1	674.3	869.0	1099.2	1351.3
河北	Hebei	576.6	646.7	785.6	979.2	1180.4	1506.6	1851.7	2311.8	2778.9
山西	Shanxi	334.3	415.7	519.1	668.8	915.6	1049.9	1313.1	1556.7	1928.4
内蒙古	Inner Mongolia	393.6	447.3	564.1	681.9	812.1	1082.3	1465.2	1925.1	2280.5
辽宁	Liaoning	690.9	784.4	931.4	1204.4	1422.7	1764.3	2151.9	2651.4	3194.4
吉林	Jilin	362.6	409.2	507.8	631.1	718.4	883.8	1180.1	1479.2	1787.3
黑龙江	Heilongjiang	531.9	564.9	697.6	787.8	968.5	1187.3	1542.3	1877.7	2253.3
上海	Shanghai	862.4	1088.4	1382.5	1646.3	1795.6	2181.7	2593.9	2989.6	3302.9
江苏	Jiangsu	860.3	1047.7	1312.0	1673.4	2013.3	2553.7	3201.6	3885.0	4835.2
浙江	Zhejiang	749.9	896.8	1062.9	1265.5	1471.9	1806.8	2208.3	2653.8	3208.4
安徽	Anhui	456.9	507.4	601.5	713.1	940.2	1243.8	1621.6	2101.0	2566.9
福建	Fujian	397.6	452.3	516.7	593.1	728.7	910.6	1125.3	1403.8	1678.7
江西	Jiangxi	341.4	382.1	454.1	564.0	696.4	905.1	1208.4	1548.6	1911.0
山东	**Shandong**	**860.6**	**1010.6**	**1189.4**	**1466.2**	**1833.4**	**2261.8**	**2704.7**	**3267.7**	**4145.0**
河南	Henan	629.2	716.6	880.0	1116.0	1440.1	1870.6	2283.9	2902.6	3413.2
湖北	Hubei	511.4	540.4	646.3	778.7	1047.0	1277.3	1638.0	2107.3	2465.2
湖南	Hunan	533.0	573.7	719.5	873.4	1064.5	1357.0	1717.7	2118.6	2702.5
广东	Guangdong	1521.1	1695.6	1853.0	2289.1	2553.3	3159.6	3756.7	4305.4	5414.8
广西	Guangxi	419.9	443.6	507.5	611.5	729.5	985.9	1287.1	1606.3	1994.4
海南	Hainan	92.3	105.4	127.2	151.2	174.5	245.2	356.0	485.0	578.5
重庆	Chongqing	305.9	341.6	395.7	487.4	594.3	768.4	1010.7	1298.4	1771.0
四川	Sichuan	701.6	732.3	895.3	1082.2	1347.4	1759.1	2965.4	3591.0	4242.5
贵州	Guizhou	316.7	332.4	418.4	520.7	610.6	795.4	1048.6	1358.8	1640.2
云南	Yunnan	526.9	587.3	663.6	766.3	893.6	1135.2	1470.7	1949.8	2285.7
西藏	Tibet	137.8	145.9	133.8	185.5	200.2	275.4	380.7	470.1	551.0
陕西	Shaanxi	404.9	418.2	516.3	639.0	824.2	1054.0	1435.6	1839.9	2217.6
甘肃	Gansu	274.0	300.0	356.9	429.4	528.6	675.3	965.4	1245.6	1466.7
青海	Qinghai	118.7	122.0	137.3	169.8	214.7	282.2	363.8	486.7	743.4
宁夏	Ningxia	114.6	105.8	123.0	160.3	193.2	241.9	323.1	427.8	555.9
新疆	Xinjiang	361.2	368.5	421.0	519.0	678.5	795.2	1056.1	1349.2	1698.9

注:本表数据为地方财政本级支出。

a)Data in this table are the expenditure of local governments.

附录 1-12 居民消费价格分类指数(2011年)

Consumer Price Indices by Category and Region(2011)

(上年=100) (preceding year=100)

地区	Region	居民消费价格指数 General Index	食品 Food	烟酒及用品 Tobacco, Liquor and Articles	衣着 Clothing	家庭设备用品及服务 Household Facilities, Articles and Services	医疗保健和个人用品 Health Care and Personal Articles	交通和通信 Transportation and Communication	娱乐教育文化 Recreation, Education and Culture	居住 Residence
全国	**Total**	**105.4**	**111.8**	**102.8**	**102.1**	**102.4**	**103.4**	**100.5**	**100.4**	**105.3**
北京	Beijing	105.6	110.6	102.5	102.7	104.2	103.7	101.5	99.7	108.5
天津	Tianjin	104.9	111.4	104.8	102.1	106.1	101.8	99.9	99.5	104.7
河北	Hebei	105.7	112.2	103.3	101.2	101.8	103.0	100.2	100.5	106.9
山西	Shanxi	105.2	112.0	102.9	102.1	102.3	103.4	100.5	101.3	103.8
内蒙古	Inner Mongolia	105.6	113.7	102.9	102.3	100.1	102.3	100.6	100.8	104.7
辽宁	Liaoning	105.2	111.0	101.8	101.9	103.0	103.4	100.1	100.0	105.9
吉林	Jilin	105.2	110.9	102.2	103.0	101.7	103.5	100.7	100.1	105.5
黑龙江	Heilongjiang	105.8	112.4	103.6	102.1	102.0	104.5	99.8	99.8	106.1
上海	Shanghai	105.2	110.8	101.3	104.3	107.1	104.1	100.2	99.2	105.4
江苏	Jiangsu	105.3	111.8	104.0	103.4	104.4	103.1	100.8	100.6	104.1
浙江	Zhejiang	105.4	112.1	101.7	102.9	103.7	103.7	100.7	100.1	105.3
安徽	Anhui	105.6	112.2	103.6	104.2	101.3	103.5	100.3	99.9	104.6
福建	Fujian	105.3	111.2	102.8	101.7	101.7	103.8	100.9	99.6	105.6
江西	Jiangxi	105.2	111.2	101.0	102.9	102.0	103.0	100.4	100.7	104.6
山东	**Shandong**	**105.0**	**111.3**	**103.9**	**101.5**	**101.0**	**102.5**	**100.6**	**100.4**	**105.8**
河南	Henan	105.6	111.9	103.9	101.9	102.1	103.0	101.0	100.9	106.6
湖北	Hubei	105.8	111.6	104.1	103.6	102.7	103.8	101.1	100.5	105.8
湖南	Hunan	105.5	111.2	101.6	101.0	101.0	103.3	101.1	101.5	106.6
广东	Guangdong	105.3	111.4	102.6	101.9	102.8	103.9	99.8	101.0	104.5
广西	Guangxi	105.9	114.4	103.7	101.9	101.7	103.5	101.9	100.1	102.2
海南	Hainan	106.1	113.3	100.8	100.9	101.4	101.6	101.7	100.5	104.9
重庆	Chongqing	105.3	114.1	103.7	101.3	102.2	102.0	99.1	98.9	103.7
四川	Sichuan	105.3	112.0	103.2	100.0	101.1	102.5	101.0	100.3	106.0
贵州	Guizhou	105.1	113.5	102.4	100.3	100.2	102.6	100.1	99.9	102.8
云南	Yunnan	104.9	111.5	100.8	100.5	101.4	103.3	100.0	99.7	104.4
西藏	Tibet	105.0	109.1	102.7	102.8	101.9	102.8	102.2	100.7	106.3
陕西	Shaanxi	105.7	111.9	102.3	103.2	102.1	104.6	100.0	100.5	105.5
甘肃	Gansu	105.9	111.4	101.8	101.3	101.6	105.8	101.1	102.9	105.7
青海	Qinghai	106.1	111.1	103.3	103.4	101.2	103.0	99.9	101.3	110.3
宁夏	Ningxia	106.3	113.5	101.7	104.5	102.0	103.8	101.6	100.8	104.3
新疆	Xinjiang	105.9	112.6	103.3	101.1	102.4	104.3	100.5	101.1	105.4

附录 1–13　城镇居民人均可支配收入
Per Capita Disposable Income of Urban Households

单位:元　(yuan)

地　区	Region	2003	2004	2005	2006	2007	2008	2009	2010	2011
全国总计	**Total**	**8472.2**	**9421.6**	**10493.0**	**11759.5**	**13785.8**	**15780.8**	**17174.7**	**19109.4**	**21809.8**
北　京	Beijing	13882.6	15637.8	17653.0	19977.5	21988.7	24724.9	26738.5	29072.9	32903.0
天　津	Tianjin	10312.9	11467.2	12638.6	14283.1	16357.4	19422.5	21402.0	24292.6	26920.9
河　北	Hebei	7239.1	7951.3	9107.1	10304.6	11690.5	13441.1	14718.3	16263.4	18292.2
山　西	Shanxi	7005.0	7902.9	8913.9	10027.7	11565.0	13119.1	13996.6	15647.7	18123.9
内蒙古	Inner Mongolia	7012.9	8123.0	9136.8	10358.0	12377.8	14432.6	15849.2	17698.2	20407.6
辽　宁	Liaoning	7240.6	8007.6	9107.6	10369.6	12300.4	14392.7	15761.4	17712.6	20466.8
吉　林	Jilin	7005.2	7840.6	8690.6	9775.1	11285.5	12829.5	14006.3	15411.5	17796.6
黑龙江	Heilongjiang	6678.9	7470.7	8272.5	9182.3	10245.3	11581.3	12566.0	13856.5	15696.2
上　海	Shanghai	14867.5	16682.8	18645.0	20667.9	23622.7	26674.9	28837.8	31838.1	36230.5
江　苏	Jiangsu	9262.5	10481.9	12318.6	14084.3	16378.0	18679.5	20551.7	22944.3	26340.7
浙　江	Zhejiang	13179.5	14546.4	16293.8	18265.1	20573.8	22726.7	24610.8	27359.0	30970.7
安　徽	Anhui	6778.0	7511.4	8470.7	9771.1	11473.6	12990.4	14085.7	15788.2	18606.1
福　建	Fujian	9999.5	11175.4	12321.3	13753.3	15506.1	17961.5	19576.8	21781.3	24907.4
江　西	Jiangxi	6901.4	7559.6	8619.7	9551.1	11451.7	12866.4	14021.5	15481.1	17494.9
山　东	**Shandong**	**8399.9**	**9437.8**	**10744.8**	**12192.2**	**14264.7**	**16305.4**	**17811.0**	**19945.8**	**22791.8**
河　南	Henan	6926.1	7704.9	8668.0	9810.3	11477.1	13231.1	14371.6	15930.3	18194.8
湖　北	Hubei	7322.0	8022.8	8785.9	9802.7	11485.8	13152.9	14367.5	16058.4	18373.9
湖　南	Hunan	7674.2	8617.5	9524.0	10504.7	12293.5	13821.2	15084.3	16565.7	18844.1
广　东	Guangdong	12380.4	13627.7	14770.0	16015.6	17699.3	19732.9	21574.7	23897.8	26897.5
广　西	Guangxi	7785.0	8690.0	9286.7	9898.8	12200.4	14146.0	15451.5	17063.9	18854.1
海　南	Hainan	7259.3	7735.8	8123.9	9395.1	10996.9	12607.8	13750.9	15581.1	18369.0
重　庆	Chongqing	8093.7	9221.0	10243.5	11569.7	12590.8	14367.6	15748.7	17532.4	20249.7
四　川	Sichuan	7041.9	7709.9	8386.0	9350.1	11098.3	12633.4	13839.4	15461.2	17899.1
贵　州	Guizhou	6569.2	7322.1	8151.1	9116.6	10678.4	11758.8	12862.5	14142.7	16495.0
云　南	Yunnan	7643.6	8870.9	9265.9	10069.9	11496.1	13250.2	14423.9	16064.5	18575.6
西　藏	Tibet	8765.5	9106.1	9431.2	8941.1	11130.9	12481.5	13544.4	14980.5	16195.6
陕　西	Shaanxi	6806.4	7492.5	8272.0	9267.7	10763.3	12857.9	14128.8	15695.2	18245.2
甘　肃	Gansu	6657.2	7376.7	8086.8	8920.6	10012.3	10969.4	11929.8	13188.6	14988.7
青　海	Qinghai	6745.3	7319.7	8057.9	9000.4	10276.1	11640.4	12691.9	13855.0	15603.3
宁　夏	Ningxia	6530.5	7217.9	8093.6	9177.3	10859.3	12931.5	14024.7	15344.5	17578.9
新　疆	Xinjiang	7173.5	7503.4	7990.2	8871.3	10313.4	11432.1	12257.5	13643.8	15513.6

注:本表绝对数按当年价格计算。

a)Absolute figures in this table are calculated at current prices.

附录 1-14 城镇居民人均收支情况(2011年)

Per Capita Income and Expenditure of Urban Households(2011)

单位:元 (yuan)

地区	Region	总收入 Total Income	#可支配收入 Disposable Incom	总支出 Total Expenditure	消费性支出 Living Expenditure	非消费性支出 Non-living Expenditure	恩格尔系数(%) Engel's Coefficient (%)
全国总计	**Total**	**23979.2**	**21809.8**	**20365.7**	**15160.9**	**5204.8**	**36.3**
北京	Beijing	37124.4	32903.0	28253.0	21984.4	6268.7	31.4
天津	Tianjin	29916.0	26920.9	26344.5	18424.1	7920.4	36.2
河北	Hebei	19591.9	18292.2	15215.5	11609.3	3606.2	33.8
山西	Shanxi	19666.1	18123.9	16442.0	11354.3	5087.7	31.3
内蒙古	Inner Mongolia	21890.2	20407.6	20270.9	15878.1	4392.8	31.3
辽宁	Liaoning	22879.8	20466.8	20056.0	14789.6	5266.4	35.5
吉林	Jilin	19211.7	17796.6	16957.8	13010.6	3947.2	32.7
黑龙江	Heilongjiang	17118.5	15696.2	15932.6	12054.2	3878.4	36.1
上海	Shanghai	40532.3	36230.5	33778.5	25102.1	8676.4	35.5
江苏	Jiangsu	28972.0	26340.7	23190.7	16781.7	6408.9	36.1
浙江	Zhejiang	34264.4	30970.7	29109.4	20437.5	8671.9	34.6
安徽	Anhui	20751.1	18606.1	18830.0	13181.5	5648.6	39.8
福建	Fujian	27378.1	24907.4	22569.3	16661.1	5908.3	39.2
江西	Jiangxi	18656.5	17494.9	15153.3	11747.2	3406.1	39.8
山东	**Shandong**	**24889.8**	**22791.8**	**19341.3**	**14560.7**	**4780.6**	**33.2**
河南	Henan	19526.9	18194.8	15477.2	12336.5	3140.7	34.1
湖北	Hubei	20193.3	18373.9	18123.4	13163.8	4959.7	40.7
湖南	Hunan	20083.9	18844.1	18162.8	13402.9	4759.9	36.9
广东	Guangdong	30218.8	26897.5	27126.3	20251.8	6874.4	36.9
广西	Guangxi	20846.1	18854.1	17126.0	12848.4	4277.6	39.5
海南	Hainan	20094.2	18369.0	16439.0	12642.8	3796.2	44.9
重庆	Chongqing	21794.3	20249.7	18537.1	14974.5	3562.6	39.1
四川	Sichuan	19688.1	17899.1	17825.3	13696.3	4129.0	40.7
贵州	Guizhou	17598.9	16495.0	15558.3	11352.9	4205.4	40.2
云南	Yunnan	20255.1	18575.6	16397.4	12248.0	4149.4	39.2
西藏	Tibet	18115.8	16195.6	12948.9	10398.9	2549.9	49.9
陕西	Shaanxi	20069.9	18245.2	18432.5	13782.8	4649.8	36.6
甘肃	Gansu	16267.4	14988.7	14311.1	11188.6	3122.5	37.4
青海	Qinghai	17795.0	15603.3	15381.9	10955.5	4426.4	38.9
宁夏	Ningxia	19654.6	17578.9	18705.1	12896.0	5809.0	34.8
新疆	Xinjiang	17631.2	15513.6	16057.6	11839.4	4218.2	38.3

附录 1-15 农村居民人均纯收入

Per Capita Net Income of Rural Households

单位:元 (yuan)

地区	Region	2002	2003	2004	2005	2006	2007	2008	2009	2010	2011
全国总计	**Total**	**2475.6**	**2622.2**	**2936.4**	**3254.9**	**3587.0**	**4140.4**	**4760.6**	**5153.2**	**5919.0**	**6977.3**
北京	Beijing	5398.5	5601.6	6170.3	7346.3	8275.5	9439.6	10661.9	11668.6	13262.3	14735.7
天津	Tianjin	4278.7	4566.0	5019.5	5579.9	6227.9	7010.1	7910.8	8687.6	10074.9	12321.2
河北	Hebei	2685.2	2853.4	3171.1	3481.6	3801.8	4293.4	4795.5	5149.7	5958.0	7119.7
山西	Shanxi	2149.8	2299.2	2589.6	2890.7	3180.9	3665.7	4097.2	4244.1	4736.3	5601.4
内蒙古	Inner Mongolia	2086.0	2267.7	2606.4	2988.9	3341.9	3953.1	4656.2	4937.8	5529.6	6641.6
辽宁	Liaoning	2751.3	2934.4	3307.1	3690.2	4090.4	4773.4	5576.5	5958.0	6907.9	8296.5
吉林	Jilin	2301.0	2530.4	2999.6	3264.0	3641.1	4191.3	4932.7	5265.9	6237.4	7510.0
黑龙江	Heilongjiang	2405.2	2508.9	3005.2	3221.3	3552.4	4132.3	4855.6	5206.8	6210.7	7590.7
上海	Shanghai	6223.6	6653.9	7066.3	8247.8	9138.7	10144.6	11440.3	12482.9	13978.0	16053.8
江苏	Jiangsu	3979.8	4239.3	4753.9	5276.3	5813.2	6561.0	7356.5	8003.5	9118.2	10805.0
浙江	Zhejiang	4940.4	5389.0	5944.1	6660.0	7334.8	8265.2	9257.9	10007.3	11302.6	13070.7
安徽	Anhui	2117.6	2127.5	2499.3	2641.0	2969.1	3556.3	4202.5	4504.3	5285.2	6232.2
福建	Fujian	3538.8	3733.9	4089.4	4450.4	4834.8	5467.1	6196.1	6680.2	7426.9	8778.6
江西	Jiangxi	2306.5	2457.5	2786.8	3128.9	3459.5	4044.7	4697.2	5075.0	5788.6	6891.6
山东	**Shandong**	**2954.0**	**3150.5**	**3507.4**	**3930.5**	**4368.3**	**4985.3**	**5641.4**	**6118.8**	**6990.3**	**8342.1**
河南	Henan	2215.7	2235.7	2553.2	2870.6	3261.0	3851.6	4454.2	4807.0	5523.7	6604.0
湖北	Hubei	2444.1	2566.8	2890.0	3099.2	3419.4	3997.5	4656.4	5035.3	5832.3	6897.9
湖南	Hunan	2397.9	2532.9	2837.8	3117.7	3389.6	3904.2	4512.5	4909.0	5622.0	6567.1
广东	Guangdong	3911.9	4054.6	4365.9	4690.5	5079.8	5624.0	6399.8	6906.9	7890.3	9371.7
广西	Guangxi	2012.6	2094.5	2305.2	2494.7	2770.5	3224.1	3690.3	3980.4	4543.4	5231.3
海南	Hainan	2423.2	2588.1	2817.6	3004.0	3255.5	3791.4	4390.0	4744.4	5275.4	6446.0
重庆	Chongqing	2097.6	2214.6	2510.4	2809.3	2873.8	3509.3	4126.2	4478.4	5276.7	6480.4
四川	Sichuan	2107.6	2229.9	2518.9	2802.8	3002.4	3546.7	4121.2	4462.1	5086.9	6128.6
贵州	Guizhou	1489.9	1564.7	1721.6	1877.0	1984.6	2374.0	2796.9	3005.4	3471.9	4145.4
云南	Yunnan	1608.6	1697.1	1864.2	2041.8	2250.5	2634.1	3102.6	3369.3	3952.0	4722.0
西藏	Tibet	1462.3	1690.8	1861.3	2077.9	2435.0	2788.2	3175.8	3531.7	4138.7	4904.3
陕西	Shaanxi	1596.3	1675.7	1866.5	2052.6	2260.2	2644.7	3136.5	3437.6	4105.0	5027.9
甘肃	Gansu	1590.3	1673.1	1852.2	1979.9	2134.1	2328.9	2723.8	2980.1	3424.7	3909.4
青海	Qinghai	1668.9	1794.1	1957.7	2151.5	2358.4	2683.8	3061.2	3346.2	3862.7	4608.5
宁夏	Ningxia	1917.4	2043.3	2320.1	2508.9	2760.1	3180.8	3681.4	4048.3	4674.9	5410.0
新疆	Xinjiang	1863.3	2106.2	2244.9	2482.2	2737.3	3183.0	3502.9	3883.1	4642.7	5442.2

注:本表按当年价格计算。

a)Figures in this table are calculated at current prices.

附录 1-16　农村居民家庭人均收支情况(2011年)

Per Capita Income and Expenditure of Urban Households(2011)

单位:元 (yuan)

地　区	Region	总收入 Total Income	#纯收入 Net Income	#现金收入 Cash Income	总支出 Total Expenditure	#消费支出 Consumption Expenditure	#现金支出 Cash Consumption Expenditure	恩格尔系数(%) Engel's Coefficient (%)
全国总计	**Total**	**9833.1**	**6977.3**	**8638.5**	**8641.6**	**5221.1**	**7984.9**	**40.4**
北　京	Beijing	17424.0	14735.7	17157.9	14503.4	11077.7	14361.3	32.4
天　津	Tianjin	15649.7	12321.2	15327.7	10361.1	6725.4	10302.3	35.3
河　北	Hebei	10046.9	7119.7	8958.1	8148.9	4711.2	7879.2	33.5
山　西	Shanxi	7419.9	5601.4	6396.6	6936.1	4587.0	6522.0	37.7
内蒙古	Inner Mongolia	11972.5	6641.6	9750.9	11828.1	5507.7	10422.6	37.5
辽　宁	Liaoning	13898.1	8296.5	12855.2	12241.4	5406.4	11667.9	39.1
吉　林	Jilin	13243.5	7510.0	10792.7	12715.1	5305.8	11936.7	35.3
黑龙江	Heilongjiang	14621.8	7590.7	11716.0	13073.3	5333.6	12534.7	38.9
上　海	Shanghai	17305.8	16053.8	17079.4	13458.2	11049.3	13227.4	40.9
江　苏	Jiangsu	13838.5	10805.0	13053.4	11939.8	8094.6	11452.5	35.1
浙　江	Zhejiang	17260.6	13070.7	16916.8	14875.8	9965.1	14663.0	37.3
安　徽	Anhui	8469.1	6232.2	7464.5	7602.9	4957.3	7072.6	41.5
福　建	Fujian	10769.0	8778.6	9927.8	8944.0	6540.9	8479.7	46.4
江　西	Jiangxi	8994.5	6891.6	7863.2	7280.6	4659.9	6615.1	45.2
山　东	**Shandong**	**12146.7**	**8342.1**	**11086.2**	**10298.7**	**5900.6**	**9913.7**	**35.7**
河　南	Henan	8724.6	6604.0	7318.1	6858.6	4320.0	6557.3	36.1
湖　北	Hubei	9387.2	6897.9	8232.9	7971.5	5010.7	7194.8	39.0
湖　南	Hunan	9141.8	6567.1	7887.1	8480.5	5179.4	7521.8	45.2
广　东	Guangdong	11080.2	9371.7	10262.0	8846.1	6725.6	8231.2	49.1
广　西	Guangxi	7521.1	5231.3	6448.8	6792.1	4210.9	5959.5	43.8
海　南	Hainan	8646.5	6446.0	8085.6	6511.3	4166.1	6107.3	51.3
重　庆	Chongqing	8421.5	6480.4	6963.3	7035.8	4502.1	5910.0	46.8
四　川	Sichuan	8656.5	6128.6	7248.7	7641.8	4675.5	6574.7	46.2
贵　州	Guizhou	5659.6	4145.4	4439.5	5722.5	3455.8	4659.8	47.6
云　南	Yunnan	7396.6	4722.0	5951.3	7000.4	3999.9	5754.3	47.1
西　藏	Tibet	6137.5	4904.3	4587.1	3834.2	2741.6	3122.4	50.5
陕　西	Shaanxi	7044.1	5027.9	6323.9	7184.2	4491.7	6839.1	29.9
甘　肃	Gansu	5878.0	3909.4	4914.0	5932.3	3664.9	5208.1	42.2
青　海	Qinghai	6491.2	4608.5	5263.4	6835.1	4536.8	5982.1	37.8
宁　夏	Ningxia	8388.9	5410.0	7034.3	8669.9	4726.6	7795.1	37.3
新　疆	Xinjiang	11590.9	5442.2	10258.7	11250.2	4397.8	10586.0	36.1

附录 1-17　农林牧渔业总产值及增长速度(2011年)

Gross Output Value and Growth Rate of Farming,Forestry, Animal Husbandry and Fishery(2011)

地　区	Region	农林牧渔业总产值(亿元) Gross Output Value (100 million yuan)	#农　业 Farming	#林　业 Forestry	#牧　业 Animal Husbandry	#渔　业 Fishery	农林牧渔业总产值比上年增长(%) Growth Rate (%)
全国总计	**Total**	**81303.9**	**41988.6**	**3120.7**	**25770.7**	**7568.0**	**4.5**
北　京	Beijing	363.1	163.4	18.9	162.7	11.5	0.9
天　津	Tianjin	349.5	179.9	2.5	98.5	58.6	4.2
河　北	Hebei	4895.9	2775.3	58.8	1674.0	163.6	3.9
山　西	Shanxi	1207.6	767.1	73.5	295.7	7.5	5.8
内蒙古	Inner Mongolia	2204.5	1057.8	93.2	998.3	23.5	5.7
辽　宁	Liaoning	3633.6	1307.2	107.4	1521.1	560.0	6.0
吉　林	Jilin	2275.1	1020.4	81.9	1074.5	31.1	5.2
黑龙江	Heilongjiang	3223.5	1801.8	110.2	1189.9	58.9	5.5
上　海	Shanghai	314.6	165.1	7.6	77.4	54.7	-0.6
江　苏	Jiangsu	5237.4	2640.9	92.8	1190.5	1060.4	4.2
浙　江	Zhejiang	2534.9	1152.0	134.1	546.3	655.8	3.1
安　徽	Anhui	3459.7	1714.8	182.1	1083.5	346.2	4.0
福　建	Fujian	2730.9	1136.2	237.7	479.2	782.6	4.1
江　西	Jiangxi	2207.3	917.8	206.1	734.3	272.2	4.2
山　东	**Shandong**	**7409.7**	**3843.6**	**100.0**	**2171.9**	**999.1**	**3.8**
河　南	Henan	6218.6	3599.9	127.3	2198.4	72.5	3.8
湖　北	Hubei	4252.9	2299.3	86.1	1205.8	508.8	4.4
湖　南	Hunan	4508.2	2391.7	239.1	1425.6	255.0	4.3
广　东	Guangdong	4384.4	2042.2	208.7	1146.4	843.0	3.9
广　西	Guangxi	3323.4	1602.5	217.4	1096.6	303.1	4.8
海　南	Hainan	1002.4	401.0	161.4	207.1	204.6	6.6
重　庆	Chongqing	1265.3	751.2	38.1	425.3	34.9	4.8
四　川	Sichuan	4932.7	2454.3	130.1	2127.2	147.2	4.6
贵　州	Guizhou	1165.5	655.3	46.7	381.9	19.9	1.4
云　南	Yunnan	2306.5	1124.7	245.7	808.2	55.9	6.1
西　藏	Tibet	109.4	49.6	2.4	54.1	0.2	3.6
陕　西	Shaanxi	2058.6	1360.7	42.3	553.4	10.6	5.6
甘　肃	Gansu	1187.8	848.5	17.2	210.6	1.6	5.4
青　海	Qinghai	230.8	102.9	4.2	119.3	0.2	4.8
宁　夏	Ningxia	354.7	223.6	9.3	97.6	10.2	5.1
新　疆	Xinjiang	1955.4	1437.9	38.1	415.0	14.2	6.9

注:本表绝对数按当年价格计算,增长速度按可比价格计算。
Absolute figures in this table are calculated at current prices while growth rate at constant prices.

附录 1–18　主要农产品产量(2011年)
Output of Major Agriculture Products(2011)

单位:万吨　　(10 000 tons)

地区	Region	粮食 Grain	油料 Oil Crops	棉花 Cotton	蔬菜 Vegetables	水果 Fruits	肉类 Meat				奶类 Milk
								#猪肉 Pork	#牛肉 Beef	#羊肉 Mutton	
全国总计	**Total**	**57120.8**	**3306.8**	**658.9**	**67929.7**	**22768.2**	**7957.8**	**5053.1**	**647.5**	**393.1**	**3810.7**
北京	Beijing	121.8	1.4	0.1	296.9	120.9	44.4	24.2	2.1	1.3	64.0
天津	Tianjin	161.8	0.7	7.2	431.3	62.6	42.9	27.6	3.1	1.5	69.4
河北	Hebei	3172.6	141.8	65.3	7384.3	1719.2	418.2	246.6	54.5	28.4	466.9
山西	Shanxi	1193.0	18.7	6.3	981.9	617.9	71.3	52.2	4.5	5.6	75.9
内蒙古	Inner Mongolia	2387.5	133.9	0.2	1440.2	301.4	237.4	71.3	49.7	87.2	931.4
辽宁	Liaoning	2035.5	119.8	0.1	2832.5	810.7	408.2	225.9	42.0	7.9	132.0
吉林	Jilin	3171.0	69.6	1.2	971.4	225.7	243.9	122.0	43.4	3.9	46.0
黑龙江	Heilongjiang	5570.6	23.3		789.9	279.9	201.2	116.9	39.3	11.8	550.4
上海	Shanghai	122.0	1.9	0.5	408.2	88.0	27.6	19.1		0.6	29.1
江苏	Jiangsu	3307.8	144.1	24.7	4586.9	757.1	375.9	215.9	3.6	7.3	59.2
浙江	Zhejiang	781.6	39.9	3.2	1815.6	712.4	176.0	135.8	1.2	1.8	19.9
安徽	Anhui	3135.5	213.8	37.8	2214.0	846.6	375.5	233.1	17.8	14.2	22.5
福建	Fujian	672.8	27.5	0.0	1623.4	687.9	183.0	146.6	2.4	1.9	15.8
江西	Jiangxi	2052.8	113.6	14.3	1165.7	580.6	295.6	224.1	11.7	1.1	12.3
山东	**Shandong**	**4426.3**	**341.0**	**78.5**	**9180.9**	**2850.8**	**711.1**	**346.9**	**66.2**	**32.5**	**279.0**
河南	Henan	5542.5	532.4	38.2	6709.7	2414.1	641.7	406.4	82.0	24.8	321.1
湖北	Hubei	2388.5	304.7	52.6	3358.6	855.2	381.9	290.5	18.2	8.0	34.8
湖南	Hunan	2939.4	215.3	22.7	3337.4	868.8	489.5	406.1	16.2	10.2	8.1
广东	Guangdong	1361.0	91.9		2851.0	1314.3	434.7	271.0	6.6	0.9	14.5
广西	Guangxi	1429.9	50.1	0.2	2246.4	1223.0	391.1	239.8	14.3	3.2	8.9
海南	Hainan	188.0	9.9		469.1	403.7	71.6	42.2	2.4	1.1	0.2
重庆	Chongqing	1126.9	46.5	0.0	1408.0	261.1	196.3	148.6	6.7	2.6	8.0
四川	Sichuan	3291.6	278.4	1.5	3573.6	776.6	651.2	484.8	28.9	23.9	71.7
贵州	Guizhou	876.9	78.9	0.1	1250.1	128.0	180.0	148.3	12.0	3.4	4.9
云南	Yunnan	1673.6	60.7	0.0	1340.0	476.4	324.4	243.9	30.7	13.0	56.6
西藏	Tibet	93.7	6.4		60.1	1.4	26.1	1.4	14.8	8.6	29.8
陕西	Shaanxi	1194.7	59.0	6.7	1432.5	1587.1	99.6	77.3	7.4	6.7	182.4
甘肃	Gansu	1014.6	63.5	7.6	1320.6	519.1	83.8	45.8	16.1	15.4	37.7
青海	Qinghai	103.4	33.3		144.6	4.4	28.8	9.2	8.7	9.9	28.4
宁夏	Ningxia	359.0	18.4		438.7	237.3	25.2	7.3	7.5	7.9	96.0
新疆	Xinjiang	1224.7	66.8	289.8	1866.2	1036.0	120.0	22.5	33.8	46.4	133.9

注:水果产量含果用瓜。

a)Data of output of fruits include yield of melon and fruit.

附录 1-19 主要工业产品产量(2011年)

Output of Major Industrial Products(2011)

地区	Region	原油(万吨) Crude Petroleum Oil (10 000 tons)	发电量(亿千瓦小时) Electricity (100 million kwh)	生铁(万吨) Pig Iron (10 000 tons)	粗钢(万吨) Crude Steel (10 000 tons)	钢材(万吨) Steel (10 000 tons)	水泥(万吨) Cement (10 000 tons)
全国总计	**Total**	**20287.6**	**47000.7**	**62969.3**	**68388.3**	**88258.2**	**208500.0**
北京	Beijing		263.0		2.9	289.6	911.5
天津	Tianjin	3187.8	619.1	2097.0	2295.7	5163.8	765.5
河北	Hebei	586.1	2310.2	15442.4	16450.7	19256.4	13972.4
山西	Shanxi		2344.0	3768.6	3490.4	3371.2	3935.6
内蒙古	Inner Mongolia		2972.8	1431.1	1669.7	1417.3	6396.5
辽宁	Liaoning	1000.0	1368.1	5417.9	5389.2	5754.1	5690.1
吉林	Jilin	739.4	709.9	941.4	925.2	1069.0	4221.3
黑龙江	Heilongjiang	4006.0	828.7	588.9	667.5	598.0	4213.9
上海	Shanghai	8.1	947.0	1947.5	2225.5	2483.6	805.6
江苏	Jiangsu	189.0	3755.8	5303.5	6838.8	10011.6	14899.7
浙江	Zhejiang		2774.2	1002.2	1329.9	3141.0	12122.3
安徽	Anhui		1632.8	1829.8	1968.6	2746.3	9204.7
福建	Fujian		1578.9	441.2	1166.9	1561.0	6570.9
江西	Jiangxi		729.9	1917.1	2067.8	2250.3	6782.2
山东	**Shandong**	**2781.5**	**3162.2**	**5608.5**	**5655.2**	**7033.7**	**15035.6**
河南	Henan	485.5	2583.2	2151.0	2370.8	3553.6	13666.0
湖北	Hubei	79.0	2077.2	2520.7	2753.3	3573.4	9342.9
湖南	Hunan		1343.5	1876.4	1819.8	1947.8	9238.6
广东	Guangdong	1152.8	3735.5	861.6	1324.3	3189.9	12607.0
广西	Guangxi	2.3	1039.0	955.6	1212.2	1766.4	8640.1
海南	Hainan	19.7	172.9			23.2	1508.5
重庆	Chongqing		582.2	559.4	630.6	950.0	4935.2
四川	Sichuan	16.2	1980.7	1715.0	1729.2	2237.7	14501.1
贵州	Guizhou		1379.3	482.4	434.0	462.9	5000.2
云南	Yunnan		1555.7	1344.2	1323.2	1351.9	6457.4
西藏	Tibet		27.2				232.8
陕西	Shaanxi	3225.4	1222.5	732.0	766.0	1038.2	6430.6
甘肃	Gansu	62.6	1027.9	769.3	819.8	812.8	2746.8
青海	Qinghai	195.0	463.1	114.6	139.5	142.0	1043.0
宁夏	Ningxia	3.6	939.3	91.9	28.8	76.5	1455.5
新疆	Xinjiang	2615.6	875.2	1058.1	893.0	985.1	2993.6

附录 1-19 续表 continued

地 区	Region	布（亿米）Cloth (100 million m)	家用电冰箱（万台）Home Refrigerators (10 000 units)	农用化肥（万吨）Chemical Fertilizes (10 000 tons)	汽车（万辆）Motor Vehicles (10 000 sets)	程控交换机（万线）Program Controlled Switchboards (10 000 lines)	移动电话机（万部）Cell Phones (10 000 units)	微型电子计算机（万部）Micro computers (10 000 units)
全国总计	**Total**	**837.0**	**8699.2**	**6217.2**	**1841.6**	**3034.0**	**113257.6**	**32036.7**
北 京	Beijing		73.5		150.5	86.4	25962.3	1083.7
天 津	Tianjin	2.8	49.4	6.3	75.7	4.9	9061.7	0.6
河 北	Hebei	60.8		176.4	72.1	26.0		
山 西	Shanxi	0.8		363.8	0.6			
内蒙古	Inner Mongolia	1.0		126.1	3.7			
辽 宁	Liaoning	5.6	95.9	64.2	75.5	72.5	310.4	0.3
吉 林	Jilin	0.5		27.7	155.7		146.1	
黑龙江	Heilongjiang	0.2		68.4	18.2			3.5
上 海	Shanghai	1.7	185.2	2.6	191.6	164.0	1005.9	10162.5
江 苏	Jiangsu	67.7	1194.8	269.9	80.4	6.4	2720.9	9408.2
浙 江	Zhejiang	146.1	626.8	30.2	30.6	251.6	1175.7	154.9
安 徽	Anhui	11.8	3114.0	259.7	117.0			124.0
福 建	Fujian	36.1		53.5	18.6		1658.8	898.6
江 西	Jiangxi	8.1	116.5	30.4	34.4	1.4	3239.6	17.8
山 东	**Shandong**	**124.5**	**718.5**	**639.6**	**122.0**	**197.0**	**4351.1**	**404.5**
河 南	Henan	32.4	406.4	492.2	36.6		2449.8	
湖 北	Hubei	62.3	219.8	1033.4	131.9	0.1	334.6	825.2
湖 南	Hunan	4.2	26.0	216.6	16.2		19.1	11.3
广 东	Guangdong	24.5	1409.2	55.3	150.3	2223.8	59284.1	4417.8
广 西	Guangxi	0.3		98.0	142.4			1.1
海 南	Hainan			67.1	15.2			
重 庆	Chongqing	5.1	194.4	175.9	166.6		592.5	2547.8
四 川	Sichuan	16.7	67.0	507.1	12.9		744.2	2357.2
贵 州	Guizhou	0.1	169.5	367.5	1.3		200.5	
云 南	Yunnan			326.9	9.7			
西 藏	Tibet							
陕 西	Shaanxi	6.1	32.3	92.8	55.7		0.4	
甘 肃	Gansu	0.1		74.1	2.1			
青 海	Qinghai			288.2				
宁 夏	Ningxia			92.8				
新 疆	Xinjiang	0.4		233.6	0.1			

附录 1-20 规模以上工业主要经济指标(2011年)

Main Indicators on Economic Efficiency of Industrial Enterprises above Designated Size(2011)

单位:亿元 (100 million yuan)

地区	Region	主营业务收入 Revenue from Principal Business	主营业务成本 Cost of Principal Business	主营业务税金及附加 Taxes and Other Charges on Princpal Business	营业费用 Cost of Business	税金总额 Total Taxes	利润总额 Total Profits
全国总计	**Total**	**843315.4**	**714396.9**	**13211.6**	**19353.5**	**36817.1**	**54544.4**
北京	Beijing	15504.1	13191.1	230.6	631.4	639.2	1119.9
天津	Tianjin	20711.9	17753.7	505.7	424.1	1108.3	1669.3
河北	Hebei	40726.3	35921.1	362.8	579.7	1340.9	2255.5
山西	Shanxi	16893.4	13697.7	178.2	449.8	1067.7	1200.6
内蒙古	Inner Mongolia	17632.8	13968.1	240.1	399.1	914.9	1835.2
辽宁	Liaoning	44065.9	38066.2	746.4	785.6	1634.8	1862.0
吉林	Jilin	16485.8	13697.2	364.8	414.0	776.5	1121.3
黑龙江	Heilongjiang	11492.7	8581.5	715.3	230.7	1294.0	1270.5
上海	Shanghai	34466.3	29082.0	730.1	1159.0	1508.9	2176.1
江苏	Jiangsu	106816.1	92615.3	855.6	2174.0	3772.0	6850.4
浙江	Zhejiang	53071.0	45603.4	595.4	1234.9	1941.0	3080.1
安徽	Anhui	23895.5	20712.1	308.3	583.9	947.9	1306.9
福建	Fujian	26305.7	22611.7	289.7	641.4	816.3	1578.9
江西	Jiangxi	18466.8	15930.0	193.3	273.8	700.8	1113.9
山东	**Shandong**	**99766.2**	**86977.8**	**1219.2**	**1894.3**	**4137.9**	**7097.7**
河南	Henan	47759.8	40484.3	605.4	930.5	1960.2	4066.1
湖北	Hubei	26934.8	22870.3	533.6	703.8	1152.9	1497.2
湖南	Hunan	25395.6	20153.3	645.0	586.7	1504.4	1252.2
广东	Guangdong	95614.1	82690.1	961.6	2825.8	2952.1	4609.3
广西	Guangxi	11973.5	10200.1	231.0	257.2	558.8	717.3
海南	Hainan	1580.9	1256.1	104.2	41.2	179.5	133.7
重庆	Chongqing	11566.1	9978.6	135.4	280.9	399.4	558.4
四川	Sichuan	30138.7	25031.9	478.5	806.9	1599.4	1961.3
贵州	Guizhou	4799.2	3761.9	210.6	155.1	440.3	330.8
云南	Yunnan	7505.8	5728.7	619.9	194.6	1001.5	523.6
西藏	Tibet	74.5	57.8	1.3	3.2	7.4	13.0
陕西	Shaanxi	13666.7	9934.4	456.6	325.4	1191.6	1946.2
甘肃	Gansu	6515.4	5541.1	242.0	97.0	406.8	241.2
青海	Qinghai	1690.6	1254.6	41.9	48.8	125.6	202.9
宁夏	Ningxia	2408.5	2077.0	24.4	47.9	97.1	142.0
新疆	Xinjiang	6686.7	4968.0	336.7	138.6	639.2	910.4

附录 1-20 续表 continued

单位:亿元 (100 million yuan)

地 区	Region	亏损企业亏损总额 Lossed Value of Loss-suffering Enterprises	应收帐款净 额 Net Value of Accounts Receivable	产成品 Finished Product	资产合计 Total Assets	负债合计 Total Liabilities	全部从业人员平均人数（万人） Average Number of Employed Persons (10 000 persons)
全国总计	**Total**	**4064.4**	**69874.0**	**27818.4**	**657988.4**	**382020.8**	**8983.9**
北 京	Beijing	102.5	2388.5	586.1	24899.2	12410.5	110.8
天 津	Tianjin	114.4	2393.5	692.9	16562.0	10529.1	145.2
河 北	Hebei	229.5	2109.3	1117.1	28696.0	17620.5	355.4
山 西	Shanxi	184.1	1497.3	700.6	21893.8	14682.2	220.0
内蒙古	Inner Mongolia	45.6	1020.6	495.0	17506.0	10285.6	129.6
辽 宁	Liaoning	380.5	2671.0	1125.3	30525.2	17564.3	369.0
吉 林	Jilin	131.5	813.4	401.5	12182.3	6566.8	135.2
黑龙江	Heilongjiang	130.6	880.7	426.1	11771.3	6710.9	136.9
上 海	Shanghai	170.8	4579.7	1334.7	29194.8	15353.0	255.3
江 苏	Jiangsu	294.1	11636.6	3558.6	74683.2	43490.2	1063.0
浙 江	Zhejiang	160.6	6891.5	2624.6	48718.3	29539.9	704.0
安 徽	Anhui	83.2	1826.1	752.6	17859.6	10625.0	251.5
福 建	Fujian	74.7	2366.1	950.5	17581.8	9293.3	361.9
江 西	Jiangxi	80.6	732.4	442.5	9964.1	5551.2	192.3
山 东	**Shandong**	**230.8**	**4411.5**	**2257.6**	**60818.8**	**33847.6**	**859.8**
河 南	Henan	180.8	2141.4	937.1	28458.7	15270.4	545.7
湖 北	Hubei	117.6	1809.3	983.0	22446.4	13350.3	266.3
湖 南	Hunan	76.7	1304.4	612.3	14657.5	8437.7	280.6
广 东	Guangdong	369.9	10943.0	3310.7	65370.4	38050.1	1423.0
广 西	Guangxi	118.9	751.7	556.8	9956.6	6144.5	136.2
海 南	Hainan	4.7	103.8	46.3	1732.7	910.9	11.4
重 庆	Chongqing	52.4	1031.3	376.7	9247.2	5679.9	143.9
四 川	Sichuan	128.9	2260.7	925.7	25694.6	15830.8	365.7
贵 州	Guizhou	79.5	393.8	207.1	6811.4	4485.4	78.4
云 南	Yunnan	71.6	594.6	398.7	10603.5	6484.3	85.2
西 藏	Tibet	4.2	11.1	3.7	346.4	98.1	1.6
陕 西	Shaanxi	158.7	1166.3	640.2	16724.7	9554.6	150.9
甘 肃	Gansu	108.3	372.4	363.9	7603.8	4799.8	63.0
青 海	Qinghai	16.2	125.6	75.6	3308.1	2112.6	18.8
宁 夏	Ningxia	32.1	229.2	202.1	3992.6	2620.3	28.2
新 疆	Xinjiang	150.9	417.4	312.0	8963.7	4763.7	56.4

附录 1-21 规模以上工业主要经济效益指标(2011年)
Main Indicators on Economic Efficiency of Industrial Enterprises above Designated Size(2011)

地 区	Region	总资产贡献率(%) Ratio of Total Assets to Industrial Output Value (%)	资本保值增值率(%) Value-insured and Appreciaton Rate of Total Assets (%)	资产负债率(%) Assets-Liability Ratio (%)	流动资产周转次数(次) Number of Times of Annual of Turnover Circulating Funds (time)	成本费用利润率(%) Ratio of Profits to Industrial Cost (%)	产品销售率(%) Sales Rate (%)
全国总计	**Total**	**16.4**	**119.5**	**58.1**	**2.9**	**7.1**	**98.0**
北 京	Beijing	8.0	113.1	49.8	1.7	7.7	99.0
天 津	Tianjin	18.9	126.7	63.6	2.6	8.8	98.8
河 北	Hebei	15.1	121.7	61.4	3.5	5.9	97.9
山 西	Shanxi	12.9	118.9	67.1	1.9	7.7	96.6
内蒙古	Inner Mongolia	18.5	126.1	58.8	3.0	12.1	97.9
辽 宁	Liaoning	13.6	118.6	57.5	3.4	4.6	98.2
吉 林	Jilin	18.8	111.1	53.9	3.6	7.5	98.4
黑龙江	Heilongjiang	24.4	115.6	57.0	2.5	13.5	97.5
上 海	Shanghai	13.7	110.5	52.6	2.1	6.8	99.0
江 苏	Jiangsu	16.7	119.2	58.2	2.8	6.9	98.6
浙 江	Zhejiang	12.8	115.7	60.6	1.9	6.2	97.7
安 徽	Anhui	15.3	127.0	59.5	3.2	5.9	97.8
福 建	Fujian	16.3	119.5	52.9	3.1	6.5	97.6
江 西	Jiangxi	21.5	123.2	55.7	4.5	6.7	98.9
山 东	**Shandong**	**19.9**	**118.5**	**55.7**	**4.0**	**7.7**	**98.5**
河 南	Henan	25.5	133.1	53.7	4.3	9.4	98.4
湖 北	Hubei	14.1	115.3	59.5	2.9	6.0	97.4
湖 南	Hunan	22.4	122.8	57.6	4.6	5.8	98.7
广 东	Guangdong	13.3	118.9	58.2	2.7	5.2	97.2
广 西	Guangxi	15.7	127.4	61.7	2.9	6.5	95.1
海 南	Hainan	19.8	112.9	52.6	2.5	9.8	97.6
重 庆	Chongqing	12.6	120.5	61.4	2.8	5.2	97.6
四 川	Sichuan	16.9	126.0	61.6	3.0	7.2	97.7
贵 州	Guizhou	14.1	121.5	65.9	2.0	7.7	94.5
云 南	Yunnan	17.0	114.8	61.2	1.8	8.2	96.7
西 藏	Tibet	6.9	120.5	28.3	0.8	19.3	97.9
陕 西	Shaanxi	21.3	118.4	57.1	2.0	17.5	95.7
甘 肃	Gansu	10.5	126.1	63.1	2.3	4.0	95.2
青 海	Qinghai	13.7	132.6	63.9	1.9	14.2	95.3
宁 夏	Ningxia	8.6	123.3	65.6	1.9	6.2	95.6
新 疆	Xinjiang	20.1	120.3	53.1	2.5	16.7	97.6

附录 1-22　建筑业总产值和房屋建筑面积
Output Value of Construction and Floor Space of Buildings

地　　区	Region	总产值(亿元) Total Output Value (100 million yuan)		施工面积(万平方米) Floor Space of Buildings Under Construction (10 000 sq.m)		竣工面积(万平方米) Floor Space of Buildings Completed (10 000 sq.m)	
		2010	2011	2010	2011	2010	2011
全国总计	**Total**	**96031.1**	**117734.2**	**708023.5**	**846243.6**	**277450.2**	**292243.8**
北　京	Beijing	5196.0	6214.3	29440.4	36506.9	5933.2	6455.5
天　津	Tianjin	2424.5	2925.6	7564.3	10008.0	2419.2	2527.7
河　北	Hebei	3231.5	3931.1	23471.5	30911.6	9100.9	10305.5
山　西	Shanxi	2143.5	2246.5	7289.5	8731.8	2585.4	2330.0
内蒙古	Inner Mongolia	1125.6	1377.9	7577.9	9421.9	3805.2	3773.9
辽　宁	Liaoning	4690.3	6170.6	26807.0	33647.3	13003.3	11365.7
吉　林	Jilin	1348.8	1615.4	5900.7	8237.9	4272.9	3516.2
黑龙江	Heilongjiang	1769.7	2133.7	7170.7	8696.2	3619.9	3538.2
上　海	Shanghai	4300.2	4579.4	22996.8	24004.3	6217.1	5584.5
江　苏	Jiangsu	12405.9	15062.2	119035.5	141816.2	48560.1	52271.0
浙　江	Zhejiang	12007.9	14686.4	123587.0	145487.7	45099.2	48259.1
安　徽	Anhui	2865.0	3599.4	23295.7	28278.9	10512.4	10773.6
福　建	Fujian	2935.9	3696.5	28406.9	35652.3	9095.8	9919.4
江　西	Jiangxi	1690.0	2077.6	13669.7	15163.9	6488.1	7210.6
山　东	**Shandong**	**5496.6**	**6482.9**	**44828.8**	**50504.5**	**19179.7**	**19278.7**
河　南	Henan	4400.6	5335.0	28677.1	33765.1	13156.0	14105.0
湖　北	Hubei	4345.2	5617.3	25046.7	29971.9	12813.4	15224.8
湖　南	Hunan	3161.7	3839.4	27680.3	32509.0	10536.6	11204.5
广　东	Guangdong	4715.5	5859.1	33140.4	41210.5	10163.6	11486.1
广　西	Guangxi	1222.3	1552.2	10742.3	12422.1	4093.8	4415.8
海　南	Hainan	199.5	254.7	1429.7	2693.3	508.7	588.5
重　庆	Chongqing	2534.4	3320.2	19489.4	21572.0	8292.0	8428.1
四　川	Sichuan	4163.1	5300.4	29440.8	34483.1	12086.3	13139.9
贵　州	Guizhou	623.0	825.8	5756.4	6805.6	1349.7	1454.2
云　南	Yunnan	1511.0	1867.1	8872.3	10060.1	4393.4	3976.0
西　藏	Tibet	122.1	123.4	272.4	171.6	128.3	105.2
陕　西	Shaanxi	3063.6	4098.4	11490.7	14301.2	3781.3	5234.2
甘　肃	Gansu	752.0	911.7	5032.6	6017.9	2013.9	2002.8
青　海	Qinghai	279.6	319.9	693.1	841.2	273.2	297.9
宁　夏	Ningxia	342.7	417.1	2596.9	3348.9	1076.4	1273.6
新　疆	Xinjiang	963.7	1274.5	6620.1	8812.6	2891.4	3283.5

附录 1−23 建筑业主要效益指标(2011年)

Main Economic Indicators on Construction Enterprises(2011)

地区	Region	企业个数(个) Number of Enterprises (unit)	计算劳动生产率的平均人数(万人) Average Number of Employed Persons (10 000 persons)	按建筑业总产值计算的劳动生产率(元/人) Labor Productivity in Terms of Total Output Value (yuan/person)	人均竣工产值(元/人) Per Capita Output Value of Buildings Completed (yuan/person)	人均施工面积(平方米/人) Per Capita Floor Space of Buildings Under Construction (sq.m/person)	人均竣工面积(平方米/人) Per Capita Floor Space of Buildings Completed (sq.m/person)
全国总计	**Total**	**70414**	**5136.3**	**229220**	**120757**	**164.8**	**56.9**
北京	Beijing	3268	185.9	334260	141824	196.4	34.7
天津	Tianjin	1477	78.3	373706	143243	127.8	32.3
河北	Hebei	2132	164.6	238792	119830	187.8	62.6
山西	Shanxi	1738	91.6	245330	89331	95.4	25.4
内蒙古	Inner Mongolia	807	79.7	172879	104107	118.2	47.4
辽宁	Liaoning	4801	289.5	213155	105405	116.2	39.3
吉林	Jilin	1011	99.2	162912	96484	83.1	35.5
黑龙江	Heilongjiang	1782	121.1	176260	72116	71.8	29.2
上海	Shanghai	2812	121.3	377402	190930	197.8	46.0
江苏	Jiangsu	8576	671.0	224471	163411	211.3	77.9
浙江	Zhejiang	5152	628.2	233790	137126	231.6	76.8
安徽	Anhui	2413	159.6	225569	118657	177.2	67.5
福建	Fujian	2181	199.6	185199	103538	178.6	49.7
江西	Jiangxi	1221	90.7	229168	117598	167.3	79.5
山东	**Shandong**	**5747**	**307.6**	**191365**	**94975**	**149.2**	**53.5**
河南	Henan	4222	251.5	212142	103978	134.3	56.1
湖北	Hubei	2622	179.8	312400	146684	166.7	84.7
湖南	Hunan	1792	178.8	214742	119155	181.8	62.7
广东	Guangdong	4205	205.0	285804	141257	201.0	56.0
广西	Guangxi	971	63.9	242807	134653	194.3	69.1
海南	Hainan	116	11.6	220351	113377	233.0	50.9
重庆	Chongqing	2248	170.5	194690	94689	126.5	49.4
四川	Sichuan	3206	332.9	159200	77245	103.6	39.5
贵州	Guizhou	532	37.2	222072	78741	183.0	39.1
云南	Yunnan	1916	84.8	220267	108276	118.7	46.9
西藏	Tibet	181	5.4	228445	127262	31.8	19.5
陕西	Shaanxi	1026	139.6	293525	93047	102.4	37.5
甘肃	Gansu	773	53.9	169101	82511	111.6	37.2
青海	Qinghai	369	13.3	241337	113278	63.5	22.5
宁夏	Ningxia	481	26.8	155702	112095	125.0	47.5
新疆	Xinjiang	790	61.4	207557	111607	143.5	53.5

附录 1-24 客运量和旅客周转量(2011年)

Passenger Traffic and Passenger-Kilometers(2011)

地区	Region	客运量(万人) Passenger Traffic (10 000 persons)	#铁路 Railways	#公路 Highways	#水运 Waterways	旅客周转量(亿人公里) Passenger Kilometers (100 million passenger km)	#铁路 Railways	#公路 Highways	#水运 Waterways
全国总计	**Total**	**3526319**	**186226**	**3286220**	**24556**	**30984.0**	**9612.3**	**16760.2**	**74.5**
北京	Beijing	139718	9800	129918		412.3	108.7	303.7	
天津	Tianjin	24934	2829	22054	51	285.1	150.9	133.9	0.3
河北	Hebei	99458	7601	91857		1306.6	784.5	522.1	
山西	Shanxi	39208	6219	32866	123	415.8	195.8	219.9	0.1
内蒙古	Inner Mongolia	26014	4207	21807		410.4	169.3	241.2	
辽宁	Liaoning	98606	12044	86013	549	955.8	549.1	399.7	7.0
吉林	Jilin	68190	6141	61830	219	515.8	228.9	286.5	0.3
黑龙江	Heilongjiang	50481	10745	39424	312	541.6	267.3	273.9	0.4
上海	Shanghai	10033	6198	3477	358	170.9	63.1	106.7	1.0
江苏	Jiangsu	246855	10603	235673	579	1709.7	400.8	1307.3	1.5
浙江	Zhejiang	230769	8888	218415	3466	1296.3	381.7	908.2	6.4
安徽	Anhui	185575	5980	179440	155	1627.2	475.2	1151.6	0.3
福建	Fujian	79549	4695	73259	1595	534.9	172.3	360.2	2.4
江西	Jiangxi	78930	6152	72527	251	941.4	600.2	340.9	0.3
山东	**Shandong**	**250469**	**6609**	**241457**	**2403**	**1727.5**	**458.7**	**1256.9**	**11.9**
河南	Henan	193285	8804	184213	268	1989.1	777.1	1211.3	0.6
湖北	Hubei	112422	7083	104971	368	1236.2	533.5	700.1	2.6
湖南	Hunan	171371	8064	161980	1327	1565.4	784.6	778.0	2.7
广东	Guangdong	510653	14441	493618	2594	2600.2	507.9	2082.7	9.6
广西	Guangxi	83100	3383	79300	417	973.0	194.5	776.5	2.0
海南	Hainan	46224	1074	43677	1473	170.9	21.5	146.3	3.1
重庆	Chongqing	140398	2934	136142	1322	536.0	116.0	408.9	11.1
四川	Sichuan	258845	13147	242615	3083	1198.4	295.0	900.7	2.6
贵州	Guizhou	72428	3939	66303	2186	552.9	204.6	343.2	5.2
云南	Yunnan	44963	2727	41394	842	522.0	95.5	424.6	2.0
西藏	Tibet	3769	110	3659		32.9	10.4	22.5	
陕西	Shaanxi	107032	5614	101062	356	868.8	405.4	462.9	0.5
甘肃	Gansu	60902	2451	58355	96	629.5	364.2	265.1	0.2
青海	Qinghai	11870	520	11308	42	105.4	49.7	55.6	0.1
宁夏	Ningxia	15104	543	14440	121	113.9	41.4	72.4	0.1
新疆	Xinjiang	35130	1964	33166		488.5	191.6	296.9	
不分地区	Not Classified by Region	29317				4537.0			

注：不分地区合计为民航完成数。

a)The total passenger traffic not classified by region refers to that completed by civil aviation.

附录 1–25　货运量和货物周转量(2011年)

Freight Traffic and Freight Ton-kilometers(2011)

地　区	Region	货运量(万吨) Total (10 000 tons)	#铁路 Railways	#公路 Highways	#水运 Waterways	货物周转量(亿吨公里) Total (100 million ton-km)	#铁路 Railways	#公路 Highways	#水运 Waterways
全国总计	**Total**	**3696961**	**393263**	**2820100**	**425968**	**159323.6**	**29465.8**	**51374.7**	**75423.8**
北　京	Beijing	24663	1387	23276		999.6	867.3	132.3	
天　津	Tianjin	43601	7346	23505	12750	10337.3	520.0	266.7	9550.6
河　北	Hebei	189799	20447	166680	2672	9630.4	3916.1	5219.3	495.0
山　西	Shanxi	134436	69194	65201	41	3062.5	2015.4	1047.1	
内蒙古	Inner Mongolia	168320	64669	103651		5422.3	2684.7	2737.6	
辽　宁	Liaoning	184982	21577	151773	11632	10404.6	1546.7	2328.5	6529.4
吉　林	Jilin	47451	7875	39308	268	1452.6	635.4	816.0	1.2
黑龙江	Heilongjiang	63216	17678	44420	1118	1968.2	1117.4	843.5	7.4
上　海	Shanghai	92962	888	42685	49389	20309.6	20.6	283.8	20005.2
江　苏	Jiangsu	202528	7713	140803	54012	6958.0	405.8	1315.3	5236.9
浙　江	Zhejiang	186376	4850	108654	72872	8634.9	312.3	1434.8	6887.7
安　徽	Anhui	268413	12507	219467	36439	8446.4	1013.4	6123.2	1309.8
福　建	Fujian	75191	3762	52558	18871	3396.8	182.9	659.5	2554.3
江　西	Jiangxi	111851	6046	98358	7447	2985.1	715.0	2066.8	203.3
山　东	**Shandong**	**314962**	**19711**	**279380**	**15871**	**12583.6**	**1526.1**	**6624.4**	**4433.2**
河　南	Henan	241017	14368	220122	6527	8530.8	2180.4	5949.0	401.3
湖　北	Hubei	106913	6431	82741	17741	3798.8	941.6	1277.7	1579.5
湖　南	Hunan	168516	6321	144241	17954	3370.0	1071.1	1878.6	420.3
广　东	Guangdong	224394	8971	166567	48856	6905.0	327.3	2150.0	4427.6
广　西	Guangxi	136132	6770	113549	15813	3478.2	895.4	1494.0	1088.8
海　南	Hainan	25115	694	15095	9326	1368.5	8.8	97.1	1262.5
重　庆	Chongqing	96771	2191	82818	11762	2528.7	191.3	779.8	1557.7
四　川	Sichuan	155310	9172	139771	6367	2016.2	786.9	1139.1	90.2
贵　州	Guizhou	44890	7219	36684	987	1060.7	696.4	350.1	14.2
云　南	Yunnan	60170	5545	54186	439	1024.4	398.9	617.3	8.2
西　藏	Tibet	1028	49	979		40.0	12.9	27.1	
陕　西	Shaanxi	120908	30299	90419	190	2824.7	1354.2	1469.7	0.7
甘　肃	Gansu	35269	6446	28790	33	2037.2	1389.8	647.4	
青　海	Qinghai	12586	3634	8952		486.4	228.3	258.0	
宁　夏	Ningxia	36864	7848	29016		933.0	324.9	608.1	
新　疆	Xinjiang	53252	6801	46451		1475.2	742.3	732.9	
不分地区	Not Classified by Region	65632	1411		6591	10753.4	335.5		7358.6

注：不分地区合计中包括铁路行包运输、管道运输企业、民航运输企业及中远集团海外公司完成数。

a)The data not classified by region refers to railway baggage freight、pipelines、civil aviation and that completed by companies abroad under the china ocean shipping(group) company.

附录 1–26 社会消费品零售总额

Total Retail Sale of Consumer Goods

单位:亿元 (100 million yuan)

地区	Region	2003	2004	2005	2006	2007	2008	2009	2010	2011
全国总计	**Total**	**52516.3**	**59501.0**	**68352.6**	**79145.2**	**93571.6**	**114830.1**	**132678.4**	**156998.4**	**183918.6**
北京	Beijing	1916.7	2626.6	2911.7	3295.3	3835.2	4645.5	5309.9	6229.3	6900.3
天津	Tianjin	922.3	1044.8	1201.6	1383.1	1650.6	2078.7	2430.8	2860.2	3395.1
河北	Hebei	2177.9	2576.4	2969.5	3435.7	4053.8	4991.1	5764.9	6821.8	8035.5
山西	Shanxi	729.3	1219.1	1410.7	1635.4	1953.3	2421.1	2809.0	3318.2	3903.4
内蒙古	Inner Mongolia	726.8	1160.7	1358.1	1628.6	1964.0	2463.0	2855.3	3384.0	3991.7
辽宁	Liaoning	2330.8	2642.8	3014.4	3471.6	4097.8	5032.4	5812.6	6887.6	8095.3
吉林	Jilin	1110.3	1286.9	1470.3	1697.6	2038.3	2549.2	2957.3	3504.9	4119.8
黑龙江	Heilongjiang	1376.5	1557.3	1773.8	2029.0	2386.2	2928.3	3401.8	4039.2	4750.1
上海	Shanghai	2220.6	2656.9	2979.5	3375.2	3873.3	4577.2	5173.2	6070.5	6814.8
江苏	Jiangsu	3566.5	4892.2	5735.5	6706.2	7985.9	9905.1	11484.1	13606.8	15988.4
浙江	Zhejiang	3157.1	4055.5	4645.9	5358.0	6271.3	7533.3	8622.3	10245.4	12028.0
安徽	Anhui	1331.2	1557.4	1776.7	2056.5	2451.9	3045.2	3527.8	4197.7	4955.1
福建	Fujian	1740.4	2062.0	2351.7	2717.6	3212.3	3866.7	4481.0	5310.0	6276.2
江西	Jiangxi	923.2	1074.5	1244.9	1448.2	1718.9	2142.0	2484.4	2956.2	3485.1
山东	**Shandong**	**4644.9**	**5290.5**	**6166.9**	**7217.1**	**8607.5**	**10658.8**	**12363.0**	**14620.3**	**17155.5**
河南	Henan	2426.4	2938.3	3380.9	3932.6	4690.3	5815.4	6746.4	8004.2	9453.6
湖北	Hubei	2358.7	2619.5	2985.9	3461.1	4115.8	5109.7	5928.4	7013.9	8275.2
湖南	Hunan	1816.3	2149.6	2474.3	2869.4	3419.2	4222.6	4913.7	5839.5	6884.7
广东	Guangdong	5606.0	6852.0	7915.5	9194.3	10731.3	12986.6	14891.8	17458.4	20297.5
广西	Guangxi	857.7	1222.2	1405.5	1620.3	1932.7	2395.8	2790.7	3312.0	3908.2
海南	Hainan	191.6	236.8	270.8	313.4	370.9	463.2	537.5	639.3	759.5
重庆	Chongqing	835.5	1068.3	1227.8	1431.5	1711.1	2147.1	2479.0	2938.6	3487.8
四川	Sichuan	2091.1	2615.2	3003.5	3472.5	4105.6	4944.8	5758.7	6810.1	8044.6
贵州	Guizhou	458.8	535.3	615.7	710.0	858.2	1075.2	1247.3	1482.7	1751.6
云南	Yunnan	782.5	915.3	1041.3	1204.8	1422.5	1764.7	2051.1	2542.4	3000.1
西藏	Tibet	58.3	63.2	73.2	90.0	112.6	130.0	156.6	185.3	219.0
陕西	Shaanxi	853.2	1162.8	1331.3	1542.4	1837.3	2317.1	2699.7	3195.7	3790.0
甘肃	Gansu	474.6	560.6	638.1	729.5	854.4	1023.6	1183.0	1394.5	1648.0
青海	Qinghai	102.7	141.2	161.6	182.6	212.6	259.7	300.5	350.8	410.5
宁夏	Ningxia	120.8	153.5	175.8	202.5	239.5	295.4	339.3	403.6	477.6
新疆	Xinjiang	421.2	563.4	640.2	733.2	857.5	1041.5	1177.5	1375.1	1616.3

附录 1-27 货物进出口总额(按经营单位所在地分)
Total Volume of Imports and Exports (by Location of Foreign Trade Managing Units)

单位:亿美元 (100 million USD)

地区	Region	2002	2003	2004	2005	2006	2007	2008	2009	2010	2011
全国总计	**Total**	**6207.7**	**8509.9**	**11545.5**	**14219.1**	**17604.4**	**21765.7**	**25632.6**	**22075.4**	**29740.0**	**36420.6**
北京	Beijing	525.1	685.0	945.8	1255.1	1580.4	1930.0	2716.9	2147.3	3017.2	3894.9
天津	Tianjin	228.1	293.4	420.3	532.8	644.6	714.5	804.0	638.3	821.0	1033.9
河北	Hebei	66.7	89.8	135.3	160.7	185.3	255.2	384.2	296.3	420.6	536.0
山西	Shanxi	23.1	30.9	53.8	55.5	66.3	115.8	144.0	85.7	125.8	147.6
内蒙古	Inner Mongolia	24.4	28.3	37.2	48.8	59.6	77.4	89.2	67.7	87.3	119.4
辽宁	Liaoning	217.4	265.1	344.1	410.1	483.9	594.7	724.3	629.3	807.1	959.6
吉林	Jilin	37.0	61.5	67.9	65.3	79.1	103.0	133.3	117.4	168.5	220.5
黑龙江	Heilongjiang	43.5	53.3	67.9	95.7	128.6	173.0	231.3	162.3	255.2	385.1
上海	Shanghai	726.3	1123.4	1600.1	1863.4	2275.2	2828.5	3220.6	2777.1	3689.5	4373.1
江苏	Jiangsu	702.9	1136.2	1708.5	2279.2	2839.8	3494.7	3922.7	3387.4	4658.0	5397.6
浙江	Zhejiang	419.6	614.1	852.0	1073.9	1391.4	1768.5	2111.3	1877.3	2535.3	3094.0
安徽	Anhui	41.8	59.5	72.1	91.2	122.5	159.3	201.8	156.8	242.7	313.4
福建	Fujian	284.0	353.3	475.3	544.1	626.6	744.5	848.2	796.5	1087.8	1435.6
江西	Jiangxi	16.9	25.3	35.3	40.6	61.9	94.5	136.2	127.8	216.2	315.6
山东	**Shandong**	**339.4**	**446.6**	**607.8**	**767.4**	**952.1**	**1224.7**	**1584.1**	**1390.5**	**1891.6**	**2359.9**
河南	Henan	32.0	47.1	66.2	77.2	97.9	127.9	174.8	134.8	178.3	326.4
湖北	Hubei	39.5	51.1	67.7	90.5	117.6	148.7	207.1	172.5	259.3	335.2
湖南	Hunan	28.8	37.3	54.4	60.0	73.5	96.9	125.5	101.5	146.6	190.0
广东	Guangdong	2211.0	2835.2	3571.3	4279.6	5272.0	6341.9	6849.7	6110.9	7849.0	9134.8
广西	Guangxi	24.3	31.9	42.8	51.8	66.7	92.6	132.4	142.5	177.4	233.5
海南	Hainan	18.7	22.7	34.0	25.4	28.5	35.1	45.3	48.8	86.5	127.6
重庆	Chongqing	17.9	25.9	38.6	42.9	54.7	74.4	95.2	77.1	124.3	292.2
四川	Sichuan	44.7	56.3	68.7	79.0	110.2	143.8	221.1	241.7	326.9	477.8
贵州	Guizhou	6.9	9.8	15.1	14.0	16.2	22.7	33.7	23.0	31.5	48.8
云南	Yunnan	22.3	26.7	37.4	47.4	62.2	87.9	96.0	80.5	134.3	160.5
西藏	Tibet	1.3	1.6	2.0	2.1	3.3	3.9	7.7	4.0	8.4	13.6
陕西	Shaanxi	22.3	27.8	36.4	45.8	53.6	68.9	83.3	84.1	121.0	146.2
甘肃	Gansu	8.8	13.3	17.6	26.3	38.2	55.2	61.0	38.7	74.0	87.4
青海	Qinghai	2.0	3.4	5.8	4.1	6.5	6.1	6.9	5.9	7.9	9.2
宁夏	Ningxia	4.4	6.5	9.1	9.7	14.4	15.8	18.8	12.0	19.6	22.9
新疆	Xinjiang	26.9	47.7	56.3	79.4	91.0	137.2	222.2	139.5	171.3	228.2

附录 1-28 货物进出口总额(按境内目的地、货源地分)
Total Volume of Imports and Exports (by Destination and Origion of Goods in China)

单位:亿美元 (100 million USD)

地区	Region	2002	2003	2004	2005	2006	2007	2008	2009	2010	2011
全国总计	**Total**	**6207.7**	**8509.9**	**11545.5**	**14219.1**	**17604.4**	**21765.7**	**25632.6**	**22075.4**	**29740.0**	**36420.6**
北京	Beijing	267.0	313.3	428.2	534.9	704.6	820.4	950.4	870.9	1106.9	1292.4
天津	Tianjin	228.5	300.3	432.4	546.3	672.8	755.6	869.0	720.3	916.1	1117.3
河北	Hebei	68.3	96.9	152.8	193.3	234.8	344.7	508.8	402.7	620.5	841.3
山西	Shanxi	36.0	51.8	90.7	90.9	96.6	152.4	201.9	93.2	138.6	162.4
内蒙古	Inner Mongolia	26.7	32.3	43.7	53.0	61.1	90.9	104.3	94.6	116.8	148.5
辽宁	Liaoning	234.3	298.6	399.3	470.4	524.2	651.8	821.6	698.5	952.9	1128.7
吉林	Jilin	40.8	67.3	74.9	73.6	87.0	113.1	136.2	118.8	170.2	230.4
黑龙江	Heilongjiang	46.9	62.2	71.8	104.7	140.7	184.3	204.2	133.6	183.4	261.6
上海	Shanghai	722.5	1105.2	1568.0	1815.0	2212.3	2738.7	3138.8	2733.3	3654.4	4329.3
江苏	Jiangsu	744.9	1212.8	1795.4	2384.8	2990.4	3722.5	4304.7	3659.3	4987.8	5813.7
浙江	Zhejiang	463.5	663.2	946.6	1238.1	1600.8	1992.0	2444.1	2107.1	2872.5	3514.4
安徽	Anhui	42.1	56.7	69.9	92.6	122.5	157.4	195.5	156.6	233.8	303.5
福建	Fujian	303.3	385.6	498.5	568.0	648.9	752.9	867.2	812.4	1105.5	1346.2
江西	Jiangxi	20.0	29.6	48.2	49.6	72.5	103.1	150.1	138.3	209.5	280.9
山东	**Shandong**	**373.7**	**494.1**	**694.2**	**891.2**	**1106.4**	**1408.0**	**1876.4**	**1635.2**	**2251.6**	**2846.7**
河南	Henan	37.3	55.8	73.6	90.7	109.8	142.1	198.9	150.7	200.2	356.1
湖北	Hubei	45.3	58.1	75.6	99.9	121.1	153.1	213.6	176.7	260.3	336.8
湖南	Hunan	32.7	47.0	60.8	69.6	79.8	102.0	136.0	116.1	156.1	201.6
广东	Guangdong	2254.5	2892.3	3633.5	4391.8	5418.3	6524.1	7177.8	6319.9	8340.1	10068.2
广西	Guangxi	26.1	32.2	48.3	57.6	76.1	104.7	148.6	135.6	195.5	323.0
海南	Hainan	17.9	19.1	29.0	21.2	33.9	70.7	95.9	84.8	103.7	134.5
重庆	Chongqing	20.2	25.6	37.3	42.3	53.1	71.6	90.5	77.2	118.3	244.9
四川	Sichuan	44.6	57.8	66.9	76.7	106.7	136.2	199.3	215.2	263.0	401.8
贵州	Guizhou	9.8	15.5	23.7	20.4	22.1	32.0	48.1	27.3	34.6	49.2
云南	Yunnan	23.3	27.2	37.3	50.0	63.8	88.0	93.3	74.6	103.3	122.7
西藏	Tibet	1.3	1.5	1.7	1.3	2.3	3.2	3.5	2.9	5.9	11.0
陕西	Shaanxi	27.8	35.5	45.6	61.5	69.2	82.4	104.6	86.7	117.0	140.6
甘肃	Gansu	10.4	12.9	19.6	29.9	44.4	58.7	65.6	44.8	73.9	78.4
青海	Qinghai	2.3	3.4	6.5	4.9	9.4	6.8	8.0	7.2	8.2	7.6
宁夏	Ningxia	4.9	7.4	11.3	11.8	16.1	19.6	25.8	19.6	25.7	28.1
新疆	Xinjiang	30.8	48.5	60.2	83.0	102.1	154.4	249.8	161.3	213.6	299.2

附录 1-29 货物进出口总额(2011年)

Total Volume of Imports and Exports (2011)

单位:亿美元 (100 million USD)

地区	Region	按经营单位所在地分 by Location of Foreign Tade Managing Units		按境内目的地、货源地分 by Destination and Origion of Goods	
		出口额 Exports	进口额 Imports	出口额 Exports	进口额 Imports
全国总计	**Total**	**18986.0**	**17434.6**	**18986.0**	**17434.6**
北 京	Beijing	590.3	3304.7	316.5	975.8
天 津	Tianjin	445.0	588.9	450.8	666.4
河 北	Hebei	285.8	250.2	358.6	482.7
山 西	Shanxi	54.3	93.3	76.9	85.5
内蒙古	Inner Mongolia	46.9	72.6	60.4	88.1
辽 宁	Liaoning	510.4	449.2	511.4	617.3
吉 林	Jilin	50.0	170.5	54.3	176.0
黑龙江	Heilongjiang	176.7	208.4	92.5	169.1
上 海	Shanghai	2096.9	2276.2	1985.5	2343.8
江 苏	Jiangsu	3126.2	2271.4	3244.8	2569.0
浙 江	Zhejiang	2163.6	930.4	2390.3	1124.0
安 徽	Anhui	170.8	142.5	157.3	146.2
福 建	Fujian	928.4	507.2	807.2	539.0
江 西	Jiangxi	218.8	96.7	166.5	114.4
山 东	**Shandong**	**1257.9**	**1102.0**	**1345.7**	**1501.0**
河 南	Henan	192.4	134.0	216.7	139.4
湖 北	Hubei	195.3	139.8	190.8	146.0
湖 南	Hunan	99.0	91.0	109.6	92.0
广 东	Guangdong	5319.4	3815.3	5632.4	4435.8
广 西	Guangxi	124.6	108.9	85.9	237.1
海 南	Hainan	25.4	102.2	22.3	112.2
重 庆	Chongqing	198.4	93.8	149.6	95.3
四 川	Sichuan	290.5	187.4	216.5	185.3
贵 州	Guizhou	29.9	19.0	26.4	22.8
云 南	Yunnan	94.7	65.8	62.1	60.6
西 藏	Tibet	11.8	1.8	9.5	1.6
陕 西	Shaanxi	70.1	76.1	67.4	73.2
甘 肃	Gansu	21.6	65.8	15.7	62.7
青 海	Qinghai	6.6	2.6	3.4	4.2
宁 夏	Ningxia	16.0	6.9	20.1	8.0
新 疆	Xinjiang	168.3	59.9	138.9	160.2

附录 1–30 外商投资企业进出口总额

Volume of Import and Export of Foreign-funded Enterprises

单位:万美元 (10 000 USD)

地区	Region	2010			2011		
		进出口总额 Total	出口额 Exports	进口额 Imports	进出口总额 Total	出口额 Exports	进口额 Imports
全国总计	**Total**	**160061524**	**86222882**	**73838642**	**186015484**	**99532961**	**86482523**
北京	Beijing	6982928	2215220	4767708	7674091	2167403	5506688
天津	Tianjin	5880898	2643785	3237114	7114854	3086829	4028025
河北	Hebei	1750914	921579	829336	2022832	1017357	1005475
山西	Shanxi	220570	87993	132577	264613	90781	173832
内蒙古	Inner Mongolia	161063	95974	65089	246198	143589	102609
辽宁	Liaoning	3899198	2063953	1835245	4598772	2321964	2276808
吉林	Jilin	760502	127753	632749	918777	144680	774097
黑龙江	Heilongjiang	111252	69866	41386	113510	69932	43578
上海	Shanghai	24991842	12593270	12398571	29234838	14239177	14995661
江苏	Jiangsu	34720361	19231357	15489004	38537289	21521089	17016200
浙江	Zhejiang	9239699	5813714	3425985	10791606	6529144	4262462
安徽	Anhui	811938	325294	486645	1028202	435124	593078
福建	Fujian	5833659	3495247	2338411	6868537	3912774	2955763
江西	Jiangxi	1193074	499473	693601	1360499	597314	763185
山东	**Shandong**	**9632505**	**5656323**	**3976182**	**10755288**	**6373305**	**4381983**
河南	Henan	451982	255577	196405	1498121	836783	661338
湖北	Hubei	1105434	569511	535923	1410876	760098	650778
湖南	Hunan	310208	129164	181044	455318	190511	264807
广东	Guangdong	48449160	28184708	20264452	54990127	32480037	22510089
广西	Guangxi	492309	203314	288994	694315	264684	429631
海南	Hainan	623702	127682	496020	1006309	117261	889048
重庆	Chongqing	475706	165096	310610	1343141	685599	657542
四川	Sichuan	1278437	444301	834136	2337986	1209136	1128850
贵州	Guizhou	17449	10528	6920	22404	13799	8605
云南	Yunnan	64499	33003	31497	74904	36048	38857
西藏	Tibet	549	3	546	40	2	38
陕西	Shaanxi	506126	215667	290458	560862	234391	326471
甘肃	Gansu	14426	9750	4676	13870	10782	3088
青海	Qinghai	13467	984	12483	3928	1727	2201
宁夏	Ningxia	32158	14930	17228	40090	22412	17678
新疆	Xinjiang	35510	17864	17645	33290	19230	14061

附录 1-31 国际旅游接待情况

Basic Statistics on Tourism

地区	Region	2010 旅游人数(万人次) Number of Tourists (10 000 person-times)	2010 #外国人 Foreigner Toutists	2010 旅游外汇收入(亿美元) Tourism Earnings (100 million USD)	2011 旅游人数(万人次) Number of Tourists (10 000 person-times)	2011 #外国人 Foreigner Toutists	2011 旅游外汇收入(亿美元) Tourism Earnings (100 million USD)
北京	Beijing	490.1	421.6	50.45	520.4	447.4	54.16
天津	Tianjin	166.1	153.0	14.20	73.1	63.6	17.56
河北	Hebei	97.7	85.3	3.51	114.1	98.3	4.48
山西	Shanxi	130.3	82.1	4.65	155.3	98.3	5.67
内蒙古	Inner Mongolia	142.8	140.0	6.02	151.5	147.6	6.71
辽宁	Liaoning	361.8	307.0	22.59	405.3	339.4	27.13
吉林	Jilin	82.0	72.2	3.05	99.3	85.5	3.85
黑龙江	Heilongjiang	172.4	164.8	7.63	206.5	197.8	9.18
上海	Shanghai	733.7	593.1	63.41	668.6	555.0	57.51
江苏	Jiangsu	653.5	473.5	47.83	737.3	537.9	56.53
浙江	Zhejiang	684.7	447.4	39.30	773.7	515.0	45.42
安徽	Anhui	198.4	117.4	7.09	262.9	151.7	11.79
福建	Fujian	368.1	115.3	29.78	427.4	140.0	36.34
江西	Jiangxi	114.0	39.9	3.46	135.8	44.0	4.15
山东	**Shandong**	**366.8**	**277.9**	**21.55**	**424.2**	**312.3**	**25.51**
河南	Henan	146.8	96.1	4.99	168.3	104.3	5.49
湖北	Hubei	181.7	138.5	7.51	213.5	160.1	9.40
湖南	Hunan	189.9	103.3	9.06	227.6	119.8	10.14
广东	Guangdong	3140.9	733.3	123.83	3331.6	749.3	139.06
广西	Guangxi	250.2	141.4	8.06	302.8	171.5	10.52
海南	Hainan	66.3	47.4	3.22	81.4	56.2	3.76
重庆	Chongqing	137.0	104.0	7.03	186.4	132.6	9.68
四川	Sichuan	104.9	75.0	3.54	164.0	113.7	5.94
贵州	Guizhou	50.0	18.6	1.30	58.5	23.6	1.35
云南	Yunnan	329.2	231.2	13.24	395.4	281.0	16.09
西藏	Tibet	22.8	21.4	1.04	27.1	24.9	1.30
陕西	Shaanxi	212.2	155.2	10.16	270.4	189.9	12.95
甘肃	Gansu	7.0	5.0	0.15	9.1	5.5	0.17
青海	Qinghai	4.7	3.4	0.20	5.2	4.1	0.27
宁夏	Ningxia	1.8	1.3	0.06	1.9	1.4	0.06
新疆	Xinjiang	50.9	45.4	1.85	56.4	48.8	4.65

附录2

国际统计资料

International Statistical Data

简 要 说 明

一、本篇资料的主要内容

本篇资料反映了近年来世界主要国家经济社会事业发展基本情况，主要包括人口、土地面积、国内生产总值及其增长、农业、工业、国际贸易、直接投资、国际旅游、国际储备、外债、医疗卫生、互联网用户、人文发展指数和世界500强等方面的内容。

二、本篇资料的来源

本篇资料来源于中国统计出版社出版的《国际统计年鉴2012》，由省统计局综合处整理。

Brief Introduction

I. Content

Data in this chapter show the social and economic indicators of other countries, mainly including population, territory, GDP, agriculture, industry, international trade, direct investment, international tourism, international reserve, international debts, public health, internet users, indicators on development of population and culture, and TOP500 of international companies, etc.

II. Source of Data

Data in this chapter come from International Statistical Yearbook 2012 published by China Statistics Press and are prepared and compiled by the Division of Comprehensive Statistics of Shandong Provincial Bureau of Statistics.

附录2-1　中国主要指标居世界的位次

Ranking of China in the World in Terms of Main Indicators

资料来源：联合国FAO数据库、联合国贸发会议数据库、世界贸易组织数据库、世界银行WDI数据库、国际货币基金组织数据库。
Source: FAO Database;UNCTAD Database;WTO Database;World Bank WDI Database;IMF Database.

指　标	Indicator	1978	1980	1990	2000	2008	2009	2010
国土面积	Country Area	4	4	4	4	4	4	4
人　口	Population	1	1	1	1	1	1	1
国内生产总值	Gross Domestic Product	10	11	11	6	3	3	2
人均国民总收入①	GNI per capita ①	175(188)	177(188)	178(200)	141(207)	127(210)	124(213)	120(215)
进出口贸易总额	Foreign Trade Total	29	26	15	8	3	2	2
出口额	Exports	30	28	14	7	2	1	1
进口额	Imports	27	22	17	9	3	2	2
外商直接投资	Foreign Direct Investment Inflow		60	12	9	3	2	2
外汇储备	Foreign Exchange Reserves	38	37	7	2	1	1	1

注：①括号中所列为参加排序的国家和地区数。
Note: ① The number in the parentheses indicates the number of countries or territories the order based on.

附录2-2　中国主要指标占世界的比重

Major Chinese Indicators as Percentage of the World

资料来源：联合国FAO数据库、联合国统计司数据库、世界银行WDI数据库、国际货币基金组织数据库。
Source: FAO Database; UNSD Database; World Bank WDI Database; IMF Database.
单位：%　　(%)

指　标	Indicator	1978	1980	1990	2000	2008	2009	2010
国土面积	Country Area	7.2	7.2	7.2	7.2	7.2	7.2	7.2
人　口	Population	22.3	22.1	21.5	20.8	19.8	19.7	19.6
国内生产总值	Gross Domestic Product	1.8	1.7	1.6	3.7	7.4	8.6	9.3
进出口贸易总额	Foreign Trade Total	0.8	0.9	1.7	3.6	7.9	8.8	9.7
出口额	Exports	0.8	0.9	1.8	3.9	8.9	9.6	10.4
进口额	Imports	0.8	1.0	1.5	3.4	6.9	7.9	9.1
外商直接投资	Foreign Direct Investment Inflow		0.1	1.7	2.9	6.1	8.5	
外汇储备	Foreign Exchange				8.6	26.5	29.4	30.8
稻谷产量	Rice,Paddy	36.4	36.0	37.0	31.7	28.1	28.7	29.4
小麦产量	Wheat	12.1	12.5	16.6	17.0	16.5	16.8	17.7
玉米产量	Maize	14.2	15.8	20.1	17.9	20.1	20.0	21.0
大豆产量	Soybeans	10.1	9.8	10.2	9.6	6.7	6.7	5.8

附录2-3 中国农业主要产品产量居世界的位次
Ranking of China in the World in Terms of Major Agricultural Products

资料来源：联合国FAO数据库。
Source: United Nations FAO Database.

项 目	Item	1978	1980	1990	2000	2007	2008	2009	2010
谷 物	Cereals	2	1	1	1	1	1	1	1
肉 类①	Meat①	3	3	1	1	1	1	1	1
籽 棉	Seed Cotton	3	2	1	1	1	1	1	1
大 豆	Soybeans	3	3	3	4	4	4	4	4
花 生	Groundnuts in Shell	2	2	2	1	1	1	1	1
油菜籽	Rapeseed	2	2	1	1	1	2	1	1
甘 蔗	Sugar Cane	7	9	4	3	3	3	3	3
茶 叶	Tea	2	2	2	2	1	1	1	1
水 果②	Fruit②	9	10	4	1	1	1	1	1

注：①1990年以前为猪、牛、羊肉产量的位次。②不包括瓜类。

Note:①Data refer to pork,beef and mutton prior to 1990.②Excluding melons.

附录2-4 中国工业主要产品产量居世界的位次
Ranking of China in the World in Terms of Major Industrial Products

资料来源：联合国统计月报数据库、联合国FAO数据库。
Source: United Nations MBS Database; FAO Database.

项 目	Item	1978	1980	1990	2000	2008	2009	2010
粗 钢	Crude Steel	5	5	4	2	1	1	1
煤	Coal	3	3	1	1	1	1	
原 油	Crude Petroleum	8	6	5	5	5	4	4
发电量	Electricity	7	6	4	2	2	2	1
水 泥	Cement	4	4	1	1	1	1	1
化 肥	Fertilizer	3	3	3	1	1	1	
棉 布	Woven Cotton Fabrics	1	1	1	2	1	1	1

附录2-5 国土面积与人口密度

Country Area and Population Density

资料来源：世界银行WDI数据库。
Source: World Bank WDI Database.

国家和地区	Country or Area	国土面积（万平方公里）Country Area (10 000 sq.km)	人口密度（人/平方公里）Population Density(persons/sq.km)		
		2009	2000	2005	2009
世　界	**World**	**13412.2**	**47.0**	**49.9**	**52.3**
中　国	China	960.0	135.4	139.8	142.8
中国香港	Hong Kong, China	0.1	6396.4	6538.6	6721.4
中国澳门	Macao, China		15746.4	17415.1	19213.3
孟加拉国	Bangladesh	14.4	1081.4	1176.3	1246.2
文　莱	Brunei Darussalam	0.6	63.3	70.2	75.8
柬埔寨	Cambodia	18.1	72.3	78.6	83.9
印　度	India	328.7	341.7	368.2	388.6
印度尼西亚	Indonesia	190.5	113.3	121.0	126.9
伊　朗	Iran	174.5	39.3	42.4	44.8
以色列	Israel	2.2	290.6	320.3	343.9
日　本	Japan	37.8	348.1	350.5	350.0
哈萨克斯坦	Kazakhstan	272.5	5.5	5.6	5.9
韩　国	Korea, Rep.	10.0	476.1	497.0	503.0
老　挝	Laos	23.7	23.4	25.5	27.4
马来西亚	Malaysia	33.1	70.8	78.0	83.6
蒙　古	Mongolia	156.4	1.5	1.6	1.7
缅　甸	Myanmar	67.7	71.3	74.0	76.5
巴基斯坦	Pakistan	79.6	179.1	202.1	220.2
菲律宾	Philippines	30.0	260.6	286.7	308.5
新加坡	Singapore	0.1	6011.8	6273.2	7125.1
斯里兰卡	Sri Lanka	6.6	298.4	313.6	323.8
泰　国	Thailand	51.3	122.0	129.1	132.6
越　南	Viet Nam	33.1	249.6	268.0	281.5
埃　及	Egypt	100.2	70.5	77.5	83.4
尼日利亚	Nigeria	92.4	137.1	154.7	169.9
南　非	South Africa	121.9	36.2	38.9	40.6
加拿大	Canada	998.5	3.4	3.6	3.7
墨西哥	Mexico	196.4	50.4	53.0	55.3
美　国	United States	983.2	30.8	32.3	33.6
阿根廷	Argentina	278.0	13.5	14.2	14.7
巴　西	Brazil	851.5	20.6	22.0	22.9
委内瑞拉	Venezuela	91.2	27.6	30.1	32.2
捷　克	Czech Rep.	7.9	133.0	132.5	135.8
法　国	France	54.9	107.5	111.2	114.3
德　国	Germany	35.7	235.6	236.5	234.9
意大利	Italy	30.1	193.6	199.3	204.7
荷　兰	Netherlands	4.2	471.7	483.4	489.7
波　兰	Poland	31.3	126.3	124.6	125.4
俄罗斯联邦	Russian Fed.	1709.8	8.9	8.7	8.7
西班牙	Spain	50.5	80.7	87.0	92.1
土耳其	Turkey	78.4	86.4	92.5	97.2
乌克兰	Ukraine	60.4	84.9	81.3	79.4
英　国	United Kingdom	24.4	243.4	248.9	255.6
澳大利亚	Australia	774.1	2.5	2.7	2.9
新西兰	New Zealand	26.8	14.7	15.7	16.4

附录2-6　淡水资源(2007年)

Freshwater(2007)

资料来源：世界银行WDI数据库。
Source: World Bank WDI Database.

国家和地区	Country or Area	人均可再生淡水资源(立方米) Renewable Internal Freshwater Resources per Capita(cu.m.)	淡水消费量 Freshwater Withdrawals			
			占水资源总量的比重(%) % of Internal Resources	农业用水 % for Agriculture	工业用水 % for Industry	生活用水 % for Domestic
世　界	**World**	**6521**	**8.8**	**82.5**	**7.3**	**10.2**
高收入国家	**High Income**	**8999**	**10.4**	**42.7**	**42.2**	**15.1**
中等收入国家	**Middle Income**	**6106**	**9.1**	**82.5**	**7.3**	**10.2**
低收入国家	**Low Income**	**5607**	**3.7**	**88.4**	**6.4**	**5.3**
中　国	China	2134	22.4	67.7	25.7	6.6
孟加拉国	Bangladesh	729	75.6	96.2	0.7	3.2
柬 埔 寨	Cambodia	8822	3.4	98.0	0.5	1.5
印　度	India	1134	51.2	86.5	5.5	8.1
印度尼西亚	Indonesia	8685	2.9	91.3	0.7	8.0
伊　朗	Iran	1799	72.6	92.2	1.2	6.7
以 色 列	Israel	104	241.9	57.8	5.8	36.4
日　本	Japan	3365	20.6	62.5	17.9	19.7
哈萨克斯坦	Kazakhstan	4871	46.4	81.8	16.5	1.7
韩　国	Korea, Rep.	1338	28.7	48.0	16.4	35.6
老　挝	Laos	32100	1.6	90.0	5.7	4.3
马来西亚	Malaysia	21441	1.6	62.1	21.1	16.9
蒙　古	Mongolia	13260	1.3	52.3	27.3	20.5
缅　甸	Myanmar	21379	3.8	98.2	0.5	1.2
巴基斯坦	Pakistan	334	308.0	96.0	2.1	1.9
菲 律 宾	Philippines	5403	6.0	74.0	9.4	16.6
斯里兰卡	Sri Lanka	2605	25.2	95.2	2.5	2.4
泰　国	Thailand	3311	25.5	90.4	4.9	4.8
越　南	Viet Nam	4267	19.5	68.1	24.1	7.8
埃　及	Egypt	23	3794.4	86.4	5.9	7.8
尼日利亚	Nigeria	1504	3.6	68.8	10.1	21.1
南　非	South Africa	928	27.9	62.7	6.1	31.2
加 拿 大	Canada	86426	1.6	11.8	68.7	19.6
墨 西 哥	Mexico	3745	19.3	76.7	9.2	14.1
美　国	United States	9344	17.1	41.3	46.1	12.7
阿 根 廷	Argentina	7011	10.6	73.7	9.5	16.8
巴　西	Brazil	28546	1.1	61.8	18.0	20.3
委内瑞拉	Venezuela	26285	1.2	47.4	7.1	45.5
捷　克	Czech Rep.	1272	19.6	2.3	57.0	40.7
法　国	France	3134	22.4	9.8	74.5	15.7
德　国	Germany	1301	44.0	19.8	67.9	12.4
意 大 利	Italy	3074	24.3	45.1	36.7	18.2
荷　兰	Netherlands	671	72.2	33.9	60.0	6.2
波　兰	Poland	1406	30.2	8.3	78.7	13.0
俄罗斯联邦	Russian Fed.	30352	1.8	17.8	63.5	18.8
西 班 牙	Spain	2478	32.0	68.0	18.5	13.4
土 耳 其	Turkey	3243	17.7	73.8	10.7	15.5
乌 克 兰	Ukraine	1142	70.7	52.5	35.4	12.2
英　国	United Kingdom	2378	6.6	2.9	75.4	21.7
澳大利亚	Australia	23348	4.9	75.3	10.0	14.7
新 西 兰	New Zealand	77336	0.7	42.2	9.5	48.3

附录2-7 国内生产总值(美元)

Gross Domestic Product(USD)

资料来源：世界银行WDI数据库。
Source: World Bank WDI Database.

单位：亿美元 (100 million USD)

国家和地区	Country or Area	1990	2000	2005	2008	2009	2010
世　界	**World**	**219014**	**322127**	**456207**	**612585**	**580784**	**630441**
高收入国家	**High Income**	**182070**	**263421**	**358638**	**440914**	**413993**	**430190**
经合组织高收入国家	**OECD Countries**	**176295**	**252543**	**343199**	**418361**	**394177**	**408752**
欧 元 区	**Euro Area**	**56887**	**62620**	**101533**	**135517**	**124389**	**121745**
中等收入国家	**Middle Income**	**35541**	**57055**	**95171**	**167950**	**162898**	**195617**
中等偏下收入国家	**Lower Middle Income**	**8708**	**12587**	**21038**	**34986**	**35760**	**43120**
中等偏上收入国家	**Upper Middle Income**	**26826**	**44467**	**74126**	**132950**	**127117**	**152467**
中低收入国家	**Low and Middle Income**	**36937**	**58721**	**97619**	**171773**	**166872**	**199974**
东亚和太平洋	**East Asia and Pacific**	**6708**	**17272**	**30727**	**58993**	**63664**	**75794**
欧洲和中亚	**Europe and Central Asia**	**9518**	**7099**	**17012**	**33309**	**26091**	**30550**
拉丁美洲和加勒比	**Latin America and Caribbean**	**11165**	**20540**	**26691**	**43215**	**40165**	**49694**
中东和北非国家	**Middle East and North Africa**	**2654**	**4313**	**6310**	**11190**	**10685**	
南　亚	**South Asia**	**4025**	**6082**	**10448**	**15248**	**17027**	**20882**
撒哈拉以南非洲	**Sub-Saharan Africa**	**3013**	**3421**	**6468**	**9935**	**9421**	**10979**
低收入国家	**Low Income**	**1442**	**1648**	**2380**	**3639**	**3839**	**4139**
最不发达地区	**Least Developed Countries**	**1584**	**1855**	**3154**	**5536**	**5491**	**6035**
重债穷国	**Heavily Indebted Poor Countries**	**1346**	**1405**	**2305**	**3982**	**3924**	**4234**
中　国	China	3569	11985	22569	45218	49913	58786
中国香港	Hong Kong, China	769	1691	1778	2154	2093	2245
中国澳门	Macao, China	30	61	115	216	217	
阿 富 汗	Afghanistan			68	118	145	
阿尔巴尼亚	Albania	21	37	84	130	120	118
阿尔及利亚	Algeria	620	548	1023	1710	1406	1594
安 道 尔	Andorra	10	11	25	37		
安 哥 拉	Angola	103	91	306	842	755	844
安提瓜和巴布达	Antigua and Barbuda	4	7	9	12	11	10
阿 根 廷	Argentina	1414	2842	1832	3267	3071	3687
亚美尼亚	Armenia	23	19	49	117	85	93
澳大利亚	Australia	3145	4169	6960	10394	9248	
奥 地 利	Austria	1648	1912	3029	4147	3811	3762
阿塞拜疆	Azerbaijan	89	53	132	463	430	511
巴 哈 马	Bahamas	32	55	65	73	71	75
巴　林	Bahrain	42	80	135	219	206	
孟加拉国	Bangladesh	301	471	603	796	894	1001
巴巴多斯	Barbados	17	26	30	37	36	32
白俄罗斯	Belarus	174	127	302	608	493	547
比 利 时	Belgium	2026	2324	3766	5054	4712	4675
伯 利 兹	Belize	4	8	11	14	14	14
贝　宁	Benin	18	23	43	67	66	66
百 慕 大	Bermuda	16	35	48	61	57	
不　丹	Bhutan	3	4	8	13	13	15
玻利维亚	Bolivia	49	84	95	167	173	198
波　黑	Bosnia and Herzegovinian		55	108	185	170	169
博茨瓦纳	Botswana	38	56	103	135	115	149
巴　西	Brazil	4620	6447	8822	16526	15945	20879
文　莱	Brunei Darussalam	35	60	95	144	107	
保加利亚	Bulgaria	207	129	289	518	486	477
布基纳法索	Burkina Faso	31	26	54	80	81	88
布 隆 迪	Burundi	11	7	8	12	13	16
柬 埔 寨	Cambodia		37	63	104	105	113
喀 麦 隆	Cameroon	112	101	166	237	222	224
加 拿 大	Canada	5827	7249	11338	14991	13361	15741

附录2-7 续表 1 continued

单位：亿美元 (100 million USD)

国家和地区	Country or Area	1990	2000	2005	2008	2009	2010
佛 得 角	Cape Verde	3	5	10	16	16	16
中　非	Central African Rep.	15	10	14	20	20	20
乍　得	Chad	17	14	53	84	68	76
海峡群岛	Channel Islands		64	88			
智　利	Chile	316	752	1182	1707	1609	2034
哥伦比亚	Colombia	403	1004	1466	2446	2358	2882
科 摩 罗	Comoros	3	2	4	5	5	5
刚果(金)	Congo, Dem. Rep.	93	43	71	117	112	131
刚果(布)	Congo, Rep.	28	32	61	118	96	119
哥斯达黎加	Costa Rica	74	159	200	297	292	346
科特迪瓦	Cote D'Ivoire	108	104	164	234	230	228
克罗地亚	Croatia	248	215	448	699	634	609
古　巴	Cuba	286	306	426	627		
塞浦路斯	Cyprus	56	93	170	254	250	
捷　克	Czech Rep.	349	567	1245	2161	1902	1922
丹　麦	Denmark	1358	1601	2577	3415	3089	3104
吉 布 提	Djibouti	5	6	7	10	10	
多米尼克	Dominica	2	3	3	4	4	4
多米尼加	Dominican Rep.	71	240	340	455	466	516
厄瓜多尔	Ecuador	104	159	372	542	520	589
埃　及	Egypt	431	998	897	1628	1890	2189
萨尔瓦多	El Salvador	48	131	171	221	211	218
赤道几内亚	Equatorial Guinea	1	13	82	184	122	140
厄立特里亚	Eritrea		6	11	14	19	21
爱沙尼亚	Estonia	50	57	139	235	191	187
埃塞俄比亚	Ethiopia	121	82	123	266	320	297
法罗群岛	Faeroe Islands		11	17	24	22	
斐　济	Fiji	13	17	30	36	28	30
芬　兰	Finland	1388	1217	1956	2705	2380	2388
法　国①	France①	12442	13263	21366	28318	26245	25600
法属波立尼西亚	French Polynesia	32	34				
加　蓬	Gabon	60	51	87	145	110	130
冈 比 亚	Gambia	3	4	5	8	7	8
格鲁吉亚	Georgia	77	31	64	128	108	117
德　国	Germany	17145	19002	27884	36345	33300	33097
加　纳	Ghana	59	50	107	285	262	313
希　腊	Greece	942	1256	2423	3470	3265	3049
格 陵 兰	Greenland	10	11	17	17	13	
格林纳达	Grenada	2	4	6	7	6	6
危地马拉	Guatemala	77	193	272	391	377	412
几 内 亚	Guinea	27	31	29	38	42	45
几内亚比绍	Guinea-Bissau	2	2	6	8	8	9
圭 亚 那	Guyana	4	7	8	19	20	22
海　地	Haiti	29	37	42	64	65	67
洪都拉斯	Honduras	30	71	98	140	143	154
匈 牙 利	Hungary	331	479	1102	1554	1288	1304
冰　岛	Iceland	64	87	163	169	121	126
印　度	India	3175	4602	8340	12138	13806	17290
印度尼西亚	Indonesia	1144	1650	2859	5102	5394	7066
伊　朗	Iran	1160	1013	1920	3382	3310	
伊 拉 克	Iraq		259	313	865	652	822
爱 尔 兰	Ireland	479	968	2019	2637	2218	2039

附录2-7 续表 2 continued

单位：亿美元 (100 million USD)

国家和地区	Country or Area	1990	2000	2005	2008	2009	2010
马 恩 岛	Isle of Man		16	29			
以 色 列	Israel	525	1247	1342	2021	1954	2173
意 大 利	Italy	11334	10973	17777	22965	21112	20514
牙 买 加	Jamaica	46	90	112	141	127	140
日 本	Japan	30580	46674	45522	48799	50330	54978
约 旦	Jordan	40	85	126	227	251	276
哈萨克斯坦	Kazakhstan	269	183	571	1334	1153	1430
肯 尼 亚	Kenya	86	127	187	300	294	314
基里巴斯	Kiribati		1	1	1	1	2
韩 国	Korea, Rep.	2638	5334	8449	9314	8341	10145
科 威 特	Kuwait	184	377	808	1488	1095	
吉尔吉斯斯坦	Kyrgyzstan	27	14	25	51	47	46
老 挝	Laos	9	17	27	55	61	75
拉脱维亚	Latvia	74	78	160	337	259	240
黎 巴 嫩	Lebanon	28	173	218	301	349	392
莱 索 托	Lesotho	5	7	14	16	17	21
利比里亚	Liberia	4	6	5	8	9	10
利 比 亚	Libya	289	339	440	932	624	
列支敦士登	Liechtenstein	14	25	37	49	48	
立 陶 宛	Lithuania	105	114	260	473	368	363
卢 森 堡	Luxemburg	127	203	377	581	529	551
前南马其顿	Macedonia, FYR	45	36	58	98	93	91
马达加斯加	Madagascar	31	39	50	94	85	87
马 拉 维	Malawi	19	17	28	41	47	51
马来西亚	Malaysia	440	938	1378	2218	1931	2378
马尔代夫	Maldives	2	6	7	13	13	15
马 里	Mali	24	24	53	87	90	93
马 耳 他	Malta	25	39	60	84	80	
马绍尔群岛	Marshall Islands	1	1	1	2	2	2
毛里塔尼亚	Mauritania	10	11	19	36	30	36
毛里求斯	Mauritius	27	46	63	96	89	97
墨 西 哥	Mexico	2627	5814	8489	10962	8828	10397
密克罗尼西亚	Micronesia, Fed.	1	2	2	3	3	3
摩尔多瓦	Moldova	36	13	30	61	54	58
摩 纳 哥	Monaco	25	26	43	66	61	
蒙 古	Mongolia	26	11	25	56	46	61
黑 山	Montenegro		10	23	45	41	40
摩 洛 哥	Morocco	258	370	595	889	914	912
莫桑比克	Mozambique	25	42	66	99	98	96
纳米比亚	Namibia	24	39	73	90	92	122
尼 泊 尔	Nepal	36	55	81	126	129	157
荷 兰	Netherlands	2949	3851	6385	8734	7946	7834
新 西 兰	New Zealand	445	516	1110	1178	1267	
尼加拉瓜	Nicaragua	10	39	49	64	62	66
尼 日 尔	Niger	25	18	34	54	53	55
尼日利亚	Nigeria	285	460	1122	2071	1686	1937
挪 威	Norway	1176	1683	3020	4462	3786	4145
阿 曼	Oman	117	199	309	606	469	
巴基斯坦	Pakistan	400	740	1096	1639	1620	1748
帕 劳	Palau	1	1	1	2	2	2
巴 拿 马	Panama	53	116	155	230	241	268
巴布亚新几内亚	Papua New Guinea	32	35	49	80	79	95
巴 拉 圭	Paraguay	53	71	75	169	142	185
秘 鲁	Peru	263	533	794	1268	1269	1538
菲 律 宾	Philippines	443	810	1031	1736	1683	1996

附录2—7　续表 3 continued

单位：亿美元 (100 million USD)

国家和地区	Country or Area	1990	2000	2005	2008	2009	2010
波　兰	Poland	590	1713	3039	5294	4306	4686
葡萄牙	Portugal	776	1170	1912	2519	2342	2285
卡塔尔	Qatar	74	178	430	1107	983	
罗马尼亚	Romania	383	371	989	2001	1611	1616
俄罗斯联邦	Russian Fed.	5168	2597	7640	16608	12220	14798
卢旺达	Rwanda	26	17	26	47	53	56
圣基茨和尼维斯	Saint Kitts and Nevis	2	3	4	6	5	5
圣卢西亚	Saint Lucia	4	7	9	10	10	9
圣文森特和格林纳丁斯	Saint Vincent and the Grenadines	2	3	4	6	6	6
萨摩亚	Samoa	1	2	4	6	5	6
圣马力诺	San Marino		8	14	19		
圣多美和普林西比	Sao Tome and Principe			1	2	2	2
沙特阿拉伯	Saudi Arabia	1168	1884	3156	4763	3727	4347
塞内加尔	Senegal	57	47	87	132	128	130
塞尔维亚	Serbia		61	252	489	417	391
塞舌尔	Seychelles	4	6	9	9	8	9
塞拉利昂	Sierra Leone	6	6	12	20	19	19
新加坡	Singapore	388	943	1254	1894	1833	2227
斯洛伐克	Slovakia	117	287	613	985	876	890
斯洛文尼亚	Slovenia	174	199	358	546	492	478
所罗门群岛	Solomon Islands	3	4	4	6	6	7
南　非	South Africa	1120	1329	2471	2753	2828	3637
西班牙	Spain	5210	5807	11302	15939	14641	14074
斯里兰卡	Sri Lanka	80	163	244	407	421	496
苏　丹	Sudan	124	124	274	580	546	620
苏里南	Suriname	4	9	18	31	33	
斯威士兰	Swaziland	11	15	25	28	29	36
瑞　典	Sweden	2445	2473	3706	4862	4036	4580
瑞　士	Switzerland	2382	2499	3725	5024	4919	5238
叙利亚	Syrian Arab Republic	123	193	289	526	539	591
塔吉克斯坦	Tajikistan	26	9	23	52	50	56
坦桑尼亚②	Tanzania②	43	102	141	207	214	231
泰　国	Thailand	853	1227	1764	2726	2637	3188
东帝汶	Timor-Leste		3	3	5	6	7
多　哥	Togo	16	13	21	32	32	32
汤　加	Tonga	1	2	3	3	3	4
特立尼达和多巴哥	Trinidad And Tobago	51	82	160	271	196	204
突尼斯	Tunisia	123	194	290	408	435	443
土耳其	Turkey	1507	2666	4830	7303	6146	7353
土库曼斯坦	Turkmenistan	32	29	81	170	185	211
乌干达	Uganda	43	62	92	144	158	170
乌克兰	Ukraine	815	313	861	1804	1172	1379
阿联酋	United Arab Emirates	337	706	1330	2613	2303	
英　国	United Kingdom	10126	14776	22801	26575	21732	22461
美　国	United States	57508	98988	125797	142969	140439	145824
乌拉圭	Uruguay	93	228	174	312	313	403
乌兹别克斯坦	Uzbekistan	134	138	143	279	328	390
瓦努阿图	Vanuatu	2	3	4	6	6	7
委内瑞拉	Venezuela	470	1171	1455	3111	3261	3879
越　南	Viet Nam	65	312	529	903	971	1036
也　门	Yemen	48	94	167	269	264	
赞比亚	Zambia	33	32	72	146	128	162
津巴布韦	Zimbabwe	88	66	56	44	58	75

注：①包括法属圭亚那、瓜德罗普、马提尼克和留尼汪。②仅指坦桑尼亚大陆。
Note:①Including French Guiana,Guadeloupe Martinique and Reunion.②Data refer to the mainland of Tanzania.

附录2-8 人均国民总收入(美元)

GNI per Capita (USD)

资料来源：世界银行WDI数据库。
Source: World Bank WDI Database.
单位：美元 (USD)

国家和地区	Country or Area	1990	2000	2005	2008	2009	2010
世　界	**World**	**4079**	**5297**	**7142**	**8717**	**8737**	**9116**
高收入国家	**High Income**	**18371**	**25265**	**33920**	**38504**	**37719**	**38517**
经合组织高收入国家	**OECD Countries**	**19068**	**26177**	**35270**	**40028**	**39260**	**40120**
欧 元 区	**Euro Area**	**17360**	**21735**	**31728**	**38508**	**38448**	**38571**
中等收入国家	**Middle Income**	**892**	**1259**	**1942**	**3149**	**3390**	**3763**
中等偏下收入国家	**Lower Middle Income**	**520**	**575**	**914**	**1397**	**1522**	**1660**
中等偏上收入国家	**Upper Middle Income**	**1207**	**1891**	**2935**	**4880**	**5251**	**5876**
中低收入国家	**Low and Middle Income**	**820**	**1132**	**1729**	**2781**	**2991**	**3315**
东亚和太平洋	**East Asia and Pacific**	**425**	**902**	**1632**	**2731**	**3183**	**3683**
欧洲和中亚	**Europe and Central Asia**		**1781**	**3708**	**6960**	**6855**	**7269**
拉丁美洲和加勒比	**Latin America and Caribbean**	**2254**	**3817**	**4411**	**6837**	**6989**	**7741**
中东和北非国家	**Middle East and North Africa**	**1296**	**1635**	**2180**	**3366**	**3664**	**3903**
南　亚	**South Asia**	**377**	**443**	**708**	**1000**	**1114**	**1222**
撒哈拉以南非洲	**Sub-Saharan Africa**	**587**	**491**	**769**	**1104**	**1137**	**1176**
低收入国家	**Low Income**	**287**	**265**	**339**	**442**	**488**	**523**
最不发达地区	**Least Developed Countries**	**310**	**275**	**400**	**602**	**664**	**701**
重债穷国	**Heavily Indebted Poor Countries**	**358**	**286**	**394**	**575**	**621**	**648**
中　国	China	330	930	1760	3050	3650	4260
中国香港	Hong Kong, China	12660	26570	28150	32950	31410	32780
中国澳门	Macao, China	8650	14640	22910	39160	40030	
阿尔巴尼亚	Albania	680	1170	2580	3820	3960	3960
阿尔及利亚	Algeria	2420	1600	2720	4260	4410	4450
安 道 尔	Andorra	17440	18790	32650	41750		
安 哥 拉	Angola	740	420	1330	3420	3880	3940
安提瓜和巴布达	Antigua and Barbuda	5710	7910	10100	12990	11730	10590
阿 根 廷	Argentina	3180	7460	4460	7190	7580	8500
亚美尼亚	Armenia		660	1470	3340	3040	3090
澳大利亚	Australia	17420	21260	30410	41760	43590	
奥 地 利	Austria	20080	25840	36920	46250	46410	46690
阿塞拜疆	Azerbaijan		610	1270	3790	4750	5080
巴 哈 马	Bahamas	12000	17650	20680	21660	20610	
巴　林	Bahrain	7260	10940	17400	18730		
孟加拉国	Bangladesh	290	380	480	570	640	700
巴巴多斯	Barbados	6570	9090	11000	11610	12660	
白俄罗斯	Belarus		1380	2760	5590	5770	6130
比 利 时	Belgium	18940	25400	36530	45080	45250	45360
伯 利 兹	Belize	2210	3110	3580	3740	3800	3740
贝　宁	Benin	360	370	570	730	780	780
不　丹	Bhutan	580	720	1220	1740	1840	1880
玻利维亚	Bolivia	740	1000	1030	1490	1640	1810
波　黑	Bosnia and Herzegovinian		1510	3000	4530	4740	4790
博茨瓦纳	Botswana	2540	3120	5070	6450	6300	6790
巴　西	Brazil	2700	3860	3960	7480	8090	9390
文　莱	Brunei Darussalam	12790	14960	23210	33680	31800	
保加利亚	Bulgaria	2260	1640	3640	5700	6080	6250
布基纳法索	Burkina Faso	310	230	390	470	500	550
布 隆 迪	Burundi	210	130	100	140	150	170
柬 埔 寨	Cambodia		290	460	660	690	760
喀 麦 隆	Cameroon	910	630	930	1160	1210	1180
加 拿 大	Canada	20150	22130	33110	43430	41950	
佛 得 角	Cape Verde	960	1310	2120	2900	3160	3270

附录2-8 续表 1 continued

单位：美元 (USD)

国家和地区	Country or Area	1990	2000	2005	2008	2009	2010
中　　非	Central African Rep.	470	280	340	420	450	470
乍　　得	Chad	260	180	430	550	610	620
智　　利	Chile	2250	4840	5920	9490	9310	9950
哥伦比亚	Colombia	1260	2350	2940	4640	5050	5510
科 摩 罗	Comoros	530	380	610	690	740	750
刚果(金)	Congo, Dem. Rep.	230	90	120	160	170	180
刚果(布)	Congo, Rep.	910	560	980	1870	1950	2150
哥斯达黎加	Costa Rica	2340	3710	4680	6060	6240	6550
科特迪瓦	Cote D'Ivoire	740	650	870	1070	1160	1160
克罗地亚	Croatia		5200	9730	13720	13810	13780
古　　巴	Cuba	2660	2620	3960	5520		
塞浦路斯	Cyprus	9520	13440	21500	27460	30480	
捷　　克	Czech Rep.		5800	11330	17140	17400	17890
丹　　麦	Denmark	24120	31850	48620	58620	58370	59210
吉 布 提	Djibouti		750	990	1200	1270	
多米尼克	Dominica	2300	3270	4110	5140	5320	5410
多米尼加	Dominican Rep.	870	2620	2900	4460	4670	5000
厄瓜多尔	Ecuador	900	1330	2620	3570	4020	4290
埃　　及	Egypt	750	1440	1250	1880	2190	2440
萨尔瓦多	El Salvador	890	2110	2790	3460	3370	3360
赤道几内亚	Equatorial Guinea	330	1270	5220	14410	16320	14540
厄立特里亚	Eritrea		170	250	250	290	340
爱沙尼亚	Estonia	3190	4220	9760	14410	14080	14370
埃塞俄比亚	Ethiopia	250	130	160	290	350	390
斐　　济	Fiji	1790	2230	3590	4070	3820	3580
芬　　兰	Finland	25210	25420	38520	48110	46670	47160
法　　国①	France①	20220	24350	34790	42080	42610	42390
加　　蓬	Gabon	4930	3080	5110	7500	7630	7740
冈 比 亚	Gambia	300	330	270	410	440	450
格鲁吉亚	Georgia		750	1360	2460	2540	2690
德　　国	Germany	20630	25500	35080	42680	42410	43290
加　　纳	Ghana	400	340	460	1150	1190	1230
希　　腊	Greece	8650	12560	21570	27810	28760	27260
格 陵 兰	Greenland	15690	20290	29690	30010	26020	
格林纳达	Grenada	2250	3860	5200	5860	5570	5550
危地马拉	Guatemala	950	1730	2070	2640	2660	2730
几 内 亚	Guinea	450	400	360	350	380	400
几内亚比绍	Guinea-Bissau	220	180	410	500	550	590
圭 亚 那	Guyana	390	890	1090	2730	3050	3300
海　　地	Haiti	350	470	400	620	670	650
洪都拉斯	Honduras	700	940	1400	1780	1800	1880
匈 牙 利	Hungary	2880	4700	10260	13010	13080	12980
冰　　岛	Iceland	24150	30820	49670	46950	39720	33990
印　　度	India	390	450	750	1080	1220	1340
印度尼西亚	Indonesia	600	560	1220	1950	2160	2500
伊　　朗	Iran	2450	1630	2550	4100	4520	
伊 拉 克	Iraq				2100	2230	2340
爱 尔 兰	Ireland	12050	23200	41950	49940	44460	40720
马 恩 岛	Isle of Man		21920	38610			
以 色 列	Israel	10860	17840	20250	24700	25630	27170
意 大 利	Italy	17900	20890	30550	35360	35130	35150
牙 买 加	Jamaica	1790	3310	3910	4880	4730	4770
日　　本	Japan	27160	34620	38950	38000	37520	42130

附录2-8　续表 2 continued

单位：美元 (USD)

国家和地区	Country or Area	1990	2000	2005	2008	2009	2010
约　旦	Jordan	1390	1790	2490	3670	4000	4390
哈萨克斯坦	Kazakhstan		1260	2930	6140	6840	7440
肯尼亚	Kenya	380	420	520	740	770	790
基里巴斯	Kiribati	730	1380	1780	1960	1830	2010
韩　国	Korea, Rep.	6000	9910	16900	21580	19830	19890
吉尔吉斯斯坦	Kyrgyzstan		280	450	770	870	880
老　挝	Laos	200	280	460	760	920	1040
拉脱维亚	Latvia	2790	3220	6810	12020	12390	11620
黎巴嫩	Lebanon	1240	4730	5710	7040	7760	9080
莱索托	Lesotho	540	530	840	1040	1070	1040
利比里亚	Liberia		140	130	180	190	200
利比亚	Libya			6460	12670	12320	
列支敦士登	Liechtenstein	45170	79660	92780	119330	137070	
立陶宛	Lithuania		3200	7280	11910	11620	11390
卢森堡	Luxemburg	29530	43660	69300	82210	76890	79630
前南马其顿	Macedonia, FYR		1850	2830	4180	4540	4520
马达加斯加	Madagascar	250	250	300	400	420	430
马拉维	Malawi	180	160	220	280	310	330
马来西亚	Malaysia	2370	3420	5110	7150	7220	7760
马尔代夫	Maldives		2140	2580	3670	3830	4240
马　里	Mali	260	230	390	520	570	600
马耳他	Malta	7470	10110	14310	18460	18430	
马绍尔群岛	Marshall Islands		2380	3380	3530	3490	3450
毛里塔尼亚	Mauritania	550	460	590	960	970	1030
毛里求斯	Mauritius	2440	3870	5360	6890	7320	7750
墨西哥	Mexico	2790	5010	7820	9660	8680	8930
密克罗尼西亚	Micronesia, Fed.		2270	2500	2480	2610	2700
摩尔多瓦	Moldova		370	890	1500	1570	1810
摩纳哥	Monaco	75810	82960	123100	185730	183150	
蒙　古	Mongolia	1430	460	890	1770	1760	1850
黑　山	Montenegro			3580	6370	6580	6620
摩洛哥	Morocco	990	1310	1960	2540	2800	2900
莫桑比克	Mozambique	170	230	290	380	440	440
纳米比亚	Namibia	1720	1950	3300	4120	4130	4500
尼泊尔	Nepal	210	220	290	400	440	480
荷　兰	Netherlands	18810	26580	39880	49000	48380	49750
新西兰	New Zealand	12970	13630	24670	27320	29050	
尼加拉瓜	Nicaragua	310	730	890	1050	1050	1090
尼日尔	Niger	300	180	260	330	340	370
尼日利亚	Nigeria	260	270	630	1170	1190	1180
挪　威	Norway	26010	35860	62310	84850	84560	85340
阿　曼	Oman	5540	7130	11190	18750	18260	
巴基斯坦	Pakistan	410	470	710	940	1000	1050
帕　劳	Palau		6250	7770	6700	6230	6470
巴拿马	Panama	2210	3730	4640	6230	6540	6980
巴布亚新几内亚	Papua New Guinea	820	620	680	1100	1190	1300
巴拉圭	Paraguay	1190	1350	1220	2130	2250	2940
秘　鲁	Peru	780	2060	2680	4070	4300	4780
菲律宾	Philippines	730	1050	1210	1770	1870	2060
波　兰	Poland		4590	7270	11870	12190	12410
葡萄牙	Portugal	7050	12070	17990	21520	21830	21850
罗马尼亚	Romania	1710	1690	3920	8290	8320	7840

附录2-8　续表 3 continued

单位：美元　　(USD)

国家和地区	Country or Area	1990	2000	2005	2008	2009	2010
俄罗斯联邦	Russian Fed.		1710	4460	9630	9290	9910
卢 旺 达	Rwanda	360	250	270	430	480	520
圣基茨和尼维斯	Saint Kitts and Nevis	3610	6470	8470	10790	9370	9520
圣卢西亚	Saint Lucia	2810	4130	4950	5430	5130	4970
圣文森特和格林纳丁斯	Saint Vincent and the Grenadines	1740	2920	3980	5130	5120	4850
萨 摩 亚	Samoa	1070	1420	2090	2880	2780	2860
圣多美和普林西比	Sao Tome and Principe			770	1020	1120	1200
沙特阿拉伯	Saudi Arabia	7330	8390	12230	16790	16190	
塞内加尔	Senegal	740	530	800	1020	1080	1090
塞尔维亚	Serbia		1400	3430	5520	5930	5810
塞 舌 尔	Seychelles	5020	7420	9680	10680	9420	9760
塞拉利昂	Sierra Leone	200	150	230	320	340	340
新 加 坡	Singapore	12030	23330	27840	36050	36880	41430
斯洛伐克	Slovakia	2060	5370	10880	16590	16120	16210
斯洛文尼亚	Slovenia		11090	18080	24210	23820	24000
所罗门群岛	Solomon Islands	710	1020	890	1050	960	1030
南 非	South Africa	3390	3050	4850	5860	5730	6090
西 班 牙	Spain	11890	15420	25450	31810	32060	31750
斯里兰卡	Sri Lanka	460	880	1190	1750	1950	2240
苏 丹	Sudan	510	320	610	1140	1230	1270
苏 里 南	Suriname	1480	1930	3330	5310	5920	
斯威士兰	Swaziland	1150	1580	2300	2600	2380	2630
瑞 典	Sweden	26360	29500	42950	52420	48590	50000
瑞 士	Switzerland	34300	40270	56870	56780	65280	70030
叙 利 亚	Syrian Arab Republic	920	990	1490	2220	2570	2790
塔吉克斯坦	Tajikistan		170	340	620	730	800
坦桑尼亚②	Tanzania②	200	300	390	460	500	530
泰 国	Thailand	1480	1930	2560	3640	3730	4150
东 帝 汶	Timor-Leste			730	2460	2020	2220
多 哥	Togo	410	300	340	420	470	490
汤 加	Tonga	1220	2030	2470	3290	3370	3390
特立尼达和多巴哥	Trinidad And Tobago	3720	5200	10880	16910	15950	15400
突 尼 斯	Tunisia	1430	2090	2870	3540	3860	4060
土 耳 其	Turkey	2300	4170	6480	9260	9060	9890
土库曼斯坦	Turkmenistan	830	650	1650	2830	3270	3800
图 瓦 卢	Tuvalu				3440	3650	3700
乌 干 达	Uganda	320	260	300	420	470	500
乌 克 兰	Ukraine	1610	700	1540	3210	2840	3010
英 国	United Kingdom	16600	25910	38880	45610	41080	38560
美 国	United States	23260	34890	44630	47660	46330	47240
乌 拉 圭	Uruguay	2840	7100	4740	8020	8970	10590
乌兹别克斯坦	Uzbekistan		630	530	890	1090	1280
瓦努阿图	Vanuatu	1200	1480	1820	2550	2620	2760
委内瑞拉	Venezuela	2570	4100	4950	9160	10070	11590
越 南	Viet Nam	130	390	630	920	1020	1110
约旦河西岸和加沙	West Bank and Gaza		1560	1250			
也 门	Yemen		410	670	970	1070	
赞 比 亚	Zambia	440	310	500	970	990	1070
津巴布韦	Zimbabwe	860	480	430	320	370	460

注：①包括法属圭亚那、瓜德罗普、马提尼克和留尼汪。②仅指坦桑尼亚大陆。

Note:①Including French Guiana,Guadeloupe Martinique and Reunion.②Data refer to the mainland of Tanzania.

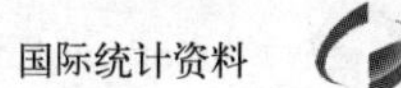

附录2-9 三次产业对国内生产总值增长的贡献率

Share of the Contributions of the Three Strata of Industry to the Increase of GDP

资料来源：世界银行WDI数据库。
Source: World Bank WDI Database.

单位：% (%)

国家和地区	Country or Area	第一产业对国内生产总值增长的贡献率 Contributions of the Primary Industry to the Increase of GDP		第二产业对国内生产总值增长的贡献率 Contributions of the Secondary Industry to the Increase of GDP		第三产业对国内生产总值增长的贡献率 Contributions of the Tertiary Industry to the Increase of GDP	
		2000	2010	2000	2010	2000	2010
中　国	China	4.4	3.9	60.8	57.2	34.8	38.9
孟加拉国	Bangladesh	30.4	16.2	25.8	30.3	43.8	53.5
文　莱	Brunei Darussalam	2.3		66.5		31.2	
柬埔寨	Cambodia	-1.7	590.8①	64.2	-270.4①	37.4	-220.4①
印　度	India	-1.3	8.6	38.6	29.7	62.7	61.7
印度尼西亚	Indonesia	6.1	6.3	53.9	31.4	40.0	62.3
伊　朗	Iran	10.2	11.1②	60.1	47.0②	29.7	41.9②
日　本	Japan	1.3	-9.1②	29.4	78.8②	69.3	30.3②
哈萨克斯坦	Kazakhstan	-3.2	-4.0	60.1	47.7	43.2	56.4
韩　国	Korea, Rep.	0.7	10.7①	50.9	-70.1①	48.4	159.5①
老　挝	Laos	45.3	10.6	32.9	68.9	21.7	20.4
马来西亚	Malaysia	2.9	-1.8①	34.4	167.4①	62.7	-65.5①
蒙　古	Mongolia	316.7	-499.8	-25.5	320.0	-191.3	279.8
巴基斯坦	Pakistan	39.1	10.7	7.7	30.1	53.2	59.2
菲律宾	Philippines	10.8	-0.3	50.1	47.7	39.1	52.6
新加坡	Singapore	-0.1		46.1	52.0	54.0	48.0
斯里兰卡	Sri Lanka	4.4	7.5	34.2		61.4	92.5
泰　国	Thailand	15.2	-2.6	49.2	76.6	35.6	26.1
越　南	Viet Nam	16.2	7.4	51.0	45.0	32.8	47.7
埃　及	Egypt	8.9	9.8	30.5	59.7	60.7	30.5
尼日利亚	Nigeria		-2.6②		-1.1②		103.7②
南　非	South Africa	1.9	5.8①	21.7	155.5①	76.4	-61.2①
加拿大	Canada	-0.8	7.4①	45.5	108.8①	55.2	-16.2①
墨西哥	Mexico	0.3	0.8	32.0	30.2	67.7	69.0
美　国	United States	3.1	-2.1①	14.5	53.3①	82.4	48.7①
阿根廷	Argentina	15.0	9.8	137.4	19.0	-52.4	71.2
巴　西	Brazil	1.9	6.5	16.9	40.9	81.2	52.6
委内瑞拉	Venezuela	9.6	5.7①	50.2	43.0①	40.2	51.3①
捷　克	Czech Rep.	4.2	3.5②	70.5	73.2②	25.3	23.3②
法　国	France	-1.2	-3.2①	28.8	74.0①	72.3	29.2①
德　国	Germany	-0.1	-1.8①	36.6	82.4①	63.6	19.4①
意大利	Italy	-1.9	1.4①	28.3	63.8①	73.6	34.8①
荷　兰	Netherlands	1.4	-1.9①	30.5	46.0①	68.2	55.9①
波　兰	Poland	-4.8	2.3	35.8	33.3	69.1	64.4
俄罗斯联邦	Russian Fed.	8.0	-.1①	45.6	54.0①	46.4	46.1①
西班牙	Spain	6.2	-1.0①	27.2	80.1①	66.6	20.9①
土耳其	Turkey	13.7	12.0	32.1	49.3	54.1	38.7
乌克兰	Ukraine	22.7	23.1	49.0	51.5	28.3	25.4
英　国	United Kingdom	-0.2	0.9①	11.3	49.8①	88.9	49.3①
澳大利亚	Australia	4.1	4.2②	27.0	26.7②	69.0	69.1②
新西兰	New Zealand	8.2	19.6②	5.9	106.1②	85.9	-25.6②

注：①2009年数据。②2008年数据。
Note:①Data refer to 2009.②Data refer to 2008.

附录2-10 资本形成总额、消费支出及净出口对国内生产总值增长的贡献率

Share of the Contributions of Gross Capital Formation,Final Consumption Expenditure and External Balance on Goods and Services to the Increase of GDP

资料来源：世界银行数据库。
Source: World Bank Database.
单位：% (%)

国家和地区	Country or Area	资本形成总额 Gross Capital Formation		消费支出 Final Consumption Expenditure		净出口 External Balance on Goods and Services	
		2000	2010	2000	2010	2000	2010
中　国	China	22.4	54.0	65.1	36.8	12.5	9.2
中国香港	Hong Kong, China		35.6		59.4		5.0
中国澳门	Macao, China	-90.9	134.8①	-42.1	100.8①	233.0	-135.6①
文　莱	Brunei Darussalam	-122.5		-0.5		223.0	
印度尼西亚	Indonesia	46.9	39.8	20.3	47.7	32.7	12.5
伊　朗	Iran	37.5		74.7		-12.2	
以色列	Israel		9.8		77.6		12.6
日　本	Japan	43.3	60.2①	40.8	5.0①	15.9	34.8①
哈萨克斯坦	Kazakhstan	33.7	-95.3	47.3	541.1	19.0	-345.8
韩　国	Korea, Rep.	51.8②	5.4①	35.8②	20.7①	12.4②	73.9①
老　挝	Laos						
马来西亚	Malaysia	195.8	182.5①	158.6	-45.5①	-254.5	-36.9①
巴基斯坦	Pakistan		66.2③		96.3③		-62.5③
菲律宾	Philippines		70.3		37.1		-7.4
新加坡	Singapore	81.3	15.8	81.5	17.8	-62.7	66.4
泰　国	Thailand	52.5	66.5	72.1	39.8	-24.6	-6.3
埃　及	Egypt		11.6		45.4		43.0
南　非	South Africa	10.2		66.7		23.1	
加拿大	Canada	30.5		54.6		14.9	
墨西哥	Mexico	16.1②		88.3②		-4.4②	
阿根廷	Argentina		44.6		76.5		-21.1
委内瑞拉	Venezuela	49.8		84.1		-33.9	
法　国	France	47.5		64.2		-11.8	
德　国	Germany	36.6④	45.0①	102.2④	-8.0①	-38.8④	63.0①
意大利	Italy	32.8		51.2		16.0	
荷　兰	Netherlands	7.4	92.1①	58.4	4.1①	34.1	3.9①
俄罗斯联邦	Russian Fed.	85.8	107.4	36.2	89.4	-22.0	-96.8
西班牙	Spain	61.2②		76.6②		-37.8②	
土耳其	Turkey	68.5④	83.5	-13.9④	54.1	45.4④	-37.6
英　国	United Kingdom	61.4②		80.8②		-42.2②	
澳大利亚	Australia	32.9		68.8		-1.7	
新西兰	New Zealand	64.1④		61.6④		-25.7④	

注：①2009年数据。②1998年数据。③2008年数据。④1999年数据。
Note:①Data refer to 2009.②Data refer to 1998.③Data refer to 2008.④Data refer to 1999.

附录2-11 年中人口
Mid-year Population

资料来源：世界银行WDI数据库。
Source: World Bank WDI Database.

国家和地区	Country or Area	人口（万人） Mid-year Population (10 000 persons)				增长率(%) growth rate (%)
		2000	2005	2009	2010	2010
世　　界	**World**	**607975.3**	**645836.4**	**676367.2**	**684050.7**	**1.1**
高收入国家	**High Income**	**104954.7**	**108677.9**	**112045.5**	**112700.2**	**0.6**
中等收入国家	**Middle Income**	**438649.7**	**465342.6**	**486334.0**	**491724.4**	**1.1**
中低收入国家	**Low and Middle Income**	**503020.6**	**537158.6**	**564321.7**	**571350.5**	**1.3**
低收入国家	**Low Income**	**64371.0**	**71816.0**	**77987.7**	**79626.1**	**2.1**
中　　国	China	126264.5	130372.0	133138.0	133830.0	0.5
中国香港	Hong Kong, China	666.5	681.3	700.4	706.8	0.9
中国澳门	Macao, China	43.2	48.1	53.1	54.4	2.3
阿 富 汗	Afghanistan	2595.1	2990.5	3343.8	3438.5	2.8
阿尔巴尼亚	Albania	307.2	314.2	319.3	320.4	0.4
阿尔及利亚	Algeria	3053.4	3288.8	3495.0	3546.8	1.5
美属萨摩亚	American Samoa	5.8	6.3	6.7	6.8	1.6
安 道 尔	Andorra	6.5	7.8	8.4	8.5	1.4
安 哥 拉	Angola	1392.6	1648.9	1855.5	1908.2	2.8
安提瓜和巴布达	Antigua and Barbuda	7.8	8.4	8.8	8.9	1.0
阿 根 廷	Argentina	3693.1	3868.1	4006.3	4041.2	0.9
亚美尼亚	Armenia	307.6	306.6	308.5	309.2	0.2
阿鲁巴岛	Aruba	9.0	10.1	10.7	10.8	0.8
澳大利亚	Australia	1915.3	2039.5	2195.2	2232.9	1.7
奥 地 利	Austria	801.2	823.3	836.5	838.5	0.2
阿塞拜疆	Azerbaijan	804.9	839.2	894.7	904.8	1.1
巴 哈 马	Bahamas	29.8	31.9	33.8	34.3	1.3
巴　　林	Bahrain	63.8	72.5	117.0	126.2	7.6
孟加拉国	Bangladesh	12959.2	14058.8	14703.0	14869.2	1.1
巴巴多斯	Barbados	26.8	27.1	27.3	27.3	0.2
白俄罗斯	Belarus	1000.5	977.6	950.7	949.1	-0.2
比 利 时	Belgium	1025.2	1047.9	1079.7	1087.9	0.8
伯 利 兹	Belize	25.0	29.2	33.3	34.5	3.4
贝　　宁	Benin	651.8	763.4	860.2	885.0	2.8
百 慕 大	Bermuda	6.2	6.4	6.4	6.5	0.3
不　　丹	Bhutan	57.1	65.9	71.4	72.6	1.7
玻利维亚	Bolivia	830.7	914.7	977.3	993.0	1.6
波　　黑	Bosnia and Herzegovinian	369.4	378.1	376.8	376.0	-0.2
博茨瓦纳	Botswana	175.8	187.6	198.2	200.7	1.3
巴　　西	Brazil	17442.5	18598.7	19324.7	19494.7	0.9
文　　莱	Brunei Darussalam	32.7	36.3	39.2	39.9	1.8
保加利亚	Bulgaria	806.0	774.0	758.5	754.3	-0.6
布基纳法索	Burkina Faso	1229.4	1419.9	1598.5	1646.9	3.0
布 隆 迪	Burundi	637.4	725.1	817.1	838.3	2.6
柬 埔 寨	Cambodia	1244.7	1335.8	1397.8	1413.8	1.1
喀 麦 隆	Cameroon	1567.8	1755.4	1917.5	1959.9	2.2
加 拿 大	Canada	3077.0	3231.2	3374.0	3410.9	1.1
佛 得 角	Cape Verde	43.7	47.3	49.2	49.6	0.9
开曼群岛	Cayman Islands	4.0	5.2	5.6	5.6	0.8
中　　非	Central African Rep.	370.2	401.8	431.8	440.1	1.9
乍　　得	Chad	822.2	978.6	1093.7	1122.7	2.6
海峡群岛	Channel Islands	14.5	14.9	15.3	15.3	0.5
智　　利	Chile	1542.0	1630.2	1695.6	1711.4	0.9
哥伦比亚	Colombia	3976.4	4304.1	4565.4	4629.5	1.4
科 摩 罗	Comoros	56.3	64.3	71.6	73.5	2.6
刚果(金)	Congo, Dem. Rep.	4962.6	5742.1	6420.4	6596.6	2.7
刚果(布)	Congo, Rep.	313.6	353.3	394.2	404.3	2.5
哥斯达黎加	Costa Rica	391.9	430.9	459.1	465.9	1.5
科特迪瓦	Cote D'Ivoire	1658.2	1802.1	1935.0	1973.8	2.0

附录2-11 续表 1 continued

国家和地区	Country or Area	人口（万人） Mid-year Population (10 000 persons)				增长率(%) growth rate (%)
		2000	2005	2009	2010	2010
克罗地亚	Croatia	442.6	444.2	442.9	442.4	-0.1
古　巴	Cuba	1110.4	1125.4	1126.3	1125.8	0.0
塞浦路斯	Cyprus	94.3	103.3	109.1	110.4	1.2
捷　克	Czech Rep.	1027.3	1023.6	1048.7	1052.5	0.4
丹　麦	Denmark	533.7	541.6	552.3	554.4	0.4
吉布提	Djibouti	73.2	80.8	87.2	88.9	1.9
多米尼克	Dominica	7.0	6.9	6.8	6.8	-0.2
多米尼加	Dominican Rep.	859.2	926.4	979.7	992.7	1.3
厄瓜多尔	Ecuador	1234.5	1342.6	1426.2	1446.5	1.4
埃　及	Egypt	6764.8	7420.3	7971.6	8112.1	1.8
萨尔瓦多	El Salvador	594.0	605.1	616.0	619.3	0.5
赤道几内亚	Equatorial Guinea	52.0	60.8	68.1	70.0	2.8
厄立特里亚	Eritrea	366.8	448.6	509.8	525.4	3.0
爱沙尼亚	Estonia	137.0	134.6	134.0	134.0	-0.1
埃塞俄比亚	Ethiopia	6557.8	7426.4	8118.8	8295.0	2.2
法罗群岛	Faeroe Islands	4.6	4.8	4.9	4.9	0.2
斐　济	Fiji	81.2	82.3	85.2	86.1	1.0
芬　兰	Finland	517.6	524.6	533.9	536.4	0.5
法　国	France	6076.2	6300.1	6454.3	6487.7	0.5
法属波立尼西亚	French Polynesia	23.8	25.5	26.8	27.1	1.1
加　蓬	Gabon	123.5	137.1	147.8	150.6	1.9
冈比亚	Gambia	129.7	150.4	168.2	172.8	2.7
格鲁吉亚	Georgia	441.8	436.1	441.1	445.3	1.0
德　国	Germany	8221.0	8246.9	8190.2	8170.2	-0.2
加　纳	Ghana	1916.6	2164.0	2382.4	2439.2	2.4
直布罗陀	Gibraltar	2.7	2.9	2.9	2.9	0.0
希　腊	Greece	1091.8	1110.4	1128.3	1131.9	0.3
格陵兰	Greenland	5.6	5.7	5.6	5.7	0.4
格林纳达	Grenada	10.2	10.3	10.4	10.5	0.4
关　岛	Guam	15.5	16.9	17.8	18.0	1.2
危地马拉	Guatemala	1123.7	1271.7	1403.4	1438.9	2.5
几内亚	Guinea	834.5	904.1	976.1	998.2	2.2
几内亚比绍	Guinea-Bissau	124.1	136.8	148.4	151.5	2.1
圭亚那	Guyana	73.3	74.6	75.3	75.5	0.2
海　地	Haiti	864.5	934.7	986.4	999.3	1.3
洪都拉斯	Honduras	621.8	687.9	745.0	760.1	2.0
匈牙利	Hungary	1021.1	1008.7	1002.3	1000.9	-0.1
冰　岛	Iceland	28.1	29.7	31.9	31.7	-0.4
印　度	India	101592.3	109458.3	115534.8	117093.8	1.3
印度尼西亚	Indonesia	21339.5	22730.3	23741.5	23987.1	1.0
伊　朗	Iran	6534.2	6973.2	7313.7	7397.4	1.1
伊拉克	Iraq	2431.4	2759.8	3109.1	3203.1	3.0
爱尔兰	Ireland	380.5	416.0	445.9	448.1	0.5
马恩岛	Isle of Man	7.7	8.0	8.2	8.3	0.6
以色列	Israel	628.9	693.0	748.6	762.5	1.8
意大利	Italy	5694.9	5860.7	6019.3	6048.4	0.5
牙买加	Jamaica	258.9	265.0	269.6	270.2	0.3
日　本	Japan	12687.0	12777.3	12755.8	12745.1	-0.1
约　旦	Jordan	479.8	541.2	591.5	604.7	2.2
哈萨克斯坦	Kazakhstan	1488.4	1514.7	1592.5	1631.6	2.4
肯尼亚	Kenya	3125.4	3561.5	3946.2	4051.3	2.6
基里巴斯	Kiribati	8.4	9.2	9.8	10.0	1.5
朝　鲜	Korea, Dem.	2289.4	2374.6	2423.8	2434.6	0.5
韩　国	Korea, Rep.	4700.8	4813.8	4874.7	4887.5	0.3
科威特	Kuwait	194.1	226.4	264.6	273.7	3.4

附录2-11 续表 2 continued

国家和地区	Country or Area	人口（万人） Mid-year Population (10 000 persons)				增长率(%) growth rate (%)
		2000	2005	2009	2010	2010
吉尔吉斯斯坦	Kyrgyzstan	491.5	514.4	532.1	536.5	0.8
老　挝	Laos	531.7	575.3	611.2	620.1	1.4
拉脱维亚	Latvia	237.2	230.1	225.5	224.3	-0.5
黎巴嫩	Lebanon	374.2	405.2	419.7	422.8	0.7
莱索托	Lesotho	196.4	206.6	214.9	217.1	1.0
利比里亚	Liberia	284.7	318.3	383.6	399.4	4.0
利比亚	Libya	523.1	577.0	626.3	635.5	1.5
列支敦士登	Liechtenstein	3.3	3.5	3.6	3.6	0.7
立陶宛	Lithuania	350.0	341.4	334.0	332.1	-0.6
卢森堡	Luxemburg	43.6	46.5	49.8	50.6	1.6
前南马其顿	Macedonia, FYR	200.9	203.8	205.7	206.1	0.2
马达加斯加	Madagascar	1536.4	1788.6	2012.4	2071.4	2.9
马拉维	Malawi	1122.9	1282.3	1444.2	1490.1	3.1
马来西亚	Malaysia	2341.5	2610.0	2794.9	2840.1	1.6
马尔代夫	Maldives	27.3	29.5	31.2	31.6	1.3
马　里	Mali	1129.5	1317.7	1491.0	1537.0	3.0
马耳他	Malta	39.0	40.4	41.3	41.3	-0.1
马绍尔群岛	Marshall Islands	5.2	5.2	5.3	5.4	1.2
毛里塔尼亚	Mauritania	264.3	304.7	337.8	346.0	2.4
毛里求斯	Mauritius	118.7	124.3	127.5	128.1	0.5
马约特岛	Mayotte	14.9	17.5	19.8	20.4	3.1
墨西哥	Mexico	9996.0	10648.4	11203.3	11342.3	1.2
密克罗尼西亚	Micronesia, Fed.	10.7	10.9	11.1	11.1	0.4
摩尔多瓦	Moldova	364.0	359.5	356.6	356.2	-0.1
摩纳哥	Monaco	3.5	3.5	3.5	3.5	0.1
蒙　古	Mongolia	241.1	254.7	271.2	275.6	1.6
黑　山	Montenegro	63.3	62.7	63.0	63.2	0.2
摩洛哥	Morocco	2879.3	3039.3	3163.5	3195.1	1.0
莫桑比克	Mozambique	1820.1	2077.0	2285.9	2339.1	2.3
缅　甸	Myanmar	4495.8	4632.1	4760.1	4796.3	0.8
纳米比亚	Namibia	189.6	208.0	224.2	228.3	1.8
尼泊尔	Nepal	2440.1	2728.2	2943.3	2995.9	1.8
荷　兰	Netherlands	1592.6	1632.0	1653.0	1661.2	0.5
荷属安的列斯	Netherlands Antilles	18.1	18.7	19.8		
新喀里多尼亚	New Caledonia	21.3	23.4	25.0	25.4	1.5
新西兰	New Zealand	385.8	413.4	431.6	436.8	1.2
尼加拉瓜	Nicaragua	507.4	542.4	571.0	578.8	1.4
尼日尔	Niger	1092.2	1299.4	1497.2	1551.2	3.5
尼日利亚	Nigeria	12368.9	13982.3	15448.8	15842.3	2.5
北马里亚纳群岛	Northern Mariana Islands	6.8	6.7	6.2	6.1	-0.9
挪　威	Norway	449.1	462.3	482.9	488.5	1.2
阿　曼	Oman	226.4	243.0	271.2	278.2	2.6
巴基斯坦	Pakistan	14452.2	15864.6	17049.4	17359.3	1.8
帕　劳	Palau	1.9	2.0	2.0	2.1	0.6
巴拿马	Panama	295.6	323.8	346.2	351.7	1.6
巴布亚新几内亚	Papua New Guinea	537.9	609.5	670.3	685.8	2.3
巴拉圭	Paraguay	534.4	589.8	634.2	645.5	1.8
秘　鲁	Peru	2586.2	2755.9	2876.5	2907.7	1.1
菲律宾	Philippines	7731.0	8554.6	9170.3	9326.1	1.7
波　兰	Poland	3845.4	3816.5	3815.2	3818.8	0.1
葡萄牙	Portugal	1022.6	1054.9	1063.3	1064.3	0.1
波多黎各	Puerto Rico	381.4	391.1	396.7	397.9	0.3
卡塔尔	Qatar	59.1	82.1	159.8	175.9	9.6
罗马尼亚	Romania	2244.3	2163.4	2148.0	2144.2	-0.2

附录2-11 续表 3 continued

国家和地区	Country or Area	人口（万人） Mid-year Population (10 000 persons)				增长率(%) growth rate (%)
		2000	2005	2009	2010	2010
俄罗斯联邦	Russian Fed.	14630.3	14315.0	14185.0	14175.0	-0.1
卢 旺 达	Rwanda	809.8	920.2	1031.1	1062.4	3.0
圣基茨和尼维斯	Saint Kitts and Nevis	4.4	4.9	5.2	5.2	1.3
圣卢西亚	Saint Lucia	15.6	16.5	17.2	17.4	1.1
圣文森特和格林纳丁斯	Saint Vincent and the Grenadines	10.8	10.9	10.9	10.9	0.1
萨 摩 亚	Samoa	17.7	18.0	18.2	18.3	0.4
圣马力诺	San Marino	2.7	3.0	3.1	3.2	0.6
圣多美和普林西比	Sao Tome and Principe	14.1	15.3	16.3	16.5	1.8
沙特阿拉伯	Saudi Arabia	2004.5	2404.1	2680.9	2744.8	2.4
塞内加尔	Senegal	950.6	1087.2	1210.7	1243.4	2.7
塞尔维亚	Serbia	751.6	744.1	732.1	729.3	-0.4
塞 舌 尔	Seychelles	8.1	8.3	8.7	8.7	-0.9
塞拉利昂	Sierra Leone	414.3	515.3	573.9	586.8	2.2
新 加 坡	Singapore	402.8	426.6	498.8	507.7	1.8
斯洛伐克	Slovakia	538.9	538.7	541.9	543.4	0.3
斯洛文尼亚	Slovenia	198.9	200.1	204.0	205.3	0.6
所罗门群岛	Solomon Islands	40.9	47.0	52.4	53.8	2.6
索 马 里	Somalia	739.9	836.0	912.0	933.1	2.3
南 非	South Africa	4400.0	4719.9	4932.0	4999.1	1.4
西 班 牙	Spain	4026.3	4339.8	4590.9	4608.2	0.4
斯里兰卡	Sri Lanka	1874.5	1984.3	2066.9	2086.0	0.9
苏 丹	Sudan	3418.8	3841.0	4247.8	4355.2	2.5
苏 里 南	Suriname	46.7	49.9	52.0	52.5	0.9
斯威士兰	Swaziland	106.4	110.5	116.8	118.6	1.5
瑞 典	Sweden	886.9	902.4	929.9	937.9	0.9
瑞 士	Switzerland	718.4	743.7	774.4	782.5	1.1
叙 利 亚	Syrian Arab Republic	1598.9	1848.4	2003.8	2044.7	2.0
塔吉克斯坦	Tajikistan	617.3	645.3	678.3	687.9	1.4
坦桑尼亚	Tanzania	3403.8	3883.1	4352.5	4484.1	3.0
泰 国	Thailand	6315.5	6669.9	6870.6	6912.2	0.6
东 帝 汶	Timor-Leste	83.0	101.0	110.0	112.4	2.2
多 哥	Togo	479.4	540.8	590.2	602.8	2.1
汤 加	Tonga	9.8	10.1	10.4	10.4	0.5
特立尼达和多巴哥	Trinidad And Tobago	129.2	131.5	133.6	134.2	0.4
突 尼 斯	Tunisia	956.4	1002.9	1044.0	1054.9	1.0
土 耳 其	Turkey	6362.8	6814.3	7184.6	7275.2	1.3
土库曼斯坦	Turkmenistan	450.1	474.8	498.0	504.2	1.2
特克斯和凯科斯群岛	Turks and Caicos Islands	1.9	3.1	3.7	3.8	2.9
图 瓦 卢	Tuvalu	0.9	1.0	1.0	1.0	0.2
乌 干 达	Uganda	2421.3	2843.1	3236.8	3342.5	3.2
乌 克 兰	Ukraine	4917.6	4710.5	4605.3	4587.1	-0.4
阿 联 酋	United Arab Emirates	303.4	406.9	693.9	751.2	7.9
英 国	United Kingdom	5889.3	6022.4	6180.2	6221.9	0.7
美 国	United States	28217.2	29575.3	30700.7	30905.1	0.7
美属维尔京群岛	Virgin Islands(US)	10.9	11.0	11.0	11.0	-0.1
乌 拉 圭	Uruguay	330.1	330.6	334.5	335.7	0.4
乌兹别克斯坦	Uzbekistan	2465.0	2616.7	2776.7	2816.0	1.4
瓦努阿图	Vanuatu	18.5	21.1	23.4	24.0	2.5
委内瑞拉	Venezuela	2431.1	2657.7	2838.4	2883.4	1.6
越 南	Viet Nam	7763.1	8239.4	8602.5	8693.7	1.1
约旦河西岸和加沙	West Bank and Gaza	300.4	357.5	404.3	415.2	2.7
也 门	Yemen	1772.3	2064.9	2332.8	2405.3	3.1
赞 比 亚	Zambia	1020.2	1146.2	1272.4	1292.6	1.6
津巴布韦	Zimbabwe	1251.0	1257.1	1247.4	1257.2	0.8

附录2-12 人口粗出生率和死亡率

Crude Birth Rate and Crude Death Rate

资料来源：世界银行WDI数据库。
Source: World Bank WDI Database.
单位：‰ (‰)

国家和地区	Country or Area	粗出生率 Crude Birth Rate			粗死亡率 Crude Death Rate		
		2000	2005	2009	2000	2005	2009
世 界	**World**	**21.4**	**20.2**	**19.7**	**8.6**	**8.3**	**8.1**
中 国	China	14.0	12.4	12.1	6.5	6.5	7.1
中国香港	Hong Kong, China	8.1	8.4	11.7	5.1	5.7	5.9
中国澳门	Macao, China	8.9	7.9	9.4	4.5	4.5	4.4
孟加拉国	Bangladesh	27.2	23.3	20.8	7.4	6.5	6.1
文 莱	Brunei Darussalam	22.7	21.0	19.5	3.0	3.0	3.2
柬 埔 寨	Cambodia	27.1	23.9	22.8	9.6	8.6	8.1
印 度	India	25.8	23.8	22.5	8.5	7.6	7.4
印度尼西亚	Indonesia	21.4	20.1	18.6	7.4	7.3	7.1
伊 朗	Iran	19.0	17.7	17.4	5.3	5.4	5.4
以 色 列	Israel	21.7	20.8	21.5	6.0	5.6	5.2
日 本	Japan	9.4	8.4	8.5	7.7	8.5	9.1
哈萨克斯坦	Kazakhstan	14.7	18.4	22.5	10.1	10.4	9.0
韩 国	Korea, Rep.	13.4	8.9	9.0	5.2	5.0	5.0
老 挝	Laos	30.5	25.7	23.2	8.6	7.2	6.4
马来西亚	Malaysia	24.2	21.9	20.5	4.6	4.6	4.7
蒙 古	Mongolia	19.9	21.1	23.4	7.6	6.7	6.4
缅 甸	Myanmar	20.7	18.5	17.5	9.1	8.9	8.7
巴基斯坦	Pakistan	31.4	28.2	27.6	8.4	7.8	7.5
菲 律 宾	Philippines	29.7	27.5	25.4	6.0	6.0	5.8
新 加 坡	Singapore	11.8	10.2	9.9	3.9	4.4	4.3
斯里兰卡	Sri Lanka	18.1	19.0	18.5	7.1	6.3	6.5
泰 国	Thailand	14.7	13.5	12.4	6.3	6.9	7.3
越 南	Viet Nam	17.5	17.2	16.9	5.4	5.2	5.2
埃 及	Egypt	25.7	24.5	23.5	5.9	5.3	5.1
尼日利亚	Nigeria	41.9	41.0	40.1	17.8	15.9	14.6
南 非	South Africa	24.5	23.0	21.5	12.2	14.9	15.1
加 拿 大	Canada	10.9	10.7	11.2	7.1	7.1	7.4
墨 西 哥	Mexico	22.9	21.6	20.0	4.7	4.7	4.7
美 国	United States	14.7	14.0	13.8	8.7	8.3	8.4
阿 根 廷	Argentina	18.8	17.7	17.3	7.8	7.7	7.7
巴 西	Brazil	20.8	18.0	15.8	6.4	6.4	6.4
委内瑞拉	Venezuela	23.4	22.0	20.9	4.9	5.1	5.1
捷 克	Czech Rep.	8.8	10.0	11.3	10.6	10.5	10.2
法 国	France	13.3	12.8	12.8	8.9	8.5	8.5
德 国	Germany	9.3	8.3	8.1	10.2	10.1	10.4
意 大 利	Italy	9.3	9.5	9.5	9.7	9.7	9.8
荷 兰	Netherlands	13.0	11.5	11.2	8.8	8.4	8.1
波 兰	Poland	9.8	9.5	10.9	9.5	9.6	10.1
俄罗斯联邦	Russian Fed.	8.7	10.2	12.4	15.4	16.1	14.2
西 班 牙	Spain	9.9	10.7	10.8	9.0	8.9	8.3
土 耳 其	Turkey	21.0	19.1	18.2	6.0	5.5	5.4
乌 克 兰	Ukraine	7.8	9.0	11.1	15.3	16.6	15.3
英 国	United Kingdom	11.4	12.0	12.8	10.2	9.7	9.1
澳大利亚	Australia	13.0	12.8	13.4	6.7	6.4	6.4
新 西 兰	New Zealand	14.9	14.0	14.7	6.9	6.7	6.7

附录2-13　万美元国内生产总值能耗

Energy Consumption per Ten Thousand USD of GDP

资料来源：世界银行WDI数据库。
Source: World Bank WDI Database.
单位：吨标准油/万美元　　(ton of oil equivalent per 10 000 USD)

国家和地区	Country or Area	2000	2004	2005	2006	2007	2008
世　界	**World**	**3.02**	**3.04**	**3**	**2.96**	**2.92**	**2.94**
高收入国家	**High Income**	**2.04**	**1.97**	**1.94**	**1.88**	**1.85**	**1.83**
中等收入国家	**Middle Income**	**7.35**	**7.25**	**7.05**	**6.87**	**6.59**	**6.51**
低收入国家	**Low Income**	**11.89**	**11.22**	**11.05**	**10.67**	**10.55**	**10.33**
中　国	China	9.13	9.12	8.88	8.61	7.99	7.86
中国香港	Hong Kong, China	0.79	0.66	0.61	0.6	0.61	0.59
孟加拉国	Bangladesh	3.95	3.89	3.89	3.88	3.8	3.78
文　莱	Brunei Darussalam	4.09	3.92	3.82	4.69	4.78	5.32
柬埔寨	Cambodia	10.89	9.21	8.37	7.84	7.36	7.02
印　度	India	9.98	8.8	8.33	8	7.69	7.65
印度尼西亚	Indonesia	9.42	8.94	8.63	8.27	8.17	8.03
伊　朗	Iran	11.75	12.61	12.37	12.74	12.79	13.01
以色列	Israel	1.46	1.49	1.46	1.42	1.4	1.37
日　本	Japan	1.11	1.07	1.05	1.02	0.99	0.96
哈萨克斯坦	Kazakhstan	22.04	18.69	18.75	19.14	18.41	19.01
韩　国	Korea, Rep.	3.48	3.26	3.16	3.06	3.02	3.02
马来西亚	Malaysia	5.04	4.86	5.25	5.06	5.19	5.21
蒙　古	Mongolia	20.79	17.25	16.67	17.22	16.61	15.54
巴基斯坦	Pakistan	8.61	8.43	8.1	7.95	7.96	7.7
菲律宾	Philippines	5.05	4.1	3.91	3.69	3.51	3.47
新加坡	Singapore	1.95	1.75	1.97	1.79	1.37	1.27
斯里兰卡	Sri Lanka	5.1	4.71	4.54	4.25	4.06	3.7
泰　国	Thailand	5.89	6.27	6.18	6.04	5.98	6.02
越　南	Viet Nam	11.89	12.09	11.43	10.88	10.71	10.64
埃　及	Egypt	4.52	4.92	5.12	5.03	4.95	4.86
尼日利亚	Nigeria	19.77	17.32	17.05	16	15.05	14.98
南　非	South Africa	8.3	8.44	7.85	7.61	7.51	7.26
加拿大	Canada	3.47	3.35	3.31	3.18	3.15	3.07
墨西哥	Mexico	2.49	2.58	2.67	2.56	2.55	2.57
美　国	United States	2.3	2.13	2.08	2.01	2	1.96
阿根廷	Argentina	2.14	2.34	2.14	2.15	1.99	1.94
巴　西	Brazil	2.93	2.93	2.91	2.9	2.89	2.9
委内瑞拉	Venezuela	4.82	4.68	4.48	4.17	4.03	3.87
捷　克	Czech Rep.	7.1	7.1	6.59	6.3	5.93	5.64
法　国	France	1.9	1.91	1.88	1.81	1.75	1.77
德　国	Germany	1.78	1.77	1.73	1.69	1.6	1.6
意大利	Italy	1.56	1.59	1.6	1.56	1.51	1.5
荷　兰	Netherlands	1.9	1.96	1.92	1.81	1.82	1.77
波　兰	Poland	5.2	4.75	4.63	4.59	4.29	4.12
俄罗斯联邦	Russian Fed.	23.84	19.69	18.64	17.73	16.38	15.9
西班牙	Spain	2.1	2.11	2.08	1.99	1.96	1.87
土耳其	Turkey	2.86	2.63	2.53	2.61	2.68	2.63
乌克兰	Ukraine	42.8	32.67	31.59	28.3	26.23	25.46
英　国	United Kingdom	1.51	1.36	1.33	1.27	1.19	1.18
澳大利亚	Australia	2.59	2.4	2.45	2.43	2.39	2.4
新西兰	New Zealand	3.23	2.75	2.61	2.61	2.55	2.62

附录2-14 生产者价格指数

Producer Price Indices

资料来源：联合国统计月报数据库。
Source: UN Monthly Bulletin of Statistics Database.

2005年=100 (2005=100)

国家和地区	Country or Area	2006	2007	2008	2009	2010
中国香港	Hong Kong, China					
工业产品价格指数	Industrial Products	102.3	105.3	111.1	109.2	115.8
孟加拉国	Bangladesh					
按生产阶段分生产者价格指数	by Stage of Processing					
中间产品价格指数	Intermediate Products				218.5	218.3
按最终用途分生产者价格指数	by End-Use					
消费品价格指数	Consumers' Goods				294.3	296.8
投资用品价格指数	Capital Goods				269.3	280.8
印　度	India					
按供给组成分生产者价格指数	by Components of Supply					
国内供应价格指数	Domestic Supply	104.8	111.1	120.8	123.7	135.5
农业产品价格指数	Agricultural Products	106.9	118.8	127.4	143.6	169.0
工业产品价格指数	Industrial Products	103.3	109.7	117.3	119.2	125.7
按生产阶段分生产者价格指数	by Stage of Processing					
原材料价格指数	Raw Materials	106.3	119.0	131.6	144.2	171.8
印度尼西亚①	Indonesia①					
按供给组成分生产者价格指数	by Components of Supply					
国内供应价格指数	Domestic Supply	171.6	229.1	288.2		
国内生产价格指数	Domestic Production	186.2	272.0	342.3		
农业产品价格指数	Agricultural Products	171.6	286.2	367.9		
工业产品价格指数	Industrial Products	194.6	266.1	332.8		
进口产品价格指数	Import Products	162.2	207.5	261.6		
按生产阶段分生产者价格指数	by Stage of Processing					
原材料价格指数	Raw Materials	179.2	241.2	307.1		
中间产品价格指数	Intermediate Products	176.3	239.8	305.2		
按最终用途分生产者价格指数	by End-Use					
消费品价格指数	Consumers' Goods	162.2	235.4	290.1		
投资用品价格指数	Capital Goods	127.9	146.5	169.5		
伊　朗	Iran					
按供给组成分生产者价格指数	by Components of Supply					
国内供应价格指数	Domestic Supply	109.6	125.5	151.6	165.8	183.1
农业产品价格指数	Agricultural Products	105.7	130.5	162.2	190.5	208.6
工业产品价格指数	Industrial Products	110.0	123.5	151.7	158.3	174.7
按生产阶段分生产者价格指数	by Stage of Processing					
原材料价格指数	Raw Materials	113.1	132.1			
以色列	Israel					
按供给组成分生产者价格指数	by Components of Supply					
工业产品价格指数	Industrial Products	104.2	108.3		115.0	116.8
日　本	Japan					
按供给组成分生产者价格指数	by Components of Supply					
国内供应价格指数	Domestic Supply	104.3	107.4	113.2	102.3	103.5
国内生产价格指数	Domestic Production	102.2	104.0	108.7	103.0	102.8
农业产品价格指数	Agricultural Products	98.4	97.4	98.7	96.1	96.0
工业产品价格指数	Industrial Products	102.2	103.8	108.4	102.8	102.7
进口产品价格指数	Import Products	113.7	122.4	133.6	100.4	106.2
按生产阶段分生产者价格指数	by Stage of Processing					
原材料价格指数	Raw Materials	120.7	132.6	165.2	110.4	126.9
中间产品价格指数	Intermediate Products	105.5	109.7	115.7	105.6	106.3
日　本(续)	Japan (continued)					
按最终用途分生产者价格指数	by End-Use					
消费品价格指数	Consumers' Goods	99.8	100.0	100.9	96.8	95.7
投资用品价格指数	Capital Goods	99.4	98.9	98.0	95.9	94.5
韩　国	Korea, Rep.					
按供给组成分生产者价格指数	by Components of Supply					
国内供应价格指数	Domestic Supply	100.9	102.3	111.1	110.9	115.1
农业产品价格指数	Agricultural Products	96.9	100.1	101.0	107.1	118.1
工业产品价格指数	Industrial Products	102.9	99.8	103.9	102.2	106.5

附录2-14 续表 1 continued

2005年=100 (2005=100)

国家和地区	Country or Area	2006	2007	2008	2009	2010
按生产阶段分生产者价格指数	by Stage of Processing					
原材料价格指数	Raw Materials	112.6	120.1	179.2	152.9	177.5
中间产品价格指数	Intermediate Products	99.6	102.1	120.8	118.8	123.7
按最终用途分生产者价格指数	by End-Use					
消费品价格指数	Consumers' Goods	99.5	99.6	105.4	108.3	112.5
投资用品价格指数	Capital Goods	97.4	96.6	105.9	115.0	111.6
马来西亚	Malaysia					
按供给组成分生产者价格指数	by Components of Supply					
国内供应价格指数	Domestic Supply	105.1	108.8	119.9	111.1	117.3
国内生产价格指数	Domestic Production	106.7	111.2	125.8	112.2	120.9
进口产品价格指数	Import Products	102.2	104.0	108.2	108.8	110.2
巴基斯坦	Pakistan					
按供给组成分生产者价格指数	by Components of Supply					
国内供应价格指数	Domestic Supply	108.5	117.4	147.2	157.8	191.5
农业产品价格指数	Agricultural Products	107.3	119.7	152.6	171.5	201.7
工业产品价格指数	Industrial Products	103.5	106.9	119.8	124.8	151.3
按生产阶段分生产者价格指数	by Stage of Processing					
原材料价格指数	Raw Materials	112.8	128.1	148.5	170.9	262.4
菲 律 宾	Philippines					
按供给组成分生产者价格指数	by Components of Supply					
国内供应价格指数	Domestic Supply	108.4	108.6	113.0	111.5	105.9
新 加 坡	Singapore					
按供给组成分生产者价格指数	by Components of Supply					
国内供应价格指数	Domestic Supply	105.0	105.5	113.1	97.5	102.1
国内生产价格指数	Domestic Production	102.4	101.2	104.2	90.7	91.8
进口产品价格指数	Import Products	102.9	101.3	103.9	95.7	96.4
泰 国	Thailand					
按供给组成分生产者价格指数	by Components of Supply					
国内供应价格指数	Domestic Supply	107.1	110.5	124.2	119.5	130.7
农业产品价格指数	Agricultural Products	120.1	134.2	162.0	171.3	209.2
工业产品价格指数	Industrial Products	105.1	106.8	118.8	112.1	119.4
按生产阶段分生产者价格指数	by Stage of Processing					
原材料价格指数	Raw Materials	112.5	111.9	129.6	120.5	141.7
中间产品价格指数	Intermediate Products	107.2	108.2	125.2	106.9	119.0
按最终用途分生产者价格指数	by End-Use					
消费品价格指数	Consumers' Goods	110.4	125.7	149.8	165.3	185.8
投资用品价格指数	Capital Goods	100.3	100.5	101.1	101.6	102.2
越 南	Viet Nam					
按供给组成分生产者价格指数	by Components of Supply					
农业产品价格指数	Agricultural Products	103.7	118.3	165.1		
工业产品价格指数	Industrial Products	104.2	111.4	135.7		
进口产品价格指数	Import Products	103.8	109.1	128.9		
埃 及	Egypt					
按供给组成分生产者价格指数	by Components of Supply					
国内生产价格指数	Domestic Production				148.7	156.1
农业产品价格指数	Agricultural Products				185.2	202.1
按生产阶段分生产者价格指数	by Stage of Processing					
原材料价格指数	Raw Materials				144.5	152.4
中间产品价格指数	Intermediate Products				135.7	129.7
按最终用途分生产者价格指数	by End-Use					
消费品价格指数	Consumers' Goods				106.3	110.2
投资用品价格指数	Capital Goods				136.3	140.6
南 非	South Africa					
按供给组成分生产者价格指数	by Components of Supply					
国内生产价格指数	Domestic Production	107.7	119.5	136.6	136.5	144.8
农业产品价格指数	Agricultural Products	118.4	146.5	156.1	157.6	155.3
进口产品价格指数	Import Products	107.8	118.1	137.4	120.5	124.2

附录2-14 续表 2 continued

2005年=100 (2005=100)

国家和地区	Country or Area	2006	2007	2008	2009	2010
加拿大	Canada					
按供给组成分生产者价格指数	by Components of Supply					
农业产品价格指数	Agricultural Products	100.2	112.2	126.0	117.5	116.0
工业产品价格指数	Industrial Products	102.3	103.9	108.4	104.6	105.7
按生产阶段分生产者价格指数	by Stage of Processing					
原材料价格指数	Raw Materials	111.8	120.2	136.0	104.9	117.2
中间产品价格指数	Intermediate Products	103.9	106.4	111.7	105.4	107.9
按最终用途分生产者价格指数	by End-Use					
投资用品价格指数	Capital Goods	97.6	96.1	97.2	101.4	96.8
墨西哥	Mexico					
按供给组成分生产者价格指数	by Components of Supply					
国内供应价格指数	Domestic Supply	109.3	111.2	119.8	125.8	130.0
国内生产价格指数	Domestic Production		110.3	118.1	123.4	128.6
农业产品价格指数	Agricultural Products	111.3	110.7	120.6	133.2	139.6
工业产品价格指数	Industrial Products	104.3	108.3	114.3	123.0	126.3
进口产品价格指数	Import Products		110.2	119.5	115.0	120.0
按生产阶段分生产者价格指数	by Stage of Processing					
原材料价格指数	Raw Materials					
中间产品价格指数	Intermediate Products		112.3	123.0	126.6	133.4
按最终用途分生产者价格指数	by End-Use					
消费品价格指数	Consumers' Goods	108.1	109.5	116.5	124.4	129.1
投资用品价格指数	Capital Goods	109.1	113.8	125.2	128.1	131.6
美国	United States					
按供给组成分生产者价格指数	by Components of Supply					
国内供应价格指数	Domestic Supply	104.7	109.7	120.5	109.9	117.4
国内生产价格指数	Domestic Production					
农业产品价格指数	Agricultural Products	98.8	121.1	136.2	113.6	127.5
工业产品价格指数	Industrial Products	105.4	109.3	120.0	109.1	116.7
进口产品价格指数	Import Products					
按生产阶段分生产者价格指数	by Stage of Processing					
原材料价格指数	Raw Materials	101.9	113.7	138.2	96.2	116.5
中间产品价格指数	Intermediate Products	106.5	110.9	122.3	112.0	119.1
按最终用途分生产者价格指数	by End-Use					
消费品价格指数	Consumers' Goods	103.5	108.2	116.2	111.7	117.9
投资用品价格指数	Capital Goods	101.6	103.4	106.4	108.4	108.8
阿根廷	Argentina					
按供给组成分生产者价格指数	by Components of Supply					
国内供应价格指数	Domestic Supply	110.8	123.1	140.6	149.8	172.2
国内生产价格指数	Domestic Production	111.0	123.5	140.9	150.6	173.9
农业产品价格指数	Agricultural Products	117.6	162.3	179.8	189.0	221.0
工业产品价格指数	Industrial Products	109.2	121.1	140.2	150.2	170.3
进口产品价格指数	Import Products	108.1	118.6	138.1	139.1	151.6
巴西①	Brazil①					
按供给组成分生产者价格指数	by Components of Supply					
国内供应价格指数	Domestic Supply	197.0	310.8			
农业产品价格指数	Agricultural Products	184.9	363.4			
工业产品价格指数	Industrial Products	200.2	288.7			
按生产阶段分生产者价格指数	by Stage of Processing					
原材料价格指数	Raw Materials	187.0				
按最终用途分生产者价格指数	by End-Use					
消费品价格指数	Consumers' Goods	186.2	294.7			
投资用品价格指数	Capital Goods	194.2				
委内瑞拉	Venezuela					
按供给组成分生产者价格指数	by Components of Supply					
国内供应价格指数	Domestic Supply	435.2①	131.5	162.4	212.6	270.3
国内生产价格指数	Domestic Production	421.1①	135.4	169.3	222.7	283.9
农业产品价格指数	Agricultural Products	380.1①	163.8	234.7	376.1	538.2
工业产品价格指数	Industrial Products	321.6①	129.8	164.3	199.2	250.0
进口产品价格指数	Import Products	449.9①	119.4	140.7	181.0	227.3

附录2-14 续表 3 continued

2005年=100 (2005=100)

国家和地区	Country or Area	2006	2007	2008	2009	2010
白俄罗斯	Belarus					
按供给组成分生产者价格指数	by Components of Supply					
国内生产价格指数	Domestic Production	108.3	131.6	151.6	172.3	195.7
工业产品价格指数	Industrial Products		125.9	144.4	165.4	187.9
按生产阶段分生产者价格指数	by Stage of Processing					
中间产品价格指数	Intermediate Products	109.1	132.9	153.9	179.2	210.7
按最终用途分生产者价格指数	by End-Use					
消费品价格指数	Consumers' Goods	106.5	115.4	131.9	150.1	164.1
投资用品价格指数	Capital Goods		116.2	126.6	136.1	147.7
捷 克	Czech Rep.					
按供给组成分生产者价格指数	by Components of Supply					
农业产品价格指数	Agricultural Products	101.1	118.1	128.5	96.6	101.7
工业产品价格指数	Industrial Products	101.6	105.8	110.5	107.0	108.3
进口产品价格指数	Import Products	100.3	99.2	96.0	92.6	94.5
按生产阶段分生产者价格指数	by Stage of Processing					
中间产品价格指数	Intermediate Products	100.7	105.7	108.6	100.8	102.8
按最终用途分生产者价格指数	by End-Use					
消费品价格指数	Consumers' Goods	99.4	101.8	105.6	104.1	102.1
投资用品价格指数	Capital Goods	100.3	101.9	102.2	103.1	100.7
法 国	France					
按供给组成分生产者价格指数	by Components of Supply					
国内供应价格指数	Domestic Supply					
农业产品价格指数	Agricultural Products	102.9	117.4	124.0	108.1	116.2
工业产品价格指数	Industrial Products		105.3	110.3	104.1	107.3
按生产阶段分生产者价格指数	by Stage of Processing					
中间产品价格指数	Intermediate Products	104.3	107.9	111.7	105.5	108.4
按最终用途分生产者价格指数	by End-Use					
消费品价格指数	Consumers' Goods	100.3	101.7	105.0	100.3	100.1
投资用品价格指数	Capital Goods	100.6	101.9	103.9	104.0	104.3
德 国	Germany					
按供给组成分生产者价格指数	by Components of Supply					
国内供应价格指数	Domestic Supply	104.2	106.0	111.0		
国内生产价格指数	Domestic Production	105.4	106.8	112.6	108.0	109.7
农业产品价格指数	Agricultural Products	107.4	119.9	124.3	100.6	112.9
工业产品价格指数	Industrial Products	105.5	107.8	106.3	103.4	106.3
进口产品价格指数	Import Products	104.4	105.1	109.4	100.1	107.4
按生产阶段分生产者价格指数	by Stage of Processing					
中间产品价格指数	Intermediate Products	103.8	107.4	109.2	104.2	108.6
按最终用途分生产者价格指数	by End-Use					
消费品价格指数	Consumers' Goods	101.6	104.0	106.7	105.7	107.0
投资用品价格指数	Capital Goods	100.6	101.6	100.6	101.5	102.0
意 大 利	Italy					
按供给组成分生产者价格指数	by Components of Supply					
工业产品价格指数	Industrial Products	105.2	108.7	115.1	108.9	112.2
按生产阶段分生产者价格指数	by Stage of Processing					
中间产品价格指数	Intermediate Products	105.1	110.5	112.9	106.6	110.6
按最终用途分生产者价格指数	by End-Use					
消费品价格指数	Consumers' Goods	101.7	104.3	107.9	106.9	107.5
投资用品价格指数	Capital Goods	101.7	103.9	108.9	109.0	109.0
荷 兰	Netherlands					
按供给组成分生产者价格指数	by Components of Supply					
工业产品价格指数	Industrial Products	104.5	109.6	124.0	110.6	115.0
按生产阶段分生产者价格指数	by Stage of Processing					
中间产品价格指数	Intermediate Products		113.0	121.0	108.4	115.4
按最终用途分生产者价格指数	by End-Use					
消费品价格指数	Consumers' Goods		106.6	112.1	109.6	113.8
投资用品价格指数	Capital Goods		106.1	110.3	110.0	110.8
波 兰	Poland					
按供给组成分生产者价格指数	by Components of Supply					
国内生产价格指数	Domestic Production	103.5	107.6	113.4	116.1	120.4
工业产品价格指数	Industrial Products	102.0	103.9	106.1	109.7	112.1

附录2-14 续表 4 continued

2005年=100 (2005=100)

国家和地区	Country or Area	2006	2007	2008	2009	2010
按生产阶段分生产者价格指数	by Stage of Processing					
原材料价格指数	Raw Materials	106.1	110.7	125.9	134.2	149.4
中间产品价格指数	Intermediate Products	104.6	112.1	115.7	112.8	116.2
按最终用途分生产者价格指数	by End-Use					
消费品价格指数	Consumers' Goods	99.0	100.5	101.3	103.1	101.4
投资用品价格指数	Capital Goods	99.1	98.9	97.5	97.3	92.5
俄罗斯联邦	Russian Fed.					
按供给组成分生产者价格指数	by Components of Supply					
农业产品价格指数	Agricultural Products	104.4	121.1	151.2	147.0	156.3
工业产品价格指数	Industrial Products	112.4	128.2	155.7	144.5	162.2
西 班 牙	Spain					
按供给组成分生产者价格指数	by Components of Supply					
工业产品价格指数	Industrial Products	105.4	109.2	116.3	112.4	115.9
按生产阶段分生产者价格指数	by Stage of Processing					
中间产品价格指数	Intermediate Products	106.2	112.5	118.7	112.3	115.5
按最终用途分生产者价格指数	by End-Use					
消费品价格指数	Consumers' Goods	103.2	105.7	110.3	109.6	109.8
投资用品价格指数	Capital Goods	103.0	106.5	109.2	110.0	109.5
土 耳 其	Turkey					
按供给组成分生产者价格指数	by Components of Supply					
国内供应价格指数	Domestic Supply	109.1	116.2	131.0	132.6	143.9
农业产品价格指数	Agricultural Products	107.3	114.9	128.8	131.8	158.1
工业产品价格指数	Industrial Products	110.1	116.7	130.7	130.0	137.8
乌 克 兰	Ukraine					
按供给组成分生产者价格指数	by Components of Supply					
农业产品价格指数	Agricultural Products	102.4	141.3	151.9	168.8	229.6
工业产品价格指数	Industrial Products	109.6	131.0	177.5	189.0	228.5
英　　国	United Kingdom					
按供给组成分生产者价格指数	by Components of Supply					
国内生产价格指数	Domestic Production	102.2	104.4	111.4	113.2	117.9
农业产品价格指数	Agricultural Products	105.7	116.6	142.4	136.8	142.4
工业产品价格指数	Industrial Products	101.8	102.9	106.7	109.4	112.7
进口产品价格指数	Import Products	103.0	104.2	117.8	122.5	130.5
按生产阶段分生产者价格指数	by Stage of Processing					
原材料价格指数	Raw Materials	109.5	113.0	138.1	132.9	146.1
中间产品价格指数	Intermediate Products	103.9	114.0	118.7	118.0	122.4
按最终用途分生产者价格指数	by End-Use					
消费品价格指数	Consumers' Goods	101.5	95.6	107.9	115.2	117.4
投资用品价格指数	Capital Goods	101.6	122.5	113.1	109.8	112.2
澳大利亚	Australia					
按供给组成分生产者价格指数	by Components of Supply					
国内供应价格指数	Domestic Supply	103.9	106.6	112.4	113.7	115.3
国内生产价格指数	Domestic Production	104.5	108.5	114.8	115.3	118.6
农业产品价格指数	Agricultural Products	102.0	111.0	123.6	113.4	117.6
工业产品价格指数	Industrial Products	107.9	110.5	119.6	113.1	115.3
进口产品价格指数	Import Products	100.5	95.8	98.0	104.3	96.5
按生产阶段分生产者价格指数	by Stage of Processing					
原材料价格指数	Raw Materials	107.9	111.9	123.3	119.0	120.4
中间产品价格指数	Intermediate Products	106.8	111.0	120.0	117.3	118.5
按最终用途分生产者价格指数	by End-Use					
消费品价格指数	Consumers' Goods	104.7	106.5	112.6	114.9	118.0
投资用品价格指数	Capital Goods	103.4	106.8	112.3	112.8	113.4
新 西 兰	New Zealand					
按供给组成分生产者价格指数	by Components of Supply					
农业产品价格指数	Agricultural Products	101.9	106.9	120.8	122.5	132.3
工业产品价格指数	Industrial Products	104.3	110.8	127.3	121.2	126.4
按生产阶段分生产者价格指数	by Stage of Processing					
中间产品价格指数	Intermediate Products	106.8	108.7	120.4	118.6	121.8

注：①2000年=100。
Note:①2000=100.

附录2-15　消费者价格指数
Consumer Price Indices

资料来源：联合国ILO数据库。
Source: ILO Database.

2000年=100　　(2000=100)

国家和地区	Country or Area	2003	2005	2007	2008	2009	2010
中　国	China	101.1	107.0	113.7	120.4		
中国香港	Hong Kong, China	93.0	93.6	97.4	101.6	95.1	
中国澳门	Macao, China	93.9	99.0	109.9	119.4	120.8	124.1
孟加拉国①	Bangladesh①	111.5	126.7	147.6	160.7	169.4	183.2
文　莱	Brunei Darussalam	98.6	100.5	101.0	103.8		
柬埔寨	Cambodia	103.9	114.1	126.5	151.4	159.0	165.4
印　度②	India②	112.5	121.5	136.1	147.5	163.2	182.8
印度尼西亚	Indonesia	133.0	156.0	187.8	207.2	216.1	227.2
伊　朗	Iran	148.2	192.9	246.1	309.1	350.7	386.2
以色列	Israel	107.7	108.6	111.5	116.6	120.5	123.7
日　本	Japan	98.1	97.8	98.1	99.5	98.1	97.4
哈萨克斯坦	Kazakhstan	122.1	140.3	168.8	197.5		
韩　国	Korea, Rep.	110.7	117.8	123.5	129.2	132.9	136.8
老　挝	Laos	137.7	163.0	182.0	195.9	195.9	207.7
马来西亚	Malaysia	104.4	109.1	115.3	121.5	122.3	124.4
蒙　古	Mongolia	112.8	137.6	109.6	140.3	151.0	
缅　甸	Myanmar	259.8	297.1	481.3	610.3		
巴基斯坦	Pakistan	110.5	129.5	150.3	180.8	205.5	234.0
菲律宾	Philippines	113.9	129.8	141.8	155.0	160.0	
新加坡	Singapore	101.1	103.2	106.4	113.4	113.6	116.8
斯里兰卡	Sri Lanka	133.0	159.7	163.1	199.9	206.8	219.1
泰　国	Thailand	104.1	111.8	119.6	126.1	125.0	129.2
越　南	Viet Nam	107.0	125.5	143.8	177.0	188.9	
埃　及	Egypt	109.5	133.7	157.6	186.4	208.4	161.3
尼日利亚	Nigeria	153.1	207.4	236.6	264.0	296.6	337.8
南　非	South Africa	122.1	128.0	143.5	160.0	171.4	178.7
加拿大	Canada	107.8	112.2	116.9	119.6	119.9	122.2
墨西哥	Mexico	116.8	127.2	137.0	144.0	151.6	158.0
美　国③	United States③	106.9	113.4	120.4	125.0		126.6
阿根廷	Argentina	141.3	161.7	195.2	211.9	225.5	248.8
巴　西	Brazil	132.9	151.4	163.5	172.8	181.2	190.4
委内瑞拉	Venezuela	180.6	255.0	343.9	452.1	581.4	
捷　克	Czech Rep.	106.6	111.7	117.9	125.4		
法　国	France	105.8	109.9	113.4	116.6	116.7	118.5
德　国	Germany	104.5	108.3	112.5	115.5	115.9	117.2
意大利④	Italy④	108.2	112.4	116.9	120.7	121.6	123.3
荷　兰	Netherlands	109.9	113.1	116.2	119.1	120.6	122.1
波　兰	Poland	108.4	114.6	118.6	123.6	127.9	131.3
俄罗斯联邦	Russian Fed.	159.9	199.7	238.8	272.5	304.3	325.2
西班牙⑤	Spain⑤	106.7	113.6	120.9	125.8	125.5	127.7
土耳其	Turkey	280.4	329.5	392.7	433.7	460.8	500.3
乌克兰	Ukraine	118.7	146.9	180.8	226.4	262.4	
英　国	United Kingdom	106.5	112.7	121.3	126.1	125.5	131.3
澳大利亚	Australia	110.5	116.1	123.1	128.4	130.7	134.4
新西兰	New Zealand	107.3	113.0	119.6	124.4	127.0	129.9

注：①政府官方。②指产业工人。③城市消费者。④不包括烟草。⑤基期为2001年。
Note: ①Governmental officials. ②Industrial workers. ③Urban consumers. ④Excluding tobacco. ⑤The base year is 2001.

附录2-16 主要农产品产量

Production of Major Farm Crops

资料来源：联合国FAO数据库。
Source:FAO Database.
单位：万吨 (10 000 tons)

国家和地区	Country or Area	谷物 Cereals,Total 2000	谷物 Cereals,Total 2009	国家和地区	Country or Area	稻谷 Rice, Paddy 2000	稻谷 Rice, Paddy 2009
世　界	**World**	**206019.0**	**249361.6**	**世　界**	**World**	**59935.6**	**68524.1**
中　国	China	40733.7	48326.8	中　国	China	18981.4	19668.1
美　国	United States	34262.8	41981.4	印　度	India	12746.5	13370.0
印　度	India	23493.1	24881.0	印度尼西亚	Indonesia	5189.8	6439.9
俄罗斯联邦	Russian Fed.	6432.6	9558.8	孟加拉国	Bangladesh	3762.8	4772.4
印度尼西亚	Indonesia	6157.5	8202.9	越　南	Viet Nam	3253.0	3889.6
巴　西	Brazil	4589.3	7142.7	缅　甸	Myanmar	2132.4	3268.2
法　国	France	6569.9	7003.4	泰　国	Thailand	2584.4	3146.3
德　国	Germany	4527.1	4974.8	菲律宾	Philippines	1238.9	1626.6
加拿大	Canada	5109.0	4939.2	巴　西	Brazil	1109.0	1265.2
孟加拉国	Bangladesh	3950.3	4931.6	日　本	Japan	1186.3	1059.3
乌克兰	Ukraine	2380.7	4540.6	巴基斯坦	Pakistan	720.4	1032.5
越　南	Viet Nam	3453.7	4327.9	美　国	United States	865.8	997.2
巴基斯坦	Pakistan	3046.1	3814.8	柬埔寨	Cambodia	402.6	758.6
泰　国	Thailand	3052.3	3628.7	埃　及	Egypt	600.1	750.0
澳大利亚	Australia	3444.7	3494.3	韩　国	Korea, Rep.	719.7	702.3
缅　甸	Myanmar	2196.1	3428.4	尼泊尔	Nepal	421.7	452.4
土耳其	Turkey	3224.9	3357.0	马达加斯加	Madagascar	248.1	400.5
墨西哥	Mexico	2799.1	3128.2	斯里兰卡	Sri Lanka	286.0	365.2
波　兰	Poland	2234.1	2982.7	尼日利亚	Nigeria	329.8	340.3
阿根廷	Argentina	3875.6	2543.3	老　挝	Laos	220.2	314.5
埃　及	Egypt	2010.6	2369.7	秘　鲁	Peru	189.2	299.0
菲律宾	Philippines	1690.1	2330.1	哥伦比亚	Colombia	269.4	298.5
英　国	United Kingdom	2398.9	2203.7	马来西亚	Malaysia	214.1	251.0
尼日利亚	Nigeria	2137.0	2098.3	朝　鲜	Korea, Dem.	169.0	233.6
伊　朗	Iran	1287.4	2083.5	伊　朗	Iran	197.2	225.3
哈萨克斯坦	Kazakhstan	1154.0	2078.5	马　里	Mali	74.3	195.1
西班牙	Spain	2455.6	1776.1	厄瓜多尔	Ecuador	124.7	157.9
意大利	Italy	2066.1	1739.2	意大利	Italy	123.0	150.0
埃塞俄比亚	Ethiopia	802.0	1550.2	几内亚	Guinea	114.1	149.9
罗马尼亚	Romania	1049.9	1487.4	阿根廷	Argentina	90.4	133.4
南　非	South Africa	1452.7	1457.7	坦桑尼亚	Tanzania	78.2	133.4
匈牙利	Hungary	1003.6	1359.0	委内瑞拉	Venezuela	67.7	133.0
日　本	Japan	1279.6	1146.2	乌拉圭	Uruguay	120.9	128.7
摩洛哥	Morocco	199.6	1043.0	俄罗斯联邦	Russian Fed.	58.6	91.3
丹　麦	Denmark	941.3	1015.9	西班牙	Spain	82.7	89.9
塞尔维亚	Serbia		887.2	塞拉利昂	Sierra Leone	19.9	78.5
柬埔寨	Cambodia	418.3	851.0	土耳其	Turkey	35.0	75.0
白俄罗斯	Belarus	456.5	815.4	科特迪瓦	Cote D'Ivoire	62.2	68.0
尼泊尔	Nepal	711.6	811.4	阿富汗	Afghanistan	26.0	64.5
捷　克	Czech Rep.	646.0	783.7	古　巴	Cuba	55.3	56.4
韩　国	Korea, Rep.	750.1	738.2	圭亚那	Guyana	44.9	55.4
乌兹别克斯坦	Uzbekistan	391.4	735.8	多米尼加	Dominican Rep.	58.1	55.1
阿富汗	Afghanistan	194.0	651.4	塞内加尔	Senegal	20.2	50.2
马　里	Mali	231.0	633.5	加　纳	Ghana	24.9	39.1
保加利亚	Bulgaria	438.7	624.3	尼加拉瓜	Nicaragua	29.0	33.5

附录2−16 续表 1 continued

单位：万吨 (10 000 tons)

国家和地区	Country or Area	小麦 Wheat 2000	小麦 Wheat 2009	国家和地区	Country or Area	玉米 Maize 2000	玉米 Maize 2009
世　界	**World**	**58569.0**	**68561.4**	**世　界**	**World**	**59247.3**	**81882.3**
中　国	China	9963.6	11511.5	美　国	United States	25185.2	33301.1
印　度	India	7636.9	8068.0	中　国	China	10617.8	16410.8
俄罗斯联邦	Russian Fed.	3445.6	6174.0	巴　西	Brazil	3187.9	5123.2
美　国	United States	6063.9	6031.4	墨西哥	Mexico	1755.7	2014.3
法　国	France	3735.3	3833.2	印度尼西亚	Indonesia	967.7	1763.0
加拿大	Canada	2653.6	2684.8	印　度	India	1204.3	1668.0
德　国	Germany	2162.2	2519.0	法　国	France	1601.8	1528.8
巴基斯坦	Pakistan	2107.9	2403.3	阿根廷	Argentina	1678.1	1312.1
澳大利亚	Australia	2210.8	2165.6	南　非	South Africa	1143.1	1205.0
乌克兰	Ukraine	1019.7	2088.6	乌克兰	Ukraine	384.8	1048.6
土耳其	Turkey	2100.9	2060.0	加拿大	Canada	695.4	956.1
哈萨克斯坦	Kazakhstan	907.4	1705.2	罗马尼亚	Romania	489.8	797.3
英　国	United Kingdom	1670.4	1437.9	意大利	Italy	1013.8	787.8
伊　朗	Iran	808.8	1348.5	匈牙利	Hungary	498.4	752.8
波　兰	Poland	850.3	979.0	尼日利亚	Nigeria	410.7	733.9
埃　及	Egypt	656.4	852.3	菲律宾	Philippines	451.1	703.4
阿根廷	Argentina	1614.7	757.3	埃　及	Egypt	647.5	660.0
乌兹别克斯坦	Uzbekistan	353.2	663.8	塞尔维亚	Serbia		639.6
摩洛哥	Morocco	138.1	640.0	泰　国	Thailand	446.6	461.6
意大利	Italy	746.4	634.1	德　国	Germany	332.4	452.7
丹　麦	Denmark	469.3	594.0	越　南	Viet Nam	200.6	438.2
罗马尼亚	Romania	445.6	520.3	土耳其	Turkey	230.0	425.0
阿富汗	Afghanistan	146.9	506.4	俄罗斯联邦	Russian Fed.	153.0	396.3
巴　西	Brazil	166.2	505.6	埃塞俄比亚	Ethiopia	268.3	389.7
西班牙	Spain	729.4	472.4	马拉维	Malawi	250.1	376.7
匈牙利	Hungary	369.3	441.9	西班牙	Spain	399.2	349.2
捷　克	Czech Rep.	408.4	435.8	坦桑尼亚	Tanzania	196.5	332.4
墨西哥	Mexico	349.3	411.6	巴基斯坦	Pakistan	164.3	326.2
保加利亚	Bulgaria	278.1	397.7	委内瑞拉	Venezuela	169.0	280.0
叙利亚	Syrian Arab Republic	310.6	370.2	肯尼亚	Kenya	216.0	243.9
埃塞俄比亚	Ethiopia	123.5	307.6	希　腊	Greece	209.4	235.2
土库曼斯坦	Turkmenistan	169.0	295.8	克罗地亚	Croatia	152.6	218.3
阿尔及利亚	Algeria	76.0	295.3	尼泊尔	Nepal	141.5	193.1
瑞　典	Sweden	237.2	228.4	奥地利	Austria	185.2	189.1
立陶宛	Lithuania	123.8	210.0	赞比亚	Zambia	104.0	188.7
阿塞拜疆	Azerbaijan	115.0	209.6	巴拉圭	Paraguay	64.7	185.8
塞尔维亚	Serbia		206.8	波　兰	Poland	92.3	170.7
白俄罗斯	Belarus	96.6	197.9	朝　鲜	Korea, Dem.	104.1	170.5
南　非	South Africa	242.8	195.8	危地马拉	Guatemala	105.4	168.7
比利时	Belgium	168.8	191.0	伊　朗	Iran	112.0	164.3
乌拉圭	Uruguay	32.4	184.4	哥伦比亚	Colombia	120.5	163.7
希　腊	Greece	232.6	183.0	加　纳	Ghana	101.3	162.0
伊拉克	Iraq	38.4	170.0	秘　鲁	Peru	124.1	154.4
突尼斯	Tunisia	84.2	165.4	马　里	Mali	21.5	147.7
斯洛伐克	Slovakia	125.4	153.8	莫桑比克	Mozambique	118.0	143.7
奥地利	Austria	131.3	152.3	智　利	Chile	65.2	134.6
荷　兰	Netherlands	114.3	140.2	喀麦隆	Cameroon	74.1	130.0
尼泊尔	Nepal	118.4	134.4	保加利亚	Bulgaria	80.4	129.1
智　利	Chile	149.3	114.5	乌干达	Uganda	109.6	127.2

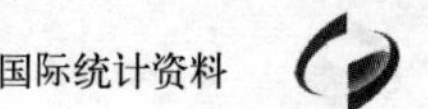

附录2−16 续表 2 continued

单位：万吨 (10 000 tons)

国家和地区	Country or Area	大豆 Soybeans		国家和地区	Country or Area	根茎类作物 Roots and Tubers	
		2000	2009			2000	2009
世　界	**World**	**16129.1**	**22318.5**	**世　界**	**World**	**69928.1**	**73580.8**
美　国	United States	7505.4	9141.7	中　国	China	18987.8	15627.2
巴　西	Brazil	3273.5	5734.5	尼日利亚	Nigeria	6516.4	7401.8
阿根廷	Argentina	2013.6	3099.3	印　度	India	3212.5	4513.4
中　国	China	1541.2	1498.1	俄罗斯联邦	Russian Fed.	3398.0	3113.4
印　度	India	527.6	1005.0	泰　国	Thailand	1927.6	3040.0
巴拉圭	Paraguay	298.0	385.5	巴　西	Brazil	2663.2	2855.6
加拿大	Canada	270.3	350.4	印度尼西亚	Indonesia	1926.9	2563.7
乌克兰	Ukraine	6.4	104.4	美　国	United States	2392.2	2045.4
乌拉圭	Uruguay	0.7	102.9	乌克兰	Ukraine	1983.8	1966.6
印度尼西亚	Indonesia	101.8	97.5	加　纳	Ghana	1318.7	1963.5
俄罗斯联邦	Russian Fed.	34.2	94.4	刚果(金)	Congo, Dem. Rep.	1652.8	1562.6
尼日利亚	Nigeria	42.9	57.4	安哥拉	Angola	468.4	1463.4
南　非	South Africa	15.4	51.6	德　国	Germany	1369.4	1161.8
意大利	Italy	90.4	46.8	越　南	Viet Nam	391.4	1020.7
朝　鲜	Korea, Dem.	35.0	35.0	科特迪瓦	Cote D'Ivoire	667.9	996.4
塞尔维亚	Serbia		34.9	波　兰	Poland	2423.2	970.3
缅　甸	Myanmar	9.7	24.0	乌干达	Uganda	784.2	863.4
日　本	Japan	23.5	23.0	坦桑尼亚	Tanzania	590.9	803.4
越　南	Viet Nam	14.9	21.4	埃塞俄比亚	Ethiopia	471.3	731.1
伊　朗	Iran	14.2	20.8	法　国	France	643.4	722.6
泰　国	Thailand	31.2	18.8	荷　兰	Netherlands	822.7	718.1
乌干达	Uganda	12.0	18.0	白俄罗斯	Belarus	871.8	712.5
韩　国	Korea, Rep.	11.3	13.9	莫桑比克	Mozambique	587.8	661.4
柬埔寨	Cambodia	2.8	13.7	贝　宁	Benin	416.1	643.4
哈萨克斯坦	Kazakhstan	0.4	13.0	英　国	United Kingdom	663.6	642.3
墨西哥	Mexico	10.2	12.1	孟加拉国	Bangladesh	331.1	557.3
克罗地亚	Croatia	6.5	11.5	秘　鲁	Peru	470.3	550.8
津巴布韦	Zimbabwe	14.4	11.0	喀麦隆	Cameroon	354.6	529.2
法　国	France	20.1	11.0	哥伦比亚	Colombia	351.5	487.0
厄瓜多尔	Ecuador	9.4	10.8	加拿大	Canada	456.7	458.1
委内瑞拉	Venezuela	0.5	10.0	埃　及	Egypt	206.6	442.9
马拉维	Malawi		8.5	土耳其	Turkey	537.0	439.9
罗马尼亚	Romania	7.0	8.4	马拉维	Malawi	483.2	422.3
澳大利亚	Australia	10.5	8.0	伊　朗	Iran	365.8	410.8
匈牙利	Hungary	3.1	7.2	马达加斯加	Madagascar	345.3	404.8
奥地利	Austria	3.3	7.1	罗马尼亚	Romania	347.0	400.4
哥伦比亚	Colombia	3.9	5.9	日　本	Japan	447.9	386.1
孟加拉国	Bangladesh		5.9	柬埔寨	Cambodia	20.2	357.7
贝　宁	Benin	0.4	5.7	巴基斯坦	Pakistan	230.1	338.3
卢旺达	Rwanda	1.4	5.4	比利时	Belgium	292.2	329.6
摩尔多瓦	Moldova	1.2	4.9	卢旺达	Rwanda	290.8	322.1
土耳其	Turkey	4.5	3.8	菲律宾	Philippines	252.1	294.3
危地马拉	Guatemala	3.0	3.7	巴拉圭	Paraguay	278.9	278.4
埃　及	Egypt	1.1	2.6	哈萨克斯坦	Kazakhstan	169.3	275.6
尼泊尔	Nepal	1.7	2.2	阿尔及利亚	Algeria	120.8	263.6
老　挝	Laos	0.5	1.9	尼泊尔	Nepal	130.9	255.9
刚果(金)	Congo, Dem. Rep.	1.1	1.7	西班牙	Spain	309.9	249.5
布基纳法索	Burkina Faso	0.4	1.6	阿根廷	Argentina	263.1	247.0
斯洛伐克	Slovakia	0.5	1.5	肯尼亚	Kenya	164.3	217.8

附录2-16 续表 3 continued

单位：万吨 (10 000 tons)

国家和地区	Country or Area	花生 Groundnuts, with Shell		国家和地区	Country or Area	油菜籽 Rapeseed	
		2000	2009			2000	2009
世　界	**World**	**3472.8**	**3645.7**	**世　界**	**World**	**3951.8**	**6167.6**
中　国	China	1451.6	1476.5	中　国	China	1138.1	1365.7
印　度	India	648.0	551.0	加拿大	Canada	720.5	1182.5
尼日利亚	Nigeria	290.1	296.9	印　度	India	578.8	720.1
美　国	United States	148.1	167.3	德　国	Germany	358.6	630.7
缅　甸	Myanmar	63.4	136.2	法　国	France	347.7	558.9
塞内加尔	Senegal	106.2	103.3	波　兰	Poland	95.8	249.7
苏　丹	Sudan	94.7	94.2	英　国	United Kingdom	115.7	195.1
印度尼西亚	Indonesia	129.2	77.8	澳大利亚	Australia	177.5	191.0
阿根廷	Argentina	42.0	60.6	乌克兰	Ukraine	13.2	187.3
越　南	Viet Nam	35.5	52.5	捷　克	Czech Rep.	84.4	112.8
加　纳	Ghana	20.9	48.5	美　国	United States	90.9	66.9
乍　得	Chad	35.9	41.3	俄罗斯联邦	Russian Fed.	14.8	66.7
坦桑尼亚	Tanzania	5.2	38.6	丹　麦	Denmark	29.4	63.5
刚果(金)	Congo, Dem. Rep.	38.2	36.7	白俄罗斯	Belarus	7.3	61.1
几内亚	Guinea	20.0	33.8	匈牙利	Hungary	17.9	57.9
马　里	Mali	19.3	33.5	罗马尼亚	Romania	7.6	57.0
布基纳法索	Burkina Faso	16.9	33.1	立陶宛	Lithuania	8.1	41.6
巴　西	Brazil	18.5	29.3	斯洛伐克	Slovakia	13.4	38.7
马拉维	Malawi	12.2	28.2	伊　朗	Iran		38.0
尼日尔	Niger	11.3	25.4	瑞　典	Sweden	12.2	29.8
埃　及	Egypt	18.7	21.0	保加利亚	Bulgaria	2.0	23.6
乌干达	Uganda	13.9	18.5	拉脱维亚	Latvia	1.0	20.5
尼加拉瓜	Nicaragua	9.7	16.7	孟加拉国	Bangladesh	24.9	20.3
中　非	Central African Rep.	10.5	16.3	巴基斯坦	Pakistan	29.7	19.9
喀麦隆	Cameroon	19.7	16.0	巴　西	Brazil	4.1	18.0
泰　国	Thailand	13.2	13.2	奥地利	Austria	12.5	17.1
冈比亚	Gambia	13.8	12.2	芬　兰	Finland	7.1	14.0
贝　宁	Benin	12.1	12.1	爱沙尼亚	Estonia	3.9	13.6
赞比亚	Zambia	5.2	12.1	哈萨克斯坦	Kazakhstan	0.3	12.0
安哥拉	Angola	1.3	11.1	土耳其	Turkey	0.0	11.4
南　非	South Africa	13.6	10.0	摩尔多瓦	Moldova	0.1	10.0
津巴布韦	Zimbabwe	19.1	9.3	克罗地亚	Croatia	2.9	8.0
土耳其	Turkey	7.8	9.0	智　利	Chile	4.8	7.9
墨西哥	Mexico	14.2	8.6	瑞　士	Switzerland	3.9	6.7
塞拉利昂	Sierra Leone	1.5	7.5	阿根廷	Argentina	0.6	6.1
莫桑比克	Mozambique	12.4	6.8	意大利	Italy	4.1	5.0
巴基斯坦	Pakistan	9.1	5.3	巴拉圭	Paraguay	…	4.8
孟加拉国	Bangladesh	3.2	4.7	塞尔维亚	Serbia		4.4
埃塞俄比亚	Ethiopia	1.2	4.6	比利时	Belgium	1.4	4.2
科特迪瓦	Cote D'Ivoire	7.2	4.4	南　非	South Africa	…	4.0
多　哥	Togo	2.6	3.7	阿尔及利亚	Algeria	2.9	3.6
马达加斯加	Madagascar	3.5	3.6	乌拉圭	Uruguay	…	3.2
几内亚比绍	Guinea-Bissau	2.0	3.2	西班牙	Spain	5.0	2.9
菲律宾	Philippines	2.7	3.1	埃塞俄比亚	Ethiopia	1.4	2.3
柬埔寨	Cambodia	0.8	3.0	爱尔兰	Ireland	0.9	2.2
摩洛哥	Morocco	3.9	3.0	卢森堡	Luxemburg	0.8	1.8
老　挝	Laos	1.3	2.9	荷　兰	Netherlands	0.3	1.2
肯尼亚	Kenya	3.0	2.7	斯洛文尼亚	Slovenia	0.0	1.0
利比亚	Libya	2.0	2.6	挪　威	Norway	0.9	0.7

附录2−16 续表 4 continued

单位：万吨 (10 000 tons)

国家和地区	Country or Area	芝麻 Sesame Seed 2000	芝麻 Sesame Seed 2009	国家和地区	Country or Area	籽棉 Seed Cotton 2000	籽棉 Seed Cotton 2009
世　界	**World**	**278.8**	**397.7**	**世　界**	**World**	**5289.9**	**6089.2**
缅　甸	Myanmar	29.6	86.8	中　国	China	1325.1	1913.1
印　度	India	51.8	65.7	印　度	India	492.3	1220.7
中　国	China	81.2	62.3	巴基斯坦	Pakistan	547.6	633.8
苏　丹	Sudan	28.2	31.8	美　国	United States	958.1	633.0
埃塞俄比亚	Ethiopia	1.6	26.1	乌兹别克斯坦	Uzbekistan	300.2	342.0
乌干达	Uganda	9.7	17.8	巴　西	Brazil	201.0	292.8
尼日利亚	Nigeria	7.2	11.0	土耳其	Turkey	226.1	172.5
尼日尔	Niger	1.4	7.6	澳大利亚	Australia	178.7	80.2
巴拉圭	Paraguay	0.8	6.5	希　腊	Greece	129.7	71.5
索马里	Somalia	2.3	6.4	土库曼斯坦	Turkmenistan	103.0	66.7
布基纳法索	Burkina Faso	0.7	5.6	叙利亚	Syrian Arab Republic	108.2	65.2
中　非	Central African Rep.	3.7	5.0	尼日利亚	Nigeria	39.9	50.1
坦桑尼亚	Tanzania	3.9	4.8	布基纳法索	Burkina Faso	21.3	48.4
泰　国	Thailand	3.9	4.6	阿根廷	Argentina	41.8	38.9
埃　及	Egypt	3.7	4.1	埃　及	Egypt	55.4	30.0
乍　得	Chad	3.3	3.5	塔吉克斯坦	Tajikistan	33.5	29.6
巴基斯坦	Pakistan	5.1	3.3	墨西哥	Mexico	22.4	27.9
孟加拉国	Bangladesh	2.2	3.2	哈萨克斯坦	Kazakhstan	28.7	27.0
阿富汗	Afghanistan	2.3	3.2	伊　朗	Iran	49.7	25.4
柬埔寨	Cambodia	1.0	3.1	坦桑尼亚	Tanzania	12.3	25.0
墨西哥	Mexico	4.1	2.9	马　里	Mali	24.3	23.6
伊　朗	Iran	2.7	2.8	津巴布韦	Zimbabwe	32.7	23.6
危地马拉	Guatemala	1.9	2.7	贝　宁	Benin	34.0	22.9
也　门	Yemen	1.8	2.4	缅　甸	Myanmar	17.6	19.8
越　南	Viet Nam	1.7	2.4	喀麦隆	Cameroon	20.4	17.5
土耳其	Turkey	2.4	2.1	莫桑比克	Mozambique	3.5	17.3
韩　国	Korea, Rep.	3.2	2.0	苏　丹	Sudan	14.7	16.9
委内瑞拉	Venezuela	3.3	1.9	赞比亚	Zambia	6.2	15.9
巴　西	Brazil	1.5	1.6	科特迪瓦	Cote D'Ivoire	40.2	12.5
乌兹别克斯坦	Uzbekistan	2.0	1.6	秘　鲁	Peru	15.4	9.6
莫桑比克	Mozambique	0.5	1.6	西班牙	Spain	29.5	8.0
肯尼亚	Kenya	1.0	1.3	马拉维	Malawi	3.7	7.3
马　里	Mali	0.4	1.2	哥伦比亚	Colombia	11.1	7.1
贝　宁	Benin	1.0	1.0	乌干达	Uganda	7.6	6.6
斯里兰卡	Sri Lanka	0.5	0.9	乍　得	Chad	18.0	6.5
老　挝	Laos	0.5	0.8	埃塞俄比亚	Ethiopia	4.6	6.5
叙利亚	Syrian Arab Republic	0.4	0.8	阿富汗	Afghanistan	5.7	5.6
塞内加尔	Senegal	0.1	0.7	吉尔吉斯斯坦	Kyrgyzstan	8.8	4.9
尼加拉瓜	Nicaragua	0.4	0.5	孟加拉国	Bangladesh	4.1	3.8
刚果(金)	Congo, Dem. Rep.	0.5	0.5	肯尼亚	Kenya	2.0	3.8
伊拉克	Iraq	1.4	0.5	印度尼西亚	Indonesia	2.8	3.5
沙特阿拉伯	Saudi Arabia	0.3	0.5	朝　鲜	Korea, Dem.	3.5	3.4
塞拉利昂	Sierra Leone	0.1	0.4	几内亚	Guinea	6.6	3.3
海　地	Haiti	0.4	0.3	阿塞拜疆	Azerbaijan	9.2	3.2
喀麦隆	Cameroon	0.3	0.3	多　哥	Togo	11.7	2.9
哥伦比亚	Colombia	0.4	0.3	加　纳	Ghana	3.6	2.6
冈比亚	Gambia	0.3	0.3	刚果(金)	Congo, Dem. Rep.	2.7	2.6
科特迪瓦	Cote D'Ivoire	0.4	0.2	也　门	Yemen	2.8	2.5
安哥拉	Angola	0.2	0.2	伊拉克	Iraq	3.3	2.4

附录2-16 续表 5 continued

单位：万吨 (10 000 tons)

国家和地区	Country or Area	甘蔗 Sugar Cane		国家和地区	Country or Area	甜菜 Sugar Beets	
		2000	2009			2000	2009
世　界	**World**	**125749.9**	**166125.2**	**世　界**	**World**	**25010.2**	**22715.8**
巴　西	Brazil	32770.5	67139.5	法　国	France	3112.1	3506.7
印　度	India	29932.4	28502.9	美　国	United States	3254.1	2677.9
中　国	China	6929.9	11625.1	德　国	Germany	2787.0	2591.9
泰　国	Thailand	5405.2	6681.6	俄罗斯联邦	Russian Fed.	1405.4	2489.2
巴基斯坦	Pakistan	4633.3	5004.5	土耳其	Turkey	1882.1	1727.5
墨西哥	Mexico	4410.0	4949.3	波　兰	Poland	1313.4	1084.9
哥伦比亚	Colombia	3500.0	3850.0	乌克兰	Ukraine	1319.9	1006.8
澳大利亚	Australia	3816.5	3145.7	英　国	United Kingdom	907.9	833.0
阿根廷	Argentina	1840.0	2995.0	中　国	China	807.4	717.9
美　国	United States	3611.4	2745.6	荷　兰	Netherlands	679.8	573.5
印度尼西亚	Indonesia	2390.0	2650.0	比利时	Belgium	615.2	518.6
菲律宾	Philippines	2449.1	2293.3	埃　及	Egypt	289.0	513.4
南　非	South Africa	2387.6	2050.0	西班牙	Spain	793.0	415.4
危地马拉	Guatemala	1655.2	1839.2	白俄罗斯	Belarus	147.4	397.3
埃　及	Egypt	1570.6	1700.0	日　本	Japan	367.3	364.9
越　南	Viet Nam	1504.4	1524.6	意大利	Italy	1237.0	330.8
古　巴	Cuba	3640.0	1490.0	奥地利	Austria	256.0	308.3
秘　鲁	Peru	753.5	1010.0	捷　克	Czech Rep.	280.9	303.8
委内瑞拉	Venezuela	883.2	950.0	摩洛哥	Morocco	288.3	292.6
缅　甸	Myanmar	580.1	850.0	塞尔维亚	Serbia		279.8
厄瓜多尔	Ecuador	540.2	847.3	瑞　典	Sweden	260.2	240.6
苏　丹	Sudan	498.2	752.7	伊　朗	Iran	433.2	204.1
洪都拉斯	Honduras	397.4	620.3	丹　麦	Denmark	334.5	189.8
萨尔瓦多	El Salvador	514.0	573.6	瑞　士	Switzerland	140.9	172.0
肯尼亚	Kenya	394.2	561.1	克罗地亚	Croatia	48.2	121.7
孟加拉国	Bangladesh	691.0	523.3	智　利	Chile	309.3	104.2
斯威士兰	Swaziland	388.5	500.0	希　腊	Greece	303.3	100.0
巴拉圭	Paraguay	224.5	480.0	斯洛伐克	Slovakia	96.2	89.9
多米尼加	Dominican Rep.	451.1	471.6	罗马尼亚	Romania	66.7	81.7
尼加拉瓜	Nicaragua	352.4	469.0	匈牙利	Hungary	197.6	73.7
毛里求斯	Mauritius	511.0	466.9	叙利亚	Syrian Arab Republic	117.5	73.3
哥斯达黎加	Costa Rica	380.0	410.0	立陶宛	Lithuania	88.2	68.2
津巴布韦	Zimbabwe	422.8	310.0	加拿大	Canada	82.1	65.8
伊　朗	Iran	236.7	303.5	芬　兰	Finland	104.6	55.9
圭亚那	Guyana	271.0	276.6	摩尔多瓦	Moldova	94.4	33.7
马达加斯加	Madagascar	218.9	260.0	土库曼斯坦	Turkmenistan	23.0	23.4
马拉维	Malawi	210.0	250.0	阿塞拜疆	Azerbaijan	4.7	18.9
赞比亚	Zambia	160.0	250.0	哈萨克斯坦	Kazakhstan	27.3	18.1
莫桑比克	Mozambique	39.7	245.1	葡萄牙	Portugal	46.2	13.7
坦桑尼亚	Tanzania	135.5	237.0	巴基斯坦	Pakistan	15.9	9.3
尼泊尔	Nepal	210.3	235.4	吉尔吉斯斯坦	Kyrgyzstan	45.0	5.4
乌干达	Uganda	147.6	235.0	阿尔巴尼亚	Albania	4.2	4.0
埃塞俄比亚	Ethiopia	217.7	230.0	黎巴嫩	Lebanon	34.2	3.7
斐　济	Fiji	359.8	208.9	哥伦比亚	Colombia	1.2	3.0
牙买加	Jamaica	202.5	196.8	委内瑞拉	Venezuela	1.7	2.1
巴拿马	Panama	178.9	191.4	伊拉克	Iraq	0.8	1.8
留尼汪	R閿nion	184.5	190.8	阿富汗	Afghanistan	0.1	1.7
科特迪瓦	Cote D'Ivoire	167.2	163.0	亚美尼亚	Armenia	0.1	1.0
刚果(金)	Congo, Dem. Rep.	166.9	155.0	前南马其顿	Macedonia, FYR	5.7	0.5

附录2−16 续表 6 continued

单位：万吨 (10 000 tons)

国家和地区	Country or Area	茶叶 Tea		国家和地区	Country or Area	水果(不包括瓜类) Fruit excluding Melons	
		2000	2009			2000	2009
世 界	**World**	**296.0**	**395.0**	**世 界**	**World**	**47355.6**	**59425.4**
中 国	China	70.4	137.6	中 国	China	6450.3	11587.6
印 度	India	82.6	80.0	印 度	India	4300.1	7039.5
肯尼亚	Kenya	23.6	31.4	巴 西	Brazil	3698.7	3646.6
斯里兰卡	Sri Lanka	30.6	29.0	美 国	United States	3280.5	2729.4
土耳其	Turkey	13.9	19.9	意大利	Italy	1799.0	1815.1
越 南	Viet Nam	7.0	18.6	印度尼西亚	Indonesia	841.3	1705.8
印度尼西亚	Indonesia	16.3	16.0	菲律宾	Philippines	1075.1	1596.1
日 本	Japan	8.5	8.6	墨西哥	Mexico	1330.7	1566.1
阿根廷	Argentina	7.4	7.3	西班牙	Spain	1611.6	1446.6
泰 国	Thailand	0.6	6.4	土耳其	Turkey	1086.1	1422.3
孟加拉国	Bangladesh	4.6	6.0	伊 朗	Iran	1228.8	1342.0
马拉维	Malawi	4.2	5.3	尼日利亚	Nigeria	928.3	1025.6
乌干达	Uganda	2.9	4.9	乌干达	Uganda	1009.1	1015.7
伊 朗	Iran	5.0	4.0	埃 及	Egypt	696.6	1001.2
坦桑尼亚	Tanzania	2.4	3.2	法 国	France	1126.5	925.0
缅 甸	Myanmar	1.9	3.1	厄瓜多尔	Ecuador	767.1	897.6
津巴布韦	Zimbabwe	2.2	2.1	泰 国	Thailand	790.5	863.7
卢旺达	Rwanda	1.5	2.0	哥伦比亚	Colombia	685.1	793.8
尼泊尔	Nepal	0.5	1.6	阿根廷	Argentina	717.4	675.8
莫桑比克	Mozambique	1.1	1.6	巴基斯坦	Pakistan	518.6	631.6
马来西亚	Malaysia	0.6	0.9	越 南	Viet Nam	436.3	595.9
布隆迪	Burundi	0.7	0.7	南 非	South Africa	511.1	589.3
巴布亚新几内亚	Papua New Guinea	0.6	0.7	智 利	Chile	389.0	545.2
喀麦隆	Cameroon	0.4	0.6	哥斯达黎加	Costa Rica	381.1	508.1
格鲁吉亚	Georgia	2.4	0.6	坦桑尼亚	Tanzania	185.4	453.4
埃塞俄比亚	Ethiopia	0.4	0.5	加 纳	Ghana	239.1	436.3
巴 西	Brazil	0.8	0.5	秘 鲁	Peru	318.7	417.4
韩 国	Korea, Rep.	0.1	0.4	危地马拉	Guatemala	197.3	384.1
南 非	South Africa	1.3	0.4	波 兰	Poland	224.7	368.5
秘 鲁	Peru	0.6	0.3	孟加拉国	Bangladesh	136.1	363.1
厄瓜多尔	Ecuador	0.1	0.2	澳大利亚	Australia	308.4	344.0
刚果(金)	Congo, Dem. Rep.	0.2	0.2	日 本	Japan	382.1	341.5
毛里求斯	Mauritius	0.1	0.2	摩洛哥	Morocco	268.1	339.7
赞比亚	Zambia	0.1	0.1	希 腊	Greece	415.2	321.3
留尼汪	R闋nion	0.1	0.1	卢旺达	Rwanda	230.4	319.0
俄罗斯联邦	Russian Fed.	0.2	0.1	俄罗斯联邦	Russian Fed.	340.2	306.7
危地马拉	Guatemala	0.1	0.1	阿尔及利亚	Algeria	142.8	299.2
老 挝	Laos	…	0.1	德 国	Germany	529.1	296.0
马达加斯加	Madagascar	0.1	0.1	韩 国	Korea, Rep.	262.6	293.7
阿塞拜疆	Azerbaijan	0.1		肯尼亚	Kenya	214.8	289.6
巴拿马	Panama			喀麦隆	Cameroon	199.4	282.5
哥伦比亚	Colombia			科特迪瓦	Cote D'Ivoire	234.7	248.5
马 里	Mali			乌兹别克斯坦	Uzbekistan	141.5	242.6
葡萄牙	Portugal			巴布亚新几内亚	Papua New Guinea	166.6	232.5
塞舌尔	Seychelles			罗马尼亚	Romania	259.6	232.3

附录2-17 国际互联网用户

Internet Users

资料来源：世界银行WDI数据库。
Source: World Bank WDI Database.
单位：个/千人 (unit per 1 000 persons)

国家和地区	Country or Area	2000	2005	2006	2007	2008	2009
世 界	**World**	**67.50**	**160.64**	**177.89**	**208.07**	**239.79**	**271.14**
高收入国家	**High Income**	**305.76**	**594.02**	**618.55**	**663.55**	**691.83**	**719.25**
中等收入国家	**Middle Income**	**17.10**	**82.64**	**100.46**	**132.60**	**170.10**	**207.18**
低收入国家	**Low Income**	**1.30**	**9.51**	**14.00**	**16.25**	**20.50**	**26.39**
中 国	China	17.82	85.79	106.01	161.30	224.96	288.42
中国香港	Hong Kong, China	278.35	614.20	653.52	571.97	591.01	613.96
中国澳门	Macao, China	138.93	353.14	439.02	470.63	499.55	528.81
孟加拉国	Bangladesh	0.77	2.63	3.16	3.47	3.82	4.20
文 莱	Brunei Darussalam	91.73	371.65	429.98	461.59	693.87	813.81
柬埔寨	Cambodia	0.48	3.29	4.88	5.12	5.35	5.58
印 度	India	5.41	24.67	29.01	40.90	45.40	53.06
印度尼西亚	Indonesia	8.90	34.74	46.00	55.92	76.61	84.24
伊 朗	Iran	9.57	176.39	155.85	181.98	318.17	381.68
以色列	Israel	201.94	243.27	269.23	464.62	478.87	494.28
日 本	Japan	299.52	667.51	685.21	740.82	751.57	777.24
哈萨克斯坦	Kazakhstan	6.72	29.71	32.66	40.04	108.91	332.81
韩 国	Korea, Rep.	405.04	710.46	732.86	779.97	802.42	809.08
老 挝	Laos	1.13	8.69	11.98	16.86	36.53	49.08
马来西亚	Malaysia	212.56	477.59	506.83	546.84	548.11	566.16
蒙 古	Mongolia	12.44	105.33	119.96	121.93	123.71	129.07
缅 甸	Myanmar		0.68	1.90	2.27	2.30	2.31
巴基斯坦	Pakistan		66.19	74.30	106.42	110.49	119.36
菲律宾	Philippines	19.92	53.94	57.39	59.78	62.30	64.94
新加坡	Singapore	322.75	618.54	593.16	676.66	696.37	733.50
斯里兰卡	Sri Lanka	6.48	17.64	24.92	38.07	56.83	85.93
泰 国	Thailand	36.42	148.56	169.64	197.89	235.84	254.51
越 南	Viet Nam	2.58	130.00	176.25	212.20	244.75	278.99
埃 及	Egypt	6.65	121.64	130.57	153.61	173.29	208.69
尼日利亚	Nigeria	0.65	35.76	55.81	68.05	159.17	284.70
南 非	South Africa	54.55	76.27	77.52	82.18	85.81	89.62
加拿大	Canada	421.55	679.08	703.20	727.79	753.08	777.27
墨西哥	Mexico	50.60	182.66	190.70	202.38	210.26	253.85
美 国	United States	439.45	695.74	705.71	735.21	757.72	781.39
阿根廷	Argentina	70.40	177.44	209.71	260.27	282.32	305.62
巴 西	Brazil	28.67	210.33	282.08	309.37	376.04	392.99
委内瑞拉	Venezuela	33.73	126.23	153.15	208.12	258.52	311.67
捷 克	Czech Rep.	97.34	351.28	477.23	515.99	623.36	637.05
法 国	France	139.23	415.17	453.45	639.03	683.10	691.41
德 国	Germany	301.67	686.59	721.74	752.30	780.56	795.14
意大利	Italy	231.79	353.83	380.16	407.42	443.60	485.71
荷 兰	Netherlands	439.55	807.72	828.28	862.29	878.56	899.69
波 兰	Poland	72.81	388.44	446.05	486.15	531.00	588.46
俄罗斯联邦	Russian Fed.	19.82	152.29	180.27	246.31	319.83	420.87
西班牙	Spain	136.25	475.07	497.57	540.94	581.91	612.47
土耳其	Turkey	39.29	161.46	190.39	298.62	358.19	367.59
乌克兰	Ukraine	7.12	37.36	44.88	137.61	224.83	332.22
英 国	United Kingdom	268.29	696.22	687.96	749.82	781.82	832.37
澳大利亚	Australia	468.00	632.47	649.34	678.61	705.63	717.79
新西兰	New Zealand	475.07	623.66	665.71	691.76	713.77	834.14

附录2-18　世界主要国家和地区货物进出口总额

Merchandise Imports and Exports by Country or Area

资料来源：世界贸易组织数据库。
Source: WTO Database.

单位：亿美元　(100 million USD)

国家和地区	Country or Area	2000	2005	2007	2008	2009	2010
世　界	**World**	**131800**	**213440**	**283000**	**326360**	**252400**	**306140**
中　国	China	4743	14219	21766	25633	22075	29729
中国香港	Hong Kong, China	4167	5923	7195	7632	6817	8431
中国澳门	Macao, China	52	70	86	79	57	69
孟加拉国	Bangladesh	153	232	310	392	369	470
文　莱	Brunei Darussalam	50	77	98	129	97	125
柬埔寨	Cambodia	33	70	95	112	102	125
印　度	India	939	2425	3795	5159	4221	5389
印度尼西亚	Indonesia	1090	1625	2108	2666	2096	2899
伊　朗	Iran	426	963	1337	1711	1293	1636
以色列	Israel	691	899	1131	1290	972	1197
日　本	Japan	8588	11108	13366	15439	11327	14625
哈萨克斯坦	Kazakhstan	139	452	805	1091	716	890
韩　国	Korea, Rep.	3327	5457	7283	8573	6866	8916
老　挝	Laos	9	14	20	25	24	33
马来西亚	Malaysia	1802	2556	3232	3564	2813	3635
蒙　古	Mongolia	12	22	40	62	40	62
缅　甸	Myanmar	40	57	96	112	110	132
巴基斯坦	Pakistan	199	414	504	627	492	593
菲律宾	Philippines	768	907	1085	1095	843	1097
新加坡	Singapore	2723	4297	5625	6580	5156	6627
斯里兰卡	Sri Lanka	126	152	190	224	176	221
泰　国	Thailand	1310	2291	2938	3570	2861	3777
越　南	Viet Nam	301	692	1112	1434	1270	1570
埃　及	Egypt	199	354	563	746	680	794
尼日利亚	Nigeria	297	712	994	1318	869	1160
南　非	South Africa	597	1139	1582	1813	1348	1759
加拿大	Canada	5214	6829	8109	8755	6466	7887
墨西哥	Mexico	3458	4424	5621	6096	4712	6090
美　国	United States	20412	26338	31686	34569	26613	32462
阿根廷	Argentina	515	690	1005	1274	944	1249
巴　西	Brazil	1141	1962	2873	3803	2867	3934
委内瑞拉	Venezuela	497	797	1151	1447	982	1066
捷　克	Czech Rep.	611	1546	2407	2888	2180	2592
法　国	France	6666	9676	11905	13314	10447	11264
德　国	Germany	10490	17480	23762	26312	20464	23360
意大利	Italy	4793	7579	10115	11047	8220	9318
荷　兰	Netherlands	4514	7702	10434	12189	9410	10886
波　兰	Poland	808	1911	3059	3793	2860	3296
俄罗斯联邦	Russian Fed.	1502	3692	5779	7635	4952	6484
西班牙	Spain	2714	4814	6426	7023	5206	5568
土耳其	Turkey	823	1903	2773	3340	2431	2994
乌克兰	Ukraine	285	704	1099	1525	853	1124
英　国	United Kingdom	6335	8981	10620	10926	8357	9622
澳大利亚	Australia	1354	2314	3067	3875	3198	4141
新西兰	New Zealand	272	479	578	649	505	620

附录2-19 货物出口总额
Merchandise Export

资料来源：世界贸易组织数据库。
Source: WTO Database.
单位：亿美元 (100 million USD)

国家和地区	Country or Area	2000	2005	2007	2008	2009	2010
世 界	**World**	**64560**	**104890**	**140000**	**161160**	**125220**	**152380**
中 国	China	2492	7620	12205	14307	12016	15778
中国香港	Hong Kong, China	2027	2921	3494	3702	3294	4010
中国澳门	Macao, China	25	25	25	20	10	9
孟加拉国	Bangladesh	64	93	125	154	151	192
文 莱	Brunei Darussalam	39	62	77	103	72	92
柬埔寨	Cambodia	14	31	41	47	43	50
印 度	India	424	996	1502	1948	1649	2162
印度尼西亚	Indonesia	654	870	1180	1396	1196	1582
伊 朗	Iran	287	563	887	1137	788	1009
以色列	Israel	314	428	541	613	479	584
日 本	Japan	4792	5949	7143	7814	5807	7698
哈萨克斯坦	Kazakhstan	88	278	478	712	432	592
韩 国	Korea, Rep.	1723	2844	3715	4220	3635	4664
老 挝	Laos	3	6	9	11	10	16
马来西亚	Malaysia	982	1410	1762	1995	1574	1988
蒙 古	Mongolia	5	11	19	25	19	29
缅 甸	Myanmar	16	38	63	69	67	86
巴基斯坦	Pakistan	90	161	178	203	175	215
菲律宾	Philippines	398	413	505	491	384	514
新加坡	Singapore	1378	2296	2993	3382	2698	3519
斯里兰卡	Sri Lanka	54	63	77	85	73	85
泰 国	Thailand	691	1109	1539	1778	1524	1953
越 南	Viet Nam	145	324	486	627	571	722
埃 及	Egypt	53	129	192	262	231	264
尼日利亚	Nigeria	210	505	645	818	530	790
南 非	South Africa	300	516	698	808	617	818
加拿大	Canada	2766	3605	4207	4565	3167	3872
墨西哥	Mexico	1664	2142	2718	2913	2297	2984
美 国	United States	7819	9011	11482	12874	10560	12781
阿根廷	Argentina	263	404	558	700	557	685
巴 西	Brazil	551	1185	1606	1979	1530	2019
委内瑞拉	Venezuela	335	557	690	951	576	658
捷 克	Czech Rep.	291	781	1225	1468	1130	1330
法 国	France	3276	4634	5596	6159	4846	5205
德 国	Germany	5518	9709	13212	14462	11200	12688
意大利	Italy	2405	3731	4999	5427	4069	4478
荷 兰	Netherlands	2331	4064	5508	6379	4979	5719
波 兰	Poland	317	894	1401	1705	1365	1559
俄罗斯联邦	Russian Fed.	1056	2438	3544	4716	3034	4000
西班牙	Spain	1153	1926	2533	2815	2273	2445
土耳其	Turkey	278	735	1073	1320	1021	1139
乌克兰	Ukraine	146	342	493	670	398	515
英 国	United Kingdom	2854	3845	4391	4597	3529	4047
澳大利亚	Australia	639	1061	1414	1873	1543	2124
新西兰	New Zealand	133	217	269	306	249	314

附录2-20 货物进口总额

Merchandise Import

资料来源：世界贸易组织数据库。
Source: WTO Database.
单位：亿美元 (100 million USD)

国家和地区	Country or Area	2000	2005	2007	2008	2009	2010
世　界	**World**	**67240**	**108550**	**143000**	**165200**	**127180**	**153760**
中　国	China	2251	6600	9561	11326	10059	13951
中国香港	Hong Kong, China	2140	3002	3701	3930	3522	4420
中国澳门	Macao, China	26	45	60	59	48	61
孟加拉国	Bangladesh	89	139	186	239	218	278
文　莱	Brunei Darussalam	11	15	21	26	25	34
柬埔寨	Cambodia	19	39	54	65	59	75
印　度	India	515	1429	2294	3210	2572	3227
印度尼西亚	Indonesia	436	755	928	1270	900	1317
伊　朗	Iran	139	400	449	574	505	627
以色列	Israel	377	471	590	677	493	613
日　本	Japan	3795	5159	6222	7625	5520	6926
哈萨克斯坦	Kazakhstan	50	174	328	379	284	298
韩　国	Korea, Rep.	1605	2612	3568	4353	3231	4252
老　挝	Laos	5	9	11	14	14	18
马来西亚	Malaysia	820	1146	1470	1569	1238	1647
蒙　古	Mongolia	6	12	21	36	21	33
缅　甸	Myanmar	24	19	33	43	43	47
巴基斯坦	Pakistan	109	254	326	423	317	378
菲律宾	Philippines	370	495	580	604	459	583
新加坡	Singapore	1345	2000	2632	3198	2458	3108
斯里兰卡	Sri Lanka	72	88	113	140	102	136
泰　国	Thailand	619	1182	1400	1792	1337	1824
越　南	Viet Nam	156	368	627	807	699	848
埃　及	Egypt	146	224	371	484	449	529
尼日利亚	Nigeria	87	208	348	500	339	370
南　非	South Africa	297	623	884	1005	732	940
加拿大	Canada	2448	3224	3902	4190	3299	4015
墨西哥	Mexico	1795	2282	2902	3183	2415	3106
美　国	United States	12593	17327	20204	21695	16053	19681
阿根廷	Argentina	252	287	447	574	388	564
巴　西	Brazil	591	776	1266	1824	1337	1915
委内瑞拉	Venezuela	162	240	461	496	406	408
捷　克	Czech Rep.	320	765	1182	1420	1050	1262
法　国	France	3389	5041	6309	7155	5601	6058
德　国	Germany	4972	7771	10550	11851	9263	10671
意大利	Italy	2388	3848	5117	5619	4151	4839
荷　兰	Netherlands	2183	3638	4926	5809	4432	5167
波　兰	Poland	490	1016	1657	2088	1495	1738
俄罗斯联邦	Russian Fed.	447	1254	2235	2919	1918	2484
西班牙	Spain	1561	2888	3893	4208	2932	3122
土耳其	Turkey	545	1168	1701	2020	1409	1855
乌克兰	Ukraine	140	361	606	855	455	609
英　国	United Kingdom	3481	5137	6229	6330	4829	5575
澳大利亚	Australia	715	1253	1653	2003	1655	2016
新西兰	New Zealand	139	262	309	344	256	306

附录2-21 货币汇率(年平均价)
Exchange Rate (Period Average)

资料来源：世界银行WDI数据库。
Source: World Bank WDI Database.
单位：1美元合本币数 (local currency unit per US dollar)

国家和地区	Country or Area	2000	2005	2007	2008	2009	2010
中　国	China	8.28	8.19	7.61	6.95	6.83	6.77
中国香港	Hong Kong, China	7.79	7.78	7.80	7.79	7.75	7.77
中国澳门	Macao, China	8.03	8.01	8.04	8.02	7.98	8.00
孟加拉国	Bangladesh	52.14	64.33	68.88	68.60	69.04	69.65
文　莱	Brunei Darussalam	1.72	1.66	1.51	1.42	1.46	1.36
柬埔寨	Cambodia	3840.75	4092.50	4056.17	4054.17	4139.33	4196.18
印　度	India	44.94	44.10	41.35	43.51	48.41	45.73
印度尼西亚	Indonesia	8421.78	9704.74	9141.00	9698.96	10389.94	9097.17
伊　朗	Iran	1765.30	8963.96	9281.15	9428.53	9864.30	10254.18
以色列	Israel	4.08	4.49	4.11	3.59	3.93	3.74
日　本	Japan	107.77	110.22	117.75	103.36	93.57	87.78
哈萨克斯坦	Kazakhstan	142.13	132.88	122.55	120.30	147.50	147.35
韩　国	Korea, Rep.	1130.96	1024.12	929.26	1102.05	1276.93	1156.06
老　挝	Laos	7887.64	10655.17	9603.16	8744.22	8516.05	8370.48
马来西亚	Malaysia	3.80	3.79	3.44	3.34	3.53	3.22
蒙　古	Mongolia	1076.67	1205.25	1170.40	1165.80	1437.80	1358.93
缅　甸	Myanmar	6.43	5.76	5.56	5.39	5.52	5.60
巴基斯坦	Pakistan	53.65	59.51	60.74	70.41	81.71	85.19
菲律宾	Philippines	44.19	55.09	46.15	44.32	47.68	45.11
新加坡	Singapore	1.72	1.66	1.51	1.42	1.46	1.36
斯里兰卡	Sri Lanka	77.01	100.50	110.62	108.33	114.95	113.07
泰　国	Thailand	40.11	40.22	34.52	33.31	34.29	31.69
越　南	Viet Nam	14167.75	15858.92	16105.13	16302.25	17065.08	18549.10
埃　及	Egypt	3.47	5.78	5.64	5.43	5.55	5.61
尼日利亚	Nigeria	101.70	131.27	125.81	118.55	148.90	149.14
南　非	South Africa	6.94	6.36	7.05	8.26	8.47	7.32
加拿大	Canada	1.49	1.21	1.07	1.07	1.14	1.03
墨西哥	Mexico	9.46	10.90	10.93	11.13	13.51	12.64
美　国	United States	1.00	1.00	1.00	1.00	1.00	1.00
阿根廷	Argentina	1.00	2.90	3.10	3.14	3.71	3.90
巴　西	Brazil	1.83	2.43	1.95	1.83	2.00	1.76
委内瑞拉	Venezuela	0.68	2.09	2.15	2.15	2.15	2.59
捷　克	Czech Rep.	38.60	23.96	20.29	17.07	19.06	19.10
法　国	France	1.09	0.80	0.73	0.68	0.72	
德　国	Germany	1.09	0.80	0.73	0.68	0.72	
意大利	Italy	1.09	0.80	0.73	0.68	0.72	
荷　兰	Netherlands	1.09	0.80	0.73	0.68	0.72	
波　兰	Poland	4.35	3.24	2.77	2.41	3.12	3.02
俄罗斯联邦	Russian Fed.	28.13	28.28	25.58	24.85	31.74	30.37
西班牙	Spain	1.09	0.80	0.73	0.68	0.72	
土耳其	Turkey	0.63	1.34	1.30	1.30	1.55	1.50
乌克兰	Ukraine	5.44	5.13	5.05	5.27	7.79	7.94
英　国	United Kingdom	0.66	0.55	0.50	0.54	0.64	0.65
澳大利亚	Australia	1.73	1.31	1.20	1.19	1.28	1.09
新西兰	New Zealand	2.20	1.42	1.36	1.42	1.60	1.39

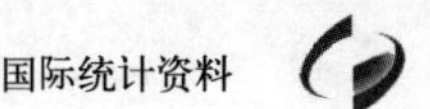

附录2–22 国际旅游收支

Expenditures and Receipts of International Tourism

资料来源：世界银行WDI数据库。
Source: World Bank WDI Database.

单位：亿美元 (100 million USD)

国家和地区	Country or Area	国际旅游支出 International Tourism Expenditures			国际旅游收入 International Tourism Receipts		
		2000	2005	2009	2000	2005	2009
世　界	**World**	**5316**	**7707**	**9237**	**5701**	**8273**	**10185**
中　国	China	142	247	471	173	318	426
中国香港	Hong Kong, China	125	133	160	82	136	209
中国澳门	Macao, China		4	5	32	80	179
孟加拉国	Bangladesh	5	4	7	1	1	1
文　莱	Brunei Darussalam		4	5		2	3
柬埔寨	Cambodia	1	1	2	3	9	13
印　度	India	37	83	115	36	77	115
印度尼西亚	Indonesia	32	47	96	50	51	68
伊　朗	Iran	7	46		7	14	
以色列	Israel	37	38	39	46	34	43
日　本	Japan	426	481	348	60	156	125
哈萨克斯坦	Kazakhstan	5	9	13	4	8	12
韩　国	Korea, Rep.	79	169	146	85	83	129
老　挝	Laos			1	1	1	3
马来西亚	Malaysia	25	43	72	59	104	172
蒙　古	Mongolia	1	2	2		2	3
缅　甸	Myanmar				2	1	
巴基斯坦	Pakistan	6	18	11	6	8	9
菲律宾	Philippines	18	15	30	23	28	28
新加坡	Singapore	45	101	158	51	62	92
斯里兰卡	Sri Lanka	4	6	7	4	7	8
泰　国	Thailand	32	49	57	99	121	194
越　南	Viet Nam		9	11		23	31
埃　及	Egypt	12	19	29	47	72	118
尼日利亚	Nigeria	6	5	53	2	1	8
南　非	South Africa	27	48	64	33	86	87
加拿大	Canada	151	227	302	130	160	156
墨西哥	Mexico	64	90	86	91	128	123
美　国	United States	913	995	1052	1186	1230	1476
阿根廷	Argentina	55	36	58	32	32	45
巴　西	Brazil	45	59	129	20	42	56
委内瑞拉	Venezuela	16	18	22	5	7	9
捷　克	Czech Rep.	13	26	42	30	56	74
法　国	France	267	388	459	392	522	585
德　国	Germany	576	848	927	249	405	475
意大利	Italy	182	268	343	287	384	419
荷　兰	Netherlands	136	166	211	113	165	179
波　兰	Poland	34	59	78	61	71	99
俄罗斯联邦	Russian Fed.	88	183	235	34	78	123
西班牙	Spain	77	184	215	327	531	586
土耳其	Turkey	17	33	46	76	197	246
乌克兰	Ukraine	6	31	38	6	35	43
英　国	United Kingdom	470	730	611	300	394	385
澳大利亚	Australia	88	159	215	130	200	279
新西兰	New Zealand	12	27	26	23	52	44

附录2−23 国际旅游人数

Number of Arrivals and Departures of International Tourism

资料来源：世界银行WDI数据库。
Source: World Bank WDI Database.
单位：万人 (10 000 persons)

国家和地区	Country or Area	入境(过夜)旅游人数 Number of Arrivals			出境旅游人数 Number of Departures		
		2000	2005	2009	2000	2005	2009
世　界	**World**	**69021**	**80987**	**89309**	**73059**	**88253**	**96154**
高收入国家	**High Income**	**47623**	**51230**	**53325**	**47947**	**54634**	**56110**
中等收入国家	**Middle Income**	**19700**	**27861**	**33385**	**17945**	**25704**	
低收入国家	**Low Income**	**704**	**957**				
中　国	China	3123	4681	5088	1047	3103	4766
中国香港	Hong Kong, China	881	1477	1693	461	7230	8196
中国澳门	Macao, China	520	901	1040	14	30	21
孟加拉国	Bangladesh	20	21	27	113	177	225
文　莱	Brunei Darussalam	98	13	16			
柬 埔 寨	Cambodia		133	205	4	57	34
印　度	India	265	392	511	442	719	1107
印度尼西亚	Indonesia	506	500	632	221	411	505
伊　朗	Iran	134	189		229		
以 色 列	Israel	242	190	232	353	369	401
日　本	Japan	476	673	679	1782	1740	1545
哈萨克斯坦	Kazakhstan	147	314	312	125	300	
韩　国	Korea, Rep.	532	602	782	551	1008	949
老　挝	Laos	19	67	124			
马来西亚	Malaysia	1022	1643	2365	3053		
蒙　古	Mongolia	14	34	41			
缅　甸	Myanmar	21	23	24			
巴基斯坦	Pakistan	56	80				
菲 律 宾	Philippines	199	262	302	167	214	
新 加 坡	Singapore	606	708	749	444	516	696
斯里兰卡	Sri Lanka	40	55	45	52	73	96
泰　国	Thailand	958	1157	1415	191	305	454
越　南	Viet Nam	214	348	375			
埃　及	Egypt	512	824	1191	296	531	
尼日利亚	Nigeria	81	101				
南　非	South Africa	587	737	993	383		442
加 拿 大	Canada	1963	1877	1574	1918	2110	
墨 西 哥	Mexico	2064	2192	2145	1108	1331	1394
美　国	United States	5124	4921	5488	6133	6350	6142
阿 根 廷	Argentina	291	382	433	495	389	498
巴　西	Brazil	531	536	480	323	347	495
委内瑞拉	Venezuela	47	71	62	95	107	165
捷　克	Czech Rep.	477	634	603		696	662
法　国	France	7719	7499	7680	1989	2480	
德　国	Germany	1898	2150	2422	7440	7740	7230
意 大 利	Italy	4118	3651	4324	2199	2480	2906
荷　兰	Netherlands	1000	1001	992	1390	1704	1841
波　兰	Poland	1740	1520	1189	5668	4084	
俄罗斯联邦	Russian Fed.	2117	2220		1837	2842	
西 班 牙	Spain	4640	5591	5223	410	1046	1284
土 耳 其	Turkey	959	2027	2551	528	825	1049
乌 克 兰	Ukraine	643	1763	2080	1342	1645	1533
英　国	United Kingdom	2321	2804	2820	5684	6649	5861
澳大利亚	Australia	493	550	558	350	476	629
新 西 兰	New Zealand	178	235	242	128	187	192

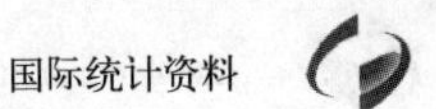

附录2–24 外商直接投资

Foreign Direct Investment

资料来源：联合国贸发会议FDI数据库。
Source: UNCTAD FDI Database .
单位：亿美元 (100 million USD)

国家和地区	Country or Area	外商直接投资 FDI Inflows			对外直接投资 FDI Outflows		
		2000	2005	2010	2000	2005	2010
世　界	**World**	**14014.66**	**9857.96**	**12436.71**	**12328.88**	**8930.93**	**13233.37**
中　国	China	407.15	724.06	1057.35	9.16	122.61	680.00
中国香港	Hong Kong, China	619.38	336.25	689.04	593.74	271.96	760.77
中国澳门	Macao, China	-0.01	12.40	25.58		0.60	-2.69
孟加拉国	Bangladesh	5.79	8.45	9.13	0.02	0.03	0.15
文　莱	Brunei Darussalam	5.49	2.89	4.96	0.30	0.15	0.06
柬埔寨	Cambodia	1.49	3.81	7.83	0.16	0.11	0.17
印　度	India	35.88	76.22	246.40	5.14	29.85	146.26
印度尼西亚	Indonesia		83.36	133.04		30.65	26.64
伊　朗	Iran	1.94	31.36	36.17	0.22	4.52	3.46
以色列	Israel	69.57	48.18	51.52	33.35	29.46	79.60
日　本	Japan	83.23	27.75	-12.51	315.57	457.81	562.63
哈萨克斯坦	Kazakhstan	12.83	19.71	99.61	0.04	-1.46	78.06
韩　国	Korea, Rep.	90.04	70.55	68.73	42.33	63.59	192.30
老　挝	Laos	0.34	0.28	3.50	0.10		0.06
马来西亚	Malaysia	37.88	40.65	91.03	20.26	30.76	133.29
蒙　古	Mongolia	0.54	1.88	16.91		0.02	0.62
缅　甸	Myanmar	2.08	2.36	7.56			
巴基斯坦	Pakistan	3.09	22.01	20.16	0.11	0.45	0.46
菲律宾	Philippines	22.40	18.54	17.13	1.25	1.89	4.87
新加坡	Singapore	164.84	154.60	386.38	59.15	112.18	197.39
斯里兰卡	Sri Lanka	1.73	2.72	4.78	0.02	0.38	0.46
泰　国	Thailand	34.10	80.67	58.13	-0.20	5.29	51.22
越　南	Viet Nam	12.89	20.21	81.73		0.65	8.53
埃　及	Egypt	12.35	53.76	63.86	0.51	0.92	11.76
尼日利亚	Nigeria	13.10	49.78	60.99	1.69	0.15	9.23
南　非	South Africa	8.87	66.47	15.53	2.71	9.30	4.50
加拿大	Canada	667.95	256.92	234.13	446.78	275.38	385.85
墨西哥	Mexico	181.10	241.22	186.79	3.63	64.74	143.45
美　国	United States	3139.97	1048.09	2282.49	1426.26	153.69	3289.05
阿根廷	Argentina	104.18	52.65	63.37	9.01	13.11	9.64
巴　西	Brazil	327.79	150.66	484.38	22.82	25.17	115.19
委内瑞拉	Venezuela	47.01	25.89	-14.04	5.21	11.70	23.90
捷　克	Czech Rep.	49.85	116.53	67.81	0.43	-0.19	17.02
法　国	France	432.52	849.49	339.05	1774.49	1149.78	841.12
德　国	Germany	1982.77	474.39	461.34	565.57	758.93	1048.57
意大利	Italy	133.75	199.75	94.98	123.16	418.26	210.05
荷　兰	Netherlands	638.54	390.46	-161.41	756.35	1230.71	319.04
波　兰	Poland	94.45	102.93	96.81	0.17	34.06	47.01
俄罗斯联邦	Russian Fed.	27.14	128.86	411.94	31.77	127.67	516.97
西班牙	Spain	395.75	250.20	245.47	582.13	418.29	215.98
土耳其	Turkey	9.82	100.31	90.71	8.70	10.64	17.80
乌克兰	Ukraine	5.95	78.08	64.95	0.01	2.75	7.36
英　国	United Kingdom	1187.64	1760.06	459.08	2333.71	808.33	110.20
澳大利亚	Australia	156.12	-242.46	324.72	42.21	-311.37	264.31
新西兰	New Zealand	13.47	15.48	5.61	6.10	-15.21	5.89

附录2–25 研究与开发经费支出和公共教育经费支出占国内生产总值比重

Research and Development Expenditure and Public Spending on Education as Percentage of GDP

资料来源：世界银行WDI数据库。
Source: World Bank WDI Database.
单位：% (%)

国家和地区	Country or Area	研究与开发经费支出占国内生产总值比重 Research and Development Expenditure as of GDP		公共教育经费支出占国内生产总值比重 Public Spending on Education, Total as of GDP	
		2000	2008	2000	2008
世　　界	**World**	**2.15**	**2.07①**	**4.06**	**4.45**
高收入国家	**High Income**	**2.43**	**2.29**	**4.88**	**5.37**
中等收入国家	**Middle Income**	**0.66**	**0.98①**	**3.96**	**4.34**
中　　国	China	0.90	1.44①		
中国香港	Hong Kong, China	0.47	0.81②		3.34
中国澳门	Macao, China			3.68	2.14
孟加拉国	Bangladesh			2.38	2.39
文　　莱	Brunei Darussalam			3.71	
柬 埔 寨	Cambodia			1.67	1.60
印　　度	India	0.77	0.80①	4.41	
印度尼西亚	Indonesia	0.07			2.82
伊　　朗	Iran		0.67②	4.39	4.79
以 色 列	Israel	4.32	4.86	6.49	5.92
日　　本	Japan	3.04	3.44①	3.67	3.42
哈萨克斯坦	Kazakhstan	0.18	0.22	3.26	
韩　　国	Korea, Rep.	2.30	3.21①		4.80
老　　挝	Laos			1.50	2.27
马来西亚	Malaysia	0.47	0.64②	5.97	4.11
蒙　　古	Mongolia	0.20	0.23①	5.79	
缅　　甸	Myanmar	0.11		0.57	
巴基斯坦	Pakistan	0.13	0.67①	1.84	2.93
菲 律 宾	Philippines			3.49	2.81
新 加 坡	Singapore	1.88	2.52①		2.64
斯里兰卡	Sri Lanka	0.14	0.17②		
泰　　国	Thailand	0.25	0.25②	5.41	3.75
越　　南	Viet Nam				5.32
埃　　及	Egypt	0.19	0.23①		3.76
南　　非	South Africa			5.59	5.09
加 拿 大	Canada	1.91	0.93①	5.56	4.77
墨 西 哥	Mexico	0.37	1.84	4.86	
美　　国	United States	2.75	0.38①		5.46
阿 根 廷	Argentina	0.44	2.83	4.60	5.39
巴　　西	Brazil	1.02	0.51①	4.01	
委内瑞拉	Venezuela	0.38	1.10①		
捷　　克	Czech Rep.	1.21	1.47	3.97	4.09
法　　国	France	2.15	2.02	5.67	5.58
德　　国	Germany	2.45	2.54①	4.46	
意 大 利	Italy	1.05	1.18	4.47	4.58
荷　　兰	Netherlands	1.83	1.63	4.96	5.46
波　　兰	Poland	0.64	0.61	5.01	
俄罗斯联邦	Russian Fed.	1.05	1.03	2.94	4.09
西 班 牙	Spain	0.91	1.34	4.28	4.62
土 耳 其	Turkey	0.48	0.72①	2.59	
乌 克 兰	Ukraine	0.96	0.85①	4.17	
英　　国	United Kingdom	1.81	1.88	4.51	5.42
澳大利亚	Australia	1.51	2.06②	4.69	4.43
新西兰	New Iealand		1.26①		6.16①

注：①2007年数据。②2006年数据。
Note:①Data refer to 2007.②Data refer to 2006.

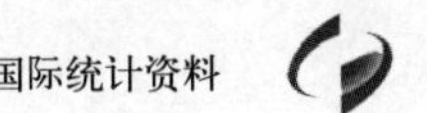

附录2–26 医疗支出占国内生产总值比重及人均医疗支出

Health Expenditure as Percentage of GDP and Per Capita Health Expenditure

资料来源：世界银行WDI数据库。
Source: World Bank WDI Database.

国家和地区	Country or Area	医疗支出占国内生产总值的比重(%) Health Expenditure, Total as Percentage of GDP(%)			人均医疗支出(美元) Health Expenditure per Capita (USD)		
		2000	2005	2009	2000	2005	2009
世　界	**World**	**9.23**	**9.73**	**10.04**	**486.48**	**685.99**	**863.58**
高收入国家	**High Income**	**10.12**	**10.92**	**11.84**	**2562.42**	**3661.00**	**4456.81**
中等收入国家	**Middle Income**	**5.35**	**5.42**	**5.60**	**72.13**	**110.31**	**189.07**
低收入国家	**Low Income**	**4.00**	**4.83**	**5.13**	**11.43**	**15.31**	**24.94**
中　国	China	4.62	4.73	4.57	43.72	80.58	177.15
孟加拉国	Bangladesh	2.82	3.21	3.35	9.09	12.08	18.43
文　莱	Brunei Darussalam	3.01	2.49	3.00	540.70	640.08	790.73
柬埔寨	Cambodia	5.76	6.38	5.94	16.54	28.94	42.10
印　度	India	4.61	4.03	4.17	20.68	29.97	44.80
印度尼西亚	Indonesia	1.97	2.06	2.36	15.84	26.84	55.44
伊　朗	Iran	4.60	5.67	5.52	225.62	153.83	268.76
以色列	Israel	7.32	7.63	7.56	1450.87	1477.55	1966.47
日　本	Japan	7.69	8.16	8.35	2827.45	2907.88	3321.47
哈萨克斯坦	Kazakhstan	4.16	4.07	4.48	50.87	152.99	330.11
韩　国	Korea, Rep.	4.79	5.73	6.49	543.06	1005.40	1107.95
老　挝	Laos	3.19	4.27	4.06	10.24	20.84	35.83
马来西亚	Malaysia	3.18	4.13	4.81	128.12	222.07	336.44
蒙　古	Mongolia	4.90	3.79	4.74	22.34	34.27	74.20
缅　甸	Myanmar	2.12	2.12	2.02	3.26	4.92	12.47
巴基斯坦	Pakistan	3.03	2.78	2.62	14.56	18.34	22.56
菲律宾	Philippines	3.43	3.65	3.82	33.47	42.12	66.88
新加坡	Singapore	2.80	3.04	3.91	648.25	897.16	1501.33
斯里兰卡	Sri Lanka	3.72	4.04	3.96	33.12	50.54	83.62
泰　国	Thailand	3.40	3.55	4.31	66.84	94.90	167.70
越　南	Viet Nam	5.44	5.97	7.21	21.54	37.57	79.71
埃　及	Egypt	5.43	5.25	5.02	75.78	63.39	113.30
尼日利亚	Nigeria	4.56	6.60	5.82	16.95	52.61	69.30
南　非	South Africa	8.47	8.81	8.51	250.68	452.94	485.43
加拿大	Canada	8.84	9.39	10.91	2082.27	3297.81	4379.76
墨西哥	Mexico	5.07	5.87	6.47	324.25	471.54	514.80
美　国	United States	13.41	14.72	16.21	4703.47	6258.60	7410.16
阿根廷	Argentina	8.95	8.45	9.53	688.97	399.86	730.17
巴　西	Brazil	7.16	8.17	9.05	265.19	387.27	734.05
委内瑞拉	Venezuela	5.69	5.43	6.02	273.12	295.53	686.35
捷　克	Czech Rep.	6.55	7.24	7.64	361.61	879.69	1383.65
法　国	France	10.07	11.10	11.72	2184.26	3801.85	4797.97
德　国	Germany	10.29	10.69	11.33	2366.05	3635.10	4628.77
意大利	Italy	8.06	8.59	9.51	1546.86	2613.41	3327.63
荷　兰	Netherlands	7.96	9.83	10.81	1908.71	3861.65	5163.74
波　兰	Poland	5.52	6.21	7.13	246.98	494.20	803.65
俄罗斯联邦	Russian Fed.	5.40	5.19	5.44	96.01	278.14	475.25
西班牙	Spain	7.21	8.29	9.69	1030.06	2150.71	3075.01
土耳其	Turkey	4.95	5.45	6.74	204.49	382.19	570.97
乌克兰	Ukraine	5.56	6.91	6.99	35.54	126.80	179.57
英　国	United Kingdom	7.05	8.26	9.34	1766.67	3115.71	3285.05
澳大利亚	Australia	8.03	8.43	8.51	1728.46	3157.75	3867.43
新西兰	New Zealand	7.72	8.85	9.73	1054.71	2379.93	2633.63

附录3

2011年山东省统计局工作大事记

Chronicle of Events of Shandong Provincial Bureau

简 要 说 明

一、本篇资料的主要内容

本篇按时间顺序记载了 2011 年一年来山东省统计局发生的大事要事，包括局领导重要活动、方法制度改革、统计法制建设、统计基层基础建设、统计信息化建设、统计干部队伍建设等方面的内容。

二、本篇资料的来源

本篇资料由省统计局办公室整理提供。

Brief Introduction

I. Content

Events happened in 2011 of Shandong Statistical Bureau are recorded in time order, mainly including important activities of leaders, reform of statistical laws, development of primary-level statistical work, construction of information system, and training of statistics professionals, etc.

II. Source of Data

Data and files are provided by the Administrative Office of Shandong Provincial Bureau of statistics.

2011 年山东省统计局工作大事记

1 月 7 日，省政府召开第 89 次省政府常务会议，听取省统计局关于全国统计工作会议精神及有关工作和我省贯彻意见的汇报。

1 月 13 日-14 日，省政府在济南召开全省统计工作会议。省委常委、常务副省长王仁元出席会议并作重要讲话，省政府副秘书长韩金峰主持会议；省统计局局长刘俭朴作工作报告。会议传达全国统计工作会议精神和姜大明省长在省政府常务会议上对统计工作的指示精神，总结了 2010 年全省统计工作，全面部署了 2011 年全省统计工作任务。各市分管副市长，各市统计局局长及助手，国家统计局各市调查队队长，省直有关部门分管领导及统计负责人，省统计局及山东调查总队领导及各处室负责人参加会议。

1 月 20 日，省统计局召开 2010 年全局总结表彰大会，对年度先进集体、先进个人等进行了表彰，局长刘俭朴到会讲话。

1 月 25 日-26 日，国家统计局局长马建堂一行来山东临沂、济宁慰问基层统计人员，省委书记、省人大常委会主任姜异康，省委副书记、省长姜大明会见马建堂一行，省长助理周齐、省政府副秘书长韩金峰、省统计局局长刘俭朴、山东调查总队总队长宋志申陪同。

1 月 29 日，省委常委、常务副省长王仁元在省统计局报送的《2010 年我省经济发展情况》上批示：过去一年统计工作不断创新，成绩可圈可点。新的一年再接再厉，上新水平。

2 月 10 日，统计信息服务系统正式开通，为省十一届人大四次会议、政协十届四次会议提供统计信息服务。

2 月 14 日，省统计局印发《2011 年全省统计法制工作要点》。

2 月 28 日，省统计局和国家统计局山东调查总队联合发布《2010 年山东省国民经济和社会发展统计公报》。

3 月 1 日，省统计局召开党风廉政建设工作会议，党组书记、局长刘俭朴出席会议并讲话，副局长姜玉山主持会议，副局长潘振文传达学习胡锦涛总书记讲话摘要和姜异康书记讲话摘要，纪检组长刘福谋作党风廉政建设工作报告。

3 月 3 日，全省统计行风建设工作电视电话会议在济南召开，省统计局党组书记、局长刘俭朴出席会议并讲话。

3 月 8 日，省统计局印发《山东省统计局“调查研究年”活动实施方案》。

3 月 15 日，省委常委、副省长王军民在省统计局报送的《关于 2010 年 17 市万元 GDP 能耗指标数据的报告》上作出批示：省统计局为圆满完成我省“十一五”节能减排任务作出了积极贡献，俭朴、玉山等同志亲自参与省节能减排指挥部工作，工作认真扎实，不断创新完善节能减排统计机制，为监测考核提供了坚强统计支撑，向全省统计系统同志们表示衷心感谢。在“十二五”和 2011 年里，望再接再厉，加强节能减排的统计、监测、考核，防止反弹，为转方式、调结构，实现又好又快发展再创佳绩。

3 月 24 日，省统计局印发《关于成立“四大工程”暨“企业一套表”试点领导机构的通知》。

3 月 30 日，省统计局召开“四大工程”建设暨“企业一套表”试点动员视频会议，局长刘俭朴作动员讲话，副局长潘振文部署企业一套表试点方案，国家统计局设管司副司长贾楠应邀出席会议并讲话。

4 月 17 日-28 日，省统计局对济南、青岛、东营、烟台、威海和菏泽六个市进行统计工作巡查。

4 月 22 日-23 日，国家统计局局长马建堂赴菏泽市、济宁市调研统计基层基础建设情况。调研期间，省委书记、省人大常委会主任姜异康，省委副书记、省长姜大明会见马建堂一行，省委常委、常务副省长王仁元参加会见并陪同调研。

4 月 26 日，省政府在济南召开节能考核奖励电视会议，省委副书记、省长姜大明出席会议并讲话。省统计局被省政府授予“山东省节能突出贡献单位”称号，并记集体一等功。

5 月 5 日，省统计局发布山东省第六次全国人口普查主要数据公报。

5 月 10 日-14 日，省统计局局长刘俭朴带队赴辽宁省统计局及丹东市、鞍山市统计局进行学习考察。

5 月 25 日，省政府常务会议听取省统计局关于全省第六次人口普查工作情况的汇报，省委副书记、省长姜大明，省委常委、常务副省长王仁元对山东“六普”工作给予充分肯定并提出新要求。

5 月 27 日，省统计局编印《“十一五”山东发展统计报告》，省委副书记、省长姜大明作序。

6 月 14 日，省委常委、常务副省长王仁元在省统计局报送的《关于全省部门服务业统计工作暨数据审核会议情况的报告》上作出批示：会议开得很好。望抓好落实。部门服务业统计事关大局，也是转方式必然要求，也是部门职责落实的重要内容。不断改进完善，把这项工作走向规范化制度化。

6 月 17 日，省委常委、常务副省长王仁元在省统计局报送的《总量趋稳，结构渐优——从第六次人口普查数据看山东人口发展十年》上作出批示：要加大“六普”成果宣传力度，更好为经济社会发展服务。

6 月 17 日，省委常委、副省长王军民在省统计局报送的《总量趋稳，结构渐优——从第六次人口普查数据看山东人口发展十年》上作出批示：省统计局组织的第六次人口普查工作和普查数据分析工作做得很好。而且，在平时人口统计和分析做得也非常好，现在看到成果丰硕，向你们表示感谢，望再接再厉，作出更大的贡献。

6 月 21 日，省统计局在山东剧院举办“齐鲁统计颂歌——纪念中国共产党建党 90 周年暨全省统计系统文化建设文艺汇演”。机关党委书记、副局长姜玉山代表局党组致开幕词，副局长潘振文、刘银田、刘兴慧，纪检组长刘福谋及 17 市统计局主要负责人和省局机关、各市代表共 500 余人观看文艺演出，特别邀请省委省直机关工委巡视员马以芳、省文明办副主任葛长伟、山东调查总队总队长刘同星等出席并观看演出。

6 月 22 日-30 日，省统计局局长刘俭朴陪同国家统计局局长马建堂访问西班牙统计局、欧盟统计局和荷兰统计局。

6 月 30 日，省统计局印发《山东省企业统计工作规范》。

7 月 6 日，省统计局印发《山东省“企业一套表”试点方案》。

7 月 14 日，省委书记、省人大常委会主任姜异康听取省统计局关于上半年经济形势分析的汇报。

7 月 20 日，省政府常务会议听取省统计局关于上半年经济形势分析的汇报。

7 月 21 日，省统计局、省经济和信息化委和省政府节能办联合印发《关于 2010 年全省及各市单位 GDP 能耗等指标的通报》。

7 月 22 日，省政府召开全省第六次人口普查总结表彰电视会议，隆重表彰在人口普查工作中作出突出贡献的先进集体和先进个人，省统计局被授予“山东省第六次人口普查先进集体”称号。省委副书记、省长姜大明出席会议并颁奖，省委常委、常务副省长、省第六次人口普查领导小组组长王仁元出席会议并讲话。

8 月 1 日，《山东统计年鉴（2011）》出版发行。

8 月 4 日，省统计局召开全局第六次人口普查总结表彰大会，对全局受到各级表彰的先进个人进行表彰并颁奖，局长刘俭朴到会并讲话。

8 月 8 日—11 日，全省上半年经济形势分析暨省局党组中心组（扩大）理论学习读书会议在泰安召开，省统计局局长刘俭朴到会并讲话，泰安市委副书记、市长李洪峰到会致辞。期间，泰安市委书记杨鲁豫，市委常委、常务副市长李琥，市委常委、市委秘书长朱玉和等市领导会见刘俭朴，双方就当前经济形势和统计工作交换意见。

8 月 9 日，省委常委、副省长王军民在省统计局报送的《上半年全国能耗数据联审会议精神及相关事项汇报》上作出批示：省统计局在 2011 年上半年的节能统计监测工作中认真负责，积极主动，加强与省经信委、节能办协调配合，继续发扬“十一五”期间特别是去年节能减排指挥部期间的优良作风，取得了明显成效，争取了全年工作的主动权。向俭朴、玉山及全局同志表示感谢。希望再接再厉，针对新情况、新矛盾，加大工作措施，及时组织预警，确保我省“十二五”节能减排工作开好局，起好步。

8 月 12 日，国务院第六次全国人口普查领导小组在北京召开全国第六次人口普查总结暨先进集体和先进个人表彰会，省统计局局长刘俭朴参加会议，临沂市统计局作典型发言。

8 月 17 日，省政府任命姜玉山为山东省统计局巡视员。

8 月 18 日，省委常委、常务副省长王仁元在省统计局报送的《2010 年上半年全国及五省市主要经济指标》上作出批示：这是统计服务的新范例，具有很好实用性。

8月19日，省统计局编印科普读物《统计术语与热点问题解读》。

9月5日—10日，全省县级统计局长培训班在甘肃兰州举办，省统计局局长刘俭朴出席开班典礼作动员讲话并为全体学员讲授开班第一课。甘肃省统计局局长樊怀玉到会致辞。

9月13日，省统计局印发《进一步加强全省基本单位名录库建设维护与使用管理工作实施意见》。

9月20日，山东省暨淄博市庆祝第二届“中国统计开放日”活动在淄博举行，省统计局巡视员姜玉山出席活动并讲话。

9月27日，省统计局印发《关于做好山东省企业统计星级管理试点工作的通知》。

10月17日，省统计局印发《2011-2015年山东省统计法制宣传教育规划》。

10月31日，省政府召开经济社会发展形势分析会议，省统计局局长刘俭朴作汇报发言。

11月1日，省委常委、常务副省长王仁元在省统计局报送的《关于“两区”统计监测制度建立情况的汇报》上作出批示：“两区”统计对促进两区发展至关重要。省统计局做了大量工作，谋划设计，提出意见，很好。原则同意。请报姜书记、姜省长阅示。

11月1日，省统计局被省政府授予“2010年度全省服务业发展绩效考核服务业发展先进部门”称号。

11月3日，省委书记、省人大常委会主任姜异康在省统计局报送的《关于“两区”统计监测制度建立情况的汇报》上作出批示：赞成仁元同志意见，在推进工作过程中注意改进完善，进一步促进两区建设发展。

11月4日，省统计局印发《山东省统计局人才发展规划（2011-2020）》。

11月15日—16日，省政府在聊城召开全省统计基层基础工作经验交流现场会议，省委常委、常务副省长王仁元到会作重要讲话，省统计局局长刘俭朴对会议进行总结，会议由省政府副秘书长韩金峰主持。聊城市委书记宋远方出席会议，市委副书记、市长林峰海到会致辞。

10月-11月，省统计局组织开展副处级职位竞争上岗工作，14名同志被提拔任命为副处级干部。11月30日，召开新任职处级干部集体谈话会议，局长刘俭朴到会讲话，副局长潘振文宣布党组任职决定。通过竞争上岗，新任职的14名副处级干部、身份转换为公务员和参照公务员法管理的3名处级干部参加谈话。

12月6日，国家统计局局长马建堂在省统计局报送的《关于四大工程建设情况的报告》上作出批示：山东省统计局对“四大工程”高度重视，统一部署，充分发动，精心实施，各项准备工作取得了阶段性重大进展，为明年正式实施奠定了坚实基础，向山东统计系统的同志们致以祝贺，表示感谢！离正式实施剩下时间已不多，望再接再厉，精心组织、细致谋划、决战决胜，打好统计生产方式变革这一攻坚战。

12月9日，省统计局印发《关于进一步加强全省文化产业统计工作的通知》。

12月21日，省统计局被省委、省政府授予“山东省妇女儿童工作先进集体”称号。

12月30日，省委副书记、省长姜大明听取省统计局关于全国统计工作会议精神的汇报，对抓好贯彻落实作出指示。

12月30日，省委常委、宣传部部长孙守刚在省统计局报送的《关于山东文化产业统计工作情况的报告》上作出批示：省统计局党组认真贯彻十七届六中全会和省委九届十三次全会精神，全面推进我省文化产业统计改革，做了大量卓有成效的工作，为加快推进文化强省建设作出了积极贡献。谨向全省统计战线干部职工表示衷心感谢！所提建议原则同意，请文改办协同推动。我省新的文化创意产业统计办法经征求各方意见后，可提交省领导小组讨论审定，并呈大明省长阅知。

12月31日，省委书记、省人大常委会主任姜异康听取省统计局关于全国统计工作会议精神的汇报，对抓好贯彻落实作出指示。

12月31日，省统计局被省政府授予“山东省‘十一五’主要污染物总量减排目标考核突出贡献单位”称号。

中国统计出版社最新图书简目

（仅供参考，以最后出书为准）

统计资料

中国统计年鉴-2012
中国统计摘要-2012
国际统计年鉴-2012
2012 中国发展报告
中国第三产业统计年鉴-2012
中国区域经济统计年鉴-2012
中国劳动统计年鉴-2012
中国社会统计年鉴-2012
中国城市统计年鉴-2009
中国建筑业统计年鉴-2012
中国人口和就业统计年鉴-2012
中国工业经济统计年鉴-2012
中国商品交易市场统计年鉴-2012
中国房地产统计年鉴-2012
中国能源统计年鉴-2012
中国民政统计年鉴-2012
中国贸易外经统计年鉴-2012
2012 中国地区经济监测报告
中国科技统计年鉴-2012
中国农村统计年鉴-2012
中国农产品价格调查年鉴-2012
中国高技术产业统计年鉴-2012
中国教育经费统计年鉴-2010
中国农村贫困监测报告-2012
全国农产品成本收益资料汇编-2012
中国科学技术协会统计年鉴-2012
工业企业科技活动资料-2012
大中型批发零售和住宿餐饮企业统计年鉴-2012
中国城市（镇）生活与价格年鉴-2012
中国县（市）社会经济统计年鉴-2012
中国农村住户调查年鉴-2012（中、英文）
中国农村全面建设小康监测报告-2012
第二次全国 R&D 资源清查资料汇编－综合卷
第二次全国 R&D 资源清查资料汇编－工业企业卷
中国零售和餐饮连锁企业统计年鉴-2012
中国民族统计年鉴 2011、2012
2010 年中国第六次人口普查公报

2012 年省级综合统计年鉴系列

北京 天津 河北 山西 内蒙古
辽宁 吉林 黑龙江 上海 江苏
浙江 安徽 福建 江西 山东
河南 湖北 湖南 广东 广西
海南 重庆 四川 贵州 云南
西藏 陕西 甘肃 青海 宁夏
新疆 新疆生产建设兵团

2012 年市（县）级综合统计年鉴系列

天津滨海新区
石家庄 唐山 邯郸 太原 大同
长治 阳泉 晋城 朔州 晋中
运城 忻州 临汾 呼和浩特
包头 沈阳 大连 长春 吉林市
四平 哈尔滨 黑龙江垦区
上海浦东新区
苏州 无锡 常州 徐州 南通
盐城 镇江 江阴 丹阳
杭州 宁波 绍兴 台州 温州
金华 嘉兴 衢州
福州 福州经济技术开发区
厦门经济特区 南昌 上饶
济南 青岛 潍坊 郑州
洛阳 三门峡 南阳 武汉 宜昌
十堰 荆州 咸宁 长沙 广州
东莞 惠州 深圳 桂林 南宁
柳州 来宾 河池 海口 成都 绵阳
贵阳 昆明 庆阳 西安
兰州 银川 乌鲁木齐

2010 年人口普查资料系列

中国 2010 年人口普查资料
北京 天津 河北 山西 内蒙古
辽宁 吉林 黑龙江 上海 江苏
浙江 安徽 福建 江西 山东
河南 湖北 湖南 广东 广西
海南 重庆 四川 贵州 云南
西藏 陕西 甘肃 青海 宁夏
新疆 新疆生产建设兵团
河南省各市 2010 年人口普查资料丛书
中国分县 2010 年人口普查资料
中国分乡镇、街道 2010 年人口普查资料
中国分民族 2010 年人口普查资料

“十一五”规划教材

非参数统计 医学统计学
概率论与数理统计 统计学
现代金融投资统计分析
多元统计分析 经济计量学教程
应用时间序列分析
统计指数理论及应用
统计数据处理概论
质量管理统计方法 社会统计学
多元统计分析实验
企业经营管理统计
市场调查与预测
统计学原理（非统计专业使用）
统计学：从数据到结论
国民经济核算教程（国民经济统计学）
概率论与数理统计（经济、管理类专业使用）

重点图书

挑大学选专业 2012—高考志愿填报指南
挑大学选专业 2012—考研择校指南